遺跡・古墳
よみかた辞典

日外アソシエーツ

Guide to Reading
of
Each Historic Site and Tumulus

Compiled by

Nichigai Associates, Inc.

©2014 by Nichigai Associates, Inc.

Printed in Japan

本書はディジタルデータでご利用いただくことができます。詳細はお問い合わせください。

●編集担当● 松本 裕加
装 丁：赤田 麻衣子

刊行にあたって

　日本各地には、数万年前から近現代に至る人類の営みの記憶が「遺跡」という形で遺されている。長い歴史の中で消滅してしまったものもあるが、存在が確認されている遺跡はおびただしい数に上る。3世紀末から7世紀まで盛んに造られた、古代人の墓である古墳だけでも、その数10数万基に及ぶといわれる。現在でも、歴史的新発見への世間の関心は高く、ニュースを賑わせたり、各地で世界遺産登録を目指す気運も高まっている。

　遺跡や古墳の名称には、旧称を含む大字や小字など地名を冠することが多く、またその土地の有力者の人名が付けられることもある。さらには、様々な別名・通称を有す上、「大塚古墳」のように同名で同地域内に複数存在する名称もあり、特定も難しい。とりわけ、遺跡名の読み方については、地域による独特な読み方から、同表記であっても音訓による違いなどがあり一筋縄ではいかない。遺跡データベースや、自治体の資料などにも読み方がないことが多く、正確な読みを調べるには、個々の考古学辞典や遺跡・史跡事典などを利用するしかなく、不便を強いられてきた。

　本書は、全国の主要な古墳、貝塚、集落・住居跡、都城跡、城郭、古社寺、墓所、文学遺跡など約14,500件の遺跡の読み方を通称・別称を含め調べることができる、点訳・音訳にも最適な初のレファレンスツールである。各遺跡名には、所在地、遺跡の年代、国や自治体による史跡指定の有無、別称、文学遺跡は登場する文学作品や文献を掲載、簡便なガイドとしても利用できるようにした。

　調査にあたっては各種資料を参考としたが、国の指定を受けた遺跡でも文化庁が示す読み方以外に読み方が存在したり、各事典により読み方が異なる場合など、その取捨選択には困難が伴った。今後より充実させた内容とするため、大方のご叱正を乞う次第である。

　本書が、遺跡・古墳などの基礎調査用に便利なツールとして、図書館や博物館・資料館、各教育機関などで広く活用されることを期待したい。

2014年4月

　　　　　　　　　　　　　　　　　　　　　　　　日外アソシエーツ

目　次

凡　例 …………………………………………… (6)

親字音訓ガイド ………………………………… (9)

親字一覧 ………………………………………… (27)

遺跡・古墳よみかた辞典 ……………………… 1

凡　　例

1．本書の内容

　　本書は、通称・別称等を含む、日本国内の遺跡や古墳 14,478 件の読み仮名、所在地、別称等を示した「読み方辞典」である。

2．表　記

　（1）原則として新字体を使用した。
　（2）遺跡・古墳名の読み仮名は平仮名を使用し、「ぢ」は「じ」に、「づ」は「ず」に統一した。

3．親字見出し

　　遺跡・古墳名の第1文字目を親字とし、先頭に立てた。

4．排　列

　（1）親字の排列

　　　親字の総画数順・部首順に排列した。英字、平仮名、片仮名は先頭に集めた。

　（2）遺跡・古墳名の排列

　　　同じ親字の下、2字目の総画数順・部首順に排列した。2字目が漢字以外の場合、記号類・英数字・平仮名・片仮名の順で先頭に集めた。遺跡・古墳名見出しの前に、2字目の総画数を小字で示し、検索の目安とした。漢字以外の場合は「0」とした。2字目も同一の場合は、さらに3文字目について同様の方法で排列した。繰り返し記号の「々」は、直前の漢字と同一の漢字が使用されているものとみなした。表記が全く同一の場合は、所在地の都道府県・市区町村順に概ね北から南へ順に排列した。

5．記載事項

　　記載事項は以下の通り。遺跡・古墳名見出しが国や自治体の指定史跡名の場合、史跡指定の表示をした。

　　遺跡・古墳名見出し／読み仮名／年代／所在地／史跡指定（指定年）／登場文学作品・文献等／別称など

〈例〉

　　丸山古墳　　まるやまこふん　　古墳時代後期
　　　所在地 奈良県橿原市五条野町・大軽町
　　　史 国指定史跡（1969）
　　　別 見瀬丸山古墳, 五条野丸山古墳

　　屋島　　やしま
　　　所在地 香川県高松市屋島東町・屋島中町・屋島西町・高松町
　　　史 国指定史跡（1934）
　　　文 謡曲『八島』,『平家物語』

6．親字音訓ガイド

　　親字の音（片仮名で記載）または訓（平仮名で記載）を五十音順に並べ、本文の掲載ページを示した。

7．親字一覧

　　親字を総画数順に並べ、本文の掲載ページを示した。同画数の親字については、部首順に排列した。

8．参考資料等

　　国指定文化財等データベース（http://www.bunka.go.jp/bsys/）
　　『日本文学史蹟大辞典』全4巻（遊子館 2001）
　　『文学遺跡辞典　詩歌編』（東京堂出版 1968）
　　『文学遺跡辞典　散文編』（東京堂出版 1971）
　　各種 遺跡・史跡・古墳事典（辞典）、博物館・自治体ホームページなど

(7)

親字音訓ガイド

親字音訓ガイド

【あ】

ア	阿	315
アイ	愛	483
あい	相	347
	藍	541
あいだ	間	476
あう	会	191
	合	199
	逢	394
あお	青	318
あおぐ	仰	192
あか	朱	216
	赤	257
あかがね	銅	516
あがた	県	347
あかつき	暁	458
あがめる	崇	414
あがる	上	40
あかるい	明	284
あき	秋	352
あきる	飽	503
	飫	503
	厭	504
アク	悪	416
	渥	464
あく	開	475
あくた	芥	253
あげる	揚	457
あさ	麻	442
	朝	460
あさい	浅	342
あさひ	旭	214
あし	疋	174
	芦	252
	足	260
	葦	470
	蘆	550
あじ	味	267
あずさ	梓	418
あずま	東	288
あそぶ	遊	475
あたい	値	365
あたえる	与	48
あたたかい	温	464
あたま	頭	537
あたらしい	新	485
あたる	当	213
あつい	厚	326
	淳	420
	敦	457
	渥	464
	熱	525
あつまる	聚	514
あつめる	集	476
あと	後	332
	跡	500
あな	穴	185
あね	姉	272
あびる	浴	386
あぶみ	鐙	553
あぶら	油	299
あま	天	115
	尼	151
あまい	甘	169
あまる	余	238
あみ	網	514
	羅	550
あめ	天	115
	雨	317
あや	斐	458
	綾	512
あやつる	操	532
あゆ	鮎	537
あらい	荒	356
あらう	洗	344
あらし	嵐	452
あらためる	改	248
あらと	砺	389
あられ	霰	553
あらわす	表	306
あらわれる	顕	549
あり	蟻	551
ある	在	201
	有	215
あわ	粟	469
あわい	淡	423
アン	安	204
	庵	416
	暗	488
	鞍	530
	闇	542

【い】

イ	伊	187
	夷	204
	衣	228
	位	234
	医	240
	囲	241
	怡	283
	威	329
	姨	329
	為	345
	韋	361
	帷	416
	渭	466
	葦	470
	椅	539
い	井	102
いう	言	256
いえ	家	370
いおり	庵	416
	廬	549
いかだ	筏	469
いかり	碇	494
いき	息	377
いきおい	勢	480
いきる	生	169
いく	活	340
	行	227
	渭	466
いくさ	戦	485
いけ	池	218
いさましい	勇	323
いし	石	179
いしぶみ	碑	509
いずみ	泉	341
いそ	磯	539
いた	板	292
いたい	痛	468
いたす	致	393
いただく	頂	438
イチ	一	11
	壱	243
いち	市	152
いつくしむ	慈	484
いつつ	五	104
いと	糸	223
いとぐち	緒	513
いぬ	犬	135
	戌	214
いね	稲	509
いのしし	猪	424
いばら	茨	355
	荊	356
いばり	尿	244
いま	今	105
いまわしい	忌	246
いも	芋	227
	妹	272
いもうと	妹	272
いやしい	賤	529
	居	275
いる	要	360
	射	373
	鋳	529

いれる	入	20
いろ	色	226
いろり	炉	299
いわ	岩	277
	磐	525
いわう	祝	348
いわや	窟	496
イン	允	108
	引	120
	印	194
	因	200
	院	396
	陰	437
	隠	517
いん	院	396

【う】

ウ	右	145
	宇	208
	有	215
	羽	224
	芋	227
	雨	317
	楳	383
	烏	386
う	卯	145
	鵜	549
うえ	上	40
うえる	植	462
	餓	530
うお	魚	438
うく	浮	385
うぐいす	鶯	555
うけたまわる	承	283
うける	請	529
うごく	動	411
うさぎ	兎	265
	菟	470
うし	丑	95
	牛	134
うしお	潮	524
うしろ	後	332
うす	臼	225
	碓	494
うすい	薄	535
うた	歌	507
うち	内	111
うつ	打	159
うつくしい	美	354
うてな	台	148
うでわ	釧	437

(11)

親字音訓ガイド

うね	畝	387	えび	蝦	528		巨	151	おや	面	361
	畦	425	えびす	夷	204	おおとり	鳳	518		親	536
うば	姥	329		胡	355		鴻	543	およぐ	泳	295
うま	午	113	えらぶ	択	248	おおやけ	公	109	おりる	下	28
	馬	397		撰	520	おか	岡	275	おる	折	248
うまや	厩	446	える	得	416		陵	438		織	543
うまれる	生	169	エン	円	110	おがむ	拝	283	おわる	了	16
うみ	海	340		延	281	おき	沖	250		卒	266
うむ	産	425		炎	299	おぎ	荻	393	オン	音	361
うめ	梅	382		垣	327	おきな	翁	392		恩	376
	楳	490		淵	424	おぎなう	補	472		温	464
うめる	埋	368		堰	447	おきる	起	394		隠	517
うもれる	埋	368		園	480	オク	屋	330	おん	御	452
うやうやしい	恭	376		塩	481		奥	450	おんな	女	78
うら	浦	383		猿	492		憶	539			
	裏	499		遠	501	おく	奥	450	【か】		
うり	瓜	220		厭	504		置	496	カ	下	28
うる	売	243		鳶	518	おけ	桶	418		化	105
	得	416		縁	526	おこす	起	394		火	133
うるおす	潤	524		燕	533	おごそか	厳	538		加	139
うるし	漆	507				おこなう	行	227		可	145
うるわしい	麗	552	【お】			おこる	興	534		仮	191
うれる	熟	525				おさ	長	496		瓜	220
ウン	運	474	オ	於	283	おさえる	押	283		何	234
	雲	477		悪	416	おさない	稚	495		伽	234
				飫	503	おさめる	収	145		花	252
【え】			お	尾	245		治	296		河	295
				緒	513		修	364		夏	369
エ	衣	228	おい	老	225		納	392		家	370
	恵	376		笈	353	おしえる	教	417		荷	393
	慧	520	おいて	於	283	おす	押	283		華	393
え	江	217	おいる	老	225		推	416		掛	416
	柄	338	オウ	王	135		雄	476		袈	433
	佳	355		応	246	おそれる	恐	376		嘉	504
	絵	470		往	282	おちる	落	471		歌	507
エイ	永	165		押	283	オツ	乙	13		樺	523
	曳	214		皇	347	おっと	夫	120		蝦	528
	泳	295		桜	380	おと	音	361		鍋	541
	英	303		翁	392	おとこ	男	251		霞	542
	栄	335		黄	442	おどす	威	329	か	乎	137
	影	520		奥	450	おどる	踊	515		ガ	
	叡	531		横	521	おに	鬼	407		瓦	168
	穎	534		鴨	537	おのおの	各	195		我	248
	衛	536		甕	543	おのれ	己	95		画	301
えがく	画	301		鶯	555	おば	姨	329		臥	303
エキ	亦	187		鷹	557	おび	帯	375		賀	472
	益	387	おう	追	360	おびる	帯	375		雅	502
	掖	416	おうぎ	扇	377	おぼえる	覚	472		餓	530
えだ	枝	285	おおい	多	202	おぼろ	朧	553	カイ	会	191
えだみち	岐	245	おおう	幕	483	おもい	重	360		回	201
エツ	越	473	おおかみ	狼	387	おもう	思	333		灰	220
えのき	榎	506	おおきい	大	57	おもて	表	306		快	246

親字音訓ガイド

	改	248		掛	416		鎌	547				貫	433
	芥	253	かご	籠	555	がま	蒲	497				寒	450
	廻	331	かこむ	囲	241	かまど	竈	554				間	476
	海	340	かさ	笠	426	かみ	上	40				閑	476
	皆	347		傘	444		神	348				勧	480
	桧	383		嵩	482		紙	391				寛	482
	偕	410	かさなる	重	360	かみなり	雷	502				感	484
	堺	447	かざる	飾	503	かめ	亀	408				管	512
	絵	470	かし	樫	523		瓶	425				関	516
	開	475		櫃	538		甕	543				歓	524
	楷	507	かじ	梶	418	かも	鴨	537				舘	535
	懐	532	かしら	頭	537	かや	茅	304				館	537
	檜	538	かしわ	柏	337		栢	377				韓	542
	蟹	551	かす	粕	427		萱	470				観	546
かい	貝	257	かず	数	485		榧	507				灘	554
ガイ	外	151	かすむ	霞	542	かゆ	粥	470				鑑	557
	楷	507	かぜ	風	362	かよう	通	394	かん			鑵	557
	鎧	547	かせぎ	稼	534	から	唐	367	ガン			丸	48
かう	飼	503	かぞえる	数	485		柄	338				元	108
かえる	帰	375	かた	方	123	がら	辛	262				岸	276
かおり	香	364		片	133	からし	芥	253				岩	277
かがみ	鏡	551	かたい	堅	447	からす	烏	386				眼	426
かかる	掛	416	かたち	形	246	からたち	枳	339				願	552
かかわる	関	516	かたどる	象	472	かり	仮	191				巌	552
かき	垣	327	かたな	刀	26		狩	346	かんがえる			考	225
	柿	336	かたむく	傾	480		借	364	かんじる			感	484
	籬	557	カツ	活	340	かる	刈	112	かんばしい			皀	251
かぎ	勾	112		葛	430		猟	425				芳	254
	鍵	541		割	445	かるい	軽	474	かんむり			冠	322
	鑰	557		滑	491	かれ	彼	282					
カク	各	195		勝	459	かれいい	餉	530	【き】				
	角	255	ガツ	月	127	かれる	枯	336	キ			己	95
	画	301	かつて	曽	417	かわ	川	93				企	192
	狢	346	かつら	桂	379		河	295				机	216
	革	361	かど	角	255		革	361				気	217
	格	377		門	314		側	410				岐	245
	桷	419		廉	483	がわ						忌	246
	郭	433	かなう	叶	146	かわうそ	獺	550				其	266
	覚	472		適	515	かわかす	乾	408				枳	339
	塙	482	かなしい	悲	457	かわせみ	翠	514				紀	353
	鶴	554	かなめ	要	360	かわら	瓦	168				姫	369
	書	377	かに	蟹	551	かわる	代	137				帰	375
かく			かね	金	306	カン	甘	169				起	394
ガク	学	272		鐘	553		甲	170				鬼	407
	嶽	538	かねる	兼	366		串	234				亀	408
	楽	489	かのえ	庚	281		函	266				基	411
	額	548	かば	椛	419		官	273				埼	411
	鰐	553		樺	523		冠	322				寄	414
かくれる	隠	517	かぶと	冑	322		咸	326				崎	414
かげ	陰	437		兜	411		巻	331				喜	446
	景	458	かぶら	蕪	528		乾	408				貴	473
	影	520	かま	釜	395		勘	411					
かける	欠	130					菅	431					

(13)

	旗	506
	榿	507
	箕	512
	嬉	519
	槻	524
	機	532
	磯	539
	櫃	543
き	木	128
	黄	442
	樹	533
ギ	伎	192
	其	266
	宜	273
	祇	302
	義	496
	儀	519
	戯	520
	蟻	551
キク	菊	430
	鞠	542
きく	利	240
	聞	514
きし	岸	276
きじ	雉	502
きずく	築	534
きた	北	140
きたえる	鍛	541
きたる	来	249
キチ	吉	195
キツ	吉	195
	桔	378
	橘	532
きつね	狐	300
きぬ	衣	228
	絹	496
きぬた	砧	389
きね	杵	284
きのえ	甲	170
きび	黍	480
きびしい	厳	538
きみ	君	240
	辟	501
きも	胆	355
キャク	客	329
ギャク	逆	360
キュウ	九	15
	久	50
	弓	95
	旧	159
	休	192
	吸	198
	朽	216
	汲	217
	臼	225
	求	250
	皀	251
	糺	251
	泣	296
	笈	353
	宮	370
	球	425
	厩	446
	給	470
	鳩	503
ギュウ	牛	134
キョ	去	145
	巨	151
	居	275
	虚	432
	許	433
	筥	496
	鋸	536
ギョ	魚	438
	御	452
きよい	浄	341
	清	421
キョウ	凶	112
	叶	146
	京	265
	狭	346
	香	364
	恐	376
	恭	376
	胸	392
	脇	393
	強	416
	教	417
	経	427
	郷	433
	韮	477
	境	504
	橋	532
	興	534
	橿	538
	鏡	551
	響	553
ギョウ	仰	192
	刑	194
	行	227
	形	246
	暁	458
	業	489
キョク	旭	214
	曲	214
	極	489
ギョク	玉	167
きり	桐	378
	霧	552
きる	切	112
	着	468
きわめる	極	489
キン	芹	253
	近	262
	金	306
	衾	394
	欽	464
	琴	467
	筋	468
	禁	494
	錦	536
ギン	銀	515

【く】

ク	九	15
	苦	304
	紅	353
	倶	364
	駒	530
グ	具	265
くい	杭	284
クウ	空	302
くう	喰	446
グウ	宮	370
	隅	476
くき	岫	281
くぎ	釘	396
くさ	艸	227
	草	357
くし	串	234
	櫛	538
くじら	鯨	552
くす	樟	524
くず	葛	430
くすのき	楠	490
くすり	薬	535
くそ	糞	540
くだ	管	512
くだる	下	28
くち	口	54
くちる	朽	216
クツ	堀	413
	窟	496
くつろぐ	寛	482
くに	邑	264
	国	269
くぬぎ	椚	464
くび	首	364
くま	隈	476
	熊	508
くみする	与	48
くむ	汲	217
くも	雲	477
くら	倉	365
	蔵	527
	鞍	530
くらい	位	234
	暗	488
くらべる	比	130
くり	栗	378
くりや	厨	446
くる	来	249
くるしい	苦	304
くるま	車	261
くるわ	郭	433
くれ	呉	240
くれない	紅	353
くろ	玄	167
	黒	443
くろがね	鉄	501
クワ	萪	472
くわ	桑	378
	鍬	541
くわえる	加	139
くわだてる	企	192
クン	君	240
	馴	503
グン	軍	360
	郡	395

【け】

ケ	化	105
	仮	191
	芥	253
	家	370
	袈	433
け	毛	131
ゲ	下	28
ケイ	刑	194
	形	246
	契	329
	荊	356
	恵	376
	桂	379
	畦	425
	経	427

親字音訓ガイド

	景	458		狐	300		荒	356	こぶ	瘤	525			
	軽	474		虎	306		香	364	こま	狛	301			
	傾	480		孤	329		桍	383		駒	530			
	継	496		故	333		高	399	こまかい	細	428			
	慶	520		枯	336		康	416	こめ	米	223			
	慧	520		胡	355		黄	442	これ	之	102			
	繁	541		菰	431		港	464		此	165			
	鶏	552		袴	433		塙	482		是	335			
ゲイ	芸	253		壺	449		溝	491	ころす	殺	383			
	鯨	552		湖	464		綱	513	ころも	衣	228			
ケツ	欠	130		鼓	503		興	534	コン	今	105			
	穴	185	こ	子	78		糠	540		近	262			
	血	227		木	128		藁	541		坤	270			
	結	470		児	239		鮫	543		昆	283			
	蕨	528		粉	391		鴻	543		建	331			
ゲツ	月	127	ゴ	五	104	こう	請	529		根	379			
ける	蹴	551		午	113	ゴウ	合	199	ゴン	言	256			
けわしい	嵯	482		呉	240		桍	383		権	523			
	厳	552		吾	241		業	489		厳	538			
ケン	犬	135		後	332		豪	515						
	見	254		娯	369		轟	554		【さ】				
	建	331		悟	377	こうし	犠	550						
	県	347		御	452	こうむる	被	394	サ	左	151			
	兼	366		護	553	こえる	肥	303		佐	234			
	剣	366		鯉	549		越	473		沙	250			
	幸	424	こい	礫	553		超	474		咋	266			
	堅	447	こいし	恋	377	こおり	氷	167		砂	348			
	検	462	こいしい	口	54		郡	395		茶	358			
	萱	470	コウ	公	109	コク	石	179		差	375			
	間	476		勾	112		谷	256		嵯	482			
	絹	496		尻	151		国	269		蓑	498			
	蜆	499		広	157		哭	368	ザ	座	376			
	権	523		弘	159		黒	443	サイ	才	95			
	鍵	541		甲	170		穀	512		切	112			
	顕	549		交	187	こけ	苔	305		西	228			
ゲン	元	108		光	194	ここのつ	九	15		妻	271			
	玄	167		向	198	こころ	心	120		斉	283			
	言	256		好	204	こころざす	志	246		采	306			
	咸	326		江	217	こころよい	快	246		柴	336			
	彦	331		考	225	こし	腰	497		晒	377			
	原	366		行	227		輿	541		採	416			
	源	491		更	234	こしき	甑	533		斎	417			
	蜆	499		孝	244	こす	越	473		細	428			
	厳	538		岡	275	こたえ	答	469		菜	431			
				幸	281	こたえる	応	246		最	459			
	【こ】			庚	281	コツ	骨	399		犀	467			
				杭	284	こと	琴	467		裁	472			
コ	己	95		厚	326	ごとく	如	204		塞	481			
	戸	120		後	332	ことぶき	寿	244		歳	491			
	乎	137		恒	333	ことわる	断	417		蓑	498			
	古	146		皇	347	こな	粉	391		賽	541			
	呼	266		紅	353	このむ	好	204		臍	543			

(15)

親字音訓ガイド

読み	漢字	頁	読み	漢字	頁	読み	漢字	頁	読み	漢字	頁
さい	犀	467	さらす	晒	377	ジ	地	201		膝	527
ザイ	在	201	さる	去	145		寺	210		櫛	538
さいわい	幸	281		猿	492		次	217	ジツ	日	123
	祥	389	ざる	笊	391		耳	225		実	273
さか	坂	241	さわ	沢	251		自	225	しとみ	蔀	514
さかい	堺	447	サン	三	33		児	239	しな	品	326
	境	504		山	87		侍	265		篠	540
さかえる	栄	335		杉	248		治	296	しのぐ	凌	366
さかき	榊	489		産	425		持	333	しのぶ	忍	247
さかな	魚	438		傘	444		滋	464	しば	芝	254
さからう	逆	360		散	457		慈	484		柴	336
さがる	下	28		霰	553		蒔	498	しぶい	渋	420
さかん	壮	202		讃	555		雉	502	しま	洲	340
	昌	284					邇	547		島	374
	盛	425	【し】			しあわせ	幸	281		嶋	504
さき	先	194				しい	椎	463	しみる	染	336
	埼	411	シ	子	78	しお	汐	218	しも	下	28
	崎	414		之	102		塩	481		霜	542
さぎ	鷺	556		支	122		潮	524	シャ	沙	250
サク	作	237		史	148	しか	鹿	441		社	251
	咋	266		只	149	しかれども	然	466		車	261
	柞	339		四	149	シキ	式	213		砂	348
	策	468		市	152		色	226		射	373
	酢	475		此	165		織	543		斜	417
さく	咲	326		矢	178		識	551		鉈	502
さくら	桜	380		糸	223	しぎ	鴫	538	ジャ	蛇	432
ざくろ	榴	507		志	246	ジキ	直	302	シャク	赤	257
さけ	酒	384		私	251	しく	渭	466		借	364
ささ	笹	426		芝	254		敷	520		釈	434
ささえる	支	122		始	272	ジク	柚	339	ジャク	若	304
さす	指	333		姉	272	しげる	茂	306		寂	414
	差	375		枝	285		滋	464		雀	438
さだめる	定	273		祇	302		繁	534	シュ	手	122
サツ	札	162		姿	329	しし	宍	244		守	210
	殺	383		思	333		獅	493		朱	216
	薩	541		指	333	じじ	爺	492		取	266
ザツ	雑	517		柿	336	しじみ	蜆	499		狩	346
さと	里	264		柴	336	しずか	閑	476		首	364
さとい	慧	520		枳	339		静	517		酒	384
さとる	悟	377		茨	355	しずく	雫	438		珠	387
さば	鯖	552		師	375	しずむ	沈	251		種	512
さばく	裁	472		晒	377	しずめる	鎮	548		聚	514
さび	錆	536		砥	389	した	下	28		諏	528
さびしい	寂	414		紙	391	したがう	服	284	ジュ	寿	244
さむい	寒	450		梓	418		陪	438		聚	514
さむらい	侍	265		紫	428		随	476		樹	533
さめ	鮫	543		獅	493	したしい	親	536		嬬	538
さめる	冷	239		詩	499	シチ	七	14	シュウ	収	145
	覚	472		雌	502		室	329		舟	226
	醒	536		飼	503	シツ	執	412		周	266
さら	皿	177		髭	531		蛭	472		宗	273
	更	234		贄	547		漆	507		岫	281

親字音訓ガイド

	拾	333		助	240		譲	553		諏	528
	柊	338		舒	470		饒	554		藪	546
	洲	340		鋤	529	じょう	允	108	す	巣	414
	秋	352	ショウ	小	79	しょうぶ	菖	431		酢	475
	修	364		井	102	ショク	色	226	ズ	途	395
	袖	394		正	165		埴	412		厨	446
	執	412		生	169		植	462		頭	537
	揖	457		庄	213		殖	464	スイ	水	131
	萩	471		床	246		飾	503		吹	241
	集	476		尚	274		織	543		垂	270
	嵩	482		承	283	しらせる	報	449		推	416
	楢	490		昌	284	しらべる	検	462		椎	463
	聚	514		松	285	しり	尻	151		翠	514
	鍬	541		沼	296	しりぞく	退	360		穂	526
	蹴	551		青	318	しる	知	302		燧	539
	鷲	556		咲	326		識	551	ズイ	随	476
ジュウ	十	26		相	347	しるし	印	194		瑞	493
	廿	120		荘	358	しるす	識	551	スウ	崇	414
	住	237		将	373	しろ	白	174		嵩	482
	拾	333		祥	389		城	327		数	485
	柔	336		称	389	しろがね	銀	515	すう	吸	198
	重	360		笙	427	シン	心	120	すえ	末	164
	渋	420		菖	431		身	260		陶	437
シュク	叔	266		勝	459		辛	262	すがた	姿	329
	祝	348		椒	463		辰	262	すき	鋤	529
	宿	414		焼	466		信	320	すぎ	杉	248
ジュク	熟	525		装	472		津	344	すくも	穭	534
シュツ	出	138		象	472		神	348	すぐれる	卓	266
ジュツ	戌	214		聖	496		真	387	すけ	佐	234
シュン	春	334		蛸	498		秦	390	すげ	菅	431
	隼	397		摺	505		針	396	すじ	筋	468
	馴	503		樟	524		深	420	すず	鈴	501
	駿	542		箱	526		森	462		鱸	535
ジュン	盾	347		請	529		寝	482	すずき	鱸	557
	隼	397		賞	529		新	485	すすぐ	雪	438
	淳	420		餉	530		榛	506	すずめ	雀	438
	順	477		錆	536		槙	506	すすめる	勧	480
	楯	489		篠	540		請	529	すたれる	廃	452
	潤	524		鯖	552		親	536	すな	砂	348
ショ	処	138		鐘	553	ジン	人	20	すなわち	乃	15
	疋	174	ジョウ	上	40		仁	107	すべて	総	513
	初	239		成	213		壬	113	すべる	滑	491
	杵	284		定	273		甚	346	すみ	角	255
	咀	322		乗	320		神	348		炭	346
	書	377		城	327		荏	355		隅	476
	渚	420		浄	341		秦	390		墨	519
	舒	470		常	414		陣	396	すむ	住	237
	黍	480		盛	425					棲	463
	緒	513		畳	467	【す】				澄	524
	諸	528		筬	496				すめらぎ	皇	347
ジョ	女	78		静	517	ス	素	392	する	摺	505
	如	204		縄	526		須	478		摩	520

(17)

親字音訓ガイド

すわる	座	376	ゼツ	絶	470		荘	358	それ		其	266
スン	寸	78	ぜに	銭	515		倉	365	ソン		村	249
			せまい	狭	346		桑	378			栫	383
【せ】			せまる	迫	306		笊	391			尊	452
			せり	芹	253		巣	414			巽	452
セ	世	136	セン	千	52		掃	416			損	485
	勢	480		川	93		曽	417			樽	533
せ	背	355		仙	137		笙	427				
	畝	387		先	194		惣	457	**【た】**			
	瀬	549		尖	212		湊	466				
ゼ	是	335		串	234		装	472	タ		太	114
セイ	井	102		宣	330		僧	480			多	202
	世	136		専	330		槍	506			詫	499
	正	165		染	336		総	513			鉈	502
	生	169		泉	341		綜	514			駄	518
	成	213		浅	342		箱	526	た		田	171
	西	228		洗	344		操	532	ダ		打	159
	斉	283		扇	377		甑	533			蛇	432
	青	318		栫	383		霜	542			駄	518
	政	334		船	429		藪	546	タイ		大	57
	星	335		釧	437		竈	554			太	114
	清	421		戦	485		造	394			代	137
	盛	425		銭	515	ゾウ	象	472			台	148
	棲	463		撰	520		増	504			対	244
	犀	467		潜	524		雑	517			苔	305
	勢	480		箭	526		蔵	527			待	332
	歳	491		賤	529	そうじて	惣	457			退	360
	筮	496	ゼン	前	322	そえる	添	423			帯	375
	聖	496		善	446	そぎ	枌	293			泰	384
	蜻	515		然	466	ソク	束	249			袋	433
	静	517		禅	494		足	260			碓	494
	請	529		膳	529		息	377			乃	15
	醒	536		膳	534	ダイ	大	57			大	57
	錆	536	ぜん	膳	534		内	111				
	臍	543					代	137				
	鯖	552	**【そ】**				台	148				
	背	355					醍	536				
せい	夕	56	ソ	疋	174	ソツ	卒	266	たいら		平	154
セキ	石	179		俎	322		率	425	たえ		妙	243
	汐	218		祖	352	そで	袖	394			栲	383
	赤	257		素	392	そと	外	151	たえる		絶	470
	席	375		曽	417	そなえる	備	265	たか		鷹	557
	寂	414		鼡	503		具	444	たかい		高	399
	跡	500		蘇	550	その	其	266			嵩	482
せき	堰	447	ソウ	双	113		園	480	たから		宝	274
	関	516		壮	202	そばめ	嬬	538	たき		滝	491
セツ	切	112		早	214	そま	杣	250	タク		宅	210
	折	248		岬	219	そむく	背	355			択	248
	設	433		走	259		韋	361			沢	251
	雪	438		宗	273	そめる	染	336			卓	266
	摂	485		相	347	そら	空	302			度	331
	節	496		草	357	そる	反	113	たけ		竹	221

親字音訓ガイド

	嶽	538	ためる	溜	492	ちち	乳	264	ツウ	通	394
たけし	武	294	たもつ	保	321	チツ	秩	390		痛	468
たこ	蛸	498	たより	便	321	ちなむ	因	200	つか	柄	338
たす	足	260		頼	537	チャ	茶	358		塚	447
たすける	佐	234	たる	樽	533	ちゃ	茶	358	つがい	栂	337
	助	240	たるき	椽	419		茗	360	つがい	番	467
	祐	352	たれ	垂	270	チャク	着	468	つき	月	127
	掖	416		戯	520		箸	512		槻	524
ただ	只	149	たわむれる			チュウ	丑	95	つぎ	次	217
たたかう	戦	485	たわら	俵	365		中	96	つく	附	317
	闘	549	タン	丹	102		仲	192		着	468
ただし	但	238		反	113		虫	227	つぐ	継	496
ただしい	正	165		但	238		沖	250	つくえ	机	216
ただす	糺	251		段	339		忠	282	つくだ	佃	238
ただちに	直	302		炭	346		冑	322	つくる	作	237
たたみ	畳	467		胆	355		昼	331		造	394
ダチ	達	474		淡	423		厨	446	つける	付	138
たちばな	橘	532		湍	466		鋳	529	つじ	辻	187
タツ	達	474		歎	507	チョ	猪	424	つづみ	鼓	503
	瀨	550		端	512		箸	512	つたわる	伝	193
たつ	立	186		壇	531		緒	513	つち	土	54
	辰	262		檀	538	チョウ	丁	15		坤	270
	竜	390		鍛	541		町	251	つつ	筒	469
	断	417	ダン	団	201		長	309	つつみ	堤	449
	裁	472		男	251		重	360	つどう	集	476
ダツ	瀨	550		段	339		釣	437	つな	綱	513
たっとぶ	尊	452		断	417		頂	438	つなぐ	繋	541
たつみ	巽	452		弾	452		鳥	439	つね	恒	333
たて	盾	347		壇	531		塚	447		常	414
	楯	489		檀	538		朝	460	つの	角	255
	蓼	514		灘	554		畳	467	つばき	椿	489
たていと	経	427					超	474	つばめ	燕	533
たてる	建	331	【ち】				銚	515	つぶ	皀	251
たとえる	例	265					澄	524		粒	427
たな	棚	463	チ	地	201		潮	524	つぼ	坪	270
たに	谷	256		池	218	チョク	直	302		壺	449
たぬき	狸	386		治	296		勅	323	つま	妻	271
たね	種	512		知	302	ちる	散	457	つめたい	冷	239
たのしい	楽	489		値	365	チン	沈	251	つよい	強	416
たのしむ	娯	369		致	393		枕	293	つら	面	361
たのむ	頼	537		智	458		珍	346	つらい	辛	262
たのもしい	頼	537		稚	495		砧	389	つらなる	連	395
たば	束	249		置	496		椿	489	つらぬく	貫	433
たび	度	331		雉	502		鎮	548	つる	釣	437
たま	玉	167		千	52					鶴	554
	珠	387		血	227	【つ】			つるぎ	剣	366
	球	425	ちいさい	小	79				つるべ	鑵	557
	弾	452	ちかい	近	262	ツ	都	433			
	霊	530	ちかし	邇	547		津	344	【て】		
たまう	給	470	ちぎる	契	329	ツイ	対	244			
	飫	503	チク	竹	221		追	360	て	手	122
ため	為	345		筑	468		椎	463	テイ	丁	15
				築	534						

(19)

親字音訓ガイド

	定	273		東	288	どの		殿	491	なだ		洋	345
	底	281		唐	367	とばり		帷	416			灘	554
	帝	320		島	374	とび		鳶	518	なつ		夏	369
	貞	360		桐	378	とぶ		飛	362	なつかしい		懐	532
	庭	376		桃	382	とまる		泊	297	なでる		撫	520
	砥	389		納	392	とむ		富	411	など		等	469
	釘	396		兜	411			留	387	ななつ		七	14
	堤	449		桶	418	とめる		友	113	ななめ		斜	417
	渟	466		陶	437	とも		鞆	518	なに		何	234
	程	468		塔	449			巴	120	なべ		鍋	541
	碇	494		棟	463	ともえ		灯	220	なみ		並	264
デイ	泥	296		湯	464	ともしび		倶	364			波	296
テキ	的	301		登	468	ともに		虎	306			浪	386
	荻	393		等	469	とら		鳥	439	なみだ		涙	386
	笛	427		答	469	とり		取	266	なめしがわ		韋	361
	適	515		筒	469	とる		執	412	なめらか		滑	491
テツ	鉄	501		嶋	504			採	416	なら		楢	490
てら	寺	210		樋	506	どろ		泥	296	ならべる		並	264
でる	出	138		稲	509	トン		敦	457	なり		也	52
テン	天	115		頭	537	とんび		鳶	518	なる		成	213
	添	423		藤	543	とんぼ		蜻	515	なれる		馴	503
	淀	424		闘	549					なわ		縄	526
	殿	491		鐙	553					ナン		南	323
	槙	506	とう	問	411	【な】						楠	490
	鎮	548	ドウ	洞	345							難	548
	纏	554		動	411	ナ		那	263				
デン	田	171		堂	412			奈	270	【に】			
	伝	193		童	468	な		名	199				
	佃	238		道	474			菜	431	ニ		二	16
	淀	424		銅	516	ナイ		乃	15			仁	107
	殿	491		導	519			内	111			尼	151
			とうげ	峠	331	ない		無	466			児	239
			とうとい	尊	452	なえ		苗	305			邇	547
【と】				貴	473	なおす		直	302	に		丹	102
				十	26	なか		中	96			荷	393
ト	斗	123	とお					仲	192	にえ		贄	547
	吐	199	とおい	遠	501	ながい		永	165	にお		鳰	503
	兎	265	とおす	通	394			長	309	にし		西	228
	途	395	とがる	尖	212	なかば		半	144	にしき		錦	536
	都	433	とき	鴇	531	なかれ		勿	113	にじゅう		廿	120
	渡	464	トク	得	416			莫	393	にしん		鰊	554
	登	468		徳	505	ながれる		流	386	ニチ		日	123
	菟	470		犢	550	なぎさ		渚	420	になう		荷	393
と	戸	120	とこ	床	246	なく		泣	296	ニュウ		入	20
ド	土	54	ところ	処	138			哭	368			廿	120
	奴	151	とし	年	212			鳴	518			乳	264
	度	331		歳	491	なげく		歎	507			柔	336
といし	砥	389	とち	栃	337	なげる		投	248	ニョ		如	204
トウ	刀	26	とどまる	留	387	なごむ		和	267	ニョウ		尿	244
	冬	150		淳	466	なし		梨	419			饒	554
	当	213	とどろく	轟	554	なす		為	345	にら		韮	477
	灯	220	となえる	称	389	なた		鉈	502	にわ		庭	376
	投	248	との	殿	491								

(20)

親字音訓ガイド

にわとり	鶏	552		杷	292	はしばみ	榛	506		飯	479
ニン	人	20		波	296	はじまる	始	272		幡	519
	仁	107		破	389	はじめて	初	239		繁	534
	壬	113		播	520	はしる	走	259		藩	545
	忍	247		覇	551	はす	蓮	498	バン	万	47
	荏	355	は	葉	471	はずむ	弾	452		判	239
			バ	芭	254	はた	畑	346		板	292
【ぬ】				馬	397		旗	506		曼	418
ヌ	奴	151		婆	413		幡	519		晩	458
ぬか	糠	540	ハイ	拝	283		機	532		番	467
ぬの	布	153		背	355	はたけ	畑	346		磐	525
ぬま	沼	296		俳	365		畠	387		蕃	527
				廃	452	ハチ	八	21		鐇	554
【ね】				稗	512		鉢	501	はんのき	榿	507
ネ	禰	543		灰	220	はち	蜂	498			
ね	値	365	はい	皿	177		鉢	501	**【ひ】**		
	根	379	バイ	売	243	ハツ	発	346	ヒ	比	130
ねがう	願	552		貝	257	はつ	初	239		彼	282
ねこ	猫	425		梅	382	バツ	筏	469		枇	293
ねずみ	鼠	503		陪	438	はと	鳩	503		肥	303
ネツ	熱	525		楳	490	はな	花	252		毘	339
ねる	寝	482		入	20		華	393		飛	362
	練	514		栄	335		鼻	519		被	394
ネン	年	212	はいる	墓	482	はなつ	放	283		悲	457
	念	282	はえる	袴	433	はなはだしい	甚	346		斐	458
	然	466	はか	萩	471	はなぶさ	英	303		琵	467
			はかま	白	174	はなやか	華	393		辟	501
【の】			はぎ	伯	238	はなれる	離	552		榧	507
の	乃	15	ハク	泊	297	はなわ	塙	482		碑	509
	之	102		狛	301	はに	埴	412		日	123
	野	434		迫	306	はね	羽	224		火	133
ノウ	納	392		柏	337	はねつるべ	桔	378		灯	220
	能	392		栢	377	ばば	婆	413		陽	476
のこぎり	鋸	536		粕	427	ははそ	柞	339		樋	506
のぞむ	望	418		博	445	はま	浜	384		尾	245
のたまう	宣	330	はく	薄	535	はやい	早	214		弥	282
のち	後	332		吐	199	はやし	林	293		枇	293
のばす	延	281		掃	416	はやぶさ	隼	397		毘	339
のびる	延	281		履	519	はら	原	366		眉	348
のべる	舒	470	バク	麦	264		腹	497		美	354
のぼる	上	40		莫	393	はらう	払	159		梶	418
	登	468		博	445	はり	針	396		備	444
のり	紀	353		幕	483		梁	419		琵	467
のる	乗	320		化	105	はる	春	334		鼻	519
のろし	燧	539	ばける	函	266	ハン	反	113	ひいでる	英	303
			はこ	筥	496		半	144	ひいらぎ	柊	338
【は】				箱	526		判	239	ひうち	燧	539
ハ	巴	120	はこぶ	運	474		坂	241	ひえ	稗	512
	芭	254	はし	端	512		板	292	ひえる	冷	239
				箸	512		扁	333	ひがし	東	288
				橋	532		斑	457	ひかる	光	194
			はじかみ	椒	463						

親字音訓ガイド

ひき	疋	174		博	445	ふじ	藤	543	へる	経	427
ひきいる	率	425	ひろう	拾	333	ふす	臥	303	ヘン	片	133
ひく	引	120	ヒン	品	326	ふすま	衾	394		扁	333
	曳	214		浜	384	ふせぐ	防	264		遍	475
	牽	424		便	321	ふせる	伏	193		蝙	528
	弾	452	ビン	敏	377	ふた	双	113	ベン	弁	158
ひげ	須	478		瓶	425	ふだ	札	162		便	321
	髭	531				ふたつ	二	16			
ひこ	彦	331	【ふ】				両	187	【ほ】		
ひざ	膝	527				ふち	淵	424			
ひさご	瓢	533	フ	不	95		縁	526	ホ	保	321
ひさしい	久	50		夫	120	フツ	払	159		浦	383
ひし	菱	432		付	138	ブツ	仏	108		畝	387
ひじり	聖	496		布	153		勿	113		補	472
ひそむ	潜	524		府	281		物	300		蒲	497
ひたい	額	548		附	317	ふとい	太	114	ボ	穂	526
ひだり	左	151		浮	385	ふところ	懐	532		莫	393
ひつ	櫃	543		釜	395	ふね	舟	226		菩	432
ひつじさる	坤	270		富	411		船	429	ホウ	墓	482
ひと	人	20		婦	413	ふみ	文	123		方	123
	仁	107		富	450		史	148		芳	254
ひとしい	斉	283		普	458	ふやす	殖	464		宝	274
	等	469		敷	520	ふゆ	冬	150		放	283
ひとつ	一	11		不	95	ふるい	古	146		法	297
	壱	243	ブ	分	112		旧	159		峰	375
ひのき	桧	383		武	294	ふるさと	郷	433		峯	375
	檜	538		部	434	フン	分	112		逢	394
ひびく	響	553		無	466		粉	293		報	449
ひめ	姫	369		撫	520		粉	391		棚	463
ヒャク	百	220		舞	527		糞	540		蓬	498
	栢	377		蕪	528	ブン	分	112		蜂	498
ヒュウ	皀	251		鵡	549		文	123		豊	499
ヒョウ	氷	167		風	362		聞	514		飽	503
	兵	239		梵	420					部	514
	坪	270		笛	427	【へ】				鳳	518
	表	306	ふえ	笙	427					鵠	531
	俵	365		増	504	ヘイ	平	154	ボウ	卯	145
	標	524	ふえる	深	420		兵	239		牟	220
	瓢	533	ふかい	伏	193		並	264		坊	242
ビョウ	苗	305	フク	服	284		坪	270		防	264
	屏	331		福	494		屏	331		房	283
	猫	425		腹	497		柄	338		茅	304
	廟	520		吹	241		瓶	425		栫	383
ヒョク	皀	251	ふく	瓢	533		米	223		畝	387
ひら	平	154	ふくべ	袋	433	ベイ	茗	360		望	418
ひらく	開	475	ふくろ	老	225	ヘキ	辟	501		棒	463
	辟	501	ふける	更	234		碧	509		鉾	516
ひらたい	扁	333		房	283		臍	543	ホク	北	140
ひる	昼	331	ふさ	総	513	ヘツ	別	239	ボク	木	128
	蛭	472	ふさぐ	塞	481	ベに	紅	353		牧	300
ひろい	広	157	ふし	節	496	へび	蛇	432		墨	519
	弘	159				へり	縁	526		穆	534

(22)

親字音訓ガイド

ほこ		桙	383	また		亦	187	みち		途	395	むすぶ		結	470
		鉈	502	まだら		斑	457			道	474	むっつ		六	109
		鉾	516	まち		町	251	みちびく		導	519	むなしい		虚	432
ほし		星	335	マツ		末	164	みちる		満	466	むね		宗	273
ほしい		欲	420	まつ		松	285	みっつ		三	33			胸	392
ほぞ		臍	543			待	332	みどり		碧	509			棟	463
ほそい		細	428	まつりごと		政	334			緑	514	むら		村	249
ボツ		勿	113	まと		的	301			翠	514			邑	264
ほっする		欲	420	まとう		纏	554	みな		皆	347	むらさき		紫	428
ほど		程	468	まないた		俎	322	みなしご		孤	329	むろ		室	329
ほとけ		仏	108	まなこ		眼	426	みなと		港	464					
ほね		骨	399	まなぶ		学	272	みなみ		南	323	**【め】**				
ほのお		炎	299	まぬかれる		免	265	みなもと		源	491				
ほまれ		誉	499	まもる		守	210	みね		岬	281	メ		米	223
ほめる		賞	529			衛	536			峰	375	め		目	177
		讃	555			護	553			峯	375	メイ		名	199
ほら		洞	345	まゆ		眉	348			嶺	538			明	284
ほり		堀	413	まゆみ		檀	538			蓑	498			茗	360
ホン		本	162	まり		鞠	542	みの		蓑	498			銘	516
ボン		梵	420	まる		丸	48	みのる		実	273			鳴	518
					丸	48	みみ		耳	225	めぐむ		恵	376
【ま】			まるい		円	110	みや		宮	370	めし		飯	479
			まわり		周	266	みやこ		京	265	めす		辟	501
マ		麻	442	まわる		回	201			都	433			雌	502
		摩	520			廻	331	みやびやか		雅	502	めずらしい		珍	346
		磨	533	マン		万	47	ミョウ		名	199	メン		免	265
ま		間	476			曼	418			妙	243			面	361
マイ		米	223			満	466			明	284			綿	514
		妹	272			儘	553			苗	305					
		枚	293							茗	360	**【も】**				
		埋	368	**【み】**					猫	425				
		舞	527						みる		見	254	モ		茂	306
まう		前	322	ミ		味	267			観	546	モウ		毛	131
まえ		前	322			弥	282								望	418
まがき		籬	557			眉	348	**【む】**						網	514
まき		牧	300	み		身	260					もうける		設	433
		槙	506			実	273	ム		牟	220	モク		木	128
マク		幕	483			箕	512			武	294			目	177
まく		巻	331	みか		甕	543			無	466			穆	534
		蒔	498	みがく		磨	533			夢	482	もく		杢	249
		播	520	みかど		帝	320			鉾	516	もぐる		潜	524
まくら		枕	293	みぎ		右	145			蕪	528	モチ		勿	113
まげる		曲	214	みさお		操	532			鵡	549			憶	539
まこと		真	387	みささぎ		陵	438			霧	552	もち		用	170
まこも		菰	431	みず		水	131	むかう		向	198	もちいる		物	300
まさに		将	373			瑞	493	むぎ		麦	264	モツ		持	459
まさる		勝	459	みずうみ		湖	464	むく		椋	463	もっとも		最	459
まじわる		交	187	みずから		自	225	むくいまつる		賽	541	もっぱら		専	330
ます		枡	294	みずのえ		壬	113	むくいる		報	449	もと		元	108
		益	387	みぞ		溝	491	むし		虫	227			本	162
		桝	419	みたまや		廟	520	むじな		貉	346			素	392
		増	504	みだれる		乱	234	むずかしい		難	548	もとづく		基	411
まず		先	194										もとめる		求	250

(23)

親字音訓ガイド

もどる	戻	248	やわらぐ	和	267	よ	世	136	【ら】		
もの	物	300		穆	534		代	137	ラ	羅	550
ものいみ	斎	417					夜	270	ライ	礼	185
もも	百	220	【ゆ】			よい	吉	195		来	249
	桃	382					好	204		雷	502
もり	森	462	ユ	油	299		良	252		頼	537
もる	盛	425		瑜	493		善	446		瀬	549
もろもろ	諸	528		諭	536		義	496	ラク	落	471
モン	文	123	ゆ	湯	464		嘉	504		楽	489
	門	314	ユウ	友	113	ヨウ	用	170	ラン	乱	234
	問	411		右	145		洋	345		嵐	452
	聞	514		由	173		要	360		藍	541
				有	215		涌	386		蘭	550
【や】				邑	264		桶	418			
				岫	281		揚	457	【り】		
ヤ	也	52		勇	323		揺	457			
	夜	270		宥	330		湧	466	リ	利	240
	耶	355		柚	339		葉	471		里	264
	野	434		祐	352		陽	476		狸	386
	爺	492		涌	386		楊	491		梨	419
や	矢	178		揖	457		腰	497		裏	499
	弥	282		湧	466		踊	515		履	519
	屋	330		遊	475		養	530		鯉	549
	家	370		雄	476		鷹	557		離	552
やかた	舘	535		楢	490		浴	386		籠	557
	館	537		熊	508	ヨク	欲	420	リク	六	109
ヤク	赤	187		夕	56		檍	539		陸	438
	益	387	ゆえ	故	333		能	392		蓼	514
	薬	535	ゆか	床	246	よくする	横	521	リツ	立	186
	鑰	557	ゆき	雪	438	よこ	由	173		栗	378
やく	焼	466	ゆく	之	102	よし	装	472		率	425
やしなう	養	530		行	227	よそおう	四	149	リュウ	立	186
やしろ	社	251		往	282	よっつ	淀	424		柳	338
やすい	安	204	ゆず	柚	339	よどむ	米	223		流	386
	康	416	ゆする	揺	457	よね	呼	266		琉	387
	廉	483	ゆずる	禅	494	よぶ	蘇	550		留	387
やすむ	休	192		譲	553	よみがえる	蓬	498		竜	390
やつ	奴	151	ゆたか	豊	499	よもぎ	因	200		笠	426
やっこ	奴	151		饒	554	よる	夜	270		粒	427
やっつ	八	21	ゆび	指	333		寄	414		溜	492
やど	宿	414	ゆみ	弓	95	よろい	甲	170		榴	507
やな	梁	419	ゆめ	夢	482		冑	322		瑠	509
	簗	540	ゆるす	宥	330		鎧	547		瘤	525
やなぎ	柳	338		許	433	よろこぶ	怡	283	リョ	廬	549
	楊	491	ゆれる	揺	457		喜	446	リョウ	了	16
やぶ	藪	546					慶	520		両	187
やぶれる	破	389	【よ】				歓	524		良	252
やま	山	87				よろしい	宜	273		凌	366
やまと	倭	365	ヨ	与	48	よろず	万	47		梁	419
やみ	闇	542		余	238					猟	425
やり	槍	506		誉	499					菱	432
やわらかい	柔	336		飫	503					陵	438
				輿	541						

(24)

親字音訓ガイド

	椋	463		滝	491
	綾	512		朧	553
	蓼	514		籠	555
	領	518	ロク	六	109
	寮	519		鹿	441
	霊	530		緑	514
	嶺	538			
リョク	緑	514	**【わ】**		
リン	林	293			
	鈴	501	ワ	和	267
	輪	529		倭	365
			わ	輪	529
【る】			ワイ	隈	476
			わかい	若	304
ル	流	386	わかれる	別	239
	留	387	わき	脇	393
	瑠	509		掖	416
	榴	525	わきばさむ	掖	416
ルイ	涙	386	わきまえる	弁	158
			わく	涌	386
【れ】				湧	466
			わける	分	112
レイ	礼	185	わざ	業	489
	冷	239	わし	鷲	556
	戻	248	わた	綿	514
	例	265	わたくし	私	251
	涙	386	わたる	渡	464
	砺	389	わに	鰐	553
	鈴	501	わびる	詫	499
	領	518	わら	藁	541
	霊	530	わらび	蕨	528
	嶺	538	わらべ	童	468
	麗	552	わる	割	445
レキ	礫	553	わるい	凶	112
レン	恋	377		悪	416
	連	395	われ	吾	241
	廉	483		我	248
	蓮	498	ワン	椀	463
	練	514			
	鎌	547			
	鰊	554			

【ろ】		
ロ	芦	252
	炉	299
	廬	549
	蘆	550
	鷺	556
	鱸	557
ロウ	老	225
	浪	386
	狼	387

親字一覧

親字一覧

英字	3	才	95	火	133	玄	167	多	202	西	228
		【4画】		片	133	玉	167	夷	204		
ひらがな	3			牛	134	瓦	168	好	204	【7画】	
		丑	95	犬	135	甘	169	如	204		
カタカナ	7	不	95	王	135	生	169	安	204	更	234
		中	96			用	170	宇	208	串	234
【1画】		丹	102	【5画】		甲	170	守	210	乱	234
一	11	之	102			田	171	宅	210	位	234
乙	13	井	102	世	136	由	173	寺	210	何	234
		五	104	乎	137	甴	174	尖	212	伽	234
【2画】		化	105	仙	137	疋	174	年	212	佐	237
七	14	今	105	代	137	白	177	庄	213	作	237
丁	15	仁	107	付	138	皿	177	式	213	住	238
乃	15	仏	108	処	138	目	178	当	213	但	238
九	16	允	108	出	139	矢	179	成	213	佃	238
了	16	元	108	加	140	石	185	戌	214	伯	238
二	20	公	109	北	144	礼	185	旭	214	余	239
人	20	六	109	半	145	穴	186	早	214	児	239
入	21	円	110	卯	145	立	187	曳	214	兵	239
八	26	内	111	去	145	辻	187	曲	215	冷	239
刀	26	凶	112	収	145			有	216	初	239
十	26	刈	112	右	145	【6画】		機	216	判	239
		切	112	可	146			朽	216	別	240
【3画】		分	112	叶	146	両	187	朱	217	利	240
下	28	勾	112	古	148	交	187	次	217	助	240
三	33	勿	113	史	148	赤	187	気	217	医	240
上	40	午	113	台	149	伊	191	汲	217	君	240
万	47	双	113	只	149	仮	191	江	218	呉	241
与	48	反	113	四	150	会	192	汐	218	吾	241
丸	48	友	113	冬	151	企	192	池	220	吹	241
久	50	壬	113	外	151	伎	192	灰	220	囲	241
也	52	太	114	奴	151	休	192	灯	220	坂	242
千	52	天	115	尻	151	仰	193	牟	220	坊	243
口	54	夫	120	尼	151	伝	193	瓜	220	壱	243
土	54	巴	120	巨	151	伏	194	百	221	売	243
夕	56	廿	120	左	152	光	194	竹	223	妙	244
大	57	引	120	市	153	先	194	米	223	孝	244
女	78	心	120	布	154	刑	194	糸	224	宍	244
寸	78	戸	120	平	157	印	195	羽	225	寿	244
小	79	手	122	弁	158	各	195	考	225	対	244
山	87	支	122	弘	159	吉	198	老	225	尿	245
川	93	文	123	打	159	吸	198	耳	225	尾	245
己	95	斗	123	払	159	向	199	自	226	岐	246
弓	95	方	123	旧	159	合	199	臼	226	床	246
		日	123	札	162	吐	199	舟	226	形	246
		月	127	本	162	名	200	色	227	応	246
		木	128	末	164	因	201	芋	227	快	246
		欠	130	正	165	回	201	艸	227	忌	246
		比	130	永	165	団	201	虫	227	志	247
		毛	131	氷	167	在	202	血	227	忍	248
		水	131			地	202	行	228	我	248
						社	202	衣	228	戻	248

(29)

親字一覧

折	248	乳	264	房	283	若	304	度	331	発	346
択	248	京	265	押	283	苔	305	廻	331	皆	347
投	248	侍	265	承	283	苗	305	建	331	皇	347
改	248	例	265	拝	283	茂	306	彦	331	県	347
杉	248	兎	265	放	283	虎	306	後	332	盾	347
束	249	免	265	斉	283	表	306	待	332	相	347
村	249	具	266	於	283	迫	306	恒	333	眉	348
杢	249	其	266	昆	284	采	306	思	333	砂	348
来	249	函	266	昌	284	金	309	扁	333	祝	348
杣	250	卒	266	明	284	長	314	指	333	神	348
沖	250	卓	266	服	284	門	315	持	333	祖	352
求	250	取	266	杵	284	阿	317	拾	333	祐	352
沙	250	叔	266	杭	285	附	317	故	333	秋	352
沢	251	呼	266	枝	285	雨	318	政	334	笈	353
沈	251	咋	266	松	288	青		春	335	紀	353
男	251	周	267	東	292			是	335	紅	354
町	251	味	267	杷	292	**【9 画】**		星	335	美	355
皂	251	和	269	板	293			栄	335	耶	355
社	251	国	270	枇	293	乗	320	柿	336	胡	355
私	251	坤	270	枚	293	帝	320	枯	336	胆	355
礼	251	垂	270	枕	293	信	320	柴	336	背	355
良	252	坪	270	林	293	便	321	柔	336	茨	355
芦	252	夜	270	枌	293	保	321	染	336	荏	356
花	252	奈	270	枡	294	俎	322	栂	337	荊	356
芥	253	妻	271	武	294	冑	322	栃	337	荒	357
芹	253	始	272	泳	295	冠	322	柏	337	草	358
芸	253	姉	272	河	295	前	322	柊	338	荘	358
芝	254	妹	272	泣	296	勅	323	柄	338	茶	360
芭	254	学	272	治	296	勇	323	柳	338	茗	360
芳	254	官	273	沼	296	南	323	柚	339	要	360
見	255	宜	273	泥	296	厚	326	枳	339	貞	360
角	256	実	273	泊	297	咲	326	柞	339	軍	360
言	256	宗	273	法	297	品	326	段	339	逆	360
谷	257	定	274	油	299	咸	327	毘	339	退	360
貝	257	宝	274	炎	299	垣	327	海	340	追	360
赤	259	尚	275	炉	299	城	329	活	340	重	361
走	260	居	275	物	300	契	329	洲	340	面	361
足	260	岡	276	牧	300	姥	329	浄	341	革	361
身	261	岸	277	狐	300	姿	329	泉	341	韋	361
車	261	岩	277	狛	301	姨	329	浅	342	音	362
辛	262	岬	281	画	301	孤	329	洗	344	風	362
辰	262	幸	281	的	301	客	329	津	344	飛	364
近	262	庚	281	直	302	室	330	洞	345	首	364
那	263	底	281	知	302	宥	330	洋	345	香	364
邑	264	府	281	祇	302	宣	330	為	345		
里	264	延	281	空	302	専	330	炭	346	**【10 画】**	
防	264	弥	282	肥	303	昼	330	狭	346	俱	364
麦	264	往	282	臥	303	屋	331	狩	346	借	364
		彼	282	英	303	峠	331	狢	346	修	364
【8 画】		忠	282	茅	304	巻	331	珍	346	倉	365
並	264	怡	283	苣	304			甚	346	値	365
								畑			

親字一覧

俳	365	栫	383	途	395	斎	417	菱	432	壺	449
俵	365	殺	383	連	395	斜	417	菩	432	奥	450
倭	365	浦	383	郡	395	断	417	虚	432	寒	450
兼	366	酒	384	釜	395	曽	417	蛇	432	富	450
凌	366	泰	384	針	396	曼	418	袈	433	尊	452
剣	366	浜	384	釘	396	望	418	袴	433	嵐	452
原	367	浮	385	院	396	梓	418	袋	433	巽	452
唐	368	涌	386	陣	397	桶	418	許	433	廃	452
哭	368	浴	386	隼	397	梶	418	設	433	弾	452
埋	368	流	386	馬	399	椛	419	貫	433	御	452
夏	369	涙	386	骨	399	桝	419	郭	433	惣	457
娯	369	浪	386	高	399	梨	419	郷	433	悲	457
姫	369	烏	386	鬼	407	梁	419	都	433	揖	457
家	370	狸	386			椛	419	部	434	揚	457
宮	370	狼	387	【11画】		梵	420	釈	434	揺	457
射	373	珠	387	乾	408	欲	420	野	434	散	457
将	373	琉	387	亀	408	渋	420	釧	437	敦	457
島	374	畝	387	側	410	淳	420	釣	437	斑	457
峰	375	畠	387	偕	410	渚	420	陰	437	斐	458
峯	375	留	387	兜	411	深	421	陶	437	暁	458
差	375	益	387	冨	411	淡	423	陪	438	景	458
帰	375	真	387	勘	411	添	423	陸	438	晩	458
師	375	砥	389	動	411	淵	424	陵	438	普	458
席	375	砺	389	問	411	淀	424	雀	438	最	459
帯	375	破	389	基	411	牽	424	雫	438	勝	459
座	376	祥	389	埼	412	猪	425	雪	438	朝	460
庭	376	称	389	埴	412	猫	425	頂	438	検	462
恩	376	秦	390	堀	412	猟	425	魚	439	植	462
恐	376	秩	390	堂	413	率	425	鳥	441	森	462
恭	376	竜	391	婆	413	球	425	鹿	442	棲	463
恵	376	笊	391	婦	413	瓶	425	麻	442	棚	463
悟	377	粉	391	寄	414	産	425	黄	443	椎	463
息	377	紙	391	寂	414	畦	425	黒	443	棟	463
恋	377	素	392	宿	414	盛	425			棒	463
扇	377	納	392	崎	414	眼	426	【12画】		椋	463
敏	377	翁	392	崇	414	笠	426	傘	444	椀	463
晒	377	胸	392	巣	414	笹	426	備	444	椒	463
書	377	能	392	常	416	笛	427	割	445	椥	464
格	377	脇	392	帷	416	笙	427	博	445	欽	464
栢	378	致	393	庵	416	粕	427	厩	446	殖	464
桔	378	荻	393	康	416	粒	427	厨	446	渥	464
桐	378	荷	393	得	416	経	427	喜	446	温	464
栗	378	華	393	悪	416	細	428	喰	446	湖	464
桑	379	莫	393	掛	416	紫	428	善	446	港	464
桂	379	袖	394	採	416	船	429	堰	447	滋	464
根	379	被	394	掃	416	葛	430	堅	447	渡	464
桜	380	衾	394	推	416	菊	430	堺	447	湯	464
桃	382	起	394	掩	416	菰	431	塚	449	満	464
梅	382	逢	394	掟	416	菜	431	堤	449	湊	466
桧	383	造	394	掃	417	菖	431	塔	449	湧	466
栲	383	通	394	教	417	菅	431	報	449	渭	466

(31)

親字一覧

湍	466	酢	475	楳	490	雌	502	網	514	権	523
渟	466	開	475	楊	491	雄	502	緑	514	樟	524
焼	466	間	476	歳	491	雷	502	練	514	槻	524
然	466	閑	476	殿	491	飼	503	翠	514	標	524
無	466	隔	476	滑	491	飾	503	聞	514	歓	524
犀	467	隈	476	源	491	飽	503	聚	514	潤	524
琴	467	随	476	溝	491	飫	503	蒟	514	澄	524
琶	467	陽	476	滝	491	馴	503	蓼	514	潜	524
畳	467	集	476	溜	492	鳩	503	蜻	515	潮	524
番	467	雄	476	爺	492	鳰	503	豪	515	熟	525
痛	468	雲	477	猿	492	鼓	503	踊	515	熱	525
登	468	韮	477	獅	493	鼠	503	適	515	瘤	525
着	468	順	477	瑞	493			銀	515	磐	525
程	468	須	478	瑜	493	【14画】		銭	515	穂	526
童	468	飯	479	碓	494			銚	515	箭	526
筋	468	黍	480	碇	494	猒	504	銅	516	箱	526
策	468			禁	494	嘉	504	鉾	516	緑	526
筑	468	【13画】		禅	494	境	504	銘	516	縄	526
等	469			福	495	増	504	関	516	膝	527
答	469	傾	480	稚	496	嶋	504	隠	517	舞	527
筒	469	僧	480	窟	496	徳	505	雑	517	蔵	527
筏	469	勧	480	節	496	摺	505	静	517	蕃	527
粟	469	勢	480	笘	496	旗	506	鞆	518	蕪	528
粥	470	園	480	筬	496	榎	506	領	518	蕨	528
絵	470	塩	481	継	496	榛	506	駄	518	蝦	528
給	470	塞	481	絹	496	槍	506	鳶	518	蝙	528
結	470	塙	482	置	496	槙	506	鳳	518	諸	528
絶	470	墓	482	義	496	樫	507	鳴	518	諏	528
舒	470	夢	482	聖	497	榴	507	墨	519	請	529
葦	470	寛	482	腰	497	歌	507	鼻	519	賞	529
萱	470	寝	482	腹	497	歎	507			賤	529
莵	471	嵯	482	蒲	498	漆	507	【15画】		輪	529
萩	471	嵩	482	蒔	498	熊	508			鋤	529
葉	471	幕	483	蓬	498	瑠	509	儀	519	鋳	529
落	471	廉	483	蕡	498	碑	509	嬉	519	霊	530
葯	472	愛	483	蓮	498	碧	509	寮	519	鞍	530
蛭	472	感	484	蛸	498	稲	509	導	519	餓	530
裁	472	慈	484	蜂	498	穀	512	履	519	餌	530
装	472	戦	485	蜆	499	種	512	幡	519	駒	530
補	472	摂	485	裏	499	稗	512	廟	519	髭	531
覚	472	損	485	詩	499	端	512	影	520	鴇	531
象	473	数	485	誉	499	管	512	慶	520		
賀	473	新	488	詫	499	箕	512	慧	520	【16画】	
貴	473	暗	489	豊	500	箸	512	戯	520		
越	474	楽	489	跡	501	綾	513	撰	520	叡	531
超	474	業	489	辟	501	綱	513	播	520	壇	531
軽	474	極	489	遠	501	緒	513	撫	520	懐	532
運	474	榊	489	鉄	501	総	513	摩	520	操	532
達	474	楯	489	鉢	501	綜	514	敷	521	機	532
道	474	椿	489	鈍	502	綿	514	横	523	橘	532
遍	475	楢	490	雅	502			樫	523	橋	532
遊	475	楠	490					樺	523		

親字一覧

樹	533	賽	541	蹴	551	鎚	557		
樽	533	輿	541	鏡	551				
燕	533	鍬	541	離	552	【27画】			
瓢	533	鍵	541	霧	552	鱸	557		
甑	533	鍛	541	願	552				
磨	533	鍋	541	鯨	552				
穎	534	闇	542	鯖	552				
穆	534	霞	542	鶏	552				
築	534	霜	542	麗	552				
穣	534	鞠	542						
繁	534	韓	542	【20画】					
膳	534	駿	542	巌	552				
興	534	鮫	543	礫	553				
舘	535	鴻	543	朧	553				
薄	535			護	553				
薬	535	【18画】		譲	553				
衛	536	櫃	543	鐘	553				
親	536	甕	543	鐙	553				
輸	536	襦	543	霰	553				
醒	536	織	543	響	553				
醍	536	臍	543	饅	553				
鋸	536	藤	543	鰐	553				
錦	536	藩	545	鰊	554				
錆	537	藪	546						
頭	537	観	546	【21画】					
頼	537	贅	547	灘	554				
館	537	遍	547	竈	554				
鮎	537	鎧	547	纏	554				
鴨	537	鎌	547	轟	554				
鴫	538	鎮	548	鐶	554				
		雛	548	饒	554				
【17画】		額	548	鶴	554				
厳	538	顕	549	鶯	555				
嬬	538	闘	549						
嶺	538	鯉	549	【22画】					
獄	538	鵜	549	籠	555				
檀	538	鵡	549	讃	555				
櫛	538								
檜	538	【19画】		【23画】					
檎	538	廬	549	鷲	556				
燧	539	瀬	549						
磯	539	犢	550	【24画】					
篠	540	獺	550	鷺	556				
簗	540	羅	550	鷹	557				
糠	540	蘇	550						
糞	540	蘭	550	【25画】					
繋	541	蘆	550	籬	557				
薩	541	蟹	551	鑰	557				
藍	541	蟻	551						
藁	541	覇	551						
		識	551						

(33)

遺跡・古墳よみかた辞典

英字・ひらがな・カタカナ

【S】

STV遺跡　えすてぃーぶいいせき　擦文時代
[所在地]北海道釧路市緑ケ丘16

【あ】

あうの松原　あうのまつばら
[所在地]兵庫県姫路市
[文]藤原長実『金葉和歌集 8』

あそび岡　あそびおか
[所在地]奈良県葛城市
[文]『大和名所和歌集』,『公任集』

あわでの浦　あわでのうら
[所在地]茨城県
[文]『八雲御抄』,『千載和歌集』

【い】

いたすけ古墳　いたすけこふん　5世紀中頃～後半頃
[所在地]大阪府堺市北区百舌鳥本町
[別]百舌鳥古墳群(いたすけ古墳・長塚古墳・収塚古墳・塚廻古墳・文珠塚古墳・丸保山古墳・乳岡古墳・御廟表塚古墳・ドンチャ山古墳・正楽寺山古墳・鏡塚古墳・善右ヱ門山古墳・銭塚古墳・グワショウ坊古墳・旗塚古墳・寺山南山古墳・七観音古墳)

いわや道　いわやみち　平安時代以降
[所在地]徳島県阿南市
[別]阿波遍路道(鶴林寺道・太竜寺道・いわや道・平等寺道)

【う】

うらみの滝　うらみのたき
[所在地]栃木県日光市
[文]芭蕉『おくのほそ道』

【え】

えぞ森古墳　えぞもりこふん　5世紀後半
[所在地]岩手県矢巾町大字藤沢　[史]県指定史跡(1957)

【お】

おいてけ堀　おいてけぼり
[所在地]東京都墨田区錦糸1-6 錦糸堀跡/墨田区横網/江東区亀戸
[文]徳田秋声『縮図』, 芥川龍之介『少年』

おうの河原　おうのかわら
[所在地]島根県益田市
[文]『八雲御抄』

おぐらの峰　おぐらのみね
[所在地]奈良県生駒郡三郷町
[文]『万葉集』

おつか様古墳　おつかさまこふん　5世紀後半
[所在地]岡山県岡山市北区津島福居2丁目
[別]塚の本古墳

おつぼ山神籠石　おつぼやまこうごいし　年代不詳(7世紀後半か)
[所在地]佐賀県武雄市橘町　[史]国指定史跡(1966)

おのえの宮　おのえのみや
[所在地]奈良県奈良市
[文]後鳥羽院『新古今和歌集 14』

おんぼう堀　おんぼうぼり
[所在地]東京都江東区
[文]鶴屋南北『東海道四谷怪談』

[5]**お玉ヶ池　おたまがいけ**
[所在地]東京都千代田区岩本町2-5　[史]都指定旧跡(1955)
[文]『誹風柳多留』
[別]お玉が池

[7]**お花山古墳群　おはなやまこふんぐん**　6世紀前半～7世紀
[所在地]山形県山形市大字青野字お花山

[9]**お城山古墳　おしろやまこふん**　古墳時代
[所在地]福井県福井市小羽町　[史]県指定史跡(1979)
[別]御城山古墳, 後山古墳

お春名古墳　おはんなこふん, おはるなこふん　古墳時代後期前半
[所在地]群馬県高崎市足門町　[史]市指定史跡(2005)
[別]オハンナ古墳, オ榛名古墳

お茶の水　おちゃのみず
[所在地]東京都千代田区神田駿河台, 文京区湯島
[文]『誹風柳多留』, 河竹黙阿弥『慶安太平記』
[別]御茶の水

お茶屋屋敷跡　おちゃややしきあと　慶長10年(1605)設置

[所在地]岐阜県大垣市赤坂町勝山　[史]県指定史跡（1976）

[11]**お亀石古墳　おかめいしこふん**　7世紀初頭
[所在地]大阪府富田林市中野
[別]新堂廃寺跡 附 オガンジ池瓦窯跡・お亀石古墳

お紬塚古墳　おつむぎずかこふん　6世紀前葉～中葉期
[所在地]千葉県袖ケ浦市神納字谷ノ台

[12]**お富士山古墳　おふじやまこふん**　5世紀中頃
[所在地]群馬県伊勢崎市安堀町799　[史]市指定史跡（1966）
[別]御富士山古墳

お歯黒溝　おはぐろどぶ
[所在地]東京都台東区千束
[文]樋口一葉『たけくらべ』
[別]鉄漿溝

[14]**お旗塚古墳　おはたずかこふん**　古墳時代前期
[所在地]栃木県さくら市狭間田

【か】

かって塚古墳　かってずかこふん　5世紀
[所在地]福岡県嘉麻市口春

かつ坂古墳　かつさかこふん　5世紀前半
[所在地]福島県須賀川市前田川字柳作

かね山古墳　かねやまこふん　6世紀後半
[所在地]埼玉県さいたま市桜区大字白鍬　[史]市指定史跡（1960）

かぶと塚古墳　かぶとずかこふん　6世紀～7世紀初頭
[所在地]埼玉県比企郡吉見町久米田

かめ塚古墳　かめずかこふん　5世紀頃
[所在地]宮城県岩沼市字かめ塚　[史]県指定史跡（1950）

からたち寺　からたちでら
[所在地]東京都文京区湯島
[文]森鴎外『雁』，夏目漱石『野分』

かろうと山古墳　かろうとやまこふん　6世紀
[所在地]神奈川県横須賀市長沢字四ッ田

かわらけ谷横穴墓　かわらけだにおうけつぼ　7世紀頃
[所在地]島根県安来市植田町字河原毛谷・字西谷

かわらけ谷横穴墓群　かわらけだにおうけつぼぐん　7世紀頃
[所在地]島根県安来市植田町字河原毛谷・字西谷

かんかん塚古墳　かんかんずかこふん　古墳時代前期
[所在地]山梨県甲府市下曽根町
[別]茶塚古墳

かんす塚古墳　かんすずかこふん　4世紀後半
[所在地]香川県観音寺市流岡町鹿隈
[別]鹿隈鑵子塚古墳

かんぶり穴横穴墓群　かんぶりあなおうけつぼぐん　古墳時代後期
[所在地]茨城県日立市川尻町字十王前
[別]かんぶり穴横穴群

かんぶり穴横穴群　かんぶりあなよこあなぐん　古墳時代後期
[所在地]茨城県日立市川尻町字十王前
[別]かんぶり穴横穴墓群

【き】

きょう塚古墳　きょうずかこふん　5世紀末
[所在地]福岡県飯塚市鹿毛馬

【く】

くま坂ざか　くまさかざか
[所在地]石川県加賀市
[文]芭蕉『卯辰集』

【け】

けぼ山古墳　けぼやまこふん　古墳時代中期
[所在地]香川県さぬき市津田町鶴羽

【げ】

げんべい山古墳　げんべいやまこふん　古墳時代終末期
[所在地]山口県光市室積字西之庄
[別]ゲンベイ山古墳

【こ】

こうじ山古墳　こうじやまこふん　5世紀後葉
[所在地]大阪府堺市北区百舌鳥西之町

こうもり塚古墳　こうもりずかこふん　6世紀後半
[所在地]岡山県総社市上林字皇塚　[史]国指定史跡（1968）
[別]蝙蝠塚古墳

こう峠口古墳　こうとうげぐちこふん　6世紀後葉
[所在地]岐阜県高山市国府町広瀬町鴻ノ宮　[史]県指定史跡（1956）
[別]広瀬鴻峠口古墳

こつかみの浦　こつかみのうら
[所在地]徳島県鳴門市木津？
[文]『後拾遺和歌集』

こぶケ谷戸祭祀遺跡　こぶがやとさいしいせき　古墳時代中期
[所在地]埼玉県児玉郡美里町猪俣字瘤ケ谷戸

【さ】

ささのくま檜隈川　ささのくまひのくまがわ
[所在地]奈良県高市郡明日香村
[文]『万葉集』

17**さ檜の隈　さひのくま**
[所在地]奈良県高市郡明日香村
[文]『万葉集』

【し】

しどめ塚（人見塚）　しどめずか（ひとみずか）　7世紀中葉
[所在地]群馬県高崎市本郷町1299-2　[史]県指定史跡（1963）
[別]しどめ塚古墳

しどめ塚古墳　しどめずかこふん　7世紀中葉
[所在地]群馬県高崎市本郷町1299-2
[別]しどめ塚（人見塚）

しら鳥の山　しらとりのやま
[所在地]滋賀県大津市
[文]香川景樹『桂園一枝』

【じ】

じょうべのま遺跡　じょうべのまいせき　平安時代初期，鎌倉時代初期
[所在地]富山県下新川郡入善町　[史]国指定史跡（1979）

【ぜ】

ぜんぶ塚古墳　ぜんぶずかこふん　5世紀前半
[所在地]茨城県石岡市大字東田中

【た】

たぬき塚古墳　たぬきずかこふん　6世紀末～7世紀前半
[所在地]滋賀県愛知郡愛荘町上蚊野

たれこやと横穴墓群　たれこやとおうけつぼぐん　古墳時代終末期
[所在地]神奈川県中郡大磯町虫窪小字たれこ谷戸
[別]たれこ谷戸横穴群，たれこ谷戸横穴墓群

たれこ谷戸西横穴群　たれこやとにしおうけつぐん　古墳時代終末期
[所在地]神奈川県中郡大磯町虫窪小字たれこ谷戸　[史]県指定史跡（1966）

たれこ谷戸横穴墓群　たれこやとおうけつぼぐん　古墳時代終末期
[所在地]神奈川県中郡大磯町虫窪小字たれこ谷戸
[別]たれこ谷戸横穴群，たれこやと横穴墓群

たれこ谷戸横穴群　たれこやとよこあなぐん　古墳時代終末期
[所在地]神奈川県中郡大磯町虫窪小字たれこ谷戸
[別]たれこ谷戸横穴墓群，たれこやと横穴墓群

【つ】

つぐめの鼻遺跡　つぐめのはないせき　縄文時代前期～中期
[所在地]長崎県平戸市田平町

つつじヶ丘横穴墓群　つつじがおかおうけつぼぐん　6世紀後半～7世紀前半
[所在地]熊本県熊本市中央区黒髪7-577-1

【と】

とうてい山古墳　とうていやまこふん　6世紀後半
[所在地]愛知県西尾市東幡豆町

【ど】

どうまん塚古墳　どうまんずかこふん　6世紀前半
[所在地]埼玉県川越市下小坂

【な】

なすな原遺跡　なすなはらいせき　縄文時代～平安時代
[所在地]東京都町田市南成瀬，神奈川県横浜市緑区長津田

ななくりの出湯　ななくりのいでゆ
[所在地]長野県
[文]『和歌初学抄』，『八雲御抄』，『夫木和歌抄』

ななくりの出湯　ななくりのいでゆ
[所在地]三重県
[文]『大納言経信集』，『五代集歌枕』

なはま横穴墓群　なはまおうけつぼぐん　7～8世紀
[所在地]神奈川県横須賀市長井町小字長浜

なら塚古墳群　ならずかこふんぐん　古墳時代後期

[所在地]滋賀県長浜市木之本町古橋

【ぬ】

ぬか塚古墳　ぬかずかこふん　6世紀第3四半期

[所在地]徳島県鳴門市大麻町萩原

【は】

はこその山　はこそのやま

[所在地]群馬県富岡市

[文]『能因集』

はさみ山遺跡　はさみやまいせき　後期旧石器時代〜中・近世

[所在地]大阪府藤井寺市藤井寺町・藤ケ丘町・野中町

はざみ山古墳　はざみやまこふん　5世紀中葉

[所在地]大阪府藤井寺市野中

はばかりの関　はばかりのせき

[所在地]宮城県柴田郡柴田町

[文]『実方集』, 大田蜀山人『蜀山百首』

【ひ】

ひき野　ひきの

[所在地]大阪府堺市東区

[文]『古今和歌集 14』

ひさご塚古墳　ひさごずかこふん　古墳時代

[所在地]茨城県土浦市宍塚町上郷坪

ひさご塚古墳　ひさこずかこふん　5世紀前半

[所在地]長崎県東彼杵郡東彼杵町彼杵宿郷字古金谷　[史]県指定史跡(1950)

ひじ山遺跡　ひじやまいせき　縄文時代

[所在地]岐阜県高山市江名子町ひじ山

ひなが嶽　ひながだけ

[所在地]福井県越前市

[文]芭蕉『荊口句帳』

[別]日野山, 越前富士

ひびき岩16号墳　ひびきいわじゅうろくごうふん　6世紀末

[所在地]徳島県名西郡石井町内谷

【ふ】

ふな塚古墳　ふなつかこふん　6世紀末以前

[所在地]岐阜県各務原市鵜沼大伊木町3丁目

【へ】

へたの台古墳群　へたのだいこふんぐん　6世紀後半

[所在地]千葉県千葉市中央区仁戸名町字辺田台・作山

へぼそ塚　へぼそずか　4世紀後半頃

[所在地]兵庫県神戸市東灘区本山町岡本マンバイ

[別]へボソ塚古墳, 扁保曽塚古墳, 箆塚, 業平塚

【ま】

まいまいず井戸　まいまいずいど　鎌倉時代以降

[所在地]東京都羽村市 五の神社境内　[史]都指定史跡(1952)

まごろ経塚　まごろきょうずか　平安時代

[所在地]岡山県高梁市有漢町有漢

【み】

みかん山古墳群　みかんやまこふんぐん　5世紀後半〜7世紀初頭

[所在地]大阪府東大阪市東豊浦町・山手町

みこし岡　みこしおか

[所在地]京都府京都市上京区

[文]徳元『犬子集』

みそ岩屋古墳　みそいわやこふん　7世紀

[所在地]千葉県印旛郡栄町竜角寺

[別]岩屋古墳

みのうの浦　みのうのうら

[所在地]島根県

[文]『八雲御抄』

みのうの浦　みのうのうら

[所在地]福岡県

[文]『歌枕名寄』

[6]**み吉野の青根ケ峰　みよしののあおねがみね**

[所在地]奈良県吉野郡吉野町

[文]田安宗武『悠然院様御詠草』

[14]**み熊野　みくまの**

[所在地]和歌山県

[文]『万葉集』, 『落窪物語』

み熊野の山　みくまののやま

[所在地]三重県, 和歌山県

[文]『八雲御抄』

み熊野の浦　みくまののうら

[所在地]三重県, 和歌山県

[文]『和歌初学抄』

【め】

めおと塚古墳　めおとずかこふん　7世紀後半

[所在地]群馬県安中市小間

【や】
やごしの山　やごしのやま
　所在地 熊本県・鹿児島県 矢筈岳/熊本県菊池郡大津町 矢護山/熊本県天草郡 矢筈岳
　⊗『檜垣嫗集』

【ゆ】
ゆきぎの丘　ゆききのおか
　所在地 奈良県高市郡明日香村
　⊗『家隆卿百番自歌合』

【よ】
よしま古窯跡　よしまこようあと　平安時代
　所在地 岐阜県高山市上切町よしま　㉔県指定史跡(1957)

【り】
りきの宮古墳　りきのみやこふん　7世紀後半
　所在地 石川県七尾市三室町

【わ】
わかの松原　わかのまつばら
　所在地 三重県
　⊗『八雲御抄』

わかの松原　わかのまつばら
　所在地 福岡県
　⊗聖武天皇『新古今和歌集 10』

わんぐら河岸　わんぐらがし
　所在地 東京都江東区富岡
　⊗四方山人『狂歌百鬼夜狂』

【ア】
アリ山古墳　ありやまこふん　5世紀中葉～後半頃
　所在地 大阪府藤井寺市野中
　㊙野中アリ山古墳

【イ】
イトクの森古墳　いとくのもりこふん　古墳時代前期
　所在地 奈良県橿原市畝傍町字前田 橿原神宮外苑内の池田神社内

【ウ】
ウサクマイ遺跡群　うさくまいいせきぐん　縄文時代
　所在地 北海道千歳市蘭越　㉔国指定史跡(1979)

ウティダ石　うていだいし　500年前
　所在地 沖縄県久米島町字比屋定下村渠　㉔県指定史跡(1974)
　㊙太陽石

ウワナリ塚古墳　うわなりづかこふん　6世紀前半～中頃
　所在地 奈良県天理市石上町字ウワナリ

【オ】
オガンジ池瓦窯跡　おがんじいけかわらがまあと　飛鳥時代以降
　所在地 大阪府富田林市大字中野
　㊙新堂廃寺跡 附 オガンジ池瓦窯跡・お亀石古墳

オクシベツ川遺跡　おくしべつがわいせき　縄文時代後期中葉
　所在地 北海道斜里郡斜里町

オクマン山古墳　おくまんやまこふん　6世紀後半～終末期
　所在地 群馬県太田市脇屋・大間々扇状地

オサン壇古墳　おさんだんこふん　古墳時代終末期
　所在地 福島県須賀川市大字大桑原字西

オセドウ貝塚　おせどうかいづか　縄文時代前期～中期
　所在地 青森県五所川原市相内

オタフンベチャシ跡　おたふんべちゃしあと　16～18世紀
　所在地 北海道十勝郡浦幌町　㉔国指定史跡(1981)

オブ塚古墳　おぶづかこふん　6世紀後半
　所在地 群馬県前橋市勝沢町420　㉔市指定史跡(1973)

オムサロ台地竪穴群　おむさろだいちたてあなぐん　続縄文～擦文時代主体
　所在地 北海道紋別郡興部町富岡、紋別市渚滑町川向　㉔北海道指定史跡(1964)

【カ】
カクチガ浦古墳群　かくちがうらこふんぐん　6世紀後半
　所在地 福岡県筑紫郡那珂川町松木字カクチガ浦

カトンボ山古墳　かとんぼやまこふん　5世紀中葉～後半頃
　所在地 大阪府堺市北区百舌鳥赤畑町

遺跡・古墳よみかた辞典　7

カナクロ谷製鉄遺跡　かなくろだにせいてついせき　6世紀末〜7世紀初め
　所在地 広島県世羅郡世羅町　㊲県指定史跡（1987）
　別 カナクロ谷遺跡

カナクロ谷遺跡　かなくろだにいせき　6世紀末〜7世紀初め
　所在地 広島県世羅郡世羅町
　別 カナクロ谷製鉄遺跡

カマド塚古墳　かまどずかこふん　6世紀後半
　所在地 大阪府堺市中区

カラネガ岳古墳群　からねがたけこふんぐん　古墳時代中葉前期
　所在地 京都府長岡京市粟生カラネガ岳

カリンバ遺跡　かりんばいせき　縄文時代〜近世アイヌ文化期
　所在地 北海道恵庭市戸磯　㊲国指定史跡（2005）

カンス塚古墳　かんすずかこふん　6世紀末葉頃
　所在地 奈良県高市郡高取町与楽

【ガ】

ガランドヤ古墳　がらんどやこふん　6世紀後半
　所在地 大分県日田市石井　㊲国指定史跡（1993）

【キ】

キウス周堤墓群　きうすしゅうていぼぐん　縄文時代
　所在地 北海道千歳市中央　㊲国指定史跡（1979）

キトラ古墳　きとらこふん　7世紀末〜8世紀初め頃
　所在地 奈良県高市郡明日香村　㊲国指定特別史跡（2000）

キナザコ製鉄遺跡　きなざこせいてついせき　奈良時代
　所在地 岡山県津山市加茂町黒木

【グ】

グワショウ坊古墳　ぐわしょうぼうこふん　古墳時代
　所在地 大阪府堺市堺区百舌鳥夕雲町3丁
　別 百舌鳥古墳群（いたすけ古墳・長塚古墳・収塚古墳・塚廻古墳・文珠塚古墳・丸保山古墳・乳岡古墳・御廟表塚古墳・ドンチャ山古墳・正楽寺山古墳・鏡塚古墳・善右ヱ門山古墳・銭塚古墳・グワショウ坊古墳・旗塚古墳・寺山南山古墳・七観音古墳）

【ケ】

ケッケイ山遺跡　けっけいやまいせき　弥生時代中期
　所在地 東京都利島村

ケンギョウ田遺跡　けんぎょうだいせき　縄文時代後期
　所在地 岡山県総社市日羽

【ゲ】

ゲンベイ山古墳　げんべいやまこふん　古墳時代終末期
　所在地 山口県光市室積字西之庄
　別 げんべい山古墳

【コ】

コウモリ塚古墳　こうもりずかこふん　7世紀後半〜8世紀
　所在地 長野県岡谷市中屋

コロコロ山古墳　ころころやまこふん　6世紀末築造、8世紀まで追葬
　所在地 奈良県桜井市大字阿部字戸毛

【サ】

サイベ沢遺跡　さいべさわいせき，さいべざわいせき　縄文時代前期〜中期
　所在地 北海道函館市亀田町西桔梗

サラタニ横穴墓　さらたにおうけつぼ　6世紀末葉〜7世紀の前半
　所在地 奈良県高市郡高取町寺崎

サルガ鼻洞窟住居跡　さるがはなどうくつじゅうきょあと　縄文時代前期〜後期
　所在地 島根県松江市美保関町　㊲国指定史跡（1943）
　別 崎ケ鼻洞窟遺跡，サルガ鼻洞窟遺跡，サルガ鼻遺跡

サルガ鼻洞窟遺跡　さるがはなどうくついせき　縄文時代前期〜後期
　所在地 島根県松江市美保関町
　別 崎ケ鼻洞窟遺跡，サルガ鼻遺跡，サルガ鼻洞窟住居跡

サルガ鼻遺跡　さるがはないせき　縄文時代

前期～後期
所在地 島根県松江市美保関町
別 崎ケ鼻洞窟遺跡, サルガ鼻洞窟遺跡, サルガ鼻洞窟住居跡

【シ】

シーボルト宅跡　しーぼるとたくあと　文政7年(1824)建造
所在地 長崎県長崎市鳴滝町　登 国指定史跡(1922)

シイナ城跡　しいなじょうあと　13世紀末頃築城
所在地 沖縄県国頭郡今帰仁村
別 今帰仁城跡 附 シイナ城跡

シウロウ塚古墳　しうろうずかこふん　古墳時代前期
所在地 奈良県天理市渋谷町字シウロウ塚・ジョ山

シブノツナイ竪穴住居跡　しぶのつないたてあなじゅうきょあと　擦文時代
所在地 北海道紋別郡湧別町字川西　登 北海道指定史跡(1967)

シベチャリ川流域チャシ跡群及びアッペツチャシ跡　しべちゃりがわりゅういきちゃしあとぐんおよびあっぺつちゃしあと　17世紀頃
所在地 北海道日高郡新ひだか町, 沙流郡日高町
登 国指定史跡(1997)

【ス】

スクモ塚古墳　すくもずかこふん　古墳時代中期
所在地 島根県益田市久城町　登 国指定史跡(1941)
別 須久茂塚古墳

【ソ】

ソウ山1号墳　そうざんいちごうふん, そうやまいちごうふん　5世紀初頭
所在地 石川県鹿島郡中能登町川田

【ダ】

ダブカス貝塚　だぶかすかいづか　縄文時代早期
所在地 香川県小豆郡土庄町豊島唐櫃

【チ】

チカモリ遺跡　ちかもりいせき　縄文時代後期～晩期
所在地 石川県金沢市新保本町　登 国指定史跡(1987)
別 新保本町チカモリ遺跡

チブサン・オブサン古墳　ちぶさん・おぶさんこふん　6世紀中頃(チブサン), 6世紀後半(オブサン)
所在地 熊本県山鹿市城　登 国指定史跡(1922)

【ツ】

ツボリ山古墳　つぼりやまこふん　飛鳥時代
所在地 奈良県生駒郡平群町大字福貴　登 県指定史跡(1973)

【ト】

トビニウス川南岸遺跡　とびにうすがわなんがんいせき　縄文時代早期前半
所在地 北海道目梨郡羅臼町

【ド】

ドウマンチャ貝塚　どうまんちゃかいづか　縄文時代晩期
所在地 青森県下北郡大間町大間字大間平

ドン・ロドリゴ上陸地　どん・ろどりごじょうりくち　慶長14年(1609)
所在地 千葉県夷隅郡御宿町岩和田626　登 県指定史跡(1966)

ドンチャ山古墳　どんちゃやまこふん　古墳時代
所在地 大阪府堺市北区百舌鳥陵南町
別 百舌鳥古墳群(いたすけ古墳・長塚古墳・収塚古墳・塚廻古墳・文珠塚古墳・丸保山古墳・乳岡古墳・御廟表塚古墳・ドンチャ山古墳・正楽寺山古墳・鏡塚古墳・善右ヱ門山古墳・銭塚古墳・グワショウ坊古墳・旗塚古墳・寺山南山古墳・七観音古墳)

【ナ】

ナガレ山古墳　ながれやまこふん　5世紀前半頃
所在地 奈良県北葛城郡河合町　登 国指定史跡(1976)
別 佐味田ナガレ山古墳

ナスナ原遺跡　なすなはらいせき　縄文時代～平安時代
　所在地 東京都町田市南成瀬, 神奈川県横浜市緑区長津田
　別 なすな原遺跡

【ニ】

ニコライ堂　にこらいどう
　所在地 東京都千代田区神田駿河台
　文 夏目漱石『それから』, 森田草平『煤煙』

【ヌ】

ヌク谷北塚古墳　ぬくだにきたずかこふん
　4世紀末葉頃
　所在地 大阪府柏原市国分小字ヌク谷

【ハ】

ハマナス野遺跡　はまなすのいせき　縄文時代前・中期
　所在地 北海道函館市川汲町ハマナス野
ハミ塚古墳　はみずかこふん　古墳時代終末期
　所在地 奈良県天理市岩屋町
ハンボ塚古墳　はんぼずかこふん　5世紀後半
　所在地 鳥取県西伯郡大山町

【ヒ】

ヒル塚古墳　ひるずかこふん　古墳時代前期後葉
　所在地 京都府八幡市美濃山ヒル塚

【ピ】

ピンザアブ洞穴遺跡　ぴんざあぶどうけついせき　旧石器時代
　所在地 沖縄県宮古島市上野

【フ】

フェンサ城貝塚　ふぇんさぐすくかいずか　グスク時代
　所在地 沖縄県糸満市名城
フゴッペ洞穴　ふごっぺどうけつ　続縄文時代
　所在地 北海道余市郡余市町
　別 フゴッペ洞窟
フゴッペ洞窟　ふごっぺどうくつ　続縄文時代
　所在地 北海道余市郡余市町　国指定史跡 (1953)
　別 フゴッペ洞穴
フルスト原遺跡　ふるすとばるいせき　15世紀頃か
　所在地 沖縄県石垣市字大浜　国指定史跡 (1978)

【ヘ】

ヘボソ塚古墳　へぼそずかこふん　4世紀後半頃
　所在地 兵庫県神戸市東灘区本山町岡本マンパイ
　別 へぼそ塚, 扁保曽塚古墳, 筬塚, 業平塚
ヘボン邸跡　へぼんていあと　文久2年 (1862) 移住
　所在地 神奈川県横浜市中区　市登録史跡 (1996)

【ベ】

ベンショ塚古墳　べんしょずかこふん　古墳時代中期前半
　所在地 奈良県奈良市山町字塚廻

【ホ】

ホケノ山古墳　ほけのやまこふん　古墳時代前期
　所在地 奈良県桜井市大字箸中
ホゲット石鍋製作遺跡　ほげっといしなべいさくいせき　中世
　所在地 長崎県西海市大瀬戸町　国指定史跡 (1981)

【ボ】

ボケ山古墳　ぼけやまこふん　6世紀前葉
　所在地 大阪府藤井寺市青山
　別 仁賢天皇陵古墳, 野中ボケ山古墳

【マ】

マイ山古墳　まいやまこふん　5世紀後半〜6世紀初頭
　所在地 大阪府和泉市箕形町
マエ塚古墳　まえずかこふん　4世紀後半〜5世紀初め頃
　所在地 奈良県奈良市山陵町字御陵前
マケン堀横穴墓群　まけんぼりおうけつぼぐん　6世紀後半〜7世紀中葉
　所在地 鳥取県西伯郡南部町原
マルコ山古墳　まるこやまこふん　7世紀末頃

【メ】

メスリ山古墳　めすりやまこふん　古墳時代前期
　所在地 奈良県桜井市高田・上之宮　国指定史跡（1980）

【モ】

モシリヤ砦跡　もしりやちゃしあと，もしりやとりであと　寛延4年（1751）築造
　所在地 北海道釧路市城山　国指定史跡（1935）
　別 お供え山

モヨロ貝塚　もよろかいづか　オホーツク文化期
　所在地 北海道網走市北一条東2丁目ほか
　別 最寄貝塚

モロラン陣屋跡　もろらんじんやあと　江戸時代
　所在地 北海道室蘭市陣屋町2丁目
　別 東蝦夷地南部藩陣屋跡（モロラン陣屋跡・ヲシャマンベ陣屋跡・砂原陣屋跡）

【ヤ】

ヤーヤ洞穴　やーやどうけつ　縄文時代相当期
　所在地 鹿児島県奄美市

【ユ】

ユクエピラチャシ跡　ゆくえぴらちゃしあと　16世紀中頃
　所在地 北海道足寄郡陸別町　国指定史跡（1987）

【ワ】

ワクド石遺跡　わくどいしいせき　縄文時代晩期
　所在地 熊本県菊池郡大津町杉水小林

ワラ田古墳　わらたこふん　6世紀中葉
　所在地 奈良県宇陀市榛原上井足

ワレ塚古墳　われづかこふん　古墳時代中期
　所在地 福岡県糸島市曽根字那珂340ほか

【ヲ】

ヲシャマンベ陣屋跡　をしゃまんべじんやあと　安政3年（1856）設置
　所在地 北海道山越郡長万部町陣屋町
　別 東蝦夷地南部藩陣屋跡（モロラン陣屋跡・ヲシャマンベ陣屋跡・砂原陣屋跡）

1画

【一】

一の坂遺跡　いちのさかいせき　縄文時代前期
　所在地 山形県米沢市矢来
　別 一ノ坂遺跡

一の沢岩陰　いちのさわいわかげ　縄文時代
　所在地 山形県東置賜郡高畠町
　別 一の沢洞窟

一の沢洞窟　いちのさわどうくつ　縄文時代
　所在地 山形県東置賜郡高畠町　国指定史跡（1980）
　別 一の沢岩陰

一の沢遺跡　いちのさわいせき　縄文時代
　所在地 山梨県笛吹市境川町小黒坂

一の谷中世墳墓群遺跡　いちのたにちゅうせいふんぼぐんいせき　12世紀後半～14世紀後半
　所在地 静岡県磐田市

一の洲　いちのす
　所在地 大阪府大阪市
　文 上島鬼貫『俳諧大悟物狂』

一の宮遺跡　いちのみやいせき　弥生時代中期～後期
　所在地 鹿児島県鹿児島市中郡一の宮神社境内

一の鳥居　いちのとりい
　所在地 東京都江東区門前仲町
　文 為永春水『梅之春』

一ツ橋　ひとつばし
　所在地 東京都千代田区一ツ橋・神田錦町
　文 『誹風柳多留 75』，永井荷風『木犀の花』

一ノ午王橋供養塔　いちのごおうばしくようとう　文化7年（1810）
　所在地 長野県長野市戸隠　市指定史跡（2005）

一ノ坂遺跡　いちのさかいせき　縄文時代前期
　所在地 山形県米沢市矢来　国指定史跡（1997）

1画（一）

- 別 一の坂遺跡
- 一ノ谷　いちのたに
  - 所在地 兵庫県神戸市須磨区一ノ谷町
  - 文 『平家物語』，『太平記』
- 一ノ宮4号墳　いちのみやよんごうふん　6世紀初頭
  - 所在地 群馬県富岡市一ノ宮
- 一ノ渡遺跡　いちのわたりいせき　縄文時代後期
  - 所在地 青森県黒石市沖浦
- 一ノ関　いちのせき
  - 所在地 岩手県一関市
  - 文 『東国名勝志』
- 一ノ橋　いちのはし
  - 所在地 東京都港区
  - 文 大町桂月『東京遊行記』
- 一ノ橋　いちのはし
  - 所在地 東京都墨田区
  - 文 芥川龍之介『本所両国』
- 一ノ瀬古墳群　いちのせこふんぐん　7世紀前半
  - 所在地 大分県国東市安岐町吉松字市場
- 3 一丈木遺跡　いちじょうぎいせき　縄文時代中期
  - 所在地 秋田県仙北郡美郷町千屋字一丈木
- 4 一之江名主屋敷　いちのえなぬしやしき　江戸時代
  - 所在地 東京都江戸川区春江町2-29-1　都指定史跡（1954）
- 一升桝遺跡　いっしょうますいせき　13世紀後半～14世紀前半頃
  - 所在地 神奈川県鎌倉市極楽寺　国指定史跡（2007）
- 一王寺貝塚　いちおうじかいづか　縄文時代前期
  - 所在地 青森県八戸市大字是川小字一王寺
- 5 一本杉古墳　いっぽんすぎこふん　7世紀後半
  - 所在地 群馬県高崎市吉井町神保
- 一本松古墳　いっぽんまつこふん　5世紀中葉～後半
  - 所在地 岡山県岡山市北区北方
- 一本松塚古墳　いっぽんまつづかこふん　古墳時代前期後半
  - 所在地 京都府京都市西京区樫原大亀谷
- 一本松塚古墳　いっぽんまつづかこふん　古墳時代後期
  - 所在地 福岡県北九州市小倉北区日明3-11番内
- 市指定史跡（1973）
- 一石一字経塚　いっせきいちじきょうづか　永和2年（1376）銘
  - 所在地 岩手県宮古市山口字和見　県指定史跡（1975）
- 一石橋　いちこくばし
  - 所在地 東京都中央区
  - 文 『誹風柳多留』
- 7 一志の浦　いちしのうら
  - 所在地 三重県津市一志町
  - 文 『千載和歌集』，『新古今和歌集』
- 一条石人山古墳　いちじょうせきじんやまこふん　古墳時代
  - 所在地 福岡県筑後市大字一条人形原，八女郡広川町大字一条人形原
  - 別 石人山古墳，筑後一条石人山古墳
- 一条戻橋　いちじょうもどりばし
  - 所在地 京都府京都市上京区一条堀川
  - 文 和泉式部『夫木和歌抄 21』，『誹風柳多留 71』，『太平記』
  - 別 戻橋
- 一条信能終焉跡　いちじょうのぶよししゅうえんあと　承久3年（1221）
  - 所在地 岐阜県恵那市岩村町若宮　県指定史跡（1957）
- 一条教房墓　いちじょうのりふさのはか　15世紀
  - 所在地 高知県四万十市中村丸の内　県指定史跡（1953）
- 一言主神社　ひとことぬしじんじゃ，ひととぬしのじんじゃ
  - 所在地 奈良県御所市森脇
  - 文 『西国三十三所名所図会』
  - 別 葛城一言主神社
- 一里塚　いちりづか　慶長9～15年（1604～10）築造
  - 所在地 青森県八戸市十日市天摩／十和田市伝法寺字平窪・上ノ沢／十和田市大沢田字池ノ平　県指定史跡（1961）
- 一里塚　いちりづか　慶長9～15年（1604～10）築造
  - 所在地 青森県上北郡野辺地町坊ノ塚／上北郡七戸町字卒古沢／上北郡七戸町字森ノ上・森ノ下／八戸市南郷区頃巻沢字長久保／八戸市野沢字新田・中野字大久保／八戸市南郷区大森字砂子崎・字林崎　県指定史跡（1962）
- 一里塚　いちりづか　慶長9～15年（1604～

10）築造
[所在地]青森県三戸郡三戸町目時字中野・梅内字大反り前田 [史]県指定史跡（1988）

一里塚　いちりずか　江戸時代初期
[所在地]山形県酒田市大町字大野 [史]県指定史跡（1953）

一里塚　いちりずか　寛永年間（1624～44）築成
[所在地]埼玉県さいたま市岩槻区大字相野原 [史]県指定史跡（1927）

一里塚　いちりずか　江戸時代
[所在地]岐阜県恵那市長島町中野槇ヶ根 鳶ヶ入/恵那市武並町藤紅坂 [史]県指定史跡（1959）

8**一夜塚古墳　いちやずかこふん**　6世紀中頃
[所在地]埼玉県朝霞市岡3丁目

9**一乗寺　いちじょうじ**　白雉元年（650）創建
[所在地]兵庫県加西市坂本町

一乗谷朝倉氏遺跡　いちじょうだにあさくらしいせき　室町時代後期～戦国時代
[所在地]福井県福井市城戸ノ内町・安波賀町・東新町・西新町・三万谷町 [史]国指定特別史跡（1971）
[別]朝倉館跡

一乗院　いちじょういん　10世紀後半
[所在地]奈良県奈良市登大路町

一保塚　いっぽずか　6世紀後半
[所在地]島根県出雲市下古志町
[別]宝塚古墳

一津遺跡　いちついせき　縄文時代晩期
[所在地]長野県大町市海ノ口

一重山　ひとえやま
[所在地]奈良県
[文]『万葉集』

10**一原野　いちはらの**
[所在地]京都府京都市左京区静市野大字市原
[文]『古今著聞集』
[別]市原野，櫟原野

一宮（桜山慈俊挙兵伝説地）　いちのみや（さくらやまこれとしきょへいでんせつち）
元弘元年（1331）挙兵
[所在地]広島県福山市新市町 [史]国指定史跡（1934）

一宮天神山2号墳　いちのみやてんじんやまにごうふん　4世紀後半
[所在地]岡山県岡山市北区西辛川

一宮城跡　いちのみやじょうあと　中世
[所在地]徳島県徳島市一宮町西町237 [史]県指定史跡（1954）

12**一塚古墳　ひとずかこふん，ひとつかこふん**
6世紀前半
[所在地]宮城県仙台市太白区鹿野1丁目

一湊遺跡　いっそういせき　縄文時代後期
[所在地]鹿児島県熊毛郡屋久島町

一貴山銚子塚古墳　いきさんちょうしずかこふん　4世紀後葉
[所在地]福岡県糸島市二丈町田中
[別]銚子塚古墳

一遍上人の誕生地　いっぺんしょうにんのたんじょうち　13世紀
[所在地]愛媛県松山市道後湯月町宝厳寺 [史]県指定史跡（1949）

一須賀古墳群　いちすかこふんぐん　6～7世紀初め
[所在地]大阪府南河内郡太子町・河南町 [史]国指定史跡（1994）

一須賀窯跡群　いちすかかまあとぐん　6世紀以前
[所在地]大阪府南河内郡河南町東山

15**一輪山古墳　いちりんやまこふん**　古墳時代前期
[所在地]岐阜県各務原市鵜沼西町1丁目

17**一鍬田甚兵衛山南遺跡　ひとくわだじんべえやまみなみいせき**　縄文時代草創期初頭
[所在地]千葉県香取郡多古町一鍬田

18**一騎山古墳　いっきやまこふん**　6世紀中葉
[所在地]茨城県常陸大宮市下村田字一騎山

【乙】

3**乙女山古墳　おとめやまこふん**　5世紀前半
[所在地]奈良県北葛城郡河合町，北葛城郡広陵町 [史]国指定史跡（1956）

乙女不動原北浦遺跡　おとめふどうはらきたうらいせき　縄文時代前期～平安時代
[所在地]栃木県小山市乙女

乙女不動原瓦窯跡　おとめふどうはらかわらがまあと　奈良時代
[所在地]栃木県小山市乙女 [史]国指定史跡（1978）

乙女橋　おとめばし
[所在地]東京都中央区
[文]『誹風柳多留』

乙子宮　おとごのみや
[所在地]新潟県燕市
[文]大愚良寛『はちすの露』

8**乙金古墳群　おとがねこふんぐん**　6世紀後半～7世紀後半
[所在地]福岡県大野城市大字乙金

12**乙塚古墳 附 段尻巻古墳　おとずかこふん つけたり だんじりまきこふん**　7世紀前半～中頃（乙塚古墳），7世紀前半～中頃（段尻巻古墳）
[所在地]岐阜県土岐市泉町　[史]国指定史跡（1938）

乙植木古墳群　おつえきこふんぐん　6世紀後半（4号墳），5世紀後半～6世紀初頭（ほか7基）
[所在地]福岡県糟屋郡須恵町植木

2 画

【七】

0**七つ坈古墳　ななつぐろこふん**　古墳時代前期
[所在地]岡山県岡山市北区津島笹が瀬・津島西坂3丁目
[別]七つ坈古墳1号墳

七つ坈古墳群　ななつぐろこふんぐん　古墳時代前期
[所在地]岡山県岡山市北区津島笹が瀬・津島西坂3丁目

七の社　ななのやしろ
[所在地]滋賀県大津市坂本
[文]慈円『新古今和歌集 19』

七ツ塚古墳　ななつずかこふん　7世紀終末～8世紀
[所在地]東京都日野市日野七ッ塚
[別]日野七ッ塚古墳

七ツ塚古墳　ななつずかこふん　5～6世紀
[所在地]広島県三次市高杉町
[別]浄楽寺・七ツ塚古墳群

七ツ塚古墳群　ななつずかこふんぐん　古墳時代後期
[所在地]茨城県常総市羽生町七ッ塚
[別]七塚古墳群

七ツ塚古墳群　ななつずかこふんぐん　古墳時代中期中葉・後葉
[所在地]京都府木津川市吐師小字中ノ中条
[別]吐師七ツ塚古墳群

七ツ森古墳群　ななつもりこふんぐん　4世紀末葉～5世紀前半
[所在地]大分県竹田市戸上　[史]国指定史跡（1959）

3**七夕池古墳　たなばたいけこふん**　4世紀末～5世紀初頭
[所在地]福岡県糟屋郡志免町田富　[史]国指定史跡（1975）

4**七双子古墳群　ななぞうしこふんぐん**　5世紀末葉～6世紀
[所在地]大分県杵築市大字本庄

七戸城跡　しちのへじょうあと　中世
[所在地]青森県上北郡七戸町　[史]国指定史跡（1941）
[別]柏葉城

5**七生村経塚　ななおむらきょうずか**　平安時代
[所在地]東京都日野市仁王塚

七石山横穴古墳群　しちこくやまよこあなこふんぐん　古墳時代終末期
[所在地]神奈川県横浜市栄区　[史]市登録史跡（1988）

6**七曲井　ななまがりのい**　伝・建仁2年（1202）造
[所在地]埼玉県狭山市北入曽字掘難井1366　[史]県指定史跡（1949）

七曲台遺跡群　ななまがりだいいせきぐん　旧石器時代～古代
[所在地]秋田県秋田市河辺戸島字七曲台ほか

7**七尾瓦窯跡　ななおかわらがまあと，ななおがようせき**　8世紀
[所在地]大阪府吹田市吉志部北　[史]国指定史跡（1980）

七尾城跡　ななおじょうあと　戦国時代
[所在地]石川県七尾市古府町・古屋敷町・竹町　[史]国指定史跡（1934）

七折村古墳　ななおれそんこふん　古墳時代
[所在地]宮崎県西臼杵郡日之影町大字七折字鳥越・辻・平清水　[史]県指定史跡（1935）

七見いずがま古墳　しつみいずがまこふん　6世紀末～7世紀前半
[所在地]石川県鳳珠郡能登町七見　[史]町指定史跡（1975）

七谷窯跡　ななたにかまあと　5世紀末
[所在地]鳥取県鳥取市越路・久末

七里の渡　しちりのわたし　江戸時代
[所在地]三重県桑名市船場町　[史]県指定史跡（1958）

2画（丁，乃，九）

七里ヶ浜　しちりがはま
　所在地 神奈川県鎌倉市
　⊗吉井勇『酒ほがひ』
　別 七里ガ浜

七里浜　しちりのはま，しちりがはま
　所在地 三重県
　⊗『西国三十三所名所図会』

七里御浜　しちりみはま
　所在地 三重県熊野市，南牟婁郡紀宝町
　別 熊野参詣道（中辺路・大辺路・小辺路・伊勢路・熊野川・七里御浜・花の窟）

9 七廻り鏡塚古墳　ななまわりかがみずかこふん　6世紀前半終わり頃
　所在地 栃木県栃木市大平町西山田
　別 鏡塚古墳

七廻塚古墳　ななめぐりずかこふん，ななまわりずかこふん　古墳時代中期初頭
　所在地 千葉県千葉市中央区生実町峠ノ台

七面大明神社　しちめんだいみょうじんしゃ
　所在地 東京都荒川区西日暮里
　⊗大田南畝『四方のあか』

10 七浦遺跡　ななうらいせき　弥生時代
　所在地 山形県山形市七浦

七軒横穴墓群　しちけんおうけつぼぐん　7世紀初頭
　所在地 福島県西白河郡矢吹町大字松倉字七軒

12 七塚古墳群　ななつずかこふんぐん　古墳時代後期
　所在地 茨城県常総市羽生町七ツ塚
　別 七ツ塚古墳群

七越山　ななこしのやま
　所在地 大阪府和泉市
　⊗西行『山家集』
　別 横山，三国山

17 輿山古墳　ななこしやまこふん　6世紀前半
　所在地 群馬県藤岡市上落合甲　国国指定史跡（1927）

18 七観山古墳　しちかんやまこふん　5世紀
　所在地 大阪府堺市北区百舌鳥町

七観古墳　しちかんこふん　5世紀前半～中葉頃
　所在地 大阪府堺市堺区旭ヶ丘中町

七観音ガ谷　しちかんのんがやつ
　所在地 神奈川県鎌倉市笹目町3-1ヵ

七観音古墳　しちかんのんこふん　古墳時代
　所在地 大阪府堺市堺区旭ヶ丘北町5丁
　別 百舌鳥古墳群（いたすけ古墳・長塚古墳・収塚古墳・塚廻古墳・文珠塚古墳・丸保山古墳・乳岡古墳・御廟表塚古墳・ドンチャ山古墳・正楽寺山古墳・鏡塚古墳・善右ヱ門山古墳・銭塚古墳・グワショウ坊古墳・旗塚古墳・寺山南山古墳・七観音古墳）

七騎ガ谷　ななきがやつ
　所在地 神奈川県鎌倉市植木128
　別 七駒敗軍ノ地

19 七瀬双子塚古墳　ななせふたごずかこふん　5世紀後半
　所在地 長野県中野市七瀬南原1061　国県指定史跡（1985）
　別 双子塚古墳

【丁】

5 丁古墳群　よろこふんぐん　5世紀, 6世紀後半～7世紀
　所在地 兵庫県姫路市勝原区丁・勝山町

6 丁字塚古墳　ちょうじずかこふん　古墳時代前期
　所在地 三重県亀山市田村町名越字女ケ坂

【乃】

4 乃木山古墳　のぎさんこふん　3世紀中頃
　所在地 福井県吉田郡永平寺町松岡室

乃木坂　のぎざか
　所在地 東京都港区赤坂
　⊗山口孤剣『東京新繁昌記』

乃木希典那須野旧宅　のぎまれすけなすのきゅうたく　明治時代
　所在地 栃木県那須塩原市石林　国県指定史跡（1966）

【九】

2 九十九山古墳　つくもやまこふん　6世紀中葉期
　所在地 群馬県前橋市富士見町原之郷字九十九山

九十九坊廃寺阯　くじゅうくぼうはいじあと　7世紀末～八世紀初頭頃創建
　所在地 千葉県君津市内蓑輪　国県指定史跡（1935）

九十九谷　くじゅうくたに
　所在地 千葉県富津市，君津市
　⊗古泉千樫『青牛集』

九十九里　くじゅうくり
　所在地 千葉県

遺跡・古墳よみかた辞典　15

[文]中村草田男『火の鳥』

九十九橋　つくもばし

[所在地]福井県福井市

[文]『二十四輩順拝図会』

4**九戸城跡　くのへじょうあと**　明応年間(1492〜1501)築城, 寛永13年(1636)廃城

[所在地]岩手県二戸市福岡城の内　[史]国指定史跡(1935)

6**九合洞窟遺跡　くごうどうくついせき**　縄文時代草創期以降

[所在地]岐阜県山県市

九州鉄道茶屋町橋梁　きゅうしゅうてつどうちゃやまちきょうりょう　明治時代

[所在地]福岡県北九州市八幡東区茶屋町4番内　[史]市指定史跡(1976)

九年橋遺跡　くねんばしいせき　縄文時代晩期

[所在地]岩手県北上市

7**九兵衛尾根遺跡　きゅうべいおねいせき**　縄文時代中期前半

[所在地]長野県諏訪郡富士見町落合烏帽子

九条野古墳群　くじょうのこふんぐん　5世紀中葉

[所在地]滋賀県犬上郡甲良町長寺

九条塚古墳　くじょうずかこふん　6世紀中葉前後

[所在地]千葉県富津市下飯野字九条塚

九谷磁器窯跡　くたにじきかまあと　江戸時代初期

[所在地]石川県加賀市山中温泉九谷町・山代温泉　[史]国指定史跡(1979)

9**九段坂　くだんざか**

[所在地]東京都千代田区

[文]『誹風柳多留』

九重遺跡　くのういせき　弥生時代

[所在地]島根県安来市九重町字地獄谷

10**九流谷古墳　くりゅうだにこふん**　5世紀中頃

[所在地]大阪府南河内郡太子町太子

九鬼嘉隆墓(胴塚)　くきよしたかはか(どうずか)　慶長5年(1600)建立

[所在地]三重県鳥羽市答志町字筑上805-7ほか　[史]県指定史跡(1941)

[別]九鬼嘉隆墓

13**九僧塚古墳　くそうずかこふん**　古墳時代中期

[所在地]奈良県北葛城郡河合町

[別]大塚山古墳群(大塚山古墳・城山古墳・高山塚一号古墳・高山塚二号墳・高山塚三号墳・高山塚四号墳・九僧塚古墳・丸山古墳)

16**九頭竜川　くずりゅうがわ**

[所在地]福井県

[文]与謝野晶子『深林の香』

17**九覧亭　きゅうらんてい**　江戸時代

[所在地]神奈川県横浜市金沢区 金竜院　[史]市登録史跡(1995)

【了】

5**了仙寺　りょうせんじ**　寛永12年(1635)創建

[所在地]静岡県下田市下田　[史]国指定史跡(1951)

【二】

0**二カ領用水路地跡　にかりょうようすいろちあと**　江戸時代初期開削

[所在地]神奈川県横浜市鶴見区　[史]市登録史跡(1998)

[別]二ヶ領用水路地跡

二ッ山遺跡　ふたつやまいせき　縄文時代早期

[所在地]北海道川上郡標茶町

二ツ山古墳1号墳・2号墳　ふたつやまこふんいちごうふん・にごうふん　6世紀後半頃

[所在地]群馬県太田市新田天良町167-85－乙　[史]県指定史跡(1948)

二ツ寺神明社古墳　ふたつでらしんめいしゃこふん　古墳時代前期

[所在地]愛知県あま市二ツ寺

二ツ沼遺跡　ふたつぬまいせき　室町時代

[所在地]青森県五所川原市相内字岩井

二ツ室塚古墳　ふたつむろずかこふん　6世紀後半(後円部石室), 7世紀前後(前方部石室)

[所在地]栃木県大田原市湯津上字東裏

二ツ峠窯跡　ふたつとうげかまあと　6世紀前半

[所在地]三重県伊賀市依那具

二ツ塚古墳　ふたつずかこふん　古墳時代後期

[所在地]岐阜県飛騨市古川町中野大洞平

[別]大洞平古墳群

二ツ塚古墳　ふたつずかこふん　5世紀初頭以前

[所在地]大阪府羽曳野市誉田

二ツ塚古墳群　ふたつずかこふんぐん　7世紀後半
[所在地]千葉県野田市二ツ塚

二ツ森貝塚　ふたつもりかいずか　縄文時代前期～中期
[所在地]青森県上北郡七戸町　[史]国指定史跡（1998）

二ツ橋由来の地　ふたつばしゆらいのち
[所在地]神奈川県横浜市瀬谷区　[史]市登録史跡（1988）

二ノ宮窯跡　にのみやかまあと　平安時代～鎌倉時代
[所在地]香川県三豊市高瀬町　[史]国指定史跡（1932）
[別]二宮窯址

二ノ畦・横枕遺跡　にのあぜ・よこまくらいせき　弥生時代中期末
[所在地]滋賀県守山市，野洲市

二ノ橋　にのはし
[所在地]東京都港区麻生十番～南麻布/東京都墨田区両国・緑～千歳・立川
[文]泉鏡花『雪柳』

2**二七不動**　にしちふどう
[所在地]東京都千代田区九段南
[文]泉鏡花『崑蒻本』

二十三士墓　にじゅうさんしのはか　江戸時代幕末期
[所在地]高知県安芸郡田野町　[史]県指定史跡（1953）

二十軒茶屋　にじゅっけんじゃや
[所在地]東京都台東区浅草
[文]『誹風柳多留 12』

二又1号墳　ふたまたいちごうふん　6世紀前半
[所在地]岐阜県大垣市上石津町

3**二上山**　ふたかみやま
[所在地]富山県高岡市
[文]『万葉集』

二上山　にじょうさん，にじょうざん，ふたかみやま，ふたがみやま
[所在地]奈良県葛城市，大阪府南河内郡太子町
[文]『万葉集』，佐佐木信綱『思草』

二上山北麓遺跡群　にじょうざんほくろくいせきぐん　後期旧石器時代～弥生時代
[所在地]大阪府羽曳野市，大阪府南河内郡太子町，奈良県香芝市
[別]二上山遺跡

二上山城跡　ふたがみやまじょうせき　伝・文和年間（1352～55）築城
[所在地]鳥取県岩美郡岩美町岩常　[史]県指定史跡（1998）

二上山廃寺跡　ふたかみやまはいじあと　9世紀前半創建
[所在地]大阪府南河内郡太子町
[別]岩屋

二上山遺跡　にじょうさんいせき　後期旧石器時代～弥生時代
[所在地]大阪府羽曳野市，大阪府南河内郡太子町，奈良県香芝市
[別]二上山北麓遺跡群

二万の郷　にまのさと
[所在地]岡山県倉敷市真備町上二万・真備町下二万
[文]『太平記』

二子・成田一里塚　ふたご・なりたいちりずか　慶長9年（1604）築造
[所在地]岩手県北上市二子町高屋・村崎野（二子一里塚），北上市成田（成田一里塚）　[史]県指定史跡（1965）

二子の渡し　ふたこのわたし
[所在地]東京都世田谷区玉川，神奈川県川崎市高津区
[文]大田南畝『調布日記』，国木田独歩『忘れえぬ人々』

二子山　ふたごやま
[所在地]神奈川県足柄下郡箱根町
[文]『曽丹集』，村田春海『琴後集』
[別]双児山

二子山3号墳　ふたごやまさんごうふん　6世紀前葉
[所在地]福井県大飯郡高浜町小和田

二子山古墳　ふたごやまこふん　6世紀後半
[所在地]群馬県前橋市総社町　[史]国指定史跡（1927）
[別]総社二子山古墳

二子山古墳　ふたごやまこふん　6世紀
[所在地]群馬県前橋市文京町2丁目　[史]国指定史跡（1927）
[別]天川二子山古墳，前橋二子山古墳

二子山古墳　ふたごやまこふん　5世紀中葉～後半
[所在地]群馬県高崎市綿貫町
[別]岩鼻二子山古墳

二子山古墳　ふたごやまこふん　5世紀末～6

世紀前半
[所在地]群馬県高崎市井出
[別]井出愛宕塚古墳, 井出の愛宕塚, 愛宕塚古墳

二子山古墳　ふたごやまこふん　6世紀後半期
[所在地]群馬県館林市高根天神
[別]天神二子山古墳

二子山古墳　ふたごやまこふん　5世紀後半
[所在地]愛知県名古屋市中区門前町
[別]大須二子山古墳

二子山古墳　ふたごやまこふん　6世紀初頭
[所在地]愛知県春日井市二子町　[史]国指定史跡（1936）
[別]味美二子山古墳

二子山古墳　ふたごやまこふん　古墳時代
[所在地]愛知県江南市布袋町曽本字二子
[別]曽本二子山古墳

二子山古墳　ふたごやまこふん　古墳時代中期中葉・後葉
[所在地]京都府宇治市宇治山本
[別]宇治二子山古墳

二子山古墳　ふたごやまこふん　5世紀後半頃
[所在地]大阪府高槻市上土室町

二子山石器製作遺跡　ふたごやませっきせいさくいせき　縄文時代後期～晩期
[所在地]熊本県合志市野々島　[史]国指定史跡（1972）
[別]二子山遺跡

二子山遺跡　ふたごやまいせき　縄文時代後期～晩期
[所在地]熊本県合志市野々島
[別]二子山石器製作遺跡

二子古墳　ふたごこふん　4世紀前半頃
[所在地]愛知県安城市桜井町　[史]国指定史跡（1927）
[別]桜井二子古墳

二子塚古墳　ふたごずかこふん　古墳時代中期～後期
[所在地]福島県安達郡大玉村大字大山字小次郎

二子塚古墳　ふたごずかこふん　6世紀前半
[所在地]群馬県高崎市八幡町
[別]八幡二子塚古墳

二子塚古墳　ふたごずかこふん　6世紀前半
[所在地]群馬県安中市原市町簗瀬
[別]簗瀬二子塚古墳

二子塚古墳　ふたごずかこふん　5世紀中頃
[所在地]千葉県市原市姉崎字二子塚
[別]姉崎二子塚古墳

二子塚古墳　ふたごずかこふん　6世紀後半
[所在地]神奈川県秦野市下大槻字二タ子　[史]県指定史跡（1983）

二子塚古墳　ふたごずかこふん　古墳時代中期
[所在地]石川県金沢市長坂町
[別]長坂二子塚古墳

二子塚古墳　ふたごずかこふん　6世紀
[所在地]長野県上田市大字上田秋葉裏

二子塚古墳　ふたごずかこふん　5世紀後半
[所在地]長野県飯田市竜丘桐林塚原
[別]塚原二子塚古墳

二子塚古墳　ふたごずかこふん　古墳時代中期
[所在地]静岡県磐田市三ヶ野
[別]磐田二子塚古墳

二子塚古墳　ふたごずかこふん　6世紀初頭
[所在地]京都府宇治市五ヶ庄大林
[別]宇治二子塚古墳

二子塚古墳　ふたごずかこふん　6世紀後半頃
[所在地]大阪府池田市井口堂1丁目
[別]稲荷山古墳

二子塚古墳　ふたごずかこふん　7世紀前半
[所在地]大阪府南河内郡太子町山田　[史]国指定史跡（1956）

二子塚古墳　ふたごずかこふん　6世紀中頃
[所在地]島根県松江市山代町
[別]山代二子塚古墳, 山代二子塚

二子塚古墳　ふたごずかこふん　6世紀末～7世紀初頭頃
[所在地]広島県福山市駅家町　[史]国指定史跡（2009）

二子塚古墳群　ふたごずかこふんぐん　4世紀後半
[所在地]栃木県芳賀郡市貝町上根字二子塚
[別]上根二子塚古墳群

二子塚古墳群　ふたごずかこふんぐん　5～6世紀
[所在地]石川県加賀市二子塚町

二川　ふたかわ, ふたがわ
[所在地]愛知県豊橋市二川町
[文]西行『夫木和歌抄 24』

4**二之宮姥塚遺跡**　にのみやうばずかいせき　古墳時代～平安時代
[所在地]山梨県笛吹市御坂町二之宮・井之上・夏目原

二日市洞穴　ふつかいちどうけつ　縄文時代
創早期～後期
所在地 大分県玖珠郡九重町

二日市場廃寺跡　ふつかいちばはいじあと
奈良時代, 平安時代
所在地 千葉県市原市二日市場

二月田貝塚　にがでかいづか　縄文時代後
期・晩期
所在地 宮城県宮城郡七ヶ浜町吉田浜

二月堂　にがつどう
所在地 奈良県奈良市雑司町
文 芭蕉『甲子吟行』, 井原西鶴『好色一代男』

二木島の一里塚　にぎしまのいちりづか　築
造年代不詳
所在地 三重県熊野市二木島　県指定史跡
（1937）

二木横穴墓群　ふたきおうけつぼぐん　7世
紀前半～8世紀前半
所在地 宮城県岩沼市二木

5 二ヶ谷積石塚古墳群　にほんがやつみいし
づかこふんぐん　6世紀前半
所在地 静岡県浜松市浜北区内野
別 二本ヶ谷積石塚群

二本ヶ谷積石塚群　にほんがやつみいしづか
ぐん　6世紀前半
所在地 静岡県浜松市浜北区内野　県指定史
跡（2013）
別 二本ヶ谷積石塚古墳群

二本木山古墳　にほんぎやまこふん　5世紀
前半～中葉頃
所在地 大阪府堺市南区赤坂台

二本松　にほんまつ
所在地 福島県二本松市
文『誹風柳多留 28』, 正岡子規『子規句集』

二本松山古墳　にほんまつやまこふん　5世
紀後半
所在地 福井県吉田郡永平寺町
別 松岡古墳群（手繰ヶ城山古墳・石舟山古
墳・鳥越山古墳・二本松山古墳）

二本松古墳　にほんまつこふん　6世紀後半
所在地 茨城県那珂郡東海村石神外宿

二本松城跡　にほんまつじょうあと　中世～
近世
所在地 福島県二本松市郭内ほか　国指定史
跡（2007）
別 霞ヶ城, 白旗城

二本松藩戒石銘碑　にほんまつはんかいせき

めいひ　寛延2年（1749）建立
所在地 福島県二本松市字郭内
別 旧二本松藩戒石銘碑

6 二合半坂　にごうはんざか
所在地 東京都千代田区富士見1丁目
文 永井荷風『日和下駄』
別 日光坂, こなから坂

二曲城跡　ふとげじょうあと　中世
所在地 石川県白山市出合町
別 鳥越城跡 附 二曲城跡

二色根古墳　にいろねこふん　古墳時代終
末期
所在地 山形県南陽市大字二色根632-2ほか
県指定史跡（1953）

二色根古墳群　にいろねこふんぐん　古墳時
代終末期
所在地 山形県南陽市大字二色根～蒲生田

7 二坂峠　にさかとうげ
所在地 三重県度会郡大紀町大内山, 北牟婁郡紀
北町紀伊長島区
文『西国三十三所名所図会』

二条の城之内城跡　にじょうのじょうのうち
じょうあと　万治元年（1658）
所在地 長野県長野市戸隠豊岡　市指定史跡
（2005）

二条城　にじょうじょう　江戸時代
所在地 京都府京都市中京区二条通堀川西入ル
二条城町
別 旧二条離宮（二条城）

二村山　ふたむらやま
所在地 愛知県豊明市
文『後撰和歌集』,『更級日記』

二村山　ふたむらやま
所在地 愛知県額田郡
文『更級日記』

二見　ふたみ
所在地 兵庫県明石市二見町
文 藤原基家『夫木和歌抄』

二見の道　ふたみのみち
所在地 愛知県豊川市
文『万葉集』

二見谷古墳群　ふたみだにこふんぐん　6世
紀末～7世紀
所在地 兵庫県豊岡市城崎町上山1707ほか
県指定史跡（1975）

二見浦　ふたみのうら, ふたみがうら
所在地 三重県伊勢市二見町

遺跡・古墳よみかた辞典　19

2画（人，入）

⽂西行『山家集』，近松門左衛門『出世景清』

二見浦　ふたみのうら
所在地 兵庫県豊岡市
⽂『和名抄』

⁸**二所神社古墳　にしょじんじゃこふん　5世紀後半**
所在地 茨城県東水戸市大足町稲荷

二枚橋(2)遺跡　にまいばし(に)いせき　縄文時代早期～晩期, 中世
所在地 青森県むつ市大畑町二枚橋

二枚橋遺跡　にまいばしいせき　弥生時代
所在地 青森県むつ市大畑町字大畑道

⁹**二俣城跡　ふたまたじょうあと　戦国時代築城**
所在地 静岡県浜松市天竜区二俣町二俣　㊞市指定史跡(1961)

二屋敷遺跡　にやしきいせき　旧石器時代, 縄文時代, 古代
所在地 宮城県刈田郡蔵王町宮

二荒山　ふたあらのやま
所在地 栃木県日光市
⽂『能因集』, 上田秋成『雨月物語』
㊙男体山

二荒山神社　ふたらさんじんじゃ　6世紀創建
所在地 栃木県日光市

二重橋　にじゅうばし
所在地 東京都千代田区
⽂『誹風柳多留147』, 河竹黙阿弥『裏表柳団画』

¹⁰**二宮1・2号墳　にのみやいち・にごうふん　7世紀前半**
所在地 石川県鹿島郡中能登町二宮

二宮尊徳の墓　にのみやそんとくのはか　江戸時代末期
所在地 栃木県今市市今市　㊞県指定史跡(1957)

二宮窯址　にのみやようし　平安時代～鎌倉時代
所在地 香川県三豊市高瀬町
㊙二ノ宮窯跡

二軒屋遺跡　にけんやいせき　弥生時代後期
所在地 栃木県宇都宮市西川田町西原

¹¹**二野鍋煎横穴　にのなべいりよこあな　古墳時代後期**
所在地 岐阜県可児市二野　㊞県指定史跡(1957)

¹²**二塚山五本谷遺跡　ふたつかやまごほんだに**

いせき　弥生時代～奈良時代
所在地 佐賀県三養基郡上峰町大字堤　㊞県指定史跡(1982)

二塚山古墳　ふたつかやまこふん　6世紀後半
所在地 岡山県瀬戸内市牛窓町鹿忍　㊞県指定史跡(1959)

二塚山遺跡　ふたつかやまいせき　弥生時代前期末～後期前半・古墳時代前期
所在地 佐賀県三養基郡上峰町堤字五本谷, 神埼郡吉野ヶ里町大曲字松葉

二塚古墳　ふたずかこふん, ふたつかこふん　5世紀初頭
所在地 宮城県仙台市太白区鹿野1丁目

二塚古墳　ふたずかこふん　6世紀前葉頃
所在地 奈良県葛城市寺口　㊞国指定史跡(1978)

二塚古墳　ふたずかこふん　6世紀末
所在地 広島県福山市駅家町大字法成寺

二階堂大路　にかいどうおおじ　鎌倉時代以降
所在地 神奈川県鎌倉市

【人】

⁶**人吉城跡　ひとよしじょうあと　鎌倉時代築城**
所在地 熊本県人吉市麓町・上原町・富尾町　㊞国指定史跡(1961)
㊙球磨城, 三日月ノ城, 繊月城

⁷**人形塚古墳　にんぎょうずかこふん　6世紀後葉頃**
所在地 千葉県千葉市緑区椎名崎町字道初谷

⁸**人国山　ひとくにやま**
所在地 奈良県吉野郡
⽂『万葉集』

人国山　ひとくにやま
所在地 和歌山県田辺市
⽂『万葉集』

¹²**人塚古墳・耳塚古墳　ひとずかこふん・みみずかこふん　6世紀後半～7世紀前半**
所在地 滋賀県米原市上野

【入】

³**入山峠遺跡　いりやまとうげいせき　縄文時代中期, 弥生時代後期, 古墳時代, 奈良時代以降**
所在地 群馬県安中市松井田町北野牧

⁵**入田遺跡　にゅうたいせき　縄文時代晩期～**

弥生時代前期
所在地 高知県四万十市入田

⁶入江・高砂貝塚　いりえ・たかさごかいずか
縄文時代（入江貝塚），縄文時代後半〜擦文時代・近世アイヌ時代（高砂貝塚）
所在地 北海道虻田郡洞爺湖町　国指定史跡（1988）
別 入江貝塚，高砂貝塚

入江貝塚　いりえかいずか　縄文時代
所在地 北海道虻田郡洞爺湖町
別 入江・高砂貝塚

入西石塚古墳　にっさいいしずかこふん　6世紀前半
所在地 埼玉県坂戸市善能寺字万海

⁷入佐山古墳群　いるさやまこふんぐん　弥生時代後期〜古墳時代前期
所在地 兵庫県豊岡市出石町魚屋・下谷

入谷　いりや
所在地 東京都台東区
文 水原秋桜子『殉教』

入谷鬼子母神　いりやきしもじん
所在地 東京都台東区下谷1-12-16 真源寺
文 山東京伝『傾城買四十八手』
別 真源寺

入谷遺跡　いりやいせき　奈良時代
所在地 群馬県太田市新田村田町

⁸入定塚古墳　にゅうじょうずかこふん　古墳時代
所在地 栃木県芳賀郡益子町大沢　県指定史跡（1958）

⁹入海貝塚　いりみかいずか　縄文時代早期
所在地 愛知県知多郡東浦町　国指定史跡（1953）

入津原丸山古墳　にゅうつばるまるやまこふん　古墳時代中期初頭
所在地 大分県豊後高田市大字新栄字礒　県指定史跡
別 丸山古墳

¹¹入野　いりの，いるの
所在地 滋賀県
文『夫木和歌抄』
別 納屋

入野　いりの，いるの
所在地 京都府京都市西京区
文『万葉集』，謡曲『紅葉狩』
別 納屋

入野遺跡　いりのいせき　古墳時代後期中心

所在地 群馬県高崎市吉井町石神　県指定史跡（1963）

¹²入間　いるま
所在地 埼玉県狭山市
文『伊勢物語』

入間道　いりまじ
所在地 埼玉県入間郡
文『万葉集』

【八】

⁰八ヶ岳　やつがたけ，やつがだけ
所在地 長野県，山梨県
文『伊藤左千夫全短歌』，佐佐木信綱『思草』

八ヶ崎御経塚山古墳群　はちがさきおきょうずかやまこふんぐん　古墳時代後期
所在地 石川県七尾市能登島八ヶ崎町

¹八乙女古墳　やおとめこふん　5世紀
所在地 山梨県笛吹市境川町藤垈字八乙女
別 馬乗山古墳，八乙女塚古墳

八乙女塚古墳　やおとめずかこふん　5世紀
所在地 山梨県笛吹市境川町藤垈字八乙女
別 馬乗山古墳，八乙女古墳

²八丁堀　はっちょうぼり
所在地 東京都千代田区神田〜中央区日本橋馬喰町／東京都中央区八丁堀〜入船
文 井原西鶴『懐硯』『好色二代男』

八丁鎧　はっちょうよろいずか　6世紀以降
所在地 長野県須坂市八町上八丁　県指定史跡（1965）
別 須坂鎧塚古墳

八人塚古墳　はちにんずかこふん　古墳時代前期
所在地 徳島県徳島市名東町1丁目

八十氏川　やそうじがわ
所在地 京都府宇治市
文『万葉集』，『頓阿法師詠』
別 宇治川

八十島　やそしま
所在地 山形県，秋田県
文『能因歌枕』，『和歌初学抄』

八十隅坂　やそくまさか，やそすみさか
所在地 奈良県宇陀市榛原萩原
文『万葉集』

³八上　やがみ
所在地 和歌山県西牟婁郡上富田町
文『山家心中集』

遺跡・古墳よみかた辞典　21

2画（八）

八上城跡　やかみじょうあと　戦国時代
　所在地 兵庫県篠山市八上上　㊥国指定史跡
　（2005）

八丈島　はちじょうじま
　所在地 東京都八丈島八丈町
　㊦『誹風柳多留82』，与謝野晶子『深林の香』

八丈島湯浜遺跡　はちじょうじまゆはまいせき　縄文時代前期前半～中葉
　所在地 東京都八丈島八丈町樫立
　㊥湯浜遺跡

八千代A遺跡　やちよえーいせき　縄文時代早期
　所在地 北海道帯広市

八女古墳群（乗場古墳・石人山古墳・岩戸山古墳・善蔵塚古墳・弘化谷古墳・丸山塚古墳・丸山古墳・茶臼塚古墳）　やめこふんぐん（のりばこふん・せきじんざんこふん・いわとやまこふん・ぜんぞうずかこふん・こうかだにこふん・まるやまずかこふん・まるやまこふん・ちゃうすずかこふん）　5世紀前半～6世紀後半
　所在地 福岡県八女市吉田・宅間・本，八女郡広川町，筑後市　㊥国指定史跡（1978）

八女古窯跡群　やめこようせきぐん　6世紀中頃～8世紀
　所在地 福岡県八女市大字忠見字塚ノ谷・牛焼谷・中尾谷・管ノ谷・立山山

[4]八天遺跡　はってんいせき　縄文時代
　所在地 岩手県北上市更木　㊥国指定史跡（1978）

八尺の堰塞　やさかのいで
　所在地 群馬県渋川市伊香保町
　㊦『万葉集』

八戸南部家墓所　はちのへなんぶけぼしょ　江戸時代～明治初期
　所在地 青森県八戸市長者　㊥県指定史跡（1955）

八日山1号墳　ようかやまいちごうふん　古墳時代前期
　所在地 島根県松江市新庄町字八日山

八日市地方遺跡　ようかいちじかたいせき　弥生時代中期
　所在地 石川県小松市八日市

八木沢清水縄文時代住居跡　やぎさわしみずじょうもんじだいじゅうきょあと　縄文時代早期前半
　所在地 群馬県渋川市小野子　㊥県指定史跡（1983）

㊥八木沢清水遺跡

八木沢清水遺跡　やぎさわしみずいせき　縄文時代早期前半
　所在地 群馬県渋川市小野子
　㊥八木沢清水縄文時代住居跡

八木城跡　やぎじょうあと　鎌倉時代～安土桃山時代
　所在地 兵庫県養父市八鹿町　㊥国指定史跡（1997）

八木遺跡　やぎいせき　縄文時代中期・後期初頭～後葉
　所在地 秋田県横手市増田町

八王子　はちおうじ
　所在地 東京都八王子市
　㊦井原西鶴『懐硯』，国木田独歩『欺かざるの記』

八王子貝塚　はちおうじかいづか　縄文時代後期
　所在地 愛知県西尾市上町八王子　㊥県指定史跡（1983）
　㊥西尾貝塚

八王子城跡　はちおうじじょうあと　天正年間（1573～92）築城開始
　所在地 東京都八王子市元八王子・下恩方町・西寺方町　㊥国指定史跡（1951）

八王子神社古墳　はちおうじじんじゃこふん　古墳時代中期
　所在地 群馬県邑楽郡邑楽町石打

[5]八代大塚古墳　やしろおおつかこふん　6世紀前半
　所在地 熊本県八代市上片町字下野森
　㊥大塚古墳

八代玉作遺跡　やつしろたまつくりいせき　古墳時代前期
　所在地 千葉県成田市八代玉造2丁目　㊥県指定史跡（1966）
　㊥八代玉造遺跡

八代村古墳　やつしろそんこふん　5世紀中頃～6世紀
　所在地 宮崎県東諸県郡国富町大字深年字山角　㊥国指定史跡（1934）
　㊥六野原古墳群

八代狐塚古墳　やつしろきつねずかこふん　5世紀後半
　所在地 山梨県笛吹市八代町南字前田
　㊥狐塚古墳

八代城跡群（古麓城跡・麦島城跡・八代城跡）

やつしろじょうあとぐん（ふるふもとじょうあと・むぎしまじょうあと・やつしろじょうあと）　中世～近世
　[所在地]熊本県八代市　[㊥]国指定史跡（2014）

八田家御朱印屋敷　はったけごしゅいんやしき　戦国時代
　[所在地]山梨県笛吹市石和町八田大曲輪　[㊥]県指定史跡（1969）
　[別]八田氏屋敷

7八坂法観寺　やさかほうかんじ
　[所在地]京都府京都市東山区八坂上町
　[㊆]『花洛名勝図会』
　[別]法観寺、八坂寺

八坂神社　やさかじんじゃ　斉明天皇2年（656）創建
　[所在地]京都府京都市東山区祇園町北側
　[別]祇園社

八坂塔　やさかのとう　白鳳時代建立、永享12年（1440）再建
　[所在地]京都府京都市東山区八坂上町

八木脛洞窟遺跡　やつはぎどうくついせき　縄文時代後～晩期、弥生時代中期
　[所在地]群馬県利根郡みなかみ町字閑字穴切

8八並窯跡群　やつなみかまあとぐん　5世紀前半
　[所在地]福岡県朝倉郡筑前町三並

9八海山　はっかいさん
　[所在地]新潟県
　[㊆]宮柊二『純黄』

八神毛利歴代の墓　やがみもうりれきだいのはか　江戸時代
　[所在地]岐阜県羽島市桑原町八神　[㊥]県指定史跡（1976）

八神城跡　やがみじょうあと　鎌倉時代または江戸時代築城
　[所在地]岐阜県羽島市桑原町八神　[㊥]県指定史跡（1969）

八郎潟　はちろうがた
　[所在地]秋田県
　[㊆]斎藤茂吉『白き山』、田山花袋『羽後の海岸』

八重田古墳群　やえだこふんぐん　4世紀後半～5世紀後半
　[所在地]三重県松阪市八重田・藤之木・日丘町

八重原古墳群　やえはらこふんぐん　5世紀
　[所在地]千葉県君津市三直字字曽井

八重菊遺跡　やえぎくいせき　平安時代ほか
　[所在地]青森県つがる市森田町大館字八重菊

10八島古墳群　やしまこふんぐん　古墳時代中期～後期
　[所在地]滋賀県長浜市八島町

八島遺跡　やしまいせき　旧石器時代
　[所在地]長野県諏訪市四賀霧ヶ峰八ケ原

八栗寺　やぐりじ
　[所在地]香川県高松市牟礼町
　[㊆]『讃岐国名勝図会』

八高廃寺　はっこうはいじ　白鳳時代創建
　[所在地]岡山県倉敷市真備町妹　[㊥]県指定史跡（1959）

11八堂山遺跡　はちどうやまいせき　弥生時代後期
　[所在地]愛媛県西条市福武八堂山

八釣　やつり
　[所在地]奈良県高市郡明日香村八釣
　[㊆]『万葉集』
　[別]矢釣

八釣・東山古墳群　やつりひがしやまこふんぐん　古墳時代後期
　[所在地]奈良県高市郡明日香村大字八釣・大字東山

八鳥塚谷横穴墓群　はっとりつかだにおうけつぼぐん　6世紀後半～7世紀初頭
　[所在地]広島県庄原市西城町
　[別]八鳥塚谷横穴群

八鳥塚谷横穴群　はっとりつかだによこあなぐん　6～7世紀
　[所在地]広島県庄原市西城町　[㊥]県指定史跡（1984）
　[別]八鳥塚谷横穴墓群

12八雲台古墳横穴式石室　やぐもだいこふんよこあなしきせきしつ　古墳時代
　[所在地]長野県長野市豊野町豊野　[㊥]市指定史跡（2005）

13八塩岡　やしおのおか
　[所在地]京都府京都市左京区岩倉長谷
　[㊆]『公任集』

八雷古墳　はちらいこふん　6世紀初頭
　[所在地]福岡県行橋市大字長木字宮　[㊥]市指定史跡（1981）

15八幡2号墳　やはたにごうふん　古墳時代後期
　[所在地]静岡県藤枝市八幡

八幡二子塚古墳　やわたふたごづかこふん　6世紀前半
　[所在地]群馬県高崎市八幡町　[㊥]市指定史跡

遺跡・古墳よみかた辞典　23

（2002）
[別]二子塚古墳

八幡大塚2号墳　やはたおおつかにごうふん, やわたおおつかにごうふん　6世紀
[所在地]岡山県岡山市南区北浦
[別]八幡大塚古墳, 大塚古墳

八幡大塚古墳　やはたおおつかこふん, やわたおおつかこふん　6世紀
[所在地]岡山県岡山市南区北浦
[別]八幡大塚2号墳, 大塚古墳

八幡山　やはたやま
[所在地]神奈川県鎌倉市
[文]『金槐和歌集』

八幡山1号墳　はちまんやまいちごうふん　5世紀後半頃
[所在地]広島県三次市吉舎町敷地

八幡山古墳　はちまんやまこふん　5世紀中葉
[所在地]栃木県佐野市堀米町

八幡山古墳　はちまんやまこふん　古墳時代初頭
[所在地]群馬県前橋市朝倉町　[史]国指定史跡（1949）
[別]前橋八幡山古墳, 朝倉八幡山古墳

八幡山古墳　はちまんやまこふん　4世紀末
[所在地]群馬県太田市大島町1129　[史]市指定史跡（1981）

八幡山古墳　はちまんやまこふん　6世紀末
[所在地]群馬県太田市東今泉町
[別]今泉口八幡山古墳

八幡山古墳　はちまんやまこふん　4世紀末頃
[所在地]群馬県太田市八幡町
[別]太田八幡山古墳

八幡山古墳　はちまんやまこふん　7世紀前半
[所在地]埼玉県行田市藤原町2-27-2
[別]八幡山古墳石室

八幡山古墳　はちまんやまこふん　古墳時代前期
[所在地]新潟県新潟市秋葉区古津字八幡腰
[別]古津八幡山古墳

八幡山古墳　はちまんやまこふん　5世紀
[所在地]岐阜県大垣市青墓町堤ケ谷

八幡山古墳　はちまんやまこふん　5世紀中頃
[所在地]愛知県名古屋市昭和区山脇町　[史]国指定史跡（1931）

八幡山古墳　はちまんやまこふん　6世紀初め
[所在地]和歌山県和歌山市岩橋
[別]井辺八幡山古墳

八幡山古墳石室　はちまんやまこふんせきしつ　7世紀前半
[所在地]埼玉県行田市藤原町2-27-2　[史]県指定史跡（1944）
[別]八幡山古墳

八幡山古墳群　はちまんやまこふんぐん　6世紀後半～7世紀
[所在地]栃木県足利市八幡町　[史]県指定史跡（1955）

八幡山古墳群　やはたやまこふんぐん　5～6世紀初頭
[所在地]兵庫県美方郡香美町村岡区福岡

八幡山埴輪窯址　はちまんやまはにわようし　古墳時代
[所在地]埼玉県本庄市児玉町八幡山

八幡古墳　はちまんこふん　700年前後
[所在地]宮城県黒川郡大和町鶴巣鳥屋字天が沢
[別]鳥屋八幡古墳

八幡古墳　はちまんこふん　古墳時代
[所在地]茨城県土浦市下坂田字塙台144
[別]武具八幡古墳

八幡古墳　はちまんこふん　6世紀後半
[所在地]徳島県美馬市脇町岩倉
[別]野村八幡古墳

八幡古墳　はちまんこふん　古墳時代初頭
[所在地]福岡県福岡市博多区那珂大字宮の脇
[別]那珂八幡古墳

八幡古墳　はちまんこふん　6世紀前半
[所在地]福岡県京都郡みやこ町勝山箕田
[別]扇八幡古墳

八幡台遺跡　はちまんだいいせき　縄文時代中期～後期
[所在地]神奈川県伊勢原市東大竹・八幡台
[別]伊勢原八幡台遺跡, 伊勢原八幡台石器時代住居跡

八幡社古墳群　はちまんしゃこふんぐん　6世紀中葉～7世紀中葉
[所在地]滋賀県東近江市中羽田町　[史]県指定史跡（1983）

八幡車塚古墳　やわたくるまずかこふん　古墳時代前期
[所在地]京都府八幡市八幡大芝（西車塚古墳）, 八幡市八幡女郎花（東車塚古墳）
[別]西車塚古墳, 東車塚古墳, 車塚古墳

八幡林官衙遺跡　はちまんばやしかんがいせき　9世紀頃
[所在地]新潟県長岡市島崎　[史]国指定史跡

2画（八）

(1995)
 別八幡林遺跡

八幡林遺跡　はちまんばやしいせき　9世紀頃
 所在地 新潟県長岡市島崎
 別八幡林官衙遺跡

八幡城跡　はちまんじょうあと　永禄2年(1559)築城
 所在地 岐阜県郡上市八幡町一ノ平　史 県指定史跡(1955)

八幡神社古墳　はちまんじんじゃこふん　6世紀
 所在地 千葉県君津市外箕輪130-1ほか　史 県指定史跡(1970)

八幡神社古墳　はちまんじんじゃこふん　6世紀後半
 所在地 東京都葛飾区柴又3丁目
 別柴又八幡神社古墳

八幡神社古墳　はちまんじんじゃこふん　縄文時代～中世
 所在地 新潟県新潟市西区緒立
 別緒立八幡神社古墳, 緒立八幡古墳

八幡神社古墳　はちまんじんじゃこふん　5世紀末
 所在地 福井県吉田郡永平寺町松岡吉野
 別吉野八幡神社古墳

八幡神社古墳　はちまんじんじゃこふん　6世紀
 所在地 岐阜県飛騨市古川町信包八幡
 別信包八幡神社古墳, 信包八幡神社跡前方後円墳

八幡神社跡　はちまんじんじゃあと　奈良時代末期創建
 所在地 京都府亀岡市千歳町国分
 別丹波国分寺跡 附 八幡神社跡

八幡茶臼山古墳　やわたちゃうすやまこふん　古墳時代前期後葉
 所在地 京都府八幡市八幡荘佐々谷
 別茶臼山古墳

八幡原A号及びB号石槨　やわたばらえーごうおよびびーごうせっかく　5世紀後半頃, 6世紀後半頃
 所在地 群馬県高崎市八幡原町　史 市指定史跡(1976)

八幡原遺跡群　はちまんばらいせきぐん　縄文時代早～晩期, 弥生時代, 古墳時代, 平安時代
 所在地 山形県米沢市万世町堂森

八幡宮古墳　はちまんぐうこふん　古墳時代終末期
 所在地 和歌山県橋本市隅田町中島

八幡崎遺跡　やはたざきいせき　縄文時代晩期
 所在地 青森県平川市八幡崎宮本　史 県指定史跡(1969)

八幡塚　はちまんづか　古墳時代
 所在地 茨城県つくば市沼田　史 県指定史跡(1937)
 別八幡塚古墳, 筑波八幡塚古墳

八幡塚古墳　はちまんづかこふん　5世紀後葉～末葉
 所在地 福島県福島市下鳥渡字八幡塚
 別下鳥渡八幡塚古墳

八幡塚古墳　はちまんづかこふん　5世紀第3四半期
 所在地 福島県伊達郡国見町塚野目字前畑
 別塚野目第一号墳(八幡塚古墳)

八幡塚古墳　はちまんづかこふん　古墳時代後期
 所在地 茨城県つくば市沼田
 別筑波八幡塚古墳, 八幡塚

八幡塚古墳　はちまんづかこふん　古墳時代前期
 所在地 栃木県那須郡那珂川町小川
 別那須八幡塚古墳, 那須八幡塚

八幡塚古墳　はちまんづかこふん　5世紀末～6世紀前半
 所在地 群馬県高崎市保渡田町字八幡塚
 別保渡田八幡塚古墳

八幡塚古墳　はちまんづかこふん　5世紀後半～6世紀初頭
 所在地 東京都世田谷区尾上台

八幡関門　やわたかんもん　慶応元年(1865)築造
 所在地 大阪府枚方市楠葉中之芝2丁目
 別楠葉関門, 楠葉台場跡

八幡横穴墓群　やあどおうけつぼぐん　古墳時代
 所在地 福島県いわき市平下高久字八幡

八幡遺跡　やわたいせき　平安時代
 所在地 青森県上北郡東北町新舘字八幡

八幡観音塚古墳　やはたかんのんづかこふん　6世紀最終末期
 所在地 群馬県高崎市八幡町
 別観音塚古墳

遺跡・古墳よみかた辞典　25

2画（刀，十）

¹⁶八橋　やつはし
　所在地 愛知県知立市
　文 『伊勢物語』

¹⁹八瀬　やせ
　所在地 京都府京都市左京区八瀬町
　文 与謝蕪村『新花摘』，『太平記』

【刀】

³刀工本郷国包各代の墓所　とうこうほんごうくにかねかくだいのぼしょ　江戸時代
　所在地 宮城県仙台市若林区新寺2-7-33　指 市指定史跡（1980）

刀工田中国広宅跡　とうこうたなかくにひろたくあと　室町時代～江戸時代初期
　所在地 宮崎県東諸県郡綾町大字入野1955の3
　指 県指定史跡（1933）

⁹刀袮川　とねがわ
　所在地 東京都，茨城県，栃木県，群馬県，埼玉県，千葉県，新潟県
　文 『万葉集』
　別 利根川，刀根川

¹⁰刀根川　とねがわ
　所在地 東京都，茨城県，栃木県，群馬県，埼玉県，千葉県，新潟県
　文 『万葉集』
　別 利根川，刀袮川

【十】

¹十一人塚　じゅういちにんづか　鎌倉時代末期
　所在地 神奈川県鎌倉市稲村ガ崎1-24

²十九壇古墳群　じゅうきゅうだんこふんぐん　古墳時代前期
　所在地 福島県喜多方市塩川町金橋字堰上

十二ノ后遺跡　じゅうにのきいせき　縄文時代前期
　所在地 長野県諏訪市有賀

十二天古墳　じゅうにてんこふん　5世紀末～6世紀初頭
　所在地 栃木県足利市助戸3丁目
　別 助戸十二天塚古墳，十二天塚古墳

十二天塚古墳　じゅうにてんづかこふん　5世紀末～6世紀初頭
　所在地 栃木県足利市助戸3丁目
　別 助戸十二天塚古墳，十二天古墳

十二天塚古墳　じゅうにてんづかこふん　5世紀前半

　所在地 群馬県藤岡市白石字稲荷原
　別 白石十二天塚古墳

十二社　じゅうにしゃ
　所在地 東京都新宿区西新宿
　文 田山花袋『時は過ぎゆく』

³十三中島遺跡　じゅうさんなかじまいせき　平安時代
　所在地 青森県五所川原市十三

十三宝塚遺跡　じゅうさんほうずかいせき　奈良時代～平安時代
　所在地 群馬県伊勢崎市境伊与久　指 国指定史跡（1988）

十三菩提遺跡　じゅうさんぼだいいせき　縄文時代前期終末期
　所在地 神奈川県川崎市宮前区野川南耕地

十三塚古墳　じゅうさんづかこふん　7世紀前半
　所在地 埼玉県蓮田市閏戸

十三塚遺跡　じゅうさんづかいせき　縄文時代～古墳時代
　所在地 宮城県名取市手倉田字山

十三森遺跡　じゅうさんもりいせき　古代
　所在地 青森県上北郡おいらせ町阿光坊十三森

十三湊遺跡　とさみなといせき　13世紀初頭～15世紀後半
　所在地 青森県五所川原市十三地内　指 国指定史跡（2005）

⁴十五里ヶ原古戦場　じゅうごりがはらこせんじょう　戦国時代末
　所在地 山形県鶴岡市友江字中野66-3ほか
　指 県指定史跡（1980）

十五郎穴　じゅうごろうあな　古墳時代末～奈良時代
　所在地 茨城県ひたちなか市中根字館出・指渋・獅子舞　指 県指定史跡（1940）
　別 十五郎穴横穴墓群，十五郎穴横穴群

十五郎穴横穴墓群　じゅうごろうあなおうけつぼぐん　古墳時代末～奈良時代
　所在地 茨城県ひたちなか市中根字館出・指渋・獅子舞
　別 十五郎穴横穴群，十五郎穴

十五郎穴横穴群　じゅうごろうあなよこあなぐん　古墳時代末～奈良時代
　所在地 茨城県ひたちなか市中根字館出・指渋・獅子舞
　別 十五郎穴横穴墓群，十五郎穴

十六ノ井　じゅうろくのい　鎌倉時代

(所在地)神奈川県鎌倉市扇ガ谷4-17

十六夜山古墳　いざよいやまこふん　5世紀末～6世紀初頭
(所在地)岡山県津山市椿高下

十文字原遺跡　じゅうもんじばるいせき　縄文時代早期
(所在地)大分県別府市大字南畑

十王台遺跡　じゅうおうだいいせき　弥生時代
(所在地)茨城県日立市十王町伊師本郷十王台

十王免横穴墓群　じゅうおうめんおうけつぼぐん　6世紀後半～8世紀
(所在地)島根県松江市矢田町十王免
(別)十王免横穴群

十王免横穴群　じゅうおうめんよこあなぐん　6世紀後半～8世紀
(所在地)島根県松江市矢田町十王免　(史)県指定史跡(1975)
(別)十王免横穴墓群

十王岩　じゅうおうがん　中世
(所在地)神奈川県鎌倉市二階堂の西北端
(別)わめき十王窟

十王堂橋　じゅうおうどうばし　江戸時代・鎌倉十橋の一
(所在地)神奈川県鎌倉市山ノ内

5 **十市　とおち**
(所在地)奈良県橿原市十市町
(文)『日本書紀』,『新古今和歌集』

十市の里　とおちのさと
(所在地)奈良県橿原市
(文)『大鏡』,『狭衣物語』

十布の浦　とうのうら
(所在地)宮城県多賀城市南東
(文)橘為仲『新古今和歌集 10』
(別)十符の浦

6 **十羽の松原　とばのまつばら**
(所在地)茨城県下妻市, 筑西市(旧真壁郡明野町)
(文)『万葉集』

7 **十条台古墳群　じゅうじょうだいこふんぐん**
5世紀末～6世紀初頭(1号墳)
(所在地)東京都北区中十条

8 **十和田湖　とわだこ**
(所在地)青森県, 秋田県
(文)泉鏡花『十和田湖』

十国峠　じっこくとうげ
(所在地)静岡県熱海市, 田方郡函南町
(文)与謝野晶子『冬柏亭集』

9 **十津川　とつかわ**
(所在地)奈良県吉野郡十津川村
(文)『平家物語』,『義経記』

十面沢遺跡　とつらざわいせき　縄文時代晩期
(所在地)青森県弘前市

10 **十軒店　じっけんだな**
(所在地)東京都中央区日本橋室町3-2・4南部付近
(文)田山花袋『日本橋附近』, 樋口一葉『われから』

十軒店跡　じっけんだなあと　江戸時代
(所在地)東京都中央区日本橋室町3-2・4南部付近

11 **十符　とう**
(所在地)宮城県多賀城市
(文)橘為仲『新古今和歌集 10』

十符の浦　とうのうら
(所在地)宮城県多賀城市南東
(文)橘為仲『新古今和歌集 10』
(別)十布の浦

12 **十善の森古墳　じゅうぜんのもりこふん**　古墳時代
(所在地)福井県三方上中郡若狭町天徳寺　(史)県指定史跡(1978)

十善ノ森古墳　じゅうぜんのもりこふん　5世紀後半
(所在地)福井県三方上中郡若狭町天徳寺
(別)十善の森古墳

十勝　とかち
(所在地)北海道
(文)島木赤彦『氷魚』

十勝オコッペ遺跡　とかちおこっぺいせき　擦文時代
(所在地)北海道十勝郡浦幌町字昆布刈石　(史)北海道指定史跡(1976)

十勝ホロカヤントー竪穴群　とかちほろかやんとーたてあなぐん　擦文時代
(所在地)北海道広尾郡大樹町字晩成　(史)北海道指定史跡(1966)

十勝太遺跡群　とかちぶといせきぐん　縄文時代早期～アイヌ期
(所在地)北海道十勝郡浦幌町　(史)北海道指定史跡(1966)

13 **十腰内遺跡　とこしないいせき**　縄文時代後期末～晩期
(所在地)青森県弘前市十腰内

14 **十綱の橋　とつなのはし**
(所在地)福島県

[文]正岡子規『はて知らずの記』

15 **十輪寺　じゅうりんじ**
[所在地]兵庫県高砂市横町
[文]『播磨名所巡覧図会』

十輪寺　じゅうりんじ
[所在地]和歌山県岩出市
[文]三条西実隆『再昌草』

十輪院　じゅうりんいん　奈良時代創建
[所在地]奈良県奈良市十輪院町

3 画

【下】

0 **下り林遺跡　くだりばやしいせき**　縄文時代
[所在地]長野県岡谷市岡谷

下クボ遺跡　したくぼいせき, しもくぼいせき　縄文時代中期後半〜末
[所在地]新潟県村上市

下ノ西遺跡　しものにしいせき　9世紀前半〜後半
[所在地]新潟県長岡市小島谷字下ノ西

下ノ坪遺跡　しものつぼいせき　弥生時代後期〜古代・中世
[所在地]高知県香南市野市町上岡

下ヨイチ運上家　しもよいちうんじょうや　江戸時代
[所在地]北海道余市郡余市町
[別]下余市運上家, 旧下ヨイチ運上家

2 **下九沢山谷遺跡　しもくざわさんやいせき**　旧石器時代〜縄文時代
[所在地]神奈川県相模原市緑区下九沢

3 **下久米方形周溝墓　しもくめほうけいしゅうこうぼ**　古墳時代後期
[所在地]佐賀県小城市三日月町久米

下土狩西1号墳　しもとがりにしちいごうふん　古墳時代
[所在地]静岡県駿東郡長泉町下土狩字西

下小山田古墳群　しもおやまだこふんぐん　7世紀前半
[所在地]福島県須賀川市大字小山田字山田

下小坂古墳群　しもこさかこふんぐん, しもおさかこふんぐん　6世紀中葉〜7世紀初頭
[所在地]埼玉県川越市下小坂

下小松古墳群　しもこまつこふんぐん　4世紀初頭〜6世紀
[所在地]山形県東置賜郡川西町　[史]国指定史跡(2000)

下小野貝塚　しもおのかいずか　縄文時代
[所在地]千葉県香取市下小野　[史]県指定史跡(1978)

下山古墳　しもやまこふん　5世紀中頃
[所在地]大分県臼杵市諏訪　[史]国指定史跡(1957)

下山古墳群　しもやまこふんぐん　7世紀後半(2号墳)
[所在地]福島県須賀川市柱田字下山地内

下山遺跡　しもやまいせき　旧石器時代〜近世
[所在地]東京都世田谷区瀬田4-8

下弓田遺跡　しもゆみたいせき, しもゆみだいせき　縄文時代後期
[所在地]宮崎県串間市大字南方字狐塚ほか　[史]県指定史跡(1976)

4 **下中島古墳群　しもなかじまこふんぐん**　6世紀半ば前半
[所在地]三重県伊賀市平田

下之庄東方遺跡　しものしょうとうほういせき　弥生時代中期, 古墳時代前期〜鎌倉時代
[所在地]三重県松阪市嬉野下之庄町〜中川町

下之郷遺跡　しものごういせき　弥生時代中期
[所在地]滋賀県守山市下之郷町　[史]国指定史跡(2002)

下井古墳群　したいこふんぐん　古墳時代後期
[所在地]滋賀県高島市安曇川町上古賀下井

下井足1号墳　しもいだにいちごうふん　5世紀初頭〜前葉
[所在地]奈良県宇陀市榛原下井足

下太田廃寺塔跡　しもおおたはいじとうあと　7世紀後半〜末創建
[所在地]兵庫県姫路市勝原区下太田93　[史]県指定史跡(1962)

下戸山古墳　しもとやまこふん　4世紀末〜5世紀初頭
[所在地]滋賀県栗東市下戸山

5 **下北方5号地下式横穴　しもきたかたごごうちかしきおうけつ**　5世紀
[所在地]宮崎県宮崎市下北方町塚原
[別]下北方5号地下式横穴墓

下北方5号地下式横穴墓　しもきたかたごご

うちかしきおうけつぼ　5世紀
(所在地)宮崎県宮崎市下北方町塚原
(例)下北方5号地下式横穴

下北方古墳群　しもきたかたこふんぐん　5世紀中葉～6世紀中葉
(所在地)宮崎県宮崎市下北方町字越ヶ迫・字塚原
(例)宮崎市下北方古墳

下北原遺跡　しもきたはらいせき　縄文時代後期
(所在地)神奈川県伊勢原市日向字下北原

下古館遺跡　しもふるだていせき　13世紀初め～15世紀頃
(所在地)栃木県下野市

下台原古墳　しもだいはらこふん　6世紀前半
(所在地)栃木県鹿沼市大字深津字下台原

下市瀬遺跡　しもいちせいせき　弥生時代後期
(所在地)岡山県真庭市下市瀬

下布田遺跡　しもふだいせき　縄文時代末期
(所在地)東京都調布市布田　(国指定史跡(1987))

下平古墳群　しもだいらこふんぐん　5世紀～7世紀
(所在地)滋賀県高島市新旭町饗庭

下本山岩陰遺跡　しももとやまいわかげいせき　縄文時代前期～後期,弥生時代後期
(所在地)長崎県佐世保市下本山町迎野
(例)下本山遺跡

下本山遺跡　しももとやまいせき　縄文時代前期～後期,弥生時代後期
(所在地)長崎県佐世保市下本山町迎野
(例)下本山岩陰遺跡

下本谷遺跡(三次郡衙跡)　しもほんだにいせき(みよしぐんがあと)　奈良時代後半～平安時代
(所在地)広島県三次市西酒屋町善法寺　(県指定史跡(1981))

下末吉貝塚　しもすえよしかいづか　縄文時代後期
(所在地)神奈川県横浜市鶴見区下末吉町

下田ノ沢遺跡　しもだのさわいせき　続縄文時代～アイヌ文化期
(所在地)北海道厚岸郡厚岸町大字別寒辺牛

下田代納屋B遺跡　しもたしろなやびーいせき　縄文時代早期
(所在地)青森県下北郡東通村大字小田野沢

下田原貝塚　しもたばるかいづか　八重山編年第Ⅱ期
(所在地)沖縄県八重山郡竹富町波照間島北側海岸低地　(県指定史跡(1956))

下田原城跡　しもたばるじょうあと　15世紀以前築城
(所在地)沖縄県八重山郡竹富町　(国指定史跡(2003))

下田横穴墓群　しもだおうけつぼぐん　7～8世紀
(所在地)神奈川県中郡大磯町虫窪小字下田

下白水大塚古墳　しもしろうずおおつかこふん　6世紀後半～7世紀前半
(所在地)福岡県春日市大字下白水字下の原
(例)大塚古墳

下石橋愛宕塚古墳　しもいしばしあたごづかこふん　古墳時代後期
(所在地)栃木県下野市(旧・下都賀郡石橋町)
(例)愛宕塚古墳

6 下伊場野窯跡群　しもいばのかまあとぐん　8世紀前半
(所在地)宮城県大崎市松山下伊場野～三本木伊場野

下吉田古墳群　しもよしだこふんぐん　5世紀後半～6世紀末
(所在地)福岡県北九州市小倉南区大字吉田字下吉田
(例)下吉田遺跡

下吉田遺跡　しもよしだいせき　5世紀後半～6世紀末
(所在地)福岡県北九州市小倉南区大字吉田字下吉田
(例)下吉田古墳群

下地町の池田矼　しもじちょうのいけだばし　250年前架橋
(所在地)沖縄県宮古島市下地字上地ツボヤ　(県指定史跡(1977))

下地原洞穴遺跡　しもじばるどうけついせき　旧石器時代
(所在地)沖縄県島尻郡久米島町具志川の下地原(久米島)

下宅部遺跡　しもやけべいせき　縄文時代後期～晩期前葉,奈良・平安時代
(所在地)東京都東村山市多摩湖町

下寺尾廃寺跡　しもてらおはいじあと　平安時代
(所在地)神奈川県茅ヶ崎市下寺尾150～170

下池山古墳　しもいけやまこふん　4世紀
(所在地)奈良県天理市成願寺下池山

3画（下）

下舟塚古墳　しもふなづかこふん　5世紀後半
　所在地 福井県三方上中郡若狭町
　別 下船塚古墳

⁷下余市運上家　しもよいちうんじょうや　江戸時代
　所在地 北海道余市郡余市町
　別 下ヨイチ運上家, 旧下ヨイチ運上家

下坂氏館跡　しもさかしやかたあと　中世
　所在地 滋賀県長浜市下坂中町
　別 北近江城館跡群（下坂氏館跡・三田村氏館跡）

下尾井遺跡　しもおいいせき　縄文時代早期後半～後期中葉
　所在地 和歌山県東牟婁郡北山村下尾井

下志筑古墳群　しもしずくこふんぐん　6世紀中心
　所在地 茨城県かすみがうら市下志筑字大塚・市川
　別 大塚古墳群, 市川古墳群

下村古墳　しもむらこふん　古墳時代
　所在地 山口県下松市生野屋・末武上
　別 花岡古墳

下村遺跡　したむらいせき　縄文時代中期後半～後期初頭
　所在地 岩手県二戸市米沢字下村

下芝谷ツ古墳　しもしばやつこふん　6世紀前葉頃
　所在地 群馬県高崎市箕郷町下芝　㉑市指定史跡（1987）

下谷　したや
　所在地 東京都台東区
　㊛許六『正風彦根体』

下谷古墳　しもたにこふん　6世紀
　所在地 福岡県福岡市西区大字徳永字下谷

下谷古墳群　したやこふんぐん　古墳時代
　所在地 群馬県伊勢崎市

下谷地遺跡　しもやちいせき　弥生時代中期
　所在地 新潟県柏崎市吉井　㉑国指定史跡（1979）

下里古墳　しもさとこふん　古墳時代前期
　所在地 和歌山県東牟婁郡那智勝浦町下里
　㉑国指定史跡（1976）

下里本邑遺跡　しもざとほんむらいせき　旧石器時代, 縄文時代, 弥生時代, 平安時代
　所在地 東京都東久留米市野火止3丁目　㉑都指定史跡（1984）

⁸下京　しもぎょう
　所在地 京都府京都市
　㊛『去来抄』

下侍塚古墳　しもさむらいづかこふん　5世紀初頭頃
　所在地 栃木県大田原市湯津上
　別 侍塚古墳

下国府遺跡　しもこういせき　9世紀前後
　所在地 新潟県佐渡市竹田　㉑国指定史跡（1976）

下岡田遺跡　しもおかだいせき　奈良後期末～平安時代
　所在地 広島県安芸郡府中町下岡田

下府廃寺塔跡　しもこうはいじとうあと　奈良時代
　所在地 島根県浜田市下府町　㉑国指定史跡（1937）

下府廃寺跡　しもこうはいじあと　7世紀末～8世紀初め創建
　所在地 島根県浜田市下府町

下明寺遺跡　げみょうじいせき　古墳時代中期末葉～室町時代
　所在地 奈良県橿原市新賀町

下沼部貝塚　しもぬまべかいづか　縄文時代後・晩期
　所在地 東京都大田区田園調布本町

下沼部埴輪製作所　しもぬまべはにわせいさくじょ　古墳時代
　所在地 東京都大田区田園調布2丁目

下長遺跡　しもながいせき　弥生時代末～古墳時代前期
　所在地 滋賀県守山市

下門岡ひじり塚　しもかどおかひじりづか　鎌倉時代
　所在地 岩手県北上市稲瀬町水越　㉑県指定史跡（1969）
　別 河野通信墳墓

⁹下城遺跡　しもんじょういせき　旧石器時代～中世
　所在地 熊本県阿蘇郡小国町下城

下城遺跡　しもじょういせき　弥生時代
　所在地 大分県佐伯市大字長谷字下城

下屋敷1号墳　しもやしきいちごうふん　4世紀前半
　所在地 宮崎県児湯郡新富町大字富田下屋敷

下屋敷遺跡　しもやしきいせき　弥生時代中期前半
　所在地 福井県坂井市三国町加戸

下津井の浦　しもついのうら
[所在地]岡山県倉敷市
[文]『金毘羅参詣名所図会』

下津井城跡　しもついじょうせき　16世紀以降
[所在地]岡山県倉敷市下津井　[史]県指定史跡(1968)

下畑遺跡　しもばたいせき　弥生時代中期
[所在地]新潟県佐渡市

下神取遺跡　しもかんどりいせき　縄文時代草創期前半期
[所在地]山梨県北杜市明野町

10 **下原古墳**　しもばるこふん　古墳時代前期初頭
[所在地]大分県国東市安岐町下原字本丸

下原窯跡群　しもはらかまあとぐん　6世紀初頭
[所在地]愛知県春日井市東山町

下島遺跡　しもじまいせき　縄文時代前期末
[所在地]長野県茅野市北山芹ヶ沢集落

下栗大塚古墳　しもぐりおおつかこふん　7世紀
[所在地]栃木県宇都宮市下栗町1382　[史]市指定史跡(1995)

下素麺屋一里塚　しもそうめんやいちりずか　江戸時代
[所在地]広島県三次市吉舎町　[史]県指定史跡(1944)

下紐関　したひものせき
[所在地]福島県伊達郡国見町
[文]太皇大后宮甲斐『詞花和歌集 6』
[別]伊達関

下郡遺跡　しもごおりいせき　古墳時代〜江戸時代初期
[所在地]三重県伊賀市下郡

下馬場古墳　しもばばこふん　6世紀後半
[所在地]福岡県久留米市草野町　[史]国指定史跡(1944)

下馬橋　げばばし　鎌倉時代
[所在地]神奈川県鎌倉市

下高井戸塚山遺跡　しもたかいどつかやまいせき　旧石器時代, 縄文時代中期
[所在地]東京都杉並区下高井戸5丁目　[史]区指定史跡(1999)
[別]塚山遺跡

下高洞遺跡　しもたかぼらいせき　縄文時代早期前半・中期〜後期
[所在地]東京都大島町元町大昇

下高橋官衙遺跡　しもたかはしかんがいせき　奈良時代
[所在地]福岡県三井郡大刀洗町　[史]国指定史跡(1998)

下高瀬上之原埴輪窯跡　しもだかせうえのはらはにわかまあと　6世紀後半
[所在地]群馬県富岡市下高瀬

11 **下組貝塚**　しもぐみかいずか　縄文時代前期初頭
[所在地]神奈川県横浜市港北区下田町

下船塚古墳　しもふなずかこふん　5世紀後半
[所在地]福井県三方上中郡若狭町　[史]国指定史跡(1935)
[別]下舟塚古墳

下船渡貝塚　しもふなとかいずか　縄文時代後期・晩期〜弥生時代
[所在地]岩手県大船渡市大船渡町　[史]国指定史跡(1934)

下郷天神塚古墳　しもごうてんじんずかこふん　4世紀末
[所在地]群馬県高崎市八幡原町
[別]天神塚古墳

下郷周溝墓群　しもごうしゅうこうぼぐん　古墳時代初期〜終末期
[所在地]群馬県佐波郡玉村町八幡原字下郷

下郷後遺跡　しもごううしろいせき　縄文時代前期
[所在地]千葉県船橋市藤原町1丁目

下郷遺跡　しもごういせき　古墳時代前期〜後期
[所在地]群馬県佐波郡玉村町宇貫字下郷〜八幡原

下野毛岸横穴墓群　しものげきしおうけつぼぐん　7世紀後半〜8世紀前半
[所在地]東京都世田谷区下野毛3丁目

下野国　しもつけのくに
[所在地]栃木県
[文]『万葉集』

下野国分尼寺跡　しもつけこくぶんにじあと　奈良時代
[所在地]栃木県下野市国分寺　[史]国指定史跡(1965)

下野国分寺跡　しもつけこくぶんじあと　奈良時代
[所在地]栃木県下野市国分寺　[史]国指定史跡(1921)

下野国庁跡　しもつけこくちょうあと　奈良

3画（下）

時代
所在地 栃木県栃木市田村町　国指定史跡（1982）
例 下野国府跡

下野国府跡　しもつけこくふあと　奈良時代
所在地 栃木県栃木市田村町
例 下野国庁跡

下野街道　しもつけかいどう　江戸時代
所在地 福島県南会津郡下郷町　国指定史跡（2002）

下野遺跡　しものいせき　縄文時代晩期終末
所在地 石川県白山市下野町

下野薬師寺跡　しもつけやくしじあと　白鳳時代建立
所在地 栃木県下野市薬師寺　国指定史跡（1921）

下頃辺遺跡　したころべいせき　縄文時代早期
所在地 北海道十勝郡浦幌町字吉野

下鳥渡八幡塚古墳　しもとりわたりはちまんずかこふん　5世紀後葉〜末葉
所在地 福島県福島市下鳥渡字八幡塚
例 八幡塚古墳

下鳥渡供養石塔　しもとりわたくようせきとう　鎌倉時代
所在地 福島県福島市下鳥渡　国指定史跡（1935）

[12]**下御倉古墳**　しものおくらこふん　6世紀中葉
所在地 熊本県阿蘇市一の宮町大字手野字宮の前　県指定史跡（1959）

下筒賀の社倉　しもつつがのしゃそう　安永8年（1779）設置
所在地 広島県山県郡安芸太田町　県指定史跡（1961）

下賀茂　しもがも
所在地 京都府京都市左京区
文 与謝野晶子『常夏』
例 下鴨

下道氏墓　しもつみちうじのはか　奈良時代
所在地 岡山県小田郡矢掛町　国指定史跡（1923）

下開発茶臼山古墳群　しもかいはつちゃうすやまこふんぐん　5世紀後半〜6世紀中葉
所在地 石川県能美市
例 茶臼山古墳群

[13]**下楠田貝塚**　しもくすだかいづか　縄文時代前期〜後期
所在地 福岡県みやま市高田町下楠田

下触牛伏1号墳　しもふれうしぶせいちごうふん　7世紀末〜8世紀初め
所在地 群馬県伊勢崎市下触町

[14]**下増田上田中1号墳**　しもますだかみたなかいちごうふん　6世紀初頭
所在地 群馬県安中市松井田町下増田字上田中　市指定史跡（2012）

下稗田遺跡　しもひえだいせき　弥生時代〜古墳時代
所在地 福岡県行橋市大字下稗田・前田

下総小金中野牧跡　しもうさこがねなかのまきあと　江戸時代
所在地 千葉県鎌ケ谷市東中沢・初富本町・東初富　国指定史跡（2007）

下総台地遺跡群　しもうさだいちいせきぐん　旧石器時代
所在地 千葉県北部

下総国　しもうさのくに
所在地 千葉県，茨城県
文『伊勢物語』，古泉千樫『青牛集』

下総国分尼寺跡　しもうさこくぶんにじあと　奈良時代創建
所在地 千葉県市川市国分　国指定史跡（1967）

下総国分寺跡　しもうさこくぶんじあと　奈良時代創建
所在地 千葉県市川市国分
例 下総国分僧寺跡，下総国分寺跡 附 北下瓦窯跡

下総国分寺跡 附 北下瓦窯跡　しもうさこくぶんじあと つけたり きたしたかわらがまあと　奈良時代創建
所在地 千葉県市川市国分　国指定史跡（1967）
例 下総国分寺跡，下総国分僧寺跡

下総国分僧寺跡　しもうさこくぶんそうじあと　奈良時代創建
所在地 千葉県市川市国分
例 下総国分寺跡，下総国分寺跡 附 北下瓦窯跡

下総国府跡　しもうさこくふあと　平安時代
所在地 千葉県市川市国府台1丁目付近

下総塚古墳　しもふさづかこふん　6世紀後半
所在地 福島県白河市舟田

[15]**下諏訪青塚古墳**　しもすわあおずかこふん　6世紀後半

[所在地]長野県諏訪郡下諏訪町青塚3340　[史]県指定史跡（1965）
[別]青塚古墳

[16]**下館跡**　しもやかたあと　中世
[所在地]岐阜県飛騨市神岡町
[別]江馬氏城館跡（下館跡・高原諏訪城跡・土城跡・寺林城跡・政元城跡・洞城跡・石神城跡）

下鴨　しもがも
[所在地]京都府京都市左京区
[文]与謝野晶子『常夏』
[別]下賀茂

【三】

[0]**三つ塚古墳**　みつずかこふん　5世紀中葉～後半頃
[所在地]大阪府藤井寺市道明寺6丁目
[別]八島塚古墳・中山塚古墳・助太山古墳

三の丸遺跡　さんのまるいせき　縄文時代中期～後期
[所在地]神奈川県横浜市緑区川和町～池辺町

三の宮古墳　さんのみやこふん　6世紀初頭
[所在地]熊本県荒尾市下井手三の宮神社の境内

三の耕地遺跡　さんのこうちいせき　4世紀以前
[所在地]埼玉県比企郡吉見町大字久米田字三の耕地

三ケ木遺跡　みかげいせき　弥生時代中期前半
[所在地]神奈川県相模原市緑区津久井町三ケ木

三ケ尻古墳群　みかじりこふんぐん　6世紀後半～7世紀中頃
[所在地]埼玉県熊谷市三ヶ尻

三ツ山古墳　みつやまこふん　6世紀前半
[所在地]愛知県豊橋市牟呂町字坂津

三ツ山古墳群　みつやまこふんぐん　6世紀中頃～7世紀前半
[所在地]滋賀県蒲生郡竜王町山面

三ツ寺Ⅰ遺跡　みつでらいちいせき　古墳時代中期
[所在地]群馬県高崎市三ツ寺町
[別]三ツ寺遺跡

三ツ寺遺跡　みつでらいせき　古墳時代中期
[所在地]群馬県高崎市三ツ寺町
[別]三ツ寺Ⅰ遺跡

三ツ沢貝塚　みつざわかいずか　縄文時代中期・後期
[所在地]神奈川県横浜市神奈川区三ツ沢東町字南沢　[史]市登録史跡（1988）

三ツ城古墳　みつじょうこふん　5世紀後半～6世紀初頭
[所在地]広島県東広島市西条中央　[史]国指定史跡（1982）

三ツ堀遺跡群　みつぼりいせきぐん　縄文時代～古墳時代
[所在地]千葉県野田市三ツ堀地区

三ツ塚・磯崎古墳群　みつずか・いそざきこふんぐん　古墳時代
[所在地]茨城県ひたちなか市平磯町三ツ塚・磯崎町
[別]三ツ塚古墳群，磯崎古墳群

三ツ塚古墳群　みつずかこふんぐん　古墳時代
[所在地]茨城県ひたちなか市平磯町三ツ塚
[別]三ツ塚・磯崎古墳群

三ツ塚廃寺跡　みつずかはいじあと　白鳳時代
[所在地]兵庫県丹波市市島町　[史]国指定史跡（1976）

三ノ輪　みのわ
[所在地]東京都台東区三ノ輪
[文]為永春水『糸柳』

三ノ瀬御本陣跡　さんのせごほんじんあと　江戸時代
[所在地]広島県呉市下蒲刈町　[史]県指定史跡（1940）

三ノ瀬朝鮮信使宿館跡　さんのせちょうせんしんししゅくかんあと　江戸時代
[所在地]広島県呉市下蒲刈町　[史]県指定史跡（1940）

三ヶ所村古墳　さんがしょそんこふん　古墳時代
[所在地]宮崎県西臼杵郡五ヶ瀬町大字三ヶ所字島ノ巣・桑野内字小半田　[史]県指定史跡（1936）

[2]**三十三間堂**　さんじゅうさんげんどう　長寛2年（1164）建立
[所在地]京都府京都市東山区
[別]蓮華王院

三十三間堂官衙遺跡　さんじゅうさんげんどうかんがいせき　9～10世紀前半
[所在地]宮城県亘理郡亘理町　[史]国指定史跡（1992）

三十三間堂跡　さんじゅうさんげんどうあと

3画（三）

　所在地 東京都江東区富岡2付近
　⊗『江戸名所図会』，井原西鶴『一目玉鉾』

三十稲場遺跡　さんじゅういなばいせき　縄文時代中期〜後期初頭
　所在地 新潟県長岡市関原町
　別 馬高・三十稲場遺跡

³**上山**　みかみやま，みかみのやま
　所在地 滋賀県野洲市
　⊗『拾遺和歌集 10』，芭蕉『洒落堂記』
　別 三神山

三万田東原遺跡　みまんだひがしばるいせき　縄文時代後期
　所在地 熊本県菊池市泗水町亀尾

三千院　さんぜんいん　延暦年間(782〜806)創建
　所在地 京都府京都市左京区大原来迎院町

三千塚古墳群　さんぜんづかこふんぐん　5世紀末葉以降
　所在地 埼玉県東松山市大谷

三川丸山古墳　みかわまるやまこふん　3世紀後葉
　所在地 滋賀県長浜市三川町
　別 丸山古墳

三才1号墳　さんさいいちごうふん　5世紀
　所在地 長野県長野市古里三才

⁴**三井**　みい
　所在地 滋賀県大津市園城寺町
　⊗小林一茶『七番日記』，『今昔物語集』

三井　みい　飛鳥時代
　所在地 奈良県生駒郡斑鳩町　国指定史跡(1944)

三井三池炭鉱跡(宮原坑跡・万田坑跡・専用鉄道敷跡)　みついみいけたんこうあと(みやはらこうあと・まんだこうあと・せんようてつどうじきあと)　明治〜昭和期
　所在地 福岡県大牟田市宮原町・桜町，熊本県荒尾市原万田　国指定史跡(2000)

三井瓦窯址　みいがようし　7世紀末〜8世紀初め
　所在地 奈良県生駒郡斑鳩町
　別 三井瓦窯跡

三井瓦窯跡　みいかわらがまあと，みいがようせき　7世紀末〜8世紀初め
　所在地 奈良県生駒郡斑鳩町　国指定史跡(1932)
　別 三井瓦窯址

三井寺　みいでら

　所在地 滋賀県大津市園城寺町
　⊗『野坂吟岬』，『今昔物語集』
　別 園城寺

三仏生遺跡　さぶしょういせき，さんぶしょういせき　縄文時代後期中頃
　所在地 新潟県小千谷市三仏生

三仏寺　さんぶつじ　平安時代後期
　所在地 鳥取県東伯郡三朝町三徳
　別 三徳山三仏寺

三仏寺城跡　さんぶつじじょうあと　平安時代〜戦国時代
　所在地 岐阜県高山市三福寺町井ノ上　県指定史跡(1971)

三仏寺奥の院　さんぶつじおくのいん　平安時代後期創建
　所在地 鳥取県東伯郡三朝町門前
　別 投入堂

三内丸山遺跡　さんないまるやまいせき　縄文時代前期中頃〜中期末葉
　所在地 青森県青森市三内字丸山　国指定特別史跡(2000)

三内遺跡　さんないいせき　縄文時代前期〜後期・平安時代
　所在地 青森県青森市三内字沢部・字丸山

三反田蜆塚貝塚　みたんだしいずかかいづか　縄文時代前期〜後期
　所在地 茨城県ひたちなか市三反田字蜆塚

三反田遺跡　みたんだいせき　古墳時代初頭
　所在地 茨城県ひたちなか市三反田

三戸遺跡　みといせき　縄文時代早期
　所在地 神奈川県三浦市初声町三戸

三方の海　みかたのうみ
　所在地 福井県三方上中郡若狭町
　⊗『万葉集』

三日市　みっかいち
　所在地 大阪府河内長野市三日市町
　⊗『西国三十三所名所図会』

三日市古墳群　みっかいちこふんぐん　6〜7世紀
　所在地 大阪府河内長野市中片添町

三日町大塚古墳　みっかまちおおつかこふん　4世紀後半頃
　所在地 岐阜県高山市国府町三日町
　別 大塚古墳

三日城跡　みっかじょうあと　戦国時代
　所在地 長野県長野市豊野町石　市指定史跡(2005)

三木城跡及び付城跡・土塁　みきじょうあとおよびつけじょうあと・どるい　室町時代後期
[所在地]兵庫県三木市上の丸町775ほか　[史]国指定史跡（2013）

三王山古墳　さんのうやまこふん　7世紀初頭
[所在地]栃木県下野市三王山

三王山古墳群　さんのうやまこふんぐん　4～6世紀
[所在地]新潟県三条市大字上保内

三王山南塚古墳群　さんのうやまみなみずかこふんぐん　4世紀前葉
[所在地]栃木県下野市三王山
[別]三王山古墳群磯部支群

5 **三四郎池　さんしろういけ**
[所在地]東京都文京区本郷7-3-1
[文]夏目漱石『三四郎』
[別]育徳園心字池

三本木古墳群　さんぼんぎこふんぐん　古墳時代
[所在地]群馬県藤岡市三本木字下原

三本木遺跡　さんぼんぎいせき　続縄文時代，オホーツク文化期
[所在地]北海道標津郡標津町
[別]標津遺跡群（伊茶仁カリカリウス遺跡・古道遺跡・三本木遺跡）

三本松古墳　さんぼんまつこふん　6世紀中葉～後葉
[所在地]千葉県流山市鰭ヶ崎字塚越

三本松古墳　さんぼんまつこふん　古墳時代
[所在地]広島県山県郡北広島町大朝

三玉大塚古墳　みたまおおつかこふん，みたまのおおつかこふん　5世紀後半
[所在地]広島県三次市吉舎町三玉　[史]県指定史跡（1978）
[別]大塚古墳

三田　みた
[所在地]東京都港区三田
[文]鶴屋南北『戻橋脊御摂』，幸田露伴『寝耳鉄砲』

三田八幡宮　みたはちまんぐう　和銅2年（709）創建
[所在地]東京都港区三田3-7-16
[別]御田八幡神社

三田村氏館跡　みたむらしやかたあと　中世
[所在地]滋賀県長浜市三田町
[別]北近江城館跡群（下坂氏館跡・三田村氏館跡）

6 **三光遺跡　さんこういせき**　縄文時代中期初頭～晩期前半
[所在地]山梨県笛吹市御坂町竹居

三吉3号墳　みつよしさんごうふん　5世紀
[所在地]奈良県北葛城郡広陵町三吉

三名部　みなべ
[所在地]和歌山県日高郡みなべ町
[文]『万葉集』

三宅　みやけ
[所在地]奈良県磯城郡三宅町
[文]『和名抄』

三宅坂　みやけざか
[所在地]東京都千代田区
[文]泉鏡花『夜行巡査』

三宅御土居跡　みやけおどいあと　14世紀後半
[所在地]島根県益田市
[別]益田氏城館跡

三年坂　さんねんざか
[所在地]東京都千代田区
[文]森鴎外『渋江抽斎』

三成古墳　さんなりこふん　4世紀末～5世紀初め
[所在地]岡山県津山市中北下　[史]国指定史跡（1979）
[別]久米三成古墳

三次社倉　みよししゃそう　江戸時代
[所在地]広島県三次市三次町　[史]県指定史跡（1937）

三池平古墳　みいけだいらこふん　4世紀後半
[所在地]静岡県静岡市清水区　[史]県指定史跡（2001）

7 **三囲神社　みめぐりじんじゃ**　文和年間（1352～55）創建
[所在地]東京都墨田区向島2-5-15
[別]三囲稲荷社

三囲稲荷社　みめぐりいなりしゃ　文和年間（1352～55）創建
[所在地]東京都墨田区向島2-5-15
[別]三囲神社

三尾の中山　みおのなかやま
[所在地]滋賀県高島市拝戸
[文]『拾遺和歌集』，『家隆卿百番自歌合』
[別]三尾山，三尾の杣山，水尾山

三尾埼　みおのさき
[所在地]滋賀県高島市
[文]『万葉集』，謡曲『白鬚』

3画（三）

別水尾埼, 三尾崎

三尾崎　みおのさき
所在地 滋賀県高島市
文『万葉集』, 謡曲『白鬚』
別水尾埼, 三尾埼

三尾野古墳群　みおのこふんぐん　4世紀後半
所在地 福井県福井市三尾野町・南居町

三条　さんじょう
所在地 京都府京都市の東西街路
文只春『花見車』

三条の国境石　さんじょうのこっきょうせき
江戸時代
所在地 福岡県北九州市八幡東区高見2-2内
指市指定史跡（1975）

三条古墳群　さんじょうこふんぐん　古墳時代
所在地 兵庫県芦屋市三条・山芦屋町

三条通白川橋東入五軒町（三条白川橋）道標　さんじょうどおりしらかわばしひがしいるごけんちょう（さんじょうしらかわばし）どうひょう　延宝6年（1678）建立
所在地 京都府京都市東山区五軒町　市登録史跡（1987）

三条塚古墳　さんじょうづかこふん　6世紀末
所在地 千葉県富津市下飯野字三条塚

三村貝塚　みむらかいづか　縄文時代早期末
所在地 茨城県石岡市三村字地蔵久保

三杢山古墳　さんもくやまこふん　6世紀初頭
所在地 埼玉県本庄市大字小島字三杢山

三沢23号墳　みつさわにじゅうさんごうふん　6世紀中頃～後半
所在地 福岡県小郡市三沢

三沢初子の墓など　みさわはつこのはかなど
江戸時代
所在地 宮城県仙台市宮城野区榴岡5-4　市指定史跡（1972）

三沢初子墓　みさわはつこのはか　江戸時代
所在地 東京都目黒区中目黒3-1-6 正覚寺
都指定旧跡（1955）

三沢城跡　みさわじょうあと　嘉元3年（1305）築城
所在地 島根県仁多郡奥出雲町　県指定史跡（1964）

三芳野　みよしの
所在地 埼玉県坂戸市
文『伊勢物語』

三角山遺跡　さんかくやまいせき　旧石器時代
所在地 北海道千歳市祝梅

三角屋敷　さんかくやしき
所在地 東京都江東区深川
文鶴屋南北『東海道四谷怪談』

三里古墳　みさとこふん　6世紀中頃～後半
所在地 奈良県生駒郡平群町三里字押上　県指定史跡（1977）

[8]**三味線塚古墳　しゃみせんずかこふん**　6世紀前半
所在地 栃木県小山市大字中里

三国　みくに
所在地 福井県坂井市三国町
文『日本書紀』

三国の鼻1号墳　みくにのはないちごうふん
4世紀中頃～後半
所在地 福岡県小郡市津古・横隈

三国山　みくにやま
所在地 福井県坂井市三国町
文『万葉集』

三国湊　みくにみなと　古代以降
所在地 福井県坂井市三国町

三国街道脇本陣跡池田屋　みくにかいどうわきほんじんあといけだや　江戸時代
所在地 新潟県南魚沼郡湯沢町大字三俣　県指定史跡（1954）

三宝寺池　さんぼうじいけ
所在地 東京都練馬区
文大田南畝『武江披砂』

三岳城跡　みたけじょうあと　南北朝時代
所在地 静岡県浜松市北区引佐町　国指定史跡（1944）

三幸ヶ野遺跡　みこうがのいせき　縄文時代後期
所在地 宮崎県串間市

三明寺大将塚古墳　さんみょうじたいしょうづかこふん　古墳時代
所在地 鳥取県倉吉市向山
別大将塚古墳

三明寺古墳　さんみょうじこふん　6世紀末または7世紀初め頃
所在地 鳥取県倉吉市巌城　国指定史跡（1931）

三明寺経塚　さんみょうじきょうづか　鎌倉時代初期
所在地 静岡県沼津市

三河田大塚古墳　みかわだおおつかこふん

36　遺跡・古墳よみかた辞典

7世紀中葉
　[所在地]長野県佐久市大字三河田字大塚　[指]県指定史跡(1962)
　[別]大塚古墳

三河国　みかわのくに
　[所在地]愛知県
　[文]『万葉集』、『誹風柳多留18』

三河国分尼寺跡　みかわこくぶんにじあと
奈良時代創建
　[所在地]愛知県豊川市八幡町　[指]国指定史跡(1922)

三河国分寺跡　みかわこくぶんじあと　奈良時代創建
　[所在地]愛知県豊川市八幡町　[指]国指定史跡(1922)

三河島　みかわしま
　[所在地]東京都荒川区
　[文]『子規句集』、山東京伝『通信総籬』

⁹三保の浦　みほのうら
　[所在地]静岡県静岡市清水区三保
　[文]『万葉集』、高山樗牛『清見潟日記』

三俣　みつまた
　[所在地]東京都中央区
　[文]『徳和歌後万載集3』、河竹黙阿弥『実録先代萩』

三垣の山　みかきのやま
　[所在地]奈良県高市郡明日香村
　[文]『万葉集』

三変稲荷神社古墳　さんぺんいなりじんじゃこふん　4世紀後半
　[所在地]埼玉県川越市小仙波

三室の山　みむろのやま
　[所在地]奈良県生駒郡三郷町/奈良県生駒郡斑鳩町
　[文]『万葉集』、『大和物語』

三室の岸　みむろのきし
　[所在地]奈良県
　[文]『千載和歌集17』

三室まどがけ2・3号墳　みむろまどがけに・さんごうふん　7世紀の第2四半期〜中葉頃
　[所在地]石川県七尾市三室町

三室戸　みむろど
　[所在地]京都府宇治市菟道
　[文]天田愚庵『巡礼日記』、鴨長明『無名抄』

三室遺跡　みむろいせき　縄文時代早期〜後期
　[所在地]福井県勝山市遅羽町蝌崎　[指]県指定史跡(1953)

三度舞大将塚古墳　さんどまいたいしょうずかこふん　弥生時代
　[所在地]鳥取県倉吉市大谷字居座原　[指]市指定文化財(1988)
　[別]大将塚古墳

三後沢遺跡　みつござわいせき　縄文時代前期前葉
　[所在地]群馬県利根郡みなかみ町下津字北原・三後沢

三春城　みはるじょう　戦国時代〜江戸時代
　[所在地]福島県田村郡三春町字大町

三星院古墳群　さんせいいんこふんぐん　6世紀
　[所在地]山梨県中央市木原

三昧塚古墳　さんまいずかこふん　6世紀初頭
　[所在地]茨城県行方市玉造町

三津　みつ
　[所在地]滋賀県大津市下坂本
　[文]『建保内裏名所百首』
　[別]御津

三津永田遺跡　みつながたいせき　弥生時代前期末〜後期前半
　[所在地]佐賀県神埼郡吉野ヶ里町三津字永田

三津屋古墳　みつやこふん　7世紀中頃
　[所在地]群馬県北群馬郡吉岡町大久保字三津屋　[指]県指定史跡(1995)

三神峯遺跡　みかみねいせき　縄文時代早期末〜前・中期
　[所在地]宮城県仙台市太白区富沢字金山

三重の川　みえのかわ
　[所在地]三重県四日市市
　[文]『万葉集』
　[別]三重の河

三重の河　みえのかわ
　[所在地]三重県四日市市
　[文]『万葉集』
　[別]三重の川

三重津海軍所跡　みえつかいぐんしょあと　江戸時代幕末期
　[所在地]佐賀県佐賀市　[指]国指定史跡(2013)

¹⁰三原　みはら
　[所在地]兵庫県南あわじ市
　[文]『琴歌譜』

三原山　みはらやま
　[所在地]東京都大島町
　[文]与謝野晶子『冬柏亭集』、中村草田男『火

3画（三）

の鳥』

三原田遺跡　みはらだいせき　縄文時代中期・後期
　所在地 群馬県渋川市赤城町三原田

三原城跡　みはらじょうあと　16世紀後半築城
　所在地 広島県三原市館町
　例 小早川氏城跡（高山城跡・新高山城跡・三原城跡）

三宮貝塚　さんぐうかいづか　縄文時代後期
　所在地 新潟県佐渡市三宮

三島　みしま
　所在地 静岡県三島市
　文 細川幽斎『新旧狂歌誹諧聞書』、『曽我物語』

三島の里　みしまのさと
　所在地 新潟県三島郡
　文『今昔物語集』

三島古墳群　みしまこふんぐん　古墳時代
　所在地 宮城県気仙沼市本吉町三島
　例 蝦夷塚古墳群

三島台遺跡　みしまだいいせき　縄文時代草創期～中期
　所在地 群馬県桐生市川内町3丁目 字三島台

三島江　みしまえ
　所在地 大阪府摂津市三島
　文『日本書紀』、『和名抄』

三島政行墓　みしままさゆきのはか　江戸時代
　所在地 東京都台東区蔵前4-18-11 浄念寺
　例 都指定旧跡（1955）

三島神社古墳　みしまじんじゃこふん　6世紀前半
　所在地 愛媛県松山市畑寺町269 三島神社境内

三島野　みしまの
　所在地 富山県射水市二口
　文『万葉集』

三島塚古墳　みしまづかこふん　5世紀前半～中葉
　所在地 群馬県高崎市石原町　例 市指定史跡（1967）

三島藍野陵　みしまのあいののみささぎ　5世紀後半～6世紀初め頃
　所在地 大阪府茨木市太田
　例 継体陵古墳、継体天皇陵古墳、太田茶臼山古墳

三峰山　みつみねさん

　所在地 埼玉県秩父市
　文 中村憲吉『軽雷集』

三栖　みす
　所在地 和歌山県田辺市下三栖・中三栖・上三栖
　文 西行『山家集』

三栖の山　みすのやま
　所在地 和歌山県田辺市
　文 西行『山家集』

三栖廃寺塔跡　みすはいじとうあと　白鳳時代創建
　所在地 和歌山県田辺市下三栖　例 国指定史跡（1935）

三栖廃寺跡　みすはいじあと　8世紀頃創建
　所在地 和歌山県田辺市下三栖

三浦安針墓　みうらあんじんのはか　江戸時代
　所在地 神奈川県横須賀市西逸見町　例 国指定史跡（1923）

三浦按針邸跡　みうらあんじんていあと　江戸時代
　所在地 東京都中央区日本橋室町1-10付近
　例 三浦按針遺跡

三浦按針遺跡　みうらあんじんいせき　江戸時代
　所在地 東京都中央区日本橋室町1-10付近
　例 都指定旧跡（1955）
　例 三浦按針邸跡

三浦梅園旧宅　みうらばいえんきゅうたく　江戸時代
　所在地 大分県国東市安岐町　例 国指定史跡（1959）

三浦崎　みうらさき
　所在地 神奈川県
　文『万葉集』

三浦遺跡　みうらいせき　古墳時代～平安時代
　所在地 石川県白山市三浦町 県立翠星高等学校

三珠大塚古墳　みたまおおつかこふん　5世紀後半
　所在地 山梨県西八代郡市川三郷町大塚
　例 大塚古墳

三納村古墳　みのうそんこふん　古墳時代
　所在地 宮崎県西都市大字平郡字宮尾・井上・田中・瀬戸田・南川・大字三納字松本・永野大原ほか　例 県指定史跡（1935）

11 三崎　みさき
　所在地 神奈川県三浦市三崎

38　遺跡・古墳よみかた辞典

3画（三）

㊆『相模国風土記稿』, 式亭三馬『浮世風呂』

三崎山旧街道　みさきやまきゅうかいどう　中世
　所在地 秋田県にかほ市象潟町小砂川字三崎ほか　㊆県指定史跡（1958）

三崎山遺跡　みさきやまいせき　縄文時代後・晩期
　所在地 山形県飽海郡遊佐町大字女鹿字三崎山

三崎稲荷　みさきいなり
　所在地 東京都千代田区三崎町
　㊆伊庭可笑『扨化狐通人』

三笠の社　みかさのもり
　所在地 福岡県大野城市山田
　『日本書紀』,『和名抄』

三笠の野　みかさのの
　所在地 奈良県奈良市
　㊆『万葉集』

三笠山　みかさやま
　所在地 奈良県奈良市
　㊆『古今和歌集』
　㊆御蓋山

三船の山　みふねのやま
　所在地 奈良県吉野郡吉野町
　㊆『万葉集』, 上田秋成『雨月物語』
　㊆三船山, 御船山, 船岡山

三船山　みふねのやま
　所在地 奈良県吉野郡吉野町
　㊆『万葉集』, 上田秋成『雨月物語』
　㊆三船の山, 御船山, 船岡山

三貫地貝塚　さんがんじかいづか, さんがんちかいづか　縄文時代後期初頭～晩期前半
　所在地 福島県相馬郡新地町駒ヶ峯三貫地
　㊆県指定史跡（1968）

三陵墓古墳群　さんりょうぼこふんぐん　5世紀前半
　所在地 奈良県奈良市都祁南之庄町　㊆県指定史跡（1996）

三陵墓西古墳　さんりょうぼにしこふん　5世紀前半
　所在地 奈良県奈良市都祁南之庄町
　㊆三陵墓西塚古墳

三陵墓西塚古墳　さんりょうぼにしずかこふん　5世紀前半
　所在地 奈良県奈良市都祁南之庄町
　㊆三陵墓西古墳

三陵墓東古墳　さんりょうぼひがしこふん　5世紀前半

　所在地 奈良県奈良市都祁南之庄町
　㊆三陵墓東塚古墳

三陵墓東塚古墳　さんりょうぼひがしずかこふん　5世紀前半
　所在地 奈良県奈良市都祁南之庄町
　㊆三陵墓東古墳

[12] **三富開拓地割遺跡　さんとめかいたくちわりいせき**　元禄7年（1694）開発開始
　所在地 埼玉県入間郡三芳町上富, 所沢市中富・下富　㊆県指定旧跡（1962）

三森遺跡　みもりいせき　5世紀中葉～末葉
　所在地 福島県白河市表郷三森字月桜地内

三湖台古墳群　さんこだいこふんぐん　6世紀以降
　所在地 石川県小松市月津・今江・矢田野町

三越　みつこし
　所在地 東京都中央区日本橋室町
　㊆野上弥生子『真知子』

三雲茶臼塚古墳　みくもちゃうすずかこふん　古墳時代
　所在地 福岡県糸島市三雲

三雲遺跡　みくもいせき　弥生時代
　所在地 福岡県糸島市三雲

三雲遺跡群　みくもいせきぐん　弥生時代～古墳時代前期
　所在地 福岡県糸島市三雲

[13] **三殿台遺跡　さんとのだいいせき**　縄文時代後期, 弥生時代中・後期, 古墳時代
　所在地 神奈川県横浜市磯子区岡村　㊆国指定史跡（1966）

三滝城跡　みたきじょうせき　中世
　所在地 愛媛県西予市城川町窪野　㊆県指定史跡（1968）

[14] **三徳山　みとくさん**
　所在地 鳥取県東伯郡三朝町　㊆国指定史跡（1934）

三徳山三仏寺　みとくさんさんぶつじ　平安時代後期
　所在地 鳥取県東伯郡三朝町三徳

三熊城　みくまじょう　戦国時代～幕末期
　所在地 兵庫県洲本市小路谷
　㊆洲本城跡

[15] **三穂　みほ**
　所在地 和歌山県日高郡美浜町三尾
　㊆『万葉集』
　㊆美穂

三輪　みわ

遺跡・古墳よみかた辞典　39

(所在地)奈良県桜井市三輪
(文)『万葉集』

三輪が崎　みわがさき
(所在地)和歌山県新宮市三輪崎
(文)『万葉集』，謡曲『鉢木』
(別)三輪崎

三輪の檜原　みわのひばら
(所在地)奈良県桜井市三輪
(文)『万葉集』，『定家卿百番自歌合』

三輪山　みわやま
(所在地)奈良県桜井市三輪
(文)『万葉集』，謡曲『三輪』

三輪山ノ神遺跡　みわやまのかみいせき　3〜8世紀
(所在地)奈良県桜井市三輪

三輪山古墳群　みわやまこふんぐん　弥生時代後期〜古墳時代
(所在地)岡山県総社市三輪

三輪山禁足地　みわやまきんそくち　古代
(所在地)奈良県桜井市三輪

三輪崎　みわがさき
(所在地)和歌山県新宮市三輪崎
(文)『万葉集』，謡曲『鉢木』
(別)三輪が崎

[16]**三諦上人供養塔　さんたいしょうにんくようとう　元慶(?)3年(879)銘**
(所在地)岐阜県瑞浪市土岐町(字桜堂)5460
(㊞)県指定史跡(1956)

三鴨山　みかもやま
(所在地)栃木県栃木市藤岡町大田和
(文)『万葉集』
(別)三毳山, 大田和山

[19]**三瀬川　みせがわ**
(所在地)三重県多気郡大台町
(文)『西国三十三所名所図会』

三瀬砦跡　みせとりであと　室町時代〜元和年間(1615〜24)
(所在地)三重県多気郡大台町下三瀬字川之上
(㊞)県指定史跡(1975)

[24]**三鷹市立第五中学校遺跡　みたかしりつだいごちゅうがっこういせき　縄文時代早期・中期**
(所在地)東京都三鷹市新川1丁目

【上】

[0]**上の山Ⅱ遺跡　うわのやまにいせき　縄文時代前期**

(所在地)秋田県大仙市協和中淀川

上の山古墳　うえのやまこふん　古墳時代前期後半
(所在地)奈良県天理市渋谷町

上の山古墳　うえのやまこふん　6世紀前半
(所在地)山口県下関市綾羅木字上の山

上の台遺跡　うえのだいいせき　古墳時代中期〜奈良時代
(所在地)千葉県千葉市花見川区幕張町
(別)千葉上ノ台遺跡

上の平遺跡　うえのだいらいせき, うえのたいらいせき　弥生時代末〜古墳時代前期
(所在地)山梨県甲府市下向山町

上の原古墳群　うえのはらこふんぐん　古墳時代
(所在地)福島県双葉郡浪江町字上の原

上の原窯跡　うえのはらかまあと　奈良時代
(所在地)茨城県桜川市上野原地新田
(別)上野原瓦窯址, 上野原瓦窯跡

上ん山古墳　うえんやまこふん　6世紀前半
(所在地)福岡県北九州市小倉南区東貫2-13内
(㊞)市指定史跡(1976)

上ノ山古墳　かみのやまこふん　古墳時代中期
(所在地)鳥取県米子市淀江町福岡字上ノ山
(別)天神垣神社裏山古墳, 小枝山4号墳

上ノ山貝塚　うえのやまかいづか　縄文時代早期
(所在地)愛知県名古屋市緑区鳴海町上ノ山

上ノ山遺跡　うえのやまいせき　縄文時代後期後葉〜晩期
(所在地)新潟県村上市堀ノ内
(別)上山遺跡

上ノ代遺跡　うえのだいいせき　古墳時代主体
(所在地)福島県須賀川市大字日照田字上ノ代

上ノ平古墳群　うえのだいらこふんぐん　5世紀後半
(所在地)長野県長野市大字上松地附山
(別)地附山古墳群

上ノ平遺跡　うえのたいらいせき　旧石器時代
(所在地)長野県諏訪市上ノ平

上ノ坊古墳　うえのぼうこふん, うえんぼうこふん　古墳時代前期
(所在地)大分県大分市坂ノ市字上ノ坊

上ノ坊古墳　うえのぼうこふん　5世紀中頃

3画（上）

上ノ国花沢館跡　かみのくにはなざわたてあと, かみのくにはなざわだてあと　15世紀頃
- 所在地 北海道檜山郡上ノ国町
- 別 上之国花沢館跡, 上之国館跡（花沢館跡・洲崎館跡・勝山館跡）

上ノ国勝山館跡　かみのくにかつやまたてあと, かみのくにかつやまだてあと　15世紀後半～16世紀末頃
- 所在地 北海道檜山郡上ノ国町
- 別 上之国勝山館跡, 上之国館跡（花沢館跡・洲崎館跡・勝山館跡）

上ノ段遺跡　うえのだんいせき　縄文時代
- 所在地 長野県茅野市北山下り
- 別 上ノ段石器時代遺跡

上ノ原C遺跡　かみのはらしーいせき　縄文時代中期曽利式～後期堀之内式期
- 所在地 山梨県北杜市須玉町江草

上ノ原地下式横穴墓群　うえのはるちかしきおうけつぼぐん　古墳時代
- 所在地 宮崎県小林市須木中原字上ノ原
- 別 須木村古墳

上ノ原横穴墓群　うえのはるおうけつぼぐん　5世紀末～6世紀前葉, 6世紀中葉～後半
- 所在地 大分県中津市三光佐知
- 別 上ノ原横穴群

上ノ原横穴群　うえのはるよこあなぐん　5世紀末～6世紀前葉, 6世紀中葉～後半
- 所在地 大分県中津市三光佐知
- 別 上ノ原横穴墓群

上ノ島遺跡　かみのしまいせき　弥生時代前期
- 所在地 兵庫県尼崎市上ノ島野上町

上ノ塚古墳　じょうのずかこふん, じょうのつかこふん　4世紀末～5世紀前葉
- 所在地 福井県三方上中郡若狭町
- 国指定史跡（1935）

上ミ山古墳　かみやまこふん　6世紀
- 所在地 和歌山県西牟婁郡すさみ町周参見

上ヶ原古墳　うえがはらこふん　古墳時代前期
- 所在地 山口県下関市大字有富字上ヶ原

²上人ヶ平古墳群　しょうにんがひらこふんぐん　古墳時代中期後葉～中期中頃
- 所在地 京都府木津川市坂上人ヶ平

上人ヶ平埴輪窯跡群　しょうにんがひらにわかまあとぐん　古墳時代中期後葉～後期
- 所在地 京都府木津川市坂上人ヶ平

上人ヶ平遺跡　しょうにんがひらいせき　弥生時代～室町時代
- 所在地 京都府木津川市坂

上人壇廃寺跡　しょうにんだんはいじあと　奈良～平安時代
- 所在地 福島県須賀川市上人壇・岩瀬森　国指定史跡（1968）

³上三川浅間山古墳　かみのかわせんげんやまこふん　古墳時代中期
- 所在地 栃木県河内郡上三川町上神主字富士山台
- 別 浅間山古墳, 浅間神社古墳, 上神主浅間神社古墳

上三谷古墳群　かみみたにこふんぐん　6世紀後半～7世紀
- 所在地 愛媛県伊予市上三谷

上三谷原古墳　かみみたにばらこふん　古墳時代後期
- 所在地 愛媛県伊予市上三谷

上丸木蔵王権現古墳　かみまるきざおうごんげんこふん　6世紀中頃
- 所在地 栃木県足利市名草町字上丸木

上久保遺跡　かみのくぼいせき　弥生時代前期末
- 所在地 群馬県高崎市倉渕町権田字上久保

上士棚遺跡　かみつちだないせき　旧石器時代
- 所在地 神奈川県綾瀬市上土棚

上士幌嶋木遺跡　かみしほろしまきいせき　旧石器時代
- 所在地 北海道河東郡上士幌町東4線

上大谷古墳群　かみおおたにこふんぐん　古墳時代前期～後期
- 所在地 京都府城陽市大字久世字上大谷

上大曽古墳群　かみおおそこふんぐん　7世紀
- 所在地 栃木県真岡市上大曽

上小島遺跡　かみおじまいせき　縄文時代中期・後期
- 所在地 福島県耶麻郡西会津町登世島字塩田

上小塙稲荷山古墳　かみこばないなりやまこふん　6世紀前半
- 所在地 群馬県高崎市上小塙町字稲荷前　市指定史跡（1991）
- 別 稲荷山古墳

上山　かみのやま
- 所在地 山形県上山市

遺跡・古墳よみかた辞典　41

3画（上）

Ⓧ斎藤茂吉『白桃』

上山川古墳群　かみやまかわこふんぐん　6世紀
　所在地 茨城県結城市上林・上山川
　別 林古墳群

上山田貝塚　かみやまだかいづか　縄文時代
　所在地 石川県かほく市上山田　国指定史跡（1982）

上山地遺跡　かみやまじいせき　縄文時代中期前葉
　所在地 静岡県駿東郡長泉町南一色

上山遺跡　うえやまいせき　縄文時代後期後葉〜晩期
　所在地 新潟県村上市堀ノ内
　別 上ノ山遺跡

上川名貝塚　かみかわなかいづか　縄文時代前期初頭
　所在地 宮城県柴田郡柴田町

上中古墳群　かみなかこふんぐん
　所在地 福井県遠敷郡上中町脇袋・日笠・天徳寺

上中城址　かみなかじょうあと　伝・天仁年間（1108〜10）築城
　所在地 京都府京都市右京区京北上中町城・下町　市指定史跡（1996）

上之庄遺跡　かみのしょういせき　4世紀中頃〜後半
　所在地 奈良県桜井市大字上之庄

上之国花沢館跡　かみのくにはなざわたてあと，かみのくにはなざわだてあと　15世紀頃
　所在地 北海道檜山郡上ノ国町
　別 上ノ国花沢館跡，上之国館跡（花沢館跡・洲崎館跡・勝山館跡）

上之国勝山館跡　かみのくにかつやまたてあと，かみのくにかつやまだてあと　15世紀後半〜16世紀末頃
　所在地 北海道檜山郡上ノ国町
　別 上ノ国勝山館跡，上之国館跡（花沢館跡・洲崎館跡・勝山館跡）

上之国館跡（花沢館跡・洲崎館跡・勝山館跡）　かみのくにたてあと（はなざわだてあと・すざきだてあと・かつやまだてあと）　15世紀頃（花沢館跡），長禄元年（1457）築城（洲崎館跡），15世紀後半〜16世紀末頃（勝山館跡）
　所在地 北海道檜山郡上ノ国町　国指定史跡（1977）

上之段石器時代遺跡　うえのだんせっきじだいいせき　縄文時代
　所在地 長野県茅野市北山下り　国指定史跡（1942）
　別 上ノ段遺跡

上之宮遺跡　うえのみやいせき　6世紀後半〜7世紀初頭
　所在地 奈良県桜井市上之宮

上之稲荷古墳　かみのいなりこふん　6世紀後半
　所在地 埼玉県さいたま市大宮区三橋4丁目

上比屋山遺跡　ういびやーやまいせき　15〜16世紀
　所在地 沖縄県宮古島市城辺字砂川前原　県指定史跡（1956）

上出島古墳群　かみいずしまこふんぐん　5世紀
　所在地 茨城県坂東市上出島字南原

上加世田遺跡　うえかせだいせき　縄文時代晩期前半
　所在地 鹿児島県南さつま市加世田川畑

上北田遺跡　かみきただいせき　縄文時代前期前半期
　所在地 山梨県北杜市白州町上北田・古御所

上北原古墳　かみきたばらこふん　6世紀後葉
　所在地 千葉県富津市更和字上北原

上市黒川遺跡群（円念寺山経塚・黒川上山墓跡・伝真興寺跡）　かみいちくろかわいせきぐん（えんねんじやまきょうづか・くろかわうえやまはかあと・でんしんごうじあと）　平安時代末〜鎌倉時代主体
　所在地 富山県中新川郡上市町　国指定史跡（2006）

上平川大塚古墳　かみひらかわおおつかこふん　4世紀後半
　所在地 静岡県菊川市上平川
　別 大塚古墳

上平遺跡　うわだいらいせき　縄文時代前期前半・中期初頭，弥生時代後期末〜古墳時代初頭
　所在地 長野県上田市下武石

上本郷貝塚　かみほんごうかいづか　縄文時代前期〜後期
　所在地 千葉県松戸市上本郷

上田一里塚　うえだいちりづか　江戸時代初期
　所在地 岩手県盛岡市緑ヶ丘　県指定史跡（1992）

上田城跡　うえだじょうあと　天正11年(1583)築城開始
[所在地]長野県上田市二の丸　[史]国指定史跡(1934)

上田蝦夷森古墳群　うえだえぞもりこふんぐん　7世紀
[所在地]岩手県盛岡市東黒石野1-27-36
[別]蝦夷森古墳群

上白水天神山古墳　かみしろうずてんじんやまこふん　6世紀
[所在地]福岡県春日市大字上白水280-3
[別]天神山古墳

上白岩遺跡　かみしろいわいせき，かみしらいわいせき　縄文時代中期後半～後期初頭
[所在地]静岡県伊豆市上白岩　[史]国指定史跡(1978)

6 **上向イ田窯跡群　かみむかいだかまあとぐん**　5世紀末～6世紀
[所在地]愛知県豊田市亀首町上向イ田

上州　じょうしゅう
[所在地]群馬県
[文]『誹風柳多留』
[別]上野国

上有知湊　こうずちみなと　慶長7年(1602)成立
[所在地]岐阜県美濃市　[史]県指定史跡(1970)

上竹経塚　うえたけきょうずか　室町時代
[所在地]岡山県浅口市金光町

上竹野遺跡　うわたけのいせき　弥生時代
[所在地]山形県最上郡大蔵村清水

上舟塚古墳　かみふなずかこふん　6世紀前半
[所在地]福井県三方上中郡若狭町
[別]上船塚古墳

上行寺　じょうぎょうじ
[所在地]東京都港区高輪
[文]永井荷風『日和下駄』，『誹風柳多留』

上行寺東遺跡　じょうぎょうじひがしいせき　鎌倉時代後期～江戸時代
[所在地]神奈川県横浜市金沢区六浦

7 **上呂遺跡　じょうろいせき**　弥生時代
[所在地]岐阜県下呂市萩原町上呂

上坂廃寺跡　かみさかはいじあと　奈良時代後期
[所在地]福岡県京都郡みやこ町上原96　[史]県指定史跡(1955)

上尾駮遺跡　かみおぶちいせき　縄文時代早期～平安時代
[所在地]青森県上北郡六ヶ所村尾駮字上尾駮

上志太　かむしだ
[所在地]静岡県(旧・志太郡)
[文]『万葉集』

上志戸呂古窯跡　かみしとろこようあと　安土桃山時代
[所在地]静岡県島田市　[史]県指定史跡(1996)

上条古墳群　かみじょうこふんぐん　6世紀終末
[所在地]福島県福島市岡部字上条

上杉治憲敬師郊迎跡　うえすぎはるのりけいしこうげいあと　江戸時代
[所在地]山形県米沢市関根　[史]国指定史跡(1935)

上杉憲方逆修塔　うえすぎのりかたぎゃくしゅうとう　永和5年(1379)
[所在地]神奈川県鎌倉市極楽寺2-1-13

上杉憲方塔　うえすぎのりかたのとう　南北朝時代
[所在地]神奈川県鎌倉市山ノ内189 明月院境内奥

上杉憲方塔　うえすぎのりかたのとう　14世紀末以降
[所在地]神奈川県鎌倉市極楽寺
[別]上杉憲方墓，伝上杉憲方墓

上杉憲方墓　うえすぎのりかたのはか　14世紀末以降
[所在地]神奈川県鎌倉市極楽寺
[別]上杉憲方塔，伝上杉憲方墓

上村遺跡　かみむらいせき　縄文時代後期中心
[所在地]静岡県浜松市天竜区水窪町地頭方　[史]市指定史跡(1980)

上芝古墳　かみしばこふん　6世紀中頃
[所在地]群馬県高崎市箕郷町

上赤阪城跡　かみあかさかじょうあと　元弘年間(1331～34)築城
[所在地]大阪府南河内郡千早赤阪村
[別]楠木城跡(上赤阪城跡)

上赤塚1号墳　かみあかつかいちごうふん　5世紀中葉
[所在地]千葉県千葉市中央区南生実町

上里遺跡　うわさといせき　縄文時代，平安時代，中世
[所在地]岩手県二戸市石切所

8 **上並榎稲荷山古墳　かみなみえいなりやまこふん**　古墳時代
[所在地]群馬県高崎市上並榎町

3画（上）

別稲荷山古墳

上京　かみぎょう
所在地 京都府京都市
文 井原西鶴『好色一代女』

上侍塚北古墳　かみさむらいずかきたこふん
5世紀前半以前
所在地 栃木県大田原市湯津上

上侍塚古墳　かみさむらいずかこふん　5世紀初頭頃
所在地 栃木県大田原市湯津上
別 侍塚古墳

上和田城山遺跡　かみわだじょうやまいせき
旧石器時代～縄文時代早期
所在地 神奈川県大和市上和田

上岡遺跡　かみおかいせき　縄文時代後期・晩期
所在地 福島県福島市飯坂町東湯野字上岡

上岩田遺跡　かみいわたいせき　7世紀後半～8世紀前半
所在地 福岡県小郡市小郡・上岩田
別 小郡官衙遺跡群（小郡官衙遺跡・上岩田遺跡）

上岩崎遺跡　かみいわさきいせき　15世紀後半以降
所在地 山梨県甲州市勝沼町上岩崎

上松　あげまつ
所在地 長野県木曽郡上松町
文 岡稲里『早春』

上東遺跡　じょうとういせき　弥生時代中期～古墳時代前期, 奈良時代～鎌倉時代
所在地 岡山県倉敷市上東

上武士天神山古墳　かみだけしてんじんやまこふん　古墳時代
所在地 群馬県伊勢崎市境上武士字宮前
別 天神山古墳

上沼部貝塚　かみぬまべかいずか　縄文時代後期
所在地 東京都大田区田園調布4-174付近

上狛天竺堂1号墳　かみこまてんじくどういちごうふん　古墳時代後期前葉
所在地 京都府木津川市山城町上狛天竺堂

上長佐古窯跡群　かみちょうさこようせきぐん　12世紀
所在地 福井県丹生郡越前町小曽原

9 **上南部遺跡　かみなべいせき**　縄文時代後～晩期, 古墳時代
所在地 熊本県熊本市東区上南部

上城田寺古墳群　かみきだいじこふんぐん
6～7世紀
所在地 岐阜県岐阜市城田寺字大平

上屋地遺跡　かみやちいせき　後期旧石器時代初頭
所在地 山形県西置賜郡飯豊町中津川

上浅野遺跡　かみあさのいせき　縄文時代前期
所在地 長野県長野市豊野町浅野

上神48号墳　かずわよんじゅうはちごうふん
6世紀後半
所在地 鳥取県倉吉市穴沢字妻ノ神

上神大将塚古墳　かずわたいしょうずかこふん　古墳時代前期
所在地 鳥取県倉吉市大字上神　市指定史跡（1988）
別 大将塚古墳

上神主・茂原官衙遺跡　かみこうぬし・もばらかんがいせき　8世紀中葉頃
所在地 栃木県宇都宮市茂原町, 河内郡上三川町　国指定史跡（2003）

上神主浅間神社古墳　かみこうぬしせんげんじんじゃこふん　古墳時代中期
所在地 栃木県河内郡上三川町上神主字富士山台
別 浅間山古墳, 上三川浅間山古墳, 浅間神社古墳

上荒屋遺跡　かみあらやいせき　奈良～平安時代初め
所在地 石川県白山市横江町, 金沢市上荒屋
別 横江荘, 東大寺領横江荘遺跡（荘家跡・上荒屋遺跡）

上草柳遺跡　かみそうやぎいせき　旧石器時代～縄文時代中期
所在地 神奈川県大和市上草柳

10 **上原古墳　うえはらこふん**　7世紀末～8世紀初頭
所在地 群馬県伊勢崎市三和町

上原経塚　うえはらきょうづか　室町時代
所在地 埼玉県深谷市上原

上原遺跡　わっぱらいせき　縄文時代前期
所在地 長野県大町市平野口　県指定史跡（1960）

上原遺跡　うえのばらいせき　弥生時代前期～中期初頭
所在地 山口県下関市菊川町上大野

上宮崎古墳群　かみみやざきこふんぐん　古墳時代

3画（上）

　所在地 福島県西白河郡矢吹町字上宮崎地内

上島古墳　あげしまこふん　6世紀中頃〜後半
　所在地 島根県出雲市国富町　国指定史跡（1957）

上栗須寺前遺跡　かみくりすてらまえいせき　奈良・平安時代〜中世・近世
　所在地 群馬県藤岡市上栗須

上根二子塚古墳群　かみねふたごずかこふんぐん　4世紀後半
　所在地 栃木県芳賀郡市貝町上根字二子塚
　別 二子塚古墳群

上浜田中世建築遺構群　かみはまだちゅうせいけんちくいこうぐん　縄文時代〜近世
　所在地 神奈川県海老名市浜田町　県指定史跡（1981）
　別 上浜田遺跡

上浜田遺跡　かみはまだいせき　旧石器時代, 縄文時代, 古墳時代, 奈良・平安時代
　所在地 神奈川県海老名市浜田町
　別 上浜田中世建築遺構群

上高地　かみこうち
　所在地 長野県松本市安曇
　② 飯田蛇笏『春蘭』, 寺田寅彦『雨の上高地』

上高津貝塚　かみたかつかいづか　縄文時代後期〜晩期
　所在地 茨城県土浦市宍塚・上高津・中高津　国指定史跡（1977）

上高野古墳　かみたかのこふん　7世紀初頭
　所在地 福井県三方上中郡若狭町天徳寺

11 **上宿古墳**　かみじゅくこふん　7世紀後半〜8世紀初頭
　所在地 千葉県印西市大森字上宿

上深川遺跡　かみふかわいせき　弥生時代後期
　所在地 広島県安佐北区上深川町

上深沢遺跡　かみふかざわいせき　縄文時代中期末
　所在地 宮城県黒川郡大衡村駒場

上淵名双児山古墳　かみふちなふたごやまこふん　6世紀後半
　所在地 群馬県伊勢崎市境上淵名

上淀廃寺跡　かみよどはいじあと　7世紀後半
　所在地 鳥取県米子市淀江町　国指定史跡（1996）

上細井稲荷山古墳　かみほそいいなりやまこふん　5世紀中葉期
　所在地 群馬県前橋市上細井町字南新田

　別 稲荷山古墳

上船塚古墳　かみふなづかこふん　6世紀前半
　所在地 福井県三方上中郡若狭町　国指定史跡（1935）
　別 上舟塚古墳

上野　うえの
　所在地 東京都台東区
　② 芭蕉『おくのほそ道』, 正岡子規『子規句集』

上野・金山瓦窯跡　こうずけ・かなやまがようせき　8〜9世紀中頃
　所在地 群馬県藤岡市金井49-1

上野1号墳　うえのいちごうふん　4世紀後半
　所在地 島根県松江市宍道町佐々布

上野三碑　こうずけさんび, こうずけさんぴ　8世紀初頭
　所在地 群馬県高崎市
　別 多胡碑・山ノ上碑・金井沢碑

上野古墳群　かみのこふんぐん　古墳時代後期
　所在地 愛知県犬山市上野

上野台桜ケ丘遺跡　うえのだいさくらがおかいせき　縄文時代
　所在地 埼玉県深谷市上野台字御所ケ谷戸

上野尻遺跡　かみのじりいせき　縄文時代晩期〜弥生前期
　所在地 福島県耶麻郡西会津町上野尻

上野伊豆山古墳　うわのいずやまこふん　古墳時代後期
　所在地 石川県羽咋郡志賀町上野

上野国　こうずけのくに
　所在地 群馬県
　② 岡稲里『早春』

上野国分寺跡　こうずけこくぶんじあと　奈良時代創建
　所在地 群馬県高崎市, 前橋市元総社町　国指定史跡（1926）

上野国府　こうずけこくふ　奈良時代
　所在地 群馬県前橋市元総社町

上野国新田郡庁跡　こうずけのくににったぐんちょうあと　7世紀後半〜9世紀前半
　所在地 群馬県太田市天良町　国指定史跡（2008）

上野東照宮　うえのとうしょうぐう　寛永4年（1627）造営
　所在地 東京都台東区上野公園9
　別 東照宮

遺跡・古墳よみかた辞典　*45*

上野城跡 うえのじょうあと 天正13年(1585)築城
所在地 三重県伊賀市上野丸ノ内 国指定史跡(1967)

上野原瓦窯址 うえのはらがようし 奈良時代
所在地 茨城県桜川市上野原地新田
別 上の原窯跡,上野原瓦窯址,新治廃寺跡附 上野原瓦窯跡

上野原瓦窯跡 うえのはらかわらがまあと 奈良時代
所在地 茨城県桜川市上野原地新田
別 上の原窯跡,上野原瓦窯址,新治廃寺跡附 上野原瓦窯跡

上野原遺跡 うえのはらいせき 縄文時代晩期後半
所在地 新潟県三条市

上野原遺跡 うえのはらいせき 縄文時代前期〜後期
所在地 山梨県甲府市右左口町

上野原遺跡 うえのはらいせき 縄文時代早期前葉〜近世
所在地 鹿児島県霧島市国分上野原縄文の森 国指定史跡(1999)

上野塚古墳 うわのづかこふん 5世紀末頃
所在地 千葉県富津市大堀字上野 市指定史跡(1992)

上野廃寺跡 うえのはいじあと 7世紀後半創建
所在地 和歌山県和歌山市上野 国指定史跡(1951)

上野遺跡 かみのいせき 旧石器時代および縄文時代草創期
所在地 神奈川県大和市つきみ野

上野遺跡 うわのいせき 縄文時代中期
所在地 新潟県中魚沼郡津南町大字上郷上田字下ノ原

上野遺跡 うえのいせき 6世紀末〜7世紀初頭
所在地 鳥取県倉吉市三江字上野

上黒岩岩陰遺跡 かみくろいわいわかげいせき 縄文時代
所在地 愛媛県上浮穴郡久万高原町 国指定史跡(1971)

12 **上場遺跡** うわばいせき 後期旧石器時代
所在地 鹿児島県出水市上場高原

上御倉古墳 かみのおくらこふん 古墳時代後期
所在地 熊本県阿蘇市一の宮町大字手野字宮の前 県指定史跡(1959)

上植木廃寺跡 かみうえきはいじあと 白鳳〜平安時代
所在地 群馬県伊勢崎市上植木

上椎木1号墳 かみしいのきいちごうふん 4世紀後半
所在地 三重県亀山市川合町

上賀茂 かみがも
所在地 京都府京都市北区
⊗ 舎羅『荒小田』
別 上鴨

上賀茂神社 かみがもじんじゃ 天武天皇7年(678)社殿造営
所在地 京都府京都市北区上賀茂本山・神山・御園口町
別 賀茂別雷神社

13 **上塩冶地蔵山古墳** かみえんやじぞうやまこふん 7世紀頃
所在地 島根県出雲市上塩冶池田 国指定史跡(1924)
別 地蔵山古墳

上塩冶横穴墓群 かみえんやおうけつぼぐん 6世紀後半〜7世紀初め
所在地 島根県出雲市上塩冶町字半分・大井谷の丘陵一帯

上塩冶築山古墳 かみえんやつきやまこふん 6世紀後半〜7世紀初頭
所在地 島根県出雲市上塩冶町築山 国指定史跡(1924)
別 築山古墳

上新城中学校遺跡 かみしんじょうちゅうがっこういせき 縄文時代晩期
所在地 秋田県秋田市上新城五十丁字小林

上新城窯跡群 かみしんじょうかまあとぐん 奈良時代,平安時代
所在地 秋田県秋田市上新城・下新城

上新宿貝塚 かみしんじゅくかいづか 縄文時代後期初頭〜晩期中葉
所在地 千葉県流山市上新宿字向宿

上福万遺跡 かみふくまんいせき 縄文時代
所在地 鳥取県米子市

上福田古墳群 かみふくだこふんぐん 7世紀後半
所在地 千葉県成田市大竹・上福田

上福岡貝塚 かみふくおかかいづか 縄文時

3画（万）

代前期前半
所在地 埼玉県ふじみ野市上福岡

上遠矢塚古墳　かみとおやずかこふん　6世紀
所在地 山形県天童市大字高擶字遠矢塚

[14]上種東3号墳　かみだねひがしさんごうふん
6世紀中頃または後半
所在地 鳥取県東伯郡北栄町上種

上箕田遺跡　かみみだいせき　弥生時代前期
～後期
所在地 三重県鈴鹿市上箕田町

上総大多喜城本丸跡 附大井戸・薬医門　かずさおおたきじょうほんまるあと つけたりおおいど・やくいもん　近世
所在地 千葉県夷隅郡大多喜町大多喜481
㉛県指定史跡（1966）

上総大寺廃寺跡　かずさおおてらはいじあと
7世紀頃建立
所在地 千葉県木更津市大寺
㉙大寺廃寺跡

上総国　かずさのくに
所在地 千葉県
㉜『延喜式』、若山牧水『渓谷集』

上総国分尼寺跡　かずさこくぶんにじあと
奈良時代創建
所在地 千葉県市原市国分寺台　㉛国指定史跡
（1983）

上総国分寺跡　かずさこくぶんじあと　奈良時代創建
所在地 千葉県市原市惣社　㉛国指定史跡
（1929）

[15]上諏訪　かみすわ
所在地 長野県諏訪市
㉜土屋文明『放水路』

[16]上鴨　かみがも
所在地 京都府京都市北区
㉜舎羅『荒小田』
㉙上賀茂

[17]上磯古墳群　かみいそふんぐん　古墳時代
所在地 岐阜県揖斐郡大野町大字上磯

[18]上藤中横穴墓群　かみふんじゅうおうけつぼぐん　8世紀前半
所在地 山口県長門市東深川上藤中

【万】

[6]万年山古墳　まんねんやまこふん　4世紀中頃
所在地 大阪府枚方市三矢町

万年橋　まんねんばし

所在地 東京都江東区常盤1-1-2
㉜『誹風柳多留86』、幸田露伴『水の東京』

万灯山古墳　まんどうやまこふん　6世紀後半築造、7世紀初めまで追葬
所在地 岡山県津山市加茂町塔中　㉛市指定史跡（1971）

万行遺跡　まんぎょういせき　古墳時代
所在地 石川県七尾市万行町　㉛国指定史跡
（2003）

[7]万寿森古墳　まんじゅもりこふん　6世紀中頃
所在地 山梨県甲府市湯村3-8

[8]万固山天徳寺　ばんこさんてんとくじ　寛永2年（1625）現地移転
所在地 秋田県秋田市泉三岳三　㉛県指定史跡
（1955）
㉙天徳寺

[10]万能池　まんのういけ　8世紀初め築造
所在地 香川県仲多度郡まんのう町
㉙万農池、満濃池

[12]万場　まんば
所在地 愛知県名古屋市中川区万場
㉜『尾張名所図会』

万富東大寺瓦窯跡　まんとみとうだいじかわらがようあと、まんとうだいじがようせき　鎌倉時代
所在地 岡山県岡山市東区瀬戸町　㉛国指定史跡（1927）

万葉集遺跡長門島松原（桂浜神社境内）　まんようしゅういせきながとしままつばら（かつらがはまじんじゃけいだい）　古代
所在地 広島県呉市倉橋町　㉛県指定史跡
（1944）

[13]万福寺庭園　まんぷくじていえん　室町時代
所在地 島根県益田市東町　㉛国指定史跡
（1928）

万福寺跡　まんぷくじあと　中世
所在地 広島県世羅郡世羅町　㉛県指定史跡
（1940）

万農池　まんのういけ　8世紀初め築造
所在地 香川県仲多度郡まんのう町
㉙満濃池、万能池

[14]万徳院跡　まんとくいんあと　天正3年
（1575）頃創建
所在地 広島県山県郡北広島町大字舞綱

[22]万籟山古墳　ばんらいさんこふん　古墳時代前期
所在地 兵庫県宝塚市切畑長尾山

3画（与, 丸）

【与】

[4]**与太郎内古墳群　よたろううちこふんぐん**
　古墳時代
　所在地 福島県南相馬市原町区上太田字与太郎内

[7]**助尾根遺跡　よすけおねいせき**　縄文時代
　所在地 長野県茅野市豊平

[10]**島古墳群　よしまこふんぐん**　7世紀初頭
　所在地 岐阜県高山市上切町与島

[13]**与楽カンジョ古墳　ようらくかんじょこふん**
　6世紀後半～7世紀前半
　所在地 奈良県高市郡高取町与楽
　別 乾城古墳, 与楽古墳群（与楽鑵子塚古墳・与楽カンジョ古墳・寺崎白壁塚古墳）

与楽ヲギタ1・2号墳　ようらくをぎたいち・にごうふん　6世紀末～7世紀前半
　所在地 奈良県高市郡高取町与楽

与楽古墳群（与楽鑵子塚古墳・与楽カンジョ古墳・寺崎白壁塚古墳）　ようらくこふんぐん（ようらくかんすずかこふん・ようらくかんじょこふん・てらさきしらかべずかこふん）　6世紀後半～7世紀前半
　所在地 奈良県高市郡高取町与楽　国指定史跡（2013）

与楽鑵子塚古墳　ようらくかんすずかこふん
　6世紀後半
　所在地 奈良県高市郡高取町与楽
　別 与楽古墳群（与楽鑵子塚古墳・与楽カンジョ古墳・寺崎白壁塚古墳）

[17]**与謝の海　よさのうみ**
　所在地 京都府与謝郡
　文 『日本書紀』
　別 与謝海

与謝海　よさのうみ
　所在地 京都府与謝郡
　文 『日本書紀』
　別 与謝の海

【丸】

[0]**丸の内　まるのうち**
　所在地 東京都千代田区丸の内
　文 『誹風柳多留拾遺 1』, 井原西鶴『好色五人女』

丸ノ口古墳群　まるのぐちこふんぐん　6世紀
　所在地 福岡県筑紫郡那珂川町大字片縄字丸ノ口

丸ヶ谷戸前方後方型周溝墓　まるがやとぜんぽうこうほうがたしゅうこうぼ　3世紀後半
　所在地 静岡県富士宮市大岩字丸ヶ谷戸

[3]**丸子　まりこ**
　所在地 静岡県静岡市駿河区丸子
　文 十返舎一九『東海道中膝栗毛』
　別 鞠子

丸子山城跡　まるこやまじょうあと　室町時代, 戦国時代
　所在地 広島県呉市倉橋町　県指定史跡（1988）

丸子山遺跡　まるこやまいせき　縄文時代
　所在地 北海道千歳市

丸子遺跡　まりこいせき　弥生時代中期初頭
　所在地 静岡県静岡市駿河区丸子

丸山1号墳　まるやまいちごうふん　4世紀末～5世紀初頭
　所在地 香川県善通寺市大麻町

丸山1号墳　まるやまいちごうふん　5世紀前半
　所在地 佐賀県佐賀市久保泉町大字川久保

丸山古墳　まるやまこふん　4世紀後半
　所在地 茨城県石岡市柿岡4123　県指定史跡（1952）

丸山古墳　まるやまこふん　7世紀前半
　所在地 千葉県木更津市長須賀
　別 円山古墳, 長須賀丸山古墳

丸山古墳　まるやまこふん　4世紀後葉
　所在地 新潟県上越区大潟区潟町

丸山古墳　まるやまこふん　7世紀
　所在地 石川県羽咋郡志賀町倉垣　市指定史跡（1961）
　別 倉垣丸山古墳

丸山古墳　まるやまこふん　古墳時代（須恵器第3期後半）
　所在地 静岡県静岡市駿河区大谷宮川

丸山古墳　まるやまこふん　3世紀後葉
　所在地 滋賀県長浜市三川町
　別 三川丸山古墳

丸山古墳　まるやまこふん　古墳時代前期
　所在地 京都府与謝郡与謝野町岩滝小字大風呂
　別 岩滝丸山古墳

丸山古墳　まるやまこふん　古墳時代中期
　所在地 京都府与謝郡与謝野町温江
　別 温江丸山古墳

丸山古墳　まるやまこふん　4世紀後半
　所在地 大阪府貝塚市地蔵堂　国指定史跡（1956）
　別 貝塚丸山古墳

丸山古墳　まるやまこふん　4世紀

48　遺跡・古墳よみかた辞典

3画（丸）

丸山古墳　まるやまふん
　所在地　大阪府羽曳野市壺井
　別　壺井丸山古墳
丸山古墳　まるやまふん　5世紀
　所在地　大阪府羽曳野市誉田
　別　古市丸山古墳, 誉田丸山古墳
丸山古墳　まるやまふん　古墳時代
　所在地　大阪府交野市郡津
　別　郡津丸山古墳
丸山古墳　まるやまふん　4世紀末葉
　所在地　兵庫県神戸市兵庫区夢野北山
　別　夢野丸山古墳
丸山古墳　まるやまふん　古墳時代前期
　所在地　兵庫県姫路市兼田字丸山
　別　兼田丸山古墳
丸山古墳　まるやまふん　5世紀後半
　所在地　奈良県奈良市柴屋町字ナマリ塚
　別　帯解丸山古墳
丸山古墳　まるやまふん　4世紀末葉
　所在地　奈良県奈良市大和町
　別　富雄丸山古墳
丸山古墳　まるやまふん　古墳時代後期
　所在地　奈良県橿原市五条野町・大軽町　国指定史跡（1969）
　別　見瀬丸山古墳, 五条野丸山古墳
丸山古墳　まるやまふん　古墳時代中期
　所在地　奈良県北葛城郡河合町
　別　大塚山古墳群（大塚山古墳・城山古墳・高山塚一号墳・高山塚二号墳・高山塚三号墳・高山塚四号墳・九僧塚古墳・丸山古墳）
丸山古墳　まるやまふん　5世紀後半
　所在地　和歌山県紀の川市貴志川町　県指定史跡（1969）
丸山古墳　まるやまふん　4世紀後半
　所在地　岡山県備前市畠田・福田・香登本　国指定史跡（1957）
　別　鶴山丸山古墳
丸山古墳　まるやまふん　5世紀前半
　所在地　徳島県徳島市渋野町
　別　渋野丸山古墳
丸山古墳　まるやまふん　5世紀後半
　所在地　徳島県阿波市土成町高尾
　別　土成丸山古墳
丸山古墳　まるやまふん　5世紀中葉～後半
　所在地　香川県観音寺市室本町字西丸山
丸山古墳　まるやまふん　6世紀中頃
　所在地　福岡県八女市立山
　別　立山丸山古墳
丸山古墳　まるやまふん　6世紀中頃
　所在地　福岡県京都郡みやこ町勝山箕田丸山
　別　箕田丸山古墳
丸山古墳　まるやまふん　古墳時代中期初頭
　所在地　大分県豊後高田市大字新栄字礒
　別　入津原丸山古墳
丸山古墳　まるやまふん　古墳時代後期前半
　所在地　大分県豊後高田市大字草地字猫石
　別　猫石丸山古墳
丸山古墳群　まるやまふんぐん　古墳時代
　所在地　茨城県石岡市柿岡
　別　柿岡丸山古墳群
丸山古墳群　まるやまふんぐん　古墳時代前期
　所在地　東京都港区芝公園
　別　芝丸山古墳群, 芝公園古墳群
丸山古墳群　まるやまふんぐん　4世紀末～5世紀
　所在地　滋賀県長浜市西浅井町塩津中
　別　塩津丸山古墳群
丸山古墳群　まるやまふんぐん　4世紀末葉～6世紀中葉
　所在地　兵庫県丹波市山南町奥丸山
丸山古墳群第4号墳　まるやまふんぐんだいよんごうふん　古墳時代後期
　所在地　長野県長野市篠ノ井石川　市指定史跡（1972）
丸山古窯跡　まるやまこようあと, まるやまこようせき　8～10世紀
　所在地　岐阜県美濃市大矢田
　別　弥勒寺官衙遺跡群（弥勒寺官衙遺跡・弥勒寺跡・丸山古窯跡）
丸山古窯跡群　まるやまこようせきぐん　7世紀後半
　所在地　岐阜県美濃市大矢田丸山
丸山塚古墳　まるやまつかこふん　6世紀中葉
　所在地　福井県三方上中郡若狭町天徳寺
丸山塚古墳　まるやまずかこふん　5世紀初頭
　所在地　山梨県甲府市下曽根町
　別　銚子塚古墳　附　丸山塚古墳
丸山塚古墳　まるやまずかこふん　6世紀後半
　所在地　福岡県八女市大字宅間田
丸山横穴　まるやまよこあな　古墳時代
　所在地　宮城県岩沼市二木2丁目

[別]丸山横穴墓群

丸山横穴墓群　まるやまおうけつぼぐん　古墳時代
[所在地]宮城県岩沼市二木2丁目
[別]丸山横穴

丸山遺跡　まるやまいせき　旧石器時代
[所在地]千葉県市川市国府台

丸山遺跡　まるやまいせき　縄文時代早期後半
[所在地]長野県上水内郡飯綱町

4**丸井古墳　まるいこふん**　古墳時代前期
[所在地]香川県さぬき市

7**丸尾台遺跡　まるおだいいせき**　弥生時代
[所在地]福岡県福岡市城南区樋井川6丁目

8**丸岡城　まるおかじょう**　天正4年（1576）現地移転
[所在地]福井県坂井市丸岡町霞町

丸岡城跡及び加藤清正墓碑　まるおかじょうあとおよびかとうきよまさぼひ　戦国時代初期築城（丸岡城）
[所在地]山形県鶴岡市丸岡字町ノ内68ほか
[史]県指定史跡（1963）

丸岡藩砲台跡　まるおかはんほうだいあと　嘉永5年（1852）造営
[所在地]福井県坂井市三国町　[史]国指定史跡（1930）

9**丸保山古墳　まるほやまこふん, まるぼやまこふん**　5世紀後半頃
[所在地]大阪府堺市堺区北丸保園
[別]百舌鳥古墳群（いたすけ古墳・長塚古墳・収塚古墳・塚廻古墳・文珠塚古墳・丸保山古墳・乳岡古墳・御廟表塚古墳・ドンチャ山古墳・正楽寺山古墳・鏡塚古墳・善右ヱ門山古墳・銭塚古墳・グワショウ坊古墳・旗塚古墳・寺山南山古墳・七観音古墳）

10**丸根砦跡　まるねとりであと**　永禄2年（1559）築造
[所在地]愛知県名古屋市緑区大高町
[別]大高城跡 附 丸根砦跡・鷲津砦跡

11**丸亀　まるがめ**
[所在地]香川県丸亀市
[文]『讃岐国名勝図会』

丸亀城跡　まるがめじょうあと　室町時代～江戸時代
[所在地]香川県丸亀市一番丁　[史]国指定史跡（1953）
[別]亀山城跡

丸笠山古墳　まるがさやまこふん　4世紀末頃
[所在地]大阪府和泉市伯太町　[史]府指定史跡（1976）

12**丸善　まるぜん**
[所在地]東京都中央区日本橋
[文]坪内逍遥『当世書生気質』, 寺田寅彦『丸善と三越』

丸塚山古墳　まるずかやまこふん　5世紀後半
[所在地]群馬県伊勢崎市三和町

丸塚古墳　まるずかこふん　5世紀末
[所在地]福島県相馬市成田字船橋

丸塚古墳　まるずかこふん　7世紀前半
[所在地]栃木県下都賀郡国分寺町国分　[史]県指定史跡（1978）

丸塚古墳　まるずかこふん　古墳時代終末期
[所在地]栃木県下野市国分寺

丸塚古墳　まるずかこふん　5世紀前半
[所在地]京都府城陽市平川
[別]久津川車塚・丸塚古墳

丸塚古墳　まるずかこふん　4世紀後半
[所在地]奈良県奈良市佐紀町字衛門戸
[別]衛門戸丸塚古墳

丸塚古墳群　まるずかこふんぐん　6世紀後半～7世紀
[所在地]山口県山口市阿知須字丸塚

丸塚遺跡　まるずかいせき　弥生時代中期初頭
[所在地]愛知県豊川市東上町丸塚

丸隈山古墳　まるくまやまこふん　古墳時代中期
[所在地]福岡県福岡市西区周船寺

【久】

0**久が原遺跡　くがはらいせき**　弥生時代
[所在地]東京都大田区久が原4～6丁目
[別]久ヶ原遺跡

久ヶ原横穴墓群　くがはらおうけつぼぐん　7～8世紀
[所在地]東京都大田区久が原6丁目

久ヶ原遺跡　くがはらいせき　弥生時代
[所在地]東京都大田区久が原4～6丁目
[別]久が原遺跡

3**久下田城跡　くげたじょうあと**　戦国時代
[所在地]茨城県筑西市樋口221ほか　[史]県指定史跡（1940）

久々姥古墳　くうばこふん　6世紀後半
[所在地]大分県宇佐市大字山下字久々姥

3画（久）

⁴久戸古墳群　くどこふんぐん　4世紀末〜7世紀前半
(所在地)福岡県宗像市大字河東字久戸

⁵久世　くぜ，くせ
(所在地)京都府京都市南区久世
(文)『万葉集』

久世廃寺跡　くぜはいじあと　奈良時代前期〜11世紀前半
(所在地)京都府城陽市久世芝ヶ原　(指)国指定史跡（2007）

久台遺跡　きゅうだいいせき　縄文時代後期初頭の称名寺〜堀之内1式期
(所在地)埼玉県蓮田市東ほか

久本古墳　ひさもとこふん　6世紀末〜7世紀初め
(所在地)香川県高松市新田町久本　(指)市指定史跡（1975）
(別)椀貸塚

⁶久江古墳群　くえこふんぐん　古墳時代
(所在地)石川県鹿島郡中能登町久江

久米の皿山　くめのさらやま
(所在地)岡山県津山市
(文)『古今和歌集』，『増鏡』
(別)久米の佐良山

久米の佐良山　くめのさらやま
(所在地)岡山県津山市
(文)『古今和歌集』，『増鏡』
(別)久米の皿山

久米三成古墳　くめさんなりこふん　4世紀末〜5世紀初め
(所在地)岡山県津山市中北下
(別)三成古墳

久米山古墳群　くめやまこふんぐん　5世紀前半頃〜7世紀前半
(所在地)三重県伊賀市久米町・守田町・四十九町

久米田古墳群　くめだこふんぐん　4世紀末葉〜5世紀初頭
(所在地)大阪府岸和田市池尻町

久米田寺　くめだでら　奈良時代
(所在地)大阪府岸和田市池尻町

久米田池　くめだいけ　奈良時代
(所在地)大阪府岸和田市

久米寺　くめでら　奈良時代
(所在地)奈良県橿原市久米町

久米官衙遺跡　くめかんがいせき　7世紀前半
(所在地)愛媛県松山市来住町南久米町
(別)久米官衙遺跡群（久米官衙遺跡・来住廃寺跡）

久米官衙遺跡群（久米官衙遺跡・来住廃寺跡）くめかんがいせきぐん（くめかんがいせき・きしはいじあと）　久米官衙遺跡：7世紀前半，来住廃寺：白鳳時代創建
(所在地)愛媛県松山市来住町南久米町　(指)国指定史跡（1979）

久米東塚古墳　くめひがしずかこふん　古墳時代後期
(所在地)香川県観音寺市粟井町字母神

久米島大原貝塚　くめじまおおはらかいずか　沖縄前Ⅳ期〜弥生時代並行期
(所在地)沖縄県久米島町字大原清水原　(指)県指定史跡（1956）

久米廃寺跡　くめはいじあと　白鳳時代
(所在地)岡山県津山市宮尾　(指)県指定史跡（1977）

久米路の橋　くめじのはし
(所在地)奈良県御所市
(文)『河内名所図会』

久米窪田Ⅱ遺跡　くめくぼたにいせき　奈良時代
(所在地)愛媛県松山市久米窪田町

⁷久我　こが
(所在地)京都府京都市伏見区久我森の宮町
(文)源通親『千載和歌集 17』

久我神社境内　くがじんじゃけいだい　創建年代不詳
(所在地)京都府京都市北区紫竹下竹殿町　(指)市指定史跡（1987）

久我森　こがのもり
(所在地)京都府京都市伏見区久我森の宮町
(文)『延喜式』

久里大牟田遺跡　くりおおむたいせき　弥生時代中期〜後期
(所在地)佐賀県唐津市久里

久里双水古墳　くりそうずいこふん　3〜4世紀もしくは4世紀末〜5世紀中頃
(所在地)佐賀県唐津市双水字迫　(指)市指定史跡（1988）

久里原貝塚　くさとばるかいずか　沖縄前Ⅱ期〜後期
(所在地)沖縄県伊平屋村字前泊久里原　(指)県指定史跡（1982）

⁸久宝寺遺跡　きゅうほうじいせき　縄文時代後期〜中世
(所在地)大阪府八尾市久宝寺ほか

3画（也，千）

久居古窯群　ひさいこようぐん　5世紀末～6世紀前半
　所在地 三重県津市久居藤ケ丘町
　別 久居窯跡

久居窯跡　ひさいかまあと　5世紀末～6世紀前半
　所在地 三重県津市久居藤ケ丘町
　別 久居古窯群

久松城跡　ひさまつじょうあと　江戸時代
　所在地 広島県福山市三之丸町・松山町
　別 福山城跡

[9]久保ノ作古墳　くぼのさくこふん　古墳時代
　所在地 福島県いわき市高久字久保之作

久保古墳　くぼこふん　4世紀後半頃
　所在地 三重県松阪市久保町字草山1170ほか
　国 県指定史跡（1981）

久保田1号墳　くぼたいちごうふん　5世紀末もしくは6世紀初頭
　所在地 長野県飯田市川路2区
　別 正清寺塚古墳，正清寺古墳

久保田城　くぼたじょう　慶長9年（1604）築城
　所在地 秋田県秋田市千秋公園
　別 秋田城，矢留城，葛根城

久保泉丸山遺跡　くぼいずみまるやまいせき　縄文時代晩期～弥生時代前期
　所在地 佐賀県佐賀市久保泉町川久保

久後古墳　くごこふん　古墳時代
　所在地 岐阜県恵那市明智町久後　国 県指定史跡（1958）

久津川古墳　くつかわこふん　5世紀前半
　所在地 京都府城陽市平川
　別 久津川車塚・丸塚古墳

久津川古墳群　くつかわこふんぐん　古墳時代前期～中期
　所在地 京都府城陽市

久津川車塚・丸塚古墳　くつかわくるまずか・まるずかこふん　5世紀前半（車塚古墳），5世紀前半（丸塚古墳）
　所在地 京都府城陽市平川　国 国指定史跡（1979）
　別 久津川古墳，車塚古墳，丸塚古墳

[10]久留倍官衙遺跡　くるべかんがいせき　奈良時代
　所在地 三重県四日市市大矢知　国 国指定史跡（2006）

久能山　くのうざん
　所在地 静岡県静岡市駿河区根古屋　国 国指定史跡（1959）

[12]久須田遺跡　くすだいせき　縄文時代前期～晩期
　所在地 岐阜県中津川市阿木

[13]久慈千福寺下横穴墓群　くじせんぷくじしたおうけつぼぐん　7世紀前後
　所在地 茨城県日立市久慈町3丁目

久慈川　くじがわ
　所在地 茨城県久慈郡
　文 『万葉集』

久路保の嶺ろ　くろほのねろ
　所在地 群馬県
　文 『万葉集』

【也】

[7]也良の崎　やらのさき
　所在地 福岡県福岡市西区
　文 『万葉集』

【千】

[0]千が窪古墳　せんがくぼこふん　古墳時代
　所在地 栃木県芳賀郡芳賀町給部

[2]千人塚古墳　せんにんずかこふん　古墳時代前期～中期
　所在地 香川県坂出市沙弥北通り

[3]千々松原　ちじのまつばら
　所在地 滋賀県彦根市松原町
　文 藤原為長『続古今和歌集20』

千々賀遺跡　ちちがいせき　弥生時代
　所在地 佐賀県唐津市千々賀

千川上水跡　せんかわじょうすいあと　元禄9年（1696）分水
　所在地 東京都練馬区関町南2～4丁目ほか
　国 区登録史跡（1988）

千川家の墓　せんかわけのはか　江戸時代
　所在地 東京都練馬区北町2-18 阿弥陀堂墓地内
　国 区登録史跡（1996）

[4]千引・かなくろ谷古墳群　せんびき・かなくろだにこふんぐん　6世紀末～8世紀
　所在地 岡山県総社市奥坂字千引

[5]千代のふるみち　ちよのふるみち
　所在地 京都府京都市右京区太秦
　文 謡曲『小督』，『車僧』
　別 千代の古道

千代の古道　ちよのふるみち
　所在地 京都府京都市右京区太秦

52　遺跡・古墳よみかた辞典

(文)謡曲『小督』，『車僧』
(別)千代のふるみち

千代丸古墳　ちよまるこふん　7世紀初め頃
(所在地)大分県大分市大字宮苑　(史)国指定史跡（1934）

千代田の一里塚　ちよだのいちりずか　江戸時代初期
(所在地)茨城県かすみがうら市西野寺848　(史)県指定史跡（1977）

千代田遺跡　ちよだいせき　弥生時代前期末～中期
(所在地)兵庫県姫路市千代田町三菱電機姫路工場内

千代寺院跡　ちよじいんあと　奈良時代，平安時代
(所在地)神奈川県小田原市千代
(別)千代廃寺

千代廃寺　ちよはいじ　奈良時代，平安時代
(所在地)神奈川県小田原市千代
(別)千代寺院跡

千本松原　せんぼんまつばら
(所在地)静岡県沼津市
(文)『東関紀行』

千本城跡　せんぼんじょうあと　建久6年（1195）築城
(所在地)栃木県芳賀郡茂木町町田字尾軽　(史)県指定史跡（1970）

千田26号墳　せんだにじゅうろくごうふん　古墳時代
(所在地)岐阜県恵那市長島町久須見

6 **千光寺古墳群　せんこうじこふんぐん**　6世紀前半～後半
(所在地)埼玉県深谷市山崎

千年伊勢山台遺跡　ちとせいせやまだいいせき　7世紀末～8世紀
(所在地)神奈川県川崎市高津区千年

千早城跡　ちはやじょうあと　元弘2年（1332）築城
(所在地)大阪府南河内郡千早赤阪村　(史)国指定史跡（1934）

千曲川　ちくまがわ
(所在地)長野県北東部
(文)『万葉集』，島崎藤村『落梅集』

千米寺古墳群　せんべいじこふんぐん　7世紀
(所在地)山梨県笛吹市一宮町石・千米寺

7 **千住　せんじゅ**
(所在地)東京都荒川区，足立区
(文)芭蕉『おくのほそ道』

千住大橋　せんじゅおおはし
(所在地)東京都荒川区南千住6・7～足立区千住橋戸町
(文)『誹風柳多留』，『江戸名所図会』

千坂の浦　ちさかのうら
(所在地)滋賀県彦根市
(文)藤原俊憲『千載和歌集 10』

千束一里塚　せんぞくいちりずか　江戸時代初期
(所在地)福井県あわら市花乃杜3丁目　(史)県指定史跡（1990）

千足古墳　せんぞくこふん　5世紀中葉
(所在地)岡山県岡山市北区新庄下

千里古窯跡群　せんりこようせきぐん　5世紀末葉～7世紀前半
(所在地)大阪府豊中市，吹田市，茨木市

千里浜　せんりのはま，ちさとのはま
(所在地)和歌山県日高郡みなべ町西岩代・東岩代
(文)『保元物語』，『平家物語』

8 **千居遺跡　せんごいせき**　縄文時代中期
(所在地)静岡県富士宮市上条　(史)国指定史跡（1975）

千金甲古墳（乙号）　せごんこうこふん（おつごう）　6世紀半ば頃
(所在地)熊本県熊本市西区小島下町　(史)国指定史跡（1921）

千金甲古墳（甲号）　せごんこうこふん（こうごう）　6世紀初め頃
(所在地)熊本県熊本市西区小島下町　(史)国指定史跡（1921）
(別)千金甲古墳

9 **千畑古墳　ちばたけこふん**　古墳時代後期
(所在地)宮崎県西都市穂北　(史)国指定史跡（1934）

10 **千栗土居　ちりくどい**　寛永年間（1624～44）築造
(所在地)佐賀県三養基郡みやき町大字白壁字三本松　(史)県指定史跡（2002）

11 **千野古墳群　ちのこふんぐん**　6世紀後半～7世紀前葉頃
(所在地)石川県七尾市千野町

千野高塚1・2号墳　ちのたかつかいち・にごうふん　4世紀
(所在地)石川県七尾市千野町

千鳥が淵　ちどりがふち
(所在地)東京都千代田区

3画（口，土）

㊷三島由夫『新聞紙』

千鳥久保遺跡　ちどりくぼいせき　縄文時代中期後半
所在地 東京都大田区久が原4丁目

千鳥道経塚　ちどりみちきょうづか　平安時代
所在地 静岡県沼津市西野
別 愛鷹山経塚

千鳥窪貝塚　ちどりくぼかいづか　縄文時代
所在地 東京都大田区調布千鳥町

[12]**千塚山古墳　せんづかやまこふん**　古墳時代前期
所在地 宮城県柴田郡村田町沼辺字千塚

千塚古墳群　せんづかこふんぐん　5〜7世紀前半
所在地 和歌山県和歌山市岩橋ほか
別 岩橋千塚，岩橋千塚古墳群

千塔山遺跡　せんどうやまいせき　弥生時代〜中世
所在地 佐賀県三養基郡基山町大字宮浦字宿

千壺古墳・小壺古墳　せんつぼこふん・こつぼこふん　4世紀終わり〜5世紀初め
所在地 兵庫県神戸市垂水区西垂水町
別 五色塚（千壺）古墳・小壺古墳

千尋の浜　ちひろのはま
所在地 和歌山県日高郡みなべ町
㊷清原元輔『拾遺和歌集 18』

千葉の野　ちばのの，ちばのぬ
所在地 千葉県千葉市
㊷『万葉集』

千葉上ノ台遺跡　ちばうえのだいいせき　古墳時代中期〜奈良時代
所在地 千葉県千葉市花見川区幕張町
別 上の台遺跡

千賀の浦　ちかのうら
所在地 宮城県塩竈市・宮城郡七ヶ浜町 塩釜湾/宮城県宮城郡松島町 松島湾南部の浜辺
㊷謡曲『阿古屋松』，『枕草子』

千賀の浦　ちかのうら
所在地 佐賀県，長崎県
㊷『五代集歌枕』，『八雲御抄』，『歌枕名寄』

千間塚古墳　せんげんづかこふん　7世紀前半
所在地 広島県安芸高田市向原町坂

[13]**千僧供古墳群　せんぞくこふんぐん**　古墳時代中・後期
所在地 滋賀県近江八幡市千僧供町長福寺町
㊷県指定史跡（1984）

千歳の渡し　ちとせのわたし
所在地 東京都墨田区千歳，中央区日本橋浜町
㊷幸田露伴『談水』

千歳車塚古墳　ちとせくるまづかこふん　6世紀前半
所在地 京都府亀岡市千歳町　㊷国指定史跡（1982）
別 車塚古墳

千歳美々貝塚　ちとせびびかいづか　縄文時代前期
所在地 北海道千歳市美々

[14]**千種城跡　ちぐさじょうあと**　南北時代築城
所在地 三重県三重郡菰野町千草　㊷県指定史跡（1963）

千種遺跡　ちぐさいせき　古墳時代前期
所在地 新潟県佐渡市千種

千網谷戸遺跡　ちあみがいといせき　縄文時代後〜晩期
所在地 群馬県桐生市川内町3丁目 字千網谷戸

千駄木遺跡　せんだぎいせき　縄文時代前期〜古墳時代
所在地 群馬県安中市松井田町西野牧16702-1
㊷県指定史跡（1975）

千駄谷　せんだがや
所在地 東京都渋谷区千駄ヶ谷
㊷森鷗外『金貨』

千駄塚古墳　せんだづかこふん　古墳時代後期末
所在地 栃木県小山市千駄塚　㊷県指定史跡（1953）

[16]**千頭峯城跡　せんとうがみねじょうあと**　南北朝時代築城
所在地 静岡県浜松市　㊷県指定史跡（1981）

【口】

[8]**口明塚古墳　くちあけづかこふん**　6世紀末
所在地 栃木県足利市山川町字橋本

[10]**口酒井遺跡　くちさかいいせき**　縄文時代晩期〜平安時代
所在地 兵庫県伊丹市口酒井穴森，尼崎市

【土】

[3]**土下古墳群　はしたこふんぐん**　5世紀
所在地 鳥取県東伯郡北栄町土下

土口将軍塚古墳　どぐちしょうぐんづかこふん　5世紀前半
所在地 長野県長野市松代町岩野，千曲市土口

3画（土）

別将軍塚古墳, 埴科古墳群（森将軍塚古墳・有明山将軍塚古墳・倉科将軍塚古墳・土口将軍塚古墳）

土山　つちやま
　所在地 滋賀県甲賀市土山町
　文『誹風柳多留』

[4]土井1号遺跡　どいいちごういせき　縄文時代
　所在地 青森県北津軽郡板柳町板柳字土井

土井ヶ浜遺跡　どいがはまいせき　弥生時代前期～中期
　所在地 山口県下関市神田上　国指定史跡（1962）

土井遺跡　どいいせき　縄文時代晩期
　所在地 青森県北津軽郡板柳町板柳字土井

[5]土生玄碩墓　はぶげんせきはか　江戸時代
　所在地 東京都中央区築地3-15 築地本願寺境内　都指定旧跡（1930）

土生遺跡　はぶいせき　弥生時代中期
　所在地 佐賀県小城市三日月町久米　国指定史跡（1973）

土矢倉古墳群　つちやぐらこふんぐん　6世紀中葉～後半
　所在地 山形県上山市金谷311-1の内ほか　県指定史跡（1958）

[6]土宇遺跡　つちういせき　縄文時代～古墳時代
　所在地 千葉県市原市土宇

土成丸山古墳　どなりまるやまこふん　5世紀後半
　所在地 徳島県阿波市土成町高尾
　別丸山古墳

土気舟塚古墳　とけふなづかこふん　6世紀末葉～7世紀初頭
　所在地 千葉県千葉市緑区土気町字舟塚
　別舟塚古墳

[7]土佐十一烈士墓　とさじゅういちれっしのはか　明治元年（1868）
　所在地 大阪府堺市堺区宿屋町　国指定史跡（1938）

土佐国　とさのくに
　所在地 高知県
　文『古事記』

土佐国分寺跡　とさこくぶんじあと　奈良時代創建
　所在地 高知県南国市国分　国指定史跡（1922）

土佐国衙跡　とさこくがあと　古代
　所在地 高知県南国市比江　県指定史跡（1963）

土佐泊　とさのとまり
　所在地 徳島県鳴門市土佐泊
　文紀貫之『土佐日記』

土佐藩砲台跡　とさはんほうだいあと　江戸時代末期
　所在地 高知県須崎市中町　国指定史跡（1944）

土岐成頼墓　ときなりよりのはか　室町時代
　所在地 岐阜県岐阜市寺町　県指定史跡（1972）

土岐頼芸の墓　ときよりよしのはか　戦国時代
　所在地 岐阜県揖斐郡揖斐川町谷汲岐礼　県指定史跡（1974）

土岐頼忠並びに一族之墓　ときよりただならびにいちぞくのはか　室町時代
　所在地 岐阜県揖斐郡池田町願成寺　県指定史跡（1969）

土岐頼貞墓　ときよりさだのはか　南北朝時代
　所在地 岐阜県瑞浪市土岐町中島　県指定史跡（1956）

土岐頼益・斎藤利永の墓　ときよります・さいとうとしながのはか　室町時代
　所在地 岐阜県各務原市鵜沼大安寺町　県指定史跡（1969）

土岐頼清・頼康父子の墓　ときよりきよ・よりやすふしのはか　南北朝時代
　所在地 岐阜県揖斐郡揖斐川町小島瑞岩寺　県指定史跡（1967）

土岐頼雄の墓　ときよりかつのはか　康暦2年（1380）銘
　所在地 岐阜県揖斐郡揖斐川町大光寺　県指定史跡（1967）

[8]土居一里塚　どいいちりづか　江戸時代初期
　所在地 岡山県美作市土居　県指定史跡（1972）

土居屋敷跡　どいやしきあと　室町時代
　所在地 広島県広島市安佐北区可部　県指定史跡（1951）

土居構跡　どいがまえあと　中世
　所在地 愛媛県西条市中野甲　県指定史跡（1948）

土肥　とい
　所在地 神奈川県足柄下郡湯河原町, 足柄下郡真

3画（タ）

鶴町
⊗『万葉集』
㊕刀比

土肥の河内　といのかわち
所在地　神奈川県足柄下郡湯河原町
⊗『万葉集』

土肥一族の墓所　とひいちぞくのぼしょ　中世
所在地　神奈川県足柄下郡湯河原町城堀字御庭平　城願寺境内　㊟県指定史跡（1955）

土肥椙山巌窟（伝源頼朝隠潜地）　とひすぎやまがんくつ（でんみなもとのよりともいんせんち）　平安時代末期
所在地　神奈川県足柄下郡湯河原町吉浜字鍛冶屋　㊟県指定史跡（1955）

9 土保山古墳　どほやまこふん　5世紀後半頃
所在地　大阪府高槻市土室
㊕土山古墳

土城跡　つちじょうあと　中世
所在地　岐阜県飛騨市神岡町
㊕江馬氏城館跡（下館跡・高原諏訪城跡・土城跡・寺林城跡・政元城跡・洞城跡・石神城跡）

10 土原豊見親のミャーカ　んたばるとぅゆみやのみゃーか　16世紀
所在地　沖縄県多良間村字仲筋東筋里　㊟県指定史跡（1974）
㊕多良間島の土原豊見親のミャーカ

土師の里8号墳　はじのさとはちごうふん　5世紀後半
所在地　大阪府藤井寺市道明寺6丁目

土師の里埴輪窯址群　はじのさとはにわようしぐん　古墳時代
所在地　大阪府藤井寺市道明寺

土師の里遺跡　はじのさといせき　旧石器時代～平安時代
所在地　大阪府藤井寺市道明寺

土師大迫古墳　はじおおさここふん　6世紀後半
所在地　広島県安芸高田市八千代町土師　㊟県指定史跡（1973）
㊕大迫古墳

土師古墳　はぜこふん　6世紀前半頃
所在地　大阪府堺市北区百舌鳥西之町

土師百井廃寺跡　はじももいはいじあと　白鳳時代創建
所在地　鳥取県八頭郡八頭町　㊟国指定史跡（1931）

土浦城跡及び櫓門　つちうらじょうあとおよびやぐらもん　永享年間（1429～40）築城，櫓門：伝・明暦2年（1656）建造
所在地　茨城県土浦市中央1丁目　㊟県指定史跡（1952）

11 土清水塩硝蔵跡　つっちょうずえんしょうぐらあと　江戸時代
所在地　石川県金沢市上辰巳町ほか
㊕辰巳用水　附　土清水塩硝蔵跡

12 土塔　どとう　奈良時代
所在地　大阪府堺市中区土塔町　㊟国指定史跡（1953）
㊕大野寺土塔

土御門家墓所　つちみかどけぼしょ　室町時代
所在地　福井県おおい町名田庄納田終　㊟県指定史跡（1957）

15 土器田横穴墓群　どきだおうけつぼぐん　6世紀後葉～7世紀中葉
所在地　宮崎県宮崎市佐土原町下那珂字土器田

土器塚古墳　かわらけずかこふん　5世紀前半
所在地　静岡県磐田市　㊟県指定史跡（2002）

16 土壇原遺跡　どんだばらいせき　旧石器時代～近世
所在地　愛媛県松山市上野町，伊与郡砥部町高尾田・下原町

土橋廃寺　つちはしはいじ　白鳳時代，奈良時代，平安時代
所在地　兵庫県小野市広渡町
㊕広渡廃寺跡

【タ】

4 夕日の岡　ゆうひのおか
所在地　東京都目黒区下目黒1-8-1
⊗『江戸名所図会』
㊕夕日ヶ岡

夕日の浦　ゆうひのうら
所在地　京都府京丹後市網野町浜詰
⊗平祐挙『夫木和歌抄 25』

夕日ヶ岡　ゆうひがおか
所在地　東京都目黒区下目黒1-8-1
⊗『江戸名所図会』
㊕夕日の岡

夕日長者遺跡　ゆうひちょうじゃいせき　弥生時代～平安時代
所在地　福島県いわき市泉町下川
㊕朝日・夕日長者遺跡

【大】

⁰大の浦　おおのうら
　所在地 静岡県磐田市
　⊗『枕草子』

大の浦　おおのうら
　所在地 島根県松江市
　⊗『万葉集』

大アラコ古窯跡　おおあらここようあと，おおあらここようせき　平安末期～鎌倉時代
　所在地 愛知県田原市芦町　㊡国指定史跡（1971）

大ノ瀬官衙遺跡　だいのせかんがいせき　8世紀前半～中頃成立
　所在地 福岡県築上郡上毛町　㊡国指定史跡（1998）

³大下田山古墳　おおげたやまこふん　6世紀後半～7世紀初め頃（1号墳），6世紀中葉（2号墳）
　所在地 愛媛県伊予郡砥部町上原町

大下田古墳群　おおげたこふんぐん　6世紀中頃～7世紀初め
　所在地 愛媛県伊予郡砥部町上原町　㊡県指定史跡（1968）

大万寺前古墳　だいまんじまえこふん　6世紀
　所在地 福岡県筑紫郡那珂川町大字後野字大万寺前

大丸山古墳　おおまるやまこふん　4世紀後半
　所在地 山梨県甲府市下向山町東山

大丸遺跡　だいまるいせき　縄文時代草創期
　所在地 神奈川県横浜市南区六ッ川町大丸

大久保山古墳群　おおくぼやまこふんぐん　5世紀前半
　所在地 埼玉県本庄市北堀

大久保山遺跡　おおくぼやまいせき　縄文時代～近世
　所在地 埼玉県本庄市栗崎字西谷　早稲田大学本庄校地内

大久保古墳　おおくぼこふん　7世紀
　所在地 宮城県角田市尾山字大久保

大久保古墳　おおくぼこふん　弥生時代
　所在地 長崎県壱岐市石田町筒城東触字大久保

大久保古墳群　おおくぼこふんぐん　古墳時代前期
　所在地 新潟県長岡市寺泊町軽井

大久保横穴墓群　おおくぼおうけつぼぐん　6世紀末～7世紀
　所在地 福島県南相馬市鹿島区江垂

大口筋（白銀坂・竜門司坂）　おおくちすじ（しらかねざか・たつもんじざか）　江戸時代
　所在地 鹿児島県鹿児島市牟礼ヶ岡，姶良市加治木町・脇元　㊡国指定史跡（2006）

大小寺古墳　だいしょうじこふん　6世紀後半
　宮城県黒川郡大郷町鶉崎字原

大山　おおやま
　所在地 神奈川県
　⊗式亭三馬『浮世風呂』，井原西鶴『一目玉鉾』
　㊤相模大山

大山　だいせん
　所在地 鳥取県西伯郡大山町
　⊗謡曲『花月』，『今昔物語集』
　㊤出雲富士，伯耆富士

大山寺址　おおやまじし　奈良時代～中世
　所在地 愛知県小牧市大山
　㊤大山廃寺跡

大山貝塚　おおやまかいづか　沖縄貝塚時代前期～中期
　所在地 沖縄県宜野湾市大山　㊡国指定史跡（1972）

大山祇神社　おおやまずみじんじゃ，おおやまつみじんじゃ　伝・推古天皇2年（594）創建
　所在地 愛媛県今治市宮浦

大山崎瓦窯跡　おおやまざきかわらがまあと　平安時代前期
　所在地 京都府乙訓郡大山崎町　㊡国指定史跡（2006）

大山廃寺跡　おおやまはいじあと　奈良時代～中世
　所在地 愛知県小牧市大山　㊡国指定史跡（1929）
　㊤大山寺址

大山道道標　おおやまみちどうひょう　江戸時代
　所在地 神奈川県横浜市戸塚区
　㊤柏尾の大山道道標

大山墳墓群　おおやまふんぼぐん　弥生時代中期後葉～後期
　所在地 京都府京丹後市丹後町大山寺大門

大山遺跡　おおやまいせき　旧石器時代～中世
　所在地 埼玉県北足立郡伊奈町大字小室字大山

大川内鍋島窯跡　おおかわちなべしまかまあ

3画（大）

と 1670年代開設
[所在地]佐賀県伊万里市大川内町　㊦国指定史跡（2003）

大川茶臼山古墳　おおかわちゃうすやまこふん　5世紀前半
[所在地]香川県さぬき市大川町
㊹茶臼山古墳, 富田茶臼山古墳

大川遺跡　おおかわいせき　縄文時代〜近代
[所在地]北海道余市郡余市町大川町

大川遺跡　おおこいせき　縄文時代早期前半〜後期終末
[所在地]奈良県山辺郡山添村中峰山

⁴大中の湖南遺跡　だいなかのこなみいせき, だいなかのこみなみいせき　弥生時代中期初頭
[所在地]滋賀県近江八幡市安土町　㊦国指定史跡（1973）

大中遺跡　おおなかいせき　弥生時代後期
[所在地]兵庫県加古郡播磨町　㊦国指定史跡（1967）

大之越古墳　だいのこしこふん　5世紀後半頃
[所在地]山形県山形市大字門伝字大之越

大井　おおい
[所在地]岐阜県恵那市
㊧『木曽路名所図会』

大井川　おおいがわ
[所在地]静岡県
㊧『日本書紀』, 十返舎一九『東海道中膝栗毛』

大井川　おおいがわ
[所在地]京都府京都市右京区嵯峨
㊧『徒然草』,『保元物語』
㊹大堰川, 葛川, 葛野川

大井戸古墳　おおいどこふん　5世紀末〜6世紀初頭
[所在地]茨城県小美玉市下玉里字大井戸

大井宿本陣跡　おおいじゅくほんじんあと　江戸時代
[所在地]岐阜県恵那市大井町　㊦県指定史跡（1960）

大井窯跡群　おおいかまあとぐん　5世紀末〜10世紀前後
[所在地]島根県松江市大井町

大井遺跡　おおいいせき　弥生時代
[所在地]山口県萩市大井

大仏切通　だいぶつきりどおし, だいぶつきりとおし　鎌倉時代以降

[所在地]神奈川県鎌倉市長谷・常盤・笛田　㊦国指定史跡（1977）
㊹大仏坂

大仏古墳群　だいぶつこふんぐん　古墳時代後期
[所在地]福島県須賀川市大字和田字大仏・大仏前

大仏次郎邸　おさらぎじろうてい　昭和期
[所在地]神奈川県鎌倉市雪ノ下1-11-22

大仏坂　だいぶつざか　鎌倉時代以降
[所在地]神奈川県鎌倉市長谷・常盤・笛田
㊹大仏切通

大仏殿　だいぶつでん
[所在地]奈良県奈良市雑司町
㊧『平家物語』, 正岡子規『子規句集』

大仏殿方広寺　だいぶつでんほうこうじ　文禄4年（1595）創建
[所在地]京都府京都市東山区正面通大和大路東入ル
㊹方広寺

大元1号墳　おおもといちごうふん　4世紀末〜5世紀初め
[所在地]島根県益田市遠田町大元字焼山

大内山　おおうちやま
[所在地]京都府京都市右京区
㊧『大和物語』,『平家物語』

大内山の一里塚　おおうちやまのいちりづか　江戸時代
[所在地]三重県度会郡大紀町大内山　㊦県指定史跡（1955）

大内氏遺跡 附 凌雲寺跡　おおうちしいせき つけたり りょううんじあと　室町時代
[所在地]山口県山口市大殿大路・上宇野令・中尾　㊦国指定史跡（1959）

大内氷上古墳　おおうちひかみこふん　5世紀中葉〜後半
[所在地]山口県山口市大字大内御堀字山根348　㊦県指定史跡（1986）

大内廃寺跡 附 塔法田堂跡　おおうちはいじあと つけたり とうほうだどうあと　奈良時代
[所在地]栃木県真岡市京泉字飯貝　㊦県指定史跡（1957）

大内義隆主従の墓所　おおうちよしたかしゅじゅうのぼしょ　室町時代
[所在地]山口県長門市大字深川湯本205-16　㊦県指定史跡（1967）

大切岸　おおきりぎし　鎌倉時代以降

[所在地]神奈川県鎌倉市大町7丁目

大分元町石仏　おおいたもとまちせきぶつ
平安時代後期（11世紀中頃）
[所在地]大分県大分市元町　[史]国指定史跡（1934）

大分廃寺塔跡　だいぶはいじとうあと　奈良時代初期
[所在地]福岡県飯塚市大分　[史]国指定史跡（1941）

大分廃寺跡　だいぶはいじあと　奈良時代前期
[所在地]福岡県飯塚市大分

大友氏遺跡　おおともしいせき　中世
[所在地]大分県大分市顕徳町　[史]国指定史跡（2001）
[別]大友氏館

大友氏館　おおともしやかた　中世
[所在地]大分県大分市顕徳町
[別]大友氏遺跡

大友亀太郎役宅跡　おおともかめたろうやくたくあと　江戸時代幕末期
[所在地]北海道札幌市東区北13条東16丁目（札幌村郷土記念館）　[史]市指定史跡（1987）
[別]札幌村・大友亀太郎関係歴史資料及び史跡

大友遺跡　おおともいせき　弥生時代前期～中期
[所在地]佐賀県唐津市呼子町大友

大戸大塚古墳　おおどおおつかこふん　7世紀
[所在地]千葉県香取市大戸字大塚
[別]大塚古墳

大戸貝塚　おおとかいずか　縄文時代前期
[所在地]埼玉県さいたま市中央区大戸1-169-3　[史]市指定史跡（1971）

大戸宮作古墳　おおどみやさくこふん　5世紀後半
[所在地]千葉県香取市大戸字宮作地先

大戸鼻古墳群　おおとばなこふんぐん　6世紀中葉
[所在地]熊本県上天草市松島町阿村　[史]県指定史跡（1973）

大戸窯　おおとよう　8～14世紀
[所在地]福島県会津若松市大戸町

大日山古墳　だいにちやまこふん　6世紀頃
[所在地]茨城県取手市岡1179　[史]県指定史跡（1939）

大日山古墳　だいにちやまこふん　5世紀中頃
[所在地]千葉県成田市高小字後田

大日比ナツミカン原樹　おおひびなつみかんげんじゅ　安永年間（1772～81）以降
[所在地]山口県長門市仙崎　[史]国指定史跡（1927）

大日古墳　だいにちこふん　7世紀中葉
[所在地]山口県防府市高井　[史]国指定史跡（1948）

大日如来古墳　だいにちにょらいこふん　古墳時代
[所在地]茨城県石岡市中津川

大日寺古墓群　だいにちじこぼぐん　鎌倉時代～室町時代
[所在地]鳥取県倉吉市桜　[史]県指定史跡（1983）

大日寺瓦経塚　だいにちじがきょうずか　平安時代
[所在地]鳥取県倉吉市桜 大日寺境内

大日堂境内の五百羅漢　だいにちどうけいだいのごひゃくらかん　慶応2年（1866）完成
[所在地]三重県三重郡菰野町竹成　[史]県指定史跡（1967）

大日塚古墳　だいにちずかこふん　6世紀前半
[所在地]茨城県行方市沖洲

大日塚古墳　だいにちずかこふん　6世紀前半
[所在地]埼玉県行田市佐間

大木戸　おおきど
[所在地]東京都港区高輪
[文]河竹黙阿弥『実録先代萩』

大木戸　おおきど
[所在地]東京都新宿区四谷・新宿付近
[文]饗庭篁村『駆落の駆落』

大木戸古墳群　おおきどこふんぐん　7世紀後半～8世紀前半
[所在地]福島県伊達郡国見町大木戸字馬捨

大木囲貝塚　だいぎがこいかいずか　縄文時代前期前半～中期後半
[所在地]宮城県宮城郡七ヶ浜町　[史]国指定史跡（1968）

大比叡経塚　だいひえいきょうずか　平安時代
[所在地]滋賀県大津市坂本本町
[別]比叡南岳経塚, 比叡山頂経塚

大王山方形台状墓　だいおうざんほうけいだいじょうぼ　弥生時代～近世
[所在地]奈良県宇陀市榛原下井足

大王山古墳3号墳　だいおうやまこふんさん

3画（大）

ごうふん　4世紀終わり〜5世紀初め
- 所在地 熊本県八代郡氷川町早尾　㊲県指定史跡（1973）

大王山古墳群　だいおうやまこふんぐん　古墳時代中期
- 所在地 熊本県八代郡氷川町早尾

大王山遺跡　だいおうざんいせき　弥生時代後期〜江戸時代
- 所在地 奈良県宇陀市榛原下井足字大王山

⁵大仙古墳　だいせんこふん　古墳時代中期
- 所在地 大阪府堺市堺区大仙町
- 別 仁徳天皇陵古墳

大仙院書院庭園　だいせんいんしょいんていえん　永正6年（1510）
- 所在地 京都府京都市北区紫野大徳寺町　㊲国指定史跡（1952）

大代古墳　おおしろこふん　4世紀末
- 所在地 徳島県鳴門市大津町大代字日開谷

大代横穴墓群　おおしろおうけつぼぐん　7世紀前半〜8世紀
- 所在地 宮城県多賀城市大代5丁目

大北横穴群　おおきたよこあなぐん　7世紀末〜8世紀
- 所在地 静岡県伊豆の国市北江間

大古里遺跡　おぶさといせき　旧石器時代〜縄文時代
- 所在地 埼玉県さいたま市浦和区

大台野遺跡　おおだいのいせき　後期旧石器時代〜弥生時代
- 所在地 岩手県和賀郡西和賀町大台野

大平一里塚　おおひらいちりづか　江戸時代
- 所在地 愛知県岡崎市大平町　㊲国指定史跡（1937）

大平山元Ⅰ遺跡　おおだいやまもといちいせき　後期旧石器時代後半〜縄文時代草創期
- 所在地 青森県東津軽郡外ヶ浜町蟹田大平山元
- 別 大平山元遺跡

大平山元遺跡　おおだいやまもといせき　後期旧石器時代後半〜縄文時代草創期
- 所在地 青森県東津軽郡外ヶ浜町蟹田大平山元
- ㊲国指定史跡（2013）

大平古墳　おおだいらこふん　7世紀初頭
- 所在地 茨城県ひたちなか市勝倉大平

大平古墳群　おおだいらこふんぐん　古墳時代後期
- 所在地 茨城県ひたちなか市勝倉大平

大平古窯跡群　おおひらふるがまあとぐん　室町時代後期開窯
- 所在地 岐阜県可児市久々利　㊲県指定史跡（1966）

大平城跡　おいだいらじょうあと　南北朝時代
- 所在地 静岡県浜松市浜北区大平大平城山　㊲市指定史跡（1972）

大平遺跡　おおだいいせき　縄文時代前期主体
- 所在地 青森県南津軽郡大鰐町長峰

大平遺跡　おおだいらいせき　縄文時代早期
- 所在地 福島県双葉郡大熊町大字熊字にしき台

大平遺跡群　おおびらいせきぐん　旧石器時代〜縄文時代後期
- 所在地 静岡県伊豆の国市長者原

大生古墳群　おおうこふんぐん　7世紀初頭
- 所在地 茨城県潮来市大生890-2ほか　㊲県指定史跡（1975）
- 別 大生原古墳群

大生原古墳群　おうはらこふんぐん　7世紀初頭
- 所在地 茨城県潮来市大生890-2ほか
- 別 大生古墳群

大田十二社遺跡　おおたじゅうにしゃいせき　弥生時代後期
- 所在地 岡山県津山市大田

大田貝塚　おおたかいづか　縄文時代前期〜後期
- 所在地 広島県尾道市高須町　㊲県指定史跡（1949）

大田南5号墳　おおたみなみごごうふん　4世紀後半
- 所在地 京都府京丹後市弥栄町和田野小字大田・峰山町矢田小字坂尾

大田南古墳群　おおたみなみこふんぐん　古墳時代前期
- 所在地 京都府京丹後市峰山町・弥栄町

大田鼻横穴墓群　おおたはなおうけつぼぐん　6世紀末・7世紀初め〜8世紀中頃
- 所在地 京都府京丹後市大宮町三坂

大田錦城墓　おおたきんじょうのはか　江戸時代
- 所在地 東京都台東区谷中1-5-1 一乗寺内
- 別 太田錦城墓

大白河　おおしらかわ
- 所在地 京都府京都市
- ㊱『今昔物語集』

3画（大）

大石山遺跡　おおいしやまいせき　縄文時代，古墳時代
　所在地 東京都利島村西山21号
　別 利島大石山遺跡

大石内蔵助切腹の地　おおいしくらのすけせっぷくのち　元禄16年(1703)
　所在地 東京都港区高輪1-6-25 高松宮邸付近
　別 大石内良雄外十六人忠烈の跡

大石主税以下切腹跡　おおいしちからいかせっぷくあと　元禄16年(1703)
　所在地 東京都港区三田2-5-4 イタリア大使館
　図 都指定旧跡(1955)

大石北谷古墳　おおいしきただにこふん　7世紀
　所在地 香川県さぬき市前山
　別 ばくち場古墳

大石平遺跡　おおいしだいらいせき，おおいしたいいせき　縄文時代後期，弥生時代
　所在地 青森県上北郡六ヶ所村大字尾駮字野附

大石田　おおいしだ
　所在地 山形県北村山郡大石田町
　文 芭蕉『おくのほそ道』

大石良雄外十六人忠烈の跡　おおいしよしおほかじゅうろくにんちゅうれつのあと，おおいしよしたかほかじゅうろくにんちゅうれつのあと　元禄15年(1702)
　所在地 東京都港区高輪1-6-25 高松宮邸付近
　図 都指定旧跡(1955)
　別 大石内蔵助切腹の地

大石良雄宅跡　おおいしよしおたくあと，おおいしよしたかたくあと　江戸時代
　所在地 兵庫県赤穂市上仮屋　図 国指定史跡(1923)

大石塚古墳　おおいしずかこふん　4世紀後半～末葉頃
　所在地 大阪府豊中市岡町北1丁目

大石遺跡　おおいしいせき　縄文時代中期前半
　所在地 長野県諏訪郡原村菖蒲沢

大石遺跡　おおいしいせき　縄文時代晩期前半
　所在地 大分県豊後大野市緒方町

大穴石器時代住居跡　おおあなせっきじだいじゅうきょあと　縄文時代中期～後期
　所在地 群馬県利根郡みなかみ町
　別 水上遺跡，水上石器時代住居跡

大立洞窟　おおだちどうくつ　縄文時代前期
　所在地 山形県東置賜郡高畠町
　図 国指定史跡(1980)

大立横穴墓群　おおだておうけつぼぐん　8世紀
　所在地 宮城県栗原市若柳上畑岡大立

大辺路　おおへち　古代以降
　所在地 和歌山県西牟婁郡上富田町，西牟婁郡すさみ町
　別 熊野参詣道(中辺路・大辺路・小辺路・伊勢路・熊野川・七里御浜・花の窟)

⁶**大伝馬町　おおてんまちょう**
　所在地 東京都中央区日本橋大伝馬町
　文 為永春水『春の若草』

大吉山瓦窯跡　だいきちやまかわらがまあと　8世紀前半
　所在地 宮城県大崎市古川小林　図 国指定史跡(1976)

大在古墳　おおざいこふん　古墳時代中期中葉
　所在地 大分県大分市大字角子原

大地遺跡　だいちいせき　弥生時代中期
　所在地 愛知県岩倉市大地町野合　図 県指定史跡(1954)

大多羅寄宮跡　おおだらよせみやあと　正徳2年(1712)造営
　所在地 岡山県岡山市東区大多羅町　図 国指定史跡(1927)

大安寺旧境内 附 石橋瓦窯跡　だいあんじきゅうけいだい つけたり いしばしかわらかまあと　奈良時代
　所在地 奈良県奈良市大安寺・東九条町，京都府綴喜郡井手町　図 国指定史跡(1921)
　別 大安寺跡

大安寺跡　だいあんじあと　奈良時代
　所在地 奈良県奈良市大安寺・東九条町，京都府綴喜郡井手町
　別 大安寺旧境内 附 石橋瓦窯跡

大安場古墳　おおやすばこふん　古墳時代前期後半
　所在地 福島県郡山市田村町　図 国指定史跡(2000)

大安場古墳群　おおやすばこふんぐん　古墳時代前期後半
　所在地 福島県郡山市田村町

大宅一里塚　おおやけいちりづか　江戸時代初期
　所在地 京都府京都市山科区大宅甲ノ辻町
　図 市登録史跡(1985)

遺跡・古墳よみかた辞典　61

3画（大）

大寺山洞穴　おおてらやまどうけつ　5～6世紀
　所在地 千葉県館山市沼字大和田東

大寺古墳　おおてらこふん　古墳時代前期
　所在地 島根県出雲市東林木町大寺谷

大寺廃寺跡　おおてらはいじあと，おおでらはいじあと　7世紀頃建立
　所在地 千葉県木更津市大寺
　別 上総大寺廃寺跡

大寺廃寺跡　おおてらはいじあと，おおでらはいじあと　白鳳時代
　所在地 鳥取県西伯郡伯耆町大殿
　別 伯耆大寺寺址

大寺遺跡　だいてらいせき　縄文時代早期
　所在地 宮城県栗原市高清水

大年1号墳　おおとしいちごうふん　6世紀中葉
　所在地 岡山県美作市上相

大成古墳　おおなりこふん　4世紀前半
　所在地 島根県安来市荒島町荒島

大成領主小栗忠政一族の墓　おおなりりょうしゅおぐりただまさいちぞくのはか　江戸時代
　所在地 埼玉県さいたま市大宮区大成町2-402
　史 市指定史跡(1966)

大成館跡　おおなりやかたあと　中世
　所在地 埼玉県さいたま市大宮区大成町2-402
　史 市指定史跡(1957)

大曲　おおまがり
　所在地 東京都文京区水道，新宿区新小川町
　文 夏目漱石『それから』

大曲洞窟　おおまがりどうくつ　縄文時代前期（綱文式土器期）・同中期（北筒式土器期）主体
　所在地 北海道網走市三眺大曲
　別 網走大曲洞窟遺跡，大曲洞窟遺跡

大曲洞窟遺跡　おおまがりどうくついせき　縄文時代前期（綱文式土器期）・同中期（北筒式土器期）主体
　所在地 北海道網走市三眺大曲
　別 網走大曲洞窟遺跡，大曲洞窟

大曲輪貝塚　おおぐるわかいづか　縄文時代前期～古墳時代
　所在地 愛知県名古屋市瑞穂区山下道　史 国指定史跡(1941)
　別 大曲輪遺跡

大曲輪遺跡　おおぐるわいせき　縄文時代前期～古墳時代
　所在地 愛知県名古屋市瑞穂区山下道
　別 大曲輪貝塚

大江　おおえ
　所在地 大阪府大阪市中央区
　文 『今昔物語集』

大江の岸　おおえのきし
　所在地 大阪府大阪市中央区淀川
　文 近松門左衛門『曽根崎心中』

大江山　おおえやま
　所在地 京都府京都市西京区～亀岡市
　文 『平家物語』
　別 大枝山

大江山　おおえやま
　所在地 京都府福知山市大江町
　文 『万葉集』，『栄花物語』

大江広元亭　おおえひろもとのてい　鎌倉時代
　所在地 神奈川県鎌倉市雪ノ下4-1ヵ

大池東古墳群　おおいけひがしこふんぐん　古墳時代前期後半
　所在地 愛媛県松山市南江戸

大竹古墳群　おおたけこふんぐん　5世紀後半～6世紀
　所在地 千葉県袖ケ浦市大竹・下根岸

大竹廃寺跡　おおたけはいじあと　平安時代
　所在地 岩手県北上市更木　史 県指定史跡(1979)

大虫廃寺塔跡　おおむしはいじとうあと　7世紀後半～8世紀後半
　所在地 福井県越前市大虫本町　史 県指定史跡(1967)

大虫廃寺跡　おおむしはいじあと　7世紀後半～8世紀後半
　所在地 福井県越前市大虫本町中江

大串貝塚　おおくしかいづか，おおぐしかいづか　縄文時代前期
　所在地 茨城県水戸市塩崎町　史 国指定史跡(1970)

大佐山白塚古墳　おおさやましらつかこふん　7世紀前半
　所在地 広島県福山市新市町　史 県指定史跡(1948)
　別 白塚古墳

大住車塚古墳　おおすみくるまづかこふん　4世紀末～5世紀初頭
　所在地 京都府京田辺市大住　史 国指定史跡

(1974)
別智光寺山古墳, 車塚古墳

大住南塚古墳　おおすみみなみずかこふん　古墳時代前期後葉
所在地 京都府京田辺市大住八王子

大伯海　おおくのうみ
所在地 岡山県瀬戸内市
文『日本書紀』

大伴の御津　おおとものみつ
所在地 大阪府
文『万葉集』

大判山古墳　おおばんやまこふん　古墳時代中期
所在地 山口県山陽小野田市大字小野田字大判山

大坂　おおさか
所在地 奈良県香芝市, 大阪府南河内郡太子町
文『万葉集』,『古事記』,『日本書紀』

大坂城石垣石切丁場跡　おおさかじょういしがきいしきりちょうばあと　元和・寛文年間 (1615～45)
所在地 香川県小豆郡小豆島町　②国指定史跡 (1972)

大坂城跡　おおさかじょうあと　天正11年 (1583) 築城開始
所在地 大阪府大阪市中央区大坂城　②国指定特別史跡 (1955)
別大阪城

大坊古墳　だいぼうこふん　7世紀前半頃
所在地 広島県福山市神辺町　②県指定史跡 (1983)

大坊古墳　だいぼうこふん　6世紀中葉
所在地 熊本県玉名市玉名　②国指定史跡 (1977)

大我野　おおがの
所在地 和歌山県橋本市
文『万葉集』

大村益次郎墓　おおむらますじろうのはか　明治時代
所在地 山口県山口市鋳銭司　②国指定史跡 (1935)

大村横穴墓群　おおむらおうけつぼぐん　6～7世紀
所在地 熊本県人吉市城本町
別大村横穴群

大村横穴群　おおむらよこあなぐん　6～7世紀
所在地 熊本県人吉市城本町　②国指定史跡

(1921)
別大村横穴墓群

大村藩主大村家墓所　おおむらはんしゅおおむらけぼしょ　江戸時代
所在地 長崎県大村市古町　②国指定史跡 (2004)

大沢瓦窯址　おおさわがようし　平安時代初期
所在地 宮城県宮城郡利府町春日瓦焼場大沢
別春日大沢瓦窯跡

大沢池　おおさわのいけ, おおさわいけ
所在地 京都府京都市右京区嵯峨大沢町
文紀友則『古今和歌集 5』

大町大路　おおまちおおじ　鎌倉時代以降
所在地 神奈川県鎌倉市

大町釈迦堂口遺跡　おおまちしゃかどうぐちいせき　13世紀後半
所在地 神奈川県鎌倉市大町　②国指定史跡 (2010)

大臣塚古墳　だいじんづかこふん　5世紀中頃
所在地 大分県大分市上野丘東

大花遺跡　おおばないせき　縄文時代後期～晩期前半
所在地 長野県諏訪郡富士見町

大角地遺跡　おがくちいせき　縄文時代前期・古墳時代中期
所在地 新潟県糸魚川市

大谷・定古墳群　おおや・さだこふんぐん　7世紀後半 (大谷1号墳), 7世紀後半～8世紀初頭 (定古墳群)
所在地 岡山県真庭市上中津井　②国指定史跡 (2008)

大谷1号墳　おおやいちごうふん　7世紀後半
所在地 岡山県真庭市上中津井

大谷古墳　おおたにこふん　6世紀前半
所在地 福井県三方上中郡若狭町下タ中

大谷古墳　おおたにこふん　5世紀後半～6世紀前半
所在地 和歌山県和歌山市大谷　②国指定史跡 (1978)

大谷古墳　おおたにこふん　6世紀末
所在地 高知県香南市野市町大谷

大谷古墳群　おおたにこふんぐん　6世紀末中心, 7世紀前半まで追葬
所在地 大阪府羽曳野市駒ヶ谷

大谷瓦窯跡　おおやかわらがまあと　奈良時代後期

遺跡・古墳よみかた辞典　63

[所在地]埼玉県東松山市大谷　[史]国指定史跡（1958）

大谷吉隆墓　おおたによしたかのはか　安土桃山時代末期
[所在地]岐阜県不破郡関ケ原町
[別]関ヶ原古戦場 附 徳川家康最初陣地・徳川家康最後陣地・石田三成陣地・岡山烽火場・大谷吉隆墓・東首塚・西首塚

大谷地貝塚　おおやちかいずか　縄文時代中期〜後期
[所在地]北海道余市郡余市町　[史]国指定史跡（2000）

大谷寺洞穴　おおやじどうけつ　縄文時代, 弥生時代, 歴史時代
[所在地]栃木県宇都宮市大谷町 大谷寺境内
[別]大谷寺洞穴遺跡

大谷寺洞穴遺跡　おおやじどうけついせき　縄文時代, 弥生時代, 歴史時代
[所在地]栃木県宇都宮市大谷町 大谷寺境内
[別]大谷寺洞穴

大谷後遺跡　おおやうしろいせき　弥生時代末期
[所在地]埼玉県さいたま市見沼区大谷字八石1926ほか

大谷場貝塚　おおやばかいずか　縄文時代前期
[所在地]埼玉県さいたま市南区大谷場一ッ木

大谷遺跡　おおたにいせき　弥生時代中期
[所在地]福岡県春日市大字小倉

大谷磨崖仏　おおやまがいぶつ　平安時代中期〜後期
[所在地]栃木県宇都宮市大谷町　[史]国指定特別史跡（1954）

大貝遺跡　おおがいいせき　縄文時代中期前半〜後半
[所在地]新潟県妙高市大貝字和屋林

大里古墳　おおさとこふん　7世紀初頭前後
[所在地]山口県美祢市秋芳町秋吉字大里

大里古墳　おおさとこふん　6世紀後半
[所在地]徳島県海部郡海陽町大里字浜崎34
[史]県指定史跡（1952）

大里古墳群　おおさとこふんぐん　6世紀後半
[所在地]徳島県海部郡海陽町大里　[史]県指定史跡（1952）

大阪　おおさか
[所在地]大阪府
[文]『誹風柳多留 16』, 木下杢太郎『京阪聞見録』

大阪府国府遺跡　おおさかふこういせき　縄文・弥生時代, 飛鳥・奈良時代
[所在地]大阪府藤井寺市惣社
[別]国府遺跡

大阪城　おおさかじょう　天正11年（1583）築城開始
[所在地]大阪府大阪市中央区大坂城
[別]大坂城跡

大阪磯長陵　おおさかのしながのみささぎ　飛鳥時代
[所在地]大阪府南河内郡太子町大字山田

8 **大和6号墳　やまとろくごうふん**　5世紀
[所在地]奈良県奈良市法華寺町字高塚
[別]高塚古墳, 鍋塚

大和三山　やまとさんざん
[所在地]奈良県橿原市
[別]和州三山, 三ッ山

大和久古墳群　おおわくこふんぐん　6世紀前半〜7世紀中葉
[所在地]栃木県那須烏山市南大和久

大和川　やまとがわ
[所在地]大阪府柏原市安堂町
[文]『炭俵』

大和井　やまとがー, やまとがあ　享保5年（1720）頃さく井
[所在地]沖縄県宮古島市平良　[史]国指定史跡（1992）

大和田玉作遺跡　おおわだたまつくりいせき　古墳時代
[所在地]千葉県成田市大和田

大和国　やまとのくに
[所在地]奈良県
[文]『万葉集』, 『後拾遺和歌集 7』

大和郡山城　やまとこおりやまじょう　安土桃山時代
[所在地]奈良県大和郡山市北郡山町　[史]県指定史跡（1960）
[別]郡山城跡

大国の里　おおくにのさと
[所在地]滋賀県愛知郡愛荘町
[文]『拾遺和歌集』, 『播磨国風土記』（印南郡）
[別]大蔵の里

大国魂古墳　おおくにたまこふん　古墳時代
[所在地]徳島県美馬市美馬町東宮ノ上

大学辻子　だいがくずし
[所在地]神奈川県鎌倉市

3画（大）

大官大寺跡　だいかんだいじあと　飛鳥時代
　所在地 奈良県高市郡明日香村　国指定史跡（1921）

大宝城跡　だいほうじょうあと　中世
　所在地 茨城県下妻市大宝, 筑西市関舘・中村新田　国指定史跡（1934）

大岡家の墓　おおおかけのはか　江戸時代中期
　所在地 埼玉県さいたま市岩槻区日の出町9-67
　市指定史跡（1960）

大岩山古墳　おおいわやまこふん　古墳時代
　所在地 滋賀県野洲市小篠原

大岩山古墳群　おおいわやまこふんぐん　3世紀頃（冨波古墳）、6世紀後半（宮山2号墳）
　所在地 滋賀県野洲市冨波・辻町・小篠原
　国指定史跡（1941）
　別 小篠原古墳群

大岩山銅鐸出土地　おおいわやまどうたくしゅつどち　2世紀後半～3世紀前半
　所在地 滋賀県野洲市小篠原大岩山
　別 小篠原遺跡

大岩日石寺石仏　おおいわにっせきじせきぶつ　奈良時代前期
　所在地 富山県中新川郡上市町　国指定史跡（1930）
　別 大岩日石寺磨崖仏

大岩日石寺磨崖仏　おおいわにっせきじまがいぶつ　奈良時代前期
　所在地 富山県中新川郡上市町
　別 大岩日石寺石仏

大念寺古墳　だいねんじこふん　7世紀初頭
　所在地 島根県出雲市今市町鷹ノ沢

大明神山の砦跡　だいみょうじんやまのとりであと　戦国時代後期
　所在地 群馬県高崎市倉渕町川浦　市指定史跡（1982）
　別 駒形城

大枝山　おおえやま
　所在地 京都府京都市西京区～亀岡市
　②『平家物語』
　別 大江山

大枝山古墳群（6～12, 15, 16, 18～21号墳）附14号墳　おおえやまこふんぐん つけたりじゅうよんごうふん　6世紀後半～7世紀初頭
　所在地 京都府京都市西京区御陵大枝山町
　市指定史跡（2002）

大東廃寺　おおひがしはいじ　白鳳時代末～奈良時代
　所在地 滋賀県長浜市（旧・坂田郡南郷里村大東）

大河内城跡　おおかわちじょうあと　応永年間（1394～1427）築城
　所在地 三重県松阪市大河内町城山ほか　県指定史跡（1937）

大沼　おおぬま
　所在地 北海道亀田郡七飯町
　②徳冨蘆花『熊の足跡』

大沼遺跡　おおぬまいせき　縄文時代晩期末
　所在地 茨城県日立市大沼町

大物浦　だいもつのうら　中世
　所在地 兵庫県尼崎市大物町付近

大牧1号墳　おおまきいちごうふん　7世紀初頭
　所在地 岐阜県各務原市鵜沼大伊木町4丁目

大知波峠廃寺跡　おおちばとうげはいじあと　平安時代中期
　所在地 静岡県湖西市大知波　国指定史跡（2001）

大空・高原古墳群　おおぞら・たかはらこふんぐん　古墳時代後期
　所在地 愛媛県四国中央市土居町野田　県指定史跡（1957）

大迫山1号墳　おおさこやまいちごうふん　4世紀中葉前後
　所在地 広島県庄原市東城町川東
　別 大迫山古墳

大迫山古墳　おおさこやまこふん　4世紀中葉前後
　所在地 広島県庄原市東城町川東
　別 大迫山1号墳

大迫山古墳群　おおさこやまこふんぐん　古墳時代前期
　所在地 広島県庄原市東城町　県指定史跡（1989）

大迫古墳　おおさここふん　6世紀末
　所在地 広島県福山市駅家町大字新山　県指定史跡（1948）

大迫古墳　おおさここふん　6世紀後半
　所在地 広島県安芸高田市八千代町土師
　別 土師大迫古墳

大迫横穴墓群　おおばさまおうけつぼぐん　古墳時代
　所在地 宮城県大崎市鹿島台大迫

遺跡・古墳よみかた辞典　65

大迫横穴墓群A1号横穴　おおさこおうけつぼぐんえーいちごうおうけつ　7世紀前半
[所在地]岡山県新見市神郷釜村

大門　だいもん
[所在地]東京都港区浜松町
[文]河竹黙阿弥『日月星享和政談』

大門　おおもん
[所在地]東京都台東区千束
[文]山東京伝『志羅川夜舟』

大門大塚古墳　だいもんおおつかこふん　古墳時代後期
[所在地]静岡県袋井市高尾　[史]県指定史跡（1993）
[別]大塚古墳

大門古墳　だいもんこふん　6世紀前半
[所在地]山口県下関市豊浦町吉永

大門宿本陣表門　だいもんじゅくほんじんおもてもん　元禄7年（1694）建立
[所在地]埼玉県さいたま市緑区大字大門　[史]県指定史跡（1966）

大門遺跡　だいもんいせき　縄文時代前期（曽畑式土器）～晩期（御領式土器）
[所在地]佐賀県佐賀市金立町字大門

9**大信寺横丁　だいしんじよこちょう**
[所在地]東京都新宿区
[文]尾崎紅葉『青葡萄』

大南遺跡　おおみなみいせき　弥生時代中期～後期
[所在地]福岡県春日市大字小倉

大垣　おおがき
[所在地]岐阜県大垣市
[文]芭蕉『おくのほそ道』

大垣大塚古墳群　おおがきおおつかこふんぐん　古墳時代中期頃
[所在地]島根県松江市大垣町名原
[別]大塚古墳群

大垣城　おおがきじょう　天文年間（1532～55）築城
[所在地]岐阜県大垣市郭町ほか

大城山　おおきのやま
[所在地]福岡県大野城市，糟屋郡宇美町，太宰府市
[文]『万葉集』

大城遺跡　おおしろいせき　弥生時代
[所在地]島根県隠岐郡隠岐の島町　[史]県指定史跡（2004）

大威徳寺　だいいとくじ
[所在地]大阪府岸和田市
[文]『和泉名所図会』
[別]牛滝寺

大室168号墳　おおむろひゃくろくじゅうはちごうふん　6世紀後半
[所在地]長野県長野市松代町大室地区

大室古墳群　おおむろこふんぐん　6世紀
[所在地]群馬県前橋市西大室町

大室古墳群　おおむろこふんぐん　5世紀前半～8世紀
[所在地]長野県長野市松代町　[史]国指定史跡（1997）

大巻薩摩工事役館跡　おおまきさつまこうじやっかんあと　江戸時代
[所在地]岐阜県養老郡養老町大巻　[史]県指定史跡（1962）

大廻小廻山城跡　おおめぐりこめぐりさんじょうあと　7世紀
[所在地]岡山県岡山市東区草ヶ部・瀬戸町
[史]国指定史跡（2005）

大廻間遺跡　おおはざまいせき　弥生時代後期
[所在地]愛知県知多市新知字大廻間

大星山古墳群　おおぼしやまこふんぐん　4世紀後半～5世紀前半
[所在地]長野県長野市若穂川田大字下和田

大海の原　おおみのはら
[所在地]兵庫県明石市魚住町
[文]『続日本紀』

大洲城跡　おおずじょうせき　元弘年間（1331～1334）以降
[所在地]愛媛県大洲市大洲　[史]県指定史跡（1953）

大泉みずほ古墳群　おおいずみみずほこふんぐん　古墳時代中期～7世紀前半
[所在地]福島県伊達市保原町みずほ

大泉遺跡　おおいずみいせき　弥生時代～奈良・平安時代
[所在地]宮城県登米市中田町上沼

大津　おおつ
[所在地]滋賀県大津市
[文]『万葉集』

大津の宮　おおつのみや　天智6年（667）遷都
[所在地]滋賀県大津市
[別]近江大津宮，大津宮跡

大津京跡　おおつきょうあと　天智6年（667）遷都

所在地 滋賀県大津市

大津皇子墓 おおつのみこのはか 飛鳥時代
所在地 奈良県葛城市大字染野

大津宮跡 おおつのみや, おおつきゅうあと
天智6年(667)遷都
所在地 滋賀県大津市
別 近江大津宮, 大津の宮

大洞平古墳群 おおぼらだいらこふんぐん
古墳時代後期
所在地 岐阜県飛騨市古川町中野大洞平
別 二ツ塚古墳

大洞平第一号古墳 おおぼらだいらだいいちごうこふん 古墳時代
所在地 岐阜県飛騨市古川町中野大洞平 指定 県指定史跡(1960)

大洞平第二号古墳 おおぼらだいらだいにごうこふん 古墳時代
所在地 岐阜県飛騨市古川町中野大洞平 指定 県指定史跡(1960)

大洞貝塚 おおほらかいずか, おおぼらかいずか 縄文時代後・晩期
所在地 岩手県大船渡市赤崎町 指定 国指定史跡(2001)

大狩部遺跡 おおかりべいせき 続縄文期初頭
所在地 北海道新冠郡新冠町大狩部

大畑台遺跡 おおはただいせき 縄文時代中期
所在地 秋田県男鹿市

大畑貝塚 おおはたかいずか 縄文時代中期・後期
所在地 福島県いわき市泉町下川字大畑

大畑窯跡群 おおはたかまあとぐん 鎌倉時代中心
所在地 秋田県大仙市南外

大畑遺跡 おおばたけいせき 縄文時代中期・晩期
所在地 静岡県袋井市岡崎大畑

大県廃寺 おおがたはいじ 飛鳥時代〜奈良時代
所在地 大阪府柏原市大県

大県遺跡 おおがたいせき 弥生時代前期〜古墳時代
所在地 大阪府柏原市大県

大神神社 おおみわじんじゃ
所在地 奈良県桜井市大字三輪・大字三輪元馬場方

文 『古事記』,『日本書紀』

大神神社境内 おおみわじんじゃけいだい
創建年不詳
所在地 奈良県桜井市大字三輪・大字三輪元馬場方 指定 国指定史跡(1985)

大荒木の森 おおあらきのもり
所在地 京都府京都市伏見区淀本町
文 藤原俊成女『新古今和歌集 4』

大荒木の森 おおあらきのもり
所在地 奈良県五条市
文 『万葉集』

大草岩船古墳 おおくさいわふねこふん 古墳時代中期中葉〜後葉頃
所在地 島根県松江市東出雲町春日
別 岩船古墳

大面遺跡 おおずらいせき, おおつらいせき
縄文時代前期〜晩期・平安時代
所在地 青森県平川市古懸字大面

大音寺前 だいおんじまえ
所在地 東京都台東区竜泉
文 大田蜀山人『放歌集』

大風呂南墳墓群 おおぶろみなみふんぼぐん
弥生時代後〜末期
所在地 京都府与謝郡与謝野町岩滝大風呂

大飛島遺跡 おおひしまいせき, おおびしまいせき 奈良〜鎌倉時代
所在地 岡山県笠岡市大飛島

[10] **大倉山** おおくらやま
所在地 滋賀県甲賀市水口町
文 『拾遺和歌集』
別 大蔵山

大倉山遺跡 おおくらやまいせき 弥生時代中期〜後期
所在地 神奈川県横浜市港北区太尾町

大倉南貝塚 おおくらみなみかいずか 縄文時代後期
所在地 千葉県香取市大倉

大倉城跡 おおくらじょうあと 戦国時代末期
所在地 長野県長野市豊野町大倉・城山 指定 市指定史跡(2005)

大倉御所 おおくらごしょ 鎌倉時代
所在地 神奈川県鎌倉市雪ノ下3-6-11
別 大蔵御所

大原 おおはら
所在地 京都府京都市左京区大原
文 『伊勢物語』,『保元物語』

大原　おおはら
[所在地]京都府京都市西京区大原野
[文]『都名所図会』

大原　おおはら
[所在地]奈良県高市郡明日香村小原
[文]『万葉集』

大原山　おおはらやま
[所在地]京都府京都市左京区大原
[文]『平家物語』，『実方集』

大原南上遺跡　おおはらみなみうえいせき
古墳時代前期
[所在地]香川県丸亀市綾歌町

大原南古墳　おおばるみなみこふん　古墳時代前期
[所在地]熊本県玉名市岱明町野口字大原

大原幽学遺跡（旧宅、墓および宅地耕地地割）　おおはらゆうがくいせき（きゅうたく、はかおよびたくちこうちちわり）　江戸時代末期
[所在地]千葉県旭市長部　[史]国指定史跡（1952）

大原野　おおはらの
[所在地]京都府京都市西京区大原野
[文]謡曲『西行桜』
[別]大原

大原廃寺塔跡　おおはらはいじとうあと　8世紀後半以前創建
[所在地]鳥取県倉吉市大原　[史]国指定史跡（1935）

大原廃寺跡　おおはらはいじあと　白鳳時代創建
[所在地]鳥取県倉吉市大原字亀井谷口

大峪山横穴墓群　おおざこやまおうけつぼぐん　6世紀後半～7世紀前半
[所在地]鳥取県米子市観音寺

大宮　おおみや
[所在地]埼玉県さいたま市大宮区
[文]大田南畝『壬戌紀行』

大宮公園内遺跡　おおみやこうえんないいせき　弥生時代後期～古墳時代初頭
[所在地]埼玉県さいたま市大宮区高鼻町4-219　[史]県指定史跡（1956）

大宮古墳　おおみやこふん　6世紀中頃
[所在地]鳥取県倉吉市大宮字高下

大宮台地遺跡群　おおみやだいちいせきぐん
旧石器時代
[所在地]埼玉県

大宰府　だざいふ
[所在地]福岡県太宰府市
[文]『万葉集』，『古今著聞集』
[別]太宰府

大宰府学校院跡　だざいふがっこういんあと
奈良時代～平安時代
[所在地]福岡県太宰府市観世音寺　[史]国指定史跡（1970）

大宰府政庁跡　だざいふせいちょうあと
古代
[所在地]福岡県太宰府市観世音寺・坂本
[別]大宰府跡

大宰府跡　だざいふあと　古代
[所在地]福岡県太宰府市観世音寺・坂本　[史]国指定特別史跡（1953）
[別]大宰府政庁跡

大将塚古墳　たいしょうずかこふん　古墳時代前期
[所在地]鳥取県倉吉市大字上神　[史]市指定史跡（1988）
[別]上神大将塚古墳

大将塚古墳　たいしょうずかこふん　弥生時代
[所在地]鳥取県倉吉市大谷字居座原　[史]市指定文化財（1988）
[別]三度舞大将塚古墳

大将塚古墳　たいしょうずかこふん　古墳時代
[所在地]鳥取県倉吉市向山
[別]三明寺大将塚古墳

大島　おおしま
[所在地]東京都大島町
[文]河東碧梧桐『続三千里』

大島　おおしま
[所在地]福岡県宗像市
[文]滝沢馬琴『椿説弓張月』

大島の鳴門　おおしまのなると
[所在地]山口県大島郡周防大島町
[文]『後撰和歌集 9』

大島の嶺　おおしまのね
[所在地]奈良県生駒郡三郷町/生駒郡斑鳩町/生駒郡平群町
[文]『万葉集』

大島畠田遺跡　おおしまはたけだいせき　平安時代
[所在地]宮崎県都城市金田町　[史]国指定史跡（2002）

3画（大）

大島竜の口遺跡　おおしまたつのくちいせき
縄文時代中期
(所在地)東京都大島町野増字竜ノ口　㉔都指定史跡（1988）
㉚竜ノ口遺跡

大峰　おおみね
(所在地)奈良県吉野郡天川村
㉜『今昔物語集』、『平家物語』、太田水穂『冬菜』

大峰山古墳群　おおみねやまこふんぐん　4世紀末以降
(所在地)茨城県鉾田市中居

大峰山寺境内　おおみねさんじけいだい　7世紀創建
(所在地)奈良県吉野郡天川村　㉔国指定史跡（2002）

大峯山　おおみねさん
(所在地)奈良県吉野郡吉野町、和歌山県田辺市本宮町

大峯山頂遺跡　おおみねさんちょういせき
奈良時代～平安時代
(所在地)奈良県吉野郡天川村

大峯山遺跡群　おおみねさんいせきぐん　奈良時代～平安時代
(所在地)奈良県吉野郡天川村

大峯奥駈道　おおみねおくがけみち　奈良時代以降
(所在地)奈良県五条市、吉野郡吉野町、吉野郡黒滝村、吉野郡川上村、吉野郡天川村、吉野郡上北山村、吉野郡下北山村、吉野郡十津川村、和歌山県田辺市、新宮市　㉔国指定史跡（2002）

大師の唐櫃古墳　たいしのかろうどこふん
6世紀末
(所在地)茨城県かすみがうら市安食
㉚太師唐櫃古墳

大師山古墳　だいしやまこふん，たいしやまこふん　4世紀後半頃
(所在地)大阪府河内長野市日東町

大師山横穴墓群　だいしやまおうけつぼぐん，たいしやまおうけつぼぐん　7世紀中葉～8世紀前半
(所在地)静岡県伊豆の国市北江間
㉚大師山横穴群

大師東丹保古墳　だいしひがしたんぼこふん
4世紀末～5世紀
(所在地)山梨県南アルプス市大師

大庭寺遺跡　おばでらいせき　古墳時代前期
(所在地)大阪府堺市南区大庭寺

大庭御厨　おおばのみくりや　平安時代
(所在地)神奈川県鎌倉市

大庭鶏塚　おおばにわとりずか　6世紀中頃まで
(所在地)島根県松江市大庭町　㉔国指定史跡（1924）
㉚大庭鶏塚古墳、鶏塚古墳

大庭鶏塚古墳　おおばにわとりずかこふん
6世紀中頃まで
(所在地)島根県松江市大庭町
㉚鶏塚古墳、大庭鶏塚

大振山古墳　おおふりやまこふん　6世紀
(所在地)福岡県筑紫野市大字原田巡り尾

大根布砂丘遺跡　おおねぶさきゅういせき
縄文時代中期～古代
(所在地)石川県河北郡内灘町字大根布

大根布遺跡　おおねぶいせき　弥生時代中期中頃～後期末
(所在地)石川県河北郡内灘町字粟ケ崎～大根布

大根平遺跡　おおねだいらいせき　縄文時代早期～弥生時代
(所在地)愛知県北設楽郡設楽町津具中口　㉔県指定史跡（1955）

大浦　おおうら
(所在地)滋賀県長浜市西浅井町大浦
㉜『日本三代実録』

大浦山遺跡　おおうらやまいせき　縄文時代早期前半
(所在地)神奈川県三浦市南下浦町

大浦古墳群　おおうらこふんぐん　古墳時代後期
(所在地)山口県山口市大字江崎

大浦田沼　おおうらたぬ
(所在地)福岡県福岡市東区
㉜『万葉集』

大浦浜遺跡　おおうらはまいせき　縄文時代～中世
(所在地)香川県坂出市櫃石大浦

大浦遺跡　おおうらいせき　旧石器時代
(所在地)香川県坂出市櫃石大浦

大浜の社倉　おおはまのしゃそう　江戸時代
(所在地)広島県呉市豊浜町　㉔県指定史跡（1973）

大涌谷　おおわくだに
(所在地)神奈川県足柄下郡箱根町
㉜与謝野晶子『瑠璃光』

大畠南古墳群　おばたけみなみこふんぐん　古墳時代後期
[所在地]石川県珠洲市春日野大畠

大竜寺　だいりゅうじ
[所在地]兵庫県中央区再度山1
[文]『摂津名所図会』

大納言塚　だいなごんずか　安土桃山時代
[所在地]奈良県大和郡山市箕山町14　[史]市指定史跡（1975）

大通寺古墳群　だいつうじこふんぐん　古墳時代後期
[所在地]滋賀県大津市北郊（錦織～坂本地域）

大高山古窯　おおだかやまこよう　鎌倉時代前期
[所在地]愛知県半田市上池町2-23-4　[史]県指定史跡（1958）

大高城跡 附 丸根砦跡・鷲津砦跡　おおたかじょうあと つけたり まるねとりであと・わしずとりであと　中世（大高城跡），永禄2年（1559）（丸根砦跡），永禄2年（1559）（鷲津砦跡）
[所在地]愛知県名古屋市緑区大高町　[史]国指定史跡（1938）

11**大堂原貝塚　うふどうばるかいずか**　縄文時代～古墳時代
[所在地]沖縄県名護市屋我地島

大崎　おおさき
[所在地]和歌山県海南市下津町大崎
[文]『万葉集』

大崎山古墳　おおさきやまこふん　6世紀後半初頭
[所在地]高知県香南市野市町本村

大崎台遺跡　おおさきだいいせき　縄文時代早期～古墳時代
[所在地]千葉県佐倉市六崎大崎台

大斎原　おおゆのはら　古代以降
[所在地]和歌山県田辺市本宮町
[別]熊野本宮大社旧社地 大斎原

大桝塚古墳　おおますずかこふん　古墳時代前期
[所在地]栃木県栃木市藤岡町蛭沼
[別]山王寺大桝塚古墳

大桝塚古墳　おおますずかこふん　7世紀初頭
[所在地]栃木県佐野市犬伏上町　[史]県指定史跡（1957）

大深山遺跡　おおみやまいせき　縄文時代
[所在地]長野県南佐久郡川上村　[史]国指定史跡（1966）

大清水上遺跡　おおすずかみいせき　縄文時代前期後葉
[所在地]岩手県奥州市胆沢区　[史]国指定史跡（2008）

大淵遺跡　おおぶちいせき　弥生時代初期
[所在地]岩手県二戸市石切所字晴山

大淀　おおよど
[所在地]三重県多気郡明和町大淀
[文]『伊勢物語』

大淀古墳　おおよどこふん　古墳時代
[所在地]宮崎県宮崎市大塚町字西原・字時宗・字原・字天神後・字宮田・字迫田
[別]宮崎市大淀古墳

大船C遺跡　おおふねしーいせき　縄文時代中期
[所在地]北海道函館市大船

大船遺跡　おおふねいせき　縄文時代中期
[所在地]北海道函館市大船　[史]国指定史跡（2001）

大野　おおの
[所在地]福岡県大野城市
[文]『万葉集』

大野山　おおのやま
[所在地]福岡県大野城市，太宰府市，糟屋郡宇美町
[文]『万葉集』
[別]大城山

大野川　おおのがわ
[所在地]奈良県奈良市
[文]『万葉集』

大野川　おおのがわ
[所在地]奈良県宇陀市室生
[文]『万葉集』

大野台支石墓群　おおのだいしせきぼぐん　縄文時代～弥生後期
[所在地]長崎県佐世保市吉井町　[史]国指定史跡（1985）

大野平遺跡　おおのだいらいせき　縄文時代早期前葉
[所在地]山形県南陽市漆山字須刈田

大野寺　おおのでら，おおのじ　奈良時代
[所在地]大阪府堺市中区土塔町

大野寺土塔　おおのでらどとう，おおのじどとう　奈良時代
[所在地]大阪府堺市中区土塔町
[別]土塔

3画（大）

大野寺石仏　おおのでらせきぶつ　鎌倉時代
　所在地 奈良県宇陀市室生　国指定史跡（1934）
　別 大野寺磨崖仏

大野寺磨崖仏　おおのでらまがいぶつ　鎌倉時代
　所在地 奈良県宇陀市室生
　別 大野寺石仏

大野貝塚　おおのかいづか　縄文末期
　所在地 熊本県宇城市松橋町大野

大野貝塚　おおのかいづか　縄文時代中期～後期
　所在地 熊本県八代郡氷川町大野

大野命山・中新田命山　おおのいのちやま・なかしんでんいのちやま　延宝8年（1680）以降
　所在地 静岡県袋井市　県指定史跡（2007）

大野城跡　おおのじょうあと　飛鳥時代
　所在地 福岡県太宰府市, 糟屋郡宇美町, 大野城市　国指定特別史跡（1953）

大野原古墳群　おおのはらこふんぐん　古墳時代後期
　所在地 埼玉県秩父市大字大野原

大野窟古墳　おおのいわやこふん　6世紀後半
　所在地 熊本県八代郡氷川町大野　国指定史跡（2013）

大野路　おおのじ
　所在地 富山県高岡市
　②『万葉集』

大鳥井山遺跡　おおとりいやまいせき　10世紀後半～11世紀末
　所在地 秋田県横手市大鳥町　国指定史跡（2010）

大鳥神社　おおとりじんじゃ
　所在地 東京都目黒区下目黒
　②白柳秀湖『駅夫日記』

大鳥塚古墳　おおとりずかこふん　5世紀前半
　所在地 大阪府藤井寺市古室

大鹿窪遺跡　おおしかくぼいせき　縄文時代草創期
　所在地 静岡県富士宮市大鹿窪　国指定史跡（2008）

大麻山経塚古墳　おおあさやまきょうづかこふん　古墳時代
　所在地 香川県善通寺市大麻町
　別 経塚古墳

大黒森古墳　だいこくもりこふん　古墳時代前期後半
　所在地 宮城県加美郡加美町米泉字北原

[12]**大厩古墳群**　おおまやこふんぐん　古墳時代前期～中期
　所在地 千葉県市原市大厩

大厩浅間様古墳　おおまやせんげんさまこふん　4世紀後葉～末葉
　所在地 千葉県市原市大厩字川上台

大厩遺跡　おおまやいせき, おおうまやいせき　弥生時代中期
　所在地 千葉県市原市大厩

大堰川　おおいがわ
　所在地 京都府京都市右京区嵯峨
　②『徒然草』,『保元物語』
　別 大井川, 葛川, 葛野川

大塚・歳勝土遺跡　おおつか・さいかちどいせき　弥生時代中期
　所在地 神奈川県横浜市都筑区中川町ほか　国指定史跡（1986）
　別 大塚遺跡, 歳勝土遺跡

大塚山古墳　おおつかやまこふん　4世紀末
　所在地 福島県会津若松市一箕町　国指定史跡（1972）
　別 会津大塚山古墳

大塚山古墳　おおつかやまこふん　古墳時代終末期
　所在地 栃木県河内郡上三川町多功字南原
　別 多功大塚山古墳

大塚山古墳　おおつかやまこふん　4世紀以降
　所在地 群馬県太田市牛沢字頼母子
　別 頼母子大塚山古墳

大塚山古墳　おおつかやまこふん　5世紀後半～6世紀初頭
　所在地 千葉県木更津市祇園
　別 祇園大塚山古墳

大塚山古墳　おおつかやまこふん　5世紀後半
　所在地 千葉県香取市三ノ分目字大塚

大塚山古墳　おおつかやまこふん　4世紀末～5世紀初頭
　所在地 神奈川県平塚市大野町真土
　別 真土大塚山古墳

大塚山古墳　おおつかやまこふん　4世紀
　所在地 滋賀県大津市
　別 和邇大塚山古墳

大塚山古墳　おおつかやまこふん　5世紀中葉
　所在地 滋賀県野洲市辻町大塚山

大塚山古墳　おおつかやまこふん　3世紀末

遺跡・古墳よみかた辞典　71

3画（大）

(所在地)京都府木津川市山城町
(別)椿井大塚山古墳

大塚山古墳　おおつかやまこふん　5世紀前半頃
(所在地)大阪府堺市西区上野芝町
(別)堺大塚山古墳

大塚山古墳　おおつかやまこふん　5世紀末～6世紀
(所在地)兵庫県尼崎市南清水字稲荷
(別)園田大塚山古墳

大塚山古墳　おおつかやまこふん　6世紀前半
(所在地)奈良県五条市南阿田大塚　(指)県指定史跡（1981）
(別)南阿田大塚山古墳

大塚山古墳　おおつかやまこふん　5世紀中～後半
(所在地)奈良県北葛城郡河合町大字川合
(別)河合大塚山古墳

大塚山古墳　おおつかやまこふん　5世紀後半
(所在地)長崎県壱岐市芦辺町深江栄触字清水
(指)県指定史跡（1987）

大塚山古墳群（大塚山古墳・城山古墳・高山塚一号墳・高山塚二号墳・高山塚三号墳・高山塚四号墳・九僧塚古墳・丸山古墳）おおつかやまこふんぐん（おおつかやまこふん・しろやまこふん・たかやまずかいちごうこふん・たかやまずかにごうこふん・たかやまずかさんごうこふん・たかやまずかよんごうこふん・くそうずかこふん・まるやまこふん）　古墳時代中期
(所在地)奈良県北葛城郡河合町　(指)国指定史跡（1956）

大塚天神古墳　おおつかてんじんこふん　4世紀後半
(所在地)山形県東村山郡山辺町大塚地内

大塚古墳　おおつかこふん　古墳時代後期
(所在地)福島県須賀川市前田川字大塚　(指)市指定史跡（1979）
(別)前田川大塚古墳

大塚古墳　おおつかこふん　6世紀後半
(所在地)栃木県宇都宮市上戸祭町2982　(指)県指定史跡（1957）
(別)戸祭大塚古墳

大塚古墳　おおつかこふん　古墳時代
(所在地)栃木県下都賀郡野木町南赤塚　(指)県指定史跡（1957）
(別)野木大塚古墳

大塚古墳　おおつかこふん　古墳時代終末期
(所在地)栃木県那須郡那珂川町小川字梅曽
(別)梅曽大塚古墳

大塚古墳　おおつかこふん　4世紀
(所在地)栃木県那須郡那珂川町小川字駒形
(別)駒形大塚古墳

大塚古墳　おおつかこふん　7世紀初頭
(所在地)群馬県前橋市山王町
(別)山王大塚古墳

大塚古墳　おおつかこふん　6世紀初頭
(所在地)群馬県高崎市八幡町若田
(別)若田大塚古墳

大塚古墳　おおつかこふん　古墳時代初期
(所在地)群馬県高崎市本郷町字大塚
(別)本郷大塚古墳

大塚古墳　おおつかこふん　古墳時代終末期
(所在地)埼玉県さいたま市西区指扇
(別)方墳大塚古墳

大塚古墳　おおつかこふん　6世紀
(所在地)埼玉県秩父郡皆野町皆野
(別)皆野大塚古墳、円墳大塚古墳

大塚古墳　おおつかこふん　5世紀後葉
(所在地)千葉県柏市花野井字塩
(別)花野井大塚古墳

大塚古墳　おおつかこふん　7世紀
(所在地)千葉県香取市大戸字大塚
(別)大戸大塚古墳

大塚古墳　おおつかこふん　6世紀末葉
(所在地)千葉県山武郡芝山町小池字大塚
(別)小池大塚古墳

大塚古墳　おおつかこふん　5世紀中葉
(所在地)東京都世田谷区野毛1丁目
(別)野毛大塚古墳

大塚古墳　おおつかこふん　6世紀
(所在地)富山県射水市市井字屋敷田165　(指)県指定史跡（1965）

大塚古墳　おおつかこふん　6世紀後半
(所在地)山梨県甲斐市島上条字大塚

大塚古墳　おおつかこふん　5世紀後半
(所在地)山梨県西八代郡市川三郷町大塚　(指)県指定史跡（1997）
(別)三珠大塚古墳

大塚古墳　おおつかこふん　5世紀中葉頃
(所在地)長野県長野市信更町田野口　(指)市指定史跡（1969）
(別)田野口大塚古墳

大塚古墳　おおつかこふん　5世紀
(所在地)長野県飯田市松尾

〔別〕妙前大塚古墳

大塚古墳　おおつかこふん　7世紀
〔所在地〕長野県茅野市大字永明字塚原

大塚古墳　おおつかこふん　7世紀中葉
〔所在地〕長野県佐久市大字三河田字大塚
〔別〕三河田大塚古墳

大塚古墳　おおつかこふん　古墳時代前期
〔所在地〕岐阜県大垣市昼飯町
〔別〕昼飯大塚古墳

大塚古墳　おおつかこふん　4世紀後半頃
〔所在地〕岐阜県高山市国府町三日町
〔別〕三日町大塚古墳

大塚古墳　おおつかこふん　4世紀後半
〔所在地〕静岡県浜松市北区引佐町井伊谷
〔別〕北岡大塚古墳

大塚古墳　おおつかこふん　5世紀中葉
〔所在地〕静岡県掛川市高田
〔別〕吉岡大塚古墳

大塚古墳　おおつかこふん　古墳時代後期
〔所在地〕静岡県袋井市高尾
〔別〕大門大塚古墳

大塚古墳　おおつかこふん　4世紀後半
〔所在地〕静岡県菊川市上平川
〔別〕上平川大塚古墳

大塚古墳　おおつかこふん　5世紀後半～6世紀初頭
〔所在地〕愛知県名古屋市守山区大字上志段味字大塚1306
〔別〕志段味大塚古墳

大塚古墳　おおつかこふん　古墳時代中期
〔所在地〕愛知県岡崎市宇頭北町1丁目
〔別〕宇頭大塚古墳

大塚古墳　おおつかこふん　5世紀前半
〔所在地〕愛知県春日井市出川町
〔別〕出川大塚古墳

大塚古墳　おおつかこふん　6世紀前半
〔所在地〕愛知県豊田市河合町
〔別〕豊田大塚古墳

大塚古墳　おおつかこふん　6世紀中葉頃
〔所在地〕滋賀県大津市石山国分町
〔別〕国分大塚古墳

大塚古墳　おおつかこふん　古墳時代前期
〔所在地〕京都府向日市寺戸町芝山
〔別〕寺戸大塚古墳

大塚古墳　おおつかこふん　古墳時代後期末
〔所在地〕京都府長岡京市天神
〔別〕今里大塚古墳

大塚古墳　おおつかこふん　5世紀初頭頃
〔所在地〕大阪府豊中市中桜塚4丁目
〔別〕豊中大塚古墳, 摂津豊中大塚古墳

大塚古墳　おおつかこふん　6世紀
〔所在地〕大阪府松原市西大塚, 羽曳野市東大塚
〔別〕河内大塚古墳

大塚古墳　おおつかこふん　古墳時代
〔所在地〕兵庫県西宮市津門
〔別〕津門大塚古墳

大塚古墳　おおつかこふん　古墳時代前期
〔所在地〕奈良県大和郡山市小泉町字大塚
〔別〕小泉大塚古墳

大塚古墳　おおつかこふん　古墳時代後期
〔所在地〕奈良県天理市石上町字大塚
〔別〕石上大塚古墳

大塚古墳　おおつかこふん　古墳時代前期初頭
〔所在地〕奈良県天理市中山町
〔別〕中山大塚古墳

大塚古墳　おおつかこふん　6世紀前半～中頃
〔所在地〕奈良県天理市別所字大塚
〔別〕別所大塚古墳

大塚古墳　おおつかこふん　古墳時代前期
〔所在地〕奈良県天理市柳本町
〔別〕柳本大塚古墳

大塚古墳　おおつかこふん　3世紀後半
〔所在地〕奈良県桜井市大字東田
〔別〕東田大塚古墳

大塚古墳　おおつかこふん　古墳時代後期初頭
〔所在地〕奈良県葛城市北花内・南花内
〔別〕北花内大塚古墳

大塚古墳　おおつかこふん　5世紀前半頃
〔所在地〕奈良県生駒郡斑鳩町五百井大塚
〔別〕斑鳩大塚古墳

大塚古墳　おおつかこふん　6世紀初頭～前半頃
〔所在地〕奈良県磯城郡田原本町黒田字東藪
〔別〕黒田大塚古墳

大塚古墳　おおつかこふん　6世紀末
〔所在地〕岡山県岡山市北区牟佐
〔別〕牟佐大塚古墳

大塚古墳　おおつかこふん　6世紀中頃
〔所在地〕岡山県岡山市南区北浦
〔別〕八幡大塚古墳

大塚古墳　おおつかこふん　弥生時代後期
〔所在地〕岡山県倉敷市真備町尾崎

3画（大）

大塚古墳　おおつかこふん　6世紀後半
　所在地 岡山県倉敷市真備町箭田
　別 箭田大塚古墳

大塚古墳　おおつかこふん　古墳時代終末期
　所在地 岡山県小田郡矢掛町南山田
　別 小迫大塚古墳

大塚古墳　おおつかこふん　5世紀
　所在地 広島県三次市糸井町
　別 糸井大塚古墳

大塚古墳　おおつかこふん　5世紀後半
　所在地 広島県三次市吉舎町三玉
　別 三玉大塚古墳

大塚古墳　おおつかこふん　7世紀初頭
　所在地 広島県安芸高田市向原町戸島
　別 戸島大塚古墳

大塚古墳　おおつかこふん　7世紀
　所在地 広島県安芸高田市吉田町吉田
　別 山部大塚古墳

大塚古墳　おおつかこふん　古墳時代
　所在地 山口県山口市大字大内長野

大塚古墳　おおつかこふん　6世紀前半
　所在地 愛媛県松山市久米北高井
　別 波賀部神社古墳，王塚古墳

大塚古墳　おおつかこふん　6世紀前半
　所在地 高知県香美市土佐山田町楠目
　別 伏原大塚古墳

大塚古墳　おおつかこふん　6世紀初頭〜前半
　所在地 福岡県福岡市西区今宿
　別 今宿大塚古墳

大塚古墳　おおつかこふん　7世紀前半
　所在地 福岡県久留米市田主丸町石垣
　別 田主丸大塚古墳

大塚古墳　おおつかこふん　6世紀後半〜7世紀前半
　所在地 福岡県春日市大字下白水下の原
　別 下白水大塚古墳

大塚古墳　おおつかこふん　4世紀
　所在地 福岡県糸島市泊
　別 泊大塚古墳

大塚古墳　おおつかこふん　古墳時代前期
　所在地 福岡県筑紫郡那珂川町安徳・下梶原・仲
　別 安徳大塚古墳

大塚古墳　おおつかこふん　5世紀中頃〜後半
　所在地 佐賀県三養基郡みやき町東尾字大塚
　別 東尾大塚古墳

大塚古墳　おおつかこふん　4世紀前半
　所在地 長崎県雲仙市吾妻町本村名字大塚
　別 守山大塚古墳

大塚古墳　おおつかこふん　6世紀前半
　所在地 熊本県八代市上片町字下野森
　別 八代大塚古墳

大塚古墳　おおつかこふん　4世紀末〜5世紀初頭
　所在地 熊本県玉名市天水町立花

大塚古墳　おおつかこふん　4世紀末
　所在地 熊本県山鹿市鹿本町津袋字大塚
　別 津袋大塚古墳

大塚古墳　おおつかこふん　6世紀前半
　所在地 熊本県宇城市松橋町松橋字大野
　別 松橋大塚古墳

大塚古墳　おおつかこふん　6世紀後半
　所在地 熊本県上益城郡御船町大字滝川
　別 今城大塚古墳

大塚古墳　おおつかこふん　5世紀台後半
　所在地 熊本県上益城郡御船町西小坂
　別 小坂大塚古墳

大塚古墳　おおつかこふん　古墳時代中期後半
　所在地 大分県豊後高田市
　別 真玉大塚古墳

大塚古墳群　おおつかこふんぐん　6世紀中心
　所在地 茨城県かすみがうら市下志筑字大塚・市川
　別 市川古墳群，下志筑古墳群

大塚古墳群　おおつかこふんぐん　古墳時代
　所在地 三重県津市安濃町大塚

大塚古墳群　おおつかこふんぐん　古墳時代中期頃
　所在地 島根県松江市大垣町名原
　別 大垣大塚古墳群

大塚台古墳　おおつかだいこふん　古墳時代後期
　所在地 栃木県芳賀郡芳賀町芳志戸　県指定史跡（1953）

大塚先儒墓所　おおつかせんじゅぼしょ　江戸時代
　所在地 東京都文京区大塚　国指定史跡（1921）

大塚森古墳　おおつかもりこふん　古墳時代前期後半
　所在地 宮城県加美郡加美町米泉字小池裏
　別 夷森古墳

大塚新田古墳　おおつかしんでんこふん　6

世紀中葉～後半
　所在地 栃木県宇都宮市上大塚町

大塚遺跡　おおつかいせき　弥生時代中期
　所在地 神奈川県横浜市都筑区中川町ほか
　例 大塚・歳勝土遺跡

大塚遺跡　おおつかいせき　縄文時代中期～後期前半
　所在地 静岡県伊豆市大平地区

大御堂寺　おおみどうじ　鎌倉時代
　所在地 愛知県美浜町野間東畠50　県指定史跡（1956）
　例 野間大坊, 史跡大御堂寺

大御堂谷　おおみどうがやつ
　所在地 神奈川県鎌倉市雪ノ下4-5～14

大御堂廃寺跡　おおみどうはいじあと　7世紀
　所在地 鳥取県倉吉市駄経寺町　国指定史跡（2001）

大悲山石仏　だいひさんせきぶつ　平安時代
　所在地 福島県南相馬市小高区泉沢
　例 泉沢石仏, 薬師堂石仏 附 阿弥陀堂石仏, 観音堂石仏

大森　おおもり
　所在地 東京都大田区
　文『誹風柳多留』, 十返舎一九『東海道中膝栗毛』

大森山経塚　おおもりやまきょうづか　平安時代
　所在地 山形県東根市

大森皿屋敷横穴　おおもりさらやしきよこあな　古墳時代
　所在地 岐阜県可児市大森台　県指定史跡（1957）

大森貝塚　おおもりかいづか　縄文時代後期～末期
　所在地 東京都大田区山王, 品川区大井　国指定史跡（1955）

大森勝山遺跡　おおもりかつやまいせき　縄文時代晩期
　所在地 青森県弘前市大森

大渡城山古墳　おおわたりしろやまこふん　4世紀末～5世紀初め
　所在地 福井県勝山市平泉寺町字大渡

大湯遺跡　おおゆいせき　縄文時代後期
　所在地 秋田県鹿角市十和田大湯・野中堂など
　例 大湯環状列石

大湯環状列石　おおゆかんじょうれっせき　縄文時代後期
　所在地 秋田県鹿角市十和田大湯・野中堂など
　国指定特別史跡（1956）
　例 大湯遺跡

大満横穴墓群　だいまんおうけつぼぐん　7世紀
　所在地 千葉県富津市岩坂字大満
　例 大満横穴群

大満横穴群　だいまんよこあなぐん, だいまんおうけつぐん　7世紀
　所在地 千葉県富津市岩坂字大満　県指定史跡（1980）
　例 大満横穴墓群

大湊　おおみなと
　所在地 高知県南国市前浜
　文『土佐日記』

大萱古窯跡群　おおがやふるがまあとぐん　天正5年（1577）開窯
　所在地 岐阜県可児市久々利　県指定史跡（1966）

大萱場古墳　おおかやばこふん　7世紀前葉
　所在地 新潟県長岡市大字雲出町字大萱場

大萩地下式横穴墓群　おおはぎちかしきおうけつぼぐん　弥生時代終末期
　所在地 宮崎県小林市野尻町三ケ野山

大葉山　おおばやま
　所在地 和歌山県和歌山市
　文『八雲御抄』

大覚寺　だいかくじ　貞観18年（876）開創
　所在地 京都府京都市右京区嵯峨大沢町

大覚寺山古墳　だいかくじやまこふん　5世紀前半
　所在地 千葉県千葉市中央区生実町大覚寺山　県指定史跡（1971）

大覚寺古墳群　だいかくじこふんぐん　古墳時代後期
　所在地 京都府京都市右京区嵯峨大覚寺門前登り町

大覚寺御所跡　だいかくじごしょあと　貞観18年（876）創建
　所在地 京都府京都市右京区嵯峨大沢町・北嵯峨名古曽町・嵯峨大覚寺門登り町　国指定史跡（1938）
　例 嵯峨御所

大覚禅師塔　だいがくぜんじとう　鎌倉時代後期
　所在地 神奈川県鎌倉市山ノ内8

大道端遺跡　おおみちばたいせき　古墳時代

後期
[所在地]福岡県みやま市瀬高町大草

大隅正八幡宮境内及び社家跡　おおすみしょうはちまんぐうけいだいおよびしゃけあと　創建年不明, 中世主体
[所在地]鹿児島県霧島市隼人町内　[史]国指定史跡（2013）
[別]現・鹿児島神宮

大隅国　おおすみのくに
[所在地]鹿児島県
[文]『日本書紀』

大隅国分寺跡 附 宮田ヶ岡瓦窯跡　おおすみこくぶんじあと つけたり みやたがおかかわらかまあと　8世紀末
[所在地]鹿児島県霧島市国分中央, 姶良市姶良町　[史]国指定史跡（1921）

大隅遺跡　おおすみいせき　旧石器時代
[所在地]山形県西村山郡朝日町大隅

大隈重信旧宅　おおくましげのぶきゅうたく　天保年間（1830～43）建造
[所在地]佐賀県佐賀市水ケ江　[史]国指定史跡（1965）

大雲取山　おおくもとりやま
[所在地]和歌山県新宮市, 東牟婁郡那智勝浦町
[文]土屋文明『放水路』

大須二子山古墳　おおすふたごやまこふん　5世紀後半
[所在地]愛知県名古屋市中区門前町
[別]二子山古墳

大飯神社古墳群　おおいじんじゃこふんぐん　6世紀
[所在地]福井県大飯郡おおい町山田

13**大園古墳　おおぞのこふん**　5世紀末葉
[所在地]大阪府高石市西取石

大園遺跡　おおぞのいせき　旧石器時代, 古墳時代
[所在地]大阪府高石市西取石5～7丁目

大慈寺　だいじじ　天平9年（737）創建
[所在地]栃木県下都賀郡岩舟町小野寺

大新町遺跡　だいしんちょういせき　縄文時代早期～後期
[所在地]岩手県盛岡市

大槌城跡　おおずちじょうあと　築城年不詳
[所在地]岩手県大槌町14地割字稲本　[史]県指定史跡（1992）

大歳山遺跡　おおとしやまいせき　旧石器時代～古墳時代
[所在地]兵庫県神戸市垂水区西舞子

大歳神社境内　おおとしじんじゃけいだい　創建年不詳
[所在地]京都府京都市西京区大原野灰方町　[史]市登録史跡（1995）

大滝　おおたぎ
[所在地]奈良県吉野郡吉野町
[文]『万葉集』

大滝　おおたぎ
[所在地]奈良県吉野郡川上村
[文]『万葉集』

大滝2号墳　おおたきにごうふん　5世紀後半～6世紀初頭
[所在地]兵庫県篠山市大山下大滝

大福遺跡　だいふくいせき　縄文時代～飛鳥時代・奈良時代
[所在地]奈良県桜井市大福

大聖寺址　だいしょうじし　平安時代
[所在地]石川県加賀市

大蓮寺窯跡　だいれんじかまあと　古墳時代～平安時代
[所在地]宮城県仙台市宮城野区東仙台6丁目

大鼠蔵古墳群　おおそぞうこふんぐん　4世紀末～5世紀前半
[所在地]熊本県八代市鼠蔵町字大鼠蔵　[史]県指定史跡（1963）

14**大境山遺跡　おおざかいやまいせき**　古墳時代以降
[所在地]宮城県栗原市瀬峰大境山地内

大境洞窟　おおざかいどうくつ　縄文時代中期～弥生時代・古墳時代, 近世
[所在地]富山県氷見市大境
[別]大境洞窟遺跡, 大境洞窟住居跡

大境洞窟住居跡　おおざかいどうくつじゅうきょあと　縄文時代中期～弥生時代・古墳時代, 近世
[所在地]富山県氷見市大境　[史]国指定史跡（1922）
[別]大境洞窟遺跡, 大境洞窟

大境洞窟遺跡　おおざかいどうくついせき　縄文時代中期～弥生時代・古墳時代, 近世
[所在地]富山県氷見市大境
[別]大境洞窟, 大境洞窟住居跡

大寧寺境内　たいねいじけいだい　永享年間（1429～41）創建
[所在地]山口県長門市深川湯本字門前　[史]県指定史跡（1979）

3画（大）

大徳寺　だいとくじ　正中元年(1324)創建
- 所在地 京都府京都市北区紫野

大徳寺方丈庭園　だいとくじほうじょうていえん　江戸時代前期
- 所在地 京都府京都市北区紫野大徳寺町　㊡国指定史跡(1952)

大稲荷古墳群　おおどおかこふんぐん, おおとうかこふんぐん　5世紀末
- 所在地 埼玉県行田市須加

大窪寺跡　おおくぼてらあと　天武期創建(7世紀)
- 所在地 奈良県橿原市大字大久保

大窪経塚古墳　おおくぼきょうずかこふん　古墳時代前期
- 所在地 香川県善通寺市吉原町三井之江
- ㊨ 経塚古墳

大鼻遺跡　おおないせき, おおばないせき　縄文時代早期～鎌倉時代
- 所在地 三重県亀山市

15 大槻11号墳　おおつきじゅういちごうふん　古墳時代前期
- 所在地 石川県鹿島郡中能登町大槻

大蔵山　おおくらやま
- 所在地 滋賀県甲賀市水口町
- ㊡『拾遺和歌集』
- ㊨ 大倉山

大蔵池南製鉄遺跡　おおぞういけみなみせいてついせき　古墳時代後期
- 所在地 岡山県津山市神代

大蔵京古墳　おおくらきょうこふん　4世紀末～5世紀前半
- 所在地 長野県上田市大字秋和八幡

大蔵神社庭園　おおくらじんじゃていえん　室町時代
- 所在地 奈良県吉野郡吉野町大字国栖

大蔵経寺山15号墳　だいぞうきょうじやまじゅうごごうふん　6世紀末～7世紀初め
- 所在地 山梨県笛吹市石和町松本1459

大蔵郷　おおくらごう　鎌倉～室町時代
- 所在地 神奈川県鎌倉市
- ㊨ 大倉郷

大蔵御所　おおくらごしょ　鎌倉時代
- 所在地 神奈川県鎌倉市雪ノ下3-6-11
- ㊨ 大倉御所

大蔵遺跡　おおくらいせき　縄文時代早～後期
- 所在地 東京都世田谷区大蔵3・5丁目

大輪田泊　おおわだのとまり　奈良時代以降
- 所在地 兵庫県神戸市兵庫区

16 大壇古墳群　おおだんこふんぐん　6世紀初頭～7世紀初頭
- 所在地 福島県石川郡石川町大字新屋敷　㊡県指定史跡(1971)

大橋一里塚　おおはしいちりづか　年代不詳
- 所在地 岩手県盛岡市玉山区藪川字亀橋　㊡県指定史跡(1976)

大橋遺跡　おおはしいせき　弥生時代～古墳時代
- 所在地 宮城県刈田郡蔵王町東根大橋

大樹遺跡　たいきいせき　縄文時代早期～擦文・オホーツク文化期
- 所在地 北海道広尾郡大樹町晩成・下大樹町

大興寺址　たいこうじし　古代
- 所在地 福井県小浜市大興寺

大館・小館遺跡　おおだて・こだていせき　11世紀前後
- 所在地 青森県東津軽郡蓬田村
- ㊨ 小館遺跡

大館町遺跡　おおだてちょういせき　縄文時代草創期～平安時代
- 所在地 岩手県盛岡市大館町　㊡県指定史跡(2000)

大館跡　おおだてあと　室町時代～江戸時代
- 所在地 北海道松前郡松前町　㊡国指定史跡(1977)

大館跡　おおだてあと　平安時代, 中世
- 所在地 秋田県能代市田床内大館
- ㊨ 檜山安東氏城館跡(檜山城跡・大館跡・茶臼館跡)

17 大磯　おおいそ
- 所在地 神奈川県中郡大磯町
- ㊡ 正岡子規『子規句集』, 恋川春町『高漫斉行脚日記』

18 大藪古墳　おおやぶこふん　6世紀後半
- 所在地 大阪府東大阪市石切町583

大藪洗堰跡　おおやぶあらいぜきあと　宝暦5年(1755)完成
- 所在地 岐阜県安八郡輪之内町新河原　㊡県指定史跡(1959)

19 大願寺廃寺跡　だいがんじはいじあと　奈良時代
- 所在地 佐賀県佐賀市大和町大字川上字大願寺　㊡県指定史跡(1958)

21 大鶴巻古墳　おおつるまきこふん　5世紀前半

3画（女, 子, 寸）

(所在地)群馬県高崎市倉賀野町　㊟国指定史跡（1927）

²³**大鷲向山古墳**　おおわしむこうやまこふん　6世紀前半期
(所在地)群馬県太田市大鷲

【女】

³**女山神籠石**　ぞやまこうごいし　7世紀頃
(所在地)福岡県みやま市瀬高町　㊟国指定史跡（1953）

女川貝塚　おながわかいづか　縄文時代後期～晩期
(所在地)秋田県男鹿市船川港女川

⁴**女夫岩遺跡**　めおといわいせき　古墳時代中期頃
(所在地)島根県松江市宍道町白石3313-1　㊟県指定史跡（1997）

女方古墳群　おざかたこふんぐん　古墳時代後期
(所在地)茨城県筑西市女方字本田北

女方遺跡　おさかたいせき　弥生時代中期
(所在地)茨城県筑西市

⁷**女体山古墳**　にょたいざんこふん, にょたいさんこふん　5世紀中葉
(所在地)群馬県太田市内ヶ島町　㊟国指定史跡（1927）

女那川煉瓦製造所跡　めながわれんがせいぞうしょあと　江戸時代後期
(所在地)北海道函館市女那川町　㊟北海道指定史跡（1967）

⁹**女狭穂塚古墳**　めさほづかこふん　5世紀前半中頃
(所在地)宮崎県西都市大字三宅字丸山

女神洞窟遺跡　めがみどうくついせき　縄文時代～平安時代
(所在地)岩手県陸前高田市梅木

¹⁰**女原瓦窯跡**　みょうばるかわらがまあと　古代
(所在地)福岡県福岡市中央区城内
㊟鴻臚館跡 附 女原瓦窯跡

¹¹**女堀**　おんなぼり　平安時代
(所在地)群馬県前橋市富田町・二之宮町・荒子町・飯土井町・西大室町・東大室町, 伊勢崎市赤堀町・東町ほか　㊟国指定史跡（1983）
㊟女堀遺跡

女堀遺跡　おんなぼりいせき　平安時代
(所在地)群馬県前橋市富田町・二之宮町・荒子町・飯土井町・西大室町・東大室町, 伊勢崎市赤堀町・東町ほか
㊟女堀

¹⁵**女影廃寺**　おなかげはいじ　奈良時代前期
(所在地)埼玉県日高市女影

【子】

⁰**子ノ神遺跡**　ねのかみいせき　弥生時代中期～平安時代
(所在地)神奈川県厚木市戸室

子ノ神遺跡　ねのかみいせき　旧石器時代
(所在地)静岡県沼津市大岡子ノ神

⁵**子母口貝塚**　しぼくちかいづか　縄文時代早期
(所在地)神奈川県川崎市高津区子母口富士見台　㊟県指定史跡（1957）

⁶**子安観音**　こやすかんのん
(所在地)神奈川県横浜市鶴見区鶴見
㊟為永春水『婦女今川』

⁸**子和清水貝塚**　こわしみずかいづか　縄文時代中期
(所在地)千葉県松戸市日暮子和清水ほか

⁹**子負の原**　こふのはら
(所在地)福岡県糸島市二丈深江
㊟『万葉集』

子持山　こもちやま
(所在地)群馬県渋川市, 群馬県沼田市
㊟『万葉集』

¹⁰**子恋の森**　ここいのもり
(所在地)静岡県熱海市伊豆山？
㊟『一条摂政御集』
㊟古古比森

¹¹**子規堂 附埋髪塔**　しきどう つけたりまいはつとう　子規堂：明治～昭和期, 埋髪塔：明治37年（1904）建立
(所在地)愛媛県松山市末広町 正宗寺境内　㊟県指定史跡（1948）

子規庵　しきあん
(所在地)東京都台東区根岸　㊟都指定史跡（1960）
㊟長塚節『根岸庵』

【寸】

⁷**寸沢嵐石器時代遺跡**　すあらしせっきじだいいせき　縄文時代後期
(所在地)神奈川県相模原市緑区寸沢嵐　㊟国指定史跡（1930）

[別]寸沢嵐遺跡

寸沢嵐遺跡　すあらしいせき　縄文時代後期
[所在地]神奈川県相模原市緑区寸沢嵐
[別]寸沢嵐石器時代遺跡

【小】

2**小二子古墳　しょうふたごこふん**　古墳時代後期
[所在地]群馬県前橋市西大室町
[別]後二子古墳ならびに小古墳

3**小丸1号墳　こまるいちごうふん**　6世紀
[所在地]福岡県筑紫郡那珂川町大字片縄字浦ノ原

小丸山2号墳　こまるやまにごうふん　古墳時代
[所在地]兵庫県たつの市御津町中島

小丸山古墳　こまるやまこふん　6世紀前半
[所在地]島根県益田市乙吉町

小丸城跡 附 野々宮廃寺跡　こまるじょうあと つけたり ののみやはいじあと　天正3年(1575)築城
[所在地]福井県越前市五分市町　[史]県指定史跡(1956)

小山2号墳　こやまにごうふん　6世紀前葉～中葉
[所在地]奈良県葛城市太田小字村岡

小山氏城跡(鷲城跡・祇園城跡・中久喜城跡)　おやましろあと(わしじょうあと・ぎおんじょうあと・なかくきじょうあと)　中世
[所在地]栃木県小山市神鳥谷・城山町・中久喜
[史]国指定史跡(1991)

小山古墳　こやまこふん　5世紀後半
[所在地]岡山県赤磐市穂崎字小山・字道

小山古墳群　こやまこふんぐん　6世紀中頃
[所在地]兵庫県豊岡市日高町十戸小山

小山台貝塚　こやまだいかいずか　縄文時代中期阿玉台～晩期安行式土器
[所在地]茨城県つくば市上岩崎小山台古屋敷
[別]小山台遺跡

小山台遺跡　こやまだいいせき　縄文時代中期阿玉台～晩期安行式土器
[所在地]茨城県つくば市上岩崎小山台古屋敷
[別]小山台貝塚

小山田遺跡群　おやまだいせきぐん　縄文時代～歴史時代
[所在地]東京都町田市桜台1・2丁目

小山谷古墳　おやまだにこふん　5世紀前半頃
[所在地]福井県福井市小山谷町字石谷

小山城跡　おやまじょうあと　中世
[所在地]栃木県小山市城山町
[別]祇園城跡, 小山氏城跡(鷲城跡・祇園城跡・中久喜城跡)

小山紀寺址　こやまきじし　白鳳時代創建
[所在地]奈良県高市郡明日香村大字小山字木寺
[別]紀寺跡

市川古墳群　いちかわこふんぐん　6世紀中心
[所在地]茨城県かすみがうら市下志筑字大塚・市川
[別]大塚古墳群, 下志筑古墳群

小川台古墳群　おがわだいこふんぐん　6世紀前半
[所在地]千葉県山武郡横芝光町小川台

小川貝塚　おがわかいずか　縄文時代後期
[所在地]福島県相馬郡新地町小川貝塚西

小川崎台古墳群　おがさきだいこふんぐん　6世紀
[所在地]千葉県山武市戸田字小川崎台

4**小仏峠　こぼとけとうげ**
[所在地]東京都八王子市, 神奈川県津久井郡相模湖町
[文]太田南畝『調布日記』

小仏関跡　こぼとけのせきあと　戦国時代末～江戸時代
[所在地]東京都八王子市裏高尾町　[史]国指定史跡(1928)

小手指　こてさし
[所在地]埼玉県所沢市
[文]『太平記』

小木原地下式横穴墓群　こきばるちかしきおうけつぼぐん　5世紀後半～6世紀後半
[所在地]宮崎県えびの市大字上江の川内川と池島川

小犬丸遺跡　こいぬまるいせき　古代
[所在地]兵庫県たつの市揖西町小犬丸
[別]布勢駅家跡

5**小平沢古墳　こひらさわこふん, こひらざわこふん**　4世紀後半期
[所在地]山梨県甲府市下向山小平沢

小平高砂遺跡　おびらたかさごいせき　擦文時代
[所在地]北海道留萌郡小平町

小正西古墳　おばさにしこふん　古墳時代中期
[所在地]福岡県飯塚市小正

小申田横穴墓群　こさるだおうけつぼぐん

3画（小）

7世紀初頭〜8世紀
(所在地)福島県いわき市小川町上平字小申田

小田なる山　おだなるやま
(所在地)宮城県遠田郡涌谷町涌谷
(文)『万葉集』

小田山古墳群　おだやまこふんぐん　古墳時代後期
(所在地)福岡県北九州市若松区深町1-16番内
(別)市指定史跡（1971）

小田中亀塚古墳　こだなかがめずかこふん　古墳時代前期
(所在地)石川県鹿島郡中能登町小田中
(別)亀塚古墳

小田中親王塚古墳　こだなかしんのうずかこふん　4世紀後半〜末期
(所在地)石川県鹿島郡中能登町小田中
(別)親王塚古墳

小田良古墳　おだらこふん　6世紀初め頃
(所在地)熊本県宇城市三角町　(別)国指定史跡（1979）

小田城跡　おだじょうあと　鎌倉時代〜戦国時代
(所在地)茨城県つくば市小田　(別)国指定史跡（1935）

小田茶臼塚古墳　おだちゃうすずかこふん，おたちゃうすずかこふん　5世紀後葉
(所在地)福岡県朝倉市　(別)国指定史跡（1979）
(別)茶臼塚古墳

小田原　おだわら
(所在地)神奈川県小田原市
(文)与謝蕪村『新花摘』

小田原城跡　おだわらじょうあと　戦国時代〜江戸時代
(所在地)神奈川県小田原市城内・本町・栄町・浜町・城山・十字・谷津・南町・幸・緑　(別)国指定史跡（1938）

小田原遺跡　おだわらいせき　弥生時代中期
(所在地)神奈川県小田原市

小田部古墳　おだっぺこふん　古墳時代前期
(所在地)千葉県市原市小田部字向原

小石川後楽園　こいしかわこうらくえん　江戸時代
(所在地)東京都文京区後楽　(別)国指定特別史跡（1952）

小石川御薬園跡　こいしかわおやくえんあと
貞享元年（1684）設置
(所在地)東京都文京区白山3丁目

(別)小石川植物園（御薬園跡及び養生所跡）

小石川植物園（御薬園跡及び養生所跡）　こいしかわしょくぶつえん（おやくえんあとおよびようじょうしょあと）
小石川御薬園：貞享元年（1684）設置，植物園：明治10年（1877）以降，養生所：享保7年（1722）設置
(所在地)東京都文京区白山3丁目　(別)国指定史跡（2012）

小石川植物園内貝塚　こいしかわしょくぶつえんないかいづか　縄文時代
(所在地)東京都文京区白山3丁目

小石川養生所跡　こいしかわようじょうしょあと
享保7年（1722）設置
(所在地)東京都文京区白山3丁目
(別)小石川植物園（御薬園跡及び養生所跡）

小石塚古墳　こいしずかこふん　4世紀後半〜末葉
(所在地)大阪府豊中市岡町北1丁目

小辺路　こへち　古代以降
(所在地)和歌山県伊都郡高野町，田辺市，奈良県吉野郡野迫川村・吉野郡十津川村
(別)熊野参詣道（中辺路・大辺路・小辺路・伊勢路・熊野川・七里御浜・花の窟）

⁶**小名木川　おなぎがわ**
(所在地)東京都江東区
(文)土屋文明『放水路』

小名浜　おなはま
(所在地)福島県いわき市
(文)天野桃隣『陸奥衛』

小宅古墳群　おやけこふんぐん　6世紀後半〜7世紀前葉
(所在地)栃木県芳賀郡益子町小宅　(別)県指定史跡（1959）

小早川氏城跡（高山城跡・新高山城跡・三原城跡）　こばやかわしじょうあと（たかやまじょうあと・にいたかやまじょうあと・みはらじょうあと）　16世紀
(所在地)広島県三原市高坂町・館町・城町・本郷町　(別)国指定史跡（1957）

小早川隆景墓　こばやかわたかかげはか　安土桃山時代
(所在地)広島県三原市沼田東町　(別)県指定史跡（1943）

小池大塚古墳　こいけおおつかこふん　6世紀末葉
(所在地)千葉県山武郡芝山町小池字大塚
(別)大塚古墳

3画（小）

小池原貝塚　こいけばるかいずか　縄文時代後期
　所在地 大分県大分市大字小池原字宮田

小竹ガラボ山古墳　おだけがらぼやまこふん　5世紀中葉頃
　所在地 石川県鹿島郡中能登町小竹

小竹貝塚　おだけかいずか　縄文時代前期
　所在地 富山県富山市呉羽字種田

小竹島　しのじま
　所在地 愛知県 篠島／滋賀県高島郡
　②『万葉集』

小羽山30号墳　おばやまさんじゅうごうふん　古墳時代前期
　所在地 福井県福井市小羽町

[7]小余綾　こゆるぎ，こよろぎ
　所在地 神奈川県小田原市
　②『万葉集』，『和名抄』

小初瀬　おはつせ
　所在地 奈良県桜井市
　②『万葉集』
　例 小泊瀬

小坂1号墳　こさかいちごうふん　古墳時代中期
　所在地 石川県金沢市小坂町

小坂大塚古墳　こさかおおつかこふん　5世紀台後半
　所在地 熊本県上益城郡御船町西小坂
　例 大塚古墳

小坂井貝塚　こさかいかいずか　縄文時代晩期
　所在地 愛知県豊川市小坂井町 菟足神社境内

小坂遺跡　こさかいせき　後期旧石器時代
　所在地 長野県下水内郡栄村堺大久保小坂

小坂環状列石墳墓遺跡　こさかんじょうれっせきふんぼいせき　縄文時代後期
　所在地 秋田県鹿角市小坂町小坂鉱山字杉沢

小杉丸山遺跡　こすぎまるやまいせき　旧石器時代～江戸時代
　所在地 富山県射水市青井谷・水戸田　国指定史跡（1990）

小杉大谷窯跡　こすぎおおたにかまあと　6世紀初頭
　所在地 三重県四日市市小杉町字大谷

小杉流通業務団地内遺跡群　こすぎりゅうつうぎょうむだんちないいせきぐん　旧石器時代～中世
　所在地 富山県射水市青井谷・水戸田

小村井梅園　おむらいばいえん
　所在地 東京都墨田区文花
　②幸田露伴『望樹記』

小町口　こまちぐち　鎌倉時代以降
　所在地 神奈川県鎌倉市御成町3-10と由比ガ浜2-1-20との間の横道の入口
　例 米町口

小町大路　こまちおおじ　鎌倉時代前後以降
　所在地 神奈川県鎌倉市

小町塚瓦経塚　こまちづかがきょうづか　平安時代末
　所在地 三重県伊勢市浦口
　例 小町塚経塚

小町塚経塚　こまちづかきょうづか　平安時代末
　所在地 三重県伊勢市浦口
　例 小町塚瓦経塚

小見真観寺古墳　おみしんかんじこふん　6世紀末～7世紀初め頃
　所在地 埼玉県行田市小見　国指定史跡（1931）

小谷1号墳　こやついちごうふん　6世紀末葉
　所在地 千葉県市原市潤井戸字小谷

小谷13号墳　こたにじゅうさんごうふん　6世紀後葉
　所在地 三重県松阪市嬉野天花寺町

小谷土壙墓群　こたにどこうぼぐん　古墳時代前期
　所在地 島根県安来市切川町字小谷
　例 小谷遺跡

小谷古墳　こたにこふん　7世紀
　所在地 奈良県橿原市白橿町　県指定史跡（1977）

小谷城跡　おだにじょうあと　大永5年（1525）頃築城
　所在地 滋賀県長浜市湖北町，長浜市須賀谷町
　国指定史跡（1937）

小谷場貝塚　こやばかいずか　縄文時代前期
　所在地 埼玉県川口市大字小谷場字台

小谷遺跡　こだにいせき　古墳時代前期
　所在地 島根県安来市切川町字小谷
　例 小谷土壙墓群

小豆沢貝塚　あずさわかいずか　縄文時代後期～晩期前半
　所在地 東京都板橋区小豆沢町

小豆島　あずきじま
　所在地 香川県小豆郡小豆島町，小豆郡土庄町

遺跡・古墳よみかた辞典　81

[文]『日本書紀』，『古事記』

小豆島　しょうどしま
[所在地]香川県小豆郡小豆島町, 小豆郡土庄町
[文]壺井栄『二十四の瞳』

小貝戸貝塚　こがいどかいずか　縄文時代前期後半
[所在地]埼玉県北足立郡伊奈町小室9352ほか
[史]県指定史跡（1924）

小里城山城跡　おりしろやまじょうあと　中世末期
[所在地]岐阜県瑞浪市稲津町小里城山　[史]県指定史跡（1956）

8**小国町**　おぐにまち
[所在地]熊本県阿蘇郡小国町
[文]『太平記』

小国東山遺跡　おぐにひがしやまいせき　後期旧石器時代末葉
[所在地]山形県西置賜郡小国町岩井沢
[別]東山遺跡

小国城跡　おぐにじょうあと　戦国時代～江戸時代前期
[所在地]山形県鶴岡市小国　[史]国指定史跡（2002）

小坪路　こつぼじ
[所在地]神奈川県鎌倉市
[別]小壺路, 小窪路

小夜の中山　さよのなかやま, さやのなかやま
[所在地]静岡県掛川市
[文]謡曲『盛久』，『平家物語』
[別]小夜中山

小夜中山　さよのなかやま, さやのなかやま
[所在地]静岡県掛川市
[文]謡曲『盛久』，『平家物語』
[別]小夜の中山

小岱山古窯跡群　しょうだいさんこようせきぐん　6世紀後半～鎌倉時代
[所在地]熊本県荒尾市府本・樺　[史]県指定史跡（1959）
[別]小岱山窯址

小岱山製鉄跡群　しょうだいさんせいてつあとぐん　古代末～中世前期
[所在地]熊本県荒尾市府本・樺・金山地区ほか
[史]県指定史跡（1959）

小岱山窯址　しょうだいさんようし　6世紀後半～鎌倉時代
[所在地]熊本県荒尾市府本・樺
[別]小岱山古窯跡群

小枝山4号墳　こえだやまよんごうふん　古墳時代中期
[所在地]鳥取県米子市淀江町福岡字上ノ山
[別]上ノ山古墳, 天神垣神社裏山古墳

小松　こまつ
[所在地]石川県小松市
[文]芭蕉『鳥の道』

小松　こまつ
[所在地]滋賀県大津市北比良
[文]藤原仲実『堀河百首』

小松川　こまつがわ
[所在地]東京都江戸川区
[文]芭蕉『陸奥衛』

小松古墳　こまつこふん　3世紀後半頃
[所在地]滋賀県長浜市高月町西野

小松原古墳　こまつばらこふん　6世紀
[所在地]福岡県福岡市西区大字妙原字小松原
[別]妙原C-14号墳

小林一茶旧宅　こばやしいっさきゅうたく　江戸時代
[所在地]長野県上水内郡信濃町　[史]国指定史跡（1957）

小林山台古墳群　しょうりんざんだいこふんぐん　5世紀後半～6世紀後半まで
[所在地]群馬県高崎市鼻高町字台

小林古墳群　こばやしこふんぐん　4世紀および6世紀以降
[所在地]群馬県藤岡市小林字堀ノ内・舞台・塚原
[別]堀ノ内遺跡

小林古墳群　こばやしこふんぐん　6世紀中葉以後
[所在地]千葉県印西市小林

小林町古墳　こばやしちょうこふん　古墳時代
[所在地]宮崎県小林市大字水流迫字下平・大字細野字城山, 大字真方字松ノ元・字東二原
[史]県指定史跡（1939）

小林遺跡　こばやしいせき　縄文時代前・中期, 平安時代
[所在地]山形県東根市東根

小治田　おはりだ, おばただ
[所在地]奈良県高市郡明日香村
[文]『万葉集』
[別]小墾田

小治田安萬侶墓　おはりだのやすまろのはか　奈良時代

3画（小）

　(所在地)奈良県奈良市都祁甲岡町　(史)国指定史跡（1969）

小沼耕地1号墳　こぬまごうちいちごうふん
　6世紀後半
　(所在地)埼玉県加須市上種足

小泊須恵器窯跡群　こどまりすえきかまあとぐん　古墳時代後期～平安時代
　(所在地)新潟県佐渡市羽茂小泊368-7ほか　(史)県指定史跡（1955）

小泊瀬　おはつせ
　(所在地)奈良県桜井市
　(文)『万葉集』
　(別)小初瀬

小牧山　こまきやま　永禄6年（1563）～江戸時代
　(所在地)愛知県小牧市堀の内　(史)国指定史跡（1927）

小牧山古墳群　こまきやまこふんぐん　古墳時代前期
　(所在地)大分県大分市大字松岡字池の上

小牧山城　こまきやまじょう　永禄6年（1563）～江戸時代
　(所在地)愛知県小牧市堀の内1丁目

小牧野遺跡　こまきのいせき　縄文時代後期前半
　(所在地)青森県青森市野沢　(史)国指定史跡（1995）
　(別)小牧野環状列石

小牧野環状列石　こまきのかんじょうれっせき　縄文時代後期前半
　(所在地)青森県青森市野沢
　(別)小牧野遺跡

小若江北遺跡　こわかえきたいせき　弥生時代～古墳時代
　(所在地)大阪府東大阪市小若江

小迫大塚古墳　こざこおおつかこふん　古墳時代終末期
　(所在地)岡山県小田郡矢掛町南山田
　(別)大塚古墳

小迫辻原遺跡　おざこつじばるいせき　旧石器時代～中世
　(所在地)大分県日田市小迫　(史)国指定史跡（1996）

小金井一里塚　こがねいいちりずか　江戸時代
　(所在地)栃木県下野市小金井　(史)国指定史跡（1922）

小金井堤　こがねいづつみ
　(所在地)東京都小金井市
　(文)国木田独歩『武蔵野』

小金塚古墳　こがねずかこふん　4世紀末
　(所在地)神奈川県伊勢原市高森小字小金塚

小長曽陶器窯跡　こながそとうきかまあと、こながそとうきようせき　室町時代
　(所在地)愛知県瀬戸市東白坂町　(史)国指定史跡（1971）

9 小前田古墳群　おまえだこふんぐん　6世紀中頃～7世紀末
　(所在地)埼玉県大里郡寄居町桜沢花園町小前田、深谷市大字小前田

小泉八雲旧宅　こいずみやくもきゅうたく
　江戸時代後期建造
　(所在地)島根県松江市北堀町
　(別)小泉八雲旧居

小泉八雲旧居　こいずみやくもきゅうきょ
　江戸時代後期建造
　(所在地)島根県松江市北堀町　(史)国指定史跡（1940）
　(別)小泉八雲旧宅

小泉大塚古墳　こいずみおおつかこふん　古墳時代前期前半
　(所在地)奈良県大和郡山市小泉町字大塚　(史)県指定史跡（1999）
　(別)大塚古墳

小泉大塚越3号墳　こいずみおおつかごしさんごうふん　6世紀後半
　(所在地)群馬県佐波郡玉村町飯倉

小泉狐塚古墳　こいずみきつねずかこふん
　6世紀後半
　(所在地)奈良県大和郡山市小泉町
　(別)狐塚古墳

小泉遺跡　こいずみいせき　9世紀
　(所在地)岩手県陸前高田市高田町字法量地区

小泉遺跡　こいずみいせき　縄文時代前期～中期
　(所在地)富山県射水市小泉

小津の泊　おずのとまり
　(所在地)大阪府泉大津市大津
　(文)『土佐日記』

小為手の山　おすてのやま
　(所在地)和歌山県海南市/和歌山県有田郡有田川町
　(文)『万葉集』

小茶臼山古墳　こちゃうすやまこふん　4世

遺跡・古墳よみかた辞典　83

3画（小）

紀末～5世紀初頭
[所在地]滋賀県大津市膳所平尾町
[別]茶臼山古墳・小茶臼山古墳

10 **小倉の山**　おぐらのやま
[所在地]奈良県桜井市
[文]『竹取物語』
[別]小倉山

小倉山　おぐらのやま，おぐらやま
[所在地]京都府京都市右京区嵯峨
[文]『古今和歌集』

小倉山　おぐらのやま
[所在地]奈良県桜井市
[文]『竹取物語』
[別]小倉の山

小倉山城跡　おぐらやまじょうあと　15世紀前半築城
[所在地]広島県山県郡北広島町
[別]吉川氏居館跡（駿河丸城跡・小倉山城跡・日山城跡・吉川元春館跡）

小倉城跡　おぐらじょうあと　16世紀
[所在地]埼玉県比企郡ときがわ町
[別]比企城館跡群（菅谷館跡・松山城跡・杉山城跡・小倉城跡）

小倉城跡　こくらじょうあと　永禄12年（1569）築城
[所在地]福岡県北九州市小倉北区勝山町

小倉新池遺跡　こくらしんいけいせき　弥生時代後期
[所在地]福岡県春日市大字小倉1582-1

小島　こじま
[所在地]京都府宇治市
[文]頓阿『頓阿法師詠』

小島　こしま
[所在地]岡山県 児島半島
[文]『万葉集』
[別]児島

小島古墳　こじまこふん　6世紀後半
[所在地]佐賀県伊万里市山代町大字久原字小島
[②]県指定史跡（1976）

小島古墳群　おじまこふんぐん　5～7世紀前半
[所在地]埼玉県本庄市小島

小島城跡　こじまじょうあと　南北朝時代
[所在地]岐阜県飛騨市古川町沼町　[②]県指定史跡（1959）

小島陣屋跡　おじまじんやあと　宝永元年（1704）～幕末期
[所在地]静岡県静岡市清水区小島本町　[②]国指定史跡（2006）

小峰城跡　こみねじょうあと　興国・正平間（1340～69）築城
[所在地]福島県白河市郭内　[②]国指定史跡（2010）
[別]白河城

小栗古墳群　おぐりこふんぐん　古墳時代後期
[所在地]茨城県筑西市小栗

小栗地内古墳群　おぐりちないこふんぐん　古墳時代終末期
[所在地]茨城県筑西市小栗

小栗街道　おぐりかいどう　平安時代以降
[所在地]和歌山県
[別]熊野御幸道

小浜安倉古墳　こはまあぐらこふん　4世紀
[所在地]兵庫県宝塚市安倉南2丁目
[別]高塚古墳，鳥島古墳，安倉高塚古墳

小浜城跡　おばまじょうあと　慶長6年（1601）築城
[所在地]福井県小浜市城内　[②]県指定史跡（1956）

小浜洞窟遺跡　おはまどうくついせき　縄文時代後・晩期および弥生時代
[所在地]島根県松江市美保関町森山

小浜崎古墳群　おばまさきこふんぐん　5世紀
[所在地]鹿児島県出水郡長島町蔵之元字白金崎

小浜藩台場跡（松ヶ瀬台場跡・鋸崎台場跡）　おばまはんだいばあと（まつがせだいばあと・のこぎりざきだいばあと）　安政元年（1854）築造
[所在地]福井県大飯郡おおい町　[②]国指定史跡（2001）

小造山古墳　こつくりやまこふん　古墳時代中期後半
[所在地]岡山県岡山市北区新庄上，総社市下林

小郡官衙遺跡　おごおりかんがいせき　7世紀後半築造
[所在地]福岡県小郡市小郡・上岩田
[別]小郡官衙遺跡群（小郡官衙遺跡・上岩田遺跡）

小郡官衙遺跡群（小郡官衙遺跡・上岩田遺跡）　おごおりかんがいせきぐん（おごおりかんがいせき・かみいわたいせき）　小郡官衙遺跡：7世紀後半築造，上岩田遺跡：7世紀後半～8世紀前半

[所在地]福岡県小郡市小郡・上岩田　[史]国指定史跡（1971）

11小埼の沼　おさきのぬま
[所在地]埼玉県行田市
[文]『新続武蔵風土記』

小曽根浅間山古墳　おぞねせんげんやまこふん　4世紀中頃
[所在地]栃木県足利市小曽根
[別]浅間山古墳

小梁川遺跡　こやながわいせき　縄文時代前期末～中期初め
[所在地]宮城県刈田郡七ヶ宿町小梁川

小深田西1号墳　こふかだにしいちごうふん　古墳時代前期
[所在地]静岡県焼津市小川

小深田遺跡　こふかだいせき　古墳時代前期
[所在地]静岡県焼津市小川

小深作遺跡　こふかさくいせき　縄文時代後期・晩期
[所在地]埼玉県さいたま市見沼区小深作

小盛山古墳　こもりやまこふん　古墳時代前期
[所在地]岡山県岡山市北区平山

小笠原　おがさわら
[所在地]山梨県北杜市明野町
[文]覚雅『詞花和歌集 1』

小笠原ガ谷　おがさわらがやつ
[所在地]神奈川県鎌倉市西御門

小菅ろの浦　こすげろのうら
[所在地]東京都葛飾区
[文]『万葉集』

小菅波4号墳　こすがなみよんごうふん　弥生時代終末期前後
[所在地]石川県加賀市小菅波町背後

小菅修船場跡　こすげしゅうせんばあと，こすげしゅうせんじょうあと　明治元年（1868）竣工
[所在地]長崎県長崎市小菅町　[史]国指定史跡（1969）

小菅郷校跡　こすげごうこうあと　江戸時代後期
[所在地]茨城県常陸太田市小菅1348　[史]県指定史跡（1978）

小袋坂　こぶくろざか　仁治元年（1240）開通
[所在地]神奈川県鎌倉市雪ノ下
[別]巨福礼坂，巨福坂，小袋坂ノ切通，巨福呂坂

小野　おの
[所在地]三重県多気郡明和町大淀
[文]『伊勢物語』
[別]小野の古江

小野　おの
[所在地]滋賀県彦根市鳥居本
[文]『延喜式』

小野　おの
[所在地]京都府京都市左京区
[文]『和名抄』，『伊勢物語』，『源氏物語』

小野　おの
[所在地]京都府京都市山科区小野町
[文]『和名抄』

小野の古江　おののふるえ
[所在地]三重県多気郡明和町大淀
[文]『伊勢物語』
[別]小野

小野山　おのやま
[所在地]京都府京都市左京区大原
[文]『源氏物語』（夕霧），『実方集』

小野天神前遺跡　おのてんじんまえいせき　弥生時代中期
[所在地]茨城県常陸大宮市小野

小野毛人墓　おののえみしのはか　天武天皇6年（677）
[所在地]京都府京都市左京区上高野西明寺山 崇道神社裏山　[史]市指定史跡（1984）

小野田セメント徳利窯　おのだせめんととっくりがま　明治時代
[所在地]山口県山陽小野田市大字小野田6276　[史]県指定史跡（1969）

小野松一里塚　おのまついちりずか　江戸時代
[所在地]岩手県盛岡市上田字小鳥沢・松屋敷　[史]県指定史跡（1976）

小野巣根4号墳　おのすねよんごうふん　古墳時代後期
[所在地]栃木県下都賀郡岩舟町

小野蘭山墓　おのらんざんのはか　江戸時代
[所在地]東京都練馬区練馬4丁目 迎接院墓地内　[史]都指定旧跡（1955）

小鳥原砂鉄製錬場跡（大谷山たたら）　ひととばらさてつせいれんじょうあと（おおたにやまたたら）　大正11年（1922）頃まで操業
[所在地]広島県庄原市西城町　[史]県指定史跡（1991）

小黒崎みつの小島　おぐろさきみつのこじま

[所在地]宮城県
[文]『古今和歌集』

12 **小場遺跡**　おばいせき　縄文時代後・晩期
[所在地]茨城県高萩市上手綱小場

小堤貝塚　おずつみかいずか　縄文時代後期前葉
[所在地]茨城県東茨城郡茨城町小堤

小御門古墳群　こみかどこふんぐん　6世紀末葉〜7世紀初頭頃
[所在地]滋賀県蒲生郡日野町大字小御門小字口山

小森明神古墳　こもりみょうじんこふん　7世紀中頃
[所在地]茨城県常陸太田市大中町小森　[史]市指定史跡（1975）

小湊フワガネク遺跡　こみなとふわがねくいせき　6〜8世紀
[所在地]鹿児島県奄美市名瀬小湊　[史]国指定史跡（2010）
[別]小湊外金久遺跡

小湊外金久遺跡　こみなとふわがねくいせき　6〜8世紀
[所在地]鹿児島県奄美市名瀬小湊
[別]小湊フワガネク遺跡

小葎遺跡　こもぐらいせき　弥生時代中期〜後期終末
[所在地]福岡県福岡市西区今津字大原

小隈山古墳　こぐまやまこふん　6世紀半ば
[所在地]佐賀県佐賀市大和町大字川上字小隈　[史]県指定史跡（1997）

小隈古墳　こくまこふん　6世紀半ば
[所在地]佐賀県佐賀市大和町川上字西山田

小隈窯跡群　こぐまかまあとぐん　5世紀前半, 5世紀後半〜6世紀初頭
[所在地]福岡県朝倉郡筑前町下高場

小雲鳥坂　こくもどりさか
[所在地]和歌山県田辺市, 新宮市
[文]『西国三十三所名所図会』

13 **小園前畑遺跡**　こぞのまえはたいせき　旧石器時代
[所在地]神奈川県綾瀬市小園前畑

小塩山　おしおのやま
[所在地]京都府京都市左京区大原野
[文]『古今和歌集』
[別]大原山

小墓古墳　おばかこふん　6世紀前半
[所在地]奈良県天理市杣之内町小墓

小蓮古墳　こはすこふん　6世紀中葉後半
[所在地]高知県南国市岡豊町　[史]県指定史跡（1953）

14 **小熊山古墳**　こぐまやまこふん　古墳時代前期中葉
[所在地]大分県杵築市大字狩宿字小熊

小蔦島貝塚　こつたじまかいずか　縄文時代早期
[所在地]香川県三豊市仁尾町　[史]県指定史跡（1958）
[別]小蔦島遺跡

小蔦島遺跡　こつたじまいせき　縄文時代早期
[所在地]香川県三豊市仁尾町
[別]小蔦島貝塚

小銚子塚古墳　こちょうしずかこふん　4世紀後半
[所在地]静岡県磐田市寺谷
[別]銚子塚古墳 附 小銚子塚古墳

15 **小幡北山埴輪製作遺跡**　おばたきたやまはにわせいさくいせき　6世紀後半〜7世紀
[所在地]茨城県東茨城郡茨城町　[史]国指定史跡（1992）

小敷田遺跡　こしきだいせき　弥生時代中期〜平安時代前期
[所在地]埼玉県行田市大字小敷田字桜町

小槻大社古墳群　おずきたいしゃこふんぐん　古墳時代中・後期
[所在地]滋賀県栗東市下戸山

小諸　こもろ
[所在地]長野県小諸市
[文]島崎藤村『落梅集』

小諸城　こもろじょう　戦国時代以降
[所在地]長野県小諸市丁
[別]小室城

16 **小墾田**　おはりだ, おばただ
[所在地]奈良県高市郡明日香村
[文]『万葉集』
[別]小治田

小樽　おたる
[所在地]北海道小樽市
[文]石川啄木『忘れがたき人人』

小樽二号窯跡　こだるにごうかまあと　江戸時代初期〜明治時代初期
[所在地]佐賀県西松浦郡有田町　[史]県指定史跡（1986）

小館遺跡　こだていせき　11世紀前後
[所在地]青森県東津軽郡蓬田村

[別]大館・小館遺跡

17小篠原古墳群　こしのはらこふんぐん　3世紀頃（冨波古墳），6世紀後半（宮山2号墳）
[所在地]滋賀県野洲市冨波・辻町・小篠原
[別]大岩山古墳群

小篠原遺跡　こしのはらいせき　2世紀後半～3世紀前半
[所在地]滋賀県野洲市小篠原大岩山
[別]大岩山銅鐸出土地

19小瀬が沢洞窟　こせがさわどうくつ　縄文時代草創期
[所在地]新潟県東蒲原郡阿賀町
[別]小瀬ヶ沢洞穴遺跡，小瀬ヶ沢洞窟

小瀬ヶ沢洞穴遺跡　こせがさわどうけついせき　縄文時代草創期
[所在地]新潟県東蒲原郡阿賀町
[別]小瀬が沢洞窟，小瀬ヶ沢洞窟

小瀬ヶ沢洞窟　こせがさわどうくつ　縄文時代草創期
[所在地]新潟県東蒲原郡阿賀町　[史]国指定史跡（1982）
[別]小瀬が沢洞窟，小瀬ヶ沢洞穴遺跡

21小鶴巻古墳　こつるまきこふん　5世紀
[所在地]群馬県高崎市倉賀野町下正六

24小鷹利城跡　こたかりじょうあと　築城年不詳
[所在地]岐阜県飛騨市古川町信包牛ケ谷 河合町稲越　[史]県指定史跡（1959）

【山】

0山の井　やまのい
[所在地]京都府京都市左京区
[文]『実方集』，紀貫之『拾遺和歌集 19』

山の寺遺跡　やまのてらいせき　縄文時代晩期終末
[所在地]長崎県南島原市深江町
[別]山ノ寺遺跡

山の神古墳　やまのかみこふん　6世紀後半
[所在地]静岡県富士市柏原新田山神

山の神古墳　やまのかみこふん　6世紀前半～中葉
[所在地]広島県福山市駅家町大字法成寺　[史]県指定史跡（1948）

山の神古墳　やまのかみこふん　6世紀前半
[所在地]福岡県飯塚市枝国
[別]山ノ神古墳

山の脇瓦窯跡　やまのわきかわらがまあと　白鳳時代
[所在地]兵庫県加西市繁昌町大字川西山の脇・山の辻　[史]県指定史跡（1972）

山ケ鼻古墳　やまがはなこふん　7世紀後半
[所在地]鳥取県鳥取市古海

山ケ鼻古墳群　やまがばなこふんぐん　4世紀末～5世紀初め
[所在地]福井県大野市矢字山ケ鼻・牛ケ原字鳥越

山ノ上古墳　やまのかみこふん，やまのうえこふん　6世紀末～7世紀後半
[所在地]福島県いわき市勿来町錦町
[別]勿来山ノ上古墳，勿来金冠塚古墳，金冠塚古墳

山ノ上古墳　やまのうえこふん　7世紀前半
[所在地]群馬県高崎市山名町字山神谷
[別]山上古墳，山ノ上碑及び古墳，山上碑及び古墳

山ノ上碑　やまのうえひ　古墳時代終末期
[所在地]群馬県高崎市山名町
[別]山ノ上碑及び古墳，山上碑及び古墳

山ノ上碑及び古墳　やまのうえひおよびこふん　古墳時代終末期
[所在地]群馬県高崎市山名町
[別]山上古墳，山ノ上古墳，山上碑及び古墳

山ノ口遺跡　やまのくちいせき　弥生時代中期末
[所在地]鹿児島県肝属郡錦江町

山ノ寺遺跡　やまのてらいせき　縄文時代晩期終末
[所在地]長崎県南島原市深江町
[別]山の寺遺跡

山ノ神・サギノクチ古墳群　やまのかみ・さぎのくちこふんぐん　古墳時代後期
[所在地]香川県坂出市加茂町

山ノ神古墳　やまのかみこふん　6世紀前半
[所在地]福岡県飯塚市枝国
[別]山の神古墳

山ノ神古墳群　やまのかみこふんぐん　4世紀末～5世紀前半
[所在地]徳島県名西郡石井町石井字石井

山ノ鼻一号墳　やまのはないちごうふん　古墳時代前期
[所在地]福岡県福岡市西区徳永
[別]今宿古墳群（丸隈山古墳・大塚古墳・鋤崎古墳・飯氏二塚古墳・兜塚古墳・山ノ鼻一号墳・若八幡宮古墳）

山ノ鼻古墳群　やまのはなこふんぐん　4世

紀（1号墳）
[所在地]福岡県福岡市西区大字徳永字ヤマノハナ

山ヶ鼻古墳　やまがはなこふん　古墳時代終末期
[所在地]鳥取県鳥取市古海　[史]県指定史跡（1991）

2**山刀伐峠**　なたぎりとうげ
[所在地]山形県尾花沢市, 最上郡最上町
[文]芭蕉『おくのほそ道』

3**山下**　やました
[所在地]東京都台東区
[文]『江戸名所図会』

山下古墳　やましたこふん　古墳時代前期
[所在地]熊本県玉名市山部田字山下

山下町第一洞穴　やましたちょうだいいちどうけつ　旧石器時代
[所在地]沖縄県那覇市山下町167　[史]県指定史跡（1969）

山下御門　やましたごもん　江戸時代
[所在地]東京都千代田区内幸町

山下遺跡　やましたいせき　弥生時代中期中葉
[所在地]静岡県掛川市各和山下, 袋井市北原川山下

山上古墳　やまのうえこふん　7世紀前半
[所在地]群馬県高崎市山名町字山神谷
[別]山ノ上古墳, 山ノ上碑及び古墳, 山上碑及び古墳

山上多重塔　やまがみたじゅうとう　平安時代初期
[所在地]群馬県桐生市新里町山上
[別]塔婆石造三層塔

山上愛宕塚古墳　やまがみあたごずかこふん　古墳時代終末期
[所在地]群馬県桐生市新里町山上
[別]愛宕塚古墳

山上碑及び古墳　やまのうえひおよびこふん　古墳時代終末期
[所在地]群馬県高崎市山名町　[史]国指定特別史跡（1954）
[別]山ノ上碑及び古墳

山口千塚古墳群　やまぐちせんずかこふんぐん　6世紀中葉～後半
[所在地]奈良県葛城市山口

山口古墳群　やまぐちこふんぐん　古墳時代
[所在地]茨城県つくば市山口字新寺・小山尻

山川垣内権現洞穴遺跡　やまかわかきうちごんげんどうけついせき　沖縄貝塚時代後期～グスク時代
[所在地]沖縄県本部町字山川港原　[史]県指定史跡（1974）

山川港原遺跡　やまかわみなとばるいせき　沖縄前Ⅴ期
[所在地]沖縄県本部町字山川港原　[史]県指定史跡（1974）

4**山中こおろぎ橋**　やまなかこおろぎばし
[所在地]石川県加賀市
[文]楚常『卯辰集』

山中城跡　やまなかじょうあと　16世紀中頃築城
[所在地]静岡県三島市山中新田, 田方郡函南町　[史]国指定史跡（1934）

山中温泉　やまなかおんせん
[所在地]石川県加賀市
[文]北枝『卯辰集』, 芭蕉『おくのほそ道』

山中湖　やまなかこ
[所在地]山梨県南都留郡山中湖村
[文]与謝野晶子『瑠璃光』, 『杉田久女句集』
[別]臥牛湖

山中遺跡　やまなかいせき　弥生時代後期前葉
[所在地]愛知県一宮市萩原町富田方山中

山之口村古墳　やまのくちそんこふん　古墳時代
[所在地]宮崎県都城市山之口町富吉　[史]県指定史跡（1936）

山之辺手ひろがり古墳群　やまのべてひろがりこふんぐん　5世紀前半
[所在地]千葉県香取市山之辺字ヘタノ前・手ひろがり地先

山方遺跡　やまがたいせき　旧石器時代
[所在地]茨城県常陸大宮市山方字駒形平

山木古墳　やまきこふん　古墳時代前期
[所在地]茨城県つくば市北条字山木

山木遺跡　やまきいせき　弥生時代後期, 古墳時代初期
[所在地]静岡県伊豆の国市

山王・妙見古墳群　さんのう・みょうけんこふんぐん　7世紀中葉～8世紀
[所在地]静岡県富士市岩淵

山王大塚古墳　さんのうおおつかこふん　7世紀初頭
[所在地]群馬県前橋市山王町
[別]大塚古墳

山王山古墳　さんのうやまこふん　6世紀後半～7世紀初頭
[所在地]群馬県館林市当郷町1975-2 善長寺　[史]市指定史跡（1977）

山王山古墳　さんのうやまこふん　古墳時代
[所在地]埼玉県さいたま市大宮区三橋4-564

山王山古墳　さんのうやまこふん，さんのうざんこふん　6世紀前半期
[所在地]千葉県市原市姉崎

山王山遺跡　さんのうやまいせき　縄文時代～中世
[所在地]神奈川県横浜市港北区岸根町

山王辺田2号墳　さんのうべたにごうふん　3世紀末葉～4世紀初頭頃
[所在地]千葉県袖ケ浦市大曽根字山王辺田

山王寺大桝塚古墳　さんのうじおおますずかこふん　古墳時代前期
[所在地]栃木県栃木市藤岡町蛭沼
[別]大桝塚古墳

山王寺址　さんのうじし　7世紀後半～11世紀頃
[所在地]群馬県前橋市総社町総社
[別]山王塔跡，山王廃寺跡

山王囲遺跡　さんのうがこいいせき　縄文時代晩期～弥生時代
[所在地]宮城県栗原市一迫真坂　[史]国指定史跡（1971）
[別]山王遺跡

山王堂ガ谷　さんのうどうがやつ
[所在地]神奈川県鎌倉市扇ガ谷4-6～12

山王塚古墳　さんのうずかこふん　6世紀末
[所在地]栃木県下野市国分寺

山王塔跡　さんのうとうあと　7世紀後半～11世紀頃
[所在地]群馬県前橋市総社町総社
[別]山王寺址，山王廃寺跡

山王廃寺跡　さんのうはいじあと　7世紀後半～11世紀頃
[所在地]群馬県前橋市総社町総社　[史]国指定史跡（1928）
[別]山王塔跡，山王寺址

山王権現　さんのうごんげん
[所在地]東京都千代田区永田町
[文]井原西鶴『男色大鑑』
[別]日枝神社

山王遺跡　さんのういせき　弥生時代～近世
[所在地]宮城県多賀城市南宮・山王

山王遺跡　さんのういせき　縄文時代晩期～弥生時代
[所在地]宮城県栗原市一迫真坂
[別]山王囲遺跡

山王遺跡　さんのういせき　弥生時代中期後半～古墳時代終末期
[所在地]東京都大田区山王3丁目

5**山代・大庭古墳群**　やましろ・おおばこふんぐん　古墳時代
[所在地]島根県松江市山代町・大庭町

山代二子塚　やましろふたごずか　6世紀中頃
[所在地]島根県松江市山代町　[史]国指定史跡（1924）
[別]山代二子塚古墳，二子塚古墳

山代二子塚古墳　やましろふたごずかこふん　6世紀中頃
[所在地]島根県松江市山代町
[別]二子塚古墳，山代二子塚

山代方墳　やましろほうふん　古墳時代後期
[所在地]島根県松江市山代町　[史]国指定史跡（1941）

山代忌寸真作墓　やましろのいみきまさかぼ　奈良時代
[所在地]奈良県五条市東阿太町

山代郷北新造院跡　やましろごうきたしんぞういんあと　奈良時代
[所在地]島根県松江市矢田町
[別]来美廃寺，出雲国山代郷遺跡群（正倉跡・北新造院跡）

山代郷正倉跡　やましろごうしょうそうあと　奈良時代
[所在地]島根県松江市山代町
[別]出雲国山代郷遺跡群（正倉跡・北新造院跡）

山田・宝馬古墳群　やまだ・ほうまこふんぐん　6世紀
[所在地]千葉県山武郡芝山町山田・宝馬地区

山田が原　やまだがはら
[所在地]三重県伊勢市
[文]狂言『禰宜山伏』

山田の原　やまだのはら
[所在地]三重県伊勢市
[文]西行『新古今和歌集 3』，『続拾遺和歌集 1』

山田の道　やまだのみち
[所在地]奈良県桜井市山田
[文]『万葉集』

3画（山）

山田上ノ台遺跡　やまだうえのだいいせき
　旧石器時代，平安時代および縄文中期
　　所在地 宮城県仙台市太白区山田字上ノ台

山田水呑遺跡　やまだみずのみいせき　8世紀前半～9世紀後半
　　所在地 千葉県東金市山田

山田古墳群　やまだこふんぐん　古墳時代後期
　　所在地 徳島県板野郡上板町神宅

山田瓦窯址　やまだがようし　古代
　　所在地 京都府相楽郡精華町大字山田

山田寺跡　さんでんじあと　白鳳時代
　　所在地 岐阜県各務原市蘇原寺島町
　　別 美濃山田寺址

山田寺跡　やまだでらあと　舒明天皇13年（641）造営開始
　　所在地 奈良県桜井市山田　指定 国指定特別史跡（1952）
　　別 浄土寺

山田宋偏墓　やまだそうへんのはか　江戸時代
　　所在地 東京都台東区西浅草1-2-16 願竜寺
　　指定 都指定旧跡（1955）

山田城跡　やまだじょうあと，やまだぐすくあと　15世紀
　　所在地 沖縄県国頭郡恩納村　指定 国指定史跡（2008）

山田峰古墳　やまだみねこふん　6世紀中葉
　　所在地 茨城県小美玉市下玉里字船塚

山田高塚古墳　やまだたかつかこふん　7世紀前半頃
　　所在地 大阪府南河内郡太子町山田
　　別 磯長山田陵，推古天皇陵古墳，推古陵古墳

山田堰　やまだぜき　江戸時代
　　所在地 高知県香美市土佐山田町　指定 県指定史跡（1952）

山田富士　やまだふじ　江戸時代
　　所在地 神奈川県横浜市都筑区　指定 市登録史跡（1996）

山田検校墓　やまだけんぎょうのはか　江戸時代
　　所在地 東京都葛飾区高砂7-13-34 源照寺
　　指定 都指定旧跡（1955）

山田横穴　やまだよこあな　7世紀
　　所在地 岐阜県可児郡御嵩町伏見1376　指定 県指定史跡（1957）
　　別 山田横穴墓

山田横穴墓　やまだおうけつぼ　7世紀
　　所在地 岐阜県可児郡御嵩町伏見1376
　　別 山田横穴

山辺の道　やまのべのみち　古代
　　所在地 奈良県桜井市～天理市

山辺田窯跡　やんべたかまあと　江戸時代初期以降
　　所在地 佐賀県西松浦郡有田町黒牟田
　　別 肥前磁器窯跡（天狗谷窯跡・山辺田窯跡・原明窯跡・百間窯跡・泉山磁石場跡・不動山窯跡）

山辺沢遺跡　やまべざわいせき　縄文時代後期後半～晩期前半
　　所在地 福島県相馬郡飯舘村小宮字山辺沢・小宮くつわ掛

[6]山名氏城跡（此隅山城跡・有子山城跡）　やまなししろあと（このすみやまじょうあと・ありこやまじょうあと）　文中年間（1372～75）築城（此隅山城跡），天正2年（1574）築城（有子山城跡）
　　所在地 兵庫県豊岡市出石町袴狭・内町　指定 国指定史跡（1996）

山名古墳群　やまなこふんぐん　6世紀中頃～7世紀前半
　　所在地 群馬県高崎市山名町　指定 市指定史跡（2002）

山名城址　やまなじょうし　南北朝時代～戦国時代
　　所在地 群馬県高崎市山名町　指定 市指定史跡（1973）

山地古墳　やまじこふん　古墳時代前期中頃～後半
　　所在地 島根県出雲市神西沖町山地

山地遺跡　やまじいせき　弥生時代
　　所在地 和歌山県有田市山地

山守塚古墳　やまもりづかこふん　古墳時代終末期
　　所在地 栃木県芳賀郡益子町小宅字山守塚

山寺　やまでら　貞観2年（860）開創
　　所在地 山形県山形市山寺　指定 国指定史跡（1932）
　　別 立石寺

山寺水道　やまでらすいどう　江戸時代
　　所在地 茨城県常陸太田市天神林町　指定 県指定史跡（1957）

[7]山吹の里　やまぶきのさと
　　所在地 東京都新宿区戸塚

3画（山）

㊷『誹風柳多留 20』

山吹の瀬　やまぶきのせ
所在地 京都府宇治市
㊷『万葉集』,『仮名草子』

山囲古墳　やまがこいこふん　7世紀
所在地 宮城県名取市飯野坂5丁目

山尾古墳　やまおこふん　7世紀後半
所在地 京都府綾部市坊口町山尾

山形城跡　やまがたじょうあと　延文2年
(1357) 築城
所在地 山形県山形市霞城町ほか　㊲国指定史跡 (1986)

山形県会仮議事堂　やまがたけんかいかりぎじどう　明治時代初期
所在地 山形県山形市薬師町2-12-32
㊹旧山形県会仮議事堂

山村　やまむら
所在地 奈良県奈良市山村町
㊷『和名抄』

山村廃寺　やまむらはいじ　7世紀後半
所在地 奈良県奈良市大字山町ドドコロ
㊹ドドコロ（堂所）廃寺

山芦屋古墳　やまあしやこふん　6世紀後半築造, 7世紀前半まで追葬
所在地 兵庫県芦屋市山芦屋町

山谷古墳　やまやこふん　古墳時代前期中頃
所在地 新潟県新潟市西蒲区福井字山谷

[8]**山岡鉄舟墓　やまおかてっしゅうのはか　明治時代**
所在地 東京都台東区谷中5-4-7 全生庵　㊲都指定旧跡 (1955)

山東22号墳　さんどうにじゅうにごうふん　6世紀後葉
所在地 和歌山県和歌山市吉礼

山東京山墓　さんとうきょうざんのはか　江戸時代
所在地 東京都墨田区両国2-8 回向院内
㊹岩瀬京山墓, 磐瀬京山墓

山東京伝墓　さんとうきょうでんのはか　江戸時代
所在地 東京都墨田区両国2-8 回向院内
㊹岩瀬京伝墓, 磐瀬京伝墓

山武姥山貝塚　さんぶうばやまかいづか　縄文時代
所在地 千葉県山武郡横芝光町姥山字台

[9]**山前遺跡　やままえいせき　縄文時代〜古墳時代前期**

所在地 宮城県遠田郡美里町　㊲国指定史跡 (1976)

山垣遺跡　やまがきいせき　奈良時代
所在地 兵庫県丹波市春日町棚原

山城の淀　やましろのよど
所在地 京都府京都市伏見区淀
㊷『古今和歌集』

山城の鳥羽　やましろのとば
所在地 京都府京都市南区上鳥羽, 伏見区下鳥羽
㊷曽祢好忠『詞花和歌集 3』

山城川　やましろがわ
所在地 三重県, 京都府
㊷『日本書紀』, 小沢蘆庵『六帖詠草』

山城国　やましろのくに
所在地 京都府
㊷『万葉集』, 島崎藤村『夏草』

山城国分寺跡　やましろこくぶんじあと　天平12〜16年 (740〜744)
所在地 京都府木津川市加茂町例幣・河原
㊹山背国分寺跡, 恭仁宮跡, 恭仁宮, 恭仁宮跡（山城国分寺跡）

山室姫塚古墳　やまむろひめづかこふん　7世紀
所在地 千葉県山武市山室914-2　㊲県指定史跡 (1992)

山津照神社古墳　やまつてるじんじゃこふん　6世紀前葉頃
所在地 滋賀県米原市能登瀬　㊲県指定史跡 (1969)

山畑古墳群　やまはたこふんぐん　6世紀中葉〜7世紀初頭頃形成, 7世紀中葉まで追葬
所在地 大阪府東大阪市上四条町

山畑横穴装飾古墳群　やまはたおうけつそうしょくこふんぐん, やまはたよこあなそうしょくこふんぐん　6〜7世紀
所在地 宮城県大崎市三本木
㊹山畑横穴墓群, 山畑横穴群

山畑横穴墓群　やまはたおうけつぼぐん　6〜7世紀
所在地 宮城県大崎市三本木
㊹山畑横穴装飾古墳群, 山畑横穴群

山畑横穴群　やまはたよこあなぐん　6〜7世紀
所在地 宮城県大崎市三本木　㊲国指定史跡 (1973)
㊹山畑横穴墓群, 山畑横穴装飾古墳群

山県大弐の墓　やまがただいにのはか　明治

時代改葬
[所在地]茨城県石岡市根小屋779 泰寧寺　[史]県指定史跡（1935）

山県大弐の墓　やまがただいにのはか　江戸時代
[所在地]東京都新宿区舟町11 全勝寺　[史]区指定史跡（1984）

山県大弐の墓　やまがただいにのはか　明治時代改葬
[所在地]山梨県甲斐市篠原190 山県神社　[史]市指定史跡（1977）

山神寄建神社古墳　やがみよったてじんじゃこふん　4世紀後半
[所在地]三重県伊賀市山神

山神遺跡　やまがみいせき　縄文時代後期・晩期
[所在地]愛媛県上浮穴郡久万高原町東明神

山科　やましな
[所在地]京都府京都市東山区山科町
[文]『万葉集』,『後拾遺和歌集』,『蜻蛉日記』
[別]山階

山科本願寺土塁跡　やましなほんがんじどるいあと　文明10年（1478）建設開始
[所在地]京都府京都市山科区音羽伊勢宿町・西野様子見町・西野阿芸沢町・西野大手先町
[別]山科本願寺南殿跡 附 山科本願寺土塁跡

山科本願寺南殿跡 附 山科本願寺土塁跡　やましなほんがんじなんでんあと つけたり やましなほんがんじどるいあと　文明10年（1478）建設開始
[所在地]京都府京都市山科区音羽伊勢宿町・西野様子見町・西野阿芸沢町・西野大手先町
[史]国指定史跡（2002）

山背国分寺跡　やましろこくぶんじあと　天平12～16年（740～744）
[所在地]京都府木津川市加茂町例幣・河原
[別]山城国分寺跡, 恭仁宮跡, 恭仁宮, 恭仁宮跡（山城国分寺跡）

山草荷遺跡　やまそうかいせき　弥生時代中期
[所在地]新潟県新発田市

10**山倉1号墳　やまくらいちごうふん**　6世紀末葉
[所在地]千葉県市原市大坪字笠持

山家一里塚　やまがいちりずか　寛永10年（1633）
[所在地]広島県三次市山家町　[史]県指定史跡（1965）

山根・石屋敷遺跡　やまね・いしやしきいせき　弥生時代前期末～中期初頭
[所在地]高知県高知市春野町

山根前横穴墓群　やまねまえおうけつぼぐん　8世紀前半
[所在地]宮城県登米市石越町東郷
[別]山根前横穴群

山根前横穴群　やまねまえよこあなぐん　8世紀前半
[所在地]宮城県登米市石越町東郷
[別]山根前横穴墓群

山根館跡　やまねたてあと　室町時代
[所在地]秋田県にかほ市小国　[史]県指定史跡（1986）

11**山崎　やまざき**
[所在地]京都府乙訓郡大山崎町
[文]『和名抄』

山崎・石町遺跡　やまさき・いしまちいせき　縄文時代後期
[所在地]福岡県築上郡築上町

山崎1号墳　やまざきいちごうふん　5世紀初頭頃
[所在地]栃木県真岡市根本字山崎

山崎ひょうたん塚古墳　やまのさきひょうたんずかこふん　5世紀前半期
[所在地]千葉県佐倉市山崎下根343

山崎八ヶ尻墳墓群　やまさきはちがじりふんぼぐん　古墳時代前期
[所在地]福岡県北九州市小倉南区長野

山崎山古墳群　やまさきやまこふんぐん　5世紀初頭～6世紀末頃
[所在地]和歌山県海南市岡田山崎

山崎古墳群　やまざきこふんぐん　古墳時代後期
[所在地]徳島県板野郡上板町西分

山崎貝塚　やまざきかいずか　縄文時代中期～晩期
[所在地]千葉県野田市山崎貝塚町　[史]国指定史跡（1976）

山崎家墓所　やまさきけぼしょ　江戸時代
[所在地]岡山県高梁市成羽町下原　[史]県指定史跡（1999）

山崎横穴古墳群　やまざきおうけつこふんぐん　古墳時代後期
[所在地]福島県喜多方市慶徳町山科字墓東

山崎横穴墓群　やまざきおうけつぼぐん　7世紀

3画（川）

　　所在地 千葉県茂原市山崎
山添古墳　やまぞえこふん　6世紀中頃
　　所在地 福岡県大牟田市大字岬字山添
山紫水明処　さんしすいめいしょ　江戸時代
　　所在地 京都府京都市上京区東三本木通丸太町
　　　上ル南町
　　別 頼山陽書斎（山紫水明処）
山部大塚古墳　やんべおおつかこふん　7世紀
　　所在地 広島県安芸高田市吉田町吉田　㊟県指定史跡（1981）
　　別 大塚古墳
山野峠遺跡　さんのとうげいせき　縄文時代後期
　　所在地 青森県青森市久栗坂字山辺
山野根横穴墓群　やまのねおうけつぼぐん　8世紀
　　所在地 神奈川県逗子市山野根2丁目
山陰道（蒲生峠越・徳城峠越・野坂峠越）　さんいんどう（がもうとうげごえ・とくじょうとうげごえ・のさかとうげごえ）　江戸時代
　　所在地 鳥取県岩美郡岩美町，島根県鹿足郡津和野町　㊟国指定史跡（2005）
山頂古墳　さんちょうこふん　5世紀前半
　　所在地 福井県福井市足羽山
山鹿貝塚　やまがかいづか　縄文時代
　　所在地 福岡県遠賀郡芦屋町大字山鹿　㊟県指定史跡（1977）
山鹿素行墓　やまがそこうのはか　江戸時代
　　所在地 東京都新宿区弁天町　㊟国指定史跡（1943）
[12]山奥遺跡　やまおくいせき　弥生時代後期，古墳時代後期
　　所在地 三重県四日市市羽津字山奥
山賀遺跡　やまがいせき　縄文時代中期〜近世
　　所在地 大阪府東大阪市若江西新町〜八尾市新家4丁目
山階寺　やましなでら
　　所在地 奈良県奈良市登大路町
　　② 『拾遺和歌集 5』，『日本霊異記』
　　別 興福寺
山隈窯跡群　やまぐまかまあとぐん　5世紀前半〜後半操業
　　所在地 福岡県朝倉郡筑前町山隈
山陽道野磨駅家跡　さんようどうやまのうまやあと　古代

　　所在地 兵庫県赤穂郡上郡町　㊟国指定史跡（2006）

【川】

[3]川上古墳　かわかみこふん　5世紀末
　　所在地 香川県さぬき市昭和
川上神社古墳　かわかみじんじゃこふん　7世紀前半
　　所在地 愛媛県東温市南方　㊟県指定史跡（1950）
川口　かわぐち
　　所在地 三重県津市白山町川口
　　② 『源氏物語』
　　別 河口
川口遺跡　かわぐちいせき　擦文時代中〜後期
　　所在地 北海道天塩郡天塩町川口基線
　　別 手塩川口遺跡
川子塚古墳　かわこづかこふん　5世紀末〜6世紀初頭
　　所在地 茨城県ひたちなか市川子塚
[4]川中島　かわなかじま
　　所在地 長野県長野市
　　② 河竹黙阿弥『川中島東都錦絵』
川内天王塚古墳　かわうちてんのうづかこふん　6世紀末
　　所在地 群馬県桐生市川内3丁目
　　別 天王塚古墳
川戸2号墳　かわどにごうふん　古墳時代後期
　　所在地 岡山県美作市川戸
川木谷遺跡　かわきやいせき　旧石器時代終末および縄文時代草創期
　　所在地 栃木県大田原市亀久字川木谷
[5]川北1号墳　かわきたいちごうふん　6世紀後葉〜7世紀前葉
　　所在地 香川県東かがわ市小海
川北横穴墓群　かわきたおうけつぼぐん　古墳時代
　　所在地 宮城県大崎市岩出山上野目・下野目
　　別 川北横穴群
川北横穴群　かわきたよこあなぐん　古墳時代
　　所在地 宮城県大崎市岩出山上野目・下野目
　　別 川北横穴墓群
川尻　かわじり
　　所在地 兵庫県尼崎市北東部
　　② 『源氏物語』，『太平記』

遺跡・古墳よみかた辞典　93

3画（川）

㋵河尻

川尻石器時代遺跡　かわしりせっきじだいいせき　縄文時代後期
㋑神奈川県相模原市緑区谷ヶ原　㋞国指定史跡（1931）
㋵谷ヶ原遺跡，川尻遺跡

川尻遺跡　かわしりいせき　縄文時代後期
㋑神奈川県相模原市緑区谷ヶ原
㋵谷ヶ原遺跡，川尻石器時代遺跡

川平貝塚　かびらかいづか　15〜16世紀
㋑沖縄県石垣市字川平　㋞国指定史跡（1972）

川田古墳群　かわだこふんぐん　古墳時代前期・後期
㋑石川県鹿島郡中能登町川田

川田谷ひさご塚古墳　かわたやひさごずかこふん　古墳時代後期
㋑埼玉県桶川市川田谷

川田雄琴一家の墓　かわだゆうきんいっかのはか　江戸時代
㋑愛媛県大洲市柚木　㋞県指定史跡（1959）

⁶川合次郎兵衛塚一号墳　かわいじろべえずかいちごうふん　7世紀初め
㋑岐阜県可児市川合北　㋞県指定史跡（1995）

川合坊主山古墳　かわいぼうずやまこふん　古墳時代終末期
㋑静岡県袋井市三川〜川合谷ノ山

川名新林横穴墓群　かわなしんばやしおうけつぼぐん　古墳時代後期以降
㋑神奈川県藤沢市川名字新林

川地貝塚　かわじかいづか　縄文時代後期晩期
㋑愛知県田原市亀山町川地
㋵亀山貝塚

川西千塚　かわにしせんづか　古墳時代前期〜後期
㋑奈良県橿原市鳥屋町・北越智町・川西町
㋵新沢千塚，新沢千塚古墳群

川西古墳群　かわにしこふんぐん　古墳時代
㋑大阪府高槻市郡家

⁸川東古墳　かわひがしこふん　古墳時代
㋑香川県さぬき市大川町富田中　㋞市指定史跡

川東車塚古墳　かわひがしくるまづかこふん　古墳時代前期〜4世紀後半

㋑岡山県真庭市西原　㋞県指定史跡（2002）
㋵車塚古墳

⁹川南古墳群　かわみなみこふんぐん　4世紀頃〜6世紀終わり頃
㋑宮崎県児湯郡川南町　㋞国指定史跡（1961）

川南村古墳　かわみなみそんこふん　古墳時代
㋑宮崎県児湯郡川南町大字川南字北原・大字平田字猿子塚・年森　㋞県指定史跡（1939）

川柳姫塚古墳　せんりゅうひめずかこふん　4世紀末
㋑長野県長野市篠ノ井石川
㋵姫塚古墳，川柳将軍塚古墳・姫塚古墳

川柳将軍塚古墳　せんりゅうしょうぐんずかこふん　4〜5世紀（川柳将軍塚古墳）
㋑長野県長野市篠ノ井石川
㋵将軍塚古墳，川柳将軍塚古墳・姫塚古墳

川柳将軍塚古墳・姫塚古墳　せんりゅうしょうぐんずかこふん・ひめずかこふん　4〜5世紀（川柳将軍塚古墳）
㋑長野県長野市篠ノ井石川　㋞国指定史跡（1977）
㋵川柳姫塚古墳，川柳将軍塚古墳，姫塚古墳，将軍塚古墳

¹⁰川原井瓦窯群　かわらいがようぐん　古代〜鎌倉時代
㋑三重県鈴鹿市加佐登町字川原井

川原毛瓦窯跡　かわらげかわらかまあと　江戸時代
㋑岩手県紫波郡紫波町二日町字川原毛75番1ほかに　㋞県指定史跡（1990）

川原田洞穴　かわはらだどうけつ　縄文時代早期
㋑大分県杵築市山香町広瀬字殿山

川原寺址　かわらじ，かわはらじし　天智朝〜天武朝にかけて造営
㋑奈良県高市郡明日香村
㋵川原寺跡

川原寺跡　かわらでらあと，かわはらでらあと　天智朝〜天武朝にかけて造営
㋑奈良県高市郡明日香村　㋞国指定史跡（1921）
㋵川原寺址

川島古墳　かわしまこふん　古墳時代後期
㋑福岡県飯塚市大字川島字荒巻

[11]川寄吉原遺跡　かわよりよしはらいせき　弥生時代後期前半
[所在地]佐賀県神埼市神埼町竹

川崎　かわさき
[所在地]神奈川県川崎市
[文]十返舎一九『東海道中膝栗毛』

川崎大師　かわさきだいし
[所在地]神奈川県川崎市川崎区大師町
[文]井原西鶴『一目玉鉾』, 大田南畝『調布日記』

川崎古墳　かわさきこふん　6世紀後半
[所在地]栃木県那須郡那珂川町久那瀬字川崎

川船番所跡　かわふねばんしょあと
[所在地]東京都江東区常盤1-1-2
[文]『誹風柳多留 86』, 幸田露伴『水の東京』

川袋古墳群　かわぶくろこふんぐん　7世紀後半
[所在地]宮城県宮城郡利府町森郷字川袋

川部・高森古墳群　かわべ・たかもりこふんぐん　3～6世紀
[所在地]大分県宇佐市川部・高森　[史]国指定史跡（1980）

川部遺跡南西地区墳墓群　かわべいせきなんせいちくふんぼぐん　古墳時代前期初頭
[所在地]大分県宇佐市大字川部

[12]川湯温泉　かわゆおんせん
[所在地]和歌山県田辺市
[文]『西国三十三所名所図会』

川焼台遺跡　かわやきだいいせき　旧石器時代～奈良時代
[所在地]千葉県市原市北辺郡千原台ニュータウン内

[14]川端馬越古墳群　かわばたうまごえこふんぐん　6世紀末
[所在地]徳島県板野郡板野町川端字唐土谷

川端康成邸　かわばたやすなりてい　昭和前期
[所在地]神奈川県鎌倉市長谷1-12-5

[18]川額軍原古墳群　かわはけいくさばらこふんぐん　古墳時代後期～終末期
[所在地]群馬県利根郡昭和村川額字軍原・鍛屋地・諏訪平, 森下字御門

【己】

[10]己高山　こだかみやま, こたかみやま
[所在地]滋賀県長浜市
[文]源頼綱『金葉和歌集 4』

【弓】

[4]弓月が嶽　ゆつきがたけ
[所在地]奈良県桜井市穴師
[文]『万葉集』, 『金槐和歌集』

[9]弓削の河原　ゆげのかわら
[所在地]大阪府八尾市弓削町
[文]『万葉集』, 『今昔物語集』

[11]弓張平遺跡　ゆみはりだいらいせき　旧石器時代
[所在地]山形県西村山郡西川町志津

【才】

[0]才が迫1号墳　さいがさこいちごうふん　古墳時代初頭
[所在地]広島県東広島市高屋町宮領

[6]才合地山横穴墓群　さいごうちやまおうけつぼぐん　6世紀末葉
[所在地]福島県須賀川市桙衝

[13]才園古墳　さいぞのこふん, さいぞんこふん　5世紀末～6世紀初頭
[所在地]熊本県球磨郡あさぎり町免田町字畑中1802-2

才園古墳群　さいぞのこふんぐん, さいぞんこふんぐん　5世紀末～6世紀初頭
[所在地]熊本県球磨郡あさぎり町免田町　[史]県指定史跡（1976）
[別]才園の四ツ塚

4 画

【丑】

[13]丑殿古墳　うしどのこふん　7世紀初頭
[所在地]大分県大分市賀来字片面

【不】

[2]不入岡遺跡　ふにおかいせき　奈良時代～平安時代
[所在地]鳥取県倉吉市不入岡
[別]伯耆国府跡（国庁跡・法華寺畑遺跡・不入岡遺跡）

[6]不老水　ふろうすい　江戸時代・鎌倉五名水の一
[所在地]神奈川県鎌倉市山ノ内110
[別]仙水, 仙人水, 仙池, 仙人池

7不孝寺塚古墳　ふこうじずかこふん　6世紀
[所在地]岐阜県可児市羽崎　[史]県指定史跡（1957）

不忍池　しのばずのいけ
[所在地]東京都台東区上野公園2
[文]『誹風柳多留』

不来方城　こずかたじょう
[所在地]岩手県盛岡市
[文]石川啄木『煙』
[別]盛岡城

8不知哉川　いさやがわ, いさらがわ
[所在地]滋賀県彦根市
[文]『万葉集』,『古今和歌集』

10不破　ふわ
[所在地]岐阜県不破郡関ケ原町松尾
[文]『古今和歌集』,『新古今和歌集』

不破の行宮　ふわのかりみや　7世紀
[所在地]岐阜県不破郡垂井町府中？
[別]野上行宮

不破の関跡　ふわのせきあと　古代
[所在地]岐阜県不破郡関ヶ原町　[史]県指定史跡（1970）

不破山　ふわやま
[所在地]岐阜県不破郡
[文]『万葉集』, 近松門左衛門『嫗山姥』

不破関　ふわのせき　古代
[所在地]岐阜県不破郡関ケ原町松尾
[別]不破の関

11不動ガ岩屋洞窟　ふどうがいわやどうくつ　縄文時代草創期
[所在地]高知県高岡郡佐川町　[史]国指定史跡（1978）
[別]不動ヶ岩屋洞窟, 不動ヵ岩屋洞穴

不動ヵ岩屋洞穴　ふどうがいわやどうけつ　縄文時代草創期
[所在地]高知県高岡郡佐川町
[別]不動ヶ岩屋洞窟, 不動ガ岩屋洞窟

不動ヶ岩屋洞窟　ふどうがいわやどうくつ　縄文時代草創期
[所在地]高知県高岡郡佐川町
[別]不動ヵ岩屋洞穴, 不動ガ岩屋洞窟

不動山古墳　ふどうやまこふん　5世紀中頃～後半
[所在地]群馬県高崎市綿貫町　[史]市指定史跡（2002）

不動山窯跡　ふどうやまかまあと　江戸時代初期以降
[所在地]佐賀県嬉野市嬉野町上不動皿屋谷
[別]肥前磁器窯跡（天狗谷窯跡・山辺田窯跡・原明窯跡・百間窯跡・泉山磁石場跡・不動山窯跡）

不動穴洞穴　ふどうあなどうけつ　縄文時代草創期～中期
[所在地]群馬県桐生市梅田町5丁目

不動坂　ふどうざか
[所在地]和歌山県伊都郡高野町
[文]貞継『犬子集』

不動堂遺跡　ふどうどういせき　縄文時代中期
[所在地]富山県下新川郡朝日町　[史]国指定史跡（1974）

不動塚1号墳　ふどうずかいちごうふん　6世紀中葉～後半
[所在地]奈良県宇陀市菟田野町稲戸

不動塚古墳　ふどうずかこふん　6世紀末頃
[所在地]千葉県山武市板附字西ノ台

【中】

0中・寺尾遺跡　なか・てらおいせき　弥生時代前期～中期
[所在地]福岡県大野城市大字中字寺尾

中の水門　なかのみなと
[所在地]香川県丸亀市金倉町・中津町
[文]『万葉集』

中の平遺跡　なかのたいらいせき　縄文時代中期
[所在地]青森県東津軽郡外ヶ浜町字三厩中ノ平

中の池遺跡　なかのいけいせき　弥生時代前期
[所在地]香川県丸亀市金倉町中

中の谷4号窯　なかのたによんごうがま　平安時代
[所在地]京都府京都市左京区岩倉木野町　[史]市指定史跡（1992）

中の城跡　なかのじょうあと　南北朝時代～戦国時代
[所在地]三重県津市美里町
[別]長野氏城跡（長野城跡・東の城跡・中の城跡・西の城跡）

中ノ川山一里塚　なかのかわやまいちりずか　江戸時代
[所在地]山口県岩国市美和町秋掛字中の川2325番2　[史]県指定史跡（2002）

中ノ庄遺跡　なかのしょういせき　弥生時代

前期～室町時代
[所在地]三重県松阪市中ノ庄町

中ノ尾供養碑　なかのおくようひ　天文18年(1549)建立
[所在地]宮崎県日南市殿所　[史]国指定史跡(1934)

中ノ谷古墳　なかのたにこふん　5世紀中葉前後
[所在地]大阪府八尾市楽音寺
[別]中谷山古墳

中ノ島　なかのしま
[所在地]大阪府大阪市北区中ノ島
[文]『摂津名所図会』
[別]中之島

中ノ峯古墳　なかのみねこふん　6世紀末
[所在地]群馬県渋川市北牧乙1596　[史]県指定史跡(1980)

中ノ浜遺跡　なかのはまいせき　弥生時代前期・中期
[所在地]山口県下関市豊浦町大字川棚字中ノ浜2393-1　[史]県指定史跡(1975)

中ノ郷古墳　なかのごうこふん　5世紀後半
[所在地]愛知県西尾市西幡豆町

2**中二子古墳　なかふたごこふん**　6世紀前半
[所在地]群馬県前橋市東大室町・西大室町
[史]国指定史跡(1927)

中八幡古墳　なかやわたこふん　5世紀中葉
[所在地]岐阜県揖斐郡池田町上八幡中野

3**中三谷遺跡　なかさんやいせき**　縄文時代中期中葉～晩期前半
[所在地]埼玉県鴻巣市大字鴻巣字中三谷

中丸遺跡　なかまるいせき　縄文時代中期中葉
[所在地]山梨県笛吹市御坂町上黒駒

中久喜城跡　なかくきじょうあと　中世
[所在地]栃木県小山市中久喜
[別]小山氏城跡(鷲城跡・祇園城跡・中久喜城跡)

中大谷古墳群　なかおおたにこふんぐん　古墳時代後期
[所在地]三重県津市安濃町

中小田古墳群　なかおだこふんぐん　古墳時代前期～中期
[所在地]広島県広島市安佐北区口田町・口田南町・口田南　[史]国指定史跡(1996)

中山36号墳　なかやまさんじゅうろくごうふん　4世紀
[所在地]長野県松本市中山仁能田山

中山一里塚　なかやまいちりずか　寛永10年(1633)
[所在地]広島県三次市吉舎町　[史]県指定史跡(1944)

中山大塚古墳　なかやまおおつかこふん　古墳時代前期初頭
[所在地]奈良県天理市中山町
[別]大塚古墳

中山古墳群　なかやまこふんぐん　5世紀前半(1号墳), 4世紀後半(2号墳)
[所在地]福井県福井市中山町

中山古墳群　なかやまこふんぐん　弥生時代末～6世紀
[所在地]島根県邑智郡邑南町中野

中山寺古墳　なかやまでらこふん　6世紀末～7世紀
[所在地]兵庫県宝塚市中山寺2-11-1　[史]県指定史跡(1960)
[別]白鳥塚古墳

中山谷遺跡　なかざんやいせき　旧石器時代, 縄文時代中期
[所在地]東京都小金井市中町3丁目

中山貝塚　なかやまかいずか　縄文時代後期～弥生時代中期
[所在地]広島県広島市東区中山町東谷上地免

中山忠光墓　なかやまただみつのはか　慶応元年(1865)建立
[所在地]山口県下関市綾羅木本町　[史]国指定史跡(1941)

中山金山　なかやまきんざん　戦国時代～江戸時代
[所在地]山梨県南巨摩郡身延町湯之奥
[別]甲斐金山遺跡(黒川金山・中山金山)

中山南遺跡　なかやまみなみいせき　古墳時代初期
[所在地]富山県射水市黒河　[史]県指定史跡(1975)

中山荘園古墳　なかやまそうえんこふん　7世紀中頃
[所在地]兵庫県宝塚市中山荘園　[史]国指定史跡(1999)

中山茶臼山古墳　なかやまちゃうすやまこふん　3世紀後半～4世紀
[所在地]岡山県岡山市北区尾上・吉備津
[別]茶臼山古墳

中山道　なかせんどう　江戸時代

4画（中）

所在地 長野県小県郡長和町、木曽郡南木曽町、岐阜県中津川市　国指定史跡(1987)

中山道落合の石畳　なかせんどうおちあいのいしだたみ　江戸時代
所在地 岐阜県中津川市落合　県指定史跡(1964)

中山新田遺跡　なかやましんでんいせき　縄文時代中期
所在地 千葉県柏市大青田

中山遺跡　なかやまいせき　縄文時代
所在地 秋田県南秋田郡五城目町

中山遺跡　なかやまいせき　弥生時代末～古墳時代初期
所在地 岡山県真庭市西河内

中山遺跡　なかやまいせき　旧石器時代後期
所在地 長崎県平戸市度島町字中山

中川　なかがわ
所在地 埼玉県、東京都
文 土屋文明『放水路』

中川　なかがわ
所在地 京都府京都市上京区寺町通荒神口
文『実方集』、藤原顕家『千載和歌集14』
別 京極川、会初川

中川原貝塚　なかがわばるかいづか　沖縄貝塚時代前期・後期前半・後期後半
所在地 沖縄県中頭郡読谷村

4**中之庄経塚**　なかのしょうきょうづか　承応4年(1655)造営
所在地 奈良県奈良市中之庄町

中之坊庭園　なかのぼうていえん　江戸時代
所在地 奈良県葛城市当麻
別 当麻寺中之坊庭園

中之島　なかのしま
所在地 大阪府大阪市北区中ノ島
文『摂津名所図会』
別 中ノ島

中井出古窯跡　なかいでこようあと　室町時代後半
所在地 滋賀県甲賀市信楽町長野
別 信楽焼窯跡群

中切古墳　なかぎりこふん　6世紀
所在地 岐阜県可児郡御嵩町中切984　県指定史跡(1957)

5**中世行幸御宿泊所本宮竹の坊屋敷跡**　ちゅうせいぎょうこうおんしゅくはくしょほんぐうたけのぼうやしきあと　中世
所在地 和歌山県田辺市本宮町本宮554ほか　県指定史跡(1965)
別 本宮竹の坊屋敷跡

中代古墳　なかだいこふん　4世紀後半～5世紀前半
所在地 香川県さぬき市昭和

中出勝負峠8号墳　なかいでしょうぶだおはちごうふん　4世紀
所在地 広島県山県郡北広島町丁保余原

中出勝負峠墳墓群　なかいでしょうぶだおふんぼぐん　弥生時代
所在地 広島県山県郡北広島町　県指定史跡(1991)

中台古墳群　なかだいこふんぐん　古墳時代後期
所在地 茨城県つくば市北条字中台・字古城

中台古墳群　なかだいこふんぐん　古墳時代後期
所在地 千葉県山武郡芝山町
別 芝山古墳群

中永谷古墳群　なかながさくこふんぐん　6世紀
所在地 千葉県市原市草刈字中永谷

中田装飾横穴　なかたそうしょくよこあな, なかだそうしょくよこあな　6世紀後半
所在地 福島県いわき市平沼ノ内
別 中田横穴墓、中田横穴

中田横穴　なかたよこあな, なかだよこあな　6世紀後半
所在地 福島県いわき市平沼ノ内　国指定史跡(1970)
別 中田装飾横穴、中田横穴墓

中田横穴墓　なかたおうけつぼ, なかだおうけつぼ　6世紀後半
所在地 福島県いわき市平沼ノ内
別 中田装飾横穴、中田横穴

中田遺跡　なかだいせき, なかたいせき　古墳時代～平安時代
所在地 東京都八王子市

中込学校　なかごみがっこう　明治時代
所在地 長野県佐久市中込
別 旧中込学校

中辺路　なかへち　古代末期以降
所在地 和歌山県新宮市、田辺市、東牟婁郡那智勝浦町
別 熊野参詣道(中辺路・大辺路・小辺路・伊勢路・熊野川・七里御浜・花の窟)

6**中寺廃寺跡**　なかでらはいじあと　奈良時代

後期頃創建～鎌倉時代以降衰退
[所在地]香川県仲多度郡まんのう町　[史]国指定史跡（2008）
中江藤樹の邸跡　なかえとうじゅのやしきあと　江戸時代
[所在地]愛媛県大洲市大洲　[史]県指定史跡（1948）
中西尾6号墳　なかにしおろくごうふん　6世紀
[所在地]鳥取県米子市淀江町福岡中西尾
中西廃寺址　なかにしはいじし　白鳳時代
[所在地]兵庫県加古川市大字中西字堂垣内
7**中佐備窯跡**　なかさびかまあと　5世紀末～6世紀前半
[所在地]大阪府富田林市大字佐備
中坂　なかざか
[所在地]東京都千代田区九段北
[文]泉鏡花『薄紅梅』
中尾山古墳　なかおやまこふん　7世紀末～8世紀初頭
[所在地]奈良県高市郡明日香村　[史]国指定史跡（1927）
中尾田遺跡　なかおだいせき　縄文時代早期後半～中期
[所在地]鹿児島県霧島市横川町
中村古墳群　なかむらこふんぐん　5世紀後半～7世紀前半
[所在地]三重県名張市百合が丘西五番町
中村石丸遺跡　なかむらいしまるいせき　縄文時代後期中葉
[所在地]福岡県豊前市大字中村字石丸
中村貝塚　なかむらかいずか　縄文時代晩期中葉～後半
[所在地]高知県四万十市中村山手通
中村城跡　なかむらじょうあと　鎌倉時代
[所在地]栃木県真岡市中　[史]県指定史跡（1960）
中村城跡　なかむらじょうあと　戦国期～江戸時代（元和期）
[所在地]高知県四万十市中村 為松公園内
[別]為松城
中村原土壇　なかむらはらどだん　中世
[所在地]山形県飯豊町大字中字西御林1485-1の内　[史]県指定史跡（1952）
中村遺跡　なかむらいせき　弥生時代～近世
[所在地]群馬県渋川市中村638～659
中村遺跡　なかむらいせき　旧石器時代
[所在地]神奈川県相模原市南区上鶴間
中沢目貝塚　なかざわめかいずか　縄文時代
[所在地]宮城県大崎市田尻燕東　[史]国指定史跡（1988）
中沢浜貝塚　なかざわはまかいずか　縄文時代，弥生時代，平安時代
[所在地]岩手県陸前高田市広田町　[史]国指定史跡（1934）
中社古墳　なかやしろこふん　4世紀中頃
[所在地]愛知県名古屋市守山区上志段味字東谷
中谷山古墳　なかたにやまこふん　5世紀中葉前後
[所在地]大阪府八尾市楽音寺
[別]中ノ谷古墳
中谷山古墳　なかたにやまこふん　7世紀前半
[所在地]徳島県板野郡板野町川端字中谷山
中谷遺跡　なかやいせき　縄文時代中期～晩期
[所在地]山梨県都留市小形山字中谷
中里貝塚　なかざとかいずか　縄文時代中期中葉～後期初頭
[所在地]東京都北区上中里　[史]国指定史跡（2000）
[別]中里遺跡
中里城遺跡　なかさとじょういせき　平安時代，室町時代
[所在地]青森県北津軽郡中泊町中里字亀山
[史]県指定史跡（2003）
中里遺跡　なかざといせき　縄文時代中期中葉～後期初頭
[所在地]東京都北区上中里
[別]中里貝塚
8**中和田横穴墓群**　なかわだおうけつぼぐん　7世紀前半～8世紀
[所在地]東京都多摩市中和田
中妻貝塚　なかずまかいずか　縄文時代
[所在地]茨城県取手市小文間中妻耕地
中岡慎太郎宅跡　なかおかしんたろうたくあと　江戸時代幕末期
[所在地]高知県安芸郡北川村　[史]県指定史跡（1968）
中延　なかのぶ
[所在地]東京都品川区中延
[文]『江戸名所図会』
中東遺跡　なかひがしいせき　5世紀後葉
[所在地]香川県仲多度郡多度津町奥白方字中東
中林遺跡　なかばやしいせき　古墳時代～

中世
[所在地]群馬県高崎市吉井町馬庭　[史]市指定史跡（1994）

中林遺跡　なかばやしいせき　晩期旧石器時代
[所在地]新潟県十日町市

9**中城城跡**　なかぐすくじょうあと　14世紀後半築城
[所在地]沖縄県中頭郡北中城村　[史]国指定史跡（1972）

中屋遺跡　なかやいせき　縄文時代晩期中葉
[所在地]石川県金沢市中屋町

中峠貝塚　なかびょうかいずか　縄文時代中期
[所在地]千葉県松戸市紙敷字中峠

中海沿岸遺跡群　なかのうみえんがんいせきぐん　縄文時代
[所在地]島根県松江市美保関町（小浜洞窟遺跡・権現山洞窟遺跡・サルガ鼻洞窟遺跡・池の尻（含霊塔下）遺跡），松江市手角町（権太作遺跡・寺ノ脇遺跡・夫手遺跡など），鳥取県境港市（北灘海底遺跡・西灘海底遺跡），鳥取県米子市（日久美遺跡・陰田遺跡など）

中海道遺跡　なかかいどういせき　弥生時代終末期～古墳時代前期
[所在地]京都府向日市物集女町

中洲　なかす
[所在地]東京都中央区日本橋中洲
[文]山東京伝『志羅川夜船』，岡本かの子『生々流転』

中洗井北第一号窯跡　なかあらいきただいいちごうかまあと　室町時代初期
[所在地]岐阜県中津川市千旦林　[史]県指定史跡（1958）

中津川洞穴遺跡　なかつがわどうけついせき　縄文時代
[所在地]愛媛県西予市城川町古市　[史]県指定史跡（2011）
[別]中津川洞遺跡

中津川洞遺跡　なかつがわどういせき　縄文時代
[所在地]愛媛県西予市城川町古市
[別]中津川洞穴遺跡

中津坂上遺跡　なかつさかうえいせき　6世紀前半頃
[所在地]静岡県浜松市北区都田町中津

中津貝塚　なかつかいずか　縄文時代後期
[所在地]岡山県倉敷市玉島黒崎

10**中原4号墳**　なかはらよんごうふん　6世紀後半
[所在地]静岡県富士市伝法字中原

中原I群1号墳　なかばるあいぐんいちごうふん　6世紀
[所在地]福岡県筑紫郡那珂川町大字中原字頭無

中原古墳群　なかはらこふんぐん　6世紀後半
[所在地]千葉県千葉市緑区平山町字中原

中原古墳群　なかはらこふんぐん　5世紀後半
[所在地]岡山県真庭市中原

中原狐塚古墳　なかばるきつねずかこふん　6世紀後半
[所在地]福岡県久留米市田主丸町
[別]田主丸古墳群（田主丸大塚古墳・寺徳古墳・中原狐塚古墳・西館古墳）

中原遺跡　なかはらいせき　縄文時代中期初頭～後期初頭
[所在地]山梨県北杜市小淵沢町

中原遺跡　なかばるいせき　弥生時代前期～中期
[所在地]佐賀県唐津市大字原字中原

中宮1号墳　なかみやいちごうふん　6世紀中頃
[所在地]岡山県津山市小字剣戸
[別]中宮古墳

中宮古墳　なかみやこふん　6世紀中頃
[所在地]岡山県津山市小字剣戸
[別]中宮1号墳

中宮寺　ちゅうぐうじ　飛鳥時代創建
[所在地]奈良県生駒郡斑鳩町法隆寺北
[別]中宮尼寺，鵤尼寺，法興尼寺

中宮寺跡　ちゅうぐうじあと　飛鳥時代～室町時代（出土瓦）
[所在地]奈良県生駒郡斑鳩町法隆寺北　[史]国指定史跡（1990）
[別]中宮尼寺，鵤尼寺，法興尼寺

中島ヤマンタン古墳群　なかじまやまんたんこふんぐん　古墳時代後期
[所在地]石川県七尾市中島町中島

中島遺跡　なかじまいせき　弥生時代後期後半
[所在地]長野県飯田市座光寺

中島遺跡　なかしまいせき　縄文時代前期・後期・晩期～古墳時代
[所在地]長崎県五島市浜町

中秣塚古墳　なかまぎずかこふん　7世紀前半
[所在地]山梨県甲斐市竜王　[史]県指定史跡

4画（中）

(1996)

中通古墳群　なかどおりこふんぐん　6世紀前半〜7世紀前葉
　所在地 福岡県大野城市牛頸字中通

中通古墳群　なかどおりこふんぐん　古墳時代
　所在地 熊本県阿蘇市一の宮町中通　㊉県指定史跡(1959)

中高瀬観音山遺跡　なかたかせかんのんやまいせき, なかだかせかんのんやまいせき　縄文時代〜中世
　所在地 群馬県富岡市岡本・中高瀬　㊉国指定史跡(1997)

[11]**中堂遺跡**　なかどういせき　縄文時代晩期初頭
　所在地 熊本県人吉市中神町字小柿

中曽根親王塚古墳　なかそねしんのうづかこふん　5世紀後半
　所在地 長野県東御市和丸山1104　㊉県指定史跡(1962)
　別 親王塚古墳

中郷古墳　なかごうこふん　5世紀
　所在地 長野県長野市大字篠ノ井字四野宮中郷

中郷古墳群　なかごうこふんぐん　古墳時代
　所在地 福井県敦賀市坂の下・吉河・岩谷　㊉国指定史跡(1988)

中郷神社前方後円墳　なかごうじんじゃぜんぽうこうえんふん　5世紀後半
　所在地 長野県長野市篠ノ井塩崎　㊉市指定史跡(1967)

中野A・B遺跡　なかのえー・びーいせき　縄文時代早期
　所在地 北海道函館市中野町
　別 中野遺跡

中野古墳群　なかのこふんぐん　6〜7世紀
　所在地 岐阜県岐阜市上土居戸石

中野台地A遺跡　なかのだいちえーいせき　縄文時代前期前半
　所在地 北海道日高郡新ひだか町

中野台地B遺跡　なかのだいちびーいせき　縄文時代早期
　所在地 北海道日高郡新ひだか町

中野横穴墓群　なかのおうけつぼぐん　7世紀後半〜8世紀中心, 11〜12世紀頃まで使用
　所在地 宮城県遠田郡涌谷町小塚字中野
　別 追戸・中野横穴墓群

中野遺跡　なかのいせき　縄文時代早期
　所在地 北海道函館市中野町
　別 中野A・B遺跡

[12]**中塚古墳**　なかつかこふん　7世紀
　所在地 群馬県桐生市新里町新川

中塚古墳　なかつかこふん　5世紀中頃
　所在地 福井県三方上中郡若狭町脇袋　㊉国指定史跡(1935)

中尊寺　ちゅうそんじ　伝・嘉祥3年(850)開創
　所在地 岩手県西磐井郡平泉町平泉字衣関

中尊寺境内　ちゅうそんじけいだい　伝・嘉祥3年(850)開創
　所在地 岩手県西磐井郡平泉町平泉字衣関　㊉国指定特別史跡(1979)

中棚遺跡　なかだないせき　縄文時代前期中葉の黒浜式期〜諸磯c式期
　所在地 群馬県利根郡昭和村糸井字中棚

中番地区古墳群　なかばんちくこふんぐん　6世紀末葉〜7世紀前葉
　所在地 兵庫県小野市中番町東野

中筋遺跡　なかすじいせき　縄文時代〜近世
　所在地 群馬県渋川市行幸田

中筋遺跡　なかすじいせき　縄文時代前期
　所在地 大阪府豊能郡能勢町

中越遺跡　なかこしいせき, なかごしいせき　縄文時代前期〜平安時代
　所在地 長野県上伊那郡宮田村

中道遺跡　なかみちいせき　弥生時代
　所在地 熊本県玉名市岱明町山下天神木

中間西井坪遺跡　なかつまにしいつぼいせき　古墳時代前期後半(1号墳), 古墳時代中期後半(2号・3号墳)
　所在地 香川県高松市中間町西井坪

中須東原遺跡　なかずひがしはらいせき　中世
　所在地 島根県益田市中須町28外　㊉国指定史跡(2014)

[13]**中禅寺湖**　ちゅうぜんじこ
　所在地 栃木県日光市
　② 田山花袋『日光』

中路遺跡　ちゅうろいせき　奈良時代〜平安時代
　所在地 滋賀県大津市神領
　別 近江国府跡(国庁跡・惣山遺跡・青江遺跡・中路遺跡)

[15]**中窯跡**　なかがまあと　江戸時代以前
　所在地 岐阜県可児市久々利　㊉県指定史跡

4画（丹, 之, 井）

[16]中橋広小路　なかばしひろこうじ
　所在地 東京都中央区八重洲
　⊗『やない筥』, 井原西鶴『好色二代男』

【丹】

[4]丹内山神社経塚　たんないさんじんじゃきょうずか　平安時代終わり〜鎌倉時代
　所在地 岩手県花巻市東和町丹内　県指定史跡（1965）

丹切古墳群　たんぎりこふんぐん　古墳時代後期
　所在地 奈良県宇陀市榛原萩原・下井足

丹比道　たじひみち　古代
　所在地 大阪府堺市北区金岡町付近, 奈良県葛城市長尾

[5]丹生　にう
　所在地 群馬県富岡市上丹生・下丹生
　⊗『万葉集』

丹生の山　にうのやま
　所在地 福井県越前市
　⊗『万葉集』

丹生の檜山　にうのひやま
　所在地 奈良県吉野郡黒滝村
　⊗『万葉集』

丹生川　にうがわ
　所在地 奈良県吉野郡黒滝村, 吉野郡下市町, 五条市
　⊗『万葉集』

丹生都比売神社　にうつひめじんじゃ　創建年代不詳
　所在地 和歌山県伊都郡かつらぎ町

丹生都比売神社境内　にうつひめじんじゃけいだい　創建年代不詳
　所在地 和歌山県伊都郡かつらぎ町　国指定史跡（2002）

丹生遺跡　にゅういせき, にういせき　後期旧石器時代初頭
　所在地 大分県大分市大字丹生

丹田古墳　たんだこふん　4世紀
　所在地 徳島県三好郡東みよし町　国指定史跡（1977）

[7]丹沢山地　たんざわさんち
　所在地 神奈川県, 静岡県, 山梨県
　⊗宮柊二『忘瓦亭の歌』
　㉟丹沢山塊

丹花庵古墳　たんげあんこふん　古墳時代中期
　所在地 島根県松江市古曽志町　国指定史跡（1933）

[8]丹波国　たんばのくに
　所在地 京都府, 兵庫県
　⊗『平家物語』

丹波国分寺跡 附 八幡神社跡　たんばこくぶんじあと つけたり はちまんじんじゃあと　奈良時代末期創建
　所在地 京都府亀岡市千歳町国分　国指定史跡（1928）

丹波亀山城跡　たんばかめやまじょうあと　天正6〜7年（1578〜79）築城（近世亀山城）
　所在地 京都府亀岡市荒塚町

[9]丹後平古墳　たんごたいこふん　6世紀前半〜中頃
　所在地 青森県八戸市大字根城
　㉟丹後平古墳群

丹後平古墳群　たんごたいこふんぐん　6世紀前半〜中頃
　所在地 青森県八戸市大字根城　国指定史跡（1999）

丹後国分寺跡　たんごこくぶんじあと　8世紀末以前創建
　所在地 京都府宮津市国分　国指定史跡（1930）

[11]丹鹿島　たんかしま
　所在地 兵庫県姫路市
　⊗『播磨鑑』
　㉟男鹿島

[21]丹鶴城跡　たんかくじょうあと　江戸時代
　所在地 和歌山県新宮市新宮
　㉟新宮城跡 附 水野家墓所

【之】

[5]之平路　しおじ
　所在地 石川県羽咋郡宝達志水町, 富山県氷見市
　⊗『万葉集』

【井】

[0]井の頭池遺跡群　いのかしらいけいせきぐん　旧石器時代, 縄文時代中〜後期
　所在地 東京都武蔵野市御殿山1丁目, 三鷹市井の頭4丁目　都指定史跡（1979）

井ノ内稲荷塚古墳　いのうちいなりづかこふん　古墳時代後期前半
　所在地 京都府長岡京市井ノ内小西

102　遺跡・古墳よみかた辞典

4画（井）

⑳稲荷塚古墳

井ノ向遺跡　いのむかいいせき　弥生時代
　所在地 福井県坂井市春江町井向島田

井ノ奥4号墳　いのおくよんごうふん　5世紀後半〜6世紀前半
　所在地 島根県松江市井ノ奥

³井上玄徹墓　いのうえげんてつのはか　江戸時代
　所在地 東京都渋谷区広尾5-1-21 祥雲寺　㉜都指定旧跡(1955)

井口遺跡　いのくちいせき　縄文時代後・晩期
　所在地 富山県南砺市井口

井土ヶ谷事件の跡　いどがやじけんのあと　文久3年(1863)
　所在地 神奈川県横浜市南区　㉜市登録史跡(1988)

⁴井戸尻遺跡　いどじりいせき　縄文時代
　所在地 長野県諏訪郡富士見町　㉜国指定史跡(1966)

井戸尻遺跡群　いどじりいせきぐん　縄文時代中期
　所在地 長野県諏訪郡富士見町

井手　いで
　所在地 京都府綴喜郡井手町
　㉜『古今和歌集』，『伊勢物語』，『狭衣物語』

井手挟3号墳　いではさみさんごうふん　5世紀後葉
　所在地 鳥取県米子市淀江町中西尾字塚田

⁵井出の愛宕塚　いでのあたごづか　5世紀末〜6世紀前半
　所在地 群馬県高崎市井出
　⑳井出愛宕塚古墳，愛宕塚古墳，二子山古墳

井出愛宕塚古墳　いであたごづかこふん　5世紀末〜6世紀前半
　所在地 群馬県高崎市井出
　⑳井出の愛宕塚，愛宕塚古墳，二子山古墳

井尻古墳　いじりこふん　6世紀前半頃
　所在地 三重県亀山市井尻町

井田川茶臼山古墳　いだがわちゃうすやまこふん　古墳時代後期
　所在地 三重県亀山市井田川町字谷山
　⑳茶臼山古墳

井田古墳群　いだこふんぐん　古墳時代後期
　所在地 石川県鹿島郡中能登町井田

井田松江古墳群　いたすんごうふんぐん　7世紀

　所在地 静岡県沼津市井田

井田原古墳　いだわらこふん　5世紀前半
　所在地 福岡県糸島市志摩井田原
　⑳開古墳，開1号墳，井田原開古墳

井田原開古墳　いだわらひらきこふん　5世紀前半
　所在地 福岡県糸島市志摩井田原
　⑳開古墳，開1号墳，井田原古墳

井辺八幡山古墳　いんべはちまんやまこふん　6世紀初め
　所在地 和歌山県和歌山市岩橋
　⑳八幡山古墳

井辺遺跡　いんべいせき　弥生時代後期〜古墳時代前期
　所在地 和歌山県和歌山市井辺・神前

⁶井伊谷城跡　いいのやじょうあと　中世
　所在地 静岡県浜松市北区引佐町井伊谷　㉜市指定史跡(1985)

井伊直弼墓　いいなおすけのはか　江戸時代
　所在地 東京都世田谷区豪徳寺2-24-7 豪徳寺
　㉜都指定史跡(1972)

井伊掃部頭ゆかりの地　いいかもんのかみゆかりのち　江戸時代
　所在地 神奈川県横浜市西区　㉜市登録史跡(1993)

井寺古墳　いでらこふん　5世紀
　所在地 熊本県上益城郡嘉島町　㉜国指定史跡(1921)

井江葭古墳群　いえよしこふんぐん　4世紀後葉〜5世紀
　所在地 福井県あわら市井江葭

⁷井沢遺跡　いざわいせき　縄文時代，弥生時代
　所在地 青森県平川市唐竹井沢

⁸井河古墳群　いごうこふんぐん　4世紀後半〜5世紀前葉(2〜8号墳)，5世紀中頃(1号墳)
　所在地 福岡県筑紫郡那珂川町片縄字井河

⁹井草遺跡　いぐさいせき　縄文時代早期
　所在地 東京都杉並区新町

¹⁰井原1号墳　いわらいちごうふん　4世紀
　所在地 福岡県糸島市井原

井原トリノス1号墳　いわらとりのすいちごうふん　古墳時代後期
　所在地 福岡県糸島市井原

井原鑓溝遺跡　いわらやりみぞいせき　弥生時代
　所在地 福岡県糸島市井原

遺跡・古墳よみかた辞典　103

井島遺跡　いじまいせき　旧石器時代
[所在地]香川県香川郡直島町

11**井野長割遺跡　いのながわりいせき**　縄文時代晩期
[所在地]千葉県佐倉市井野　[史]国指定史跡(2005)

16**井頭の池　いのかしらのいけ**
[所在地]東京都三鷹市井の頭，武蔵野市御殿山
[文]『誹風柳多留』

【五】

0**五ツ目の渡し　いつつめのわたし**　江戸時代
[所在地]東京都江東区亀戸

五ヶ山古墳群　ごかやまこふんぐん　古墳時代中期前葉
[所在地]静岡県袋井市浅名

五ヶ所城 附 愛州氏居館跡及墳墓　ごかしょじょう つけたり あいすしきょかんあとおよびふんぼ　南北朝時代
[所在地]三重県度会郡南伊勢町五ヶ所浦字城山　[史]県指定史跡(1938)

2**五丁歩遺跡　ごちょうぶいせき**　縄文時代中期前半～中頃・後半
[所在地]新潟県南魚沼市舞子字五丁歩

五十師の原　いしのはら
[所在地]三重県
[文]『万葉集』

五十鈴川　いすずがわ
[所在地]三重県伊勢市
[文]『和歌初学抄』
[別]御裳濯川，宇治川，大川

五十瓊敷入彦命墓古墳　いにしきいりひこのみことぼこふん　古墳時代中期
[所在地]大阪府泉南郡岬町淡輪

3**五万原遺跡　ごまんばらいせき**　弥生時代末～古墳時代初期
[所在地]岡山県井原市美星町三山

4**五手治古墳　ごてじこふん**　古墳時代
[所在地]大阪府羽曳野市野々上

五月ケ丘古墳　さつきがおかこふん　7世紀
[所在地]大阪府池田市五月ケ丘1丁目

五月女萢遺跡　そとめやちいせき　縄文時代後期～晩期
[所在地]青森県五所川原市相内

5**五本谷遺跡方形周溝墓群　ごほんだにいせきほうけいしゅうこうぼぐん**　古墳時代初頭
[所在地]佐賀県三養基郡上峰町堤字五本谷

五目牛古墳群　ごめうしこふんぐん　5世紀末～8世紀初頭
[所在地]群馬県伊勢崎市五目牛町字下通

6**五色浜　ごしきはま**
[所在地]兵庫県洲本市
[文]『淡路国名所図会』

五色塚(千壺)古墳・小壺古墳　ごしきずか(せんつぼ)こふん・こつぼこふん　4世紀終わり～5世紀初め
[所在地]兵庫県神戸市垂水区西垂水町　[史]国指定史跡(1921)
[別]千壺古墳・小壺古墳

7**五助畠　ごすけばたけ**
[所在地]茨城県結城市五助
[文]与謝蕪村『蕪村遺稿』

五条　ごじょう
[所在地]京都府京都市下京区天神前町
[文]『源氏物語』

五条丸古墳群　ごじょうまるこふんぐん　7世紀後半～8世紀前半
[所在地]岩手県北上市上江釣子五条丸・下江釣子

五条猫塚古墳　ごじょうねこずかこふん　5世紀後半頃
[所在地]奈良県五条市西河内
[別]猫塚古墳

五条野丸山古墳　ごじょうのまるやまこふん　古墳時代後期
[所在地]奈良県橿原市五条野町・大軽町
[別]見瀬丸山古墳，丸山古墳

五社神古墳　ごさしこふん　4世紀後半～5世紀初頭
[所在地]奈良県奈良市山陵町字宮ノ谷
[別]神功皇后陵古墳

五角堂と和時計　ごかくどうとわどけい　江戸時代
[所在地]茨城県つくば市谷田部　[史]県指定史跡(1958)

8**五所川原　ごしょがわら**
[所在地]青森県五所川原市
[文]若山牧水『朝の歌』

五所川原須恵器窯跡　ごしょがわらすえきかまあと　平安時代
[所在地]青森県五所川原市持子沢　[史]国指定史跡(2004)

五所川原須恵器窯跡群　ごしょがわらすえきかまあとぐん　平安時代
[所在地]青森県五所川原市持子沢

4画（化, 今）

五所遺跡　ごしょいせき　弥生時代前期
　所在地 青森県弘前市水木在家字桜井
五松山洞窟遺跡　ごしょうざんどうくついせき　6世紀後半～7世紀初頭
　所在地 宮城県石巻市湊字町裏
[9]五品岳城跡　ごほんがだけじょうあと　中世末～近世初期（17世紀）
　所在地 広島県庄原市東城町　㊟県指定史跡（1987）
五郎山古墳　ごろうやまこふん　古墳時代後期
　所在地 福岡県筑紫野市原田　㊟国指定史跡（1949）
[10]五島山古墳　ごとうやまこふん　4世紀
　所在地 福岡県福岡市西区姪浜町五島山
五竜城跡　ごりゅうじょうあと　南北朝時代
　所在地 広島県安芸高田市甲田町　㊟県指定史跡（1971）
五軒屋敷遺跡　ごけんやしきいせき　弥生時代後期終末～古墳時代初頭
　所在地 高知県南国市東崎607
五鬼免古墳　ごきめんこふん　4世紀後半
　所在地 静岡県藤枝市時ケ谷
[11]五貫森貝塚　ごかんもりかいずか　縄文時代晩期後葉
　所在地 愛知県豊橋市大村町大蚊里字五貫森
　㋺五貫森遺跡
五貫森遺跡　ごかんもりいせき　縄文時代晩期後葉
　所在地 愛知県豊橋市大村町大蚊里字五貫森
　㋺五貫森貝塚
[12]五塚山古墳　いつずかやまこふん　6世紀中～後半
　所在地 静岡県掛川市大坂
五塚原古墳　いつかはらこふん　古墳時代前期前葉
　所在地 京都府向日市寺戸町芝山
[13]五稜郭跡　ごりょうかくあと　江戸時代末期
　所在地 北海道函館市五稜郭町　㊟国指定特別史跡（1952）
[14]五箇山　ごかやま
　所在地 富山県
　㋘『二十四輩順拝図会』
五箇古墳　ごかこふん　6世紀後半
　所在地 栃木県佐野市小中町
　㋺五箇1号墳
五領ヶ台貝塚　ごりょうがだいかいずか　縄文時代中期
　所在地 神奈川県平塚市広川　㊟国指定史跡（1972）
五領遺跡　ごりょういせき　縄文時代～歴史時代
　所在地 埼玉県東松山市柏崎
[15]五幡　いつはた
　所在地 福井県敦賀市
　㋘『枕草子』
五霊神社古墳　ごれいじんじゃこふん　6世紀末頃
　所在地 群馬県高崎市貝沢町

【化】

[11]化野　あだしの
　所在地 京都府京都市右京区嵯峨鳥居本化野町
　㋘『源氏物語』
化野　あだしの
　所在地 大阪府
　㋘『能因歌枕』, 『夫木和歌抄』
[12]化粧坂　けわいざか　鎌倉時代
　所在地 神奈川県鎌倉市扇ガ谷・佐助
　㋺仮粧坂
化粧坂　けはいざか
　所在地 奈良県桜井市
　㋘梢風『木葉集』

【今】

[3]今小路　いまこうじ
　所在地 神奈川県鎌倉市
　㋘『新編鎌倉志』
今小路西遺跡　いまこうじにしいせき　古代～中世
　所在地 神奈川県鎌倉市御成町
今山舟塚古墳　いまやまふなずかこふん　5世紀後半
　所在地 佐賀県佐賀市大和町
　㋺舟塚古墳, 船塚古墳, 船塚
今山遺跡　いまやまいせき　弥生時代初頭～中期
　所在地 福岡県福岡市西区横浜　㊟国指定史跡（1993）
今川氏累代墓　いまがわるいだいのはか　江戸時代
　所在地 東京都杉並区今川2-16-1 観泉寺　㊟都指定旧跡（1955）
今川遺跡　いまがわいせき　弥生時代前期

4画（今）

所在地　福岡県福津市宮司

[4]今井1号墳　いまいいちごうふん　5世紀中葉～後半
所在地　奈良県五条市今井町上垣内

今井神社古墳　いまいじんじゃこふん　5世紀後半期
所在地　群馬県前橋市今井町字白山

今戸橋　いまどばし
所在地　東京都台東区今戸・浅草
⊗広津柳浪『今戸心中』

今木の嶺　いまきのみね
所在地　京都府宇治市
⊗『万葉集』

[5]今出川通寺町東入表町（大原口）道標　いまでがわどおりてらまちひがしいるおもてちょう（おおはらぐち）どうひょう　慶応4年（1868）建立
所在地　京都府京都市上京区表町　㉛市登録史跡（1987）

今北山古墳　こんぼくやまこふん　古墳時代前期前半
所在地　福井県鯖江市乙坂今北町

今市大念寺古墳　いまいちだいねんじこふん　6世紀後半
所在地　島根県出雲市今市町　㉛国指定史跡（1924）

今市岩畑遺跡　いまいちいわばたけいせき　弥生時代中期
所在地　福井県福井市今市町

今田氏城館跡　いまだしじょうかんあと　15～16世紀
所在地　広島県山県郡北広島町　㉛県指定史跡（1989）

[6]今安楽寺遺跡　いまあんらくじいせき　縄文時代，弥生時代，平安時代
所在地　滋賀県東近江市今町

今池遺跡　いまいけいせき　8～10世紀および中世
所在地　新潟県上越市大字今池字黒保・大字下新田字黒保

[7]今尾常栄寺薩摩工事義殁者墓　いまおじょうえいじさつまこうじぎぼつしゃのはか　江戸時代
所在地　岐阜県海津市平田町今尾　㉛県指定史跡（1981）

今町一里塚　いままちいちりづか　18世紀
所在地　宮崎県都城市今町・梅北町　㉛国指定

史跡（1935）

今里大塚古墳　いまざとおおつかこふん　古墳時代後期末
所在地　京都府長岡京市天神
㉚大塚古墳

今里車塚古墳　いまざとくるまづかこふん，いまざとくるまずかこふん　古墳時代中期前葉
所在地　京都府長岡京市今里
㉚車塚古墳

今里鏡山古墳　いまざとかがみやまこふん　古墳時代中期初頭
所在地　京都府京都市西京区大原野上里北ノ町

[8]今岡古墳　いまおかこふん　5世紀頃
所在地　香川県高松市鬼無町佐料・鬼無町佐藤
㉛県指定史跡（1957）

今松竪穴住居跡　いままつたてあなじゅうきょあと　奈良時代頃
所在地　岩手県岩手町大字一方井　㉛県指定史跡（1957）

今松遺跡　いままついせき　奈良時代末期
所在地　岩手県岩手郡岩手町大字一方井字今松

今林6号墳　いまばやしろくごうふん　5世紀前半
所在地　京都府南丹市園部町内林町今林

今治城跡　いまばりじょうせき　慶長7年（1602）築城開始
所在地　愛媛県今治市通町3丁目　㉛県指定史跡（1953）

今治藩主の墓　いまばりはんしゅのはか　江戸時代
所在地　愛媛県今治市桜井　㉛県指定史跡（1959）

[9]今城の丘　いまきのおか
所在地　奈良県吉野郡大淀町
⊗『万葉集』

今城大塚古墳　いまじょうおおつかこふん　6世紀後半
所在地　熊本県上益城郡御船町大字滝川
㉚大塚古墳

今城塚古墳　いましろづかこふん　6世紀前半
所在地　大阪府高槻市郡家・上土室
㉚今城塚古墳 附 新池埴輪製作遺跡

今城塚古墳 附 新池埴輪製作遺跡　いましろずかこふん つけたり しんいけはにわせいさくいせき　6世紀前半
所在地　大阪府高槻市郡家・上土室　㉛国指定

史跡 (1958)

今泉口八幡山古墳　いまいずみぐちはちまんやまこふん　6世紀末
　所在地 群馬県太田市東今泉町
　例 八幡山古墳

今泉祭祀遺跡　いまいずみさいしいせき　古墳時代中期
　所在地 埼玉県深谷市今泉

今津　いまづ
　所在地 滋賀県高島市
　文『義経記』

今津遺跡　いまづいせき　縄文時代晩期
　所在地 青森県東津軽郡外ヶ浜町平舘今津

10今宮戎神社　いまみやえびすじんじゃ
　所在地 大阪府大阪市浪速区
　文『摂津名所図会』

今帰仁村仲原馬場　なきじんそんなかはらばば，なきじんそんなかばるばば　近世・近代
　所在地 沖縄県今帰仁村字越地　　県指定史跡 (1959)

今帰仁城跡 附 シイナ城跡　なきじんじょうあと つけたり しいなじょうあと　13世紀末頃築城
　所在地 沖縄県国頭郡今帰仁村　　国指定史跡 (1972)
　例 北山城

今高野山　いまこうやさん　平安時代
　所在地 広島県世羅郡世羅町　　県指定史跡 (1952)

11今宿大塚古墳　いまじゅくおおつかこふん　6世紀初頭〜前半
　所在地 福岡県福岡市西区今宿
　例 大塚古墳

今宿古墳群（丸隈山古墳・大塚古墳・鋤崎古墳・飯氏二塚古墳・兜塚古墳・山ノ鼻一号墳・若八幡宮古墳）　いまじゅくこふんぐん（まるくまやまこふん・おおつかこふん・すきざきこふん・いいじふたつかこふん・かぶとづかこふん・やまのはないちごうふん・わかはちまんぐうこふん）　4世紀半ば〜6世紀前半
　所在地 福岡県福岡市西区周船寺・今宿町・今宿青木・飯氏・徳永　　国指定史跡 (1928)

12今富塚山古墳　いまどみつかやまこふん　4世紀前半
　所在地 千葉県市原市今富字本郷

今富廃寺跡　いまどみはいじあと　奈良時代，平安時代
　所在地 千葉県市原市今富

今朝平遺跡　けさだいらいせき　縄文時代後期
　所在地 愛知県豊田市足助町久井戸　　県指定史跡 (1980)

今須　います
　所在地 岐阜県不破郡関ケ原町
　文 芭蕉『野ざらし紀行』

14今熊野　いまくまの
　所在地 京都府京都市東山区今熊野
　文『愚管抄』
　例 新熊野

今熊野遺跡　いまくまのいせき　古墳時代初期，奈良時代，平安時代
　所在地 宮城県名取市高館川上字南台・北台

【仁】

4仁井宿浅間神社古墳　にいじゅくせんげんじゃこふん　6世紀後半
　所在地 千葉県香取市佐原イ
　例 浅間神社古墳

仁戸名古墳群　にとなこふんぐん　6世紀前半
　所在地 千葉県千葉市中央区仁戸名町720-1

5仁田山の埼古墳　にたやまのさきこふん　7世紀中葉
　所在地 静岡県牧之原市仁田

仁田埴輪窯跡　にたはにわかまあと　5世紀中頃
　所在地 佐賀県唐津市浜玉町淵上1429-4・1430　　県指定史跡 (2012)

6仁伍遺跡　にごいせき　弥生時代中期末
　所在地 岡山県倉敷市児島味野5丁目

8仁和寺　にんなじ　仁和4年 (888) 創建
　所在地 京都府京都市右京区御室大内町

仁和寺御所跡　にんなじごしょあと　仁和4年 (888) 創建
　所在地 京都府京都市右京区御室大内　　国指定史跡 (1938)

仁明天皇陵　にんみょうてんのうりょう　平安時代
　所在地 京都府京都市伏見区深草
　例 深草陵

10能田山古墳　にのだやまこふん　4世紀
　所在地 長野県松本市大字中山仁能田北山
　例 中山第36号墳

仁馬山古墳　じんばやまこふん　5世紀中頃

遺跡・古墳よみかた辞典　107

4画（仏，允，元）

　　所在地 山口県下関市延行・有富　史国指定史
　　跡(1991)
14仁徳天皇陵古墳　にんとくてんのうりょうこ
　　ふん　古墳時代中期
　　所在地 大阪府堺市堺区大仙町
　　別大仙古墳
16仁賢天皇陵古墳　にんけんてんのうりょうこ
　　ふん　6世紀前葉
　　所在地 大阪府藤井寺市青山
　　別野中ボケ山古墳, ボケ山古墳

【仏】

0仏ヶ浜　ほとけがはま　古代
　　所在地 茨城県日立市田尻町4-39　史県指定史
　　跡(1955)
3仏山古墳　ほとけやまこふん　古墳時代
　　所在地 島根県安来市荒島町仏山
7仏坊古墳群　ほとけぼうこふんぐん　5世紀
　　中頃～後半(11・12・13号墳)
　　所在地 福島県須賀川市大字小作田字小枝
8仏並遺跡　ぶつなみいせき　縄文時代中期末
　　～後期前半頃
　　所在地 大阪府和泉市仏並町
　仏法寺跡　ぶっぽうじあと　13世紀後半～16
　　世紀
　　所在地 神奈川県鎌倉市極楽寺・坂ノ下　史国
　　指定史跡(2006)
　仏陀寺古墳　ぶっだじこふん　7世紀中頃
　　所在地 大阪府南河内郡太子町山田
10仏原千人塚古墳群　ぶつばるせんにんづかこ
　　ふんぐん　古墳時代前期前半
　　所在地 大分県竹田市久住町仏原
12仏塚古墳　ほとけづかこふん　古墳時代後期
　　所在地 奈良県生駒郡斑鳩町平尾

【允】

10允恭天皇陵古墳　いんぎょうてんのうりょう
　　こふん　古墳時代中期
　　所在地 大阪府藤井寺市国府

【元】

0元ロシア人兵士之墓　もとろしあじんへいし
　　のはか　明治38年(1905)以降
　　所在地 群馬県高崎市若松町　史市指定史跡
　　(1986)
2元八幡　もとはちまん
　　所在地 東京都江東区南砂

　　文石田波郷『江東歳事記』
3元三ヶ根古墳群　もとさんがねこふんぐん
　　6世紀中頃(1・3号墳), 7世紀前後(3・5号
　　墳)
　　所在地 岐阜県多治見市明和町
　元山田寺跡及び礎石　もとさんでんじあとお
　　よびそせき　白鳳時代後半
　　所在地 岐阜県各務原市蘇原寺島町　史県指定
　　史跡(1955)
4元井池古墳　もといいけこふん　6世紀前半
　　所在地 三重県津市半田字元井
　元太田山埴輪窯址　もとおおたやまはにわよ
　　うし　古墳時代
　　所在地 茨城県常陸太田市新宿町元太田山
　　別元太田山埴輪窯跡
　元太田山埴輪窯跡　もとおおたやまはにわか
　　まあと　古墳時代
　　所在地 茨城県常陸太田市新宿町元太田山
　　別元太田山埴輪窯址
5元正天皇行幸遺跡　げんしょうてんのうぎょ
　　うこういせき　霊亀3年(717)
　　所在地 岐阜県養老郡養老町養老公園 白石
　　史県指定史跡(1962)
6元江尻病院裏山窯跡　もとえじりびょういん
　　うらやまかまあと　6世紀中頃
　　所在地 兵庫県姫路市城北新町3丁目
　元江別遺跡群　もとえべついせきぐん　縄文
　　時代中期～続縄文・擦文時代, 近世アイヌ
　　文化期
　　所在地 北海道江別市元江別
7元住吉山遺跡　もとすみよしやまいせき　縄
　　文時代, 弥生時代
　　所在地 兵庫県神戸市西区押部谷町細田
8元岡池ノ浦古墳　もとおかいけのうらこふん
　　5世紀
　　所在地 福岡県福岡市西区大字元岡字池浦
　元岡瓜尾貝塚　もとおかうりおかいづか　縄
　　文時代後期
　　所在地 福岡県福岡市西区元岡字池の浦　史県
　　指定史跡(1968)
9元屋敷陶器窯跡　もとやしきとうきかまあと
　　安土桃山時代末期～江戸時代初期
　　所在地 岐阜県土岐市泉町　史国指定史跡
　　(1967)
　元屋敷遺跡　もとやしきいせき　弥生時代前
　　期, 古墳時代前期
　　所在地 愛知県一宮市丹陽町伝法寺元屋敷

[10]元宮磨崖仏　もとみやまがいぶつ　室町時代
(所在地)大分県豊後高田市真中
(例)熊野磨崖仏 附 元宮磨崖仏及び鍋山磨崖仏

元島古墳　もとじまこふん　弥生時代〜中世
(所在地)静岡県磐田市

元島名将軍塚古墳　もとしまなしょうぐんずかこふん　4世紀前半
(所在地)群馬県高崎市元島名町将軍塚　(史)市指定史跡(1973)
(例)将軍塚古墳

[11]元寇防塁　げんこうぼうるい　鎌倉時代
(所在地)福岡県福岡市西区・早良区・中央区・東区　(史)国指定史跡(1931)

元野遺跡　もとのいせき　縄文時代早期後半
(所在地)静岡県沼津市宮本ノ野

[13]元新地古墳　もとしんちこふん　7世紀以降
(所在地)千葉県木更津市長須賀字松面
(例)松面古墳

[14]元稲荷古墳　もといなりこふん　古墳時代前期
(所在地)京都府向日市向日町字北山

[15]慶寺　がんけいじ, がんぎょうじ　貞観10年(868)創建
(所在地)京都府京都市山科区北花山河原町3

元箱根　もとはこね
(所在地)神奈川県足柄下郡箱根町
(文)西鶴『蓮実』

元箱根石仏群 附 永仁三年在銘石造五輪塔・永仁四年在銘石造宝篋印塔　もとはこねせきぶつぐん つけたり えいにんさんねんざいめいせきぞうごりんのとう・えいにんよねんざいめいせきぞうほうきょういんとう　鎌倉時代後期
(所在地)神奈川県足柄下郡箱根町　(史)国指定史跡(1941)
(例)箱根山地蔵磨崖仏

[16]元興寺　がんごうじ　奈良時代創建
(所在地)奈良県奈良市芝新屋町

元興寺小塔院跡　がんごうじしょうとういんあと　奈良時代以降
(所在地)奈良県奈良市西新屋町　(史)国指定史跡(1965)

元興寺塔跡　がんごうじとうあと　8世紀後半以降
(所在地)奈良県奈良市芝新屋町　(史)国指定史跡(1932)

元興寺極楽坊境内　がんごうじごくらくぼうけいだい　奈良時代以降
(所在地)奈良県奈良市中院町・中新屋町・芝突抜町・鵲町　(史)国指定史跡(1965)
(例)元興寺極楽坊, 極楽坊

【公】

[9]公津原古墳群　こうずばらこふんぐん　5世紀〜7世紀
(所在地)千葉県成田市江弁須〜八代

公津原埴輪窯跡　こうづはらはにわかまあと　6世紀後半
(所在地)千葉県成田市赤坂

[10]公卿塚古墳　くげづかこふん　5世紀初め以降
(所在地)埼玉県本庄市北堀

公益質屋跡　こうえきしちやあと　昭和期
(所在地)沖縄県国頭郡伊江村　(史)村指定史跡(1977)

【六】

[0]六の原製鉄場跡　ろくのはらせいてつじょうあと　近世末〜明治時代初期
(所在地)広島県庄原市西城町　(史)県指定史跡(1971)

六ツヶ塚古墳　むつがつかこふん　古墳時代
(所在地)茨城県日立市大みか町3丁目

六ツ塚古墳群　むつずかこふんぐん　6世紀前半
(所在地)岡山県津山市川崎

六ノ瀬遺跡　ろくのせいせき　弥生時代前・中期
(所在地)新潟県阿賀野市六野瀬字瀬寄脇
(例)六野瀬遺跡

[3]六万部古墳　ろくまんべこふん　7世紀前半
(所在地)長野県上伊那郡中川村大字片桐
(例)片桐古墳

六大A遺跡　ろくだいえーいせき　弥生時代後期〜古墳時代
(所在地)三重県津市大里窪田町

[4]六区　ろっく
(所在地)東京都台東区浅草
(文)宇野浩二『子を貸し家』, 芥川龍之介『一夕話』

[5]六本木　ろっぽんぎ
(所在地)東京都港区六本木
(文)志賀直哉『剃刀』

六甲山　ろっこうさん
(所在地)兵庫県神戸市

4画（円）

⊗吉井勇『寒行』, 土屋文明『放水路』

六田　むつた
所在地 奈良県吉野郡吉野町六田
⊗『万葉集』, 浄瑠璃『義経千本桜』

六田の川　むつたのかわ
所在地 奈良県吉野郡吉野町六田
⊗『万葉集』

6六地山遺跡　ろくじやまいせき　弥生時代後期
所在地 新潟県新潟市西区曽和字沢田

六地蔵石灯籠　ろくじぞういしどうろう　平安時代末期もしくは室町時代
所在地 東京都台東区浅草2-3-1 浅草寺　㊥都指定旧跡（1955）

7六呂瀬山古墳群　ろくろせやまこふんぐん　4世紀後葉～5世紀前葉
所在地 福井県坂井市丸岡町　㊥国指定史跡（1990）

六角ノ井　ろっかくのい　江戸時代・鎌倉十井の一
所在地 神奈川県鎌倉市逗子市小坪5-23-7
㊋矢ノ根井

8六所明神社　ろくしょみょうじんしゃ
所在地 東京都府中市宮町
⊗大田南畝『調布日記』

六治古塚　ろくじこづか　3世紀前半頃
所在地 富山県富山市婦中町安沢

六波羅蜜寺　ろくはらみつじ　応和3年（963）創始
所在地 京都府京都市東山区

六法ノ井　ろっぽうのい　平安時代以降（年代不明）
所在地 神奈川県鎌倉市大町3-9-35
㊋六法井, 六方井, 六方ノ井, 六坊ノ井

10六孫王原古墳　ろくそんのうばらこふん　7世紀中葉頃
所在地 千葉県市原市姉崎字六孫王原

六浦道　むつらみち　鎌倉時代
所在地 神奈川県鎌倉市十二所, 横浜市金沢区朝比奈町
㊋朝比奈切通, 朝夷奈切通

11六郷の渡し跡　ろくごうのわたしあと
所在地 東京都大田区南六郷, 神奈川県川崎市
⊗斎藤徳元『関東下向道記』, 曲亭馬琴『燕石雑志』

六部山3号墳　ろくぶやまさんごうふん　4世紀
所在地 鳥取県鳥取市久末字六部山

六部山古墳群　ろくぶやまこふんぐん　4世紀（3号除）
所在地 鳥取県鳥取市久末・広岡

六野原古墳群　むつのばるこふんぐん　5世紀中頃～6世紀
所在地 宮崎県東諸県郡国富町大字三名・八代北保
㊋八代村古墳

六野瀬遺跡　ろくのせいせき　弥生時代前・中期
所在地 新潟県阿賀野市六野瀬字瀬寄脇
㊋六ノ瀬遺跡

12六道の辻　ろくどうのつじ
所在地 東京都新宿区, 港区
⊗蘇玄『大阪独吟集』, 田山花袋『生』

六道珍皇子　ろくどうちんのうじ
所在地 京都府京都市東山区
⊗『花洛名勝図会』

六間堀　ろっけんぼり　江戸時代
所在地 東京都江東区

13六義園　りくぎえん　元禄15年（1702）築園
所在地 東京都文京区本駒込6-16-3

【円】

3円山古墳　まるやまこふん　7世紀前半
所在地 千葉県木更津市長須賀
㊋丸山古墳, 長須賀丸山古墳

円山古墳　まるやまこふん　6世紀初頭
所在地 滋賀県野洲市小篠原

円山古墳　まるやまこふん　5世紀中頃
所在地 京都府綾部市私市町
㊋私市円山古墳

円山古墳　まるやまこふん　5世紀後半
所在地 京都府与謝郡与謝野町後野小字鳴岡
㊋後野円山古墳群

円山古墳　まるやまこふん　6世紀前葉
所在地 和歌山県和歌山市園部
㊋園部円山古墳

円山古墳　まるやまこふん　5世紀後半頃
所在地 佐賀県小城市三日月町大字織島字西五本二割　㊥県指定史跡（1993）

4円方　まとかた
所在地 三重県松阪市東黒部町
⊗『万葉集』

6円光寺古墳　えんこうじこふん　古墳時代後期

4画（内）

所在地 山口県萩市大井字下円光寺

円光寺穴観音古墳　えんこうじあなかんのんこふん　6世紀末～7世紀初頭
所在地 山口県萩市大井
別 穴観音古墳

円光寺居館跡　えんこうじきょかんあと　享禄～文禄年間（1528～96）
所在地 長野県長野市戸隠栃原　㋷市指定史跡（2005）

円成寺庭園　えんじょうじていえん　平安末期
所在地 奈良県奈良市忍辱山町

円成寺跡　えんじょうじあと　室町時代初期以降
所在地 静岡県伊豆の国市寺家
別 北条氏邸跡（円成寺跡）

円江　つぶらえ
所在地 大阪府大阪市中央区
文 藤原隆季『夫木和歌抄 23』

[8]円念寺山経塚　えんねんじやまきょうづか　平安時代終末～鎌倉時代初頭
所在地 富山県中新川郡上市町
別 上市黒川遺跡群（円念寺山経塚・黒川上山墓跡・伝真興寺跡）

円空入定塚　えんくうにゅうじょうづか　元禄8年（1695）入定
所在地 岐阜県関市池尻　㋷県指定史跡（1973）

[9]円乗寺　えんじょうじ
所在地 東京都文京区白山
文 曲亭馬琴『燕石雑志』，『誹風柳多留』

円乗院遺跡　えんじょういんいせき　縄文時代中期・弥生時代後期
所在地 東京都世田谷区代田1丁目

円城寺　えんじょうじ
所在地 京都府京都市左京区鹿ケ谷宮ノ前町
文 藤原基長『千載和歌集 17』

[10]円珠庵　えんじゅあん　江戸時代
所在地 大阪府大阪市天王寺区空清町
別 契沖旧庵（円珠庵）ならびに墓

円通寺　えんつうじ
所在地 京都府京都市左京区
文 高浜虚子『七百五十句』

円通寺裏山古墳　えんつうじうらやまこふん　6世紀後半
所在地 福井県小浜市北塩屋
別 裏山古墳

[11]円教寺　えんきょうじ，えんぎょうじ　康保3年（966）創建
所在地 兵庫県姫路市書写

円教寺境内　えんきょうじけいだい，えんぎょうじけいだい　康保3年（966）創建
所在地 兵庫県姫路市書写　㋷国指定史跡（1934）

[12]円勝寺跡　えんしょうじあと　天治1・2年（1124・5）頃造営開始
所在地 京都府京都市左京区岡崎円勝寺町　成勝寺町辺り

円満寺山古墳　えんまんじやまこふん　古墳時代前期
所在地 岐阜県海津市南濃町庭田字東山

円満院庭園　えんまんいんていえん　作庭時代不詳
所在地 滋賀県大津市園城寺町　㋷国指定史跡（1934）

円覚寺庭園　えんがくじていえん　建武年間（1334～36/38）
所在地 神奈川県鎌倉市山ノ内　㋷国指定史跡（1932）

円覚寺跡　えんかくじあと　弘治10年（1497）創建
所在地 沖縄県那覇市首里　㋷国指定史跡（1972）
別 円覚寺

円覚寺境内　えんがくじけいだい　弘安5年（1282）開山
所在地 神奈川県鎌倉市山ノ内・大船　㋷国指定史跡（1967）

[15]円墳大塚古墳　えんぷんおおつかこふん　6世紀
所在地 埼玉県秩父郡皆野町95-3　㋷県指定史跡（1958）
別 大塚古墳，皆野大塚古墳

円養寺A・C・D墳丘墓　えんようじえー・しー・でぃーふんきゅうぼ　弥生時代後期末～古墳時代
所在地 香川県高松市植田町円養寺

【内】

[0]内ノ倉山横穴墓群　うちのくらやまおうけつぼぐん　6世紀末～8世紀初頭
所在地 鳥取県日野郡日南町生山字内ノ倉山

[7]内谷古墳　うちたにこふん　古墳時代前期
所在地 徳島県名西郡石井町内谷

4画（凶, 刈, 切, 分, 勾）

内谷氷川社境内　うちやひかわしゃけいだい
室町時代以前創建
所在地 埼玉県さいたま市南区内谷2-1560
㊇ 市指定史跡（1978）

[8]内牧古墳群　うちまきこふんぐん　6世紀前半
所在地 埼玉県春日部市内牧

[9]内海浦　うつみのうら
所在地 愛知県知多市
㊛『東艦』,『松葉集』

[10]内原舟塚古墳　うちはらふなづかこふん　6世紀前半
所在地 茨城県水戸市大足町舟塚
㊗ 舟塚古墳

[11]内務省地理寮水準点（高低几号標）　ないむしょうちりりょうすいじゅんてん（こうていきごうひょう）　明治時代初期
所在地 神奈川県横浜市南区 中村八幡宮　㊇ 市登録史跡（1998）

内堀の神代垣内落鉄穴跡（洗場）　うつぼりのかじろごうちおちかんなあと（あらいば）
18世紀後半以前より稼業
所在地 広島県庄原市東城町　㊇ 県指定史跡（1984）

内野　うちの
所在地 奈良県五条市
㊛『万葉集』
㊗ 宇智野

[12]内間御殿　うちまうどぅん　16世紀以降
所在地 沖縄県中頭郡西原町　㊇ 国指定史跡（2011）

[13]内裏塚古墳　だいりづかこふん　古墳時代中期
所在地 千葉県富津市二間塚　㊇ 国指定史跡（2002）

内裏塚古墳群　だいりづかこふんぐん　5世紀中頃～7世紀
所在地 千葉県富津市二間塚飯野　㊇ 県指定史跡（1965）
㊗ 飯野古墳群

[18]内藤家墓地　ないとうけぼち　江戸時代
所在地 神奈川県鎌倉市材木座6-858 光明寺墓地
㊇ 市指定史跡（1962）

内藤横穴墓　ないとうおうけつぼ　8世紀頃
所在地 東京都国分寺市内藤1丁目

【凶】

[9]凶首塚古墳　きょうしゅづかこふん　古墳時代後期後半
所在地 大分県宇佐市大字北宇佐字百太夫
㊇ 県指定史跡（1971）

【刈】

[3]刈山古墳群　かりやまこふんぐん　6世紀後半～7世紀中心
所在地 島根県出雲市馬木町字刈山

[6]刈羽大平遺跡　かりわおおだいらいせき　縄文時代後期後半主体
所在地 新潟県刈羽郡刈羽村

刈羽貝塚　かりわかいづか　縄文時代前期
所在地 新潟県刈羽郡刈羽村新屋敷源土・大塚字手崎
㊗ 新屋敷貝塚, 西谷貝塚

[7]刈谷西部の縄文遺跡　かりやせいぶのじょうもんいせき　縄文時代早～晩期
所在地 愛知県刈谷市　㊇ 県指定史跡（1967）

[12]刈萱の関　かるかやのせき
所在地 福岡県太宰府市
㊛ 菅原道真『新古今和歌集 18』

【切】

[4]切支丹坂　きりしたんざか
所在地 東京都文京区小日向
㊛『誹風柳多留』, 田山花袋『蒲団』

切支丹屋敷跡　きりしたんやしきあと　江戸時代
所在地 東京都文京区小日向1-24の一帯　㊇ 都指定旧跡（1955）

[5]切目　きりめ
所在地 和歌山県日高郡印南町切目
㊛『万葉集』

[10]切通坂　きりどおしざか
所在地 東京都文京区湯島
㊛ 正岡子規『熊手と提灯』

切通遺跡　きりとおしいせき　弥生時代中期
所在地 佐賀県三養基郡上峰町字切通

【分】

[10]分校かん山古墳群　ぶんぎょうかんやまこふんぐん　古墳時代
所在地 石川県加賀市分校町

【勾】

[0]勾の池　まがりのいけ
所在地 奈良県高市郡明日香村島庄

[文]『万葉集』

【勿】

7勿来　なこそ
[所在地]福島県いわき市勿来
[文]小野小町『新勅撰和歌集 11』, 契沖『漫吟集』

勿来の関　なこそのせき　平安時代以降
[所在地]福島県いわき市勿来町関田
[別]勿来関

勿来山ノ上古墳　なこそやまのうえこふん　6世紀末～7世紀後半
[所在地]福島県いわき市勿来町錦町
[別]勿来金冠塚古墳, 山ノ上古墳, 金冠塚古墳

勿来金冠塚古墳　なこそきんかんずかこふん　6世紀末～7世紀後半
[所在地]福島県いわき市勿来町錦町
[別]勿来山ノ上古墳, 山ノ上古墳, 金冠塚古墳

勿来関　なこそのせき　平安時代以降
[所在地]福島県いわき市勿来町関田
[別]勿来の関

【午】

4午王堂山古墳群　ごうどうやまこふんぐん, ごおうどうやまこふんぐん　古墳時代前期～中期
[所在地]静岡県静岡市清水区庵原町

【双】

0双の池　ならびのいけ
[所在地]京都府京都市右京区御室
[文]『後撰和歌集 12』

双ヶ丘　ならびがおか
[所在地]京都府京都市右京区御室双岡町
[文]『実方集』, 『更級日記』
[別]双岡, 双ヶ岡

双ヶ岡　ならびがおか
[所在地]京都府京都市右京区御室双岡町
[文]『実方集』, 『更級日記』
[別]双岡, 双ヶ丘

3双子塚古墳　ふたごずかこふん　5世紀後半
[所在地]長野県中野市七瀬南原1061
[別]七瀬双子塚古墳

4双六古墳　そうろくこふん　6世紀中頃～7世紀初頭
[所在地]長崎県壱岐市勝本町立石東触字双六

双水柴山古墳群　そうずいしばやまこふんぐん　4～5世紀
[所在地]佐賀県唐津市双水字柴山

8双岡　ならびのおか
[所在地]京都府京都市右京区御室双岡町
[文]『実方集』, 『更級日記』
[別]双ヶ岡, 双ヶ丘

双林寺　そうりんじ
[所在地]京都府京都市東山区
[文]『平家物語』, 『太平記』

【反】

5反正天皇陵古墳　はんぜいてんのうりょうこふん　5世紀後半
[所在地]大阪府堺市堺区北三国ケ丘町
[別]田出井山古墳

【友】

5友田遺跡　ともだいせき　弥生時代中期中葉～後期
[所在地]島根県松江市浜乃木町友田

8友枝瓦窯跡　ともえだかわらがまあと, ともえだがようせき　奈良時代
[所在地]福岡県築上郡上毛町　[史]国指定史跡（1922）

【壬】

5壬生　みぶ
[所在地]京都府京都市中京区坊城通仏光寺上ル
[文]土屋文明『続々青南集』, 『太平記』

壬生一里塚　みぶいちりずか　江戸時代
[所在地]栃木県下都賀郡壬生町　[史]国指定史跡（1928）

壬生西谷遺跡　みぶにしたにいせき　弥生時代後期後半
[所在地]広島県山県郡北広島町　[史]県指定史跡（1994）

壬生車塚古墳　みぶくるまずかこふん　7世紀前半
[所在地]栃木県下都賀郡壬生町
[別]車塚古墳

壬生愛宕塚古墳　みぶあたごずかこふん　6世紀後半
[所在地]栃木県下都賀郡壬生町
[別]愛宕塚古墳

15壬遺跡　じんいせき　縄文時代草創期
[所在地]新潟県十日町市干溝

【太】

³太子古墳　たいしこふん　古墳時代後期
　所在地 茨城県かすみがうら市安食734-1　㊙県指定史跡(1977)

太子林遺跡　たいしばやしいせき　旧石器時代
　所在地 長野県飯山市瑞穂太子林

⁴太夫塚古墳　たゆうづかこふん　古墳時代
　所在地 愛知県岡崎市若松町西之切　㊙県指定史跡(1975)

⁵古塚古墳群　たこづかこふんぐん　古墳時代
　所在地 大阪府豊中市永楽荘付近
　㊙たこ塚古墳群, 太鼓塚古墳群

太市中4号墳　おおいちなかよんごうふん　6世紀中頃
　所在地 兵庫県姫路市太市中字手塚

太平寺古墳群　たいへいじこふんぐん　5世紀末葉～6世紀
　所在地 大阪府柏原市安堂

太田・黒田遺跡　おおだ・くろだいせき　弥生時代～中世
　所在地 和歌山県和歌山市太田・黒田

太田八幡山古墳　おおたはちまんやまこふん　4世紀末頃
　所在地 群馬県太田市八幡町
　㊙八幡山古墳

太田山12号墳　おおたやまじゅうにごうふん　古墳時代
　所在地 福井県福井市帆谷町

太田山遺跡　おおたやまいせき　弥生時代中期～古墳時代
　所在地 福井県福井市帆谷・徳光・北山新保町

太田天神山古墳　おおたてんじんやまこふん　5世紀中葉
　所在地 群馬県太田市内ヶ島町
　㊙天神山古墳

太田氏資宝篋印塔　おおたうじすけほうきょういんとう　戦国時代
　所在地 埼玉県さいたま市岩槻区本町1-7-10
　㊙市指定史跡(1978)

太田古墳　おおたこふん　6世紀後半
　所在地 佐賀県鳥栖市田代本町
　㊙田代太田古墳

太田金山窯跡群　おおたかなやまかまあとぐん　6世紀
　所在地 群馬県太田市

太田茶臼山古墳　おおだちゃうすやまこふん　5世紀後半～6世紀初め頃
　所在地 大阪府茨木市太田
　㊙継体陵古墳, 継体天皇陵古墳, 三島藍野陵

太田姫稲荷　おおたひめいなり
　所在地 東京都千代田区駿河台
　㊚大田蜀山人『放歌集』

太田廃寺址　おおたはいじし　飛鳥時代後期
　所在地 大阪府茨木市太田町

太田蝦夷森古墳群　おおたえぞもりこふんぐん　8世紀
　所在地 岩手県盛岡市上太田字森合・字狄森
　㊙蝦夷森古墳群

太田錦城墓　おおたきんじょうのはか　江戸時代
　所在地 東京都台東区谷中1-5-1　一乗寺内
　㊙都指定旧跡(1955)
　㊙大田錦城墓

⁶太安萬侶墓　おおのやすまろのはか　奈良時代
　所在地 奈良県奈良市此瀬町　㊙国指定史跡(1980)

¹⁰太宰府　だざいふ
　所在地 福岡県太宰府市
　㊚『万葉集』, 『古今著聞集』
　㊙大宰府

太宰府天満宮　だざいふてんまんぐう　延喜19年(919)創建
　所在地 福岡県太宰府市宰府

太宰春台墓　だざいしゅんだいのはか　江戸時代
　所在地 東京都台東区谷中1-2-14　天眼寺内
　㊙都指定史跡(1958)

太師唐櫃古墳　たいしのかろうどこふん　6世紀末
　所在地 茨城県かすみがうら市安食
　㊙大師の唐櫃古墳

太秦　うずまさ
　所在地 京都府京都市右京区太秦
　㊚『日本書紀』

太秦古墳　うずまさこふん　6世紀前半～末葉
　所在地 京都府京都市右京区太秦
　㊙太秦古墳群

太秦古墳群　うずまさこふんぐん　6世紀前半～末葉
　所在地 京都府京都市右京区太秦

太秦古墳群　うずまさこふんぐん　古墳時代

4画（天）

後期
　所在地 大阪府寝屋川市太秦
太竜寺道　たいりゅうじみち　平安時代以降
　所在地 徳島県阿南市
　例 阿波遍路道（鶴林寺道・太竜寺道・いわや道・平等寺道）
13太鼓塚古墳群　たいこづかこふんぐん　古墳時代後期
　所在地 滋賀県大津市北郊（錦織～坂本）
太鼓塚古墳群　たこづかこふんぐん　古墳時代
　所在地 大阪府豊中市永楽荘付近
　例 たこ塚古墳群, 太古塚古墳群
14太閤ヶ平　たいこうがなる　戦国期～近世
　所在地 鳥取県鳥取市百合
　例 鳥取城跡 附 太閤ヶ平
16太興寺古墳群天神山21・22号墳　たいこうじこふんぐんてんじんやまにじゅういち・にじゅうにごうふん　5世紀末（22号墳）
　所在地 福井県小浜市太興寺天神山

【天】

0天の川　あまのがわ
　所在地 大阪府枚方市禁野
　② 『伊勢物語』, 『枕草子』
天の香久山　あまのかぐやま, あめのかぐやま
　所在地 奈良県橿原市
　② 『万葉集』, 『新古今和歌集』
　例 天の香具山, 天香久山, 天香具山
天の橋立　あまのはしだて
　所在地 京都府宮津市大字江尻
　② 謡曲『久世戸』, 『伊勢集』
　例 天橋立
天ノ川　てんのかわ
　所在地 奈良県吉野郡天川村, 五条市
　② 『大和名所図会』
　例 天ノ河
天ノ河　てんのかわ
　所在地 奈良県吉野郡天川村, 五条市
　② 『大和名所図会』
　例 天ノ川
3天子ヶ丘古墳　てんしがおかこふん　5世紀末
　所在地 鹿児島県曽於郡大崎町神領天子ヶ丘
　例 神領6号墳
天山1号古墳　あまやまいちごうこふん　古墳時代後期
　所在地 愛媛県松山市天山町
天山古墳群　あまやまこふんぐん　6世紀中～後半
　所在地 愛媛県松山市天山町
天川二子山古墳　あまがわふたごやまこふん　6世紀
　所在地 群馬県前橋市文京町2丁目
　例 前橋二子山古墳, 二子山古墳
4天内山遺跡　あまうちやまいせき　続縄文時代, 擦文時代初頭
　所在地 北海道余市郡余市町入舟町
天戸森遺跡　てんともりいせき　縄文時代中期中葉～末葉
　所在地 秋田県鹿角市
天文台構内遺跡　てんもんだいこうないいせき　旧石器時代, 縄文時代早期
　所在地 東京都三鷹市大沢 東京大学東京天文台構内
天王山4号墳　てんのうざんよんごうふん　4世紀前半
　所在地 兵庫県神戸市西区伊川谷町潤和
天王山古墳　てんのうやまこふん　古墳時代
　所在地 群馬県高崎市下佐野町字長者屋敷
　例 長者屋敷天王山古墳
天王山古墳　てんのうざんこふん, てんのうやまこふん　古墳時代後期
　所在地 滋賀県野洲市小篠原字天王山
天王山古墳　てんのうざんこふん, てんのうやまこふん　古墳時代後期
　所在地 奈良県桜井市倉橋　㊡国指定史跡（1954）
　例 赤坂天王山古墳, 赤坂天王山1号墳, 崇峻天皇倉梯岡陵, 崇峻天皇陵
天王山古墳　てんのうやまこふん　5世紀末
　所在地 岡山県津山市日上字畝山
　例 日上天王山古墳
天王山古墳群　てんのうやまこふんぐん　古墳時代
　所在地 三重県多気郡明和町上村字カフマキ
天王山遺跡　てんのうやまいせき　弥生時代後期
　所在地 福島県白河市久田野字豆柄山
天王山遺跡　てんのうざんいせき　縄文時代後期末～晩期初頭
　所在地 静岡県静岡市清水区宮加三
　例 清水天王山遺跡
天王寺　てんのうじ

遺跡・古墳よみかた辞典　115

所在地 東京都台東区谷中7-14
文 河竹黙阿弥『天衣紛上野初花』
別 感応寺

天王寺五重塔跡　てんのうじごじゅうのとうあと　江戸時代
所在地 東京都台東区谷中7-9 谷中霊園内
史 都指定史跡（1992）
別 谷中五重塔跡

天王寺茶臼山古墳　てんのうじちゃうすやまこふん　5世紀中頃
所在地 大阪府大阪市天王寺区茶臼山町
別 茶臼山古墳, 茶臼山古墳および河底池

天王寺経塚　てんのうじきょうずか　平安時代
所在地 福島県福島市飯阪町天王寺山

天王塚古墳　てんのうずかこふん　6世紀前半
所在地 栃木県芳賀郡益子町道祖土
別 益子天王塚古墳

天王塚古墳　てんのうずかこふん　6世紀末
所在地 群馬県桐生市川内3丁目
別 川内天王塚古墳

天王塚古墳　てんのうずかこふん　6世紀後半
所在地 群馬県安中市野殿
別 野殿天王塚古墳

天王塚古墳　てんのうずかこふん　5世紀初頭期
所在地 群馬県甘楽郡甘楽町福島
別 天皇塚古墳

天王塚古墳　てんのうずかこふん　6世紀末か
所在地 山梨県北杜市長坂町夏秋

天王壇古墳　てんのうだんこふん　5世紀後半
所在地 福島県本宮市本宮南ノ内

5 **天平古道**　てんぴょうこどう　奈良時代以降
所在地 島根県松江市竹矢町
別 出雲国分寺跡 附 古道

天平産金遺跡　てんぴょうさんきんいせき　奈良時代
所在地 宮城県遠田郡涌谷町
別 黄金山産金遺跡

天田28号墳　あまだにじゅうはちごうふん　6世紀前半後葉
所在地 和歌山県御坊市塩屋町北塩屋

天白磐座遺跡　てんぱくいわくらいせき　古墳時代
所在地 静岡県浜松市北区引佐町井伊谷
別 渭伊神社境内遺跡

天白遺跡　てんぱくいせき　縄文時代後期後半主体
所在地 三重県松阪市嬉野釜生田町　史 国指定史跡（2000）

7 **天坊山古墳**　てんぼうざんこふん　古墳時代前期
所在地 兵庫県加古川市上荘町小野天坊山

天花寺廃寺　てんげいじはいじ　7世紀後半～平安時代
所在地 三重県松阪市嬉野天花寺町
別 天華寺廃寺

天辰寺前古墳　あまたつてらまえこふん　5世紀
所在地 鹿児島県薩摩川内市天辰町字寺前651-2の一部　史 県指定史跡（2013）

8 **天宝堤**　てんぽうずつみ　天平宝字5年（761）修築
所在地 静岡県浜松市浜北区道本　史 市指定史跡（1970）

天武・持統天皇合葬陵　てんむ・じとうてんのうがっそうりょう　7世紀末葉
所在地 奈良県高市郡明日香村野口
別 天武・持統天皇陵古墳, 天武・持統陵古墳, 天武・持統合葬陵古墳, 天武・持統合葬陵, 檜隈大内陵

天武・持統天皇陵古墳　てんむ・じとうてんのうりょうこふん　7世紀末葉
所在地 奈良県高市郡明日香村野口
別 天武・持統陵古墳, 天武・持統天皇合葬陵, 天武・持統合葬陵古墳, 天武・持統合葬陵, 檜隈大内陵

天武・持統合葬陵　てんむ・じとうがっそうりょう　7世紀末葉
所在地 奈良県高市郡明日香村野口
別 天武・持統天皇陵古墳, 天武・持統陵古墳, 天武・持統合葬陵古墳, 天武・持統天皇合葬陵, 檜隈大内陵

天武・持統合葬陵古墳　てんむ・じとうがっそうりょうこふん　7世紀末葉
所在地 奈良県高市郡明日香村野口
別 天武・持統天皇陵古墳, 天武・持統陵古墳, 天武・持統天皇合葬陵, 天武・持統合葬陵, 檜隈大内陵

天武・持統陵古墳　てんむ・じとうりょうこふん　7世紀末葉
所在地 奈良県高市郡明日香村野口
別 天武・持統天皇陵古墳, 檜隈大内陵, 天武・持統天皇合葬陵, 天武・持統合葬陵古墳, 天武・持統合葬陵

天武天皇迹太川御遥拝所跡　てんむてんのうとおがわごようはいしょあと　天武元年（672）
　所在地 三重県四日市市大矢知町1714　㊨県指定史跡（1941）

天河別神社古墳群　あまのかわわけじんじゃこふんぐん　5～6世紀後半
　所在地 徳島県鳴門市大麻町字滝ケ谷55, 大麻町字孫太郎谷1・7・9　㊨県指定史跡（1958）

天狗山の古城跡　てんぐやまのこじょうあと　中世
　所在地 群馬県高崎市倉渕町川浦　㊨市指定史跡（1982）

天狗山古墳　てんぐやまこふん　5世紀後半
　所在地 岡山県倉敷市真備町川辺・真備町下二万

天狗沢瓦窯跡　てんぐさわがようせき　7世紀後半
　所在地 山梨県甲斐市天狗沢　㊨県指定史跡（1989）

天狗谷窯跡　てんぐだにかまあと　江戸時代初期以降
　所在地 佐賀県西松浦郡有田町白川
　㊨肥前磁器窯跡（天狗谷窯跡・山辺田窯跡・原明窯跡・百間窯跡・泉山磁石場跡・不動山窯跡）

天狗前古墳群　てんぐまえこふんぐん　6世紀中頃～7世紀初頭
　所在地 滋賀県東近江市横山町

天狗塚　てんぐづか　5世紀末～6世紀
　所在地 兵庫県尼崎市南清水字稲荷
　㊨園田大塚山古墳

⁹**天保古墳群　てんぽこふんぐん, てんぼうこふんぐん**　6世紀前葉頃
　所在地 三重県松阪市嬉野島田町

天城山　あまぎさん
　所在地 静岡県
　㊧島木赤彦『柿蔭集』

天城峠　あまぎとうげ
　所在地 静岡県伊豆市, 賀茂郡河津町
　㊧若山牧水『くろ土』

天海僧正毛髪塔　てんかいそうじょうもうはつとう　江戸時代
　所在地 東京都台東区上野桜木1-14-11 寛永寺内
　㊨都指定旧跡（1955）

天皇の杜古墳　てんのうのもりこふん　4世紀
　所在地 京都府京都市西京区御陵塚ノ越町
　㊨国指定史跡（1922）
　㊥天皇ノ杜古墳

天皇ノ杜古墳　てんのうのもりこふん　4世紀
　所在地 京都府京都市西京区御陵塚ノ越町
　㊥天皇の杜古墳

天皇塚古墳　てんのうづかこふん　5世紀初頭期
　所在地 群馬県甘楽郡甘楽町福島
　㊥天王塚古墳

天神のこし古墳　てんじんのこしこふん　7世紀前半
　所在地 山梨県笛吹市春日居町鎮目字関東林

天神二子山古墳　てんじんふたごやまこふん　6世紀後半期
　所在地 群馬県館林市高根天神
　㊥二子山古墳

天神小屋横穴墓　てんじんごやおうけつぼ　8世紀中心
　所在地 茨城県那珂市北郷天神小屋

天神山7号墳　てんじんやまななごうふん　5世紀中葉
　所在地 福井県福井市篠尾町

天神山古墳　てんじんやまこふん　5世紀前葉
　所在地 茨城県土浦市常名町西根
　㊥常名天神山古墳

天神山古墳　てんじんやまこふん　古墳時代後期末頃
　所在地 栃木県真岡市鹿天神前　㊨県指定史跡（1965）

天神山古墳　てんじんやまこふん　4世紀終末期頃
　所在地 群馬県前橋市広瀬町1-27
　㊥後閑天神山古墳, 前橋天神山古墳

天神山古墳　てんじんやまこふん　5世紀後半
　所在地 群馬県高崎市剣崎町下小路
　㊥剣崎天神山古墳

天神山古墳　てんじんやまこふん　古墳時代
　所在地 群馬県伊勢崎市境上武士字宮前
　㊥上武士天神山古墳

天神山古墳　てんじんやまこふん　5世紀中葉
　所在地 群馬県太田市内ヶ島町　㊨国指定史跡（1941）
　㊥太田天神山古墳

天神山古墳　てんじんやまこふん　6世紀前半
　所在地 群馬県邑楽郡大泉町古海
　㊥古海天神山古墳

天神山古墳　てんじんやまこふん　4世紀前葉～中葉頃

4画（天）

(所在地)千葉県市原市姉崎字天神山
(別)姉崎天神山古墳

天神山古墳　てんじんやまこふん　5世紀中葉
(所在地)山梨県甲府市下向山町

天神山古墳　てんじんやまこふん　古墳時代後期
(所在地)滋賀県蒲生郡竜王町川守

天神山古墳　てんじんやまこふん　3世紀後半
(所在地)奈良県天理市柳本町天神
(別)柳本天神山古墳

天神山古墳　てんじんやまこふん　4世紀後半
(所在地)岡山県備前市新庄
(別)新庄天神山古墳

天神山古墳　てんじんやまこふん　4世紀中頃～後半
(所在地)岡山県瀬戸内市牛窓町牛窓　(文)市指定史跡（2004）
(別)牛窓天神山古墳

天神山古墳　てんじんやまこふん　古墳時代前期
(所在地)山口県山口市大字吉敷字庄下

天神山古墳　てんじんやまこふん　古墳時代
(所在地)愛媛県松山市南梅本町
(別)播磨塚天神山古墳

天神山古墳　てんじんやまこふん　6世紀
(所在地)福岡県春日市大字上白水280-3
(別)上白水天神山古墳

天神山古墳　てんじんやまこふん　6世紀
(所在地)福岡県嘉穂郡桂川町大字土居字宮原

天神山古墳　てんじんやまこふん　5世紀前半
(所在地)熊本県宇土市野鶴町字桜畑

天神山古墳群　てんじんやまこふんぐん　6世紀後半
(所在地)福井県鯖江市吉江
(別)鯖江天神山古墳群

天神山古墳群　てんじんやまこふんぐん　6世紀初頭頃
(所在地)山口県山口市大字吉敷字庄下

天神山古墳群　てんじんやまこふんぐん　古墳時代後期
(所在地)大分県日田市大字小迫天神山・杉本
(別)天満古墳群

天神山城跡　てんじんやまじょうせき　築城年代不詳
(所在地)鳥取県鳥取市湖山町南　(文)県指定史跡（1976）

天神山城跡　附　根小屋跡、岡本屋敷及び木戸館、伝浦上与次郎墓　てんじんやまじょうあと　つけたり　ねごやあと、おかもとやしきおよびきどやかた、でんうらかみよじろうはか　戦国時代
(所在地)岡山県和気郡和気町田土・岩戸　(文)県指定史跡（1982）

天神山遺跡　てんじんやまいせき　縄文時代早期末～前期初頭
(所在地)愛知県知多郡南知多町大井入道

天神山遺跡　てんじんやまいせき　弥生時代中期
(所在地)大阪府高槻市天神町2丁目

天神川　てんじんがわ
(所在地)東京都江東区
(文)幸田露伴『談水』
(別)横十間川

天神沢遺跡　てんじんざわいせき　弥生時代
(所在地)福島県南相馬市鹿島区江垂

天神谷遺跡　てんじんだにいせき　弥生時代後期
(所在地)愛媛県西条市福成寺2446

天神前遺跡　てんじんまえいせき　弥生時代中期
(所在地)千葉県佐倉市岩名字天神前

天神垣神社裏山古墳　あめのかみがきじんじゃうらやまこふん　古墳時代中期
(所在地)鳥取県米子市淀江町福岡字上ノ山
(別)上ノ山古墳、小枝山4号墳

天神原遺跡　てんじんばらいせき　弥生時代中期末葉
(所在地)福島県双葉郡楢葉町大字北田字上ノ原

天神原遺跡　てんじんばらいせき　縄文時代前期～後・晩期
(所在地)群馬県安中市中野谷字天神原

天神堂古墳群　てんじんどうこふんぐん　弥生時代, 古墳時代
(所在地)新潟県妙高市籠町・宮内・青田
(別)観音平・天神堂古墳群

天神堂遺跡　てんじんどういせき　旧石器時代
(所在地)山梨県南巨摩郡南部町万沢

天神塚古墳　てんじんずかこふん　4世紀末
(所在地)群馬県高崎市八幡原町
(別)下郷天神塚古墳

天神塚古墳　てんじんずかこふん　古墳時代
(所在地)山梨県甲州市勝沼町小佐手中村

天神塚古墳　てんじんずかこふん　6世紀後半

118　遺跡・古墳よみかた辞典

4画（天）

　㋐長野県飯田市飯沼字天神塚
　㋓雲彩寺古墳,飯沼天神塚古墳,南条天神塚,飯沼雲彩寺古墳

天神森古墳　てんじんもりこふん　4世紀末～5世紀初頭
　㋐山形県東置賜郡川西町大字上小松字天神腰　㋜県指定史跡（1984）

天神森古墳　てんじんもりこふん　古墳時代
　㋐福岡県福岡市東区蒲田

天神遺跡　てんじんいせき　縄文時代前期後半・中期初頭
　㋐山梨県北杜市大泉町谷戸

天香具山　あめのかぐやま,あまのかぐやま
　㋐奈良県橿原市
　㋘『万葉集』,『新古今和歌集』
　㋓天香久山,天の香具山,天の香久山

[10]**天竜川**　てんりゅうがわ
　㋐長野県,静岡県,愛知県
　㋘十返舎一九『東海道中膝栗毛』

天竜寺　てんりゅうじ
　㋐京都府京都市右京区
　㋘『都林泉名勝図会』

天竜寺庭園　てんりゅうじていえん　南北朝時代
　㋐京都府京都市右京区嵯峨天竜寺芒ノ馬場町　㋜国指定史跡（1955）

天華寺廃寺　てんげいじはいじ　7世紀後半～平安時代
　㋐三重県松阪市嬉野天花寺町
　㋓天花寺廃寺

[12]**天塚古墳**　あまつかこふん,あまずかこふん　6世紀中頃
　㋐京都府京都市右京区太秦松本町　㋜国指定史跡（1978）

天智天皇陵　てんじてんのうりょう　古墳時代終末期
　㋐京都府京都市山科区上御廟野町
　㋓天智天皇陵古墳,天智陵古墳,天智陵,御廟野古墳

天智天皇陵古墳　てんじてんのうりょうこふん　古墳時代終末期
　㋐京都府京都市山科区上御廟野町
　㋓天智陵古墳,天智陵,天智天皇陵,御廟野古墳

天智陵　てんじりょう　古墳時代終末期
　㋐京都府京都市山科区上御廟野町
　㋓天智陵古墳,天智天皇陵古墳,天智天皇陵,御廟野古墳

天智陵古墳　てんじりょうこふん　古墳時代終末期
　㋐京都府京都市山科区上御廟野町
　㋓天智天皇陵古墳,天智陵,天智天皇陵,御廟野古墳

天満　てんま
　㋐大阪府大阪市北区
　㋘『日本山海名物図会』

天満1号墳　てんまいちごうふん　7世紀中葉
　㋐和歌山県有田郡有田川町天満
　㋓泣沢女の古墳

天満天神宮　てんまてんじんぐう
　㋐大阪府大阪市北区天満
　㋘『摂津名所図会』

天満古墳群　てんまんこふんぐん　古墳時代後期
　㋐大分県日田市大字小迫天神山・杉本
　㋓天神山古墳群

天道ケ尾古墳　てんどうがおこふん　6世紀中葉～後半
　㋐熊本県人吉市七地町天道ヶ尾

[13]**天塩**　てしお
　㋐北海道天塩郡天塩町
　㋘斎藤茂吉『石泉』

天塩川　てしおがわ
　㋐北海道
　㋘土屋文明『放水路』

天塩川口遺跡　てしおかわぐちいせき　擦文時代中～後期
　㋐北海道天塩郡天塩町川口基線
　㋓川口遺跡

天照寺薩摩工事義歿者墓　てんしょうじさつまこうじぎぼつしゃのはか　江戸時代
　㋐岐阜県養老郡養老町根古地三昧　㋜県指定史跡（1962）

[14]**天徳寺**　てんとくじ　寛永2年（1625）現地移転
　㋐秋田県秋田市泉三岳根
　㋓万固山天徳寺

天領上下代官所跡　てんりょうじょうげだいかんしょあと　江戸時代
　㋐広島県府中市上下町　㋜県指定史跡（1941）

[16]**天橋立**　あまのはしだて
　㋐京都府宮津市大字江尻
　㋘謡曲『久世戸』,『伊勢集』

遺跡・古墳よみかた辞典　119

4画（夫, 巴, 廿, 引, 心, 戸）

㋰天の橋立
[18]天観寺山古窯跡群　てんかんじやまこようせきぐん　6世紀後半～7世紀前半
[所在地]福岡県北九州市小倉南区字朽網字宇土
[19]天瀬遺跡　あませいせき　弥生時代中期～古墳時代
[所在地]岡山県岡山市北区天瀬～京橋南町
天霧城跡　あまぎりじょうあと　中世
[所在地]香川県善通寺市碑殿町・吉原町, 仲多度郡多度津町, 三豊市三野町　㋡国指定史跡（1990）

【夫】

[11]夫婦石遺跡　めおといせき　縄文時代
[所在地]長崎県対馬市上県町
夫婦塚古墳　めおとづかこふん　7世紀中～後半
[所在地]奈良県葛城市兵家
夫婦塚古墳　みょうとづかこふん　5世紀後半
[所在地]岡山県総社市赤浜, 岡山市北区新庄上
夫婦塚古墳　めおとづかこふん　6世紀後半～末葉
[所在地]福岡県福岡市西区乙石
夫婦塚古墳　めおとづかこふん　6世紀後半
[所在地]熊本県宇城市松橋町古保山字夫婦塚, 宇土市花園町字西原

【巴】

[0]巴の宿跡　ともえのしゅくあと
[所在地]栃木県鹿沼市草久深山
㋰深山巴の宿

【廿】

[3]廿山北古墳　つずやまきたこふん　4世紀後半頃か
[所在地]大阪府富田林市廿山
廿山古墳　つずやまこふん　4世紀末
[所在地]大阪府富田林市廿山
[4]廿六聖人殉教地跡　にじゅうろくせいじんじゅんきょうちあと　戦国時代末
[所在地]長崎県長崎市西坂町7-8
㋰日本二十六聖人殉教地
[8]廿枝遺跡　はたえだいせき　旧石器時代
[所在地]徳島県阿南市桑野町廿枝

【引】

[0]引ノ山古墳群　ひきのやまこふんぐん　5世紀後半～6世紀前半
[所在地]奈良県五条市近内町
[4]引手の山　ひきてのやま
[所在地]奈良県奈良市
㋭『万葉集』
引手の山　ひきてのやま
[所在地]奈良県天理市
㋭『万葉集』
[7]引佐細江　いなさほそえ
[所在地]静岡県浜松市北区細江町
㋭『万葉集』
[9]引津　ひきつ
[所在地]福岡県糸島市
㋭『万葉集』
[10]引馬野　ひくまの
[所在地]愛知県豊川市御津町御馬
㋭『万葉集』,『金葉和歌集』

【心】

[6]心合寺山古墳　しおんじやまこふん　古墳時代前期～中期
[所在地]大阪府八尾市大竹　㋡国指定史跡（1966）
[11]心斎橋筋　しんさいばしすじ
[所在地]大阪府大阪市中央区
㋭『摂津名所図会』
心経山遺跡　しんぎょうざんいせき　弥生時代中期
[所在地]香川県丸亀市広島町青木
[20]心巌院薩摩義士墓　しんがんいんさつまぎしのはか　江戸時代
[所在地]岐阜県安八郡輪之内町下大榑　㋡県指定史跡（1959）

【戸】

[0]戸ノ内遺跡　とのうちいせき　古墳時代前期
[所在地]宮城県仙台市太白区四郎丸字戸ノ内
[4]戸水B遺跡　とみずびーいせき　弥生時代中期後半
[所在地]石川県金沢市水町
戸水C古墳群　とみずしーこふんぐん　古墳時代
[所在地]石川県金沢市戸水町・御供田町
[5]戸田　へだ
[所在地]静岡県沼津市
㋭若山牧水『渓谷集』
戸田の渡し　とだのわたし

(所在地)東京都板橋区舟渡, 埼玉県戸田市
(文)曲亭馬琴『南総里見八犬伝』

戸田茂睡寿碑 とだもすいじゅひ 江戸時代
(所在地)東京都台東区浅草2-3-1 浅草寺
(別)戸田茂睡墓

戸田茂睡墓 とだもすいのはか 江戸時代
(所在地)東京都台東区浅草2-3-1 浅草寺 (指)都指定旧跡(1955)
(別)戸田茂睡寿碑

戸田家廟所 とだけびょうしょ 江戸時代
(所在地)岐阜県大垣市西外側町 (指)県指定史跡(1964)

7 **戸沢氏城館跡(門屋城跡・古堀田城跡)** とざわしじょうかんあと(かどやじょうあと・こぼたじょうあと) 室町時代
(所在地)秋田県仙北市西木町上荒井・小山田 (指)県指定史跡(1987)

8 **戸板山古墳群** といたやまこふんぐん 3世紀末~4世紀前半
(所在地)福井県越前市山室町

9 **戸狩荒神塚古墳** とがりこうじんずかこふん 古墳時代
(所在地)岐阜県瑞浪市明世町戸狩桂本 (指)県指定史跡(1960)
(別)荒神塚古墳

戸狩横穴古墳群 とがりよこあなこふんぐん 6~7世紀
(所在地)岐阜県瑞浪市明世町戸狩字大洞小狭間
(別)戸狩横穴墓群, 戸狩横穴群

戸狩横穴墓群 とがりおうけつぼぐん 6~7世紀
(所在地)岐阜県瑞浪市明世町戸狩字大洞小狭間
(別)戸狩横穴古墳群, 戸狩横穴群

戸狩横穴群 とがりよこあなぐん 6~7世紀
(所在地)岐阜県瑞浪市明世町戸狩大洞 (指)県指定史跡(1956)
(別)戸狩横穴墓群, 戸狩横穴古墳群

10 **戸原王塚古墳** とばるおうつかこふん 古墳時代
(所在地)福岡県糟屋郡粕屋町大字戸原字王塚
(別)王塚古墳

戸島大塚古墳 としまおおつかこふん 7世紀初頭
(所在地)広島県安芸高田市向原町 (指)県指定史跡(1990)
(別)大塚古墳

11 **戸崎古墳群** とざきこふんぐん 古墳時代中期~後期
(所在地)千葉県君津市戸崎字城山・上原

戸張一番割古墳 とばりいちばんわりこふん 3世紀後半
(所在地)千葉県柏市戸張字前原

戸張作古墳群 とばりさくこふんぐん 6世紀末葉前後(前方後円墳), 6世紀前葉~7世紀初頭(円墳)
(所在地)千葉県千葉市若葉区東寺山町字戸張作

戸張遺跡群 とばりいせきぐん 縄文時代~中世城郭跡
(所在地)千葉県柏市戸張城山台

戸祭大塚古墳 とまつりおおつかこふん 6世紀後半
(所在地)栃木県宇都宮市上戸祭町2982
(別)大塚古墳

12 **戸塚** とつか
(所在地)神奈川県横浜市戸塚区
(文)宝井其角『五元集』

戸塚山古墳群 とずかやまこふんぐん 7~8世紀
(所在地)山形県米沢市大字萩の森・森合・金ヶ崎・上浅川

戸塚神社古墳 とつかじんじゃこふん 6世紀後半
(所在地)群馬県藤岡市上戸塚字熊野

戸無瀬 となせ
(所在地)京都府京都市右京区嵐山
(文)芭蕉『嵯峨日記』

14 **戸隠** とがくし
(所在地)長野県長野市
(文)『平家物語』

戸隠山 とがくしやま, とがくしさん
(所在地)長野県長野市
(文)『太平記』

戸隠尾上の慈倹後の石・一実道士の碑 とがくしおがみのじけんごのいし・いちじつどうしのひ 享保年間(1716~36)
(所在地)長野県長野市戸隠豊岡 (指)市指定史跡(2005)

戸隠奈良尾弘法遺跡 とがくしならおこうぼういせき 鎌倉時代~江戸後期
(所在地)長野県長野市戸隠豊岡 (指)市指定史跡(2005)

戸隠神社信仰遺跡 とがくしじんじゃしんこういせき 平安時代~江戸時代
(所在地)長野県長野市戸隠中社・奥社・宝光社

4画（手，支）

㊄県指定史跡（1979）

戸隠荒倉山切り通し　とがくしあらくらやまきりとおし　江戸時代末期
[所在地]長野県長野市戸隠豊岡　㊄市指定史跡（2005）

戸隠原の大頭庵跡　とがくしはらのだいとうあんあと　宝暦年間（1751〜64）
[所在地]長野県長野市戸隠豊岡　㊄市指定史跡（2005）

戸隠福平の宣澄祠　とがくしふくだいらのせんちょうし　文明13年（1481）
[所在地]長野県長野市戸隠栃原　㊄市指定史跡（2005）

[19]戸瀬池窯跡　とぜいけかまあと　6世紀前半
[所在地]岡山県和気郡和気町矢田部

【手】

[3]手子塚城跡　てごずかじょうあと　戦国時代
[所在地]長野県長野市豊野町蟹沢　㊄市指定史跡（2005）

[5]手古塚古墳　てこずかこふん　古墳時代前期
[所在地]千葉県木更津市小浜

[6]手光古墳群　てびかこふんぐん　古墳時代
[所在地]福岡県福津市手光

手光波切不動古墳　てびかなみきりふどうこふん　7世紀中頃
[所在地]福岡県福津市手光

手向山　たむけやま
[所在地]奈良県奈良市
㊇『古今和歌集』

手向山遺跡　たむけやまいせき　縄文時代早期
[所在地]鹿児島県伊佐市大口鳥巣

[7]手児の呼坂　てこのよびさか
[所在地]静岡県静岡市清水区蒲原
㊇『万葉集』

手児の呼坂　てこのよびさか
[所在地]静岡県富士市
㊇『万葉集』

[8]手取川　てどりがわ
[所在地]石川県
㊇露川『北国曲』

手長明神社跡　てながみょうじんしゃあと　創建年不明
[所在地]福島県相馬郡新地町
㊄新地貝塚 附 手長明神社跡

[10]手宮洞穴　てみやどうけつ　続縄文時代中期〜後期
[所在地]北海道小樽市手宮
㊄手宮洞穴遺跡，手宮洞窟

手宮洞穴遺跡　てみやどうけついせき　続縄文時代中期〜後期
[所在地]北海道小樽市手宮
㊄手宮洞穴，手宮洞窟

手宮洞窟　てみやどうくつ　続縄文時代中期〜後期
[所在地]北海道小樽市手宮　㊄国指定史跡（1921）
㊄手宮洞穴遺跡，手宮洞穴

[12]手結の浦　たゆのうら，たゆいのうら
[所在地]福井県敦賀市田結
㊇『万葉集』

手賀沼　てがぬま
[所在地]千葉県（旧・東葛飾郡）
㊇水原秋桜子『葛飾』

手越　てごし
[所在地]静岡県静岡市駿河区
㊇『平家物語』，十返舎一九『東海道中膝栗毛』
㊄手越河原

手間古墳　てんまこふん　6世紀半ば〜後半
[所在地]島根県松江市竹矢町字安郷寺

[13]手節の崎　とうしのさき
[所在地]三重県鳥羽市
㊇『万葉集』

[14]手稲山口バッタ塚　ていねやまぐちばったずか　明治16年（1883）築造
[所在地]北海道札幌市手稲区手稲山口324
㊄市指定史跡（1978）

手稲遺跡　ていねいせき　縄文時代後期
[所在地]北海道札幌市手稲区手稲前田

手綱浜　たづなのはま
[所在地]茨城県高萩市
㊇『万葉集』

[19]手繰ヶ城山古墳　てぐりがじょうやまこふん　5世紀後半
[所在地]福井県吉田郡永平寺町
㊄松岡古墳群（手繰ヶ城山古墳・石舟山古墳・鳥越山古墳・二本松山古墳）

【支】

[10]支笏湖　しこつこ
[所在地]北海道千歳市
㊇宮柊二『多く夜の歌』

4画（文, 斗, 方, 日）

【文】

[6]文字の関　もじのせき
　所在地 福岡県北九州市門司区筆立山麓の甲宗八幡宮付近
　文 『今昔物語集』,『平家物語』,『太平記』
　別 門司の関

[8]文京遺跡　ぶんきょういせき　弥生時代前〜後期
　所在地 愛媛県松山市文京町　愛媛大学構内

文命堤　ぶんめいづつみ　江戸時代
　所在地 神奈川県南足柄市怒田1912ほか　指 市指定史跡（1966）

文武学校　ぶんぶがっこう　安政2年（1855）開設
　所在地 長野県長野市松代町
　別 旧文武学校

[9]文祢麻呂墓　ふみのねまろのはか, ふみのねまろぼ　奈良時代
　所在地 奈良県宇陀市榛原八滝　指 国指定史跡（1984）

[10]文殊山古墳　もんじゅやまこふん　4世紀後半〜5世紀頃
　所在地 栃木県下野市上古山

文殊院西古墳　もんじゅいんにしこふん　7世紀中頃
　所在地 奈良県桜井市阿部　指 国指定特別史跡（1952）
　別 安倍文殊院西古墳

文殊院東古墳　もんじゅいんひがしこふん　7世紀後半
　所在地 奈良県桜井市大字阿倍645 安倍文殊院境内　指 県指定史跡（1977）

文殊堂古墳群　もんじゅどうこふんぐん　5〜7世紀
　所在地 静岡県周智郡森町円田〜草ヶ谷

文珠塚古墳　もんじゅずかこふん　6世紀
　所在地 大阪府堺市西区上野芝・向ヶ丘町
　別 百舌鳥古墳群（いたすけ古墳・長塚古墳・収塚古墳・塚廻古墳・文珠塚古墳・丸保山古墳・乳岡古墳・御廟表塚古墳・ドンチャ山古墳・正楽寺山古墳・鏡塚古墳・善右ヱ門山古墳・銭塚古墳・グワショウ坊古墳・旗塚古墳・寺山南山古墳・七観音古墳）

[11]文堂古墳　ぶんどうこふん　7世紀前半
　所在地 兵庫県美方郡香美町村岡区寺河内　指 県指定史跡（1975）

[12]文覚屋敷　もんがくやしき　鎌倉時代
　所在地 神奈川県鎌倉市雪ノ下5-4-32

文覚屋敷　もんがくやしき　鎌倉時代
　所在地 神奈川県鎌倉市扇ガ谷2-12-1

[15]文選11号墳　もんぜんじゅういちごうふん　6世紀中頃
　所在地 栃木県足利市上渋垂町字文選

【斗】

[4]斗内千人塚　墳丘 供養塔　とないせんにんづかふんきゅう くようとう　天明5年（1785）
　所在地 青森県三戸郡三戸町斗内字清水田　指 県指定史跡（1988）
　別 千人首

【方】

[5]方広寺　ほうこうじ　文禄4年（1595）創建
　所在地 京都府京都市東山区正面通大和大路東入ル
　別 大仏殿方広寺, 大仏殿

方広寺石塁および石塔　ほうこうじせきるいおよびせきとう　安土桃山時代
　所在地 京都府京都市東山区茶屋町　指 国指定史跡（1969）

[7]方谷庵　ほうこくあん　明治時代
　所在地 岡山県新見市大佐小南　指 県指定史跡（1965）

[9]方保田東原遺跡　かとうだひがしばるいせき　弥生時代後期〜古墳時代前期
　所在地 熊本県山鹿市方保田東原　指 国指定史跡（1985）

[15]方墳大塚古墳　ほうふんおおつかこふん　古墳時代
　所在地 埼玉県さいたま市西区大字指扇　指 県指定史跡（1958）
　別 大塚古墳

【日】

[0]日の出山瓦窯跡　ひのでやまかわらがまあと, ひのでやまがようせき　8世紀前半
　所在地 宮城県加美郡色麻町　指 国指定史跡（1976）

日の出遺跡　ひのでいせき　縄文時代早期〜擦文時代
　所在地 北海道枝幸郡浜頓別町
　別 浜頓別クッチャロ湖畔竪穴群

日の岡古墳　ひのおかこふん　6世紀前半

遺跡・古墳よみかた辞典　123

4画（日）

(所在地)福岡県うきは市吉井町
(別)日ノ岡古墳, 日岡古墳

日ノ岡古墳　ひのおかこふん　6世紀前半
(所在地)福岡県うきは市吉井町
(別)日の岡古墳, 日岡古墳

日ノ岳遺跡　ひのたけいせき　旧石器時代
(所在地)長崎県平戸市田平町大久保免

日ノ浜遺跡　ひのはまいせき　縄文時代前期・中期・晩期
(所在地)北海道函館市大澗町字高俗

日ノ御埼　ひのみさき
(所在地)和歌山県日高郡美浜町
(文)若山牧水『くろ土』
(別)日の岬

³日下古墳群　くさかこふんぐん　4世紀中葉～7世紀後葉
(所在地)鳥取県米子市日下

日下貝塚　くさかかいづか　縄文時代後期～晩期, 古墳時代
(所在地)大阪府東大阪市日下町　(指)国指定史跡（1972）

日下塚　ひさけつか　5世紀初頭末
(所在地)茨城県東茨城郡大洗町　(指)県指定史跡（1953）

日上天王山古墳　ひかみてんのうやまこふん　5世紀末
(所在地)岡山県津山市日上字畝山
(別)天王山古墳

日上天王山古墳・日上畝山古墳群　ひかみてんのうやまこふん・ひかみうねやまこふんぐん　5世紀後半～6世紀前半
(所在地)岡山県津山市日上　(指)県指定史跡（2002）

日山城跡　ひのやまじょうあと　16世紀
(所在地)広島県山県郡北広島町
(別)吉川氏城館跡（駿河丸城跡・小倉山城跡・日山城跡・吉川元春館跡）

⁴日月天塚古墳　にってんがってんずかこふん　6世紀後半
(所在地)茨城県潮来市堀之内字吹上

日月ヤグラ　じつげつやぐら　鎌倉時代
(所在地)神奈川県鎌倉市大町

日比の浦　ひびのうら
(所在地)岡山県玉野市
(文)『金毘羅参詣名所図会』

日比谷　ひびや
(所在地)東京都千代田区
(文)田山花袋『東京の三十年』, 島崎藤村『並木』

日比谷公園　ひびやこうえん
(所在地)東京都千代田区
(文)森鴎外『有楽門』, 宮本百合子『伸子』

⁵日本二十六聖人殉教地　にほんにじゅうろくせいじんじゅんきょうち　戦国時代末
(所在地)長崎県長崎市西坂町7-8　(指)県指定史跡（1956）
(別)廿六聖人殉教地跡

日本武尊尾津前御遺蹟　やまとたけるのみことおずさきおんいせき　古代
(所在地)三重県桑名市多度町御衣野2268ほか　(指)県指定史跡（1941）

日本武尊命白鳥陵古墳　やまとたけるのみことはくちょうりょうこふん　6世紀初頭頃
(所在地)大阪府羽曳野市軽里
(別)白鳥陵古墳, 軽里大塚古墳, 前の山古墳

日本基督教団天城教会及び教会堂　にほんきりすときょうだんあまぎきょうかいおよびきょうかいどう　明治23年（1890）建造
(所在地)岡山県倉敷市藤戸町天城　(指)県指定史跡（1981）

日本堤　にほんづつみ
(所在地)東京都台東区浅草
(文)『誹風柳多留5』, 夏目漱石『吾輩は猫である』

日本橋　にほんばし
(所在地)東京都中央区日本橋室町1-1・8-1, 日本橋1-1・9-1
(文)『誹風柳多留』,『伊藤左千夫全短歌』, 井原西鶴『日本永代蔵』

日本橋　にっぽんばし
(所在地)大阪府大阪市中央区
(文)釈迢空『春のことぶれ』

日永の追分　ひながのおいわけ　江戸時代
(所在地)三重県四日市市追分　(指)県指定史跡（1938）

日永一里塚跡　ひながいちりずかあと　江戸時代初期
(所在地)三重県四日市市日永　(指)県指定史跡（1938）

日立精機古墳群　ひたちせいきこふんぐん　7世紀中葉～後葉もしくは以前（1号墳）, 6世紀末葉頃（2号墳）
(所在地)千葉県我孫子市根戸字堀尻・南塚

⁶日光　にっこう

124　遺跡・古墳よみかた辞典

4画（日）

[所在地]栃木県日光市
㊉『平家物語』，与謝野晶子『冬柏亭集』，幸田露伴『華厳滝』

日光山内　にっこうさんない
[所在地]栃木県日光市山内　㊐国指定史跡（1998）

日光山古墳群　にっこうさんこふんぐん　7世紀後半
[所在地]宮城県大崎市古川清水・小林

日光寺住居跡　にっこうじじゅうきょあと　古墳時代後期
[所在地]広島県三次市十日市町　㊐県指定史跡（1957）

日光杉並木街道　附　並木寄進碑　にっこうすぎなみきかいどう　つけたり　なみききしんひ　江戸時代
[所在地]栃木県日光市，鹿沼市　㊐国指定特別史跡（1952）

日光男体山頂遺跡　にっこうなんたいさんちょういせき　奈良時代〜平安時代
[所在地]栃木県日光市中宮祠
㊉男体山頂遺跡

日光東照宮　にっこうとうしょうぐう　江戸時代
[所在地]栃木県日光市山内

日光開山勝道上人誕生地　にっこうかいざんしょうどうしょうにんたんじょうち　奈良時代
[所在地]栃木県真岡市南高岡卯花　㊐県指定史跡（1957）

日吉ヶ丘・明石墳墓群　ひよしがおか・あかしふんぼぐん　弥生時代中期〜古墳時代前期
[所在地]京都府与謝郡与謝野町明石　㊐国指定史跡（2005）

日吉大社　ひよしたいしゃ　崇神天皇7年（紀元前91）創祀
[所在地]滋賀県大津市坂本本町
㊉日吉神社，山王権現

日吉加瀬山古墳　ひよしかせやまこふん　6世紀後半
[所在地]神奈川県川崎市南加瀬
㊉日吉加瀬古墳

日吉加瀬古墳　ひよしかせこふん　6世紀後半
[所在地]神奈川県川崎市南加瀬
㊉日吉加瀬山古墳

日吉矢上古墳　ひよしやがみこふん　5世紀後半
[所在地]神奈川県横浜市港北区日吉本町上ノ町
㊉矢上古墳

日吉神社境内　ひよしじんじゃけいだい　崇神天皇7年（紀元前91）創祀
[所在地]滋賀県大津市坂本本町　㊐国指定史跡（1973）
㊉日吉大社，山王権現

日吉塔　ひよしとう　中世
[所在地]大分県臼杵市大字深田
㊉臼杵磨崖仏　附　日吉塔、嘉応二年在銘五輪塔・承安二年在銘五輪塔

日吉廃寺址　ひよしはいじし　7世紀後半〜9世紀
[所在地]静岡県沼津市日吉

日吉遺跡　ひよしいせき　弥生時代中期〜後期
[所在地]神奈川県横浜市港北区日吉町　慶応義塾大学構内

日向山古墳　ひむかいやまこふん　6世紀前半〜中頃
[所在地]愛知県額田郡幸田町深溝字日向山

日向国　ひゅうがのくに
[所在地]宮崎県
㊉『古事記』，『日本書紀』，『延喜式』

日向国分寺跡　ひゅうがこくぶんじあと　8世紀後半
[所在地]宮崎県西都市大字三宅・国分　㊐国指定史跡（2011）

日向国府跡　ひゅうがこくふあと　8世紀末〜10世紀前半
[所在地]宮崎県西都市右松刎田　㊐国指定史跡（2005）

日向前横穴墓群　ひなたまえおうけつぼぐん　西暦700年前後
[所在地]宮城県大崎市田尻沼木字日向前

日向洞窟　ひなたどうくつ　縄文時代
[所在地]山形県東置賜郡高畠町　㊐国指定史跡（1977）

日名13号墳　ひなじゅうさんごうふん　6世紀中頃〜後半
[所在地]岡山県真庭市日名
㊉神毛1号墳

7日坂　にっさか
[所在地]静岡県掛川市日坂
㊉『狂歌旅枕』，十返舎一九『東海道中膝栗毛』

遺跡・古墳よみかた辞典　125

4画（日）

㋓新坂, 西坂

日秀西遺跡　ひびりにしいせき　8世紀初め
所在地 千葉県我孫子市日秀

8**日岡　ひのおか**
所在地 京都府京都市東山区日岡
㋔『平家物語』

日岡古墳　ひのおかこふん　6世紀前半
所在地 福岡県うきは市吉井町　㋛国指定史跡（1928）
㋓日の岡古墳, 日ノ岡古墳

日岡古墳群　ひおかこふんぐん　4～5世紀前半
所在地 兵庫県加古川市加古川町大野

日拝塚古墳　ひはいづかこふん　6世紀
所在地 福岡県春日市下白水南　㋛国指定史跡（1976）

日明古墳群　ひやけこふんぐん　古墳時代
所在地 福岡県糸島市飯原

日枝神社　ひえじんじゃ　万治2年（1659）現在地に移転
所在地 東京都千代田区永田町2-10

10**日原6号墳　ひばらろくごうふん　古墳時代前期**
所在地 鳥取県米子市日原字中尾山

日根荘遺跡　ひねのしょういせき　鎌倉時代～戦国時代
所在地 大阪府泉佐野市大木・日根野　㋛国指定史跡（1998）

日高みの国　ひだかみのくに
所在地 宮城県
㋔『日本書紀』

日高川　ひだかがわ
所在地 和歌山県田辺市竜神村, 和歌山県日高郡日高川町, 和歌山県御坊市
㋔平賀源内『神霊矢口渡』, 歌舞伎脚本集『幼稚子敵討』

日高遺跡　ひだかいせき　弥生時代
所在地 群馬県高崎市日高町・中尾町　㋛国指定史跡（1989）

日高鯨山の古墳　ひだかくじらやまのこふん　古墳時代
所在地 愛媛県今治市馬越町2丁目　㋛県指定史跡（1950）
㋓鯨山古墳, 鯨ヶ丘

11**日笠の浦　ひかさのうら**
所在地 兵庫県明石市
㋔『万葉集』

日笠の浦　ひかさのうら
所在地 兵庫県高砂市
㋔『万葉集』

日笠山貝塚　ひがさやまかいづか　縄文時代前期～晩期
所在地 兵庫県高砂市曽根町

日笠松塚古墳　ひがさまつづかこふん　6世紀前葉
所在地 福井県三方上中郡若狭町日笠

日脚窯跡　ひなしかまあと　5世紀末～6世紀初め
所在地 島根県浜田市日脚町

日野　ひの
所在地 東京都日野市
㋔大田南畝『調布日記』

日野　ひの
所在地 京都府京都市伏見区日野町
㋔西行『夫木和歌抄 31』

日野七ツ塚古墳　ひのななつづかこふん　7世紀終末～8世紀
所在地 東京都日野市日野七ツ塚
㋓七ツ塚古墳

日野江城跡　ひのえじょうあと　建保年間（1213～19）～元和2年（1616）
所在地 長崎県南島原市北有馬町　㋛国指定史跡（1982）

日野俊基墓　ひのとしもとのはか　鎌倉時代末期
所在地 神奈川県鎌倉市梶原　㋛国指定史跡（1927）

12**日御碕　ひのみさき**
所在地 島根県出雲市大社町
㋔『堤中納言物語』

日葉酢媛陵　ひばすひめりょう　4世紀後半～5世紀初め頃
所在地 奈良県奈良市山陵町御陵前
㋓日葉酢媛陵古墳, ヒシアゲ古墳

日葉酢媛陵古墳　ひばすひめりょうこふん　4世紀後半～5世紀初め頃
所在地 奈良県奈良市山陵町御陵前
㋓日葉酢媛陵, ヒシアゲ古墳

13**日置　ひおき**
所在地 兵庫県篠山市
㋔『和名抄』

日置前廃寺　ひおきまえはいじ　7世紀末頃創建
所在地 滋賀県高島市今津町日置前字西出口

日置峠山の須恵器窯跡　へきたおやまのすえきかまあと　古墳時代後期〜奈良時代
[所在地]山口県長門市日置中字萩尾776-13
[史]県指定史跡（1969）

日置荘遺跡　ひきしょういせき　古墳時代以降
[所在地]大阪府堺市東区日置荘

日蓮上人草庵跡　にちれんしょうにんそうあんあと　文永11年（1274）創始
[所在地]山梨県身延町身延　[史]県指定史跡（1959）

日蓮乞水　にちれんこいみず　江戸時代・鎌倉五名水の一
[所在地]神奈川県鎌倉市大町5-7-5

日蓮辻説法跡　にちれんつじせっぽうあと　鎌倉時代（建長・康元期）
[所在地]神奈川県鎌倉市小町2-22-11

日蓮袈裟掛の松　にちれんけさがけのまつ　文永8年（1271）
[所在地]神奈川県鎌倉市稲村ガ崎2-4-6

日詰遺跡　ひずめいせき　弥生時代後期〜平安時代
[所在地]静岡県賀茂郡南伊豆町下賀茂日詰

14**日暮里**　にっぽり
[所在地]東京都荒川区西日暮里・東日暮里
[文]『江戸名所図会』

15**日影山遺跡**　ひかげやまいせき　縄文時代早期前半
[所在地]東京都町田市真光寺町

日輪寺古墳　にちりんじこふん　5世紀末〜6世紀初め
[所在地]福岡県久留米市京町　[史]国指定史跡（1922）

【月】

0**月の木貝塚**　つきのきかいずか　縄文時代中期〜後期
[所在地]千葉県千葉市中央区仁戸名町
[別]月ノ木貝塚

月の岡古墳　つきのおかこふん　5世紀後半
[所在地]福岡県うきは市吉井町若宮 若宮八幡社境内
[別]月ノ岡古墳, 月岡古墳

月の輪　つきのわ
[所在地]京都府京都市東山区月輪町
[文]『今昔物語集』,『増鏡』
[別]月輪

月の輪古墳　つきのわこふん　5世紀中葉
[所在地]岡山県久米郡美咲町飯岡　[史]県指定史跡（1959）

月ノ木貝塚　つきのきかいずか　縄文時代中期〜後期
[所在地]千葉県千葉市中央区仁戸名町　[史]国指定史跡（1978）
[別]月の木貝塚

月ノ岡古墳　つきのおかこふん　5世紀後半
[所在地]福岡県うきは市吉井町若宮 若宮八幡社境内
[別]月の岡古墳, 月岡古墳

月ノ輪山古墳群　つきのわやまこふんぐん　7世紀前半
[所在地]福島県福島市鎌田字月ノ輪山

3**月山**　がっさん
[所在地]山形県
[文]斎藤茂吉『ともしび』, 曽良『雪まろげ』

5**月本追分**　つきもとおいわけ　江戸時代
[所在地]三重県松阪市中林町　[史]県指定史跡（1988）

6**月吉の里**　つきよしのさと
[所在地]岐阜県瑞浪市
[文]清原元輔『夫木和歌抄 31』

7**月坂放レ山古墳群**　つきさかはなれやまこふんぐん　5世紀後半
[所在地]島根県安来市月坂町字放レ山

月見松遺跡　つきみまついせき　縄文時代前期〜平安時代
[所在地]長野県伊那市伊那小沢

月見野上野遺跡　つきみのかみのいせき　旧石器時代〜縄文時代草創期, 平安時代
[所在地]神奈川県大和市つきみ野

月見野遺跡群　つきみのいせきぐん　旧石器時代
[所在地]神奈川県大和市目黒川流域

8**月夜平遺跡**　つきよだいらいせき　弥生時代後期後半
[所在地]長野県下伊那郡高森町吉田月夜平

月夜平遺跡　つきよだいらいせき　縄文時代
[所在地]静岡県浜松市天竜区水窪町奥領家
[史]市指定史跡（1980）

月岡古墳　つきのおかこふん　5世紀後半
[所在地]福岡県うきは市吉井町若宮 若宮八幡社境内
[別]月の岡古墳, 月ノ岡古墳

月岡遺跡　つきおかいせき　旧石器時代

[所在地]新潟県魚沼市堀之内字月岡

月林寺　げつりんじ
[所在地]京都府京都市左京区
[文]藤原後生『拾遺和歌集 8』

10**月島　つきしま**
[所在地]東京都中央区
[文]正宗白鳥『何処へ』, 伊藤整『若い詩人の肖像』

11**月崎遺跡　つきざきいせき**　縄文時代前期初頭～晩期後半
[所在地]山口県宇部市東岐波

14**月読の社　つきよみのやしろ**
[所在地]三重県伊勢市
[文]西行『新古今和歌集 19』

月読神社境内　つきよみじんじゃけいだい　顕宗3年（487）創建
[所在地]京都府京都市西京区松室山添町　[史]市指定史跡（1993）

15**月影ガ谷　つきかげがやつ**
[所在地]神奈川県鎌倉市極楽寺4-6～10

月影遺跡　つきかげいせき　弥生時代, 古墳時代
[所在地]石川県金沢市月影町

月輪　つきのわ
[所在地]京都府京都市東山区月輪町
[文]『今昔物語集』,『増鏡』
[別]月の輪

月輪古墳群　つきのわこふんぐん　5世紀中頃～7世紀
[所在地]埼玉県比企郡滑川町月輪

【木】

0**木の丸殿　きのまろどの**
[所在地]福岡県朝倉市
[文]『今昔物語集』,『保元物語』

木の目峠　きのめとうげ
[所在地]福井県敦賀市, 南条郡南越前町（旧・南条郡今庄町）
[文]謡曲『安宅』,『義経記』
[別]木の芽峠

木の宗山銅鐸銅剣出土地　きのむねやまどうたくどうけんしゅつどち　弥生時代
[所在地]広島県広島市東区福田町　[史]県指定史跡（1956）
[別]福田木の宗山遺跡, 福田遺跡

木の岡古墳群　このおかこふんぐん　古墳時代中期
[所在地]滋賀県大津市下阪本町

木の芽峠　きのめとうげ
[所在地]福井県敦賀市, 南条郡南越前町（旧・南条郡今庄町）
[文]謡曲『安宅』,『義経記』
[別]木の目峠

木の根遺跡　きのねいせき　縄文時代早期初頭～前期後半
[所在地]千葉県成田市木ノ根

木ノ下古墳　このしたこふん　5世紀末頃, 6世紀中頃
[所在地]三重県亀山市木ノ下町字宮の前

木ノ井山古墳　きのいやまこふん　5世紀中葉
[所在地]山口県熊毛郡田布施町大字川西

3**木下別所廃寺跡　きおろしべつしょはいじあと**　7世紀後半創建
[所在地]千葉県印西市別所

木下利玄生家　きのしたりげんせいか　明治時代
[所在地]岡山県岡山市北区足守　[史]県指定史跡（1959）

木下遺跡　こじたいせき　縄文時代早期中葉～中期初頭
[所在地]栃木県那須郡那須町蓑沢

4**木之内明神貝塚　きのうちみょうじんかいずか**　縄文時代
[所在地]千葉県香取市木内

木之本廃寺　きのもとはいじ　飛鳥時代創建
[所在地]奈良県橿原市木之本町

木戸瓦窯跡　きどかわらがまあと　8世紀前半
[所在地]宮城県大崎市田尻沼部　[史]国指定史跡（1976）
[別]木戸窯跡群

木戸作貝塚　きどさくかいずか　縄文時代後期前半
[所在地]千葉県千葉市緑区椎名崎町

木戸孝允旧宅　きどたかよしきゅうたく, きどこういんきゅうたく　江戸時代
[所在地]山口県萩市呉服町　[史]国指定史跡（1932）

木戸前1号墳　きどまえいちごうふん　6世紀
[所在地]千葉県山武郡芝山町大字高田

木戸窯跡群　きどかまあとぐん　8世紀前半
[所在地]宮城県大崎市田尻沼部
[別]木戸瓦窯跡

5**木本湊　きのもとのみなと**
[所在地]三重県熊野市木本町

㊫『西国三十三所名所図会』

木母寺　もくぼじ
(所在地)東京都墨田区
㊫謡曲『隅田川』

7**木更津　きさらず**
(所在地)千葉県木更津市
㊫『義経記』

木坂遺跡　きさかいせき　弥生時代後期
(所在地)長崎県対馬市峰町木坂

木村A-1号墳　ほんむらえーいちごうふん　6世紀
(所在地)福岡県福岡市西区大字今宿上ノ原字本村

木村古墳群　きむらこふんぐん　古墳時代中期
(所在地)滋賀県東近江市木村町

木村城跡　きむらじょうあと　中世
(所在地)広島県竹原市新庄町　㊕県指定史跡（1973）

木花村古墳　きばなそんこふん　古墳時代
(所在地)宮崎県宮崎市大字熊野字陣ノ元・字下原　㊕県指定史跡（1937）

木苅峠遺跡　きかりとうげいせき　旧石器時代主体
(所在地)千葉県印西市浦幡新田

木谷古墳群　きたにこふんぐん　6世紀後半～7世紀初頭
(所在地)岡山県真庭市日木

8**木和田古墳　きわだこふん**　8世紀前半
(所在地)山形県米沢市大字木和田字月の原

9**木城村古墳　きじょうそんこふん**　古墳時代
(所在地)宮崎県児湯郡木城町大字椎木字火除牟田・字岩穴口・字北中原，大字高城字岸立・字山塚原・字仁君谷　㊕県指定史跡（1939）

木屋町　きやまち
(所在地)京都府京都市中京区
㊫青山霞村『池塘集』

木屋瀬宿西構口跡　こやのせじゅくにしかまえぐちあと　江戸時代
(所在地)福岡県北九州市八幡西区木屋瀬4丁目地内　㊕市指定史跡（1998）

木柑子高塚古墳　きこうじたかつかこふん　6世紀後半
(所在地)熊本県菊池市大字木柑子字高塚
㊓高塚古墳

木枯森　こがらしのもり
(所在地)静岡県静岡市葵区
㊫藤原定家『新古今和歌集 14』
㊓木枯山

木津川　きずがわ
(所在地)京都府木津川市
㊫『太平記』，謡曲『笠卒都婆』

木津惣墓　きずそうぼ　15世紀末～16世紀初頭
(所在地)京都府木津川市木津清水

10**木原台6号墳　きはらだいろくごうふん**　6世紀前半以前
(所在地)茨城県稲敷郡美浦村木原新宿
㊓愛宕山古墳

木島　このしま
(所在地)京都府京都市右京区太秦森ケ東町
㊫『拾遺和歌集』

木島遺跡　きじまいせき　縄文時代前期
(所在地)静岡県富士市木島

木脇村古墳　きわきそんこふん　古墳時代
(所在地)宮崎県東諸県郡国富町大字塚原字西ノ免・字東ノ原，大字岩知野字松元，大字木脇字前田　㊕県指定史跡（1936）

11**木崎原古戦場跡　きさきばるこせんじょうあと**　元亀3年（1572）
(所在地)宮崎県えびの市大字池島西郷田437ほか
㊕県指定史跡（1998）

木挽町　こびきちょう
(所在地)東京都中央区
㊫宝井其角『五元集』

木曽　きそ
(所在地)長野県西南部 木曽川流域
㊫謡曲『巴』，島崎藤村『夜明け前』

木曽の桟　きそのかけはし
(所在地)長野県木曽郡上松町辺
㊫芭蕉『更科紀行』，謡曲『生田敦盛』

木曽川　きそがわ
(所在地)長野県
㊫正岡子規『かけはしの記』，古泉千樫『青牛集』

木曽川笠松渡船場跡「石畳」　きそがわかさまつとせんばあといしだたみ　江戸時代
(所在地)岐阜県羽島郡笠松町港町河川敷坂路
㊕県指定史跡（1967）

木曽塚　きそずか　平安時代末期
(所在地)神奈川県鎌倉市大船5-8-29

木曽塚草庵　きそずかそうあん
(所在地)滋賀県大津市馬場
㊫芭蕉『蕉翁句集』

木曽福島　きそふくしま

[所在地]長野県木曽郡木曽町福島
[文]太田水穂『冬菜』

木曽路　きそじ
[所在地]長野県, 岐阜県
[文]平実重『千載和歌集 14』, 島崎藤村『夜明け前』
[別]木曽道

木船塚古墳　きふねずかこふん　7世紀初頭
[所在地]茨城県小美玉市栗又四ケ船塚

木部天神前古墳　きべてんじんまえこふん　6世紀中頃
[所在地]滋賀県野洲市木部

12木場　きば
[所在地]東京都江東区
[文]『誹風柳多留』

木塚古墳　きずかこふん　5世紀後半
[所在地]福岡県久留米市善導寺

木葉下窯跡　あぼっけかまあと　奈良時代, 平安時代
[所在地]茨城県水戸市木葉下町～谷津町

14木嶋坐天照御魂神社（蚕の社）境内　このしまにますあまてるみたまじんじゃ（かいこのやしろ）けいだい　創建年不詳
[所在地]京都府京都市右京区太秦森ケ東町　[史]市指定史跡（1985）

木綿の山　ゆふのやま, ゆうのやま
[所在地]大分県別府市, 由布市
[文]『万葉集』

木綿原遺跡　もめんばるいせき　沖縄貝塚時代中期主体
[所在地]沖縄県中頭郡読谷村　[史]国指定史跡（1978）

木綿園　ゆうその
[所在地]滋賀県
[文]『千載和歌集 20』

15木幡　こわた, こはた
[所在地]京都府宇治市木幡町
[文]『万葉集』, 『古事記』

木幡の山　こはたのやま
[所在地]京都府宇治市木幡町
[文]『万葉集』

木幡川　こはたがわ
[所在地]京都府宇治市木幡
[文]『拾遺和歌集 12』

【欠】

3欠山貝塚　かけやまかいずか　弥生時代中期後葉～後期末葉
[所在地]愛知県豊川市小坂井町
[別]欠山遺跡

欠山遺跡　かけやまいせき　弥生時代中期後葉～後期末葉
[所在地]愛知県豊川市小坂井町
[別]欠山貝塚

【比】

4比爪館　ひずめだて　平安時代
[所在地]岩手県紫波郡紫波町北日詰地内

6比企　ひき
[所在地]埼玉県比企郡
[文]『平家物語』, 土屋文明『自流泉』

比企ガ谷　ひきがやつ
[所在地]神奈川県鎌倉市大町1-13～16

比企城館跡群（菅谷館跡・松山城跡・杉山城跡・小倉城跡）　ひきじょうかんあとぐん（すがややかたあと・まつやまじょうあと・すぎやまじょうあと・おぐらじょうあと）　中世
[所在地]埼玉県比企郡嵐山町, 比企郡吉見町, 比企郡ときがわ町, 比企郡小川町　[史]国指定史跡（1973）

比江廃寺塔跡　ひえはいじとうあと　8世紀
[所在地]高知県南国市比江　[史]国指定史跡（1934）

比江廃寺跡　ひえはいじあと　白鳳時代後期創建
[所在地]高知県南国市比江

7比良　ひら
[所在地]滋賀県大津市
[文]『万葉集』, 『日本書紀』

比良山　ひらのやま
[所在地]滋賀県大津市
[文]『万葉集』, 『平家物語』

8比治山貝塚　ひじやまかいずか　縄文時代後期～晩期
[所在地]広島県広島市南区比治山本町　[史]県指定史跡（1950）

10比恵・那珂遺跡　ひえ・なかいせき　弥生時代～中世
[所在地]福岡県福岡市博多区博多駅南
[別]比恵遺跡

比恵遺跡　ひえいせき　弥生時代～中世
[所在地]福岡県福岡市博多区博多駅南　[史]国指定史跡（2001）

[別]比恵・那珂遺跡

11比婆山伝説地　ひばやまでんせつち　古代
[所在地]広島県庄原市西城町・比和町　[史]県指定史跡（1941）

比曽寺址　ひそじし　飛鳥時代創建
[所在地]奈良県吉野郡大淀町
[別]比蘇寺, 吉野寺, 世尊寺, 比曽寺跡

比曽寺跡　ひそでらあと　飛鳥時代創建
[所在地]奈良県吉野郡大淀町　[史]国指定史跡（1927）
[別]比蘇寺, 吉野寺, 世尊寺, 比曽寺址

16比叡山　ひえいざん, ひえのやま
[所在地]滋賀県
[文]『古事記』,『宇津保物語』

比叡山頂経塚　ひえいさんちょうきょうずか　平安時代
[所在地]滋賀県大津市坂本本町
[別]比叡南岳経塚

比叡南岳経塚　ひえいなんがくきょうずか　平安時代
[所在地]滋賀県大津市坂本本町
[別]大比叡経塚, 比叡山頂経塚

【毛】

7毛利元就誕生伝説地（鈴尾城跡）　もうりもとなりたんじょうでんせつち（すずおじょうあと）　戦国時代
[所在地]広島県安芸高田市吉田町　[史]県指定史跡（1940）

毛利氏城跡（多治比猿掛城跡・郡山城跡）　もうりしろあと（たじひさるがけじょうあと・こおりやまじょうあと）　室町時代以降
[所在地]広島県安芸高田市吉田町　[史]国指定史跡（1940）

毛利甲斐守邸跡　もうりかいのかみやしきあと　江戸時代
[所在地]東京都港区六本木6-9-11　[史]都指定旧跡（1955）

10毛原寺址　けばらじし, けはらじし　奈良時代
[所在地]奈良県山辺郡山添村
[別]毛原廃寺跡

毛原廃寺跡　けばらはいじあと, けはらはいじあと　奈良時代
[所在地]奈良県山辺郡山添村　[史]国指定史跡（1926）
[別]毛原寺址

12毛越寺　もうつうじ　平安時代
[所在地]岩手県西磐井郡平泉町平泉町平泉字大沢

毛越寺境内 附 鎮守社跡　もうつうじけいだいつけたり ちんじゅしゃあと　平安時代
[所在地]岩手県西磐井郡平泉町　[史]国指定特別史跡（1952）

【水】

0水くく野　みくくの
[所在地]埼玉県秩父郡, 児玉郡
[文]『万葉集』

3水上石器時代住居跡　みなかみせっきじだいじゅうきょあと　縄文時代中期～後期
[所在地]群馬県利根郡みなかみ町　[史]国指定史跡（1944）
[別]大穴石器時代住居跡, 水上遺跡

水上遺跡　みなかみいせき　縄文時代中期～後期
[所在地]群馬県利根郡みなかみ町
[別]大穴石器時代住居跡, 水上石器時代住居跡

水口　みなくち
[所在地]滋賀県甲賀市
[文]珍碩『猿蓑』

水口城跡　みずぐちじょうあと　寛永10年（1633）築城
[所在地]滋賀県甲賀市水口町中邸　[史]県指定史跡（1972）
[別]碧水城

水子貝塚　みずこかいずか　縄文時代前期
[所在地]埼玉県富士見市水子　[史]国指定史跡（1969）

4水分山　みくまりやま
[所在地]奈良県吉野郡吉野町
[文]『枕草子』

水天宮　すいてんぐう
[所在地]東京都中央区日本橋蛎殻町
[文]『誹風柳多留』

水戸城　みとじょう　江戸時代ほか
[所在地]茨城県水戸市三の丸

水戸城跡（塁及び濠）　みとじょうあと（るいおよびほり）　江戸時代ほか
[所在地]茨城県水戸市三の丸　[史]県指定史跡（1967）

水戸徳川家墓所　みととくがわけぼしょ　江戸時代
[所在地]茨城県常陸太田市瑞竜町　[史]国指定史跡（2007）

4画（水）

水木古墳　みずきこふん　6世紀後半
　所在地　奈良県奈良市大柳生町2077-3

水木田遺跡　みずきだいせき　縄文時代中期, 平安時代, 中世
　所在地　山形県最上郡最上町大字月楯字水木田ほか

水木沢遺跡　みずきさわいせき　縄文時代早期〜晩期
　所在地　青森県むつ市大畑町字水木沢

5 水田ノ上A遺跡　みずたのうええーいせき　縄文時代後期〜晩期
　所在地　島根県益田市匹見町紙祖

水白円山古墳群　みじろえんやまこふんぐん　古墳時代中期主体
　所在地　石川県鹿島郡中能登町水白

水白鍋山古墳　みじろなべやまこふん　古墳時代中期
　所在地　石川県鹿島郡中能登町水白
　別　鍋山古墳

6 水汲遺跡　みずくみいせき　縄文時代前期〜晩期
　所在地　愛知県豊田市下川口町水汲

水池土器製作遺跡　みずいけどきせいさくいせき　奈良時代
　所在地　三重県多気郡明和町明星字水池　国指定史跡(1977)

7 水児船瀬　かこのふなせ　古墳時代
　所在地　兵庫県加古川市

水別古墳群　みずわかれこふんぐん　6世紀後半〜7世紀中頃
　所在地　岡山県真庭市蒜山上長田

水尾　みずのお, みのお
　所在地　京都府京都市右京区嵯峨町水尾
　文　『伊勢物語』,『今昔物語集』,『続日本紀』

水尾埼　みおのさき
　所在地　滋賀県高島市
　文　『万葉集』, 謡曲『白鬚』
　別　三尾崎, 三尾埼

水尾稲荷山古墳　みずのおいなりやまこふん　古墳時代後期初頭
　所在地　滋賀県高島市宿鴨
　別　鴨稲荷山古墳, 稲荷山古墳

水攻築堤跡　みずぜめちくていあと　戦国時代
　所在地　岡山県岡山市北区高松
　別　高松城跡 附 水攻築堤跡

水町横穴墓群　みずまちおうけつぼぐん　古墳時代後期
　所在地　福岡県直方市大字上境字水町

水町遺跡群　みずまちいせきぐん　弥生時代中期〜古墳時代後期
　所在地　福岡県直方市大字上境字水町　県指定史跡(2000)

水車谷鉱山跡　すいしゃだにこうざんあと　江戸時代中期〜後期
　所在地　三重県熊野市紀和町楊枝川字入会山　県指定史跡(2009)

8 水沼弥生時代住居跡　みずぬまやよいじだいじゅうきょあと　弥生時代後期
　所在地　群馬県高崎市倉渕町水沼　市指定史跡(1982)

水沼窯跡　みずぬまかまあと　平安時代後半
　所在地　宮城県石巻市水沼字寺前地内

水沼遺跡　みずぬまいせき　弥生時代後期
　所在地　群馬県高崎市倉渕町水沼

水泥古墳　みどろこふん　飛鳥時代
　所在地　奈良県御所市古瀬　国指定史跡(1961)
　別　水泥塚穴古墳, 水泥南古墳・北古墳, 水泥蓮華文石棺古墳, 今木の双墓

水泥南古墳・北古墳　みどろみなみこふん・きたこふん　飛鳥時代
　所在地　奈良県御所市古瀬
　別　水泥塚穴古墳, 水泥蓮華文石棺古墳, 今木の双墓, 水泥古墳

水泥塚穴古墳　みどろつかあなこふん　飛鳥時代
　所在地　奈良県御所市古瀬
　別　水泥南古墳・北古墳, 水泥蓮華文石棺古墳, 今木の双墓, 水泥古墳

水泥蓮華文石棺古墳　みどろれんげもんせっかんこふん　飛鳥時代
　所在地　奈良県御所市古瀬
　別　水泥塚穴古墳, 水泥南古墳・北古墳, 今木の双墓, 水泥古墳

水若酢神社古墳群　みずわかすじんじゃこふんぐん　6世紀後半(1号墳)
　所在地　島根県隠岐郡隠岐の島町

水迫遺跡　みずさこいせき　後期旧石器時代, 縄文時代草創期, 縄文時代早期, 弥生時代
　所在地　鹿児島県指宿市西方

9 水俣　みなまた
　所在地　熊本県水俣市
　文　『和名抄』

4画（火, 片）

水前寺成趣園　すいぜんじじょうじゅえん
　江戸時代前期
　所在地 熊本県熊本市中央区水前寺公園　指定 国指定史跡（1929）

水城跡　みずきあと　天智3年（664）造築
　所在地 福岡県太宰府市, 大野城市, 春日市
　指定 国指定特別史跡（1953）

水神の森　すいじんのもり
　所在地 東京都墨田区提通2-23
　文 大田蜀山人『千紅万紫』

水神山古墳　すいじんやまこふん　5世紀初頭～前葉
　所在地 千葉県我孫子市高野山字舟戸台

水神古窯　すいじんこよう　6世紀初頭頃
　所在地 愛知県豊橋市牟呂水神町

水神平遺跡　すいじんびらいせき　縄文時代～弥生時代
　所在地 愛知県豊川市上長山町

水科古墳群　みずしなこふんぐん　6～7世紀
　所在地 新潟県上越市三和区水科　指定 国指定史跡（1976）

[10]水島　みずしま
　所在地 岡山県倉敷市水島
　文 『万葉集』, 『日本書紀』

水島　みずしま
　所在地 熊本県八代市植柳の西南にある島
　文 『万葉集』

[11]水堂古墳　みずどうこふん　4世紀末～5世紀
　所在地 兵庫県尼崎市水堂町1-25-7

水崎遺跡　みずさきいせき　縄文時代前期～晩期
　所在地 愛媛県今治市波方町

水掛渡古墳群　みずかけどこふんぐん　古墳時代後期
　所在地 静岡県島田市船木

水野家墓所　みずのけぼしょ　江戸時代
　所在地 和歌山県新宮市新宮
　別 新宮城跡 附 水野家墓所

水野勝成墓　みずのかつなりはか　江戸時代
　所在地 広島県福山市若松町　指定 県指定史跡（1943）

水野越前守忠邦の墓　みずのえちぜんのかみただくにのはか　江戸時代後期
　所在地 茨城県結城市山川新宿1653-1　指定 県指定史跡（1958）

水野監物邸跡　みずのけんもつやしきあと　江戸時代

　所在地 東京都港区慶応仲通り 芝5-20-20
　指定 都指定旧跡（1955）

[12]水無川　みなのがわ
　所在地 茨城県つくば市
　文 『後撰和歌集 11』, 『犬子集』
　別 男女川

水無瀬　みなせ
　所在地 大阪府三島郡島本町広瀬
　文 後鳥羽院『遠撰御百首』

水道山瓦窯跡　すいどうやまがようせき　奈良時代
　所在地 栃木県宇都宮市戸祭町

水道橋　すいどうばし
　所在地 東京都千代田区三崎町, 文京区後楽
　文 森田草平『煤煙』

[13]水殿瓦窯跡　すいでんかわらがまあと, すいでんがようせき, すえどのかわらがまあと　鎌倉時代
　所在地 埼玉県児玉郡美里町　指定 国指定史跡（1931）

【火】

[11]火野葦平旧居「河伯洞」　ひのあしへいきゅうきょかはくどう　昭和期
　所在地 福岡県北九州市若松区白山1-16-18
　指定 市指定史跡（1997）

[15]火箱岩洞窟　ひばこいわどうくつ　縄文時代前期～古墳時代
　所在地 山形県東置賜郡高畠町　指定 国指定史跡（1983）

【片】

[3]片山3号墳　かたやまさんごうふん　5世紀
　所在地 愛媛県西条市上市

片山古墳　かたやまこふん　古墳時代後期末
　所在地 島根県浜田市下府町

片山古墳　かたやまこふん　古墳時代前期
　所在地 岡山県岡山市北区原

片山古墳　かたやまこふん　古墳時代後期
　所在地 山口県防府市下右田字片山

片山貝塚　かたやまかいづか　弥生時代前～中期
　所在地 愛媛県今治市片山

片山津玉作遺跡　かたやまずたまつくりいせき　4世紀後半～5世紀前半
　所在地 石川県加賀市
　別 片山津玉造遺跡

遺跡・古墳よみかた辞典　133

4画（牛）

片山津玉造遺跡　かたやまずたまつくりいせき　4世紀後半～5世紀前半
  所在地 石川県加賀市
  別 片山津玉作遺跡

片山廃寺跡　かたやまはいじあと　奈良時代
  所在地 静岡県静岡市駿河区大谷
  国指定史跡（1965）

[5]片平大塚古墳　かたひらおおつかこふん　6世紀初頭
  所在地 京都府京都市右京区太秦垂箕山町
  別 垂箕山古墳

[6]片江古墳群　かたえこふんぐん　古墳時代後期
  所在地 福岡県福岡市城南区大字片江

[7]片貝川　かたかいがわ
  所在地 富山県魚津市
  ⓧ『万葉集』

[8]片岡　かたおか
  所在地 奈良県北葛城郡上牧町・王寺町・河合町、香芝市、大和高田市
  ⓧ『万葉集』，『日本書紀』

片岡の朝原　かたおかのあしたのはら
  所在地 奈良県北葛城郡、香芝市
  ⓧ『古今和歌集』

片岡の森　かたおかのもり
  所在地 京都府京都市北区
  ⓧ『新古今和歌集』

片岡王寺址　かたおかおうじ　7世紀前半創建
  所在地 奈良県北葛城郡王寺町片岡山麓
  別 片岡僧寺，放光寺

[9]片品川　かたしながわ
  所在地 福島県～群馬県
  ⓧ佐藤佐太郎『歩道』

片柳の筆塚　かたやなぎのふでづか　天保12年（1841）建造
  所在地 埼玉県さいたま市見沼区片柳1丁目
  市指定史跡（1975）

[10]片桐古墳　かたぎりこふん　7世紀前半
  所在地 長野県上伊那郡中川村大字片桐
  別 六万部古墳

[11]片粕遺跡　かたかすいせき　縄文時代後期
  所在地 高知県土佐清水市片粕字片粕谷

片野古墳群　かたのこふんぐん　6世紀後葉～末葉
  所在地 千葉県香取市片野

【牛】

[0]牛ヶ淵　うしがふち
  所在地 東京都千代田区
  ⓧ葛飾北斎『くだんうしがふち』，曲亭馬琴『燕石雑志』

[3]牛久古墳群　うしくこふんぐん　7世紀前葉～中葉
  所在地 千葉県市原市牛久字下矢原ほか

牛久沼　うしくぬま
  所在地 茨城県竜ケ崎市
  ⓧ水原秋桜子『葛飾』

[4]牛文茶臼山古墳　うしぶみちゃうすやまこふん　古墳時代中期末
  所在地 岡山県瀬戸内市長船町牛文
  別 茶臼山古墳

[5]牛田の弥生文化時代墳墓　うしたのやよいぶんかじだいふんぼ　弥生時代中期後半
  所在地 広島県広島市東区牛田早稲田　県指定史跡（1958）

牛石遺跡　うしいしいせき　縄文時代中期終末、弥生時代中期、奈良時代、平安時代
  所在地 山梨県都留市厚原字牛石

牛込見附　うしごめみつけ
  所在地 東京都千代田区富士見
  ⓧ夏目漱石『それから』

[6]牛伏古墳群　うしぶしこふんぐん　古墳時代中期～後期
  所在地 茨城県水戸市牛伏町字野際・西山

[7]牛町　うしまち
  所在地 東京都港区高輪
  ⓧ『誹風柳多留41・60』

[10]牛島　うしじま
  所在地 東京都墨田区向島
  為永春水『春色梅児誉美』

[11]牛窓　うしまど
  所在地 岡山県瀬戸内市牛窓町
  ⓧ『万葉集』

牛窓天神山古墳　うしまどてんじんやまこふん　4世紀中頃～後半
  所在地 岡山県瀬戸内市牛窓町牛窓　市指定史跡（2004）
  別 天神山古墳

牛窓本蓮寺境内　うしまどほんれんじけいだい　正平2年（1347）創建
  所在地 岡山県瀬戸内市牛窓町牛窓3194
  別 朝鮮通信使遺跡　牛窓本連寺境内

[12]牛塚古墳　うしずかこふん　5世紀末～6世紀

初頭
　(所在地)栃木県宇都宮市新富町17
　(例)雀宮牛塚古墳

牛塚古墳　うしずかこふん　6世紀末葉頃
　(所在地)栃木県下都賀郡壬生町　(登)国指定史跡
　(1926)

牛塚古墳　うしずかこふん　7世紀初頭
　(所在地)埼玉県川越市大字的場牛塚

牛御前　うしのごぜん
　(所在地)東京都墨田区向島1丁目
　(交)大田南畝『俗耳鼓吹』

牛森古墳　うしもりこふん　8世紀後半
　(所在地)山形県米沢市大字牛森字細原

[13]牛蒡ガ谷　ごぼうがやつ
　(所在地)神奈川県鎌倉市十二所129～233

[16]牛頸須恵器窯跡　うしくびすえきかまあと
　6世紀中頃～9世紀中頃
　(所在地)福岡県大野城市上大利・牛頸　(登)国指定史跡(2009)
　(例)牛頸窯跡群

牛頸窯跡群　うしくびかまあとぐん　6世紀中頃～9世紀中頃
　(所在地)福岡県大野城市上大利・牛頸
　(例)牛頸須恵器窯跡

【犬】

[3]犬上　いぬがみ
　(所在地)滋賀県犬上郡,彦根市
　(交)『日本書紀』

犬上の鳥籠の山　いぬがみのとこのやま
　(所在地)滋賀県彦根市
　(交)『万葉集』

犬山城　いぬやまじょう　戦国時代築城
　(所在地)愛知県犬山市丸之内
　(例)白帝城

[6]犬伏瓦経塚　いぬぶしがきょうづか　平安時代
　(所在地)徳島県板野郡板野町犬伏蔵佐谷
　(例)犬伏経塚,板野犬伏蔵佐谷瓦経塚

犬伏瓦窯址　いぬぶしがようし　奈良時代
　(所在地)栃木県佐野市犬伏町大芝原

犬伏経塚　いぬぶしきょうづか　平安時代
　(所在地)徳島県板野郡板野町犬伏蔵佐谷
　(例)犬伏瓦経塚,板野犬伏蔵佐谷瓦経塚

[7]犬吠埼　いぬぼうさき
　(所在地)千葉県銚子市
　(交)岩谷莫哀『仰望』

　(例)犬吠岬

[8]犬居城跡　いぬいじょうあと　室町時代
　(所在地)静岡県浜松市　(登)県指定史跡(1985)

[10]犬島　いぬじま
　(所在地)岡山県岡山市東区
　(交)『枕草子』

[12]犬塚古墳　いぬづかこふん　6世紀前半～中葉
　(所在地)広島県庄原市東城町
　(例)犬塚第一号古墳

犬塚第一号古墳　いぬづかだいいちごうこふん　6世紀前半～中葉
　(所在地)広島県庄原市東城町　(登)県指定史跡(1981)
　(例)犬塚古墳

[13]犬飼大使塚古墳　いぬかいたいしずかこふん
　6世紀前半頃
　(所在地)奈良県五条市犬飼町

犬飼石仏　いぬかいせきぶつ　鎌倉時代
　(所在地)大分県豊後大野市犬飼町　(登)国指定史跡(1934)

[15]犬養家旧宅　いぬかいけきゅうたく　江戸時代
　(所在地)岡山県岡山市北区川入102-1　(登)県指定史跡(1977)

[20]犬懸ガ谷　いぬかけがやつ
　(所在地)神奈川県鎌倉市浄明寺1丁目

【王】

[0]王ノ瀬石棺　おうのせせっかん　5世紀中頃～後半頃
　(所在地)大分県大分市大字王ノ瀬

[3]王子　おうじ
　(所在地)東京都北区
　(交)正岡子規『子規句集』

王子台遺跡　おうじだいいせき　縄文時代～弥生時代・古墳時代・歴史時代
　(所在地)神奈川県平塚市北金目　東海大学構内

王子神社　おうじじんじゃ　元亨2年(1322)頃勧請
　(所在地)東京都北区王子本町
　(例)王子権現

王子稲荷神社　おうじいなりじんじゃ
　(所在地)東京都北区岸町1-12-26
　(交)古典落語『王子の狐』

王子権現　おうじごんげん　元亨2年(1322)頃勧請
　(所在地)東京都北区王子本町

[別]王子神社

王子遺跡　おうじいせき　弥生時代中期末～後期

[所在地]鹿児島県鹿屋市王子町王子

王山古墳　おうやまこふん, おうざんこふん　6世紀前半

[所在地]群馬県前橋市大渡町1-6-1　[史]市指定史跡（1984）

王山古墳群　おうざんこふんぐん　3～5世紀

[所在地]福井県鯖江市東鯖江町・上鯖江町　[史]国指定史跡（1967）

9**王城山古墳群　おうぎやまこふんぐん**　6世紀中頃～7世紀後半

[所在地]福岡県大野城市乙金字王城山

12**王塚・千坊山遺跡群　おうずか・せんぼうやまいせきぐん**　弥生時代後期～古墳時代前期

[所在地]富山県富山市婦中町　[史]国指定史跡（1948）

王塚古墳　おうずかこふん　5世紀初葉頃

[所在地]富山県富山市婦中町羽根

王塚古墳　おうずかこふん　5世紀後半

[所在地]山梨県中央市大鳥居字宇山平

王塚古墳　おうずかこふん　6世紀後半～7世紀初頭

[所在地]長野県長野市大字松代町字東条菅間

[別]菅間王塚古墳

王塚古墳　おうずかこふん　5世紀後半

[所在地]岐阜県高山市冬頭町

[別]冬頭王塚古墳

王塚古墳　おうつかこふん　6世紀末頃

[所在地]愛知県豊橋市牟呂町字市場

[別]牟呂王塚古墳

王塚古墳　おうずかこふん　古墳時代後期

[所在地]三重県鈴鹿市国府町　[史]国指定史跡（1970）

王塚古墳　おうずかこふん, おうつかこふん　4世紀末～5世紀初頭

[所在地]三重県亀山市田村町

[別]能褒野王塚古墳

王塚古墳　おうつかこふん　古墳時代前期末～中期前葉

[所在地]京都府八幡市美濃山本郷

[別]美濃山王塚古墳

王塚古墳　おうずかこふん　古墳時代中期

[所在地]大阪府和泉市伯太町

王塚古墳　おうずかこふん　5世紀中葉

[所在地]兵庫県小野市王子町宮山

王塚古墳　おうつかこふん　古墳時代

[所在地]福岡県糟屋郡粕屋町大字戸原字王塚

[別]戸原王塚古墳

王塚古墳　おうずかこふん, おうつかこふん　6世紀中葉

[所在地]福岡県嘉穂郡桂川町　[史]国指定特別史跡（1952）

[別]寿命王塚古墳

王塚古墳群　おうずかこふんぐん　4世紀終末～5世紀前半

[所在地]茨城県土浦市手野町大塚・后塚

13**王墓山古墳　おうぼさんこふん**　古墳時代

[所在地]岡山県倉敷市庄新町　[史]県指定史跡（1959）

王墓山古墳　おうはかやまこふん　6世紀前半

[所在地]香川県善通寺市善通寺町字大池東

王墓山古墳群　おうぼさんこふんぐん　6世紀後半

[所在地]岡山県倉敷市庄

[別]王墓山遺跡群

王墓山遺跡群　おうぼさんいせきぐん　6世紀後半

[所在地]岡山県倉敷市庄

[別]王墓山古墳群

5 画

【世】

4**世之主の墓　よのぬしのはか**　15世紀

[所在地]鹿児島県大島郡和泊町内城（沖永良部島）

[別]和泊町の世之主の墓

5**世田谷代官屋敷　せたがやだいかんやしき**　江戸時代

[所在地]東京都世田谷区世田谷1-29-18　[史]都指定史跡（1959）

[別]大場代官屋敷

世田谷城跡　せたがやじょうあと　南北朝時代築城

[所在地]東京都世田谷区豪徳寺2-14　[史]都指定旧跡（1955）

世田谷総合運動場遺跡　せたがやそうごううんどうじょういせき　縄文時代早～中晩期, 古墳時代

5画（乎, 仙, 代）

所在地 東京都世田谷区大蔵4丁目

[7] 世良田諏訪下古墳群　せらだすわしもこふんぐん　6世紀前半（3号・30号墳）
所在地 群馬県太田市世良田町

[12] 世喜寺　せきでら
所在地 滋賀県大津市上関寺町
文 謡曲『関寺小町』
例 関寺

世尊寺　せそんじ
所在地 京都府京都市上京区一条通北・大宮通西 栄町辺
文『宇治拾遺物語』,『栄花物語』
例 桃園寺

【乎】

[5] 乎布　おふ
所在地 富山県氷見市窪・園
文『万葉集』
例 乎敷

[7] 乎那　おな
所在地 静岡県浜松市北区三ヶ日町
文『万葉集』

[12] 乎等女　おとめ
所在地 兵庫県芦屋市, 神戸市
文『万葉集』
例 処女

[15] 乎敷　おふ
所在地 富山県氷見市窪・園
文『万葉集』
例 乎布

【仙】

[3] 仙川遺跡　せんがわいせき　旧石器時代, 古墳時代
所在地 東京都調布市仙川町3丁目

[5] 仙台　せんだい
所在地 宮城県仙台市
文 中村汀女『春雪』

仙台城本丸跡　せんだいじょうほんまるあと　江戸時代
所在地 宮城県仙台市青葉区川内
例 青葉城, 仙台城跡

仙台城跡　せんだいじょうあと　江戸時代
所在地 宮城県仙台市青葉区川内　国指定史跡（2003）
例 青葉城

仙台郡山官衙遺跡群（郡山官衙遺跡・郡山廃寺跡）　せんだいこおりやまかんがいせきぐん（こおりやまかんがいせき・こおりやまはいじあと）　7世紀半ば
所在地 宮城県仙台市太白区郡山　国指定史跡（2006）

仙台藩花山村寒湯番所跡　せんだいはんはなやまむらぬるゆばんしょあと　江戸時代
所在地 宮城県栗原市花山　国指定史跡（1963）

仙石伯耆守邸跡　せんごくほうきのかみやしきあと　江戸時代
所在地 東京都港区虎ノ門2-9-16　都指定旧跡（1955）

[8] 仙波堤竪穴住居跡　せんばつつみたてあなじゅうきょあと　奈良時代頃
所在地 岩手県岩手町大字久保　県指定史跡（1957）
例 仙波堤遺跡

仙波堤遺跡　せんばつつみいせき　奈良時代末
所在地 岩手県岩手郡岩手町大字久保字沢口
例 仙波堤竪穴住居跡

[12] 仙道古墳　せんどうこふん　6世紀前半
所在地 福岡県朝倉郡筑前町　国指定史跡（1978）

[20] 仙巌園　せんがんえん　江戸時代
所在地 鹿児島県鹿児島市吉野町磯

【代】

[5] 代田1号墳　しろたいちごうふん　5世紀
所在地 長野県飯田市松尾代田
例 代田獅子塚古墳

代田山狐塚古墳　しろだやまきつねづかこふん　4世紀
所在地 長野県飯田市松尾代田1403-71　県指定史跡（1994）
例 狐塚古墳

代田獅子塚古墳　しろだししずかこふん　5世紀
所在地 長野県飯田市松尾代田
例 代田1号墳

[6] 代地河岸　だいちがし
所在地 東京都台東区柳橋
文 永井荷風『かたおもひ』

[8] 代官山遺跡　だいかんやまいせき　旧石器時代, 縄文時代
所在地 神奈川県藤沢市長後

遺跡・古墳よみかた辞典　137

【付】

⁹付城横穴墓群　つけじろおうけつぼぐん　6世紀後半〜7世紀
所在地 熊本県山鹿市城付城・小原

【処】

³処女　おとめ
所在地 兵庫県芦屋市, 神戸市
⊗『万葉集』
別 乎等女

処女の墓　おとめのつか
所在地 兵庫県神戸市東灘区
⊗『万葉集』

処女塚古墳　おとめづかこふん　4世紀後半
所在地 兵庫県神戸市東灘区御影塚町　㊉国指定史跡（1922）

【出】

³出上岩屋古墳　でがみいわやこふん　古墳時代後期
所在地 鳥取県東伯郡琴浦町字出上　㊉県指定史跡（1991）

出川大塚古墳　でがわおおつかこふん　5世紀前半
所在地 愛知県春日井市出川町
別 大塚古墳

⁴出水貝塚　いずみかいづか　縄文時代後期主体
所在地 鹿児島県出水市上知識町字尾崎

出水麓　いずみふもと　江戸時代（武家屋敷群）
所在地 鹿児島県出水市武本

⁵出世山古墳群　しゅっせやまこふんぐん　古墳時代後期
所在地 福井県坂井市三国町新宿2丁目

出石城　いずしじょう　慶長9年（1604）築城
所在地 兵庫県豊岡市出石町内町

出立　いでたち
所在地 和歌山県田辺市元町
⊗『万葉集』

⁶出合窯跡　であいかまあと　4世紀後半頃
所在地 兵庫県神戸市西区玉津町出合

出羽仙台街道中山越　でわせんだいかいどうなかやまごえ　江戸時代
所在地 宮城県大崎市鳴子温泉, 山形県最上郡最上町　㊉国指定史跡（1990）

出羽国　でわのくに
所在地 山形県, 秋田県
⊗『平家物語』

出羽国分寺跡　でわこくぶんじあと　平安時代
所在地 山形県酒田市

出羽神社鏡ヶ池　でわじんじゃかがみがいけ　藤原時代〜中世
所在地 山形県鶴岡市羽黒町手向出羽神社

出西・伊波野一里塚　しゅっさい・いわのいちりづか　江戸時代
所在地 島根県出雲市斐川町　㊉国指定史跡（1937）

⁷出作遺跡　しゅっさくいせき　古墳時代
所在地 愛媛県伊予郡松前町出作

出見浜　いでみのはま
所在地 大阪府大阪市住吉区長狭町
⊗『万葉集』

⁸出居塚古墳　でいづかこふん　4世紀後半
所在地 長崎県対馬市美津島町鶏知字浜田

¹⁰出島　でじま　江戸時代
所在地 長崎県長崎市出島町
別 出島和蘭商館跡

出島和蘭商館跡　でじまおらんだしょうかんあと　江戸時代
所在地 長崎県長崎市出島町　㊉国指定史跡（1922）
別 出島

出流原遺跡　いずるはらいせき　弥生時代中期前半
所在地 栃木県佐野市出流原町

¹¹出張遺跡　でばりいせき　旧石器時代
所在地 三重県多気郡大台町栃原字出張

¹²出雲大社　いずもたいしゃ
所在地 島根県出雲市大社町杵築東
⊗『古事記』,『日本書紀』

出雲大社境内遺跡　いずもおおやしろけいだいいせき　平安時代終わり〜鎌倉時代初め頃
所在地 島根県出雲市大社町

出雲玉作跡　いずもたまつくりあと　古墳時代前期〜平安時代
所在地 島根県松江市玉湯町玉造　㊉国指定史跡（1922）
別 玉造遺跡, 出雲玉作遺跡群

出雲玉作遺跡群　いずもたまつくりいせきぐん　古墳時代前期〜平安時代
所在地 島根県松江市玉湯町玉造

㉝玉造遺跡, 出雲玉作跡

出雲国　いずものくに
所在地 島根県
文『古事記』,『日本書紀』,『出雲風土記』

出雲国山代郷正倉跡　いずものくにやましろごうしょうそうあと　奈良時代
所在地 島根県松江市大庭町・矢田町・山代町
㉝出雲国山代郷遺跡群(正倉跡・北新造院跡)

出雲国山代郷遺跡群(正倉跡・北新造院跡)　いずものくにやましろごういせきぐん(しょうそうあと・きたしんぞういんあと)　奈良時代
所在地 島根県松江市大庭町・矢田町・山代町
㉞国指定史跡(1980)
㉝出雲国山代郷正倉跡

出雲国分寺跡 附 古道　いずもこくぶんじあとつけたり こどう　奈良時代
所在地 島根県松江市竹矢町　㉞国指定史跡(1921)
㉝出雲国分寺跡, 天平古道

出雲国府跡　いずもこくふあと　7世紀後半〜9世紀
所在地 島根県松江市大草町・山代町・竹矢町
㉞国指定史跡(1971)

出雲崎　いずもざき
所在地 新潟県三島郡出雲崎町
文芭蕉「銀河の序」, 支考『夏衣』

【加】

⁴**加太　かぶと**
所在地 三重県亀山市
文『東海道名所図会』

⁵**加古の島　かこのしま**
所在地 兵庫県姫路市家島町
文『万葉集』
㉝賀古の島, 可古の島

加古の島　かこのしま
所在地 兵庫県加古川市
文『播磨国風土記』
㉝賀古の島, 可古の島

加古川　かこがわ
所在地 兵庫県加古川市
文『播磨国風土記』

加古川工業用水ダム古墳　かこがわこうぎょうようすいだむこふん　5世紀後半
所在地 兵庫県加古川市池尻・又平新田・天ケ原

⁶**加守火葬墓　かもりかそうぼ**　奈良時代前期
所在地 奈良県葛城市加守字スミヤキ

加牟那塚　かんなずか, かむなずか　6世紀後半
所在地 山梨県甲府市千塚3丁目　㉞県指定史跡(1968)
㉝加牟那塚古墳

加牟那塚古墳　かんなずかこふん, かむなずかこふん　6世紀後半
所在地 山梨県甲府市千塚3丁目
㉝加牟那塚

⁷**加佐美山1号墳　かさみやまいちごうふん**　弥生時代後期(山中期)
所在地 岐阜県各務原市蘇原市場町5丁目

加佐登白鳥塚古墳　かさどしらとりづかこふん　古墳時代後期
所在地 三重県鈴鹿市石薬師町北松塚
㉝白鳥塚古墳

加里屋城跡　かりやじょうあと　江戸時代
所在地 兵庫県赤穂市上仮屋
㉝赤穂城跡

⁸**加定地遺跡　かじょうちいせき**　縄文時代早期〜後期
所在地 千葉県成田市郷部字加定地

加治屋園遺跡　かじやぞのいせき　旧石器時代〜縄文時代
所在地 鹿児島県鹿児島市川上町

加茂北・南古墳　かもきた・みなみこふん　6世紀後半〜7世紀初頭
所在地 福井県小浜市加茂
㉝加茂古墳

加茂古墳　かもこふん　6世紀後半〜7世紀初頭
所在地 福井県小浜市加茂　㉞県指定史跡(1959)
㉝加茂北・南古墳

加茂谷川岩陰遺跡群　かもだにがわいわかげいせきぐん　縄文時代早期〜晩期
所在地 徳島県三好郡東みよし町西庄 新田神社周辺　㉞県指定史跡(1973)

加茂岩倉遺跡　かもいわくらいせき　弥生時代中期
所在地 島根県雲南市加茂町　㉞国指定史跡(1999)

加茂城二ノ丸跡　かもじょうにのまるあと　中世
所在地 岡山県岡山市北区加茂　㉞市指定史跡

遺跡・古墳よみかた辞典　139

（1972）

加茂真淵墓　かものまぶちのはか　江戸時代
[所在地]東京都品川区北品川 東海寺大山墓地
[史]国指定史跡（1926）

加茂遺跡　かもいせき　縄文時代前・中期
[所在地]千葉県南房総市加茂

加茂遺跡　かもいせき　奈良時代〜平安時代前期
[所在地]石川県河北郡津幡町

加茂遺跡　かもいせき　旧石器時代〜平安時代
[所在地]兵庫県川西市加茂1丁目・南花屋敷
[史]国指定史跡（2000）

9 **加美遺跡　かみいせき**　弥生時代後期末〜古墳時代前期
[所在地]大阪府大阪市平野区加美東町

10 **加倉古墳群　かくらこふんぐん**　6世紀
[所在地]福島県双葉郡浪江町加倉

加悦丸山古墳　かやまるやまこふん　古墳時代中期
[所在地]京都府与謝郡与謝野町温江
[別]温江丸山古墳

加悦作り山古墳　かやつくりやまこふん　4世紀後半〜5世紀初め
[所在地]京都府与謝郡与謝野町
[別]加悦作山古墳, 作り山古墳群, 作山古墳

加悦作山古墳　かやつくりやまこふん　4世紀後半〜5世紀初め
[所在地]京都府与謝郡与謝野町
[別]加悦作り山古墳, 作り山古墳群, 作山古墳

加栗山遺跡　かくりやまいせき, かぐりやまいせき　旧石器時代, 縄文時代, 古代
[所在地]鹿児島県鹿児島市川上町

加納城跡　かのうじょうあと　文安2年（1445）築城
[所在地]岐阜県岐阜市加納丸の内　[史]国指定史跡（1983）

加納横穴群　かのうよこあなぐん　6世紀後半〜7世紀末
[所在地]富山県氷見市加納字蛭子9-1外　[史]市指定史跡（1973）

11 **加曽利貝塚　かそりかいずか**　縄文時代中期〜後期
[所在地]千葉県千葉市若葉区桜木町　[史]国指定史跡（1971）

12 **加賀国　かがのくに**
[所在地]石川県
[文]正秀『浮世の北』

加賀国分寺跡　かがこくぶんじあと　奈良時代創建
[所在地]石川県小松市

加賀狐塚古墳　かがきつねやまこふん　5世紀後半
[所在地]石川県加賀市二子塚町
[別]狐塚古墳, 狐山古墳

加賀野井城跡　かがのいじょうあと　天正年間（1573〜92）築城
[所在地]岐阜県羽島市下中町加賀野井　[史]県指定史跡（1974）

加賀藩主前田家墓所　かがはんしゅまえだけぼしょ　江戸時代
[所在地]石川県金沢市野田町, 富山県高岡市関
[史]国指定史跡（2009）

13 **加勢川河底遺跡　かせがわかていいせき**　弥生時代
[所在地]熊本県熊本市南区御幸木部町

17 **加嶺大麻古墳　かみねおおあさこふん**　6世紀後半
[所在地]香川県三豊市仁尾町

18 **加藤歩簫文字書岩　かとうほしょうもじかきいわ**　江戸時代
[所在地]岐阜県飛騨市神岡町西茂住　[史]県指定史跡（1960）

加藤歩簫墓　かとうほしょうのはか　江戸時代
[所在地]岐阜県高山市　[史]県指定史跡（1956）

【北】

0 **北の台横穴墓　きたのだいおうけつぼ**　古墳時代末期以降
[所在地]茨城県日立市田尻町北の台

北ノ入古墳群　きたのいりこふんぐん　6世紀前半〜後半
[所在地]栃木県宇都宮市瓦谷町・岩本町
[別]北山古墳群

北ノ作古墳群　きたのさくこふんぐん　古墳時代前期
[所在地]千葉県柏市片山
[別]北作古墳

北ノ谷古墳　きたのやこふん　7世紀初頭
[所在地]愛知県豊橋市石巻西川町

3 **北下瓦窯跡　きたしたかわらがまあと**　奈良時代
[所在地]千葉県市川市国分

[別]下総国分寺跡 附 北下瓦窯跡

北上川　きたかみがわ
[所在地]岩手県
[文]斎藤茂吉『石泉』, 石川啄木『煙』

北大谷古墳　きたおおやこふん　7世紀初め
[所在地]東京都八王子市大谷町　[史]都指定旧跡（1955）

北大塚古墳　きたおおつかこふん　古墳時代前期
[所在地]香川県高松市峰山町

北大構内遺跡　ほくだいこうないいせき　続縄文時代, 擦文時代
[所在地]北海道札幌市北区

北山　きたやま
[所在地]京都府京都市北区衣笠大字北山
[文]『狭衣物語』, 『平家物語』

北山2号墳　きたやまにごうふん　6世紀後葉築造, 7世紀後半まで追葬
[所在地]岐阜県各務原市須衛町1丁目

北山十八間戸　きたやまじゅうはっけんこ, きたやまじゅうはちけんど, きたやまじゅうはちけんこ　鎌倉時代
[所在地]奈良県奈良市川上町　[史]国指定史跡（1921）

北山古墳　きたやまこふん　7世紀中葉
[所在地]群馬県太田市藪塚町3442
[別]藪塚湯之入 北山古墳 西山古墳

北山古墳　きたやまこふん　4世紀後半〜5世紀前半
[所在地]岐阜県揖斐郡大野町北山　[史]県指定史跡（1974）

北山古墳　きたやまこふん　古墳時代中期初め頃
[所在地]鳥取県東伯郡湯梨浜町　[史]国指定史跡（1980）

北山古墳群　きたやまこふんぐん　6世紀前半〜後半
[所在地]栃木県宇都宮市瓦谷町・岩本町
[別]北ノ入古墳群

北山田古墳群　きたやまだこふんぐん　5世紀前半
[所在地]福島県郡山市田村町上行合字北山田

北山西古墳　きたやまにしこふん　4世紀後半期
[所在地]群馬県富岡市南後箇北山

北山城　ほくざんぐすく, ほくざんじょう　13世紀末頃築城
[所在地]沖縄県国頭郡今帰仁村
[別]今帰仁城跡 附 シイナ城跡

北山茶臼山古墳　きたやまちゃうすやまこふん　4世紀後半〜終末期
[所在地]群馬県富岡市南後箇
[別]茶臼山古墳

4 **北天平塚古墳**　きたてんぴんずかこふん　5世紀中葉〜後半
[所在地]大阪府豊中市南桜塚

北斗遺跡　ほくといせき　旧石器時代〜近世アイヌ期
[所在地]北海道釧路市北斗　[史]国指定史跡（1977）

北方村古墳　きたかたそんこふん　古墳時代
[所在地]宮崎県延岡市北方町南久保山・曽木　[史]県指定史跡（1937）

北方城跡　きたがたじょうあと　戦国時代以降
[所在地]岐阜県本巣郡北方町地下　[史]県指定史跡（1968）

北日名経塚跡　きたひなきょうずかあと　平安時代
[所在地]長野県埴科郡坂城町　[史]町指定史跡（1973）
[別]坂城経塚

北比都佐窯址群　きたひずさようしぐん　古墳時代
[所在地]滋賀県蒲生郡日野町一帯

5 **北丘古墳群**　きたおかこふんぐん　7世紀頃
[所在地]岐阜県多治見市北丘町4〜8丁目地内

北代1号墳　きただいいちごうふん　7世紀後半
[所在地]滋賀県蒲生郡日野町上野田字北代

北代遺跡　きただいいせき　縄文時代
[所在地]富山県富山市北代　[史]国指定史跡（1984）

北古賀遺跡　きたこがいせき　縄文時代後期〜弥生中期
[所在地]福岡県飯塚市北古賀

北平1号墳　きただいらいちごうふん　3世紀中頃
[所在地]長野県長野市松代町東寺尾

北本城古墳　きたほんじょうこふん　6世紀初頭築造, 7世紀前半まで追葬
[所在地]長野県飯田市大字座光寺

北玉山古墳　きたたまやまこふん　4世紀末〜5世紀前半頃

5画（北）

[所在地]大阪府柏原市円明

北白川小倉町遺跡 きたしらかわおぐらちょういせき 縄文時代
[所在地]京都府京都市左京区北白川小倉町
[別]北白川遺跡

北白川西町道標 きたしらかわにしまちどうひょう 嘉永2年(1846)建立
[所在地]京都府京都市左京区北白川西町 [ク]市登録史跡(1987)

北白川追分町遺跡 きたしらかわおいわけちょういせき 縄文時代前期終末期〜後期初頭・晩期後半〜弥生時代
[所在地]京都府京都市左京区北白川追分町 京都大学北部構内

北白川廃寺 きたしらかわはいじ 7世紀後半創建
[所在地]京都府京都市左京区北白川大堂町〜東瀬ノ内町

北白川遺跡 きたしらかわいせき 縄文時代
[所在地]京都府京都市左京区北白川小倉町
[別]北白川小倉町遺跡

北白川遺跡群 きたしらかわいせきぐん 縄文時代
[所在地]京都府京都市左京区北白川小倉町

北白河 きたしらかわ
[所在地]京都府京都市左京区北白河町
[文]謡曲『隅田川』，『義経記』

[6]北吉田ノノメ古墳群 きたよしだののめこふんぐん 5世紀前葉〜中頃
[所在地]石川県羽咋郡志賀町北吉田地内

北向田・和見横穴墓群 きたむかだ・わみおうけつぼぐん 6世紀後葉〜8世紀前後
[所在地]栃木県那須郡那珂川町北向田・和見

北地古墳群 きたじこふんぐん 6世紀後半〜7世紀築造、8世紀まで追葬
[所在地]愛知県知多郡南知多町日間賀島字北地

北庄城 きたのしょうじょう 天正3年(1575)築城開始
[所在地]福井県福井市中央1丁目

北旭台古墳群 きたあさひだいこふんぐん 5世紀初頭(2号墳)
[所在地]千葉県市原市磯ヶ谷字北旭台

北江古田遺跡 きたえこだいせき 縄文時代後期主体
[所在地]東京都中野区江古田

北江間横穴墓群 きたえまよこあなぐん 古墳時代後期〜奈良時代
[所在地]静岡県伊豆の国市北江間 [ク]国指定史跡(1976)

北羽立峠古墳 きたはりゅうとうげこふん 古墳時代中期
[所在地]香川県さぬき市津田町津田

[7]北作古墳 きたのさくこふん 古墳時代前期
[所在地]千葉県柏市片山
[別]北ノ作古墳群

北条氏邸跡(円成寺跡) ほうじょうしていあと(えんじょうじあと) 平安末期〜鎌倉時代(北条氏邸跡)，室町時代初期以降(円成寺跡)
[所在地]静岡県伊豆の国市寺家 [ク]国指定史跡(1996)
[別]北条氏館

北条氏常盤亭跡 ほうじょうしときわていあと 鎌倉時代
[所在地]神奈川県鎌倉市常盤 [ク]国指定史跡(1978)
[別]北条政村亭

北条氏館 ほうじょうしやかた 平安末期〜鎌倉時代
[所在地]静岡県伊豆の国市寺家
[別]北条氏邸跡(円成寺跡)

北条古墳 ほうじょうこふん 5世紀前半
[所在地]兵庫県篠山市細工所字北条26 [ク]県指定史跡(1970)

北条政村亭 ほうじょうまさむらのてい 鎌倉時代
[所在地]神奈川県鎌倉市常盤
[別]北条氏常盤亭跡

北条塚古墳 ほうじょうづかこふん 古墳時代後期
[所在地]千葉県香取郡多古町東松崎1747-1ほか [ク]県指定史跡(1975)

北条義時墓 ほうじょうよしときのはか 鎌倉時代
[所在地]神奈川県鎌倉市西御門
[別]法華堂跡(源頼朝墓・北条義時墓)

北村季吟墓 きたむらきぎんのはか 江戸時代
[所在地]東京都台東区池之端2-4-22 正慶寺内
[ク]都指定史跡(1958)

北村遺跡 きたむらいせき 縄文時代中・後期〜近世
[所在地]長野県安曇野市明科

北沢遺跡 きたざわいせき 12〜13世紀
[所在地]新潟県新発田市本田

5画（北）

北町奉行所跡　きたまちぶぎょうしょあと
　江戸時代
　所在地 東京都千代田区丸の内1-8 JR東京駅八重洲北口付近　㉑都指定旧跡（1955）

北花山窯址　きたかざんようし　古墳時代
　所在地 京都府京都市東山区山科北花山大峰町

北花内大塚古墳　きたはなうちおおつかこふん　古墳時代後期初頭
　所在地 奈良県葛城市北花内・南花内
　別 大塚古墳

北見開成遺跡　きたみかいせいいせき　旧石器時代～アイヌ期
　所在地 北海道北見市開成地区

北谷　きたがやつ
　所在地 神奈川県鎌倉市雪ノ下16

北谷11号墳　きただにじゅういちごうこふん　4世紀後半
　所在地 滋賀県草津市山寺町北谷

北谷西古墳　きただににしこふん　6世紀後半
　所在地 奈良県宇陀市榛原長峯字町田・福地字北谷

北谷遺跡　きたやついせき　古墳時代
　所在地 群馬県高崎市引間町　㉑国指定史跡（2005）

北赤塚古墳　きたあかずかこふん　6世紀後半
　所在地 栃木県鹿沼市北赤塚字愛宕前
　別 判官塚古墳，冠塚古墳

北近江城館跡群（下坂氏館跡・三田村氏館跡）きたおうみじょうかんあとぐん（しもさかしやかたあと・みたむらしやかたあと）中世
　所在地 滋賀県長浜市下坂中町・三田町　㉑国指定史跡（2006）

⁸北岡2号墳　きたおかにごうふん　7世紀前葉
　所在地 静岡県浜松市北区引佐町井伊谷　㉑市指定史跡（1980）

北岡大塚古墳　きたおかおおつかこふん　4世紀後半
　所在地 静岡県浜松市北区引佐町井伊谷　㉑市指定史跡（1979）
　別 大塚古墳

北岡古墳　きたおかこふん　6世紀後半
　所在地 徳島県阿波市阿波町北岡　㉑県指定史跡（1954）
　別 北岡西・東古墳

北岡西・東古墳　きたおかにし・ひがしこふん　6世紀後半
　所在地 徳島県阿波市阿波町北岡
　別 北岡古墳

北林5号墳　きたばやしごごうふん　7世紀後半～末
　所在地 長野県下伊那郡高森町下市田

北迫遺跡　きたさこいせき　弥生時代
　所在地 山口県宇部市大字川上字蛎坂

北金井駒形神社埴輪窯址　きたがないこまがたじんじゃはにわようし　6世紀後半期
　所在地 群馬県太田市北金井町402
　別 北金井駒形神社埴輪窯跡，駒形神社の埴輪窯跡

北金井駒形神社埴輪窯跡　きたかないこまがたじんじゃはにわかまあと　6世紀後半期
　所在地 群馬県太田市北金井町402
　別 北金井駒形神社埴輪窯址，駒形神社の埴輪窯跡

北長廻横穴墓群　きたながさこおうけつぼぐん　6世紀末～7世紀中葉頃
　所在地 島根県益田市赤城町

⁹北屋敷古墳　きたのやしきこふん　古墳時代
　所在地 茨城県水戸市大串町

北海道庁旧本庁舎　ほっかいどうちょうきゅうほんちょうしゃ　明治時代初期
　所在地 北海道札幌市中央区
　別 開拓使札幌本庁本庁舎跡および旧北海道庁本庁舎

北神第3地点古墳　ほくしんだいさんちてんこふん　6世紀中頃
　所在地 兵庫県神戸市北区道場町日下部

¹⁰北原3号墳　きたはらさんごうふん　6世紀末～7世紀初頭，7世紀中葉頃まで追葬
　所在地 香川県善通寺市善通寺町北原

北原古墳　きたはらこふん　古墳時代中期初頭
　所在地 奈良県宇陀市大字野依・平尾

北原西古墳　きたはらにしこふん　4世紀後半～5世紀初め
　所在地 奈良県宇陀市大字野依・平尾

北原貝塚　きたはらかいずか　貝塚時代後期
　所在地 沖縄県島尻郡久米島町北原

北原遺跡　きたはらいせき　縄文時代～平安時代
　所在地 長野県下伊那郡高森町市田下市田

北浦古墳群　きたうらこふんぐん　4世紀後半～5世紀前半
　所在地 兵庫県豊岡市森尾字北浦・前田

遺跡・古墳よみかた辞典　143

5画（半）

北畠氏館跡　きたばたけしやかたあと　中世
　所在地 三重県津市美杉町
　別 多気北畠氏城館跡（北畠氏館跡・霧山城跡）

北畠氏館跡庭園　きたばたけしやかたあとていえん　南北朝時代
　所在地 三重県津市美杉町上多気
　別 多気北畠氏城館跡（北畠氏館跡・霧山城跡）

北畠具行墓　きたばたけともゆきのはか　鎌倉時代末期
　所在地 滋賀県米原市柏原　国指定史跡（1930）

北畠具教三瀬館跡　きたばたけとものりみせやかたあと　戦国時代
　所在地 三重県多気郡大台町三瀬字大戸地1012ほか　県指定史跡（1941）

北高塚古墳　きたたかつかこふん　4世紀後半
　所在地 奈良県天理市櫟本町東大寺山
　別 東大寺山古墳

11 北堀池遺跡　きたほりいけいせき　古墳時代～鎌倉時代
　所在地 三重県伊賀市大内中沢

北堀貝塚　きたほりかいずか　縄文時代早期～前期
　所在地 福井県福井市北堀　県指定史跡（1953）
　別 北堀遺跡

北堀遺跡　きたほりいせき　縄文時代早期～前期
　所在地 福井県福井市北堀
　別 北堀貝塚

北野　きたの
　所在地 京都府京都市上京区馬喰町, 京都市北区白梅町
　⊗『平家物語』,『太平記』

北野天満宮　きたのてんまんぐう　天暦元年（947）創建
　所在地 京都府京都市上京区馬喰町

北野古墳　きたのこふん　古墳時代後期
　所在地 三重県鈴鹿市加佐登町北野

北野廃寺跡　きたのはいじあと　飛鳥時代後期
　所在地 愛知県岡崎市北野町　国指定史跡（1929）

北野廃寺跡　きたのはいじあと　飛鳥時代創建

　所在地 京都府京都市北区北野上白梅町

北野聖廟　きたのせいびょう
　所在地 京都府京都市上京区馬喰町
　⊗藤原定家『定家卿百番自歌合』

北黄金貝塚　きたこがねかいずか　縄文時代早期～中期頃
　所在地 北海道伊達市北黄金町　国指定史跡（1987）

12 北塚古墳　きたづかこふん　7世紀前半
　所在地 広島県福山市駅家町大字服部永谷　県指定史跡（1988）

北塚古墳群　きたつかこふんぐん　5～6世紀
　所在地 石川県金沢市北塚町

北塚屋遺跡　きたつかやいせき　縄文時代中期後半
　所在地 埼玉県大里郡寄居町大字桜沢

北替地遺跡　きたかえちいせき　縄文時代前期
　所在地 愛知県丹羽郡大口町秋田4丁目

北椎尾天神塚古墳　きたしいおてんじんづかこふん　5世紀第2四半期
　所在地 茨城県桜川市真壁町椎尾

北落古墳群　きたおちこふんぐん　古墳時代後期
　所在地 滋賀県犬上郡甲良町北落

13 北楯大学墓　きただてだいがくのはか　江戸時代
　所在地 山形県庄内町狩川字小野里101の内　県指定史跡（1952）

北裏遺跡　きたうらいせき　縄文時代～鎌倉時代
　所在地 岐阜県可児市土田

14 北踊場遺跡　きたおどりばいせき　旧石器時代
　所在地 長野県諏訪市立石町

15 北遺跡　きたいせき　縄文時代中期中葉～後半
　所在地 埼玉県北足立郡伊奈町

21 北灘海底遺跡　きたなだかいていいせき　縄文時代後期
　所在地 鳥取県境港市

【半】

4 半分古墳　はんぶこふん　古墳時代
　所在地 島根県出雲市上塩治町半分

5 半田一里塚　はんだいちりずか　古代
　所在地 大阪府貝塚市半田牛神

144　遺跡・古墳よみかた辞典

5画（卯, 去, 収, 右, 可）

別熊野街道半田一里塚
半田山・瓦屋西古墳群　はんだやま・かわらやにしこふんぐん　古墳時代後期
所在地 静岡県浜松市東区半田山・有玉西町
半田中原古墳群　はんだなかはらこふんぐん　5世紀後半〜末葉
所在地 群馬県渋川市半田字南原
[7]半兵衛奥古墳　はんべえおくこふん　7世紀後半
所在地 静岡県静岡市葵区幸庵新田
半坂峠古墳群　はんさかとうげこふんぐん　古墳時代前期
所在地 兵庫県豊岡市三宅字半坂
[12]半場遺跡　はんばいせき　縄文時代〜土師器時代
所在地 静岡県浜松市天竜区佐久間町半場上皆外
[13]半僧坊　はんそうぼう　明治23年（1980）勧請
所在地 神奈川県鎌倉市山ノ内
[15]半蔵門　はんぞうもん
所在地 東京都千代田区麹町
⊗『誹風柳多留 19』, 泉鏡花『夜行巡査』

【卯】

[0]卯の木遺跡　うのきいせき　縄文時代早期
所在地 新潟県中魚沼郡津南町
別卯ノ木遺跡
卯の花山　うのはなやま
所在地 富山県砺波市
⊗芭蕉『おくのほそ道』
別源氏山
卯ノ木遺跡　うのきいせき　縄文時代早期
所在地 新潟県中魚沼郡津南町
別卯の木遺跡
[4]卯内尺古墳　うないじゃくこふん　古墳時代
所在地 福岡県福岡市南区大字老司字卯内尺

【去】

[3]去川の関跡　さるかわのせきあと　江戸時代
所在地 宮崎県宮崎市高岡町内山字前田3619ロ号の2地先　⊕県指定史跡（1933）
[4]去手路古墳群　さってろこふんぐん　古墳時代
所在地 山形県山形市志戸田
[7]去来見の山　いざみのやま
所在地 奈良県吉野郡東吉野村
⊗『万葉集』

【収】

[12]収塚古墳　おさめずかこふん　5世紀
所在地 大阪府堺市堺区百舌鳥夕雲町
別百舌鳥古墳群（いたすけ古墳・長塚古墳・収塚古墳・塚廻古墳・文珠塚古墳・丸保山古墳・乳岡古墳・御廟表塚古墳・ドンチャ山古墳・正楽寺古墳・鏡塚古墳・善右ヱ門山古墳・銭塚古墳・グワショウ坊古墳・旗塚古墳・寺山南山古墳・七観音古墳）

【右】

[5]右田・一丁田遺跡　みぎた・いっちょうだいせき　弥生時代前期〜中世
所在地 山口県防府市下右田
[7]右近の馬場　うこんのばば
所在地 京都府京都市上京区馬喰町
⊗『平家物語』
右近次郎遺跡　うこんじろういせき　縄文時代
所在地 福井県大野市右近次郎
[8]右京　うきょう
所在地 京都府京都市
⊗太祇『太祇句選』
右京七条一坊跡　うきょうしちじょういちぼうあと　飛鳥時代
所在地 奈良県橿原市別所町
別藤原京跡（朱雀大路跡・左京七条一・二坊跡・右京七条一坊跡）

【可】

[3]可也の山　かやのやま
所在地 福岡県糸島市
⊗『万葉集』
別可也山, 糸島富士, 小富士
可也山　かややま
所在地 福岡県糸島市
⊗『万葉集』
別可也の山, 糸島富士, 小富士
[4]可之布江　かしふえ
所在地 福岡県福岡市
⊗『万葉集』
可太の大島　かだのおおしま
所在地 山口県大島郡周防大島町
⊗『万葉集』
別屋代島
[5]可奴麻　かぬま

5画 (叶, 古)

　(所在地)群馬県渋川市伊香保町
　(文)『万葉集』

7可良の浦　からのうら
　(所在地)山口県下松市 笠戸湾/山口県周南市 徳山湾/山口県熊毛郡上関町大字室津/福岡県福岡市西区
　(文)『万葉集』

10可家の水門　かけのみなと
　(所在地)愛知県東海市
　(文)『万葉集』

13可愛山陵伝説地　えのやまのみささぎでんせつち　古代
　(所在地)宮崎県延岡市北川町長井字俵野

19可鶏山　かけやま
　(所在地)神奈川県
　(文)『新編風土記』

【叶】

10叶浦遺跡　かのうらいせき　後期旧石器時代～中世
　(所在地)愛媛県今治市伯方町叶浦

【古】

3古子古墳　ふるここふん　弥生時代～古墳時代
　(所在地)佐賀県嬉野市塩田町

古川城跡　ふるかわじょうあと　戦国時代
　(所在地)岐阜県飛騨市古川町高野城山　(記)県指定史跡(1959)
　(別)蛤城

古川窯跡　ふるかわようせき　古代
　(所在地)宮崎県延岡市古川

古川薬師　ふるかわやくし
　(所在地)東京都大田区西六郷
　(文)『誹風柳多留14』, 大田南畝『調布日記』

4古井戸・将監塚遺跡　ふるいど・しょうげんずかいせき　縄文時代～近世
　(所在地)埼玉県本庄市児玉町八幡山

古内殿古墳群　ふるうちどのこふんぐん　6世紀末頃(4号墳)
　(所在地)福岡県津市内殿
　(別)内殿天田古墳群

古天神古墳　ふるてんじんこふん　6世紀後半
　(所在地)島根県松江市大草町杉谷　(記)県指定史跡(1960)

古月禅師分骨塔　こげつぜんじぶんこつとう　18世紀

　(所在地)宮崎県宮崎市佐土原町上田島(大光寺)
　(記)県指定史跡(1934)

古月横穴　ふるつきよこあな　6世紀後半～7世紀後半
　(所在地)福岡県鞍手郡鞍手町　(記)国指定史跡(1932)

5古市丸山古墳　ふるいちまるやまこふん　5世紀
　(所在地)大阪府羽曳野市誉田
　(別)丸山古墳, 誉田丸山古墳

古市大溝　ふるいちおおみぞ　築造5世紀説・6世紀説・7世紀説
　(所在地)大阪府羽曳野市, 藤井寺市
　(別)感玖大溝

古市方形墳　ふるいちほうけいふん　4世紀末葉
　(所在地)奈良県奈良市古市町字車塚

古市古墳群(古室山古墳・赤面山古墳・大鳥塚古墳・助太山古墳・鍋塚古墳・城山古墳・峯ヶ塚古墳・墓山古墳・野中古墳・応神天皇陵古墳外濠外堤・鉢塚古墳・はざみ山古墳・青山古墳・蕃所山古墳)　ふるいちこふんぐん(こむろやまこふん・せきめんやまこふん・おおとりづかこふん・すけたやまこふん・なべづかこふん・しろやまこふん・みねがづかこふん・はかやまこふん・のなかこふん・おうじんてんのうりょうこふんがいごうがいてい・はちづかこふん・はざみやまこふん・あおやまこふん・ばんしょやまこふん)　4世紀後半～6世紀中葉
　(所在地)大阪府藤井寺市古室・青山・藤ヶ丘・津堂・野中・藤井寺, 羽曳野市誉田・軽里・白鳥
　(記)国指定史跡(2001)
　(別)誉田古墳群, 道明寺古墳群

6古寺墳墓群　こでらふんぼぐん　5世紀初頭～前葉
　(所在地)福岡県朝倉市堤

古江　ふるえ
　(所在地)富山県氷見市
　(文)『万葉集』

7古作貝塚　こさくかいづか　縄文時代
　(所在地)千葉県市川市 中山競馬場内

古利根川　ふるとねかわ
　(所在地)埼玉県
　(文)佐藤佐太郎『歩道』, 水原秋桜子『葛飾』

古志田東遺跡　ふるしだひがしいせき　平安時代中期
　(所在地)山形県米沢市林泉寺　(記)国指定史跡

古我知原貝塚　こがちばるかいずか　沖縄前期（縄文後期相当）
[所在地]沖縄県うるま市石川伊波古我知原

古我知焼窯跡　こがちやきかまあと　17～19世紀初頭
[所在地]沖縄県名護市字古我知奥又原　㊅県指定史跡（1972）

古村積神社古墳　こむらずみじんじゃこふん　6世紀前半
[所在地]愛知県岡崎市細川町字長原

8**古府クルビ遺跡　こぶくるびいせき**　古墳時代前期
[所在地]石川県金沢市古府町

古府遺跡　こぶいせき　縄文時代中期
[所在地]石川県金沢市古府町・黒田町・西金沢3丁目

古枝古墳　ふるえだこふん　4世紀中頃
[所在地]香川県さぬき市大川町富田西

古武井熔鉱炉跡　こぶいようこうろあと　安政年間（1854～59）築造
[所在地]北海道函館市恵山町字高岱　㊅北海道指定史跡（1967）

古河　こが
[所在地]茨城県古河市
㊅『万葉集』

古河公方足利成氏館跡・同足利義氏墓所　こがくぼうあしかがしげうじやかたあと・どうあしかがよしうじぼしょ　室町時代
[所在地]茨城県古河市鴻巣1045・409　㊅県指定史跡（1933）
㊅鴻巣御所跡

古河城　こがじょう　室町時代
[所在地]茨城県古河市

古法華石仏　ふるぼっけせきぶつ　白鳳時代
[所在地]兵庫県加西市西長町

古長禅寺　こちょうぜんじ　正和5年（1316）創建
[所在地]山梨県南アルプス市鮎沢　㊅県指定史跡（1960）

9**古保利古墳群　こほりこふんぐん，こぼりこふんぐん**　古墳時代初期～後期・終末期
[所在地]滋賀県長浜市高月町　㊅国指定史跡（2003）

古城稲荷山古墳　こじょういなりやまこふん　古墳時代後期
[所在地]群馬県伊勢崎市稲荷町
㊅稲荷山古墳

古城横穴墓群　ふるしろおうけつぼぐん　6世紀末～7世紀
[所在地]熊本県熊本市中央区古城町・京町台地

古室山古墳　こむろやまこふん　4世紀末～5世紀初頭
[所在地]大阪府藤井寺市古室

古屋岩陰遺跡　ふるやいわかげいせき　縄文時代早期
[所在地]徳島県那賀郡那賀町古屋字堂見谷
㊅古屋岩陰遺跡

古屋岩蔭遺跡　ふるやいわかげいせき　縄文時代早期
[所在地]徳島県那賀郡那賀町古屋字堂見谷
㊅古屋岩陰遺跡

古屋敷遺跡　ふるやしきいせき　5世紀後半～6世紀初頭
[所在地]福島県喜多方市大田木　㊅国指定史跡（2000）

古屋敷遺跡　ふるやしきいせき　縄文時代早期後半
[所在地]山梨県富士吉田市大明日見

古海天神山古墳　こかいてんじんやまこふん　6世紀前半
[所在地]群馬県邑楽郡大泉町古海
㊅天神山古墳

古海松塚古墳群　こかいまつづかこふんぐん　5～7世紀
[所在地]群馬県邑楽郡大泉町大字古海字松塚

古海原前1号墳　こかいはらまえいちごうふん　6世紀初め～前半
[所在地]群馬県邑楽郡大泉町古海原前
㊅古海原前古墳

古海原前古墳　こかいはらまえこふん　6世紀初め～前半
[所在地]群馬県邑楽郡大泉町古海原前
㊅古海原前1号墳

古津八幡山古墳　ふるつはちまんやまこふん　古墳時代前期
[所在地]新潟県新潟市秋葉区古津字八幡腰
㊅八幡山古墳

古津八幡山遺跡　ふるつはちまんやまいせき　弥生時代後期
[所在地]新潟県新潟市秋葉区古津　㊅国指定史跡（2005）

古津路銅剣出土地　こつろどうけんしゅつどち　弥生時代

[所在地]兵庫県南あわじ市古津路　[史]県指定史跡（1971）
[別]古津路遺跡

古津路遺跡　こつろいせき　弥生時代
[所在地]兵庫県南あわじ市古津路
[別]古津路銅剣出土地

古畑古墳　ふるはたこふん　6世紀後半
[所在地]福岡県うきは市吉井町富永

[10]**古凍古墳群　ふるこおりこふんぐん, ふるごおりこふんぐん**　6世紀初頭～7世紀
[所在地]埼玉県東松山市古凍

古宮古墳　ふるみやこふん　古墳時代終末期
[所在地]大分県大分市三芳　[史]国指定史跡（1983）

古宮遺跡　ふるみやいせき　縄文時代早期～中期
[所在地]福井県勝山市村岡町寺尾

古宮遺跡　ふるみやいせき　旧石器時代～鎌倉時代
[所在地]岐阜県岐阜市岩滝

古浦遺跡　こうらいせき　弥生時代～奈良時代
[所在地]島根県松江市鹿島町古浦

古郡家1号墳　ここおげいちごうふん　5世紀
[所在地]鳥取県鳥取市古郡家字上ノ山

[11]**古冨波山古墳　ことばやまこふん**　3世紀
[所在地]滋賀県野洲市冨波字古トバ乙

古堀田城跡　こぼたじょうあと　室町時代
[所在地]秋田県仙北市西木町上荒井
[別]戸沢氏城館跡（門屋城跡・古堀田城跡）

古曽志大谷1号墳　こそしおおたにいちごうふん　5世紀末頃
[所在地]島根県松江市古曽志町字大谷

古曽部　こそべ
[所在地]大阪府高槻市古曽部
[文]能因『後拾遺和歌集 3』

[12]**古塚古墳　こずかこふん**　6世紀後半
[所在地]千葉県富津市二間塚字西内裏塚

古賀　こが
[所在地]福岡県古賀市
[文]大隈言道『草径集』

古道遺跡　ふるどういせき　擦文時代中心
[所在地]北海道標津郡標津町
[別]標津遺跡群（伊茶仁カリカリウス遺跡・古道遺跡・三本木遺跡）

[13]**古照遺跡　こでらいせき**　4世紀
[所在地]愛媛県松山市南江戸町

[14]**古稲荷古墳　こいなりこふん**　古墳時代前期
[所在地]大分県宇佐市大字法鏡寺字上原　[史]県指定史跡（1975）

古稲荷塚古墳　こいなりずかこふん　古墳時代
[所在地]佐賀県三養基郡上峰町大字坊所字原山

[19]**古麓城跡　ふるふもとじょうあと**　中世
[所在地]熊本県八代市
[別]八代城跡群（古麓城跡・麦島城跡・八代城跡）

【史】

[13]**史跡大御堂寺　しせきおおみどうじ**　鎌倉時代
[所在地]愛知県美浜町野間東畠50　[史]県指定史跡（1956）
[別]大御堂寺, 野間大坊

【台】

[0]**台の原・小田原窯跡群　だいのはら・おだわらかまあとぐん**　奈良時代, 平安時代
[所在地]宮城県仙台市青葉区堤町, 宮城野区東仙台

台ケ鼻古墳　だいがはなこふん　7世紀後半
[所在地]新潟県佐渡市二見550　[史]県指定史跡（1973）

台ノ原遺跡　だいのはるいせき　弥生時代前・中期
[所在地]大分県宇佐市大字四日市

[5]**台古墳群　だいこふんぐん**　5～6世紀
[所在地]千葉県夷隅郡大多喜町下大多喜字台

[7]**台町古墳群　だいまちこふんぐん**　5世紀後半～7世紀
[所在地]宮城県伊具郡丸森町金山字台町　[史]県指定史跡（1968）

[8]**台所山古墳　だいどころやまこふん**　5世紀後半
[所在地]群馬県伊勢崎市波志江1-4119-3（間ノ山）

台所山古墳　だいどころやまこふん　6世紀前半
[所在地]群馬県伊勢崎市波志江1丁目

[9]**台畑古墳　だいはたこふん**　5世紀後半
[所在地]茨城県筑西市村田字台畑

[10]**台耕地稲荷塚古墳　だいこうちいなりずかこふん**　7世紀前半
[所在地]埼玉県さいたま市大宮区三橋4-985

台耕地遺跡　だいこうちいせき　縄文時代中期後半
　所在地 埼玉県深谷市黒田

[12]台渡里官衙遺跡群（台渡里官衙遺跡・台渡里廃寺跡）　だいわたりかんがいせきぐん（だいわたりかんがいせき・だいわたりはいじあと）　奈良時代～平安時代
　所在地 茨城県水戸市渡里町　国指定史跡（2005）

台渡里廃寺跡　だいわたりはいじあと　奈良時代～平安時代
　所在地 茨城県水戸市渡里町
　別 台渡廃寺跡, 台渡里官衙遺跡群（台渡里官衙遺跡・台渡里廃寺跡）

台渡廃寺跡　だいわたりはいじあと　奈良時代～平安時代
　所在地 茨城県水戸市渡里町
　別 台渡里廃寺跡, 台渡里官衙遺跡群（台渡里官衙遺跡・台渡里廃寺跡）

【只】

[4]只木遺跡　ただきいせき　旧石器時代
　所在地 静岡県浜松市北区三ヶ日町只木　県指定史跡（1980）

【四】

[0]四つ塚古墳群　よつずかこふんぐん　6世紀中頃
　所在地 岡山県真庭市上長田
　別 四ツ塚古墳群

四の橋　しのはし
　所在地 東京都港区南麻布と白金の境 古川／東京都墨田区江東橋と江東区毛利の境 堅川
　文 木下尚江『火の柱』, 高見順『いやな感じ』

四ツ池遺跡　よついけいせき　縄文時代中期～中世
　所在地 大阪府堺市西区浜寺船尾町・鳳北町
　国指定史跡（1989）

四ツ塚13号墳　よつずかじゅうさんごうふん　6世紀前半
　所在地 岡山県真庭市蒜山下長田

四ツ塚古墳群　よつずかこふんぐん　6世紀後半～7世紀前半
　所在地 山梨県笛吹市一宮町国分

四ツ塚古墳群　よつずかこふんぐん　6世紀中頃
　所在地 岡山県真庭市上長田　国指定史跡（1929）
　別 四つ塚古墳群

四ツ橋　よつばし
　所在地 大阪府大阪市西区
　文『摂津名所図会』

四ノ宮　しのみや
　所在地 京都府京都市東山区山科四ノ宮
　文 謡曲『烏帽子折』

[2]四十二館跡　しじゅうにたてあと　中世～近世初頭
　所在地 秋田県大仙市藤木　県指定史跡（1959）

[4]四之宮下郷遺跡　しのみやしもごういせき　7～11世紀
　所在地 神奈川県平塚市四之宮諏訪前～大神字遠蔵

四分遺跡　しぶいせき　弥生時代
　所在地 奈良県橿原市四分町

四反田古墳　したんだこふん　7世紀後半
　所在地 宮城県伊具郡丸森町丸森四反田

四天王寺　してんのうじ
　所在地 三重県津市栄町
　文『伊勢参宮名所図会』

四天王寺　してんのうじ　推古天皇元年（593）造営
　所在地 大阪府大阪市天王寺区四天王寺

四天王寺旧境内　してんのうじきゅうけいだい　推古天皇元年（593）造営
　所在地 大阪府大阪市天王寺区四天王寺　国指定史跡（1951）

四戸古墳群　しとこふんぐん　7世紀後期
　所在地 群馬県吾妻郡東吾妻町三島

四方寄遺跡　よもぎいせき　縄文時代
　所在地 熊本県熊本市北区四方寄町字平畑・上野

四方塚古墳　しほうずかこふん　6世紀前半
　所在地 佐賀県唐津市鏡
　別 島田塚古墳, 今屋敷古墳, 島田塚

四日市　よっかいち
　所在地 三重県四日市市
　文『伊勢参宮名所図会』,『東海道名所図会』

四日市横穴群　よっかいちよこあなぐん　6世紀末～7世紀
　所在地 大分県宇佐市四日市　国指定史跡（1957）

四王寺山　しおうじやま
　所在地 福岡県太宰府市, 大野城市, 糟屋郡宇美町

5画（冬）

ⓧ謡曲『花月』

四王寺山経塚　しおうじやまきょうづか　平安時代
所在地 福岡県糟屋郡宇美町

四王寺経塚　しおうじきょうづか　平安時代
所在地 福岡県太宰府市，大野城市，糟屋郡宇美町にわたる四王寺山の各所

5**辻土壙墓遺跡**　よつじどこうぼいせき　弥生時代中期
所在地 岡山県赤磐市河本・山陽

四辻古墳群　よつじこふんぐん　5世紀中葉前後
所在地 岡山県赤磐市和田

7**条**　しじょう
所在地 京都府京都市
ⓧ与謝蕪村『蕪村句集』

四条古墳　しじょうこふん　5世紀後半
所在地 奈良県橿原市四条町

四条古墳群　しじょうこふんぐん　5世紀後半〜6世紀前半
所在地 奈良県橿原市四条町

四条河原　しじょうがわら
所在地 京都府京都市
ⓧ井上宗恒『古今夷曲集』

四条畷　しじょうなわて
所在地 大阪府四条畷市
ⓧ『太平記』

四谷　よつや
所在地 東京都新宿区
ⓧ『誹風柳多留拾遺初』

四谷大木戸跡　よつやおおきどあと　元和2年（1616）設置
所在地 東京都新宿区四谷4丁目交差点中央部　四谷4　㊉都指定旧跡（1955）

8**四明ヶ嶽経塚**　しめいがだけきょうづか　平安時代
所在地 京都府京都市左京区修学院字四明ヶ嶽

四枚畑貝塚　よんまいばたかいづか　縄文時代前期
所在地 東京都板橋区志村
㊙四枚畑遺跡

四枚畑遺跡　よんまいばたいせき　縄文時代前期
所在地 東京都板橋区志村
㊙四枚畑貝塚

四泥の崎　しでのさき
所在地 三重県四日市市大字羽津

ⓧ『万葉集』
㊙四泥崎

四泥崎　しでのさき
所在地 三重県四日市市大字羽津
ⓧ『万葉集』
㊙四泥の崎

9**四拾貫小原1号墳**　しじっかんおばらいちごうふん　5世紀
所在地 広島県三次市四拾貫町

四拾貫古墳　しじゅうづかこふん　5世紀後半
所在地 埼玉県深谷市岡字四十坂

四郎ヶ島台場跡　しろうがしまだいばあと　嘉永6年（1853）
所在地 長崎県長崎市神ノ島
㊙長崎台場跡（魚見岳台場跡・四郎ヶ島台場跡）

11**四郷崎古墳**　しごうさきこふん　6世紀前葉〜中葉
所在地 滋賀県長浜市湖北町

13**四極山**　しはつやま
所在地 愛知県西尾市/滋賀県/大阪府大阪市住吉区〜東住吉区
ⓧ『万葉集』

四稜郭　しりょうかく　明治時代初期
所在地 北海道函館市陣川町　㊉国指定史跡（1934）

14**四箇郷一里塚**　しかごういちりづか　江戸時代初期
所在地 和歌山県和歌山市新在家　㊉国指定史跡（1940）

四箇遺跡　しかいせき　縄文時代〜古墳時代
所在地 福岡県福岡市西区大字四箇

【冬】

4**冬木弁天堂**　ふゆきべんてんどう
所在地 東京都江東区亀戸3-43-3
ⓧ『江戸名所図会』
㊙普門院

冬木貝塚　ふゆきかいづか　縄文時代
所在地 茨城県猿島郡五霞町冬木

16**冬頭山崎古墳群**　ふいとうやまざきこふんぐん　6世紀末〜7世紀初頭（1号墳），5世紀末（2号墳）
所在地 岐阜県高山市冬頭町

冬頭王塚古墳　ふいとうおうづかこふん　5世紀後半
所在地 岐阜県高山市冬頭町

㉕王塚古墳

【外】

⁰外ヶ浜　そとがはま
　所在地 青森県東津軽郡外ヶ浜町
　㉒謡曲『善知鳥』,『曽我物語』

³外山古墳群　とやまこふんぐん　古墳時代
　所在地 三重県伊賀市外山

外山遺跡　とやまいせき　縄文時代前期,弥生時代終末期～古墳時代初頭
　所在地 茨城県石岡市東田中

¹⁰外原遺跡　とばらいせき　古墳時代前期後葉
　所在地 千葉県船橋市田喜野井町外原

¹²外塚遺跡　とのづかいせき　縄文時代後晩期
　所在地 茨城県筑西市外塚

¹⁸外鎌山北麓古墳群　とがまやまほくろくこふんぐん　5～6世紀
　所在地 奈良県桜井市

【奴】

³奴山古墳群　ぬやまこふんぐん　5世紀前葉～7世紀
　所在地 福岡県福津市奴山・勝浦

【尻】

²尻八館　しりはちだて　15世紀後半
　所在地 青森県青森市大字後潟ほか
　㉕尻八館遺跡

尻八館遺跡　しりはちだていせき　15世紀後半
　所在地 青森県青森市大字後潟ほか
　㉕尻八館

【尼】

⁰尼ヶ沢土壇　あまがさわどだん　中世
　所在地 山形県川西町大字下小松1877の内
　㉕県指定史跡(1953)

尼ヶ谷古墳　あまたにこふん　6世紀後半
　所在地 大阪府南河内郡太子町太子家廻り

⁶尼寺古墳群　あまでらこふんぐん　6世紀(1号墳)
　所在地 徳島県名西郡石井町尼寺

尼寺廃寺跡　にんじはいじあと　7世紀後葉創建
　所在地 奈良県香芝市尼寺　㉒国指定史跡(2002)

¹¹尼崎　あまがさき
　所在地 兵庫県尼崎市
　㉒『太平記』,謡曲『雲林院』

¹²尼塚古墳　あまつかこふん　4世紀後半
　所在地 京都府城陽市寺田尼塚

尼塚古墳群　あまずかこふんぐん　古墳時代前期
　所在地 石川県七尾市国分町

【巨】

¹²巨椋の入江　おおくらのいりえ
　所在地 京都府宇治市,久世郡
　㉒『万葉集』

巨椋池　おぐらのいけ,おぐらいけ　奈良時代
　所在地 京都府宇治市小倉町,京都市伏見区,久世郡久御山町
　㉕小倉池

¹³巨勢　こせ
　所在地 奈良県御所市古瀬
　㉒『万葉集』

巨勢山古墳群　こせやまこふんぐん　5世紀中葉～6世紀後葉頃
　所在地 奈良県御所市大字室・大字城山台・大字西寺田・大字条・大字多田・大字朝町　㉒国指定史跡(2002)

巨勢寺址　こせじし　7世紀創建
　所在地 奈良県御所市古瀬町大日
　㉕巨勢寺跡

巨勢寺塔跡　こせでらとうあと　飛鳥時代～奈良時代
　所在地 奈良県御所市古瀬　㉒国指定史跡(1927)

巨勢寺跡　こせでらあと　7世紀創建
　所在地 奈良県御所市古瀬町大日
　㉕巨勢寺址

巨福呂坂　こぶくろざか　仁治元年(1240)開通
　所在地 神奈川県鎌倉市雪ノ下　㉒国指定史跡(1969)
　㉕小袋坂,巨福礼坂,巨福坂,小袋坂ノ切通

【左】

⁴左内坂　さないざか
　所在地 東京都新宿区市谷左内町
　㉒大田南畝『半日閑話』

⁷左沢楯山城跡　あてらざわたてやまじょうあと　中世～江戸時代前期

5画（市）

　(所在地)山形県西村山郡大江町　(指)国指定史跡
　(2009)
[8]**左京　さきょう**
　(所在地)京都府京都市
　(文)夏目漱石『漱石全集』
左京七条一・二坊跡　さきょうしちじょういち・にぼうあと　飛鳥時代
　(所在地)奈良県橿原市別所町
　(別)藤原京跡（朱雀大路跡・左京七条一・二坊跡・右京七条一坊跡）
左和多里　さわたり
　(所在地)群馬県吾妻郡中之条町
　(文)『万葉集』
　(別)沢渡

【市】

[0]**市の瀬地下式横穴墓群　いちのせちかしきおうけつぼぐん**　5世紀後半～6世紀後半
　(所在地)宮崎県東諸県郡国富町大字深年字市の瀬
市ケ原廃寺址　いちがはらはいじし　白鳳時代建立
　(所在地)静岡県三島市市ケ原祐泉寺一帯
市ヶ尾横穴古墳群　いちがおおうけつこふんぐん　6～8世紀
　(所在地)神奈川県横浜市青葉区市ケ尾町　(指)県指定史跡（1957）
　(別)市ヶ尾横穴群, 市ヶ尾横穴墓群
市ヶ尾横穴墓群　いちがおおうけつぼぐん　6～8世紀
　(所在地)神奈川県横浜市青葉区市ケ尾町・大場町・荏田町
　(別)市ヶ尾横穴群, 市ヶ尾横穴古墳群
市ヶ尾横穴群　いちがおよこあなぐん　6～8世紀
　(所在地)神奈川県横浜市青葉区市ケ尾町・大場町・荏田町
　(別)市ヶ尾横穴墓群, 市ヶ尾横穴古墳群
市ヶ谷八幡　いちがやはちまん
　(所在地)東京都新宿区市谷八幡町
　(文)田山花袋『蒲団』
[3]**市川1号墳　いちかわいちごうふん**　5世紀前期
　(所在地)茨城県かすみがうら市市川
　(別)熊野古墳
市川御関所　いちかわおせきしょ
　(所在地)東京都江戸川区北小岩
　(文)『江戸名所図会』

市川橋遺跡　いちかわばしいせき　平安時代
　(所在地)宮城県多賀城市市川
[4]**市之代古墳群　いちのだいこふんぐん**　6世紀中葉（3号墳）
　(所在地)茨城県取手市大字市之代
市之関遺跡　いちのせきいせき　縄文時代前期
　(所在地)群馬県前橋市市之関町
市木村古墳　いちきそんこふん　古墳時代
　(所在地)宮城県串間市大字市木字蛭田・本宮
　(指)県指定史跡（1934）
[7]**市坂　いちのさか**
　(所在地)京都府木津川市市坂
　(文)『日本書紀』
市坂瓦窯跡　いちさかかわらがまあと　奈良時代
　(所在地)京都府木津川市州見台8丁目
　(別)奈良山瓦窯跡（歌姫瓦窯跡・音如ヶ谷瓦窯跡・市坂瓦窯跡・梅谷瓦窯跡・鹿背山瓦窯跡）
市尾今田古墳群　いちおいまだこふんぐん　5世紀中葉
　(所在地)奈良県高市郡高取町市尾
市尾宮塚古墳　いちおみやつかこふん　古墳時代後期初頭
　(所在地)奈良県高市郡高取町市尾
　(別)宮塚古墳, 市尾墓山古墳・宮塚古墳
市尾墓山古墳　いちおはかやまこふん　古墳時代後期初頭
　(所在地)奈良県高市郡高取町市尾
　(別)墓山古墳, 市尾墓山古墳・宮塚古墳
市尾墓山古墳・宮塚古墳　いちおはかやまこふん・みやずかこふん　古墳時代後期初頭
　(所在地)奈良県高市郡高取町市尾　(指)国指定史跡（1981）
　(別)市尾宮塚古墳, 市尾墓山古墳, 宮塚古墳, 墓山古墳
市来貝塚　いちきかいずか　縄文時代後期
　(所在地)鹿児島県いちき串木野市川上
[8]**市杵嶋神社古墳　いちきしまじんじゃこふん**　3世紀末葉以降
　(所在地)愛知県豊橋市牟呂町字市場
市河米庵墓　いちかわべいあんのはか　江戸時代
　(所在地)東京都荒川区西日暮里3-1 本行寺内
　(指)都指定旧跡（1955）
市河寛斎墓　いちかわかんさいのはか　江戸

152　遺跡・古墳よみかた辞典

時代
[所在地]東京都荒川区西日暮里3-1 本行寺内
[史]都指定旧跡（1955）

10市原野　いちはらの
[所在地]京都府京都市左京区静市野大字市原
[文]『古今著聞集』
[別]一原野

市庭古墳　いちにわこふん　古墳時代中期
[所在地]奈良県奈良市佐紀町
[別]平城天皇陵, 平城陵古墳, 平城天皇陵古墳, 楊梅陵

市振　いちぶり
[所在地]新潟県糸魚川市市振
[文]芭蕉『おくのほそ道』

11市宿横穴墓群　いちじゅくおうけつぼぐん　6世紀後葉～8世紀前半
[所在地]千葉県君津市市宿字川崎

12市場かわらがはな古代窯跡群　いちばかわらがはなこだいかまあとぐん　8世紀前半築造
[所在地]愛媛県伊予市市場　[史]県指定史跡（1968）

市場一里塚　いちばいちりずか　江戸時代初期
[所在地]神奈川県横浜市鶴見区 熊野神社　[史]市登録史跡（1989）

市場坂遺跡　いちばざかいせき　旧石器時代
[所在地]埼玉県新座市片山～朝霞市子ノ神

市場南組窯跡　いちばみなみぐみかまあと　5世紀後半
[所在地]愛媛県伊予市市場南組

【布】

4布引の滝　ぬのびきのたき
[所在地]兵庫県神戸市中央区布引町
[文]『伊勢物語』，『栄花物語』

布引観音　ぬのびきかんのん
[所在地]長野県小諸市大久保
[文]『金葉和歌集』，『伊勢物語』

5布尻遺跡　ぬのじりいせき　縄文時代早期～晩期
[所在地]富山県富山市布尻下平割

布田　ふだ
[所在地]東京都調布市
[文]大田南畝『調布日記』

布目遺跡　ぬのめいせき　縄文時代前期前半期
[所在地]新潟県新潟市西蒲区

6布当　ふたぎ
[所在地]京都府木津川市加茂町
[文]『万葉集』

布当の宮　ふたぎのみや　8世紀
[所在地]京都府木津川市加茂町
[別]大養徳恭仁大宮

9布施の海　ふせのうみ
[所在地]富山県氷見市 十二町潟
[文]『万葉集』
[別]布勢の海

布施遺跡　ふせいせき　縄文時代中期～弥生時代中期
[所在地]群馬県利根郡みなかみ町布施

10布留　ふる
[所在地]奈良県天理市布留
[文]『日本書紀』

布留の高橋　ふるのたかはし
[所在地]奈良県天理市布留町
[文]『万葉集』

布留の滝　ふるのたき
[所在地]奈良県天理市布留
[文]上田秋成『十雨余言』

布留山　ふるのやま
[所在地]奈良県天理市布留町
[文]『万葉集』

布留川　ふるかわ
[所在地]奈良県天理市布留町
[文]『万葉集』，佐佐木信綱『新月』

布留遺跡　ふるいせき　旧石器時代～奈良時代
[所在地]奈良県天理市布留町

11布野台3号墳　ふのだいさんごうふん　5世紀後半
[所在地]千葉県香取市布野

13布勢の海　ふせのうみ
[所在地]富山県氷見市 十二町潟
[文]『万葉集』
[別]布施の海

布勢古墳　ふせこふん　古墳時代後期
[所在地]鳥取県鳥取市布勢　[史]国指定史跡（1974）

布勢駅家跡　ふせのうまやあと　古代
[所在地]兵庫県たつの市揖西町小犬丸
[別]小犬丸遺跡

布勢遺跡　ふせいせき　縄文時代～中世
[所在地]鳥取県鳥取市

【平】

[3]**平川廃寺跡**　ひらかわはいじあと　奈良時代
[所在地]京都府城陽市平川　[史]国指定史跡（1975）

[4]**平井地区1号古墳**　ひらいちくいちごうこふん　6世紀後半
[所在地]群馬県藤岡市三ツ木249-6ほか　[史]県指定史跡（1993）

平井宮山1号墳　ひらいみややまいちごうふん　5世紀前葉
[所在地]奈良県宇陀市菟田野平井字宮山

平井塚古墳　ひらいずかこふん　6世紀前葉
[所在地]大阪府堺市北区百舌鳥陵南町

平井稲荷山貝塚　ひらいいなりやまかいずか　縄文時代晩期中葉
[所在地]愛知県豊川市平井町
[別]稲荷山貝塚

平戸和蘭商館跡　ひらどおらんだしょうかんあと　慶長14年（1609）設置
[所在地]長崎県平戸市崎方町・大久保町　[史]国指定史跡（1922）

平木1号墳　ひらきいちごうふん　6世紀後半
[所在地]香川県高松市鬼無町山口

平氏発祥伝説地　へいしはっしょうでんせつち　平安時代
[所在地]三重県津市産品字産ヶ塚1437-1　[史]県指定史跡（1939）
[別]忠盛塚

[5]**平代坂遺跡**　へいだいざかいせき　旧石器時代, 縄文時代中期
[所在地]東京都小金井市前原3丁目

平出遺跡　ひらいでいせき　縄文時代早期～平安時代
[所在地]長野県塩尻市宗賀　[史]国指定史跡（1952）

平古墳群　ひらこふんぐん　6世紀後半
[所在地]大阪府富田林市喜志

平田古墳群　ひらたこふんぐん　5世紀後半～7世紀末
[所在地]三重県津市安濃町妙法寺

平田窯跡　ひらたかまあと　古墳時代
[所在地]福岡県大野城市大字牛頸字平田

平田篤胤墓　ひらたあつたねのはか　江戸時代
[所在地]秋田県秋田市手形　[史]国指定史跡（1934）

[6]**平地神社古墳**　へいちじんじゃこふん　6世紀後半
[所在地]群馬県藤岡市中大塚字宮西

平安名貝塚　へんなかいずか　沖縄貝塚時代前期
[所在地]沖縄県うるま市勝連平安名　[史]県指定史跡（1956）

平安京跡　へいあんきょうあと　延暦13年（794）遷都
[所在地]京都府京都市

平安宮内裏内郭回廊跡　へいあんきゅうだいりないかくかいろうあと　平安時代
[所在地]京都府京都市上京区下立売通千本東入

平安宮造酒司倉庫跡　へいあんきゅうみきのつかさそうこあと　平安時代
[所在地]京都府京都市中京区聚楽廻松下町
[史]市指定史跡（1997）

平安宮跡　へいあんきゅうせき, へいあんきゅうあと　延暦13年（794）
[所在地]京都府京都市上京区・中京区
[別]平安宮跡（内裏跡・豊楽院跡）

平安宮跡（内裏跡・豊楽院跡）　へいあんきゅうせき（だいりあと・ぶらくいんあと）　延暦13年（794）
[所在地]京都府京都市上京区下立売通千本東入田中町, 中京区聚楽廻西町　[史]国指定史跡（1990）

平西貝塚　ぴにしかいずか　15～16世紀
[所在地]沖縄県竹富町字古見　[史]県指定史跡（1956）

[7]**平坂貝塚**　ひらさかかいずか　縄文時代早期
[所在地]神奈川県横須賀市若松町

平尾山千塚　ひらおやませんずか　6世紀前半～7世紀後半頃まで
[所在地]大阪府柏原市高井田・安堂
[別]平尾山古墳群

平尾山古墳群　ひらおやまこふんぐん　6世紀前半～7世紀後半頃まで
[所在地]大阪府柏原市高井田・安堂
[別]平尾山千塚

平尾城山古墳　ひらおじょうやまこふん　古墳時代前期前葉
[所在地]京都府木津川市山城町平尾城山

平尾墳墓群　ひらおふんぼぐん　弥生時代～古墳時代
[所在地]香川県丸亀市綾歌町岡田上

平尾遺跡群　ひらおいせきぐん　縄文時代
[所在地]東京都稲城市平尾

5画（平）

平形館跡　ひらがたたてあと　文明9年（1477）～戦国時代
　所在地 山形県鶴岡市平形字桜屋敷36-2・37-2
　参 県指定史跡（1977）

平沢古墳群　ひらさわこふんぐん　古墳時代終末期
　所在地 茨城県つくば市平沢

平沢同明遺跡　ひらさわどうみょういせき　縄文時代中期～弥生時代中期
　所在地 神奈川県秦野市平沢
　参 平沢遺跡

平沢寺経塚　へいたくじきょうづか　平安時代
　所在地 福島県伊達郡桑折町睦合大字平沢字一本松

平沢良遺跡　ひらぞうらいせき　旧石器時代～縄文時代
　所在地 佐賀県伊万里市二里町大字里字平沢良

平沢官衙遺跡　ひらさわかんがいせき　奈良時代,平安時代
　所在地 茨城県つくば市平沢　参 国指定史跡（1980）

平沢遺跡　ひらさわいせき　縄文時代中期～弥生時代中期
　所在地 神奈川県秦野市平沢
　参 平沢同明遺跡

平貝塚　たいらかいづか　縄文時代晩期
　所在地 青森県三戸郡南部町平字虚空蔵

[8]平岡遺跡　ひらおかいせき　6世紀後半～7世紀半ば
　所在地 香川県観音寺市大野原町丸井字平岡

平所埴輪窯址　ひらどころはにわようし　6世紀前半
　所在地 島根県松江市矢田町平所

平所遺跡　ひらどころいせき　弥生時代後期後葉頃～古墳時代初期
　所在地 島根県松江市矢田町平所

平松台遺跡　ひらまつだいいせき　縄文時代前期～中期
　所在地 埼玉県比企郡小川町大字下小川

平林2号墳　ひらばやしにごうふん　6世紀後半
　所在地 山梨県笛吹市春日居町鎮目

平林古墳　ひらばやしこふん　6世紀中葉頃～7世紀
　所在地 奈良県葛城市兵家字平林

平林寺　へいりんじ
　所在地 埼玉県新座市野火止
　参 田山花袋『東京の近郊』

平林城跡　ひらばやしじょうあと　戦国時代
　所在地 新潟県村上市葛篭山　参 国指定史跡（1978）

平林荘跡　へいりんそうあと　江戸時代
　所在地 岐阜県大垣市　参 県指定史跡（1976）

平河天神　ひらかわてんじん
　所在地 東京都千代田区平河町
　参『江戸名所図会』
　参 平河天満宮

平河御門　ひらかわごもん　江戸時代
　所在地 東京都千代田区

[9]平城の明日香　ならのあすか
　所在地 奈良県奈良市芝新屋町
　参『万葉集』
　参 奈良の明日香, 元興寺

平城天皇陵　へいぜいてんのうりょう　古墳時代中期
　所在地 奈良県奈良市佐紀町
　参 平城陵古墳, 平城天皇陵古墳, 市庭古墳, 楊梅陵

平城天皇陵古墳　へいぜいてんのうりょうこふん　古墳時代中期
　所在地 奈良県奈良市佐紀町
　参 平城陵古墳, 平城天皇陵, 市庭古墳, 楊梅陵

平城古墳群　ひらしろこふんぐん　6世紀後半～8世紀
　所在地 静岡県静岡市駿河区向敷地字坂西通

平城貝塚　ひらじょうかいづか　縄文時代後期
　所在地 愛媛県南宇和郡愛南町平城　参 県指定史跡（1951）

平城京左京三条二坊宮跡庭園　へいじょうきょうさきょうさんじょうにぼうきゅうせきていえん, へいじょうきょうさきょうさんじょうにぼうみやあとていえん　奈良時代後半
　所在地 奈良県奈良市三条大路　参 国指定特別史跡（1978）

平城京朱雀大路跡　へいじょうきょうすざくおおじあと　奈良時代
　所在地 奈良県奈良市二条大路南・三条大路
　参 国指定史跡（1984）

平城京跡　へいじょうきょうあと　8世紀
　所在地 奈良県奈良市, 大和郡山市

平城宮跡　へいじょうきゅうせき, へいじょうきゅうあと　奈良時代
[所在地]奈良県奈良市佐紀町・二条大路南・法華寺町　[史]国指定特別史跡（1952）

平城陵古墳　へいぜいりょうこふん　古墳時代中期
[所在地]奈良県奈良市佐紀町
[別]平城天皇陵古墳, 平城天皇陵, 市庭古墳, 楊梅陵

平泉　ひらいずみ
[所在地]岩手県西磐井郡平泉町
[文]西行『山家集』, 芭蕉『おくのほそ道』

平泉寺跡　へいせんじあと　霊亀3年・養老元年（717）開創
[所在地]福井県勝山市平泉寺町
[別]白山平泉寺城跡, 白山平泉寺, 白山平泉寺旧境内

平泉遺跡群　ひらいずみいせきぐん　12世紀
[所在地]岩手県西磐井郡平泉町
[別]柳之御所・平泉遺跡群

平畑遺跡　ひらばたいせき　縄文時代後期〜晩期
[所在地]宮崎県宮崎市大字熊野

平神社古墳　へいじんじゃこふん　6世紀後半頃
[所在地]島根県隠岐郡隠岐の島町平　[史]県指定史跡（1969）

10 **平原遺跡　ひらばるいせき**　弥生時代末期
[所在地]福岡県糸島市有田

平時忠の墓　たいらのときただのはか　鎌倉時代
[所在地]石川県珠洲市大谷町
[別]平時忠卿及び其の一族の墳

平時忠卿及び其の一族の墳　たいらのときただきょうおよびそのいちぞくのふん　鎌倉時代
[所在地]石川県珠洲市大谷町　[史]県指定史跡（1939）
[別]平時忠の墓

11 **平得アラスク村遺跡　ひらえあらすくむらいせき**　16〜18世紀
[所在地]沖縄県石垣市字平得中上原　[史]県指定史跡（1981）

平野　ひらの
[所在地]京都府京都市北区平野宮本町
[文]『山家心中集』,『後拾遺和歌集』

平野　ひらの
[所在地]大阪府大阪市東住吉区平野
[文]『続古今和歌集』

平野山東南麓窯址群　ひらのやまとうなんろくようしぐん　奈良時代〜平安時代初期
[所在地]山形県寒河江市大字柴橋字谷地

平野神社　ひらのじんじゃ　延暦13年（794）創建
[所在地]京都府京都市北区平野宮本町

平野塚穴山古墳　ひらのつかあなやまこふん　7世紀後半
[所在地]奈良県香芝市平野　[史]国指定史跡（1973）
[別]塚穴山古墳

平鹿遺跡　ひらかいせき　縄文時代晩期, 弥生時代, 平安時代
[所在地]秋田県横手市増田町増田

12 **平塚　ひらつか**
[所在地]神奈川県平塚市
[文]浅井了意『東海道名所記』

平塚川添遺跡　ひらつかかわぞえいせき　弥生時代後期中心
[所在地]福岡県朝倉市平塚　[史]国指定史跡（1994）

平塚古墳　ひらつかこふん　5世紀後半
[所在地]群馬県高崎市八幡町毘沙門

平塚古墳　ひらつかこふん　6世紀後半
[所在地]千葉県富津市大堀字西原
[別]西原古墳

平塚古墳　ひらずかこふん　7世紀初頭
[所在地]香川県観音寺市大野原町大野原1533
[別]椀貸塚、角塚及び平塚

平等寺道　びょうどうじみち　平安時代以降
[所在地]徳島県阿南市
[別]阿波遍路道（鶴林寺道・太竜寺道・いわや道・平等寺道）

平等坊・岩室遺跡　びょうどうぼう・いわむろいせき　弥生時代前期〜古墳時代初頭
[所在地]奈良県天理市平等坊町・岩室町
[別]平等坊遺跡

平等坊遺跡　びょうどうぼういせき　弥生時代前期〜古墳時代初頭
[所在地]奈良県天理市平等坊町・岩室町
[別]平等坊・岩室遺跡

平等院　びょうどういん　平安時代創建
[所在地]京都府宇治市宇治蓮華
[別]宇治平等院

平等院庭園　びょうどういんていえん　平安

時代中期
　(所在地)京都府宇治市宇治蓮華（1922）

平賀元義由縁の地　ひらがもとよしゆえんのち　江戸時代
　(所在地)岡山県岡山市東区大多羅　(指)市指定史跡（1955）

平賀氏の遺跡(御薗宇城跡, 白山城跡, 頭崎城跡, 平賀氏の墓地)　ひらがしのいせき(みそのうじょうあと, はくさんじょうあと, かしらざきじょうあと, ひらがしのぼち)　中世
　(所在地)広島県東広島市高屋町　(指)県指定史跡（1969）

平賀源内生祠　ひらがげんないせいし　宝暦14年(1764)建立
　(所在地)広島県福山市鞆町　(指)県指定史跡（1940）

平賀源内墓　ひらがげんないのはか　江戸時代
　(所在地)東京都台東区橋場　(指)国指定史跡（1943）

[13]平福古墳　ひらふくこふん　古墳時代終末期
　(所在地)岡山県美作市平福
　(別)野寺山古墳

平群　へぐり
　(所在地)奈良県生駒郡平群町
　(文)『日本書紀』,『日本霊異記』

平群の山　へぐりのやま
　(所在地)奈良県生駒郡平群町
　(文)『万葉集』,『今昔物語集』

[15]平遺跡　へいいせき　縄文時代中期末
　(所在地)京都府京丹後市丹後町平湊

[16]平舘台場跡　たいらだてだいばあと　嘉永2年(1849)築造
　(所在地)青森県東津軽郡外ヶ浜町平舘田の沢
　(指)県指定史跡（2004）

【広】

[4]広木大町古墳群　ひろきおおまちこふんぐん　6世紀中頃～7世紀後半
　(所在地)埼玉県児玉郡美里町広木

[5]広古墳A群　ころこふんえーぐん　古墳時代後期
　(所在地)三重県四日市市大鐘町字広1529-56ほか
　(指)県指定史跡（1969）
　(別)広古墳群

広古墳群　ひろこふんぐん　古墳時代
　(所在地)三重県四日市市大鐘町広
　(別)広古墳B群, 広古墳A群

広田　ひろた
　(所在地)兵庫県西宮市広田町
　(文)『日本書紀』

広田神社裏山古墳　ひろたじんじゃうらやまこふん　4世紀中頃
　(所在地)愛媛県伊予市上三谷客池
　(別)裏山古墳, 嶺昌寺古墳

広田遺跡　ひろたいせき　縄文時代後期末～晩期初頭
　(所在地)福岡県糸島市二丈吉井

広田遺跡　ひろたいせき　弥生時代後期後半～古墳時代後期
　(所在地)鹿児島県熊毛郡南種子町　(指)国指定史跡（2008）

広石古墳群　ひろいしこふんぐん　古墳時代後期
　(所在地)福岡県福岡市西区拾六町字広石

広石南古墳群　ひろいしみなみこふんぐん　6世紀
　(所在地)福岡県福岡市西区今宿青木1041-1

[6]広江・浜遺跡　ひろえ・はまいせき　縄文時代後・晩期～中世
　(所在地)岡山県倉敷市福田町広江

[7]広寿山福聚寺　こうじゅさんふくじゅじ　寛文5年(1665)創建
　(所在地)福岡県北九州市小倉北区寿山町6-7
　(指)県指定史跡（1969）

広尾　ひろお
　(所在地)東京都渋谷区広尾
　(文)『江戸名所図会』

広村堤防　ひろむらていぼう　室町時代～江戸時代
　(所在地)和歌山県有田郡広川町　(指)国指定史跡（1938）

広沢池　ひろさわのいけ　平安時代中期造営
　(所在地)京都府京都市右京区嵯峨野
　(別)遍照寺池

[8]広岡古墳群　ひろおかこふんぐん　6世紀後葉
　(所在地)鳥取県鳥取市広岡・船木

[9]広畑古墳群　ひろはたこふんぐん　7～8世紀前半
　(所在地)神奈川県秦野市下大槻

広畑貝塚　ひろはたかいづか　縄文時代後期～晩期前半

遺跡・古墳よみかた辞典

5画（弁）

[所在地]茨城県稲敷市飯出ひろ畑　⑫国指定史跡（1982）

¹⁰広姫息長陵古墳群　ひろひめおきながりょうこふんぐん　5世紀末
[所在地]滋賀県米原市村居田
⑲息長陵

広島城跡　ひろしまじょうあと　戦国時代築城
[所在地]広島県広島市中区基町　⑫国指定史跡（1953）
⑲鯉城跡

広島県産業奨励館　ひろしまさんぎょうしょうれいかん　大正4年（1915）建造
[所在地]広島県広島市中区大手町
⑲原爆ドーム（旧広島県産業奨励館）

広峰15号墳　ひろみねじゅうごごうふん　4世紀後半
[所在地]京都府福知山市字天田小字広峰

¹¹広野北遺跡　ひろのきたいせき　旧石器時代
[所在地]静岡県磐田市高見丘

広隆寺　こうりゅうじ　推古天皇30年（622）創建
[所在地]京都府京都市右京区太秦路岡町

¹²広場1号墳　ひろばいちごうふん　古墳時代
[所在地]千葉県鴨川市広場

広渡廃寺跡　こうどはいじあと　奈良時代前期創建
[所在地]兵庫県小野市広渡町・敷地町・鹿野町
⑫国指定史跡（1980）

¹⁴広徳寺　こうとくじ
[所在地]東京都台東区東上野
㊇『誹風柳多留』

¹⁹広瀬川　ひろせがわ
[所在地]奈良県北葛城郡河合村
㊇『万葉集』，西行『山家集』

広瀬村古墳　ひろせそんこふん　古墳時代
[所在地]宮崎県宮崎市佐土原町下那珂字七ヶ廻・字城ヶ峰・字諏訪山・字堤下・字柿内・字一丁田・字土器田ほか　⑫県指定史跡（1939）

広瀬城跡附田中筑前守墓碑　ひろせじょうあとつけたりたなかちくぜんのかみぼひ　戦国時代
[所在地]岐阜県高山市国府町名張・城山・上城山瓜巣　⑫県指定史跡（1970）

広瀬淡窓旧宅及墓　ひろせたんそうきゅうたくおよびはか　江戸時代
[所在地]大分県日田市南豆田　⑫国指定史跡（1948）

広瀬淡窓墓　ひろせたんそうのはか　江戸時代
[所在地]大分県日田市南豆田
⑲広瀬淡窓旧宅及び墓

広瀬遺跡　ひろせいせき　縄文時代前期～後期
[所在地]高知県高岡郡四万十町広瀬

広瀬鴻峠口古墳　ひろせこうとうげぐちこふん　7世紀
[所在地]岐阜県飛騨市古川町信包
⑲こう峠口古墳

【弁】

⁰弁ガ谷　べんがやつ
[所在地]神奈川県鎌倉市材木座4-10～16, 材木座6-9

弁ケ岳　べんがだけ
[所在地]沖縄県那覇市首里鳥堀町4丁目　⑫県指定史跡（1956）

⁴弁天山古墳　べんてんやまこふん　5世紀後半
[所在地]千葉県富津市小久保　⑫国指定史跡（1929）

弁天山古墳　べんてんやまこふん　6世紀後半
[所在地]福岡県大牟田市東萩尾町
⑲穴観音古墳，萩ノ尾古墳

弁天山古墳　べんてんやまこふん　4世紀前半
[所在地]熊本県宇城市不知火町長崎字弁天山

弁天山古墳群　べんてんやまこふんぐん　4世紀後半～5世紀後半
[所在地]大阪府高槻市郡家・奈佐原・岡本・服部

弁天古墳　べんてんこふん　5世紀前葉
[所在地]千葉県柏市布施字弁財天

弁天社古墳　べんてんしゃこふん　6世紀後半
[所在地]奈良県桜井市大字茶原

弁天島古墳群　べんてんじまこふんぐん　4世紀前葉
[所在地]香川県小豆郡小豆島町苗羽沖ノ島

弁天島遺跡　べんてんじまいせき　オホーツク文化期
[所在地]北海道根室市弁天島

弁天塚古墳　べんてんつかこふん　5世紀末
[所在地]茨城県稲敷郡美浦村大須賀津岸内

弁天塚古墳　べんてんずかこふん　古墳時代後期
[所在地]奈良県橿原市葛本町山前
⑲葛本弁天塚古墳

5画（弘, 打, 払, 旧）

[15]弁慶が穴古墳　べんけいがあなこふん　古墳時代後期
　所在地 熊本県山鹿市熊入町
　別 弁慶ヶ穴古墳

弁慶ヶ穴古墳　べんけいがあなこふん　古墳時代後期
　所在地 熊本県山鹿市熊入町　史 国指定史跡（1956）
　別 弁慶が穴古墳

弁慶橋　べんけいばし
　所在地 東京都千代田区紀尾井町/千代田区岩本町
　文『誹風柳多留 79』, 森鴎外『ル・パルナス・アンビュラン』

【弘】

[3]弘川遺跡　ひろかわいせき　8世紀後半〜10世紀
　所在地 滋賀県高島市今津町弘川

[4]弘化谷古墳　こうかだにこふん　6世紀前半期
　所在地 福岡県八女郡広川町大字広川字弘化谷

[7]弘住1号墳　こうずみいちごうふん　4世紀後半〜5世紀前半
　所在地 広島県広島市安佐北区高陽町大字小田

[8]弘法山古墳　こうぼうやまこふん　3世紀末
　所在地 長野県松本市神田・並柳　史 国指定史跡（1976）

弘法山古墳群　こうぼうやまこふんぐん　古墳時代前期
　所在地 福島県西白河郡矢吹町奉仕塚地内

弘法穴古墳　こうぼうあなこふん　6世紀後半
　所在地 大分県大分市永興

弘法寺古墳　こうぼうじこふん　古墳時代前期
　所在地 香川県坂出市府中町弘法寺

弘長供養碑及附属供養碑　こうちょうくようひおよびふぞくくようひ　弘長元年（1261）銘
　所在地 三重県津市美杉町三多気204　史 県指定史跡（1940）

[9]弘前城跡　ひろさきじょうあと　慶長16年（1611）築城
　所在地 青森県弘前市下白銀町
　別 津軽氏城跡（種里城跡・堀越城跡・弘前城跡）

[11]弘部野遺跡　ひろべのいせき　縄文時代後期終末〜晩期終末
　所在地 滋賀県高島市今津町藺生〜弘部

[12]弘道館　こうどうかん　天保12年（1841）開設
　所在地 茨城県水戸市三の丸
　別 旧弘道館

[13]弘源寺貝塚　こうげんじかいずか　縄文時代早〜前期
　所在地 福島県いわき市平鎌田字小山下

弘福寺　こうふくじ
　所在地 東京都墨田区向島
　文『誹風柳多留』, 永井荷風『日和下駄』

【打】

[5]打出の浜　うちいでのはま, うちでのはま
　所在地 滋賀県大津市松本町
　文『枕草子』,『拾遺和歌集』
　別 打出浜

打出小槌古墳　うちでこづちこふん　5世紀後半〜末
　所在地 兵庫県芦屋市打出小槌町

打出浜　うちいでのはま, うちでのはま
　所在地 滋賀県大津市松本町
　文『枕草子』,『拾遺和歌集』
　別 打出の浜

[9]打廻の里　うちみのさと
　所在地 奈良県高市郡明日香村
　文『万葉集』

[11]打堀山B-2号墳　うつぼりやまびーにごうふん　7世紀中葉〜後半
　所在地 広島県府中市鵜飼町打堀山

[12]打越稲荷山古墳　うちこしいなりやまこふん　6世紀後半
　所在地 熊本県熊本市北区清水町
　別 稲荷山古墳

打越遺跡　おっこしいせき　旧石器時代〜中世
　所在地 埼玉県富士見市大字水子字打越

【払】

[5]払田柵跡　ほったのさくあと　9世紀初頭〜10世紀後半
　所在地 秋田県大仙市払田, 仙北郡美郷町　史 国指定史跡（1931）

【旧】

[2]旧二本松藩戒石銘碑　きゅうにほんまつはんかいせきめいひ　寛延2年（1749）建立
　所在地 福島県二本松市字郭内　史 国指定史跡

5画（旧）

旧二条離宮（二条城）　きゅうにじょうりきゅう（にじょうじょう）　江戸時代
(所在地)京都府京都市中京区二条通堀川西入ル二条城町　(指)国指定史跡（1939）
(例)二条城

³旧下ヨイチ運上家　きゅうしもよいちうんじょうや　江戸時代
(所在地)北海道余市郡余市町　(指)国指定史跡（1973）
(例)下余市運上家

旧久原本部　きゅうくはらほんぶ　明治38年（1905）
(所在地)茨城県日立市宮田町　(指)県指定史跡（1970）

旧山千寺観音堂及び境内　きゅうさんせんじかんのんどうおよびけいだい　室町時代〜江戸時代
(所在地)長野県長野市大字吉　(指)市指定史跡（2004）

旧山形県会仮議事堂　きゅうやまがたけんかいかりぎじどう　明治時代初期
(所在地)山形県山形市薬師町2-12-32　(指)県指定史跡（2007）

⁴旧中山・小繋・川底一里塚　きゅうなかやま・こつなぎ・かわぞこいちりづか　江戸時代
(所在地)岩手県一戸町　(指)県指定史跡（1990）

旧中込学校　きゅうなかごみがっこう　明治時代
(所在地)長野県佐久市中込　(指)国指定史跡（1969）

旧文武学校　きゅうぶんぶがっこう　安政2年（1855）開設
(所在地)長野県長野市松代町　(指)国指定史跡（1953）

⁵旧弘道館　きゅうこうどうかん　天保12年（1841）開設
(所在地)茨城県水戸市三の丸　(指)国指定特別史跡（1952）

旧白金御料地　きゅうしろがねごりょうち　室町時代
(所在地)東京都港区白金台，品川区上大崎　(指)国指定史跡（1949）

⁶旧名手宿本陣　きゅうなてじゅくほんじん　江戸時代
(所在地)和歌山県紀の川市名手市場　(指)国指定史跡（1970）

旧寺古墳　ふるでらこふん　古墳時代中期
(所在地)広島県庄原市掛田町

旧寺古墳群　ふるでらこふんぐん　5世紀後半頃
(所在地)広島県庄原市掛田町旧寺　(指)県指定史跡（1984）

旧有備館および庭園　きゅうゆうびかんおよびていえん　江戸時代
(所在地)宮城県大崎市岩出山　(指)国指定史跡（1933）

旧有壁宿本陣　きゅうありかべじゅくほんじん　江戸時代
(所在地)宮城県栗原市金成　(指)国指定史跡（1971）

旧竹田荘　附　田能村竹田墓　きゅうちくでんそう　つけたり　たのむらちくでんのはか　江戸時代
(所在地)大分県竹田市竹田　(指)国指定史跡（1948）
(例)竹田荘

⁷旧余市福原漁場　きゅうよいちふくはらぎょば　江戸時代〜明治時代
(所在地)北海道余市郡余市町　(指)国指定史跡（1982）

旧秀隣寺庭園　きゅうしゅうりんじていえん　中世
(所在地)滋賀県高島市朽木岩瀬59

旧見付学校　附　磐田文庫　きゅうみつけがっこう　つけたり　いわたぶんこ　明治時代
(所在地)静岡県磐田市見付　(指)国指定史跡（1969）

⁸旧和中散本舗　きゅうわちゅうさんほんぽ　江戸時代
(所在地)滋賀県栗東市六地蔵　(指)国指定史跡（1949）

旧岡山藩藩学　きゅうおかやまはんはんがく　寛文9年（1669）開設
(所在地)岡山県岡山市北区蕃山町　(指)国指定史跡（1922）

旧林崎文庫　きゅうはやしざきぶんこ　江戸時代〜明治維新期
(所在地)三重県伊勢市宇治今在家町　(指)国指定史跡（1954）

⁹旧相模川橋脚　きゅうさがみがわきょうきゃく　建久9年（1198）架橋
(所在地)神奈川県茅ヶ崎市下町屋　(指)国指定史跡（1926）

5画（旧）

[10]旧島松駅逓所　きゅうしままつえきていしょ　明治時代
　所在地 北海道北広島市島松　国指定史跡（1984）

旧島原藩薬園跡　きゅうしまばらはんやくえんあと　江戸時代末期
　所在地 長崎県島原市小山町　国指定史跡（1929）

旧浜離宮庭園　きゅうはまりきゅうていえん　江戸時代
　所在地 東京都中央区浜離宮庭園　国指定特別史跡（1952）

旧留萌佐賀家漁場　きゅうるもいさがけぎょば　江戸時代後期～明治時代
　所在地 北海道留萌市礼受町　国指定史跡（1997）

旧致道館　きゅうちどうかん　17世紀
　所在地 山形県鶴岡市馬場町　国指定史跡（1951）

[11]旧亀山城多門櫓　きゅうかめやまじょうたもんろう　江戸時代
　所在地 三重県亀山市本丸町576-1　県指定史跡（1953）

旧崇広堂　きゅうすうこうどう　文政4年（1821）創建
　所在地 三重県伊賀市上野丸ノ内　国指定史跡（1930）

旧帷子橋跡　きゅうかたびらばしあと
　所在地 神奈川県横浜市保土ケ谷区　市登録史跡（1998）
　安藤広重『東海道五十三次』

[12]旧堺灯台　きゅうさかいとうだい　明治10年（1877）築造、昭和43年（1968）廃灯
　所在地 大阪府堺市堺区大浜北町　国指定史跡（1972）

旧奥行臼駅逓所　きゅうおくゆきうすえきていしょ　明治時代
　所在地 北海道野付郡別海町　国指定史跡（2011）

旧富岡製糸場　きゅうとみおかせいしじょう　明治時代～昭和62年（1987）
　所在地 群馬県富岡市富岡　国指定史跡（2005）

旧御射山遺跡　もとみさやまいせき　平安時代末～中世
　所在地 長野県諏訪市

旧萩藩校明倫館　きゅうはぎはんこうめいりんかん　享保4年（1719）開設
　所在地 山口県萩市江向　国指定史跡（1929）

旧萩藩御船倉　きゅうはぎはんおふなぐら　江戸時代
　所在地 山口県萩市東浜崎町　国指定史跡（1936）

旧越賀村郷蔵　きゅうこしかむらごうくら　明和3年（1766）建造
　所在地 三重県志摩市志摩町越賀字城山徳　県指定史跡（1965）

旧閑谷学校 附 椿山・石門・津田永忠宅跡及び黄葉亭　きゅうしずたにがっこう つけたり つばきやま・せきもん・つだながただたくあとおよびこうようてい　江戸時代
　所在地 岡山県備前市閑谷　国指定特別史跡（1954）
　別 閑谷学校

旧集成館 附 寺山炭窯 関吉疎水溝　きゅうしゅうせいかん つけたり てらやますみがまあと せきよしそすいこう　江戸時代
　所在地 鹿児島県鹿児島市吉野町　国指定史跡（1959）
　別 集成館

[13]旧新潟税関　きゅうにいがたぜいかん　幕末～明治初年
　所在地 新潟県新潟市中央区緑町　国指定史跡（1969）

旧新橋停車場跡　きゅうしんばしていしゃじょうあと　明治5年（1872）建造
　所在地 東京都港区東新橋　国指定史跡（1965）
　別 旧新橋横浜間鉄道創設起点跡

旧新橋横浜間鉄道創設起点跡　きゅうしんばしよこはまかんてつどうそうせつきてんあと　明治5年（1872）建造
　所在地 東京都港区東新橋
　別 旧新橋停車場跡

旧滝沢本陣　きゅうたきざわほんじん　延宝6年（1678）建造
　所在地 福島県会津若松市一箕町　国指定史跡（1970）

旧豊宮崎文庫　きゅうとよみやざきぶんこ　江戸時代～明治時代
　所在地 三重県伊勢市岡本　国指定史跡（1923）

[15]旧横浜正金銀行本店　きゅうよこはましょうきんぎんこうほんてん　明治13年（1880）

遺跡・古墳よみかた辞典　161

設立
[所在地]神奈川県横浜市中区南仲通・弁天通 [史]国指定史跡（1995）

18**旧藩都農牧駒追込場跡　きゅうはんつのまきこまおいこみばあと**　江戸時代
[所在地]宮崎県児湯郡都農町大字川北字大人形15377 [史]県指定史跡（1936）

19**旧麗沢舎　きゅうれいたくしゃ**　江戸時代
[所在地]三重県伊賀市柘植町 [史]県指定史跡（1938）

20**旧鐙屋　きゅうあぶみや**　江戸時代
[所在地]山形県酒田市中町 [史]国指定史跡（1984）

【札】

7**札苅遺跡　さつかりいせき**　縄文時代前期～続縄文時代
[所在地]北海道上磯郡木古内町札苅

9**札前遺跡　さつまえいせき**　擦文時代後期
[所在地]北海道松前郡松前町札前

13**札幌　さっぽろ**
[所在地]北海道札幌市
[文]石川啄木『忘れがたき人人』

札幌村・大友亀太郎役宅跡　さっぽろむらおおともかめたろうやくたくあと　江戸時代幕末期
[所在地]北海道札幌市東区北13条東16丁目（札幌村郷土記念館） [史]市指定史跡（1987）
[別]札幌村・大友亀太郎関係歴史資料及び史跡

【本】

0**本ノ木遺跡　もとのきいせき**　縄文時代草創期
[所在地]新潟県中魚沼郡津南町

3**本山坑　ほんざんこう**　江戸時代～昭和期
[所在地]栃木県日光市足尾町
[別]足尾銅山跡（通洞坑・宇都野火薬庫跡・本山坑・本山動力所跡・本山製錬所跡・本山鉱山神社跡）

本山動力所跡　ほんざんどうりょくしょあと　江戸時代～昭和期
[所在地]栃木県日光市足尾町
[別]足尾銅山跡（通洞坑・宇都野火薬庫跡・本山坑・本山動力所跡・本山製錬所跡・本山鉱山神社跡）

本山鉱山神社跡　ほんざんこうざんじんじゃあと　江戸時代～昭和期
[所在地]栃木県日光市足尾町
[別]足尾銅山跡（通洞坑・宇都野火薬庫跡・本山坑・本山動力所跡・本山製錬所跡・本山鉱山神社跡）

本山製錬所跡　ほんざんせいれんしょあと　江戸時代～昭和期
[所在地]栃木県日光市足尾町
[別]足尾銅山跡（通洞坑・宇都野火薬庫跡・本山坑・本山動力所跡・本山製錬所跡・本山鉱山神社跡）

4**本刈谷貝塚　もとかりやかいずか**　縄文時代晩期前葉
[所在地]愛知県刈谷市天王町4丁目
[別]刈谷西部の縄文遺跡

5**本田遺跡　ほんだいせき**　縄文時代早期～後期
[所在地]宮崎県小林市東方字坂下 [史]県指定史跡（1976）

6**本多作左衛門重次墳墓　ほんださくざえもんしげつぐふんぼ**　安土桃山時代
[所在地]茨城県取手市台宿2-3167 [史]県指定史跡（1934）

本庄の石仏　ほんじょうのせきぶつ　鎌倉時代末期
[所在地]宮崎県東諸県郡国富町大字嵐田字小岩ノ下823の14 [史]県指定史跡（1933）

本庄古墳群　ほんじょうこふんぐん　4世紀後半～6世紀
[所在地]宮崎県東諸県郡国富町 [史]国指定史跡（1934）

本庄町古墳　ほんじょうちょうこふん　古墳時代
[所在地]宮崎県東諸県郡国富町大字本庄字前原・大字須志田字無田・大字森永字福山 [史]県指定史跡（1939）

本庄重政墓　ほんじょうしげまさはか　江戸時代
[所在地]広島県福山市松永町 [史]県指定史跡（1943）

本江遺跡　ほんごういせき　縄文時代後・晩期
[所在地]富山県滑川市本江～上市町広野新 [史]県指定史跡（1972）

7**本佐倉城跡　もとさくらじょうあと**　文明年間（1469～87）築城
[所在地]千葉県佐倉市大佐倉, 印旛郡酒々井町 [史]国指定史跡（1998）

5画（本）

本坂一里塚　ほんざかいちりずか　江戸時代
　所在地 静岡県浜松市北区三ヶ日町本坂一里山
　指定 市指定史跡（1992）

本坊山古墳　ほんぼうさんこふん，ほんぼうやまこふん　古墳時代
　所在地 岡山県瀬戸内市長船町東須恵

本杢古墳　ほんもくこふん　古墳時代
　所在地 埼玉県さいたま市桜区中島2-184-1ほか
　指定 市指定史跡（1971）

本町　ほんちょう
　所在地 東京都中央区日本橋本石町
　文 『誹風柳多留 8』，井原西鶴『世間胸算用』

[8]本居宣長旧宅 同宅跡　もとおりのりながきゅうたく どうたくあと　江戸時代
　所在地 旧宅：三重県松阪市殿町，宅跡：松阪市魚町
　指定 国指定特別史跡（1953）

本居宣長墓（山室山）　もとおりのりながのはか（やまむろやま）　江戸時代
　所在地 三重県松阪市山室町　指定 国指定史跡（1936）

本居宣長墓（樹敬寺）附 本居春庭墓　もとおりのりながのはか（じゅきょうじ）つけたり もとおりはるにわのはか　江戸時代
　所在地 三重県松阪市新町　指定 国指定史跡（1936）

本居春庭墓　もとおりはるにわのはか　江戸時代
　所在地 三重県松阪市新町
　別 本居宣長墓（樹敬寺）附 本居春庭墓

本念寺　ほんねんじ
　所在地 東京都文京区白山
　文 『誹風柳多留 140』

本所　ほんじょ
　所在地 東京都墨田区
　文 『子規句集』，島木赤彦『氷魚』

本林崎古墳　ほんはやしさきこふん　4世紀
　所在地 福岡県糸島市本

本牧の鼻　ほんもくのはな
　所在地 神奈川県横浜市中区
　文 浅井了意『東海道名所記』，大田南畝『調布日記』

本門寺　ほんもんじ　弘安5年（1282）創建
　所在地 東京都大田区池上
　別 池上本門寺

[9]本城村古墳　ほんじょうそんこふん　古墳時代
　所在地 宮崎県串間市大字崎田字江切汐入・松崎・永田　指定 県指定史跡（1937）

本城遺跡　ほんじょういせき　縄文時代前期後半
　所在地 鹿児島県西之表市松畠

本屋敷古墳群　もとやしきこふんぐん　4世紀終末または5世紀初頭
　所在地 福島県双葉郡浪江町大字北幾世橋字伊織迫

本泉寺　ほんせんじ
　所在地 石川県金沢市二俣町
　文 浅井了意『江戸名所記』

[10]本宮山　ほんぐうさん
　所在地 愛知県犬山市
　文 『尾張名所図会』

本宮竹の坊屋敷跡　ほんぐうたけのぼうやしきあと　中世
　所在地 和歌山県田辺市本宮町本宮554ほか
　別 中世行幸ираえ宿泊所本宮竹の坊屋敷跡

本宮温泉　ほんぐうおんせん
　所在地 和歌山県田辺市本宮町
　文 『西国三十三所名所図会』

本栖湖　もとすこ
　所在地 山梨県南巨摩郡身延町，南都留郡富士河口湖町
　文 与謝野晶子『瑠璃光』

[11]本堂城跡　ほんどうじょうあと　戦国時代
　所在地 秋田県仙北郡美郷町本堂城回字館間
　指定 県指定史跡（1973）

本宿郷土居遺跡　もとじゅくごうどきょかんいせき　6世紀
　所在地 群馬県富岡市一ノ宮

本郷　ほんごう
　所在地 東京都文京区
　文 石田波郷『鶴の眼』，杜国『冬の日』

本郷大塚古墳　ほんごうおおつかこふん　古墳時代初期
　所在地 群馬県高崎市本郷町字大塚
　別 大塚古墳

本郷大塚古墳　ほんごうおおつかこふん　古墳時代後期
　所在地 長野県須坂市大字日滝字宮原　指定 市指定史跡（1996）

本郷平廃寺跡　ほんごうびらはいじあと　奈良時代前期～平安時代
　所在地 広島県尾道市御調町

本郷追分　ほんごうおいわけ
　所在地 東京都文京区

[文]村田了阿『市隠月令』

本郷埴輪窯址　ほんごうはにわようし　古墳時代後期
[所在地]群馬県藤岡市本郷
[別]本郷埴輪窯跡群, 本郷埴輪窯跡

本郷埴輪窯跡　ほんごうはにわかまあと　古墳時代後期
[所在地]群馬県藤岡市本郷　[史]国指定史跡（1944）
[別]本郷埴輪窯跡群, 本郷埴輪窯址

本郷埴輪窯跡群　ほんごうはにわかまあとぐん　古墳時代後期
[所在地]群馬県藤岡市本郷
[別]本郷埴輪窯址, 本郷埴輪窯跡

本郷塚中古墳群　ほんごうつかなかこふんぐん　古墳時代後期
[所在地]群馬県高崎市本郷町　[史]市指定史跡（1988）

本郷稲荷塚古墳　ほんごういなりずかこふん　6世紀中頃
[所在地]群馬県高崎市本郷町字的場・大塚
[別]稲荷塚古墳

本郷遺跡　ほんごういせき　弥生時代, 古墳時代前期前半, 奈良時代, 平安時代
[所在地]神奈川県海老名市本郷

本野原遺跡　もとのばるいせき　縄文時代後期
[所在地]宮崎県宮崎市田野町　[史]国指定史跡（2004）

12**本証寺境内地　ほんしょうじけいだいち**　室町時代
[所在地]愛知県安城市野寺町野寺26　[史]県指定史跡（1959）

14**本蓼川遺跡　ほんたでがわいせき**　旧石器時代
[所在地]神奈川県綾瀬市深谷字本蓼川

15**本輪西貝塚　もとわにしかいずか**　縄文時代前期～中期
[所在地]北海道室蘭市本輪西町
[別]本輪西遺跡

16**本薬師寺跡　もとやくしじあと**　天武天皇9年（680）発願
[所在地]奈良県橿原市城殿町　[史]国指定特別史跡（1952）

19**本願寺大書院庭園　ほんがんじだいしょいんていえん, ほんがんじおおしょいんていえん**　桃山時代
[所在地]京都府京都市下京区堀川通花屋町下ル本願寺門前町　[史]国指定史跡（1955）

本願寺境内　ほんがんじけいだい　天正19年（1591）現地移転
[所在地]京都府京都市下京区堀川通花屋町下ル本願寺門前町　[史]国指定史跡（1994）
[別]西本願寺

本願寺築地別院　ほんがんじつきじべついん　元和3年（1617）創建
[所在地]東京都中央区築地3-15-1
[別]築地本願寺

【末】

0**末の松山　すえのまつやま**
[所在地]宮城県多賀城市
[文]芭蕉『おくのほそ道』,『後拾遺和歌集』,『枕草子』

5**末広遺跡　すえひろいせき**　縄文時代早期～晩期, 続縄文時代・擦文時代, 近世
[所在地]北海道千歳市根志越

6**末吉宮跡　すえよしぐうあと**　尚泰久（在位1453～1460年）代創始
[所在地]沖縄県那覇市首里末吉町　[史]国指定史跡（1972）

末寺山古墳群　まつじやまこふんぐん　3世紀後半～6世紀
[所在地]石川県能美市和田町・末寺町
[別]和田山・末寺山古墳群, 能美古墳群（寺井山古墳群・和田山古墳群・末寺山古墳群・秋常山古墳群・西山古墳群）

7**末坂古墳群　すえざかこふんぐん**　古墳時代
[所在地]石川県鹿島郡中能登町末坂

8**末松廃寺跡　すえまつはいじあと**　7世紀後半創建
[所在地]石川県野々市市末松　[史]国指定史跡（1939）

9**末則古墳　すえのりこふん**　5世紀後半
[所在地]香川県綾歌郡綾川町山田下

10**末原窯跡群　すえばらかまあとぐん**　8世紀前半～9世紀前半頃
[所在地]山口県美祢市美東町赤字北ヶ迫1579
[史]県指定史跡（1980）

11**末崎川一里塚　まつざきがわいちりずか**　江戸時代
[所在地]岩手県盛岡市玉山区藪川字末崎川
[史]県指定史跡（1976）

末野窯跡　すえのかまあと　5世紀以降

5画（此, 正, 永）

所在地 埼玉県大里郡寄居町大字末野・藤田・桜沢ほか　㊕県指定史跡（1926）

¹⁵**末窯跡群**　すえかまあとぐん　5〜9世紀
所在地 兵庫県三田市末〜末野

【此】

¹²**此隅山城跡**　このすみやまじょうあと　文中年間（1372〜75）築城
所在地 兵庫県豊岡市出石町袴狭
㊕山名氏城跡（此隅山城跡・有子山城跡）

【正】

⁴**正円寺古墳**　しょうえんじこふん　6世紀前半期
所在地 群馬県前橋市堀之下町字二子塚

正円寺経塚　しょうえんじきょうづか　平安時代
所在地 岐阜県大垣市静里町　㊕県指定史跡（1957）

正木遺跡群　まさきいせきぐん　弥生時代〜中近世
所在地 愛知県名古屋市中区正木1丁目〜4丁目

⁵**正仙塚古墳**　しょうせんづかこふん　4世紀後半
所在地 岡山県津山市高野山西字正仙塚

⁸**正宗ノ井**　まさむねのい　鎌倉時代以降（年代不明）
所在地 神奈川県鎌倉市御成町14

正法寺山荘跡　しょうほうじさんそうあと,しょうほうじさんそうあと　鎌倉〜戦国時代
所在地 三重県亀山市関町　㊕国指定史跡（1981）

正法寺古墳　しょうほうじこふん　5世紀
所在地 愛知県西尾市吉良町　㊕国指定史跡（1936）

正直古墳群　しょうじきこふんぐん　古墳時代後期
所在地 福島県郡山市田村町正直

正長元年柳生徳政碑　しょうちょうがんねんやぎゅうとくせいひ　室町時代
所在地 奈良県奈良市柳生町　㊕国指定史跡（1983）

¹⁰**正倉院**　しょうそういん　奈良時代創建
所在地 奈良県奈良市雑司町

正家廃寺跡　しょうげはいじあと　奈良時代,平安時代

所在地 岐阜県恵那市長島町　㊕国指定史跡（2001）

正竜寺裏窯跡　しょうりゅうじうらかまあと　10世紀初頭
所在地 埼玉県大里郡寄居町藤田

¹¹**正崎2号墳**　しょうざきにごうふん　5世紀後半
所在地 岡山県赤磐市正崎

正清寺古墳　しょうせいじこふん　5世紀末もしくは6世紀初頭
所在地 長野県飯田市川路2区
㊕正清寺塚古墳, 久保田1号墳

正清寺塚古墳　しょうせいじづかこふん　5世紀末もしくは6世紀初頭
所在地 長野県飯田市川路2区
㊕正清寺古墳, 久保田1号墳

¹²**正善寺古墳**　しょうぜんじこふん　6世紀後半〜末頃
所在地 栃木県足利市常見町　㊕市指定史跡（1964）

正道官衙遺跡　しょうどうかんがいせき　5世紀（古墳）,6世紀後半〜7世紀（集落遺構）,7世紀以降（掘立柱建物群）
所在地 京都府城陽市寺田　㊕国指定史跡（1974）

¹³**正楽寺山古墳**　しょうらくじやまこふん　古墳時代
所在地 大阪府堺市北区百舌鳥陵南町3丁
㊕百舌鳥古墳群（いたすけ古墳・長塚古墳・収塚古墳・塚廻古墳・文珠塚古墳・丸保山古墳・乳岡古墳・御廟表塚古墳・ドンチャ山古墳・正楽寺山古墳・鏡塚古墳・善右ヱ門山古墳・銭塚古墳・グワショウ坊古墳・旗塚古墳・寺山南山古墳・七観音古墳）

正福寺塚山古墳　しょうふくじつかやまこふん　古墳時代後期
所在地 滋賀県湖南市正福寺丁子
㊕塚山古墳

正福寺裏山1・2号墳　しょうふくじうらやまいち・にごうふん　古墳時代
所在地 広島県福山市加茂町下加茂

【永】

³**永久宅後古墳**　えいきゅうたくうしろこふん　7世紀
所在地 島根県松江市山代町二子塚

遺跡・古墳よみかた辞典　165

永山古墳　ながやまこふん　古墳時代中期
[所在地]大阪府堺市堺区北丸保園

永山古墳　ながやまこふん　古墳時代後期
[所在地]宮崎県児湯郡木城町高城

永山遺跡　ながやまいせき　古墳時代後期
[所在地]鹿児島県姶良郡湧水町

4**永井遺跡**　ながいいせき　弥生時代前・中・後期, 古墳時代後期, 奈良時代
[所在地]三重県四日市市尾平町字永井・石塚

永井遺跡　ながいいせき　縄文時代後期～晩期
[所在地]香川県善通寺市中村町島田・榎田・下吉田町下所西

永仁三年在銘石造五輪塔　えいにんさんねんざいめいせきぞうごりんのとう　永仁3年（1295）銘
[所在地]神奈川県足柄下郡箱根町
[別]元箱根石仏群 附 永仁三年在銘石造五輪塔・永仁四年在銘石造宝篋印塔

永仁四年在銘石造宝篋印塔　えいにんよねんざいめいせきぞうほうきょういんとう　永仁4年（1296）銘
[所在地]神奈川県足柄下郡箱根町
[別]元箱根石仏群 附 永仁三年在銘石造五輪塔・永仁四年在銘石造宝篋印塔

5**永代島**　えいたいじま
[所在地]東京都江東区富岡・門前仲町
[文]井原西鶴『近代艶隠者』

永代橋　えいたいばし
[所在地]東京都中央区, 江東区
[文]大田蜀山人『夢の浮橋』, 幸田露伴『水の東京』

永平寺　えいへいじ
[所在地]福井県吉田郡永平寺町
[文]与謝野晶子『深林の香』

永田・不入窯跡　ながった・ふにゅうかまあと　奈良時代
[所在地]千葉県市原市不入

永田佐吉墓　ながたさきちのはか　江戸時代
[所在地]岐阜県羽島市竹鼻町　[史]県指定史跡（1955）

6**永安寺古墳**　えいあんじこふん　古墳時代後期
[所在地]熊本県玉名市玉名永安寺
[別]永安寺東古墳, 永安寺西古墳, 永安寺東古墳・永安寺西古墳

永安寺西古墳　えいあんじにしこふん　古墳時代後期
[所在地]熊本県玉名市玉名永安寺
[別]永安寺古墳, 永安寺東古墳・永安寺西古墳

永安寺東古墳　えいあんじひがしこふん　古墳時代後期
[所在地]熊本県玉名市玉名永安寺
[別]永安寺古墳, 永安寺東古墳・永安寺西古墳

永安寺東古墳・永安寺西古墳　えいあんじひがしこふん・えいあんじにしこふん　古墳時代後期
[所在地]熊本県玉名市玉名永安寺　[史]国指定史跡（1992）
[別]永安寺古墳, 永安寺西古墳, 永安寺東古墳

永池古墳　ながいけこふん　7世紀後半
[所在地]佐賀県武雄市北方町大渡

7**永谷天満宮境内**　ながやてんまんぐうけいだい　明応2年（1493）創建
[所在地]神奈川県横浜市港南区 天神社　[史]市登録史跡（1990）

8**永宝寺裏古墳**　えいほうじうらこふん　6世紀末～7世紀末頃
[所在地]栃木県足利市小曽根

永明寺古墳　ようめいじこふん　6世紀初め
[所在地]埼玉県羽生市下村君

10**永浦1・2号墳**　ながうらいち・にごうふん　6世紀
[所在地]福岡県福岡市東区大字三苫字永浦

永浦古墳群　ながうらこふんぐん　5世紀前半頃
[所在地]福岡県古賀市鹿部永浦5021ほか

永納山城跡　えいのうさんじょうあと　7世紀後半頃
[所在地]愛媛県西条市河原津, 今治市孫兵衛作　[史]国指定史跡（2005）
[別]永納山遺跡

永納山遺跡　えいのうさんいせき, えいのうざんいせき　7世紀後半頃
[所在地]愛媛県西条市河原津, 今治市孫兵衛作
[別]永納山城跡

11**永野台古墳**　ながのだいこふん　5世紀後半
[所在地]千葉県南房総市石堂字長野

永野遺跡　ながのいせき　縄文時代中期末～後期・平安時代・中世
[所在地]青森県平川市碇ヶ関字永野

13**永禅寺古墳群**　ようぜんじこふんぐん　古墳時代中期
[所在地]石川県珠洲市上戸町寺社

永福寺山遺跡　えいふくじやまいせき　縄文時代, 弥生時代, 古墳時代
(所在地)岩手県盛岡市山岸3丁目

永福寺跡　ようふくじあと　鎌倉時代初期創建
(所在地)神奈川県鎌倉市二階堂　(史)国指定史跡（1966）

[16]**永興千人塚古墳　りょうごせんにんずかこふん**　古墳時代中期末
(所在地)大分県大分市大字永興字加茂

[18]**永観堂　えいかんどう**　平安時代創建
(所在地)京都府京都市左京区永観堂町
(別)禅林寺

【氷】

[3]**氷川女体神社磐船祭祭祀遺跡　ひかわにょたいじんじゃいわふねまつりさいしいせき**　近世
(所在地)埼玉県さいたま市緑区大字見沼5317　(史)市指定史跡（1979）

[7]**氷見の江　ひみのえ**
(所在地)富山県氷見市
(文)『万葉集』，『平家物語』

氷見朝日貝塚　ひみあさひかいずか　縄文時代～古墳時代
(所在地)富山県氷見市朝日町

[9]**氷室　ひむろ**
(所在地)京都府京都市北区西賀茂氷室町
(文)『延喜式』

氷室B古墳群　ひむろびーこふんぐん　4世紀後半
(所在地)宮城県大崎市古川南沢

氷室神社境内及び氷室跡　ひむろじんじゃおよびひむろあと　年代不詳
(所在地)京都府京都市北区西賀茂氷室町　(史)市登録史跡（1994）

[15]**氷遺跡　こおりいせき**　縄文時代晩期
(所在地)長野県小諸市大字大久保字道木沢601

【玄】

[18]**玄藩尾城（内中尾山城）跡　げんばおじょう（うちなかおやまじょう）あと**　天正11年（1583）築城
(所在地)福井県敦賀市刀根, 滋賀県長浜市余呉町　(史)国指定史跡（1999）

【玉】

[0]**玉の浦　たまのうら**
(所在地)和歌山県
(文)『五代集歌枕』，『八雲御抄』

[3]**玉山1号墳　たまやまいちごうふん**　5世紀前半
(所在地)福島県いわき市四倉字玉山

玉山古墳　たまやまこふん　古墳時代前半期
(所在地)福島県いわき市四倉町玉山字林崎　(史)県指定史跡（1980）

玉川上水　たまがわじょうすい　江戸時代
(所在地)東京都羽村市, 福生市, 昭島市, 立川市, 小平市, 小金井市, 西東京市, 武蔵野市, 三鷹市, 杉並区, 世田谷区, 渋谷区　(史)国指定史跡（2003）

玉川兄弟墓　たまがわきょうだいのはか　江戸時代
(所在地)東京都台東区松が谷2-3-3 聖徳寺
(別)玉川庄右衛門及び同清右衛門墓

玉川庄右衛門及び同清右衛門墓　たまがわしょうえもんおよびどうせいえもんのはか　江戸時代
(所在地)東京都台東区松が谷2-3-3 聖徳寺　(史)都指定旧跡（1955）
(別)玉川兄弟墓

玉川鉄山跡　たまがわてつざんあと　江戸時代後期
(所在地)岩手県軽米町小軽米町　(史)県指定史跡（1992）

玉川縄文遺跡　たまがわじょうもんいせき　縄文時代
(所在地)山形県鶴岡市羽黒町玉川字白山前44の内ほか　(史)県指定史跡（1972）
(別)玉川遺跡

玉川遺跡　たまがわいせき　縄文時代中期・晩期
(所在地)山形県鶴岡市羽黒町玉川字白山前44の内ほか
(別)玉川縄文遺跡

[4]**玉手山古墳群　たまてやまこふんぐん**　4世紀中頃～5世紀初め頃まで
(所在地)大阪府柏原市, 羽曳野市

玉手山東横穴墓群　たまてやまひがしおうけつぼぐん　4世紀中葉～5世紀初頭頃
(所在地)大阪府柏原市旭ケ丘2

[5]**玉丘古墳　たまおかこふん**　5世紀中葉～後半
(所在地)兵庫県加西市玉丘町

5画（瓦）

玉丘古墳群　たまおかこふんぐん　古墳時代中期
　所在地 兵庫県加西市玉丘町　㊥国指定史跡（1943）

玉出島　たまつしま
　所在地 和歌山県和歌山市
　㊷『万葉集』，『古今和歌集』
　㊸玉津島

玉田谷戸横穴墓群　ぎょくたやとおうけつぼぐん　7世紀後半
　所在地 東京都町田市三輪町

6玉江　たまえ
　所在地 福井県福井市花堂町
　㊷謡曲『山姥』，芭蕉『おくのほそ道』

玉江　たまえ
　所在地 大阪府高槻市，摂津市
　㊷『五代集歌枕』，『和歌初学抄』

7玉里舟塚古墳　たまりふなづかこふん　6世紀前半
　所在地 茨城県小美玉市上玉里
　㊸舟塚古墳

9玉城城跡　たまぐすくじょうあと　14世紀築城
　所在地 沖縄県南城市玉城　㊥国指定史跡（1987）
　㊸アマツヅグスク

玉泉寺　ぎょくせんじ　江戸時代末期
　所在地 静岡県下田市柿崎　㊥国指定史跡（1951）

玉津田中遺跡　たまつたなかいせき　弥生時代前期～鎌倉時代
　所在地 兵庫県神戸市西区玉津町田中

玉津島　たまつしま
　所在地 和歌山県和歌山市
　㊷『万葉集』，『古今和歌集』
　㊸玉出島

10玉島　たましま
　所在地 岡山県倉敷市玉島
　㊷『万葉集』

玉島　たましま
　所在地 佐賀県唐津市
　㊷『万葉集』

玉島川　たましまがわ
　所在地 福岡県
　㊷『万葉集』

玉島古墳　たましまこふん　5世紀末前後
　所在地 佐賀県武雄市橘町大字大日字玉島

　㊥県指定史跡（1990）

玉造江　たまつくりえ
　所在地 大阪府大阪市東成区玉造
　㊷小野小町『新勅撰和歌集 11』

玉造遺跡　たまつくりいせき　古墳時代前期～平安時代
　所在地 島根県松江市玉湯町玉造
　㊸出雲玉作遺跡群，出雲玉作跡

玉造築山古墳　たまつくりつきやまこふん　古墳時代中期末
　所在地 島根県松江市玉湯町玉造　㊥県指定史跡（1961）
　㊸築山古墳

11玉清水遺跡　たましみずいせき　縄文時代
　所在地 青森県青森市大字駒込字月見野

玉陵　たまうどぅん　文亀元年（1501）築造
　所在地 沖縄県那覇市首里金城町　㊥国指定史跡（1972）

12玉塚古墳　たまづかこふん　5世紀末～6世紀初頭
　所在地 福井県三方上中郡若狭町日笠

玉塚古墳　たまづかこふん　5世紀後半
　所在地 大阪府和泉市阪本町

14玉鳳院庭園　ぎょくほういんていえん　桃山時代初期
　所在地 京都府京都市右京区花園妙心寺町　㊥国指定史跡（1931）

15玉縄城　たまなわじょう　戦国時代
　所在地 神奈川県鎌倉市玉縄・城廻・植木・関谷・岡本，藤沢市渡内

【瓦】

7瓦谷戸窯跡　かわらやとかまあと　奈良時代
　所在地 東京都稲城市大丸

瓦谷古墳群　かわらだにこふんぐん　古墳時代前期後葉～中期中葉
　所在地 京都府木津川市市坂瓦谷

瓦谷埴輪窯跡群　かわらだにはにわかまあとぐん　古墳時代中期
　所在地 京都府木津川市市坂瓦谷

瓦谷遺跡　かわらだにいせき　弥生時代
　所在地 香川県善通寺市善通寺町瓦谷

9瓦屋西古墳群　かわらやにしこふんぐん　6世紀後半～7世紀中葉
　所在地 静岡県浜松市東区有玉西町
　㊸半田山・瓦屋西古墳群

12瓦塚　かわらつか　奈良時代

168　遺跡・古墳よみかた辞典

5画（甘, 生）

所在地 茨城県石岡市部原604ほか 登 県指定史跡（1937）
別 瓦塚瓦窯跡

瓦塚1号墳　かわらずかいちごうふん　古墳時代中期前半
所在地 奈良県生駒郡斑鳩町岡本

瓦塚古墳　かわらずかこふん　古墳時代後期
所在地 栃木県宇都宮市長岡町1182-4　登 市指定史跡（1995）

瓦塚瓦窯跡　かわらずかがようせき　奈良～平安時代
所在地 茨城県石岡市
別 瓦塚

【甘】

[11]甘崎城跡　あまざきじょうせき　戦国時代
所在地 愛媛県今治市上浦町甘崎　登 県指定史跡（1976）
別 天崎城, 荒神城, 岸城

[15]甘樫丘　あまかしのおか
所在地 奈良県高市郡明日香村豊浦
文『日本書紀』
別 味樫丘, 甘檮岡

[18]甘檮岡　あまかしのおか
所在地 奈良県高市郡明日香村豊浦
文『日本書紀』
別 味樫丘, 甘樫丘

甘藷地蔵　いもじぞう　江戸時代
所在地 愛媛県今治市上浦町瀬戸　登 県指定史跡（1948）

[20]甘露ノ井　かんろのい　江戸時代・鎌倉十井の一
所在地 神奈川県鎌倉市山ノ内1404

【生】

[0]生の松原　いきのまつばら
所在地 福岡県福岡市西区
文『和歌初学抄』,『八雲御抄』, 謡曲『高砂』

[3]生山29号墳　しょうざんにじゅうきゅうごうふん　4世紀前半
所在地 鳥取県鳥取市生山字海老谷

[5]生出塚遺跡　おいねずかいせき　6世紀初頭～6世紀後半
所在地 埼玉県鴻巣市東3丁目

生玉　いくたま
所在地 大阪府大阪市天王寺区生玉町
文 浄瑠璃『生玉心中』『艶容女舞衣』

生玉社　いくたましゃ　古代創建
所在地 大阪府大阪市天王寺区生玉町
別 生国魂神社, 難波大社

生田　いくた
所在地 兵庫県神戸市中央区
文『伊勢集』,『日本書紀』

生田の森　いくたのもり
所在地 兵庫県神戸市中央区下山手通1丁目
文『平家物語』, 上田秋成『春雨物語』
別 生田森

生田川　いくたがわ
所在地 兵庫県神戸市中央区
文『大和物語』,『箙』,『敦盛』,『求塚』

生田森　いくたのもり
所在地 兵庫県神戸市中央区下山手通1丁目
文『平家物語』, 上田秋成『春雨物語』
別 生田の森

生目古墳群　いきめこふんぐん　古墳時代前期初頭～中期後半
所在地 宮崎県宮崎市跡江上ノ迫・井尻ほか
登 国指定史跡（1943）

生石遺跡　おいしいせき　弥生時代, 奈良・平安時代
所在地 山形県酒田市生石

[7]生麦　なまむぎ
所在地 神奈川県横浜市鶴見区
文 浅井了意『東海道名所記』, 山東京伝『錦の裏』

生麦事件碑　なまむぎじけんひ　明治16年（1883）建立
所在地 神奈川県横浜市鶴見区　登 市登録史跡（1988）

[8]生国魂神社　いくくにたまじんじゃ　古代創建
所在地 大阪府大阪市天王寺区生玉町
別 難波大社, 生玉社

[9]生品神社境内（新田義貞挙兵伝説地）　いくしなじんじゃけいだい（にったよしさだきょへいでんせつち）　平安時代以前創建（生品神社）, 元弘3年（1333）挙兵
所在地 群馬県太田市新田市野井町　登 国指定史跡（1934）

[10]生浜古墳群　おゆはまこふんぐん　7世紀末あるいはそれ以後
所在地 千葉県千葉市中央区南生実町字兼塚

[11]生野　いくの
所在地 京都府福知山市字生野

遺跡・古墳よみかた辞典

5画（用，甲）

ⓧ『平家物語』

生野山古墳群　なまのやまこふんぐん　古墳時代初期～終末期
所在地 埼玉県本庄市児玉町児玉字上生野・下生野・美里町北十条

¹⁵生駒山　いこまやま
所在地 大阪府東大阪市，奈良県生駒市
ⓧ『万葉集』，『日本書紀』

【用】

⁴用木山遺跡　ようぎやまいせき　弥生時代中期
所在地 岡山県赤磐市河本

用木古墳群　ようぎこふんぐん　弥生時代～古墳時代
所在地 岡山県赤磐市河本

⁸用明天皇陵古墳　ようめいてんのうりょうこふん　6世紀終末～7世紀初め頃
所在地 大阪府南河内郡太子町磯長

【甲】

⁰甲ツ原遺跡　かぶつつばらいせき　縄文時代前期～中期
所在地 山梨県北杜市大泉町西井出

³甲小寺遺跡　かぶとおでらいせき　縄文時代早期末～前期初頭
所在地 石川県鳳珠郡穴水町甲

甲山　かぶとやま
所在地 兵庫県西宮市甲山町
ⓧ『太平記』
別 兜山

甲山古墳　かぶとやまこふん　古墳時代
所在地 茨城県つくば市北条

甲山古墳　かぶとやまこふん　5世紀初頭中心
所在地 愛知県岡崎市六供町字甲山

甲山古墳　かぶとやまこふん　古墳時代後期
所在地 滋賀県野洲市小篠原桜生

甲山古墳群　こうやまこふんぐん　6世紀後半～7世紀後半
所在地 山口県下関市豊浦町室津下

甲山城跡　こうやまじょうあと　中世
所在地 広島県庄原市本郷町　ⓩ県指定史跡（1971）

⁸甲府城愛宕山石切場跡　こうふじょうあたごやまいしきりばあと　戦国時代末期
所在地 山梨県甲府市愛宕町　ⓩ県指定史跡（2009）

甲府城跡　こうふじょうあと　中世～近世
所在地 山梨県甲府市丸の内1丁目　ⓩ県指定史跡（1968）
別 舞鶴城，甲斐府中城

¹²甲塚古墳　かぶとづかこふん　6世紀末頃
所在地 福島県いわき市平荒田目　ⓩ国指定史跡（1923）

甲塚古墳　かぶとづかこふん　古墳時代中期
所在地 福島県須賀川市森宿字古館

甲斐の白根　かいのしらね
所在地 山梨県，静岡県
ⓧ『後拾遺和歌集』

甲斐右膳父子墓　かいうぜんふしのはか　江戸時代幕末期
所在地 宮崎県児湯郡西米良村大字越野尾字小春135-2　ⓩ県指定史跡（1934）

甲斐国　かいのくに
所在地 山梨県
ⓧ『万葉集』

甲斐国分尼寺跡　かいこくぶんにじあと　奈良時代創建
所在地 山梨県笛吹市一宮町　ⓩ国指定史跡（1949）

甲斐国分寺跡　かいこくぶんじあと　奈良時代～鎌倉時代
所在地 山梨県笛吹市一宮町　ⓩ国指定史跡（1922）

甲斐金山遺跡（黒川金山・中山金山）　かいきんざんいせき（くろかわきんざん・なかやまきんざん）　戦国時代～江戸時代
所在地 山梨県甲州市，南巨摩郡身延町　ⓩ国指定史跡（1997）

甲斐銚子塚古墳　かいちょうしづかこふん　4世紀後半
所在地 山梨県甲府市下曽根町
別 銚子塚古墳，銚子塚古墳 附 丸山塚古墳

甲斐駒　かいこま
所在地 山梨県，長野県
ⓧ水原秋桜子『晩華』

甲斐嶺　かいがね
所在地 山梨県
ⓧ『古今和歌集』

甲賀寺　こうがでら，こうかでら　奈良時代
所在地 滋賀県甲賀市信楽町

甲賀郡中惣遺跡群　こうがぐんちゅうそういせきぐん，こうかぐんちゅうそういせきぐん　戦国時代

5画（田）

所在地 滋賀県甲賀市甲南町　㊦国指定史跡（2008）

【田】

0田ノ口山遺跡　たのくちやまいせき　弥生時代中期・後期
　所在地 大阪府枚方市田口山2丁目
　㊦田口山遺跡

田ノ口古墳　たのくちこふん　古墳時代後期
　所在地 高知県幡多郡黒潮町　㊦県指定史跡（1953）

3田上　たなかみ
　所在地 滋賀県大津市田上町
　㊈『万葉集』

田上2号墳　たがみにごうふん　6世紀後半頃
　所在地 広島県福山市芦田町柞磨

田上川　たなかみがわ
　所在地 滋賀県大津市
　㊈清原元輔『拾遺和歌集17』

田丸城跡　たまるじょうあと　南北朝期初期以降
　所在地 三重県度会郡玉城町田丸字城郭114-1ほか　㊦県指定史跡（1953）

田口山遺跡　たのくちやまいせき　弥生時代中期・後期
　所在地 大阪府枚方市田口山2丁目　㊦府指定史跡（1943）
　㊦田ノ口山遺跡

田子の浦　たごのうら
　所在地 静岡県富士市の海岸
　㊈『万葉集』

田子台遺跡　たごだいいせき　弥生時代後期
　所在地 千葉県安房郡鋸南町田子台　㊦県指定史跡（1964）

田小屋野貝塚　たごやのかいづか　縄文時代前期〜中期
　所在地 青森県つがる市木造　㊦国指定史跡（1944）

田川内古墳群　たのかわちこふんぐん　5世紀後半（1号墳）
　所在地 熊本県八代市大字日奈久字新田町

田川内第一号古墳　たのかわちだいいちごうこふん　縄文時代中期・後期
　所在地 熊本県八代市大字日奈久新田町ノ川内　㊦県指定史跡（1973）

4田中・舟森山古墳　たなか・ふなもりやまこふん　4世紀前半頃
　所在地 福島県喜多方市塩川町中屋沢字田中
　㊦田中舟森古墳

田中大秀墓　たなかおおひでのはか　江戸時代
　所在地 岐阜県高山市江名子町上使畑　㊦県指定史跡（1956）

田中王塚古墳群　たなかおうつかこふんぐん，たなかおうずかこふんぐん　5世紀末〜6世紀初頭頃
　所在地 滋賀県高島市安曇川町田中

田中正造旧宅　たなかしょうぞうきゅうたく　明治時代
　所在地 栃木県佐野市小中町　㊦県指定史跡（1957）

田中舟森古墳　たなかふなもりこふん　4世紀前半頃
　所在地 福島県喜多方市塩川町中屋沢字田中
　㊦田中・舟森山古墳

田中城下横穴墓群　たなかじょうしたおうけつぼぐん　6世紀後半〜7世紀
　所在地 熊本県玉名郡和水町和仁

田中城跡　たなかじょうあと　中世
　所在地 熊本県玉名郡和水町　㊦国指定史跡（2002）

田井の里　たいのさと
　所在地 和歌山県和歌山市西田井
　㊈心敬『寛正百首』

田戸遺跡　たどいせき　縄文時代早期
　所在地 神奈川県横須賀市田戸台聖徳寺裏山

田木山古墳群　たぎやまこふんぐん　7世紀後半
　所在地 埼玉県東松山市田木田木山

5田主丸大塚古墳　たぬしまるおおつかこふん　7世紀前半
　所在地 福岡県久留米市田主丸町石垣
　㊦大塚古墳，田主丸古墳群（田主丸大塚古墳・寺徳古墳・中原狐塚古墳・西館古墳）

田主丸古墳群（田主丸大塚古墳・寺徳古墳・中原狐塚古墳・西館古墳）　たぬしまるこふんぐん（たぬしまるおおつかこふん・じとくこふん・なかばるきつねずかこふん・にしのたてこふん）　6世紀後半
　所在地 福岡県久留米市田主丸町益生田ほか　㊦国指定史跡（1968）

田代太田古墳　たしろおおたこふん，たじろおおたこふん　6世紀後半
　所在地 佐賀県鳥栖市田代本町　㊦国指定史跡（1926）

遺跡・古墳よみかた辞典　171

5画（田）

㊹太田古墳

田出井山古墳　たでいやまこふん　5世紀後半
所在地 大阪府堺市堺区北三国ヶ丘町
㊹反正天皇陵古墳

田尻古墳群　たじりこふんぐん　弥生時代～古墳時代後期
所在地 群馬県渋川市中郷

田辺　たなべ
所在地 和歌山県田辺市
㊈『平家物語』

田辺ヶ池　たなべがいけ
所在地 神奈川県鎌倉市七里が浜1-14-5
㊹日蓮雨乞いの池

田辺寺塔跡　たなべでらとうあと　平安時代
所在地 広島県福山市津之郷町　㉒県指定史跡（1943）

田辺廃寺　たなべはいじ　飛鳥時代創建
所在地 大阪府大阪市東住吉区北田辺・駒川付近　㊹大阪市顕彰史跡

田辺廃寺跡　たなべはいじあと　白鳳時代～室町期
所在地 大阪府柏原市田辺　㉒国指定史跡（1975）

6田伏遺跡　たぶせいせき　古墳時代
所在地 新潟県糸魚川市大字田伏字ヒルタ

田名向原遺跡　たなむかいはらいせき　旧石器時代末
所在地 神奈川県相模原市中央区田名・塩田　㉒国指定史跡（1999）

田地古墳　たちこふん　7世紀初頭頃
所在地 石川県白山市田地町

7田尾茶臼山古墳　たおちゃうすやまこふん　古墳時代前期
所在地 香川県坂出市八幡町、綾歌郡宇多津町茶臼山
㊹茶臼山古墳

田束山経塚群　たつがねやまきょうづかぐん　12世紀末
所在地 宮城県気仙沼市本吉町、本吉郡南三陸町歌津　㉒県指定史跡（1977）

田村山古墳　たむらやまこふん　古墳時代中期
所在地 福島県会津若松市北会津町

田村家上屋敷跡　たむらけかみやしきあと　江戸時代
所在地 東京都港区新橋4-28-31付近
㊹浅野内匠頭切腹跡

田村遺跡　たむらいせき　縄文時代晩期
所在地 大分県豊後大野市朝地町池田

田村遺跡群　たむらいせきぐん　縄文時代～近世
所在地 高知県南国市田村

田沢湖　たざわこ
所在地 秋田県仙北市
㊈斎藤茂吉『白き山』

田沢遺跡　たざわいせき　晩期旧石器時代
所在地 新潟県十日町市

田谷山瑜伽洞（田谷の洞窟）　たやさんゆがどう（たやのどうくつ）　年代不詳
所在地 神奈川県横浜市栄区 定泉寺　㉒市登録史跡（1990）

田邑丸山古墳群　たのむらまるやまこふんぐん　4世紀後半頃（2号墳）
所在地 岡山県津山市下田邑字丸山

8田京廃寺址　たきょうはいじし　白鳳時代建立
所在地 静岡県伊豆の国市宗光寺

田和山遺跡　たわやまいせき　弥生時代前期後半～中期後半
所在地 島根県松江市乃白町・浜乃木町・乃木福富町　㉒国指定史跡（2001）

田舎館遺跡　いなかだていせき　弥生時代中期
所在地 青森県南津軽郡田舎館村字田舎館・字垂柳

9田屋場横穴墓群　たやばおうけつぼぐん　古墳時代
所在地 宮城県多賀城市市川字田屋場

田柄貝塚　たがらかいづか　縄文時代晩期
所在地 宮城県気仙沼市所沢

10田原井堰跡 附田原用水路一部、百間の石樋、切り抜き　たわらいぜきあと つけたりたわらようすいろいちぶ、ひゃっけんのせきひ、きりぬき　寛文9年（1669）起工
所在地 岡山県和気郡和気町田原，赤磐市徳富，岡山市東区瀬戸町森末　㉒県指定史跡（1959）

田原坂　たばるざか
所在地 熊本県熊本市北区植木町
㊈水原秋桜子『殉教』

田原遺跡　たばらいせき，たはらいせき　縄文時代晩期～弥生時代中期
所在地 東京都新島村田原

田宮稲荷神社跡　たみやいなりじんじゃあと

江戸時代創建
[所在地]東京都新宿区左門町17　[史]都指定旧跡（1955）
[別]於岩稲荷田宮神社

田能村竹田墓　たのむらちくでんのはか　江戸時代
[所在地]大分県竹田市竹田
[別]旧竹田荘 附 田能村竹田墓

田能遺跡　たのいせき, たのういせき　弥生時代
[所在地]兵庫県尼崎市田能, 伊丹市岩屋鶴田　[史]国指定史跡（1969）

11**田野　たの**
[所在地]大分県玖珠郡九重町田野
[文]『豊後国風土記』

田野口大塚古墳　たのくちおおつかこふん　5世紀
[所在地]長野県長野市信更町田野口
[別]大塚古墳

12**田須谷古墳群　だすだんこふんぐん**　古墳時代終末期
[所在地]大阪府南河内郡太子町春日

13**田園調布観音塚古墳　でんえんちょうふかんのんずかこふん**　6世紀後半
[所在地]東京都大田区田園調布4丁目
[別]観音塚古墳

田楽辻子　でんがくずし　鎌倉時代以降
[所在地]神奈川県鎌倉市

田蓑島　たみののしま
[所在地]大阪府大阪市西成区津守町
[文]謡曲『芦刈』

田跡川　たどがわ, たどかわ
[所在地]岐阜県養老郡養老町
[文]『万葉集』

14**田熊石畑遺跡　たぐまいしはたけいせき**　弥生時代中期前半頃
[所在地]福岡県宗像市田熊　[史]国指定史跡（2010）

田端遺跡　たばたいせき　縄文時代後～晩期
[所在地]東京都町田市小山町3112-2・3113-2
[別]町田市田端環状積石遺構

15**田儀桜井家たたら製鉄遺跡　たぎさくらいけたたらせいてついせき**　近世初期以降
[所在地]島根県出雲市多伎町・佐田町　[史]国指定史跡（2006）

17**田篠中原遺跡　たじのなかはらいせき**　縄文時代中期終末
[所在地]群馬県富岡市田篠字中原

【由】

4**由井　ゆい**
[所在地]静岡県静岡市清水区由比
[文]正成『古今夷曲集 6』
[別]由比, 湯井

由井ヶ浜　ゆいがはま
[所在地]神奈川県鎌倉市
[文]『太平記』, 正岡子規『子規歌集』, 高浜虚子『五百五十句』
[別]由比浜

由比　ゆい
[所在地]静岡県静岡市清水区由比
[文]正成『古今夷曲集 6』
[別]由井

由比ガ浜南遺跡　ゆいがはまみなみいせき　鎌倉時代後期
[所在地]神奈川県鎌倉市由比ガ浜

由比浜　ゆいがはま
[所在地]神奈川県鎌倉市
[文]『太平記』, 正岡子規『子規歌集』, 高浜虚子『五百五十句』
[別]由井ヶ浜

5**由布岳　ゆふだけ**
[所在地]大分県別府市, 大分県由布市
[文]『万葉集』

由布院　ゆふいん
[所在地]大分県由布市湯布院町
[文]水原秋桜子『殉教』
[別]湯布院

7**由利海岸波除石垣　ゆりかいがんなみよけいしがき**　18世紀
[所在地]秋田県にかほ市芹田・飛　[史]国指定史跡（1997）

由良　ゆら
[所在地]京都府宮津市由良
[文]『山椒太夫』

由良　ゆら
[所在地]和歌山県日高郡由良町
[文]宗尊親王『文応三百首』

由良の門　ゆらのと
[所在地]兵庫県洲本市由良町
[文]能『玄象』

由良の門　ゆらのと
[所在地]和歌山県日高郡由良町
[文]『万葉集』,『金槐和歌集』, 鴨長明『無

5画（疋，白）

名抄』

由良台場跡　ゆらだいばあと　江戸時代末期築造
- 所在地 鳥取県東伯郡北栄町由良
- 別 鳥取藩台場跡（由良台場跡・境台場跡・淀江台場跡・橋津台場跡・浦富台場跡）

由良遺跡　ゆらいせき　縄文時代中期・晩期，擦文時代前期
- 所在地 北海道岩見沢市栗沢町由良

[13]由義宮　ゆげのみや　奈良時代創建
- 所在地 大阪府八尾市八尾木ほか

【疋】

[16]疋壇城跡　ひきだじょうあと　文明年間（1469～77）築城
- 所在地 福井県敦賀市疋田　国 県指定史跡（1954）

【白】

[3]白上古墳　しらかみこふん　古墳時代後期
- 所在地 島根県益田市白上

白子　しろこ
- 所在地 三重県鈴鹿市白子町
- 文 『東海道名所記』，十返舎一九『東海道中膝栗毛』

白子浜　しろこのはま
- 所在地 三重県鈴鹿市
- 文 十返舎一九『東海道中膝栗毛』

白山　はくさん
- 所在地 東京都文京区
- 文 井原西鶴『好色一代男』，三遊亭円朝『敵討札所の霊験』

白山　はくさん，しらやま
- 所在地 石川県白山市，岐阜県大野郡白川村
- 文 『万葉集』，『宇治拾遺物語』

白山1号墳　はくさんいちごうふん　7世紀前半
- 所在地 静岡県浜松市北区引佐町井伊谷　国 市指定史跡（1988）

白山古墳　はくさんこふん　7世紀後半
- 所在地 群馬県前橋市苗ヶ島町白山

白山古墳　はくさんこふん　4世紀末～5世紀初頭
- 所在地 神奈川県川崎市幸区南加瀬越路

白山古墳　はくさんこふん　古墳時代後期後葉
- 所在地 京都府木津川市吐師坊ヶ谷・大徳

白山平東之宮古墳　はくさんびらひがしのみやこふん，はくさんびらとうのみやこふん　3世紀末～4世紀初め
- 所在地 愛知県犬山市犬山
- 別 東之宮古墳

白山平泉寺旧境内　はくさんへいせんじきゅうけいだい　霊亀3年・養老元年（717）開創
- 所在地 福井県勝山市平泉寺町　国 国指定史跡（1935）
- 別 平泉寺跡，白山平泉寺城跡

白山平泉寺城跡　はくさんへいせんじじょうあと　霊亀3年・養老元年（717）開創
- 所在地 福井県勝山市平泉寺町
- 別 平泉寺跡，白山平泉寺旧境内

白山町遺跡　しらやままちいせき　縄文時代後・晩期
- 所在地 石川県白山市白山町

白山城跡　はくさんじょうあと　中世
- 所在地 山梨県韮崎市神山町　国 国指定史跡（2001）

白山城跡　しろやまじょうあと　16世紀初頭以降
- 所在地 広島県東広島市高屋町
- 別 平賀氏の遺跡（御薗宇城跡，白山城跡，頭崎城跡，平賀氏の墓地）

白山神社　はくさんじんじゃ　天暦2年（948）創建
- 所在地 東京都文京区白山5-31-26
- 別 白山権現

白山神社古墳　はくさんじんじゃこふん　古墳時代前期
- 所在地 千葉県君津市俵田1452　国 県指定史跡（1981）

白山神社経塚　はくさんじんじゃきょうずか　平安時代
- 所在地 東京都八王子市中山

白山権現　はくさんごんげん
- 所在地 東京都文京区白山5-31-26
- 文 浅井了意『江戸名所記』，『江戸名所図会』
- 別 白山神社

白山藪古墳　はくさんやぶこふん　5世紀初頭
- 所在地 愛知県名古屋市北区味鋺堂

白川　しらかわ
- 所在地 京都府京都市左京区北白川
- 文 『平家物語』
- 別 白河

白川陣屋跡　しらかわじんやあと　江戸時代

[所在地]群馬県高崎市箕郷町白川　[史]市指定史跡（1974）

4白井大宮台貝塚　しらいおおみやだいかいづか　縄文時代早期後半～中期中葉
[所在地]千葉県香取市白井字王宮台
[別]白井王宮台貝塚

白井王宮台貝塚　しらいおおみやだいかいづか　縄文時代早期後半～中期中葉
[所在地]千葉県香取市白井字王宮台
[別]白井大宮台貝塚

白井坂埴輪窯址　しらいさかはにわようし　古墳時代中期～後期初頭
[所在地]神奈川県川崎市宮前区白井坂

白木屋の井戸跡碑　しろきやのいどあとひ　江戸時代
[所在地]東京都中央区日本橋1-6南部
[別]名水白木屋の井戸

白水阿弥陀堂境域　しらみずあみだどうきょういき　平安時代
[所在地]福島県いわき市内郷・白水町　[史]国指定史跡（1966）
[別]願成寺阿弥陀堂

5白石・東平井古墳群　しろいし・ひがしひらいこふんぐん　5世紀前半～7世紀後半
[所在地]群馬県藤岡市上落合・白石・緑埜・東平井

白石十二天塚古墳　しろいしじゅうにてんずかこふん　5世紀前半
[所在地]群馬県藤岡市白石字稲荷原
[別]十二天塚古墳

白石古墳群　しろいしこふんぐん　6世紀中葉～8世紀
[所在地]群馬県藤岡市

白石城　しろいしじょう　江戸時代
[所在地]宮城県白石市益岡町

白石稲荷山古墳　しろいしいなりやまこふん　5世紀前半
[所在地]群馬県藤岡市白石　[史]国指定史跡（1993）
[別]稲荷山古墳

白石窯　しろいしよう　中世
[所在地]宮城県白石市

白穴横穴墓群　しろあなおうけつぼぐん　古墳時代
[所在地]福島県いわき市平大字神谷作字白穴

6白地横穴墓群　はくじおうけつぼぐん　古墳時代
[所在地]宮城県登米市中田町石森字白地

白江遺跡　しろえいせき　弥生時代後期
[所在地]岡山県小田郡矢掛町白江

白米山古墳　しらげやまこふん　4世紀頃
[所在地]京都府与謝郡与謝野町　[史]国指定史跡（2002）

白羽の磯　しるはのいそ
[所在地]静岡県
[文]『万葉集』

白老仙台藩陣屋跡　しらおいせんだいはんじんやあと　安政3年（1856）建設
[所在地]北海道白老郡白老町　[史]国指定史跡（1966）
[別]白老元陣屋

7白坂横穴墓群　しらさかおうけつぼぐん　7世紀後半～8世紀
[所在地]東京都町田市三輪町

白良浜　しららはま
[所在地]和歌山県西牟婁郡白浜町
[文]『万葉集』，『日本書紀』

8白岳遺跡　しらたけいせき　弥生時代～古墳時代
[所在地]長崎県対馬市上県町

白岩遺跡　しらいわいせき　弥生時代
[所在地]静岡県菊川市

白河　しらかわ
[所在地]京都府京都市左京区北白川
[文]『平家物語』
[別]白川

白河　しらかわ
[所在地]熊本県 根子岳～島原湾
[文]謡曲『檜垣』

白河の滝　しらかわのたき
[所在地]京都府 白河の上流
[文]藤原忠平『後撰和歌集 15』

白河内古墳　しらこうちこふん　7世紀初頭
[所在地]茨城県那珂市門部字白河内

白河内古墳群　しらこうちこふんぐん　6世紀後半～7世紀前半
[所在地]茨城県那珂市門部字白河内

白河舟田・本沼遺跡群　しらかわふなだ・もとぬまいせきぐん　6世紀後半～8世紀初頭
[所在地]福島県白河市舟田・本沼　[史]国指定史跡（2005）
[別]下総塚古墳・舟田中道遺跡・谷地久保古墳

白河官衙遺跡群（関和久官衙遺跡・借宿廃寺

5画（白）

跡）しらかわかんがいせきぐん（せきわくかんがいせき・かりやどはいじあと）　関和久官衙遺跡：7世紀末〜8世紀初頭，借宿廃寺跡：7世紀末
　(所在地)福島県西白河郡泉崎村，白河市借宿
　㊉国指定史跡（1984）
　㊔白河郡家

白河城　しらかわじょう　興国・正平年間（1340〜69）築城
　(所在地)福島県白河市郭内
　㊔小峰城跡

白河郡家　しらかわぐうけ　7世紀末〜8世紀初頭
　(所在地)福島県西白河郡泉崎村，白河市借宿
　㊔白河官衙遺跡群（関和久官衙遺跡・借宿廃寺跡）

白河院　しらかわいん　平安時代
　(所在地)京都府京都市左京区北白川
　㊔白河殿

白河殿　しらかわどの　平安時代
　(所在地)京都府京都市左京区北白川
　㊔白河院

白河関跡　しらかわのせきあと　5世紀頃
　(所在地)福島県白河市大字旗宿　㊉国指定史跡（1966）

白金御料地　しろかねごりょうち　室町時代
　(所在地)東京都港区白金台，品川区上大崎
　㊔旧白金御料地

[9]白峠山古墳　しらとうげやまこふん　6世紀中葉〜後葉
　(所在地)大阪府泉南郡岬町淡輪　㊉府指定史跡（1972）

白神の磯　しらかみのいそ
　(所在地)和歌山県有田郡湯浅町栖原/和歌山県日高郡由良町
　㊃『万葉集』

[10]白倉鬼塚古墳　しらくらおにづかこふん　6世紀前半期
　(所在地)群馬県甘楽郡甘楽町白倉大山
　㊔鬼塚古墳

白姫塚古墳　しらひめづかこふん　古墳時代後期
　(所在地)千葉県富津市下飯野字大里塚

白峰山　しらみねさん，しろみねやま
　(所在地)香川県坂出市松山町
　㊃謡曲「花月」

白根山　しらねさん

(所在地)栃木県日光市，群馬県利根郡片品村
　㊃『日光山志』

白浜貝塚　しらはまかいづか　縄文時代前期〜弥生中期
　(所在地)長崎県五島市向町

白浜遺跡　しらはまいせき　縄文時代早期
　(所在地)青森県八戸市鮫町字姥懐32

白馬岳　はくばだけ
　(所在地)長野県北安曇郡白馬村，富山県下新川郡朝日町
　㊃中村憲吉『軽雷集』

白骨温泉　しらほねおんせん
　(所在地)長野県松本市安曇
　㊃斎藤茂吉『暁紅』

[11]白崎　しろさき，しらさき
　(所在地)和歌山県日高郡由良町白崎
　㊃『万葉集』

白毫寺　びゃくごうじ
　(所在地)京都府京都市東山区
　㊃『永享九年正徹詠草』

白毫寺　びゃくごうじ　霊亀元年（715）創建
　(所在地)奈良県奈良市白毫寺町

白蛇山岩陰遺跡　しろへびやまいわかげいせき，はくじゃやまいわかげいせき　旧石器時代終わり〜縄文時代晩期
　(所在地)佐賀県伊万里市東山代町大字脇野
　㊉県指定史跡（1984）

白鳥の関　しらとりのせき
　(所在地)和歌山県和歌山市
　㊃『今昔物語集』
　㊔紀伊関，木の関，紀の関

白鳥古墳　しらとりこふん　6世紀前半
　(所在地)愛知県名古屋市熱田区白鳥1丁目

白鳥古墳　付陪塚及び周濠　しらとりこふんつけたりばいちょうおよびしゅうごう　古墳時代中期
　(所在地)山口県熊毛郡平生町大字佐賀字森の下上　㊉県指定史跡（1971）
　㊔白鳥神社古墳

白鳥平B遺跡　しらとりびらびーいせき　縄文時代
　(所在地)熊本県人吉市赤池水無町

白鳥神社古墳　しらとりじんじゃこふん　古墳時代中期
　(所在地)山口県熊毛郡平生町佐賀字森ノ下
　㊔白鳥古墳　付陪塚及び周濠

白鳥陵古墳　はくちょうりょうこふん　6世

5画（皿，目）

白鳥陵古墳　紀初頭頃
　所在地 大阪府羽曳野市軽里
　別 日本武尊命白鳥陵古墳，軽里大塚古墳，前の山古墳

白鳥塚古墳　しらとりづかこふん　4世紀後半
　所在地 愛知県名古屋市守山区上志段味　国指定史跡（1972）

白鳥塚古墳　しらとりづかこふん　5世紀後半～6世紀
　所在地 三重県鈴鹿市石薬師町北松塚　県指定史跡（1937）
　別 加佐登白鳥塚古墳

白鳥塚古墳　はくちょうづかこふん　6世紀末～7世紀
　所在地 兵庫県宝塚市中山寺2-11-1
　別 中山寺古墳

白鳥舘遺跡　しろとりたていせき　10～16世紀
　所在地 岩手県奥州市前沢区白鳥舘
　別 柳之御所・平泉遺跡群

12 白塚古墳　しらつかこふん　古墳時代終末期
　所在地 広島県福山市芦田町大字下有地
　別 曽根田白塚古墳

白塚古墳　しらつかこふん　古墳時代終末期
　所在地 広島県福山市新市町戸手
　別 大佐山白塚古墳

白須たたら製鉄遺跡　しらすたたらせいてついせき　江戸時代後期
　所在地 山口県阿武郡阿武町　国指定史跡（1982）

白須賀　しらすか
　所在地 静岡県湖西市白須賀
　文 十返舎一九『東海道中膝栗毛』
　別 白菅

13 白楽遺跡　はくらくいせき　弥生時代後期
　所在地 神奈川県横浜市港北区白楽

白滝遺跡　しらたきいせき　旧石器時代後期
　所在地 北海道紋別郡遠軽町

白滝遺跡群　しらたきいせきぐん　旧石器時代後期
　所在地 北海道紋別郡遠軽町　国指定史跡（1989）

白雉塚古墳　はくちづかこふん　6世紀後半
　所在地 大阪府枚方市禁野

14 白旗城跡　しらはたじょうあと　建武3年（1336）築城
　所在地 兵庫県赤穂郡上郡町赤松
　別 赤松氏城跡（白旗城跡・感状山城跡・置塩城跡）

白旗塚古墳　しらはたづかこふん　5～6世紀
　所在地 東京都足立区東伊興町　白旗塚史跡公園内　都指定史跡（1975）
　別 白幡塚古墳

白銀坂　しらかねざか　江戸時代
　所在地 鹿児島県鹿児島市牟礼ヶ岡，姶良市脇元
　別 大口筋（白銀坂・竜門司坂）

白隠禅師墓　はくいんぜんじのはか　江戸時代
　所在地 静岡県沼津市原町原　松蔭寺境内　県指定史跡（1954）

15 白幡塚古墳　しらはたづかこふん　5～6世紀
　所在地 東京都足立区東伊興町　白旗塚史跡公園内
　別 白旗塚古墳

白潟遺跡　しらかたいせき　弥生時代
　所在地 大分県佐伯市大字鶴望字白潟

白髭明神社　しらひげみょうじんしゃ
　所在地 東京都墨田区東向島
　文 『誹風柳多留』，坪内逍遥『当世書生気質』

白髭神社古墳　しらひげじんじゃこふん　6世紀初頭
　所在地 福井県小浜市平野

17 白鍬塚山古墳　しらくわつかやまこふん　5世紀後半
　所在地 埼玉県さいたま市桜区大字白鍬　市指定史跡（1971）

18 白藤古墳群　しらふじこふんぐん　古墳時代終末期
　所在地 群馬県前橋市粕川町膳

【皿】

3 皿山古窯群　さらやまこようぐん　12～13世紀
　所在地 愛知県田原市和地北山18　県指定史跡（1967）

【目】

3 目久美遺跡　めぐみいせき　縄文時代早期末～弥生時代中期
　所在地 鳥取県米子市目久美町

5 目白不動　めじろふどう
　所在地 東京都文京区関口
　文 『誹風柳多留 120』

7 目赤不動尊　めあかふどうそん

遺跡・古墳よみかた辞典　177

5画（矢）

所在地 東京都文京区本駒込
⊗『誹風柳多留拾遺3』，泉鏡花『星の歌舞伎』
剜 目赤不動，南谷寺

8 目沼7号墳　めぬまななごうふん　6世紀前半
所在地 埼玉県北葛飾郡杉戸町目沼
剜 瓢箪塚古墳，目沼瓢箪塚古墳

目沼古墳群　めぬまこふんぐん　6世紀後半～7世紀後半
所在地 埼玉県北葛飾郡杉戸町目沼

目沼瓢箪塚古墳　めぬまひょうたんずかこふん　6世紀前半
所在地 埼玉県北葛飾郡杉戸町目沼
剜 瓢箪塚古墳，目沼7号墳

11 目梨泊遺跡　めなしどまりいせき　オホーツク文化期
所在地 北海道枝幸郡枝幸町字ヤムワッカ

目黒不動　めぐろふどう
所在地 東京都目黒区下目黒
⊗井原西鶴『男色大鑑』，大町桂月『東京遊行記』

目黒身遺跡　めぐろみいせき　弥生時代後期後半～古墳時代前期
所在地 静岡県沼津市西椎路

12 目塚1号墳　めずかいちごうふん　5世紀前半
所在地 群馬県太田市内ヶ島町

目達原古墳群　めたばるこふんぐん　5世紀後半～7世紀前半
所在地 佐賀県三養基郡上峰町前牟田，神埼郡吉野ヶ里町吉田

【矢】

0 矢の倉　やのくら
所在地 東京都中央区東日本橋
⊗小山内薫『大川端』

矢の蔵跡　やのくらあと　江戸時代
所在地 東京都中央区東日本橋

矢ノ浦古墳　やのうらこふん　5世紀前半
所在地 佐賀県武雄市武雄町大字永島　県指定史跡（1980）

3 矢上古墳　やがみこふん　5世紀後半
所在地 神奈川県横浜市港北区日吉本町上ノ町
剜 日吉矢上古墳

矢上谷戸貝塚　やがみやとかいづか　縄文時代前期
所在地 神奈川県横浜市港北区日吉町
剜 矢上貝塚

矢上貝塚　やがみかいづか　縄文時代前期
所在地 神奈川県横浜市港北区日吉町
剜 矢上谷戸貝塚

矢口　やぐち
所在地 東京都大田区
⊗『掃取魚彦家集』，『太平記』
剜 頓兵衛渡

4 矢切の渡し　やきりのわたし，やぎりのわたし
所在地 東京都葛飾区柴又7-188先
⊗伊藤左千夫『野菊の墓』

5 矢出川遺跡　やでがわいせき　後期旧石器時代最終末
所在地 長野県南佐久郡南牧村　国指定史跡（1995）

矢本横穴墓群　やもとおうけつぼぐん　7世紀後半
所在地 宮城県東松島市矢本
剜 矢本横穴群

矢本横穴群　やもとよこあなぐん　7世紀後半
所在地 宮城県東松島市矢本
剜 矢本横穴墓群

矢田の野　やたのの
所在地 奈良県大和郡山市矢田町
⊗『万葉集』，『家隆卿百番自歌合』

矢田借屋古墳群　やたかりやこふんぐん　古墳時代後期
所在地 石川県小松市月津町

矢田野エジリ古墳　やたのえじりこふん　6世紀後半代後期
所在地 石川県小松市矢田野町

矢石館遺跡　やいしだていせき　縄文時代晩期前半
所在地 秋田県大館市早口字矢石館　県指定史跡（1953）

矢立山古墳群　やたてやまこふんぐん　7世紀
所在地 長崎県対馬市厳原町　国指定史跡（1976）

矢立廃寺跡　やたてはいじあと　鎌倉時代～南北朝時代頃
所在地 秋田県大館市白沢字松原　県指定史跡（1959）

6 矢竹古墳群　やたけこふんぐん　古墳時代
所在地 福井県三方上中郡若狭町能登野

7 矢作　やはぎ
所在地 愛知県岡崎市矢作町
⊗『平家物語』，十返舎一九『東海道中膝

栗毛』

矢作貝塚　やはぎかいずか　縄文時代後期
[所在地]千葉県千葉市中央区矢作町字貝殻

矢谷古墳　やだにこふん　弥生時代終末期
[所在地]広島県三次市東酒屋町　[史]国指定史跡（1979）
[別]矢谷遺跡

矢谷遺跡　やだにいせき　弥生時代終末期
[所在地]広島県三次市東酒屋町
[別]矢谷古墳

矢那大原古墳　やなおおはらこふん　5世紀後半
[所在地]千葉県木更津市矢那字大原

[10]矢倉古墳　やぐらこふん　6世紀前半頃
[所在地]大阪府羽曳野市野々上3丁目字矢倉

矢剣神社古墳　やつるぎじんじゃこふん　古墳時代
[所在地]徳島県阿南市大潟町

矢島　やじま
[所在地]滋賀県守山市
[文]『公任集』

矢島魚形文刻石　やしまぎょけいもんこくせき　縄文時代中期
[所在地]秋田県由利本荘市矢島町七日市
[史]旧・県指定史跡（1953）/県指定考古資料（2004）
[別]魚形文刻石

矢栗製鉄遺跡　やぐりせいてついせき　中世
[所在地]広島県山県郡北広島町
[別]豊平町中世製鉄遺跡群

[11]矢崎遺跡　やざきいせき　弥生時代中期
[所在地]静岡県駿東郡清水町徳倉矢崎

矢野の古墳　やののこふん　7世紀初頭頃
[所在地]徳島県徳島市国府町西矢野40　[史]県指定史跡（1953）
[別]矢野古墳

矢野の神山　やののかみやま
[所在地]島根県出雲市矢野町
[文]『万葉集』,『頓阿法師詠』

矢野の神山　やののかみやま
[所在地]愛媛県喜多郡
[文]『万葉集』,『頓阿法師詠』

矢野古墳　やのこふん　7世紀初頭頃
[所在地]徳島県徳島市国府町西矢野40
[別]矢野の古墳

矢野城跡　やのじょうあと　中世
[所在地]広島県広島市安芸区矢野町　[史]県指定

史跡（1937）

矢野遺跡　やのいせき　弥生時代前～後期，奈良時代
[所在地]徳島県徳島市国府町矢野

矢釣　やつり
[所在地]奈良県高市郡明日香村八釣
[文]『万葉集』
[別]八釣

[12]矢場薬師塚古墳　やばやくしずかこふん　4世紀末頃
[所在地]群馬県太田市本矢場字薬師廻り
[別]薬師塚古墳

矢場鶴巻山古墳　やばつるまきやまこふん　古墳時代前期
[所在地]群馬県太田市矢場町

矢筈城跡（高山城跡）附 伝草苅景継墓所　やはずじょうあと（たかやまじょうあと）つけたりでんくさかりかげつぐぼしょ　天文元～2年（1532～33）築城
[所在地]岡山県津山市加茂町山下・知和　[史]県指定史跡（1996）

矢道長塚古墳　やみちながつかこふん　4世紀末
[所在地]岐阜県大垣市矢道町権現前
[別]長塚古墳，青墓長塚古墳，美濃長塚古墳

[16]矢橋　やばせ
[所在地]滋賀県草津市矢橋町
[文]『三井寺』
[別]矢走，八橋

[18]矢藤治山古墳　やとうじやまこふん　弥生時代後期～古墳時代初頭
[所在地]岡山県岡山市北区東花尻・西花尻

[19]矢瀬遺跡　やぜいせき，やせいせき　縄文時代後期後半～晩期終末
[所在地]群馬県利根郡みなかみ町　[史]国指定史跡（1997）

【石】

[0]石のカラト古墳　いしのからとこふん　7～8世紀
[所在地]奈良県奈良市神功，京都府木津川市津町
[史]国指定史跡（1996）

石の宝殿　いしのほうでん　7世紀前半
[所在地]兵庫県高砂市阿弥陀町生石字宝殿山
[史]県指定史跡（1982）
[別]石宝殿

石の宝殿古墳　いしのほうでんこふん　古墳

遺跡・古墳よみかた辞典　179

5画（石）

時代後期
　所在地 大阪府寝屋川市打上
　別 石宝殿古墳

石の梅古墳　いしのうめこふん　古墳時代中期
　所在地 宮城県大崎市鳴子温泉要害
　別 蘭場古墳

石ケ崎支石墓　いしがさきしせきぼ　弥生時代
　所在地 福岡県糸島市曽根

石ノ形古墳　いしのがたこふん　5世紀後半
　所在地 静岡県袋井市国本

石ノ塔古墳　いしのとうこふん　5世紀末頃
　所在地 群馬県吾妻郡中之条町中之条
　別 石之塔古墳

石ヶ坪遺跡　いしがつぼいせき　縄文時代
　所在地 島根県益田市匹見町紙祖

石ヶ原古墳　いしがはらこふん　江戸時代
　所在地 福岡県福岡市西区大字山手字石ヶ原

石ヶ崎遺跡　いしがさきいせき　弥生時代
　所在地 福岡県糸島市三雲

²石人山古墳　せきじんやまこふん，せきじんさんこふん　古墳時代
　所在地 福岡県筑後市大字一条人形原，八女郡広川町大字一条人形原
　別 一条石人山古墳，筑後一条石人山古墳

³石上　いそのかみ
　所在地 奈良県天理市石上町
　⊗『古事記』，『日本書紀』
　別 磯上，磯神

石上・豊田古墳群　いそのかみ・とよだこふんぐん　5～7世紀
　所在地 奈良県天理市石上町・豊田町
　別 石上古墳群，豊田古墳群

石上のしん寺跡　いしがみのしんてらあと　南北朝時代
　所在地 群馬県高崎市倉渕町三ノ倉　⊛市指定史跡（1982）

石上大塚古墳　いそのかみおおつかこふん　古墳時代後期
　所在地 奈良県天理市石上町字大塚
　別 大塚古墳

石上古墳群　いそのかみこふんぐん　5～7世紀
　所在地 奈良県天理市石上町
　別 石上・豊田古墳群

石上神宮　いそのかみじんぐう　伝・崇神天皇7年（紀元前91）創建
　所在地 奈良県天理市布留町

石上神宮禁足地　いそのかみじんぐうきんそくち　古墳時代
　所在地 奈良県天理市布留町石上神宮

石上銅鐸出土地　いそのかみどうたくしゅつどち　弥生時代
　所在地 奈良県天理市石上町小字平尾山

石勺遺跡　こくじゃくいせき　弥生時代～古墳時代
　所在地 福岡県大野城市曙町石勺

石子原遺跡　いしこばらいせき　前期旧石器時代終末期
　所在地 長野県飯田市山本南平石子原

石小屋洞穴遺跡　いしごやどうけついせき　縄文時代草創期～晩期，弥生時代後期，奈良時代，平安時代
　所在地 長野県須坂市仁礼

石山　いしやま
　所在地 滋賀県大津市石山町
　⊗芭蕉『おくのほそ道』，『大和物語』

石山古墳　いしやまこふん　古墳時代前期
　所在地 三重県伊賀市才良

石山寺　いしやまでら　6世紀半ば創建
　所在地 滋賀県大津市石山寺1-1

石山貝塚　いしやまかいづか　縄文時代早期
　所在地 滋賀県大津市石山寺辺町

石川の瀬見の小川　いしかわのせみのおがわ
　所在地 京都府京都市
　⊗『無名抄』，『山城国風土記逸文』

石川丈山墓　いしかわじょうざんのはか　江戸時代
　所在地 京都府京都市左京区一乗寺松原町
　⊛国指定史跡（1928）

石川年足墓　いしかわとしたりはか　奈良時代
　所在地 大阪府高槻市真上町1丁目

石川島　いしかわじま
　所在地 東京都中央区佃
　⊗『誹風柳多留』，池波正太郎『鬼平犯科帳』

石川雅望墓　いしかわまさもちのはか　江戸時代
　所在地 東京都台東区蔵前3-22-9 榧寺　⊛都指定旧跡（1955）

⁴石不動古墳　いしふどうこふん　古墳時代前期後葉
　所在地 京都府八幡市字石不動

180　遺跡・古墳よみかた辞典

5画（石）

石之塔古墳　いしのとうこふん　5世紀末頃
　所在地 群馬県吾妻郡中之条町中之条
　別 石ノ塔古墳

石井　いしい
　所在地 長野県埴科郡
　文『万葉集』

石井入口遺跡　いしいいりぐちいせき　弥生時代後期〜古墳時代前期
　所在地 大分県竹田市大字菅生字向原

石井十次生家　いしいじゅうじせいか　幕末〜明治時代
　所在地 宮崎県児湯郡高鍋町大字上江字馬場原2044　県指定史跡（1972）

石井廃寺址　いしいはいじ　奈良時代前期
　所在地 埼玉県坂戸市石井

石井廃寺跡　いしいはいじあと　白鳳時代〜奈良時代創建
　所在地 徳島県名西郡石井町字城ノ内　県指定史跡（1955）

石切山　いしきりやま
　所在地 神奈川県鎌倉市扇ガ谷1-18・19

石手寺　いしてじ
　所在地 愛媛県松山市石手
　文 正岡子規『子規句集』

5石母田供養石塔　いしもだくようせきとう，いしもたくようせきとう　鎌倉時代
　所在地 福島県伊達郡国見町　国指定史跡（1935）

石田　いわた
　所在地 京都府京都市伏見区石田
　文『万葉集』,『枕草子』

石田　いわた
　所在地 和歌山県西牟婁郡上富田町
　文 藤原為家『中院詠草』

石田の小野　いわたのおの
　所在地 京都府京都市伏見区
　文『万葉集』

石田の森　いわたのもり
　所在地 京都府京都市伏見区
　文『万葉集』

石田三成陣地　いしだみつなりじんち　慶長5年（1600）
　所在地 岐阜県不破郡関ケ原町
　別 関ヶ原古戦場 附 徳川家康最初陣地・徳川家康最後陣地・石田三成陣地・岡山烽火場・大谷吉隆墓・東首塚・西首塚

石田川遺跡　いしだがわいせき　4世紀後半〜5世紀初め，5世紀前半，9世紀
　所在地 群馬県太田市米沢
　別 米沢遺跡

石田野　いわたの
　所在地 長崎県壱岐市石田町
　文『万葉集』

6石光山古墳群　せきこうざんこふんぐん，せっこうざんこふんぐん　5世紀末〜7世紀
　所在地 奈良県御所市元町

石光寺　せっこうじ, しゃっこうじ　飛鳥時代後半創建
　所在地 奈良県葛城市染野387
　別 染寺

石名館遺跡　いしなだていせき　縄文時代後〜晩期
　所在地 秋田県仙北郡美郷町

石州府古墳群　せきしょこふんぐん　古墳時代後期〜終末期
　所在地 鳥取県米子市石州府

石舟山古墳　いしふねやまこふん　5世紀後半
　所在地 福井県吉田郡永平寺町
　別 松岡古墳群（手繰ヶ城山古墳・石舟山古墳・鳥越山古墳・二本松山古墳）

石舟池古墳群　せっしゅういけこふんぐん　6世紀末〜7世紀前半
　所在地 香川県高松市三谷町

石行遺跡　いしぎょういせき　縄文時代草創期〜中世
　所在地 長野県飯田市座光寺

7石坂上遺跡　いしさかうえいせき　縄文時代早期前半
　所在地 鹿児島県南九州市知覧町永里

石坂鍋山古墳群　いしさかなべやまこふんぐん　古墳時代後期
　所在地 石川県羽咋郡宝達志水町石坂

石花海　せのうみ
　所在地 山梨県
　文『万葉集』

石見の海　いわみのうみ
　所在地 島根県浜田市, 島根県江津市
　文『万葉集』

石見国　いわみのくに
　所在地 島根県
　文『日本書紀』

石見国分寺跡　いわみこくぶんじあと　奈良時代創建
　所在地 島根県浜田市国分町　国指定史跡

遺跡・古墳よみかた辞典　181

（1921）

石見銀山遺跡 いわみぎんざんいせき 戦国時代後期～江戸時代
[所在地]島根県大田市大森町・温泉津町・仁摩町 [史]国指定史跡（1969）

石見潟 いわみがた
[所在地]島根県浜田市，江津市
[文]『万葉集』

8**石並古墳群** いしなみこふんぐん 5世紀後半～6世紀
[所在地]福岡県行橋市大字稲童字江ノ向・塚原・石並
[別]稲童古墳群

石宝山古墳 せきほうざんこふん 5世紀後半
[所在地]福井県福井市足羽山

石宝殿 いしのほうでん 7世紀前半
[所在地]兵庫県高砂市阿弥陀町生石字宝殿山
[別]石の宝殿

石宝殿古墳 いしのほうでんこふん 古墳時代後期
[所在地]大阪府寝屋川市打上 [史]国指定史跡（1973）
[別]石の宝殿古墳

石岡の一里塚 いしおかのいちりずか 江戸時代初期
[所在地]茨城県石岡市泉町 [史]県指定史跡（1958）

石門 せきもん 元禄10年（1697）建造
[所在地]岡山県備前市閑谷
[別]旧閑谷学校 附 椿山・石門・津田永忠宅跡及び黄葉亭

9**石垣山** いしがきやま
[所在地]神奈川県小田原市早川 [史]国指定史跡（1959）

石城山神籠石 いわきさんこうごいし，いわきざんこうごいし 7世紀頃
[所在地]山口県光市石城・山中 [史]国指定史跡（1935）

石屋古墳 いしやこふん 古墳時代中期
[所在地]島根県松江市矢田町・東津田町 [史]国指定史跡（1979）

石巻 いしのまき
[所在地]宮城県石巻市
[文]芭蕉『おくのほそ道』

石巻康敬の墓 いしまきやすたかのはか 江戸時代初期
[所在地]神奈川県横浜市泉区 中田寺 [史]市登録史跡（1994）

石泉文庫及塾・僧叡之墓 せきせんぶんこおよびじゅく・そうえいのはか 江戸時代
[所在地]広島県呉市広長浜 [史]県指定史跡（1954）

石津 いしず
[所在地]大阪府堺市西区浜寺
[文]紀貫之『土佐日記』

石津町遺跡 いしずちょういせき 弥生時代後期～古墳時代中期
[所在地]大阪府堺市堺区石津町

石津薩摩工事義歿者墓 いしずさつまこうじぎぼつしゃのはか 江戸時代
[所在地]岐阜県海津市南濃町太田 [史]県指定史跡（1957）

石狩 いしかり
[所在地]北海道
[文]国木田独歩『空知川の岸辺』

石狩川 いしかりがわ
[所在地]北海道石狩市
[文]斎藤茂吉『石泉』，石川啄木『雪中行』

石狩紅葉山49号遺跡 いしかりもみじやまよんじゅうきゅうごういせき 縄文時代前期末～アイヌ文化期
[所在地]北海道石狩市花川608ほか

石畑岩陰遺跡 いしはたいわかげいせき 縄文時代草創期後半
[所在地]群馬県吾妻郡長野原町川原湯字川原畑

石神2号墳 いしがみにごうふん 5世紀前半
[所在地]千葉県千葉市若葉区東寺山町

石神山古墳 せきじんざんこふん，せきじんさんこふん，いしがみやまこふん 古墳時代後期
[所在地]福岡県みやま市高田町 [史]国指定史跡（1976）

石神川 しゃくしがわ
[所在地]東京都
[文]幸田露伴『水の東京』

石神井城跡及び三宝寺池 しゃくじいじょうあとおよびさんぽうじいけ 石神井城：鎌倉時代中期～末期頃築城
[所在地]東京都練馬区石神井台1-15 [史]都指定旧跡（1955）

石神貝塚 いしがみかいずか 縄文時代後期～晩期
[所在地]埼玉県川口市大字新井宿・石神

石神城跡 いしがみじょうあと 中世

⟨所在地⟩岐阜県飛騨市神岡町
⟨別⟩江馬氏城館跡（下館跡・高原諏訪城跡・土城跡・寺林城跡・政元城跡・洞城跡・石神城跡）

石神遺跡　いしがみいせき　縄文時代前期・中期・晩期
⟨所在地⟩青森県つがる市森田町床舞

石神遺跡　いしがみいせき　7世紀前半〜8世紀初め
⟨所在地⟩奈良県高市郡明日香村飛島

石神遺跡　いしがみいせき　弥生時代中期・後期
⟨所在地⟩宮崎県宮崎市山崎町・阿波岐原町

石飛遺跡　いしとびいせき　旧石器時代
⟨所在地⟩熊本県水俣市大字石坂川字川又

[10]石倉山古墳群　いしくらやまこふんぐん　6〜7世紀初頭
⟨所在地⟩茨城県土浦市烏山町秋山

石倉南丘・西遺跡　いしくらなんきゅう・にしいせき　縄文時代
⟨所在地⟩栃木県那須郡那須町伊王野

石原貝塚　いしわらかいづか　縄文時代後期
⟨所在地⟩大分県宇佐市大字青森字石原

石原稲荷山古墳　いしはらいなりやまこふん　6世紀後半
⟨所在地⟩群馬県高崎市石原町
⟨別⟩石原稲荷塚古墳

石原稲荷塚古墳　いしはらいなりづかこふん　6世紀後半
⟨所在地⟩群馬県高崎市石原町
⟨別⟩稲荷塚古墳, 石原稲荷山古墳

石峰遺跡　いしみねいせき　縄文時代早期〜晩期
⟨所在地⟩鹿児島県霧島市溝辺町麓字石峰

石馬寺　いしばじ
⟨所在地⟩滋賀県東近江市
⟨文⟩『近江名所図会』

石馬谷古墳　いしうまだにこふん　6世紀中頃
⟨所在地⟩鳥取県米子市淀江町福岡

[11]石動山　せきどうさん, せきどうざん
⟨所在地⟩石川県鹿島郡中能登町　⟨捉⟩国指定史跡（1978）

石動西一本杉遺跡 ST008古墳　いしなりにしいっぽんすぎいせき えすてぃーはちこふん　古墳時代前期
⟨所在地⟩佐賀県神埼郡吉野ヶ里町石動字西一本杉

石堂遺跡　いしどういせき　縄文時代後〜晩期
⟨所在地⟩山梨県北杜市高根町東井出

石清水　いわしみず
⟨所在地⟩京都府八幡市八幡高坊
⟨文⟩源顕房『金葉和歌集 5』, 『栄花物語』
⟨別⟩石清水八幡宮

石清水八幡宮　いわしみずはちまんぐう　貞観2年（860）創建
⟨所在地⟩京都府八幡市八幡高坊
⟨別⟩男山八幡宮

石清水八幡宮境内　いわしみずはちまんぐうけいだい　貞観2年（860）創建
⟨所在地⟩京都府八幡市八幡高坊　⟨捉⟩国指定史跡（2012）

石清水遺跡　いわしみずいせき　古墳時代前期
⟨所在地⟩山梨県甲府市下曽根町

石清尾山古墳群　いわせおやまこふんぐん　古墳時代前期〜後期
⟨所在地⟩香川県高松市峰山町・室町・宮脇町・西春日町・鶴市町・西宝町　⟨捉⟩国指定史跡（1934）

石清尾山猫塚古墳　いわせおやまねこづかこふん　4世紀末葉〜5世紀中葉
⟨所在地⟩香川県高松市峰山町御殿山上
⟨別⟩猫塚古墳

石淵山古墳群　いしぶちやまこふんぐん　古墳時代後期
⟨所在地⟩滋賀県米原市河南

石船山古墳　いしふねやまこふん　5世紀後葉頃
⟨所在地⟩福井県吉田郡永平寺町松岡石舟

石船塚古墳　いしふねづかこふん, いわふねづかこふん　4世紀後半
⟨所在地⟩香川県高松市峰山町石清尾山塊

石貫ナギノ横穴墓群　いしぬきなぎのおうけつぐん　古墳時代終末期
⟨所在地⟩熊本県玉名市石貫
⟨別⟩石貫ナギノ横穴群

石貫ナギノ横穴群　いしぬきなぎのよこあなぐん　古墳時代終末期
⟨所在地⟩熊本県玉名市石貫　⟨捉⟩国指定史跡（1921）
⟨別⟩石貫ナギノ横穴墓群

石貫穴観音横穴　いしぬきあながんのんよこあな　8世紀前半
⟨所在地⟩熊本県玉名市石貫　⟨捉⟩国指定史跡

5画（石）

（1921）
- 別 石貫穴観音横穴群, 穴観音横穴墓, 石貫穴観音横穴墓

石貫穴観音横穴墓　いしぬきあながんのんおうけつぼ　8世紀前半
- 所在地 熊本県玉名市石貫
- 別 石貫穴観音横穴群, 石貫穴観音横穴墓, 石貫穴観音横穴

石貫穴観音横穴群　いしぬきあながんのんよこあなぐん　8世紀前半
- 所在地 熊本県玉名市石貫
- 別 穴観音横穴墓, 石貫穴観音横穴墓, 石貫穴観音横穴

石郷遺跡　いしごういせき　縄文時代後期～晩期
- 所在地 青森県平川市石郷村

石部　いしべ
- 所在地 滋賀県湖南市石部
- 文 智月『猿蓑』

[12] 石塚2号墳　いしずかにごうふん　7世紀前半
- 所在地 広島県山県郡北広島町南方

石塚山古墳　いしずかやまこふん　4世紀初頭
- 所在地 福岡県京都郡苅田町　国指定史跡（1985）

石塚山古墳群　いしずかやまこふんぐん　弥生時代後期～古墳時代前期
- 所在地 香川県丸亀市綾歌町

石塚古墳　いしずかこふん　5世紀
- 所在地 大阪府高槻市土室

石塚古墳　いしずかこふん　古墳時代（発生期）
- 所在地 奈良県桜井市太田字石塚253ほか
- 別 纒向石塚古墳

石塚古墳群　いしずかこふんぐん　6世紀後半～末
- 所在地 佐賀県佐賀市諸富町為重字石塚

石塚貝塚　いしずかかいづか　縄文時代前期
- 所在地 愛知県豊橋市花田町

石塚廃寺塔跡　いしずかはいじとうあと　奈良時代
- 所在地 鳥取県倉吉市石塚　県指定史跡（1956）

石塚遺跡　いしずかいせき　縄文時代後期～中世
- 所在地 富山県高岡市石塚・和田

石塔寺　いしどうじ　飛鳥時代創建
- 所在地 滋賀県東近江市蒲生町石塔

石廊崎　いろうざき
- 所在地 静岡県賀茂郡南伊豆町
- 文『山水奇観』（東海奇勝）

石湯の行宮　いわゆのかりみや　7世紀
- 所在地 愛媛県今治市立花町
- 別 伊予の温泉宮

[13] 石鎚山　いしずちさん
- 所在地 愛媛県
- 文 吉井勇『天彦』
- 別 石鎚山

[14] 石蔭　いわかげ
- 所在地 京都府京都市北区衣笠鏡石町
- 文 藤原俊成『五社百首』,『栄花物語』
- 別 岩陰, 石影

石墨遺跡　いしずみいせき　縄文時代～平安時代
- 所在地 群馬県沼田市石墨町字新田割

[15] 石器時代住居跡尾平野洞窟　せっきじだいじゅうきょあとおびらのどうくつ　縄文時代
- 所在地 宮崎県都城市安久町字下尾平野　県指定史跡（1957）
- 別 尾平野洞窟

石舞台古墳　いしぶたいこふん　7世紀頃
- 所在地 奈良県高市郡明日香村　国指定特別史跡（1952）
- 別 蘇我馬子桃原墓

[16] 石橋山戦場　いしばしやまこせんじょう　治承4年（1180）
- 所在地 神奈川県小田原市米神・石橋

石橋山戦場のうち与一塚及び文三堂　いしばしやまこせんじょうのうちよいちづかおよびぶんぞうどう　治承4年（1180）以降
- 所在地 神奈川県小田原市米神・石橋　県指定史跡（1954）

石橋瓦窯跡　いしばしかわらかまあと　奈良時代
- 所在地 京都府綴喜郡井手町大字井手小字石橋
- 別 大安寺旧境内 附 石橋瓦窯跡

石積出　いしつみだし　戦国時代～江戸時代
- 所在地 山梨県南アルプス市有野
- 別 御勅使川旧堤防（将棋頭・石積出）

石薬師　いしやくし
- 所在地 三重県鈴鹿市石薬師
- 文 浅井了意『東海道名所記』

石薬師の一里塚跡　いしやくしのいちりづか

あと　江戸時代
[所在地]三重県鈴鹿市上野町83　[史]県指定史跡（1937）

石薬師東古墳群　いしやくしひがしこふんぐん　5世紀後半以降
[所在地]三重県鈴鹿市石薬師町

17**石鎚山**　いしずちさん
[所在地]愛媛県
[文]吉井勇『天彦』
[別]石槌山

石鎚山古墳群　いしずちやまこふんぐん　4世紀後半～末葉（1号墳）, 4世紀末葉～5世紀初頭（2号墳）
[所在地]広島県福山市加茂町　[史]県指定史跡（1992）

石鎚権現5号墳　いしずちごんげんごごうふん　5世紀前半
[所在地]広島県福山市駅家町大字大橋

18**石櫃山古墳**　いしびつやまこふん　5世紀後半～6世紀
[所在地]福岡県久留米市高良内町

19**石瀬野**　いわせの
[所在地]富山県高岡市石瀬
[文]『万葉集』

【礼】

4**礼文船泊遺跡**　れぶんふなどまりいせき　縄文時代後期
[所在地]北海道礼文郡礼文町大字船泊字ウエンナイホ
[別]船泊遺跡

【穴】

0**穴ヶ葉山古墳**　あながはやまこふん　6世紀末～7世紀前半
[所在地]福岡県築上郡上毛町　[史]国指定史跡（1939）

2**穴八幡**　あなはちまん
[所在地]東京都新宿区西早稲田
[文]田山花袋『生』
[別]穴八幡神社

穴八幡古墳　あなはちまんこふん　7世紀初頭～中葉
[所在地]埼玉県比企郡小川町増尾字岩戸

穴八幡神社　あなはちまんじんじゃ
[所在地]東京都新宿区西早稲田
[文]田山花袋『生』
[別]穴八幡

3**穴口古墳群**　あなぐちこふんぐん　6世紀前半
[所在地]石川県羽咋郡志賀町穴口

穴大黒（古墳時代横穴墓）　あなだいこく（こふんじだいおうけつぼ）　7世紀後半
[所在地]群馬県高崎市吉井町上奥平　[史]市指定史跡（1985）

4**穴不動古墳**　あなふどうこふん　6世紀末～7世紀初頭
[所在地]徳島県徳島市名東町1丁目

穴太古墳群　あのうこふんぐん　古墳時代
[所在地]滋賀県大津市穴太
[別]野添古墳群・飼入古墳群

穴太野添古墳群　あのうのぞえこふんぐん　古墳時代
[所在地]滋賀県大津市北郊（錦織～坂本）

穴太廃寺跡　あのうはいじあと　白鳳時代～平安時代中頃
[所在地]滋賀県大津市穴太　[史]国指定史跡（1997）

穴太遺跡　あのういせき　縄文時代後期～平安時代
[所在地]滋賀県大津市穴太1・2丁目, 唐崎3・4丁目, 弥生町

6**穴地蔵古墳**　あなじぞうこふん　7世紀前半～中頃
[所在地]福井県敦賀市櫛川　[史]県指定史跡（1978）

穴地蔵古墳群　あなじぞうこふんぐん　7世紀
[所在地]福井県敦賀市櫛川字鉢谷

穴守稲荷神社　あなもりいなりじんじゃ
[所在地]東京都大田区羽田5-2-7
[文]大町桂月『東京遊行記』

9**穴神洞遺跡**　あながみどういせき　縄文時代早期～前期
[所在地]愛媛県西予市城川町川津南　[史]県指定史跡（1976）

穴神横穴墓群　あながみおうけつぼぐん　6世紀末～7世紀初頭
[所在地]島根県安来市吉佐町字平ラ・字山根　[史]県指定史跡（1998）

10**穴師の山**　あなしのやま
[所在地]奈良県桜井市穴師
[文]『万葉集』

穴師の川　あなしのかわ
[所在地]奈良県桜井市穴師
[文]『万葉集』

[16]**穴薬師古墳**　あなやくしこふん　古墳時代終末期
[所在地]茨城県猿島郡五霞町川妻字薬師下
[史]県指定史跡（1971）

[18]**穴観音古墳**　あなかんのんこふん　6世紀後半～7世紀前半
[所在地]愛知県豊川市御津町豊沢松ノ下

穴観音古墳　あなかんのんこふん　6世紀後半，7世紀前半
[所在地]鳥取県岩美郡岩美町大谷字沓掛

穴観音古墳　あなかんのんこふん　6世紀末～7世紀初頭
[所在地]山口県萩市大井　[史]県指定史跡（1985）
[別]円光寺穴観音古墳

穴観音古墳　あなかんのんこふん　6世紀末～7世紀初頭
[所在地]山口県萩市高佐下

穴観音古墳　あなかんのんこふん　6世紀後葉
[所在地]徳島県鳴門市大麻町大谷字西山田

穴観音古墳　あなかんのんこふん　6世紀後半
[所在地]福岡県大牟田市東萩尾町
[別]弁天山古墳，萩ノ尾古墳

穴観音古墳　あなかんのんこふん　6世紀後半
[所在地]熊本県玉名郡和水町
[別]江田穴観音古墳

穴観音古墳　あなかんのんこふん　6世紀末～7世紀初頭
[所在地]大分県日田市内河野　[史]国指定史跡（1933）

穴観音横穴墓　あなかんのんおうけつぼ　8世紀前半
[所在地]熊本県玉名市石貫
[別]石貫穴観音横穴群，石貫穴観音横穴墓，石貫穴観音横穴

[19]**穴瀬横穴墓群**　あなんせおうけつぼぐん　6世紀後半～7世紀
[所在地]大分県豊後高田市大字美和・大字上屋敷
[別]穴瀬横穴群

穴瀬横穴群　あなんせよこあなぐん　6世紀後半～7世紀
[所在地]大分県豊後高田市大字美和・大字上屋敷
[別]穴瀬横穴墓群

【立】

[0]**立1号墳**　たちいちごうふん　5世紀中葉～後半
[所在地]岡山県真庭市上水田

[3]**立山**　たてやま，たちやま
[所在地]富山県中新川郡立山町
[文]『平家物語』，尭恵『善光寺紀行』

立山丸山古墳　たちやままるやまこふん　6世紀中頃
[所在地]福岡県八女市立山
[別]丸山古墳

立山山古墳群　たちやまやまこふんぐん　5世紀初頭～6世紀
[所在地]福岡県八女市大字本立山

立川遺跡　たちかわいせき　旧石器時代
[所在地]北海道磯谷郡蘭越町立川

[4]**立切地下式横穴墓群**　たちぎりちかしきおうけつぼぐん　5世紀末～6世紀
[所在地]宮崎県西諸県郡高原町大字後川内

立切遺跡　たちきりいせき　旧石器時代終末期・後期旧石器時代初め
[所在地]鹿児島県熊毛郡中種子町

立木貝塚　たつぎかいずか　縄文時代後期
[所在地]茨城県北相馬郡利根町立木

[5]**立田**　たつた
[所在地]愛知県愛西市立田町
[文]『尾張名所図会』

立石1号墳　たていしいちごうふん　4世紀
[所在地]福岡県糸島市荻浦

立石寺　りっしゃくじ　貞観2年（860）開創
[所在地]山形県山形市山寺
[別]山寺

立石崎　たていしざき
[所在地]三重県伊勢市二見町江
[文]西行『夫木和歌抄 26』

立石墳墓群　たていしふんぼぐん　4世紀後半～6世紀中葉
[所在地]兵庫県豊岡市立石

立石遺跡　たていしいせき　縄文時代後～晩期
[所在地]岩手県花巻市大迫町

[7]**立坂遺跡**　たてざかいせき　弥生時代末期
[所在地]岡山県総社市新本，倉敷市真備町市場

[8]**立岩遺跡**　たていわいせき　弥生時代
[所在地]福岡県飯塚市立岩
[別]立岩遺跡群

立岩遺跡群　たていわいせきぐん　弥生時代
[所在地]福岡県飯塚市立岩
[別]立岩遺跡

立林古墳　たてばやしこふん　8世紀終末

[所在地]山形県東置賜郡高畠町大字立林

9立屋敷遺跡　たてやしきいせき　弥生時代
[所在地]福岡県遠賀郡水巻町

立洞古墳（二号墳）　たてぼらこふん（にごうふん）　4世紀末～5世紀初頭
[所在地]福井県敦賀市井川　[史]県指定史跡（1979）

立洞古墳群　たてぼらこふんぐん　4世紀末～5世紀初頭（2号墳）
[所在地]福井県敦賀市井川字立洞

立美遺跡　たつみいせき　旧石器時代終末
[所在地]富山県南砺市

11立野　たちの
[所在地]神奈川県
[文]『和名抄』

立野古墳　たてのこふん　古墳時代前期末
[所在地]大分県豊後大野市三重町上田原

立野遺跡　たつのいせき　縄文時代早期
[所在地]長野県飯田市伊賀良

12立場茶屋銀杏屋　たてばじゃやいちょうや　江戸時代
[所在地]福岡県北九州市八幡西区石坂1-4-6　[史]市指定史跡（1996）

【辻】

0辻ノ薬師　つじのやくし　建久元年（1190）以前創建
[所在地]神奈川県鎌倉市大町2-4-20

5辻古墳　つじこふん　古墳時代前期
[所在地]福岡県飯塚市大字菰田字辻

辻古墳　つじこふん　5世紀前葉末～世紀末
[所在地]熊本県山鹿市方保田字辻

辻田遺跡　つじたいせき　弥生時代終末期
[所在地]福岡県春日市大字上白水字中白水・辻畑

8辻岡山A窯跡　つじおかやまえーかまあと　6世紀後半
[所在地]滋賀県東近江市宮川町
[別]宮川窯跡

9辻垣内1号墳　つじかいといちごうふん　7世紀
[所在地]三重県名張市赤目

辻垣内窯跡　つじかいとかまあと　7～8世紀
[所在地]三重県松阪市嬉野釜生田町

11辻堂古墳　つじどうこふん　第1次埋葬6世紀後半, 第2次埋葬7世紀後半
[所在地]三重県伊賀市中村

6 画

【両】

3両大師　りょうだいし
[所在地]東京都台東区
[文]『誹風柳多留 87』, 松浦静山『甲子夜話』
[別]輪王寺, 両大師堂, 慈眼堂, 開山堂

両大師堂　りょうだいしどう
[所在地]東京都台東区
[文]『誹風柳多留 87』, 松浦静山『甲子夜話』
[別]輪王寺, 両大師, 慈眼堂, 開山堂

8両国　りょうごく
[所在地]東京都墨田区, 東京都中央区
[文]小林一茶『七番日記』, 式亭三馬『浮世風呂』

10両宮山古墳　りょうぐうざんこふん　5世紀後半
[所在地]岡山県赤磐市穂崎・和田　[史]国指定史跡（1927）

15両槻宮・二槻宮　なみつきのみや・ふたつきのみや　飛鳥時代
[所在地]奈良県桜井市 多武峰頂上付近

【交】

11交野　かたの
[所在地]大阪府枚方市交野町
[文]『伊勢物語』

【亦】

13亦稚貝塚　またわっかかいずか　オホーツク文化期
[所在地]北海道利尻郡利尻町・本町

【伊】

3伊久里の森　いくりのもり
[所在地]富山県砺波市井栗谷周辺/新潟県三条市井栗/奈良県など
[文]『万葉集』

伊川津貝塚　いかわずかいずか　縄文時代後期～晩期
[所在地]愛知県田原市伊川津町　[史]県指定史跡（1974）

4伊丹　いたみ

(所在地)兵庫県伊丹市
(文)井原西鶴『織留』

伊丹廃寺跡　いたみはいじあと　白鳳時代
(所在地)兵庫県伊丹市緑ヶ丘　(史)国指定史跡（1966）

伊予の高嶺　いよのたかね
(所在地)愛媛県, 高知県
(文)『万葉集』

伊予の温泉　いよのゆ
(所在地)愛媛県松山市道後湯之町
(文)正岡子規『子規歌集』

伊予の温泉宮　いよのゆのみや　7世紀
(所在地)愛媛県今治市立花町
(別)石湯の行宮

伊予国　いよのくに
(所在地)愛媛県
(文)『万葉集』, 中村草田男『母郷行』

伊予国分尼寺塔跡　いよこくぶにじとうあと　奈良時代
(所在地)愛媛県今治市桜井　(史)県指定史跡（1956）

伊予国分寺塔跡　いよこくぶんじとうあと　奈良時代
(所在地)愛媛県今治市国分　(史)国指定史跡（1921）

伊予国分寺跡　いよこくぶんじあと　奈良時代創建
(所在地)愛媛県今治市国分字北谷

伊予岡古墳　いよおかこふん　古墳時代
(所在地)愛媛県伊予市上吾川　(史)県指定史跡（1948）

伊予部山遺跡　いよべやまいせき　弥生時代後期, 古墳時代中期
(所在地)岡山県総社市下原

伊方古墳　いかたこふん　古墳時代後期
(所在地)福岡県田川郡福智町伊方　(史)県指定史跡（1977）

伊木力遺跡　いきりきいせき　縄文時代前期～後期
(所在地)長崎県諫早市多良見町舟津

5**伊加賀崎**　いかがさき
(所在地)滋賀県大津市石山町
(文)『蜻蛉日記』

伊加賀崎　いかがさき
(所在地)大阪府枚方市
(文)兼覧王『古今集 10』
(別)伊香郷

伊平屋列島　いへやれっとう
(所在地)沖縄県島尻郡伊平屋村
(文)佐藤惣之助『琉球諸島風物詩集』

伊皿子　いさらご
(所在地)東京都港区三田・高輪付近
(文)『更級日記』, 『江戸砂子』

伊皿子貝塚　いさらごかいずか　縄文時代後期（堀ノ内1式）
(所在地)東京都港区三田
(別)伊皿子遺跡

伊皿子遺跡　いさらごいせき　縄文時代後期（堀ノ内1式）
(所在地)東京都港区三田
(別)伊皿子貝塚

伊礼原C遺跡　いれいばるしーいせき　縄文時代早期～弥生時代相当期
(所在地)沖縄県中頭郡北谷町キャンプ桑江米軍基地内

伊礼原遺跡　いれいばるいせき　縄文時代前期～晩期（貝塚時代前・中期）
(所在地)沖縄県中頭郡北谷町　(史)国指定史跡（2010）

6**伊庄谷横穴墓群**　いしょうだにおうけつぼぐん　6～7世紀初頭
(所在地)静岡県静岡市駿河区大谷字伊庄谷
(別)伊庄谷横穴群, 伊庄横穴墓群

伊庄谷横穴群　いしょうやよこあなぐん　6～7世紀初頭
(所在地)静岡県静岡市駿河区大谷字伊庄谷
(別)伊庄横穴墓群, 伊庄谷横穴墓群

伊庄横穴墓群　いしょうおうけつぼぐん　6～7世紀初頭
(所在地)静岡県静岡市駿河区大谷字伊庄谷
(別)伊庄谷横穴群, 伊庄谷横穴墓群

伊江島のゴヘズ洞穴遺跡　いえじまのごへずどうけついせき　旧石器時代
(所在地)沖縄県伊江村字西江上ゴヘズ原　(史)県指定史跡（1977）

伊江島具志原貝塚　いえじまぐしばるかいずか　縄文時代中期, 弥生時代中期相当
(所在地)沖縄県国頭郡伊江村
(別)具志原貝塚

伊江島鹿の化石　いえじましかのかせき　更新世（約200万年～1万年前）
(所在地)沖縄県伊江村　(史)県指定史跡（1956）

7**伊佐城跡**　いさじょうあと　平安時代
(所在地)茨城県筑西市中館522　(史)県指定史跡

6画（伊）

伊吹山　いぶきやま
　所在地 滋賀県米原市
　㊄『古事記』，『日本書紀』，『後拾遺和歌集』

伊志見一里塚　いじみいちりずか　江戸時代
　所在地 島根県松江市宍道町　㊉国指定史跡
　（1937）

伊良湖岬　いらござき
　所在地 愛知県田原市
　㊄水原秋桜子『晩華』，芭蕉『笈の小文』

伊良湖東大寺瓦窯跡　いらごとうだいじかわらがまあと，いらことうだいじかわらがまあと　平安時代
　所在地 愛知県田原市伊良湖町　㊉国指定史跡
　（1967）

伊豆　いず
　所在地 静岡県
　㊄『万葉集』

伊豆大島熔岩流下包含地　いずおおしまようがんりゅうかほうがんち　縄文時代中期
　所在地 東京都大島町野増タツノクチ

伊豆山経塚　いずさんきょうづか　平安時代
　所在地 静岡県熱海市

伊豆国　いずのくに
　所在地 静岡県
　㊄『延喜式』

伊豆国分寺塔跡　いずこくぶんじとうあと　奈良時代
　所在地 静岡県三島市泉町　㊉国指定史跡
　（1956）

伊豆国分寺跡　いずこくぶんじあと　奈良時代～平安時代
　所在地 静岡県三島市六反田一帯

伊那　いな
　所在地 長野県伊那市
　㊄土屋文明『放水路』

[8]伊和中山1号墳　いわなかやまいちごうふん
　4世紀末頃
　所在地 兵庫県宍粟市一宮町伊和

伊夜彦　いやひこ
　所在地 新潟県
　㊄『万葉集』

伊居太古墳　いこたこふん　5世紀末
　所在地 兵庫県尼崎市下坂部4丁目

伊東　いとう
　所在地 静岡県伊東市
　㊄島崎藤村『伊豆の旅』

伊東玄朴旧宅　いとうげんぼくきゅうたく
　江戸時代
　所在地 佐賀県神埼市神埼町的　㊉県指定史跡
　（1973）

伊東玄朴墓　いとうげんぼくはか　江戸時代
　所在地 東京都台東区谷中4-4-33 天竜院内
　㊉都指定旧跡
　（1955）

伊東塚　いとうづか　元亀3年（1572）以降
　所在地 宮崎県小林市真方字因幡160の2　㊉県指定史跡（1934）

伊治城跡　いじじょうあと，これはりじょうあと　神護景雲3年（767）造営
　所在地 宮城県栗原市築館　㊉国指定史跡
　（2003）

伊波貝塚　いはかいづか　沖縄貝塚時代前期
　所在地 沖縄県うるま市石川伊波　㊉国指定史跡（1972）

伊波城跡　いはじょうあと　14世紀前後
　所在地 沖縄県うるま市石川伊波後原　㊉県指定史跡（1961）

[9]伊保遺跡　いぼいせき　弥生時代後期～古墳時代
　所在地 愛知県豊田市保見町・東保見町

伊是名玉御殿　いぜなたまうどぅん　16世紀
　所在地 沖縄県伊是名村字伊是名　㊉県指定史跡（1958）

伊是名貝塚　いぜなかいづか　沖縄貝塚時代前期第Ⅳ・Ⅴ期（縄文時代後期相当）
　所在地 沖縄県島尻郡伊是名村

伊是名城跡　いぜなじょうあと　13～14世紀
　所在地 沖縄県伊是名村字伊是名　㊉県指定史跡（1958）

伊祖城跡　いそじょうあと　13世紀頃
　所在地 沖縄県浦添市字伊祖後原　㊉県指定史跡（1961）

伊茶仁カリカリウス遺跡　いちゃにかりかりうすいせき　擦文時代中心
　所在地 北海道標津郡標津町
　㊉標津遺跡群（伊茶仁カリカリウス遺跡・古道遺跡・三本木遺跡）

伊茶仁遺跡群　いちゃにいせきぐん　縄文時代～アイヌ文化期
　所在地 北海道標津郡標津町字標津

伊香　いかご
　所在地 滋賀県長浜市木之本町
　㊄『万葉集』

伊香保　いかほ

遺跡・古墳よみかた辞典

[所在地]群馬県渋川市伊香保町
[文]『万葉集』，『続日本紀』

伊香保の沼　いかほのぬま
[所在地]群馬県渋川市伊香保町
[文]『万葉集』

10**伊能忠敬旧宅　いのうただたかきゅうたく**　江戸時代
[所在地]千葉県香取市佐原　[史]国指定史跡（1930）

伊能忠敬墓　いのうただたかのはか　江戸時代
[所在地]東京都台東区東上野　[史]国指定史跡（1943）

11**伊都貫川　いつぬきがわ**
[所在地]岐阜県本巣郡
[文]『枕草子』
[別]糸貫川

伊部北大窯跡　いんべきたおおがまあと　室町時代～江戸時代末期
[所在地]岡山県備前市伊部
[別]備前陶器窯跡（伊部南大窯跡・伊部西大窯跡・伊部北大窯跡）

伊部西大窯跡　いんべにしおおがまあと　室町時代～江戸時代末期
[所在地]岡山県備前市伊部
[別]備前陶器窯跡（伊部南大窯跡・伊部西大窯跡・伊部北大窯跡）

伊部南大窯跡　いんべみなみおおがまあと　室町時代～江戸時代末期
[所在地]岡山県備前市伊部
[別]備前陶器窯跡（伊部南大窯跡・伊部西大窯跡・伊部北大窯跡）

12**伊場遺跡　いばいせき**　縄文時代～戦国時代
[所在地]静岡県浜松市中区東伊場2丁目～東若林町

伊場遺跡群　いばいせきぐん　縄文時代～戦国時代
[所在地]静岡県浜松市中区 伊場地区

伊賀の中山　いがのなかやま
[所在地]三重県伊賀市阿保
[文]『源三位頼政集』

伊賀国　いがのくに
[所在地]三重県
[文]芭蕉『卯辰集』

伊賀国分寺跡　いがこくぶんじあと　奈良時代創建
[所在地]三重県伊賀市西明寺　[史]国指定史跡（1923）

伊賀国庁跡　いがこくちょうあと　8世紀末～11世紀中頃
[所在地]三重県伊賀市坂之下　[史]国指定史跡（2009）

伊達八幡館跡　だてはちまんやかたあと　中世
[所在地]新潟県十日町市伊達

伊達古墳群　だてこふんぐん　6世紀後半
[所在地]茨城県那珂市額田

伊達秀宗の墓　だてひでむねのはか　江戸時代
[所在地]愛媛県宇和島市宇和津町1丁目・野川　[史]県指定史跡（1965）

伊達宗城及び夫人の墓　だてむねなりおよびふじんのはか　明治時代
[所在地]愛媛県宇和島市野川　[史]県指定史跡（1969）

13**伊勢が坪（塩が坪）城跡　いせがつぼ（しおがつぼ）じょうあと**　鎌倉時代
[所在地]広島県広島市安佐北区大林　[史]県指定史跡（1951）

伊勢の海　いせのうみ
[所在地]三重県鳥羽市, 愛知県田原市
[文]『源氏物語』

伊勢山古墳　いせやまこふん　6世紀末～7世紀初頭
[所在地]群馬県前橋市西大室町

伊勢山遺跡　いせやまいせき　縄文時代～弥生時代
[所在地]神奈川県藤沢市伊勢山

伊勢向山古墳　いせむこうやまこふん　古墳時代前期
[所在地]三重県松阪市小野町・嬉野上野町
[別]向山古墳

伊勢安国寺跡　いせあんこくじあと　元弘2年（1332）現名に改称
[所在地]三重県四日市市西日野町3001ほか　[史]県指定史跡（1941）

伊勢寺跡　いせでらあと　奈良時代～平安時代
[所在地]三重県松阪市伊勢寺町世古62　[史]県指定史跡（1937）

伊勢国　いせのくに
[所在地]三重県
[文]『万葉集』，『日本書紀』

伊勢国分寺跡　いせこくぶんじあと　奈良時

代創建
[所在地]三重県鈴鹿市国分町　[史]国指定史跡（1922）

伊勢国府跡　いせこくふあと　奈良時代中頃～平安時代初期
[所在地]三重県鈴鹿市広瀬町　[史]国指定史跡（2002）

伊勢神宮　いせじんぐう
[所在地]三重県伊勢市
[文]『伊勢参宮名所図会』，『太平記』

伊勢原八幡台石器時代住居跡　いせはらはちまんだいせっきじだいじゅうきょあと　縄文時代中期～後期
[所在地]神奈川県伊勢原市東大竹・八幡台　[史]国指定史跡（1934）
[別]伊勢原八幡台遺跡, 八幡台遺跡

伊勢原八幡台遺跡　いせはらはちまんだいいせき　縄文時代中期～後期
[所在地]神奈川県伊勢原市東大竹・八幡台
[別]八幡台遺跡, 伊勢原八幡台石器時代住居跡

伊勢島　いせしま
[所在地]三重県
[文]『八雲御抄』

伊勢堂岱遺跡　いせどうたいいせき　縄文時代後期
[所在地]秋田県北秋田市脇神　[史]国指定史跡（2001）

伊勢塚　いせずか　6世紀後半頃
[所在地]佐賀県神埼市神埼町志波屋2003-3　[史]県指定史跡（1953）

伊勢塚古墳　いせずかこふん　6世紀末～7世紀初め
[所在地]群馬県藤岡市上落合字岡　[史]県指定史跡（1973）

伊勢塚古墳　いせずかこふん　古墳時代中期後葉
[所在地]静岡県富士市伝法字中村　[史]県指定史跡（1958）

伊勢塚古墳　いせずかこふん　6世紀後半頃
[所在地]佐賀県神埼市神埼町志波屋

伊勢筒野古墳　いせつつのこふん　古墳時代前期
[所在地]三重県松阪市嬉野一志町
[別]筒野古墳

伊勢路　いせじ　古代以降
[所在地]和歌山県新宮市, 田辺市, 三重県熊野市, 尾鷲市, 度会郡大紀町, 北牟婁郡紀北町, 南牟婁郡御浜町
[別]熊野参詣道（中辺路・大辺路・小辺路・伊勢路・熊野川・七里御浜・花の窟）

伊勢遺跡　いせいせき　縄文時代後期～室町時代
[所在地]滋賀県守山市伊勢町・阿村町, 栗東市野尻　[史]国指定史跡（2012）

伊福吉部徳足比売墓跡　いふきべとこたりひめのはかあと, いほきべとこたりひめのはかあと　飛鳥時代
[所在地]鳥取県鳥取市国府町　[史]国指定史跡（1924）

14**伊熊古墳　いくまこふん**　6世紀前半
[所在地]群馬県渋川市上白井

15**伊敷索城跡　いしきなわじょうあと, ちなはじょうせき**　14～15世紀
[所在地]沖縄県久米島町字嘉手苅西新田　[史]県指定史跡（1961）

16**伊興経塚　いこうきょうずか**　室町時代
[所在地]東京都足立区伊興町

18**伊藤仁斎宅（古義堂）跡ならびに書庫　いとうじんさいたく（こぎどう）あとならびにしょこ**　江戸時代前期
[所在地]京都府京都市上京区東堀川通出水下ル　[史]国指定史跡（1922）
[別]伊藤仁斎宅跡

伊藤仁斎宅跡　いとうじんさいたくあと　江戸時代前期
[所在地]京都府京都市上京区東堀川通出水下ル
[別]伊藤仁斎宅（古義堂）跡ならびに書庫

伊藤博文旧宅　いとうひろぶみきゅうたく　江戸時代末期
[所在地]山口県萩市椿東　[史]国指定史跡（1932）

【仮】

2**仮又古墳　かりまたこふん**　7世紀前半
[所在地]熊本県宇土市恵塚町字仮又　[史]県指定史跡（1982）

12**仮粧坂　けはいざか, けわいざか**　鎌倉時代
[所在地]神奈川県鎌倉市扇ガ谷・佐助　[史]国指定史跡（1969）
[別]化粧坂, 化粧坂ノ切通し

【会】

3**会下ガ谷　えげがやつ**
[所在地]神奈川県鎌倉市扇ガ谷4-18

6画（企, 伎, 休, 仰, 仲）

会下山二本松古墳　えげやまにほんまつこふん　4世紀末頃
(所在地)兵庫県神戸市兵庫区湊川町10丁目

会下山遺跡　えげのやまいせき　弥生時代中期～後期
(所在地)兵庫県芦屋市三条町　㊟国指定史跡（2011）

[9]会津　あいず
(所在地)福島県 会津地方
㊞『古事記』

会津の山　あいずのやま
(所在地)福島県 会津地方
㊞『万葉集』

会津大塚山古墳　あいずおおつかやまこふん　4世紀末
(所在地)福島県会津若松市一箕町
㊟大塚山古墳

会津新宮城跡　あいずしんぐうじょうあと　中世
(所在地)福島県喜多方市　㊟国指定史跡（2009）

会津藩主松平家墓所　あいずはんしゅまつだいらけぼしょ　江戸時代
(所在地)福島県会津若松市東山町, 耶麻郡猪苗代町　㊟国指定史跡（1987）

【企】

[11]企救の浜　きくのはま
(所在地)福岡県北九州市小倉北区
㊞『万葉集』
㊟聞の浜, 聞長浜, 菊の高浜

【伎】

[10]伎倍　きべ
(所在地)静岡県浜松市北区
㊞『万葉集』
㊟伎戸

【休】

[12]休場遺跡　やすみばいせき　旧石器時代後期（細石器文化）
(所在地)静岡県沼津市宮本・足高　㊟国指定史跡（1979）

【仰】

[6]仰西渠　こうさいきょ　明暦～寛文年間（1655～73）造築

(所在地)愛媛県上浮穴郡久万高原町西明神
㊟県指定史跡（1950）

【仲】

[0]仲ノ平古墳群　なかのだいらこふんぐん　古墳時代前期（前方後方墳）, 古墳時代後期（円墳）
(所在地)福島県須賀川市大字江持字仲ノ平

[3]仲山古墳群　なかやまこふんぐん　古墳時代終末期
(所在地)茨城県久慈郡大子町矢田字仲山

[5]仲仙寺古墳群　ちゅうせんじこふんぐん　弥生時代～古墳時代
(所在地)島根県安来市赤江町　㊟国指定史跡（1971）
㊟仲仙寺墳墓群

仲仙寺墳墓群　ちゅうせんじふんぼぐん　弥生時代～古墳時代
(所在地)島根県安来市赤江町
㊟仲仙寺古墳群

[7]仲坂古墳　なかさかこふん　古墳時代後期
(所在地)岐阜県美濃加茂市蜂屋町中蜂屋字仲坂

仲町遺跡　なかまちいせき　縄文時代草創期
(所在地)長野県上水内郡信濃町野尻

仲見世　なかみせ
(所在地)東京都台東区浅草
㊞永井荷風『歓楽』, 高村光太郎『泥七宝』

仲里間切蔵元跡　なかざとまぎりくらもとあと　琉球王朝時代
(所在地)沖縄県久米島町字真謝　㊟県指定史跡（1956）

[8]仲宗根豊見親の墓　なかそねとうゆみやのはか　16世紀
(所在地)沖縄県宮古島市平良字西仲宗根真玉　㊟県指定史跡（1956）

仲泊遺跡　なかどまりいせき　沖縄貝塚時代, 近世
(所在地)沖縄県国頭郡恩納村　㊟国指定史跡（1975）

[9]仲哀天皇陵古墳　ちゅうあいてんのうりょうこふん　5世紀末葉～6世紀前半頃
(所在地)大阪府藤井寺市藤井寺4丁目

仲津姫命陵古墳　なかつひめのみことりょうこふん　5世紀前半頃
(所在地)大阪府藤井寺市沢田

[10]仲原馬場　なかばるばば, なかはらばば　近世・近代

6画（伝，伏）

㊗沖縄県今帰仁村字越地
㊙今帰仁村仲原馬場

仲原遺跡 なかばるいせき 沖縄貝塚時代
㊗沖縄県うるま市与那城伊計 ㊨国指定史跡（1986）

仲島の大石 なかしまのおおいし
㊗沖縄県那覇市泉崎 ㊨県指定史跡（1958）
㊙文筆峰

[12]**仲間第一貝塚** なかまだいいちかいづか 先島先史時代
㊗沖縄県竹富町字西表 ㊨県指定史跡（1956）

仲間第二貝塚 なかまだいにかいづか 先島先史時代
㊗沖縄県竹富町字西表 ㊨県指定史跡（1956）

【伝】

[3]**伝上杉憲方墓** でんうえすぎのりかたのはか 14世紀末以降
㊗神奈川県鎌倉市極楽寺 ㊨国指定史跡（1927）
㊙上杉憲方塔

[4]**伝内大臣平重盛墳墓** でんないだいじんたいらのしげもりふんぼ 平安時代
㊗茨城県東茨城郡城里町上入野3912
㊨県指定史跡（1931）

[5]**伝左山古墳** でんざやまこふん 5世紀後半
㊗熊本県玉名市繁根木
㊙繁根木古墳

[6]**伝吉田寺跡** でんよしだでらあと 奈良時代前期
㊗広島県府中市元町 ㊨県指定史跡（1943）

伝西行塚 でんさいぎょうづか 室町時代末～江戸時代初期建立
㊗岐阜県恵那市長島町中野鳶ケ入 ㊨県指定史跡（1959）

[9]**伝飛鳥板蓋宮跡** でんあすかいたぶきのみやあと 皇極天皇2年（643）遷都
㊗奈良県高市郡明日香村 ㊨国指定史跡（1972）
㊙飛鳥板蓋宮

[10]**伝宮本武蔵宅跡** でんみやもとむさしたくあと 江戸時代
㊗岡山県美作市宮本 ㊨県指定史跡（1959）

伝真興寺跡 でんしんごうじあと 平安時代以降
㊗富山県中新川郡上市町
㊙上市黒川遺跡群（円念寺山経塚・黒川上山墓跡・伝真興寺跡）

伝通院 でんずういん，でんつういん
㊗東京都文京区小石川3-14-6
㊄巌谷小波『五月鯉』

伝馬町 てんまちょう
㊗東京都中央区日本橋大伝馬町・日本橋小伝馬町
㊄井原西鶴『世間胸算用』

伝馬町牢屋敷跡 てんまちょうろうやしきあと，でんまちょうろうやしきあと 江戸時代
㊗東京都中央区日本橋小伝馬町3～5
㊨都指定旧跡（1955）

[11]**伝堀越御所跡** でんほりごえごしょあと 室町時代
㊗静岡県伊豆の国市四日町・寺家 ㊨国指定史跡（1984）
㊙堀越御所

伝清盛塚 でんきよもりづか 伝・元暦元年（1184）建造
㊗広島県呉市音戸町字鰯浜 ㊨県指定史跡（1951）

[12]**伝御所五郎丸塚** でんごしょごろうまるのはか 鎌倉時代
㊗神奈川県横浜市西区 ㊨市登録史跡（1988）

伝賀陽氏館跡 でんかやしやかたあと 中世
㊗岡山県岡山市北区川入 ㊨県指定史跡（1959）

[13]**伝源範頼の墓** でんみなもとのよりのりのはか 鎌倉時代
㊗神奈川県横浜市金沢区 太寧寺 ㊨市登録史跡（1994）

【伏】

[7]**伏見** ふしみ
㊗京都府京都市伏見区伏見町
㊄『枕草子』

伏見 ふしみ
㊗奈良県奈良市菅原町
㊄『伊勢集』，藤原俊成『千載和歌集 14』，『金槐和歌集』

遺跡・古墳よみかた辞典 193

6画（光, 先, 刑, 印）

伏見古墳群　ふしみこふんぐん　8世紀築造, 9世紀まで追葬
所在地 静岡県駿東郡清水町

伏見城石垣　ふしみじょういしがき　安土桃山時代～江戸時代初期
所在地 京都府京都市伏見区桃山町伊庭　㊙市登録史跡 (1984)

伏見城跡　ふしみじょうあと　安土桃山時代～江戸時代初期
所在地 京都府京都市伏見区桃山町

伏見義民墓　ふしみぎみんのはか　江戸時代
所在地 東京都江東区深川2-16-27 陽岳寺　㊙都指定旧跡 (1955)

伏見遺跡　ふしみいせき　旧石器時代～縄文時代後期
所在地 茨城県鹿嶋市宮中伏見

伏屋　ふせや
所在地 長野県下伊那郡阿智村
㊛『実方集』,『拾遺和歌集18』

伏原大塚古墳　ふしはらおおつかこふん　6世紀前半
所在地 高知県香美市土佐山田町楠目
㊥大塚古墳

【光】

光正寺古墳　こうしょうじこふん　古墳時代前半期
所在地 福岡県糟屋郡宇美町　㊙国指定史跡 (1975)

光明山　こうみょうさん
所在地 京都府木津川市山城町綺田
㊛『太平記』,『平家物語』

光明山古墳　こうみょうさんこふん　5世紀後半
所在地 静岡県浜松市天竜区二俣町　㊙県指定史跡 (1955)

光明寺　こうみょうじ
所在地 茨城県下妻市下妻
㊛『二十四輩順拝図会』

光明池窯址　こうみょういけようし　5世紀後半～8世紀末
所在地 大阪府和泉市, 堺市

光明皇后陵　こうみょうこうごうりょう　8世紀
所在地 奈良県奈良市法蓮町

光前寺庭園　こうぜんじていえん　中世
所在地 長野県駒ヶ根市赤穂

光浄院庭園　こうじょういんていえん　室町時代
所在地 滋賀県大津市園城寺町　㊙国指定史跡 (1934)

【先】

先山　せんざん
所在地 兵庫県洲本市
㊛『淡路国名所図会』
㊥三上山, 淡路富士, 千光寺山

先斗町　ぽんとちょう
所在地 京都府京都市中京区 三条通一筋南～四条通 鴨川西側地区
㊛吉井勇『祇園歌集』, 式亭三馬『浮世風呂』

先苅貝塚　まずかりかいづか　縄文時代早期前半
所在地 愛知県知多郡南知多町内海

先島諸島火番盛　さきしましょとうひばんむい　正保元年 (1644) 頃設置
所在地 沖縄県宮古島市, 石垣市, 宮古郡多良間村, 八重山郡竹富町, 八重山郡与那国町
㊙国指定史跡 (2007)

【刑】

刑部城跡　おさかべじょうあと　応永年間 (1394～1427)
所在地 栃木県宇都宮市東刑部町528　㊙市指定史跡 (1957)

【印】

印金堂　いんきんどう
所在地 京都府京都市右京区鳴滝 妙光寺
㊛『蕪村句集』

印南の川　いなみのかわ
所在地 兵庫県
㊛『播磨国風土記』,『枕草子』
㊥加古川

印南都麻　いなみのつま
所在地 兵庫県姫路市家島町
㊛『万葉集』
㊥稲見都麻

印南都麻　いなみのつま
所在地 兵庫県高砂市
㊛『万葉集』

印南野　いなみの
所在地 兵庫県明石市, 加古川市
㊛『万葉集』,『枕草子』

12印賀古墳群　いんがこふんぐん　古墳時代前期〜中期
(所在地)鳥取県日野郡日南町印賀

16印融法印の墓　いんゆうほういんのはか　室町時代
(所在地)神奈川県横浜市港北区 三会寺　(史)市登録史跡（2009）

印融法印墓　いんゆうほういんのはか　室町時代
(所在地)神奈川県横浜市緑区 観護寺　(史)市登録史跡（1988）

18印旛沼　いんばぬま
(所在地)千葉県
(文)古泉千樫『青牛集』

【各】

8各和金塚古墳　かくわかなずかこふん　古墳時代中期初頭
(所在地)静岡県掛川市各和
(別)金塚古墳

【吉】

0吉ケ谷遺跡　よしがやついせき　弥生時代後期
(所在地)埼玉県東松山市大字野田字吉ケ谷

吉ケ浦遺跡　よしがうらいせき　弥生時代〜古墳時代
(所在地)福岡県太宰府市高雄

吉ノ内1号墳　よしのうちいちごうふん　5世紀中葉前後
(所在地)宮城県角田市横倉字吉ノ内

3吉川元春館跡　きっかわもとはるやかたあと　天正11年（1583）頃建築
(所在地)広島県山県郡北広島町
(別)吉川氏城館跡（駿河丸城跡・小倉山城跡・日山城跡・吉川元春館跡）

吉川氏城館跡（駿河丸城跡・小倉山城跡・日山城跡・吉川元春館跡）　きっかわしじょうかんあと（するがまるじょうあと・おぐらやまじょうあと・ひのやまじょうあと・きっかわもとはるやかたあと）　中世
(所在地)広島県山県郡北広島町　(史)国指定史跡（1986）

4吉井貝塚　よしいかいずか　縄文時代早期〜古墳時代後期
(所在地)神奈川県横須賀市吉井町谷崎　(史)県指定史跡（1973）

吉水　よしみず
(所在地)京都府京都市東山区
(文)香川景樹『桂園一枝』

5吉母浜遺跡　よしもはまいせき　弥生時代前〜中期・中世
(所在地)山口県下関市大字吉母

吉田　よしだ
(所在地)愛知県豊橋市吉田町
(文)芭蕉『あら野』, 十返舎一九『東海道中膝栗毛』

吉田　よしだ
(所在地)京都府京都市左京区吉田町
(文)『夫木和歌抄 22』

吉田の里　よしだのさと
(所在地)滋賀県犬上郡豊郷町吉田
(文)平兼盛『拾遺和歌集 10』

吉田川西遺跡　よしだかわにしいせき　8〜18世紀
(所在地)長野県塩尻市, 松本市

吉田天王　よしだてんおう
(所在地)愛知県豊橋市関屋町
(文)『東海道名所図会』

吉田古墳　よしだこふん　7世紀前半
(所在地)茨城県水戸市元吉田町　(史)国指定史跡（1922）

吉田古墳　よしだこふん　古墳時代
(所在地)佐賀県小城市小城町松尾

吉田本町道標　よしだほんまちどうひょう　宝永6年（1709）建立
(所在地)京都府京都市左京区吉田本町　(史)市登録史跡（1987）

吉田松陰幽囚の旧宅　よしだしょういんゆうしゅうのきゅうたく　江戸時代
(所在地)山口県萩市椿東　(史)国指定史跡（1922）

吉田松陰墓　よしだしょういんのはか　江戸時代
(所在地)東京都荒川区南千住5-33-13 回向院　(史)区指定史跡

吉田温泉神社古墳　よしだゆぜんじんじゃこふん　4世紀中葉
(所在地)栃木県那須郡那珂川町吉田

吉田温泉神社古墳群　よしだゆぜんじんじゃこふんぐん　古墳時代前期
(所在地)栃木県那須郡那珂川町
(別)那須小川古墳群（駒形大塚古墳・吉田温泉神社古墳群・那須八幡塚古墳群）

6画（吉）

吉田遺跡　よしだいせき　弥生時代
所在地 兵庫県明石市吉田，神戸市西区枝吉

吉田遺跡　よしだいせき　縄文時代〜弥生時代
所在地 長崎県対馬市峰町吉田

吉田橋関門跡　よしだばしかんもんあと　江戸時代幕末期
所在地 神奈川県横浜市中区　市登録史跡 (1993)

吉礼砂羅谷窯跡　きれさらだにかまあと　5〜7世紀
所在地 和歌山県和歌山市吉礼

6吉寺廃寺跡　よしでらはいじあと　中世
所在地 広島県三次市吉舎町　県指定史跡 (1942)

7吉利支丹墓碑　きりしたんぼひ　近世初期
所在地 長崎県島原市西有家町　国指定史跡 (1959)

吉志部瓦窯址　きしべがようし　奈良時代末期〜平安時代初頭
所在地 大阪府吹田市吉志部北
別 岸部瓦窯，紫金山瓦窯，吉志部瓦窯跡

吉志部瓦窯跡　きしべかわらがまあと，きしべがようせき　奈良時代末期〜平安時代初頭
所在地 大阪府吹田市吉志部北　国指定史跡 (1971)
別 吉志部瓦窯址，岸部瓦窯，紫金山瓦窯

吉村虎太郎宅跡　よしむらとらたろうたくあと　江戸時代
所在地 高知県高岡郡津野町　県指定史跡 (1969)

吉良家の供養塔　きらけのくようとう　文亀2年(1502)銘
所在地 神奈川県横浜市南区蒔田町 勝国寺　市登録史跡 (1993)

吉見台遺跡　よしみだいせき　縄文時代早期〜奈良・平安時代
所在地 千葉県佐倉市吉見
別 吉見台遺跡群

吉見台遺跡群　よしみだいせきぐん　縄文時代早期〜奈良・平安時代
所在地 千葉県佐倉市吉見秋下〜飯郷古新畑

吉見百穴　よしみひゃっけつ，よしみひゃくあな　6〜7世紀
所在地 埼玉県比企郡吉見町　国指定史跡 (1923)

別 吉見百穴横穴墓群

吉見百穴横穴墓群　よしみひゃっけつおうけつぼぐん　6〜7世紀
所在地 埼玉県比企郡吉見町
別 吉見百穴

吉里古墳群　よしさとこふんぐん　7世紀
所在地 新潟県南魚沼市吉里字糠塚・万貝

8吉定1号墳　よしさだいちごうふん　古墳時代中期末〜後期初頭
所在地 鳥取県西伯郡伯耆町吉定字上ノ山

吉岡大塚古墳　よしおかおおつかこふん　5世紀中葉
所在地 静岡県掛川市高田
別 大塚古墳

吉岡神社古墳　よしおかじんじゃこふん　4世紀後半
所在地 香川県丸亀市飯野町吉岡

吉武高木遺跡　よしたけたかぎいせき　弥生時代前期末〜中期後半
所在地 福岡県福岡市西区吉武　国指定史跡 (1993)

吉武遺跡群　よしたけいせきぐん　弥生時代
所在地 福岡県福岡市西区大字飯盛・吉武地区

吉河遺跡　よしこいせき　弥生時代中期〜後期
所在地 福井県敦賀市吉河町字樋ノ水

9吉胡貝塚　よしごかいづか　縄文時代後期〜晩期
所在地 愛知県田原市吉胡町　国指定史跡 (1951)

10吉原　よしわら
所在地 東京都中央区日本橋堀留町・人形町
遊女玉つる『徳和歌後万載集1』，恋川春町『金々先生栄花夢』，志賀直哉『暗夜行路』，円地文子『吉原の話』

吉原　よしわら
所在地 静岡県富士市
磯田道治『竹斎』，浅井了意『東海道名所記』

吉原6号墳　よしわらろくごうふん　4世紀中葉〜後半
所在地 岡山県赤磐市上仁保

吉原七ツ塚墳墓群　よしわらななつずかふんぼぐん　弥生時代終末期〜古墳発生期
所在地 石川県金沢市吉原町

吉原三王遺跡　よしわらさんのういせき　8・9世紀

6画（吉）

所在地 千葉県香取市丁子字天ノ宮

吉島古墳　よしまこふん　3世紀半ば～後半
所在地 兵庫県たつの市新宮町　国指定史跡（1978）

吉島松山古墳　よしままつやまこふん　古墳時代前期
所在地 兵庫県たつの市新宮町吉島

吉祥寺　きちじょうじ　長禄2年（1458）開創
所在地 東京都文京区本駒込3-19-17

吉高浅間古墳　よしたかせんげんこふん　5世紀中葉～6世紀前半
所在地 千葉県印西市吉高字浅間

11 吉崎・次場遺跡　よしざき・すばいせき，よっさき・すばいせき，よしさき・すばいせき　弥生時代中・後期
所在地 石川県羽咋市吉崎町・鶴多町　国指定史跡（1983）

吉崎御坊跡　よしざきごぼうあと　文明3年（1471）建立
所在地 福井県あわら市吉崎　国指定史跡（1975）

吉野　よしの
所在地 奈良県吉野郡吉野町
文 『古事記』，『日本書紀』
別 芳野

吉野の里　よしののさと
所在地 奈良県吉野郡吉野町
文 『古今和歌集 6』，『賀茂翁家集』

吉野の宮　よしののみや
所在地 奈良県吉野郡吉野町宮滝
文 『万葉集』，『新古今和歌集 1』，『日本書紀』
別 吉野宮

吉野の滝　よしののたき
所在地 奈良県吉野郡吉野町
文 『万葉集』，『御普光園院殿御百首』，『狭衣物語』

吉野の滝　よしののたき
所在地 奈良県吉野郡川上村
文 『和歌初学抄』

吉野ヶ里遺跡　よしのがりいせき　弥生時代
所在地 佐賀県神埼市神埼町，神埼郡吉野ヶ里町　国指定特別史跡（1991）

吉野ヶ里遺跡 吉野ヶ里丘陵地区Ⅲ区　よしのがりいせき よしのがりきゅうりょうちくさんく　3世紀後半
所在地 佐賀県神埼郡吉野ヶ里町田手四本杉

吉野八幡神社古墳　よしのはちまんじんじゃこふん　5世紀末
所在地 福井県吉田郡永平寺町松岡吉野
別 八幡神社古墳

吉野山　よしのやま
所在地 奈良県吉野郡吉野町　国指定史跡（1924）
文 『万葉集』，『狭衣物語』

吉野川　よしのがわ
所在地 三重県，奈良県
文 『万葉集』，後鳥羽院『遠島御百首』，『枕草子』

吉野古墳群　よしのこふんぐん　6世紀後半
所在地 千葉県市原市西国吉字吉野・南岩崎字諏訪原ほか

吉野行宮　よしのあんぐう　南北朝時代
所在地 奈良県吉野郡吉野町吉野山

吉野屋遺跡　よしのやいせき　縄文時代前期末～後期中頃
所在地 新潟県三条市吉野屋字松原

吉野宮　よしののみや
所在地 奈良県吉野郡吉野町宮滝
文 『万葉集』，『新古今和歌集 1』，『日本書紀』
別 吉野の宮

吉野梅林　よしのばいりん
所在地 東京都青梅市梅郷
文 山本有三『真実一路』

吉野朝勤王家柴原又三郎の墓　よしのちょうきんのうかしばはらまたざぶろうのはか　南北朝時代
所在地 宮崎県西臼杵郡高千穂町大字押方3364　県指定史跡（1933）

12 吉備の中山　きびのなかやま
所在地 岡山県岡山市北区
文 上田秋成『雨月物語』

吉備の中山　きびのなかやま
所在地 岡山県津山市
文 『古今和歌集』

吉備の児島　きびのこじま
所在地 岡山県岡山市, 倉敷市, 玉野市
文 『万葉集』

吉備寺　きびでら　飛鳥時代創建（前身・箭田廃寺）
所在地 岡山県倉敷市箭田
別 真蔵寺（旧名）

吉備池廃寺跡　きびいけはいじあと　飛鳥時

遺跡・古墳よみかた辞典　197

6画（吸, 向）

代創建
所在地 奈良県桜井市大字吉備　㊛国指定史跡（2002）

吉備国　きびのくに
所在地 岡山県, 広島県
㊞『万葉集』,『日本書紀』

吉備津神社　きびつじんじゃ　創建年不詳
所在地 岡山県岡山市北区吉備津

[14]吉隠　よなばり
所在地 奈良県桜井市吉隠
㊞『万葉集』,『日本書紀』

【吸】

[6]吸江庵跡　ぎゅうこうあんあと　鎌倉時代
所在地 高知県高知市吸江　㊛県指定史跡（1953）

[7]吸坂・南郷古墳群　すいさか・なんごうこふんぐん　古墳時代
所在地 石川県加賀市吸坂・南郷町

吸坂E1号墳　すいざかいーいちごうふん　5世紀
所在地 石川県加賀市黒瀬町

【向】

[0]向ヶ岡　むこうがおか
所在地 東京都文京区湯島
㊞井原西鶴『好色一代男』

向ヶ岡貝塚　むこうがおかかいづか　弥生時代
所在地 東京都文京区弥生
㊛弥生町遺跡, 弥生二丁目遺跡

[3]小島城跡　むかいこじまじょうあと　中世
所在地 岐阜県飛騨市　㊛県指定史跡（1959）

向山1号墳　むかいやまいちごうふん　5世紀中葉
所在地 福井県三方上中郡若狭町堤・下吉田

向山1号墳　むかいやまいちごうふん　古墳時代後期後半
所在地 鳥取県米子市淀江町福岡字向山
㊛岩屋古墳

向山1号墳　むかいやまいちごうふん　6世紀
所在地 島根県松江市古志原町

向山2号墳　むかいやまにごうふん　7世紀初頭～前葉築造, 7世紀後葉まで追葬
所在地 三重県伊賀市平田

向山5号墳　むこうやまごごうふん　古墳時代後期前半

所在地 鳥取県米子市淀江町
㊛長者ケ平古墳

向山6号墳　むこうやまろくごうふん　6世紀後半
所在地 鳥取県倉吉市厳城・小田

向山古墳　むかいやまこふん　古墳時代前期
所在地 三重県松阪市小野町・嬉野上野町
㊛国指定史跡（1975）
㊛伊勢向山古墳

向山古墳群　むかいやまこふんぐん　5世紀後半～6世紀前半
所在地 静岡県三島市谷田　㊛県指定史跡（1999）

向山古墳群　むかいやまこふんぐん　5世紀中葉（A群）, 6世紀後葉（B群）
所在地 静岡県三島市北沢・谷田

向山古墳群　むかいやまこふんぐん　5世紀後葉～6世紀後葉
所在地 鳥取県米子市淀江町　㊛国指定史跡（1932）

向山古墳群宮ノ峰支群　むこうやまこふんぐんみやのみねしぐん　古墳時代前期～中期
所在地 鳥取県倉吉市小田字宮ノ峰

向山遺跡　むこうやまいせき　旧石器時代
所在地 栃木県栃木市平井町向山

向山遺跡　むこうやまいせき　縄文時代早期末葉主体
所在地 東京都東久留米市南沢

向山遺跡　むかいやまいせき　古墳時代
所在地 愛媛県伊予市上野

[4]向井忠勝墓　むかいただかつのはか　江戸時代
所在地 東京都江東区深川2-16-27 陽岳寺
㊛都指定旧跡（1955）
㊛向井将監墓

向井将監墓　むかいしょうげんのはか　江戸時代
所在地 東京都江東区深川2-16-27 陽岳寺
㊛向井忠勝墓

向日　むこう
所在地 京都府向日市
㊞『続後撰和歌集』

[5]向出山古墳群　むかいでやまこふんぐん　4世紀後半～7世紀初頭
所在地 福井県敦賀市吉河字向出

向台貝塚　むかいだいかいづか　縄文時代前期初頭～中期後葉

198　遺跡・古墳よみかた辞典

6画（合, 吐, 名）

　㋐千葉県市川市曽谷1丁目

向市場遺跡　むかいいちばいせき　縄文時代後期以降
　㋐静岡県浜松市天竜区水窪町地頭方
　㋛市指定史跡（1980）

⁶向羽黒山城跡　むかいはぐろやましろあと　永禄11年（1568）築城
　㋐福島県大沼郡会津美里町　㋛国指定史跡（2001）

⁹向津具銅剣出土地　むかつぐどうけんしゅつどち　弥生時代中後期以降
　㋐山口県長門市油谷向津具下

¹⁰向原古墳　むかいはらこふん　7世紀初頭～前葉
　㋐千葉県富津市二間塚字向原新割

向原寺　むくはらでら　飛鳥時代創建
　㋐奈良県高市郡明日香村豊浦

向原遺跡　むかいはらいせき　縄文時代早期～平安時代
　㋐神奈川県平塚市上吉沢字向原

向島　むこうじま
　㋐東京都墨田区
　㋛『誹風柳多留 78』，井原西鶴『好色二代男』

向島百花園　むこうじまひゃっかえん　江戸時代
　㋐東京都墨田区向島　㋛国指定史跡（1978）

¹¹向野田古墳　むこうのだこふん, むかいのだこふん　4世紀後半
　㋐熊本県宇土市松山町字向野田

¹²向陽台遺跡　こうようだいいせき　縄文時代
　㋐長野県塩尻市

¹³向墓山古墳　むこうはかやまこふん　5世紀前半
　㋐大阪府羽曳野市白鳥3丁目

【合】

³合川窯址群　あいかわようしぐん　古墳時代
　㋐三重県鈴鹿市三宅町字東谷

⁶合羽坂　かっぱざか
　㋐東京都新宿区
　㋛『誹風柳多留』

【吐】

⁵吐田平古墳群　はんだびらこふんぐん　6世紀
　㋐奈良県御所市森脇字吐田

吐田郷遺跡　はんだごういせき　弥生時代

　㋐奈良県御所市名柄

⁶吐気山古墳群　ほけやまこふんぐん　6世紀後半
　㋐徳島県吉野川市鴨島町敷地

¹⁰吐師七ツ塚古墳群　はじななつずかこふんぐん　古墳時代中期中葉・後葉
　㋐京都府木津川市吐師小字中ノ中条
　㋟七ツ塚古墳群

【名】

³名寸隅　なきすみ
　㋐兵庫県明石市魚住町
　㋚『和名抄』

⁴名切遺跡　なきりいせき　縄文時代前期～晩期
　㋐長崎県壱岐市郷ノ浦町片原触

名手宿本陣　なてじゅくほんじん　江戸時代
　㋐和歌山県紀の川市名手市場
　㋟旧名手宿本陣

名木川　なぎがわ
　㋐京都府宇治市伊勢田町
　㋚『和名抄』
　㋟名木河

名木河　なきのかわ
　㋐京都府宇治市伊勢田町
　㋚『和名抄』
　㋟名木川

名水白木屋の井戸　めいすいしろきやのいど　江戸時代
　㋐東京都中央区日本橋1-6南部　㋛都指定旧跡（1955）
　㋟白木屋の井戸跡碑

⁵名古山古墳　なごやまこふん　6世紀後半
　㋐大阪府和泉市唐国町名古山

名古屋城跡　なごやじょうあと　江戸時代初期築城
　㋐愛知県名古屋市中区本丸・二の丸・三の丸　㋛国指定特別史跡（1952）

名古曽の滝　なこそのたき
　㋐京都府京都市右京区嵯峨大沢町
　㋚『今昔物語集』

名古曽廃寺跡　なごそはいじあと　奈良時代白鳳初期
　㋐和歌山県橋本市高野口町名古曽　㋛県指定史跡（1965）

名生館官衙遺跡　みょうだてかんがいせき　7世紀末～10世紀

遺跡・古墳よみかた辞典　199

[所在地]宮城県大崎市古川大崎　[史]国指定史跡（1987）
[別]名生館遺跡

名生館遺跡　みょうだていせき　7世紀末〜10世紀
[所在地]宮城県大崎市古川大崎
[別]名生館官衙遺跡

名田島新開作南蛮樋　なたじましんかいさくなんばんひ　江戸時代
[所在地]山口県山口市名田島
[別]周防灘干拓遺跡（高泊開作浜五挺唐樋・名田島新開作南蛮樋）

6**名次山　なすきやま, なすぎやま**
[所在地]兵庫県西宮市名次町
[文]『万葉集』

7**名児　なご**
[所在地]大阪府大阪市住吉区
[文]『万葉集』, 鴨長明『無名抄』

名児山　なごやま, なちごやま
[所在地]福岡県福津市勝浦, 福岡県宗像市田島
[文]『万葉集』

8**名取の郡　なとりのこおり**
[所在地]宮城県名取市
[文]源重之『拾遺和歌集 7』

名取の御湯　なとりのみゆ
[所在地]宮城県仙台市太白区
[文]平兼盛『拾遺和歌集 7』, 『大和物語』

名取川　なとりがわ
[所在地]宮城県仙台市, 名取市
[文]『大和物語』, 芭蕉『おくのほそ道』

名東遺跡　みょうどういせき　弥生時代〜室町時代
[所在地]徳島県徳島市名東町

9**名柄遺跡　ながらいせき**　弥生時代
[所在地]奈良県御所市名柄

名草の浜　なぐさのはま
[所在地]和歌山県和歌山市名草郡
[文]『後撰和歌集 10』, 『狭衣物語』
[別]名草の浦

名草山　なぐさやま
[所在地]和歌山県和歌山市紀三井寺町
[文]『万葉集』, 『今昔物語集』

10**名島古墳　なじまこふん**　4世紀初頭
[所在地]福岡県福岡市東区名島4丁目

名栗川　なぐりがわ
[所在地]埼玉県
[文]水原秋桜子『晩華』

名高　なたか
[所在地]和歌山県海南市名高
[文]『万葉集』

名高の浦　なたかのうら
[所在地]和歌山県海南市名高
[文]『万葉集』

11**名張　なばり**
[所在地]三重県名張市
[文]『万葉集』

名張藤堂家邸跡　なばりとうどうけていあと　江戸時代
[所在地]三重県名張市丸之内　[史]県指定史跡（1953）

名欲山　なほりやま
[所在地]大分県竹田市久住町
[文]『万葉集』

12**名越切通　なごえきりどおし, なごえきりとおし**　鎌倉時代以降
[所在地]神奈川県逗子市小坪・久木, 鎌倉市大町　[史]国指定史跡（1966）

名越亭　なごえてい　中世
[所在地]神奈川県鎌倉市大町6-9-15
[別]浜ノ御所, 名越殿, 名越山荘

20**名護池古墳Ⅱ　なごいけこふんに**　古墳時代
[所在地]愛媛県伊予市上野 松山平野

名護屋城跡並陣跡　なごやじょうあとならびにじんあと　安土桃山時代
[所在地]佐賀県唐津市鎮西町・呼子町, 東松浦郡玄海町　[史]国指定特別史跡（1955）

【因】

5**因可の池　よるかのいけ**
[所在地]奈良県生駒郡斑鳩町
[文]『万葉集』

10**因島村上氏の城跡（長崎城跡, 青木城跡, 青陰城跡）　いんのしまむらかみしのしろあと（ながさきじょうあと, あおきじょうあと, あおかげじょうあと）**　中世
[所在地]広島県尾道市因島土生町（長崎城）, 尾道市因島中庄町（青陰城）, 尾道市因島重井町（青木城）　[史]県指定史跡（1957）

15**因幡山　いなばのやま, いなばやま**
[所在地]鳥取県鳥取市国府町
[文]『万葉集』

因幡国　いなばのくに
[所在地]鳥取県
[文]島崎藤村『山陰土産』

因幡国分寺跡　いなばこくぶんじあと　奈良時代
[所在地]鳥取県鳥取市国府町

因幡国庁跡　いなばこくちょうあと　平安時代初期
[所在地]鳥取県鳥取市国府町　[史]国指定史跡（1978）
[別]因幡国府

因幡国府　いなばこくふ　平安時代初期
[所在地]鳥取県鳥取市国府町
[別]因幡国庁跡

【回】

6**回向院　えこういん**　明暦3年（1657）開創
[所在地]東京都墨田区両国2-10

【団】

3**団子坂　だんござか**
[所在地]東京都文京区千駄木3丁目と2丁目の間
[文]『誹風柳多留』，夏目漱石『三四郎』
[別]千駄木坂

団子塚9号墳　だんごずかきゅうごうふん　6世紀初頭
[所在地]静岡県袋井市高尾字向山

10**団栗塚古墳　どんぐりずかこふん**　5世紀後半
[所在地]山梨県笛吹市八代町北字伊勢之宮

【在】

5**在田川　ありたがわ**
[所在地]和歌山県
[文]『紀伊国名所図会』

6**在自小田遺跡　あらじおだいせき**　古墳時代〜古代
[所在地]福岡県福津市在自

【地】

3**地山古墳　じやまこふん**　5世紀前半
[所在地]滋賀県栗東市岡

4**地方遺跡　じかたいせき**　縄文時代晩期
[所在地]秋田県秋田市御所野

6**地光寺址　じこうじし**　奈良時代
[所在地]奈良県葛城市笛吹字地光寺

8**地宗寺遺跡　じそうじいせき**　後期旧石器時代，弥生時代
[所在地]広島県山県郡北広島町

地附山古墳群　じずきやまこふんぐん　5世紀後半
[所在地]長野県長野市大字上松地附山
[別]上ノ平古墳群

14**地獄穴洞窟遺跡　じごくあなどうくついせき**　縄文時代早期〜弥生時代
[所在地]岐阜県郡上市八幡町安久田

地獄谷石仏　じごくたにせきぶつ　平安時代
[所在地]奈良県奈良市高畑町
[別]聖人窟，地獄谷石窟仏

地獄谷石窟仏　じごくだにせっくつぶつ　平安時代
[所在地]奈良県奈良市高畑町　[史]国指定史跡（1924）
[別]地獄谷石仏，聖人窟

15**地蔵ヤグラ　じぞうやぐら**　鎌倉時代
[所在地]神奈川県鎌倉市山ノ内

地蔵山古墳　じぞうやまこふん　古墳時代中期〜終末期
[所在地]群馬県伊勢崎市五目牛町

地蔵山古墳　じぞうやまこふん　7世紀頃
[所在地]島根県出雲市上塩冶町
[別]上塩冶地蔵山古墳

地蔵山古墳　じぞうやまこふん　6世紀中頃
[所在地]佐賀県小城市三日月町織島

地蔵山古墳群　じぞうやまこふんぐん　古墳時代前半期
[所在地]群馬県伊勢崎市五目牛町

地蔵田B遺跡　じぞうでんびーいせき　旧石器時代，縄文時代中期，弥生時代
[所在地]秋田県秋田市御所野地蔵田
[別]地蔵田遺跡

地蔵田遺跡　じぞうでんいせき　旧石器時代，縄文時代中期，弥生時代
[所在地]秋田県秋田市御所野地蔵田　[史]国指定史跡（1996）
[別]地蔵田B遺跡

地蔵坂遺跡　じぞうざかいせき　旧石器時代
[所在地]神奈川県綾瀬市深谷字下落合

地蔵河原一里塚　じぞうがわらいちりずか　江戸時代
[所在地]広島県広島市安佐北区可部　[史]県指定史跡（1965）

地蔵原遺跡　じぞうばるいせき　弥生時代〜平安時代
[所在地]大分県大分市大字小池原字五反田

地蔵塚古墳　じぞうつかこふん　6世紀中頃
[所在地]茨城県小美玉市下馬場

地蔵塚古墳　じぞうずかこふん　7世紀後半

6画（壮, 多）

所在地 埼玉県行田市若小玉

地蔵僧遺跡　じぞうそういせき　縄文時代中期～奈良時代
所在地 三重県亀山市川崎町字地蔵僧

[16]**地頭山古墳**　じとうやまこふん　5世紀前半
所在地 神奈川県厚木市船子字宮前

[18]**地鎮山巨石記念物**　じちんやまきょせききねんぶつ　縄文時代後期
所在地 北海道小樽市忍路
別 地鎮山環状列石

地鎮山環状列石　じちんやまかんじょうれつせき　縄文時代後期
所在地 北海道小樽市忍路2丁目　国指定史跡（1950）
別 地鎮山巨石記念物

【壮】

[3]**壮士墓**　おとこづか
所在地 兵庫県神戸市東灘区住吉町
文 『万葉集』

【多】

[3]**多久聖廟**　たくせいびょう　宝永5年（1708）創建
所在地 佐賀県多久市東ノ原　国指定史跡（1921）

多久遺跡群　たくいせきぐん　旧石器時代
所在地 佐賀県多久市多久町

[5]**多功大塚山古墳**　たこうおおつかやまこふん　古墳時代終末期
所在地 栃木県河内郡上三川町多功字南原
別 大塚山古墳

多古台古墳　たこだいこふん　5世紀後半
所在地 千葉県香取郡多古町多古台

多古台古墳群　たこだいこふんぐん　4世紀末～7世紀
所在地 千葉県香取郡多古町多古字谷上・源氏掘・広沼・宮前地先

多田大塚古墳群　ただおおつかこふんぐん　6世紀末～7世紀
所在地 静岡県伊豆の国市

多田山火葬墓群遺跡　ただやまかそうぼぐんいせき　奈良時代
所在地 群馬県伊勢崎市赤堀今井町三騎堂

多田山古墳群　ただやまこふんぐん　6世紀前半～7世紀後半
所在地 群馬県伊勢崎市赤堀今井町

多田院　ただいん，ただのいん　天禄元年（970）建立
所在地 兵庫県川西市多田院　国指定史跡（1951）

多田廃寺址　ただはいじし　白鳳・奈良・平安時代
所在地 兵庫県姫路市大字多田字松ノ本

多由比潟　たゆいがた
所在地 福井県敦賀市
文 『万葉集』

[6]**多伎神社古墳群**　たきじんじゃこふんぐん　6～7世紀
所在地 愛媛県今治市古谷　県指定史跡

多々良川　たたらがわ
所在地 福岡県福岡市東区
文 『太平記』

多気北畠氏城館跡（北畠氏館跡・霧山城跡）　たけきたばたけしじょうかんあと（きたばたけしやかたあと・きりやまじょうあと）　中世
所在地 三重県津市美杉町　国指定史跡（1936）

[7]**多良岳**　たらだけ
所在地 佐賀県, 長崎県
文 『肥前国風土記』

多良間島の土原豊見親のミャーカ　たらまじまのんたばるとぅゆみやのみゃーか　16世紀
所在地 沖縄県多良間村字仲筋東筋里　県指定史跡（1974）
別 土原豊見親のミャーカ

多芸　たぎ
所在地 岐阜県
文 大伴東人『万葉集 6』

[8]**多奈川**　たなかわ
所在地 大阪府泉南郡岬町多奈川
文 『土佐日記』

多武の山　たむのやま
所在地 奈良県桜井市大字多武峰
文 『万葉集』
別 多武峰

多武尾遺跡　たぶおいせき　弥生時代後期
所在地 大分県大分市大字横尾字南城

多武峰　とうのみね
所在地 奈良県桜井市多武峰
文 『多武峰少将物語』

多治比猿掛城跡　たじひさるがけじょうあと

6画（多）

室町時代
　[所在地]広島県安芸高田市吉田町
　[別]毛利氏城跡（多治比猿掛城跡・郡山城跡）

多治見国長邸跡　たじみくにながていあと
鎌倉時代
　[所在地]岐阜県多治見市新町　[挃]県指定史跡（1957）

⁹**多度山**　たどさん
　[所在地]三重県桑名市多度町
　[文]『東海道名所図会』

多度津　たどつ
　[所在地]香川県仲多度郡
　[文]『金毘羅参詣名所図会』

多胡　たご
　[所在地]群馬県高崎市
　[文]『万葉集』

多胡碑　たごひ，たごのひ　8世紀初頭
　[所在地]群馬県高崎市吉井町　[挃]国指定特別史跡（1954）
　[別]上野三碑

多胡薬師古墳　たごやくしこふん　古墳時代終末期
　[所在地]群馬県高崎市吉井町吉井
　[別]多胡薬師塚古墳

多胡薬師塚古墳　たごやくしずかこふん　7世紀末
　[所在地]群馬県高崎市吉井町吉井　[挃]市指定史跡（1971）
　[別]多胡薬師古墳

¹⁰**多祜**　たこ
　[所在地]富山県氷見市上田子・下田子
　[文]『万葉集』

多祜の浦　たこのうら
　[所在地]富山県氷見市
　[文]『万葉集』

多祜の浦　たこのうら
　[所在地]静岡県
　[文]『和歌初学抄』

¹¹**多蛇古古墳（一号墳）**　たいじゃここふん（いちごうふん）　4世紀後半〜5世紀前半
　[所在地]佐賀県武雄市朝日町大字甘久字栗原
　[挃]県指定史跡（1994）

¹²**多賀**　たか
　[所在地]京都府綴喜郡井手町多賀
　[文]『延喜式』
　[別]高

多賀大社　たがたいしゃ
　[所在地]滋賀県犬上郡多賀町多賀
　[文]『近江名所図会』

多賀城廃寺跡　たがじょうはいじあと　奈良〜平安時代
　[所在地]宮城県多賀城市高崎
　[別]多賀城跡　附　寺跡

多賀城跡　附　寺跡　たがじょうあと　つけたり　てらあと　奈良〜平安時代
　[所在地]宮城県多賀城市市川・高崎・新西久保・西久保・金堀・五万崎・六月坂・浮島・大代・山王　[挃]国指定特別史跡（1966）
　[別]多賀柵

多賀柵　たがのさく　奈良〜平安時代
　[所在地]宮城県多賀城市市川・高崎・新西久保・西久保・金堀・五万崎・六月坂・浮島・大代・山王
　[別]多賀城跡　附　寺跡

¹⁴**多聞山城**　たもんやまじょう　永禄7年（1564）築城
　[所在地]奈良県奈良市多門町
　[別]多聞城

多聞寺前遺跡　たもんじまえいせき　旧石器時代，縄文時代
　[所在地]東京都東久留米市南沢1丁目

多聞城　たもんじょう　永禄7年（1564）築城
　[所在地]奈良県奈良市多門町
　[別]多聞山城

多聞院　たもんいん　江戸時代初期開創
　[所在地]神奈川県鎌倉市大船2035

¹⁵**多摩の横山**　たまのよこやま
　[所在地]東京都府中市
　[文]『万葉集』

多摩ニュータウンNo.46遺跡　たまにゅーたうんよんじゅうろくごういせき　縄文時代中期
　[所在地]東京都多摩市諏訪6丁目

多摩ニュータウンNo.52遺跡　たまにゅーたうんばーごじゅうにいせき　旧石器時代，縄文時代
　[所在地]東京都多摩市永山

多摩ニュータウンNo.57遺跡　たまにゅーたうんごじゅうななごういせき　旧石器時代，縄文時代
　[所在地]東京都多摩市落合1丁目　[挃]都指定史跡（1989）

多摩ニュータウンNo.248遺跡　たまにゅーたうんなんばーにひゃくよんじゅうはちいせき　旧石器時代，縄文時代

遺跡・古墳よみかた辞典　203

6画（夷, 好, 如, 安）

　　所在地 東京都町田市小山

多摩ニュータウンNo.769遺跡　たまにゅーたうんななひゃくろくじゅうきゅうごいせき　旧石器時代, 縄文時代, 古代, 中世
　　所在地 東京都多摩市乞田久保谷

多摩ニュータウン遺跡群　たまにゅーたうんいせきぐん　旧石器時代～歴史時代
　　所在地 東京都八王子市, 町田市, 多摩市, 稲城市

多摩川　たまがわ
　　所在地 山梨県, 東京都, 神奈川県
　　㊄『万葉集』

多摩蘭坂遺跡　たまらんざかいせき　旧石器時代
　　所在地 東京都国分寺市内藤1・2丁目

[16]**多磨寺跡**　たまでらあと　奈良時代
　　所在地 東京都府中市大国魂神社東方500mの薬師堂西北（京所5810付近）
　　㊅京所廃寺

【夷】

[4]**夷王山墳墓群**　いおうざんふんぼぐん　室町時代
　　所在地 北海道檜山郡上ノ国町勝山

[6]**夷守の駅**　ひなもりのうまや
　　所在地 福岡県福岡市東区／福岡県糟屋郡粕屋町
　　㊄『万葉集』

[11]**夷堂橋**　えびすどうばし　江戸時代・鎌倉十橋の一
　　所在地 神奈川県鎌倉市小町

[12]**夷森古墳**　えびすもりこふん　古墳時代前期後半
　　所在地 宮城県加美郡加美町米泉字小池裏
　　㊅町指定史跡（2001）
　　㊅大塚森古墳

【好】

[6]**好地旧一里塚**　こうちきゅういちりづか　江戸時代
　　所在地 岩手県花巻市石鳥谷町好地　㊅県指定史跡（1992）

【如】

[7]**如来寺**　にょらいじ
　　所在地 東京都港区高輪
　　㊄『誹風柳多留21』, 樋口一葉『うもれ木』

[12]**如斯亭**　じょしてい　江戸時代
　　所在地 秋田県秋田市手形搦　㊅県指定史跡（1952）

[13]**如意ヶ岳**　にょいがたけ
　　所在地 京都府京都市左京区
　　㊄吉井勇『寒行』, 『太平記』
　　㊅如意山, 如意ヶ峰, 粟田山

【安】

[0]**安の野**　やすのの
　　所在地 福岡県朝倉郡筑前町
　　㊄『日本書紀』

[3]**安久田地獄穴窟遺跡**　あくたじごくあなどうくついせき　縄文時代早期～弥生時代
　　所在地 岐阜県郡上市八幡町安久田　㊅県指定史跡（1971）

安久東古墳群　あんきゅうひがしこふんぐん　古墳時代後期
　　所在地 宮城県仙台市太白区西中田1・4丁目

安久津・清水前古墳群　あくつ・しみずまえこふんぐん　古墳時代後期～終末期
　　所在地 山形県東置賜郡高畠町大字高畠・大字安久津
　　㊅安久津古墳群, 清水前古墳群

安久津古墳群　あくつこふんぐん　7世紀後半～8世紀中葉
　　所在地 山形県東置賜郡高畠町大字高畠・大字安久津　㊅県指定史跡（1984）
　　㊅安久津・清水前古墳群

安久路窯跡　あくろかまあと　5世紀末～6世紀前半
　　所在地 静岡県磐田市西貝塚

安土城跡　あづちじょうあと　天正7年（1579）天守閣完成
　　所在地 滋賀県近江八幡市安土町, 東近江市南須田町　㊅国指定特別史跡（1952）

安土茶臼山古墳　あづちちゃうすやまこふん　5世紀後半～中期
　　所在地 滋賀県近江八幡市安土町上出
　　㊅茶臼山古墳, 常楽寺山1号墳

安土瓢箪山古墳　あづちひょうたんやまこふん　4世紀後半
　　所在地 滋賀県近江八幡市安土町
　　㊅瓢箪山古墳

[4]**安井息軒旧宅**　やすいそっけんきゅうたく, やすいそくけんきゅうたく　江戸時代
　　所在地 宮崎県宮崎市清武町　㊅国指定史跡（1979）

安太　あだ

[所在地]奈良県五条市東阿田・西阿田・南阿田
[文]『古事記』，『日本書紀』
[別]阿太

安太　あだ
[所在地]和歌山県有田市宮原町辺りか
[文]『和名抄』
[別]阿太

安戸星古墳　あどぼしこふん　4世紀
[所在地]茨城県水戸市飯富町

5**安永田遺跡　やすながたいせき**　弥生時代
[所在地]佐賀県鳥栖市柚比町2　[史]国指定史跡(1982)

安田城跡　やすだじょうあと　戦国時代末期
[所在地]富山県富山市婦中町　[史]国指定史跡(1981)

安田遺跡　やすだいせき　弥生時代
[所在地]香川県小豆郡小豆島町安田

安礼の崎　あれのさき
[所在地]静岡県湖西市新居町
[文]『万葉集』

安礼の崎　あれのさき
[所在地]愛知県豊川市御津町御馬
[文]『万葉集』

安礼の崎　あれのさき
[所在地]愛知県蒲郡市西浦町
[文]『万葉集』

6**安伎奈の山　あきなのやま**
[所在地]神奈川県足柄下郡
[文]『万葉集』

安伎奈の山　あきなのやま
[所在地]神奈川県愛甲郡
[文]『和名抄』

安光寺古墳　あんこうじこふん　5世紀前半
[所在地]埼玉県深谷市本郷，児玉郡美里町古都

安宅の渡し　あたけのわたし
[所在地]東京都中央区日本橋浜町，江東区新大橋
[文]芥川龍之介『大川の水』
[別]浜町の渡し

安宅の関　あたかのせき
[所在地]石川県小松市安宅町寇ガ浦
[文]謡曲『安宅』，歌舞伎『勧進帳』

安行猿貝貝塚　あんぎょうさるがいかいずか　縄文時代後期後半
[所在地]埼玉県川口市領家
[別]猿貝貝塚

7**安努　あの**
[所在地]静岡県沼津市
[文]『万葉集』
[別]安弩

安坂将軍塚古墳群　あさかしょうぐんずかこふんぐん　古墳時代中期
[所在地]長野県東筑摩郡筑北村坂井

安来一里塚　やすぎいちりずか　慶長9年(1604)築造
[所在地]島根県安来市安来町　[史]国指定史跡(1936)

安良礼松原　あられまつばら
[所在地]大阪府大阪市住吉区安立町
[文]『万葉集』
[別]霰松原

安芸市土居廓中　あきしどいかちゅう　江戸時代
[所在地]高知県安芸市廓中　[史]市指定史跡

安芸国　あきのくに
[所在地]広島県
[文]『続日本紀』

安芸国分寺跡　あきこくぶんじあと　奈良時代創建
[所在地]広島県東広島市西条町　[史]国指定史跡(1936)

安芸国虎墓　あきくにとらのはか　戦国時代
[所在地]高知県安芸市西浜　[史]県指定史跡(1953)

8**安国山国分寺　あんこくざんこくぶんじ**
[所在地]新潟県上越市五智
[文]『二十四輩順拝図会』

安国寺集落遺跡　あんこくじしゅうらくいせき　古墳時代初頭
[所在地]大分県国東市国東町　[史]国指定史跡(1992)
[別]安国寺遺跡

安国寺遺跡　あんこくじいせき　古墳時代初頭
[所在地]大分県国東市国東町
[別]安国寺集落遺跡

安国寺甕棺墓群　あんこくじかめかんぼぐん　弥生時代
[所在地]福岡県久留米市山川神代　[史]国指定史跡(1980)

安弩　あの
[所在地]静岡県沼津市
[文]『万葉集』
[別]安努

安房西古墳群　あんぼうにしこふんぐん　7

世紀末～8世紀初頭
[所在地]茨城県鉾田市安房字原前

安房国　あわのくに
[所在地]千葉県
[文]土岐善麿『不平なく』

安房国分寺跡　あわこくぶんじあと　奈良時代末期あるいは平安時代初期
[所在地]千葉県館山市館野字国分

安房神社洞窟遺跡　あわじんじゃどうくついせき　縄文時代～弥生時代
[所在地]千葉県館山市安房神社境内

安斉可潟　あぜかがた
[所在地]茨城県
[文]『常陸国風土記』

安東伊賀守守就戦死の地　あんどういがのかみもりなりせんしのち　天正10年（1582）
[所在地]岐阜県本巣郡北方町北方堤池　[史]県指定史跡（1968）

安治川　あじかわ
[所在地]大阪府大阪市西区
[文]『摂津名所図会』

安波峯ろ　あわおろ
[所在地]茨城県那珂郡
[文]『万葉集』

安波峯ろ　あわおろ
[所在地]千葉県
[文]『万葉集』

9 **安保山古墳群　あぼやまこふんぐん**　弥生時代終末期～古墳時代前期
[所在地]福井県福井市安保町

安威古墳群　あいこふんぐん　古墳時代前期～後期
[所在地]大阪府茨木市安威

安食平貝塚　あんじきだいらかいずか　縄文時代中期・後期
[所在地]茨城県かすみがうら市安食

10 **安倉高塚古墳　あくらたかつかこふん**　4世紀
[所在地]兵庫県宝塚市安倉南2丁目　[史]市指定史跡（1970）
[別]小浜安倉古墳，高塚古墳，鳥島古墳

安倍文殊院西古墳　あべもんじゅいんにしこふん　7世紀中頃
[所在地]奈良県桜井市阿部
[別]文殊院西古墳

安倍寺跡　あべでらあと　飛鳥時代
[所在地]奈良県桜井市阿部木材団地　[史]国指定史跡（1970）
[別]阿倍寺跡

安倍野　あべの
[所在地]大阪府大阪市阿倍野区
[文]『摂津名所図会』
[別]阿部野

安祥寺　あんしょうじ　嘉祥元年（848）創建
[所在地]京都府京都市山科区御陵

安造田東3号墳　あそだひがしさんごうふん　古墳時代後期
[所在地]香川県仲多度郡まんのう町大字羽間

安針町　あんじんちょう
[所在地]東京都中央区日本室町・日本橋本町付近
[文]『誹風柳多留』

11 **安堵屋敷遺跡　あんどやしきいせき**　縄文時代晩期中葉
[所在地]岩手県花巻市石鳥谷町

安都真遺跡　あずまいせき　弥生時代
[所在地]徳島県徳島市入田町安都真

安部谷古墳　あべだにこふん　6世紀後半
[所在地]島根県松江市大草町　[史]国指定史跡（1934）
[別]安部谷横穴群，安部谷横穴墓群

安部谷横穴墓群　あべだにおうけつぼぐん　6世紀後半
[所在地]島根県松江市大草町
[別]安部谷横穴群，安部谷古墳

安部谷横穴群　あべだによこあなぐん　6世紀後半
[所在地]島根県松江市大草町
[別]安部谷横穴墓群，安部谷古墳

12 **安満宮山古墳　あまみややまこふん**　3世紀後半
[所在地]大阪府高槻市安満御所
[別]宮山古墳

安満遺跡　あまいせき　弥生時代前期～後期
[所在地]大阪府高槻市八丁畷町　[史]国指定史跡（1993）

安達ヶ原　あだちがはら
[所在地]福島県二本松市
[文]謡曲『黒塚』
[別]安達原

安達太良山　あだたらやま，あだたらさん
[所在地]福島県安達郡
[文]『万葉集』，高村光太郎『智恵子抄』

安達太郎山麓古墳群　あだたらさんろくこふんぐん　6世紀前半～7世紀初頭
[所在地]福島県安達郡大玉村，本宮市（旧・安達

郡本宮町）

安達亭　あだちてい　鎌倉時代
(所在地)神奈川県鎌倉市長谷1-11ヵ

安達原　あだちがはら
(所在地)福島県二本松市
(文)謡曲『黒塚』
(別)安達ヶ原

安道寺遺跡　あんどうじいせき　縄文時代中期の五領ヶ台式期～曽利式期
(所在地)山梨県甲州市塩山下粟生野

安閑天皇陵古墳　あんかんてんのうりょうこふん　6世紀前半頃
(所在地)大阪府羽曳野市古市
(別)安閑陵古墳

安閑陵古墳　あんかんりょうこふん　6世紀前半頃
(所在地)大阪府羽曳野市古市
(別)安閑天皇陵古墳

13安楽寺　あんらくじ
(所在地)福岡県太宰府市
(文)謡曲『老松』，『狭衣物語』

安楽寺古墳　あんらくじこふん　7世紀末頃
(所在地)群馬県高崎市倉賀野町　(史)県指定史跡（1981）

安楽寺谷墳墓群　あんらくじだにふんぼぐん　古墳時代前期
(所在地)徳島県板野郡上板町引野安楽寺谷

安楽寿院境内　あんらくじゅいんけいだい　保延3年（1137）創始
(所在地)京都府京都市伏見区竹田中内畑町　(史)市指定史跡（2001）

安福寺横穴群　あんぷくじおうけつぐん　6世紀中葉～7世紀初頭
(所在地)大阪府柏原市玉手町　(史)府指定史跡（1973）

14安徳大塚古墳　あんとくおおつかこふん　古墳時代前期
(所在地)福岡県筑紫郡那珂川町安徳・下梶原・仲
(別)大塚古墳

15安慶名城跡　あげなじょうあと　三山分立時代
(所在地)沖縄県うるま市字安慶名　(史)国指定史跡（1972）
(別)大川グスク

安養寺　あんようじ
(所在地)京都府京都市中京区新京極通蛸薬師下ル東側
(文)『花洛名勝図会』

安養寺古墳群　あんようじこふんぐん　6世紀前葉
(所在地)滋賀県栗東市安養寺・川辺・小野

安養寺瓦経塚　あんようじがきょうずか　平安時代末期
(所在地)岡山県倉敷市浅原
(別)安養寺経塚，安養寺裏山経塚群

安養寺経塚　あんようじきょうずか　平安時代末期
(所在地)岡山県倉敷市浅原
(別)安養寺瓦経塚，安養寺裏山経塚群

安養寺裏山経塚群　あんようじうらやまきょうずかぐん　平安時代末期
(所在地)岡山県倉敷市浅原　(史)県指定史跡（1960）
(別)安養寺瓦経塚，安養寺経塚

16安曇川　あどかわ
(所在地)滋賀県高島市安曇川町
(文)『万葉集』

安曇野　あずみの
(所在地)長野県
(文)土岐善麿『はつ恋』

安濃津　あのつ
(所在地)三重県津市
(文)『平家物語』

安積の沼　あさかのぬま
(所在地)福島県郡山市日和田町
(文)『狭衣物語』，『義経記』

安積山　あさかやま
(所在地)福島県郡山市日和田
(文)『万葉集』，能『花筐』，芭蕉『おくの細道』
(別)浅香山，額取山

安積艮斎墓　あさかごんさいのはか　江戸時代
(所在地)東京都葛飾区堀切3-25-16 妙源寺　(史)都指定旧跡（1955）

18安藤広重の墓碑・記念碑　うたがわひろしげのぼひ・きねんひ　江戸時代
(所在地)東京都足立区伊興本町1-5-16 東岳寺
(別)初代安藤広重墓及び記念碑

安藤坂　あんどうざか
(所在地)東京都文京区小石川
(文)夏目漱石『それから』

安藤東野墓　あんどうとうやのはか　江戸時代
(所在地)東京都台東区橋場1-16-2 福寿院　(史)都

6画（宇）

指定旧跡（1955）

安騎　あき
- 所在地）奈良県宇陀市
- ⊗）『万葉集』
- 例）阿騎

[19]**安蘇　あそ**
- 所在地）栃木県佐野市
- ⊗）『万葉集』

安蘇山　あそやま
- 所在地）栃木県安蘇郡
- ⊗）『万葉集』

安蘇山　あそやま
- 所在地）群馬県高崎市
- ⊗）『万葉集』

【宇】

[3]**宇土城跡　うとじょうあと，うどじょうあと**　中世
- 所在地）熊本県宇土市神馬町　国）国指定史跡（1979）

[4]**宇内青津古墳群　うないあおつこふんぐん**　4世紀後半以降
- 所在地）福島県河沼郡会津坂下町大字大上字盛北
- 例）青津古墳群

宇木汲田遺跡　うきくんでんいせき　縄文時代晩期末〜弥生後期
- 所在地）佐賀県唐津市宇木字汲田
- 例）汲田遺跡

[6]**宇多の中山　うたのなかやま**
- 所在地）京都府京都市東山区清閑寺
- ⊗）与謝野礼厳『礼厳法師歌集』
- 例）歌の中山

宇多の松原　うだのまつばら
- 所在地）高知県香南市香我美町
- ⊗）『土佐日記』

宇多津　うたづ
- 所在地）香川県綾歌郡宇多津町
- ⊗）『太平記』

宇多野　うたの
- 所在地）京都府京都市右京区宇多野
- ⊗）『後撰和歌集 14』

宇気塚越古墳群　うけつかごしこふんぐん　古墳時代
- 所在地）石川県かほく市宇気

宇江城城跡　うえぐすくじょうあと　14世紀
- 所在地）沖縄県島尻郡久米島町　国）国指定史跡（2009）

[7]**宇佐　うさ**
- 所在地）大分県宇佐市南宇佐
- ⊗）杉田久女『杉田久女句集』，『伊勢物語』

宇佐八幡宮　うさはちまんぐう　神亀2年（725）創建
- 所在地）大分県宇佐市南宇佐・正覚寺・日足
- 例）宇佐神宮

宇佐久保埴輪窯址　うさくぼはにわようし　6世紀前半
- 所在地）埼玉県児玉郡美里町広木

宇佐弥勒寺遺跡　うさみろくじいせき　奈良時代創建
- 所在地）大分県宇佐市南宇佐 宇佐神宮境内
- 例）弥勒寺跡

宇佐神宮境内　うさじんぐうけいだい　神亀2年（725）創建
- 所在地）大分県宇佐市南宇佐・正覚寺・日足　国）国指定史跡（1986）
- 例）宇佐八幡宮

宇佐浜遺跡　うさはまいせき　沖縄貝塚時代中期
- 所在地）沖縄県国頭郡国頭村　国）国指定史跡（1972）

宇利城跡　うりじょうあと　南北朝時代
- 所在地）愛知県新城市中宇利字仁田36　国）県指定史跡（1957）

宇良野山　うらののやま
- 所在地）長野県上田市
- ⊗）『万葉集』

宇良野山　うらののやま
- 所在地）長野県小県郡青木村
- ⊗）『万葉集』

[8]**宇和奈辺古墳　うわなべこふん**　5世紀中葉〜後半頃
- 所在地）奈良県奈良市法華寺町宇和那辺
- 例）ウワナベ古墳

宇和島城　うわじまじょう　慶長6年（1601）現存天守完成
- 所在地）愛媛県宇和島市丸之内　国）国指定史跡（1937）
- 例）鶴島城

宇奈月　うなずき
- 所在地）富山県黒部市宇奈月町
- ⊗）与謝野晶子『深林の香』

宇奈比川　うないがわ
- 所在地）富山県氷見市宇波
- ⊗）『和名抄』

宇治　うじ
[所在地]京都府宇治市
[文]『万葉集』，『日本書紀』

宇治一本松古墳　うじいっぽんまつこふん　古墳時代前期中葉頃
[所在地]京都府宇治市広野町八軒屋谷

宇治二子山古墳　うじふたごやまこふん　古墳時代中期中葉・後葉
[所在地]京都府宇治市宇治山本
[別]二子山古墳

宇治二子塚古墳　うじふたごずかこふん　6世紀初頭
[所在地]京都府宇治市五ヶ庄大林
[別]二子塚古墳

宇治山　うじやま
[所在地]京都府宇治市
[文]鴨長明『無名抄』

宇治川　うじがわ
[所在地]京都府宇治市
[文]『万葉集』

宇治川太閤堤跡　うじがわたいこうずつみあと　16世紀末
[所在地]京都府宇治市　[史]国指定史跡（2009）

宇治平等院　うじびょうどういん　平安時代創建
[所在地]京都府宇治市宇治蓮華
[別]平等院

宇治瓦塚古墳　うじかわらずかこふん　古墳時代中期後葉
[所在地]京都府宇治市五ケ庄瓦塚

宇治瓦窯址　うじがようし　白鳳時代
[所在地]京都府宇治市宇治山本

宇治橋　うじばし
[所在地]京都府宇治市
[文]『日本書紀』，『金槐和歌集』，『源氏物語』，徳冨蘆花『紅葉狩』

宇陀　うだ
[所在地]奈良県宇陀市
[文]『万葉集』

宇陀松山城跡　うだまつやまじょうあと　中世〜近世
[所在地]奈良県宇陀市大宇陀　[史]国指定史跡（2006）

宇陀野　うだの，うだのの
[所在地]奈良県宇陀市
[文]『延喜式』，『和名抄』

9宇品　うじな
[所在地]広島県広島市南区
[文]森鴎外『うた日記』

宇度墓古墳　うどばかこふん　5世紀後葉
[所在地]大阪府泉南郡岬町淡輪
[別]淡輪ニセンザイ古墳

宇津の山　うつのやま
[所在地]静岡県静岡市駿河区宇津ノ谷・丸子，藤枝市岡部町岡部
[文]『伊勢物語』，歌舞伎狂言『蔦紅葉宇都谷峠』
[別]宇都の山

宇津木古墳　うつぎこふん　5世紀
[所在地]愛知県豊田市花本町宇津木

宇津木向原遺跡　うつきむこうはらいせき　縄文時代中期〜弥生時代中期
[所在地]東京都八王子市宇津木町向原
[別]宇津木遺跡

宇津木遺跡　うつきいせき　縄文時代中期〜弥生時代中期
[所在地]東京都八王子市宇津木町向原
[別]宇津木向原遺跡

宇津宮辻子　うつのみやずし　鎌倉時代以降
[所在地]神奈川県鎌倉市小町2-15

宇津宮御所　うつのみやごしょ　鎌倉時代
[所在地]神奈川県鎌倉市小町2-13・14・17・18・19
[別]宇津宮幕府

宇津峰　うずみね　南北朝時代
[所在地]福島県須賀川市塩田ほか，郡山市田村町
[史]国指定史跡（1931）
[別]星が城，雲水峯

宇洞ケ谷横穴　うどうがやよこあな　6世紀中頃
[所在地]静岡県掛川市下俣
[別]宇洞ケ谷横穴墓

宇洞ケ谷横穴墓　うとうがやおうけつぼ　6世紀中頃
[所在地]静岡県掛川市下俣
[別]宇洞ケ谷横穴

宇美　うみ
[所在地]福岡県糟屋郡宇美町
[文]『古事記』

宇美観音浦古墳群　うめかんのうらこふんぐん　古墳時代後期
[所在地]福岡県糟屋郡宇美町

10宇通遺跡　うつういせき　平安時代
[所在地]群馬県前橋市粕川町中之沢

6画（守, 宅, 寺）

[11]**宇宿貝塚　うしゅくかいずか**　縄文時代中期～中世
　(所在地)鹿児島県奄美市笠利町　(型)国指定史跡(1986)

宇都の山　うつのやま
　(所在地)静岡県静岡市駿河区宇津ノ谷・丸子, 藤枝市岡部町岡部
　(文)『伊勢物語』, 歌舞伎狂言『蔦紅葉宇都谷峠』
　(別)宇津の山

宇都宮古墳　うつのみやこふん　古墳時代前期
　(所在地)愛知県小牧市大字小木

宇都宮神社古墳　うつのみやじんじゃこふん　古墳時代
　(所在地)愛知県小牧市小木3-226ほか　(型)県指定史跡(1987)

宇都宮家の墓所　うつのみやけのぼしょ　平安時代後期～戦国時代
　(所在地)栃木県芳賀郡益子町上大羽　(型)県指定史跡(1967)

宇都宮清陵高校地内遺跡　うつのみやせいりょうこうこうちないいせき　縄文時代早期初頭
　(所在地)栃木県宇都宮市竹下町

宇都野火薬庫跡　うつのかやくこあと　江戸時代～昭和期
　(所在地)栃木県日光市足尾町
　(別)足尾銅山跡（通洞坑・宇都野火薬庫跡・本山坑・本山動力所跡・本山製錬所跡・本山鉱山神社跡）

宇都窯跡　うとがまあと　江戸時代
　(所在地)鹿児島県姶良市鍋倉1376-2　(型)県指定史跡(2002)

[12]**宇敵可多山　うえかたやま**
　(所在地)長崎県対馬市美津島町
　(文)『万葉集』

宇智川磨崖碑　うちがわまがいひ　奈良時代
　(所在地)奈良県五條市小島町　(型)国指定史跡(1921)

宇智野　うちの
　(所在地)奈良県五条市
　(文)『万葉集』
　(別)内野

宇賀岳古墳　うがだけこふん　6世紀頃
　(所在地)熊本県宇城市松橋町松橋字岩谷　(型)県指定史跡(1976)

宇賀崎古墳群　うがさきこふんぐん　4世紀末頃
　(所在地)宮城県名取市愛島小豆島字松崎

[13]**宇鉄遺跡　うてついせき**　縄文時代後期～弥生時代中期
　(所在地)青森県東津軽郡外ヶ浜町字上平

[15]**宇摩向山古墳　うまむかいやまこふん**　古墳時代終末期
　(所在地)愛媛県四国中央市金生町　(型)国指定史跡(2011)

[16]**宇頭大塚古墳　うとうおおつかこふん**　古墳時代中期
　(所在地)愛知県岡崎市宇頭北町1丁目
　(別)大塚古墳, 薬王寺古墳

[18]**宇藤坂A5号墳　うとうざかえーごごうふん**　古墳時代後期
　(所在地)静岡県浜松市東区有玉西町

宇藤横穴群　うとうおうけつぐん　古墳時代中期後半～中世
　(所在地)静岡県菊川市東横地

【守】

[3]**守山　もりやま, もるやま**
　(所在地)滋賀県守山市
　(文)阿仏尼『十六夜日記』, 紀貫之『古今和歌集』

守山大塚古墳　もりやまおおつかこふん　4世紀前半
　(所在地)長崎県雲仙市吾妻町本村名字大塚
　(別)大塚古墳

守山古墳群　もりやまこふんぐん　4～5世紀
　(所在地)愛知県名古屋市守山区

[11]**守部の里　もりべのさと**
　(所在地)奈良県天理市
　(文)『万葉集』

守部の里　もりべのさと
　(所在地)奈良県高市郡明日香村
　(文)『万葉集』

【宅】

[12]**宅間ガ谷　たくまがやつ**
　(所在地)神奈川県鎌倉市浄明寺2-5～8

【寺】

[0]**寺の前古墳　てらのまえこふん**　7世紀
　(所在地)山梨県笛吹市春日居町鎮目

寺の前古墳群　てらのまえこふんぐん　古墳

6画（寺）

時代後期
(所在地)山梨県笛吹市春日居町鎮目

寺の浦遺跡　てらのうらいせき　縄文時代後期
(所在地)長野県小諸市滋野甲
(別)寺ノ浦先住民族住居跡，寺ノ浦石器時代住居跡

寺ノ前古墳　てらのまえこふん　6世紀前半
(所在地)奈良県磯城郡三宅町屏風字寺ノ前

寺ノ浦石器時代住居跡　てらのうらせっきじだいじゅうきょあと　縄文時代後期
(所在地)長野県小諸市滋野甲　(指)国指定史跡（1933）
(別)寺ノ浦先住民族住居跡，寺の浦遺跡

寺ノ浦先住民族住居跡　てらのうらせんじゅうみんぞくじゅうきょあと　縄文時代後期
(所在地)長野県小諸市滋野甲
(別)寺の浦遺跡，寺ノ浦石器時代住居跡

³**寺口千塚古墳群　てらぐちせんずかこふんぐん　6世紀**
(所在地)奈良県葛城市寺口布施

寺口忍海古墳群　てらぐちおしみこふんぐん　5世紀末葉以降〜6世紀
(所在地)奈良県葛城市寺口忍海・水原ほか

寺口和田1号墳　てらぐちわだいちごうふん　古墳時代中期
(所在地)奈良県葛城市寺口字和田

寺口和田古墳群　てらぐちわだこふんぐん　5世紀前半〜6世紀半ば中心
(所在地)奈良県葛城市寺口字和田

寺山の遺跡　てらやまのいせき　18世紀初頭
(所在地)沖縄県多良間村字塩川大道里　(指)県指定史跡（1974）
(別)寺山のウガン

寺山古墳　てらやまこふん　古墳時代初期
(所在地)群馬県太田市強戸町162-1の一部ほか　(指)市指定史跡（2011）

寺山古墳　てらやまこふん　古墳時代前期
(所在地)岡山県美作市楢原下
(別)楢原寺山古墳

寺山古墳　てらやまこふん　古墳時代後期
(所在地)福岡県飯塚市大字川島字寺山

寺山古墳群　てらやまこふんぐん　6世紀後半
(所在地)徳島県海部郡海陽町

寺山南山古墳　てらやまみなみやまこふん　古墳時代
(所在地)大阪府堺市西区上野芝町5丁

(別)百舌鳥古墳群（いたすけ古墳・長塚古墳・収塚古墳・塚廻古墳・文珠塚古墳・丸保山古墳・乳岡古墳・御廟表塚古墳・ドンチャ山古墳・正楽寺山古墳・鏡塚古墳・善右ヱ門山古墳・銭塚古墳・グワショウ坊古墳・旗塚古墳・寺山南山古墳・七観音古墳）

寺山炭窯　てらやますみがま　江戸時代末期
(所在地)鹿児島県鹿児島市吉野町
(別)旧集成館 附 寺山炭窯 関吉疎水溝

寺山遺跡　てらやまいせき　縄文時代後期
(所在地)神奈川県秦野市寺山字金目原

⁴**寺中遺跡　じちゅういせき　弥生時代中期中葉・後期末**
(所在地)石川県金沢市寺中町

寺井山古墳群　てらいやまこふんぐん　古墳時代
(所在地)石川県能美市
(別)能美古墳群（寺井山古墳・和田山古墳群・末寺山古墳群・秋常山古墳群・西山古墳群）

寺戸大塚古墳　てらどおおつかこふん　古墳時代前期
(所在地)京都府向日市寺戸町芝山
(別)大塚古墳

⁵**寺古墳群　てらこふんぐん　古墳時代前期〜後期**
(所在地)大阪府交野市寺

寺本廃寺跡　てらもとはいじあと　白鳳時代
(所在地)山梨県笛吹市春日居町寺本　(指)県指定史跡（2009）

⁶**寺地遺跡　てらじいせき，てらちいせき　縄文時代中期〜晩期**
(所在地)新潟県糸魚川市寺地　(指)国指定史跡（1980）

⁷**寺尾20号墳　てらおにじゅうごうふん　5世紀半ば頃**
(所在地)香川県さぬき市鴨部

寺尾城址　てらおじょうし　中世
(所在地)神奈川県横浜市鶴見区　(指)市登録史跡（1997）

寺尾遺跡　てらおいせき　旧石器時代，縄文時代草創期
(所在地)神奈川県綾瀬市寺尾

寺床1号墳　てらどこいちごうふん　古墳時代前期
(所在地)島根県松江市東出雲町揖屋

6画（尖, 年）

寺床古墳群　てらどここふんぐん　古墳時代前期～中期
　所在地 島根県松江市東出雲町掛屋

寺床遺跡　てらどこいせき　縄文時代,弥生時代,古墳時代
　所在地 島根県松江市東出雲町掛屋

寺改戸遺跡　てらかいどいせき　縄文時代後期
　所在地 東京都青梅市長淵

寺町廃寺跡　てらまちはいじあと　白鳳時代～平安時代初期
　所在地 広島県三次市向江田町・和知町　㊨国指定史跡（1984）

寺谷4号墳　てらたによんごうふん　5世紀前半
　所在地 兵庫県豊岡市福田字寺谷

寺谷銚子塚古墳　てらだにちょうしずかこふん　5世紀初頭
　所在地 静岡県磐田市寺谷
　㊥銚子塚古墳 附 小銚子塚古墳

寺谷遺跡　てらだにいせき　旧石器時代
　所在地 静岡県磐田市寺谷2350

8寺林城跡　てらばやしじょうあと　中世
　所在地 岐阜県飛騨市神岡町
　㊥江馬氏城館跡（下館跡・高原諏訪城跡・土城跡・寺林城跡・政元城跡・洞城跡・石神城跡）

寺泊　てらどまり
　所在地 新潟県長岡市
　㊧『日蓮集』

9寺垣内古墳　てらがいとこふん　古墳時代前期
　所在地 三重県伊賀市真泥

寺津3号墳　てらつさんごうふん　5世紀後半～6世紀初頭
　所在地 広島県三次市吉舎町知和

寺音寺古墳　じおんじこふん　5世紀中頃
　所在地 三重県伊賀市炊村滝ノ鼻　㊨県指定史跡（1978）

10寺原・与谷・猿喰城跡　てらばら・よたに・さるばみじょうあと　南北朝時代
　所在地 広島県山県郡北広島町　㊨県指定史跡（1943）

寺家遺跡　じけいせき　奈良時代,平安時代
　所在地 石川県羽咋市寺家町・柳田町　㊨国指定史跡（2012）

寺島の渡し　てらじまのわたし
　所在地 東京都墨田区堤通, 台東区橋場
　㊧幸田露伴『談水』

寺浦古墳　てらうらこふん　6世紀後半
　所在地 佐賀県小城市小城町大字畑田字寺浦

寺浦廃寺塔跡ならびに礎石　てらうらはいじとうあとならびにそせき　奈良時代
　所在地 佐賀県小城市小城町大字畑田字寺浦
　㊨県指定史跡（1971）

寺脇貝塚　てらわきかいづか　縄文時代後・晩期
　所在地 福島県いわき市小名浜字古湊・港ヶ岡

11寺側古墳　てらがわこふん　6世紀後半～7世紀後半
　所在地 広島県三次市三若町

寺崎白壁塚古墳　てらさきしらかべずかこふん　7世紀前半
　所在地 奈良県高市郡高取町与楽
　㊥与楽古墳群（与楽鑵子塚古墳・与楽カンジョ古墳・寺崎白壁塚古墳）

寺野東遺跡　てらのひがしいせき　縄文時代中期
　所在地 栃木県小山市梁　㊨国指定史跡（1995）

14寺徳古墳　じとくこふん　6世紀後半
　所在地 福岡県久留米市田主丸町
　㊥田主丸古墳群（田主丸大塚古墳・寺徳古墳・中原狐塚古墳・西館古墳）

【尖】

5尖石・与助尾根遺跡　とがりいし・よすけおねいせき　縄文時代中期
　所在地 長野県茅野市豊平
　㊥尖石遺跡, 尖石石器時代遺跡

尖石石器時代遺跡　とがりいしせっきじだいいせき　縄文時代中期
　所在地 長野県茅野市豊平　㊨国指定特別史跡（1952）
　㊥尖石遺跡, 尖石・与助尾根遺跡

尖石遺跡　とがりいしいせき　縄文時代中期
　所在地 長野県茅野市豊平
　㊥尖石・与助尾根遺跡, 尖石石器時代遺跡

【年】

0年ノ神6号墳　としのかみろくごうふん　5世紀中頃
　所在地 兵庫県三木市鳥町字年ノ神

11年魚市潟　あゆちがた

[所在地]愛知県名古屋市南区
㊻『万葉集』

年魚道　あゆじ
[所在地]奈良県桜井市
㊻『万葉集』

【庄】

[0]庄が窪横穴墓群　しょうがくぼおうけつぼぐん　古墳時代後期
[所在地]神奈川県中郡大磯町国府本郷
㊵庄ケ久保横穴群

庄ケ久保横穴群　しょうがくぼおうけつぐん　古墳時代後期
[所在地]神奈川県大磯町国府本郷字庄ケ久保
㊲県指定史跡(1966)
㊵庄が窪横穴墓群

[4]庄之畑遺跡　しょうのはたいせき　弥生時代
[所在地]長野県岡谷市小口庄之畑

庄内藩ハママシケ陣屋跡　しょうないはんはまましけじんやあと　江戸時代
[所在地]北海道石狩市浜益区柏木　㊲国指定史跡(1988)
㊵荘内藩ハママシケ陣屋跡

[7]庄村遺跡　しょうそんいせき　弥生時代後期
[所在地]岡山県総社市

[9]庄屋塚古墳　しょうやずかこふん　6世紀中葉
[所在地]福岡県京都郡みやこ町勝山

[11]庄野　しょうの
[所在地]三重県鈴鹿市庄野
㊻安藤広重『東海道五十三次之内　庄野白雨』

[15]庄遺跡　しょういせき　縄文時代後期後半〜鎌倉時代
[所在地]徳島県徳島市庄町

【式】

[9]式亭三馬墓　しきていさんばのはか　江戸時代
[所在地]東京都目黒区碑文谷1-8-14 正泉寺
㊲都指定旧跡(1955)

【当】

[7]当岐麻道　たぎまじ
[所在地]奈良県葛城市,大阪府南河内郡太子町
㊻『古事記歌謡』

[11]当麻寺　たいまでら　7世紀創建
[所在地]奈良県葛城市当麻

当麻寺中之坊庭園　たいまでらなかのぼうていえん　江戸時代
[所在地]奈良県葛城市当麻　㊲国指定史跡(1934)
㊵中之坊庭園

当麻谷原古墳(1号墳)　たいまたにはらこふん(いちごうふん)　7世紀後半
[所在地]神奈川県相模原市南区当麻140　㊲市指定史跡(2001)

当麻東原古墳　たいまあずまはらこふん　7世紀
[所在地]神奈川県相模原市南区当麻1440-2・3 当麻東原公園　㊲市指定史跡(2001)

当麻遺跡　たいまいせき　旧石器時代,縄文時代中期,平安時代
[所在地]神奈川県相模原市中央区田名花ヶ谷戸〜南区当麻谷ヶ原

【成】

[3]成川遺跡　なりかわいせき　弥生時代〜古墳時代
[所在地]鹿児島県指宿市山川成川

[5]成田3号墳　なりたさんごうふん　7世紀中葉
[所在地]茨城県行方市成田字手配台

成田一里塚　なりたいちりづか　慶長9年(1604)築造
[所在地]岩手県北上市成田
㊵二子・成田一里塚

成田山　なりたさん
[所在地]千葉県成田市
㊻『誹風柳多留 88』
㊵新勝寺,成田山新勝寺,成田不動

成田正利の墓　なりたまさとしのはか　江戸時代
[所在地]岐阜県高山市赤保木町宮ケ原　㊲県指定史跡(1970)

成田遺跡　なりたいせき　後期旧石器時代
[所在地]福島県相馬市成田藤堂塚

[9]成屋形古墳　なりやかたこふん　5世紀後半
[所在地]福岡県太宰府市水城2-555-1

[10]成島古墳群　なるしまこふんぐん　4世紀末〜5世紀初頭
[所在地]山形県米沢市広幡町成島字六月在家山

[11]成務天皇陵古墳　せいむてんのうりょうこふん　4世紀末頃
[所在地]奈良県奈良市山陵町字御陵前
㊵佐紀石塚山古墳

成菩提院陵　じょうぼだいいんのみささぎ

平安時代
[所在地]京都府京都市伏見区竹田浄菩提院町

12**成勝寺跡　せいしょうじあと**　保延5年（1139）創建
[所在地]京都府京都市左京区岡崎成勝寺町

【戊】

5**戊立石器時代住居跡　いんたてせっきじだいじゅうきょあと**　縄文時代中期～後期
[所在地]長野県東御市滋野乙　[史]国指定史跡（1933）
[別]戊立遺跡

戊立遺跡　いんだていせき　縄文時代中期～後期
[所在地]長野県東御市滋野乙
[別]戊立石器時代住居跡

【旭】

0**旭・小島古墳群　あさひ・おじまこふんぐん**　古墳時代中期～後期
[所在地]埼玉県本庄市小島, 児玉郡上里町神保原町

3**旭山古墳群　あさひやまこふんぐん**　7世紀前半
[所在地]京都府京都市山科区花山旭山町

5**旭台地下式横穴　あさひだいちかしきよこあな**　6世紀頃
[所在地]宮崎県西諸県郡高原町大字広原旭台
[別]旭台地下式横穴墓

旭台地下式横穴墓　あさひだいちかしきおうけつぼ　6世紀頃
[所在地]宮崎県西諸県郡高原町大字広原旭台
[別]旭台地下式横穴

7**旭町遺跡　あさひまちいせき**　縄文時代中期後葉, 晩期末～続縄文初頭
[所在地]北海道日高郡新ひだか町

【早】

1**早乙女台古墳　そうとめだいこふん**　7世紀
[所在地]栃木県さくら市早乙女

3**早川天神森遺跡　はやかわてんじんもりいせき**　旧石器時代, 縄文時代中期
[所在地]神奈川県綾瀬市早川

早川城跡　はやかわじょうあと　中世
[所在地]神奈川県綾瀬市早川城山3丁目　[史]県指定史跡（2008）

4**早水台遺跡　そうずだいいせき**　前期旧石器時代～縄文時代
[所在地]大分県速見郡日出町小深江

6**早吸の門　はやすいのと**
[所在地]大分県, 愛媛県
[文]『古事記』
[別]早吸の瀬戸

早池峰山　はやちねさん
[所在地]岩手県
[文]『日本名山図会』

11**早野横穴墓　はやのおうけつぼ**　7世紀中頃
[所在地]神奈川県川崎市多摩区早野

12**早雲寺　そううんじ**
[所在地]神奈川県足柄下郡箱根町
[文]高浜虚子『六百句』

14**早稲田　わせだ**
[所在地]東京都新宿区
[文]『漱石全集』, 近松秋江『疑惑』

早稲田大学　わせだだいがく
[所在地]東京都新宿区西早稲田
[文]井伏鱒二『休憩時間』, 相馬御風『みようが畑時代』

早稲田古墳群　わせだこふんぐん　古墳時代末期
[所在地]福島県須賀川市大字下小山田字早稲田

早稲田貝塚　わせだかいずか　縄文時代早期
[所在地]青森県三沢市三沢字早稲田

早鞆の瀬戸　はやとものせと
[所在地]山口県下関市壇ノ浦, 福岡県北九州市門司区和布刈
[文]佐佐木信綱『新月』

【曳】

6**曳舟　ひきふね**
[所在地]東京都墨田区東向島・京島
[文]安藤広重『名所江戸百景』

【曲】

0**曲り田遺跡　まがりたいせき**　縄文時代晩期主体
[所在地]福岡県糸島市二丈石崎

5**曲田Ⅰ遺跡　まがたいちいせき**　縄文時代, 弥生時代, 平安時代
[所在地]岩手県八幡平市曲田

曲田横穴墓群　まがったおうけつぼぐん　7世紀中心
[所在地]栃木県那須烏山市曲田

7**曲里の松並木　まがりのまつなみき**　江戸

時代
[所在地]福岡県北九州市八幡西区岸の浦2-6ほか
⑳市指定旧跡(1971)

[8]曲直瀬玄朔墓　まなせげんさくのはか　江戸時代
[所在地]東京都渋谷区広尾5-1-21 祥雲寺　⑳都指定旧跡(1955)

[11]曲崎古墳群　まがりさきこふんぐん, まがりさきこふんぐん　5世紀末〜7世紀初め
[所在地]長崎県長崎市牧島町　⑳国指定史跡(1978)

【有】

[3]有子山城跡　ありこやまじょうあと　天正2年(1574)築城
[所在地]兵庫県豊岡市出石町内町
⑳山名氏城跡(此隅山城跡・有子山城跡)

[4]有井庄司墓　ありいしょうじのはか　南北朝時代初期
[所在地]高知県幡多郡黒潮町　⑳県指定史跡(1953)

有王山　ありおうやま
[所在地]京都府綴喜郡井手町
⑳『太平記』

[5]有玉窯跡　ありたまかまあと　6世紀前半〜中頃
[所在地]静岡県浜松市東区半田町

有田1号墳　ありたいちごうふん　4世紀
[所在地]福岡県糸島市有田

有田天狗谷古窯　ありたてんぐだにこよう　江戸時代
[所在地]佐賀県西松浦郡有田町

有田遺跡　ありたいせき　旧石器時代〜中世
[所在地]福岡県福岡市早良区有田・小田部

[6]有吉貝塚　ありよしかいづか　縄文時代
[所在地]千葉県千葉市緑区有吉町

有年原・田中遺跡　うねはら・たなかいせき　弥生時代後期
[所在地]兵庫県赤穂市有年原字田中　⑳県指定史跡(1990)

[8]有乳山　あらちやま, あらちのやま
[所在地]福井県敦賀市匹田
⑳『名所方角鈔』,『八雲御抄』

有岡古墳群　ありおかこふんぐん　3〜6世紀
[所在地]香川県善通寺市善通寺町・生野町
⑳国指定史跡(1984)

有岡城跡　ありおかじょうあと　戦国時代末期
[所在地]兵庫県伊丹市宮ノ前・伊丹　⑳国指定史跡(1979)

有明山社遺跡　ありあけさんしゃいせき　縄文時代前期
[所在地]長野県北安曇郡松川村

有明山将軍塚古墳　ありあけやましょうぐんずかこふん　5世紀前半
[所在地]長野県千曲市屋代
⑳将軍塚古墳, 埴科古墳群(森将軍塚古墳・有明山将軍塚古墳・倉科将軍塚古墳・土口将軍塚古墳)

有明古墳群　ありあけこふんぐん　6世紀後半〜7世紀前半
[所在地]長野県安曇野市穂高有明, 北安曇郡松川村

有東遺跡　うとういせき　弥生時代中期〜後期
[所在地]静岡県静岡市駿河区有東

[9]有度浜　うどのはま
[所在地]静岡県静岡市清水区
⑳『枕草子』

有耶無耶関　うやむやのせき
[所在地]宮城県柴田郡川崎町〜山形県山形市/秋田県にかほ市象潟町
⑳芭蕉『おくのほそ道』,『宴曲集』

[10]有栖川　ありすがわ
[所在地]京都府京都市北区嵯峨と太秦の境
⑳吉田兼好『徒然草』

有栖川　ありすがわ
[所在地]京都府京都市北区紫野
⑳大河内躬恒『夫木和歌抄』

有栖川　ありすがわ
[所在地]京都府京都市右京区嵯峨野宮ノ元
⑳『徒然草』

有栖川征討総督宮殿下御本営遺跡　ありすがわせいとうそうとくのみやでんかごほんえいいせき　明治時代
[所在地]宮崎県日向市大字細島町字地蔵町700ノ1　⑳県指定史跡(1936)

有珠モシリ遺跡　うすもしりいせき　縄文時代晩期〜続縄文時代恵山期
[所在地]北海道伊達市有珠町

有珠山　うすざん
[所在地]北海道伊達市
⑳土屋文明『自流泉』
⑳有珠岳

6画（机, 朽, 朱）

有馬　ありま
　所在地 兵庫県神戸市北区有馬町
　⊗『和歌初学抄』,『千載和歌集』

有馬山　ありまやま
　所在地 兵庫県神戸市兵庫区有馬町
　⊗『万葉集』,『日本書紀』

有馬遺跡　ありまいせき　弥生時代後期～中世
　所在地 群馬県渋川市八木原・有馬

有馬遺跡礫床墓群　ありまいせきれきしょうぼぐん　弥生時代後期
　所在地 群馬県渋川市八木原

[11]有笠山洞窟遺跡　ありかさやまどうくついせき　弥生時代
　所在地 群馬県吾妻郡中之条町

[12]有喜貝塚　うきかいづか　縄文時代中期～後期
　所在地 長崎県諫早市松里町

[13]有福城跡　ありふくじょうあと　南北朝時代
　所在地 広島県府中市上下町　㉔県指定史跡（1941）

有節万古窯跡　ゆうせつばんこようあと　江戸時代末期
　所在地 三重県三重郡朝日町小向字名谷　㉔県指定史跡（2006）

[16]有壁宿本陣　ありかべじゅくほんじん　江戸時代
　所在地 宮城県栗原市金成
　㉔旧有壁宿本陣

[17]有磯海　ありそうみ
　所在地 富山県高岡市伏木港, 氷見市
　⊗『万葉集』
　㉔荒磯海

[19]有瀬1号墳　ありせいちごうふん　6世紀前半
　所在地 群馬県渋川市上白井

【机】

[0]机の島　つくえのしま
　所在地 石川県七尾市中島町
　⊗『万葉集』

[10]机島古墳群　つくえじまこふんぐん　6世紀末～7世紀
　所在地 石川県七尾市中島町瀬嵐
　㉔種ヶ島・机島古墳群

【朽】

[4]朽木の杣　くちきのそま

　所在地 滋賀県高島市朽木
　⊗藤原顕輔『金葉和歌集 7』

朽木谷　くつきだに, くつきのだに, くちきだに
　所在地 滋賀県高島市朽木
　⊗藤原公朝『夫木和歌抄』

朽木陣屋跡　くつきじんやあと　江戸時代
　所在地 滋賀県高島市朽木市場

朽木橋横穴墓群　くちきばしおうけつぼぐん　7世紀後葉以前
　所在地 宮城県大崎市古川小野

[14]朽網山　くたみやま
　所在地 大分県竹田市久住町
　⊗『万葉集』

【朱】

[3]朱千駄古墳　しゅせんだこふん　古墳時代中期
　所在地 岡山県赤磐市穂崎

[4]朱円栗沢遺跡　しゅえんくりさわいせき　縄文時代後期
　所在地 北海道斜里郡斜里町

朱円竪穴住居跡群　しゅえんたてあなじゅうきょあとぐん　続縄文時代～擦文時代
　所在地 北海道斜里郡斜里町　㉔北海道指定史跡（1967）

[8]朱垂木ヤグラ　しゅたるきやぐら　中世
　所在地 神奈川県鎌倉市

[11]朱雀の道　すざくのみち
　所在地 京都府京都市下京区
　⊗麦水『葛箒』

朱雀大路　すざくおおじ
　所在地 京都府京都市中京区千本二条
　⊗『大和物語』

朱雀大路跡　すざくおおじあと　飛鳥時代
　所在地 奈良県橿原市上飛騨町
　㉔藤原京跡（朱雀大路跡・左京七条一・二坊跡・右京七条一坊跡）

[13]朱舜水記念碑　しゅしゅんすいきねんひ　日本渡来250年祭にて建立
　所在地 東京都文京区弥生1-1　東京大学農学部内　㉔都指定旧跡（1955）
　㉔朱舜水終焉の地

朱舜水終焉の地　しゅしゅんすいしゅうえんのち　天和2年（1682）没
　所在地 東京都文京区弥生1-1　東京大学農学部内
　㉔朱舜水記念碑

6画（次, 気, 汲, 江）

【次】

[5]次田の温泉　すきたのゆ
　所在地 福岡県筑紫野市
　㊆『万葉集』
　別 武蔵温泉

[9]次郎太郎古墳群　じろうたろうこふんぐん
　古墳時代
　所在地 福岡県嘉麻市漆生

次郎兵衛塚1号墳　じろべえずかいちごうふん　7世紀初頭
　所在地 岐阜県可児市川合字御堂ヶ脇

[12]次場遺跡　すばいせき　弥生時代中期～後期
　所在地 石川県羽咋市深江町次場

【気】

[4]気太神宮　けだのかむみや
　所在地 石川県羽咋市寺家町
　㊆『万葉集』
　別 気多大社

気比　けい, けひ
　所在地 福井県敦賀市曙町
　㊆ 芭蕉『おくのほそ道』,『義経記』

気比神宮　けひじんぐう　大宝2年（702）社殿造営
　所在地 福井県敦賀市曙町

気比銅鐸出土地　けいどうたくしゅつどち
　弥生時代
　所在地 兵庫県豊岡市気比字鷲崎

[6]気多大社　けたたいしゃ
　所在地 石川県羽咋市寺家町
　㊆『万葉集』
　別 気太神宮

[9]気屋遺跡　きやいせき　縄文時代後期
　所在地 石川県かほく市気屋

【汲】

[5]汲田遺跡　くんでんいせき　縄文時代晩期末～弥生後期
　所在地 佐賀県唐津市宇木字汲田
　別 宇木汲田遺跡

【江】

[0]江の島　えのしま
　所在地 神奈川県鎌倉市藤沢市江の島1丁目・2丁目
　㊆ 謡曲『江の島』, 謡曲『鱗形』
　別 江ノ島

江の浜貝塚　えのはまかいずか　奈良時代, 平安時代
　所在地 宮城県東松島市宮戸島北岸

江の脇古墳　えのわきこふん　7世紀
　所在地 徳島県美馬郡つるぎ町

江ノ島　えのしま
　所在地 神奈川県鎌倉市藤沢市江の島1丁目・2丁目
　㊆ 謡曲『江の島』, 謡曲『鱗形』
　別 江の島

[3]江上弥生遺跡群　えがみやよいいせきぐん
　弥生時代中期～後期
　所在地 富山県中新川郡上市町

江口　えぐち
　所在地 大阪府大阪市東淀川区江口
　㊆『日本書紀』,『太平記』

江口貝塚　えぐちかいずか　縄文時代前期初頭～弥生時代前期初頭
　所在地 愛媛県今治市波方町馬刀潟

江子田金環塚古墳　えごだきんかんずかこふん　6世紀初頭
　所在地 千葉県市原市江子田字送り神

[4]江戸　えど
　所在地 東京都
　㊆『曽我物語』,『太平記』, 十返舎一九『東海道中膝栗毛』

江戸山遺跡　えどやまいせき　縄文時代
　所在地 神奈川県横浜市鶴見区上末吉町江戸山

江戸川　えどがわ
　所在地 千葉県, 東京都
　㊆ 薄田泣菫『暮笛集』

江戸見坂　えどみざか
　所在地 東京都港区虎ノ門
　㊆『誹風柳多留 45』, 永井荷風『日和下駄』

江戸城外堀跡　えどじょうそとぼりあと　江戸時代
　所在地 東京都千代田区, 新宿区, 港区　㊐ 国指定史跡（1956）

江戸城跡　えどじょうあと　戦国時代～江戸時代
　所在地 東京都千代田区　㊐ 国指定特別史跡（1963）

江戸橋　えどばし
　所在地 東京都中央区日本橋・日本橋本町
　㊆ 島崎藤村『春』

[5]江古山遺跡　えこやまいせき　古墳時代前期～中期

遺跡・古墳よみかた辞典　217

6画（汐，池）

[所在地]愛知県豊田市東保見町江古山

江尻　えじり
[所在地]静岡県静岡市清水区江尻町
⊗『新撰狂歌集』，『狂歌旅枕』

江平古墳群　えだいらこふんぐん　5世紀後半〜6世紀
[所在地]福島県石川郡玉川村大字小高字江平

江田穴観音古墳　えたあなかんのんこふん
6世紀後半
[所在地]熊本県玉名郡和水町　⊗国指定史跡（1944）
別穴観音古墳

江田船山古墳　えたふなやまこふん　6世紀初頭
[所在地]熊本県玉名郡和水町
別船山古墳, 江田船山古墳 附 塚坊主古墳・虚空蔵塚古墳

江田船山古墳 附 塚坊主古墳・虚空蔵塚古墳　えたふなやまこふん つけたり つかぼうずこふん・こくぞうずかこふん　6世紀初頭
[所在地]熊本県玉名郡和水町　⊗国指定史跡（1951）
別江田船山古墳, 船山古墳

6**江吉良清江寺薩摩工事義歿者墓　えぎらせいこうじさつまこうじぎぼつしゃのはか　江戸時代**
[所在地]岐阜県羽島市江吉良町　⊗県指定史跡（1955）

7**江別太遺跡　えべつぶといせき　続縄文時代**
[所在地]北海道江別市東野幌

江別古墳群　えべつこふんぐん　8世紀後半〜9世紀中頃
[所在地]北海道江別市元江別　⊗国指定史跡（1998）

江別坊主山遺跡　えべつぼうずやまいせき　続縄文時代
[所在地]北海道江別市元江別（旧対雁）旧町村農場内

8**江刺郡廃寺址　えさしぐんはいじし　平安時代**
[所在地]岩手県北上市

江垂横穴墓群　えたれおうけつぼぐん　古墳時代末期以降
[所在地]福島県南相馬市鹿島区江垂字大窪

10**江原台包含地　えばらだいほうがんち　縄文時代後期**
[所在地]千葉県佐倉市臼井町小字江原台

江翁寺薩摩義士墓　こうおうじさつまぎしのはか　江戸時代
[所在地]岐阜県安八郡輪之内町楡俣新田　⊗県指定史跡（1959）

江馬氏城館跡（下館跡・高原諏訪城跡・土城跡・寺林城跡・政元城跡・洞城跡・石神城跡）　えましじょうかんあと（しもやかたあと・たかはらすわじょうあと・つちじょうあと・てらばやしじょうあと・まさもとじょうあと・ほらじょうあと・いしがみじょうあと）　中世
[所在地]岐阜県飛騨市神岡町　⊗国指定史跡（1980）

11**江崎古墳　えざきこふん　6世紀後半**
[所在地]岡山県総社市上林字江崎　⊗県指定史跡（1986）

江曽一里塚　えぞいちりづか　江戸時代
[所在地]岩手県花巻市石鳥谷町江曽　⊗県指定史跡（1969）

江釣子古墳群　えずりここふんぐん　古墳時代末期
[所在地]岩手県北上市江釣子・北鬼柳・和賀町長沼　⊗国指定史跡（1979）

12**江道横穴墓群　えんどうおうけつぼぐん　7世紀**
[所在地]富山県高岡市江道

【汐】

4**汐井掛遺跡　しおいがけいせき　弥生時代後半〜古墳時代前半の墓地群**
[所在地]福岡県宮若市沼口

7**汐見橋　しおみばし**
[所在地]東京都江東区富岡・木場
⊗泉鏡花『深川浅景』

10**汐留　しおどめ**
[所在地]東京都港区東新橋
⊗河竹黙阿弥『早苗鳥伊達聞書』

汐留遺跡　しおどめいせき　縄文時代〜近代
[所在地]東京都港区東新橋1丁目

12**汐越　しおこし**
[所在地]福井県あわら市吉崎
⊗芭蕉『おくのほそ道』

【池】

0**池の上墳墓群　いけのうえふんぼぐん　4世紀後半〜5世紀中頃**
[所在地]福岡県朝倉市堤

218　遺跡・古墳よみかた辞典

池の谷古墳　いけのたにこふん　5世紀前半
[所在地]三重県津市垂水

池ノ上古墳　いけのうえこふん　6世紀後半
[所在地]長野県長野市篠ノ井塩崎　[史]市指定史跡（1969）

池ノ内古墳群　いけのうちこふんぐん　4世紀後半～5世紀初め頃
[所在地]奈良県桜井市池ノ内字馬場

池ノ平御座岩岩陰遺跡　いけのだいらございわいわかげいせき　縄文時代
[所在地]長野県茅野市北山柏原区

3**池上古墳　いけがみこふん**　5世紀前半
[所在地]奈良県北葛城郡広陵町大字大野小字狐谷

池上本門寺　いけがみほんもんじ　弘安5年（1282）創建
[所在地]東京都大田区池上
[別]本門寺

池上家冨士浅間塚及び関連資料　いけがみけふじせんげんずかおよびかんれんしりょう　江戸時代
[所在地]埼玉県さいたま市西区大字中釘　[史]市指定史跡（2001）

池上曽根遺跡　いけがみそねいせき　弥生時代
[所在地]大阪府和泉市池上町，泉大津市曽根町　[史]国指定史跡（1976）

池上遺跡　いけがみいせき　弥生時代中・後期，古墳時代，平安時代
[所在地]埼玉県熊谷市大字池上・上之

4**池之元遺跡　いけのもといせき**　縄文時代早期～平安時代
[所在地]山梨県富士吉田市新倉

池之端　いけのはた
[所在地]東京都台東区上野
[文]『誹風柳多留』

池内横穴　いけうちよこあな　6世紀末～7世紀初頭築造
[所在地]宮崎県宮崎市平和ヶ丘西町　[史]県指定史跡（1972）

池戸八幡神社1号墳　いけどはちまんじんじゃいちごうふん　5世紀後半～6世紀前半
[所在地]香川県木田郡三木町高尾

5**池永道雲墓　いけながどううんのはか**　江戸時代
[所在地]東京都練馬区練馬4-27 受用院墓地　[史]都指定旧跡（1955）

池田　いけだ
[所在地]大阪府池田市
[文]与謝蕪村『夜半叟句集』

池田の宿　いけだのしゅく
[所在地]静岡県磐田市池田
[文]謡曲『熊野』，『平家物語』

池田古墳　いけだこふん　5世紀中頃～6世紀初め
[所在地]兵庫県朝来市和田山町平野

池田茶臼山古墳　いけだちゃうすやまこふん　古墳時代前期
[所在地]大阪府池田市五月丘1丁目　[史]府指定史跡（1972）
[別]茶臼山古墳

池田第1号墳　いけだだいいちごうふん　古墳時代
[所在地]愛知県豊田市猿投町池田　[史]県指定史跡（1977）

池田湖　いけだのうみ
[所在地]鹿児島県指宿市
[文]『三国名勝図会』

池田横穴墓群　いけだおうけつぼぐん　6～7世紀
[所在地]福岡県飯塚市菰田東字池田

池田遺跡　いけだいせき　縄文時代～古墳時代
[所在地]奈良県奈良市池田町

池辺寺跡　ちへんじあと　9世紀前半～10世紀
[所在地]熊本県熊本市西区池上町　[史]国指定史跡（1997）

6**池西窯址　いけにしようし**　平安時代
[所在地]香川県高松市香南町池内

7**池谷宝幢寺古墳　いけのたにほうどうじこふん**　古墳時代前期
[所在地]徳島県鳴門市大麻町池谷 宝幢寺裏山　[史]県指定史跡（1958）
[別]宝幢寺古墳

9**池神　いけがみ**
[所在地]奈良県桜井市，橿原市
[文]『万葉集』

池神　いけがみ
[所在地]奈良県生駒郡斑鳩町
[文]『万葉集』

池神　いけがみ
[所在地]奈良県磯城郡田原本町
[文]『万葉集』

12**池奥古墳群　いけおくこふんぐん**　7世紀後

半～8世紀前葉
(所在地)岐阜県美濃加茂市蜂屋町中蜂屋字池奥

18池鯉鮒　ちりゅう
(所在地)愛知県知立市
(文)芭蕉『深川』
(別)知立

【灰】

12灰塚遺跡　はいずかいせき　古墳時代
(所在地)宮崎県えびの市大字灰塚

【灯】

4灯火山古墳　とうかやまこふん　古墳時代前期末～中期初頭
(所在地)茨城県筑西市村田

8灯明寺畷新田義貞戦歿伝説地　とうみょうじなわてにったよしさだせんぼつでんせつち　鎌倉時代
(所在地)福井県福井市新田塚町　(史)国指定史跡（1924）

22灯籠山古墳　とうろうやまこふん　古墳時代前期後半
(所在地)奈良県天理市中山町

【牟】

5牟田原遺跡　むたばるいせき　縄文時代早期～弥生時代前期
(所在地)熊本県菊池郡大津町矢護川字無田山
(別)無田原遺跡

7牟佐大塚古墳　むさおおつかこふん　6世紀末
(所在地)岡山県岡山市北区牟佐　(史)国指定史跡（1930）
(別)大塚古墳

牟呂王塚古墳　むろおうつかこふん　6世紀末頃
(所在地)愛知県豊橋市牟呂町字市場
(別)王塚古墳

牟良自が磯　むらじがいそ
(所在地)静岡県
(文)『万葉集』

【瓜】

0瓜ガ谷　うりがやつ
(所在地)神奈川県鎌倉市

瓜ヶ谷やぐら群　うりがやつやぐらぐん　鎌倉時代
(所在地)神奈川県鎌倉市山ノ内字東瓜ヶ谷1195
(史)市指定史跡（1971）

5瓜生山　うりゅうやま
(所在地)京都府京都市右京区北白川
(文)『誹風柳多留 140』
(別)将軍地蔵山

瓜生堂遺跡　うりゅうどういせき　弥生時代～中世
(所在地)大阪府東大阪市

10瓜破遺跡　うりわりいせき　旧石器時代～弥生～奈良時代
(所在地)大阪府大阪市平野区瓜破

瓜連城跡　うりずらじょうあと　中世
(所在地)茨城県那珂市瓜連　(史)県指定史跡（1934）

11瓜郷遺跡　うりごういせき　弥生時代中期～後期
(所在地)愛知県豊橋市瓜郷町　(史)国指定史跡（1953）

【百】

2百八やぐら（覚園寺）　ひゃくはちやぐら（かくおんじ）　鎌倉時代以降
(所在地)神奈川県鎌倉市二階堂 覚園寺裏山中
(史)県指定史跡（1961）
(別)百八ヤグラ群

5百本杭　ひゃっぽんぐい
(所在地)東京都墨田区横網
(文)森鴎外『渋江抽斎』, 芥川龍之介『水の東京』

百穴古墳群　ひゃっけつこふんぐん　古墳時代後期
(所在地)滋賀県大津市滋賀里

6百合ヶ丘古墳群　ゆりがおかこふんぐん　5世紀, 6世紀後半
(所在地)福岡県京都郡苅田町大字新津字池堂面

百々ケ池古墳　どどがいけこふん, どどめがいけこふん　古墳時代前期
(所在地)京都府京都市西京区樫原秤谷町・樫原百々ヶ池町
(別)百々池古墳

百々山遺跡　どどやまいせき　縄文時代中期前半
(所在地)山形県山形市大字二井田字百々山

百々池古墳　どどがいけこふん, どどいけこふん, どどめがいけこふん　古墳時代前期
(所在地)京都府京都市西京区樫原秤谷町・樫原百々ヶ池町

[別]百々ケ池古墳

百々陶器窯跡　どうどすえきかまあと, どどとうきようせき, どうどうすえきかまあと　平安時代末期～鎌倉時代
[所在地]愛知県田原市六連町　[史]国指定史跡（1922）
[別]百々陶窯址

百舌鳥大塚山古墳　もずおおつかやまこふん　5世紀前半頃
[所在地]大阪府堺市西区上野芝町
[別]堺大塚山古墳

百舌鳥古墳群（いたすけ古墳・長塚古墳・収塚古墳・塚廻古墳・文珠塚古墳・丸保山古墳・乳岡古墳・御廟表塚古墳・ドンチャ山古墳・正楽寺山古墳・鏡塚古墳・善右ヱ門山古墳・銭塚古墳・グワショウ坊古墳・旗塚古墳・寺山南山古墳・七観音古墳）　もずこふんぐん（いたすけこふん・ながつかこふん・おさめずかこふん・つかまわりこふん・もんじゅずかこふん・まるほやまこふん・ちのおかこふん・ごびょうおもてずかこふん・どんちゃやまこふん・しょうらくじやまこふん・かがみずかこふん・ぜんえもんやまこふん・ぜにずかこふん・ぐわしょうぼうこふん・はたずかこふん・てらやまみなみやまこふん・しちかんのんこふん）　4世紀末～6世紀前半
[所在地]大阪府堺市　[史]国指定史跡（2014）

百舌鳥梅町窯址　もずうめまちようし　5世紀
[所在地]大阪府堺市北区百舌鳥梅町

百舌鳥梅町遺跡　もずうめまちいせき　古墳時代
[所在地]大阪府堺市北区百舌鳥梅町

7**百花台遺跡**　ひゃっかだいいせき　旧石器時代, 縄文時代早期
[所在地]長崎県雲仙市国見町多比良

百花台遺跡群　ひゃっかだいいせきぐん　後期旧石器時代
[所在地]長崎県雲仙市国見町

百谷窯跡　ももたにかまあと　平安時代
[所在地]山口県山口市小郡下郷百谷695-1, 同701　[史]県指定史跡（1978）

百足塚古墳　むかでずかこふん　6世紀前葉
[所在地]宮崎県児湯郡新富町大字新田字東俣

9**百草園**　もぐさえん
[所在地]東京都日野市百草
[文]西脇順三郎『旅人かへらず』, 宮崎湖処子『帰省』

11**百済**　くだら
[所在地]奈良県北葛城郡広陵町大字百済
[文]『今昔物語集』

百済寺　ひゃくさいじ, くだらでら　推古天皇14年（606）創建
[所在地]滋賀県東近江市百済寺町・上山町

百済寺跡　くだらでらあと, くだらじあと　奈良時代
[所在地]大阪府枚方市中宮西之町　[史]国指定特別史跡（1952）

百済寺境内　ひゃくさいじけいだい, くだらでらけいだい　推古天皇14年（606）創建
[所在地]滋賀県東近江市百済寺町・上山町　[史]国指定史跡（2008）

12**百塚山古墳群**　ひゃくずかやまこふんぐん, ひゃくつかやまこふんぐん　5世紀後半～6世紀前半
[所在地]島根県松江市　[史]県指定史跡（1970）

百塚原古墳　ひゃくつかばるこふん　6世紀末～7世紀初頭
[所在地]宮崎県西都市大字三宅

百間川遺跡　ひゃっけんがわいせき　旧石器時代～江戸時代
[所在地]岡山県岡山市中区

百間川遺跡群　ひゃっけんがわいせきぐん　縄文時代後・晩期, 弥生時代前期～中・近世
[所在地]岡山県岡山市中区

百間長屋　ひゃっけんながや
[所在地]東京都文京区後楽
[文]永井荷風『日和下駄』

百間窯跡　ひゃっけんかまあと　江戸時代初期以降
[所在地]佐賀県武雄市山内町
[別]肥前磁器窯跡（天狗谷窯跡・山辺田窯跡・原明窯跡・百間窯跡・泉山磁石場跡・不動山窯跡）

19**百瀬遺跡**　ももせいせき　弥生時代中期
[所在地]長野県松本市寿豊丘

【竹】

0**竹の花横穴墓**　たけのはなおうけつぼ　古墳時代～平安時代
[所在地]宮城県亘理郡亘理町逢隈字竹の花

竹の塚　たけのずか
[所在地]東京都足立区竹の塚
[文]鶴屋南北『当秋八幡祭』

竹ノ下古墳　たけのしたこふん　6世紀

[所在地]福島県いわき市平南白土

竹ノ内3号墳　たけのうちさんごうふん　7世紀前半
[所在地]兵庫県養父市八鹿町九鹿字大林

竹ヶ本古墳　たけがもとこふん　6世紀
[所在地]福岡県春日市大字小倉

竹ヶ鼻大谷別院薩摩工事義歿者墓　たけがはなおおたにべついんさつまこうじぎぼつしゃのはか　江戸時代
[所在地]岐阜県羽島市竹鼻町　[史]県指定史跡（1955）

3 **竹下浅間山古墳　たけしたせんげんやまこふん**　7世紀
[所在地]栃木県宇都宮市　[史]市指定史跡（1977）

竹下遺跡　たけしたいせき　縄文時代中期～後期
[所在地]栃木県宇都宮市竹下町

竹川　たけかわ
[所在地]三重県多気郡明和町
[文]催馬楽『竹河』

4 **竹中氏陣屋跡　たけなかしじんやあと**　江戸時代
[所在地]岐阜県不破郡垂井町岩手　[史]県指定史跡（1956）

竹之内遺跡　たけのうちいせき　縄文時代早期
[所在地]福島県いわき市三和町下市萱字竹之内

竹内古墳群　たけのうちこふんぐん　5世紀後半～7世紀前半頃
[所在地]奈良県葛城市　[史]県指定史跡（1982）

竹内流古武道発祥の地　たけうちりゅうこぶどうはっしょうのち　天文元年（1532）発祥
[所在地]岡山県岡山市北区建部町角石谷　[史]県指定史跡（1976）

竹内遺跡　たけのうちいせき　縄文時代前期前半・中期終末～晩期終末
[所在地]奈良県葛城市竹内・当麻・長尾

5 **竹生島　ちくぶしま, ちくぶじま**　縄文時代早期～弥生時代, 中世
[所在地]滋賀県長浜市早崎町　[史]国指定史跡（1930）

竹生野天皇山古墳群　たこのてんのうやまこふんぐん　6世紀前半
[所在地]石川県羽咋郡宝達志水町竹生野

竹田　たけだ
[所在地]京都府京都市伏見区竹田町
[文]『和名抄』

竹田　たけだ
[所在地]奈良県橿原市東竹田町
[文]『万葉集』

竹田城跡　たけだじょうあと　室町時代～安土桃山時代
[所在地]兵庫県朝来市竹田古城山　[史]国指定史跡（1943）
[別]虎臥城

竹田荘　ちくでんそう　江戸時代
[所在地]大分県竹田市竹田
[別]旧竹田荘 附 田能村竹田墓

竹矢岩船古墳　ちくやいわふねこふん　古墳時代
[所在地]島根県松江市竹矢町手間
[別]岩舟古墳, 岩船古墳

8 **竹並古墳群　たけなみこふんぐん**　古墳時代
[所在地]福岡県行橋市竹並

竹並遺跡　たけなみいせき　弥生時代～古墳時代終末期
[所在地]福岡県行橋市竹並・矢留

竹林寺古墳　ちくりんじこふん　古墳時代前期
[所在地]奈良県生駒市有里町字文珠山

竹林寺廃寺跡　ちくりんじはいじあと　奈良時代
[所在地]静岡県島田市船木南原

9 **竹屋の渡し　たけやのわたし**
[所在地]東京都墨田区向島, 台東区浅草
[文]為永春水『春色梅児誉美』

10 **竹原井　たかはらのい**
[所在地]大阪府柏原市高井田
[文]『万葉集』

竹原井頓宮　たかはらいのかりのみや　奈良時代
[所在地]大阪府柏原市大字青谷

竹原古墳　たけはらこふん　6世紀後半
[所在地]福岡県宮若市竹原　[史]国指定史跡（1957）

竹原笹塚古墳　たけはらささずかこふん　6世紀末
[所在地]長野県長野市松代町東条　[史]市指定史跡（1967）

竹島古墳　たけしまこふん　古墳時代前期
[所在地]山口県周南市

11 **竹淵　たかぶち**
[所在地]大阪府八尾市竹淵

②『和名抄』

[12]竹葉山　たけのはやま
- 所在地 京都府京都市伏見区深草坊町
- ②『都名所図会』

竹葉野　たかはの
- 所在地 大阪府, 京都府, 広島県
- ②『万葉集』

[14]竹鼻少林寺薩摩工事義歿者墓　たけはなしょうりんじさつまこうじぎぼつしゃのはか　江戸時代
- 所在地 岐阜県羽島市竹鼻町狐穴　⑫県指定史跡（1957）

[15]竹敷　たかしき
- 所在地 長崎県対馬市美津島町竹敷
- ②『万葉集』

[16]竹橋御門　たけばしごもん
- 所在地 東京都千代田区一ツ橋
- ②永井荷風『日和下駄』

【米】

[0]米ケ森遺跡　よねがもりいせき　後期旧石器時代
- 所在地 秋田県大仙市協和荒川字新田表

米ノ津　こめのつ
- 所在地 鹿児島県出水市米ノ津町
- ②『三国名勝図会』

[3]米子城跡　よなごじょうあと　戦国末期〜近世
- 所在地 鳥取県米子市久米町　⑫国指定史跡（2006）

米山古墳　よねやまこふん　6世紀中葉
- 所在地 栃木県佐野市犬伏新町　⑫県指定史跡（1958）

米山寺経塚群　べいさんじきょうずかぐん, べいさんじきょうずかぐん　平安時代末期
- 所在地 福島県須賀川市西川　⑫国指定史跡（1937）

[7]米沢二ツ山古墳　よねざわふたつやまこふん　5世紀中葉〜後半期
- 所在地 群馬県太田市米沢

米沢城　よねざわじょう　鎌倉時代〜江戸時代
- 所在地 山形県米沢市

米沢遺跡　よねざわいせき　4世紀後半〜5世紀初め, 5世紀前半, 9世紀
- 所在地 群馬県太田市米沢
- ㊞石田川遺跡

米沢藩主上杉家墓所　よねざわはんしゅうえすぎけぼしょ　江戸時代
- 所在地 山形県米沢市御廟1丁目　⑫国指定史跡（1984）

[9]泉遺跡　よないずみいせき　縄文時代後・晩期
- 所在地 石川県金沢市

米泉館山横穴墓群　こめいずみたてやまおうけつぼぐん　古墳時代
- 所在地 宮城県加美郡加美町米泉字西野
- ㊞館山横穴墓群

米津台場　よねずだいば　安政2年（1855）築造
- 所在地 静岡県浜松市南区新橋町　⑫市指定史跡（1959）

[10]米倉山古墳群　こめくらやまこふんぐん　6世紀後半〜7世紀
- 所在地 山梨県中府市下向山町

米島貝塚　こめしまかいづか, こめじまかいづか　旧石器時代〜縄文時代早期・前期
- 所在地 埼玉県春日部市米崎

[12]米塚古墳群　よねずかこふんぐん　古墳時代中期
- 所在地 静岡県磐田市　⑫県指定史跡（1974）

米須貝塚　こめすかいづか　弥生時代相当期
- 所在地 沖縄県糸満市字米須　⑫県指定史跡（1956）

【糸】

[4]糸井大塚古墳（糸井塚の本第一号古墳）　いといおおつかこふん（いといつかのもとだいいちごうこふん）　5世紀前半
- 所在地 広島県三次市糸井町　⑫県指定史跡（1994）
- ㊞大塚古墳

糸井宮前遺跡　いといみやまえいせき　縄文時代前期中葉黒浜式期〜諸磯c式期
- 所在地 群馬県利根郡昭和村糸井字大貫原・外原

[7]糸谷古墳群　いとだにこふんぐん　4世紀
- 所在地 鳥取県鳥取市国府町糸谷字山ヶ鼻

[11]糸野　いとの
- 所在地 和歌山県有田郡有田川町糸野
- ②明恵『明恵上人歌集』

糸魚川　いといがわ
- 所在地 新潟県糸魚川市
- ②『万葉集』,『古事記』

糸鹿山　いとかのやま, いとかやま

6画（羽）

所在地 和歌山県有田市糸我町
⊗『万葉集』,『金葉和歌集』,『源平盛衰記』

¹³糸数城跡　いとかずじょうあと　14世紀
所在地 沖縄県南城市玉城　⊕国指定史跡（1972）

【羽】

⁰羽ヶ田石器時代住居跡　はけだせっきじだいじゅうきょあと　縄文時代中期
所在地 東京都あきる野市草花　⊕都指定旧跡（1955）
⊛羽ヶ田遺跡

羽ヶ田遺跡　はけだいせき　縄文時代中期
所在地 東京都あきる野市草花
⊛羽ヶ田石器時代住居跡

³羽子田1号墳　はごたいちごうふん　6世紀前半
所在地 奈良県磯城郡田原本町小字東羽子田

羽山古墳　はやまこふん　古墳時代後期
所在地 山形県東置賜郡高畠町大字高畠

羽山横穴　はやまよこあな　6世紀末頃
所在地 福島県南相馬市原町区中太田　⊕国指定史跡（1974）
⊛羽山横穴墓群

羽山横穴墓群　はやまおうけつぼぐん　6世紀末頃
所在地 福島県南相馬市原町区中太田
⊛羽山横穴

⁵羽生田長塚古墳　はにゅうだながつかこふん　7世紀初頭頃
所在地 栃木県下都賀郡壬生町羽生田字新廓
⊛長塚古墳

羽生田茶臼山古墳　はにゅうだちゃうすやまこふん　6世紀後半
所在地 栃木県下都賀郡壬生町
⊛茶臼山古墳

羽田　はねだ
所在地 東京都大田区羽田　羽田空港一帯
⊗河竹黙阿弥『好色芝紀島物語』,国木田独歩『夫』

羽田遺跡　はだいせき　縄文時代前期
所在地 大分県国東市国東町

⁶羽州街道（楢下宿・金山越）　うしゅうかいどう（ならげしゅく・かなやまごえ）　江戸時代
所在地 山形県上山市楢下・金山　⊕国指定史跡（1997）

羽衣石城跡　うえしじょうせき　伝・貞治5年（1366）築城
所在地 鳥取県東伯郡湯梨浜町羽衣石　⊕県指定史跡（2001）

⁷羽佐島遺跡　わさじまいせき　旧石器時代
所在地 香川県坂出市与島町羽佐島

羽束師の森　はつかしのもり
所在地 京都府京都市伏見区羽束師志水町
⊗『後撰和歌集』,謡曲『関寺小町』

羽束師坐高御産日神社境内　はずかしにますたかみむすびじんじゃけいだい　創建年不詳
所在地 京都府京都市伏見区羽束師志水町
⊕市指定史跡（1996）

羽沢貝塚　はざわかいづか　縄文時代中期後半～晩期
所在地 岐阜県海津市南濃町羽沢　⊕県指定史跡（1957）

⁸羽咋　はくい
所在地 石川県羽咋郡,羽咋市
⊗『万葉集』,『古事記』

羽咋古墳群　はくいこふんぐん　古墳時代
所在地 石川県羽咋市川原町・的場町

羽易の山　はがいのやま
所在地 奈良県奈良市/奈良県天理市田町
⊗柿本人麻呂『万葉集』,『続日本紀』

¹⁰羽島貝塚　はじまかいづか,はしまかいづか　縄文時代前期前半
所在地 岡山県倉敷市羽島

羽根　はね
所在地 高知県室戸市羽根
⊗『土佐日記』

羽根山古墳群　はねやまこふんぐん　4～6世紀
所在地 富山県富山市

羽根戸南古墳群　はねどみなみこふんぐん
4世紀（G3号墳）,6世紀（F2号墳）
所在地 福岡県福岡市西区大字羽根戸

羽根尾貝塚　はねおかいづか　縄文時代前期中～後葉
所在地 神奈川県小田原市羽根尾字中道

羽根倉河岸跡　付渡船場跡　はねくらがしあと　つけたりとせんばあと　昭和初期以前まで
所在地 埼玉県さいたま市桜区大字下大久保　⊕市指定史跡（1962）

¹¹羽崎中洞古墳　はざきなかぼらこふん　7世紀末か8世紀初頭

所在地 岐阜県可児市羽崎746　史跡 県指定史跡（1957）
別 羽崎中洞横穴墓

羽崎中洞横穴墓　はざきなかぼらおうけつぼ　7世紀末か8世紀初頭
所在地 岐阜県可児市羽崎746
別 羽崎中洞古墳

羽黒山　はぐろさん
所在地 山形県鶴岡市羽黒町
文 『平家物語』，芭蕉『おくのほそ道』

羽黒山南谷　はぐろさんみなみだに　寛文2年（1662）より客殿造営
所在地 山形県鶴岡市羽黒町手向字羽黒山33の内　史跡 県指定史跡（1952）

羽黒古墳群　はぐろこふんぐん　5世紀
所在地 茨城県小美玉市竹原

羽黒遺跡　はぐろいせき　縄文時代中期中頃～後半・後期前半
所在地 新潟県見附市大字白銀字羽黒

[12]羽場獅子塚古墳　はばししずかこふん　5世紀前半期以前
所在地 長野県飯田市松尾上溝
別 獅子塚古墳

【考】

[5]考古博物館構内古墳　こうこはくぶつかんこうないこふん　6世紀前半～7世紀前半
所在地 山梨県甲府市下曽根町字岩清水

【老】

[0]老の坂　おいのさか
所在地 京都府京都市西京区，亀岡市
文 慶運『後拾遺和歌集 7』
別 老ノ坂

老ノ坂　おいのさか
所在地 京都府京都市西京区，亀岡市
文 慶運『後拾遺和歌集 7』
別 老の坂

[5]老司古墳　ろうじこふん　5世紀初め頃
所在地 福岡県福岡市南区老司　史跡 国指定史跡（2000）

老司瓦窯跡　ろうじかわらがまあと　奈良時代
所在地 福岡県福岡市南区老司
別 観世音寺境内及び子院跡 附 老司瓦窯跡

[9]老洞・朝倉須恵器窯跡　おいぼら・あさくらすえきかまあと　奈良時代

所在地 岐阜県岐阜市芥見老洞・芥見間無田　史跡 国指定史跡（1979）

[19]老蘇森　おいそのもり
所在地 滋賀県近江八幡市安土町　史跡 国指定史跡（1949）
文 『平家物語』，上田秋成『春雨』

【耳】

[6]耳成山　みみなしやま
所在地 奈良県橿原市木原町
文 『古今和歌集』
別 耳無山，耳梨山

[7]耳我の嶺　みみがのみね
所在地 奈良県吉野郡
文 『万葉集』

[8]耳取遺跡　みみとりいせき　縄文時代中期～晩期
所在地 新潟県見附市耳取町字岩沢

[10]耳原古墳　みみはらこふん　6世紀後半
所在地 大阪府茨木市耳原

耳敏川　みみとがわ
所在地 京都府京都市中京区千本二条
文 『枕草子』，『古今六帖』

[11]耳梨山　みみなしやま
所在地 奈良県橿原市木原町
文 『古今和歌集』
別 耳無山，耳成山

[12]耳塚　みみずか　安土桃山時代
所在地 京都府京都市東山区茶屋町 豊国神社門前

耳無山　みみなしやま
所在地 奈良県橿原市木原町
文 『古今和歌集』
別 耳成山，耳梨山

【自】

[5]自由学園遺跡　じゆうがくえんいせき　旧石器時代，縄文時代中期
所在地 東京都東久留米市学園町1丁目

【臼】

[0]臼ガ森古墳　うすがもりこふん　古墳時代前期
所在地 福島県河沼郡会津坂下町大字新舘字森前

[4]臼井南遺跡　うすいみなみいせき　旧石器時代～近世
所在地 千葉県佐倉市臼井

遺跡・古墳よみかた辞典　225

8臼杵石仏　うすきせきぶつ　平安時代後期～鎌倉時代
[所在地]大分県臼杵市大字前田・深田・中尾
[別]臼杵磨崖仏 附 日吉塔、嘉応二年在銘五輪塔・承安二年在銘五輪塔

臼杵磨崖仏 附 日吉塔、嘉応二年在銘五輪塔・承安二年在銘五輪塔　うすきまがいぶつ つけたり ひよしとう、かおうにねんざいめいごりんとう・じょうあんにねんざいめいごりんとう　平安時代後期～鎌倉時代
[所在地]大分県臼杵市大字前田・深田・中尾
[史]国指定特別史跡（1952）
[別]臼杵石仏

12臼塚古墳　うすずかこふん　5世紀後半
[所在地]熊本県山鹿市大字石字臼塚

臼塚古墳　うすずかこふん　5世紀中頃
[所在地]大分県臼杵市大字稲田　[史]県指定史跡（1948）

【舟】

3舟久保古墳　ふなくぼこふん　5世紀頃
[所在地]静岡県菊川市高橋　[史]県指定史跡（1977）

舟久保洞窟　ふなくぼどうくつ　縄文時代後期・晩期
[所在地]岩手県紫波町大字船久保　[史]県指定史跡（1957）
[別]船久保洞穴

舟山2号墳　ふなやまにごうふん　6世紀前半
[所在地]愛知県豊川市上長山町小南口原

舟山古墳　ふなやまこふん　古墳時代中期
[所在地]愛知県豊川市八幡町上宿　[史]市指定史跡（1965）

舟山塚　ふなやまずか　5世紀後半～6世紀前半頃
[所在地]愛知県豊川市御津町広石船山
[別]御津船山古墳, 舟塚山

4舟木の山　ふなきのやま
[所在地]岐阜県本巣市
[文]『五代集歌枕』，『八雲御抄』

舟木の山　ふなきのやま
[所在地]滋賀県近江八幡市
[文]『五代集歌枕』，『八雲御抄』

舟木山古墳群　ふなきやまこふんぐん　古墳時代
[所在地]岐阜県本巣市, 岐阜市

5舟田中道遺跡　ふなだなかみちいせき　5～9世紀
[所在地]福島県白河市大字舟田

8舟岩古墳群　ふないわこふんぐん　7世紀前半
[所在地]高知県南国市岡豊町小蓮舟岩

9舟津貝塚　ふなずかいずか　縄文時代中期～後期
[所在地]福井県あわら市舟津　[史]県指定史跡（1969）

12舟塚山　ふなずかやま　5世紀後半～6世紀前半頃
[所在地]愛知県豊川市御津町広石船山
[別]御津船山古墳, 舟山塚

舟塚山古墳　ふなつかやまこふん, ふなずかやまこふん　5世紀後半
[所在地]茨城県石岡市北根本舟塚　[史]国指定史跡（1921）

舟塚古墳　ふなずかこふん　6世紀前半
[所在地]茨城県水戸市大足町舟塚
[別]内原舟塚古墳

舟塚古墳　ふなずかこふん　6世紀前半
[所在地]茨城県小美玉市上玉里
[別]玉里舟塚古墳

舟塚古墳　ふなずかこふん　6世紀
[所在地]茨城県那珂郡東海村大字村松字荒谷台

舟塚古墳　ふなずかこふん　6世紀末葉～7世紀初頭
[所在地]千葉県千葉市緑区土気町字舟塚
[別]土気舟塚古墳

舟塚古墳　ふなずかこふん　5世紀後半
[所在地]佐賀県佐賀市大和町
[別]船塚古墳, 今山舟塚古墳, 船塚

舟塚古墳群　ふなずかこふんぐん　6世紀中葉
[所在地]茨城県小美玉市上玉里

舟塚原古墳　ふなずかはらこふん　6世紀前葉～中葉
[所在地]千葉県香取郡神崎町新字船塚原

14舟隠古墳　ふなかくしこふん　5世紀
[所在地]兵庫県豊岡市駄坂字舟隠

【色】

0色の浜　いろのはま
[所在地]福井県敦賀市
[文]芭蕉『おくのほそ道』
[別]色浜

8色金山　いろがねやま
[所在地]愛知県長久手市
[別]長久手古戦場 附 御旗山・首塚・色金山

6画（芋, 艸, 虫, 血, 行）

¹⁰色浜　いろのはま
　所在地 福井県敦賀市
　文 芭蕉『おくのほそ道』
　別 色の浜

¹¹色麻古墳群　しかまこふんぐん　7世紀中葉
　～8世紀前葉
　所在地 宮城県加美郡色麻町上郷・高野

【芋】

⁷芋坂　いもざか
　所在地 東京都台東区谷中, 荒川区東日暮里
　文 泉鏡花『松の葉』, 夏目漱石『吾輩は猫である』

⁸芋岡山遺跡　いもおかやまいせき　弥生時代後期
　所在地 岡山県小田郡矢掛町白江

【艸】

¹³艸墓古墳　くさばかこふん, くさはかこふん
　古墳時代後期
　所在地 奈良県桜井市谷　国 国指定史跡（1974）
　別 カラト古墳

【虫】

⁴虫内Ⅰ遺跡　むしないいちいせき　縄文時代後期末～晩期前葉
　所在地 秋田県横手市山内土渕字虫内

⁸虫明　むしあけ
　所在地 岡山県瀬戸内市邑久町虫明
　文『狭衣物語』

¹²虫塚　むしづか　江戸時代
　所在地 東京都台東区上野桜木1-14-11 寛永寺内
　国 都指定旧跡（1955）

【血】

⁸血松塚古墳　ちまつづかこふん　5世紀中葉
　所在地 静岡県磐田市神増

¹¹血鹿島　ちかのしま
　所在地 長崎県 五島列島
　文 祝詞「儺の祭の詞」,『古事記』
　別 知訶島, 値嘉島

【行】

⁰行き廻る丘　ゆきみるおか
　所在地 奈良県高市郡明日香村
　文『万葉集』

²行人坂　ぎょうにんざか
　所在地 東京都千代田区
　文『江戸名所図会』
　別 麹町の行人坂, 南法眼坂, 法印坂

　行人坂　ぎょうにんざか
　所在地 東京都新宿区
　文『江戸名所図会』
　別 牛込の行人坂

　行人坂　ぎょうにんざか
　所在地 東京都目黒区
　文『甲子夜話』

　行人塚と芋うえ桜　ぎょうにんづかといもうえざくら　7世紀初頭
　所在地 群馬県高崎市箕郷町矢原　国 市指定史跡（1973）

　行人塚古墳　ぎょうにんづかこふん　古墳時代後期
　所在地 埼玉県比企郡小川町横田字峰

　行人塚古墳　ぎょうにんづかこふん　5世紀後半
　所在地 静岡県掛川市吉岡字女高

⁵行田Ⅱ遺跡　おくなだにいせき　縄文時代後期
　所在地 群馬県安中市松井田町行田

⁶行成鬼塚古墳　ゆきなりおにづかこふん　6世紀末
　所在地 佐賀県鹿島市大字納富分字行成
　別 鬼塚古墳, 鬼塚

⁸行幸田山古墳群　みゆきだやまこふんぐん
　古墳時代前期後半および中期後半
　所在地 群馬県渋川市行幸田字三重街道・石坂

　行者塚古墳　ぎょうじゃづかこふん　4世紀末
　所在地 兵庫県加古川市山手2丁目

⁹行峠古墳　ゆきとうげこふん　6世紀中葉築造
　所在地 福井県大飯郡高浜町中山

¹¹行基墓　ぎょうきのはか, ぎょうきぼ　奈良時代
　所在地 奈良県生駒市有里町　国 国指定史跡（1921）

¹⁴行徳　ぎょうとく
　所在地 千葉県市川市行徳
　文 曲亭馬琴『南総里見八犬伝』

　行徳寺　ぎょうとくでら
　所在地 千葉県茂原市
　文 宝井其角『次韻』

遺跡・古墳よみかた辞典　227

【衣】

[0]衣の浦　ころものうら
- 所在地 愛知県
- 文『山家心中集』

衣の関　ころものせき
- 所在地 岩手県西磐井郡平泉町
- 文『後撰和歌集』
- 別 衣関, 衣川関

[3]衣川　ころもがわ
- 所在地 岩手県
- 文『拾遺和歌集』

衣川の関　ころもがわのせき　平安時代中期
- 所在地 岩手県奥州市衣川区

衣川廃寺跡　きぬがわはいじあと　飛鳥時代末期
- 所在地 滋賀県大津市堅田衣川町　国指定史跡(1977)

[4]衣手の森　ころもでのもり
- 所在地 愛知県
- 文『能因歌枕』,『和歌初学抄』,『八雲御抄』

衣手の森　ころもでのもり
- 所在地 京都府
- 文『能因歌枕』

[10]衣紋坂　えもんざか
- 所在地 東京都台東区
- 文 井原西鶴『色里三所世帯』

[11]衣掛山古墳群　きぬかけやまこふんぐん　6世紀中葉〜7世紀前葉
- 所在地 福井県敦賀市堂

衣笠　きぬがさ
- 所在地 京都府京都市北区衣笠町
- 文『今昔物語集』

衣笠城　きぬがさじょう　中世
- 所在地 神奈川県横須賀市衣笠町

衣笠経塚　きぬがさきょうづか　平安時代後期(12世紀)
- 所在地 神奈川県横須賀市衣笠町
- 別 坂の台経塚, 衣笠城経塚, 大善寺経塚

[14]衣裳塚古墳　いしょうづかこふん　4世紀末〜5世紀前半
- 所在地 岐阜県各務原市鵜沼羽場町　県指定史跡(1957)

[16]衣縫廃寺　いぬいはいじ　飛鳥時代
- 所在地 大阪府藤井寺市惣社小字イヌイ

【西】

[0]西の市　にしのいち
- 所在地 奈良県大和郡山市九条町付近
- 文『万葉集』

西の池　にしのいけ
- 所在地 奈良県奈良市
- 文『万葉集』

西の城貝塚　にしのじょうかいづか　縄文時代早期初頭
- 所在地 千葉県香取郡神崎町神崎本宿671　県指定史跡(1966)
- 別 西之城貝塚, 西ノ城貝塚

西の城跡　にしのじょうあと　南北朝時代〜戦国時代
- 所在地 三重県津市美里町
- 別 長野氏城跡(長野城跡・東の城跡・中の城跡・西の城跡)

西の浜貝塚　にしのはまかいづか　縄文時代後期
- 所在地 宮城県宮城郡松島町　国指定史跡(1974)

西の御厩　にしのみまや
- 所在地 奈良県奈良市
- 文『万葉集』

西もり山古墳　にしもりやまこふん　5世紀後半
- 所在地 岡山県赤磐市穂崎字廻り山
- 別 森山古墳

西ノ山古墳　にしのやまこふん　4世紀
- 所在地 大阪府八尾市楽音寺

西ノ川口遺跡　にしのかわぐちいせき　弥生時代中期
- 所在地 高知県高岡郡四万十町七里

西ノ台古墳　にしのだいこふん　6世紀後葉期
- 所在地 千葉県山武市板附字西ノ台

西ノ辻遺跡　にしのつじいせき　弥生時代中期〜後期
- 所在地 大阪府東大阪市弥生町　府指定史跡(2001)

西ノ谷貝塚遺跡群　にしのやとかいづかいせきぐん　縄文時代前期
- 所在地 神奈川県横浜市都筑区南山田町

西ノ前遺跡　にしのまえいせき　縄文時代中期中葉
- 所在地 山形県最上郡舟形町舟形字西ノ前

西ノ原古墳　にしのはらこふん　7世紀
- 所在地 山梨県上野原市大野

6画（西）

西ノ野古墳群　にしののこふんぐん　6世紀初頭
所在地 三重県鈴鹿市国府町

西ヶ広遺跡　にしがひろいせき　弥生時代後期・古墳時代後期・奈良時代
所在地 三重県四日市市伊坂町字松山・西ヶ広

西ヶ洞古墳群　にしがほらこふんぐん　古墳時代
所在地 岐阜県郡上市白鳥町中津屋字西ヶ洞

西ヶ原一里塚　にしがはらいちりづか　江戸時代
所在地 東京都北区西ヶ原　国指定史跡（1922）

西ヶ原貝塚　にしがはらかいづか　縄文時代中期後半〜晩期前葉
所在地 東京都北区西ヶ原3丁目地内　都指定史跡（1999）
別 西ヶ原昌林寺貝塚

西ヶ原昌林寺貝塚　にしがはらしょうりんじかいづか　縄文時代中期後半〜晩期前葉
所在地 東京都北区西ヶ原3丁目地内
別 西ヶ原貝塚

[1]西一本杉古墳群　にしいっぽんすぎこふんぐん　4世紀前半
所在地 佐賀県神埼郡吉野ヶ里町石動

[2]西八木化石出土地　にしやぎかせきしゅつどち　旧石器時代
所在地 兵庫県明石市大久保町八木

[3]西下向遺跡　にししもむかいいせき　旧石器時代後期
所在地 福井県坂井市三国町米ケ脇

西上免遺跡　にしじょうめんいせき　弥生時代中期、古墳時代初頭、奈良時代、鎌倉時代、戦国時代
所在地 愛知県一宮市開明字西上免・馬寄字東瀬古

西大寺　さいだいじ　奈良時代創建
所在地 奈良県奈良市西大寺芝町

西大寺山古墳　さいだいじやまこふん　4世紀末〜7世紀
所在地 大阪府富田林市山中田町

西大寺境内　さいだいじけいだい　奈良時代創建
所在地 奈良県奈良市西大寺芝町　国指定史跡（1965）

西大塚古墳群　にしおおつかこふんぐん　6世紀中葉
所在地 茨城県日立市南高野町字西大塚

西大路　にしおおじ
所在地 神奈川県鎌倉市二階堂

西小山古墳　にしこやまこふん　5世紀中頃
所在地 大阪府泉南郡岬町淡輪

西山　にしやま
所在地 京都府
⊗『蜻蛉日記』、『太平記』

西山6号墳　にしやまろくごうふん　6世紀初頭〜後葉
所在地 兵庫県三田市貴志字平方

西山26号墳　にしやまにじゅうろくごうふん　5世紀前半
所在地 岡山県総社市黒尾

西山公園遺跡　にしやまこうえんいせき　弥生時代
所在地 福井県鯖江市長泉寺西山

西山古墳　にしやまこふん　6世紀後半
所在地 群馬県太田市藪塚町3519
別 藪塚湯之入 北山古墳 西山古墳

西山古墳　にしやまこふん　4世紀半ば
所在地 三重県松阪市嬉野川北町

西山古墳　にしやまこふん　古墳時代
所在地 京都府城陽市下大谷

西山古墳　にしやまこふん　古墳時代前期
所在地 奈良県天理市杣之内町・勾田町　国指定史跡（1927）

西山古墳群　にしやまこふんぐん　弥生時代末期〜古墳時代
所在地 石川県能美市
別 能美古墳群（寺井山古墳群・和田山古墳群・末寺山古墳群・秋常山古墳群・西山古墳群）

西山古墳群　にしやまこふんぐん　7世紀
所在地 岐阜県岐阜市長良真福寺字西山

西山古墳群　にしやまこふんぐん　6世紀後半（3号墳）、7世紀初頭（2号墳）
所在地 兵庫県養父市八鹿町浅間字西山

西山谷2号墳　にしやまたにごうふん　3世紀中葉
所在地 徳島県鳴門市大麻町池谷字西山谷

西山貝塚　にしやまかいづか　弥生時代後期
所在地 広島県広島市東区戸坂町茶磨山

西山荘　せいざんそう　江戸時代
所在地 茨城県常陸太田市新宿町590　県指定史跡（1974）

西山塚古墳　にしやまずかこふん　古墳時代

中期後葉
[所在地]京都府木津川市市坂

西山横穴墓群 にしやまおうけつぼぐん 7世紀中葉～末葉
[所在地]千葉県富津市更和字西山

西山遺跡 にしやまいせき 飛鳥時代,奈良時代
[所在地]三重県員弁郡東員町中上字西山

西山遺跡 にしやまいせき 弥生時代末～古墳時代初期
[所在地]岡山県倉敷市真備町箭田

西川 にしかわ
[所在地]京都府京都市西京区
㊡『源氏物語』

西川津遺跡 にしかわづいせき,にしかわついせき 弥生時代前期～中期
[所在地]島根県松江市

西川島遺跡群 にしかわじまいせきぐん 中世
[所在地]石川県鳳珠郡穴水町西川島地区

⁴**西之台遺跡** にしのだいいせき 旧石器時代,縄文時代
[所在地]東京都小金井市前原3丁目・中町4丁目

西ノ池窯址 にしのいけようし 奈良時代末～平安時代
[所在地]和歌山県日高郡印南町西之池字小池谷

西方貝塚 にしかたかいづか 縄文時代中期
[所在地]茨城県取手市小文間岩耕地

西方前遺跡 にしかたまえいせき 縄文時代中期～弥生時代,平安時代
[所在地]福島県田村郡三春町大字西方字西方前

西月ヶ丘遺跡 にしつきがおかいせき 擦文時代終末期
[所在地]北海道根室市西浜町
㊥西月ヶ岡遺跡

西月ヶ岡遺跡 にしつきがおかいせき 擦文時代終末期
[所在地]北海道根室市西浜町 ㊙国指定史跡(1976)
㊥西月ヶ丘遺跡

⁵**西丘赤城神社古墳** にしおかあかぎじんじゃこふん 古墳時代初期(4世紀後半)
[所在地]群馬県邑楽郡板倉町西岡
㊥西丘赤城塚古墳

西丘赤城塚古墳 にしおかあかぎずかこふん 古墳時代初期(4世紀後半)
[所在地]群馬県邑楽郡板倉町西岡

㊥西丘赤城神社古墳

西台古墳群 にしだいこふんぐん 古墳時代
[所在地]埼玉県桶川市川田谷

西台畑遺跡 にしだいばたいせき 縄文時代～弥生時代
[所在地]宮城県仙台市太白区郡山2丁目 伊勢煉瓦工場の敷地内

西平貝塚 にしびらかいづか 縄文時代後期
[所在地]熊本県八代郡氷川町高塚西平

西広貝塚 さいひろかいづか 縄文時代中期終末～後期末葉
[所在地]千葉県市原市西広字上ノ原

西本6号遺跡 にしもとろくごういせき 7世紀後半
[所在地]広島県東広島市高屋町大畠・杵原

西本願寺 にしほんがんじ 天正19年(1591)現地移転
[所在地]京都府京都市下京区堀川通花屋町下ル本願寺門前町
㊥本願寺

西田遺跡 にしだいせき 縄文時代早期・前期・中期,平安時代,中世
[所在地]岩手県紫波郡紫波町

西目貝塚 にしめかいづか 縄文時代前期
[所在地]秋田県由利本荘市西目町出戸字上高野土花

西石動遺跡 にしいしなりいせき 弥生時代前期末～中世
[所在地]佐賀県神埼郡吉野ヶ里町石動字西一本杉

⁶**西光寺** さいこうじ
[所在地]東京都品川区大井4-22-16
㊡大田蜀山人『七々集』

西吉田北1号墳 にしよしだきたいちごうふん 5世紀中頃
[所在地]岡山県津山市西吉田

西安寺址 せいあんじし 飛鳥時代創建
[所在地]奈良県北葛城郡王寺町大字久度 舟度神社

西寺山古墳 にしてらやまこふん 4世紀中葉
[所在地]岐阜県可児市中恵土字寺廻

西寺跡 さいじあと 平安時代創建
[所在地]京都府京都市南区唐橋西寺町 ㊙国指定史跡(1921)

西庄遺跡 にしのしょういせき 5世紀後半～6世紀初め(最盛期)
[所在地]和歌山県和歌山市西庄・本脇

西米良村古墳 にしめらそんこふん 古墳

時代
[所在地]宮崎県児湯郡西米良村大字村所字鶴・字狭上, 大字小川字川水流　[史]県指定史跡（1934）

7 **西坂本**　にしさかもと
[所在地]京都府京都市左京区修学院
[文]伊勢『後拾遺和歌集 8』, 慈円『愚管抄』

西尾貝塚　にしおかいずか　縄文時代中期・後期・晩期
[所在地]愛知県西尾市上町八王子
[別]八王子貝塚

西志賀貝塚　にししがかいずか　弥生時代前期
[所在地]愛知県名古屋市西区貝田町1丁目
[別]西志賀遺跡

西志賀遺跡　にししがいせき　弥生時代前期
[所在地]愛知県名古屋市西区貝田町1丁目
[別]西志賀貝塚

西条52号墳　さいじょうごじゅうにごうふん　弥生時代末～古墳時代
[所在地]兵庫県加古川市神野町西条

西条古墳群　さいじょうこふんぐん　古墳時代中期
[所在地]兵庫県加古川市山手　[史]国指定史跡（1973）

西条廃寺址　さいじょうはいじし　白鳳・奈良時代
[所在地]兵庫県加古川市神野町

西求女塚古墳　にしもとめずかこふん　古墳時代前期初頭
[所在地]兵庫県神戸市灘区都通　[史]国指定史跡（2005）

西沢曠野の墓　にしざわこうやのはか　江戸時代
[所在地]埼玉県さいたま市中央区本町東5-13-13　[史]市指定史跡（1964）

西芳寺　さいほうじ
[所在地]京都府京都市西京区松尾神ヶ谷町
[文]高浜虚子『七百五十句』
[別]苔寺

西芳寺庭園　さいほうじていえん　室町時代初期
[所在地]京都府京都市西京区松尾神ヶ谷町　[史]国指定史跡（1952）

西谷山古墳群　にしたにやまこふんぐん　5世紀中葉前後
[所在地]福井県福井市西谷町・月見町

西谷墳墓群　にしだにふんぼぐん　弥生時代～古墳時代
[所在地]島根県出雲市大津町　[史]国指定史跡（2000）

西谷遺跡　にしやいせき　縄文時代草創期
[所在地]埼玉県深谷市針ケ谷

西谷遺跡　にしたにいせき　古墳時代初頭
[所在地]福井県坂井市三国町西谷　[史]県指定史跡（1990）

西貝塚　にしかいずか　縄文時代後・晩期
[所在地]静岡県磐田市西貝塚
[別]西貝塚遺跡

西貝塚遺跡　にしかいずかいせき　縄文時代後・晩期
[所在地]静岡県磐田市西貝塚
[別]西貝塚

西車塚古墳　にしくるまずかこふん　古墳時代前期
[所在地]京都府八幡市八幡大芝
[別]八幡車塚古墳, 車塚古墳

8 **西周旧居**　にしあまねきゅうきょ　明治時代
[所在地]島根県鹿足郡津和野町　[史]国指定史跡（1987）

西国分塔跡　にしこくぶんとうあと, にしこくぶとうあと　奈良時代前期
[所在地]和歌山県岩出市西国分　[史]国指定史跡（1928）

西国吉横穴墓群　にしくによしおうけつぼぐん　7世紀中葉～末葉
[所在地]千葉県市原市西国吉字愛宕山・亥ノ木作

西国街道芥川一里塚　さいごくかいどうあくたがわいちりずか　江戸時代
[所在地]大阪府高槻市芥川町3丁目　[史]府指定史跡（1993）
[別]芥川一里塚

西岡32号墳　にしおかさんじゅうにごうふん　5世紀前半
[所在地]東京都大田区田園調布5丁目

西念・南新保遺跡　さいねん・みなみしんぼいせき　弥生時代中期後半～後期終末期
[所在地]石川県金沢市西念・南新保町

西明寺境内　さいみょうじけいだい　伝・奈良時代創建
[所在地]栃木県芳賀郡益子町益子　[史]県指定史跡（1975）

西沼田遺跡　にしぬまたいせき　古墳時代後期

6画（西）

（所在地）山形県天童市天野目　㊗国指定史跡（1987）

西長岡東山古墳群　にしながおかひがしやまこふんぐん　6世紀後半～7世紀初頭
（所在地）群馬県太田市西長岡町東山

[10] **西乗鞍古墳**　にしのりくらこふん　古墳時代後期
（所在地）奈良県天理市柳之内町字乗鞍

西前山古墳　にしまえやまこふん　6世紀後半～7世紀初頭
（所在地）長野県長野市松代町東条字前山

西南戦争関連遺跡　せいなんせんそうかんれんいせき　明治時代
（所在地）熊本県熊本市北区植木町、熊本県玉名郡玉東町、鹿児島県鹿児島市　㊗国指定史跡（2013）

西海淵遺跡　さいかいぶちいせき　縄文時代中期
（所在地）山形県村山市大字富並字西海淵・杉之前

西秋留石器時代住居跡　にしあきるせっきじだいじゅうきょあと　縄文時代後期
（所在地）東京都あきる野市牛沼　㊗国指定史跡（1933）
㊙西秋留遺跡

西秋留遺跡　にしあきるいせき　縄文時代後期
（所在地）東京都あきる野市牛沼
㊙西秋留石器時代住居跡

西首塚　にしくびづか　安土桃山時代末期
（所在地）岐阜県不破郡関ケ原町
㊙関ヶ原古戦場 附 徳川家康最初陣地・徳川家康最後陣地・石田三成陣地・岡山烽火場・大谷吉隆墓・東首塚・西首塚

[10] **西原古墳**　にしはらこふん　古墳時代末期
（所在地）栃木県さくら市鷲宿　㊗県指定史跡（1957）

西原古墳　にしはらこふん　6世紀後半
（所在地）千葉県富津市大堀字西原
㊙平塚古墳

西原古墳　にしばるこふん, にしはらこふん　5世紀後半
（所在地）佐賀県佐賀市久保泉大字川久保字西原

西原古墳群　にしはらこふんぐん　7世紀中頃
（所在地）埼玉県東松山市上唐子字西原

西唐津海底遺跡　にしからつかいていいせき　縄文時代早期～中期
（所在地）佐賀県唐津市西唐津

西宮　にしのみや
（所在地）兵庫県西宮市
㊙慶友『犬子集』,『義経記』

西宮山古墳　にしみややまこふん　6世紀中頃
（所在地）兵庫県たつの市竜野町日山

西宮古墳　にしのみやこふん　飛鳥時代
（所在地）奈良県生駒郡平群町西宮543ほか　㊗県指定史跡（1956）

西宮砲台　にしのみやほうだい　文久2年（1862）造営
（所在地）兵庫県西宮市西波止町　㊗国指定史跡（1922）
㊙築州砲台

西桂見遺跡　にしかつらみいせき　弥生時代後期後半
（所在地）鳥取県鳥取市桂見字村土居

西根古墳群　にしねこふんぐん　古墳時代末期
（所在地）岩手県胆沢郡金ケ崎町西根
㊙西根遺跡, 金ケ崎古墳群

西根遺跡　にしねいせき　古墳時代末期
（所在地）岩手県胆沢郡金ケ崎町西根
㊙西根古墳群

西浦古墳群　にしうらこふんぐん　6世紀後葉（沓丸山古墳）, 7世紀前葉～中葉（白塚古墳）
（所在地）福井県敦賀市西浦

西浦谷1号墳　にしうらたにいちごうふん　6世紀後葉
（所在地）香川県木田郡三木町池戸

西浦遺跡　にしうらいせき　縄文時代最末期
（所在地）愛知県丹羽郡大口町余野西浦

西酒屋高塚古墳　にしさかやたかつかこふん, にしさけやたかつかこふん　5世紀前半
（所在地）広島県三次市西酒屋町字高塚
㊙高塚古墳, 酒屋高塚古墳

西脇古墳群　にしわきこふんぐん　古墳時代終末期
（所在地）兵庫県姫路市太市町西脇字銭取山

西院　さいいん　平安時代
（所在地）京都府京都市右京区（右京四条二坊11-14町）
㊙淳和院跡

西陣　にしじん
（所在地）京都府京都市上京区今出川通付近
㊙『日本山海名物図会』

西隼上り遺跡　にしはやあがりいせき　5世

紀後葉
　所在地 京都府宇治市菟道藪里

[11]西崎山ストーン・サークル　にしざきやますとーん・さーくる　縄文時代後期
　所在地 北海道余市郡余市町字栄町
　別 西崎山環状列石

西崎山環状列石　にしざきやまかんじょうれっせき　縄文時代後期
　所在地 北海道余市郡余市町字栄町　指定 北海道指定史跡(1951)
　別 西崎山ストーン・サークル

西郷村古墳　さいごうそんこふん　古墳時代
　所在地 宮崎県東臼杵郡美郷町西郷区山三ヶ字鳥ノ巣1464-1　指定 県指定史跡(1935)

西都原13号墳　さいとばるじゅうさんごうふん　4世紀中頃
　所在地 宮崎県西都市大字三宅字原口

西都原100号墳　さいとばるひゃくごうふん　4世紀初め
　所在地 宮崎県西都市大字東立野

西都原169号墳　さいとばるひゃくろくじゅうきゅうごうふん　5世紀前半
　所在地 宮崎県西都市大字三宅字丸山
　別 飯盛塚

西都原171号墳　さいとばるひゃくななじゅういちごうふん　5世紀前半
　所在地 宮崎県西都市大字三宅字丸山

西都原4号地下式横穴墓　さいとばるよんごうちかしきおうけつぼ　5世紀後半
　所在地 宮崎県西都市大字三宅字東立野

西都原古墳群　さいとばるこふんぐん　5〜7世紀頃
　所在地 宮崎県西都市大字三宅・童子丸・右松ほか　指定 国指定特別史跡(1952)

西野山古墳　にしのやまこふん　5世紀前半
　所在地 兵庫県赤穂郡上郡町

西野遺跡群　にしのいせきぐん　縄文時代早・後・晩期〜弥生時代
　所在地 愛媛県松山市西野町〜上野町

西隆寺　さいりゅうじ　奈良時代後半建立
　所在地 奈良県奈良市西大寺東町

西陵古墳(第一、第二古墳)　さいりょうこふん(だいいち、だいにこふん)　5世紀前葉または中葉
　所在地 大阪府泉南郡岬町　指定 国指定史跡(1922)

西鹿田中島遺跡　さいしかだなかじまいせき　縄文時代
　所在地 群馬県みどり市笠懸町西鹿田字中島　指定 国指定史跡(2004)
　別 西鹿田遺跡

西鹿田遺跡　さいしかだいせき　縄文時代草創期
　所在地 群馬県みどり市笠懸町西鹿田字中島
　別 西鹿田中島遺跡

[12]西塚古墳　にしずかこふん　5世紀後半
　所在地 福井県三方上中郡若狭町　指定 国指定史跡(1935)
　別 若狭西塚古墳

西塚古墳　にしずかこふん　5世紀終末〜6世紀初め頃
　所在地 大阪府八尾市郡川
　別 郡川西塚古墳

西富田遺跡群　にしとみだいせきぐん　古墳時代前期〜平安時代
　所在地 埼玉県本庄市西富田

西富貝塚　にしとみかいづか　縄文時代後期
　所在地 神奈川県藤沢市西富字光徳

西湖　さいこ
　所在地 山梨県南都留郡富士河口湖町
　文 与謝野晶子『瑠璃光』

西琳寺跡　さいりんじあと　飛鳥時代創建
　所在地 大阪府羽曳野市古市

西隈古墳　にしくまこふん, にしぐまこふん, にしのくまこふん　5世紀末頃
　所在地 佐賀県佐賀市金立町　指定 国指定史跡(1975)

[13]西園寺実満墓　さいおんじさねみつのはか　大正時代
　所在地 東京都府中市本町1-5-4 善明寺　指定 都指定旧跡(1955)

西塘御岳　にしとううたき　16世紀
　所在地 沖縄県竹富町字竹富東屋敷　指定 県指定史跡(1959)

西新井大師　にしあらいだいし
　所在地 東京都足立区西新井1-15-1
　文 『誹風柳多留 77』

西新町遺跡　にしじんまちいせき　弥生時代
　所在地 福岡県福岡市早良区西新

西殿塚古墳　にしとのづかこふん　古墳時代前期
　所在地 奈良県天理市中山町字西殿塚
　別 衾田陵

西福寺古墳　さいふくじこふん　6世紀後半頃

[所在地]神奈川県川崎市高津区梶ヶ谷　[史]県指定史跡（1980）

西蓮寺の供養塔　さいれんじのくようとう　戦国時代

[所在地]三重県伊賀市長田1931　[史]県指定史跡（1940）

[16]**西館古墳**　にしのたてこふん　6世紀後半～末頃

[所在地]福岡県久留米市田主丸町益生田

[別]田主丸古墳群（田主丸大塚古墳・寺徳古墳・中原狐塚古墳・西館古墳）

西館跡　にしだてあと　江戸時代初期

[所在地]宮城県仙台市青葉区下愛子字館　[史]市指定史跡（1975）

[19]**西願寺山墳墓群**　さいがんじやまふんぼぐん　弥生時代後期～古墳時代前期

[所在地]広島県広島市安佐北区口田　[史]県指定史跡（1974）

[別]西願寺遺跡群

西願寺遺跡群　さいがんじいせきぐん　弥生時代後期～古墳時代前期

[所在地]広島県広島市安佐北区矢口

[別]西願寺山墳墓群

7 画

【更】

[9]**更科**　さらしな

[所在地]長野県

[文]『大和物語』

[別]更級

更科の山　さらしなのやま

[所在地]長野県

[文]紀貫之『拾遺和歌集 6』

[別]更級の山

更級　さらしな

[所在地]長野県

[文]『大和物語』

[別]更科

更級の山　さらしなのやま

[所在地]長野県

[文]紀貫之『拾遺和歌集 6』

[別]更科の山

[11]**更埴条里遺跡**　こうしょくじょうりいせき　縄文時代後期～中近世

[所在地]長野県千曲市屋代・雨宮

【串】

[5]**串田新遺跡**　くしだしんいせき, くしたしんいせき　縄文時代

[所在地]富山県射水市串田新　[史]国指定史跡（1976）

【乱】

[16]**乱橋**　みだればし　江戸時代・鎌倉十橋の一

[所在地]神奈川県鎌倉市材木座2

[別]濫橋

【位】

[3]**位山**　くらいやま

[所在地]岐阜県高山市

[文]『拾遺和歌集』, 謡曲『国栖』

[12]**位登古墳**　いとうこふん　古墳時代前期

[所在地]福岡県田川市大字位登字日渡

【何】

[12]**何欽吉墓**　かきんきつぼ, かきんきつのはか　江戸時代

[所在地]宮崎県都城市鷹尾町3860　[史]県指定史跡（1934）

【伽】

[3]**伽山古墓**　とぎやまこぼ　8世紀前半

[所在地]大阪府南河内郡太子町太子

伽山遺跡　とぎやまいせき　古墳時代～中世

[所在地]大阪府南河内郡太子町

[19]**伽羅橋遺跡**　きゃらばしいせき　平安時代後期～室町時代初期

[所在地]大阪府高石市

【佐】

[3]**佐久**　さく

[所在地]長野県佐久市

[文]太田水穂『冬菜』

佐久米古墳群　さくめこふんぐん　5世紀後半頃

[所在地]三重県松阪市佐久米町大見・中川田

佐久良東雄旧宅　さくらあずまおきゅうたく　江戸時代

[所在地]茨城県石岡市浦須　[史]国指定史跡（1944）

佐久間象山宅跡　さくまぞうざんたくあと　江戸時代後期
[所在地]長野県長野市松代町松代　[史]県指定史跡（1960）

佐久間遺跡　さくまいせき　縄文時代～弥生時代
[所在地]静岡県浜松市天竜区佐久間町佐久間

佐土原城跡　さどわらじょうあと　14世紀半ば頃築城
[所在地]宮崎県宮崎市佐土原町　[史]国指定史跡（2004）

[4]**佐介ガ谷**　さすけがやつ
[所在地]神奈川県鎌倉市佐助1・2丁目ほか
[別]佐助ガ谷

佐内屋敷遺跡　さないやしきいせき　歴史時代
[所在地]宮城県栗原市築館萩沢佐内屋敷

佐太・講武貝塚　さだ・こうぶかいずか　縄文時代
[所在地]島根県松江市鹿島町　[史]国指定史跡（1933）
[別]鶣灘貝塚

佐太の浦　さだのうら
[所在地]愛媛県西宇和郡伊方町/高知県土佐清水市
[文]『万葉集』

佐比江　さびえ
[所在地]大阪府大阪市中央区難波
[文]『後撰和歌集』

佐比江　さびえ
[所在地]兵庫県神戸市兵庫区
[文]壬生忠岑『後撰和歌集 15』

[5]**佐古田堂山古墳**　さこたどうざんこふん，さこだどうやまこふん　古墳時代前期
[所在地]岡山県岡山市北区平山　[史]県指定史跡（1959）

佐田　さた
[所在地]大阪府守口市佐太
[文]与謝蕪村『新五子稿』

佐田の丘　さだのおか
[所在地]奈良県高市郡高取町大字佐田
[文]『万葉集』

佐礼尾古墳　されおこふん　6世紀初期
[所在地]兵庫県南あわじ市志知佐礼尾

[6]**佐吉仏**　さきちぶつ　宝暦9年（1759）建立
[所在地]岐阜県羽島市竹鼻町　[史]県指定史跡（1955）
[別]竹鼻大仏

佐多旧薬園　さたきゅうやくえん　宝暦年間（1751～64）頃創建
[所在地]鹿児島県肝属郡南大隅町　[史]国指定史跡（1932）

佐竹屋敷　さたけやしき　鎌倉時代
[所在地]神奈川県鎌倉市大町3-6-22

佐自塚古墳　さじずかこふん　古墳時代前期
[所在地]茨城県石岡市佐久

[7]**佐々目ガ谷**　ささめがやつ
[所在地]神奈川県鎌倉市笹目町
[別]笹目ガ谷

佐助ガ谷　さすけがやつ
[所在地]神奈川県鎌倉市佐助1・2丁目ほか
[別]佐介ガ谷

佐良山古墳群　さらやまこふんぐん　古墳時代後期
[所在地]岡山県津山市

[8]**佐味田ナガレ山古墳**　さみだながれやまこふん　5世紀前半頃
[所在地]奈良県北葛城郡河合町
[別]ナガレ山古墳

佐味田宝塚古墳　さみだたからずかこふん　4世紀末終末～5世紀前半頃
[所在地]奈良県北葛城郡河合町　[史]国指定史跡（1987）
[別]宝塚古墳

佐味田狐塚古墳　さみだきつねずかこふん　古墳時代前期
[所在地]奈良県北葛城郡河合町大字佐味田
[別]狐塚古墳

佐和山城　さわやまじょう　鎌倉時代
[所在地]滋賀県彦根市佐和山町

佐波川関水　さばがわせきみず　平安時代
[所在地]山口県山口市徳地船路　[史]国指定史跡（1937）

佐波遺跡　さなみいせき　縄文時代前期初頭
[所在地]石川県七尾市能登島佐波町

[9]**佐保**　さほ
[所在地]奈良県奈良市法蓮町・法蓮佐保山町・法蓮佐保田町
[文]『万葉集』

佐保山　さほやま
[所在地]奈良県奈良市
[文]『万葉集』

佐保山墳墓群　さほやまふんぼぐん　奈良時代中・後半

7画（佐）

　所在地 奈良県奈良市佐紀町
佐保川　さほがわ
　所在地 奈良県
　⊗『万葉集』
佐保殿　さほどの　室町時代以前
　所在地 奈良県奈良市法蓮町
佐屋　さや
　所在地 愛知県愛西市
　⊗芭蕉『笈日記』
佐屋形山　さやかたやま
　所在地 福岡県宗像市
　⊗藤原通俊『後拾遺和歌集 9』
佐紀　さき
　所在地 奈良県奈良市佐紀町・歌姫町・山陵町
　⊗『万葉集』
佐紀山　さきやま
　所在地 奈良県奈良市
　⊗土屋文明『ゆづる葉の下』
佐紀古墳群　さきこふんぐん　古墳時代前期〜中期
　所在地 奈良県奈良市佐紀町
　剛 佐紀盾列古墳群
佐紀石塚山古墳　さきいしずかやまこふん
　4世紀末頃
　所在地 奈良県奈良市山陵町字御陵前
　剛 成務天皇陵古墳
佐紀盾列古墳群　さきたてなみこふんぐん
　古墳時代前期〜中期
　所在地 奈良県奈良市佐紀町
　剛 佐紀古墳群
[10]佐倉　さくら
　所在地 千葉県佐倉市
　⊗為永春水『春色梅児誉美』
佐倉城　さくらじょう　戦国時代築城開始，慶長15年(1610)築城再開
　所在地 千葉県佐倉市城内町
佐原　さわら
　所在地 千葉県香取市
　⊗赤松宗旦『利根川図志』
[11]佐貫石仏　さぬきせきぶつ　平安時代または鎌倉時代初期
　所在地 栃木県塩谷郡塩谷町　㊟国指定史跡（1926）
　剛 佐貫磨崖仏
佐貫磨崖仏　さぬきまがいぶつ　平安時代または鎌倉時代初期
　所在地 栃木県塩谷郡塩谷町

　剛 佐貫石仏
佐野　さの
　所在地 群馬県高崎市上佐野
　⊗謡曲『鉢の木』
佐野　さの
　所在地 大阪府泉佐野市
　⊗三条西実隆『再昌草』
佐野　さの
　所在地 和歌山県新宮市佐野
　⊗『平家物語』
　剛 狭野
佐野の舟橋　さののふなはし
　所在地 群馬県高崎市
　⊗謡曲『船橋』
　剛 佐野船橋
佐野の渡り　さののわたり
　所在地 和歌山県新宮市
　⊗宝井其角『蕉尾琴』
佐野寺前遺跡　さのてらまえいせき　古墳時代
　所在地 群馬県高崎市上佐野町
佐野船橋　さののふなはし
　所在地 群馬県高崎市
　⊗謡曲『船橋』
　剛 佐野の舟橋
佐野遺跡　さのいせき　縄文時代晩期
　所在地 長野県下高井郡山ノ内町　㊟国指定史跡（1976）
[12]佐喜浜の経塚　さきはまのきょうずか　応長元年(1311)銘
　所在地 高知県室戸市佐喜浜町　㊟県指定史跡（1953）
佐渡　さど
　所在地 新潟県佐渡市
　⊗『古事記』，『和名抄』
佐渡国　さどのくに
　所在地 新潟県佐渡市
　⊗『日本書紀』
佐渡国分寺跡　さどこくぶんじあと　奈良時代創建
　所在地 新潟県佐渡市国分寺　㊟国指定史跡（1929）
佐渡奉行所跡　さどぶぎょうしょあと　江戸時代
　所在地 新潟県佐渡市
　剛 佐渡金銀山遺跡
佐渡金山　さどきんざん　近世以降

236　遺跡・古墳よみかた辞典

7画（作, 住）

所在地 新潟県佐渡市相川広間町
別 佐渡金山遺跡, 佐渡金銀山遺跡

佐渡金山遺跡　さどきんざんいせき　近世以降
所在地 新潟県佐渡市相川広間町
別 佐渡金山, 佐渡金銀山遺跡

佐渡金銀山遺跡　さどきんぎんざんいせき
近世以降
所在地 新潟県佐渡市相川広間町　国指定史跡（1994）
別 佐渡金山遺跡, 佐渡金山

佐渡遺跡　さわたりいせき　弥生時代
所在地 静岡県静岡市駿河区丸子佐渡山

佐賀貝塚　さかかいづか　縄文時代中期〜後期
所在地 長崎県対馬市峰町

佐賀城跡　さがじょうあと　慶長7年（1602）築城
所在地 佐賀県佐賀市城内1-5の一部ほか　県指定史跡（2001）

[13]**佐農の丘　さぬのおか, さののおか**
所在地 和歌山県新宮市佐野
文 『万葉集』

[15]**佐敷ようどれ　さしきようどれ**　15世紀
所在地 沖縄県南城市佐敷字佐敷仲上原　県指定史跡（1958）

佐敷城跡　さしきじょうあと　16世紀後半築城
所在地 熊本県葦北郡芦北町　国指定史跡（2008）

佐敷城跡　さしきじょうあと　14世紀
所在地 沖縄県南城市　国指定史跡（2013）

[18]**佐藤一斎墓　さとういっさいのはか**　江戸時代
所在地 東京都港区六本木 深広寺　国指定史跡（1949）

[20]**佐護クビル遺跡　さごくびるいせき**　弥生時代後期
所在地 長崎県対馬市上県町佐護
別 クビル遺跡

【作】

[0]**作り山古墳群　つくりやまこふんぐん**　4世紀後半〜5世紀初め
所在地 京都府与謝郡与謝野町
別 加悦作山古墳, 加悦作り山古墳, 作山古墳

[3]**作山古墳　つくりやまこふん**　4世紀後半〜5世紀初め
所在地 京都府与謝郡与謝野町　国指定史跡（1930）
別 加悦作山古墳, 作り山古墳群, 加悦作り山古墳

作山古墳　つくりやまこふん　5世紀頃
所在地 岡山県総社市三須
別 総社作山古墳, 作山古墳 第一古墳

作山古墳 第一古墳　つくりやまこふん だいいちこふん　5世紀頃
所在地 岡山県総社市三須　国指定史跡（1921）
別 総社作山古墳

【住】

[0]**住の江　すみのえ**
所在地 大阪府大阪市住吉区, 住之江区
文 『万葉集』

[6]**住吉　すみよし**
所在地 大阪府大阪市住吉区
文 謡曲『高砂』『雨月』

住吉の岸　すみよしのきし
所在地 大阪府大阪市住吉区
文 『伊勢集』, 西行『山家集』

住吉の浦　すみよしのうら
所在地 大阪府大阪市住吉区
文 『住吉名勝図会』

住吉大社　すみよしたいしゃ　伝・神功皇后摂政11年（211）創建
所在地 大阪府大阪市住吉区住吉

住吉古墳　すみよしこふん　6世紀後半（2号墳）
所在地 新潟県佐渡市住吉字城ノ内

住吉灯台　すみよしとうだい　元禄年間（1688〜1704）前後建造
所在地 岐阜県大垣市船町　県指定史跡（1968）

住吉行宮跡　すみよしあんぐうあと　南北朝時代
所在地 大阪府大阪市住吉区墨江　国指定史跡（1939）

住吉町遺跡　すみよしちょういせき　縄文時代早期
所在地 北海道函館市住吉町

住吉貝塚　すみよしかいづか　縄文時代後期後半〜弥生時代初頭
所在地 鹿児島県大島郡知名町　国指定史跡

遺跡・古墳よみかた辞典　237

7画（但, 佃, 伯, 余）

（2007）

住吉城　すみよしじょう　戦国時代初期
　所在地 神奈川県鎌倉市逗子市小坪5-11〜18

住吉宮町遺跡　すみよしみやまちいせき　弥生時代〜中世
　所在地 兵庫県神戸市東灘区住吉宮町・住吉本町・住吉東町

[7]住坂　すみさか
　所在地 奈良県宇陀市榛原
　文 『万葉集』
　別 墨坂

住社遺跡　すみやしろいせき　古墳時代
　所在地 宮城県角田市住社

【但】

[10]但馬国分寺跡　たじまこくぶんじあと　奈良時代
　所在地 兵庫県豊岡市日高町　国国指定史跡（1990）

【佃】

[0]佃の渡し　つくだのわたし
　所在地 東京都中央区佃・明石町
　文 島崎藤村『苦しき人々』

[10]佃島　つくだじま
　所在地 東京都中央区佃1
　文 夢中散人寝言先生『辰巳之園』、河竹黙阿弥『網模様灯籠菊桐』

[15]佃遺跡　つくだいせき　縄文時代前期末〜中世
　所在地 兵庫県淡路市浦

【伯】

[4]伯太　はかた
　所在地 大阪府和泉市伯太町
　文 『続日本紀』

[5]伯母野山遺跡　おばのやまいせき　弥生時代中期〜後期
　所在地 兵庫県神戸市灘区篠原伯母野山町

伯玄社遺跡　はくげんしゃいせき　弥生時代
　所在地 福岡県春日市小倉伯玄町

[10]伯耆一宮経塚　ほうきいちのみやきょうづか
　康和5年（1103）築造
　所在地 鳥取県東伯郡湯梨浜町　国国指定史跡（1935）
　別 倭文神社経塚

伯耆大寺寺址　ほうきおてらじし, ほうきおおでらじし　白鳳時代
　所在地 鳥取県西伯郡伯耆町大殿
　別 大寺廃寺跡

伯耆国　ほうきのくに
　所在地 鳥取県
　文 『四条宮下野集』

伯耆国分寺古墳　ほうきこくぶんじこふん
　4世紀後半
　所在地 鳥取県倉吉市国府字東前
　別 伯耆国分寺裏山古墳

伯耆国分寺裏山古墳　ほうきこくぶんじうらやまこふん　4世紀後半
　所在地 鳥取県倉吉市国府字東前
　別 伯耆国分寺古墳

伯耆国分寺跡　ほうきこくぶんじあと　奈良時代創建
　所在地 鳥取県倉吉市国分寺・国府　国国指定史跡（1974）

伯耆国庁跡　ほうきこくちょうあと　奈良時代〜平安時代
　所在地 鳥取県倉吉市国府・国分寺
　別 伯耆国府跡（国庁跡・法華寺遺跡・不入岡遺跡）

伯耆国府跡（国庁跡・法華寺畑遺跡・不入岡遺跡）　ほうきこくふあと（こくちょうあと・ほっけじばたいせき・ふにおかいせき）　奈良時代〜平安時代
　所在地 鳥取県倉吉市国府・国分寺・不入岡
　国国指定史跡（1985）

【余】

[3]余山貝塚　よやまかいづか　縄文時代後期〜晩期
　所在地 千葉県銚子市余山町353-1　市指定史跡

[5]余市福原漁場　よいちふくはらぎょば　江戸時代〜明治時代
　所在地 北海道余市郡余市町
　別 旧余市福原漁場

[7]余呉の浦　よごのうら
　所在地 滋賀県長浜市余呉町
　文 源頼綱『金葉和歌集4』、『去来抄』
　別 余吾の浦

余吾の浦　よごのうら
　所在地 滋賀県長浜市余呉町
　文 源頼綱『金葉和歌集4』、『去来抄』
　別 余呉の浦

7画（児, 兵, 冷, 初, 判, 別）

余吾湖　よごのうみ
　所在地　滋賀県長浜市
　②滝沢馬琴『椿説弓張月』

[14]余綾の浜　よろぎのはま
　所在地　神奈川県小田原市国府津, 中郡大磯町
　②『万葉集』

【児】

[3]児山城跡　こやまじょうあと　建武年間（1334～36/38）築城
　所在地　栃木県下都賀郡石橋町下古山　㉛県指定史跡（1961）

[5]児玉南柯の墓　こだまなんかのはか　江戸時代
　所在地　埼玉県さいたま市岩槻区本町5-11-46
　㉛市指定史跡（1960）

[10]児島高徳伝説地　こじまたかのりでんせつち　元弘2・正慶元年（1332）
　所在地　岡山県津山市神戸
　㉚院庄館跡（児島高徳伝説地）

【兵】

[10]兵家古墳　ひょうげこふん　7世紀末～8世紀初頭
　所在地　奈良県葛城市兵家

兵家古墳群　ひょうげこふんぐん　5世紀中葉～6世紀中葉
　所在地　奈良県葛城市兵家

兵庫塚古墳　ひょうごずかこふん　6世紀後半～7世紀初頭
　所在地　群馬県太田市新田上田中町

【冷】

[9]冷泉為相塔　れいぜいためすけとう　南北朝時代
　所在地　神奈川県鎌倉市扇ガ谷
　㉚冷泉為相墓, 浄光明寺境内・冷泉為相墓

冷泉為相墓　れいぜいためすけのはか　南北朝時代
　所在地　神奈川県鎌倉市扇ガ谷
　㉚冷泉為相塔, 浄光明寺境内・冷泉為相墓

冷泉院跡　れいぜいいんあと　平安時代
　所在地　京都府京都市中京区二条城町
　㉚弘仁第

【初】

[3]初山遺跡　はつやまいせき　縄文時代中期

　所在地　神奈川県川崎市高津区向ケ丘

[5]初代安藤広重墓及び記念碑　しょだいあんどうひろしげのはかおよびきねんひ　江戸時代
　所在地　東京都足立区伊興本町1-5-16 東岳寺
　㉛都指定旧跡（1955）
　㉚安藤広重の墓碑・記念碑

初代柄井川柳墓　しょだいからいせんりゅうのはか　江戸時代
　所在地　東京都台東区蔵前4-36-7 竜宝寺　㉛都指定旧跡（1955）
　㉚柄井川柳墓

初田2号墳　はつだにごうふん　7世紀初頭頃まで
　所在地　大阪府茨木市安威初田

初矢峠の石畳　はつやとうげのいしだたみ　江戸時代
　所在地　岐阜県下呂市乗政初矢　㉛県指定史跡（1973）

[10]初島　はつしま
　所在地　静岡県熱海市
　②与謝野晶子『初島紀行』
　㉚波島, 端島

[19]初瀬　はつせ, はせ
　所在地　奈良県桜井市初瀬町
　②『万葉集』,『日本書紀』,『碧梧桐句集』
　㉚長谷, 泊瀬

初瀬山　はつせやま
　所在地　奈良県桜井市初瀬
　②『万葉集』, 芭蕉『続山の井』

初瀬川　はつせがわ
　所在地　奈良県桜井市初瀬
　②『万葉集』,『更級日記』

【判】

[8]判官塚古墳　はんがんづかこふん　6世紀後半
　所在地　栃木県鹿沼市北赤塚字愛宕前
　㉚北赤塚古墳, 冠塚古墳

【別】

[3]別子銅山口屋跡　べっしどうざんくちやあと　江戸時代
　所在地　愛媛県新居浜市西町　㉛県指定史跡（1949）

[6]別当山古墳　べっとうやまこふん　古墳時代
　所在地　茨城県那珂郡東海村石神外1208-1
　㉛村指定史跡

遺跡・古墳よみかた辞典　239

別当塚古墳群　べっとうずかこふんぐん　5世紀前半頃
[所在地]熊本県荒尾市本井手字亀原

8**別府**　べふ
[所在地]兵庫県加古川市別府町
[文]『播磨名所巡覧図会』

別府　べっぷ
[所在地]大分県別府市
[文]水原秋桜子『殉教』, 徳田秋声『侘しい放浪の旅』

別府（石踊）遺跡　べっぷ（いしおどり）いせき　縄文時代早期～晩期
[所在地]鹿児島県志布志市志布志町帖

別府遺跡　びゅういせき　縄文時代早期～平安時代
[所在地]大分県宇佐市大字別府

別所1号墳　べっしょいちごうふん　6世紀後半頃
[所在地]鳥取県米子市別所

別所下古墳　べっしょしたこふん　4世紀後半
[所在地]奈良県北葛城郡河合町佐味田字別所下

別所大塚古墳　べっしょおおつかこふん　6世紀前半～中頃
[所在地]奈良県天理市別所字大塚
[別]大塚古墳

別所茶臼山古墳　べっしょちゃうすやまこふん　5世紀前半期
[所在地]群馬県太田市別所
[別]茶臼山古墳

10**別宮家野遺跡**　べっくいえのいせき　縄文時代早期前半
[所在地]兵庫県養父市別宮字家野1173-5　[史]県指定史跡（1969）

【利】

4**利仁神社経塚**　としひとじんじゃきょうずか　鎌倉時代
[所在地]埼玉県東松山市下野本

利木埴輪出土地　りきはにわしゅつどち　5世紀後半～6世紀前半
[所在地]静岡県湖西市藤江利木

5**利包古墳**　としかねこふん　古墳時代前期
[所在地]徳島県名西郡石井町利包

10**利島**　としま
[所在地]東京都利島村
[文]曲亭馬琴『椿説弓張月』

利島大石山遺跡　としまおおいしやまいせき　縄文時代・古墳時代
[所在地]東京都利島村西山21号
[別]大石山遺跡

利根川　とねがわ
[所在地]東京都, 茨城県, 栃木県, 群馬県, 埼玉県, 千葉県, 新潟県
[文]『万葉集』, 『太平記』
[別]刀根川, 刀祢川

【助】

3**助川海防城跡**　すけがわかいぼうじょうあと　天保7年（1836）
[所在地]茨城県日立市助川町5-10-4　[史]県指定史跡（1967）

4**助太山古墳**　すけたやまこふん　5世紀もしくは7世紀
[所在地]大阪府藤井寺市道明寺6丁目
[別]古市古墳群（古室山古墳・赤面山古墳・大鳥塚古墳・助太山古墳・鍋塚古墳・城山古墳・峯ヶ塚古墳・墓山古墳・野中古墳・応神天皇陵古墳外濠外堤・鉢塚古墳・はざみ山古墳・青山古墳・蕃所山古墳）

助戸十二天塚古墳　すけどじゅうにてんずかこふん　5世紀末～6世紀初頭
[所在地]栃木県足利市助戸3丁目
[別]十二天塚古墳, 十二天古墳

6**助吉石棺群**　すけよしせっかんぐん　4～5世紀前半
[所在地]熊本県玉名郡玉東町大字二俣字助吉

【医】

6**医光寺庭園**　いこうじていえん　室町時代
[所在地]島根県益田市染羽町　[史]国指定史跡（1928）

【君】

0**君ケ口古墳**　きみがくちこふん, きみがぐちこふん　6世紀前半頃
[所在地]三重県津市長岡町君ケ口

【呉】

6**呉羽山古墳群**　くれはやまこふんぐん　古墳時代後期
[所在地]富山県富山市安養坊

8**呉服橋**　ごふくばし
[所在地]東京都中央区, 千代田区
[文]河竹黙阿弥『黄門記童幼講釈』

【吾】

⁸吾妻の森　あずまのもり
　所在地 東京都墨田区立花1丁目
　文 『名所江戸百景』, 加藤千蔭『うけらが花』

吾妻古墳　あずまこふん　古墳時代後期
　所在地 栃木県栃木市大光寺町, 下都賀郡壬生町
　史 国指定史跡 (1970)
　別 吾妻岩屋古墳

吾妻坂古墳　あずまさかこふん　4世紀末～5世紀初頭
　所在地 神奈川県厚木市下依知字吾妻

吾妻岩屋古墳　あずまいわやこふん　古墳時代後期
　所在地 栃木県栃木市大光寺町, 下都賀郡壬生町
　別 岩屋古墳, 吾妻古墳

吾妻橋　あずまばし
　所在地 東京都台東区浅草, 墨田区吾妻橋
　文 夏目漱石『吾輩は猫である』

¹³吾跡川　あどかわ
　所在地 静岡県
　文 『万葉集 7』

吾跡川　あどかわ
　所在地 滋賀県
　文 『万葉集』

【吹】

³吹上　ふきあげ
　所在地 和歌山県和歌山市
　文 『枕草子』, 『宇津保物語』

吹上の浜　ふきあげのはま
　所在地 和歌山県和歌山市
　文 『枕草子』, 『宇津保物語』

吹上古墳群　ふきあげこふんぐん　古墳時代
　所在地 茨城県日立市久慈町2丁目

吹上貝塚　ふきあげかいづか　縄文時代中期
　所在地 埼玉県和光市下新倉吹上

吹上遺跡　ふきあげいせき　縄文時代・古墳時代, 奈良時代, 平安時代
　所在地 東京都日野市東豊田1～4丁目

吹上遺跡　ふきあげいせき　縄文時代後期
　所在地 神奈川県秦野市曽屋

吹上遺跡　ふきあげいせき　弥生時代中期中葉～古墳時代中頃
　所在地 新潟県上越市大字稲荷ほか
　別 斐太遺跡群 (吹上遺跡・斐太遺跡・釜蓋遺跡)

⁴吹切沢遺跡　ふっきりざわいせき　縄文時代
　所在地 青森県下北郡東通村大字野牛

¹⁰吹浦　ふくうら
　所在地 山形県飽海郡遊佐町吹浦
　文 芭蕉『おくのほそ道』

吹浦石器時代遺跡　ふくらせっきじだいいせき　縄文時代
　所在地 山形県遊佐町吹浦字堂屋39-1　史 県指定史跡 (1953)
　別 吹浦遺跡

吹浦遺跡　ふくらいせき　縄文時代
　所在地 山形県飽海郡遊佐町大字吹浦字堂屋
　別 吹浦石器時代遺跡

¹²吹越遺跡　ふきこしいせき　弥生時代後期終末
　所在地 山口県熊毛郡平生町大字大野北吹越

吹飯の浜　ふけいのはま
　所在地 大阪府泉南郡岬町深日
　文 『続日本紀』, 『平家物語』
　別 吹飯浜

吹飯浜　ふけいのはま
　所在地 大阪府泉南郡岬町深日
　文 『続日本紀』, 『平家物語』
　別 吹飯の浜

【囲】

³囲山遺跡　かこいやまいせき　弥生時代後期
　所在地 富山県射水市太閤山

【坂】

⁰坂の下　さかのした
　所在地 三重県亀山市関町坂下
　文 浅井了意『東海道名所記』

坂の下遺跡　さかのしたいせき　縄文時代中期末～後期初頭
　所在地 佐賀県西松浦郡有田町

坂ノ下古墳　さかのしたこふん　古墳時代
　所在地 福井県福井市坂ノ下

³坂下町古墳群　さかしたちょうこふんぐん　5世紀後半～6世紀初頭
　所在地 群馬県渋川市坂下町

⁴坂井遺跡　さかいいせき　縄文時代中期, 弥生時代後期, 古墳時代
　所在地 山梨県韮崎市字藤井の坂井

坂戸城跡　さかどじょうあと　16世紀後半造営
　所在地 新潟県南魚沼市坂戸　史 国指定史跡

遺跡・古墳よみかた辞典　241

7画（坊）

(1979)

坂戸神社古墳 さかどじんじゃこふん 古墳時代前期
所在地 千葉県袖ケ浦市坂戸市場字坂戸山

坂手 さかて
所在地 奈良県磯城郡田原本町阪手
文『古事記』

坂手村砲台跡 さかてむらほうだいあと 江戸時代幕末期
所在地 三重県鳥羽市坂手町字田ノ崎 ㊟県指定史跡(1941)

坂木 さかき
所在地 長野県埴科郡坂城町
文『善光寺道名所図会』

[5]**坂田古墳** さかこだこふん 古墳時代
所在地 岡山県岡山市北区平山 ㊟県指定史跡(1959)

坂尻古墳 さかじりこふん 4世紀
所在地 岐阜県岐阜市下城田寺字坂尻

坂尻遺跡 さかじりいせき 古墳時代後期
所在地 静岡県袋井市国本

坂本 さかもと
所在地 滋賀県大津市坂本
文『源氏物語』,『宇津保物語』

坂本1号墳 さかもといちごうふん 7世紀前半
所在地 三重県多気郡明和町坂本

坂本山古墳群 さかもとやまこふんぐん 5世紀初頭
所在地 三重県津市片田志袋町

坂本古墳群 さかもとこふんぐん 古墳時代後期
所在地 三重県多気郡明和町大字坂本字西垣外 ㊟県指定史跡(2004)

坂本城 さかもとじょう 元亀2年(1571)築城
所在地 滋賀県大津市下阪本町

坂本遺跡窯跡 さかもといせきかまあと 14世紀～16世紀中心
所在地 高知県四万十市坂本 ㊟県指定史跡(2009)

坂田 さかた
所在地 奈良県高市郡明日香村大字阪田
文『日本書紀』

坂田寺跡 さかたでらあと 飛鳥時代創建
所在地 奈良県高市郡明日香村阪田
別 金剛寺

[6]**坂西横穴墓群** さかにしおうけつぼぐん,さかにしよこあなぼぐん 7世紀後半
所在地 東京都日野市日野 ㊟都指定史跡(1978)

[8]**坂並白貝古墳群** さかなみしらかいこふんぐん 5世紀後半～7世紀
所在地 千葉県香取郡多古町北中字坂並・白貝地先

坂東山遺跡 ばんどうやまいせき 縄文時代中期中葉～後期初頭
所在地 埼玉県入間市

[9]**坂城経塚** さかききょうづか 平安時代
所在地 長野県埴科郡坂城町
別 北日名経塚

[10]**坂倉遺跡** さかくらいせき 縄文時代早期, 鎌倉時代・室町時代
所在地 三重県多気郡多気町東池上字坂倉 ㊟県指定史跡(1975)

[12]**坂越** さこし
所在地 兵庫県赤穂市
文『播磨名所巡覧図会』

【坊】

[0]**坊の塚古墳** ぼうのつかこふん 4世紀末～5世紀前半
所在地 岐阜県各務原市鵜沼羽場町 ㊟県指定史跡(1957)

坊ヶ塚古墳 ぼうがづかこふん 6世紀後半
所在地 鳥取県鳥取市広岡字西矢谷369 ㊟県指定史跡(1981)

[3]**坊山古墳群** ぼうやまこふんぐん 4世紀後半(1号墳)
所在地 三重県松阪市下村町坊山

[5]**坊主山1号墳** ぼうずやまいちごうふん 6世紀前半
所在地 京都府宇治市広野町寺山

坊主塚古墳 ぼうずかこふん 古墳時代中期後半
所在地 京都府亀岡市字馬路小字池尻

坊主窪1号墳 ぼうずくぼいちごうふん 6世紀
所在地 山形県東村山郡山辺町大字大寺

坊田遺跡 ぼうたいせき 弥生時代中期
所在地 東京都三宅村伊豆

[9]**坊津** ぼうのつ
所在地 鹿児島県南さつま市坊津町
文『三国名勝図会』

242　遺跡・古墳よみかた辞典

【壱】

⁷**壱岐　いき**
　所在地 長崎県壱岐市
　㊆『古事記』、『日本書紀』、『魏志東夷伝』

壱岐古墳群　いきこふんぐん　6世紀後半～7世紀
　所在地 長崎県壱岐市勝本町・芦辺町　㊆国指定史跡（2009）

壱岐坂　いきざか
　所在地 東京都文京区本郷
　㊆森鷗外『ながし』

壱岐国分寺跡　いきこくぶんじあと　8～13世紀
　所在地 長崎県壱岐市芦辺町国分本村触
　㊆壱岐嶋分寺跡

壱岐嶋分寺跡　いきとうぶじあと　8～13世紀
　所在地 長崎県壱岐市芦辺町国分本村触　㊆県指定史跡
　㊆壱岐国分寺跡

【売】

¹²**売場遺跡　うりばいせき　縄文時代早期**
　所在地 青森県八戸市売場

【妙】

³**妙土窯跡　みょうどかまあと　16世紀初頭**
　所在地 岐阜県多治見市笠原町　㊆県指定史跡（1980）

⁴**妙心寺庭園　みょうしんじていえん　江戸時代**
　所在地 京都府京都市右京区花園妙心寺
　㊆国指定史跡（1931）

妙心寺境内　みょうしんじけいだい　建武4年（1337）創建
　所在地 京都府京都市右京区花園妙心寺町・花園寺ノ中町・花園大藪町　㊆国指定史跡（1969）

⁷**妙見山1号墳　みょうけんさんいちごうふん、みょうけんやまいちごうふん　古墳時代初期**
　所在地 愛媛県今治市大西町
　㊆妙見山古墳

妙見山古墳　みょうけんざんこふん　古墳時代
　所在地 茨城県小美玉市川中子字妙見

妙見山古墳　みょうけんやまこふん　古墳時代前期
　所在地 京都府向日市向日町寺戸

妙見山古墳　みょうけんやまこふん　4世紀前半
　所在地 大阪府交野市妙見山

妙見山古墳　みょうけんさんこふん，みょうけんやまこふん　古墳時代初期
　所在地 愛媛県今治市大西町　㊆国指定史跡（2010）
　㊆妙見山1号墳

妙見山古墳群　みょうけんやまこふんぐん　4世紀前後～6世紀
　所在地 滋賀県高島市今津町日置前・福岡

妙見古墳群　みょうけんこふんぐん　7世紀中葉～8世紀
　所在地 静岡県富士市岩淵
　㊆山王・妙見古墳群

⁸**妙国寺　みょうこくじ**
　所在地 東京都品川区南品川
　㊆井原西鶴『一目玉鉾』、山東京伝『古契三娼』

妙法寺　みょうほうじ　元和4年（1618）改宗・現寺名
　所在地 東京都杉並区堀ノ内3-48-8

妙法寺古墳群　みょうほうじこふんぐん　古墳時代前期
　所在地 福岡県筑紫郡那珂川町恵子字妙法寺

⁹**妙前大塚古墳　みょうぜんおおつかこふん　5世紀**
　所在地 長野県飯田市松尾
　㊆大塚古墳

¹⁰**妙原C-14号墳　みょうばるしーじゅうよんごうふん　6世紀**
　所在地 福岡県福岡市西区大字妙原字小松原
　㊆小松原古墳

妙哲禅師の墓 附 墓碑　みょうてつぜんじのはか つけたり ぼひ　南北朝時代
　所在地 栃木県宇都宮市徳次郎町　㊆県指定史跡（1956）

妙高　みょうこう
　所在地 新潟県
　㊆高浜虚子『七百五十句』、与謝野晶子『草の夢』

¹¹**妙亀塚　みょうきづか**
　所在地 東京都台東区橋場1-28 妙亀塚公園
　㊆都指定旧跡（1955）
　㊆謡曲『隅田川』

遺跡・古墳よみかた辞典　243

7画（孝, 宍, 寿, 対, 尿）

妙経寺古墳群　みょうきょうじこふんぐん
5世紀前半〜7世紀中頃
所在地 千葉県市原市姉崎字養老町

¹²妙喜庵　みょうきあん
所在地 京都府乙訓郡大山崎町
文『都林泉名勝図会』

¹³妙感寺古墳　みょうかんじこふん　古墳時代前期
所在地 愛知県犬山市犬山山寺8-1　県指定史跡（1975）

妙楽寺墳墓群　みょうらくじふんぼぐん　弥生時代後期〜古墳時代初頭
所在地 兵庫県豊岡市妙楽寺字大谷

妙義山　みょうぎさん
所在地 群馬県
文『蕪村句集』, 河東碧梧桐『妙義山』

妙蓮寺山古墳　みょうれんじやまこふん　古墳時代後期
所在地 島根県出雲市下古志町妙蓮寺山

¹⁴妙徳寺山古墳　みょうとくじやまこふん　5世紀前半
所在地 山口県山陽小野田市郡

¹⁶妙興寺境内地　みょうこうじけいだいち　南北朝時代
所在地 愛知県一宮市大和町妙興寺2438　県指定史跡（1969）

【孝】

³孝女登勢墓　こうじょとせはか　江戸時代
所在地 三重県津市安濃町連部162　県指定史跡（1941）

【宍】

⁵宍甘山王山古墳　しじかいさんのうやまこふん　古墳時代
所在地 岡山県岡山市東区宍甘

¹²宍塚古墳群　ししずかこふんぐん　6世紀中心
所在地 茨城県土浦市宍塚町字大日山・西根白楽

宍道湖　しんじこ
所在地 島根県
文 杉田久女『杉田久女句集』

【寿】

⁸寿命王塚古墳　じゅめいおうずかこふん　6世紀中葉
所在地 福岡県嘉穂郡桂川町
別 王塚古墳

¹⁰寿能泥炭層遺跡　じゅのうでいたんそういせき　縄文時代〜平安時代
所在地 埼玉県さいたま市大宮区寿能2丁目

寿能城跡　じゅのうじょうあと　永禄3年（1560）築城
所在地 埼玉県さいたま市大宮区寿能町2-155（寿能公園内）　県指定旧跡（1962）

¹³寿福寺境内　じゅふくじけいだい　正治2年（1200）創建
所在地 神奈川県鎌倉市扇ガ谷　国指定史跡（1966）

【対】

¹⁰対馬　つしま
所在地 長崎県対馬市
文『古事記』

対馬の渡り　つしまのわたり
所在地 長崎県対馬市
文『万葉集』

対馬山城址　つしまさんじょうし　天智天皇6年（667）築城
所在地 長崎県対馬市美津島町
別 金田城跡

対馬国分寺跡　つしまこくぶんじあと　奈良時代創建
所在地 長崎県対馬市厳原町

対馬塚古墳　つしまずかこふん　6世紀後半〜7世紀初頭
所在地 長崎県壱岐市勝本町立石東触字稗坂

対馬嶺　つしまね
所在地 長崎県対馬市
文『万葉集』

対馬藩主宗家墓所　つしまはんしゅそうけぼしょ　江戸時代
所在地 長崎県対馬市厳原町　国指定史跡（1985）

【尿】

⁹尿前の関　しとまえのせき
所在地 宮城県大崎市鳴子温泉尿前
文 芭蕉『おくのほそ道』
別 尿前関

尿前関　しとまえのせき
所在地 宮城県大崎市鳴子温泉尿前
文 芭蕉『おくのほそ道』
別 尿前の関

7画（尾, 岐）

【尾】

⁰尾ノ上古墳　おのうえこふん　古墳時代前期後半
　所在地 広島県福山市加茂町

尾ノ崎遺跡　おのさきいせき　古墳時代
　所在地 和歌山県御坊市塩屋町南塩屋

³尾上イラウネ遺跡　おのうえいらうねいせき　旧石器時代, 縄文時代早期
　所在地 静岡県沼津市足高尾上

尾上車山古墳　おのえくるまやまこふん　4世紀中頃
　所在地 岡山県岡山市北区尾上　国指定史跡（1972）
　別 ぎりぎり山古墳

尾上琵琶湖湖底遺跡　おのえびわここていいせき　縄文時代中・後期～弥生時代後期
　所在地 滋賀県長浜市湖北町尾上
　別 琵琶湖湖底遺跡

尾久の渡し　おぐのわたし
　所在地 東京都荒川区西尾久
　文 幸田露伴『水の東京』

⁵尾市古墳　おいちこふん　7世紀後半
　所在地 広島県福山市新市町常

尾平野洞窟　おびらのどうくつ　縄文時代後期
　所在地 宮崎県都城市安久町字下尾平野
　別 石器時代住居跡尾平野洞窟

尾白内貝塚　おしろないかいづか　続縄文時代前半 (恵山期)
　所在地 北海道茅部郡森町字尾白内

⁷尾花沢　おばなざわ
　所在地 山形県尾花沢市
　文 芭蕉『おくのほそ道』

⁹尾咲原遺跡　おざきはらいせき　縄文時代中期曽利式～晩期清水天王山式
　所在地 山梨県都留市朝日馬場字尾咲原

尾津の崎　おつのさき
　所在地 三重県桑名市多度町小山尾津崎
　文『古事記』,『日本書紀』

¹⁰尾高浅山1号墳　おだかあざやまいちごうふん　5世紀後葉～末
　所在地 鳥取県米子市尾高

¹¹尾崎西遺跡　おさきにしいせき　6世紀末～7世紀前葉
　所在地 香川県さぬき市長尾東

尾崎前山遺跡　おさきまえやまいせき　平安時代
　所在地 茨城県結城郡八千代町尾崎

尾崎遺跡　おさきいせき　旧石器時代～江戸時代
　所在地 東京都練馬区春日町5-12　都指定史跡（1983）

尾崎遺跡　おさきいせき　縄文時代中期
　所在地 神奈川県足柄上郡山北町神田字尾崎

尾張元興寺跡　おわりがんごうじあと　7世紀後半創建
　所在地 愛知県名古屋市中区正木4丁目

尾張戸神社古墳　おわりべじんじゃこふん　4世紀前半
　所在地 愛知県名古屋市守山区上志段味字東谷

尾張国　おわりのくに
　所在地 愛知県
　文『誹風柳多留』

尾張国分寺跡　おわりこくぶんじあと　奈良時代創建
　所在地 愛知県稲沢市矢合町　国指定史跡（2012）

¹²尾道　おのみち
　所在地 広島県尾道市
　文『山水奇観』

¹⁶尾駮　おぶち
　所在地 宮城県石巻市
　文 芭蕉『おくのほそ道』

¹⁸尾藤ガ谷　びどうがやつ
　所在地 神奈川県鎌倉市山ノ内

¹⁹尾瀬　おぜ
　所在地 福島県, 群馬県, 新潟県
　文 佐藤佐太郎『歩道』

²²尾籠山古墳　おこもりやまこふん　5世紀後半
　所在地 岡山県岡山市北区吉・下高田

²³尾鷲　おわせ
　所在地 三重県尾鷲市
　文 宮柊二『独石馬』

【岐】

⁸岐阜山　ぎふさん
　所在地 岐阜県岐阜市
　文 芭蕉『笈日記』
　別 金華山

岐阜城跡　ぎふじょうあと　戦国時代～近世初頭
　所在地 岐阜県岐阜市千畳敷下・金華山国有林
　国指定史跡（2011）
　別 稲葉山城, 井ノ口城

遺跡・古墳よみかた辞典　245

7画（床, 形, 応, 快, 忌, 志）

【床】

15 床舞遺跡　とこまいいせき　縄文時代中期～晩期
　所在地 青森県弘前市床舞

【形】

7 形見の浦　かたみのうら
　所在地 和歌山県和歌山市加太浦
　⊗『万葉集』

【応】

9 応神天皇陵古墳　おうじんてんのうりょうこふん　5世紀中葉頃
　所在地 大阪府羽曳野市誉田
　別 誉田御廟山古墳

応神天皇陵古墳外濠外堤　おうじんてんのうりょうこふんがいごうがいてい　5世紀前半
　所在地 大阪府羽曳野市誉田
　別 古市古墳群（古室山古墳・赤面山古墳・大鳥塚古墳・助太山古墳・鍋塚古墳・城山古墳・峯ヶ塚古墳・墓山古墳・野中古墳・応神天皇陵古墳外濠外堤・鉢塚古墳・はざみ山古墳・青山古墳・蕃所山古墳）

【快】

4 快天山古墳　かいてんやまこふん，かいてんざんこふん　4世紀中頃
　所在地 香川県丸亀市綾歌町　国指定史跡（2004）

【忌】

11 忌部山古墳群　いんべやまこふんぐん　6世紀後半
　所在地 徳島県吉野川市山川町山崎字忌部山

【志】

1 志一稲荷　しいちいなり　創建年代不明
　所在地 神奈川県鎌倉市雪ノ下2-3

4 志太の浦　しだのうら
　所在地 静岡県島田市, 藤枝市
　⊗『万葉集』
　別 斯志太の浦

志太郡家　しだぐうけ　古代
　所在地 静岡県藤枝市南駿河台
　別 御子ケ谷遺跡, 志太郡衙跡

志太郡衙跡　しだぐんがあと　古代
　所在地 静岡県藤枝市南駿河台　国指定史跡（1980）
　別 御子ケ谷遺跡, 志太郡家

5 志布志城跡　しぶしじょうあと　中世
　所在地 鹿児島県志布志市志布志町　国指定史跡（2005）

志氏神社古墳　しでじんじゃこふん　4世紀後半
　所在地 三重県四日市市大宮町羽津田

6 志多留貝塚　したるかいづか　縄文時代後期
　所在地 長崎県対馬市上県町志多留

7 志村一里塚　しむらいちりづか　江戸時代
　所在地 東京都板橋区志村・小豆沢　国指定史跡（1922）

志村古墳群　しむらこふんぐん　7世紀
　所在地 東京都板橋区小豆沢2丁目

志村遺跡　しむらいせき　縄文時代～古墳時代
　所在地 東京都板橋区志村小豆沢町日本軽金属工場敷地内

志谷奥遺跡　しだにおくいせき　弥生時代
　所在地 島根県松江市鹿島町佐陀本郷

8 志波宝満宮古墳　しわほうまんぐうこふん　古墳時代前期
　所在地 福岡県朝倉市杷木志波

志波城跡　しわじょうあと　9世紀初頭
　所在地 岩手県盛岡市太田　国指定史跡（1984）

志苔館跡　しのりたてあと, しのりだてあと　15世紀前半
　所在地 北海道函館市志海苔町・赤坂町　国指定史跡（1934）

9 志度　しど
　所在地 香川県さぬき市
　⊗『平家物語』

志度寺　しどじ　奈良時代創建
　所在地 香川県さぬき市

志段味大塚古墳　しだみおおつかこふん　5世紀後半～6世紀初頭
　所在地 愛知県名古屋市守山区大字上志段味字大塚1306
　別 大塚古墳

志珂島　しかのしま
　所在地 福岡県福岡市東区
　⊗『万葉集』
　別 志賀島

志美遺跡　しびいせき　縄文時代晩期末
　所在地 北海道石狩市

[10]**志島11号墳**　しじまじゅういちごうふん　5世紀後半頃
　所在地 三重県志摩市阿児町志島512-1
　別 おじょか古墳

志高遺跡　しだかいせき　縄文時代早期終末～前期終末
　所在地 京都府舞鶴市字志高

[11]**志都の石屋**　しつのいわや
　所在地 島根県大田市静間/島根県邑智郡邑南町/兵庫県高砂市阿弥陀町生石
　文『万葉集』

[12]**志登支石墓群**　しとしせきぼぐん　弥生時代前期～中期
　所在地 福岡県糸島市志登　他国指定史跡（1954）

志筑城跡　しずくじょうあと　鎌倉時代築城
　所在地 茨城県かすみがうら市中志筑1037
　他県指定史跡（1935）

志賀　しが
　所在地 滋賀県大津市
　文『枕草子』

志賀　しか
　所在地 福岡県福岡市東区
　文『万葉集』,『和名抄』

志賀の山越え　しがのやまごえ
　所在地 京都府京都市左京区
　文 西行『山家集』,『大和物語』

志賀の唐崎　しがのからさき
　所在地 滋賀県大津市
　文『万葉集』

志賀の浦　しがのうら
　所在地 滋賀県大津市
　文『拾遺和歌集』

志賀の浜　しがのはま
　所在地 滋賀県大津市
　文 藤原俊成『新古今和歌集 1』

志賀の都　しがのみやこ
　所在地 滋賀県大津市錦織
　文『千載和歌集 1』

志賀公園遺跡　しがこうえんいせき　弥生時代中期～古墳時代, 古代・中世など
　所在地 愛知県名古屋市北区中丸町

志賀寺　しがでら
　所在地 滋賀県大津市滋賀町
　文『太平記』

志賀津　しがつ
　所在地 滋賀県大津市
　文『万葉集』

志賀島　しかのしま
　所在地 福岡県福岡市東区
　文『万葉集』
　別 志珂島

志賀島叶崎遺跡　しかのしまかのうざきいせき　天明4年（1784）出土
　所在地 福岡県福岡市東区志賀島字古戸・叶崎
　別 志賀島金印出土地

志賀島金印出土地　しかのしまきんいんしゅつどち　天明4年（1784）出土
　所在地 福岡県福岡市東区志賀島字古戸・叶崎
　別 志賀島叶崎遺跡

志賀須賀の渡り　しかすがのわたり
　所在地 愛知県豊川市小坂井町
　文『枕草子』,『更級日記』

[15]**志摩**　しま
　所在地 三重県鳥羽市, 三重県志摩市
　文『古事記』,『日本書紀』

志摩　しま
　所在地 福岡県糸島市, 福岡市西区
　文『檜垣嫗集』

志摩国　しまのくに
　所在地 三重県
　文『延喜式』, 伊良子清白『孔雀船』

志摩国分寺跡　しまこくぶんじあと　奈良時代創建
　所在地 三重県志摩市阿児町国府3476　他県指定史跡（1936）

[18]**志藤沢遺跡**　しどのさわいせき　弥生時代後期
　所在地 秋田県男鹿市角間崎

[19]**志羅山遺跡**　しらやまいせき　平安時代末
　所在地 岩手県西磐井郡平泉町平泉字志羅山

【忍】

[0]**忍が岡**　しのぶがおか
　所在地 東京都台東区
　文『狂歌才蔵集 11』

[7]**忍坂**　おさか, おしさか
　所在地 奈良県桜井市忍坂
　文『古事記』,『日本書紀』

忍坂8・9号墳　おしざかはち・きゅうごうふん　7世紀中葉～後半
　所在地 奈良県桜井市忍坂

忍坂山　おさかのやま
　所在地 奈良県桜井市

7画（我, 戻, 折, 択, 投, 改, 杉）

㊛『万葉集』
⁸忍岡古墳　しのぶがおかこふん　4世紀後半頃
　所在地 大阪府四条畷市岡山
忍性塔　にんしょうとう　鎌倉時代
　所在地 神奈川県鎌倉市極楽寺
　㊗忍性墓, 極楽寺境内・忍性墓
忍性墓　にんしょうのはか　鎌倉時代
　所在地 神奈川県鎌倉市極楽寺
　㊗忍性塔, 忍性菩薩墓, 極楽寺境内・忍性墓
¹³忍路土場遺跡　おしょろどばいせき　縄文時代早・晩期〜続縄文時代・擦文文化期
　所在地 北海道小樽市
忍路環状列石　おしょろかんじょうれっせき　縄文時代後期
　所在地 北海道小樽市忍路2丁目　㊅国指定史跡 (1961)

【我】

⁸我拝師山遺跡　がはいしやまいせき　弥生時代
　所在地 香川県善通寺市吉原町我拝師山
¹⁰我孫子古墳群　あびここふんぐん　5世紀後半〜7世紀末
　所在地 千葉県我孫子市大字根戸

【戻】

¹⁶戻橋　もどりばし
　所在地 京都府京都市上京区一条堀川
　㊛和泉式部『夫木和歌抄 21』,『誹風柳多留 71』,『太平記』
　㊗一条戻橋

【折】

⁵折本貝塚　おりもとかいづか　縄文時代前期
　所在地 神奈川県横浜市港北区折本町東辰
⁷折返A遺跡・菅俣B遺跡　おりかえしえーいせき・すがまたびーいせき　古墳時代前期
　所在地 福島県いわき市泉町滝尻

【択】

¹⁰択捉島　えとろふとう
　所在地 北海道
　㊛土屋文明『放水路』

【投】

²投入堂　なげいれどう　平安時代後期創建
　所在地 鳥取県東伯郡三朝町門前

㊗三仏寺奥の院

【改】

⁷改決羽地川碑記　かいけつはねじがわひき　延享元年 (乾隆9年) (1745)
　所在地 沖縄県名護市字田井等前方川上境内上増原　㊅県指定史跡 (1969)

【杉】

⁰杉が洞横穴墓　すぎがほらおうけつぼ　7世紀中葉
　所在地 岐阜県高山市松本町杉が洞
杉の堂遺跡　すぎのどういせき　縄文時代晩期
　所在地 岩手県奥州市水沢区佐倉河字杉の堂
杉の野　すぎのの
　所在地 富山県氷見市
　㊛『万葉集』
　㊗椙野
杉の森稲荷　すぎのもりいなり
　所在地 東京都中央区日本橋堀留町
　㊛『誹風柳多留』
³杉久保遺跡　すぎくぼいせき　縄文時代中期・後期
　所在地 神奈川県海老名市杉久保字富谷
杉久保遺跡　すぎくぼいせき　旧石器時代
　所在地 長野県上水内郡信濃町野尻舟瀬
杉山古墳　すぎやまこふん　古墳時代中期後半
　所在地 奈良県奈良市大安寺町杉山
杉山和一墓　すぎやまわいちのはか　江戸時代
　所在地 東京都墨田区立川1-4-13 弥勒寺　㊅都指定旧跡 (1955)
　㊗杉山検校墓
杉山城跡　すぎやまじょうあと　室町時代
　所在地 埼玉県比企郡嵐山町杉山雁城654
　㊗比企城館跡群（菅谷館跡・松山城跡・杉山城跡・小倉城跡）
杉山検校墓　すぎやまけんぎょうのはか　江戸時代
　所在地 東京都墨田区立川1-4-13 弥勒寺
　㊗杉山和一墓
⁵杉本城　すぎもとじょう　鎌倉時代
　所在地 神奈川県鎌倉市二階堂901・二階堂844・浄明寺3-8-55
杉田玄白墓　すぎたげんぱくのはか　江戸

時代
所在地 東京都港区虎ノ門3-10-10 栄閑院
㊥都指定史跡(1966)

杉田貝塚　すぎたかいづか　縄文時代中期～後期
所在地 神奈川県横浜市磯子区杉田

杉田梅林　すぎたばいりん
所在地 神奈川県横浜市磯子区杉田
㊇『誹風柳多留』

杉田遺跡　すぎたいせき　縄文時代後期～晩期
所在地 神奈川県横浜市磯子区杉田町

[7]杉沢台遺跡　すぎさわだいいせき　縄文時代前期
所在地 秋田県能代市磐　㊥国指定史跡(1981)

杉沢遺跡　すぎさわいせき　縄文時代晩期
所在地 山形県飽海郡遊佐町大字杉沢字中山口

杉沢遺跡　すぎさわいせき　縄文時代晩期
所在地 滋賀県米原市杉沢

杉谷A遺跡　すぎたにえーいせき　古墳時代初期
所在地 富山県富山市杉谷

杉谷古墳群　すぎたにこふんぐん　古墳時代前期
所在地 富山県富山市杉谷字上野山畑・御崎野

杉谷遺跡　すぎたにいせき　12～16世紀頃
所在地 三重県三重郡菰野町杉谷字南谷2237ほか　㊥県指定史跡(1970)

[11]杉崎コロニー古墳群　すぎさきころにーこふんぐん　古墳時代
所在地 茨城県水戸市杉崎町字大谷津

杉崎廃寺跡　すぎさきはいじあと　7世紀中葉創建
所在地 岐阜県飛騨市古川町杉崎　㊥県指定史跡(1959)
㊇岡前廃寺

【束】

[8]束明神古墳　つかみょうじんこふん　7世紀末頃
所在地 奈良県高市郡高取町佐田字ヲヒラ

[12]束間の湯　つかまのゆ
所在地 長野県松本市
㊇源重之『後拾遺和歌集 18』

[14]束稲山　たばしねやま
所在地 岩手県西磐井郡平泉町

㊇西行『山家集』

【村】

[3]村上1号墳　むらかみいちごうふん　7世紀後半～8世紀初頭
所在地 千葉県八千代市村上字込の内

村上込の内遺跡　むらかみこめのうちいせき　奈良時代・平安時代中心
所在地 千葉県八千代市村上字込の内

村上城跡　むらかみじょうあと　鎌倉時代
所在地 栃木県芳賀郡市貝町塙　㊥県指定史跡(1966)

村上城跡　むらかみじょうあと　16世紀初頭
所在地 新潟県村上市本町　㊥国指定史跡(1993)

村山遺跡　むらやまいせき　縄文時代前期
所在地 岐阜県高山市国府町村山

[5]村尻遺跡　むらじりいせき　縄文時代中期末～弥生時代中期初め
所在地 新潟県新発田市大字下寺内字前坪・村尻

村田春海墓　むらたはるみのはか　江戸時代
所在地 東京都江東区清澄3-4-23 本誓寺　㊥都指定旧跡(1955)

村田清風旧宅および墓　むらたせいふうきゅうたくおよびはか　江戸時代
所在地 山口県長門市三隅下　㊥国指定史跡(1941)

【杢】

[13]杢路寺古墳　もくろじこふん　5世紀後半
所在地 佐賀県伊万里市二里町川東

【来】

[7]来住V遺跡　きしごいせき　弥生時代前期
所在地 愛媛県松山市来住町

来住廃寺跡　きしはいじあと　白鳳時代創建
所在地 愛媛県松山市来住町南久米町
㊇久米官衙遺跡群(久米官衙遺跡・来住廃寺跡)

来迎寺一里塚　らいごうじいちりづか　江戸時代
所在地 愛知県知立市来迎寺町古城24-1　㊥県指定史跡(1961)

[9]来美廃寺　くるみはいじ　奈良時代
所在地 島根県松江市矢田町
㊇山代郷北新造院跡,出雲国山代郷遺跡群(正倉跡・北新造院跡)

遺跡・古墳よみかた辞典　249

7画（杣, 沖, 求, 沙）

[13]**来福寺** らいふくじ　正暦元年（990）創建
　(所在地)東京都品川区東大井3-13-1

【杣】

[3]**杣山城跡** そまやまじょうあと　鎌倉時代末期〜安土桃山時代
　(所在地)福井県南条郡南越前町　(㊹)国指定史跡（1934）

[4]**杣之内火葬墓** そまのうちかそうぼ　奈良時代
　(所在地)奈良県天理市杣之内町
　(別)杣之内古墓

杣之内古墓 そまのうちこぼ　奈良時代
　(所在地)奈良県天理市杣之内町
　(別)杣之内火葬墓

【沖】

[0]**沖Ⅱ遺跡** おきⅡいせき　弥生時代前期末〜中期
　(所在地)群馬県藤岡市立石字沖

沖つ島 おきつしま
　(所在地)和歌山県和歌山市
　(文)『万葉集』

沖つ島山 おきつしまやま
　(所在地)滋賀県近江八幡市
　(文)『万葉集』,『日本三代実録』
　(別)沖ノ島

沖の石 おきのいし
　(所在地)宮城県多賀城市八幡
　(文)藤原為家『夫木和歌抄22』

沖の島祭祀遺跡 おきのしまさいしいせき
4世紀後半〜9世紀前半
　(所在地)福岡県宗像市
　(別)沖ノ島祭祀遺跡

沖ノ原貝塚 おきのはらかいづか　縄文時代前期〜弥生時代
　(所在地)熊本県天草市五和町二江

沖ノ原遺跡 おきのはらいせき　縄文時代中期後半
　(所在地)新潟県中魚沼郡津南町　(㊹)国指定史跡（1978）

沖ノ原遺跡 おきのはらいせき　縄文時代前期〜古墳後期
　(所在地)熊本県天草市五和町・天草下島

沖ノ島 おきのしま
　(所在地)滋賀県近江八幡市
　(文)『万葉集』,『日本三代実録』

　(別)沖つ島山, 沖島

沖ノ島古墳群 おきのしまこふんぐん　6世紀頃中心
　(所在地)兵庫県南あわじ市阿那賀伊毘

沖ノ島祭祀遺跡 おきのしまさいしいせき
4世紀後半〜9世紀前半
　(所在地)福岡県宗像市
　(別)沖の島祭祀遺跡

[4]**沖中遺跡** おきなかいせき　縄文時代後期末〜晩期前半
　(所在地)青森県三戸郡三戸町大字川守田字沖中

沖水古墳 おきみずこふん　古墳時代
　(所在地)宮崎県都城市早水町3866-1（早水神社境内）
　(別)都城市沖水古墳

[5]**沖出古墳** おきでこふん　5世紀
　(所在地)福岡県嘉麻市漆生

[15]**沖縄** おきなわ
　(所在地)沖縄県
　(文)河東碧梧桐『続三千里』

【求】

[3]**求女塚古墳** もとめずかこふん　4世紀後半
　(所在地)兵庫県神戸市東灘区住吉町塚ノ後
　(別)東求女塚古墳

[11]**求菩提山** くぼてさん
　(所在地)福岡県豊前市求菩提・篠瀬・鳥井畑・岩屋・山内、築上郡築上町　(㊹)国指定史跡（2001）

求菩提窟 くぼてくつ　平安時代
　(所在地)福岡県豊前市求菩提

【沙】

[8]**沙弥島千人塚** しゃみしませんにんづか　古墳時代中期
　(所在地)香川県坂出市沙弥島南通66　(㊹)県指定史跡（1970）
　(別)沙弥島千人塚古墳

沙弥島千人塚古墳 しゃみしませんにんづかこふん　古墳時代中期
　(所在地)香川県坂出市沙弥島南通66
　(別)沙弥島千人塚

[18]**沙額田** さぬかた
　(所在地)奈良県大和郡山市
　(文)『万葉集』

250　遺跡・古墳よみかた辞典

7画（沢, 沈, 男, 町, 皀, 社, 私, 糺）

【沢】

⁰沢3号墳　さわさんごうふん　5世紀後半
(所在地)京都府綾部市栗町沢

沢の浦古墳群　さわのうらふんぐん　7世紀初頭
(所在地)兵庫県篠山市小坂字沢の浦坪

沢ベリ古墳群　さわべりこふんぐん　5世紀後半～6世紀前半
(所在地)鳥取県倉吉市不入岡字沢ベリ

⁵沢田川　さわだがわ
(所在地)京都府木津川市
(文)『枕草子』

¹¹沢庵墓　たくあんのはか　江戸時代
(所在地)東京都品川区北品川 東海寺大山墓地
(文)国指定史跡 (1926)

¹²沢渡　さわたり
(所在地)群馬県吾妻郡中之条町
(文)『万葉集』
(別)左和多里

¹⁵沢遺跡　さわいせき　縄文時代早期
(所在地)岐阜県飛騨市古川町上気多

【沈】

⁵沈目遺跡　しずめいせき　縄文時代～平安時代
(所在地)熊本県熊本市南区城南町沈目字池頭・塚本

【男】

³男女川　みなのがわ
(所在地)茨城県つくば市
(文)『後撰和歌集 11』,『犬子集』
(別)水無川

男女倉遺跡群　おめぐらいせきぐん　旧石器時代
(所在地)長野県小県郡長和町和田

男山　おとこやま
(所在地)京都府八幡市
(文)『大和物語』,『平中物語』

⁷男体山　なんたいさん
(所在地)栃木県日光市
(文)与謝野晶子『心の遠景』, 大町桂月『紅葉の旅』

男体山頂遺跡　なんたいさんちょういせき　奈良時代～平安時代
(所在地)栃木県日光市中宮祠
(別)日光男体山頂遺跡

⁹男狭穂塚古墳　おさほづかこふん　5世紀前半
(所在地)宮崎県西都市大字三宅字丸山

¹¹男鹿島　たんかしま
(所在地)兵庫県姫路市
(文)『播磨鑑』
(別)丹鹿島

¹⁶男壇遺跡　おだんいせき　古墳時代前期前葉
(所在地)福島県河沼郡会津坂下町大字青津字男檀

【町】

⁵町田古墳　まちだこふん　7世紀前半
(所在地)千葉県富津市岩坂字町田

町田市田端環状積石遺構　まちだしたばたかんじょうつみいしいこう　縄文時代後～晩期
(所在地)東京都町田市小山町3112-2, 3113-2
(文)都指定史跡 (1971)
(別)田端遺跡

⁷町谷窯跡　まちやかまあと　奈良時代
(所在地)栃木県佐野市町谷町

⁹町南遺跡　ちょうなんいせき　弥生時代
(所在地)佐賀県三養基郡みやき町原古賀

【皀】

⁷皀角坂　さいかちざか
(所在地)東京都千代田区神田駿河台
(文)永井荷風『日和下駄』

【社】

⁵社台1遺跡　しゃだいいちいせき　縄文時代晩期中葉
(所在地)北海道白老郡白老町社台

⁹社軍神遺跡　しゃぐんじいせき　古墳時代前期
(所在地)長野県上田市

【私】

⁵私市円山古墳　きさいちまるやまこふん　5世紀中頃
(所在地)京都府綾部市私市町　(文)国指定史跡 (1994)
(別)円山古墳

【糺】

糺　ただす
(所在地)京都府京都市左京区下鴨
(文)『源氏物語』

7画（良, 芦, 花）

⁰糺の森　ただすのもり
　所在地 京都府京都市左京区下鴨
　㊇平定文『新古今和歌集 13』
　㊋糺森

¹²糺森　ただすのもり
　所在地 京都府京都市左京区下鴨
　㊇平定文『新古今和歌集 13』
　㊋糺の森

【良】

³良川古墳群　よしかわこふんぐん　古墳時代
　所在地 石川県鹿島郡中能登町良川・一青

⁴良文貝塚　よしぶみかいづか　縄文時代後期
　所在地 千葉県香取市貝塚　㊉国指定史跡（1930）

¹³良寛生誕地（橘屋跡）　りょうかんせいたんち（たちばなやあと）　江戸時代
　所在地 新潟県三島郡出雲崎町出雲崎・尼瀬
　㊉県指定史跡（1952）

【芦】

⁰芦の屋　あしのや
　所在地 兵庫県神戸市, 芦屋市, 伊丹市
　㊇『新古今和歌集』
　㊋蘆の屋

芦ノ湖　あしのこ
　所在地 神奈川県足柄下郡箱根町
　㊇古泉千樫『青牛集』

⁹芦城　あしき
　所在地 福岡県筑紫野市
　㊇『万葉集』
　㊋蘆城

芦屋　あしや
　所在地 兵庫県芦屋市
　㊇『万葉集』
　㊋蘆屋

¹⁰芦浦観音寺跡　あしうらかんのんじあと　飛鳥時代創建
　所在地 滋賀県草津市芦浦町　㊉国指定史跡（2004）

¹¹芦野　あしの
　所在地 栃木県那須郡那須町芦野
　㊇謡曲『遊行柳』, 芭蕉『おくのほそ道』

【花】

⁰花の窟　はなのいわや
　所在地 三重県熊野市有馬町
　㊇『日本書紀』
　㊋熊野参詣道（中辺路・大辺路・小辺路・伊勢路・熊野川・七里御浜・花の窟）

花ガ谷　はながやつ
　所在地 神奈川県鎌倉市大町3-7・9-24〜35
　㊋華ガ谷

花ノ木遺跡　はなのきいせき　縄文時代早期〜前期
　所在地 鹿児島県姶良郡湧水町木場

花ノ湖遺跡　はなのこいせき　縄文時代草創期
　所在地 岐阜県中津川市上野
　㊋桃の湖遺跡

³花山　かざん
　所在地 京都府京都市山科区
　㊇『大和物語』『今昔物語』

花山寺址　かざんじし　平安時代
　所在地 宮城県栗原市花山

花山西塚古墳　はなやまにしずかこふん　古墳時代終末期
　所在地 奈良県桜井市栗原
　㊋花山塚古墳

花山塚古墳　はなやまずかこふん　古墳時代終末期
　所在地 奈良県桜井市栗原　㊉国指定史跡（1927）
　㊋花山西塚古墳

⁴花井吉成の墓　はないよしなりのはか　江戸時代初期
　所在地 長野県長野市松代町松代　㊉市指定史跡（1967）

⁵花立山古墳　はなたてやまこふん　6世紀
　所在地 福岡県小郡市花立

⁶花光寺山古墳　けこうじやまこふん　4世紀後半
　所在地 岡山県瀬戸内市長船町服部　㊉県指定史跡（1959）

⁷花沢東遺跡　はなざわひがしいせき　旧石器時代, 縄文時代
　所在地 東京都国分寺市南町3丁目

花沢館跡　はなざわだてあと　15世紀頃
　所在地 北海道檜山郡上ノ国町
　㊋上之国館跡（花沢館跡・洲崎館跡・勝山館跡）

花見山遺跡　はなみやまいせき　縄文時代草創期
　所在地 神奈川県横浜市都筑区

花見古墳　はなみこふん　6世紀末
[所在地]福岡県古賀市久保

花里山横穴墓群　はなりやまおうけつぼぐん　6世紀末葉～7世紀後半
[所在地]千葉県君津市大和田字花里山

8**花岡山古墳　はなおかやまこふん**　4世紀後半頃
[所在地]大阪府八尾市楽音寺
[別]花崗岩古墳

花岡山古墳群　はなおかやまこふんぐん　古墳時代前期
[所在地]岐阜県大垣市昼飯町字花岡山

花岡古墳　はなおかこふん　古墳時代
[所在地]山口県下松市生野屋・末武上
[別]下村古墳

9**花垣の庄　はながきのしょう**
[所在地]三重県伊賀市上野
[文]芭蕉『猿蓑』

花屋敷　はなやしき
[所在地]東京都台東区
[文]曲山人『仮名文章娘節用』, 為永春水『春色雪の梅』

花巻遺跡　はなまきいせき　縄文時代中期
[所在地]青森県黒石市

花泉遺跡　はないずみいせき　後期旧石器時代
[所在地]岩手県一関市花泉町花泉

花背別所経塚　はなせべっしょきょうずか　平安時代
[所在地]京都府京都市左京区花背別所町
[別]花背経塚

花背経塚　はなせきょうずか　平安時代
[所在地]京都府京都市左京区花背別所町
[別]花背別所経塚

11**花野井大塚古墳　はなのいおおつかこふん**　5世紀後葉
[所在地]千葉県柏市花野井字塩
[別]大塚古墳

花野谷古墳群　はなのたにこふんぐん　4世紀前半（1号墳）, 5世紀半ば（2号墳）, 5世紀後半（3号墳）
[所在地]福井県福井市花野谷町・宮地町

花鳥山遺跡　はなとりやまいせき　縄文時代前期
[所在地]山梨県笛吹市八代町竹居

13**花園古墳　はなぞのこふん**　6世紀終わり～7世紀初め
[所在地]茨城県桜川市西友部字山田

花園遺跡　はなぞのいせき　弥生時代中期～後期
[所在地]広島県三次市十日市町　[史]国指定史跡（1978）

15**花輪台貝塚　はなわだいかいずか**　縄文時代早期
[所在地]茨城県北相馬郡利根町花輪台

花輪貝塚　はなわかいずか　縄文時代後期前半
[所在地]千葉県千葉市若葉区加曽利町　[史]国指定史跡（2006）

16**花積貝塚　はなずみかいずか**　縄文時代前期
[所在地]埼玉県春日部市花積

【芥】

3**芥川　あくたがわ**
[所在地]大阪府高槻市芥川
[文]『伊勢物語』

芥川一里塚　あくたがわいちりずか　江戸時代
[所在地]大阪府高槻市芥川町3丁目
[別]西国街道芥川一里塚

芥川廃寺跡　あくたがわはいじあと　奈良時代
[所在地]大阪府高槻市郡家新町
[別]嶋上郡衙跡 附 寺跡

【芹】

3**芹川　せりかわ**
[所在地]京都府京都市右京区
[文]在原行平『後撰和歌集 15』

芹川　せりかわ
[所在地]京都府京都市伏見区下鳥羽
[文]『伊勢物語』
[別]芹河

5**芹生　せりょう**
[所在地]京都府京都市左京区大原草生町
[文]『保元物語』

8**芹河　せりかわ**
[所在地]京都府京都市伏見区下鳥羽
[文]『伊勢物語』
[別]芹川

【芸】

9**芸亭　うんてい**　奈良時代
[所在地]奈良県奈良市法華寺町

【芝】

芝　しば
　所在地 東京都港区の南東地区
　⊗涼菟『皮籠摺』

⁰芝ケ本遺跡　しばがもといせき　古墳時代前期
　所在地 京都府向日市上植野

芝ヶ原古墳　しばがはらこふん　弥生時代
　所在地 京都府城陽市寺田　㊥国指定史跡(1989)
　別 芝ヶ原墳丘墓

芝ヶ原墳丘墓　しばがはらふんきゅうぼ　弥生時代
　所在地 京都府城陽市寺田
　別 芝ヶ原古墳

³芝丸山古墳　しばまるやまこふん　5世紀初頭頃
　所在地 東京都港区芝公園　㊥都指定史跡(1979)

芝丸山古墳群　しばまるやまこふんぐん　古墳時代前期
　所在地 東京都港区芝公園
　別 丸山古墳群, 芝公園古墳群

芝山古墳　しばやまこふん　5世紀後半
　所在地 大阪府東大阪市石切町

芝山古墳群　しばやまこふんぐん　古墳時代後期
　所在地 千葉県山武郡芝山町　㊥国指定史跡(1958)
　別 中台古墳群

芝山姫塚古墳　しばやまひめずかこふん　古墳時代後期
　所在地 千葉県山武郡横芝光町中台字外記
　別 姫塚古墳

⁴芝公園古墳群　しばこうえんこふんぐん　古墳時代前期
　所在地 東京都港区芝公園
　別 丸山古墳群, 芝丸山古墳群

⁵芝付　しばつき
　所在地 神奈川県
　⊗『万葉集』

¹⁰芝宮古墳群　しばみやこふんぐん　6世紀中頃〜7世紀後半
　所在地 群馬県富岡市芝宮

芝根7号墳　しばねななごうふん　4世紀終末期
　所在地 群馬県佐波郡玉村町川井
　別 芝根村7号墳

芝根村7号墳　しばねむらななごうふん　4世紀終末期
　所在地 群馬県佐波郡玉村町川井
　別 芝根7号墳

芝浦　しばうら
　所在地 東京都港区
　⊗浜辺黒人『万載狂歌集 1』

¹²芝塚1号墳　しばずかいちごうふん　5世紀末〜6世紀前半
　所在地 奈良県葛城市兵家小字芝塚

芝塚2号墳　しばずかにごうふん　6世紀前半
　所在地 奈良県葛城市兵家小字芝塚

【芭】

¹⁵芭蕉庵　ばしょうあん
　所在地 東京都江東区常盤
　⊗『誹風柳多留 25』, 永井荷風『深川の散歩』
　別 深川芭蕉庵跡

芭蕉塚古墳　ばしょうつかこふん　5世紀後半
　所在地 京都府城陽市平川茶屋裏・室木

【芳】

⁰芳ケ迫第1遺跡　よしがさこだいいちいせき　旧石器時代〜縄文時代早期
　所在地 宮崎県宮崎市田野町

¹¹芳野　よしの
　所在地 奈良県吉野郡吉野町
　⊗『古事記』, 『日本書紀』
　別 吉野

¹²芳賀(清原)氏累代の墓碑　はが(きよはら)しるいだいのぼひ　鎌倉時代以降
　所在地 栃木県宇都宮市竹下町1107　㊥市指定史跡(1958)

芳賀郡家　はがぐうけ　古代
　所在地 栃木県真岡市京泉字堂法田
　別 芳賀郡衙跡

芳賀郡衙跡　はがぐんがあと　古代
　所在地 栃木県真岡市京泉字堂法田
　別 芳賀郡家

【見】

⁴見手山古墳　みてやまこふん　6世紀末頃
　所在地 兵庫県豊岡市妙楽寺字見手山

⁵見世廃寺址　みせはいじし　奈良時代
　所在地 滋賀県大津市志賀里町甲
　別 崇福寺跡

7画（角）

見付　みつけ
　所在地 静岡県磐田市見付
　文 『東国名勝志』

見付学校　みつけがっこう　明治時代
　所在地 静岡県磐田市見付
　別 旧見付学校 附 磐田文庫

見田・大沢古墳群　みた・おおさわこふんぐん　古墳時代前期
　所在地 奈良県宇陀市菟田野見田　指 国指定史跡（1983）

[8]見性院の墓　けんしょういんのはか　江戸時代
　所在地 埼玉県さいたま市緑区東浦和5-18-9
　指 県指定旧跡（1961）

見沼通船堀　みぬまつうせんぼり　享保16年（1731）造
　所在地 埼玉県さいたま市緑区大間木, 川口市東内野　指 国指定史跡（1982）

[10]見島ジーコンボ古墳群　みしまじーこんぼこふんぐん　7世紀後半～10世紀初頭
　所在地 山口県萩市見島　指 国指定史跡（1984）
　別 見島古墳群, ジーコンボ古墳群

見島古墳群　みしまこふんぐん　7世紀後半～10世紀初頭
　所在地 山口県萩市見島
　別 見島ジーコンボ古墳群

見高遺跡　みたかいせき　縄文時代中期
　所在地 静岡県賀茂郡河津町見高字段間

[11]見野長塚古墳　みのながつかこふん　6世紀第1四半期
　所在地 兵庫県姫路市四郷町見野字長塚　指 県指定史跡（1995）
　別 長塚古墳

[12]見晴台遺跡　みはらしだいいせき　弥生時代後期
　所在地 愛知県名古屋市南区見晴町

見越の崎　みごしのさき
　所在地 神奈川県鎌倉市の稲村が崎
　文 『万葉集』

[14]見徳古墳　けんとくこふん　7世紀前葉頃
　所在地 静岡県浜松市北区都田町　指 市指定史跡（1992）

[19]見瀬丸山古墳　みせまるやまこふん　古墳時代後期
　所在地 奈良県橿原市五条野町・大軽町
　別 丸山古墳, 五条野丸山古墳

【角】

角　つの
　所在地 島根県江津市都野津町
　文 『万葉集』

[0]角の松原　つののまつばら
　所在地 兵庫県西宮市津門
　文 『和名抄』

[2]角二山石器時代住居跡群　かくにやませっきじだいじゅうきょあとぐん　後期旧石器時代～縄文時代前期
　所在地 山形県北村山郡大石田町大字大石田乙509-1　指 県指定史跡（1972）
　別 角二山遺跡

角二山遺跡　かくにやまいせき　後期旧石器時代～縄文時代前期
　所在地 山形県北村山郡大石田町上ノ原
　別 角二山石器時代住居跡群

[5]角田河原　すみだがわら
　所在地 和歌山県橋本市隅田町
　文 『万葉集』

[6]角牟礼城跡　つのむれじょうあと　16世紀後半～17世紀初頭
　所在地 大分県玖珠郡玖珠町　指 国指定史跡（2005）

[9]角屋　すみや　寛永18年（1641）創業
　所在地 京都府京都市下京区島原西新屋敷揚屋町

[10]角島　つのしま
　所在地 山口県下関市豊北町角島
　文 『延喜式』

[11]角鹿　つのが
　所在地 福井県敦賀市
　文 『古事記』

角鹿の浜　つのがのはま
　所在地 福井県敦賀市
　文 『古事記』

[12]角塚古墳　つのづかこふん　6世紀
　所在地 岩手県奥州市胆沢区南都田　指 国指定史跡（1985）

角塚古墳　かくづかこふん　7世紀中頃
　所在地 香川県観音寺市大野原町大野原
　別 椀貸塚、角塚及び平塚

角間崎貝塚　かくまさきかいづか　縄文時代前期前半
　所在地 秋田県男鹿市角間崎字岡見沢

[16]角館　かくのだて
　所在地 秋田県仙北郡
　文 土屋文明『続青南集』

遺跡・古墳よみかた辞典　255

7画（言, 谷）

【言】

11 言問橋　ことといばし
　所在地 東京都墨田区向島, 台東区花川戸
　⊗宇都野研『宇都野研全集』

【谷】

0 谷ヶ原遺跡　たにがはらいせき　縄文時代後期
　所在地 神奈川県相模原市緑区谷ヶ原
　例 川尻遺跡, 川尻石器時代遺跡

2 谷七郷　やつしちごう
　所在地 神奈川県鎌倉市
　⊗浅井了意『東海道名所記』

3 谷上B-1号墳　たにじょうびーいちごうふん　6世紀
　所在地 福岡県福岡市西区大字今宿上ノ原字谷上

谷口山古墳　やぐちやまこふん　6世紀後半
　所在地 栃木県宇都宮市長岡町1258-4　⊛市指定史跡（1991）

谷口山古墳　たにぐちやまこふん　5世紀末
　所在地 徳島県鳴門市大麻町桧

谷口古墳　たにぐちこふん　4世紀末頃
　所在地 佐賀県唐津市浜玉町　⊛国指定史跡（1941）

谷川士清旧宅　たにがわことすがきゅうたく　江戸時代
　所在地 三重県津市八町　⊛国指定史跡（1967）

谷川士清墓　たにがわことすがのはか, たにがわことすがはか　江戸時代
　所在地 三重県津市押加部町　⊛国指定史跡（1944）

4 谷中　やなか
　所在地 東京都台東区
　⊗『子規句集』, 芭蕉『おくのほそ道』

谷中五重塔跡　やなかごじゅうのとうあと　江戸時代
　所在地 東京都台東区谷中7-9 谷中霊園内
　例 天王寺五重塔跡

谷中墓地　やなかぼち　明治7（1874）開設
　所在地 東京都台東区谷中7-5-24
　例 谷中霊園

谷中霊園　やなかれいえん
　所在地 東京都台東区谷中7-5-24
　⊗宇野浩二『器用貧乏』
　例 谷中墓地

谷内古墳群　やちこふんぐん　古墳時代
　所在地 富山県小矢部市埴生字谷内

谷戸城跡　やとじょうあと　平安時代末期築城
　所在地 山梨県北杜市大泉町　⊛国指定史跡（1993）

谷文晁墓　たにぶんちょうのはか　江戸時代
　所在地 東京都台東区東上野6-18-12 源空寺墓地
　⊛都指定旧跡（1955）

5 谷尻遺跡　たんじりいせき　縄文時代後・晩期〜古墳時代
　所在地 岡山県真庭市上水田

谷田遺跡　たにだいせき　縄文時代晩期後半
　所在地 北海道斜里郡斜里町

6 谷地久保古墳　やちくぼこふん　7世紀後半頃
　所在地 福島県白河市大字本沼

谷地遺跡　やちいせき　縄文時代前期〜晩期
　所在地 群馬県藤岡市中栗須字谷地

谷汲　たにぐみ
　所在地 岐阜県揖斐郡揖斐川町
　⊗『誹風柳多留』

7 谷助平古墳　やすけだいらこふん　8世紀
　所在地 岩手県八幡平市大更

谷村計介旧宅　たにけいすけきゅうたく　江戸時代幕末期〜明治初期
　所在地 宮崎県宮崎市糸原字下馬場　⊛県指定史跡（1933）

9 谷柏古墳群　やがしわこふんぐん　7世紀後半
　所在地 山形県山形市大字谷柏元上谷柏字上ノ山727ほか　⊛県指定史跡（1956）

谷津山古墳　やつやまこふん　古墳時代前期
　所在地 静岡県静岡市葵区柚木〜春日町3丁目
　例 柚木山神古墳

谷畑古墳　たにはたこふん　4世紀後半〜5世紀初め頃
　所在地 奈良県宇陀市榛原萩原字谷畑

谷畑遺跡　たにはたいせき　古墳時代後期
　所在地 鳥取県倉吉市上神字谷畑

谷重遠墓　たにしげとおのはか　江戸時代
　所在地 高知県香美市土佐山田町　⊛国指定史跡（1944）

谷首古墳　たにくびこふん　7世紀初頭
　所在地 奈良県桜井市阿部　⊛県指定史跡（1958）

10 谷時中墓　たにじちゅうのはか　江戸時代
　所在地 高知県高知市横浜　⊛県指定史跡（1953）

**谷脇古墳　たにわきこふん　6世紀中葉（第2

四半期）
[所在地]奈良県宇陀市大宇陀守道字黒石　[史]県指定史跡（1978）

谷起島遺跡　やぎしまいせき　縄文時代晩期～弥生時代
[所在地]岩手県一関市萩荘字谷起島南方

12谷奥1号墳　たにおくいちごうふん　古墳時代後期
[所在地]鳥取県鳥取市気高町勝見谷奥

16谷頭遺跡　たにがしらいせき　弥生時代中期
[所在地]熊本県阿蘇郡西原村字河原

【貝】

0貝が窪貝塚　かいがくぼかいずか　縄文時代前期
[所在地]茨城県稲敷市浮島字狭間久保

貝の花貝塚　かいのはなかいずか　縄文時代中期～晩期
[所在地]千葉県松戸市小金原8丁目

7貝吹山古墳　かいぶきやまこふん　5世紀中葉～後葉
[所在地]大阪府和泉市太町

貝坂遺跡　かいさかいせき　旧石器時代
[所在地]新潟県中魚沼郡津南町大字下船渡乙

11貝殻山貝塚　かいがらやまかいずか　弥生時代初頭
[所在地]愛知県清須市朝日　[史]国指定史跡（1971）

貝殻山遺跡　かいがらやまいせき　弥生時代中期
[所在地]岡山県岡山市南区宮浦

貝殻坂貝塚　かいがらざかかいずか　縄文時代前期
[所在地]神奈川県平塚市万田

貝野遺跡　かいのいせき　飛鳥時代, 奈良時代
[所在地]三重県四日市市東坂部町・西坂部町

貝鳥貝塚　かいとりかいずか　縄文時代中期～弥生時代
[所在地]岩手県一関市花泉町貝鳥　[史]県指定史跡（1966）

12貝塚丸山古墳　かいずかまるやまこふん　4世紀後半
[所在地]大阪府貝塚市地蔵堂
[別]丸山古墳

貝塚町1丁目遺跡　かいずかちょういっちょうめいせき　旧石器時代末期～縄文時代早・前・中・晩期, 続縄文・擦文期
[所在地]北海道釧路市

14貝徳寺古墳　けいとくじこふん　5世紀末～6世紀初め
[所在地]福岡県筑紫郡那珂川町今光字宗石

【赤】

3赤土山古墳　あかつちやまこふん　古墳時代前期頃
[所在地]奈良県天理市櫟本町　[史]国指定史跡（1992）

赤土坂遺跡　あかつちざかいせき　旧石器時代
[所在地]岐阜県関市巾町赤土坂

赤山古墳　あかやまこふん　4世紀末～5世紀前半
[所在地]香川県さぬき市津田町鶴羽

赤山社　せきさんのやしろ
[所在地]京都府京都市左京区修学院
[文]『都林泉名勝図会』
[別]赤山大明神, 赤山禅院

赤山禅院　せきざんぜんいん　仁和4年（888）創建
[所在地]京都府京都市左京区修学院
[別]赤山社, 赤山大明神

赤山遺跡　あかやまいせき　縄文時代草創期～晩期
[所在地]埼玉県川口市赤芝新田

4赤井手古墳　あかいでこふん　5世紀後半
[所在地]福岡県春日市大字小倉

赤井手遺跡　あかいでいせき　旧石器時代～歴史時代
[所在地]福岡県春日市大字小倉

赤木名城跡　あかぎなじょうあと　12世紀築城
[所在地]鹿児島県奄美市笠利町　[史]国指定史跡（2009）

赤木城跡及び田平子峠刑場跡　あかぎじょうあとおよびたびらことうげけいじょうあと　天正16年（1588）築城（赤木城跡）, 安土桃山時代（田平子峠刑場跡）
[所在地]三重県熊野市紀和町　[史]国指定史跡（1989）

赤犬子遺跡　あかいんこいせき　縄文時代晩期
[所在地]沖縄県中頭郡読谷村字楚辺

5赤田臥牛墓　あかだがぎゅうのはか　江戸

時代
[所在地]岐阜県高山市　[史]県指定史跡（1956）

6赤江町古墳　あかえちょうこふん　古墳時代
[所在地]宮崎県宮崎市恒久2丁目　[史]県指定史跡（1933）

赤羽　あかばね
[所在地]東京都北区赤羽・岩淵町
[文]正岡子規『竹の里の歌』

赤羽台古墳群　あかばねだいこふんぐん　6世紀後半～7世紀初頭
[所在地]東京都北区赤羽台4丁目

赤羽台横穴墓群　あかばねだいおうけつぼぐん　7世紀後半～8世紀前半
[所在地]東京都北区赤羽台4丁目

赤羽根遺跡　あかばねいせき　古墳時代前期～後期初頭および近世
[所在地]栃木県下都賀郡岩舟町静和字赤羽根

赤羽横穴墓　あかばねおうけつぼ　古墳時代
[所在地]茨城県日立市久慈町5丁目

7赤坂　あかさか
[所在地]愛知県豊川市
[文]『東関紀行』,『海道記』, 十返舎一九『東海道中膝栗毛』

赤坂今井墳丘墓　あかさかいまいふんきゅうぼ　弥生時代終末期前後
[所在地]京都府京丹後市峰山町
[別]赤坂今井墳墓

赤坂今井墳墓　あかさかいまいふんぼ　弥生時代終末期前後
[所在地]京都府京丹後市峰山町　[史]国指定史跡（2007）
[別]赤坂今井墳丘墓

赤坂天王山1号墳　あかさかてんのうざんいちごうふん　古墳時代後期
[所在地]奈良県桜井市倉橋
[別]赤坂天王山古墳, 崇峻天皇倉梯岡陵, 崇峻天皇陵, 天王山古墳

赤坂天王山古墳　あかさかてんのうざんこふん, あかさかてんのうやまこふん　古墳時代後期
[所在地]奈良県桜井市倉橋
[別]赤坂天王山1号墳, 崇峻天皇倉梯岡陵, 崇峻天皇陵, 天王山古墳

赤坂古墳　あかさかこふん　4世紀前後
[所在地]佐賀県鳥栖市永吉町字赤坂　[史]県指定史跡（1987）

赤坂台古墳群　あかさかだいこふんぐん　6世紀末～7世紀
[所在地]山梨県甲斐市竜地・竜王新町

赤坂西丘・北遺跡　あかさかせいきゅう・きたいせき　縄文時代早期初頭
[所在地]栃木県那須郡那須町伊王野

赤坂御門　あかさかごもん　江戸時代
[所在地]東京都千代田区永田町

赤坂遺跡　あかさかいせき　平安時代
[所在地]青森県五所川原市相内

赤坂遺跡　あかさかいせき　弥生時代中期後半～後期
[所在地]神奈川県三浦市初声町　[史]国指定史跡（2011）

赤見山　あかみやま
[所在地]山形県酒田市
[文]『万葉集』

赤見山　あかみやま
[所在地]栃木県佐野市
[文]『万葉集』

赤見山　あかみやま
[所在地]群馬県吾妻郡高山村
[文]『万葉集』

赤阪城跡　あかさかじょうあと　元弘元年（1331）築城
[所在地]大阪府南河内郡千早赤阪村　[史]国指定史跡（1934）

8赤妻丸山古墳　あかずままるやまこふん　古墳時代中期
[所在地]山口県山口市下宇野令
[別]赤妻古墳

赤妻古墳　あかずまこふん　古墳時代中期
[所在地]山口県山口市下宇野令
[別]赤妻丸山古墳

赤岡山古墳　あかおかやまこふん　5世紀後半
[所在地]香川県観音寺市大野原町中姫

赤岳　あかだけ
[所在地]長野県, 山梨県
[文]『柿蔭集』

赤岩堂山古墳　あかいわどうやまこふん　6世紀末
[所在地]群馬県邑楽郡千代田町赤岩

赤松氏城跡（白旗城跡・感状山城跡・置塩城跡）　あかまつししろあと（しらはたじょうあと・かんじょうさんじょうあと・おきしおじょうあと）　南北朝時代～戦国時代
[所在地]兵庫県赤穂郡上郡町, 相生市矢野町, 姫路市夢前町　[史]国指定史跡（1996）

7画（走）

赤沼窯跡　あかぬまかまあと　奈良時代
　所在地 埼玉県比企郡鳩山町赤沼

赤門　あかもん
　所在地 東京都文京区
　文 夏目漱石『三四郎』

赤門上古墳　あかもんうえこふん　古墳時代前期
　所在地 静岡県浜松市浜北区内野　県指定史跡（1979）

[9]赤保木5号墳　あかほぎごごうふん　5世紀
　所在地 岐阜県高山市赤保木町ボタ上

赤保木古墳群　あかほぎこふんぐん　古墳時代
　所在地 岐阜県高山市赤保木町ボタ上　県指定史跡（1970）

赤保木瓦窯跡　あかほぎかわらがまあと　奈良時代後期～平安時代
　所在地 岐阜県高山市赤保木町　国指定史跡（1976）

赤保木石器時代火炉　あかほぎせっきじだいかろ　縄文時代中期
　所在地 岐阜県高山市赤保木町宮ケ平　県指定史跡（1956）

赤城山　あかぎさん
　所在地 群馬県前橋市
　文『金槐和歌集』, 与謝野晶子『夢之華』

赤城池　あかぎいけ　平安時代中・後期～近世
　所在地 群馬県 赤城山頂小沼

赤城明神　あかぎみょうじん
　所在地 東京都新宿区赤城元町
　文 永井荷風『花瓶』

赤城遺跡　あかぎいせき　縄文時代中期～晩期前葉
　所在地 埼玉県鴻巣市赤城

赤面山古墳　せきめんやまこふん　5世紀前葉
　所在地 大阪府藤井寺市古室2丁目
　関 古市古墳群（古室山古墳・赤面山古墳・大鳥塚古墳・助太山古墳・鍋塚古墳・城山古墳・峯ヶ塚古墳・墓山古墳・野中古墳・応神天皇陵古墳外濠外堤・鉢塚古墳・はざみ山古墳・青山古墳・蕃所山古墳）

[10]赤峪古墳　あかざここふん　4世紀後半
　所在地 岡山県苫田郡鏡野町土居字赤峪

赤根川・金ヶ崎窯跡　あかねがわ・かねがさきかまあと　古墳時代
　所在地 兵庫県明石市魚住町金ヶ崎

赤浜古墳群　あかはまこふんぐん　7世紀末～8世紀初頭（2・4号墳）
　所在地 茨城県高萩市赤浜大字大久保

赤鬼山　あかぎやま
　所在地 高知県高知市朝倉　県指定史跡（1950）

[11]赤堀茶臼山古墳　あかぼりちゃうすやまこふん　5世紀中葉～後半
　所在地 群馬県伊勢崎市赤堀町
　関 茶臼山古墳

[12]赤塚古墳　あかつかこふん　4世紀初め
　所在地 大分県宇佐市大字高森字赤塚

赤塚古墳群　あかつかこふんぐん　古墳時代
　所在地 茨城県水戸市河和田町前原

赤御堂貝塚　あかみどうかいづか　縄文時代早期
　所在地 青森県八戸市大字十日市小字赤御堂

赤湯古墳群　あかゆこふんぐん　古墳時代後期～奈良時代
　所在地 山形県南陽市

赤間ガ関　あかまがせき
　所在地 山口県下関市
　文『平家物語』
　関 赤間関, 長門関

赤間関　あかまがせき
　所在地 山口県下関市
　文『平家物語』
　関 赤間ガ関

[13]赤碕塔　あかさきとう　鎌倉時代末期頃
　所在地 鳥取県東伯郡琴浦町赤碕

[15]赤穂城跡　あこうじょうあと　江戸時代
　所在地 兵庫県赤穂市上仮屋　国指定史跡（1971）
　関 加里屋城跡

赤穂藩江戸上屋敷跡　あこうはんえどかみやしきあと　江戸時代
　所在地 東京都中央区明石町10・11付近
　関 浅野内匠頭上屋敷跡, 浅野内匠頭邸跡

[16]赤橋　あかばし　鎌倉時代
　所在地 神奈川県鎌倉市雪ノ下2-1-34

【走】

[4]走井　はしりい
　所在地 滋賀県大津市大谷町・逢坂
　文『後拾遺和歌集 9』,『枕草子』,『浮世草子』

走水　はしりみず

遺跡・古墳よみかた辞典　259

7画（足, 身）

　　所在地 神奈川県横須賀市走水
　　⊗『古事記』
¹²走湯　はしりゆ
　　所在地 静岡県熱海市伊豆山
　　⊗『金槐和歌集』

【足】

⁵足代　あて
　　所在地 和歌山県有田市
　　⊗『万葉集』
足代東原遺跡　あしろひがしばらいせき　弥生時代末期～古墳時代初頭
　　所在地 徳島県三好郡東みよし町足代字東原590-3　㊟県指定史跡（1984）
足占山　あしうらやま
　　所在地 京都府京丹後市大宮町
　　⊗『続古今和歌集』
　　㊙磯砂山
足立重信の墓　あだちしげのぶのはか　江戸時代
　　所在地 愛媛県松山市御幸1丁目　㊟県指定史跡（1951）
⁶足守藩主木下家屋形構跡　あしもりはんしゅきのしたけやかたがまえあと　江戸時代
　　所在地 岡山県岡山市北区足守　㊟市指定史跡（2002）
足守藩主木下家墓所　あしもりはんしゅきのしたけぼしょ　江戸時代
　　所在地 岡山県岡山市北区足守（大光寺）　㊟市指定史跡（2002）
足羽　あすは
　　所在地 福井県福井市足羽山公園
　　⊗『平治物語』, 『太平記』
足羽山古墳群　あすわやまこふんぐん　4世紀後半～5世紀後半
　　所在地 福井県福井市足羽山　㊟県指定史跡（1953）
足羽山稲荷山古墳　あすわやまいなりやまこふん　5世紀前半
　　所在地 福井県福井市足羽山
　　㊙稲荷山古墳
⁷足利　あしかが
　　所在地 栃木県足利市
　　⊗曲亭馬琴『椿説弓張月』
足利公園古墳　あしかがこうえんこふん　古墳時代後期後半
　　所在地 栃木県足利市緑町　足利公園内
　　㊙足利公園古墳群
足利公園古墳群　あしかがこうえんこふんぐん　古墳時代後期後半
　　所在地 栃木県足利市緑町　足利公園内
足利氏宅跡（鑁阿寺）　あしかがしたくあと（ばんなじ）　平安時代～鎌倉時代初期
　　所在地 栃木県足利市家富町　㊟国指定史跡（1922）
　　㊙鑁阿寺
足利学校跡（聖廟および附属建物を含む）　あしかががっこうあと（せいびょうおよびふぞくたてものをふくむ）　創建年代不明～明治5年（1872）廃校
　　所在地 栃木県足利市昌平町　㊟国指定史跡（1921）
足尾銅山跡（通洞坑・宇都野火薬庫跡・本山坑・本山動力所跡・本山製錬所跡・本山鉱山神社跡）　あしおどうざんあと（つうどうこう・うつのかやくこあと・ほんざんこう・ほんざんどうりょくしょあと・ほんざんせいれんしょあと・ほんざんこうざんじんじゃあと）　江戸時代～昭和期
　　所在地 栃木県日光市足尾町　㊟国指定史跡（2008）
⁸足門寺屋敷古墳群　あしかどてらやしきこふんぐん　古墳時代
　　所在地 群馬県高崎市足門町　㊟市指定史跡（2005）
⁹足柄　あしがら
　　所在地 神奈川県, 静岡県
　　⊗『曽我物語』
足柄の関　あしがらのせき
　　所在地 神奈川県足柄市
　　⊗『後撰和歌集』
足柄山　あしがらやま
　　所在地 神奈川県足柄上郡
　　⊗『万葉集』, 『太平記』
足柄峠　あしがらとうげ
　　所在地 神奈川県
　　⊗『万葉集』
足洗遺跡　あしあらいいせき　弥生時代中期末
　　所在地 茨城県北茨城市中郷町足洗

【身】

⁸身延山　みのぶさん
　　所在地 山梨県南巨摩郡身延町

[文]元政『草山和歌集』, 飯田蛇笏『春蘭』

14**身隠山古墳**　みかくしやまこふん　4世紀末～5世紀初頭
[所在地]岐阜県可児市広見　[史]県指定史跡（1957）

身隠山横穴墓群　みかくしやまおうけつぼぐん　古墳時代
[所在地]茨城県常陸太田市瑞竜町

【車】

3**車大路**　くるまおおじ　鎌倉時代以降
[所在地]神奈川県鎌倉市

7**車坂**　くるまざか
[所在地]東京都台東区
[文]『浮世栄花一代男』, 夏目漱石『彼岸過迄』

車坂古墳　くるまざかこふん　古墳時代前期後半
[所在地]大分県宇佐市大字高森字車坂

9**車神社古墳**　くるまじんじゃこふん　古墳時代後期
[所在地]愛知県豊橋市植田町八尻

12**車塚**　くるまつか, くるまずか　5世紀末頃
[所在地]茨城県東茨城郡大洗町磯浜町2883
[史]県指定史跡（1953）
[別]車塚古墳

車塚　くるまずか　古墳時代前期後半
[所在地]三重県伊賀市荒木　[史]県指定史跡（1937）

車塚古墳　くるまつかこふん, くるまずかこふん　5世紀頃
[所在地]茨城県東茨城郡大洗町磯浜町2883
[別]磯浜車塚古墳, 車塚

車塚古墳　くるまずかこふん　5世紀中葉期
[所在地]栃木県足利市宮北町
[別]勧農車塚古墳

車塚古墳　くるまずかこふん　7世紀前半
[所在地]栃木県下都賀郡壬生町　[史]国指定史跡（1926）
[別]壬生車塚古墳

車塚古墳　くるまずかこふん　5世紀前半
[所在地]愛知県一宮市大字本神戸字目久井
[別]目久井古墳

車塚古墳　くるまずかこふん　古墳時代後期
[所在地]三重県鈴鹿市国府町保子里字大貝戸
[別]保子里車塚古墳

車塚古墳　くるまずかこふん　4世紀後半頃
[所在地]三重県伊賀市荒木
[別]荒木車塚古墳

車塚古墳　くるまずかこふん　6世紀前半
[所在地]京都府亀岡市千歳町
[別]千歳車塚古墳

車塚古墳　くるまずかこふん　5世紀前半
[所在地]京都府城陽市平川
[別]久津川古墳, 久津川車塚・丸塚古墳

車塚古墳　くるまずかこふん　古墳時代後期中葉
[所在地]京都府向日市物集女町南条
[別]物集女車塚古墳

車塚古墳　くるまずかこふん　古墳時代中期前葉
[所在地]京都府長岡京市今里
[別]今里車塚古墳

車塚古墳　くるまずかこふん　古墳時代前期
[所在地]京都府八幡市八幡大芝
[別]八幡車塚古墳, 西車塚古墳

車塚古墳　くるまずかこふん　古墳時代前期
[所在地]京都府八幡市八幡女郎花
[別]八幡車塚古墳, 東車塚古墳

車塚古墳　くるまずかこふん　4世紀後半
[所在地]京都府京田辺市飯岡西原
[別]飯岡車塚古墳

車塚古墳　くるまずかこふん　4世紀末～5世紀初頭
[所在地]京都府京田辺市大住
[別]智光寺山古墳, 大住車塚古墳

車塚古墳　くるまずかこふん　4世紀末葉～5世紀前半頃
[所在地]大阪府高槻市郡家本町
[別]郡家車塚古墳

車塚古墳　くるまずかこふん　6世紀前半頃
[所在地]大阪府高槻市古曽部町1丁目
[別]昼神車塚古墳

車塚古墳　くるまずかこふん　3世紀末～4世紀初頭
[所在地]大阪府枚方市宮之阪
[別]禁野車塚古墳

車塚古墳　くるまずかこふん　5世紀
[所在地]大阪府枚方市小倉東町
[別]牧野車塚古墳

車塚古墳　くるまずかこふん　6世紀前半
[所在地]大阪府高石市富木
[別]富木車塚古墳

車塚古墳　くるまずかこふん　5世紀中頃
[所在地]兵庫県篠山市東本荘

[別]雲部車塚古墳

車塚古墳　くるまずかこふん　4世紀後半頃
[所在地]岡山県真庭市西原
[別]川東車塚古墳

車塚古墳　くるまずかこふん　6世紀前半
[所在地]山口県防府市車塚町車塚
[別]周防車塚古墳

車塚古墳　くるまずかこふん　5世紀頃
[所在地]福岡県みやま市瀬高町山門

車塚古墳群　くるまずかこふんぐん　4世紀末～6世紀前半
[所在地]大阪府交野市寺

15車駕之古址古墳　しゃかのこしこふん　5世紀後半
[所在地]和歌山県和歌山市木ノ本

【辛】

10辛荷の島　からにのしま
[所在地]兵庫県たつの市御津町室津
[文]『播磨国風土記』

【辰】

0辰の口古墳　たつのくちこふん　4世紀後半
[所在地]広島県神石郡神石高原町高光　[史]県指定史跡（2009）

3辰巳　たつみ
[所在地]東京都江東区
[文]長唄『巽八景』
[別]深川遊里

辰巳用水 附 土清水塩硝蔵跡　たつみようすい つけたり つっちょうずえんしょうぐらあと　寛永9年（1632）完成
[所在地]石川県金沢市上辰巳町ほか　[史]国指定史跡（2010）

5辰市　たつのいち
[所在地]奈良県奈良市杏町付近
[文]『枕草子』

【近】

4近内古墳群　ちかうちこふんぐん　5～7世紀
[所在地]奈良県五条市街地

近内鑵子塚古墳　ちかうちかんすずかこふん　5世紀前半
[所在地]奈良県五条市近内町

5近代古墳　きんだいこふん　5世紀後半頃
[所在地]三重県伊賀市上神戸近代

6近江の海　おうみのうみ
[所在地]滋賀県
[文]『源氏物語』
[別]淡海の海

近江の宮　おうみのみや
[所在地]滋賀県大津市
[文]『万葉集・題詞』，『拾遺和歌集』
[別]近江大津宮, 大津の宮, 大津宮跡

近江八景　おうみはっけい
[所在地]滋賀県
[文]『東国名勝志』

近江大津宮　おうみおおつのみや　天智6年（667）遷都
[所在地]滋賀県大津市
[別]大津宮跡, 大津の宮, 近江の宮

近江大津宮錦織遺跡　おうみおおつのみやにしこおりいせき　奈良時代
[所在地]滋賀県大津市錦織　[史]国指定史跡（1979）

近江国分寺跡　おうみこくぶんじあと　奈良時代創建
[所在地]滋賀県大津市

近江国庁跡　おうみこくちょうあと　奈良時代～平安時代
[所在地]滋賀県大津市大江・三大寺
[別]近江国府跡（国庁跡・惣山遺跡・青江遺跡・中路遺跡）

近江国府跡（国庁跡・惣山遺跡・青江遺跡・中路遺跡）　おうみこくふあと（こくちょうあと・そうやまいせき・あおえいせき・ちゅうろいせき）　奈良時代～平安時代
[所在地]滋賀県大津市大江・三大寺・神領　[史]国指定史跡（1973）

8近松門左衛門墓　ちかまつもんざえもんのはか　江戸時代
[所在地]兵庫県尼崎市久々知, 大阪府大阪市中央区谷町　[史]国指定史跡（1966）

11近野遺跡　ちかのいせき　縄文時代中期～後期, 平安時代
[所在地]青森県青森市

18近藤重蔵墓所　こんどうじゅうぞうぼしょ　江戸時代後期
[所在地]滋賀県高島市勝野　[史]市指定史跡（1999）

近藤篤山の旧邸　こんどうとくざんのきゅうてい　江戸時代
[所在地]愛媛県西条市小松町新屋敷　[史]県指定史跡（1949）

【那】

7那谷寺　なたでら
[所在地]石川県小松市那谷町
[文]芭蕉『鳥の道』

那谷金比羅山古墳　なたこんぴらやまこふん　8世紀初頭
[所在地]石川県小松市那谷町

8那波野丸山窯跡群　なばのまるやまかまあとぐん　古墳時代後期〜平安時代末
[所在地]兵庫県相生市那波野

9那珂　なか
[所在地]茨城県那珂市
[文]『万葉集』，『常陸国風土記』
[別]那賀

那珂八幡古墳　なかはちまんこふん　古墳時代初頭
[所在地]福岡県福岡市博多区那珂大字宮の脇
[別]八幡古墳

那珂久平遺跡　なかきゅうひらいせき　古墳時代, 中世
[所在地]福岡県福岡市博多区那珂4丁目

那珂川　なかがわ
[所在地]栃木県
[文]与謝野晶子『太陽と薔薇』, 若山牧水『砂丘』

那珂西城跡　なかさいじょうあと　南北朝時代
[所在地]茨城県東茨城郡城里町那珂西1958
[史]県指定史跡（1934）

那珂湊反射炉跡　なかみなとはんしゃろあと　江戸時代
[所在地]茨城県ひたちなか市栄町1-10　[史]県指定史跡（2004）

12那富山墓　なほやまのはか　奈良時代
[所在地]奈良県奈良市法蓮町の丘陵上

那智　なち
[所在地]和歌山県東牟婁郡那智勝浦町
[文]西行『山家集』，『平家物語』

那智の滝　なちのたき
[所在地]和歌山県東牟婁郡那智勝浦町
[文]高浜虚子『五百句』，『枕草子』

那智山本堂　なちさんほんどう
[所在地]和歌山県東牟婁郡那智勝浦町
[文]『西国三十三所名所図会』
[別]青岸渡寺

那智山経塚　なちさんきょうずか　平安時代〜室町時代
[所在地]和歌山県東牟婁郡那智勝浦町
[別]那智山経塚群, 那智経塚

那智山経塚群　なちさんきょうずかぐん　平安時代〜室町時代
[所在地]和歌山県東牟婁郡那智勝浦町
[別]那智山経塚, 那智経塚

那智経塚　なちきょうずか　平安時代〜室町時代
[所在地]和歌山県東牟婁郡那智勝浦町
[別]那智山経塚群, 那智山経塚

那賀　なか
[所在地]茨城県那珂市
[文]『万葉集』，『常陸国風土記』
[別]那珂

那賀郡　なかのこおり
[所在地]茨城県那珂郡, 東茨城郡, 水戸市
[文]『常陸国風土記』

那須　なす
[所在地]栃木県那須郡那須町
[文]『金槐和歌集』，『曽我物語』

那須八幡塚　なすはちまんずか　古墳時代前期
[所在地]栃木県那須郡那珂川町小川
[別]八幡塚古墳, 那須八幡塚古墳

那須八幡塚古墳　なすはちまんずかこふん　古墳時代前期
[所在地]栃木県那須郡那珂川町小川
[別]八幡塚古墳, 那須八幡塚

那須八幡塚古墳群　なすはちまんずかこふんぐん　古墳時代前期
[所在地]栃木県那須郡那珂川町
[別]那須小川古墳群（駒形大塚古墳・吉田温泉神社古墳群・那須八幡塚古墳群）

那須小川古墳群（駒形大塚古墳・吉田温泉神社古墳群・那須八幡塚古墳群）　なすおがわこふんぐん（こまがたおおつかこふん・よしだゆぜんじんじゃこふんぐん・なすはちまんずかこふんぐん）　古墳時代前期
[所在地]栃木県那須郡那珂川町　[史]国指定史跡（1979）

那須国造碑　なすのくにのみやつこのひ　文武天皇4年（700）建立
[所在地]栃木県大田原市

那須官衙跡　なすかんがあと　奈良時代
[所在地]栃木県那須郡那珂川町
[別]那須官衙遺跡

那須官衙遺跡　なすかんがいせき　奈良時代

(所在地)栃木県那須郡那珂川町 (史)国指定史跡（1976）
(別)那須官衙跡

那須神田城跡　なすかんだじょうあと　平安時代末期築城
(所在地)栃木県那須郡那珂川町 (史)国指定史跡（1984）

那須野　なすの
(所在地)栃木県那須郡那須町
(文)『平家物語』,『曽我物語』

19那覇　なは
(所在地)沖縄県那覇市
(文)佐藤惣之助『琉球諸島風物詩集』

【邑】

3邑久古窯跡群　おくこようせきぐん　7世紀前半～8世紀前半
(所在地)岡山県備前市, 瀬戸内市邑久町・牛窓町・長船町

【里】

0里の海人　さとのあま
(所在地)徳島県鳴門市
(文)『実方集』

4里仁古墳群　さとにこふんぐん　5世紀前半
(所在地)鳥取県鳥取市里仁字岩ケ谷・大桷字村土居

里木貝塚　さときかいずか　縄文時代前・中期
(所在地)岡山県倉敷市船穂町船穂

5里田原遺跡　さとたばるいせき　縄文時代晩期～弥生時代中期主体
(所在地)長崎県平戸市田平町里免 (史)県指定史跡

7里見氏城跡（稲村城跡・岡本城跡）　さとみししろあと（いなむらじょうあと・おかもとじょうあと）　中世
(所在地)千葉県館山市稲, 南房総市富浦町
(史)国指定史跡（2012）

10里浜台囲貝塚　さとはまだいがこいかいずか　縄文時代後期末～晩期初頭
(所在地)宮城県東松島市

里浜貝塚　さとはまかいずか　縄文時代前期～平安時代
(所在地)宮城県東松島市宮戸 (史)国指定史跡（1995）
(別)宮戸島里浜貝塚

【防】

8防府天満宮大専坊跡　ほうふてんまんぐうだいせんぼうあと　南北朝時代～明治初年
(所在地)山口県防府市松崎町75 (史)県指定史跡（1987）

【麦】

4麦之浦貝塚　むぎのうらかいずか　縄文時代後期中頃
(所在地)鹿児島県薩摩川内市陽成町後迫

10麦島城跡　むぎしまじょうあと　中世～近世
(所在地)熊本県八代市
(別)八代城跡群（古麓城跡・麦島城跡・八代城跡）

12麦塚古墳　ばくずかこふん　6世紀後半
(所在地)福島県郡山市大槻町麦塚

8 画

【並】

4並木寄進碑　なみききしんひ　江戸時代
(所在地)栃木県日光市, 鹿沼市
(別)日光杉並木街道 附 並木寄進碑

【乳】

0乳の岡古墳　ちのおかこふん　古墳時代前期
(所在地)大阪府堺市堺区石津町
(別)乳岡古墳, 百舌鳥古墳群（いたすけ古墳・長塚古墳・収塚古墳・塚廻古墳・文珠塚古墳・丸保山古墳・乳岡古墳・御廟表塚古墳・ドンチャ山古墳・正楽寺山古墳・鏡塚古墳・善右ヱ門山古墳・銭塚古墳・グワショウ坊古墳・旗塚古墳・寺山南山古墳・七観音古墳）

8乳岡古墳　ちのおかこふん　古墳時代前期
(所在地)大阪府堺市堺区石津町
(別)乳の岡古墳, 百舌鳥古墳群（いたすけ古墳・長塚古墳・収塚古墳・塚廻古墳・文珠塚古墳・丸保山古墳・乳岡古墳・御廟表塚古墳・ドンチャ山古墳・正楽寺山古墳・鏡塚古墳・善右ヱ門山古墳・銭塚古墳・グワショウ坊古墳・旗塚古墳・寺山南山古墳・七観音古墳）

8画（京, 侍, 例, 兎, 免, 具）

【京】

京　きょう
- 所在地 京都府京都市
- ㊷ 芭蕉『詞林金玉集』, 吉井勇『祇園歌集』, 夏目漱石『京に着ける夕』

0京ガ峰横穴群　きょうがみねよこあなぐん　6世紀後半
- 所在地 熊本県球磨郡錦町大字西字蓑毛田
- ㊷ 県指定史跡 (1959)
- ㊙ 京ヶ峰横穴墓群

京ノ隈古墳　きょうのくまこふん　4世紀後半
- 所在地 福岡県福岡市城南区田島

京ヶ峰横穴墓群　きょうがみねおうけつぼぐん　6世紀後半
- 所在地 熊本県球磨郡錦町大字西
- ㊙ 京ガ峰横穴群

8京免遺跡　きょうめんいせき　弥生時代前・中・後期
- 所在地 岡山県津山市沼

京所廃寺　きょうずはいじ　奈良時代
- 所在地 東京都府中市大国魂神社東方500mの薬師堂西北（京所5810付近）
- ㊙ 多磨寺跡

11京都大学構内火葬塚　きょうとだいがくこうないかそうづか　平安時代後期〜鎌倉時代
- 所在地 京都府京都市左京区北白川追分町
- ㊷ 市登録史跡 (1983)

京都御所　きょうとごしょ　近世以前
- 所在地 京都府京都市上京区

13京極氏城館跡　きょうごくしじょうかんあと　戦国時代
- 所在地 滋賀県米原市上平寺
- ㊙ 京極氏遺跡（京極氏城館跡・弥高寺跡）

京極氏遺跡（京極氏城館跡・弥高寺跡）　きょうごくしいせき（きょうごくしじょうかんあと・やたかじあと）　戦国時代
- 所在地 滋賀県米原市上平寺・弥高
- ㊷ 国指定史跡 (2004)

14京銭塚古墳　きょうせんづかこふん　古墳時代中期
- 所在地 宮城県遠田郡美里町素山町

16京橋　きょうばし
- 所在地 東京都中央区京橋3-5西／銀座1-11西
- ㊷ 石川啄木『手套を脱ぐ時』, 山東京伝『客人女郎』

京橋跡　きょうばしあと　慶長8年 (1603) 頃架橋
- 所在地 東京都中央区京橋3-5西／銀座1-11西

【侍】

12侍塚古墳　さむらいずかこふん　5世紀初頭頃
- 所在地 栃木県大田原市湯津上
- ㊷ 国指定史跡 (1951)
- ㊙ 上侍塚古墳, 下侍塚古墳

侍塚古墳群　さむらいずかこふんぐん　5世紀初頭頃（上・下侍塚古墳）
- 所在地 栃木県大田原市

【例】

15例幣使街道の常夜灯及び道しるべ　れいへいしかいどうのじょうやとうおよびみちしるべ　江戸時代
- 所在地 群馬県高崎市倉賀野町
- ㊷ 市指定史跡 (1973)

【兎】

7兎沢古墳群　うさぎさわこふんぐん　古墳時代後期
- 所在地 静岡県焼津市吹込・野秋
- ㊙ 笛吹段・兎沢古墳群

12兎渡護4号墳　ととごいけよんごうふん　古墳時代後期
- 所在地 愛媛県伊予市上野

【免】

0免ケ平古墳　めんがひらこふん　4世紀末頃
- 所在地 大分県宇佐市大字川部字免ヶ平

11免鳥長山古墳　めんどりながやまこふん　5世紀前半
- 所在地 福井県福井市免鳥
- ㊷ 国指定史跡 (2008)

【具】

6具同中山遺跡群　ぐどうなかやまいせきぐん　弥生時代後期〜6世紀後半
- 所在地 高知県四万十市具同

7具志川城跡　ぐしかわじょうあと　15世紀頃築城
- 所在地 沖縄県糸満市字喜屋武
- ㊷ 国指定史跡 (1972)

具志川城跡　ぐしかわじょうあと　15世紀初頭築城
- 所在地 沖縄県島尻郡久米島町
- ㊷ 国指定史跡 (1975)

具志川島遺跡群　ぐしかわじまいせきぐん　沖縄前期〜後期
[所在地]沖縄県島尻郡伊是名村

具志原貝塚　ぐしばるかいずか　縄文時代中期, 弥生時代中期相当
[所在地]沖縄県国頭郡伊江村　[史]国指定史跡（1986）
[別]伊江島具志原貝塚

具足塚古墳　ぐそくずかこふん　6世紀前半
[所在地]兵庫県西宮市高座町188

【其】

7其角居住跡　きかくきょじゅうあと　江戸時代
[所在地]東京都中央区日本橋茅場町1-6-18付近　[史]都指定旧跡（1955）
[別]榎本其角住居跡

9其神山　そのかみやま
[所在地]京都府京都市北区
[文]美作『後拾遺和歌集 3』

【函】

5函石浜砂丘遺跡　はこいしはまさきゅういせき　縄文時代〜室町時代
[所在地]京都府京丹後市久美浜町
[別]函石浜遺跡, 函石浜遺物包含地

函石浜遺物包含地　はこいしはまいぶつほうがんち　縄文時代〜室町時代
[所在地]京都府京丹後市久美浜町　[史]国指定史跡（1921）
[別]函石浜遺跡, 函石浜砂丘遺跡

函石浜遺跡　はこいしはまいせき　縄文時代〜室町時代
[所在地]京都府京丹後市久美浜町
[別]函石浜砂丘遺跡, 函石浜遺物包含地

16函館　はこだて
[所在地]北海道函館市
[文]石川啄木『忘れがたき人人』, 中村汀女『春雪』

函館空港遺跡群　はこだてくうこういせきぐん　縄文時代
[所在地]北海道函館市

【卒】

3卒土神社南古墳　そつとじんじゃみなみこふん　5世紀末葉頃
[所在地]千葉県袖ケ浦市神納字中辻台

【卓】

0卓ヶ洞窯跡群　しょくがほらかまあとぐん　5世紀末〜6世紀
[所在地]愛知県尾張旭市霞ヶ丘町

【取】

5取石の池　とろしのいけ
[所在地]大阪府高石市
[文]『万葉集』

12取替川　とりかいがわ
[所在地]奈良県生駒郡
[文]『万葉集』

【叔】

19叔羅川　しくらがわ
[所在地]福井県越前市
[文]『万葉集』
[別]日野川

【呼】

13呼続町遺跡　よびつぎちょういせき　弥生時代中期〜後期
[所在地]愛知県名古屋市南区呼続

【咋】

3咋山　くいやま
[所在地]京都府京田辺市飯岡
[文]『万葉集』

【周】

3周山廃寺址　しゅうざんはいじし　白鳳時代創建
[所在地]京都府京都市右京区京北周山町

周山窯跡　しゅうざんかまあと　7世紀末〜8世紀前葉
[所在地]京都府京都市右京区京北周山町

5周布古墳　すふこふん　5世紀後半頃
[所在地]島根県浜田市治和町　[史]国指定史跡（1936）

7周防車塚古墳　すおうくるまずかこふん　6世紀前半
[所在地]山口県防府市車塚町車塚
[別]車塚古墳

周防国　すおうのくに
[所在地]山口県
[文]『万葉集』

周防国分寺旧境内　すおうこくぶんじきゅうけいだい　奈良時代創建
- (所在地)山口県防府市国分寺町　(212)国指定史跡(1957)
- (別)周防国分寺跡

周防国分寺跡　すおうこくぶんじあと　奈良時代創建
- (所在地)山口県防府市国分寺町
- (別)周防国分寺旧境内

周防国府跡　すおうこくふあと　奈良時代
- (所在地)山口県防府市国衙・警固町・勝間・惣社町・多々良
- (別)周防国衙跡

周防国衙跡　すおうこくがあと　奈良時代
- (所在地)山口県防府市国衙・警固町・勝間・惣社町・多々良　(212)国指定史跡(1937)
- (別)周防国府跡

周防畑B遺跡　すぼうばたびーいせき　弥生時代, 奈良・平安時代
- (所在地)長野県佐久市岩村田長土呂

周防鋳銭司跡　すおうのじゅぜんじあと, すおうのじゅぜんしあと, すおうのちゅうせんしあと, すおうちゅうせんしあと　平安時代
- (所在地)山口県山口市鋳銭司　(212)国指定史跡(1973)

周防灘干拓遺跡(高泊開作浜五挺唐樋・名田島新開作南蛮樋)　すおうなだかんたくいせき(たかどまりかいさくはまごちょうからひ・なたじましんかいさくなんばんひ)　江戸時代
- (所在地)山口県山陽小野田市西高泊, 山口市名田島　(212)国指定史跡(1996)

[11]周淮　すえ
- (所在地)千葉県君津市
- (文)『万葉集』

【味】

[8]味府　あじふ
- (所在地)大阪府大阪市天王寺区
- (文)『日本書紀』
- (別)味経

[9]味美二子山古墳　あじよしふたごやまこふん　6世紀初頭
- (所在地)愛知県春日井市二子町
- (別)二子山古墳

味美古墳群　あじよしこふんぐん　5世紀
- (所在地)愛知県春日井市二子町

[10]味真野　あじまの
- (所在地)福井県越前市味真野町
- (文)『万葉集』, 謡曲『花筐』

[11]味経　あじふ
- (所在地)大阪府大阪市天王寺区
- (文)『日本書紀』
- (別)味府

[17]味橿丘　あまかしのおか
- (所在地)奈良県高市郡明日香村豊浦
- (文)『日本書紀』
- (別)甘樫丘, 甘檮岡

[18]味鎌　あじかま
- (所在地)香川県
- (文)『万葉集』

【和】

[4]和中散本舗　わちゅうさんほんぽ　江戸時代
- (所在地)滋賀県栗東市六地蔵
- (別)旧和中散本舗

和天別遺跡　わてんべついせき　擦文時代中～後期
- (所在地)北海道白糠郡白糠町フレナイ

[5]和台遺跡　わだいいせき　縄文時代中期
- (所在地)福島県福島市飯野町　(212)国指定史跡(2006)

和田　わだ
- (所在地)兵庫県神戸市兵庫区
- (文)西行『山家集』

和田の御崎　わだのみさき
- (所在地)兵庫県神戸市兵庫区和田崎町
- (文)『太平記』, 浄瑠璃『絵本太功記』

和田ケ平古墳群　わだがひらこふんぐん　7世紀前半(1・2号墳)
- (所在地)三重県四日市市山田町字和田ケ平

和田山・末寺山古墳群　わだやま・まつじやまこふんぐん　3世紀後半～6世紀
- (所在地)石川県能美市和田町・末寺町
- (別)和田山古墳群, 末寺山古墳群

和田山古墳群　わだやまこふんぐん　3世紀後半～6世紀
- (所在地)石川県能美市和田町・末寺町
- (別)和田山・末寺山古墳群, 能美古墳群(寺井山古墳群・和田山古墳群・末寺山古墳群・秋常山古墳群・西山古墳群)

和田古墳群　わだこふんぐん　古墳時代後期
- (所在地)滋賀県栗東市下戸山

和田岡古墳群　わだおかこふんぐん　5世紀

8画（和）

前後
(所在地)静岡県掛川市各和・吉岡・高田　㊲国指定史跡（1996）

和田岬砲台　わだみさきほうだい　元治元年（1864）完成
(所在地)兵庫県神戸市兵庫区和田岬町　㊲国指定史跡（1921）
㊄臼砲台

和田東山古墳群　わだひがしやまこふんぐん　古墳時代前期中葉（3号墳）
(所在地)長野県長野市若穂保科和田東山

和田峠遺跡　わだとうげいせき　旧石器時代
(所在地)長野県小県郡和田町和田

和田津　にきたず，わたず
(所在地)島根県江津市
㊇『万葉集』
㊄和多津

和田胤長屋地　わだのたねながのやち　鎌倉時代
(所在地)神奈川県鎌倉市二階堂57・58・76

和田塚　わだづか　中世
(所在地)神奈川県鎌倉市由比ガ浜2-19-1

和田遺跡　わだいせき　縄文時代中期
(所在地)長野県茅野市玉川和田

和白遺跡　わじろいせき　縄文時代～平安時代
(所在地)福岡県福岡市東区上和白・下和白

6 和名埴輪窯跡群　わなはにわようせきぐん　古墳時代
(所在地)埼玉県比企郡吉見町　㊲県指定重要遺跡

和多津　にきたず，わたず
(所在地)島根県江津市
㊇『万葉集』
㊄和田津

7 和佐遺跡　わさいせき　縄文時代早期～晩期
(所在地)和歌山県日高郡日高川町和佐

和志山古墳　わしやまこふん　4世紀後葉中心
(所在地)愛知県岡崎市宇頭

和束　わつか
(所在地)京都府相楽郡和束町
㊇『万葉集』

和良比遺跡　わらびいせき　縄文時代早期前葉～中期後葉
(所在地)千葉県四街道市和良比字本山ほか

和見横穴墓群　わみおうけつぼぐん　6世紀後葉～8世紀前後
(所在地)栃木県那須郡那珂川町北向田・和見
㊄北向田・和見横穴墓群

8 和学講談所跡　わがくこうだんしょあと　江戸時代
(所在地)東京都千代田区三番町24
㊄塙検校和学講談所

和泊町の世之主の墓　わどまりちょうのよのぬしのはか　15世紀
(所在地)鹿児島県大島郡和泊町内城（沖永良部島）　㊲県指定史跡（1966）
㊄世之主の墓

9 和泉向代古墳群　いずみむかいだいこふんぐん　6世紀後半（1号墳）
(所在地)大阪府和泉市いぶき野

和泉沢古墳群　いずみざわこふんぐん，いずみさわこふんぐん　古墳時代終末期
(所在地)宮城県石巻市中島字和泉沢

和泉国　いずみのくに
(所在地)大阪府
㊇藤原忠房『古今和歌集 17』，怒風『門鳴子』

和泉国分寺跡　いずみこくぶんじあと　承和6年（839）創建
(所在地)大阪府和泉市国分町

和泉国府跡　いずみこくふあと　奈良時代
(所在地)大阪府和泉市府中町

和泉黄金塚古墳　いずみこがねづかこふん　古墳時代前期末
(所在地)大阪府和泉市上代町　㊲国指定史跡（2008）
㊄黄金塚古墳

和泉橋　いずみばし
(所在地)東京都千代田区
㊇村田了阿『花鳥日記』

10 和射美　わざみ
(所在地)岐阜県不破郡関ケ原町
㊇『万葉集』

12 和賀仙人遺跡　わがせんにんいせき　後期旧石器時代
(所在地)岩手県北上市和賀町

和賀江嶋　わかえのしま　貞永元年（1232）造営
(所在地)神奈川県鎌倉市，逗子市　㊲国指定史跡（1968）

14 和歌の浦　わかのうら
(所在地)和歌山県和歌山市和歌浦
㊇『万葉集』

[別]和歌浦

和歌山城　わかやまじょう　天正13年(1585)築城
[所在地]和歌山県和歌山市一番丁　[史]国指定史跡(1931)

和歌山藩主徳川家墓所　わかやまはんしゅとくがわけぼしょ　江戸時代
[所在地]和歌山県海南市下津町　[史]国指定史跡(1981)

和歌浦　わかのうら
[所在地]和歌山県和歌山市和歌浦
[文]『万葉集』
[別]和歌の浦

和爾下神社古墳　わにしたじんじゃこふん
4世紀末葉〜5世紀前半頃
[所在地]奈良県天理市櫟本町

18**和邇大塚山古墳　わにおおつかやまこふん**
4世紀
[所在地]滋賀県大津市
[別]大塚山古墳

【国】

3**国上山　くがみやま**
[所在地]新潟県燕市国上
[文]大愚良寛『良寛自筆歌抄』

4**国分大塚古墳　こくぶおおつかこふん**　6世紀中葉頃
[所在地]滋賀県大津市石山国分町
[別]大塚古墳

国分山古墳群　こくぶやまこふんぐん　古墳時代
[所在地]富山県高岡市伏木国分字岩崎

国分山芭蕉翁幻住庵　こくぶやまばしょうおうげんじゅうあん
[所在地]滋賀県大津市国分
[文]『東海道名所図会』

国分古墳群　こくぶこふんぐん　古墳時代後期
[所在地]山梨県笛吹市一宮町国分・塩田・市之蔵

国分台遺跡　こくぶだいいせき　旧石器時代
[所在地]香川県高松市国分寺町国分
[別]国分台遺跡群

国分台遺跡群　こくぶだいいせきぐん　旧石器時代
[所在地]香川県高松市国分寺町国分
[別]国分台遺跡

国分尼塚古墳　こくぶあまずかこふん　古墳時代前期
[所在地]石川県七尾市国分町

国分瓦窯跡　こくぶかわらがまあと, こくぶがようせき　奈良時代
[所在地]福岡県太宰府市国分　[史]国指定史跡(1922)

国分寺　こくぶんじ
[所在地]東京都国分寺市西元町
[文]大田南畝『調布日記』

国分寺六ツ目古墳　こくぶんじむつめこふん
3世紀末〜4世紀初頭
[所在地]香川県高松市国分寺町福家字六ツ目

国分寺古墳　こくぶんじこふん　古墳時代前期
[所在地]鳥取県倉吉市国府東前　[史]市指定史跡(1978)

国分岩屋山古墳群　こくぶいわややまこふんぐん　古墳時代前期前半(古府クルビ式期)(4・5・6号墳)
[所在地]石川県七尾市国分町

国分築地古墳群　こくぶつきじこふんぐん
7世紀
[所在地]山梨県笛吹市一宮町国分

7**国見山廃寺跡　くにみさんはいじあと**　平安時代〜鎌倉時代
[所在地]岩手県北上市稲瀬町　[史]国指定史跡(2004)
[別]極楽寺遺跡

8**国学・首里聖廟石垣　こくがく・しゅりせいびょういしがき**　19世紀
[所在地]沖縄県那覇市首里当蔵町1丁目　[史]県指定史跡(1993)

国府台古墳群　こうのだいこふんぐん　古墳時代
[所在地]千葉県市川市国府台

国府関遺跡　こうぜきいせき　弥生時代〜古墳時代への移行期
[所在地]千葉県茂原市国府関字中橋

国府遺跡　こういせき　縄文時代, 弥生時代, 飛鳥時代, 奈良時代
[所在地]大阪府藤井寺市惣社　[史]国指定史跡(1974)
[別]大阪府国府遺跡

国東　くにさき, くにざき
[所在地]大分県豊後高田市, 大分県国東市, 大分県杵築市, 大分県速見郡日出町
[文]『豊後国風土記』

8画（坤, 垂, 坪, 夜, 奈）

¹⁰国栖　くず, くにす
　所在地 奈良県吉野郡吉野町
　他『万葉集』

国泰寺跡　こくたいじあと　享和2年（1802）建立
　所在地 北海道厚岸郡厚岸町　国指定史跡（1973）

国高山古墳　くにたかやまこふん　5世紀後半
　所在地 徳島県阿南市内原町成松

¹²国富中村古墳　くにどみなかむらこふん　6世紀後半～7世紀初頭
　所在地 島根県出雲市　国指定史跡（2012）

国森古墳　くにもりこふん　3世紀終わり頃もしくは4世紀前半
　所在地 山口県熊毛郡田布施町大字川西字下大力41・字国森111・112　県指定史跡（1988）

国越古墳　くにごしこふん　6世紀前半
　所在地 熊本県宇城市不知火町

¹⁶国頭方西海道　くにがみほうせいかいどう　15世紀以降
　所在地 沖縄県国頭郡恩納村　国指定史跡（2004）

【坤】

⁷坤束製鉄遺跡　こんぞくせいてついせき　中世
　所在地 広島県山県郡北広島町
　別 豊平町中世製鉄遺跡群

【垂】

⁴垂井　たるい
　所在地 岐阜県不破郡垂井町
　他『曽我物語』,『太平記』

垂井の泉　たるいのいずみ
　所在地 岐阜県不破郡垂井町　県指定史跡（1968）
　他 藤原隆経『詞花集』, 芭蕉の句

垂井一里塚　たるいいちりづか　江戸時代
　所在地 岐阜県不破郡垂井町日守　国指定史跡（1930）

垂仁天皇菅原伏見東陵　すいにんてんのうすがわらのふしみのひがしのみささぎ　古墳時代前期
　所在地 奈良県奈良市尼ヶ辻
　別 垂仁陵古墳, 垂仁天皇陵古墳, 宝来山古墳

垂仁天皇陵古墳　すいにんてんのうりょうこふん　古墳時代前期
　所在地 奈良県奈良市尼ヶ辻
　別 垂仁陵古墳, 垂仁天皇菅原伏見東陵, 菅原伏見東陵, 宝来山古墳

垂仁陵古墳　すいにんりょうこふん　古墳時代前期
　所在地 奈良県奈良市尼ヶ辻
　別 垂仁天皇陵古墳, 垂仁天皇菅原伏見東陵, 菅原伏見東陵, 宝来山古墳

垂水斎王頓宮跡　たるみさいおうとんぐうあと　仁和2年（886）以降
　所在地 滋賀県甲賀市土山町　国指定史跡（1944）

⁹垂柳遺跡　たれやなぎいせき　弥生時代中期
　所在地 青森県南津軽郡田舎館村　国指定史跡（2000）

¹⁰垂姫　たるひめ
　所在地 富山県氷見市園
　他『万葉集』

¹⁴垂箕山古墳　たるみやまこふん　6世紀初頭
　所在地 京都府京都市右京区太秦垂箕山町
　別 片平大塚古墳

【坪】

⁴坪井遺跡　つぼいいせき　縄文時代後期～古墳時代中期
　所在地 奈良県橿原市常盤町, 桜井市東竹田町

【夜】

³夜叉神峠　やしゃじんとうげ
　所在地 山梨県南アルプス市
　他 飯田蛇笏『椿花集』

⁴夜中　よなか
　所在地 滋賀県高島市
　他『万葉集』

⁶夜臼遺跡　ゆうすいせき　縄文時代晩期終末～弥生時代前期
　所在地 福岡県糟屋郡新宮町上府高松

【奈】

⁵奈半の泊　なはのとまり
　所在地 高知県安芸郡奈半利町
　他 紀貫之『土佐日記』

⁷奈呉　なご
　所在地 富山県射水市
　他『八雲御抄』

奈呉　なご

270　遺跡・古墳よみかた辞典

8画（妻）

⦿所在地 大阪府大阪市住吉区
㊅大伴家持『万葉集 17』,『義経記』

奈呉の浦　なごのうら
⦿所在地 富山県射水市
㊅『万葉集』

奈呉の浦　なごのうら
⦿所在地 大阪府大阪市住吉区
㊅『和歌初学抄』,『八雲御抄』

奈良　なら
⦿所在地 奈良県奈良市
㊅『万葉集』,『古今和歌集』,『日本書紀』

奈良の明日香　ならのあすか
⦿所在地 奈良県奈良市芝新屋町
㊅『万葉集』
㊅平城の明日香, 元興寺

奈良山　ならやま
⦿所在地 奈良県奈良市, 京都府木津川市
㊅『万葉集』,『金槐和歌集』,『日本霊異記』

奈良山瓦窯跡（歌姫瓦窯跡・音如ヶ谷瓦窯跡・市坂瓦窯跡・梅谷瓦窯跡・鹿背山瓦窯跡）　ならやまかわらがまあと（うたひめかわらがまあと・おんじょがだにかわらがまあと・いちさかかわらがまあと・うめだにかわらがまあと・かせやまかわらがまあと）　奈良時代
⦿所在地 奈良県奈良市歌姫町, 京都府木津川市相楽台・鹿背山・州見台・梅美台　㊉国指定史跡（1976）
㊅歌姫瓦窯跡, 奈良山瓦窯跡群, 歌姫丘陵瓦窯址

奈良山瓦窯跡群　ならやまがようせきぐん　奈良時代
⦿所在地 奈良県奈良市歌姫町, 京都府木津川市相楽台・鹿背山・州見台・梅美台
㊅奈良山瓦窯跡（歌姫瓦窯跡・音如ヶ谷瓦窯跡・市坂瓦窯跡・梅谷瓦窯跡・鹿背山瓦窯跡）

奈良井　ならい
⦿所在地 長野県塩尻市
㊅若山牧水『くろ土』

奈良井川　ならいがわ
⦿所在地 長野県塩尻市
㊅『伊藤左千夫全短歌』

奈良公園　ならこうえん　明治13年（1880）開園
⦿所在地 奈良県奈良市春日野町一帯

奈良古墳群　ならこふんぐん　7世紀中心, 8世紀初めまで

⦿所在地 群馬県沼田市奈良町

奈良坂　ならざか
⦿所在地 奈良県奈良市奈良坂町
㊅謡曲『百万』『千手』『采女』『春日竜神』『逆矛』

奈良志津　ならしず
⦿所在地 高知県室戸市元
㊅紀貫之『土佐日記』

奈良思の岡　ならしのおか
⦿所在地 奈良県生駒郡斑鳩町竜田
㊅『八雲御抄』
㊅奈良思岳

奈良思岳　ならしのおか
⦿所在地 奈良県生駒郡斑鳩町竜田
㊅『八雲御抄』
㊅奈良思の岡

奈良原山経塚　ならばらやまきょうずか　平安時代末期
⦿所在地 愛媛県今治市玉川町木地
㊅奈良原神社経塚

奈良原神社経塚　ならばらじんじゃきょうずか　平安時代末期
⦿所在地 愛媛県今治市玉川町木地
㊅奈良原山経塚

奈良街道　ならかいどう
⦿所在地 京都府, 大阪府, 奈良県
㊅『河内名所図会』

奈良瀬戸遺跡　ならせどいせき　縄文時代中期～晩期, 奈良時代
⦿所在地 埼玉県さいたま市北区奈良町

【妻】

⁰妻の社　つまのもり
⦿所在地 和歌山県和歌山市
㊅『万葉集』

妻の社　つまのもり
⦿所在地 和歌山県橋本市
㊅『万葉集』

妻の鼻墳墓群　つまのはなふんぼぐん　5世紀後半～6世紀前半
⦿所在地 熊本県天草市亀場町亀川

³妻山古墳群四号墳　つまやまこふんぐんよんごうふん　6世紀後半
⦿所在地 佐賀県杵島郡白石町大字馬洗字道祖谷　㊉県指定史跡（1995）

⁴妻木城士屋敷跡　つまぎじょうさむらいやしきあと　江戸時代

遺跡・古墳よみかた辞典　271

[所在地]岐阜県土岐市妻木町御殿跡　[史]県指定史跡（1957）

妻木城跡　つまぎじょうあと　文和年中（1352～56）築城
[所在地]岐阜県土岐市妻木町　[史]県指定史跡（1956）

妻木晩田遺跡　むきばんだいせき　弥生時代後期主体
[所在地]鳥取県米子市淀江町福岡, 西伯郡大山町妻木ほか　[史]国指定史跡（1999）

7**妻町清水・西原古墳　つまちょうきよみず・にしはるこふん**　古墳時代
[所在地]宮崎県西都市大字清水字松崎・字寺山・字西原　[史]県指定史跡（1934）

8**妻沼経塚　めぬまきょうずか**　平安時代末
[所在地]埼玉県熊谷市妻沼

10**妻恋坂　つまこいざか**
[所在地]東京都文京区湯島
[文]泉鏡花『手習』

11**妻鳥東宮山古墳　めんどりとうぐうやまこふん**　6世紀前半
[所在地]愛媛県四国中央市妻鳥町
[別]東宮山古墳

22**妻籠　つまご**
[所在地]長野県木曽郡南木曽町
[文]涼菟『笈の若葉』

【始】

7**始見の崎　はつみのさき**
[所在地]奈良県奈良市
[文]『万葉集』

始見の崎　はつみのさき
[所在地]奈良県桜井市
[文]『万葉集』

【姉】

0**姉ケ崎古墳群　あねがさきこふんぐん**　5～6世紀
[所在地]千葉県市原市姉崎
[別]姉崎古墳群

3**姉川古戦場　あねがわこせんじょう**　元亀元年（1570）
[所在地]滋賀県長浜市野村町

姉川城跡　あねがわじょうあと　延文5年（1360）築城
[所在地]佐賀県神埼市神埼町　[史]国指定史跡（2010）

11**姉崎二子塚古墳　あねがさきふたごずかこふん**　5世紀中頃
[所在地]千葉県市原市姉崎字二子塚
[別]二子塚古墳

姉崎天神山古墳　あねさきてんじんやまこふん　4世紀前葉～中葉頃
[所在地]千葉県市原市姉崎字天神山　[史]県指定史跡（1973）
[別]天神山古墳

姉崎古墳群　あねざきこふんぐん　5～6世紀
[所在地]千葉県市原市姉崎
[別]姉ケ崎古墳群

12**姉歯　あねは**
[所在地]宮城県栗原市金成姉歯
[文]『宇津保物語』

姉歯の橋　あねはのはし
[所在地]岩手県陸前高田市
[文]『能因集』

姉歯横穴墓群　あねはおうけつぼぐん　古墳時代
[所在地]宮城県栗原市金成姉歯字根岸
[別]根岸横穴墓群

15**姉遺跡　あねいせき**　弥生時代
[所在地]佐賀県神埼市千代田町姉

【妹】

0**妹が島　いもがしま**
[所在地]和歌山県和歌山市
[文]『万葉集』

3**妹山　いもやま**
[所在地]島根県邑智郡美郷町
[文]『拾遺和歌集』

9**妹背山　いもせやま**
[所在地]奈良県吉野郡吉野町
[文]『万葉集』

妹背山　いもせやま
[所在地]和歌山県伊都郡かつらぎ町
[文]『万葉集』

妹背川　いもせがわ
[所在地]奈良県, 和歌山県
[文]『伊勢集』

【学】

10**学原剣塚古墳　がくはらつるぎずかこふん**　7世紀前後
[所在地]徳島県阿南市学原町深田

13**学園内古墳群　がくえんないこふんぐん**　5

8画（官, 宜, 実, 宗, 定）

世紀中葉〜6世紀中葉
- 所在地 静岡県浜松市東区有玉西町　県立三方原学園内

[16]学壇古墳群　がくだんこふんぐん　7世紀末〜8世紀前半
- 所在地 福島県福島市黒岩字学壇・伏拝字沼ノ上

【官】

[5]官立綿糸紡績工場跡　かんりつめんしぼうせきこうじょうあと　明治時代
- 所在地 広島県広島市安芸区瀬野川町　県指定史跡（1940）

[9]官軍塚　かんぐんづか　明治2年（1869）
- 所在地 千葉県勝浦市川津字花立1394　県指定史跡（1963）

【宜】

[3]宜寸川　よしきがわ
- 所在地 奈良県奈良市
- 『万葉集』

【実】

[9]実相院　じっそういん
- 所在地 和歌山県岩出市
- 三条西実隆『再昌草』

実相庵　じっそうあん
- 所在地 京都府京都市南区上鳥羽
- 信徳『七百五十韻』

【宗】

[3]宗小路19号墳　そうこうじじゅうきゅうごうふん　6世紀後半
- 所在地 静岡県静岡市駿河区丸子宗小路字戸斗前

[4]宗元寺跡　そうげんじあと　奈良時代創建
- 所在地 神奈川県横須賀市公郷町

[6]宗吉瓦窯跡　むねよしがようあと　飛鳥時代
- 所在地 香川県三豊市三野町　国指定史跡（1996）

[7]宗形神社古墳　むなかたじんじゃこふん　4世紀後半〜5世紀前半
- 所在地 岡山県岡山市北区大窪

宗我　そが
- 所在地 奈良県橿原市曽我町
- 頓阿『頓阿法師詠』
- 曽我

[8]宗祇水　そうぎすい
- 所在地 岐阜県郡上市八幡町本町　県指定史跡（1974）

[12]宗運寺古墳　そううんじこふん　古墳時代後期
- 所在地 香川県三豊市山本町財田西

[13]宗禅寺横穴墓群　そうぜんじおうけつぼぐん　7世紀後半〜8世紀後半
- 所在地 宮城県仙台市太白区根岸町
- 宗禅寺横穴群

宗禅寺横穴群　そうぜんじよこあなぐん　7世紀後半〜8世紀後半
- 所在地 宮城県仙台市太白区根岸町
- 宗禅寺横穴群

[14]宗像大社　むなかたたいしゃ　4〜10世紀
- 所在地 福岡県宗像市田島・大島
- 宗像神社

宗像古墳群　むなかたこふんぐん　古墳時代後期
- 所在地 鳥取県米子市宗像

宗像神社境内　むなかたじんじゃけいだい　4〜10世紀
- 所在地 福岡県宗像市田島・大島　国指定史跡（1971）
- 宗像大社

宗像窯跡群　むなかたかまあとぐん　6世紀以降
- 所在地 福岡県宗像市

[15]宗慶大塚古墳　そうけいおおつかこふん　4世紀後半
- 所在地 岐阜県本巣市宗慶石田中道下　県指定史跡（1956）

[24]宗麟原供養塔　そうりんばるくようとう　天文13年（1585）建立
- 所在地 宮崎県児湯郡川南町川南　国指定史跡（1933）

【定】

[0]定ノ山古墳　じょうのやまこふん　5世紀
- 所在地 大阪府堺市北区百舌鳥梅町

[6]定北古墳　さだきたこふん　7世紀中葉
- 所在地 岡山県真庭市上中津井

[6]定西塚古墳　さだにしずかこふん　7世紀前半
- 所在地 岡山県真庭市上中津井

[8]定東塚古墳　さだひがしずかこふん　7世紀前半
- 所在地 岡山県真庭市上中津井

定林寺跡　じょうりんじあと　飛鳥時代創建
- 所在地 奈良県高市郡明日香村　国指定史跡

遺跡・古墳よみかた辞典　273

（1966）
㊊立部寺

【宝】

0宝ヶ峯遺跡　たからがみねいせき　縄文時代後期・晩期
（所在地）宮城県石巻市前谷地

5宝台遺跡　たからだいいせき　弥生時代中期
（所在地）福岡県福岡市城南区樋井川

宝平遺跡　ほうだいらいせき　縄文時代中期以降
（所在地）静岡県浜松市天竜区水窪町奥領家　㊕市指定史跡（1980）

7宝来山古墳　ほうらいさんこふん　古墳時代前期
（所在地）奈良県奈良市尼ヶ辻
㊊垂仁天皇陵古墳, 垂仁陵古墳, 垂仁天皇菅原伏見東陵, 菅原伏見東陵

宝来横穴墓群　ほうらいおうけつぼぐん　6世紀末葉〜7世紀前半頃
（所在地）奈良県奈良市宝来町中尾

10宝珠古墳　ほうじゅこふん　4世紀後半
（所在地）岐阜県本巣市文殊上新村

宝莱山古墳　ほうらいざんこふん, ほうらいさんこふん　5世紀
（所在地）東京都大田区田園調布　㊕都指定史跡（1996）

宝馬古墳群　ほうまこふんぐん　6世紀
（所在地）千葉県山武郡芝山町山田・宝馬地区
㊊山田・宝馬古墳群

12宝塚1号墳　たからずかいちごうふん　5世紀初め頃
（所在地）三重県松阪市宝塚町
㊊宝塚古墳群, 宝塚古墳

宝塚古墳　たからずかこふん　4世紀後半
（所在地）茨城県東茨城郡茨城町野曽字東郷

宝塚古墳　たからずかこふん　古墳時代前期
（所在地）岐阜県可児郡御嵩町中2635　㊕県指定史跡（1957）

宝塚古墳　たからずかこふん　5世紀初め頃
（所在地）三重県松阪市宝塚町　㊕国指定史跡（1932）
㊊宝塚1号墳

宝塚古墳　たからずかこふん　4世紀末終末〜5世紀前半頃
（所在地）奈良県北葛城郡河合町
㊊佐味田宝塚古墳

宝塚古墳　たからずかこふん　6世紀後半
（所在地）島根県出雲市下古志町　㊕国指定史跡（1931）
㊊一保塚

宝塚古墳群　たからずかこふんぐん　5世紀初め頃
（所在地）三重県松阪市宝塚町
㊊宝塚1号墳, 宝塚古墳

宝塔山古墳　ほうとうざんこふん, ほうとうさんこふん　7世紀後半
（所在地）群馬県前橋市総社町　㊕国指定史跡（1944）

宝満山　ほうまんざん
（所在地）福岡県太宰府市, 筑紫野市, 糟屋郡宇美町　㊕国指定史跡（2013）

宝満尾遺跡　ほうまんおいせき　弥生時代〜古墳時代
（所在地）福岡県福岡市博多区大字下月隈字宝満尾

13宝福寺　ほうふくじ　創建年不詳
（所在地）岡山県総社市井尻野　㊕県指定史跡（2002）

14宝暦治水工事義歿者墓　ほうれきちすいこうじぎぼつしゃのはか　江戸時代
（所在地）岐阜県岐阜市岩崎　㊕県指定史跡（1966）

宝領塚古墳　ほうりょうずかこふん　古墳時代前期
（所在地）山形県米沢市窪田町字北宝領

15宝幢寺古墳　ほうどうじこふん　古墳時代前期
（所在地）徳島県鳴門市大麻町池谷 宝幢寺裏山
㊊池谷宝幢寺古墳

宝幢寺古墳群　ほうどうじこふんぐん　5世紀後半
（所在地）徳島県鳴門市大麻町池谷勝明寺谷川

19宝鏡寺（香宗我部菩提寺）跡　ほうきょうじ（こうそがべぼだいじ）あと　戦国時代
（所在地）高知県香南市野市町　㊕県指定史跡（1977）

【尚】

4尚円王生誕地屋敷内「みほそ所」　しょうえんおうせいたんちやしきないみほそどころ　15世紀
（所在地）沖縄県伊是名村字諸見　㊕県指定史跡（1958）
㊊御臍所

【居】

7 居沢尾根遺跡　いざわおねいせき　縄文時代中期後半
　所在地 長野県諏訪郡原村

9 居屋敷窯跡　いやしきかまあと　古墳時代
　所在地 福岡県京都郡みやこ町徳永字居屋敷

14 居徳遺跡群　いとくいせきぐん　縄文時代〜中世
　所在地 高知県土佐市高岡町

【岡】

0 岡・銚子塚古墳　おか・ちょうしずかこふん　4世紀末
　所在地 山梨県笛吹市八代町岡　②県指定史跡(1988)
　別 銚子塚古墳

岡1号墳　おかいちごうふん　5世紀後半頃
　所在地 鳥取県西伯郡大山町岡
　別 高塚古墳

岡の水門　おかのみなと
　所在地 福岡県遠賀郡芦屋町
　②『万葉集』、『筑前国風土記』

岡の御堂古墳　おかのみどうこふん　5世紀後半〜末
　所在地 香川県綾歌郡綾川町滝宮

3 岡山古墳　おかやまこふん　古墳時代前期
　所在地 滋賀県米原市能登瀬 山津照神社境内

岡山古墳群　おかやまこふんぐん　古墳時代後期
　所在地 滋賀県近江八幡市牧町

岡山城跡　おかやまじょうあと　慶長2年(1597)天守完成
　所在地 岡山県岡山市北区丸の内・後楽園
　②国指定史跡(1987)

岡山孤児院発祥の地　おかやまこじいんはっしょうのち　明治時代
　所在地 岡山県岡山市東区上阿知　②市指定史跡(1961)

岡山烽火場　おかやまほうかじょう　慶長5年(1600)
　所在地 岐阜県不破郡関ケ原町
　別 関ヶ原古戦場 附 徳川家康最初陣地・徳川家康最後陣地・石田三成陣地・岡山烽火場・大谷吉隆墓・東首塚・西首塚

岡山遺跡　おかやまいせき　縄文時代前・中期中心
　所在地 山形県鶴岡市大字藤沢字軽井沢・大字岡山字六供

岡山藩主池田家墓所 附 津田永忠墓　おかやまはんしゅいけだけぼしょ つけたり つだながただのはか　江戸時代
　所在地 岡山県岡山市中区円山弥成・円山宮東・円山東新田・円山正覚谷・円山蟹切、備前市吉永町、和気郡和気町　②国指定史跡(1998)

岡山藩藩学　おかやまはんはんがく　寛文9年(1669)開設
　所在地 岡山県岡山市北区蕃山町
　別 旧岡山藩藩学

4 岡之山古墳　おかのやまこふん　古墳時代前期
　所在地 兵庫県西脇市上比延町

5 岡古墳　おかこふん　4世紀末頃
　所在地 大阪府藤井寺市藤井寺

岡古墳群　おかこふんぐん　6世紀前半・後半
　所在地 三重県いなべ市員弁町東一色

岡本山A3号墳　おかもとやまえーさんごうふん　5世紀前半
　所在地 大阪府高槻市岡本町字東山

岡本山古墳　おかもとやまこふん　古墳時代前期
　所在地 大阪府高槻市南平台3丁目

岡本山古墳群　おかもとやまこふんぐん　古墳時代
　所在地 福井県越前市野上町

岡本玄冶墓　おかもとげんやのはか　江戸時代
　所在地 東京都渋谷区広尾5-1-21 祥雲寺　②都指定旧跡(1955)

岡本町横穴墓　おかもとちょうおうけつぼ　古墳時代後期〜奈良時代
　所在地 東京都世田谷区岡本1丁目
　別 岡本谷戸1号横穴墓

岡本城跡　おかもとじょうあと　16世紀
　所在地 千葉県南房総市富浦町
　別 里見氏城跡(稲村城跡・岡本城跡)

岡本遺跡　おかもといせき　弥生時代中期
　所在地 福岡県春日市岡本・弥生
　別 須玖遺跡、須玖岡本遺跡

岡瓦窯跡　おかがようせき　8〜9世紀頃
　所在地 栃木県足利市田島町

岡田山1号墳　おかだやまいちごうふん　6世紀中頃
　所在地 島根県松江市大草町
　別 岡田山古墳

8画（岸）

岡田山古墳　おかだやまこふん　6世紀中頃
（1号墳）
[所在地]島根県松江市大草町　㊗国指定史跡
（1965）
[例]岡田山1号墳

岡田山古墳群　おかだやまこふんぐん
[所在地]島根県松江市大草町

⁶岡寺　おかでら　7世紀末～8世紀前半創始
[所在地]奈良県高市郡明日香村

岡寺古墳　おかでらこふん　6世紀前半
[所在地]佐賀県鳥栖市田代本町字太田

岡寺跡　おかでらあと　7世紀末頃創建
[所在地]奈良県高市郡明日香村　㊗国指定史跡
（2005）

⁹岡前廃寺址　おかまえはいじし　奈良時代
[所在地]岐阜県飛騨市古川町杉崎
[例]杉崎廃寺

岡城跡　おかじょうあと　南北朝時代築城
[所在地]大分県竹田市竹田　㊗国指定史跡
（1936）

岡屋　おかのや
[所在地]京都府宇治市五ヶ庄
㊆『方丈記』，『方丈記』，『愚管抄』

岡津製塩遺跡　おこずせいえんいせき　7世紀末～8世紀初頭
[所在地]福井県小浜市岡津　㊗国指定史跡
（1979）
[例]岡津遺跡

岡津遺跡　おこずいせき　7世紀末～8世紀初頭
[所在地]福井県小浜市岡津
[例]岡津製塩遺跡

¹⁰岡峯古墳　おかみねこふん　6世紀後半
[所在地]奈良県吉野郡下市町阿知賀　㊗県指定史跡（1977）

岡益石堂　おかますいしどう，おかますいしんどう　6世紀末～7世紀建立
[所在地]鳥取県鳥取市国府町岡益

岡高塚古墳　おかたかつかこふん　4世紀後半頃
[所在地]岡山県勝田郡勝央町字岡
[例]高塚古墳

¹¹岡崎　おかざき
[所在地]愛知県岡崎市
㊆十返舎一九『東海道中膝栗毛』

岡崎　おかざき
[所在地]京都府京都市左京区

㊆香川景樹『桂園一枝』

岡崎4号墳・1号地下式横穴　おかざきよんごうふん・いちごうちかしきよこあな　5世紀後半（岡崎4号墳），5世紀後半～6世紀初め（岡崎1号地下式横穴）
[所在地]鹿児島県鹿屋市串良町岡崎

岡崎古墳群（15号墳）　おかざきこふんぐん（じゅうごごうこふん）　古墳時代
[所在地]鹿児島県鹿屋市串良町岡崎3250-2の一部，1785の一部　㊗県指定史跡（2013）

岡崎城跡　おかざきじょうあと　中世以降
[所在地]徳島県鳴門市林町　㊗市指定史跡
[例]撫養城，林崎城

岡部　おかべ
[所在地]埼玉県深谷市
㊆『木曽路名所図会』

岡部　おかべ
[所在地]静岡県藤枝市
㊆『伊勢物語』

¹³岡豊城跡　おこうじょうあと　13～14世紀築城か
[所在地]高知県南国市岡豊町　㊗国指定史跡
（2008）

¹⁸岡藩主中川家墓所　おかはんしゅなかがわけぼしょ　江戸時代
[所在地]大分県竹田市会々・入田・久住町，豊後大野市緒方町　㊗国指定史跡（1997）

【岸】

⁰岸ヶ前2号墳　きしがまえにごうふん　5世紀中葉
[所在地]京都府南丹市園部町城南町字岸ヶ前

⁵岸本7号墳　きしもとななごうふん　6世紀後半
[所在地]鳥取県西伯郡伯耆町岸本

⁸岸和田城跡　きしわだじょうあと　南北朝時代
[所在地]大阪府岸和田市岸城町・本町　㊗府指定史跡（1994）

岸岳古窯跡（道納屋窯跡）　きしだけこようあと（みちなやかまあと）　1590～1600年代
[所在地]佐賀県唐津市相知町佐里上　㊗県指定史跡（2005）

岸岳城跡　きしだけじょうあと　中世後期
[所在地]佐賀県唐津市相知町佐里・北波多岸山国有林内　㊗県指定史跡（1996）

¹¹岸部瓦窯　きしべかわらがま，きしべがよう

奈良時代末期～平安時代初頭
- 所在地 大阪府吹田市吉志部北
- 別 吉志部瓦窯址, 紫金山瓦窯, 吉志部瓦窯跡

15岸窯跡　きしかまあと, きしようせき　江戸時代
- 所在地 福島県福島市飯坂町中野字岸・田中・御荷越
- 別 岸・大鳥丘陵窯跡群

岸遺跡　きしいせき　縄文時代晩期～平安時代
- 所在地 兵庫県加古川市西神吉町岸

【岩】

0岩の鼻遺跡　いわのはないせき　縄文時代早期～後期
- 所在地 福井県大飯郡おおい町名田庄三重

岩ノ入遺跡　いわのいりいせき　縄文時代晩期
- 所在地 宮城県伊具郡丸森町大内

3岩下古墳群　いわしたこふんぐん　6世紀末～7世紀
- 所在地 山梨県山梨市上岩下

岩下洞穴　いわしたどうけつ　縄文時代早期～古墳時代
- 所在地 長崎県佐世保市松瀬町松瀬岡免字岩下
- 父 県指定史跡

岩子山古墳　いわこやまこふん　5世紀末
- 所在地 愛媛県松山市北斎院岩子山

4岩井作横穴墓群　いわいさくおうけつぼぐん　7世紀中葉～後葉
- 所在地 千葉県富津市小久保字岩井作

岩井貝塚　いわいかいづか　縄文時代後～晩期
- 所在地 千葉県柏市岩井

岩井迫横穴墓群　いわいさくおうけつぼぐん　7世紀前葉～中葉
- 所在地 福島県双葉郡双葉町大字鴻巣字岩井迫

岩井堂岩陰遺跡　いわいどういわかげいせき　縄文時代, 弥生時代, 平安時代
- 所在地 秋田県湯沢市上院内
- 別 岩井堂洞窟

岩井堂洞窟　いわいどうどうくつ　縄文時代, 弥生時代, 平安時代
- 所在地 秋田県湯沢市上院内　父 国指定史跡(1978)
- 別 岩井堂岩陰遺跡

岩井廃寺塔跡　いわいはいじとうあと　白鳳時代創建
- 所在地 鳥取県岩美郡岩美町　父 国指定史跡(1931)

岩井廃寺跡　いわいはいじあと　白鳳時代～平安時代
- 所在地 鳥取県岩美郡岩美町岩井字大野・弥勒堂

岩内3号墳　いわうちさんごうふん　古墳時代中期前半
- 所在地 和歌山県御坊市野口

岩内山古墳群　いわうちやまこふんぐん　古墳時代前期
- 所在地 福井県越前市杉崎町・岩内町
- 別 岩内山遺跡

岩内山遺跡　いわうちやまいせき　古墳時代前期
- 所在地 福井県越前市杉崎町・岩内町
- 別 岩内山古墳群

岩内古墳群　いわうちこふんぐん　7世紀前半(1号墳), 5世紀初頭(3号墳)
- 所在地 和歌山県御坊市野口町岩内

岩内東山円筒文化遺跡　いわないひがしやまえんとうぶんかいせき　縄文時代前期～中期
- 所在地 北海道岩内郡岩内町東山　父 北海道指定史跡(1968)
- 別 東山遺跡

岩切城跡　いわきりじょうあと　南北朝時代～戦国時代
- 所在地 宮城県仙台市宮城野区岩切, 宮城郡利府町　父 国指定史跡(1982)

岩戸山古墳　いわとやまこふん　6世紀前半
- 所在地 福岡県八女市吉田

岩戸遺跡　いわといせき　旧石器時代
- 所在地 大分県豊後大野市清川町　父 国指定史跡(1981)

岩手の里　いわてのさと
- 所在地 岩手県岩手郡
- 文 宗尊親王『文応三百首』

岩手山　いわてやま, いわてさん
- 所在地 岩手県盛岡市西北
- 文 宮沢賢治『春と修羅』
- 別 岩手富士, 南部富士, 巌鷲山

岩手浮島古墳群　いわてうきしまこふんぐん　古墳時代末期
- 所在地 岩手県岩手郡岩手町大字土川
- 別 浮島古墳群

岩木山　いわきさん

8画（岩）

所在地 青森県弘前市
⊗若山牧水『朝の歌』
別津軽富士

岩木赤坂遺跡　いわきあかさかいせき　弥生時代～古墳時代
所在地 愛媛県西予市宇和町岩木

[5]**岩代　いわしろ**
所在地 和歌山県日高郡みなべ町
⊗『明月記』,『八雲御抄』,『伊勢物語』
別磐代

岩田川　いわたがわ
所在地 和歌山県田辺市・西牟婁郡上富田町・西牟婁郡白浜町、奈良県五条市
⊗謡『当麻』,『義経記』,『平家物語』

岩田古墳群　いわたこふんぐん　6世紀後半以降
所在地 岡山県赤磐市河本・岩田・和田

岩田遺跡　いわたいせき　縄文時代中期～弥生時代、古墳時代後期
所在地 山口県熊毛郡平生町佐賀　⊗県指定史跡（1974）

岩穴古墳　いわあなこふん　7世紀後半
所在地 群馬県太田市東今泉

[6]**岩舟古墳　いわふねこふん　古墳時代**
所在地 島根県松江市竹矢町手間
別竹矢岩船古墳

岩舟古墳　いわふねこふん　6世紀
所在地 島根県安来市飯梨町　⊗国指定史跡（1948）
別飯梨岩舟古墳

[7]**岩村城跡　いわむらじょうあと　伝・文治元年（1185）築城**
所在地 岐阜県恵那市岩村町城山　⊗県指定史跡（1957）

岩谷古墳　いわやこふん　6世紀後半頃
所在地 山口県下関市椋野字岩谷後

岩谷洞窟　いわやどうくつ　縄文時代
所在地 岩手県下閉伊郡岩泉町

岩谷遺跡　いわやいせき　縄文時代後期
所在地 愛媛県北宇和郡鬼北町岩谷　⊗県指定史跡（1982）

[8]**岩国城　いわくにじょう　慶長13年（1608）築城**
所在地 山口県岩国市大字横山
別横山城

岩国藩主吉川家墓所　いわくにはんしゅきっかわけぼしょ　江戸時代
所在地 山口県岩国市横山1-256　⊗県指定史跡（1988）

岩坪古墳　いわつぼこふん　6世紀末葉
所在地 大阪府豊能郡能勢町神山岩坪

岩坪貝塚　いわつぼたいらかいづか　縄文時代中期・晩期
所在地 茨城県かすみがうら市岩坪平

岩長浦窯跡群　いわながうらかまあとぐん　古墳時代
所在地 福岡県糟屋郡宇美町大字井野字岩長浦

[9]**岩室　いわむろ**
所在地 新潟県新潟市西蒲区
⊗大愚良寛『布留散東』

岩室池古墳　いわむろいけこふん　6世紀前半
所在地 奈良県天理市岩室町ヒライ

岩室塚穴古墳　いわむろつかあなこふん　古墳時代後期
所在地 滋賀県甲賀市甲賀町岩室若王子

岩屋　いわや　9世紀前半創建
所在地 大阪府南河内郡太子町　⊗国指定史跡（1948）
別二上山廃寺跡

岩屋山古墳　いわややまこふん　古墳時代終末期
所在地 奈良県高市郡明日香村　⊗国指定史跡（1968）

岩屋古墳　いわやこふん　古墳時代後期
所在地 茨城県小美玉市栗又四ケ字岩屋

岩屋古墳　いわやこふん　古墳時代終末期
所在地 栃木県栃木市大塚

岩屋古墳　いわやこふん　古墳時代後期
所在地 栃木県栃木市大光寺町、下都賀郡壬生町
別吾妻岩屋古墳、吾妻古墳

岩屋古墳　いわやこふん　7世紀
所在地 千葉県印旛郡栄町竜角寺
別みそ岩屋古墳

岩屋古墳　いわやこふん　7世紀後半
所在地 千葉県印旛郡栄町、成田市大竹
別竜角寺岩屋古墳、竜角寺古墳群・岩屋古墳

岩屋古墳　いわやこふん　古墳時代後期後半
所在地 鳥取県米子市淀江町福岡字向山
別福岡岩屋古墳、向山1号墳

岩屋古墳　いわやこふん　古墳時代
所在地 島根県松江市朝酌町字岩屋敷
別朝酌岩屋古墳

岩屋古墳　いわやこふん　古墳時代後期
所在地 島根県仁多郡奥出雲町高田　⊗町指定

史跡(1984)

岩屋ナル古墳　いわやなるこふん　古墳時代後期
　所在地 鳥取県西伯郡大山町八重　㊟県指定史跡(1991)

岩屋寺跡古墳　いわやじあとこふん　7世紀
　所在地 島根県松江市玉湯町　㊟国指定史跡(1948)
　㊙岩屋寺跡横穴, 岩屋寺跡横穴墓群

岩屋寺跡横穴　いわやじあとよこあな　7世紀
　所在地 島根県松江市玉湯町
　㊙岩屋寺跡横穴墓群, 岩屋寺跡古墳

岩屋寺跡横穴墓群　いわやじあとおうけつぼぐん　7世紀
　所在地 島根県松江市玉湯町
　㊙岩屋寺跡横穴, 岩屋寺跡古墳

岩屋岩蔭遺跡　いわやいわかげいせき　縄文時代早期, 弥生時代
　所在地 岐阜県下呂市金山町岩瀬高平　㊟県指定史跡(1973)

岩屋城　いわやじょう　天文年間(1532〜55)築城
　所在地 福岡県太宰府市

岩屋城跡　いわやじょうせき　嘉吉元年(1441)築城
　所在地 岡山県津山市中北上　㊟県指定史跡(1987)

岩屋後古墳　いわやあとこふん　6世紀後半
　所在地 島根県松江市大草町岩屋後　㊟県指定史跡(1970)

岩屋浦　いわやのうら
　所在地 兵庫県淡路市
　㊇『淡路国名所図会』

岩津古墳群　いわずこふんぐん　6世紀後半中心
　所在地 愛知県岡崎市岩津町字西の坂・新城・車塚

岩津保洞窟遺跡　いわつぼどうくついせき　縄文時代早期〜弥生時代中期前半
　所在地 群馬県多野郡神流町青梨字岩津保

岩津第1号古墳　いわつだいいちごうふん　6世紀後葉〜7世紀前半
　所在地 愛知県岡崎市岩津町字西坂55-84　㊟県指定史跡(1967)

10岩倉　いわくら
　所在地 京都府京都市左京区岩倉町
　㊇与謝蕪村『蕪村句集』

岩倉の小野　いわくらのおの
　所在地 奈良県吉野郡吉野町
　㊇『万葉集』

岩倉の小野　いわくらのおの
　所在地 和歌山県田辺市
　㊇『万葉集』

岩倉具視幽棲旧宅　いわくらともみゆうせいきゅうたく　江戸時代
　所在地 京都府京都市左京区岩倉上蔵町　㊟国指定史跡(1932)

岩倉窯址群　いわくらようしぐん　平安時代
　所在地 京都府京都市左京区岩倉幡枝町付近の丘陵

岩原双子塚古墳　いわばるふたごずかこふん　5世紀中頃
　所在地 熊本県山鹿市鹿央町　㊟国指定史跡(1958)

岩原古墳群　いわばるこふんぐん　古墳時代中期〜後期
　所在地 熊本県山鹿市鹿央町　㊟国指定史跡(1958)

岩原横穴群　いわばるおうけつぐん　古墳時代後期
　所在地 熊本県山鹿市鹿央町　㊟県指定史跡(1986)

岩根　いわね
　所在地 滋賀県湖南市岩根
　㊇藤原公雄『続千載集 2』

岩脇古墳　いわわきこふん　古墳時代前期
　所在地 広島県三次市粟屋町字柳迫　㊟県指定史跡(1957)

11岩宿遺跡　いわじゅくいせき　旧石器時代
　所在地 群馬県みどり市笠懸町　㊟国指定史跡(1979)

岩崎山古墳群　いわさきやまこふんぐん　古墳時代前期
　所在地 香川県さぬき市津田町

岩淵の一里塚　いわぶちのいちりづか　江戸時代
　所在地 静岡県富士市　㊟県指定史跡(1986)

岩淵遺跡　いわぶちいせき　縄文時代中期終末
　所在地 福島県伊達郡国見町大字高城字岩淵

岩船　いわふね　古代
　所在地 奈良県橿原市南妙法寺町　㊟県指定史跡(1977)
　㊙益田岩船

8画（岩）

岩船古墳　いわふねこふん　古墳時代中期中葉～後葉頃
　所在地 島根県松江市東出雲町春日
　別 大草岩船古墳

岩船古墳　いわふねこふん　古墳時代
　所在地 島根県松江市竹矢町手間
　別 竹矢岩船古墳

岩野山古墳群　いわのやまこふんぐん　奈良時代
　所在地 秋田県南秋田郡五城目町高崎岩野山
　⊗ 県指定史跡（1963）

岩野谷57号墳　いわのやごじゅうななごうふん　5世紀前半
　所在地 群馬県安中市岩井字東

岩野原遺跡　いわのはらいせき　縄文時代中期・後期
　所在地 新潟県長岡市深沢町1丁目字岩野原

岩陰　いわかげ
　所在地 京都府京都市北区衣笠鏡石町
　⊗ 藤原俊成『五社百首』、『栄花物語』
　別 石蔭

[12]岩場古墳　いわばこふん　古墳時代中期
　所在地 愛知県西尾市吉良町小山田大山　⊗ 県指定史跡（1961）

岩塚　いわつか
　所在地 愛知県名古屋市中村区岩塚町
　⊗『尾張名所図会』

[13]岩殿城跡　いわとのじょうあと　中世（築城年不明）
　所在地 山梨県大月市賑岡町　⊗ 県指定史跡（1995）

岩滝丸山古墳　いわたきまるやまこふん　古墳時代前期
　所在地 京都府与謝郡与謝野町岩滝小字大風呂
　別 丸山古墳

[14]岩熊廃寺跡　いわくまはいじあと　古代～中世
　所在地 千葉県いすみ市岬町岩熊
　別 法興寺跡、上総法興寺跡

岩鼻二子山古墳　いわはなふたごやまこふん　5世紀中葉～後半
　所在地 群馬県高崎市綿貫町
　別 二子山古墳

岩鼻古墳群　いわはなこふんぐん　6～7世紀
　所在地 埼玉県東松山市松山岩鼻

[15]岩槻城大構　いわつきじょうおおがまえ　戦国時代末期築造
　所在地 埼玉県さいたま市岩槻区本町3-21-25
　⊗ 市指定史跡（1974）

岩槻城跡　いわつきじょうあと　室町時代後期頃築城
　所在地 埼玉県さいたま市岩槻区太田3-4ほか
　⊗ 県指定史跡（1925）

岩槻藩主阿部家の墓　いわつきはんしゅあべけのはか　江戸時代
　所在地 埼玉県さいたま市岩槻区加倉1-25-1
　⊗ 市指定史跡（1996）

岩槻藩遷喬館　いわつきはんせんきょうかん　寛政11年（1799）開設
　所在地 埼玉県さいたま市岩槻区本町4-8-9
　⊗ 県指定史跡（1939）

岩蔵山　いわくらやま
　所在地 滋賀県近江八幡市千僧供町
　⊗『拾遺和歌集』

[16]岩橋　いわはし
　所在地 奈良県御所市
　⊗『妹背山婦女庭訓』

岩橋千塚　いわせせんずか　5～7世紀前半
　所在地 和歌山県和歌山市岩橋ほか
　別 千塚古墳群、岩橋千塚古墳群

岩橋千塚古墳群　いわせせんずかこふんぐん　5～7世紀前半
　所在地 和歌山県和歌山市岩橋ほか　⊗ 国指定特別史跡（1952）
　別 岩橋千塚、千塚古墳群

[18]岩櫃山岩陰遺跡　いわびつやまいわかげいせき　弥生時代中期前半
　所在地 群馬県吾妻郡東吾妻町原町
　別 岩櫃山遺跡

岩櫃山遺跡　いわびつやまいせき　弥生時代中期前半
　所在地 群馬県吾妻郡東吾妻町原町
　別 岩櫃山岩陰遺跡

[19]岩瀬京山墓　いわせきょうざんのはか　江戸時代
　所在地 東京都墨田区両国2-8 回向院内　⊗ 都指定旧跡（1955）
　別 山東京山墓、磐瀬京山墓

岩瀬京伝墓　いわせきょうでんのはか　江戸時代
　所在地 東京都墨田区両国2-8 回向院内
　別 山東京伝墓、磐瀬京伝墓

8画（岬, 幸, 庚, 底, 府, 延）

【岬】

[5]岬田関　くきたのせき
　所在地 三重県津市白山町川口
　㊀『源氏物語』

【幸】

[5]幸田貝塚　こうでかいずか　縄文時代前期
　所在地 千葉県松戸市幸田

幸田青塚古墳　こうだあおずかこふん　古墳時代中期
　所在地 愛知県額田郡幸田町坂崎
　別 青塚古墳

[9]幸神1号墳　こうじんいちごうふん　6世紀後半
　所在地 長野県佐久市臼田田野口

【庚】

[5]庚申B号墳　こうしんびーごうふん　7世紀後半
　所在地 群馬県高崎市足門字庚申

庚申堂塚　こうしんどうずか　6世紀後半
　所在地 佐賀県鳥栖市神辺町字庚申堂　㊀県指定史跡（1975）
　別 庚申堂塚古墳

庚申堂塚古墳　こうしんどうずかこふん　6世紀後半
　所在地 佐賀県鳥栖市神辺町字庚申堂
　別 庚申堂塚

庚申庵　こうしんあん　江戸時代
　所在地 愛媛県松山市味酒町2丁目　㊀県指定史跡（1949）

庚申塚古墳　こうしんずかこふん　5世紀前半
　所在地 長野県上水内郡飯綱町平出字西浦

庚申塚古墳　こうしんずかこふん　4世紀
　所在地 静岡県磐田市中泉

【底】

[11]底脱けノ井　そこぬけのい　江戸時代・鎌倉十井の一
　所在地 神奈川県鎌倉市扇ガ谷4-18-5

【府】

[4]府中　ふちゅう
　所在地 東京都府中市
　㊀大田南畝『調布日記』, 田山花袋『東京の近郊』

府中　ふちゅう
　所在地 静岡県静岡市
　㊀『狂言歌謡』

府中・山内瓦窯跡　ふちゅう・やまのうちかわらがまあと　奈良時代～10世紀中頃まで
　所在地 香川県坂出市府中町, 高松市国分寺町
　㊀国指定史跡（1922）
　別 府中山内瓦窯跡

府中愛宕山古墳　ふちゅうあたごやまこふん　6世紀前半
　所在地 茨城県石岡市北根本舟塚　㊀県指定史跡（1971）
　別 愛宕山古墳

【延】

[7]延沢銀山遺跡　のべさわぎんざんいせき　江戸時代
　所在地 山形県尾花沢市銀山新畑・六沢・延沢
　㊀国指定史跡（1985）

[8]延命寺　えんめいじ
　所在地 大阪府河内長野市
　㊀『西国三十三所名所図会』

延命院　えんみょういん
　所在地 東京都荒川区西日暮里
　㊀大田蜀山人『日ぐらしの日記』

延命院貝塚　えんめいいんかいずか　縄文時代後期
　所在地 東京都荒川区西日暮里3丁目

延岡市古墳　のべおかしこふん　古墳時代
　所在地 宮崎県延岡市三須町・小野町・愛宕町・大門町・稲葉崎町・桜ヶ丘・粟野名町・柚の木田町・牧町・大峡町・東海町・無鹿町
　㊀県指定史跡（1939）

延岡城跡　のべおかじょうあと　慶長8年（1603）築城
　所在地 宮崎県延岡市城山

[12]延勝寺跡　えんしょうじあと　久安5年（1149）創建
　所在地 京都府京都市左京区岡崎（円勝寺町・成勝寺町）北門前町辺り・岡崎勧業館西北疏水辺り

[14]延暦寺　えんりゃくじ　延暦7年（788）創建
　所在地 滋賀県大津市坂本本町, 京都府京都市左京区

延暦寺境内　えんりゃくじけいだい　延暦7年（788）創建
　所在地 滋賀県大津市坂本本町, 京都府京都市左京区　㊀国指定史跡（1934）

[15]延槻川　はいつきがわ

遺跡・古墳よみかた辞典　281

[所在地]富山県中新川郡上市町, 魚津市, 滑川市
[文]『万葉集』
[別]延槻河

延槻河　はいつきがわ
[所在地]富山県中新川郡上市町, 魚津市, 滑川市
[文]『万葉集』
[別]延槻川

【弥】

3弥上古墳　やがみこふん　6世紀後半
[所在地]岡山県赤磐市弥上

5弥生二丁目遺跡　やよいにちょうめいせき　弥生時代
[所在地]東京都文京区弥生　[史]国指定史跡（1976）
[別]弥生町遺跡, 向ヶ岡貝塚

弥生町遺跡　やよいちょういせき　弥生時代
[所在地]東京都文京区弥生
[別]向ヶ岡貝塚, 弥生二丁目遺跡

6弥次ヶ湯古墳　やじがゆこふん　5世紀後半～6世紀前半
[所在地]鹿児島県指宿市十二町小字赤塚

7弥谷寺　いやだにじ
[所在地]香川県三豊市三野町
[文]『金毘羅参詣名所図会』

9弥彦山　やひこさん, やひこやま
[所在地]新潟県長岡市～西蒲原郡弥彦村
[文]『賀茂翁家集』,『義経記』

10弥高山　いやたかやま
[所在地]滋賀県米原市弥高
[文]『拾遺和歌集』

弥高山　いやたかやま
[所在地]岡山県高梁市
[文]平兼盛『拾遺和歌集 10』

弥高寺跡　やたかじあと　戦国時代
[所在地]滋賀県米原市弥高
[別]京極氏遺跡（京極氏城館跡・弥高寺跡）

11弥勒寺官衙遺跡群（弥勒寺官衙遺跡・弥勒寺跡・丸山古窯跡）　みろくじかんがいせきぐん（みろくじかんがいせき・みろくじあと・まるやまこようあと）　弥勒寺官衙遺跡：白鳳時代, 弥勒寺跡：白鳳時代創建, 丸山古窯跡：8～10世紀
[所在地]岐阜県関市池尻（弥勒寺）, 美濃市大矢田（丸山古窯跡）　[史]国指定史跡（1959）
[別]弥勒寺跡, 関弥勒寺址

弥勒寺跡　みろくじあと　白鳳時代創建
[所在地]岐阜県関市池尻
[別]関弥勒寺址, 弥勒寺官衙遺跡群（弥勒寺官衙遺跡・弥勒寺跡・丸山古窯跡）

弥勒寺跡　みろくじあと　奈良時代創建
[所在地]大分県宇佐市南宇佐 宇佐神宮境内
[別]宇佐弥勒寺遺跡

弥勒寺橋　みろくじばし
[所在地]東京都墨田区立川, 江東区森下
[文]『江戸名所図会』

【往】

14往箕の里　ゆきみのさと
[所在地]奈良県高市郡？
[文]『万葉集』, 御伽草子『小野草紙』

【彼】

0彼の宗遺跡　かのむねいせき　弥生時代後期～古墳時代
[所在地]香川県善通寺市仙遊町

4彼方　おちかた
[所在地]京都府宇治市宇治東内
[文]『延喜式神名帳』

彼方古墳群　おちかたこふんぐん　5世紀
[所在地]大阪府富田林市彼方楠風台

8彼杵郡　そのきのこおり
[所在地]長崎県東彼杵郡, 西彼杵郡, 長崎市, 大村市
[文]『肥前国風土記』

【忠】

12忠隈古墳　ただくまこふん　5世紀前半
[所在地]福岡県飯塚市忠隈

【念】

4念仏山古墳　ねんぶつやまこふん　4世紀後半
[所在地]兵庫県神戸市長田区苅藻通7丁目・浜添通6丁目付近

念仏塚古墳群　ねんぶつづかこふんぐん　5世紀後半～6世紀前半
[所在地]愛知県豊川市大木町山ノ奥
[別]日吉原古墳群

9念南寺古墳　ねやじこふん　5世紀後半
[所在地]宮城県加美郡色麻町四釜字官林

10念珠ヶ関　ねずがせき
[所在地]山形県鶴岡市鼠ヶ関
[文]歌学書『能因歌枕』
[別]鼠ヶ関, 念珠関

念珠関　ねずがせき
　所在地 山形県鶴岡市鼠ヶ関
　㊊歌学書『能因歌枕』
　㊋鼠ヶ関，念珠関

【怡】

³怡土　いと
　所在地 福岡県福岡市西区
　㊊『檜垣嫗集』

怡土城跡　いとじょうあと　戦国時代
　所在地 福岡県糸島市高祖・大門・高来寺
　㊋国指定史跡（1938）

【房】

⁰房の沢Ⅳ遺跡　ぼうのさわよんいせき　平安時代前半
　所在地 岩手県下閉伊郡山田町山田十四地割内

房の沢古墳群　ぼうのさわこふんぐん　8世紀初頭〜9世紀初頭
　所在地 岩手県下閉伊郡山田町山田

³房子塚古墳　ふさごづかこふん　古墳時代後期
　所在地 群馬県佐波郡玉村町下茂木

【押】

⁴押日横穴墓群　おしびおうけつぼぐん　古墳時代後期以降
　所在地 千葉県茂原市大字押日下谷

⁵押出遺跡　おんだしいせき　縄文時代前期後葉
　所在地 山形県東置賜郡高畠町大字深沼字押出

押出遺跡　おしでいせき　縄文時代後期後半〜晩期
　所在地 群馬県渋川市北牧字押出

⁷押坂内陵　おさかのうちのみささぎ　古墳時代終末期
　所在地 奈良県桜井市忍坂字段ノ塚
　㊋舒明天皇陵古墳，段ノ塚古墳，段々塚

【承】

⁶承安二年在銘五輪塔　じょうあんにねんざいめいごりんとう　承安2年（1172）銘
　所在地 大分県臼杵市大字前田・深田・中尾
　㊋臼杵磨崖仏　附　日吉塔，嘉応二年在銘五輪塔・承安二年在銘五輪塔

¹¹承教寺　じょうきょうじ
　所在地 東京都港区高輪

㊊『誹風柳多留』

【拝】

⁵拝田16号墳　はいだじゅうろくごうふん　古墳時代後期前半
　所在地 京都府亀岡市千代川町字拝田

¹⁰拝島　はいじま
　所在地 東京都昭島市
　㊊大田南畝『調布日記』

¹²拝塚古墳　はいづかこふん　5世紀前半
　所在地 福岡県福岡市早良区重留字塚本

【放】

⁰放れ山古墳　はなれやまこふん　古墳時代後期
　所在地 島根県出雲市下古志町下新官　㊋県指定史跡（1959）

⁵放生津　ほうじょうず
　所在地 富山県射水市
　㊊『太平記』

【斉】

¹⁶斉頼塚古墳　しょうらいづかこふん　古墳時代
　所在地 滋賀県高島市マキノ町牧野

【於】

⁵於古墳　うえのこふん　6世紀前半
　所在地 奈良県北葛城郡広陵町大塚

⁸於岩稲荷田宮神社　おいわいなりたみやじんじゃ　江戸時代創建
　所在地 東京都新宿区左門町17
　㊋田宮稲荷神社跡

¹¹於曽屋敷　おぞやしき　中世
　所在地 山梨県甲州市塩山下於曽元旗板　㊋県指定史跡（1963）

¹³於新造古墳　おしんぞうこふん　4世紀後半期以降
　所在地 愛知県岡崎市西阿知和字於新造

【昆】

¹²昆陽　こや
　所在地 兵庫県伊丹市，尼崎市
　㊊和泉式部『後拾遺和歌集 12』

昆陽寺　こやでら，こんようじ　奈良時代創建
　所在地 兵庫県伊丹市寺本

【昌】

5昌平坂　しょうへいざか
　所在地 東京都文京区湯島
　㊆ 永井荷風『日和下駄』

【明】

0明ヶ島古墳群　みょうがしまこふんぐん　古墳時代中期後半〜後期中葉
　所在地 静岡県磐田市明ヶ島

4明戸遺跡　あげどいせき　縄文時代前期〜晩期
　所在地 青森県十和田市滝沢字明戸

明日香　あすか
　所在地 奈良県高市郡明日香村飛鳥
　㊆『日本書紀』,『古事記』
　㊆ 飛鳥

明月院境内　めいげつついんけいだい　鎌倉時代創建
　所在地 神奈川県鎌倉市山ノ内　㊆ 国指定史跡（1984）

5明石　あかし
　所在地 兵庫県明石市
　㊆『万葉集』,『古今和歌集』,『源氏物語』（明石の巻）

明石谷　あかしがやつ
　所在地 神奈川県鎌倉市十二所

明石城跡　あかしじょうあと　江戸時代
　所在地 兵庫県明石市明石公園　㊆ 国指定史跡（2004）

明石藩舞子台場跡　あかしはんまいこだいばあと　文久3年（1863）造営開始
　所在地 兵庫県神戸市垂水区東舞子町　㊆ 国指定史跡（2007）

6明合古墳　あけあいこふん　5世紀前半
　所在地 三重県津市安濃町　㊆ 国指定史跡（1952）

7明見3号墳　みょうけんさんごうふん　古墳時代
　所在地 高知県南国市明見

8明知城跡　あけちじょうあと　戦国時代
　所在地 岐阜県恵那市明智町城山　㊆ 県指定史跡（1964）
　㊆ 白鷹城

9明後沢古瓦出土地　みょうござわこがわらしゅつどち　古代
　所在地 岩手県奥州市前沢区古城字明後沢　㊆ 県指定史跡（1963）

明神山古墳群　みょうじんやまこふんぐん　5世紀
　所在地 福井県敦賀市坂ノ下明神山・岩谷

明神古墳　みょうじんこふん　古墳時代後期
　所在地 島根県大田市仁摩町仁万

10明倫館水練池および有備館 附 明倫館碑　めいりんかんすいれんいけおよびゆうびかんつけたり めいりんかんひ　享保4年（1719）開設
　所在地 山口県萩市江向
　㊆ 旧萩藩校明倫館

明恵紀州遺跡卒婆　みょうえきしゅういせきそとば　鎌倉時代
　所在地 和歌山県有田市星尾, 有田郡湯浅町, 有田郡有田川町　㊆ 国指定史跡（1931）
　㊆ 明恵紀州遺跡率都婆, 明恵紀州遺跡卒塔婆

明恵紀州遺跡卒塔婆　みょうえきしゅういせきそとば　鎌倉時代
　所在地 和歌山県有田市星尾, 有田郡湯浅町, 有田郡有田川町
　㊆ 明恵紀州遺跡率都婆, 明恵紀州遺跡卒都婆

明恵紀州遺跡率都婆　みょうえきしゅういせきそとば　鎌倉時代
　所在地 和歌山県有田市星尾, 有田郡湯浅町, 有田郡有田川町
　㊆ 明恵紀州遺跡卒塔婆, 明恵紀州遺跡卒都婆

明通り古窯址　あけどおりこようし　5世紀末
　所在地 静岡県湖西市一宮

【服】

11服部遺跡　はっとりいせき　5世紀末葉前後
　所在地 滋賀県守山市服部

【杵】

0杵ガ森古墳　きねがもりこふん　古墳時代前期前半
　所在地 福島県河沼郡会津坂下町字稲荷塚　㊆ 県指定史跡（1996）

10杵島の山　きしまのやま
　所在地 佐賀県杵島郡白石町
　㊆『万葉集』

【杭】

0杭の牛市跡　くいのうしいちあと　延宝年間（1673〜81）以降
　所在地 広島県三原市久井町　㊆ 県指定史跡（1966）

[19]杭瀬川　くいせがわ
　所在地 岐阜県揖斐郡池田町
　文『木曽路名所図会』

【枝】

[3]枝川古墳群　えだがわこふんぐん　7世紀前半（1号墳），6世紀末〜7世紀前半（2・3号墳）
　所在地 高知県吾川郡いの町枝川

[5]枝去木遺跡　えざるぎいせき　旧石器時代
　所在地 佐賀県唐津市枝去木

【松】

[0]松が浦　まつがうら
　所在地 宮城県宮城郡七ヶ浜町
　文『後拾遺和歌集 8』

松が浦　まつがうら
　所在地 福島県相馬市
　文『万葉集』，幸田露伴『遊行雑記』

松が浦　まつがうら
　所在地 香川県
　文『五代集歌枕』

松ヶ洞8号墳　まつがほらはちごうふん　5世紀末
　所在地 愛知県名古屋市守山区大字吉根字松ヶ洞3254

松ノ山窯跡　まつのやまかまあと　6世紀前後
　所在地 長野県長野市信更町田野口

松ヶ岡　まつがおか
　所在地 神奈川県鎌倉市山ノ内
　文 浅井了意『東海道名所記』

松ヶ岡開墾場　まつがおかかいこんじょう　江戸時代〜明治時代
　所在地 山形県鶴岡市羽黒町　国指定史跡（1989）

松ヶ島城跡　まつがしまじょうあと　戦国時代
　所在地 三重県松阪市松ヶ島町字城の腰　県指定史跡（1957）

松ヶ崎　まつがさき
　所在地 滋賀県近江八幡市島村
　文『和名抄』

松ヶ崎　まつがさき
　所在地 京都府京都市左京区西部の地名
　文『拾遺和歌集 10』

松ヶ瀬台場跡　まつがせだいばあと　安政元年（1854）築造
　所在地 福井県大飯郡おおい町

　別 小浜藩台場跡（松ヶ瀬台場跡・鋸崎台場跡）

[3]松下村塾　しょうかそんじゅく　安政5年（1858）開設
　所在地 山口県萩市椿東　国指定史跡（1922）

松山　まつやま
　所在地 香川県坂出市松山町
　文『後拾遺和歌集 8』，『保元物語』

松山　まつやま
　所在地 愛媛県松山市
　文 正岡子規『上京紀行』，中村草田男『母郷行』

松山古墳　まつやまこふん　4世紀中葉
　所在地 栃木県佐野市越名町

松山古墳　まつやまこふん　古墳時代終末期
　所在地 奈良県高市郡高取町藤井松山字石切山

松山西口関門　まつやまにしぐちかんもん　江戸時代初期
　所在地 奈良県宇陀市大宇陀区下茶　国指定史跡（1931）

松山城跡　まつやまじょうあと　応永6年（1399）築城
　所在地 埼玉県比企郡吉見町大字南吉見
　別 比企城館跡群（菅谷館跡・松山城跡・杉山城跡・小倉城跡）

松山城跡　まつやまじょうあと　江戸時代初期築城
　所在地 愛媛県松山市丸之内・堀之内　国指定史跡（1952）
　別 金亀城，勝山城

[4]松井　まつい
　所在地 岡山県総社市上林
　文『新古今和歌集 7』

松井塚古墳　まついづかこふん　7世紀中期
　所在地 大阪府南河内郡太子町山田西

松元遺跡　まつもといせき　縄文時代早期〜晩期，平安時代
　所在地 青森県青森市本郷字松元

松戸　まつど
　所在地 千葉県松戸市
　文『更級日記』

[5]松代大本営跡　まつしろだいほんえいあと　昭和期（第2次大戦末期）
　所在地 長野県長野市松代町

松代城跡 附 新御殿跡　まつしろじょうあと つけたり しんごてんあと　松代城跡：戦国

時代築城，新御殿跡：文久3年（1863）建造
[所在地]長野県長野市松代町　[史]国指定史跡（1981）
[別]海津城

松代藩主真田家墓所　まつしろはんしゅさなだけぼしょ　江戸時代
[所在地]長野県長野市松代町　[史]国指定史跡（1987）

松平氏遺跡　まつだいらしいせき　中世
[所在地]愛知県豊田市大内町・松平町　[史]国指定史跡（2000）

松平定行の霊廟　まつだいらさだゆきのれいびょう　江戸時代
[所在地]愛媛県松山市祝谷東町　[史]県指定史跡（1951）

松平定信墓　まつだいらさだのぶのはか　江戸時代
[所在地]東京都江東区白河　[史]国指定史跡（1928）

松平定政の霊廟　まつだいらさだまさのれいびょう　江戸時代
[所在地]愛媛県松山市祝谷東町　[史]県指定史跡（1954）

松平定綱及一統之墓所　まつだいらさだつなおよびいっとうのぼしょ　江戸時代
[所在地]三重県桑名市東方　[史]県指定史跡（1937）

松本1号墳　まつもといちごうふん　4世紀後半頃
[所在地]島根県雲南市三刀屋町給下
[別]松本古墳

松本23号墳　まつもとにじゅうさんごうふん　6世紀末～7世紀初頭
[所在地]群馬県邑楽郡邑楽町中野

松本古墳　まつもとこふん　4世紀後半頃
[所在地]島根県雲南市三刀屋町給下
[別]松本1号墳

松本古墳　まつもとこふん　古墳時代中期
[所在地]広島県福山市神村町大字松本　[史]県指定史跡（1949）

松本古墳群　まつもとこふんぐん　古墳時代前期
[所在地]島根県雲南市三刀屋町給下

松本城　まつもとじょう　永正元年（1504）築城
[所在地]長野県松本市丸の内　[史]国指定史跡（1930）

松本塚古墳　まつもとずかこふん　5世紀末葉前後
[所在地]宮崎県西都市三納松本　[史]国指定史跡（1944）
[別]船塚

松本街道　まつもとかいどう　室町時代～明治時代
[所在地]新潟県糸魚川市大野　[史]国指定史跡（2002）

松田元成及び大村盛恒墓所　まつだもとなりおよびおおむらもりつねぼしょ　室町時代
[所在地]岡山県岡山市東区瀬戸町塩納　[史]県指定史跡（1959）

松田江　まつだえ
[所在地]宮城県宮城郡松島町
[文]『伊勢物語』
[別]松島

松田江　まつだえ
[所在地]富山県高岡市雨晴，氷見市
[文]『万葉集』

松田遺跡　まつだいせき　縄文時代早期
[所在地]宮城県白石市福岡深谷

松石橋遺跡　まついしばしいせき　弥生時代前期
[所在地]青森県八戸市南郷区島守字根岸平

6**松帆の浦**　まつほのうら
[所在地]兵庫県淡路市
[文]『万葉集』
[別]松帆浦

松帆浦　まつほのうら
[所在地]兵庫県淡路市
[文]『万葉集』
[別]松帆の浦

松江　まつえ
[所在地]島根県松江市
[文]水原秋桜子『晩華』

松江古墳群　すんごうこふんぐん　7世紀後葉
[所在地]静岡県沼津市井田松江

松江城　まつえじょう　慶長12年（1607）築城
[所在地]島根県松江市殿町　[史]国指定史跡（1934）
[別]千鳥城

松江藩主松平家墓所　まつえはんしゅまつだいらけぼしょ　江戸時代
[所在地]島根県松江市外中原町・国屋町　[史]国指定史跡（1996）

7**松坂**　まつさか

[所在地]京都府京都市山科区
[文]謡曲『蝉丸』『盛久』

松坂城跡　まつさかじょうあと　安土桃山時代〜江戸時代
[所在地]三重県松阪市殿町　[史]国指定史跡(2011)
[別]松阪城

松尾　まつのお
[所在地]京都府京都市右京区松尾
[文]『後拾遺和歌集 20』，『新古今和歌集 7』

松尾大社　まつおたいしゃ，まつのおたいしゃ　大宝元年(701)創建
[所在地]京都府京都市西京区嵐山宮町

松尾瓦窯址　まつおがようし　白鳳時代
[所在地]三重県松阪市

松尾谷古墳　まつおだにこふん　4世紀前半
[所在地]福井県三方上中郡若狭町南前川字松尾谷

松尾城跡　まつおじょうあと　南北朝時代末期〜室町時代初期築城
[所在地]広島県安芸高田市美土里町　[史]県指定史跡(2007)

松尾宮山古墳群　まつおみややまこふんぐん　古墳時代後期・終末期
[所在地]滋賀県長浜市高月町松尾　[史]県指定史跡(1999)

松尾穀塚古墳　まつおこくずかこふん　5世紀後半
[所在地]京都府京都市西京区松尾・下山田
[別]穀塚古墳

松沢古墳群　まつざわこふんぐん　6世紀後半〜7世紀
[所在地]山形県南陽市松沢字赤石山

松花堂　しょうかどう　江戸時代
[所在地]京都府八幡市八幡
[別]松花堂およびその跡

松花堂およびその跡　しょうかどうおよびそのあと　江戸時代
[所在地]京都府八幡市八幡　[史]国指定史跡(1957)
[別]松花堂

松阪城　まつさかじょう　安土桃山時代〜江戸時代
[所在地]三重県松阪市殿町
[別]松坂城跡

8**松岡古墳群(手繰ヶ城山古墳・石舟山古墳・鳥越山古墳・二本松山古墳)**　まつおかこふんぐん(てぐりがじょうやまこふん・いしふねやまこふん・とりごえやまこふん・にほんまつやまこふん)　5世紀後半
[所在地]福井県吉田郡永平寺町　[史]国指定史跡(1977)

松岳山古墳　まつおかやまこふん　4世紀末
[所在地]大阪府柏原市国分市場　[史]国指定史跡(1922)

松延古墳群　まつのべこふんぐん　6世紀中心
[所在地]茨城県かすみがうら市松延

松明山古墳群　たいまつやまこふんぐん　4世紀
[所在地]福井県越前市赤坂町〜東庄境町

松林山古墳　しょうりんざんこふん　4世紀後半
[所在地]静岡県磐田市新貝

松林苑　しょうりんえん　奈良時代
[所在地]奈良県奈良市佐紀町・歌姫町

松法川北岸遺跡　まつのりがわほくがんいせき　オホーツク文化期
[所在地]北海道目梨郡羅臼町

9**松前**　まつまえ
[所在地]北海道松前郡松前町
[文]『日本山海名物図会』

松前氏城跡(福山城跡・館城跡)　まつまえししろあと(ふくやまじょうあと・たてじょうあと)　江戸時代〜明治時代初期
[所在地]北海道松前郡松前町，檜山郡厚沢部町　[史]国指定史跡(1935)

松前藩戸切地陣屋跡　まつまえはんへきりちじんやあと　江戸時代
[所在地]北海道北斗市野崎　[史]国指定史跡(1965)

松前藩主松前家墓所　まつまえはんしゅまつまえけぼしょ　江戸時代
[所在地]北海道松前郡松前町　[史]国指定史跡(1981)

松面古墳　まつめんこふん　7世紀以降
[所在地]千葉県木更津市長須賀字松面(現・木更津市朝日2丁目)
[別]元新地古墳

10**松倉城跡**　まつくらじょうあと　永禄年間(1558〜70)もしくは天正7年(1579)築城
[所在地]岐阜県高山市松倉町城山　[史]県指定史跡(1956)

松原河原　まつばらがわら
[所在地]京都府京都市
[文]『花洛名勝図会』

8画（東）

松原客館跡　まつばらきゃっかんあと，まつばらきゃくかんあと　飛鳥時代
　(所在地)福井県敦賀市

松島　まつしま
　(所在地)宮城県宮城郡松島町
　(文)『伊勢物語』
　(例)松田江

松島王墓古墳　まつしまおうはかこふん　6世紀
　(所在地)長野県上伊那郡箕輪町中箕輪字松島
　(愛)県指定史跡（1965）

松浦　まつら
　(所在地)佐賀県東松浦郡玄海町，佐賀県唐津市
　(文)『古事記』

松浦の山　まつらのやま
　(所在地)佐賀県唐津市鏡
　(文)『万葉集』，『古今著聞集』

松浦の海　まつらのうみ
　(所在地)佐賀県，長崎県
　(文)『万葉集』，大隈言道『松下集』

松浦川　まつらがわ
　(所在地)佐賀県東松浦郡
　(文)『万葉集』，『定家卿百番自歌合』

[11]松崎古墳　まつざきこふん　古墳時代中期
　(所在地)山口県宇部市藤山字松崎

松崎慊堂墓　まつざきこうどうのはか　江戸時代
　(所在地)東京都目黒区中目黒4-12 長泉院　(愛)都指定旧跡（1955）

松添貝塚　まつぞえかいづか　縄文時代
　(所在地)宮崎県宮崎市折生迫字松添～字下箸方
　(例)松添遺跡

松添遺跡　まつぞえいせき　縄文時代
　(所在地)宮崎県宮崎市折生迫字松添～字下箸方
　(例)松添貝塚

[12]松塚古墳　まつづかこふん　4世紀後半～終末期
　(所在地)群馬県邑楽郡大泉町古海

松葉ヶ谷　まつばがやつ
　(所在地)神奈川県鎌倉市大町，材木座

[16]松橋大塚古墳　まつばせおおつかこふん　6世紀前半
　(所在地)熊本県宇城市松橋町松橋字大野
　(例)大塚古墳

【東】

[0]東の市　ひむがしのいち
　(所在地)奈良県奈良市
　(文)『万葉集』

東の坂　あずまのさか
　(所在地)群馬県安中市松井田町
　(文)『万葉集』

東の坂　あずまのさか
　(所在地)神奈川県足柄上郡
　(文)『万葉集』

東の城跡　ひがしのじょうあと　南北朝時代～戦国時代
　(所在地)三重県津市美里町
　(例)長野氏城跡（長野城跡・東の城跡・中の城跡・西の城跡）

東の追分・西の追分　ひがしのおいわけ・にしのおいわけ　江戸時代
　(所在地)三重県亀山市関町大字木崎字末藤
　(愛)県指定史跡（1982）

[1]東一本柳古墳　ひがしいっぽんやなぎこふん　6世紀後半
　(所在地)長野県佐久市岩村田一本柳

[2]東二原地下式横穴墓群　ひがしにわらちかしきおうけつぼぐん　5世紀末～6世紀前半
　(所在地)宮崎県小林市大字真方字東二原

東二塚古墳　ひがしふたづかこふん　6世紀
　(所在地)福岡県糸島市東

東十郎古墳群　ひがしじゅうろうこふんぐん　6世紀後半～8世紀
　(所在地)佐賀県鳥栖市河内町字東十郎

[3]東下牧古墳　ひがししもまきこふん　8世紀前半
　(所在地)千葉県鴨川市仲字嶺岡東下牧

東三条殿跡　ひがしさんじょうどのあと　平安時代
　(所在地)京都府京都市中京区 二条大路南西洞院大路東南北二町

東大山一里塚　ひがしおおやまいちりづか　江戸時代
　(所在地)静岡県浜松市西区大山町・北区三方原町　(愛)市指定史跡（1963）

東大寺　とうだいじ　奈良時代創建
　(所在地)奈良県奈良市雑司町

東大寺山古墳　とうだいじやまこふん　4世紀後半
　(所在地)奈良県天理市櫟本町東大寺山
　(例)北高塚古墳

東大寺山古墳群　とうだいじやまこふんぐん　5世紀前半～7世紀前半

所在地 奈良県天理市櫟本町

東大寺旧境内　とうだいじきゅうけいだい
奈良時代以降
所在地 奈良県奈良市手貝町・雑司町・押上町・芝辻町・今小路町・水門町・登大路町・春日野町　国指定史跡(1932)

東大寺東南院旧境内　とうだいじとうなんいんきゅうけいだい　平安時代
所在地 奈良県奈良市雑司町　国指定史跡(1934)

東大寺領横江荘荘家跡　とうだいじりょうよこえのしょうしょうけあと　奈良時代～平安時代初め
所在地 石川県白山市横江町, 金沢市上荒屋
別 横江荘荘家跡, 横江荘, 東大寺領横江荘跡(荘家跡・上荒屋遺跡)

東大寺領横江荘遺跡(荘家跡・上荒屋遺跡)　とうだいじりょうよこえのしょういせき(しょうけあと・かみあらやいせき)　奈良時代～平安時代初め
所在地 石川県白山市横江町, 金沢市上荒屋　国指定史跡(1972)
別 横江荘荘家跡, 東大寺領横江荘家跡, 横江荘, 上荒屋遺跡

東大橋原遺跡　ひがしおおはしはらいせき
縄文時代中期
所在地 茨城県石岡市東大橋

東山　ひがしやま
所在地 京都府京都市東山区
② 『蕪村句集』, 『更級日記』

東山大谷御廟所　ひがしやまおおたにごびょうしょ
所在地 京都府京都市東山区円山町
② 『花洛名勝図会』

東山北2号墳　ひがしやまきたにごうふん　4世紀末
所在地 山梨県甲府市下向山町

東山古墳　ひがしやまこふん　4世紀前半期代
所在地 三重県伊賀市円徳院字東山

東山古墳群　ひがしやまこふんぐん　古墳時代後期
所在地 静岡県袋井市久能

東山古墳群　ひがしやまこふんぐん　7世紀
所在地 兵庫県多可郡多可町中区東山

東山古墳群　ひがしやまこふんぐん　古墳時代後期
所在地 愛媛県松山市東石井町乙

東山団地遺跡　ひがしやまだんちいせき　弥生時代, 古墳時代
所在地 茨城県土浦市板谷

東山官衙遺跡　ひがしやまかんがいせき　8世紀前半～中頃
所在地 宮城県加美郡加美町　国指定史跡(1999)

東山南遺跡　ひがしやまみなみいせき　弥生時代終末期, 古墳時代
所在地 山梨県甲府市下向山町

東山道武蔵路跡　とうさんどうむさしみちあと　奈良時代以降
所在地 東京都国分寺市西元町・東元町, 府中市栄町
別 武蔵国分寺　附 東山道武蔵路跡

東山道　とうさんどうあと　奈良時代～平安時代
所在地 栃木県那須烏山市鴻野山・小白井, さくら市鍛冶ヶ沢・葛城
別 長者ヶ平官衙遺跡　附 東山道跡

東山鳶が森古墳群　ひがしやまとびがもりこふんぐん　7世紀の古墳群
所在地 愛媛県松山市東石井町
別 東山鳶ヶ森古墳群

東山鳶ヶ森古墳群　ひがしやまとびがもりこふんぐん　7世紀の古墳群
所在地 愛媛県松山市東石井町
別 東山鳶が森古墳群

東山遺跡　ひがしやまいせき　縄文時代前期～中期
所在地 北海道岩内郡岩内町東山
別 岩内東山円筒文化遺跡

東山遺跡　ひがしやまいせき　後期旧石器時代末葉
所在地 山形県西置賜郡小国町岩井沢
別 小国東山遺跡

東山遺跡　ひがしやまいせき　縄文時代
所在地 東京都目黒区上目黒7丁目

東山遺跡　ひがしやまいせき　弥生時代後期
所在地 大阪府南河内郡南河町大宝・大字東山

東中根遺跡　ひがしなかねいせき　弥生時代後期
所在地 茨城県ひたちなか市中根

東之宮古墳　ひがしのみやこふん, とうのみやこふん　3世紀末～4世紀初め
所在地 愛知県犬山市犬山　国指定史跡(1975)

[別]白山平東之宮古墳

東内野遺跡　ひがしうちのいせき　旧石器時代
[所在地]千葉県富里市七栄

東方遺跡群　ひがしかたいせきぐん　縄文時代〜歴史時代
[所在地]神奈川県横浜市都筑区東方町

東氏館　とうしやかた　12〜15世紀中葉代
[所在地]岐阜県郡上市大和町牧

5**東北原遺跡**　ひがしきたはらいせき　先土器〜平安時代
[所在地]埼玉県さいたま市見沼区東大宮4-60

東古渡町古墳群　ひがしふるわたりちょうこふんぐん　5世紀前半〜6世紀中頃
[所在地]愛知県名古屋市中区金山町1丁目, 熱田区金山町1丁目

東平1号墳　ひがしだいらいちごうふん　奈良時代
[所在地]静岡県富士市伝法

東平下2号方形周溝墓　ひがしひらしたにごうほうけいしゅうこうぼ　弥生時代終末期〜古墳時代初頭
[所在地]宮崎県児湯郡川南町大字川南19034-3・19035-2　[史]県指定史跡（2004）

東平井古墳群　ひがしひらいこふんぐん　6世紀前半〜7世紀末
[所在地]群馬県藤岡市東平井字平地前・寺西
[別]東平井平地前遺跡, 白石・東平井古墳群

東平井平地前遺跡　ひがしひらいへいちまえいせき　6世紀前半〜7世紀末
[所在地]群馬県藤岡市東平井字平地前・寺西
[別]東平井古墳群

東平王塚古墳　とうへいおうずかこふん　古墳時代
[所在地]宮城県岩沼市南長谷字京

東平遺跡　ひがしだいらいせき　奈良時代〜平安時代初期
[所在地]静岡県富士市伝法

東田大塚古墳　ひがいだおおつかこふん　3世紀後半
[所在地]奈良県桜井市大字東田
[別]大塚古墳

東田古墳　あずまだこふん　5世紀
[所在地]愛知県豊橋市東田町御園

東田古墳群　ひがしだこふんぐん　6世紀
[所在地]福岡県遠賀郡岡垣町大字高倉字東田597

東田第一高炉跡　ひがしだだいいちこうろあと　明治34年（1901）操業開始
[所在地]福岡県北九州市八幡東区東田2-3-12
[史]市指定史跡（1996）

東矢島古墳群　ひがしやじまこふんぐん　6世紀後半〜7世紀初頭
[所在地]群馬県太田市大字東矢島

6**東光寺**　とうこうじ
[所在地]和歌山県田辺市本宮町湯峰
[文]『西国三十三所名所図会』

東光寺古墳　とうこうじこふん　6世紀中頃
[所在地]福岡県福岡市博多区竹下3丁目
[別]東光寺剣塚古墳, 剣塚古墳

東光寺剣塚古墳　とうこうじけんずかこふん　6世紀中頃
[所在地]福岡県福岡市博多区竹下3丁目
[別]剣塚古墳, 東光寺古墳

東在家遺跡　とうざいけいせき　縄文時代晩期
[所在地]秋田県鹿角市尾去沢町尾去字東在家

東寺　とうじ　延暦15年（796）建立
[所在地]京都府京都市南区九条町
[別]教王護国寺

東寺山古墳　ひがしてらやまこふん　古墳時代
[所在地]岐阜県可児郡御嵩町伏見町字土居内505
[史]県指定史跡（1931）

東寺方遺跡　ひがしてらかたいせき　旧石器時代, 縄文時代, 古墳時代〜平安時代
[所在地]東京都多摩市東寺方

東庄内遺跡　ひがししょうないいせき　縄文時代早期〜後期初頭
[所在地]A遺跡：三重県亀山市川崎町・鈴鹿市東庄内町, B遺跡：鈴鹿市東庄内町

7**東吹上遺跡**　ひがしふきあげいせき　縄文時代〜古墳時代
[所在地]群馬県高崎市吉井町岩崎　[史]市指定史跡（1977）

東坂古墳　ひがしざかこふん　5世紀前半
[所在地]静岡県富士市比奈

東尾大塚古墳　ひがしおおおつかこふん　5世紀中頃〜後半
[所在地]佐賀県三養基郡みやき町東尾字大塚
[別]大塚古墳

東求女塚古墳　ひがしもとめずかこふん　4世紀後半
[所在地]兵庫県神戸市東灘区住吉町塚ノ後
[別]求女塚古墳

8画（東）

東町古墳　あずまちょうこふん　5世紀後半～末葉
(所在地)群馬県渋川市東町

東町田遺跡　ひがしちょうだいせき　弥生時代中期～古墳時代後期
(所在地)岐阜県大垣市昼飯町字東町田

東谷風穴蚕種貯蔵所跡　あずまやふうけつさんしゅちょぞうしょあと　明治～昭和初期
(所在地)群馬県甘楽郡下仁田町, 吾妻郡中之条町
(別)荒船・東谷風穴蚕種貯蔵所跡

東車塚古墳　ひがしくるまずかこふん　古墳時代前期
(所在地)京都府八幡市八幡女郎花
(別)八幡車塚古墳, 車塚古墳

[8]東京　とうきょう
(所在地)東京都
(文)萩原朔太郎『月に吠える』

東京大学　とうきょうだいがく
(所在地)東京都文京区本郷
(文)夏目漱石『三四郎』

東京大学構内遺跡　とうきょうだいがくこうないいせき　近世・近代
(所在地)東京都文京区

東国山古墳群　とうごくやまこふんぐん　6世紀前半
(所在地)和歌山県和歌山市東田中

東奈良遺跡　ひがしならいせき　弥生時代～古墳時代
(所在地)大阪府茨木市

東宗像古墳群　ひがしむなかたこふんぐん　6世紀中頃
(所在地)鳥取県米子市宗像

東林院古墳群　とうりんいんこふんぐん　6世紀後半
(所在地)徳島県鳴門市大麻町池谷字西山谷

東金井埴輪窯址　ひがしかないはにわようし　6世紀前半期
(所在地)群馬県太田市東金井字金井口

東阿高貝塚　ひがしあたかいずか　縄文時代後期
(所在地)熊本県熊本市南区城南町東阿高

[9]東乗鞍古墳　ひがしのりくらこふん　6世紀前半
(所在地)奈良県天理市乙木町

東南大門遺跡　ひがしなんだいもんいせき　4世紀
(所在地)熊本県玉名市大字築地字南大門

東城寺経塚群　とうじょうじきょうつかぐん　平安時代
(所在地)茨城県土浦市東城寺字九社境外字薬師脇
(県)県指定史跡（1991）

東海寺　とうかいじ
(所在地)東京都品川区北品川3-11-9
(文)井原西鶴『日本永代蔵』

東海庵書院庭園　とうかいあんしょいんていえん　文化11年（1814）築造
(所在地)京都府京都市右京区花園妙心寺内
(国)国指定史跡（1931）

東海道　とうかいどう
(所在地)東京都～京都府
(文)十返舎一九『東海道中膝栗毛』

東海道戸塚宿見付跡　とうかいどうとつかしゅくみつけあと　江戸時代
(所在地)神奈川県横浜市戸塚区　(市)市登録史跡（1988）

東海道宇津ノ谷峠越　とうかいどううつのやとうげごえ　戦国時代～江戸時代
(所在地)静岡県静岡市駿河区, 藤枝市岡部町
(国)国指定史跡（2010）

東海道菊川坂石畳　とうかいどうきくがわざかいしだたみ　江戸時代
(所在地)静岡県島田市
(県)県指定史跡（2001）

東首塚　ひがしくびずか　安土桃山時代末期
(所在地)岐阜県不破郡関ケ原町
(別)関ケ原古戦場 附 徳川家康最初陣地・徳川家康最後陣地・石田三成陣地・岡山烽火場・大谷吉隆墓・東首塚・西首塚

[10]東原古墳　ひがしはらこふん　3世紀末葉～4世紀初頭頃
(所在地)千葉県市原市姉崎字東原

東原遺跡　あがりばるいせき　縄文時代草創期～前期
(所在地)沖縄県中頭郡読谷村渡具知地区
(別)渡具知東原遺跡

東宮山古墳　とうぐうやまこふん, とうぐうさんこふん　6世紀前半
(所在地)愛媛県四国中央市妻鳥町
(別)妻鳥東宮山古墳

東宮裾遺跡　ひがしみやすそいせき　弥生時代後期初頭
(所在地)佐賀県武雄市北方町大崎

東真方A-1号墳　ひがしまかたえーいちごうふん　6世紀
(所在地)福岡県糸島市前原大字東

遺跡・古墳よみかた辞典　291

東高根遺跡　ひがしたかねいせき　弥生時代後期～古墳時代後期
[所在地]神奈川県川崎市宮前区神木本町　[史]県指定史跡（1971）

11**東深井古墳群**　ひがしふかいこふんぐん　6世紀中葉～末葉
[所在地]千葉県流山市東深井字中ノ坪・鴻ノ巣

東菰田遺跡　ひがしこもだいせき　弥生時代前期
[所在地]福岡県飯塚市東菰田

東郷村古墳　とうごうそんこふん　古墳時代
[所在地]宮崎県日南市大字風田字前磯平　[史]県指定史跡（1935）

東郷村古墳　とうごうそんこふん　古墳時代
[所在地]宮崎県日向市東郷町山陰字小野田丙・六地蔵辛・日田尾乙　[史]県指定史跡（1935）

東郷梅遺跡　ひがしごうめいせき　弥生時代中期後半～後期
[所在地]愛知県名古屋市南区才仙町

東郷高塚古墳　とうごうたかつかこふん　4世紀後半
[所在地]福岡県宗像市東郷字高塚701ほか
[別]高塚古墳

東野お茶屋跡　ひがしのおちゃやあと　寛文元年（1661）完成
[所在地]愛媛県松山市東野4丁目　[史]県指定史跡（1961）

東野館古墳群　ひがしのやかたこふんぐん　7世紀前半～中葉
[所在地]滋賀県長浜市東野町

東釧路貝塚　ひがしくしろかいずか　縄文時代早期～近世
[所在地]北海道釧路市貝塚　[史]国指定史跡（1970）

東黒土田遺跡　ひがしくろつちだいせき　縄文時代草創期～早期
[所在地]鹿児島県志布志市志布志町内之倉

12**東尋坊**　とうじんぼう
[所在地]福井県坂井市三国町
[文]高浜虚子『六百五十句』

東御所　ひがしのごしょ　鎌倉時代
[所在地]神奈川県鎌倉市二階堂
[別]東殿

東勝寺跡　とうしょうじあと　鎌倉時代創建
[所在地]神奈川県鎌倉市小町　[史]国指定史跡（1998）

東間部多古墳群　とうかんべたこふんぐん　古墳時代
[所在地]千葉県市原市西広字蛇谷・東間部多

東陽英朝禅師塔所　とうようえいちょうぜんしたっしょ　室町時代
[所在地]岐阜県各務原市那加新加納町　[史]県指定史跡（1969）

13**東楢戸古墳**　ひがしならどこふん　5世紀中頃
[所在地]茨城県つくばみらい市西楢戸

東殿塚古墳　ひがしとのずかこふん, ひがしとのつかこふん　4世紀中葉～後半
[所在地]奈良県天理市中山町殿塚

東禅寺　とうぜんじ　慶長14年（1609）創建
[所在地]東京都港区高輪　[史]国指定史跡（2010）

東福寺　とうふくじ
[所在地]京都府京都市東山区本町
[文]『花洛名勝図会』

東裏遺跡　ひがしうらいせき　縄文時代晩期
[所在地]岩手県奥州市衣川区字東裏

15**東蝦夷地南部藩陣屋跡（モロラン陣屋跡・ヲシャマンベ陣屋跡・砂原陣屋跡）**　ひがしえぞちなんぶはんじんやあと（もろらんじんやあと・をしゃまんべじんやあと・さわらじんやあと）　江戸時代
[所在地]北海道室蘭市陣屋町, 山越郡長万部町, 茅部郡森町　[史]国指定史跡（1934）

16**東舘遺跡**　ひがしだていせき　4世紀中頃
[所在地]福島県河沼郡会津坂下町大字新舘字東舘

東館古墳群　ひがしたちこふんぐん　古墳時代中期～後期
[所在地]福岡県八女市大字山内字東館

東館遺跡　ひがしだていせき　古墳時代
[所在地]宮城県栗原市高清水東館

19**東麓石窟仏**　ひがしふもとせっくつぶつ　鎌倉時代
[所在地]宮崎県小林市野尻町東麓　[史]県指定史跡（1957）

【杷】

4**杷木神籠石**　はきこうごいし　古代
[所在地]福岡県朝倉市杷木林田・杷木穂坂
[史]国指定史跡（1972）

【板】

5**板付遺跡**　いたずけいせき　縄文時代晩期～弥生時代後期
[所在地]福岡県福岡市博多区板付　[史]国指定史

跡（1976）

板田の橋　いただのはし

[所在地]大阪府

[文]『五代集歌枕』,『八雲御抄』

板田の橋　いただのはし

[所在地]奈良県高市郡明日香村

[文]『万葉集』

7**板谷波山生家　いたやはざんせいか**　江戸時代

[所在地]茨城県筑西市甲866-1　[史]県指定史跡（1965）

9**板持古墳群　いたもちこふんぐん**　古墳時代

[所在地]大阪府富田林市板持

10**板倉　いたくら**

[所在地]滋賀県高島市

[文]藤原顕輔『詞花和歌集 10』

板倉遺跡　いたくらいせき　縄文時代中期前半～晩期

[所在地]群馬県邑楽郡板倉町板倉

11**板野の愛宕山古墳　いたののあたごやまこふん**　5世紀前半

[所在地]徳島県板野郡板野町川端　[史]県指定史跡（1958）

[別]愛宕山古墳

板野犬伏蔵佐谷瓦経塚　いぬぶしぞうざだにがきょうずか　平安時代

[所在地]徳島県板野郡板野町犬伏蔵佐谷　[史]県指定史跡（1960）

[別]犬伏経塚, 犬伏瓦経塚

15**板敷山　いたじきやま**

[所在地]山形県

[文]小沢蘆庵『六帖詠草』, 芭蕉『おくのほそ道』

16**板橋　いたばし**

[所在地]東京都板橋区本町・仲宿・板橋1丁目・板橋3丁目

[文]正岡子規『子規句集』,『義経記』

板橋宿　いたばしじゅく　江戸時代

[所在地]東京都板橋区本町・仲宿・板橋1丁目・板橋3丁目

【枇】

8**枇杷島　びわじま**

[所在地]愛知県名古屋市西区

[文]『尾張名所図会』

【枚】

4**枚方　ひらかた**

[所在地]大阪府枚方市

[文]『河内名所図会』

【枕】

16**枕橋　まくらばし**

[所在地]東京都墨田区

[文]『誹風柳多留 115』, 樋口一葉『若葉かげ』

【林】

0**林・上山川古墳群　はやし・かみやまかわこふんぐん**　6世紀

[所在地]茨城県結城市林・上山川

[別]林古墳群, 上山川古墳群

林ノ峰貝塚　はやしのみねかいずか　縄文時代後期主体

[所在地]愛知県知多郡南知多町大字内海字林ノ峰

林ノ越古墳　はやしのこしこふん　5世紀後半

[所在地]滋賀県野洲市小篠原

3**林子平墓　はやししへいのはか**　江戸時代

[所在地]宮城県仙台市青葉区子平町　[史]国指定史跡（1942）

4**林氏墓地　りんしぼち**　江戸時代

[所在地]東京都新宿区市谷山伏町　[史]国指定史跡（1926）

5**林古墳群　はやしこふんぐん**　6世紀

[所在地]茨城県結城市林

[別]林・上山川古墳群

林古墳群　はやしこふんぐん　古墳時代後期

[所在地]島根県松江市玉湯町林本郷

7**林里遺跡　はやしざといせき**　縄文時代中期～平安時代

[所在地]長野県下伊那郡豊丘村神稲林

10**林畔2号墳　はやしぐろにごうふん**　5世紀後半頃

[所在地]長野県中野市田麦

11**林崎文庫　はやしざきぶんこ**　江戸時代～明治維新期

[所在地]三重県伊勢市宇治今在家町

[別]旧林崎文庫

【枌】

9**枌洞穴　へぎどうけつ**　縄文時代後期～早期

[所在地]大分県中津市本耶馬渓町

【枡】

[9]枡屋伊兵衛の墓　ますやいへえのはか　江戸時代
　所在地　岐阜県安八郡輪之内町大藪　㉒県指定史跡(1971)

【武】

[3]武川久兵衛の墓　たけかわきゅうべえのはか　江戸時代
　所在地　岐阜県下呂市湯之島　㉒県指定史跡(1957)

[4]武井火葬墓跡　たけいかそうぼあと　奈良時代
　所在地　群馬県桐生市新里町
　㊙武井廃寺跡, 武井廃寺塔跡

武井廃寺塔跡　たけいはいじとうあと　奈良時代
　所在地　群馬県桐生市新里町　㉒国指定史跡(1941)
　㊙武井廃寺跡, 武井火葬墓跡

武井廃寺跡　たけいはいじあと　奈良時代
　所在地　群馬県桐生市新里町
　㊙武井火葬墓跡, 武井廃寺塔跡

武井遺跡　たけいいせき　旧石器時代
　所在地　群馬県桐生市新里町武井

[5]武市半平太旧宅および墓　たけちはんぺいたきゅうたくおよびはか　江戸時代
　所在地　高知県高知市仁井田吹井　㉒国指定史跡(1936)

武生　たけふ
　所在地　福井県越前市
　②紫式部『源氏物語』

武田大膳太夫信清の墓　たけだだいぜんだいぶのぶきよのはか　戦国時代末期
　所在地　山形県米沢市林泉寺239-1の内　㉒県指定史跡(1953)

武田氏館跡　たけだしやかたあと　永正16年(1519)築造
　所在地　山梨県甲府市古府中町・屋形　㉒国指定史跡(1938)

武田信虎の墓　たけだのぶとらのはか　戦国時代
　所在地　山梨県甲府市古府中町　㉒県指定史跡(1960)

武田屋敷　たけだやしき　鎌倉時代初期
　所在地　神奈川県鎌倉市扇ガ谷4-14ヵ

武田耕雲斎等墓　たけだこううんさいとうのはか　江戸時代末期
　所在地　福井県敦賀市松島　㉒国指定史跡(1934)

武田晴信の墓　たけだはるのぶのはか　寛文12年(1672)再建
　所在地　山梨県甲州市塩山小屋敷　㉒県指定史跡(1958)

武田晴信室三条氏墓　たけだはるのぶしつさんじょうしのはか　戦国時代
　所在地　山梨県甲府市岩窪町　㉒県指定史跡(1967)

武田勝頼の墓　たけだかつよりのはか　安永4年(1775)建立
　所在地　山梨県甲州市大和町田野　㉒県指定史跡(1958)

[8]武具八幡古墳　ぶぐはちまんこふん　古墳時代
　所在地　茨城県土浦市下坂田字塙台144
　㊙八幡古墳

武者ケ谷遺跡　むしゃがたにいせき　縄文時代草創期
　所在地　京都府福知山市字岡

武者塚古墳　むしゃづかこふん　古墳時代終末期
　所在地　茨城県土浦市上坂田

武茂城跡(乾徳寺境内を含む)　むもじょうあと(けんとくじけいだいをふくむ)　鎌倉時代末期
　所在地　栃木県那須郡馬頭町馬頭字馬場東ほか
　㉒県指定史跡(1990)

[10]武庫　むこ
　所在地　兵庫県尼崎市武庫川町一帯
　②『和名抄』

武庫山　むこのやま
　所在地　兵庫県
　②三条西実隆『再昌草』
　㊙六甲山

武庫川　むこがわ
　所在地　兵庫県
　②『万葉集』, 飯田蛇笏『椿花集』

[12]武富佐古墳　たけぶさこふん　古墳時代後期
　所在地　長野県長野市信州新町竹房　㉒市指定史跡(2010)

武隈　たけくま
　所在地　宮城県岩沼市
　②芭蕉『おくのほそ道』, 『源氏物語』

[15]武蔵大路　むさしおおじ　鎌倉時代以降

[所在地]神奈川県鎌倉市

武蔵台遺跡　むさしだいいせき　旧石器時代, 奈良時代
[所在地]東京都府中市武蔵台2丁目

武蔵寺経塚　ぶぞうじきょうずか　平安末期
[所在地]福岡県筑紫野市武蔵

武蔵寺跡　ぶぞうじあと　7世紀創建
[所在地]福岡県筑紫野市大字武蔵621　[史]県指定史跡（1960）

武蔵国　むさしのくに
[所在地]東京都, 埼玉県, 神奈川県
[文]若山牧水『路上』, 『伊勢物語』

武蔵国分尼寺跡　むさしこくぶんにじあと　奈良時代創建
[所在地]東京都国分寺市

武蔵国分寺跡 附 東山道武蔵路跡　むさしこくぶんじあと つけたり とうさんどうむさしみちあと　奈良時代創建
[所在地]東京都国分寺市西元町・東元町, 府中市栄町　[史]国指定史跡（1922）

武蔵国府跡　むさしこくふあと　8世紀前半頃
[所在地]東京都府中市宮町　[史]国指定史跡（2009）

武蔵府中熊野神社古墳　むさしふちゅうくまのじんじゃこふん　7世紀中頃～後半
[所在地]東京都府中市西府町　[史]国指定史跡（2005）

武蔵野　むさしの
[所在地]東京都, 埼玉県
[文]国木田独歩『武蔵野』

武蔵野公園遺跡　むさしのこうえんいせき　旧石器時代, 縄文時代後期
[所在地]東京都府中市多磨町3丁目 都立武蔵野公園内

武蔵野台地遺跡群　むさしのだいちいせきぐん　旧石器時代
[所在地]東京都

【泳】

0**泳の宮**　くくりのみや
[所在地]岐阜県可児市久々利
[文]『日本書紀』, 『夫木和歌抄』

【河】

3**河口**　かわぐち
[所在地]三重県津市白山町川口
[文]『源氏物語』
[別]川口

河口の行宮　かわぐちのかりみや　8世紀
[所在地]三重県津市白山町川口
[別]関の宮

河口の野　かわぐちのの
[所在地]三重県津市白山町川口
[文]『万葉集』

河口湖　かわぐちこ
[所在地]山梨県南都留郡
[文]与謝野晶子『瑠璃光』

4**河井山古墳群**　かわいやまこふんぐん　5世紀
[所在地]山形県長井市河井字東前

河内大塚古墳　かわちおおつかこふん　6世紀
[所在地]大阪府松原市西大塚, 羽曳野市東大塚
[別]大塚古墳

河内寺廃寺跡　かわちでらはいじあと　7世紀～鎌倉時代末期
[所在地]大阪府東大阪市河内町　[史]国指定史跡（2008）

河内国　かわちのくに
[所在地]大阪府
[文]『万葉集』

河内国分寺跡　かわちこくぶんじあと　奈良時代創建
[所在地]大阪府柏原市国分東条町

河内磯長中尾陵　こうちのしながのなかのおのみささぎ　6世紀
[所在地]大阪府南河内郡太子町大字太子

河内磯長原陵　こうちのしながのはらのみささぎ　6世紀
[所在地]大阪府南河内郡太子町大字太子

5**河北潟**　かほくがた
[所在地]石川県金沢市, 河北郡内灘町
[文]高浜虚子『六百五十句』

河尻　かわじり
[所在地]兵庫県尼崎市北東部
[文]『源氏物語』, 『太平記』
[別]川尻

河尻泊　かわじりのとまり　古代
[所在地]兵庫県尼崎市今福

河田山古墳群　こうだやまこふんぐん　古墳時代終末期
[所在地]石川県小松市河田町

河田古墳群　こうだこふんぐん　6世紀後半～7世紀前半
[所在地]三重県多気郡多気町河田字東谷

6**河合大塚山古墳**　かわいおおつかやまこふん

5世紀中～後半
[所在地]奈良県北葛城郡河合町大字川合
[別]大塚山古墳

河合古墳　かわいこふん　奈良時代以前
[所在地]大阪府岸和田市河合町

[7]河村城跡　かわむらじょうあと　中世
[所在地]神奈川県山北町字山北ほか　[史]県指定史跡（1996）

河村瑞賢墓　かわむらずいけんのはか　昭和9年（1934）建立
[所在地]神奈川県鎌倉市山ノ内 建長寺敷地内

[8]河和田遺跡　かわだいせき　弥生時代中期～古墳時代
[所在地]福井県坂井市坂井町河和田

[9]河後森城跡　かごもりじょうあと, かごのもりじょうあと　15～16世紀
[所在地]愛媛県北宇和郡松野町　[史]国指定史跡（1997）

[10]河原町　かわらまち
[所在地]京都府京都市
[文]惟然『続猿蓑』

河原院　かわらのいん　平安時代
[所在地]京都府京都市下京区本塩釜町

河原塚古墳　かわらずかこふん　5世紀前半
[所在地]千葉県松戸市河原塚

河島山古墳群　かわしまやまこふんぐん　古墳時代
[所在地]山形県村山市大字河島

河島山遺跡　かわしまやまいせき　旧石器時代～中世
[所在地]山形県村山市大字元塩川字前山1609　[史]県指定史跡（1952）

[12]河越館跡　かわごえやかたあと　鎌倉時代
[所在地]埼玉県川越市上戸　[史]国指定史跡（1984）

河陽宮　かやのみや　平安時代
[所在地]京都府乙訓郡大山崎町
[別]山崎離宮, 河陽離宮

【泣】

[7]泣沢女の古墳　なきさわめのこふん　7世紀中葉
[所在地]和歌山県有田郡有田川町天満
[別]天満1号墳

[12]泣塔　なきとう　文和5年（1356）銘
[所在地]神奈川県鎌倉市寺分448

【治】

[11]治部池横穴墓群　じぶいけおうけつぼぐん　古墳時代後期～飛鳥時代
[所在地]福島県須賀川市大字滑川字十貫地

【沼】

[0]沼の沢古墳群　ぬまのさわこふんぐん　7世紀前半期
[所在地]福島県双葉郡双葉町沼の沢

[3]沼山古墳　ぬまやまこふん　6世紀中葉～後半
[所在地]奈良県橿原市南妙法寺町

[6]沼名川　ぬながわ
[所在地]富山県, 新潟県
[文]『万葉集』
[別]渟名川

[8]沼波弄山墓 附 沼波家墓所　ぬまなみろうざんはか つけたり ぬななみけぼしょ　江戸時代
[所在地]三重県桑名市新町56　[史]県指定史跡（1937）

[9]沼津　ぬまず
[所在地]静岡県沼津市
[文]十返舎一九『東海道中膝栗毛』, 浅井了意『東海道名所記』

沼津貝塚　ぬまずかいずか　縄文時代～弥生時代
[所在地]宮城県石巻市沼津　[史]国指定史跡（1972）

沼津長塚古墳　ぬまずながつかこふん　5世紀後半～6世紀初め頃
[所在地]静岡県沼津市東沢田
[別]長塚古墳

[10]沼島　ぬしま
[所在地]兵庫県南あわじ市沼島
[文]紀貫之『土佐日記』

[15]沼遺跡　ぬまいせき　弥生時代中期後半
[所在地]岡山県津山市沼

【泥】

[5]泥田廃寺跡　どろたはいじあと　平安時代
[所在地]岩手県一関市山目字泥田山下48　[史]県指定史跡（1954）

【波】

[3]波子遺跡　はしいせき　縄文時代中期
[所在地]島根県江津市波子町

[4]波介遺跡　はげいせき　弥生時代

[所在地]高知県須崎市下分甲

波切不動尊　なみきりふどうそん
[所在地]東京都文京区大塚
[文]曲亭馬琴『兎園小説外集』

波止浜塩田　はしはまえんでん　天和3年(1683)開発
[所在地]愛媛県今治市内堀・中堀

6**波多の横山　はたのよこやま**
[所在地]三重県津市一志町
[文]『万葉集』

波多子塚古墳　はたごずかこふん　古墳時代前期
[所在地]奈良県天理市萱生町ハタゴ塚

波多野城跡　はたのじょうあと　室町時代後期
[所在地]福井県永平寺町東古市　[史]県指定史跡(2001)

7**波来浜遺跡　ならはまいせき**　弥生時代中期中葉～後期前半
[所在地]島根県江津市後地町字波来浜

波豆麻　はずま
[所在地]大阪府大阪市西成区
[文]『万葉集』

9**波柴の野　なみしばのの**
[所在地]奈良県桜井市
[文]『万葉集』

波柴の野　なみしばのの
[所在地]奈良県吉野郡吉野町
[文]『万葉集』

10**波浮港　はぶみなと, はぶのみなと, はぶこう**
[所在地]東京都大島町大島
[文]与謝野晶子『冬柏亭集』

12**波賀部神社古墳　はかべじんじゃこふん**　6世紀前半
[所在地]愛媛県松山市久米北高井
[別]大塚古墳, 王塚古墳

波雁ガ浜遺跡　はかりがはまいせき　古墳時代
[所在地]山口県宇部市東岐波字水落

13**波照間島　はてるまじま**
[所在地]沖縄県八重山郡竹富町
[文]佐藤惣之助『琉球諸島風物詩集』

波路古墳　はじこふん　古墳時代前期初頭
[所在地]京都府宮津市字波路

14**波歌山古墳　はかやまこふん**　6世紀前半
[所在地]岡山県瀬戸内市牛窓町綾浦

15**波敷野古墳群　はじきのこふんぐん**　6世紀末～7世紀前半
[所在地]三重県伊賀市波敷野

17**波濤ヶ平古墳群　はとがひらこふんぐん**　古墳時代後期
[所在地]滋賀県甲賀市水口町

【泊】

3**泊大塚古墳　とまりおおつかこふん**　4世紀
[所在地]福岡県糸島市泊
[別]大塚古墳

5**泊古墳　とまりこふん**　7世紀前半
[所在地]三重県志摩市大王町畔名

19**泊瀬　はつせ, はせ**
[所在地]奈良県桜井市初瀬町
[文]『万葉集』,『日本書紀』,『碧梧桐句集』
[別]長谷, 初瀬

【法】

3**法土寺遺跡　ほうどじいせき**　縄文時代早期～中世
[所在地]福井県福井市江上町字法土寺

4**法円坂五世紀代建物群　ほうえんざかごせいきだいたてものぐん**　奈良時代
[所在地]大阪府大阪市中央区法円坂町
[別]難波宮跡 附 法円坂遺跡

法円坂遺跡　ほうえんざかいせき　奈良時代
[所在地]大阪府大阪市中央区法円坂町
[別]難波宮跡 附 法円坂遺跡

法王寺古墳　ほうおうじこふん　古墳時代中期
[所在地]京都府与謝郡与謝野町男山法王寺

5**法正寺1号墳　ほうしょうじいちごうふん**　7世紀末～8世紀初頭
[所在地]岡山県総社市山田

法正寺古墳　ほうしょうじこふん　古墳時代
[所在地]福岡県うきは市浮羽町朝田

6**法伝寺2号墳　ほうでんじにごうふん**　古墳時代前期
[所在地]長野県飯山市大字静間

法安寺跡　ほうあんじあと　7世紀中頃以後創建
[所在地]愛媛県西条市小松町　[史]国指定史跡(1944)

法成寺跡　ほうじょうじあと　平安時代創建
[所在地]京都府京都市上京区寺町通荒神口北側一帯

7**法住寺殿　ほうじゅうじどの**　12世紀半ば

過ぎ
所在地 京都府京都市東山区
例 東山御所

法住寺殿跡 ほうじゅうじどのあと 永延2年（988）創建
所在地 京都府京都市東山区三十三間堂廻り町
例 法住寺跡

法住寺跡 ほうじゅうじあと 永延2年（988）創建
所在地 京都府京都市東山区三十三間堂廻り町
例 法住寺殿跡

法花堂2号墳 はっけどうにごうふん 5世紀後半
所在地 兵庫県姫路市香寺町田野

8**法明寺** ほうみょうじ 正和元年（1312）改宗・現寺名
所在地 東京都豊島区南池袋3-18-18

法金剛院 ほうこんごういん 平安時代初期創建
所在地 京都府京都市右京区花園扇野町

9**法界寺境内** ほうかいじけいだい 永承6年（1051）頃創建
所在地 京都府京都市伏見区日野西大道町
文 市指定史跡（1999）

法皇山横穴古墳 ほうおうざんよこあなこふん 6世紀後半〜7世紀末
所在地 石川県加賀市勅使町 文 国指定史跡（1929）
例 法皇山横穴群，法皇山横穴墓群

法皇山横穴墓群 ほうおうざんおうけつぼぐん 6世紀後半〜7世紀末
所在地 石川県加賀市勅使町
例 法皇山横穴群，法皇山横穴古墳

法皇山横穴群 ほうおうざんよこあなぐん 6世紀後半〜7世紀末
所在地 石川県加賀市勅使町
例 法皇山横穴墓群，法皇山横穴古墳

法皇塚古墳 ほうおうづかこふん 6世紀前半
所在地 千葉県市川市国府台2丁目

10**法師温泉** ほうしおんせん
所在地 群馬県利根郡みなかみ町
文 水原秋桜子『殉教』，石田波郷『風切』

法恩地南古墳 ほうおんじみなみこふん 古墳時代
所在地 広島県安芸高田市甲田町下小原

法恩寺山古墳群 ほうおんじやまこふんぐん 古墳時代後期

所在地 大分県日田市日高 文 国指定史跡（1959）
例 法恩寺古墳群

法恩寺古墳群 ほうおんじこふんぐん 古墳時代後期
所在地 大分県日田市日高
例 法恩寺山古墳群

法華山 ほっけさん
所在地 兵庫県加西市坂本町
文『太平記』
例 一乗寺

法華寺 ほっけじ 天平17年（745）創建
所在地 奈良県奈良市法華寺町

法華寺旧境内（法華寺境内・阿弥陀浄土院跡）ほっけじきゅうけいだい（ほっけじけいだい・あみだじょうどいんあと） 天平17年（745）創建
所在地 奈良県奈良市法華寺町 文 国指定史跡（2001）

法華寺畑遺跡 ほっけじばたいせき 奈良時代〜平安時代
所在地 鳥取県倉吉市国府
例 伯耆国府跡（国庁跡・法華寺畑遺跡・不入岡遺跡）

法華堂1・2号墳 ほっけどういち・にごうふん 6世紀末前後（1号墳），5世紀後半頃（2号墳）
所在地 石川県金沢市吉原町

法華堂跡（源頼朝墓・北条義時墓） ほっけどうあと（みなもとよりとものはか・ほうじょうよしときのはか） 鎌倉時代
所在地 神奈川県鎌倉市雪ノ下・西御門 文 国指定史跡（1927）

法起寺 ほっきじ，ほうきじ 飛鳥時代創建
所在地 奈良県生駒郡斑鳩町
例 池尻寺，岡本寺

法起寺境内 ほっきじけいだい，ほうきじけいだい 飛鳥時代創建
所在地 奈良県生駒郡斑鳩町 文 国指定史跡（1993）

11**法堂遺跡** ほうどういせき 縄文時代晩期
所在地 茨城県稲敷郡美浦村大山字法堂

法隆寺 ほうりゅうじ 7世紀初頭創建
所在地 奈良県生駒郡斑鳩町
例 斑鳩寺

法隆寺旧境内 ほうりゅうじきゅうけいだい 飛鳥時代創建

8画（油, 炎, 炉）

所在地 奈良県生駒郡斑鳩町　⑫国指定史跡（1951）

法隆寺若草伽藍　ほうりゅうじわかくさがらん　飛鳥時代
所在地 奈良県生駒郡斑鳩町
㉚若草伽藍址, 若草伽藍跡

¹²**法勝寺　ほっしょうじ**　平安時代～戦国時代
所在地 京都府京都市左京区岡崎法勝寺町

法勝寺古墳　ほっしょうじこふん　弥生時代中期～古墳時代初頭
所在地 滋賀県米原市高溝

法然上人誕生地　ほうねんしょうにんたんじょうち　平安時代末期
所在地 岡山県久米郡久米南町里方　⑫県指定史跡（1959）

法然院　ほうねんいん
所在地 京都府京都市左京区鹿ヶ谷御所ノ段町
⊗『花洛名勝図会』

法琳寺　ほうりんじ　孝徳天皇（在位645～654）頃建立
所在地 京都府京都市伏見区小栗栖北谷町
㉚小栗寺

¹³**法蓮40号墳　ほうれんよんじゅうごうふん**　6世紀初頭
所在地 岡山県総社市下林

¹⁴**法領塚古墳　ほうりょうづかこふん**　7世紀初頭
所在地 宮城県仙台市若林区南小泉 聖ウルスラ学院構内

¹⁵**法輪寺　ほうりんじ**　和銅6年（713）開創
所在地 京都府京都市西京区嵐山虚空蔵山町
㉚嵯峨虚空蔵

法輪寺　ほうりんじ　飛鳥時代創建
所在地 奈良県生駒郡斑鳩町三井
㉚法琳寺, 三井寺, 御井寺

¹⁶**法興院　ほうこういん**
所在地 京都府京都市中京区清水町
⊗『枕草子』,『大鏡』

¹⁸**法観寺境内　ほうかんじけいだい**　伝・飛鳥時代創建
所在地 京都府京都市東山区八坂上町　⑫市指定史跡（2002）

¹⁹**法鏡寺廃寺跡　ほうきょうじはいじあと**　白鳳時代
所在地 大分県宇佐市法鏡寺　⑫国指定史跡（1978）

【油】

³**油山経塚　あぶらやまきょうづか**　平安時代後期, 鎌倉時代前期
所在地 福岡県福岡市早良区西油山

⁴**油井古塚原古墳群　ゆいこづかはらふんぐん**　7世紀中心
所在地 千葉県東金市油井・丑子台

油木高塚古墳　ゆきたかつかこふん　4世紀後半頃
所在地 岡山県津山市油木北
㉚奥の前1号墳

⁵**油田古墳群　あぶらでんこふんぐん**　4世紀後半～5世紀前葉
所在地 福岡県筑紫郡那珂川町道善
㉚油田遺跡

油田遺跡　あぶらでんいせき　4世紀後半～5世紀前葉
所在地 福岡県筑紫郡那珂川町道善
㉚油田古墳群

¹⁰**油島千本松締切堤　あぶらじませんぼんまつしめきりつづみ, あぶらじませんぼんまつしめきりずつみ**　宝暦3年（1753）築造
所在地 岐阜県海津市海津町　⑫国指定史跡（1940）

¹¹**油堀　あぶらぼり**
所在地 東京都江東区永代～木場
⊗『誹風柳多留』

¹²**油壺　あぶらつぼ**
所在地 神奈川県三浦市
⊗北原白秋『白秋全集』

¹³**油殿古墳　あぶらでんこふん**　西暦400年頃
所在地 千葉県長生郡長南町大字豊原川崎

油殿古墳群　あぶらでんこふんぐん　古墳時代前期
所在地 千葉県長生郡長南町豊原　⑫県指定史跡（1977）

【炎】

⁴**炎天寺　えんてんじ**
所在地 東京都足立区六月3-10-20
⊗小林一茶『七番日記』

【炉】

⁹**炉畑遺跡　ろばたいせき**　縄文時代中期後半～晩期最終末
所在地 岐阜県各務原市鵜沼三ツ池町　⑫県指定史跡（1974）

遺跡・古墳よみかた辞典　299

【物】

7物見台遺跡　ものみだいいせき　縄文時代
所在地 青森県下北郡東通村尻屋字物見台

物見塚古墳　ものみずかこふん　4世紀末～5世紀前半
所在地 山梨県南アルプス市下市瀬　県指定史跡（1988）
銭塚

物見塚古墳　ものみずかこふん　5世紀中葉
所在地 長野県飯田市鼎名子熊

11物部川　ものべがわ
所在地 高知県
文 吉井勇『風雪』

12物集女車塚古墳　もずめくるまずかこふん　古墳時代後期中葉
所在地 京都府向日市物集女町南条　府指定史跡（1984）
車塚古墳

物集女城　もずめじょう　中世
所在地 京都府向日市字物集女小字中条

【牧】

牧　まき
所在地 滋賀県近江八幡市牧
文『和名抄』
真木

0牧ノ内古墳群　まきのうちこふんぐん　古墳時代
所在地 栃木県小山市大字間々田字牧ノ内1422

牧ノ島城跡　まきのしまじょうあと　戦国時代
所在地 長野県長野市信州新町牧野島　県指定史跡（1966）

5牧瓦窯群　まきがようぐん　白鳳時代～奈良時代
所在地 三重県多気郡多気町牧字浅間山・鍬形字釈尊寺

11牧野小山遺跡　まきのこやまいせき　縄文時代中期～古墳時代
所在地 岐阜県美濃加茂市牧野小山

牧野古墳　ばくやこふん　6世紀後半～末
所在地 奈良県北葛城郡広陵町　国指定史跡（1957）

牧野車塚古墳　まきのくるまずかこふん　5世紀
所在地 大阪府枚方市小倉東町　国指定史跡（1922）

車塚古墳

【狐】

3狐山古墳　きつねやまこふん　6世紀後葉
所在地 千葉県君津市六手字東谷

狐山古墳　きつねやまこふん　5世紀後半
所在地 石川県加賀市二子塚町　国指定史跡（1932）
加賀狐塚古墳

狐山古墳群　きつねやまこふんぐん　古墳時代
所在地 山形県山形市七浦字塚田・耳切町地内

4狐井城山古墳　きついしろやまこふん　古墳時代後期初頭
所在地 奈良県香芝市狐井小字中山

8狐岱遺跡　きつねたいいせき　縄文時代中期
所在地 秋田県北秋田市米内沢

10狐栗古墳群　きつねぐりこふんぐん　古墳時代後期
所在地 滋賀県湖南市針

12狐塚古墳　きつねずかこふん　6世紀前半～中頃
所在地 福島県双葉郡浪江町棚塩

狐塚古墳　きつねずかこふん　5世紀以前
所在地 茨城県桜川市岩瀬
常陸狐塚古墳

狐塚古墳　きつねずかこふん　7世紀末～8世紀前半
所在地 千葉県印旛郡酒々井町大字酒々井

狐塚古墳　きつねずかこふん　5世紀後半
所在地 石川県加賀市二子塚町
加賀狐塚古墳, 狐山古墳

狐塚古墳　きつねずかこふん　5世紀後半
所在地 山梨県笛吹市八代町南字前田
八代狐塚古墳

狐塚古墳　きつねずかこふん　古墳時代前期
所在地 山梨県西八代郡市川三郷町大塚字鳥居原
鳥居原狐塚古墳, 鳥居原古墳

狐塚古墳　きつねずかこふん　4世紀
所在地 長野県飯田市松尾代田1403-71
代田山狐塚古墳

狐塚古墳　きつねずかこふん　7世紀前半
所在地 岐阜県多治見市笠原町　県指定史跡（1982）

狐塚古墳　きつねずかこふん　5世紀中葉～後半
所在地 大阪府豊中市南桜塚3丁目

8画（狐, 画, 的）

狐塚古墳　きつねづかこふん　6世紀前葉
　所在地　大阪府豊能郡能勢町森上吉芝
狐塚古墳　きつねづかこふん　6世紀後半
　所在地　奈良県大和郡山市小泉町
　別　小泉狐塚古墳
狐塚古墳　きつねづかこふん　6世紀前半
　所在地　奈良県大和郡山市額田部
　別　額田部狐塚古墳
狐塚古墳　きつねづかこふん　6世紀末〜7世紀初め
　所在地　奈良県桜井市大字茅原80
　別　茅原狐塚古墳
狐塚古墳　きつねづかこふん　古墳時代前期
　所在地　奈良県北葛城郡河合町大字佐味田
　別　佐味田狐塚古墳
狐塚古墳　きつねづかこふん　5世紀前半頃
　所在地　鳥取県東伯郡湯梨浜町宮内
　別　宮内狐塚古墳
狐塚古墳　きつねづかこふん　6世紀後半
　所在地　山口県山口市阿東徳佐中　指　市指定史跡（1973）
狐塚古墳　きつねづかこふん　古墳時代後期
　所在地　福岡県朝倉市入地　指　県指定史跡（1955）
狐塚古墳　きつねづかこふん　古墳時代中期頃
　所在地　福岡県糸島市曽根
　別　曽根遺跡群（平原遺跡・ワレ塚古墳・銭瓶塚古墳・狐塚古墳）
狐塚古墳　きつねづかこふん　古墳時代前期
　所在地　大分県国東市国東町浜崎
狐塚古墳　きつねづかこふん　7世紀初め
　所在地　宮崎県日南市大字風田字元弓場3649-2　指　県指定史跡（2002）
狐塚古墳群　きつねづかこふんぐん　4世紀末〜5世紀初め頃
　所在地　福井県坂井市三国町浜地
狐塚古墳群　きつねづかこふんぐん　5世紀後半〜6世紀
　所在地　滋賀県栗東市安養寺
狐塚古墳群　きつねづかこふんぐん　5〜7世紀前半
　所在地　福岡県田川郡大任町今任字原字狐塚
狐塚横穴墓群　きつねづかおうけつぼぐん　7世紀前半
　所在地　奈良県奈良市山陵町
狐塚遺跡　きつねづかいせき　6世紀前半〜中頃
　所在地　滋賀県米原市高溝
狐塚遺跡　きつねづかいせき　弥生時代終末期
　所在地　福岡県筑後市上北島
狐森遺跡　きつねもりいせき　縄文時代後期後半
　所在地　秋田県潟上市昭和大久保字北野

【狛】

狛　こま
　所在地　京都府木津川市山城町, 相楽郡精華町
　文　『公任集』
[3]狛山　こまやま
　所在地　京都府木津川市山城町上狛
　文　『万葉集』
[6]狛江古墳群　こまえこふんぐん　5世紀前半〜7世紀前半
　所在地　東京都狛江市の南半部
狛江亀塚古墳　こまえかめづかこふん　6世紀初頭
　所在地　東京都狛江市和泉
　別　亀塚古墳
[7]狛坂廃寺磨崖仏　こまさかはいじまがいぶつ　平安時代
　所在地　滋賀県栗東市荒張
　別　狛坂磨崖仏
狛坂磨崖仏　こまさかまがいぶつ　平安時代
　所在地　滋賀県栗東市荒張　指　国指定史跡（1944）
　別　狛坂廃寺磨崖仏

【画】

[13]画窟　えかきやぐら　鎌倉時代
　所在地　神奈川県鎌倉市扇ガ谷
　別　唐草ヤグラ, 絵のヤグラ

【的】

[5]石山横穴墓群　まといしやまおうけつぼぐん　7世紀後半〜8世紀前半
　所在地　福島県白河市大字本沼字西の内地
[12]的場古墳群　まとばこふんぐん　7世紀初頭（1・3号墳）, 7世紀前葉（2号墳）
　所在地　岡山県津山市金屋字的場
的場池古墳群　まとばいけこふんぐん　古墳時代
　所在地　奈良県葛城市竹内

遺跡・古墳よみかた辞典　301

8画（直, 知, 祇, 空）

的場遺跡　まとばいせき　弥生時代後期後葉
　所在地 島根県松江市八幡町字的場

【直】

6直江津　なおえつ
　所在地 新潟県上越市
　㊡『義経記』, 与謝野晶子『心の遠景』

直江兼続夫妻の墓　なおえかねつぐふさいのはか　江戸時代
　所在地 山形県米沢市林泉寺239-1の内ほか
　㊏県指定史跡（1953）

7直坂遺跡　すぐさかいせき　先縄文時代, 縄文時代草創期～中期
　所在地 富山県富山市舟新ほか　㊏国指定史跡（1981）

12直越　ただごえ
　所在地 大阪府, 奈良県
　㊡『万葉集』, 『古事記』

【知】

4知井宮遺跡　ちいみやいせき　弥生時代～古墳時代
　所在地 島根県出雲市知井宮町知井宮本郷 多聞院境内

5知立　ちりゅう
　所在地 愛知県知立市
　㊡芭蕉『深川』
　㊐池鯉鮒

6知多の浦　ちたのうら
　所在地 愛知県
　㊡『万葉集』

知多半島古窯跡群　ちたはんとうこようせきぐん　12～16世紀
　所在地 愛知県常滑市

8知念城跡　ちねんじょうあと　12世紀末～13世紀築城か
　所在地 沖縄県南城市知念　㊏国指定史跡（1972）

10知恩院　ちおんいん
　所在地 京都府京都市東山区林下町
　㊡山川登美子『山川登美子歌集』, 夏目漱石『漱石全集』

12知訶島　ちかのしま
　所在地 長崎県 五島列島
　㊡祝詞『儺の祭の詞』, 『古事記』
　㊐血鹿島, 値嘉島

13知新館正門、釈奠の間　ちしんかんせいもん、せきてんのま　江戸時代
　所在地 岐阜県恵那市岩村町坂下町　㊏県指定史跡（1968）

17知覧城跡　ちらんじょうあと　平安時代末期築城
　所在地 鹿児島県南九州市知覧町　㊏国指定史跡（1993）
　㊐上木場城

19知識　ちしき
　所在地 鹿児島県出水市
　㊡『檜垣嫗集』

【祇】

4祇王寺　ぎおうじ
　所在地 京都府京都市右京区嵯峨鳥居本小坂町
　㊡『平家物語』, 『源平盛衰記』

13祇園　ぎおん
　所在地 京都府京都市東山区祇園町
　㊡『古今著聞集』, 『平家物語』

祇園大塚山古墳　ぎおんおおつかやまこふん　5世紀後半～6世紀初頭
　所在地 千葉県木更津市祇園
　㊐大塚山古墳

祇園山古墳　ぎおんやまこふん　古墳時代前期
　所在地 福岡県久留米市御井町　㊏県指定史跡（1978）

祇園社　ぎおんしゃ　斉明天皇2年（656）創建
　所在地 京都府京都市東山区祇園町北側
　㊐八坂神社

祇園城跡　ぎおんじょうあと　中世
　所在地 栃木県小山市城山町
　㊐小山城跡, 小山氏城跡（鷲城跡・祇園城跡・中久喜城跡）

祇園原貝塚　ぎおんばらかいづか　縄文時代後期前葉～晩期前葉
　所在地 千葉県市原市根田祇園原

祇園畝2号墳　ぎおんうねにごうふん　古墳時代
　所在地 岡山県津山市平福祇園畝

【空】

3空山2号古墳　そらやまにごうふん　古墳時代後期
　所在地 鳥取県鳥取市香取　㊏県指定史跡（1981）

空山10号古墳　そらやまじゅうごうこふん

古墳時代後期
(所在地)鳥取県鳥取市広岡　㊲県指定史跡
（1981）

空山15号古墳　そらやまじゅうごごうこふん　古墳時代後期
(所在地)鳥取県鳥取市久末　㊲県指定史跡
（1981）

空山16号古墳　そらやまじゅうろくごうこふん　古墳時代後期
(所在地)鳥取県鳥取市久末　㊲県指定史跡
（1981）

空山古墳群　そらやまこふんぐん　古墳時代後期
(所在地)鳥取県鳥取市久末・広岡・香取

[7]空沢古墳群　からさわこふんぐん　5〜6世紀
(所在地)群馬県渋川市行幸田

[8]空知川　そらちがわ
(所在地)北海道
㊉国木田独歩『空知川の岸辺』

[12]空港No.12遺跡　くうこうなんばーじゅうにいせき　縄文時代草創期〜前期
(所在地)千葉県香取郡多古町鍬田字甚兵衛山

【肥】

肥　こま
(所在地)熊本県球磨郡, 人吉市
㊉『万葉集』

[9]肥前国　ひぜんのくに
(所在地)佐賀県, 長崎県
㊉『肥前国風土記』

肥前国分寺跡　ひぜんこくぶんじあと　奈良時代創建
(所在地)佐賀県佐賀市大和町尼寺

肥前国庁跡　ひぜんこくちょうあと　8世紀前半〜10世紀前半頃
(所在地)佐賀県佐賀市大和町　㊲国指定史跡（1989）
㊙肥前国府跡

肥前国府跡　ひぜんこくふあと　8世紀前半〜10世紀前半頃
(所在地)佐賀県佐賀市大和町
㊙肥前国庁跡

肥前波佐見陶磁器窯跡　ひぜんはさみとうじきかまあと　近世中心
(所在地)長崎県東彼杵郡波佐見町　㊲国指定史跡（2000）

肥前陶器窯跡　ひぜんとうきかまあと　16〜17世紀初頭
(所在地)佐賀県唐津市北波多稗田・町田・佐賀西部森林計画区, 武雄市武内町, 多久市多久町
㊲国指定史跡（1940）
㊙肥前陶器窯跡　小峠窯跡、大谷窯跡、錆谷窯跡、附　土師場物原山

肥前陶器窯跡　小峠窯跡、大谷窯跡、錆谷窯跡、附　土師場物原山　ひぜんとうきかまあと　ことうげかまあと、たいたにかまあと、さびたにかまあと　つけたり　はじばものはらやま　16〜17世紀初頭
(所在地)佐賀県唐津市北波多稗田・町田・佐賀西部森林計画区, 武雄市武内町, 多久市多久町
㊙肥前陶器窯跡

肥前磁器窯跡（天狗谷窯跡・山辺田窯跡・原明窯跡・百間窯跡・泉山磁石場跡・不動山窯跡）　ひぜんじきかまあと（てんぐだにかまあと・やんべたかまあと・はらあけかまあと・ひゃっけんかまあと・いずみやまじせきばあと・ふどうやまかまあと）　江戸時代初期以降
(所在地)佐賀県西松浦郡有田町, 武雄市山内町, 嬉野市　㊲国指定史跡（1980）

肥前銚子塚古墳　ひぜんちょうしずかこふん　4世紀末〜5世紀初頭
(所在地)佐賀県佐賀市金立町
㊙銚子塚古墳

肥後国　ひごのくに
(所在地)熊本県
㊉『肥前国風土記』

肥後国分寺跡　ひごこくぶんじあと　奈良時代創建
(所在地)熊本県熊本市中央区出水町今熊野神社境内

【臥】

[10]臥竜梅　がりゅうばい
(所在地)東京都江東区亀戸
㊉『誹風柳多留』

【英】

[1]英一番館跡　えいいちばんかんあと　江戸時代幕末期
(所在地)神奈川県横浜市中区海岸通　㊲市登録史跡（1995）

英一蝶墓　はなぶさいっちょうのはか　江戸時代
(所在地)東京都港区高輪2-8-2 承教寺　㊲都指

8画（茅, 苦, 若）

定旧跡（1952）
英一蝶墓　はなぶさいっちょうのはか　江戸時代
　所在地　東京都江東区深川2-16-27 陽岳寺
　別　英信勝墓

9 英信勝墓　はなぶさしんしょうのはか　江戸時代
　所在地　東京都江東区深川2-16-27 陽岳寺
　都指定旧跡（1955）
　別　英一蝶墓（二世）

英彦山　ひこさん
　所在地　福岡県田川郡添田町, 大分県中津市山国町
　文　謡曲『丹後物狂』『花月』

【茅】

0 茅ケ崎城址　ちがさきじょうし　15世紀前半以前築城
　所在地　神奈川県横浜市都筑区　市指定史跡（2009）

茅ノ谷一号窯跡　かやのたにいちごうかまあと　16世紀末〜17世紀初頭
　所在地　佐賀県伊万里市松浦町山形　県指定史跡（1987）

3 茅山貝塚　かやまかいづか　縄文時代早期後半
　所在地　神奈川県横須賀市佐原　県指定史跡（1954）

8 茅沼遺跡　かやぬまいせき　縄文時代中期
　所在地　北海道川上郡標茶町

10 茅原大墓古墳　ちはらおおばかこふん, ちはらおおはかこふん　古墳時代中期
　所在地　奈良県桜井市茅原　国指定史跡（1982）

茅原狐塚古墳　ちはらきつねづかこふん　6世紀末〜7世紀初め
　所在地　奈良県桜井市大字茅原80
　別　狐塚古墳

11 茅野遺跡　かやのいせき　縄文時代後期後半〜晩期前半
　所在地　群馬県北群馬郡榛東村　国指定史跡（2000）

12 茅場町　かやばちょう
　所在地　東京都中央区
　文　土屋文明『青南集』

茅渟　ちぬ
　所在地　大阪府和泉市

文　『日本書紀』

【苦】

13 苦楽園五番町1・2号墳　くらくえんごばんちょういち・にごうふん　6世紀末〜7世紀
　所在地　兵庫県西宮市苦楽園5番町87-3

【若】

2 若八幡宮古墳　わかはちまんぐうこふん, わかはちまんみやこふん　4世紀後半
　所在地　福岡県福岡市西区徳永

3 若小玉古墳群　わかこだまこふんぐん　7世紀主体
　所在地　埼玉県行田市藤原町1・2丁目

若山牧水生家　わかやまぼくすいせいか　弘化2年（1845）建築
　所在地　宮崎県日向市東郷町坪谷字石原3　県指定史跡（1966）

若山城跡　わかやまじょうあと　文明2年（1470）頃
　所在地　山口県周南市　県指定史跡（1987）

4 若王子・釣瓶落古墳群　にゃくおうじ・つるべおとしこふんぐん　古墳時代前期〜後期
　所在地　静岡県藤枝市若王子

若王子古墳　わかおうじこふん　6世紀後葉
　所在地　埼玉県行田市埼玉曽根通

若王子古墳群　にゃくおうじこふんぐん　古墳時代
　所在地　静岡県藤枝市　県指定史跡（1995）

5 若生貝塚　わっかおいかいづか　縄文時代
　所在地　北海道伊達市若生町

若生遺跡　わっかおいいせき　続縄文時代後半〜擦文時代
　所在地　北海道石狩市生振

若田大塚古墳　わかだおおつかこふん　6世紀初頭
　所在地　群馬県高崎市八幡町若田
　別　大塚古墳

6 若江北遺跡　わかえきたいせき　弥生時代〜近世
　所在地　大阪府東大阪市若江西新町3・4丁目

7 若杉山遺跡　わかすぎやまいせき　弥生時代
　所在地　徳島県阿南市

若沢寺　にゃくたくじ
　所在地　長野県松本市波田
　文　『善光寺道名所図会』

8 若松　わかまつ

[所在地]三重県鈴鹿市
[文]藤原永範『千載和歌集 10』

若松城跡　わかまつじょうあと　至徳元・元中元年（1384）築城
[所在地]福島県会津若松市追手町・花春町・城東町・栄町　[史]国指定史跡（1934）
[別]鶴ヶ城

9若狭西塚古墳　わかさにしずかこふん　5世紀後半
[所在地]福井県三方上中郡若狭町
[別]西塚古墳

若狭国　わかさのくに
[所在地]福井県
[文]『万葉集』，『蕪村句集』

若狭国分寺跡　わかさこくぶんじあと　奈良時代創建
[所在地]福井県小浜市国分　[史]国指定史跡（1976）

若狭野古墳　わかさのこふん　7世紀中頃
[所在地]兵庫県相生市大字若狭野字寺山　[史]県指定史跡（1985）

若胡子屋跡　わかえびすやあと　江戸時代
[所在地]広島県呉市豊町　[史]県指定史跡（1940）

若草山　わかくさやま
[所在地]奈良県奈良市
[文]長塚節『西遊歌』，徳冨蘆花『紅葉狩』

若草伽藍跡　わかくさがらんあと　飛鳥時代
[所在地]奈良県生駒郡斑鳩町
[別]法隆寺若草伽藍

10若宮八幡北古墳　わかみやはちまんきたこふん　6世紀前半～7世紀
[所在地]群馬県高崎市八幡原町

若宮八幡古墳　わかみやはちまんこふん　6世紀末
[所在地]埼玉県東松山市石橋

若宮大路　わかみやおおじ　寿永元年（1182）造営
[所在地]神奈川県鎌倉市由比ガ浜・小町・御成町・雪ノ下・材木座　[史]国指定史跡（1935）

若宮大路御所　わかみやおおじごしょ　嘉禎2年（1236）～元弘3年（1333）
[所在地]神奈川県鎌倉市雪ノ下
[別]若宮御所

若宮山古墳　わかみややまこふん　4世紀前半
[所在地]滋賀県長浜市湖北町山本　[史]県指定史跡（1965）

若宮古墳　わかみやこふん　6世紀初頭
[所在地]富山県小矢部市埴生字上野　[史]県指定史跡（1993）

若宮古墳　わかみやこふん　5世紀前半もしくはそれ以前
[所在地]広島県三次市十日市町花園　[史]県指定史跡（1957）

若宮古墳　わかみやこふん　5世紀
[所在地]山口県下関市綾羅木字若宮

若宮古墳　わかみやこふん　5世紀
[所在地]熊本県玉名郡和水町江田字中小路原　[史]県指定史跡（1973）

若宮箭塚遺跡　わかみややずかいせき　弥生時代後期
[所在地]長野県千曲市若宮

若宮遺跡　わかみやいせき　縄文時代早期
[所在地]静岡県富士宮市小泉

若桜鬼ヶ城跡　わかさおにがじょうあと　鎌倉時代築城
[所在地]鳥取県八頭郡若桜町　[史]国指定史跡（2008）

12若塚古墳　じゃこずかこふん　古墳時代後期～終末期
[所在地]島根県安来市久白町字小久白

若葉台遺跡　わかばだいいせき　縄文時代前期・中期
[所在地]千葉県流山市桐ヶ谷字南割

15若槻山城跡　わかつきやまじょうあと　1400年代（室町時代初期と推測）
[所在地]長野県長野市浅川西条・若槻東条　[史]市指定史跡（2002）

若槻環濠及び集落　わかつきかんごうおよびしゅうらく　室町時代
[所在地]奈良県大和郡山市稗田　[史]市指定史跡（1975）

【苔】

6苔寺　こけでら
[所在地]京都府京都市西京区松尾神ヶ谷町
[文]高浜虚子『七百五十句』
[別]西芳寺

【苗】

4苗木城跡　なえぎじょうあと　天文元年（1532）築城
[所在地]岐阜県中津川市苗木　[史]国指定史跡（1981）

8画（茂, 虎, 表, 迫, 采, 金）

¹²苗場山　なえばさん
　所在地 新潟県中魚沼郡津南町・南魚沼郡湯沢町, 長野県下水内郡栄村
　㊇『北越雪譜』

【茂】

⁷茂別館跡　もべつたてあと　室町時代
　所在地 北海道北斗市矢不来　㊇国指定史跡（1982）

茂呂遺跡　もろいせき　後期旧石器時代
　所在地 東京都板橋区小茂根　㊇都指定史跡（1969）

⁹茂屋下岱遺跡　もやしもたいいせき　縄文時代前期
　所在地 秋田県大館市

¹⁰茂原愛宕塚古墳　もばらあたごずかこふん　4世紀末
　所在地 栃木県宇都宮市茂原町江面
　㊇愛宕塚古墳

【虎】

⁰虎の門　とらのもん
　所在地 東京都千代田区霞が関
　㊇志賀直哉『稲村雑談』

⁷虎杖浜1遺跡　こじょうはまいちいせき　縄文時代早期
　所在地 北海道白老郡白老町虎杖浜

¹¹虎渓山一号古墳　こけいざんいちごうこふん　6世紀中葉
　所在地 岐阜県多治見市弁天町　㊇県指定史跡（1980）

¹²虎塚古墳　とらずかこふん　6世紀末頃〜7世紀初頭
　所在地 茨城県ひたちなか市中根　㊇国指定史跡（1974）

【表】

⁶表西山横穴墓群　おもてにしやまおうけつぼぐん　7世紀初頭
　所在地 福島県相馬市表西山

⁷表杉ノ入貝塚　おもてすぎのいりかいずか　平安時代
　所在地 宮城県塩竈市表杉ノ入

【迫】

⁰迫ノ上古墳　さこのうえこふん　4世紀後半
　所在地 熊本県宇土市神合町字迫の上

³迫山古墳群　さこやまこふんぐん　古墳時代後期
　所在地 広島県福山市神辺町

迫山第一号古墳　さこやまだいいちごうこふん　古墳時代後期
　所在地 広島県福山市神辺町　㊇県指定史跡（1986）

¹⁶迫頭古墳群　さこがしらこふんぐん　5〜6世紀初め
　所在地 佐賀県唐津市宇木字迫頭

【采】

³采女が原　うねめがはら
　所在地 東京都中央区銀座
　㊇『川柳評万句合』

采女町　うねめまち
　所在地 京都府京都市
　㊇藤原実頼『拾遺和歌集 19』

采女塚古墳　うねめずかこふん　古墳時代
　所在地 神奈川県鎌倉市上向原

【金】

⁰金の尾遺跡　かねのおいせき　縄文時代中期, 弥生時代後期
　所在地 山梨県甲斐市大下条字金の尾

金の岬　かねのみさき
　所在地 福岡県宗像市鐘崎
　㊇『万葉集』

金ヶ崎古墳群　かねがさきこふんぐん　古墳時代末期
　所在地 岩手県胆沢郡金ケ崎町西根
　㊇西根古墳群, 西根遺跡

金ヶ崎城跡　かながさきじょうあと　平安時代末期〜戦国時代
　所在地 福井県敦賀市泉　㊇国指定史跡（1934）

金ヶ崎遺跡　かながさきいせき　旧石器時代
　所在地 愛媛県今治市伯方町木浦

²金刀比羅宮　ことひらぐう
　所在地 香川県仲多度郡琴平町892-1
　㊇宮本百合子『琴平』

³金上殿塚古墳　かねあげとのずかこふん　7世紀中葉
　所在地 茨城県ひたちなか市大成町
　㊇殿塚古墳

金子山古墳　かねこやまこふん　古墳時代中期

8画（金）

所在地 愛媛県新居浜市金子

金子台遺跡　かねこだいいせき　縄文時代中期～後期
所在地 神奈川県足柄上郡大井町大字金子・山田

金子石塔塚古墳　かなごせきとうづかこふん　6世紀後半～7世紀前半
所在地 岡山県総社市秦字金子

金山古墳　かなやまこふん　6世紀末～7世紀初頭
所在地 大阪府南河内郡河南町　㉝国指定史跡（1991）

金山古墳　かなやまこふん　7世紀前半
所在地 香川県坂出市川津町

金山城跡　かなやまじょうあと　戦国時代
所在地 群馬県太田市金山町　㉝国指定史跡（1934）

金山城跡　かねやまじょうあと　戦国時代～織豊時代
所在地 岐阜県可児市兼山町古城山
別 美濃金山城跡

金山塚古墳　かなやまづかこふん　古墳時代
所在地 栃木県下都賀郡岩舟町静戸　㉝県指定史跡（1957）

金山越　かなやまごえ　江戸時代
所在地 山形県上山市金山
別 羽州街道（楢下宿・金山越）

金山窯跡　かなやまかまあと　5世紀後半
所在地 宮城県仙台市太白区西多賀町1丁目

金山橋　かなやまばし　鎌倉時代以降
所在地 神奈川県鎌倉市稲村ガ崎1-2・8・10・12の交点

金川城跡　かながわじょうあと　中世
所在地 岡山県岡山市北区御津金川・御津草生・御津下田　㉝市指定史跡（2010）

⁴**金井古墳　かないこふん　7世紀末**
所在地 群馬県渋川市金井字上ノ平

金井沢碑　かないざわひ，かないざわのひ　神亀3年（726）記
所在地 群馬県高崎市山名町　㉝国指定特別史跡（1954）
別 上野三碑

金井廃寺跡　かないはいじあと　白鳳～平安時代
所在地 群馬県吾妻郡東吾妻町金井

⁵**金生遺跡　きんせいいせき　縄文時代後期～晩期**
所在地 山梨県北杜市大泉町　㉝国指定史跡（1983）

金田古墳　こんだこふん　古墳時代後期
所在地 茨城県つくば市金田字天神

金田瓦窯跡　かねだがようせき　7世紀半
所在地 鳥取県西伯郡南部町金田　㉝県指定史跡（1976）

金田官衙遺跡　こんだかんがいせき　古代
所在地 茨城県つくば市金田・東岡　㉝国指定史跡（2004）

金田城跡　かねだじょうあと　天智天皇6年（667）築城
所在地 長崎県対馬市美津島町　㉝国指定特別史跡（1982）
別 対馬山城址

金石城跡　かねいしじょうあと　享禄元年（1528）築城
所在地 長崎県対馬市厳原町　㉝国指定史跡（1995）

金立開拓古墳群　きんりゅうかいたくこふんぐん　5世紀後半～8世紀前半
所在地 佐賀県佐賀市金立町大字金立

金立開拓遺跡　きんりゅうかいたくいせき　縄文時代～近世
所在地 佐賀県佐賀市金立町大字金立

⁶**金寺址　きんじし　白鳳・奈良・平安初期**
所在地 大阪府豊中市新免

⁷**金杉橋　かなすぎばし**
所在地 東京都港区
文 夏目漱石『それから』

金沢　かなざわ
所在地 石川県金沢市
文 芭蕉『おくのほそ道』

金沢八景　かなざわはっけい
所在地 神奈川県横浜市金沢区
文 暦春名『狂歌才蔵集 7』

金沢文庫　かねざわぶんこ　鎌倉時代中期
所在地 神奈川県横浜市金沢区金沢町

金沢城　かなざわじょう
所在地 秋田県横手市金沢町
文『平家物語』

金沢城跡　かなざわじょうあと　天正8年（1580）築城
所在地 石川県金沢市丸の内・兼六町　㉝国指定史跡（2008）

金沢柵　かなざわのさく　平安時代後期
所在地 秋田県横手市金沢

金沢経塚　かなざわきょうづか　鎌倉時代

遺跡・古墳よみかた辞典　307

8画（金）

　　〖所在地〗秋田県横手市金沢字寺沢
金谷　　かなや
　　〖所在地〗静岡県島田市
　　㊉『誹風柳多留』
金谷原遺跡　かなやっぱらいせき, かなやばらいせき　後期旧石器時代
　　〖所在地〗山形県寒河江市
[9]金冠塚古墳　きんかんずかこふん　6世紀末〜7世紀後半
　　〖所在地〗福島県いわき市錦町堰下　㊉県指定史跡（1955）
　　㊉勿来金冠塚古墳, 山ノ上古墳
金冠塚古墳　きんかんずかこふん　6世紀末
　　〖所在地〗群馬県前橋市山王町1丁目
金屎古墳　かなくそこふん　5世紀
　　〖所在地〗福岡県福岡市西区大字元岡字戸山・別府
金津山古墳　かなつやまこふん　5世紀後半
　　〖所在地〗兵庫県芦屋市春日町　㊉市指定史跡（2009）
　　㊉金塚, 黄金塚, 金津丘
金胎寺　こんたいじ　天武天皇5年（676）創建
　　〖所在地〗京都府相楽郡和束町原山
　　㊉鷲峰山金胎寺
金胎寺境内　こんたいじけいだい　天武天皇5年（676）創建
　　〖所在地〗京都府相楽郡和束町原山　㊉国指定史跡（1934）
[10]金剛山　こんごうさん
　　〖所在地〗奈良県御所市高天　㊉国指定史跡（1934）
　　㊉『今昔物語集』
　　㊉高天山
金剛寺　こんごうじ　奈良時代創建
　　〖所在地〗大阪府河内長野市天野町
金剛寺坂　こんごうじざか
　　〖所在地〗東京都文京区
　　㊉夏目漱石『それから』
金剛寺貝塚　こんごうじかいずか　縄文時代後期
　　〖所在地〗宮城県名取市高館川上
金剛寺野古墳群　こんごうじのこふんぐん　古墳時代後期
　　〖所在地〗滋賀県愛知郡愛荘町上蚊野・蚊野外
金剛寺境内　こんごうじけいだい　奈良時代創建
　　〖所在地〗大阪府河内長野市天野町　㊉国指定史跡（1934）

金剛峯寺　こんごうぶじ　弘仁7年（816）開創
　　〖所在地〗和歌山県伊都郡高野町
金剛峯寺境内　こんごうぶじけいだい　弘仁7年（816）開創
　　〖所在地〗和歌山県伊都郡高野町　㊉国指定史跡（1977）
金剛峯寺遺跡　こんごうぶじいせき　平安時代以降
　　〖所在地〗和歌山県伊都郡高野町高野山
金剛証寺　こんごうしょうじ　6世紀（欽明天王朝）創建
　　〖所在地〗三重県伊勢市朝熊岳
金原古墳　かなばらこふん　7世紀前半
　　〖所在地〗山形県東置賜郡高畠町大字金原字熊
金峯山　きんぶせん, きんぷせん
　　〖所在地〗奈良県吉野郡
　　㊉『日本名山図会』
金峯山経塚　きんぷせんきょうずか, きんぶせんきょうずか　平安時代〜鎌倉時代・室町時代
　　〖所在地〗奈良県吉野郡天川村
金座　きんざ
　　〖所在地〗東京都中央区日本橋本石町2-1付近
　　㊉幸田露伴『寝耳鉄砲』
金座跡　きんざあと　江戸時代
　　〖所在地〗東京都中央区日本橋本石町2-1付近
金竜水　きんりゅうすい　江戸時代・鎌倉五名水の一
　　〖所在地〗神奈川県鎌倉市山ノ内116
金竜寺　こんりゅうじ
　　〖所在地〗大阪府高槻市成合
　　㊉『摂津名所図会』
金華山　きんかざん
　　〖所在地〗宮城県石巻市鮎川浜金華山
　　㊉芭蕉『おくのほそ道』
[11]金埼船瀬　かねのさきのふなせ　古代
　　〖所在地〗福岡県宗像市
金崎1号墳　きんざきいちごうふん　古墳時代中期
　　〖所在地〗島根県松江市西川津町金崎
　　㊉金崎古墳
金崎古墳　きんざきこふん　古墳時代中期
　　〖所在地〗島根県松江市西川津町金崎
　　㊉金崎1号墳
金崎古墳群　かなさきこふんぐん　古墳時代後期
　　〖所在地〗埼玉県秩父郡皆野町金崎2-1ほか　㊉県

308　遺跡・古墳よみかた辞典

指定史跡（1976）

金崎古墳群　きんざきこふんぐん　古墳時代中期
[所在地]島根県松江市西川津町　[史]国指定史跡（1957）

金鳥塚　きんちょうずか　古墳時代後期末
[所在地]奈良県高市郡明日香村坂田字都
[別]都塚古墳

12**金塚古墳　かなずかこふん**　古墳時代中期初頭
[所在地]静岡県掛川市各和
[別]各和金塚古墳

金勝寺　こんしょうじ　弘仁年間（810～824）創始
[所在地]滋賀県栗東市

金森宗貞邸跡　かなもりそうていていあと　慶長13年（1608）以前
[所在地]岐阜県飛騨市神岡町東茂住　[史]県指定史跡（1971）

金隈遺跡　かねのくまいせき, かねくまいせき　弥生時代前期後半～後期初頭
[所在地]福岡県福岡市博多区金隈　[史]国指定史跡（1972）

13**金鈴塚古墳　きんれいずかこふん**　7世紀
[所在地]千葉県木更津市長須賀字熊野廻4301-1　[史]県指定史跡（1950）

14**金閣寺　きんかくじ**
[所在地]京都府京都市北区
[文]宝井其角『蕉尾琴』
[別]鹿苑寺

15**金蔵山古墳　かなくらやまこふん**　4世紀末～5世紀初頭
[所在地]岡山県岡山市中区沢田

金輪寺　きんりんじ
[所在地]東京都北区岸町
[文]『甲子夜話』，『誹風柳多留』

18**金鎧山古墳　きんがいさんこふん, きんがいざんこふん**　古墳時代中期
[所在地]長野県中野市大字新野

19**金鶏山　きんけいざん**　平安時代末期
[所在地]岩手県西磐井郡平泉町　[史]国指定史跡（2005）
[別]金鶏山経塚

金鶏山経塚　きんけいざんきょうずか　平安時代末期
[所在地]岩手県西磐井郡平泉町
[別]金鶏山

23**金鑽神社古墳　かなさなじんじゃこふん**　5世紀中頃
[所在地]埼玉県郡本庄市児玉町入浅見字城内

【長】

2**長七谷地貝塚　ちょうしちやちかいずか**　縄文時代早期
[所在地]青森県八戸市市川町　[史]国指定史跡（1981）

長刀坂　なぎなたざか
[所在地]京都府北区紫野 大徳寺付近
[文]『京羽二重』

3**長久手古戦場 附 御旗山・首塚・色金山　ながくてこせんじょう つけたり みはたやま・くびずか・いろがねやま**　天正12年（1584）
[所在地]愛知県長久手市　[史]国指定史跡（1939）

長山遺跡　ながやまいせき　縄文時代前期後半, 中期前半
[所在地]富山県富山市

4**長井前ノ山古墳　ながいまえのやまこふん**　古墳時代中期
[所在地]福島県河沼郡会津坂下町長井字荻ノ窪・七曲

長戸鬼塚古墳　ながとおにずかこふん　7世紀前半
[所在地]長崎県諫早市小長井町小川原浦字鬼塚　[史]県指定史跡（1982）
[別]鬼塚古墳

長手古墳群　ながてこふんぐん　古墳時代終末期
[所在地]山形県米沢市大字長手字前小屋

5**長田古墳群　ちょうたこふんぐん**　古墳時代後期
[所在地]山梨県笛吹市御坂町下黒駒字北長田

長田村　ながたのむら
[所在地]京都府福知山市長田生野
[文]藤原兼光『新古今和歌集 7』

長目塚古墳　ながめずかこふん　5世紀後半
[所在地]熊本県阿蘇市一の宮町中通

長礼山2号墳　ながれやまにごうふん　5世紀後半
[所在地]長野県長野市松代東条長礼山

長辺寺山古墳　ちょうへんじやまこふん　5世紀後半
[所在地]茨城県桜川市岩瀬字北着

長辺寺山古墳群　ちょうへんじやまこふんぐ

8画（長）

ん　5世紀
　所在地 茨城県桜川市岩瀬

⁶長光寺山古墳　ちょうこうじやまこふん　4世紀後半
　所在地 山口県山陽小野田市大字郡字弥ケ迫
　㊟県指定史跡（1991）

長安寺経塚　ちょうあんじきょうづか　平安時代
　所在地 大分県豊後高田市加礼川

長安寺跡　ちょうあんじあと　奈良〜平安時代
　所在地 福岡県朝倉市須川　㊟県指定史跡（1963）

長州藩下関前田台場跡　ちょうしゅうはんしものせきまえだだいばあと　江戸時代末期
　所在地 山口県下関市前田　㊟国指定史跡（2010）

長江氏墓　ながえしのはか　鎌倉時代
　所在地 岐阜県不破郡関ヶ原町今須　㊟県指定史跡（1962）

長池古墳　ながいけこふん　6世紀中頃
　所在地 京都府城陽市富野中ノ芝

長行遺跡　おさゆきいせき　縄文時代晩期〜弥生前期末〜中期
　所在地 福岡県北九州市小倉南区大字長行

⁷長坂二子塚古墳　ながさかふたごづかこふん　5世紀前半
　所在地 石川県金沢市長坂町

長坂聖天塚古墳　ながさかしょうでんづかこふん　5世紀初頭〜前半
　所在地 埼玉県児玉郡美里町関2044-1　㊟県指定史跡（1975）

長・タイ山古墳群　ながお・たいやまこふんぐん　5世紀末〜6世紀前半
　所在地 兵庫県たつの市揖西町長尾小字タイ山

長尾山古墳群　ながおやまこふんぐん　古墳時代後期
　所在地 兵庫県宝塚市

長尾峠　ながおとうげ
　所在地 神奈川県足柄下郡箱根町, 静岡県御殿場市
　㊟与謝野晶子『流星の道』

長沖古墳群　ながおきこふんぐん　5〜7世紀
　所在地 埼玉県本庄市児玉町長沖

長沢池　ながさわのいけ
　所在地 滋賀県米原市長沢
　㊟藤原俊光『風雅和歌集 20』

長良川　ながらがわ
　所在地 岐阜県
　㊟芭蕉『十八楼ノ記』

長谷　ながたに
　所在地 京都府京都市左京区岩倉町長谷
　㊟『公任集』

長谷　はつせ, はせ
　所在地 奈良県桜井市初瀬町
　㊟『万葉集』,『日本書紀』,『碧梧桐句集』
　㊟初瀬, 泊瀬

長谷小路　はせこうじ　鎌倉中期以降
　所在地 神奈川県鎌倉市長谷

長谷山古墳群　はせやまこふんぐん　6〜7世紀
　所在地 三重県津市

長谷山窯址　はせやまようし　古墳時代
　所在地 大阪府南河内郡太子町葉室

長谷古墳　ながたにこふん　4世紀後半
　所在地 徳島県名西郡神山町阿野字長谷672

長谷寺　はせでら　鎌倉中期開創
　所在地 神奈川県鎌倉市長谷3-11-2

長谷寺　はせでら　奈良時代創建
　所在地 奈良県桜井市初瀬

長谷寺横穴墓群　ちょうこくじおうけつぼぐん　古墳時代
　所在地 宮城県岩沼市北長谷字加向山

長谷堂貝塚　はせどうかいづか　縄文時代前期〜弥生時代
　所在地 岩手県大船渡市猪川町字長谷堂・中井沢

長谷部貝塚　はせべかいづか　縄文時代中期〜後期
　所在地 千葉県千葉市緑区平山町1204ほか
　㊟県指定史跡（1960）

長谷御堂山古墳　ながたにみどうやまこふん　6世紀後半
　所在地 福井県敦賀市長谷字堂山

⁸長命寺　ちょうめいじ
　所在地 東京都墨田区向島5-4-4
　㊟永井荷風『向島』

長命寺湖底遺跡　ちょうめいじこていいせき　縄文時代
　所在地 滋賀県近江八幡市長命寺町

長宗我部元親墓　ちょうそかべもとちかのはか　安土桃山時代
　所在地 高知県高知市長浜　㊟県指定史跡（1953）

長居の浦　ながいのうら

8画（長）

　㋐大阪府大阪市住吉区長居
　㋓静賢『千載和歌集 6』

長岡　ながおか
　㋐京都府長岡京市
　㋓『伊勢物語』,『今昔物語集』

長岡百穴　ながおかひゃくあな　古墳時代終末期
　㋐栃木県宇都宮市長岡町373
　㋑長岡横穴墓群, 長岡百穴古墳

長岡百穴古墳　ながおかひゃくあなこふん　古墳時代終末期
　㋐栃木県宇都宮市長岡町百穴　㋕県指定史跡（1955）
　㋑長岡百穴, 長岡横穴墓群

長岡京跡　ながおかきょうあと　延暦3年（784）～延暦13年（794）
　㋐京都府向日市, 長岡京市, 京都市, 乙訓郡大山崎町

長岡宮跡　ながおかきゅうせき　延暦3年（784）～延暦13年（794）
　㋐京都府向日市鶏冠井町　㋕国指定史跡（1964）

長岡横穴墓群　ながおかおうけつぼぐん　古墳出現期
　㋐栃木県宇都宮市長岡町373
　㋑長岡百穴, 長岡百穴古墳

長岡遺跡　ながおかいせき　弥生時代後期
　㋐茨城県東茨城郡茨城町長岡

長岩横穴墓群　ながいわおうけつぼぐん　古墳時代後期
　㋐熊本県山鹿市大字小原
　㋑長岩横穴群

長岩横穴群　ながいわよこあなぐん　古墳時代後期
　㋐熊本県山鹿市長岩　㋕県指定史跡（1959）
　㋑長岩横穴群

長明寺坂古墳群1号墳・2号墳　ちょうめいじざかこふんぐんいちごうふん・にごうふん　古墳時代後期
　㋐熊本県菊池市七城町林原・亀尾　㋕県指定史跡（1976）

長林寺址　ちょうりんじし　飛鳥時代以降
　㋐奈良県北葛城郡河合町大字穴闇
　㋑穴闇寺

長沼古墳群　ながぬまこふんぐん　古墳時代末期

　㋐岩手県北上市和賀町藤根

長法寺南原古墳　ちょうほうじみなみはらこふん　古墳時代前期
　㋐京都府長岡京市長法寺小字南原
　㋑南原古墳

長者ケ平1・2号墳　ちょうじゃがなるいち・にごうふん　古墳時代終末期
　㋐兵庫県美方郡香美町村岡区大糠

長者ケ平古墳　ちょうじゃがひらこふん　古墳時代後期前半
　㋐鳥取県米子市淀江町
　㋑向山5号墳

長者ヶ平官衙遺跡 附 東山道跡　ちょうじゃがだいらかんがいせき つけたり とうさんどうあと　奈良時代～平安時代
　㋐栃木県那須烏山市鴻野山・小白井, さくら市鍛冶ヶ沢・葛城　㋕国指定史跡（2009）

長者ヶ平遺跡　ちょうじゃがだいらいせき　縄文時代
　㋐新潟県佐渡市金田新田　㋕国指定史跡（1984）

長者ヶ原廃寺跡　ちょうじゃがはらはいじあと　平安時代中期創建
　㋐岩手県奥州市衣川区田中西
　㋑柳之御所・平泉遺跡群

長者ヶ原遺跡　ちょうじゃがはらいせき　縄文時代中期
　㋐新潟県糸魚川市一ノ宮　㋕国指定史跡（1971）

長者久保遺跡　ちょうじゃくぼいせき　旧石器時代末期
　㋐青森県上北郡東北町

長者屋敷天王山古墳　ちょうじゃやしきてんのうやまこふん　古墳時代
　㋐群馬県高崎市下佐野町字長者屋敷
　㋑天王山古墳

長者屋敷官衙遺跡　ちょうじゃやしきかんがいせき　8世紀中頃～10世紀初め
　㋐大分県中津市永添　㋕国指定史跡（2010）

長者屋敷遺跡　ちょうじゃやしきいせき　縄文時代前期～晩期, 弥生時代, 平安時代
　㋐岩手県八幡平市松尾

長者屋敷遺跡　ちょうじゃやしきいせき　後期旧石器時代～弥生時代
　㋐山形県長井市草岡

**長者屋敷遺跡　ちょうじゃやしきいせき　旧

石器時代～奈良時代
[所在地]静岡県磐田市　[史]県指定史跡（1979）

長者原遺跡　ちょうじゃばらいせき　7～8世紀
[所在地]神奈川県横浜市青葉区荏田西

長門の島　ながとのしま
[所在地]広島県呉市
[文]『万葉集』，『日本書紀』

長門国　ながとのくに
[所在地]山口県
[文]『万葉集』，能因『後拾遺和歌集 20』

長門国分寺跡　ながとこくぶんじあと　奈良時代創建
[所在地]山口県下関市長府町字逢坂

長門峡　ちょうもんきょう
[所在地]山口県山口市（旧・阿東町），萩市（旧・川上村）
[文]中原中也『在りし日の歌』

長門鋳銭所跡　ながとのじゅぜんしょあと　奈良時代
[所在地]山口県下関市長府安養寺　[史]国指定史跡（1929）

9**長屋の原**　ながやのはら
[所在地]奈良県天理市西井戸堂町・合場町
[文]『和名抄』

長屋王邸宅跡　ながやおうていたくあと　奈良時代
[所在地]奈良県奈良市二条大路南

長持山古墳　ながもちやまこふん　5世紀後半
[所在地]大阪府藤井寺市沢田

長柄　ながら
[所在地]大阪府大阪市北区
[文]『栄花物語』

長柄の浜　ながらのはま
[所在地]大阪府大阪市北区長柄
[文]『金槐和歌集』

長柄川　ながらがわ
[所在地]大阪府大阪市北区
[文]上田秋成『秋の雲』，与謝蕪村『春風馬堤曲』
[別]吾君川

長柄町横穴墓群　ながらまちおうけつぼぐん　7世紀半ば～8世紀初頭
[所在地]千葉県長生郡長柄町
[別]長柄町横穴群，徳増横穴群，徳増源六谷横穴墓群，長柄横穴群

長柄町横穴群　ながらまちよこあなぐん　7世紀半ば～8世紀初頭
[所在地]千葉県長生郡長柄町
[別]長柄町横穴墓群，徳増横穴群，徳増源六谷横穴墓群，長柄横穴群

長柄桜山1・2号墳　ながえさくらやまいちにごうふん　4世紀
[所在地]神奈川県逗子市桜山，三浦郡葉山町長柄
[別]長柄桜山古墳群

長柄桜山古墳群　ながえさくらやまこふんぐん　4世紀
[所在地]神奈川県逗子市桜山，三浦郡葉山町長柄　[史]国指定史跡（2002）
[別]長柄・桜山1・2号墳

長柄横穴群　ながらよこあなぐん　7世紀半ば～8世紀初頭
[所在地]千葉県長生郡長柄町　[史]国指定史跡（1995）
[別]長柄町横穴群，長柄町横穴墓群，徳増横穴群，徳増源六谷横穴墓群

長柄橋　ながらのはし
[所在地]大阪府大阪市北区，大阪市東淀川区浜町
[文]『日本後紀』，『日本文徳天皇実録』，『古今和歌集』

長洲浜　ながすのはま
[所在地]兵庫県尼崎市長洲町
[文]『万葉集』，『宇津保物語』

長泉寺山古墳群　ちょうせんじやまこふんぐん　弥生時代終末期～古墳時代初め
[所在地]福井県鯖江市長泉寺山
[別]長泉寺山墳墓群

長泉寺山墳墓群　ちょうせんじやまふんぼぐん　弥生時代終末期～古墳時代初め
[所在地]福井県鯖江市長泉寺山
[別]長泉寺山古墳群

長泉寺古墳群　ちょうせんじこふんぐん　5世紀以降
[所在地]宮城県角田市角田字長泉寺

長津田宿常夜灯二基　ながつだしゅくじょうやとうにき　江戸時代
[所在地]神奈川県横浜市緑区　[史]市登録史跡（1989）

長砂連古墳　ながされこふん，ながざれこふん　5世紀後半
[所在地]熊本県上天草市大矢野町中7554　[史]県指定史跡（1975）

10**長原古墳群**　ながはらこふんぐん　6世紀末葉～8世紀

[所在地]長野県長野市若穂町保科

長原古墳群　ながはらこふんぐん　4世紀末葉～6世紀初頭頃
[所在地]大阪府大阪市平野区長吉長原

長原遺跡　ながはらいせき　旧石器時代～中世
[所在地]大阪府大阪市平野区長吉長原町

長峰横穴墓群　ながみねおうけつぼぐん　7世紀後半～8世紀初頭
[所在地]栃木県芳賀郡市貝町続谷字長峰

長根古墳群　ながねこふんぐん　8世紀
[所在地]岩手県宮古市長根

長根貝塚　ながねかいずか　縄文時代前期末～晩期
[所在地]宮城県遠田郡涌谷町　[史]国指定史跡（1970）

長根窯跡　ながねかまあと　8世紀初め～10世紀以降
[所在地]宮城県遠田郡涌谷町小里字長根

長浜　ながはま
[所在地]三重県
[文]『能因歌枕』

長浜の湾　ながはまのうら
[所在地]石川県七尾市
[文]『和名抄』

長浜城跡　ながはまじょうあと　戦国時代
[所在地]静岡県沼津市内浦重須・内浦長浜
[史]国指定史跡（1988）

長浜城跡　ながはまじょうあと　桃山時代
[所在地]滋賀県長浜市公園町　[史]市指定史跡（1962）

長浜茶臼山古墳　ながはまちゃうすやまこふん　4世紀後半
[所在地]滋賀県長浜市東上坂町茶臼山
[別]茶臼山古墳

長畝古墳群　ながうねこふんぐん　古墳時代中期
[所在地]高知県南国市岡豊長定林寺字長畝

11**長堀川**　ながぼりがわ
[所在地]大阪府大阪市中央区
[文]『摂津名所図会』

長崎　ながさき
[所在地]長崎県長崎市
[文]正岡子規『子規句集』，芥川龍之介『発句』

長崎台場跡（魚見岳台場跡・四郎ヶ島台場跡）　ながさきだいばあと（うおみだけだいばあと・しろうがしまだいばあと）　江戸時代
[所在地]長崎県長崎市　[史]国指定史跡（1986）

長崎城跡　ながさきじょうあと　室町時代
[所在地]広島県尾道市因島土生町
[別]因島村上氏の城跡（長崎城跡，青木城跡，青陰城跡）

長崎鼻古墳　ながさきばなこふん，ながさきのはなこふん　古墳時代前期後半頃
[所在地]香川県高松市屋島町長崎鼻

長曽根大溝　ながそねおおみぞ　古墳時代中期～奈良時代前期
[所在地]大阪府堺市北区長曽根町・金岡町

長野A遺跡　ながのえーいせき　縄文時代早期
[所在地]福岡県北九州市小倉南区大字長野

長野氏城跡（長野城跡・東の城跡・中の城跡・西の城跡）　ながのししろあと（ながのじょうあと・ひがしのじょうあと・なかのじょうあと・にしのじょうあと）　南北朝時代～戦国時代
[所在地]三重県津市美里町　[史]国指定史跡（1982）

長野城跡　ながのじょうあと　南北朝時代～戦国時代
[所在地]三重県津市美里町
[別]長野氏城跡（長野城跡・東の城跡・中の城跡・西の城跡）

長隆寺址　ちょうりゅうじし　白鳳時代
[所在地]愛媛県松山市大字来住

12**長塚古墳**　ながつかこふん　7世紀初頭頃
[所在地]栃木県下都賀郡壬生町羽生田　[史]県指定史跡（1957）
[別]羽生田長塚古墳

長塚古墳　ながつかこふん　4世紀末
[所在地]岐阜県大垣市矢道町権現前
[別]矢道長塚古墳，美濃長塚古墳

長塚古墳　ながつかこふん　4世紀後半
[所在地]岐阜県可児市中恵土　[史]国指定史跡（1956）

長塚古墳　ながつかこふん　5世紀後半～6世紀初め頃
[所在地]静岡県沼津市東沢田　[史]県指定史跡（1999）
[別]沼津長塚古墳

長塚古墳　ながつかこふん　古墳時代中期
[所在地]大阪府堺市堺区百舌鳥夕雲町
[別]百舌鳥古墳群（いたすけ古墳・長塚古墳・収塚古墳・塚廻古墳・文珠塚古墳・丸保

8画（門）

山古墳・乳岡古墳・御廟表塚古墳・ドンチャ山古墳・正楽寺山古墳・鏡塚古墳・善右ヱ門山古墳・銭塚古墳・グワショウ坊古墳・旗塚古墳・寺山南山古墳・七観音古墳）

長塚古墳　ながつかこふん　6世紀第1四半期
(所在地)兵庫県姫路市四郷町見野字長塚
(別)見野長塚古墳

長塚古墳　ながつかこふん　6世紀前半
(所在地)兵庫県朝来市和田山町岡田兜塚

長塚節生家　ながつかたかしせいか　江戸時代幕末期
(所在地)茨城県常総市国生1147-1　(指)県指定史跡(1955)

長登銅山跡　ながのぼりどうざんあと　8世紀～10世紀
(所在地)山口県美祢市美東町　(指)国指定史跡(2003)

長等山　ながらのやま
(所在地)滋賀県大津市園城寺町
(文)『後撰和歌集』、『平家物語』
(別)志賀山

長等山前陵　ながらのやまさきのみささぎ
飛鳥時代
(所在地)滋賀県大津市御陵町

長越遺跡　ながこしいせき　弥生時代後期～古墳時代前期
(所在地)兵庫県姫路市飯田字長越

長須賀丸山古墳　ながすかまるやまこふん
7世紀前半
(所在地)千葉県木更津市長須賀
(別)円山古墳

長須隈古墳　ちょうすくまこふん　古墳時代後期
(所在地)福岡県糸島市二丈鹿家

[13]**長楽廃寺跡**　ちょうらくさんはいじあと、ちょうらくざんはいじあと　奈良時代創建
(所在地)三重県伊賀市西明寺　(指)国指定史跡(1923)

長楽寺　ちょうらくじ
(所在地)京都府京都市東山区円山公園
(文)『今昔物語集』、『平家物語』

長滝古墳群　ながたきこふんぐん　5世紀中葉、6世紀後葉
(所在地)大阪府泉佐野市長滝

長福寺廃寺跡　ちょうふくじはいじあと　7世紀中頃創建
(所在地)愛知県一宮市千秋町加納馬場字長福寺

長福寺裏山古墳群　ちょうふくじうらやまこふんぐん　古墳時代中期
(所在地)岡山県笠岡市山口と走出の境界

[14]**長徳寺山古墳**　ちょうとくじやまこふん　古墳時代
(所在地)山口県光市小周防字西庄

長熊寺址　ながくまじし　奈良時代
(所在地)千葉県佐倉市長熊
(別)長熊廃寺跡

長熊廃寺跡　ながくまはいじあと　奈良時代
(所在地)千葉県佐倉市長熊
(別)長熊寺址

[15]**長慶寺**　ちょうけいじ
(所在地)東京都江東区森下
(文)河竹黙阿弥『白浪五人男』

長慶寺山古墳　ちょうけいじやまこふん　古墳時代前期
(所在地)兵庫県加古川市上荘薬栗

[17]**長嶽山1号墳**　ながたけやまいちごうふん　5世紀
(所在地)福岡県糸島市川付
(別)奥ノ院古墳

長瀞　ながとろ
(所在地)埼玉県秩父郡長瀞町、秩父郡皆野町
(文)山口青邨『花宰相』

長瀞西古墳　ながとろにしこふん　5世紀後半
(所在地)群馬県高崎市剣崎町長瀞西
(別)剣崎長瀞西古墳、おそね塚

長篠城跡　ながしのじょうあと　永正5年(1508)築城
(所在地)愛知県新城市長篠　(指)国指定史跡(1929)

[19]**長瀬高浜古墳群**　ながせたかはまこふんぐん　古墳時代中期～後期
(所在地)鳥取県東伯郡湯梨浜町はわい長瀬

長瀬高浜遺跡　ながせたかはまいせき　弥生時代～中世
(所在地)鳥取県東伯郡湯梨浜町

【門】

[0]**門ノ山1号墳**　もんのやまいちごうふん　古墳時代後期
(所在地)岡山県津山市平福門ノ山

門ノ前古墳　もんのまえこふん　6世紀前半
(所在地)京都府宇治市菟道門ノ前

[3]**門上谷墳丘墓群**　もんじょうだにふんきゅう

ほぐん　弥生時代後期後半
　(所在地)鳥取県鳥取市紙子谷字門上谷

門川町古墳　かどかわちょうこふん　古墳時代
　(所在地)宮崎県東臼杵郡門川町大字門川尾末字コモダ・古城　(指)県指定史跡(1936)

[5]門司　もじ
　(所在地)福岡県北九州市門司区
　(文)中村汀女『都鳥』、高浜虚子『五百句』

門司の関　もじのせき
　(所在地)福岡県北九州市門司区筆立山麓の甲宗八幡宮付近
　(文)『今昔物語集』、『平家物語』、『太平記』
　(別)文字の関

門生窯跡群　かどうかまあとぐん　5世紀末〜6世紀初め
　(所在地)島根県安来市

門田貝塚　かどたかいづか　弥生時代前期
　(所在地)岡山県瀬戸内市邑久町　(指)国指定史跡(1985)

門田遺跡　もんでんいせき　旧石器時代〜近世
　(所在地)福岡県春日市大字上白水字門田・辻畑

[7]門別富仁家盛土墳墓群　もんべつとにかもりつちふんぼぐん　縄文時代晩期末〜続縄文時代初頭
　(所在地)北海道沙流郡日高町富浜

[9]門前池遺跡　もんぜんいけいせき　弥生時代〜古墳時代
　(所在地)岡山県赤磐市熊崎〜下市

門前貝塚　もんぜんかいづか　縄文時代中期末〜後期初頭
　(所在地)岩手県陸前高田市門前

門前貝塚　もんぜんかいづか　縄文時代
　(所在地)千葉県市原市門前

門屋城跡　かどやじょうあと　室町時代
　(所在地)秋田県仙北市西木町小山田
　(別)戸沢氏城館跡(門屋城跡・古堀田城跡)

[12]門間沼遺跡　かどまぬまいせき　古墳時代前期〜古代・中世
　(所在地)愛知県一宮市木曽川町門間

【阿】

[3]阿久遺跡　あきゅういせき　縄文時代前期
　(所在地)長野県諏訪郡原村　(指)国指定史跡(1979)

[4]阿仏尼墓　あぶつにはか　鎌倉時代
　(所在地)神奈川県鎌倉市扇ガ谷1-16-7

阿仏屋敷　あぶつやしき　鎌倉時代
　(所在地)神奈川県鎌倉市極楽寺3丁目

阿太　あだ
　(所在地)奈良県五条市東阿田・西阿田・南阿田
　(文)『古事記』、『日本書紀』
　(別)安太

阿太　あだ
　(所在地)和歌山県有田市宮原町辺りか
　(文)『和名抄』
　(別)安太

阿太の大野　あだのおおの
　(所在地)奈良県五条市
　(文)『万葉集』

阿方貝塚　あがたかいづか　弥生時代
　(所在地)愛媛県今治市阿方　(指)県指定史跡(1948)

阿王塚古墳　あおずかこふん　古墳時代前期初頭
　(所在地)徳島県板野郡板野町大寺字亀山

[5]阿古山22号古墳　あこやまにじゅうにごうこふん　古墳時代後期
　(所在地)鳥取県鳥取市青谷町青谷　(指)県指定史跡(1981)

阿古屋　あこや
　(所在地)山形県山形市
　(文)謡曲『阿古屋松』、『平家物語』
　(別)阿古耶

阿古耶　あこや
　(所在地)山形県山形市
　(文)謡曲『阿古屋松』、『平家物語』
　(別)阿古屋

阿玉台北古墳群　あたまだいきたこふんぐん　7世紀前半〜中頃
　(所在地)千葉県香取市五郷内字立山地先

阿玉台貝塚　あたまだいかいづか、おたまだいかいづか　縄文時代中期前半
　(所在地)千葉県香取市　(指)国指定史跡(1968)

[6]阿伏兎　あぶと
　(所在地)広島県福山市沼隈町
　(文)今川了俊『鹿苑院殿厳島詣記』
　(別)阿武戸

阿光坊古墳群　あこうぼうこふんぐん　7世紀前半〜9世紀末
　(所在地)青森県上北郡おいらせ町　(指)国指定史跡(2007)

阿多田古墳　あたたこふん　5世紀

遺跡・古墳よみかた辞典　315

8画（阿）

所在地 山口県熊毛郡平生町佐賀字田名

阿多貝塚　あたかいづか　縄文時代前期
所在地 鹿児島県南さつま市金峰町大坂・宮崎

阿自久麻山　あじくまやま
所在地 茨城県つくば市
② 『万葉集』

[7]**阿坂城跡 附 高城跡・枳城跡　あざかじょうあと つけたり たかじょうあと・からたちじょうあと**　南北朝時代, 室町時代
所在地 三重県松阪市大阿坂町・小阿坂町
② 国指定史跡（1982）

阿尾の浦　あおのうら
所在地 富山県氷見市阿尾の海岸
② 『万葉集』
別 英遠の浦

阿志岐山城跡　あしきさんじょうあと　7世紀後半
所在地 福岡県筑紫野市阿志岐　② 国指定史跡（2011）

阿志岐古墳群　あしきこふんぐん　4世紀後半～5世紀初頭頃
所在地 福岡県筑紫野市大字阿志岐

[8]**阿弥大寺古墳群　あみだいじこふんぐん**　弥生時代後期
所在地 鳥取県倉吉市下福田　② 国指定史跡（1981）

阿弥陀が峰　あみだがみね
所在地 京都府京都市東山区
② 『今昔物語集』, 『太平記』

阿弥陀寺　あみだじ
所在地 和歌山県東牟婁郡那智勝浦町
② 『西国三十三所名所図会』

阿弥陀浄土院跡　あみだじょうどいんあと　奈良時代
所在地 奈良県奈良市法華寺町
別 法華寺旧境内（法華寺境内・阿弥陀浄土院跡）

阿弥陀堂石仏　あみだどうせきぶつ　平安時代
所在地 福島県南相馬市小高区泉沢
別 薬師堂石仏 附 阿弥陀堂石仏

阿武山古墓　あぶやまこぼ　7世紀後半頃
所在地 大阪府高槻市奈佐原, 茨木市安威
別 阿武山古墳

阿武山古墳　あぶやまこふん　7世紀後半頃
所在地 大阪府高槻市奈佐原, 茨木市安威
② 国指定史跡（1983）

別 阿武山古墓

阿武戸　あぶと
所在地 広島県福山市沼隈町
② 今川了俊『鹿苑院殿厳島詣記』
別 阿伏兎

阿武隈川　あぶくまがわ
所在地 福島県, 宮城県
② 芭蕉『おくのほそ道』, 『義経記』

阿波の山　あわのやま
所在地 徳島県
② 『万葉集』

阿波手の杜　あわでのもり
所在地 愛知県あま市
② 『和歌初学抄』, 『八雲御抄』

阿波国　あわのくに
所在地 徳島県
② 土ідに善麿『不平なく』, 正岡子規『子規句集』

阿波国分尼寺跡　あわこくぶんにじあと　奈良時代創建
所在地 徳島県名西郡石井町　② 国指定史跡（1973）

阿波国分寺跡　あわこくぶんじあと　奈良時代創建
所在地 徳島県徳島市国府町矢野718　② 県指定史跡（1953）

阿波崎城跡　あばさきじょうあと　南北朝時代
所在地 茨城県稲敷市阿波崎2316　② 県指定史跡（1935）

阿波遍路道（鶴林寺道・太竜寺道・いわや道・平等寺道）　あわへんろみち（かくりんじみち・たいりゅうじみち・いわやみち・びょうどうじみち）　平安時代以降
所在地 徳島県阿南市大井町・水井町・加茂町, 勝浦郡勝浦町生名　② 国指定史跡（2010）

[9]**阿保山　あほやま**
所在地 三重県伊賀市（旧・名賀郡青山町）
② 『万葉集』

阿保山　あほやま
所在地 奈良県奈良市法蓮町
② 『万葉集』

阿後尼の原　あごねのはら
所在地 京都府宇治市
② 『万葉集』

阿津賀志山防塁　あつかしやまぼうるい　平安時代末期

8画（附, 雨）

所在地 福島県伊達郡国見町　国国指定史跡（1981）

阿胡の海　あごのうみ
所在地 大阪府大阪市住吉区
文『万葉集』

阿胡の浦　あごのうら
所在地 三重県志摩市阿児町
文『万葉集』

阿胡根の浦　あごねのうら
所在地 和歌山県御坊市名田町野島
文『万葉集』

[10]**阿倍　あべ**
所在地 静岡県静岡市
文『万葉集』

阿倍の島　あべのしま
所在地 大阪府
文『万葉集』

阿倍寺跡　あべでらあと　飛鳥時代
所在地 奈良県桜井市阿部木材団地
別 安倍寺跡

阿島遺跡　あじまいせき　弥生時代中期前半
所在地 長野県下伊那郡喬木村

阿納塩浜遺跡　あのしおはまいせき　縄文時代中期～鎌倉時代
所在地 福井県小浜市阿納

阿高・黒橋貝塚　あだか・くろばしかいづか　縄文時代中期～後期前半
所在地 熊本県熊本市南区城南町　国国指定史跡（1980）
別 阿高貝塚, 黒橋貝塚

阿高貝塚　あだかかいづか　縄文時代中期～後期前半
所在地 熊本県熊本市南区城南町
別 阿高・黒橋貝塚

[11]**阿婆の野　あばのの**
所在地 奈良県奈良市三条町
文『万葉集』

阿曽岡古墳群　あそおかこふんぐん　4世紀後半
所在地 群馬県富岡市阿曽岡

阿部友之進墓　あべとものしんのはか　江戸時代
所在地 東京都台東区三ノ輪1-27-3 梅林寺
国都指定旧跡（1955）

阿部野　あべの
所在地 大阪府大阪市阿倍野区
文『摂津名所図会』

別 安倍野

阿野一里塚　あのいちりづか　慶長9年（1604）築造
所在地 愛知県豊明市阿野町　国国指定史跡（1936）

[12]**阿寒　あかん**
所在地 北海道
文 斎藤茂吉『石泉』, 石川啄木『一握の砂』

阿須賀神社遺跡　あすかじんじゃいせき　弥生時代後期～古墳時代
所在地 和歌山県新宮市阿須賀町

[14]**阿漕ヶ浦　あこぎがうら**
所在地 三重県津市阿漕町
文 謡曲『阿漕』, 古浄瑠璃『あこぎの平治』
別 阿漕浦

阿漕浦　あこぎがうら
所在地 三重県津市阿漕町
文 謡曲『阿漕』, 古浄瑠璃『あこぎの平治』
別 阿漕ヶ浦

[18]**阿騎　あき**
所在地 奈良県宇陀市
文『万葉集』
別 安騎

[19]**阿蘇山　あそさん**
所在地 熊本県阿蘇郡, 大分県
文『日本書紀』

阿蘇氏浜御所跡　あそしはまごしょあと　中世
所在地 熊本県上益城郡山都町矢部

阿蘇神社　あそじんじゃ　伝・孝霊天皇9年創建
所在地 熊本県阿蘇市一の宮町宮地3083-1

【附】

[3]**附川古墳群　つきがわこふんぐん**　古墳時代後期
所在地 埼玉県東松山市石橋字附川

【雨】

[0]**雨の宮古墳群　あめのみやこふんぐん**　古墳時代前期
所在地 石川県鹿島郡中能登町　国国指定史跡（1982）
別 雨ノ宮古墳群

雨ノ宮古墳群　あめのみやこふんぐん　古墳時代前期
所在地 石川県鹿島郡中能登町

遺跡・古墳よみかた辞典　317

8画（青）

　　別雨の宮古墳群
7雨声楼　うせいろう　江戸時代
　　所在地 長崎県長崎市東小島町
　　別高島秋帆旧宅
10雨宮古墳　あまみやこふん　5世紀中葉頃
　　所在地 滋賀県蒲生郡竜王町岡屋
雨降山　あふりやま
　　所在地 神奈川県
　　文賀茂真淵『賀茂翁家集』
　　別阿夫利山
13雨滝遺跡　あまたきいせき　縄文時代後・晩期
　　所在地 岩手県二戸市金田一字舌崎

【青】

0青ヶ島　あおがしま
　　所在地 東京都青ヶ島村
　　文『椿説弓張月』
青ノ山古墳群　あおのやまこふんぐん　古墳時代後期
　　所在地 香川県丸亀市土器町・飯野町、綾歌郡宇多津町
3青山　あおやま
　　所在地 東京都港区
　　文斎藤茂吉『あらたま』、森鴎外『灰燼』
青山古墳　あおやまこふん　5世紀中葉
　　所在地 大阪府藤井寺市青山2丁目
　　別古市古墳群（古室山古墳・赤面山古墳・大鳥塚古墳・助太山古墳・鍋塚古墳・城山古墳・峯ヶ塚古墳・墓山古墳・野中古墳・応神天皇陵古墳外濠外堤・鉢塚古墳・はざみ山古墳・青山古墳・番所山古墳）
青山古墳群　あおやまこふんぐん　5世紀中葉～末葉
　　所在地 大阪府藤井寺市青山
青山御所　あおやまごしょ
　　所在地 東京都港区
　　文大町桂月『東京遊行記』
青山墓地　あおやまぼち
　　所在地 東京都港区南青山2-32-2
　　文森鴎外『灰燼』、田山花袋『生』
　　別青山霊園
青山練兵場　あおやまれんぺいじょう
　　所在地 東京都新宿区霞岳町
　　文夏目漱石『それから』
青山横穴墓群　あおやまおうけつぼぐん　7世紀後半～8世紀初頭
　　所在地 宮城県大崎市三本木坂本字青山
青山遺跡　あおやまいせき　5世紀後半～6世紀初頭
　　所在地 愛知県田原市伊川津町
　　別青山貝塚
青山霊園　あおやまれいえん
　　所在地 東京都港区南青山2-32-2
　　文森鴎外『灰燼』、田山花袋『生』
　　別青山墓地
4青木町貝塚　あおきちょうかいづか　縄文時代
　　所在地 神奈川県横浜市神奈川区青木町桐畑峰稲荷付近
青木昆陽墓　あおきこんようのはか　江戸時代
　　所在地 東京都目黒区下目黒　　指国指定史跡（1943）
青木城跡　あおきじょうあと　室町時代
　　所在地 広島県尾道市因島重井町
　　別因島村上氏の城跡（長崎城跡、青木城跡、青陰城跡）
青木亀塚古墳　あおきかめずかこふん　古墳時代
　　所在地 千葉県富津市青木字石原
　　別亀塚古墳
青木遺跡　あおきいせき　弥生時代
　　所在地 宮城県白石市福岡深谷
青木遺跡　あおきいせき　縄文時代後期
　　所在地 山梨県北杜市高根町村山北割
青木遺跡　あおきいせき　弥生時代中期～奈良時代
　　所在地 鳥取県米子市永江　　指国指定史跡（1978）
5青目寺跡　しょうもくじあと　弘仁4年（813）創建
　　所在地 広島県府中市本山町　　指県指定史跡（1940）
6青地林宗の墓　あおちりんそうのはか　江戸時代後期
　　所在地 愛媛県松山市御幸1丁目　　指県指定史跡（1951）
青江遺跡　あおえいせき　奈良時代～平安時代
　　所在地 滋賀県大津市神領
　　別近江国府跡（国庁跡・惣山遺跡・青江遺跡・中路遺跡）
7青谷上寺地遺跡　あおやかみじちいせき　弥

318　遺跡・古墳よみかた辞典

生時代
[所在地]鳥取県鳥取市青谷町　[史]国指定史跡（2008）

8青岸渡寺　せいがんとじ　伝・4世紀創建
[所在地]和歌山県東牟婁郡那智勝浦町

青松寺　せいしょうじ
[所在地]東京都港区愛宕町2-4-7
[文]『誹風柳多留』，山東京伝『蜘蛛の糸巻』

青松塚古墳　せいしょうずかこふん　6世紀前半
[所在地]大阪府茨木市宿久庄

青苗遺跡　あおなえいせき　縄文時代～擦文時代
[所在地]北海道奥尻郡奥尻町字青苗

9青柳古墳群　あおやぎこふんぐん　5世紀
[所在地]茨城県桜川市青柳

青柳古墳群　あおやぎこふんぐん　6世紀後半～中頃
[所在地]埼玉県児玉郡神川町

青海島鯨墓　おうみじまくじらばか　元禄5年（1692）建立
[所在地]山口県長門市通　[史]国指定史跡（1935）

青津古墳群　あおつこふんぐん　4世紀後半以降
[所在地]福島県河沼郡会津坂下町大字大上字盛北
[別]宇内青津古墳群

10青島　あおしま
[所在地]新潟県岩船郡粟島浦村
[文]『義経記』
[別]粟島，粟生島

青島村古墳　あおしまむらこふん　古墳時代
[所在地]宮崎県宮崎市青島西1-16-4ほか　[史]県指定史跡（1935）

青島貝塚　あおしまかいずか　縄文時代中期～後期
[所在地]宮城県登米市南方町青島

青島遺跡　あおしまいせき　縄文時代後期
[所在地]鳥取県鳥取市

青根ケ峰　あおねがみね
[所在地]奈良県吉野郡吉野町宮滝
[文]『万葉集』
[別]青根峯

青根峯　あおねがみね
[所在地]奈良県吉野郡吉野町宮滝
[文]『万葉集』
[別]青根ケ峰

青梅　おうめ
[所在地]東京都青梅市
[文]若山牧水『海の声』

青砥橋　あおとばし　鎌倉時代以降
[所在地]神奈川県鎌倉市浄明寺5-451

11青崩峠　あおくずれとうげ
[所在地]静岡県浜松市　[史]県指定史跡（1996）

青陰城跡　あおかげじょうあと　室町時代
[所在地]広島県尾道市因島中庄町
[別]因島村上氏の城跡（長崎城跡，青木城跡，青陰城跡）

青陵古墳　せいりょうこふん　古墳時代前期
[所在地]岡山県岡山市北区谷万成2丁目

12青塚古墳　あおつかこふん　古墳時代前期
[所在地]宮城県大崎市古川塚の目　[史]市指定史跡（1974）

青塚古墳　あおずかこふん　6世紀後半
[所在地]長野県諏訪郡下諏訪町青塚3340
[別]下諏訪青塚古墳

青塚古墳　あおつかこふん，あおずかこふん　4世紀半ば
[所在地]愛知県犬山市字青塚　[史]国指定史跡（1983）
[別]茶臼山古墳

青塚古墳　あおずかこふん，あおつかこふん　古墳時代中期
[所在地]愛知県額田郡幸田町坂崎
[別]幸田青塚古墳

青塚古墳　あおずかこふん，あおつかこふん　古墳時代中期
[所在地]京都府城陽市平川字室木

青塚古墳　あおつかこふん　5世紀初頭
[所在地]香川県観音寺市市原

青森　あおもり
[所在地]青森県
[文]若山牧水『朝の歌』

青葉山　あおばやま
[所在地]福井県大飯郡高浜町，京都府舞鶴市
[文]『万葉集』，『源氏物語』
[別]若狭富士

青葉城　あおばじょう　江戸時代
[所在地]宮城県仙台市青葉区川内
[別]仙台城

13青墓の里　あおはかのさと
[所在地]岐阜県大垣市青墓町
[文]『平治物語』，『義経記』
[別]青墓宿

青墓長塚古墳　あおはかながずかこふん　4世紀末
(所在地)岐阜県大垣市矢道町権現前
(例)矢道長塚古墳,美濃長塚古墳

青墓宿　あおはかのしゅく
(所在地)岐阜県大垣市青墓町
(文)『平治物語』,『義経記』
(例)青墓の里

青蓮院　しょうれんいん　平安時代創建
(所在地)京都府京都市東山区粟田三条坊町
(例)青蓮院旧仮御所

青蓮院旧仮御所　しょうれんいんきゅうかりごしょ　江戸時代
(所在地)京都府京都市東山区粟田口三条坊町
(国)国指定史跡(1942)
(例)粟田御所

17 青谿書院　せいけいしょいん　江戸時代〜明治時代
(所在地)兵庫県養父市八鹿町宿南　(県)県指定史跡(1970)

9 画

【乗】

12 乗場古墳　のりばこふん　6世紀中葉
(所在地)福岡県八女市大字吉田

15 乗鞍岳　のりくらだけ
(所在地)長野県,岐阜県
(文)『伊藤左千夫全短歌』

【帝】

11 帝釈天　たいしゃくてん
(所在地)東京都葛飾区柴又7-10-3
(文)『誹風柳多留』
(例)柴又帝釈天,題経寺

帝釈名越岩陰遺跡　たいしゃくなごえいわかげいせき　縄文時代早期〜弥生時代
(所在地)広島県庄原市東城町　(県)県指定史跡(1985)

帝釈寺古墳群　たいしゃくじこふんぐん　6世紀前半
(所在地)福井県三方郡美浜町佐田

帝釈峡馬渡遺跡　たいしゃくきょうまわたりいせき　旧石器時代末期〜縄文時代前期
(所在地)広島県庄原市東城町　(県)県指定史跡(1963)
(例)帝釈馬渡岩陰遺跡

帝釈峡遺跡群　たいしゃくきょういせきぐん　旧石器時代〜縄文時代
(所在地)広島県庄原市,神石郡神石高原町

帝釈馬渡岩陰遺跡　たいしゃくまわたりいわかげいせき　旧石器時代末期〜縄文時代前期
(所在地)広島県庄原市東城町
(例)帝釈峡馬渡遺跡

帝釈寄倉岩陰遺跡　たいしゃくよせくらいわかげいせき　縄文時代〜鎌倉時代
(所在地)広島県庄原市東城町
(例)寄倉岩陰遺跡

帝釈観音堂洞窟遺跡　たいしゃくかんのんどうどうくついせき　旧石器時代〜縄文時代晩期
(所在地)広島県神石郡神石高原町永野

12 帝塚山古墳　てずかやまこふん　古墳時代中期
(所在地)大阪府大阪市住吉区帝塚山　(国)国指定史跡(1963)

15 帝盤古墳　ていばんこふん　古墳時代後期
(所在地)千葉県千葉市中央区生実町帝盤

【信】

3 信土の山川　まつちのやまかわ
(所在地)奈良県,大阪府
(文)『万葉集』

4 信太千塚　しのだせんずか　6〜7世紀
(所在地)大阪府和泉市小野町・伯太町一帯
(例)信太千塚古墳群

信太千塚古墳群　しのだせんずかこふんぐん　6〜7世紀
(所在地)大阪府和泉市小野町・伯太町一帯
(例)信太千塚

信太郡　しだのこおり
(所在地)茨城県
(文)『常陸国風土記』

信太森　しのだのもり
(所在地)大阪府和泉市葛之葉町
(文)『葛の葉』伝説,謡曲『鵺』

信夫　しのぶ
(所在地)福島県福島市
(文)芭蕉『閉関之説』

信夫山　しのぶのやま,しのぶやま
(所在地)福島県福島市

[文]『伊勢物語』

信夫山廃堂址　しのぶやまはいどうし　藤原時代, 鎌倉時代, 室町時代中期
[所在地]福島県福島市信夫山公園の西峯

5信包八幡神社古墳　のぶかはちまんじんじゃこふん　6世紀
[所在地]岐阜県飛騨市古川町信包八幡
[別]八幡神社古墳, 信包八幡神社跡前方後円墳

信包八幡神社跡前方後円墳　のぶかはちまんじんじゃあとぜんぽうこうえんふん　6世紀
[所在地]岐阜県飛騨市古川町信包八幡　[史]県指定史跡（1959）
[別]八幡神社古墳, 信包八幡神社古墳

信玄堤　しんげんずつみ　戦国時代
[所在地]山梨県甲斐市竜王

12信貴山　しぎさん
[所在地]奈良県生駒郡平群町
[文]『宇治拾遺物語』

信貴山寺　しぎさんじ　創建年不詳
[所在地]奈良県生駒郡平群町信貴山
[別]朝護孫子寺

信貴山城　しぎさんじょう　中世
[所在地]奈良県生駒郡平群町

13信楽　しがらき
[所在地]滋賀県甲賀市信楽町
[文]西行『山家集』

信楽焼窯跡群　しがらきやきかまあとぐん　室町時代後半
[所在地]滋賀県甲賀市信楽町長野　[史]県指定史跡（2011）
[別]中井出古窯跡

16信濃の浜　しなののはま
[所在地]富山県魚津市/富山県新湊市放生津潟/富山県新湊市放生津潟
[文]『万葉集』
[別]信濃の御坂

信濃の御坂　しなののみさか
[所在地]富山県魚津市/富山県新湊市放生津潟/富山県新湊市放生津潟
[文]『万葉集』
[別]信濃の浜

信濃川　しなのがわ
[所在地]新潟県, 長野県
[文]辻村伊助『高瀬入り』

信濃国　しなののくに
[所在地]長野県
[文]『万葉集』

信濃国分尼寺　しなのこくぶんにじ　奈良時代
[所在地]長野県上田市国分

信濃国分寺跡　しなのこくぶんじあと　奈良時代
[所在地]長野県上田市国分　[史]国指定史跡（1930）

信濃追分　しなのおいわけ
[所在地]長野県北佐久郡軽井沢町
[文]十返舎一九『東海道中膝栗毛』

信濃路　しなのじ
[所在地]長野県
[文]『万葉集』

【便】

4便木山遺跡　びんぎやまいせき　弥生時代末～古墳時代初期
[所在地]岡山県赤磐市熊崎

9便々館湖鯉鮒の墓　べんべんかんこりうのはか　江戸時代
[所在地]東京都新宿区袋町15 光照寺　[史]区登録史跡（1990）

便々館湖鯉鮒狂歌碑　べんべんかんこりうきょうかひ　文化15年（1818）建立
[所在地]東京都新宿区西新宿7-12-5 常円寺　[史]区指定史跡（1986）

【保】

3保土ヶ谷　ほどがや
[所在地]神奈川県横浜市保土ケ谷区
[文]『徳和歌後万載集 5』, 宮柊二『晩夏』

保子里車塚古墳　ほこりくるまずかこふん　古墳時代後期
[所在地]三重県鈴鹿市国府町保子里字大貝戸
[別]車塚古墳

4保内三王山古墳群　ほないさんのうやまこふんぐん　6世紀
[所在地]新潟県三条市大字上保内字二ツ山

5保四郎窯跡　ほしろうかまあと　18世紀～幕末頃
[所在地]佐賀県多久市多久町字保四郎　[史]県指定史跡（1977）

保田遺跡　ほだいせき　弥生時代後期
[所在地]愛媛県今治市朝倉下

7保床山古墳　ほとこやまこふん　7世紀後半
[所在地]長崎県対馬市厳原町豆酘

保良宮　ほらのみや　淳仁朝（758～64年）

[所在地]滋賀県大津市

[9]**保津北岩田古墳** **ほつきたいわたこふん** 5世紀前葉

[所在地]奈良県磯城郡田原本町大字保津字北岩田

保美の里 **ほびのさと**

[所在地]愛知県田原市保美町

[文]芭蕉『鎌倉街道』

保美貝塚 **ほびかいずか** 縄文時代, 弥生時代

[所在地]愛知県田原市保美町平城

保美濃山遺跡 **ほみのやまいせき** 縄文時代前期〜晩期

[所在地]群馬県藤岡市保美濃山

[12]**保渡田八幡塚古墳** **ほどたはちまんずかこふん** 5世紀末〜6世紀前半

[所在地]群馬県高崎市保渡田町字八幡塚

[別]八幡塚古墳

保渡田古墳群 **ほどたこふんぐん** 5世紀末〜6世紀前半

[所在地]群馬県高崎市保渡田町・井出町 [史]国指定史跡（1985）

保渡田薬師塚古墳 **ほどたやくしずかこふん** 5世紀末〜6世紀前半

[所在地]群馬県高崎市保渡田町

[別]薬師塚古墳

【俎】

[8]**俎板橋** **まないたばし** 江戸時代

[所在地]東京都墨田区千歳

[10]**俎原遺跡** **まないたばらいせき** 縄文時代中期

[所在地]長野県塩尻市

[16]**俎橋** **まないたばし**

[所在地]東京都千代田区

[文]二葉亭四迷『浮雲』, 宇野浩二『枯野の夢』

【冑】

[3]**冑山古墳群** **かぶとやまこふんぐん** 古墳時代後期前半

[所在地]京都府城陽市観音堂

[12]**冑塚古墳** **かぶとずかこふん** 6世紀終末〜7世紀初頭

[所在地]埼玉県東松山市下唐子

【冠】

[9]**冠柳** **こうぶりやなぎ**

[所在地]大阪府高槻市

[文]『公任集』

[12]**冠塚古墳** **かぶりずかこふん** 6世紀後半

[所在地]栃木県鹿沼市北赤塚字愛宕前

[別]判官塚古墳, 北赤塚古墳

冠着山 **かむりきやま**

[所在地]長野県（旧・更級郡）

[文]宮柊二『晩夏』

[別]更級山

[15]**冠遺跡群** **かんむりいせきぐん** 後期旧石器時代〜弥生時代

[所在地]広島県廿日市市

【前】

[0]**前の山古墳** **まえのやまこふん** 6世紀後半

[所在地]埼玉県本庄市小島

前の山古墳 **まえのやまこふん** 6世紀初頭頃

[所在地]大阪府羽曳野市軽里

[別]日本武尊命白鳥陵古墳, 白鳥陵古墳, 軽里大塚古墳

[2]**前二子古墳** **まえふたごこふん** 6世紀

[所在地]群馬県前橋市西大室町 [史]国指定史跡（1927）

[3]**前山古墳** **まえやまこふん** 6世紀末頃

[所在地]茨城県稲敷市神宮寺字前山869

前山古墳群 **まえやまこふんぐん** 6世紀末〜7世紀初頭（1号墳）

[所在地]三重県伊賀市富岡

前山古墳群 **まえやまこふんぐん** 3世紀末〜4世紀初頭頃（1号墳）

[所在地]徳島県名西郡石井町石井字石井前山

前山窯跡 **まえやまかまあと** 5世紀末〜6世紀初頭

[所在地]愛知県常滑市金山字新田

[別]新田窯

前山遺跡 **まえやまいせき** 弥生時代中期

[所在地]岡山県倉敷市福江

前山遺跡群 **まえやまいせきぐん** 古墳時代前期

[所在地]三重県名張市百合が丘

[4]**前内池墳墓群** **まえうちいけふんぼぐん** 弥生時代後期前半〜終末

[所在地]岡山県赤磐市可真下・稗田

[5]**前田川大塚古墳** **まえだがわおおつかこふん** 古墳時代後期

[所在地]福島県須賀川市前田川字大塚 [史]市指定史跡（1979）

[別]大塚古墳

9画（勅, 勇, 南）

前田耕地遺跡　まえだこうちいせき　縄文時代草創期・中期・後期, 弥生時代後期, 平安時代
（所在地）東京都あきる野市二宮・野辺
㉔都指定史跡 (1988)

前田野目窯跡　まえだのめかまあと　平安時代中頃～10世紀後半
（所在地）青森県五所川原市前田野目

前田遺跡　まえだいせき　縄文時代中期中頃
（所在地）新潟県村上市（旧・岩船郡山北朝日村三面字前田）

[7]前尾根遺跡　まえおねいせき　縄文時代中期～後期
（所在地）長野県諏訪郡原村柏木

[8]前波古墳群　まえなみこふんぐん　6世紀末～7世紀初頭頃
（所在地）石川県鳳珠郡穴水町前波

[10]前原遺跡　まえはらいせき　縄文時代早期
（所在地）埼玉県南埼玉郡宮代町

前原遺跡　まえはらいせき　旧石器時代, 縄文時代中期
（所在地）東京都小金井市前原2丁目

前原遺跡　めーばるいせき　沖縄貝塚時代早期・前期主体
（所在地）沖縄県国頭郡宜野座村前原

前浦貝塚　まえうらかいづか　縄文時代後・晩期
（所在地）茨城県稲敷市（旧・稲敷郡桜川村前浦）

前耕地遺跡　まえこうちいせき　弥生時代後期
（所在地）埼玉県さいたま市浦和区駒場1丁目

[11]前野町遺跡　まえのまちいせき, まえのちょういせき　弥生時代後期
（所在地）東京都板橋区前野町

[12]前塚古墳　まえづかこふん　5世紀中葉～後半頃
（所在地）大阪府高槻市岡本町

前隈古墳　まえくまやまこふん　5世紀前半
（所在地）佐賀県佐賀市大和町久池井

[16]前橋二子山古墳　まえばしふたごやまこふん　6世紀
（所在地）群馬県前橋市文京町2丁目
㉚天川二子山古墳, 二子山古墳

前橋八幡山古墳　まえばしはちまんやまこふん　古墳時代初頭
（所在地）群馬県前橋市朝倉町
㉚朝倉八幡山古墳, 八幡山古墳

前橋天神山古墳　まえばしてんじんやまこふん　4世紀終末期頃
（所在地）群馬県前橋市広瀬町1-27　㉔県指定史跡 (1970)
㉚天神山古墳, 後閑天神山古墳

前橋城　まえばしじょう　15世紀末～16世紀初頭頃
（所在地）群馬県前橋市大手町

【勅】

[6]勅旨古墳群　ちょくしこふんぐん　古墳時代後期
（所在地）滋賀県甲賀市信楽町勅旨　㉔県指定史跡 (1985)

[8]勅使塚　ちょくしづか　4世紀末
（所在地）富山県富山市婦中町羽根　㉔県指定史跡 (1965)
㉚勅使塚古墳

勅使塚古墳　ちょくしづかこふん　古墳時代初期
（所在地）茨城県行方市沖洲

勅使塚古墳　ちょくしづかこふん　4世紀末
（所在地）富山県富山市婦中町羽根
㉚勅使塚

勅使塚古墳　ちょくしづかこふん　7世紀前半
（所在地）石川県七尾市下町
㉚院内勅使塚古墳

【勇】

[11]勇猛山古墳群　ゆうもうざんこふんぐん　6世紀後半主体
（所在地）佐賀県武雄市北方町芦原

【南】

[3]南下古墳群　みなみしもこふんぐん　古墳時代終末期
（所在地）群馬県北群馬郡吉岡町南下

南三島遺跡　みなみみしまいせき　縄文時代中期・後期
（所在地）茨城県竜ケ崎市羽原

南大原遺跡　みなみおおはらいせき　縄文時代前期
（所在地）長野県中野市上今井字南大原

南大塚古墳群　みなみおおつかこふんぐん　7世紀後半
（所在地）埼玉県川越市豊田字中原

南大溜袋遺跡　みなみおおためぶくろいせき

遺跡・古墳よみかた辞典　323

旧石器時代～縄文時代移行期
[所在地]千葉県富里市七栄　[史]県指定史跡(1955)

南小泉遺跡　みなみこいずみいせき　弥生時代中期～古墳時代前期
[所在地]宮城県仙台市若林区南小泉

南山古墳　みなみやまこふん　古墳時代後期
[所在地]三重県伊勢市鹿海町南山

南山古墳　みなみやまこふん, なんざんこふん　7世紀中葉～後葉
[所在地]奈良県宇陀市榛原萩原字南山

南山古墳　みなみやまこふん　6世紀後半頃
[所在地]広島県府中市上下町　[史]県指定史跡(1989)

南山古墳群　みなみやまこふんぐん　古墳時代前・中期
[所在地]奈良県橿原市南山町

南山田遺跡　みなみやまだいせき　5世紀後半
[所在地]福島県郡山市田村町上行合字南山田

南川遺跡　みなみかわいせき　続縄文時代
[所在地]北海道久遠郡せたな町南川

[4]**南太閤山Ⅰ遺跡**　みなみたいこうやまいちいせき　縄文時代早期末～前期前葉期
[所在地]富山県射水市南太閤山

南天平塚古墳　みなみてんぴんずかこふん　5世紀後半
[所在地]大阪府豊中市桜塚

南方古墳　みなみがたこふん　7世紀中頃～後半
[所在地]長野県松本市里山辺

南方古墳群　みなみかたこふんぐん　5世紀前半～6世紀
[所在地]宮崎県延岡市天下町・大貫町・野地町・舞野町・吉野町・野田町・平田町　[史]国指定史跡(1943)

南方前池遺跡　みなみがたまえいけいせき　縄文時代～弥生時代
[所在地]岡山県赤磐市南方　[史]県指定史跡(1957)

南方遺跡　みなみがたいせき　弥生時代前・中期, 古墳時代前期
[所在地]岡山県岡山市北区南方

南比企(桜山)窯跡群　みなみひき(さくらやま)かまあとぐん　5世紀末～奈良・平安時代
[所在地]埼玉県東松山市大字田木字桜山
[別]桜山埴輪窯跡群

[5]**南加賀窯跡群**　みなみかがかまあとぐん　6世紀初頭～10世紀前半
[所在地]石川県小松市南東部～加賀市北東部

南加瀬貝塚　みなみかせかいずか　縄文時代前期～弥生時代
[所在地]神奈川県川崎市加瀬町字金山

南古墳　みなみこふん　6世紀後半
[所在地]茨城県行方市小高南

南平横穴墓群　みなみびらおうけつぼぐん　6世紀中頃～後半
[所在地]宮崎県西臼杵郡高千穂町大字押方字南平

[6]**南伝馬町**　みなみでんまちょう
[所在地]東京都中央区京橋
[文]『江戸名所図会』

南光古墳群　なんこうこふんぐん　古墳時代後期
[所在地]香川県善通寺市大麻町字岡

南向塚古墳　なんこうずかこふん　6世紀
[所在地]長野県長野市高田南向沖　[史]市指定史跡(1969)

南多摩窯跡群　みなみたまかまあとぐん　奈良時代, 平安時代
[所在地]東京都八王子, 町田市, 多摩市, 稲城市, 日野市

南州翁寓居跡　なんしゅうおうぐうきょあと　明治時代
[所在地]宮崎県延岡市北川町字俵野6727　[史]県指定史跡(1933)

南庄遺跡　みなみしょういせき　弥生時代前期～後期
[所在地]徳島県徳島市南庄町

南羽鳥古墳群　みなみはとりこふんぐん　6世紀中葉～7世紀前半
[所在地]千葉県成田市南羽鳥字高野

[7]**南町奉行所跡**　みなみまちぶぎょうしょあと　江戸時代
[所在地]東京都千代田区有楽町2-7～9 有楽町マリオン付近　[史]都指定旧跡(1955)

南谷　みなみだに
[所在地]山形県鶴岡市(旧・東田川郡羽黒町), 東田川郡庄内町(旧・立川町)
[文]芭蕉『おくのほそ道』

[8]**南学発祥地**　なんがくはっしょうち　室町時代
[所在地]高知県高知市春野町　[史]県指定史跡(1953)

南河原石塔婆　みなみかわらいしとうば　鎌

倉時代
- 所在地 埼玉県行田市南河原　史 国指定史跡（1928）

南法華寺　みなみほっけじ　文武朝（8世紀初頭）創建
- 所在地 奈良県高市郡高取町壺阪山
- 別 壺坂寺，壺阪寺

南阿田大塚山古墳　みなみあだおおつかやまこふん　6世紀前半
- 所在地 奈良県五条市南阿田大塚　史 県指定史跡（1981）
- 別 大塚山古墳

9**南条天神塚**　なんじょうてんじんずか　6世紀前半
- 所在地 長野県飯田市上郷飯沼天神塚3334-1 ほか
- 別 飯沼天神塚古墳，天神塚古墳，南条天神塚，雲彩寺古墳，飯沼雲彩寺古墳

南春日山墳墓群　みなみかすがやまふんぼぐん　3世紀
- 所在地 福井県吉田郡永平寺町松岡室

南洲墓地　なんしゅうぼち　明治13年（1880）
- 所在地 鹿児島県鹿児島市上竜尾町2　史 県指定史跡（1955）

南草木貝塚　みなみくさきかいづか　縄文時代～弥生時代
- 所在地 香川県三豊市仁尾町字南草木
- 別 南草木遺跡

南草木遺跡　みなみくさきいせき　縄文時代～弥生時代
- 所在地 香川県三豊市仁尾町仁尾乙431-1　史 県指定史跡（1975）
- 別 南草木貝塚

南風原陸軍病院壕（第1外科壕群・第2外科壕群）　はえばるりくぐんびょういんごう（だいいちげかごうぐん・だいにげかごうぐん）　昭和20年（1945）
- 所在地 沖縄県島尻郡南風原町字喜屋武字地真原・毛屋・大門原　史 町指定史跡（1990）

10**南原古墳**　みなみはらこふん　古墳時代前期
- 所在地 京都府長岡京市長法寺小字南原
- 別 長法寺南原古墳

南原遺跡　みなみはらいせき　古墳時代前期～後期，平安時代前半
- 所在地 埼玉県戸田市南町

南原遺跡　みなみはらいせき　縄文時代草創期
- 所在地 千葉県市原市中高根字南原

南宮神社経塚群　なんぐうじんじゃきょうずかぐん　年代不詳
- 所在地 岐阜県不破郡垂井町宮代　史 県指定史跡（1968）

南浦文之墓　なんぽぶんしのはか，なんぽぶんしのはか　江戸時代
- 所在地 鹿児島県姶良市加治木町　史 国指定史跡（1936）

南浦村古墳　みなみうらそんこふん　古墳時代
- 所在地 宮崎県延岡市熊野江町　史 県指定史跡（1942）

南高野古墳　みなみたかのこふん　6世紀後半
- 所在地 岐阜県揖斐郡池田町片山字南高野

南高野貝塚　みなみこうやかいづか　縄文時代中期・後期
- 所在地 茨城県日立市南高野町1-19　史 県指定史跡（1979）

11**南堀貝塚**　みなんぼりかいずか，なんぼりかいずか　縄文時代前期
- 所在地 神奈川県横浜市港北区南山田町山田西

南淵　みなぶち
- 所在地 奈良県高市郡明日香村稲淵
- 文 『万葉集』

南淵山　みなぶちやま
- 所在地 奈良県高市郡明日香村稲淵
- 文 『万葉集』，『日本書紀』

南笠古墳群　みなみがさこふんぐん，みなみかさこふんぐん　5世紀後半～5世紀末
- 所在地 滋賀県草津市南笠町

南郷古墳群　なんごうこふんぐん　古墳時代
- 所在地 石川県加賀市吸坂・南郷町
- 別 吸坂・南郷古墳群

南郷村古墳　なんごうそんこふん　古墳時代
- 所在地 宮崎県日南市南郷町大字渇上字欄山・内無田・別府・三本松　史 県指定史跡（1936）

南郷村古墳　なんごうそんこふん　古墳時代
- 所在地 宮崎県東臼杵郡美郷町南郷区神門字下名木・小路　史 県指定史跡（1936）

南郷遺跡群　なんごういせきぐん　古墳時代
- 所在地 奈良県御所市南郷・佐田・井戸・下茶屋・多田

南部坂　なんぶざか
- 所在地 東京都港区赤坂2-22辺り
- 文 講談・浪曲『南部坂 雪の別れ』

南部領伊達領境塚　なんぶりょうだてりょう

さかいずか　江戸時代
　[所在地]岩手県北上市,胆沢郡金ケ崎町　㊲国指定史跡(2000)

[12]南塚古墳　みなみずかこふん　6世紀
　[所在地]大阪府茨木市宿久庄

南富岡貝塚　みなみとみおかかいづか　縄文時代～弥生時代
　[所在地]福島県いわき市大字南富岡字真石
　㊵真石貝塚

南御山遺跡　みなみおやまいせき　弥生時代中期前半
　[所在地]福島県会津若松市門田町御山字中丸

南湖公園　なんここうえん　江戸時代
　[所在地]福島県白河市南湖　㊲国指定史跡(1924)

南滋賀町廃寺跡　みなみしがちょうはいじあと　白鳳時代～平安時代
　[所在地]滋賀県大津市南志賀　㊲国指定史跡(1957)
　㊵南滋賀廃寺址

南滋賀廃寺址　みなみしがはいじし　白鳳時代～平安時代
　[所在地]滋賀県大津市南志賀
　㊵南滋賀町廃寺跡

南滋賀遺跡　みなみしがいせき　弥生時代
　[所在地]滋賀県大津市南志賀1～3丁目・勧学1丁目

南越古窯跡群　なんえつこようせきぐん　古墳時代後期～奈良時代・平安時代,中世
　[所在地]福井県丹生郡越前町,福井市,越前市

[13]南禅寺　なんぜんじ　正応4年(1291)創始
　[所在地]京都府京都市左京区南禅寺福地町

南禅寺境内　なんぜんじけいだい　正応4年(1291)創始
　[所在地]京都府京都市左京区南禅寺福地町
　㊲国指定史跡(2005)

南禅院庭園　なんぜんいんていえん　鎌倉時代末
　[所在地]京都府京都市左京区南禅寺福地町
　㊲国指定史跡(1923)

[14]南境貝塚　みなみざかいかいづか　縄文時代中期～晩期
　[所在地]宮城県石巻市南境

南総中学遺跡　なんそうちゅうがくいせき　弥生時代～古墳時代
　[所在地]千葉県市原市古古田

南関御茶屋跡　なんかんおちゃやあと　嘉永5年(1852)完成
　[所在地]熊本県玉名郡南関町
　㊵豊前街道(南関御茶屋跡・腹切坂)

[15]南諏訪原遺跡　みなみすわはらいせき　縄文時代草創期・晩期,平安時代
　[所在地]福島県福島市松川町字南諏訪原

南養寺遺跡　なんようじいせき　縄文時代中期後半
　[所在地]東京都国立市谷保

【厚】

[6]厚地松山製鉄遺跡　あつちまつやませいてついせき　18世紀後半～19世紀前半
　[所在地]鹿児島県南九州市知覧町大字厚地字枦場・字河口及び字皆尾平　㊲県指定史跡(2002)

[7]厚見寺跡　あつみじあと　白鳳時代創建
　[所在地]岐阜県岐阜市寺町　瑞竜寺境内　㊲県指定史跡(1972)

[8]厚岸神岩砦跡及び竪穴群　あっけしかむいいわとりであとおよびたてあなぐん　続縄文時代～アイヌ文化期
　[所在地]北海道厚岸郡厚岸町大字別寒辺牛　㊲北海道指定史跡(1966)

【咲】

[9]咲畑貝塚　さきはたかいづか　縄文時代中期後葉
　[所在地]愛知県知多郡南知多町

【品】

[3]品川　しながわ
　[所在地]東京都品川区
　㊨北原白秋『桐の花』,恋川春町『金々先生栄花夢』

品川台場　しながわだいば　江戸時代
　[所在地]東京都港区台場　㊲国指定史跡(1926)

品川寺　ほんせんじ　伝・大同年間(806～810)
　[所在地]東京都品川区南品川3-5-17

[16]品濃一里塚　しなのいちりづか　江戸時代
　[所在地]神奈川県横浜市戸塚区品濃町・平戸町　㊲県指定史跡(1966)

【咸】

[8]咸宜園跡　かんぎえんあと　江戸時代後期～

9画（垣, 城）

明治時代
- 所在地 大分県日田市大字南豆田　指定 国指定史跡（1932）

【垣】

0 垣ノ島遺跡　かきのしまいせき　縄文時代
- 所在地 北海道函館市臼尻町　指定 国指定史跡（2011）

4 垣内古墳　かいちこふん　古墳時代前期
- 所在地 京都府南丹市園部町内林東畑

垣内田の池　かきつたのいけ
- 所在地 奈良県高市郡明日香村
- 参 『万葉集』

垣内遺跡　かいといせき　縄文時代中期後半〜後期前半
- 所在地 岐阜県高山市上野町垣内

5 垣生羅漢山横穴墓群　はぶらかんやまおうけつぼぐん　古墳時代後期
- 所在地 福岡県中間市大字垣生字羅漢山
- 別 垣生羅漢百穴

垣生羅漢百穴　はぶらかんひゃっけつ　古墳時代後期
- 所在地 福岡県中間市大字垣生字羅漢山　指定 県指定史跡（1957）
- 別 垣生羅漢山横穴墓群

6 垣吉D3号墳・B22号墳　かきよしでぃーさんごうふん・びーにじゅうにごうふん　古墳時代中期
- 所在地 石川県七尾市垣吉町

7 垣花城跡　かきのはなじょうあと　約600年以上前築城
- 所在地 沖縄県南城市玉城字垣花和名盤　指定 県指定史跡（1961）

22 垣籠古墳　かいごめこふん　5世紀
- 所在地 滋賀県長浜市垣籠町塚本

【城】

0 城・馬場遺跡　じょう・ばばいせき　縄文時代早期
- 所在地 熊本県球磨郡山江村大字山田字合戦ノ峰, 人吉市上鶴田町

城2号墳　じょうにごうふん　5世紀前半
- 所在地 熊本県宇土市上網田町字城

城が平横穴古墳　じょうがひらおうけつこふん　古墳時代後期
- 所在地 富山県高岡市福岡町舞谷　指定 県指定史跡（1965）
- 別 城が平横穴群, 城ケ平・馬場横穴墓群

城が平横穴群　じょうがひらよこあなぐん　古墳時代後期
- 所在地 富山県高岡市福岡町舞谷
- 別 城ケ平・馬場横穴墓群, 城が平横穴古墳

城の山　きのやま
- 所在地 福岡県筑紫野市原田, 佐賀県三養基郡基山町
- 参 『万葉集』

城の山古墳　じょうのやまこふん　古墳時代前期
- 所在地 兵庫県朝来市和田山町東谷字城の山

城の内遺跡　しろのうちいせき　弥生時代後期〜平安時代
- 所在地 長野県千曲市屋代

城の本古墳　しろのもとこふん　4世紀末〜5世紀初頭
- 所在地 熊本県上益城郡益城町大字寺迫字城ノ本

城ケ平・馬場横穴墓群　じょうがひら・ばばおうけつぼぐん　古墳時代後期
- 所在地 富山県高岡市福岡町舞谷
- 別 城が平横穴群, 城が平横穴古墳

城ケ谷古墳群　じょうがたにこふんぐん　5世紀中頃〜6世紀中頃
- 所在地 福岡県宗像市大字三郎丸字大田原

城ケ島　じょうがしま
- 所在地 神奈川県三浦市
- 参 北原白秋『城ケ島の雨』

城ノ下1号墳　じょうのしたいちごうふん　5世紀後半
- 所在地 広島県広島市佐伯区五日市町

城ノ山古墳　じょうのやまこふん　5世紀後葉
- 所在地 大阪府堺市北区百舌鳥西之町

城ノ台貝塚　しろのだいかいづか　縄文時代早期
- 所在地 千葉県香取市木内

城ノ越古墳　じょうのこしこふん　4世紀後半
- 所在地 熊本県宇土市栗崎町字城ノ越

城ノ越貝塚　じょうのこしかいづか　弥生時代
- 所在地 福岡県遠賀郡遠賀町
- 別 城ノ越遺跡

城ノ越遺跡　じょうのこしいせき　弥生時代
- 所在地 福岡県遠賀郡遠賀町
- 別 城ノ越貝塚

城ノ輪柵址　きのわさくし　奈良時代

遺跡・古墳よみかた辞典　327

9画（城）

所在地 山形県酒田市城輪
別 城輪柵遺跡，城輪柵跡

城ヶ岳古墳　じょうがたけこふん　5世紀後半
所在地 福井県あわら市中川

³城上の宮　きのえのみや
所在地 奈良県橿原市／奈良県北葛飾郡広陵町大字大塚・三吉
文 『万葉集』
別 城上の殯宮

城上の道　きのえのみち
所在地 奈良県橿原市／奈良県北葛城郡広陵町
文 『万葉集』

城山　きやま　飛鳥時代
所在地 香川県坂出市西庄町・川津町・府中町，丸亀市飯山町　国 国指定史跡（1951）
別 讃岐城山城址

城山　しろやま　南北朝時代以降
所在地 鹿児島県鹿児島市城山町　国 国指定史跡（1931）

城山1号墳　じょうやまいちごうふん　6世紀後半
所在地 千葉県香取市小見川

城山2号墳　しろやまにごうふん　古墳時代前期前半
所在地 奈良県香芝市別所字城山

城山古墳　しろやまこふん　5世紀中葉
所在地 福井県三方上中郡若狭町大鳥羽・長江

城山古墳　じょうやまこふん　古墳時代前期
所在地 静岡県島田市野田
別 鳥羽美・城山古墳

城山古墳　しろやまこふん　古墳時代中期
所在地 大阪府藤井寺市津堂
別 津堂城山古墳

城山古墳　しろやまこふん　古墳時代中期
所在地 奈良県北葛城郡河合町
別 大塚山古墳群（大塚山古墳・城山古墳・高山塚一号墳・高山塚二号墳・高山塚三号墳・高山塚四号墳・九僧塚古墳・丸山古墳）

城山古墳群　じょうやまこふんぐん　6～7世紀前半
所在地 千葉県香取市小見川

城山貝塚　しろやまかいづか　縄文時代後期～弥生時代前期
所在地 徳島県徳島市徳島町城内

城山窯跡群　しろやまかまあとぐん　5世紀後半～6世紀初め

所在地 愛知県尾張旭市城山町長池下

城山遺跡　じょうやまいせき　弥生時代ほか
所在地 長野県松本市蟻ヶ崎山腰

城山遺跡　しろやまいせき　奈良時代～平安時代
所在地 静岡県浜松市中区南伊場町，南区東若林町・若林町

⁴城之内遺跡　しろのうちいせき　縄文時代～戦国時代
所在地 岐阜県岐阜市長良城之内ほか

城之越遺跡　じょうのこしいせき，じょのこしいせき　古墳時代
所在地 三重県伊賀市比土・古郡　国 国指定史跡（1993）

城之腰遺跡　じょうのこしいせき　縄文時代中期後半～後期前半
所在地 新潟県小千谷市大字山谷字城之腰

城井1号掩体壕　じょういいちごうえんたいごう　昭和期
所在地 大分県宇佐市　市 市指定史跡（1995）

⁵城台洞穴遺跡　しろのだいどうけついせき　縄文時代早期
所在地 高知県高岡郡佐川町虎杖野字川の坂286

城生柵跡　じょうのさくあと　奈良時代中期頃～平安時代
所在地 宮城県加美郡加美町　国 国指定史跡（1979）
別 城生遺跡

城生遺跡　じょういせき　奈良時代中期頃～平安時代
所在地 宮城県加美郡加美町
別 城生柵跡

⁸城宝寺古墳　じょうほうじこふん　6世紀後半
所在地 愛知県田原市田原町稲田　県 県指定史跡（1975）

¹⁵城横穴墓群　じょうおうけつぼぐん　古墳時代後期
所在地 熊本県山鹿市城
別 城横穴群

城横穴群　じょうよこあなぐん　古墳時代後期
所在地 熊本県山鹿市城　県 県指定史跡（1959）
別 城横穴墓群

城輪柵跡　きのわさくあと，きのわのさくあと　奈良時代
所在地 山形県酒田市城輪　国 国指定史跡

328　遺跡・古墳よみかた辞典

（1932）
[別]城ノ輪柵址, 城輪柵遺跡

城輪柵遺跡　きのわのさくいせき　奈良時代
[所在地]山形県酒田市城輪
[別]城ノ輪柵址, 城輪柵跡

城遺跡　じょういせき　弥生時代
[所在地]岡山県倉敷市児島味野城2丁目・児島味野山田町

17城嶽貝塚　ぐすくだけかいずか　縄文時代後期・晩期
[所在地]沖縄県那覇市楚辺1丁目

【契】

7契沖旧庵（円珠庵）ならびに墓　けいちゅうきゅうあん（えんじゅあん）ならびにはか　江戸時代
[所在地]大阪府大阪市天王寺区空清町　[史]国指定史跡（1922）
[別]契沖旧庵跡, 円珠庵

【威】

8威奈大村墓　いなのおおむらぼ, いなのおおむらはか　奈良時代前期
[所在地]奈良県香芝市穴虫馬場

【姥】

0姥が池　うばがいけ
[所在地]東京都台東区花川戸
[文]『誹風柳多留 2』

姥ケ谷古墳　うばがだにこふん　古墳時代
[所在地]福井県坂井市三国町滝谷

姥ケ懐古墓　うばがふところこぼ　7世紀後半
[所在地]兵庫県神崎郡福崎町八千種・市川

姥ヶ沢埴輪窯跡群　うばがさわはにわかまあとぐん　6世紀初頭以前
[所在地]埼玉県熊谷市千代字姥ヶ沢

3姥山貝塚　うばやまかいずか　縄文時代中期・後期
[所在地]千葉県市川市柏井町　[史]国指定史跡（1967）

5姥石向古墳群　うばいしむかいこふんぐん　7世紀
[所在地]福島県相馬郡飯舘村伊丹沢

12姥塚　うばずか　6世紀後半頃
[所在地]山梨県笛吹市御坂町下井之上　[史]県指定史跡（1965）
[別]姥塚古墳

姥塚古墳　うばずかこふん　6世紀後半
[所在地]山梨県笛吹市御坂町井之上
[別]姥塚

16姥懐古墳　うばがふところこふん　古墳時代
[所在地]長野県中野市大字小田中字姥懐

【姿】

0姿の池　すがたのいけ
[所在地]奈良県大和郡山市
[文]『古今著聞集』
[別]菅田の池

【姨】

11姨捨山　おばすてやま
[所在地]長野県千曲市
[文]謡曲『姨捨』
[別]冠着山, 更級山

【孤】

17孤篷庵庭園　こほうあんていえん　江戸時代
[所在地]京都府京都市北区紫野大徳寺町　[史]国指定史跡（1924）

【客】

7客谷古墳群　きゃくだにこふんぐん　7世紀前半
[所在地]愛媛県松山市南江戸

【室】

0室の八島　むろのやしま
[所在地]栃木県栃木市惣社
[文]『千載和歌集 1』,『新古今和歌集 1』,『平治物語』

室の八島　むろのやしま
[所在地]千葉県, 茨城県, 埼玉県, 東京都, 栃木県
[文]『和歌初学抄』,『八雲御抄』, 芭蕉『おくのほそ道』

室の大墓　むろのおおはか, むろのおおばか　5世紀前半～中頃
[所在地]奈良県御所市室
[別]室大墓, 室宮山古墳, 宮山古墳

室の木古墳　むろのきこふん　7世紀前半
[所在地]神奈川県横浜市磯子区久木町

室の江　むろのえ
[所在地]和歌山県田辺市
[文]『大和物語』

3室上山　むろかみやま

9画（宣, 宥, 専, 屋）

　　所在地島根県江津市浅利
　　㊡『万葉集』
　　別屋上の山, 浅利富士, 小富士
　室大墓　むろのおおはか, むろのおおばか　5世紀前半〜中頃
　　所在地奈良県御所市室
　　別室宮山古墳, 室の大墓, 宮山古墳
　室川貝塚　むろかわかいづか　沖縄早期中頃〜中期（縄文前〜晩期相当）
　　所在地沖縄県沖縄市仲曽根室川原
　[4]室戸岬　むろとみさき
　　所在地高知県室戸市室戸崎町
　　㊡吉井勇『人間経』『風雪』
　[5]室本遺跡　むろもといせき　縄文時代晩期〜弥生時代前期
　　所在地香川県観音寺市室本町高室
　室生　むろう
　　所在地奈良県磯城郡田原本町
　　㊡『和名抄』
　室生寺　むろうじ　天武10年（681）創建
　　所在地奈良県宇陀市室生
　室生竜穴神社　むろうりゅうけつじんじゃ　創始年代不詳
　　所在地奈良県宇陀市室生
　[7]室谷洞穴　むろやどうけつ　縄文時代初頭
　　所在地新潟県東蒲原郡阿賀町
　　別室谷洞穴遺跡, 室谷洞窟
　室谷洞穴遺跡　むろやどうけついせき　縄文時代初頭
　　所在地新潟県東蒲原郡阿賀町
　　別室谷洞穴, 室谷洞窟
　室谷洞窟　むろやどうくつ　縄文時代初頭
　　所在地新潟県東蒲原郡阿賀町　㊨国指定史跡（1980）
　　別室谷洞穴遺跡, 室谷洞穴
　[9]室津　むろつ, むろのつ
　　所在地兵庫県たつの市御津町室津
　　㊡『万葉集』,『播磨国風土記』
　室津　むろつ
　　所在地高知県室戸市室戸町
　　㊡『土佐日記』
　　別室戸の津
　[10]室原　むろう
　　所在地奈良県宇陀市室生
　　㊡『万葉集』
　室宮山古墳　むろみややまこふん　5世紀前半〜中頃

　　所在地奈良県御所市室
　　別室大墓, 室の大墓, 宮山古墳
　室浜貝塚　むろはまかいづか　縄文時代
　　所在地宮城県東松島市宮戸島室浜
　　別宮戸島室浜貝塚

【宣】

[4]宣化天皇陵古墳　せんかてんのうりょうこふん　古墳時代後期前半
　　所在地奈良県橿原市鳥屋町見三才
　　別鳥屋ミサンザイ古墳

【宥】

[12]宥勝寺北裏埴輪窯址　ゆうしょうじきたうらはにわようし　古墳時代
　　所在地埼玉県本庄市北堀

【専】

[8]専念寺　せんねんじ
　　所在地東京都台東区東上野
　　㊡森鴎外『渋江抽斎』
[10]専修寺　せんじゅじ　鎌倉時代創建
　　所在地栃木県真岡市高田
　専修寺境内　せんじゅじけいだい　鎌倉時代創建
　　所在地栃木県真岡市高田　㊨国指定史跡（1967）

【屋】

[3]屋上の山　やかみのやま
　　所在地島根県江津市浅利
　　㊡『万葉集』
　　別屋上山, 浅利富士, 小富士
[4]屋中寺址　やちゅうじし　奈良時代前期
　　所在地滋賀県彦根市（旧・愛知郡稲枝町上岡部）
[7]屋形古墳群（珍敷塚古墳・鳥船塚古墳・古畑古墳・原古墳）　やかたこふんぐん（めずらしづかこふん・とりふねづかこふん・ふるはたこふん・はるこふん）　古墳時代後期
　　所在地福岡県うきは市吉井町　㊨国指定史跡（1953）
　屋我地運天原サバヤ貝塚　やがじうんてんばるさばやかいづか　沖縄貝塚時代中期〜後期
　　所在地沖縄県名護市字屋我地運天原　㊨県指定史跡（1956）

330　遺跡・古墳よみかた辞典

㋥運天原サバヤ貝塚

¹⁰屋島　やしま
　㊚香川県高松市屋島東町・屋島中町・屋島西町・高松町　㊥国指定史跡（1934）
　㋙謡曲『八島』,『平家物語』

屋島城　やしまのき　飛鳥時代
　㊚香川県高松市屋島

¹⁵屋敷山古墳　やしきやまこふん　5世紀
　㊚奈良県葛城市新庄　㊥国指定史跡（1972）
　㋥新庄屋敷山古墳

【昼】

⁹昼神車塚古墳　ひるがみくるまずかこふん　6世紀前半頃
　㊚大阪府高槻市古曽部町1丁目
　㋥車塚古墳

¹²昼飯大塚古墳　ひるいおおつかこふん　古墳時代前期
　㊚岐阜県大垣市昼飯町　㊥国指定史跡（2000）
　㋥大塚古墳

【屛】

⁹屛風坂　びょうぶざか
　㊚東京都台東区
　㋙『誹風柳多留 59』, 泉鏡花『絵日傘』

【峠】

⁰峠3号墳　とうげさんごうふん　7世紀初頭
　㊚岡山県総社市清音三因

⁵峠尻2号墳　とぎじりにごうふん　6世紀前半
　㊚兵庫県篠山市長安寺峠尻

【巻】

⁶巻向　まきむく
　㊚奈良県桜井市穴師・巻野内
　㋙『万葉集』
　㋥纏向

巻向の川　まきむくのかわ
　㊚奈良県桜井市
　㋙『万葉集』

巻向の檜原　まきむくのひばら
　㊚奈良県桜井市
　㋙『和歌初学抄』

⁷巻来の山　まききのやま
　㊚奈良県桜井市

㋙『万葉集』

【度】

⁶度会　わたらい
　㊚三重県度会郡
　㋙『万葉集』

【廻】

⁰廻り地A遺跡　めぐりじえーいせき　縄文時代中期末～後期初頭
　㊚茨城県竜ケ崎市馴馬

⁵廻田遺跡　めぐりだいせき　旧石器時代, 縄文時代
　㊚東京都東村山市廻田町4丁目

¹⁰廻原古墳群　めぐりはらこふんぐん　6世紀中頃以降
　㊚島根県松江市朝酌町字新山

¹²廻間遺跡　はさまいせき　古墳時代初頭
　㊚愛知県清須市廻間

【建】

⁴建仁寺　けんにんじ　建仁2年（1202）開創
　㊚京都府京都市東山区小松町

⁵建石遺跡　たていしいせき　縄文時代後・晩期
　㊚青森県西津軽郡鰺ヶ沢町建石字大平

⁸建昌城跡　けんしょうじょうあと　15世紀
　㊚鹿児島県姶良市西餅田字建昌城ほか
　㊥県指定史跡（2011）

建長寺庭園　けんちょうじていえん　鎌倉時代以降（江戸時代改修）
　㊚神奈川県鎌倉市山ノ内　㊥国指定史跡（1932）

建長寺境内　けんちょうけいだい　建長5年（1253）創建
　㊚神奈川県鎌倉市山ノ内　㊥国指定史跡（1966）

¹⁴建鉾山遺跡　たてほこやまいせき　古墳時代中期
　㊚福島県白河市表郷三森・表郷高木

【彦】

¹⁰彦根　ひこね
　㊚滋賀県彦根市
　㋙岡稲里『早春』, 与謝蕪村『新花摘』

彦根城跡　ひこねじょうあと　江戸時代
　㊚滋賀県彦根市金亀町・尾末町・城町

[史]国指定特別史跡（1956）

彦根藩主井伊家墓所　ひこねはんしゅいいけぼしょ　江戸時代
[所在地]滋賀県彦根市古沢町・東近江市永源寺高野町, 東京都世田谷区豪徳寺　[史]国指定史跡（2008）

[11]**彦崎貝塚　ひこざきかいずか**　縄文時代前期～晩期
[所在地]岡山県岡山市南区灘崎町　[史]国指定史跡（2008）

【後】

[2]**後二子古墳　うしろふたごこふん**　古墳時代後期
[所在地]群馬県前橋市西大室町
[別]後二子古墳ならびに小古墳

後二子古墳ならびに小古墳　うしろふたごこふんならびにしょうこふん　古墳時代後期
[所在地]群馬県前橋市西大室町　[史]国指定史跡（1927）
[別]後二子古墳, 小二子古墳

[3]**後山古墳　うしろやまこふん**　4世紀後半～5世紀前半
[所在地]福井県福井市小羽町
[別]御城山古墳, お城山古墳

[4]**後中尾遺跡　うしろなかおいせき**　弥生時代～古墳時代
[所在地]鳥取県倉吉市上米積字後中尾

後井古墳　ごいこふん　6世紀末～7世紀初頭
[所在地]山口県熊毛郡田布施町宿井　[史]県指定史跡（1978）
[別]秋葉古墳

[5]**後出古墳群　うしろでこふんぐん**　5世紀の後半
[所在地]奈良県宇陀市大宇陀守道

後田古墳群　うしろだこふんぐん　古墳時代
[所在地]福島県いわき市後田町源道平・植田町月山下

後田遺跡　うしろだいせき　旧石器時代～平安時代
[所在地]群馬県利根郡みなかみ町師字後田

[7]**後沢遺跡　うしろざわいせき**　弥生時代後期（箱清水式期）
[所在地]長野県佐久市小宮山後沢

後谷原横穴墓群　あとやはらおうけつぼぐん　古墳時代末期以降
[所在地]神奈川県中郡大磯町大磯小字後谷原

後谷遺跡　うしろやいせき　縄文時代後～晩期
[所在地]埼玉県桶川市赤堀

[11]**後野円山古墳群　うしろのまるやまこふんぐん**　5世紀後半
[所在地]京都府与謝郡与謝野町字温江小字尾ノ上・字後野小字嗎岡　[史]府指定史跡（1983）

後野遺跡　うしろのいせき　旧石器時代終末期
[所在地]茨城県ひたちなか市中根

[12]**後閑3号墳　ごかんさんごうふん**　6世紀初頭
[所在地]群馬県安中市下後閑字山王前

後閑天神山古墳　ごかんてんじんやまこふん　4世紀終末期頃
[所在地]群馬県前橋市後閑町坊山・広瀬町
[別]天神山古墳, 前橋天神山古墳

[13]**後楽園　こうらくえん**　元禄13年（1700）完成
[所在地]岡山県岡山市北区後楽園

[18]**後藤山古墳　ごとうやまこふん**　古墳時代後期
[所在地]兵庫県加西市倉谷町字芋畦122　[史]県指定史跡（1972）

後藤遺跡　ごとういせき　古墳時代後期
[所在地]栃木県栃木市藤岡町都賀字後藤

[19]**後瀬山　のちせやま, のちせのやま**
[所在地]福井県小浜市
[文]『万葉集』,『枕草子』
[別]後湍山

後瀬山城跡　のちせやまじょうあと　大永2年（1522）築城
[所在地]福井県小浜市伏原　[史]国指定史跡（1997）

【待】

[3]**待山1号墳　まちやまいちごうふん**　古墳時代
[所在地]千葉県長生郡一宮町一宮字待山

[8]**待乳山　まつちやま**
[所在地]東京都台東区浅草
[文]『万葉集』, 後鳥羽院『新古今和歌集 13』
[別]聖天山

待乳山　まつちやま
[所在地]奈良県五条市上野, 和歌山県橋本市
[文]『万葉集』

待乳山聖天　まつちやましょうでん
[所在地]東京都台東区浅草7-4-1
[文]幸田露伴『聖天様』
[別]待乳山聖天宮, 本竜院

9画（恒, 思, 扁, 指, 持, 拾, 故）

待乳山聖天宮　まつちやましょうでんぐう
所在地 東京都台東区浅草7-4-1
㋳ 幸田露伴『聖天様』
㋝ 待乳山聖天, 本竜院

[10]待兼山　まちかねやま
所在地 大阪府豊中市待兼山町
㋳ 太皇大后宮肥後『詞花和歌集1』, 周防内侍『新古今和歌集3』

待兼山古墳跡　まちかねやまこふんあと　4世紀中葉〜後半
所在地 大阪府豊中市待兼山町

【恒】

[3]恒川官衙遺跡　ごんがかんがいせき　7世紀後半〜10世紀前半
所在地 長野県飯田市座光寺恒川・高岡　㋲ 国指定史跡 (2014)

恒川遺跡群　ごんがいせきぐん　縄文時代早期〜平安時代
所在地 長野県飯田市座光寺恒川・高岡

【思】

[3]思川　おもいがわ
所在地 東京都台東区橋場
㋳ 幸田露伴『談水』

[10]思案橋　しあんばし
所在地 東京都中央区日本橋小網町
㋳ 永井荷風『日和下駄』

【扁】

[9]扁保曽塚古墳　へぼそずかこふん　4世紀後半頃
所在地 兵庫県神戸市東灘区本山村岡本マンパイ
㋝ へぼそ塚, ヘボソ塚古墳, 箆塚, 業平塚

【指】

[4]指月城　しずきじょう　慶長13年 (1608) 完成
所在地 山口県萩市堀内・北片河町・南片河町・平安古
㋝ 萩城跡

[6]指江古墳　さすえこふん　古墳時代終末期
所在地 鹿児島県出水郡長島町指江598　㋲ 県指定史跡 (1963)

[10]指扇貝塚　さしおうぎかいづか　縄文時代前期
所在地 埼玉県さいたま市西区指扇小字五味貝戸

指扇領主山内一唯一族の墓　さしおうぎりょ

うしゅやまのうちかずただいちぞくのはか　江戸時代
所在地 埼玉県さいたま市西区大字中釘1218
㋲ 市指定史跡 (1966)

[11]指宿遺跡　いぶすきいせき　縄文時代後期〜中世
所在地 鹿児島県指宿市十二町
㋝ 指宿橋牟礼川遺物包含地, 指宿橋牟礼川遺跡

指宿橋牟礼川遺物包含地　いぶすきはしむれがわいぶつほうがんち　縄文時代後期〜中世
所在地 鹿児島県指宿市十二町
㋝ 指宿遺跡, 橋牟礼川遺跡, 指宿橋牟礼川遺跡

指宿橋牟礼川遺跡　いぶすきはしむれがわいせき　縄文時代後期〜中世
所在地 鹿児島県指宿市十二町　㋲ 国指定史跡 (1924)
㋝ 指宿橋牟礼川遺物包含地, 指宿遺跡, 橋牟礼川遺跡

【持】

[5]持田古墳群　もちだこふんぐん　5〜6世紀
所在地 宮崎県児湯郡高鍋町　㋲ 国指定史跡 (1961)

持田遺跡　もったいせき　弥生時代中期〜古墳時代後期
所在地 神奈川県逗子市桜山

[7]持尾古墳群　もちおこふんぐん　古墳時代
所在地 大阪府南河内郡河南町持尾

[8]持松塚原古墳　もちまつつかばるこふん, もちまつつがばるこふん　古墳時代中期
所在地 熊本県山鹿市鹿央町持松　㋲ 県指定史跡 (1973)

【拾】

[5]拾生火葬墓　ひろおかそうぼ　飛鳥時代〜奈良時代
所在地 奈良県宇陀市大宇陀拾生

【故】

[8]故奈の白嶺　こなのしらね
所在地 群馬県吾妻郡
㋳『上野歌解』

故奈の白嶺　こなのしらね
所在地 石川県, 岐阜県

遺跡・古墳よみかた辞典　333

[文]『万葉集』
[別]白山

【政】

4政元城跡　まさもとじょうあと　中世
[所在地]岐阜県飛騨市神岡町
[別]江馬氏城館跡（下館跡・高原諏訪城跡・土城跡・寺林城跡・政元城跡・洞城跡・石神城跡）

8政所　まんどころ　鎌倉時代
[所在地]神奈川県鎌倉市雪ノ下3-1・2・3

政所京塚古墳　まんどころきょうずかこふん　7世紀中頃
[所在地]群馬県利根郡みなかみ町政所

政所馬渡遺跡　まどころまわたりいせき　縄文時代草創期～早期
[所在地]大分県竹田市荻町政所字馬渡

【春】

4春日大沢瓦窯跡　かすがおおさわがようせき　平安時代初期
[所在地]宮城県宮城郡利府町春日瓦焼場大沢
[別]大沢瓦窯址

春日大社　かすがたいしゃ　和銅3年（710）創始
[所在地]奈良県奈良市春日野町

春日大社南郷目代今西氏屋敷　かすがたいしゃなんごうもくだいいまにししやしき　中世
[所在地]大阪府豊中市浜　[史]国指定史跡（2009）

春日大社境内　かすがたいしゃけいだい　和銅3年（710）創始
[所在地]奈良県奈良市春日野町　[史]国指定史跡（1985）

春日山　かすがやま
[所在地]奈良県奈良市春日野町
[文]『万葉集』

春日山古墳　かすがやまこふん　古墳時代後期
[所在地]福井県吉田郡永平寺町松岡
[別]春日山古墳 附 泰遠寺山古墳出土石棺

春日山古墳　かすがやまこふん　5世紀前半頃
[所在地]大分県宇佐市大字川部字福勝寺
[別]福勝寺古墳

春日山古墳 附 泰遠寺山古墳出土石棺　かすがやまこふん つけたり たいおんじやまこふんしゅつどせっかん　古墳時代後期
[所在地]福井県永平寺町松岡室　[史]県指定史跡（1956）

春日山古墳群　かすがやまこふんぐん　古墳時代後期
[所在地]滋賀県大津市真野谷口町　[史]国指定史跡（1974）

春日山石窟仏　かすがやませっくつぶつ　平安時代後期
[所在地]奈良県奈良市高畑町　[史]国指定史跡（1924）

春日山城跡　かすがやまじょうあと　南北朝時代～慶長12年（1607）廃城
[所在地]新潟県上越市中屋敷・大豆・春日・春日山町・中門前　[史]国指定史跡（1935）

春日氏一族の墓　かすがしいちぞくのはか　江戸時代
[所在地]埼玉県さいたま市桜区大字大久保領家363, 緑区大字中野田1667　[史]市指定史跡（1968）

春日台遺跡　かすがだいいせき　縄文時代晩期前葉
[所在地]福岡県北九州市小倉南区大字徳力

春日町遺跡　かすがちょういせき　縄文時代前期
[所在地]北海道函館市春日町

春日野　かすがの
[所在地]奈良県奈良市春日野町・雑司町
[文]『万葉集』,『枕草子』
[別]飛火野

春日野大畠古墳群　かすがのおおばたけこふんぐん　7世紀前半
[所在地]石川県珠洲市春日野大畠

春木八幡山古墳　はるきはちまんやまこふん　古墳時代
[所在地]大阪府岸和田市春木八幡町

春王・安王の墓　はるおう・やすおうのはか　室町時代
[所在地]岐阜県不破郡垂井町　[史]県指定史跡（1968）

6春吉の眼鏡橋 附 石碑　はるよしのめがねばし つけたり せきひ　大正8年（1919）完成
[所在地]福岡県北九州市小倉南区大字春吉　[史]市指定史跡（1992）
[別]渡上橋

8春岱今尾窯跡　しゅんたいいまおかまあと　江戸時代

9画（是, 星, 栄）

㋔岐阜県海津市平田町今尾　㋛県指定史跡（1976）

春林院古墳　しゅんりんいんこふん　古墳時代前期
㋔静岡県掛川市吉岡

春雨庵跡　はるさめあんあと　寛永6年（1629）
㋔山形県上山市松山2-277ほか　㋛県指定史跡（1953）

[11]**春採台地竪穴群　はるとりだいちたてあなぐん　擦文時代**
㋔北海道釧路市春湖台　㋛国指定史跡（1935）

【是】

[3]**是川一王寺遺跡　これかわいちおうじいせき　縄文時代**
㋔青森県八戸市是川
㋬是川遺跡, 是川中居遺跡, 是川石器時代遺跡

是川中居遺跡　これかわなかいいせき　縄文時代
㋔青森県八戸市是川
㋬是川一王寺遺跡, 是川遺跡, 是川石器時代遺跡

是川石器時代遺跡　これかわせっきじだいいせき　縄文時代
㋔青森県八戸市是川　㋛国指定史跡（1957）
㋬是川一王寺遺跡, 是川遺跡, 是川中居遺跡

是川遺跡　これかわいせき　縄文時代
㋔青森県八戸市是川
㋬是川一王寺遺跡, 是川中居遺跡, 是川石器時代遺跡

【星】

[0]**星の宮神社古墳　ほしのみやじんじゃこふん　6世紀後半**
㋔栃木県下野市細谷

[3]**星川窯跡　ほしかわかまあと　6世紀前半～後半**
㋔静岡県掛川市大坂

[4]**星月夜ガ谷　ほしづきよがやつ**
㋔神奈川県鎌倉市坂ノ下

星月夜ノ井　ほしづきよのい　江戸時代・鎌倉十井の一
㋔神奈川県鎌倉市坂ノ下18-27

㋬星ノ井, 星月ノ井

[7]**星谷津遺跡　ほしのやついせき　旧石器時代**
㋔千葉県佐倉市岩富

[9]**星神社古墳　ほしじんじゃこふん　4世紀前半**
㋔茨城県常陸太田市小島町字本郷宮戸・清水　㋛県指定史跡（1996）
㋬諏訪山古墳

[11]**星崎　ほしざき**
㋔愛知県名古屋市南区星崎町
㋑飯尾宗祇『姉小路今神明百韻』, 芭蕉『笈の小文』

星野遺跡　ほしのいせき　旧石器時代～縄文時代
㋔栃木県栃木市星野町　㋛市指定史跡（1966）

[12]**星塚1・2号墳　ほしずかいち・にごうふん　古墳時代後期**
㋔奈良県天理市二階堂上之庄町
㋬星塚古墳群

星塚古墳　ほしずかこふん　6世紀前半
㋔奈良県天理市二階堂上之庄町

星塚古墳群　ほしずかこふんぐん　古墳時代後期
㋔奈良県天理市二階堂上之庄町
㋬星塚1・2号墳

[17]**星糞峠黒曜石原産地遺跡　ほしくそとうげこくようせきげんさんちいせき　縄文時代**
㋔長野県小県郡長和町　㋛国指定史跡（2001）
㋬鷹山黒耀石鉱山跡

【栄】

[3]**栄山寺行宮跡　えいざんじあんぐうあと　南北朝時代**
㋔奈良県五条市小島町　㋛国指定史跡（1938）

[6]**栄光院貝塚　えいこういんかいづか　縄文時代後期**
㋔埼玉県北葛飾郡松伏町大字築比地1747　㋛県指定史跡（1923）

[10]**栄根遺跡　さかねいせき　弥生時代～鎌倉時代**
㋔兵庫県川西市栄根2丁目・栄町27・28

栄浦第二遺跡　さかえうらだいにいせき　縄文時代晩期後半
㋔北海道北見市常呂町

栄浜1遺跡　さかえはまいちいせき　縄文時

代前～後期主体
[所在地]北海道山越郡八雲町

栄浜遺跡　さかえはまいせき　縄文時代
[所在地]北海道爾志郡乙部町栄浜

17**栄螺堂　さざえどう**
[所在地]東京都江東区大島
[文]大田蜀山人『巴人集』

【柿】

5**柿右衛門窯跡　かきえもんかまあと**　17世紀後半
[所在地]佐賀県西松浦郡有田町　[史]国指定史跡（1989）

7**柿谷古墳群　かきたにこふんぐん**　古墳時代後期
[所在地]徳島県板野郡上板町泉谷・引野

8**柿坪中山古墳群　かきつぼなかやまこふんぐん**　5世紀前半
[所在地]兵庫県朝来市山東町柿坪

柿岡丸山古墳群　かきおかまるやまこふんぐん　古墳時代
[所在地]茨城県石岡市柿岡
[別]丸山古墳群

10**柿原古墳群　かきばるこふんぐん**　5世紀前半～8世紀
[所在地]福岡県朝倉市柿原

11**柿崎　かきざき**
[所在地]新潟県上越市柿崎区柿崎
[文]小林一茶『おらが春』

12**柿塚古墳　かきずかこふん**　6世紀前半頃
[所在地]奈良県生駒郡平群町椹原字柿塚

【枯】

4**枯木宮貝塚　かれきのみやかいずか**　縄文時代晩期初頭
[所在地]愛知県西尾市巨海町若宮西5 寺津中学校　[史]県指定史跡（1983）

9**枯草坂古墳　かれくさざかこふん**　古墳時代終末期
[所在地]秋田県鹿角市十和田錦木字枯草坂

【柴】

2**柴又八幡神社古墳　しばまたはちまんじんじゃこふん**　6世紀後半
[所在地]東京都葛飾区柴又3丁目
[別]八幡神社古墳

柴又帝釈天　しばまたたいしゃくてん
[所在地]東京都葛飾区柴又7-10-3
[文]『誹風柳多留』
[別]帝釈天, 題経寺

3**柴山貝塚　しばやまかいずか**　縄文時代中期後葉
[所在地]石川県加賀市柴山町

柴山潟出村遺跡　しばやまがたでむらいせき　弥生時代中期
[所在地]石川県加賀市柴山小字出村

9**柴垣ヤッキャマ古墳　しばがきやっきゃまこふん**　5世紀前半
[所在地]石川県羽咋市柴垣町

柴垣古墳群　しばがきこふんぐん　古墳時代中期・後期
[所在地]石川県羽咋市柴垣町

柴屋寺庭園　さいおくじていえん　室町時代
[所在地]静岡県静岡市駿河区丸子　[史]国指定史跡（1936）

10**柴原A遺跡　しばはらえーいせき**　縄文時代前期～晩期
[所在地]福島県田村郡三春町大字柴原字柴原

11**柴崎蟹沢古墳　しばざきかにざわこふん**　5世紀初頭
[所在地]群馬県高崎市柴崎町蟹沢
[別]蟹沢古墳

【柔】

5**柔田津　にきたつ, にぎたつ, にきたず**
[所在地]愛媛県松山市三津浜
[文]『万葉集』
[別]熟田津

【染】

3**染川　そめかわ**
[所在地]福岡県太宰府市
[文]『伊勢物語』, 謡曲『藍染川』

4**染井村　そめいむら**
[所在地]東京都豊島区駒込
[文]河竹黙阿弥『日本晴伊賀報讐』

染井墓地　そめいぼち
[所在地]東京都豊島区駒込5-5-1
[文]森鴎外『渋江抽斎』
[別]染井霊園

染井霊園　そめいれいえん　明治5年（1872）開設
[所在地]東京都豊島区駒込5-5-1
[別]染井墓地

9画（栂, 栃, 柏）

⁶染寺　そめでら　飛鳥時代後半創建
　所在地 奈良県葛城市染野387
　別 石光寺

⁷染谷後生車古墳群　そめやごしょぐるまこふんぐん　6世紀後半〜7世紀前半
　所在地 茨城県石岡市染谷字後生車

【栂】

⁷栂尾　とがのお
　所在地 京都府京都市右京区梅ヶ畑栂尾町
　文 吉田兼好『徒然草』

【栃】

⁵栃本廃寺塔跡　とちもとはいじとうあと　白鳳時代
　所在地 鳥取県鳥取市国府町

栃本廃寺跡　とちもとはいじあと　8世紀前半創建
　所在地 鳥取県鳥取市国府町　文 国指定史跡（1935）

栃本関跡　とちもとのせきあと　戦国時代〜江戸時代
　所在地 埼玉県秩父市大滝　文 国指定史跡（1970）

⁷栃谷南遺跡　とちだにみなみいせき　奈良時代
　所在地 富山県富山市栃谷

¹⁰栃倉遺跡　とちぐらいせき　縄文時代中期
　所在地 新潟県長岡市金沢字大倉

栃原岩陰遺跡　とちはらいわかげいせき　縄文時代早期
　所在地 長野県南佐久郡北相木村　文 国指定史跡（1987）

【柏】

⁰柏ケ谷長ヲサ遺跡　かしわがやながをさいせき　旧石器時代, 縄文時代草創期
　所在地 神奈川県海老名市柏ヶ谷長ヲサ

³柏子所貝塚　かしこどころかいづか　縄文時代晩期前半
　所在地 秋田県能代市

柏山遺跡　かしわやまいせき　弥生時代中期
　所在地 福島県郡山市大槻町柏山

⁴柏木B遺跡　かしわぎびーいせき　縄文時代早期〜続縄文時代
　所在地 北海道恵庭市

柏木の森　かしわぎのもり
　所在地 奈良県
　文『一条摂政御集』

柏木川遺跡　かしわぎがわいせき　縄文時代中期〜擦文時代
　所在地 北海道恵庭市柏木

柏木古墳　かしわぎこふん　5世紀中頃
　所在地 兵庫県伊丹市柏木町1丁目

⁵柏台1遺跡　かしわだいいちいせき　旧石器時代
　所在地 北海道千歳市柏台

柏田遺跡　かしわだいせき　縄文時代後期, 古墳時代前期
　所在地 福岡県春日市大字上白水字柏田

⁷柏尾の大山道道標　かしおのおおやまみちどうひょう　江戸時代
　所在地 神奈川県横浜市戸塚区　文 市登録史跡（1989）

柏尾山経塚　かしおやまきょうづか, かしおさんきょうづか　平安時代末期
　所在地 山梨県甲州市勝沼町柏尾

柏尾廃寺跡　かしおはいじあと　伝・天平宝字年間（757〜765）創建
　所在地 岐阜県養老郡養老町柏尾表山　県指定史跡（1962）

柏谷百穴　かしやひゃっけつ, かしやひゃくあな　6世紀末頃〜8世紀前半
　所在地 静岡県田方郡函南町
　別 柏谷横穴群

柏谷横穴群　かしやよこあなぐん　6世紀末頃〜8世紀前半
　所在地 静岡県田方郡函南町　文 国指定史跡（1976）
　別 柏谷百穴

¹⁰柏原A-2号墳　かしはらえーにごうふん　6世紀
　所在地 福岡県福岡市南区柏原字後谷

柏原古墳群　かしわばらこふんぐん　8世紀中葉〜9世紀末
　所在地 秋田県雄勝郡羽後町大久保字柏原

柏原遺跡群　かしはらいせきぐん　旧石器時代〜中世
　所在地 福岡県福岡市南区柏原字荒谷

柏原藩陣屋跡　かいばらはんじんやあと　江戸時代
　所在地 兵庫県丹波市柏原町　文 国指定史跡（1971）

柏島石堤　かしわじませきてい　承応・明暦

遺跡・古墳よみかた辞典　337

9画（柊, 柄, 柳）

年間（1652〜57）施工
（所在地）高知県幡多郡大月町大堂字柏島　㋭県指定史跡（1953）

[11]**柏崎古墳群　かしわざきこふんぐん**　6世紀前半〜7世紀後半
（所在地）埼玉県東松山市大字柏崎

柏崎貝塚　かしわざきかいづか　弥生時代前期〜後期
（所在地）佐賀県唐津市鏡地区大字柏崎字石蔵
㋰柏崎遺跡

柏崎遺跡　かしわざきいせき　弥生時代前期〜後期
（所在地）佐賀県唐津市鏡地区大字柏崎字石蔵
㋰柏崎貝塚

柏野　かえの
（所在地）京都府京都市北区柏野
㋩『日本後紀』,『貫之集』

[13]**柏鉢城跡　かしわばちじょうあと**　戦国時代
（所在地）長野県長野市中条柏山里　㋭市指定史跡（2010）

[14]**柏熊古墳群　かしわくまこふんぐん**　古墳時代前期後半〜中期前半
（所在地）千葉県香取郡多古町南玉造字柏熊・台

柏窪遺跡　かしわくぼいせき　縄文時代中期初頭
（所在地）静岡県駿東郡長泉町上長窪柏窪

【柊】

[12]**柊塚古墳　ひいらぎずかこふん**　6世紀前半
（所在地）埼玉県朝霞市岡3丁目

【柄】

[3]**柄山古墳　からやまこふん**　4世紀末または5世紀初め
（所在地）岐阜県各務原市那加柄山　㋭県指定史跡（1957）

[4]**柄井川柳墓　からいせんりゅうのはか**　江戸時代
（所在地）東京都台東区蔵前4-36-7 竜宝寺
㋰初代柄井川柳墓

【柳】

[0]**柳ヶ浦　やなぎがうら**
（所在地）大分県宇佐市江須賀
㋩謡曲『清経』,『平家物語』

[2]**柳又遺跡　やなぎまたいせき**　縄文時代草創期

（所在地）長野県木曽郡木曽町開田高原

[3]**柳川　やながわ**
（所在地）福岡県柳川市
㋩宮柊二『日本挽歌』『独石馬』

[4]**柳之御所・平泉遺跡群　やなぎのごしょ・ひらいずみいせきぐん**　12世紀
（所在地）岩手県西磐井郡平泉町, 奥州市前沢区白鳥館・衣川区田中西　㋭国指定史跡（1997）
㋰柳之御所遺跡, 柳之御所跡, 平泉遺跡群, 白鳥舘遺跡, 長者ヶ原廃寺跡, 倉町遺跡

柳之御所跡　やなぎのごしょあと　12世紀
（所在地）岩手県西磐井郡平泉町平泉字柳御所
㋰柳之御所遺跡, 柳之御所・平泉遺跡群

柳之御所遺跡　やなぎのごしょいせき　12世紀
（所在地）岩手県西磐井郡平泉町平泉字柳御所
㋰柳之御所跡, 柳之御所・平泉遺跡群

柳井茶臼山古墳　やないちゃうすやまふん　4世紀末
（所在地）山口県柳井市柳井
㋰茶臼山古墳

[5]**柳本大塚古墳　やなぎもとおおつかこふん**　古墳時代前期
（所在地）奈良県天理市柳本町
㋰大塚古墳

柳本天神山古墳　やなぎもとてんじんやまこふん　3世紀後半
（所在地）奈良県天理市柳本町天神
㋰天神山古墳

柳本古墳群　やなぎもとこふんぐん　古墳時代前期
（所在地）奈良県天理市柳本・渋谷町

柳本櫛山古墳　やなぎもとくしやまこふん　古墳時代前期〜中期
（所在地）奈良県天理市柳本町
㋰櫛山古墳

柳田山伏山1号墳　やなぎだやまぶしやまいちごうふん　古墳時代後期
（所在地）石川県羽咋市柳田町

柳田古墳群　やなぎだこふんぐん　古墳時代
（所在地）石川県羽咋市柳田町

柳田布尾山古墳　やないだぬのおやまこふん　古墳時代前期
（所在地）富山県氷見市柳田　㋭国指定史跡（2001）

柳田遺跡　やなぎだいせき　縄文時代中期中葉

338　遺跡・古墳よみかた辞典

9画（柚, 枳, 柞, 段, 毘）

　所在地 山梨県甲州市塩山上粟生野

柳辻子　やなぎのずし
　所在地 神奈川県鎌倉市

[7]**柳沢遺跡　やなぎさわいせき**　縄文時代前期
　所在地 秋田県秋田市広面字柳沢

柳町遺跡　やなぎまちいせき　古墳時代前期
　所在地 熊本県玉名市大字河崎字柳町

柳谷古墳　やなぎだにこふん　6世紀末～7世紀初頭頃
　所在地 岡山県津山市瓜生原736

[8]**柳坪遺跡　やなぎつぼいせき**　縄文時代中期, 弥生時代中期～後期, 古墳時代前期・後期, 平安時代
　所在地 山梨県北杜市長坂町大八田

[10]**柳原　やなぎわら**
　所在地 東京都千代田区神田須田町・岩本町・東神田
　㊇『誹風柳多留拾遺 9』, 北原白秋『日ざかり』

[16]**柳橋　やなぎばし**
　所在地 東京都中央区東日本橋2-27-24・28-5, 台東区柳橋1-1-4・2-15
　㊇太田蜀山人『をみなえし』, 斎藤緑雨『油地獄』

[19]**柳瀬美仲墓　やなせびちゅうのはか**　江戸時代
　所在地 東京都台東区池之端1-2-5 教証寺内
　㊇都指定旧跡(1955)

【柚】

[4]**柚井遺跡　ゆいいせき**　奈良時代, 平安時代
　所在地 三重県桑名市多度町柚井

柚木山神古墳　ゆのきやまがみこふん, ゆのきやまのかみこふん　古墳時代前期
　所在地 静岡県静岡市葵区柚木～春日町3丁目
　㊇谷津山古墳

[10]**柚原古墳群　ゆはらこふんぐん**　古墳時代前期
　所在地 福島県南相馬市鹿島区江垂字柚原地内

【枳】

[9]**枳城跡　からたちじょうあと**　南北朝時代, 室町時代
　所在地 三重県松阪市小阿坂町坊谷・枳
　㊇阿坂城跡 附 高城跡・枳城跡

【柞】

[0]**柞の森　ははそのもり**
　所在地 京都府相楽郡精華町祝園字柞の森
　㊇『日本書紀』

【段】

[0]**段の塚穴　だんのつかあな**　古墳時代後期
　所在地 徳島県美馬市美馬町　㊇国指定史跡(1942)
　㊇段ノ塚穴古墳, 段の塚穴古墳

段の塚穴古墳　だんのつかあなこふん　古墳時代後期
　所在地 徳島県美馬市美馬町
　㊇段ノ塚穴古墳, 段の塚穴

段ノ塚古墳　だんのずかこふん　古墳時代終末期
　所在地 奈良県桜井市忍坂字段ノ塚
　㊇舒明天皇陵古墳, 押坂内陵, 段々塚

段ノ塚穴古墳　だんのつかあなこふん　古墳時代後期
　所在地 徳島県美馬市美馬町
　㊇段の塚穴古墳, 段の塚穴

[5]**段尻巻古墳　だんじりまきこふん**　7世紀前半～中頃
　所在地 岐阜県土岐市泉町
　㊇乙塚古墳 附 段尻巻古墳

[9]**段々塚　だんだんずか**　古墳時代終末期
　所在地 奈良県桜井市忍坂字段ノ塚
　㊇段ノ塚古墳, 舒明天皇陵古墳, 押坂内陵

[11]**段葛　だんかずら**　鎌倉時代以降
　所在地 神奈川県鎌倉市雪ノ下　㊇県指定史跡(1955)

[12]**段間遺跡　だんまいせき**　縄文時代中期後葉～近代
　所在地 静岡県賀茂郡河津町見高

【毘】

[7]**毘売塚古墳　ひめずかこふん**　古墳時代中期
　所在地 島根県安来市黒井田町字浜垣　㊇県指定史跡(1969)

毘沙門山古墳　びしゃもんやまこふん　5世紀末
　所在地 栃木県小山市中里　㊇県指定史跡(1957)

毘沙門洞穴　びしゃもんどうけつ　縄文時代～古墳時代
　所在地 神奈川県三浦市南下浦町

遺跡・古墳よみかた辞典　339

毘沙門洞窟弥生時代住居阯群　びしゃもんどうくつやよいじだいじゅうきょしぐん　弥生時代
[所在地]神奈川県三浦市南下浦町毘沙門字八浦原　[史]県指定史跡（1960）

毘沙門洞窟遺跡　びしゃもんどうくついせき　弥生時代〜古墳時代
[所在地]神奈川県三浦市南下浦町

毘沙門堂古墳　びしゃもんどうこふん　古墳時代中期
[所在地]宮城県名取市下増田杉ケ袋

毘沙門堂平一里塚　びしゃもんどうだいらいちりずか　江戸時代
[所在地]岩手県盛岡市玉山区藪川字逆川　[史]県指定史跡（1976）

【海】

0**海の中道遺跡**　うみのなかみちいせき　8世紀後半〜10世紀
[所在地]福岡県福岡市東区

海ノ中道　うみのなかみち
[所在地]福岡県福岡市東区
[文]若山牧水『みなかみ』

3**海上潟**　うなかみがた
[所在地]千葉県旭市, 銚子市
[文]『万葉集』

海上潟　うなかみがた
[所在地]千葉県市原市
[文]『万葉集』

4**海戸遺跡**　かいどいせき　縄文時代中期, 弥生時代後期, 古墳時代初期
[所在地]長野県岡谷市小尾口

5**海北塚古墳**　かいぼうずかこふん　6世紀後半
[所在地]大阪府茨木市福井

海石榴市　つばいち
[所在地]奈良県桜井市金屋
[文]『日本書紀』
[別]海柘榴市

6**海会寺跡**　かいえじあと　7世紀中頃
[所在地]大阪府泉南市信達大苗代　[史]国指定史跡（1987）

海老ケ作貝塚　えびがさくかいずか　縄文時代中期
[所在地]千葉県船橋市大穴町

海老山遺跡　えびやまいせき　旧石器時代終末期
[所在地]岐阜県加茂郡富加町高畠・海老山

海老瀬貝塚群　えびせかいずかぐん　縄文時代早期末〜前期初頭
[所在地]群馬県邑楽郡板倉町老瀬

海老瀬頼母子横穴墓群　えびせたのもしおうけつぼぐん　7世紀中頃以降
[所在地]群馬県邑楽郡板倉町海老瀬字頼母子

7**海住山寺**　かいじゅうせんじ　奈良時代建立
[所在地]京都府木津川市加茂町例幣

9**海柘榴市**　つばいち
[所在地]奈良県桜井市金屋
[文]『日本書紀』
[別]海石榴市

海津　かいず
[所在地]滋賀県高島市マキノ町
[文]藤原仲実『堀河後百首』,『義経記』

海津城　かいずじょう　戦国時代築城（松代城跡）, 1863年（文久3）築造（新御殿跡）
[所在地]長野県長野市松代町
[別]松代城跡 附 新御殿跡

10**海原古墳**　かいはらこふん　6世紀後半
[所在地]徳島県美馬市美馬町

海晏寺　かいあんじ
[所在地]東京都品川区南品川
[文]『誹風柳多留』

海竜王寺　かいりゅうおうじ　天平8年（736）創建
[所在地]奈良県奈良市法華寺北町897
[別]隅寺

【活】

12**活道**　いくじ
[所在地]京都府木津川市加茂町
[文]『万葉集』

活道　いくじ
[所在地]京都府相楽郡和束町
[文]大伴家持『万葉集 3』

【洲】

5**洲本**　すもと
[所在地]兵庫県洲本市
[文]『淡路国名所図会』

洲本城跡　すもとじょうあと　戦国時代〜幕末期
[所在地]兵庫県洲本市小路谷　[史]国指定史跡（1999）
[別]三熊城

9**洲俣**　すのまた

9画（浄，泉）

　所在地 岐阜県大垣市墨俣町
　文 『誹風柳多留』
　別 墨俣

[11]洲崎　すさき
　所在地 東京都江東区
　文 為永春水『春色梅児誉美』

洲崎の高灯籠　すさきのたかとうろう　享和2年(1802)建造
　所在地 福井県敦賀市川崎町　史 県指定史跡(1992)

洲崎神社　すさきじんじゃ
　所在地 東京都江東区東陽
　文 為永春水『春色梅児誉美』

洲崎館跡　すさきだてあと　長禄元年(1457)築城
　所在地 北海道檜山郡上ノ国町
　別 上之国館跡(花沢館跡・洲崎館跡・勝山館跡)

【浄】

[3]浄土寺　じょうどじ　天平勝宝元年(749)創建
　所在地 岡山県岡山市中区湯迫699　史 県指定史跡(1959)

浄土寺山古墳　じょうどじやまこふん　5世紀
　所在地 宮崎県延岡市大貫町浄土寺

[4]浄水寺　きよみずでら　10～15世紀
　所在地 石川県小松市八幡内

浄水寺址　じょうすいじし　奈良時代創建
　所在地 熊本県宇城市豊野町下郷

[6]浄光明寺　じょうこうみょうじ
　所在地 鹿児島県鹿児島市
　文 『三国名勝図会』

浄光明寺境内・冷泉為相墓　じょうこうみょうじけいだい・れいぜいためすけのはか
　浄光明寺：建長3年(1251)開山, 冷泉為相墓：南北朝時代
　所在地 神奈川県鎌倉市扇ガ谷　史 国指定史跡(1927)
　別 冷泉為相塔

[7]浄妙寺　じょうみょうじ　寛弘元年(1004)造営開始
　所在地 京都府宇治市木幡

浄妙寺境内　じょうみょうじけいだい　文治4年(1188)創建
　所在地 神奈川県鎌倉市浄明寺　史 国指定史跡(1966)

[8]浄法寺遺跡　じょうほうじいせき　縄文時代中期後半
　所在地 栃木県那須郡那珂川町浄法寺

[12]浄智寺境内　じょうちじけいだい　弘安4年(1281)創建
　所在地 神奈川県鎌倉市山ノ内　史 国指定史跡(1966)

浄閑寺　じょうかんじ
　所在地 東京都荒川区南千住
　文 泉鏡花『註文帳』

[13]浄楽寺・七ツ塚古墳群　じょうらくじ・ななつづかこふんぐん　5～6世紀
　所在地 広島県三次市高杉町　史 国指定史跡(1972)

[14]浄瑠璃寺　じょうるりじ　平安時代創建
　所在地 京都府木津川市加茂町西小

浄瑠璃寺庭園　じょうるりじていえん　平安時代頃
　所在地 京都府木津川市加茂町西小　史 国指定史跡(1985)

浄瑠璃坂　じょうるりざか
　所在地 東京都新宿区市谷砂土原町辺り
　文 直木三十五『敵討浄瑠璃坂』
　別 浄瑠璃坂の仇討の地跡

浄瑠璃坂の仇討の地跡　じょうるりざかのあだうちのちあと
　所在地 東京都新宿区市谷砂土原町辺り
　文 直木三十五『敵討浄瑠璃坂』
　別 浄瑠璃坂

[17]浄厳律師墓　じょうごんりっしのはか　江戸時代
　所在地 東京都台東区池之端2-5-30 妙極院内
　史 都指定史跡(1958)

【泉】

泉　いずみ
　所在地 京都府木津川市
　文 『続日本紀』,『蜻蛉日記』,『源氏物語』,『枕草子』

[0]泉ガ谷　いずみがやつ
　所在地 神奈川県鎌倉市扇ガ谷2丁目

泉ヶ森　いずみがもり　古代以降
　所在地 茨城県日立市水木町2-22-1　史 県指定史跡(1969)

泉ノ井　いずみのい　江戸時代・鎌倉十井の一
　所在地 神奈川県鎌倉市扇ガ谷2-18-8

遺跡・古墳よみかた辞典　341

3 **泉山磁石場跡**　いずみやまじせきばあと　江戸時代初期以降
[所在地]佐賀県西松浦郡有田町泉山
[別]肥前磁器窯跡（天狗谷窯跡・山辺田窯跡・原明窯跡・百間窯跡・泉山磁石場跡・不動山窯跡）

泉山遺跡　いずみやまいせき　縄文時代中期～晩期
[所在地]青森県三戸郡三戸町泉山字田ノ上

泉川　いずみがわ
[所在地]京都府木津川市
[文]『万葉集』，『源氏物語』
[別]泉河

5 **泉古墳群**　いずみこふんぐん　古墳時代中期～後期
[所在地]滋賀県甲賀市水口町泉

7 **泉沢石仏**　いずみさわせきぶつ　平安時代
[所在地]福島県南相馬市小高区泉沢
[別]大悲山磨崖仏, 薬師堂石仏 附 阿弥陀堂石仏, 観音堂石仏

泉沢貝塚　いずみざわかいずか　縄文時代後期・晩期
[所在地]宮城県石巻市北上町女川

8 **泉官衙遺跡**　いずみかんがいせき　7世紀末～10世紀後半
[所在地]福島県南相馬市原町区　[史]国指定史跡（2010）

泉岳寺　せんがくじ
[所在地]東京都港区高輪2-11-1
[文]『誹風柳多留』

泉河　いずみがわ
[所在地]京都府木津川市
[文]『万葉集』，『源氏物語』
[別]泉川

10 **泉竜寺遺跡**　せんりゅうじいせき　縄文時代前期・晩期
[所在地]新潟県十日町市

11 **泉崎横穴**　いずみざきよこあな　6世紀末～7世紀初頭
[所在地]福島県西白河郡泉崎村　[史]国指定史跡（1934）
[別]泉崎横穴墓

泉崎横穴墓　いずみざきおうけつぼ　6世紀末～7世紀初頭
[所在地]福島県西白河郡泉崎村
[別]泉崎横穴

泉貨居士の墓　せんかこじのはか　安土桃山時代
[所在地]愛媛県西予市野村町野村　[史]県指定史跡（1949）

12 **泉廃寺遺跡**　いずみはいじいせき　奈良時代, 平安時代
[所在地]福島県南相馬市原町区泉地内

13 **泉福寺洞穴**　せんぷくじどうけつ　後期旧石器時代
[所在地]長崎県佐世保市瀬戸越町
[別]泉福寺洞窟

泉福寺洞窟　せんぷくじどうくつ　後期旧石器時代
[所在地]長崎県佐世保市瀬戸越町　[史]国指定史跡（1986）
[別]泉福寺洞穴

15 **泉窯跡**　いずみかまあと　古墳時代中期
[所在地]滋賀県甲賀市水口町泉

【浅】

3 **浅川3号墳**　あさかわさんごうふん　4世紀後半～5世紀初頭
[所在地]岡山県岡山市東区浅川

4 **浅井11号墳**　あさいじゅういちごうふん　5世紀後半～6世紀初頭
[所在地]鳥取県西伯郡南部町浅井

浅井古墳群　あざいこふんぐん　天武朝前後～7世紀終わり
[所在地]愛知県一宮市浅井町尾関同者55外　[史]県指定史跡（1963）

5 **浅田3号墳**　あさださんごうふん　6世紀
[所在地]群馬県渋川市中郷字浅田

7 **浅沢小野**　あさざわおの
[所在地]大阪府大阪市住吉区墨江
[文]『八雲御抄』

8 **浅茅が原**　あさじがはら
[所在地]東京都台東区橋場
[文]鶴屋南北『隅田川花御所染』

浅茅山　あさじやま
[所在地]長崎県対馬市
[文]『万葉集』

浅茅浦　あさじのうら
[所在地]長崎県対馬市
[文]『万葉集』

9 **浅草**　あさくさ
[所在地]東京都台東区
[文]正岡子規『子規歌集』, 仮名草子『竹斎』

浅草広小路　あさくさひろこうじ

浅草寺　せんそうじ　推古天皇36年（628）
開創
（所在地）東京都台東区
㊄久保田万太郎『雷門以北』

浅草寺　せんそうじ　推古天皇36年（628）
開創
（所在地）東京都台東区浅草

浅草迷子しらせ石標　あさくさまいごしらせ
せきひょう　江戸時代（昭和32年再建）
（所在地）東京都台東区浅草2-3-1 浅草寺　㊄都
指定旧跡（1955）

浅草雷門　あさくさかみなりもん
（所在地）東京都台東区浅草2-3-1 浅草寺
㊄『誹風柳多留拾遺』

浅草橋　あさくさばし
（所在地）東京都台東区浅草橋・柳橋、中央区日本
橋馬喰町
㊄井原西鶴『好色一代男』、島崎藤村『新生』

浅香　あさか
（所在地）大阪府大阪市住吉区、大阪府堺市堺区浅
香山町
㊄『万葉集』

浅香の浦　あさかのうら
（所在地）大阪府大阪市住吉区、堺市堺区
㊄『万葉集』

浅香山　あさかやま
（所在地）福島県郡山市日和田
㊄『万葉集』、能『花筐』、芭蕉『おくの細道』
㊇安積山

[11]浅野川　あさのがわ
（所在地）石川県金沢市
㊄涼菟『山中集』
㊇麻野川

浅野内匠頭上屋敷跡　あさのたくみのかみか
みやしきあと　江戸時代
（所在地）東京都中央区明石町10・11付近
㊇赤穂藩江戸上屋敷跡、浅野内匠頭邸跡

浅野内匠頭切腹跡　あさのたくみのかみせっ
ぷくあと　江戸時代
（所在地）東京都港区新橋4-28-31付近　㊄都指
定旧跡（1955）
㊇田村家上屋敷跡

浅野内匠頭邸跡　あさのたくみのかみやしき
あと　江戸時代
（所在地）東京都中央区明石町10・11付近　㊄都
指定旧跡（1955）
㊇赤穂藩江戸上屋敷跡、浅野内匠頭上屋敷跡

浅野長矩墓および赤穂義士墓　あさのながの
りのはかおよびあこうぎしのはか　江戸
時代
（所在地）東京都港区高輪　㊄国指定史跡
（1922）

[12]浅葉野　あさばの
（所在地）埼玉県坂戸市大字浅羽
㊄『万葉集』

浅葉野　あさばの
（所在地）静岡県袋井市（旧磐田郡浅羽町）
㊄『万葉集』

浅間山　あさまやま
（所在地）群馬県吾妻郡嬬恋村、長野県北佐久郡軽
井沢町、長野県北佐久郡御代田町
㊄『日本紀略』，『伊勢物語』

浅間山1号墳　せんげんやまいちごうふん　5
世紀中葉～後葉期
（所在地）千葉県長生郡睦沢町下之郷字根崎

浅間山古墳　せんげんやまこふん　4世紀中頃
（所在地）栃木県足利市小曽根
㊇小曽根浅間山古墳

浅間山古墳　せんげんやまこふん　古墳時代
中期
（所在地）栃木県河内郡上三川町上神主字富士山台
㊇浅間神社古墳、上三川浅間山古墳、上神主
浅間神社古墳

浅間山古墳　せんげんやまこふん　4世紀後半
（所在地）栃木県芳賀郡芳賀町八ツ木

浅間山古墳　せんげんやまこふん　5世紀前半
（所在地）群馬県高崎市倉賀野町　㊄国指定史跡
（1927）

浅間山古墳　せんげんやまこふん　古墳時代
後期
（所在地）千葉県印旛郡栄町竜角寺大畑

浅間古墳　せんげんこふん　4世紀後半
（所在地）千葉県成田市堀籠字浅間
㊇堀篭浅間古墳

浅間古墳　せんげんこふん　4世紀後半
（所在地）静岡県富士市増川　㊄国指定史跡
（1957）
㊇浅間神社古墳

浅間古墳群　せんげんこふんぐん　6世紀前
半（3号墳）
（所在地）三重県松阪市立野町字口南戸

浅間神社古墳　せんげんじんじゃこふん　古
墳時代中期
（所在地）栃木県河内郡上三川町上神主字富士山台
㊇浅間山古墳、上三川浅間山古墳、上神主浅
間神社古墳

遺跡・古墳よみかた辞典

浅間神社古墳　せんげんじんじゃこふん　4世紀前半〜中頃
[所在地]千葉県君津市上新田字出崎ほか

浅間神社古墳　せんげんじんじゃこふん　6世紀後半
[所在地]千葉県香取市佐原イ
[別]仁井宿浅間神社古墳

浅間神社古墳　せんげんじんじゃこふん　4世紀後半
[所在地]静岡県富士市増川
[別]浅間古墳

浅間塚古墳　せんげんずかこふん　古墳時代前期
[所在地]茨城県潮来市上戸

浅間窯跡　せんげんかまあと　永禄年間（1558〜70）〜天正元年（1573）
[所在地]岐阜県可児市久々利柿下入会　[史]県指定史跡（1966）

【洗】

[7]**洗谷貝塚　あらいだにかいずか, あろうだにかいずか**　縄文時代後期前半
[所在地]広島県福山市水呑町洗谷字隋入

[10]**洗馬谷横穴墓群　せんばがやおうけつぼぐん**　7世紀終末〜8世紀
[所在地]神奈川県鎌倉市関谷

【津】

[0]**津の守坂　つのかみざか**
[所在地]東京都新宿区
[文]夏目漱石『それから』
[別]津守坂

津の国　つのくに
[所在地]大阪府, 兵庫県
[文]『日本書紀』,『能因歌枕』
[別]摂津国

津ノ森遺跡　つのもりいせき　弥生時代
[所在地]三重県熊野市有馬町字津ノ森

[3]**津久野　つくの**
[所在地]奈良県橿原市鳥屋町/奈良県桜井市多武峰口/奈良県高市郡明日香村
[文]『万葉集』

津山城跡　つやまじょうあと　元和2年（1616）完成
[所在地]岡山県津山市山下　[史]国指定史跡（1963）

津山藩主松平家菩提所泰安寺　つやまはんしゅまつだいらけぼだいしょたいあんじ
江戸時代
[所在地]岡山県津山市西寺町　[史]県指定史跡（2012）

[4]**津之江南遺跡　つのえみなみいせき**　旧石器時代〜中世
[所在地]大阪府高槻市津之江北町

津太の細江　つだのほそえ
[所在地]兵庫県姫路市飾磨区
[文]『万葉集』

[5]**津乎の崎　つおのさき**
[所在地]滋賀県
[文]『和名抄』

津古内畑遺跡　つこうちはたいせき　弥生時代
[所在地]福岡県小郡市大字津古字内畑

津古古墳群　つここふんぐん　4世紀後半頃
[所在地]福岡県小郡市津古

津古生掛古墳　つこしょうがけこふん　古墳時代前期
[所在地]福岡県小郡市津古字生掛

津田・西山古墳群　つだ・にしやまこふんぐん　5世紀末〜6世紀
[所在地]茨城県ひたちなか市津田字西山

津田山古墳　つだやまこふん　古墳時代前期
[所在地]愛媛県松山市北斎院

津田古墳群　つだこふんぐん　古墳時代前期〜中期初頭
[所在地]香川県さぬき市　[史]国指定史跡（2013）

津田永忠宅跡　つだながただたくあと　江戸時代
[所在地]岡山県備前市閑谷
[別]旧閑谷学校 附 椿山・石門・津田永忠宅跡及び黄葉亭

津田永忠墓　つだながただのはか　江戸時代
[所在地]岡山県和気郡和気町吉田
[別]岡山藩主池田家墓所 附 津田永忠墓

[6]**津守　つもり**
[所在地]大阪府大阪市西成区津守町
[文]『日本書紀』

津守坂　つのかみざか
[所在地]東京都新宿区
[文]夏目漱石『それから』
[別]津の守坂

津寺遺跡　つでらいせき　弥生時代〜古墳時代

[所在地]岡山県岡山市北区津寺字中屋

8津和野　つわの

[所在地]島根県鹿足郡津和野町

[文]宮柊二『独石馬』

津和野城跡　つわのじょうあと　永仁3年(1295)築城開始

[所在地]島根県鹿足郡津和野町　[史]国指定史跡(1942)

[別]三本松城, 蕗城

津門大塚古墳　つとおおつかこふん　古墳時代

[所在地]兵庫県西宮市津門

[別]大塚古墳

9津城跡　つじょうあと　安土桃山時代～江戸時代

[所在地]三重県津市丸之内5-1　[史]県指定史跡(2005)

津屋崎41号墳　つやざきよんじゅういちごうふん　5世紀中頃

[所在地]福岡県福津市勝浦

[別]勝浦峯ノ畑古墳

津屋崎古墳群　つやざきこふんぐん　5世紀前半～7世紀前半

[所在地]福岡県福津市勝浦・奴山・在自ほか　[史]国指定史跡(2005)

10津島牛頭天王　つしまごずてんのう

[所在地]愛知県津島市神明町

[文]『東海道名所図会』

津島遺跡　つしまいせき　弥生時代～古墳時代, 奈良時代, 平安時代, 中世末

[所在地]岡山県岡山市北区いずみ町　[史]国指定史跡(1971)

11津堂城山古墳　つどうしろやまこふん　古墳時代中期

[所在地]大阪府藤井寺市津堂

[別]城山古墳

津袋大塚古墳　つぶくろおおつかこふん　4世紀末

[所在地]熊本県山鹿市鹿本町津袋字大塚

[別]大塚古墳

津野親忠墓　あさのちかただのはか　安土桃山時代

[所在地]高知県香美市土佐山田町　[史]県指定史跡(1953)

12津軽　つがる

[所在地]青森県

[文]『日本書紀』, 石川啄木『忘れがたき人人』

津軽氏城跡（種里城跡・堀越城跡・弘前城跡）　つがるししろあと（たねさとじょうあと・ほりこしじょうあと・ひろさきじょうあと）　江戸時代初期～明治時代

[所在地]青森県弘前市下白銀町・西茂森町・新寺町・桶屋町・銅屋町・亀甲町・堀越・西津軽郡・鰺ヶ沢町　[史]国指定史跡(1952)

津軽屋敷　つがるやしき

[所在地]東京都墨田区

[文]森鴎外『渋江抽斎』

津雲貝塚　つくもかいずか, つぐもかいずか　縄文時代後期

[所在地]岡山県笠岡市西大島　[史]国指定史跡(1968)

【洞】

3洞山古墳群　どうやまこふんぐん　6世紀前半～7世紀末

[所在地]群馬県伊勢崎市五目牛町

洞山横穴墓群　ほらやまおうけつぼぐん　7世紀

[所在地]福島県須賀川市横田

4洞中古墳群　どうなかこふんぐん　6世紀中葉

[所在地]兵庫県篠山市曽地洞中

9洞城跡　ほらじょうあと　中世

[所在地]岐阜県飛騨市神岡町

[別]江馬氏城館跡（下館跡・高原諏訪城跡・土城跡・寺林城跡・政元城跡・洞城跡・石神城跡）

15洞窯跡　ほらかまあと　奈良時代末期～平安時代初期

[所在地]群馬県利根郡みなかみ町

【洋】

6洋式帆船建造地及び艦長プチャーチン宿所　ようしきはんせんけんぞうちおよびかんちょうぷちゃーちんしゅくしょ　江戸時代幕末期

[所在地]静岡県沼津市　[史]県指定史跡(1967)

【為】

8為松城　ためまつじょう　戦国期～江戸時代(元和期)

[所在地]高知県四万十市中村 為松公園内

[別]中村城跡

9画（炭, 狭, 狩, 狢, 珍, 甚, 畑, 発）

【炭】

[6]炭団坂　たどんざか
　所在地 東京都文京区本郷
　文 『誹風柳多留』

[10]炭釜横穴墓群　すみがまおうけつぼぐん　7〜8世紀
　所在地 宮城県柴田郡柴田町大字四日市場字炭釜
　他 町指定史跡（1969）

[12]炭焼古墳　すみやきこふん　古墳時代後期
　所在地 岐阜県土岐市泉町定林寺　他 県指定史跡（1956）

炭焼古墳群　すみやきこふんぐん　古墳時代後期
　所在地 愛知県豊川市東上町炭焼平　他 県指定史跡（1954）
　例 炭焼平古墳群

炭焼古墳群　すみやきこふんぐん　4世紀後半〜5世紀前葉
　所在地 福岡県筑紫郡那珂川町仲

炭焼平4号墳　すみやきびらよんごうふん　6世紀後葉以降
　所在地 愛知県豊川市東上町

炭焼平古墳群　すみやきびらこふんぐん　古墳時代後期
　所在地 愛知県豊川市東上町炭焼平
　例 炭焼古墳群

【狭】

[3]狭山池　さやまいけ　7世紀初め築造
　所在地 大阪府大阪狭山市狭山

[4]狭井川　さいがわ
　所在地 奈良県桜井市三輪
　文 『古事記』
　例 狭井河

狭井河　さいがわ
　所在地 奈良県桜井市三輪
　文 『古事記』
　例 狭井川

[10]狭残の行宮　ささのかりみや　8世紀
　所在地 三重県

[11]狭野　さの
　所在地 和歌山県新宮市佐野
　文 『平家物語』
　例 佐野

狭野の渡り　さののわたり
　所在地 和歌山県新宮市
　文 『万葉集』

[12]狭間古墳　はざまこふん　5世紀前半
　所在地 高知県南国市岡豊町小蓮狭間

狭間貝塚　はざまかいづか　縄文時代早期
　所在地 茨城県潮来市潮来狭間

[17]狭嶺島　さみねのしま
　所在地 香川県坂出市沙弥島
　文 『万葉集』

【狩】

[3]狩口台きつね塚古墳　かりぐちだいきつねづかこふん　古墳時代後期
　所在地 兵庫県神戸市垂水区狩口台7丁目

[11]狩野川　かのがわ
　所在地 静岡県沼津市
　文 『伊藤左千夫全短歌』

狩野探幽墓　かのうたんゆうのはか　江戸時代
　所在地 東京都大田区池上2-11-15 池上本門寺南之院　他 都指定旧跡（1955）

[12]狩勝峠　かりかちとうげ
　所在地 北海道空知郡南富良野町, 上川郡新得町
　文 前田夕暮『水源地帯』

【狢】

[7]狢沢遺跡　むじなざわいせき　縄文時代中期前半期
　所在地 長野県諏訪郡富士見町落合烏帽子

【珍】

[15]珍敷塚古墳　めずらしずかこふん　6世紀後半
　所在地 福岡県うきは市吉井町富永

【甚】

[2]甚九郎山古墳　じんくろうやまこふん　6世紀前半
　所在地 熊本県熊本市南区城南町沈目

[5]甚目寺　じもくじ　推古天皇5年（597）創建
　所在地 愛知県あま市甚目寺

【畑】

[7]畑沢埴輪窯跡　はたざわはにわかまあと　古墳時代
　所在地 千葉県木更津市畑沢字大関

【発】

[4]発心城跡　ほっしんじょうあと　戦国時代築城

346　遺跡・古墳よみかた辞典

9画（皆，皇，県，盾，相）

所在地 福岡県久留米市草野町・田主丸町，八女市上陽町上横山・下横山　㊛県指定史跡（1973）

発戸遺跡　ほっといせき　縄文時代後期
所在地 埼玉県羽生市発戸

[7]発志院遺跡　はっしいんいせき　弥生時代中期〜古墳時代中期
所在地 奈良県大和郡山市発志院町字神築田

【皆】

[3]皆川城址　みながわじょうし　永享年間（1429〜41）築城
所在地 栃木県栃木市皆川城内町2660ほか
㊛市指定史跡（1964）

[11]皆野大塚古墳　みなのおおつかこふん　6世紀
所在地 埼玉県秩父郡皆野町
㊛大塚古墳，円墳大塚古墳

【皇】

[3]皇子山古墳　おうじやまこふん　古墳時代前期
所在地 滋賀県大津市錦織　㊛国指定史跡（1974）

皇子塚古墳　おうじづかこふん　7世紀前半
所在地 群馬県藤岡市三ツ木字東原
㊛皇子塚古墳

[8]皇居内貝塚　こうきょないかいづか　縄文時代
所在地 東京都千代田区皇居旧本丸の西側

[12]皇塚古墳　おうづかこふん　7世紀前半
所在地 群馬県藤岡市三ツ木字東原
㊛皇子塚古墳

【県】

[0]県の井戸　あがたのいど
所在地 京都府京都市上京区
㊕『拾芥抄』，『大和物語』，『枕草子』

[5]県庁堀 附 漕渠　けんちょうぼり つけたり そうきょ　明治時代初期
所在地 栃木県栃木市入舟町　㊛県指定史跡（1996）

【盾】

[12]盾塚古墳　たてづかこふん　5世紀初頭頃
所在地 大阪府藤井寺市道明寺
㊛楯塚古墳

【相】

[0]相の谷1号墳　あいのたにいちごうふん　5世紀前半頃
所在地 愛媛県今治市伊賀相の谷
㊛相の谷古墳

相の谷2号墳　あいのたににごうふん　5世紀前半
所在地 愛媛県今治市伊賀相の谷

相の谷古墳　あいのたにこふん　5世紀前半頃
所在地 愛媛県今治市伊賀相の谷
㊛相の谷1号墳

相の谷古墳群杉谷支群　あいのたにこふんぐんすぎたにしぐん　古墳時代前期末〜中期
所在地 愛媛県今治市湊町2丁目字杉谷

[4]相内遺跡　あいのないいせき　旧石器時代
所在地 北海道北見市豊田

相方城跡　さがたじょうあと　17世紀前半
所在地 広島県福山市新市町　㊛県指定史跡（1995）

相水谷津横穴墓　そうずいやつおうけつぼ　古墳時代末期以降
所在地 群馬県安中市下秋間字相水谷津

[5]相生橋　あいおいばし
所在地 東京都江東区越中島，中央区佃
㊕大町桂月『東京遊行記』，長谷川時雨『東京開港』

相生橋　あいおいばし
所在地 東京都江東区深川・福住2丁目
㊕『御府内備考』

相田横穴墓群　あいたおうけつぼぐん　古墳時代末期以降
所在地 茨城県日立市小木津町相田

[8]相国寺　しょうこくじ　14世紀後期創建
所在地 京都府京都市上京区相国寺門前町

[10]相原山首遺跡　あいはらやまくびいせき　7〜8世紀
所在地 大分県中津市大字相原字山首

相島積石塚群　あいのしまつみいしつかぐん，あいのしまつみいしづかぐん　5世紀前半〜6世紀中頃中心
所在地 福岡県糟屋郡新宮町　㊛国指定史跡（2001）

相馬師常墓　そうまもろつねのはか　中世
所在地 神奈川県鎌倉市扇ガ谷2-10-28

相馬郡　そうまのこおり
所在地 千葉県，茨城県北相馬郡
㊕『平家物語』

9画（眉, 砂, 祝, 神）

[13]相楽山　さがらかやま
- 所在地 京都府木津川市
- 文 『万葉集』

[14]相模　さがみ
- 所在地 神奈川県
- 文 『古事記』

相模の市　さがみのいち
- 所在地 神奈川県
- 文 『四条宮下野集』

相模の海　さがみのうみ
- 所在地 神奈川県
- 文 賀茂真淵『賀茂翁家集』

相模大山　さがみおおやま
- 所在地 神奈川県
- 文 式亭三馬『浮世風呂』, 井原西鶴『一目玉鉾』
- 別 大山

相模川橋脚　さがみがわきょうきゃく　建久9年（1198）架橋
- 所在地 神奈川県茅ヶ崎市下町屋
- 別 旧相模川橋脚

相模国　さがみのくに
- 所在地 神奈川県
- 文 『万葉集』,『太平記』

相模国分尼寺跡　さがみこくぶんにじあと　奈良時代創建
- 所在地 神奈川県海老名市国分北　国 国指定史跡（1997）

相模国分寺跡　さがみこくぶんじあと　奈良時代創建
- 所在地 神奈川県海老名市国分南　国 国指定史跡（1921）

相模野基線北端点　さがみのきせんほくたんてん　明治時代
- 所在地 神奈川県相模原市南区麻溝台4-2099-2
- 国 市指定史跡（2001）

相模嶺　さがみね
- 所在地 神奈川県厚木市, 秦野市, 伊勢原市
- 文 『万葉集』
- 別 雨降山, 阿夫利山

【眉】

[3]眉山　びざん
- 所在地 徳島県徳島市眉山町
- 文 『阿波名所図会』

【砂】

[3]砂山横穴墓群　すなやまおうけつぼぐん　古墳時代
- 所在地 宮城県宮城郡七ヶ浜町湊浜字桝形囲

砂川A遺跡　すながわえーいせき　縄文時代後期後葉～晩期前葉
- 所在地 山形県鶴岡市砂川字山崎

砂川遺跡　すなかわいせき, すながわいせき　後期旧石器時代後半
- 所在地 埼玉県所沢市三ヶ島字砂川

[6]砂行1号墳　すぎょういちごうふん　5世紀前半
- 所在地 岐阜県関市下有知字砂行

[7]砂沢遺跡　すなざわいせき　縄文時代後期・晩期終末～弥生時代
- 所在地 青森県弘前市大字三和字下池神

[10]砂原陣屋跡　さわらじんやあと　江戸時代
- 所在地 北海道茅部郡森町砂原3丁目
- 別 東蝦夷地内部藩陣屋跡（モロラン陣屋跡・ヲシャマンベ陣屋跡・砂原陣屋跡）

[11]砂魚塚1号墳　はぜずかいちごうふん　6世紀
- 所在地 福岡県糸島市荻浦

【祝】

[6]祝吉御所跡　いわよしごしょあと　鎌倉時代
- 所在地 宮崎県都城市都町3420　国 県指定史跡（1934）

[10]祝島　いわいしま
- 所在地 山口県熊毛郡上関町
- 文 『万葉集』

祝梅三角山遺跡　しゅくばいさんかくやまいせき　旧石器時代
- 所在地 北海道千歳市祝梅2372

[11]祝堂古墳　いわいどうこふん　古墳時代終末期
- 所在地 群馬県伊勢崎市波志江1丁目

祝崎古墳群　いわいざきこふんぐん　5世紀後半
- 所在地 千葉県木更津市菅生字祝崎

【神】

[0]神の小浜　かみのおばま
- 所在地 和歌山県海南市
- 文 『万葉集』

神ノ木遺跡　かみのきいせき　縄文時代前期前半
- 所在地 長野県茅野市北山芹ヶ沢集落

348　遺跡・古墳よみかた辞典

9画（神）

神ノ崎古墳　かみのさきこふん　弥生時代前期〜古墳時代後期
所在地 長崎県北松浦郡小値賀町黒島神ノ崎

神ノ崎遺跡　かみのさきいせき　弥生時代〜古墳時代
所在地 長崎県北松浦郡小値賀町黒島神ノ崎
県指定史跡（1991）

[3]神子元島灯台　みこもとじまとうだい　明治3年（1870）竣工
所在地 静岡県下田市神子元島　国指定史跡（1969）

神子柴遺跡　みこしばいせき　晩期旧石器時代
所在地 長野県上伊那郡南箕輪村神子柴

神子埋古墳群　みこのめこふんぐん　5世紀
所在地 茨城県常総市篠山字神子女

神山　かみやま
所在地 京都府京都市北区
文 『和歌童蒙抄』

神山遺跡　かみやまいせき　後期旧石器時代
所在地 新潟県中魚沼郡津南町

神山遺跡　こうやまいせき　縄文時代〜中世
所在地 大阪府南河内郡河南町神山

[4]神之木台遺跡　かみのきだいいせき　縄文時代早〜中期，弥生時代後期
所在地 神奈川県横浜市神奈川区神之木台

神戸　こうべ
所在地 兵庫県神戸市
文 『太平記』

神戸の見付　かんべのみつけ　江戸時代
所在地 三重県鈴鹿市神戸8-166ほか　県指定史跡（1988）

神戸城跡　かんべじょうあと　天文年間（1532〜55）築城
所在地 三重県鈴鹿市神戸5-10ほか　県指定史跡（1937）

神戸銅鐸発掘地　かんべどうたくはっくつち　弥生時代中期
所在地 三重県津市神戸字木之根2465番2
県指定史跡（1937）

神方古墳　かみがたこふん　6世紀末〜7世紀初頭
所在地 長崎県北松浦郡小値賀町前方郷字相津

神毛1号墳　こうのけいちごうふん　6世紀中頃〜後半
所在地 岡山県真庭市日名
別 日名13号墳

[5]神功皇后陵古墳　じんぐうこうごうりょうこふん　4世紀後半〜5世紀初頭
所在地 奈良県奈良市山陵町字宮ノ谷
別 五社神古墳

神生貝塚　かみうかいづか　縄文時代中期〜後期
所在地 茨城県つくばみらい市神生

神田　かんだ
所在地 東京都千代田区
文 正岡子規『子規歌集』，幸田露伴『水の東京』

神田上水　かんだじょうすい　江戸時代
所在地 東京都

神田山古墳群　こうだやまこふんぐん　古墳時代
所在地 山口県山口市大内字上矢田

神田古墳　かんだこふん　7世紀中葉
所在地 静岡県磐田市

神田古墳群　じんでんこふんぐん　古墳時代前期
所在地 千葉県袖ケ浦市蔵波字西久保上

神田明神　かんだみょうじん
所在地 東京都千代田区外神田
文 野村胡堂『銭形平次捕物控』
別 神田神社

神田神社　かんだじんじゃ　伝・天平2年（730）創建
所在地 東京都千代田区外神田
別 神田明神

神田第二号墳　じんでんだいにごうこふん　古墳時代後期
所在地 広島県世羅郡世羅町　県指定史跡（1986）

神田遺跡　かんだいせき　縄文時代早期末〜後期
所在地 山口県下関市富任

神田橋　かんだばし
所在地 東京都千代田区
文 二葉亭四迷『浮雲』

神辺本陣　かんなべほんじん　延享5年（1748）建造
所在地 広島県福山市神辺町川北528　県指定史跡（1951）

神辺御領遺跡　かんなべごりょういせき　弥生時代前期〜後期
所在地 広島県福山市神辺町下御領

[6]神成横穴墓群　かんなりおうけつぼぐん　古

9画（神）

墳時代終末期
　所在地 福島県須賀川市大字仁井田字神成
　㊛市指定史跡（1963）

7 **神坂峠遺跡**　みさかとうげいせき　古墳時代中期～平安時代
　所在地 長野県下伊那郡阿智村　㊛国指定史跡（1981）

神社　かみやしろ
　所在地 三重県伊勢市
　㊨『伊勢参宮名所図会』

神花山古墳　じんがやまこふん　5世紀初頭
　所在地 山口県熊毛郡平生町佐賀字田名　㊛県指定史跡（1982）

神谷川弥生式遺跡　かやがわやよいしきいせき　弥生時代後期
　所在地 広島県福山市新市町　㊛県指定史跡（1948）
　㊋神谷川遺跡

神谷川遺跡　かやがわいせき　弥生時代後期
　所在地 広島県福山市新市町
　㊋神谷川弥生式遺跡

神谷内古墳群　かみやちこふんぐん　古墳時代前期
　所在地 石川県金沢市神谷内町

神谷作101号墳　かみやさくひゃくいちごうふん　6世紀中頃
　所在地 福島県いわき市神谷作

神谷作古墳群　かみやさくこふんぐん　5～7世紀
　所在地 福島県いわき市

神谷原遺跡　かみやはらいせき　縄文時代中期前半, 弥生時代終末期～古墳時代初頭
　所在地 東京都八王子市椚田町

8 **神並遺跡**　こうなみいせき　縄文時代～古墳時代
　所在地 大阪府東大阪市東石切町・西石切町・東山町

神奈川　かながわ
　所在地 神奈川県横浜市神奈川区台町
　㊨『誹風柳多留』

神奈川奉行所跡（戸部役所）　かながわぶぎょうしょあと（とべやくしょ）　江戸時代
　所在地 神奈川県横浜市神奈川県 西区　㊛市登録史跡（1994）

神奈川運上所跡　かながわうんじょうしょあと　安政6年（1859）設置
　所在地 神奈川県横浜市中区日本大通1　㊛市登録史跡（1994）

神奈備　かんなび
　所在地 奈良県高市郡明日香村
　㊨『万葉集』
　㊋神南備

神奈備山古墳　かんなびやまこふん　6世紀中葉
　所在地 福井県あわら市瓜生, 坂井市丸岡町坪江

神居古潭竪穴住居遺跡　かむいこたんたてあなじゅうきょいせき　擦文時代
　所在地 北海道旭川市神居町神居古潭　㊛北海道指定史跡（1957）
　㊋神居古潭遺跡

神居古潭竪穴住居群　かむいこたんたてあないせきぐん　擦文時代
　所在地 北海道旭川市神居町神居古潭

神居古潭遺跡　かむいこたんいせき　擦文時代
　所在地 北海道旭川市神居町神居古潭
　㊋神居古潭竪穴住居遺跡

神岡上古墳群　かみおかかみこふんぐん　古墳時代後期
　所在地 茨城県北茨城市関南町神岡上字岩穴口

神岳　かむおか
　所在地 奈良県高市郡明日香村雷
　㊨『万葉集』

神明ヶ谷の須恵器窯跡　しんめいがたにのすえきかまあと　平安時代後期
　所在地 福井県越前町小曽原　㊛県指定史跡（1966）

神明山1号墳　しんめいさんいちごうふん　古墳時代中期前葉
　所在地 静岡県静岡市清水区袖師町

神明山古墳　しんめいやまこふん　5世紀
　所在地 京都府京丹後市丹後町宮　㊛国指定史跡（1923）

神明寺古墳　しんめいじこふん　6世紀
　所在地 埼玉県さいたま市桜区大字塚本　㊛市指定史跡（1969）

神明貝塚　しんめいかいづか　縄文時代後期
　所在地 埼玉県春日部市

神明前　しんめいまえ
　所在地 東京都港区浜松町
　㊨田山花袋『東京の三十年』

神明神社古墳　しんめいじんじゃこふん　古墳時代後期
　所在地 埼玉県さいたま市南区関1-148-2ほか

神明宮第1号古墳　しんめいぐうだいいちごうこふん　古墳時代
所在地 愛知県岡崎市丸山町字宮山2の1　県指定史跡（1975）

神明遺跡　しんめいいせき　弥生時代後期，古墳時代中期，律令期
所在地 愛知県豊田市鴛鴨町神明

神松寺古墳　しんしょうじこふん　6世紀後半
所在地 福岡県福岡市城南区大字片江
神松寺御陵古墳

神門5号墳　ごうど5ごうふん　3世紀中葉～後葉
所在地 千葉県市原市惣社字神門・御屋敷ほか

神門古墳群　ごうどこふんぐん　3世紀中葉～後葉
所在地 千葉県市原市惣社字神門・御屋敷ほか
神門墳墓群

神門墳墓群　ごうどふんぼぐん　3世紀中葉～後葉
所在地 千葉県市原市惣社字神門・御屋敷ほか
神門古墳群

[9] **神保古墳群　じんぼこふんぐん　6～7世紀**
所在地 群馬県高崎市吉井町神保　市指定史跡（2001）

神前山古墳　かんざきやまこふん　5世紀後半
所在地 三重県多気郡明和町大字上村

神南備　かむなび
所在地 奈良県生駒郡斑鳩町
『平家物語』

神南備　かむなび
所在地 奈良県高市郡明日香村
『万葉集』
神奈備

神南備の森　かむなびのもり
所在地 奈良県
『古今和歌集』

神南備川　かむなびがわ
所在地 奈良県
『万葉集』

神指城　こうざしじょう　慶長5年（1600）築城
所在地 福島県会津若松市神指町

神泉苑　しんせんえん　平安時代
所在地 京都府京都市中京区御池通神泉苑町東入ル門前町　国指定史跡（1935）

[10] **神倉山経塚　かんのくらやまきょうづか　12世紀～17世紀（第1・2経塚）**
所在地 和歌山県新宮市

神原神社古墳　かんばらじんじゃこふん　4世紀中頃
所在地 島根県雲南市加茂町神原

神原遺跡　かんばらいせき　縄文時代
所在地 静岡県浜松市天竜区水窪町奥領家　市指定史跡（1980）

神宮山1号墳　じんぐうやまいちごうふん　4世紀
所在地 広島県広島市安佐南区緑井

神宮寺山古墳　じんぐうじやまこふん　4世紀末～5世紀初頭
所在地 岡山県岡山市北区北方　国指定史跡（1959）

神宮寺城跡　じんぐうじじょうあと　南北朝時代
所在地 茨城県稲敷市神宮寺830ほか　県指定史跡（1935）

神宮寺塚古墳　じんぐうじずかこふん　6世紀後半～7世紀初頭
所在地 栃木県真岡市根本字森ノ木

神宮寺遺跡　じんぐうじいせき　縄文時代早期
所在地 大阪府交野市神宮寺

神島　かみしま
所在地 岡山県笠岡市神ノ島
『万葉集』

神庭岩船山古墳　かんばいわふねやまこふん　5世紀
所在地 島根県出雲市斐川町神庭　県指定史跡（1968）

神流川合戦首塚　かんながわかっせんくびずか　天正10年（1582）
所在地 群馬県高崎市新町　市指定史跡（1980）

神通川　じんづうがわ
所在地 岐阜県，富山県
『二十四輩順拝図会』

[11] **神崎　かんざき**
所在地 兵庫県尼崎市神崎
『平家物語』，『太平記』

神崎樋門（石）　かんざきひもん（いし）　江戸時代
所在地 岡山県岡山市東区神崎町　市指定史跡（1965）

神崎遺跡　かんざきいせき　弥生時代後期

遺跡・古墳よみかた辞典　351

[所在地]神奈川県綾瀬市吉岡　[史]国指定史跡（2011）

神郷亀塚古墳　じんごうかめずかこふん　3世紀前半
[所在地]滋賀県東近江市長勝寺町
[別]亀塚古墳

神野向遺跡　かのむかいいせき　奈良時代〜平安時代前期
[所在地]茨城県鹿嶋市大字宮中

13神楽ガ岡　かぐらがおか
[所在地]京都府京都市左京区吉田神楽岡町
[文]『平治物語』，『太平記』
[別]神楽岡, 吉田山

神楽坂　かぐらざか
[所在地]東京都新宿区神楽坂
[文]夏目漱石『坊つちゃん』

神楽良の小野　ささらのおの
[所在地]奈良県橿原市
[文]『万葉集』

神楽岡　かぐらおか
[所在地]京都府京都市左京区吉田神楽岡町
[文]『平治物語』，『太平記』
[別]神楽ガ岡

神路山　かみじやま
[所在地]三重県伊勢市
[文]『太平記』

14神領6号墳　じんりょうろくごうふん　5世紀末
[所在地]鹿児島県曽於郡大崎町神領天子ヶ丘
[別]天子ヶ丘古墳

神領遺跡　じんりょういせき　弥生時代
[所在地]愛知県春日井市神領町字屋敷田1147

15神蔵古墳　かんのくらこふん　古墳時代前期
[所在地]福岡県朝倉市小隈

17神鍋遺跡　かんなべいせき　縄文時代草創期〜晩期
[所在地]兵庫県豊岡市

20神護寺　じんごじ　平安時代
[所在地]京都府京都市右京区梅ヶ畑高雄町

神護寺跡　じんごじあと　平安後期〜江戸時代
[所在地]長野県長野市豊野町石　[史]市指定史跡（2005）

22神籠池窯跡群　こうごいけかまあとぐん　5世紀後半〜6世紀初頭
[所在地]佐賀県佐賀市久保泉町大字川久保

【祖】

7祖谷高橋　いやのたかはし
[所在地]徳島県三好市
[文]『阿波名所図会』

祖谷蔓橋　いやのかずらはし
[所在地]徳島県三好市
[文]『阿波名所図会』

【祐】

4祐天上人墓　ゆうてんしょうにんのはか　江戸時代
[所在地]東京都目黒区中目黒5-24-53 祐天寺　[史]都指定旧跡（1955）

祐天寺　ゆうてんじ　享保7年（1722）開創
[所在地]東京都目黒区中目黒5-24-53

【秋】

3秋子沢遺跡　あきのこざわいせき　平安時代
[所在地]岩手県北上市二子町秋子沢

4秋月遺跡　あきずきいせき　弥生時代〜中世
[所在地]和歌山県和歌山市秋月

5秋田城跡　あきたじょうあと　奈良時代〜平安時代
[所在地]秋田県秋田市寺内　[史]国指定史跡（1939）

7秋里遺跡　あきさといせき　弥生時代中期〜中世
[所在地]鳥取県鳥取市秋里・江津

9秋津　あきず
[所在地]奈良県吉野郡吉野町
[文]『万葉集』
[別]秋津野

秋津　あきず
[所在地]和歌山県田辺市
[文]『万葉集』

秋津野　あきずの
[所在地]奈良県吉野郡吉野町
[文]『万葉集』
[別]秋津

10秋根遺跡　あきねいせき　古墳時代〜室町時代
[所在地]山口県下関市秋根

11秋常山1・2号墳　あきつねやまいち・にごうふん　古墳時代前期後半〜末
[所在地]石川県能美市寺井町秋常町
[別]秋常山古墳群

秋常山古墳群　あきつねやまこふんぐん　古

墳時代前期後半～末
- 所在地 石川県能美市寺井町秋常町
- 例 秋常山1・2号墳, 能美古墳群（寺井山古墳群・和田山古墳群・末寺山古墳群・秋常山古墳群・西山古墳群）

[12]秋塚古墳群　あきづかこふんぐん　7世紀
- 所在地 群馬県沼田市秋塚町字前原

秋葉大権現社　あきばだいごんげんしゃ
- 所在地 東京都墨田区向島
- 文 『誹風柳多留』, 大田蜀山人『俗耳鼓吹く』
- 例 秋葉神社

秋葉山古墳群　あきばやまこふんぐん　古墳時代初頭
- 所在地 神奈川県海老名市上今泉　史 国指定史跡（2005）

秋葉山社　あきばさんのやしろ
- 所在地 静岡県浜松市天竜区春野町
- 文 『東海道名所図会』
- 例 秋葉神社

秋葉古墳　あきばこふん　6世紀末～7世紀初頭
- 所在地 山口県熊毛郡田布施町宿井
- 例 後井古墳

[13]秋殿南古墳　あきどのみなみこふん　7世紀前半
- 所在地 奈良県桜井市大字浅古字秋殿

[17]秋篠　あきしの
- 所在地 奈良県奈良市秋篠町
- 文 上田秋成『四季二十紙』, 『太平記』

秋篠寺　あきしのでら　宝亀11年（780）開創
- 所在地 奈良県奈良市秋篠町

秋篠銅鐸出土地　あきしのどうたくしゅつどち　弥生時代中期
- 所在地 奈良県奈良市秋篠梅ヶ丘町

【笈】

[0]笈ヶ岳経塚　おいずるがたけきょうづか　鎌倉～室町時代
- 所在地 石川県白山市

[9]笈退の遺跡　おいしゃりのいせき　弘安4年（1281）一遍雨乞祈念
- 所在地 神奈川県相模原市南区当麻578ほか
- 例 無量光寺境内及び笈退の遺跡

【紀】

[0]紀の川　きのかわ
- 所在地 奈良県, 和歌山県
- 文 『万葉集』

紀の関　きのせき
- 所在地 大阪府阪南市/奈良県五条市, 和歌山県橋本市？/和歌山県伊都郡かつらぎ町
- 文 『万葉集』, 謡曲『鵺』

[3]紀三井寺　きみいでら　宝亀元年（770）創建
- 所在地 和歌山県和歌山市

[6]紀伊の温泉　きのゆ
- 所在地 和歌山県西牟婁郡白浜町
- 文 『日本書紀』

紀伊国　きいのくに, きのくに
- 所在地 和歌山県, 三重県南部
- 文 『万葉集』

紀伊国分寺跡　きいこくぶんじあと　奈良時代創建
- 所在地 和歌山県紀の川市東国分　史 国指定史跡（1928）

紀伊国坂　きのくにざか
- 所在地 東京都港区元赤坂
- 文 里見弴『多情仏心』

紀寺跡　きでらあと　白鳳時代創建
- 所在地 奈良県高市郡明日香村大字小山字木寺
- 例 小山紀寺址

[10]紀夏井邸跡　きのなついやしきあと　平安時代
- 所在地 高知県香南市野市町　史 県指定史跡（1953）

[12]紀道　きじ
- 所在地 和歌山県
- 文 『万葉集』
- 例 紀路

[13]紀路　きじ
- 所在地 和歌山県
- 文 『万葉集』
- 例 紀道

【紅】

[9]紅茸山古墳群　べにたけやまこふんぐん　古墳時代中期～後期前半
- 所在地 大阪府高槻市紅茸町

[12]紅葉山　もみじやま
- 所在地 東京都千代田区千代田
- 文 松浦静山『甲子夜話』

紅葉山遺跡　もみじやまいせき　縄文時代～擦文時代
- 所在地 北海道札幌市西区手稲前田, 石狩市花畔

【美】

³美山薩摩焼窯　みやまさつまやきがま　江戸時代
　所在地 鹿児島県日置市東市来町竈ノ平973・974　㊟県指定史跡(1996)

⁵美田遺跡　みだいせき　弥生時代後期
　所在地 徳島県徳島市上八万町星河内字美田

⁷美作国　みまさかのくに
　所在地 岡山県
　㊨『古今和歌集 20』,『伊勢集』

美作国分寺跡　みまさかこくぶんじあと　奈良時代創建
　所在地 岡山県津山市国分寺　㊟国指定史跡(2004)

美作国府　みまさかこくふ　和銅6年(713)創設
　所在地 岡山県津山市総社

美利河遺跡　びりかいせき　旧石器時代
　所在地 北海道瀬棚郡今金町　㊟国指定史跡(1994)
　㊔ピリカ遺跡

美努岡萬墓　みのおかまろぼ, みののおかまろはか　奈良時代
　所在地 奈良県生駒市萩原字竜王　㊟県指定史跡(1985)

美豆　みつ
　所在地 京都府京都市伏見区淀美豆町, 久世郡久御山町
　㊨西行『山家集』, 謡曲『芦刈』
　㊔美豆野

美豆の御牧　みずのみまき
　所在地 京都府京都市伏見区淀美豆町, 久世郡久御山町
　㊨『後拾遺和歌集 3』

美豆の森　みずのもり
　所在地 京都府京都市伏見区淀美豆町, 久世郡久御山町
　㊨『後撰和歌集 14』

美豆野　みずの
　所在地 京都府京都市伏見区淀美豆町, 久世郡久御山町
　㊨西行『山家集』, 謡曲『芦刈』
　㊔美豆

⁸美和山古墳群　みわやまこふんぐん　4世紀
　所在地 岡山県津山市二宮　㊟国指定史跡(1977)

美和古墳群　みわこふんぐん　古墳時代
　所在地 鳥取県鳥取市美和

美奈の瀬川　みなのせがわ
　所在地 神奈川県鎌倉市
　㊨『賀茂翁家集』

美弥良久　みねらく, みみらく
　所在地 長崎県五島市三井楽町
　㊨『肥前国風土記』

⁹美保の関　みほのせき
　所在地 島根県松江市美保関町
　㊨木下利玄『一路』, 島崎藤村『山陰土産』
　㊔三保関

美保神社　みほじんじゃ　創建年不詳
　所在地 島根県松江市美保関町美保関
　㊔美保両大明神, 関の明神

美祢良久の崎　みねらくのさき
　所在地 長崎県五島市三井楽町
　㊨『蜻蛉日記』

美々8遺跡　びびはちいせき　縄文時代～アイヌ文化期
　所在地 北海道千歳市美々

美々貝塚　びびかいづか　縄文時代前期
　所在地 北海道千歳市美々

美々貝塚北遺跡　びびかいづかきたいせき　縄文時代前期前半主体
　所在地 北海道千歳市美々

美々津町古墳　みみつちょうこふん　古墳時代
　所在地 宮崎県日向市美々津町字高松・霧島原　㊟県指定史跡(1937)

¹⁰美袁利の里　みおりのさと
　所在地 静岡県静岡市清水区
　㊨『万葉集』

¹¹美崎御岳　みさきおん　16世紀
　所在地 沖縄県石垣市字登野城　㊟県指定史跡(1956)

¹³美園古墳　みそのこふん　4世紀末葉
　所在地 大阪府八尾市美園町4丁目

美園遺跡　みそのいせき　縄文時代後期～近世
　所在地 大阪府八尾市美園町

¹⁴美旗古墳群　みはたこふんぐん　4世紀末～6世紀後半
　所在地 三重県名張市中村・新田・下小波田・上小波田　㊟国指定史跡(1978)

¹⁶美濃の小山　みののおやま
　所在地 岐阜県中津川市, 長野県下伊那郡阿智村
　㊨『伊勢集』,『御伽草子』

9画（耶, 胡, 胆, 背, 茨, 荏）

美濃の小山　みののおやま
　所在地　岐阜県不破郡垂井町
　文『伊勢集』,『御伽草子』
　別　南宮山

美濃ヶ浜遺跡　みのがはまいせき　縄文時代後期～古墳時代
　所在地　山口県山口市秋穂二島字田ノ尻

美濃山　みのやま
　所在地　岐阜県
　文　伊勢『新古今和歌集 15』

美濃山王塚古墳　みのやまおうつかこふん　古墳時代前期末～中期前葉
　所在地　京都府八幡市美濃山本郷
　別　王塚古墳

美濃山田寺址　みのさんでんじし　白鳳時代
　所在地　岐阜県各務原市蘇原寺島町
　別　山田寺跡

美濃国　みののくに
　所在地　岐阜県
　文『万葉集』, 宝井其角『五元集』

美濃国分寺跡　みのこくぶんじあと　奈良時代創建
　所在地　岐阜県大垣市青野町　国指定史跡（1921）

美濃国府跡　みのこくふあと　8世紀中頃～10世紀中頃
　所在地　岐阜県不破郡垂井町　国指定史跡（2006）

美濃金山城跡　みのかねやまじょうあと　戦国時代～織豊時代
　所在地　岐阜県可児市兼山町古城山　国指定史跡（2013）
　別　金山城跡

美濃長塚古墳　みのながつかこふん　4世紀末
　所在地　岐阜県大垣市矢道町権現前
　別　長塚古墳, 矢道長塚古墳

美濃派俳諧水上道場跡　美濃派俳諧句碑　みのははいかいみなかみどうじょうあと　みのははいかいくひ　江戸時代
　所在地　岐阜県本巣郡北方町北方　県指定史跡（1956）

【耶】

[10]耶馬渓　やばけい
　所在地　大分県中津市
　文　田山花袋『耶馬渓の一夜』

【胡】

[5]胡四王山遺跡　こしおうざんいせき　平安時代, 中世
　所在地　岩手県花巻市矢沢

[10]胡桃ガ谷　くるみがやつ
　所在地　神奈川県鎌倉市浄明寺4-9～23ヵ

胡桃館遺跡　くるみだていせき　平安時代
　所在地　秋田県北秋田市　市指定史跡（1978）

[11]胡麻沢古墳　ごまざわこふん　6世紀前半頃
　所在地　福島県東白川郡棚倉町祝部内

[15]胡摩手台16号墳　ごまてだいじゅうろくごうふん　6世紀末～7世紀初頭
　所在地　千葉県山武市戸田

【胆】

[7]胆沢城跡　いさわじょうあと　延暦21年（802）造営
　所在地　岩手県奥州市水沢区佐倉河　国指定史跡（1922）

【背】

[10]背振山　せぶりやま
　所在地　佐賀県, 福岡県
　文『今昔物語集』

【茨】

[4]茨木市将軍山古墳　いばらぎししょうぐんやまこふん　4世紀後半頃
　所在地　大阪府茨木市安威小字将軍
　別　将軍山古墳

[5]茨田池　まむたいけ　古代
　所在地　大阪府寝屋川市平池

茨田堤　まんだのつつみ, まんたつつみ　古代
　所在地　大阪府門真市

[9]茨城郡　うまらきのこおり
　所在地　茨城県（旧新治郡・東茨城郡・旧西茨城郡）
　文『常陸国風土記』

茨城廃寺跡　いばらきはいじあと　8世紀初頭
　所在地　茨城県石岡市小目代・貝地

【荏】

[3]荏子田横穴　えこだおうけつ　7世紀
　所在地　神奈川県横浜市青葉区　市指定史跡

遺跡・古墳よみかた辞典　355

9画（荊, 荒）

（1993）

⁵荏田宿常夜灯　えだしゅくじょうやとう　江戸時代
(所在地)神奈川県横浜市青葉区　㊗市登録史跡（1989）

⁹荏柄天神　えがらてんじん　長治元年（1104）創建
(所在地)神奈川県鎌倉市二階堂
㊙荏柄天神社

荏柄天神社境内　えがらてんじんしゃけいだい　長治元年（1104）創建
(所在地)神奈川県鎌倉市二階堂　㊗国指定史跡（2005）

¹⁰荏原古墳群　えばらこふんぐん　古墳時代前期〜後期
(所在地)東京都大田区田園調布・鵜の木, 世田谷区玉川学園毛町

荏原城跡　えばらじょうせき　中世
(所在地)愛媛県松山市恵原町　㊗県指定史跡（1950）
㊙恵原城, 会原城, 棚居城, 平岡城

¹¹荏野文庫土蔵　えなぶんこどぞう　江戸時代
(所在地)岐阜県高山市江名子町　㊗県指定史跡（1956）

【荊】

⁸荊波の里　やぶなみのさと
(所在地)富山県小矢部市礪中町藪波
㊃『万葉集』

【荒】

³荒久古墳　あらくこふん　7世紀前後
(所在地)千葉県千葉市中央区青葉町荒久

荒久遺跡　あらくいせき　14〜15世紀前半中心
(所在地)千葉県袖ケ浦市高谷

荒川　あらかわ
(所在地)埼玉県, 東京都
㊃幸田露伴『水の東京』

荒川遺跡1号墳　あらかわいせきいちごうふん　6世紀末
(所在地)徳島県美馬市美馬町荒川

⁴荒木　あらき
(所在地)三重県伊賀市（旧・上野市）
㊃『万葉集』

荒木　あらき
(所在地)奈良県五条市

㊃『万葉集』

荒木車塚古墳　あらきくるまづかこふん　4世紀後半頃
(所在地)三重県伊賀市荒木
㊙車塚古墳

荒毛遺跡　あらけいせき　縄文時代〜古墳時代
(所在地)熊本県人吉市下原田町字尾園・角ノ前・迫田

⁵荒田目条里遺跡　あつためじょうりいせき　奈良時代〜平安時代
(所在地)福島県いわき市平菅波字礼堂

⁷荒尾1号墳　あらおいちごうふん　6世紀前半
(所在地)岐阜県大垣市荒尾字中牧野

荒沢古窯跡　あらさわこようせき　平安時代
(所在地)山形県鶴岡市大荒
㊙須恵器窯跡

⁹荒城神社遺跡　あらきじんじゃいせき　縄文時代
(所在地)岐阜県高山市国府町宮地　㊗県指定史跡（1957）

荒屋古墳群　あらやこふんぐん　4〜6世紀
(所在地)石川県能美市荒屋町

荒屋敷貝塚　あらやしきかいづか　縄文時代中期前半〜後期
(所在地)千葉県千葉市若葉区貝塚町　㊗国指定史跡（1979）

荒屋遺跡　あらやいせき　旧石器時代末期細石器文化期
(所在地)新潟県長岡市西川口　㊗国指定史跡（2004）

荒海貝塚　あらみかいづか　縄文時代晩期終末
(所在地)千葉県成田市荒海字根田

荒津　あらつ
(所在地)福岡県福岡市中央区荒戸　西公園付近
㊃『万葉集』

荒神山古墳　こうじんやまこふん　古墳時代前期
(所在地)滋賀県彦根市日夏町・清崎町・三津屋町・石寺町　㊗国指定史跡（2011）

荒神山古墳群　こうじんやまこふんぐん　古墳時代前期
(所在地)滋賀県彦根市

荒神山遺跡　こうじんやまいせき　縄文時代中期
(所在地)長野県諏訪市湖南大熊小字荒神山

荒神谷遺跡　こうじんだにいせき　弥生時代
　所在地　島根県出雲市斐川町　国国指定史跡
　　（1987）
荒神塚古墳　こうじんづかこふん　5世紀前半
　所在地　岐阜県瑞浪市明世町戸狩字大洞1034
　例　戸狩荒神塚古墳
荒神森古墳　こうじんのもりこふん　古墳
　時代
　所在地　福岡県北九州市小倉南区大字曽根字市場
[10]荒島古墳群　あらしまこふんぐん　弥生時代
　後期～古墳時代前期
　所在地　島根県安来市荒島町・久白町　国国
　　指定史跡（1936）
荒砥東原遺跡　あらとひがしはらいせき　古
　墳時代前期
　所在地　群馬県前橋市下大屋町
荒砥富士山古墳　あらとふじやまこふん　7
　世紀末頃
　所在地　前橋市西大室813・885-1　国県指定史
　　跡（1997）
　例　富士山古墳
[11]荒船・東谷風穴蚕種貯蔵所跡　あらふね・あ
　ずまやふうけつさんしゅちょぞうしょあと
　明治期～昭和初期
　所在地　群馬県甘楽郡下仁田町、吾妻郡中之条町
　　国国指定史跡（2010）
[13]荒滝山城跡　あらたきさんじょうあと　16世
　紀中頃～後半
　所在地　山口県宇部市大字東吉部字城山北平140
　　の1・字城山東207の4及び字城山前平390の1
　　国県指定史跡（2008）
荒蒔古墳　あらまきこふん　古墳時代後期前
　半頃
　所在地　奈良県天理市荒蒔町
[17]荒磯海　ありそうみ
　所在地　富山県高岡市伏木港、氷見市
　文　『万葉集』
　例　有磯海
[19]荒蘭の崎　あらいのさき
　所在地　東京都大田区
　文　『万葉集』

【草】

[3]草山遺跡　くさやまいせき　古墳時代後半～
　平安時代後半、中世
　所在地　神奈川県秦野市曽屋
草山遺跡　くさやまいせき　弥生時代後期～
　古墳時代前期, 奈良～鎌倉時代
　所在地　三重県松阪市久保町・下村町
草川　くさかわ
　所在地　京都府京都市左京区
　文　正徹『永享九年正徹詠草』
[4]草刈古墳群　くさかりこふんぐん　5世紀初
　頭（1号墳）, 3世紀末～4世紀初頭（99号墳）
　所在地　千葉県市原市草刈字天神台ほか
草刈貝塚　くさかりかいづか　縄文時代中期
　主体
　所在地　千葉県市原市草刈字下切付・扇谷
草刈場貝塚　くさかりばかいづか　縄文時代
　中期末～後期
　所在地　千葉県千葉市若葉区貝塚町
草刈遺跡　くさかりいせき　古墳時代前期
　所在地　千葉県市原市草刈字六之台・字扇谷
草戸千軒町遺跡　くさどせんげんちょういせ
　き　中世・近世
　所在地　広島県福山市草戸町
[5]草加　そうか
　所在地　埼玉県草加市
　文　芭蕉『おくのほそ道』
[7]草花石器時代住居跡　くさはなせっきじだい
　じゅうきょあと　縄文時代中期
　所在地　東京都あきる野市（旧・秋川市草花）
　　国都指定旧跡（1955）
　例　草花遺跡
草花遺跡　くさはないせき　縄文時代中期
　所在地　東京都あきる野市（旧・秋川市草花）
　例　草花石器時代住居跡
[9]草津　くさつ
　所在地　群馬県吾妻郡草津町
　文　与謝野晶子『山のしづく』
草津　くさつ
　所在地　滋賀県草津市草津町
　文　近松門左衛門『道中双六』
草津　くさつ
　所在地　京都府京都市伏見区横大路草津町
　文　『山城名勝志』
草津宿本陣　くさつじゅくほんじん　江戸
　時代
　所在地　滋賀県草津市草津1丁目　国国指定史
　　跡（1949）
草香山　くさかやま
　所在地　大阪府, 奈良県
　文　『万葉集』
草香江　くさかえ

遺跡・古墳よみかた辞典　357

9画（荘, 茶）

　　所在地 大阪府大阪市
　　㊟『上田秋成 『毎月集』
11 **草深の唐樋門　くさぶかのからひもん　江戸時代**
　　所在地 広島県福山市沼隈町　㊟県指定史跡（1980）
草野貝塚　くさのかいずか　縄文時代後期
　　所在地 鹿児島県鹿児島市下福元町草野賀呂
12 **草場第2遺跡　くさばだいにいせき　弥生時代後期後半～古墳時代中期中頃**
　　所在地 大分県日田市大字渡里字本村
16 **草薙神社　くさなぎじんじゃ**
　　所在地 静岡県静岡市清水区草薙
　　㊟『古事記』, 『日本書紀』

【荘】

4 **荘内藩ハママシケ陣屋跡　しょうないはんはままましけじんやあと　江戸時代**
　　所在地 北海道石狩市浜益区柏木
　　㊙庄内藩ハママシケ陣屋跡
17 **荘厳浄土寺　しょうごんじょうどじ**
　　所在地 大阪府大阪市住吉区住吉
　　㊟『住吉名勝図会』

【茶】

0 **茶すり山古墳　ちゃすりやまこふん　5世紀前半**
　　所在地 兵庫県朝来市和田山町　㊟国指定史跡（2004）
6 **茶臼山1号墳　ちゃうすやまいちごうふん　古墳時代前期**
　　所在地 愛知県豊橋市石巻小野田町字下切田・引越
茶臼山古墳　ちゃうすやまこふん　6世紀後半
　　所在地 栃木県下都賀郡壬生町　㊟国指定史跡（1958）
　　㊙羽生田茶臼山古墳
茶臼山古墳　ちゃうすやまこふん　5世紀中葉～後半
　　所在地 群馬県伊勢崎市赤堀町
　　㊙赤堀茶臼山古墳
茶臼山古墳　ちゃうすやまこふん　5世紀前半期
　　所在地 群馬県太田市別所
　　㊙別所茶臼山古墳
茶臼山古墳　ちゃうすやまこふん　4世紀後半～終末期
　　所在地 群馬県富岡市南後箇
　　㊙北山茶臼山古墳
茶臼山古墳　ちゃうすやまこふん　5世紀後半
　　所在地 福井県福井市足羽市
　　㊙竜ケ岡古墳
茶臼山古墳　ちゃうすやまこふん　4世紀半ば
　　所在地 愛知県犬山市字青塚
　　㊙青塚古墳
茶臼山古墳　ちゃうすやまこふん　古墳時代前期
　　所在地 三重県松阪市清生町
　　㊙清生茶臼山古墳
茶臼山古墳　ちゃうすやまこふん　古墳時代後期
　　所在地 三重県亀山市井田川町字谷山
　　㊙井田川茶臼山古墳
茶臼山古墳　ちゃうすやまこふん　4世紀末～5世紀初頭
　　所在地 滋賀県大津市膳所平尾町・秋葉台・膳所雲雀丘町
　　㊙膳所茶臼山古墳, 茶臼山古墳・小茶臼山古墳
茶臼山古墳　ちゃうすやまこふん　4世紀後半
　　所在地 滋賀県長浜市東上坂町茶臼山
　　㊙長浜茶臼山古墳
茶臼山古墳　ちゃうすやまこふん　5世紀後半～中期
　　所在地 滋賀県近江八幡市安土町上出
　　㊙安土茶臼山古墳, 常楽寺山1号墳
茶臼山古墳　ちゃうすやまこふん　古墳時代前期後葉
　　所在地 京都府八幡市八幡荘佐々谷
　　㊙八幡茶臼山古墳
茶臼山古墳　ちゃうすやまこふん　5世紀中頃
　　所在地 大阪府大阪市天王寺区茶臼山町
　　㊙天王寺茶臼山古墳, 茶臼山古墳および河底池
茶臼山古墳　ちゃうすやまこふん　古墳時代前期
　　所在地 大阪府池田市五月丘1丁目
　　㊙池田茶臼山古墳
茶臼山古墳　ちゃうすやまこふん　古墳時代前期
　　所在地 奈良県桜井市外山
　　㊙桜井茶臼山古墳
茶臼山古墳　ちゃうすやまこふん　6世紀前半
　　所在地 奈良県生駒郡三郷町勢野474
　　㊙勢野茶臼山古墳

9画(茶)

茶臼山古墳 ちゃうすやまこふん 3世紀後半～4世紀
- (所在地)岡山県岡山市北区尾上・吉備津
- (別)中山茶臼山古墳

茶臼山古墳 ちゃうすやまこふん 古墳時代前期
- (所在地)岡山県岡山市中区赤坂南新町
- (別)網浜茶臼山古墳

茶臼山古墳 ちゃうすやまこふん 古墳時代前期中葉
- (所在地)岡山県岡山市中区湊
- (別)湊茶臼山古墳

茶臼山古墳 ちゃうすやまこふん 古墳時代前期
- (所在地)岡山県岡山市東区浅川・浦間
- (別)浦間茶臼山古墳

茶臼山古墳 ちゃうすやまこふん 古墳時代中期末
- (所在地)岡山県瀬戸内市長船町牛文
- (別)牛文茶臼山古墳

茶臼山古墳 ちゃうすやまこふん 古墳時代後期
- (所在地)山口県山口市白石1丁目

茶臼山古墳 ちゃうすやまこふん 4世紀末
- (所在地)山口県柳井市柳井 (国)国指定史跡(1948)
- (別)柳井茶臼山古墳

茶臼山古墳 ちゃうすやまこふん 古墳時代前期
- (所在地)香川県高松市前田西町・東山崎町・新田町
- (別)高松市茶臼山古墳

茶臼山古墳 ちゃうすやまこふん 古墳時代前期
- (所在地)香川県坂出市八幡町,綾歌郡宇多津町茶臼山
- (別)田尾茶臼山古墳

茶臼山古墳 ちゃうすやまこふん 4世紀後葉
- (所在地)香川県坂出市河津町連雀
- (別)蓮尺茶臼山古墳

茶臼山古墳 ちゃうすやまこふん 5世紀前半
- (所在地)香川県さぬき市大川町
- (別)大川茶臼山古墳,富田茶臼山古墳

茶臼山古墳 ちゃんやまこふん 4世紀後半
- (所在地)熊本県宇土市松山町字南河内

茶臼山古墳・小茶臼山古墳 ちゃうすやまこふん・こちゃうすやまこふん 4世紀末～5世紀初頭
- (所在地)滋賀県大津市膳所平尾町・秋葉台・膳所雲雀丘町 (国)国指定史跡(1921)
- (別)膳所茶臼山古墳,茶臼山古墳,小茶臼山古墳

茶臼山古墳および河底池 ちゃうすやまこふんおよびかわぞこいけ 5世紀中頃
- (所在地)大阪府大阪市天王寺区茶臼山町 (府)府指定史跡(1972)
- (別)天王寺茶臼山古墳

茶臼山古墳群 ちゃうすやまこふんぐん 5世紀後半～6世紀中葉
- (所在地)石川県能美市
- (別)下開発茶臼山古墳群

茶臼山古墳群 ちゃうすやまこふんぐん 6世紀後半以降
- (所在地)福井県越前市沢町・岡本町・千福町 (県)県指定史跡(1953)

茶臼山古墳群 ちゃうすやまこふんぐん 6世紀前後
- (所在地)三重県鈴鹿市中瀬古町大塚・唐立

茶臼山遺跡 ちゃうすやまいせき 旧石器時代
- (所在地)長野県諏訪市上諏訪

茶臼原古墳群 ちゃうすばるこふんぐん 5世紀前半～中葉(春日地区)
- (所在地)宮崎県西都市茶臼原・穂北 (国)国指定史跡(1973)

茶臼塚古墳 ちゃうすづかこふん 5世紀後半
- (所在地)栃木県小山市大字鏡

茶臼塚古墳 ちゃうすづかこふん 6世紀後半
- (所在地)埼玉県さいたま市大宮区三橋4-499ほか

茶臼塚古墳 ちゃうすづかこふん 4世紀後半頃
- (所在地)大阪府柏原市大字国分1655

茶臼塚古墳 ちゃうすづかこふん 古墳時代後期
- (所在地)福岡県八女市大字宅間田字ウト

茶臼塚古墳 ちゃうすづかこふん 5世紀後葉
- (所在地)福岡県朝倉市
- (別)小田茶臼塚古墳

茶臼館跡 ちゃうすだてあと 平安時代,中世
- (所在地)秋田県能代市檜山字茶臼館
- (別)檜山安東氏城館跡(檜山城跡・大館跡・茶臼館跡)

茶屋辻横穴群 ちゃやつじおうけつぐん 6世紀中葉～後半(上段)
- (所在地)静岡県掛川市杉谷

9画（茗、要、貞、軍、逆、退、追、重）

茶柄山古墳群　ちゃがらやまこふんぐん　5世紀中頃〜後半
　所在地 長野県飯田市松尾久井

茶毘志山古墳　ちゃびしやまこふん　5世紀後半〜末
　所在地 福岡県北九州市小倉南区大字貫字原
　別 市指定史跡（1971）

[12]茶塚古墳　ちゃづかこふん　古墳時代前期
　所在地 山梨県甲府市下曽根町
　別 かんかん塚古墳

茶焙山古墳　ちゃほやまこふん　6世紀前半
　所在地 茨城県筑西市上野字東郷

茶筅塚古墳　ちゃせんづかこふん　4世紀後半
　所在地 佐賀県小城市小城町　別 県指定史跡（1992）

[13]茶園原遺跡　ちゃえんばるいせき　旧石器時代後期
　所在地 佐賀県多久市多久町下鶴

【茗】

[10]茗荷谷　みょうがだに
　所在地 東京都文京区
　文 『誹風柳多留91』、永井荷風『日和下駄』

【要】

[10]要害山　ようがいさん　永正16年（1519）築城
　所在地 山梨県甲府市上積翠寺町　別 国指定史跡（1991）

要害古墳　ようがいこふん　4世紀中葉以前
　所在地 山形県東村山郡山辺町大字要害字黒板

【貞】

[3]貞丸古墳　さだまるこふん　7世紀前半頃
　所在地 広島県三原市本郷町　別 県指定史跡（1949）

貞丸第二号古墳　さだまるだいにごうこふん　7世紀前半
　所在地 広島県三原市本郷町　別 県指定史跡（1950）

【軍】

[10]軍配山古墳　ぐんばいやまこふん　4世紀後半頃
　所在地 群馬県佐波郡玉村町角淵字軍配山巡
　別 町指定史跡（1966）

【逆】

[3]逆川橋　さかさがわばし、さかがわばし　江戸時代・鎌倉十橋の一
　所在地 神奈川県鎌倉市大町

[4]逆井城跡　さかさいじょうせき　戦国時代末期築城
　所在地 茨城県坂東市逆井1234　別 県指定史跡（1985）

[9]逆面城跡　さかずらじょうあと　室町時代築城
　所在地 栃木県宇都宮市逆面　別 市指定史跡（1970）

【退】

[15]退蔵院庭園　たいぞういんていえん　室町時代
　所在地 京都府京都市右京区花園妙心寺町
　別 国指定史跡（1931）

【追】

[4]追分古墳　おいわけこふん　4世紀前半
　所在地 滋賀県草津市追分町中尾

追分古墳　おいわけこふん　5世紀前半頃
　所在地 佐賀県武雄市北方町志久字追分

追分・中野横穴墓群　おいど・なかのおうけつぼぐん　7世紀後半〜8世紀中心、11〜12世紀頃まで使用
　所在地 宮城県遠田郡涌谷町小塚字追戸沢・小塚字中野
　別 追戸横穴墓群、中野横穴墓群

追戸横穴墓群　おいどおうけつぼぐん　7世紀後半〜8世紀中心、11〜12世紀頃まで使用
　所在地 宮城県遠田郡涌谷町小塚字追戸沢
　別 町指定文化財
　別 追戸・中野横穴墓群

【重】

[5]重立山古墳群　しげたてやまこふんぐん　5世紀後半
　所在地 福井県福井市重立町・間山町、吉田郡永平寺町吉野・小畑

[8]重定古墳　しげさだこふん　6世紀後半
　所在地 福岡県うきは市浮羽町
　別 楠名・重定古墳

[10]重留遺跡　しげとめいせき　弥生時代中・後期
　所在地 福岡県北九州市小倉南区重住1-1037

[史]県指定史跡（2002）

重留遺跡　しげどめいせき　5世紀末～6世紀初め

[所在地]福岡県福岡市早良区重留

【面】

15**面影山古墳群　おもかげやまこふんぐん**　古墳時代中期

[所在地]鳥取県鳥取市大杙・桜谷・雲山・東今在家

面影橋　おもかげばし

[所在地]東京都新宿区西早稲田, 豊島区高田

[文]田山花袋『生』, 壺井栄『岸うつ波』

面縄貝塚　おもなわかいずか　縄文時代相当期～8世紀

[所在地]鹿児島県大島郡伊仙町面縄

面縄貝塚群　おもなわかいずかぐん　縄文時代相当期（第2・4・5）, 弥生時代～古墳時代相当期（第1・3）

[所在地]鹿児島県大島郡伊仙町面縄

【革】

11**革堂　こうどう**　寛弘元年（1004）創建

[所在地]京都府京都市中京区行願寺門前町

【韋】

14**韋駄天山墳墓　いだてんやまふんぼ**　14～15世紀前半

[所在地]新潟県胎内市平木田

[別]奥山荘城館遺跡

【音】

4**音戸瀬戸　おんどのせと**

[所在地]広島県呉市

[文]『鹿苑院殿厳島詣記』, 『山水奇観』（山陽奇勝）

6**音如ヶ谷瓦窯跡　おんじょがだにかわらがまあと**　奈良時代

[所在地]京都府木津川市相楽台7丁目

[別]奈良山瓦窯跡（歌姫瓦窯跡・音如ヶ谷瓦窯跡・市坂瓦窯跡・梅谷瓦窯跡・鹿背山瓦窯跡）

音江遺跡　おとえいせき　縄文時代後期～晩期

[所在地]北海道深川市音江町

[別]音江環状列石

音江環状列石　おとえかんじょうれっせき　縄文時代後期～晩期

[所在地]北海道深川市音江町　[史]国指定史跡（1956）

[別]音江遺跡

音羽の滝　おとわのたき

[所在地]京都府京都市東山区清水1丁目 清水寺境内

[文]十返舎一九『東海道中膝栗毛』

音羽山　おとわやま

[所在地]京都府京都市東山区山科小山町

[文]『古今和歌集』

[別]牛尾山

音羽山　おとわやま

[所在地]京都府京都市東山区清水1丁目

[文]十返舎一九『東海道中膝栗毛』

音羽古墳群　おとわこふんぐん　古墳時代後期

[所在地]滋賀県高島市音羽

音羽城跡　おとわじょうあと　応仁・文明年間（1467～86）築城

[所在地]滋賀県蒲生郡日野町音羽

12**音無の山　おとなしのやま**

[所在地]愛知県

[文]『能因歌枕』

音無の山　おとなしのやま

[所在地]和歌山県田辺市本宮町

[文]『伊勢集』

音無の滝　おとなしのたき

[所在地]京都府京都市左京区大原東御院町

[文]『枕草子』

[別]音無滝, 小野の滝

音無の滝　おとなしのたき

[所在地]和歌山県田辺市

[文]『拾遺和歌集』

[別]音無滝

音無川　おとなしがわ

[所在地]東京都北区

[文]正岡子規『車上所見』

音無川　おとなしがわ

[所在地]和歌山県田辺市

[文]『枕草子』

音無滝　おとなしのたき

[所在地]京都府京都市左京区大原東御院町

[文]『枕草子』

[別]音無の滝

音無滝　おとなしのたき

[所在地]和歌山県田辺市

[文]『拾遺和歌集』
[別]音無の滝

【風】

0風の森　かぜのもり
[所在地]和歌山県紀の川市粉河
[文]『公任集』

4風戸塚古墳　かざとずかこふん　古墳時代前期
[所在地]栃木県芳賀郡益子町北中　[史]県指定史跡（1954）

6風早の浦　かざはやのうら
[所在地]広島県東広島市の三津湾の西の海岸
[文]『万葉集』
[別]風速の浦, 風早浦, 風速浦

風早浦　かざはやのうら
[所在地]広島県東広島市の三津湾の西の海岸
[文]『万葉集』
[別]風早の浦, 風速の浦, 風速浦

7風呂ヶ谷5号墳　ふろがやごごうふん　7世紀後半
[所在地]静岡県藤枝市原

風呂谷古墳　ふろだにこふん　7世紀第2四半期
[所在地]香川県木田郡三木町大字池戸字風呂谷

風返し古墳群　かぜかえしこふんぐん　7世紀後半頃
[所在地]茨城県かすみがうら市安食字風返し

風返稲荷山古墳　かざかえしいなりやまこふん　7世紀前半
[所在地]茨城県かすみがうら市宍倉字風返
[別]稲荷山古墳

10風流島　たわれじま
[所在地]熊本県宇土市
[文]『伊勢物語』
[別]戯島, 裸島

風莫の浜　かざなしのはま
[所在地]和歌山県西牟婁郡白浜町
[文]『紀路歌枕抄』

風速の浦　かざはやのうら
[所在地]広島県東広島市の三津湾の西の海岸
[文]『万葉集』
[別]風早の浦, 風早浦, 風速浦

風速浦　かざはやのうら
[所在地]広島県東広島市の三津湾の西の海岸
[文]『万葉集』
[別]風早の浦, 風早浦, 風速の浦

11風張遺跡　かざはりいせき　縄文時代, 弥生時代, 平安時代
[所在地]青森県八戸市大字是川字狄森

12風越の峰　かざこしのみね
[所在地]長野県飯田市
[文]藤原家経『詞花和歌集 10』

13風楽寺古墳　ふうらくじこふん　4世紀後半
[所在地]佐賀県佐賀市大和町池上

風楽寺南古墳　ふうらくじみなみこふん　5世紀初頭
[所在地]佐賀県佐賀市大和町池上

18風観岳支石墓群　ふうかんだけしせきぼぐん　縄文時代晩期
[所在地]長崎県諫早市破籠井町, 大村市中野町

【飛】

0飛の台貝塚　とびのだいかいずか　縄文時代早期
[所在地]千葉県船橋市海神町
[別]飛ノ台貝塚

飛ノ台貝塚　とびのだいかいずか　縄文時代早期
[所在地]千葉県船橋市海神町
[別]飛の台貝塚

3飛山城跡　とびやまじょうあと　鎌倉時代後半〜戦国時代
[所在地]栃木県宇都宮市竹下町　[史]国指定史跡（1977）

飛山横穴墓群　とびやまおうけつぼぐん　6世紀前半〜7世紀初頭
[所在地]大分県大分市大字東土野字百合野

4飛火が岳　とぶひがたけ
[所在地]奈良県生駒市
[文]『万葉集』

飛火野　とぶひの, とびひの
[所在地]奈良県奈良市奈良公園
[文]『枕草子』
[別]飛火の野辺

6飛州下原中綱場　ひしゅうしもはらなかつなば　江戸時代
[所在地]岐阜県下呂市金山町福来中綱　[史]県指定史跡（1973）

飛羽山　とばやま
[所在地]奈良県奈良市奈良坂町/奈良県生駒郡斑鳩町
[文]『万葉集』
[別]鳥羽山

11飛鳥　あすか
[所在地]奈良県高市郡明日香村飛鳥
[文]『日本書紀』，『古事記』
[別]明日香

飛鳥千塚古墳群　あすかせんずかこふんぐん　古墳時代後期～終末期
[所在地]大阪府羽曳野市飛鳥・駒ケ谷

飛鳥山　あすかやま
[所在地]東京都北区
[文]平賀源内『風流志道軒伝』，北原白秋『白秋全集』

飛鳥山遺跡　あすかやまいせき　縄文時代前期，弥生時代後期
[所在地]東京都北区王子1丁目 飛鳥山公園内

飛鳥川　あすかがわ
[所在地]奈良県高市郡明日香村
[文]『万葉集』，『八雲御抄』

飛鳥川原宮　あすかかわらのみや　7世紀
[所在地]奈良県高市郡明日香村

飛鳥井　あすかい
[所在地]京都府京都市中京区 万里小路二条/奈良県高市郡明日香村 飛鳥坐神社/奈良県高市郡明日香村 飛鳥寺の南（安居井）
[文]『枕草子』，宗尊親王『文応三百首』，藤原定家『菟玖波集抄』

飛鳥水落遺跡　あすかみずおちいせき　7世紀後葉
[所在地]奈良県高市郡明日香村　[史]国指定史跡（1976）

飛鳥寺跡　あすかでらあと　推古天皇4年（596）完成
[所在地]奈良県高市郡明日香村　[史]国指定史跡（1966）

飛鳥池工房遺跡　あすかいけこうぼういせき　7世紀後半～8世紀初頭
[所在地]奈良県高市郡明日香村　[史]国指定史跡（2001）
[別]飛鳥池遺跡

飛鳥池遺跡　あすかいけいせき　7世紀後半～8世紀初頭
[所在地]奈良県高市郡明日香村
[別]飛鳥池工房遺跡

飛鳥京苑池遺構　あすかきょうえんちいこう　飛鳥時代
[所在地]奈良県高市郡明日香村
[別]飛鳥京跡苑池遺跡，飛鳥京跡苑池

飛鳥京跡　あすかきょうあと　飛鳥時代
[所在地]奈良県高市郡明日香村岡
[別]伝飛鳥板蓋宮跡

飛鳥京跡苑池　あすかきょうあとえんち　飛鳥時代
[所在地]奈良県高市郡明日香村　[史]国指定史跡（2003）
[別]飛鳥京跡苑池遺跡，飛鳥京苑池遺構

飛鳥京跡苑池遺跡　あすかきょうあとえんちいせき　飛鳥時代
[所在地]奈良県高市郡明日香村
[別]飛鳥京苑池遺構，飛鳥京跡苑池

飛鳥岡本宮　あすかおかもとのみや　7世紀
[所在地]奈良県高市郡明日香村

飛鳥板蓋宮　あすかいたぶきのみや　皇極天皇2年（643）遷都
[所在地]奈良県高市郡明日香村
[別]伝飛鳥板蓋宮跡

飛鳥河辺行宮　あすかかわべのかりみや　7世紀中頃以降
[所在地]奈良県高市郡明日香村
[別]飛鳥稲淵宮殿跡

飛鳥浄御原宮　あすかきよみはらのみや　7世紀
[所在地]奈良県高市郡明日香村岡

飛鳥稲淵宮殿跡　あすかいなぶちきゅうでんあと　7世紀中頃以降
[所在地]奈良県高市郡明日香村　[史]国指定史跡（1979）
[別]飛鳥河辺行宮

飛鳥観音塚古墳　あすかかんのんずかこふん　7世紀中葉
[所在地]大阪府羽曳野市飛鳥
[別]観音塚古墳

15飛幡の浦　とばたのうら
[所在地]福岡県北九州市戸畑区
[文]『万葉集』

22飛騨　ひだ
[所在地]岐阜県
[文]『万葉集』

飛騨国　ひだのくに
[所在地]岐阜県
[文]『万葉集』，『蕪村句集』

飛騨国分寺塔跡　ひだこくぶんじとうあと　天平18年（746）創建
[所在地]岐阜県高山市総和町　[史]国指定史跡（1929）

飛騨国分寺跡　ひだこくぶんじあと　8世紀

9画（首, 香）　10画（俱, 借, 修）

後葉創建
(所在地)岐阜県高山市総和町

【首】

⁰首ヤグラ　くびやぐら　鎌倉時代
(所在地)神奈川県鎌倉市二階堂

⁷首尾の松　しゅびのまつ
(所在地)東京都台東区蔵前1-3
⊗幸田露伴『水の東京』

首里　しゅり
(所在地)沖縄県那覇市
⊗佐藤惣之助『琉球諸島風物詩集』

首里金城町石畳道　しゅりきんじょうちょういしだたみみち　尚真46年（1522）建造開始
(所在地)沖縄県那覇市首里金城町　㊥県指定史跡（1964）

首里城跡　しゅりじょうあと　14世紀末以前築城
(所在地)沖縄県那覇市首里当蔵町・真和志町
㊥国指定史跡（1972）

¹²首塚　くびずか　天正12年（1584）以降
(所在地)愛知県長久手市岩作
㊕長久手古戦場　附　御旗山・首塚・色金山

¹⁹首羅山遺跡　しゅらさんいせき　中世
(所在地)福岡県糟屋郡久山町　㊥国指定史跡（2013）

【香】

³香久山　かぐやま
(所在地)奈良県橿原市
⊗『万葉集』,『太平記』
㊕香具山, 天の香久山, 天の香具山

⁷香住ヶ丘古墳　かすみがおかこふん　古墳時代前期
(所在地)福岡県福岡市東区香住ヶ丘3丁目

⁸香具山　かぐやま
(所在地)奈良県橿原市
⊗『万葉集』,『太平記』
㊕香久山, 天の香久山, 天の香具山

香取　かとり
(所在地)千葉県香取市
⊗『万葉集』

香取　かとり
(所在地)滋賀県高島市
⊗『万葉集』

香取神社古墳　かとりじんじゃこふん　5世紀前半

(所在地)茨城県結城郡八千代町仁江戸

香取神宮　かとりじんぐう　奈良時代
(所在地)千葉県香取市香取

⁹香春　かはる
(所在地)福岡県田川郡香春町
⊗『万葉集』

¹⁰香島　かしま
(所在地)石川県七尾市
⊗『万葉集』

¹¹香深井遺跡　かふかいいせき, かぶかいいせき　オホーツク文化期
(所在地)北海道礼文郡礼文町

香貫山経塚　かぬきやまきょうづか　鎌倉時代
(所在地)静岡県沼津市　香貫山西南中腹

¹²香椎　かしい
(所在地)福岡県福岡市東区香椎
⊗『万葉集』,『古事記』

10画

【俱】

⁷倶利伽羅峠　くりからとうげ
(所在地)富山県小矢部市, 石川県河北郡津幡町
⊗水原秋桜子『殉教』
㊕倶利迦羅峠

倶利迦羅峠　くりからとうげ
(所在地)富山県小矢部市, 石川県河北郡津幡町
⊗水原秋桜子『殉教』
㊕倶利伽羅峠

【借】

¹¹借宿廃寺跡　かりやどはいじあと　7世紀末
(所在地)福島県白河市借宿
㊕白河官衙遺跡群（関和久官衙遺跡・借宿廃寺跡）

【修】

⁸修学院離宮　しゅうがくいんりきゅう, しゅがくいんりきゅう　明暦2年〜万治2年（1656〜59）造営
(所在地)京都府京都市左京区修学院

¹²修善寺　しゅぜんじ
(所在地)静岡県伊豆市
⊗正岡子規『子規歌集』

13修禅寺　しゅぜんじ　平安時代創建
[所在地]静岡県伊豆市修禅寺

【倉】

4倉木崎海底遺跡　くらきざきかいていいせき　12世紀後半〜13世紀前半
[所在地]鹿児島県大島郡宇検村

5倉永茶臼塚古墳群　くらながちゃうすずかこふんぐん　4世紀後半〜5世紀
[所在地]福岡県大牟田市大字倉永字茶臼塚及び石尾

6倉安川吉井水門　くらやすがわよしいすいもん　17世紀後半築造
[所在地]岡山県岡山市東区吉井　[史]県指定史跡(1959)

7倉町遺跡　くらまちいせき　平安時代末期
[所在地]岩手県西磐井郡平泉町
[別]柳之御所・平泉遺跡群

8倉岡村古墳　くらおかそんこふん　古墳時代
[所在地]宮崎県宮崎市大字糸原字前向・字山下・字岩下・字七ツ枝・字妙戸岩　[史]県指定史跡(1933)

倉治古墳群　くらじこふんぐん　6世紀後半
[所在地]大阪府交野市大字倉治字東浦

9倉垣丸山古墳　くらがきまるやまこふん　7世紀
[所在地]石川県羽咋郡志賀町倉垣　[史]市指定史跡(1961)
[別]丸山古墳

倉科将軍塚古墳　くらしなしょうぐんずかこふん　古墳時代中期
[所在地]長野県千曲市倉科
[別]将軍塚古墳, 埴科古墳群(森将軍塚古墳・有明山将軍塚古墳・倉科将軍塚古墳・土口将軍塚古墳)

倉重向山古墳　くらしげむこうやまこふん　5世紀前半
[所在地]広島県広島市佐伯区倉重

12倉無の浜　くらなしのはま
[所在地]大分県中津市竜王町
[文]『万葉集』
[別]闇無浜

15倉輪遺跡　くらわいせき　縄文時代前期末葉〜中期初頭
[所在地]東京都八丈島八丈町樫立

16倉橋　くらはし
[所在地]奈良県桜井市倉橋
[文]『万葉集』,『日本書紀』

倉橋山　くらはしやま
[所在地]奈良県桜井市
[文]『万葉集』

倉橋川　くらはしがわ
[所在地]奈良県桜井市
[文]『万葉集』

19倉瀬戸古墳群　くらせとこふんぐん　6世紀後半〜7世紀後半
[所在地]福岡県福岡市城南区大字片江字倉瀬戸

【値】

14値嘉の岬　ちかのさき
[所在地]長崎県五島市
[文]『万葉集』

値嘉の岬　ちかのさき
[所在地]長崎県北松浦郡小値賀町
[文]『万葉集』

値嘉の岬　ちかのさき
[所在地]長崎県南松浦郡新上五島町
[文]『万葉集』

値嘉島　ちかのしま
[所在地]長崎県 五島列島
[文]祝詞「儺の祭の詞」,『古事記』
[別]知訶島, 血鹿島

【俳】

2俳人鈴木松什の墓　はいじんすずきしょうじゅうのはか　江戸時代
[所在地]東京都葛飾区東金町6-20-17 光増寺
[別]鈴木松什の墓

【俵】

0俵ケ谷古墳群　たわらがやつこふんぐん　古墳時代
[所在地]千葉県木更津市大久保字俵ケ谷・小浜字坂の上

5俵田遺跡　たわらだいせき　9世紀中頃
[所在地]山形県酒田市岡島田

【倭】

4倭文神社経塚　しどりじんじゃきょうずか　康和5年(1103)築造
[所在地]鳥取県東伯郡湯梨浜町
[別]伯耆一宮経塚

【兼】

3兼山湊跡　かねやまみなとあと　中世以降
[所在地]岐阜県可児市兼山町　[史]県指定史跡（1967）

4兼六園　けんろくえん　江戸時代
[所在地]石川県金沢市兼六町

5兼田丸山古墳　かねだまるやまこふん　古墳時代前期
[所在地]兵庫県姫路市兼田字丸山
[別]丸山古墳

11兼清塚古墳　かねきよずかこふん　6世紀前半
[所在地]長野県飯田市桐林字兼清塚

【凌】

12凌雲寺跡　りょううんじあと　室町時代
[所在地]山口県山口市大殿大路・上宇野令・中尾
[別]大内氏遺跡 附 凌雲寺跡

凌雲閣　りょううんかく
[所在地]東京都台東区浅草
[文]宇野浩二『器用貧乏』, 木村荘八『見せもの考』

【剣】

0剣の池　つるぎのいけ
[所在地]奈良県橿原市石川町
[文]『万葉集』
[別]剣池

6剣吉荒町遺跡　けんよしあらまちいせき　弥生時代前期
[所在地]青森県三戸郡南部町剣吉字荒町

剣池　つるぎのいけ
[所在地]奈良県橿原市石川町
[文]『万葉集』
[別]剣の池

11剣崎天神山古墳　けんざきてんじんやまこふん　5世紀後半
[所在地]群馬県高崎市剣崎町下小路
[別]天神山古墳

剣崎長瀞西古墳　けんざきながとろにしこふん　5世紀後半
[所在地]群馬県高崎市剣崎町長瀞西
[別]長瀞西古墳, おそね塚

剣崎長瀞西古墳群　けんざきながとろにしこふんぐん　5世紀後半および7世紀後半
[所在地]群馬県高崎市剣崎町

剣崎長瀞西遺跡　けんざきながとろにしいせき　縄文時代～古墳時代
[所在地]群馬県高崎市剣崎町

12剣塚　つるぎずか　6世紀中頃
[所在地]佐賀県鳥栖市田代本町字柿添　[史]県指定史跡（1975）
[別]剣塚古墳

剣塚1号墳　けんずかいちごうふん　6世紀
[所在地]福岡県筑紫野市大字杉塚字刑部田

剣塚北古墳　けんずかきたこふん　5世紀後半
[所在地]福岡県福岡市博多区竹下3丁目

剣塚古墳　けんずかこふん　6世紀中頃
[所在地]福岡県福岡市博多区竹下3丁目
[別]東光寺剣塚古墳, 東光寺古墳

剣塚古墳　つるぎずかこふん　6世紀初め～前葉
[所在地]佐賀県鳥栖市田代本町字柿添
[別]剣塚

【原】

原　はら
[所在地]静岡県沼津市原
[文]『東海道名所図会』

0原1号墳　はらいちごうふん　6世紀前半
[所在地]千葉県市原市姉ヶ崎原

原の辻遺跡　はるのつじいせき　弥生時代前期～終末期
[所在地]長崎県壱岐市芦辺町・石田町　[史]国指定特別史跡（2000）
[別]原ノ辻遺跡

原の寺瓦窯跡　はらのてらがようせき　奈良時代～平安時代
[所在地]茨城県ひたちなか市足崎字原の寺

原の寺遺跡　はらのてらいせき　縄文時代初期
[所在地]茨城県ひたちなか市足崎字原の寺・金久

原ノ辻遺跡　はるのつじいせき　弥生時代前期～終末期
[所在地]長崎県壱岐市芦辺町・石田町
[別]原の辻遺跡

3原口古墳　はらぐちこふん　古墳時代前期
[所在地]福岡県筑紫野市武蔵字原口

原口古墳群　はらぐちこふんぐん　古墳時代
[所在地]福岡県古賀市新原

原山1号墳　はらやまいちごうふん　5世紀末
[所在地]福島県西白河郡泉崎村大字太田川字原山
[別]原山古墳群

原山支石墓群　はらやましせきぼぐん　縄文時代晩期

[所在地]長崎県南島原市北有馬町　[史]国指定史跡（1972）
[別]原山遺跡, 原山ドルメン

原山古墳群　はらやまこふんぐん　5世紀末
[所在地]福島県西白河郡泉崎村大字太田川字原山

原山遺跡　はらやまいせき　弥生時代中・後期～古墳時代, 奈良時代, 平安時代
[所在地]島根県出雲市大社町

原山遺跡　はらやまいせき　縄文時代晩期
[所在地]長崎県南島原市北有馬町
[別]原山支石墓群, 原山ドルメン

4**原之城遺跡　げんのじょういせき**　古墳時代
[所在地]群馬県伊勢崎市豊城町字竜玄

5**原古墳　はるこふん**　古墳時代後期
[所在地]福岡県うきは市吉井町
[別]屋形古墳群（珍敷塚古墳・鳥船塚古墳・古畑古墳・原古墳）

原平遺跡　はらだいらいせき　縄文時代早期～中期, 奈良時代, 平安時代
[所在地]山梨県大月市大月町真木

原目山古墳群　はらめやまこふんぐん　弥生時代終末～古墳時代初頭
[所在地]福井県福井市原目
[別]原目山遺跡

原目山遺跡　はらめやまいせき　弥生時代終末～古墳時代初頭
[所在地]福井県福井市原目
[別]原目山古墳群

6**原池古墳　はるいけこふん**　5世紀
[所在地]愛媛県伊予市上三谷

7**原町3丁目遺跡　はらまちさんちょうめいせき**　弥生時代後期
[所在地]福岡県春日市原町3丁目

原町西貝塚　はらまちにしかいずか　縄文時代前期
[所在地]茨城県古河市鴻巣

原谷古墳群　はらたにこふんぐん　7世紀後半～8世紀
[所在地]埼玉県秩父市原谷

8**原明窯跡　はらあけかまあと**　江戸時代初期以降
[所在地]佐賀県西松浦郡有田町原明
[別]肥前磁器窯跡（天狗谷窯跡・山辺田窯跡・原明窯跡・百間窯跡・泉山磁石場跡・不動山窯跡）

9**原城跡　はらじょうあと**　明応5年（1496）築城
[所在地]長崎県南島原市南有馬町　[史]国指定史跡（1938）

11**原添遺跡　はらぞえいせき**　弥生時代
[所在地]静岡県静岡市清水区吉川

12**原間6号墳　わらまろくごうふん**　古墳時代中期
[所在地]香川県東かがわ市川東原間

原間古墳群　わらまこふんぐん　5世紀末～6世紀初頭
[所在地]香川県東かがわ市川東原間

19**原爆ドーム（旧広島県産業奨励館）　げんばくどーむ（きゅうひろしまさんぎょうしょうれいかん）**　大正4年（1915）建造
[所在地]広島県広島市中区大手町　[史]国指定史跡（1995）

【唐】

2**唐人屋敷跡　とうじんやしきあと**　江戸時代
[所在地]長崎県長崎市館内町

唐人塚古墳　かろうとずかこふん, かろうどずかこふん, からうとずかこふん　古墳時代後期
[所在地]岡山県岡山市中区賞田

3**唐土原　もろこしがはら**
[所在地]神奈川県大磯町
[文]『更級日記』
[別]諸越原

唐子山古墳群　からこやまこふんぐん　弥生時代末～古墳時代
[所在地]愛媛県今治市桜井字国分
[別]唐子台遺跡群, 唐子古墳群, 唐子台古墳群

唐子古墳群　からここふんぐん　弥生時代末～古墳時代
[所在地]愛媛県今治市桜井字国分
[別]唐子台遺跡群, 唐子山古墳群, 唐子台古墳群

唐子台古墳群　からこだいこふんぐん　弥生時代末～古墳時代
[所在地]愛媛県今治市桜井字国分
[別]唐子古墳群, 唐子台遺跡群, 唐子山古墳群

唐子台遺跡群　からこだいいせきぐん　弥生時代末～古墳時代
[所在地]愛媛県今治市桜井字国分
[別]唐子山古墳群, 唐子古墳群, 唐子台古墳群

4**唐仁古墳群　とうじんこふんぐん**　古墳時代前期～後期
[所在地]鹿児島県肝属郡東串良町　[史]国指定史

10画（哭, 埋）

跡（1934）

[5]唐古・鍵1号墳　からこ・かぎいちごうふん　古墳時代
　所在地 奈良県磯城郡田原本町大字鍵字神子田

唐古・鍵遺跡　からこ・かぎいせき　弥生時代前期～古墳時代前期
　所在地 奈良県磯城郡田原本町　国 国指定史跡（1999）
　別 唐古遺跡

唐古遺跡　からこいせき　弥生時代前期～古墳時代前期
　所在地 奈良県磯城郡田原本町
　別 唐古・鍵遺跡

[6]唐糸ヤグラ　からいとやぐら　鎌倉時代
　所在地 神奈川県鎌倉市大町6-9-15

唐臼山古墳　からうすやまこふん　7世紀前葉
　所在地 滋賀県大津市小野

唐臼墳墓群　からうすふんぼぐん　古墳時代後期～奈良時代
　所在地 岡山県美咲町打穴西　国 県指定史跡（1988）

[7]唐沢ゴルフ場窯跡　からさわごるふじょうかまあと　古墳時代後期
　所在地 栃木県佐野市犬伏中町
　別 唐沢山ゴルフ場埴輪窯址

唐沢山ゴルフ場埴輪窯址　からさわさんごるふじょうはにわようし　古墳時代後期
　所在地 栃木県佐野市犬伏中町
　別 唐沢ゴルフ場窯跡

唐沢山城跡　からさわやまじょうあと　天慶年間（938～947）築城
　所在地 栃木県佐野市富士町　国 国指定史跡（2014）

唐沢岩陰遺跡　からさわいわかげいせき　縄文時代早期～弥生時代後期
　所在地 長野県上田市真田町長菅平十ノ原

[8]唐招提寺　とうしょうだいじ
　所在地 奈良県奈良市五条町13-46
　文 井上靖『天平の甍』, 島村抱月『奈良より』

唐招提寺旧境内　とうしょうだいじきゅういだい　天平宝字3年（759）開創
　所在地 奈良県奈良市五条町・尼辻南町　国 国指定史跡（1967）

唐泊　からどまり
　所在地 福岡県福岡市西区北崎町唐泊
　文『万葉集』
　別 韓泊

[9]唐津　からつ
　所在地 佐賀県唐津市
　文 斎藤茂吉『つゆじも』

唐草ヤグラ　からくさやぐら　鎌倉時代
　所在地 神奈川県鎌倉市扇ガ谷
　別 画窟, 絵のヤグラ

[10]唐原山城跡　とうばるさんじょうあと　7世紀
　所在地 福岡県築上郡上毛町　国 国指定史跡（2005）

唐馬の碑　からうまのひ　江戸時代
　所在地 青森県三戸郡三戸町川守田字下比良
　国 県指定史跡（1960）

[11]唐崎　からさき
　所在地 滋賀県大津市下坂本町
　文 芭蕉『あら野』,『宇治拾遺物語』

唐崎常陸介之墓　からさきひたちのすけのはか　江戸時代
　所在地 広島県竹原市竹原町　国 県指定史跡（1942）

唐笠辻子　からかさずし　鎌倉時代
　所在地 神奈川県鎌倉市大町

[12]唐御所横穴　からのごしょよこあな, からごしょよこあな　古墳時代末期
　所在地 栃木県那須郡那珂川町　国 国指定史跡（1934）
　別 唐御所横穴墓

唐御所横穴墓　からのごしょうけつぼ　古墳時代末期
　所在地 栃木県那須郡那珂川町
　別 唐御所横穴

[18]唐櫃山古墳　からとやまこふん　5世紀後半
　所在地 大阪府藤井寺市国府

唐櫃古墳　からびつこふん　6世紀後半
　所在地 広島県庄原市川西町唐櫃　国 県指定史跡（1993）

【哭】

[7]哭沢　なきさわ
　所在地 奈良県橿原市木之本町
　文『万葉集』,『古事記』
　別 鳴沢

【埋】

[14]埋髪塔　まいはつとう　明治37年（1904）建立
　所在地 愛媛県松山市末広町 正宗寺境内
　別 子規堂 附埋髪塔

【夏】

[4]**夏井廃寺跡　なついはいじあと**　飛鳥時代後葉～平安時代初期
　所在地 福島県いわき市平下大越

[5]**夏目坂　なつめざか**
　所在地 東京都新宿区喜久井町
　⊗夏目漱石『硝子戸の中』

[7]**夏見台遺跡　なつみだいいせき**　弥生時代後期～平安時代
　所在地 千葉県船橋市夏見町6-9

夏見廃寺跡　なつみはいじあと　7世紀後半～8世紀前半
　所在地 三重県名張市夏見　㊆国指定史跡（1990）

夏身　なつみ
　所在地 奈良県桜井市吉隠/滋賀県湖南市（旧・甲賀郡石部町）
　⊗『頓阿法師詠』，上田秋成『雨月物語』
　別菜摘，夏実

夏身　なつみ
　所在地 奈良県吉野郡吉野町菜摘
　⊗謡曲『二人静』
　別菜摘，夏実

夏身の川　なつみのかわ
　所在地 奈良県吉野郡吉野町菜摘
　⊗謡曲『二人静』
　別夏実の川，菜摘川

夏身の浦　なつみのうら
　所在地 三重県鳥羽市菅島町
　⊗『万葉集』

[8]**夏実　なつみ**
　所在地 奈良県桜井市吉隠/滋賀県湖南市（旧・甲賀郡石部町）
　⊗『頓阿法師詠』，上田秋成『雨月物語』
　別菜摘，夏身

夏実　なつみ
　所在地 奈良県吉野郡吉野町菜摘
　⊗謡曲『二人静』
　別夏身，菜摘

夏実の川　なつみのかわ
　所在地 奈良県吉野郡吉野町菜摘
　⊗謡曲『二人静』
　別夏身の川，菜摘川

[10]**夏島貝塚　なつしまかいづか**　縄文時代
　所在地 神奈川県横須賀市夏島　㊆国指定史跡（1972）

[11]**夏崎古墳　なつざきこふん**　古墳時代中期末頃
　所在地 佐賀県伊万里市東山代町大字長浜字日尾

【娯】

[3]**娯三堂古墳　ごさんどうこふん**　古墳時代前期
　所在地 大阪府池田市上池田町

【姫】

[3]**姫小川古墳　ひめおがわこふん**　4世紀後半
　所在地 愛知県安城市姫小川町　㊆国指定史跡（1927）

[4]**姫方前方後円墳　ひめかたぜんぽうこうえんふん**　6世紀
　所在地 佐賀県三養基郡みやき町大字簑原　㊆県指定史跡（1989）

姫方雄塚古墳　ひめかたおづかこふん　5世紀前半
　所在地 佐賀県三養基郡みやき町大字簑原字栗崎

姫方雌塚古墳　ひめかためづかこふん　5世紀初頭
　所在地 佐賀県三養基郡みやき町大字簑原字栗崎
　別姫方遺跡（雌塚、方形周溝墓、環状列石土壙墓）

姫方遺跡（雌塚・方形周溝墓・環状列石土壙墓）　ひめかたいせき（めづか・ほうけいしゅうこうぼ・れつじょうれっせきどこうぼ）　弥生時代中期～古墳時代前期
　所在地 佐賀県三養基郡みやき町簑原　㊆県指定史跡（1974）

[7]**姫谷焼窯跡　ひめたにやきかまあと**　17世紀
　所在地 広島県福山市加茂町　㊆県指定史跡（1937）

[10]**姫島　ひめしま**
　所在地 大分県東国東郡姫島村
　⊗『古事記』

[11]**姫菅原　ひめすがわら**
　所在地 岐阜県可児市
　⊗『万葉集』

[12]**姫塚　ひめづか**　6世紀頃
　所在地 佐賀県小城市三日月町織島字東分割　㊆県指定史跡（1976）
　別姫塚古墳

姫塚古墳　ひめづかこふん　5世紀中葉
　所在地 茨城県水戸市愛宕町

姫塚古墳　ひめづかこふん　6世紀後葉
　所在地 千葉県富津市青木字中入部谷

遺跡・古墳よみかた辞典　369

10画（家, 宮）

姫塚古墳　ひめずかこふん　7世紀
　所在地 千葉県山武市山室914-2
　別 山室姫塚古墳

姫塚古墳　ひめずかこふん　古墳時代後期
　所在地 千葉県山武郡横芝光町中台字外記
　別 芝山姫塚古墳

姫塚古墳　ひめずかこふん　4世紀末
　所在地 長野県長野市篠ノ井石川
　別 川柳姫塚古墳, 川柳将軍塚古墳・姫塚古墳

姫塚古墳　ひめずかこふん　5世紀後半頃
　所在地 滋賀県長浜市高月町東柳野　県指定史跡（1972）

姫塚古墳　ひめずかこふん　4世紀後半
　所在地 香川県高松市宮脇町・室町
　別 稲荷山姫塚古墳

姫塚古墳　ひめずかこふん　4世紀前半
　所在地 香川県高松市峰山町

姫塚古墳　ひめずかこふん　5世紀初頭
　所在地 佐賀県小城市三日月町織島字東分割
　別 姫塚

姫街道の松並木　ひめかいどうのまつなみき　江戸時代
　所在地 静岡県浜松市中区葵東3丁目ほか　市指定史跡（1959）

[13]姫路城跡　ひめじじょうあと　南北朝時代〜江戸時代
　所在地 兵庫県姫路市本町　国指定特別史跡（1956）
　別 白鷺城

【家】

[0]家ノ下遺跡　いえのしたいせき　縄文時代後期中葉〜晩期中葉
　所在地 岐阜県飛騨市宮川町林

家ノ後口1号墳　いえのうしろぐちいちごうふん　6世紀後半
　所在地 鳥取県倉吉市岩倉字家ノ後口

[3]家久遺跡　いえひさいせき　8〜16世紀
　所在地 福井県越前市家久

[4]家之子古墳群　いえのここふんぐん　6世紀後葉
　所在地 千葉県東金市家之子

[10]家原寺　えばらでら　奈良時代創建
　所在地 大阪府堺市西区家原寺町

家島　いえしま
　所在地 兵庫県姫路市家島町
　又『万葉集』

【宮】

宮　みや
　所在地 愛知県名古屋市熱田区
　又『東海道名所図会』

[0]宮が尾古墳　みやがおこふん　6世紀後半
　所在地 香川県善通寺市善通寺町宮が尾

宮の前廃寺跡　みやのまえはいじあと　奈良時代, 平安時代
　所在地 広島県福山市蔵王町　国指定史跡（1969）

宮の前遺跡　みやのまえいせき　弥生時代終末期
　所在地 福岡県福岡市西区大字拾六町

宮の原貝塚　みやのはらかいづか　縄文時代早期後葉〜中期中葉
　所在地 神奈川県横浜市港北区新吉田町宮の原

宮の森古墳　みやのもりこふん　古墳時代中期初頭
　所在地 滋賀県湖南市石部

宮の瀬川　みやのせがわ
　所在地 長野県
　又『万葉集』

宮ケ久保遺跡　みやがくぼいせき　弥生時代中期
　所在地 山口県山口市阿東

宮ノ上地下式横穴墓群　みやのうえちかしきおうけつぼぐん　5〜6世紀
　所在地 鹿児島県鹿屋市吾平町麓宮ノ上

宮ノ台遺跡　みやのだいいせき　弥生時代中期
　所在地 千葉県茂原市綱島

宮ノ本遺跡　みやのもといせき　奈良時代〜平安時代
　所在地 福岡県太宰府市大字向佐野字宮ノ本

宮ノ前古墳　みやのまえこふん　古墳時代後期
　所在地 福島県石川郡玉川村大字川辺宮ノ前

宮ノ前遺跡　みやのまえいせき　旧石器時代〜縄文時代
　所在地 岐阜県飛騨市宮川町西忍

宮ノ洲古墳　みやのずこふん　古墳時代前期
　所在地 山口県下松市宮ノ洲
　別 宮州古墳

宮ノ根古墳群　みやのねこふんぐん　5〜6世紀
　所在地 岐阜県中津川市飯沼字宮ノ根・字松ヶ洞

宮ノ脇古墳　みやのわきこふん　古墳時代

後期
　所在地 福岡県飯塚市大字川島字宮ノ脇
[3]宮下古墳　みやしたこふん　6世紀後半
　所在地 栃木県宇都宮市瓦谷町32-2　史跡 市指定史跡（1962）
宮久保遺跡　みやくぼいせき　旧石器時代～近世
　所在地 神奈川県綾瀬市早川字新堀淵
宮口古墳群　みやぐちこふんぐん　6世紀後半頃～7世紀前半
　所在地 新潟県上越市牧区宮口　史跡 国指定史跡（1976）
宮山古墳　みややまこふん　6世紀
　所在地 三重県度会郡南伊勢町礫浦
宮山古墳　みややまこふん　3世紀後半
　所在地 大阪府高槻市安満御所
　別 安満宮山古墳
宮山古墳　みややまこふん　5世紀前半
　所在地 大阪府藤井寺市野中
　別 野中宮山古墳
宮山古墳　みややまこふん　5世紀後半
　所在地 兵庫県姫路市四郷町坂元　史跡 県指定史跡（1973）
宮山古墳　みややまこふん　5世紀前半～中頃
　所在地 奈良県御所市室　史跡 国指定史跡（1921）
　別 室宮山古墳, 室大墓, 室の大墓
宮山古墳　みややまこふん　5世紀後半
　所在地 奈良県生駒郡平群町椿井
　別 椿井宮山塚古墳, 宮山塚古墳
宮山古墳群　みややまこふんぐん　4世紀後半期～6世紀
　所在地 島根県安来市西赤江町字宮山
　別 宮山墳墓群
宮山西塚古墳　みややまにしずかこふん　古墳時代後期
　所在地 岡山県岡山市東区百枝月　史跡 市指定史跡（1990）
宮山塚古墳　みややまずかこふん　5世紀後半
　所在地 奈良県生駒郡平群町椿井　史跡 県指定史跡（1970）
　別 椿井宮山塚古墳, 宮山古墳
宮山墳墓群　みややまふんぼぐん　4世紀後半期～6世紀
　所在地 島根県安来市西赤江町字宮山
　別 宮山古墳群
宮山墳墓群・宮山展望古墳　みややまふんぼぐん・みややまてんぼうこふん　弥生時代後期～古墳時代初期
　所在地 岡山県総社市三輪　史跡 県指定史跡（1964）
　別 宮山遺跡
宮山遺跡　みややまいせき　弥生時代後期～古墳時代初期
　所在地 岡山県総社市三輪
　別 宮山墳墓群
宮山観音古墳群　みややまかんのんこふんぐん　6世紀初頭
　所在地 茨城県筑西市宮山
宮川　みやがわ
　所在地 三重県伊勢市
　文 『新古今和歌集 19』, 西行『山家集』
宮川窯跡　みやがわかまあと　6世紀後半
　所在地 滋賀県東近江市宮川町
　別 辻岡山A窯跡
[4]宮中古墳群　きゅうちゅうのこふんぐん　古墳時代
　所在地 茨城県鹿嶋市宮中
宮中遺跡　みやなかいせき　縄文時代中期末
　所在地 長野県飯山市瑞穂
宮之腰遺跡　みやのこしいせき　古墳時代中期
　所在地 静岡県焼津市焼津宮之腰
宮内古墳群　みやうちこふんぐん　6世紀後半～7世紀
　所在地 鳥取県西伯郡大山町宮内
宮内狐塚古墳　みやうちきつねずかこふん　5世紀前半頃
　所在地 鳥取県東伯郡湯梨浜町宮内
　別 狐塚古墳
宮内遺跡　みやうちいせき　6世紀中頃～後半
　所在地 島根県安来市宮内町
宮戸島里浜貝塚　みやとじまさとはまかいずか　縄文時代前期～平安時代
　所在地 宮城県東松島市宮戸
　別 里浜貝塚
宮戸島室浜貝塚　みやとじまむろはまかいずか　縄文時代
　所在地 宮城県東松島市宮戸島室浜
　別 室浜貝塚
宮木野　みやぎの
　所在地 宮城県
　文 『八雲御抄』
[5]宮代廃寺跡　みやしろはいじあと　白鳳時代

～平安時代
[所在地]岐阜県不破郡垂井町宮代森下　[史]県指定史跡（1968）

宮処寺跡　ぐうしょじあと　白鳳時代
[所在地]岐阜県不破郡垂井町　[史]県指定史跡（1956）

宮司井手ノ上古墳　みやじいでのかみこふん　5世紀前半頃
[所在地]福岡県福津市宮司井手ノ上300ほか

宮平貝塚　みやだいらかいずか　縄文時代前期後半～中期
[所在地]茨城県稲敷郡阿見町舟島宮平

宮平遺跡　みやだいらいせき　縄文時代前期～後期
[所在地]長野県長野市信州新町信級　[史]市指定史跡（2010）

宮本台遺跡　みやもとだいいせき　縄文時代後期前半
[所在地]千葉県船橋市東船橋（旧・宮本町）

宮田ヶ岡瓦窯跡　みやたがおかかわらかまあと　奈良時代
[所在地]鹿児島県姶良市姶良町
[別]大隅国分寺跡 附 宮田ヶ岡瓦窯跡

宮田山遺跡　みやたやまいせき　旧石器時代
[所在地]岡山県玉野市渋川

宮田古墳群　みやたこふんぐん　5世紀前半～中頃
[所在地]長崎県長崎市下黒崎町宮田

6**宮地廃寺址**　みやじはいじし　白鳳時代頃
[所在地]石川県加賀市宮地

宮地嶽古墳　みやじだけこふん　7世紀
[所在地]福岡県福津市宮司 宮地嶽神社境内

宮州古墳　みやのすこふん　古墳時代前期
[所在地]山口県下松市宮ノ洲
[別]宮ノ洲古墳

7**宮尾立野遺跡**　みやおたてのいせき　縄文時代前期初頭
[所在地]宮崎県都城市今町

宮沢遺跡　みやざわいせき　奈良時代～平安時代
[所在地]宮城県大崎市古川宮沢・川熊　[史]国指定史跡（1976）

宮町遺跡　みやまちいせき　古墳時代前期
[所在地]山形県山形市宮町

宮谷古墳　みやだにこふん　3世紀末頃
[所在地]徳島県徳島市国府町西矢野字宮谷

8**宮林古墳**　みやばやしこふん　5世紀初頭
[所在地]大阪府富田林市甲田

宮林遺跡　みやばやしいせき　縄文時代主体，古墳時代および中・近世
[所在地]埼玉県深谷市永田字台山

9**宮前山古墳群**　みやまえやまこふんぐん　古墳時代前期～終末期
[所在地]大阪府富田林市宮町

宮前川遺跡　みやまえがわいせき　弥生時代前・中期～古墳時代前期
[所在地]愛媛県松山市別府～北斎院町

宮前古墳　みやまえこふん　7世紀前半
[所在地]千葉県八街市用草字宮前

宮垣外遺跡　みやがいといせき　5世紀後半
[所在地]長野県飯田市上郷別府

宮城野　みやぎの
[所在地]宮城県仙台市宮城野区
[文]『四条宮下野集』，『源氏物語』

宮津城跡　みやずじょうあと　寛永13年（1636）完成
[所在地]京都府宮津市鶴賀

宮畑遺跡　みやはたいせき　縄文時代中期～晩期
[所在地]福島県福島市岡島　[史]国指定史跡（2003）

10**宮原2号墳**　みやばらにごうふん　6世紀前葉
[所在地]山口県下松市大字末武中字上和田

宮原遺跡　みやばらいせき　弥生時代前期・後期，古墳時代
[所在地]山口県下松市末武上

宮島　みやじま
[所在地]広島県廿日市市宮島町
[文]『子規句集』，若山牧水『海の声』，井原西鶴『好色一代男』

宮益坂　みやますざか
[所在地]東京都渋谷区
[文]土屋文明『放水路』，大岡昇平『少年』

宮脇石器時代遺跡　みやわきせっきじだいいせき　旧石器時代～縄文時代早期
[所在地]広島県福山市新市町常 品治別神社境内
[史]県指定史跡（1948）
[別]宮脇遺跡

宮脇廃寺跡　みやわきはいじあと　室町時代
[所在地]福島県伊達市霊山町大石　[史]国指定史跡（2014）

宮脇遺跡　みやわきいせき　旧石器時代末期～縄文時代早期
[所在地]広島県福山市新市町常 品治別神社境内

10画（射，将）

㋭宮脇石器時代遺跡

¹¹宮崎市下北方古墳　みやざきししもきたかたこふん　5世紀中葉〜6世紀中葉
　所在地　宮崎県宮崎市下北方町塚原・字越ヶ迫・字高下　㊞県指定史跡（1939）
　㋭下北方古墳群

宮崎市大淀古墳　みやざきしおおよどこふん　古墳時代
　所在地　宮崎県宮崎市大塚町字西原・字時宗・字原・字天神後・字宮田・字迫田　㊞県指定史跡（1937）

宮崎安貞書斎　みやざきやすさだしょさい　江戸時代
　所在地　福岡県福岡市西区大字周船寺
　㋭宮崎安貞墓 附宮崎安貞書斎

宮崎安貞墓 附 宮崎安貞書斎　みやざきやすさだはか つけたり みやざきやすさだしょさい　江戸時代
　所在地　福岡県福岡市西区大字周船寺　㊞県指定史跡（1965）

宮崎遺跡　みやざきいせき　縄文時代晩期
　所在地　長野県長野市若穂保科上和田

宮淵本村古墳　みやぶちほんそんこふん　弥生時代，古墳時代
　所在地　長野県松本市宮淵本村

宮野貝塚　みやのかいづか　縄文時代前期後半〜晩期
　所在地　岩手県大船渡市三陸町綾里

¹²宮塚古墳　みやずかこふん，みやつかこふん　古墳時代末期
　所在地　埼玉県熊谷市広瀬　㊞国指定史跡（1956）

宮塚古墳　みやつかこふん　古墳時代後期初頭
　所在地　奈良県高市郡高取町市尾
　㋭市尾宮塚古墳，市尾墓山古墳・宮塚古墳

宮登古墳　みやとこふん　7世紀中葉
　所在地　埼玉県鴻巣市宮前

宮間田遺跡　みやまだいせき　平安時代
　所在地　山梨県北杜市武川町三吹

¹³宮滝　みやたき
　所在地　奈良県吉野郡吉野町宮滝
　㊞『後撰和歌集 17』，『大鏡』

宮滝遺跡　みやたきいせき　縄文時代，弥生時代，奈良時代
　所在地　奈良県吉野郡吉野町　㊞国指定史跡（1957）

宮路山　みやじやま
　所在地　愛知県豊川市
　㊞『後撰和歌集 13』，『更級日記』

¹⁵宮遺跡　みやいせき　縄文時代中期〜後期
　所在地　長野県長野市中条　㊞市指定史跡（2010）

【射】

⁴射水川　いみずがわ
　所在地　富山県西部
　㊞『万葉集』

⁹射狭庭の丘　いさにわのおか
　所在地　愛媛県松山市桜谷町
　㊞『万葉集』

【将】

⁸将門塚　まさかどづか，しょうもんづか　徳治2年（1307）板石塔婆建立
　所在地　東京都千代田区大手町1-2　㊞都指定旧跡（1971）

⁹将軍山古墳　しょうぐんやまこふん　4世紀後半頃
　所在地　大阪府茨木市安威小字将軍
　㋭茨木市将軍山古墳

将軍塚　しょうぐんづか　古墳時代
　所在地　京都府京都市東山区粟田口の東山丘陵上

将軍塚古墳　しょうぐんづかこふん　5世紀初期
　所在地　群馬県高崎市元島名町将軍塚
　㋭元島名将軍塚古墳

将軍塚古墳　しょうぐんづかこふん　5世紀後半
　所在地　埼玉県東松山市下野本　㊞県指定史跡（1960）
　㋭野本将軍塚古墳

将軍塚古墳　しょうぐんづかこふん　5世紀前半
　所在地　長野県長野市松代町岩野，千曲市土口
　㋭土口将軍塚古墳，埴科古墳群（森将軍塚古墳・有明山将軍塚古墳・倉科将軍塚古墳・土口将軍塚古墳）

将軍塚古墳　しょうぐんづかこふん　4〜5世紀
　所在地　長野県長野市篠ノ井石川
　㋭川柳将軍塚古墳，川柳将軍塚古墳・姫塚古墳

将軍塚古墳　しょうぐんづかこふん　5世紀

遺跡・古墳よみかた辞典　373

前半
(所在地)長野県千曲市屋代
(別)有明山将軍塚古墳, 埴科古墳群(森将軍塚古墳・有明山将軍塚古墳・倉科将軍塚古墳・土口将軍塚古墳)

将軍塚古墳　しょうぐんずかこふん　古墳時代中期
(所在地)長野県千曲市倉科
(別)倉科将軍塚古墳, 埴科古墳群(森将軍塚古墳・有明山将軍塚古墳・倉科将軍塚古墳・土口将軍塚古墳)

将軍塚古墳　しょうぐんずかこふん　5世紀
(所在地)長野県千曲市森
(別)越将軍塚古墳

将軍塚古墳　しょうぐんずかこふん　4世紀
(所在地)長野県千曲市森
(別)森将軍塚古墳, 埴科古墳群(森将軍塚古墳・有明山将軍塚古墳・倉科将軍塚古墳・土口将軍塚古墳)

12将棋頭　しょうぎがしら　戦国時代〜江戸時代
(所在地)山梨県韮崎市竜岡町, 南アルプス市有野
(別)御勅使川旧堤防(将棋頭・石積出)

【島】

島　しま
(所在地)奈良県高市郡明日香村島ノ庄
(文)『万葉集』

0島の山1号墳　しまのやまいちごうふん　6世紀後葉
(所在地)奈良県葛城市山田

島の山古墳　しまのやまこふん　4世紀末頃
(所在地)奈良県磯城郡川西町　(国指定史跡(2002)
(別)島ノ山古墳

島の宮　しまのみや
(所在地)奈良県高市郡明日香村島庄
(文)『万葉集』
(別)嶋宮, 嶋宮跡, 島宮

島ノ山古墳　しまのやまこふん　4世紀末頃
(所在地)奈良県磯城郡川西町
(別)島の山古墳

4島内地下式横穴墓群　しまうちちかしきおうけつぼぐん　5世紀前半〜6世紀後半
(所在地)宮崎県えびの市大字島内字杉の原・平松

島戸境1号墳　しまどざかいいちごうふん　4世紀後半

(所在地)千葉県山武市麻生新田

5島田　しまだ
(所在地)静岡県島田市
(文)『川傍柳 3』

島田川流域遺跡群　しまたがわりゅういきいせきぐん　縄文時代, 弥生時代, 古墳時代
(所在地)山口県周南市

島田池遺跡　しまたいけいせき　6世紀後半
(所在地)島根県松江市東出雲町掛屋

島田宿大井川川越遺跡　しまだじゅくおおいがわかわごえいせき, しまだじゅくおおいがわかわごしいせき　江戸時代
(所在地)静岡県島田市河原町　(国指定史跡(1966)

島田塚　しまだづか　6世紀前半
(所在地)佐賀県唐津市鏡1728　(県指定史跡(1972)
(別)四方塚古墳, 今屋敷古墳, 島田塚古墳

島田塚古墳　しまだづかこふん　6世紀前半
(所在地)佐賀県唐津市鏡1728
(別)四方塚古墳, 今屋敷古墳, 島田塚

6島庄遺跡　しまのしょういせき　縄文時代〜中世
(所在地)奈良県高市郡明日香村大字島庄

8島松駅逓所　しままつえきていしょ　明治時代
(所在地)北海道北広島市島松
(別)旧島松駅逓所

10島原　しまばら
(所在地)長崎県島原市
(文)若山牧水『みなかみ』

島原城　しまばらじょう　江戸時代初期築城
(所在地)長崎県島原市城内
(別)森岳城

島原藩主深溝松平家墓所　しまばらはんしゅふこうずまつだいらけぼしょ　江戸時代
(所在地)愛知県額田郡幸田町　(国指定史跡(2014)

島原藩薬園　しまばらはんやくえん　江戸時代末期
(所在地)長崎県島原市小山町
(別)旧島原藩薬園跡

島宮　しまのみや
(所在地)奈良県高市郡明日香村島庄
(文)『万葉集』
(別)嶋宮, 島の宮, 嶋宮跡

11島崎藤村宅(馬籠宿本陣)跡　しまざきとうそ

んたく（まごめじゅくほんじん）あと　江戸時代, 明治時代
[所在地]岐阜県中津川市馬籠　[史]県指定史跡（2005）

島添大里城跡　しましーおおざとじょうあと　三山分立時代築城
[所在地]沖縄県南城市大里　[史]国指定史跡（2012）

15島横穴墓群　しまおうけつぼぐん　7世紀前半
[所在地]茨城県常陸太田市島町2372-1

【峰】

1峰一合遺跡　みねいちごういせき　縄文時代前期, 弥生時代後期
[所在地]岐阜県下呂市森

9峰相山窯跡群　みねあいさんかまあとぐん　古墳時代後期～平安時代初期
[所在地]兵庫県姫路市青山出屋敷・太市中桜峠・石倉・打越・林田町釜東, 揖保郡太子町

12峰開戸遺跡　みねかいどいせき　縄文時代
[所在地]東京都八王子市下椚田町峰開戸

【峯】

0峯ヶ塚古墳　みねがずかこふん　6世紀初頭
[所在地]大阪府羽曳野市軽里

5峯古墳　みねこふん　5世紀前半以降
[所在地]千葉県館山市山本字峯

8峯岸山古墳群　みねぎしやまこふんぐん　5世紀後半～7世紀後半
[所在地]群馬県伊勢崎市磯町・西野町

9峯城跡　みねじょうあと　中世
[所在地]三重県亀山市川崎町森4155ほか　[史]県指定史跡（1969）

15峯遺跡　みねいせき　弥生時代
[所在地]福岡県朝倉郡筑前町東小田

【差】

5差出の磯　さしでのいそ
[所在地]石川県羽咋郡
[文]上田秋成『春雨物語』

差出の磯　さしでのいそ
[所在地]山梨県山梨市
[文]『古今和歌集 7』, 琴歌「千鳥の曲」

【帰】

帰　かえる
[所在地]福井県南条郡南越前町
[文]『万葉集』

3帰山　かえるやま
[所在地]福井県南条郡南越前町
[文]『和名抄』
[別]還山

6帰全山　きぜんざん
[所在地]高知県長岡郡本山町　[史]県指定史跡（1953）
[別]雁山

【師】

8師岡貝塚　もろおかかいずか　縄文時代前期～中期
[所在地]神奈川県横浜市港北区　[史]市指定史跡（1994）

12師歯迫山　しはせやま
[所在地]静岡県
[文]『八雲御抄』

13師楽遺跡　しらくいせき　古墳時代後期
[所在地]岡山県瀬戸内市牛窓町牛窓

【席】

5席田　むしろだ
[所在地]岐阜県本巣市
[文]藤原道経『金葉和歌集 5』, 藤原良経『新千載和歌集 20』

【帯】

7帯坂　おびざか
[所在地]東京都千代田区五番町・九段南
[文]鶴屋南北『東海道四谷怪談』
[別]切通坂

12帯隈山神籠石　おぶくまやまこうごいし　古代
[所在地]佐賀県佐賀市久保泉町, 神埼市神埼町　[史]国指定史跡（1951）

13帯解丸山古墳　おびとけまるやまこふん　5世紀後半
[所在地]奈良県奈良市柴屋町字ナマリ塚
[別]丸山古墳

帯解黄金塚古墳　おびとけこがねずかこふん　7世紀中葉
[所在地]奈良県奈良市窪之庄町上ノ口
[別]黄金塚古墳

10画（座, 庭, 恩, 恐, 恭, 恵）

【座】

[6]**座光寺原遺跡　ざこうじばらいせき**　弥生時代後期前半
所在地 長野県飯田市座光寺座光寺原

[12]**座喜味城跡　ざきみじょうあと**　15世紀初期築城
所在地 沖縄県中頭郡読谷村字座喜味・長浜
国指定史跡（1972）

座散乱木遺跡　ざさらぎいせき　後期旧石器時代, 縄文時代草創期～古墳時代
所在地 宮城県大崎市岩出山下野目字座散乱木

【庭】

[5]**庭田貝塚　にわだかいずか**　縄文時代前～中期主体
所在地 岐阜県海津市南濃町庭田　県指定史跡（1957）

【恩】

[5]**恩田木工民親の墓　おんだもくたみちかのはか**　江戸時代
所在地 長野県長野市松代町松代　市指定史跡（1967）

恩田原古墳　おんだばらこふん　古墳時代中期
所在地 千葉県南房総市久枝字恩田原

[6]**恩行寺古墳　おんぎょうじこふん**　5世紀前半
所在地 群馬県高崎市吉井町長根　市指定史跡（1973）

恩行寺裏山古墳　おんぎょうじうらやまこふん　4世紀後期
所在地 群馬県高崎市吉井町長根
別 裏山古墳

[10]**恩原遺跡群　おんばらいせきぐん**　後期旧石器時代, 縄文時代
所在地 岡山県苫田郡鏡野町

[12]**恩智遺跡　おんじいせき**　縄文時代～弥生時代
所在地 大阪府八尾市恩智中町1～3丁目

【恐】

[0]**恐の坂　かしこのさか**
所在地 奈良県生駒郡斑鳩町竜田/和歌山県海南市・有田郡有田川町/奈良県五条市～和歌山県橋本市
×『万葉集』

[3]**恐山　おそれざん**　貞観4年（862）開山
所在地 青森県むつ市恐山

【恭】

[4]**恭仁京跡　くにきょうあと**　8世紀
所在地 京都府木津川市加茂町例幣

恭仁宮　くにのみや　天平12～16年（740～744）
所在地 京都府木津川市加茂町例幣・河原
別 山城国分寺跡, 山背国分寺跡, 恭仁宮跡（山城国分寺跡）

恭仁宮跡　くにきゅうあと　天平12～16年（740～744）
所在地 京都府木津川市加茂町例幣・河原
別 山城国分寺跡, 山背国分寺跡, 恭仁宮, 恭仁宮跡（山城国分寺跡）

恭仁宮跡（山城国分寺跡）　くにきゅうせき（やましろこくぶんじあと）　天平12～16年（740～744）
所在地 京都府木津川市加茂町例幣・河原
国指定史跡（1957）
別 山城国分寺跡, 山背国分寺跡, 恭仁宮跡, 恭仁宮

【恵】

[3]**恵下山・山手遺跡群　えげやま・やまていせきぐん**　弥生時代終末～古墳時代初頭
所在地 広島県広島市安佐北区落合・真亀　県指定史跡（1974）

恵下古墳　えげこふん　6世紀前半
所在地 群馬県伊勢崎市上植木本町

恵山貝塚　えさんかいづか　続縄文時代
所在地 北海道函館市柏野町　北海道指定史跡（1967）

[7]**恵良城跡　えりょうじょうせき**　中世
所在地 愛媛県松山市上難波　県指定史跡（1977）

恵那山　えなさん
所在地 長野県下伊那郡阿智村, 岐阜県中津川市
×島崎藤村『夜明け前』

[9]**恵美須ヶ鼻造船所跡　えびすがはなぞうせんじょあと**　江戸時代幕末期
所在地 山口県萩市小畑浦　国指定史跡（2013）

[10]**恵庭古墳群　えにわこふんぐん**　8世紀主体
所在地 北海道恵庭市柏木地区

[13]**恵解山古墳　いげのやまこふん**　5世紀前半頃
所在地 京都府長岡京市勝竜寺　国指定史跡

10画（悟, 息, 恋, 扇, 敏, 晒, 書, 格, 栢）

（1981）
恵解山古墳群　えげのやまこふんぐん　5〜6世紀
所在地 徳島県徳島市八万町

【悟】

11 悟渓国師墓　ごけいこくしのはか　室町時代
所在地 岐阜県岐阜市寺町　㊟県指定史跡（1972）

【息】

8 息長　おきなが
所在地 滋賀県米原市顔戸
㊎『日本書紀』

息長川　おきながかわ
所在地 滋賀県米原市
㊎『万葉集』

息長陵　おきながのみささぎ　5世紀末
所在地 滋賀県米原市村居田
㊟広姫息長陵古墳群

【恋】

0 恋ヶ窪　こいがくぼ
所在地 東京都国分寺市
㊎大岡昇平『武蔵野夫人』

恋ヶ窪遺跡　こいがくぼいせき　縄文時代中期
所在地 東京都国分寺市西恋ヶ窪1丁目・東恋ヶ窪1丁目

3 恋川春町の墓　こいかわはるまちのはか　江戸時代
所在地 東京都新宿区新宿2-15-18 成覚寺　㊟区指定史跡（1985）

12 恋塚一里塚　こいずかいちりづか　江戸時代
所在地 山梨県上野原市犬目　㊟県指定史跡（2002）

【扇】

0 扇ガ谷　おうぎがやつ
所在地 神奈川県鎌倉市扇ガ谷1丁目〜4丁目
㊎『誹風柳多留』

扇ノ井　おうぎのい　江戸時代・鎌倉十井の一
所在地 神奈川県鎌倉市扇ガ谷3-2-10

2 扇八幡古墳　おうぎはちまんこふん　6世紀前半
所在地 福岡県京都郡みやこ町勝山箕田　㊟県

指定史跡（1973）
㊟八幡古墳

5 扇平遺跡　おんびらいせき　縄文時代前期末〜中期初頭
所在地 長野県岡谷市横川

7 扇谷遺跡　おうぎだにいせき　弥生時代前期末〜中期初頭
所在地 京都府京丹後市峰山町丹波

12 扇塚古墳　おうぎづかこふん　4世紀
所在地 東京都大田区田園調布1丁目

【敏】

10 敏馬　みぬめ
所在地 兵庫県神戸市灘区岩屋・大石付近
㊎『万葉集』

敏馬が磯　としまがいそ
所在地 兵庫県神戸市灘区岩屋
㊎『万葉集』

敏馬の崎　みぬめのさき
所在地 兵庫県神戸市灘区
㊎『万葉集』，佐佐木信綱『新月』

12 敏満寺　びんまんじ　平安初期頃創建
所在地 滋賀県犬上郡多賀町

敏満寺石仏谷墓跡　びんまんじいしぼとけだにはかあと　13〜16世紀後半
所在地 滋賀県犬上郡多賀町石仏谷　㊟国指定史跡（2005）

【晒】

3 晒山古墳群　さらしやまこふんぐん　5世紀前半〜6世紀中葉
所在地 和歌山県和歌山市大谷字晒山

【書】

5 書写山　しょしゃざん
所在地 兵庫県姫路市書写山
㊎『誹風柳多留』

【格】

8 格知学舎　かくちがくしゃ　明治2年（1869）開設
所在地 山形県天童市老野森1-1-1　㊟県指定史跡（1952）

【栢】

6 栢寺廃寺跡　かやでらはいじあと　白鳳時代

遺跡・古墳よみかた辞典　377

10画（桔, 桐, 栗, 桑）

[所在地]岡山県総社市南溝手　㊥県指定史跡（1987）

¹²栢間古墳群　かやまこふんぐん　古墳時代後期
[所在地]埼玉県久喜市菖蒲町下栢間・上栢間

【桔】

¹¹桔梗2遺跡　ききょうにいせき　旧石器時代, 縄文時代中期
[所在地]北海道函館市桔梗町

【桐】

⁰桐ガ谷　きりがやつ
[所在地]神奈川県鎌倉市大町5-3・4ヵ

³桐山和田遺跡　きりやまわだいせき　縄文時代草創期・早期前半
[所在地]奈良県山辺郡山添村桐山

¹⁰桐原　きりはら
[所在地]長野県松本市入山辺桐原
㊈藤原高遠『拾遺和歌集 3』

【栗】

⁴栗木鉄山跡　くりきてつざんあと　明治14年（1881）～大正9年（1920）
[所在地]岩手県住田町世田米字子飼沢　㊥県指定史跡（1999）

⁵栗本の里　くるもとのさと
[所在地]滋賀県大津市瀬田神領
㊈『更級日記』

栗田遺跡　くりたいせき　弥生時代中期
[所在地]福岡県朝倉郡筑前町栗田

⁸栗林銭座跡　くりばやしぜにざあと　慶応3年（1867）以降
[所在地]岩手県釜石市栗林　㊥県指定史跡（1987）

栗林遺跡　くりばやしいせき　弥生時代中期後半
[所在地]長野県中野市栗林北城　㊥県指定史跡（1960）

¹⁰栗原中丸遺跡　くりはらなかまるいせき　旧石器時代
[所在地]神奈川県座間市栗原

栗原遺跡　くりはらいせき　旧石器時代～平安時代
[所在地]東京都板橋区桜川1丁目, 練馬区氷川台　都立城北中央公園内

栗原遺跡　くりはらいせき　8世紀前半

[所在地]新潟県妙高市栗原字塚田

栗栖の小野　くるすのおの
[所在地]奈良県葛城市
㊈『万葉集』,『和名抄』
㊕栗栖野

栗栖山南墳墓群　くるすやまみなみふんぼぐん　古墳時代終末期
[所在地]大阪府茨木市佐保字クルス

栗栖野　くるすの
[所在地]京都府京都市北区西賀茂氷室町
㊈『和名抄』,『延喜式』

栗栖野　くるすの
[所在地]京都府京都市山科区
㊈『拾遺和歌集』

栗栖野　くるすの
[所在地]奈良県葛城市
㊈『万葉集』,『和名抄』
㊕栗栖の小野

栗栖野瓦窯跡　くるすのかわらがまあと, くるすのがようせき, くるすのがようあと　平安時代
[所在地]京都府京都市左京区岩倉幡枝町　㊥国指定史跡（1934）
㊕幡枝瓦窯

¹²栗塚古墳　くりずかこふん　古墳時代
[所在地]大阪府羽曳野市誉田6丁目

¹⁵栗駒山　くりこまやま
[所在地]京都府宇治市
㊈『和名抄』

栗駒山　くりこまやま
[所在地]京都府城陽市久世
㊈『和名抄』,『大和物語』,『更級日記』

【桑】

⁰桑57号墳　くわごじゅうななごうふん　6世紀前半
[所在地]栃木県小山市喜沢

桑ケ谷療養所跡　くわがやつりょうようじょあと　鎌倉時代
[所在地]神奈川県鎌倉市長谷3丁目

桑ノ本・船戸田遺跡　くわのもと・ふなただいせき　弥生時代前期
[所在地]高知県南国市田村桑ノ本・船戸田

³桑山遺跡群　くわやまいせきぐん　古墳時代前期
[所在地]山形県米沢市万世町桑山

⁶桑名　くわな

378　遺跡・古墳よみかた辞典

10画（桂, 根）

(所在地)三重県桑名市
㊇十返舎一九『東海道中膝栗毛』

桑名城跡　くわなじょうあと　安土桃山時代築城
(所在地)三重県桑名市吉之丸3421-1ほか　㊈県指定史跡(1942)

[7]**桑折西山城跡　こおりにしやまじょうあと**　12世紀～16世紀
(所在地)福島県伊達郡桑折町　㊈国指定史跡(1990)

[9]**桑津遺跡　くわずいせき**　旧石器時代～弥生時代
(所在地)大阪府大阪市東住吉区桑津2丁目～5丁目

[10]**桑原野山1号墳　くわはらのやまいちごうふん**　6世紀初頭
(所在地)岐阜県各務原市鵜沼東町8丁目

桑根井空塚　くわねいそらづか　6世紀後半～7世紀初め
(所在地)長野県長野市松代町豊栄字桑根井　㊈県指定史跡(1965)
㊇桑根井空塚古墳

桑根井空塚古墳　くわねいそらづかこふん　6世紀後半～7世紀初め
(所在地)長野県長野市松代町豊栄字桑根井
㊇桑根井空塚

桑納古墳群　かんのうこふんぐん　5世紀(1号墳)、6世紀後半(2号墳)
(所在地)千葉県八千代市桑納字東割

[13]**桑飼下遺跡　くわがいしもいせき**　縄文時代後期
(所在地)京都府舞鶴市桑飼下

【桂】

桂　かつら
(所在地)京都府京都市西京区
㊇『栄花物語』、『平家物語』

[0]**桂の渡り　かつらのわたり**
(所在地)京都府京都市
㊇『安法法師集』

桂ヶ岡チャシ　かつらがおかちゃし　近世
(所在地)北海道網走市桂町
㊇桂ヶ岡砦跡

桂ヶ岡砦跡　かつらがおかちゃしあと、かつらがおかとりであと　近世
(所在地)北海道網走市桂町　㊈国指定史跡(1935)
㊇桂ヶ岡チャシ

[3]**桂山遺跡　かつらやまいせき**　縄文時代中期以降
(所在地)浜松市天竜区水窪町奥領家　㊈市指定史跡(1980)

桂川　かつらがわ
(所在地)京都府
㊇与謝野晶子『草の夢』

[5]**桂台遺跡　かつらだいいせき**　縄文時代後期～晩期
(所在地)神奈川県横浜市戸塚区公田町中谷

[7]**桂見2号墳　かつらみにごうふん**　古墳時代前期
(所在地)鳥取県鳥取市桂見字下地谷

桂見遺跡　かつらみいせき　縄文時代後期～晩期
(所在地)鳥取県鳥取市桂見字山ノ鼻

桂見遺跡群　かつらみいせきぐん　縄文時代、弥生時代後期～古墳時代
(所在地)鳥取県鳥取市桂見

[9]**桂春院庭園　けいしゅんいんていえん**　江戸時代
(所在地)京都府京都市右京区花園寺ノ中町　㊈国指定史跡(1931)

[10]**桂原1号墳　かずわらいちごうふん**　6世紀後半
(所在地)熊本県宇城市不知火町長崎字白玉
㊇桂原白玉古墳

桂浜　かつらはま
(所在地)高知県高知市
㊇吉井勇『人間経』

[11]**桂庵墓　けいあんのはか**　戦国時代
(所在地)鹿児島県鹿児島市伊敷町
㊇桂菴墓

桂菴墓　けいあんのはか　戦国時代
(所在地)鹿児島県鹿児島市伊敷町　㊈国指定史跡(1936)
㊇桂庵墓

桂野遺跡　かつらのいせき　縄文時代中期後半狢沢式期～曽利式期
(所在地)山梨県笛吹市御坂町上黒駒

[19]**桂離宮　かつらりきゅう**　元和元年(1615)造営開始
(所在地)京都府京都市西京区桂御園

【根】

[3]**根子遺跡　ねっこいせき**　縄文時代

遺跡・古墳よみかた辞典　379

10画 (桜)

所在地 秋田県北秋田市阿仁根子

4 根方岩陰遺跡　ごんぼういわかげいせき　縄文時代早期～中期
所在地 岐阜県高山市丹生川町根方

5 根古地薩摩工事義歿者墓　ねこじさつまこうじぎぼつしゃのはか　江戸時代
所在地 岐阜県養老郡養老町根古地　県指定史跡(1962)

根古谷台遺跡　ねごやだいいせき　縄文時代前期
所在地 栃木県宇都宮市上欠町　国指定史跡(1988)

根古屋遺跡　ねごやいせき　弥生時代前期
所在地 福島県伊達市霊山町石田

根ノ窯跡　ねだいらかまあと　古墳時代後期, 6世紀末～7世紀初頭
所在地 埼玉県東松山市大字田木字根平

根本寺　こんぽんじ
所在地 茨城県鹿嶋市
②芭蕉『続虚栗』

根本武夷の墓　ねもとぶいのはか　江戸時代
所在地 神奈川県横浜市南区 定光寺　市登録史跡(1994)

根田銀環塚古墳　ねだぎんかんずかこふん　6世紀後葉
所在地 千葉県市原市根田字代

根立遺跡　ねだちいせき　縄文時代後期前半
所在地 新潟県長岡市上岩井

7 根来　ねごろ
所在地 和歌山県岩出市根来
②三条西実隆『再昌草』,『太平記』

根来寺　ねごろじ　大治5年(1130)創始
所在地 和歌山県岩出市根来

根来寺坊院跡　ねごろでらぼういんあと　平安時代末～江戸時代
所在地 和歌山県岩出市根来

根来寺境内　ねごろじけいだい　大治5年(1130)創始
所在地 和歌山県岩出市根来　国指定史跡(2007)

8 根岸　ねぎし
所在地 東京都台東区
②正岡子規『子規歌集』, 幸田露伴『日ぐらし物語』

根岸友山墓所　ねぎしゆうざんぼしょ　明治時代
所在地 埼玉県熊谷市冑山37　県指定旧跡

(1961)

根岸官衙遺跡群　ねぎしかんがいせきぐん　奈良時代, 平安時代
所在地 福島県いわき市平下大越　国指定史跡(2005)

根岸横穴墓群　ねぎしおうけつぼぐん　古墳時代
所在地 宮城県栗原市金成姉歯字根岸
別 姉歯横穴墓群

9 根城古墳群　ねじょうこふんぐん　7世紀中～後葉
所在地 青森県八戸市沢里字鹿島沢根城字大久保
別 鹿島沢古墳群

根城跡　ねじょうあと　中世～近世初期
所在地 青森県八戸市根城　国指定史跡(1941)

根室半島チャシ跡群　ねむろはんとうちゃしあとぐん　16～18世紀
所在地 北海道根室市納沙布　国指定史跡(1983)

根津　ねず
所在地 東京都文京区
②平賀源内『神霊矢口渡』

根津神社　ねずじんじゃ　宝永3年(1706)創建
所在地 東京都文京区根津
別 根津権現

根津権現　ねずごんげん
所在地 東京都文京区根津
②森鴎外『青年』, 小杉天外『魔風恋風』
別 根津神社

11 根曽古墳群　ねそこふんぐん　4～6世紀
所在地 長崎県対馬市美津島町鶏知　国指定史跡(1976)

12 根塚遺跡　ねずかいせき　弥生時代後期
所在地 長野県上高井郡木島平村

13 根獅子遺跡　ねしこいせき　弥生時代前期～中期
所在地 長崎県平戸市根獅子町浜久保

根竪遺跡　ねがたいせき　旧石器時代
所在地 静岡県浜松市浜北区根竪岩水寺

【桜】

0 桜の上横穴墓群　さくらのうえおうけつぼぐん　6世紀中葉～7世紀
所在地 熊本県山鹿市鹿央町岩原大野原
別 桜ノ上横穴群

10画（桜）

桜の上横穴群　さくらのうえよこあなぐん
6世紀中葉〜7世紀
所在地 熊本県山鹿市鹿央町岩原大野原　別 県指定史跡（1973）
別 桜の上横穴墓群

桜ケ丘古墳　さくらがおかこふん　古墳時代中期
所在地 長野県松本市浅間飯治洞

桜ヶ丘銅鐸・銅戈出土地　さくらがおかどうたく・どうかしゅつどち　弥生時代
所在地 兵庫県神戸市灘区桜ケ丘町

桜ヶ丘遺跡　さくらがおかいせき　弥生時代
所在地 兵庫県神戸市灘区桜ヶ丘

桜ヶ岡2遺跡　さくらがおかにいせき　縄文時代
所在地 北海道釧路市桜ヶ岡3丁目

[3]桜土手古墳群　さくらどてこふんぐん　6世紀後半〜7世紀前半
所在地 神奈川県秦野市堀山下地区

桜小路横穴墓群　さくらこうじおうけつぼぐん　8世紀
所在地 宮城県亘理郡亘理町鹿島字見陀内

桜山古墳　さくらやまこふん　6世紀後半〜7世紀
所在地 茨城県鹿嶋市木滝

桜山古墳群　さくらやまこふんぐん　7世紀
所在地 埼玉県東松山市田木山字桜山

桜山埴輪窯跡群　さくらやまはにわかまあとぐん　5世紀末〜奈良・平安時代
所在地 埼玉県東松山市大字田木字桜山
別 南比企（桜山）窯跡群

桜山慈俊挙兵伝説地　さくらやまこれとしきょへいでんせつち　元弘元年（1331）挙兵
所在地 広島県福山市新市町
別 一宮（桜山慈俊挙兵伝説地）

桜川　さくらがわ
所在地 茨城県桜川市東那珂
又 謡曲『桜川』

[4]桜井　さくらい
所在地 大阪府三島郡島本町桜井
又『実方集』,『太平記』

桜井　さくらい
所在地 奈良県桜井市
又 藤原知家『夫木和歌抄 26』

桜井　さくらい
所在地 奈良県高市郡明日香村豊浦
又『日本書紀』,『枕草子』

桜井二子古墳　さくらいふたごふん　4世紀前半頃
所在地 愛知県安城市桜井町
別 二子古墳

桜井古墳　さくらいこふん　古墳時代前期
所在地 福島県南相馬市原町区上渋佐　別 国指定史跡（1956）

桜井古墳群　さくらいこふんぐん　4〜6世紀
所在地 福島県南相馬市原町区上渋佐

桜井古墳群　さくらいこふんぐん　古墳時代
所在地 愛知県安城市古井町〜小川町

桜井谷窯址　さくらいだにようし　古墳時代
所在地 大阪府豊中市,吹田市,茨木市ほか

桜井茶臼山古墳　さくらいちゃうすやまこふん　古墳時代前期
所在地 奈良県桜井市外山　別 国指定史跡（1973）
別 茶臼山古墳

桜井駅　さくらいのえき　古代〜中世
所在地 大阪府三島郡島本町
別 桜井駅跡（楠正成伝説地）

桜井駅跡（楠正成伝説地）　さくらいえきあと（くすのきまさしげでんせつち）,さくらいのえきあと（くすのきまさしげでんせつち）　古代〜中世
所在地 大阪府三島郡島本町　別 国指定史跡（1921）
別 桜井駅

桜井遺跡　さくらいいせき　弥生時代中期
所在地 福島県南相馬市原町区桜井町

[5]桜生古墳群　さくらばさまこふんぐん　古墳時代後期
所在地 滋賀県野洲市小篠原

桜田　さくらだ
所在地 愛知県名古屋市南区
又『万葉集』

桜田門　さくらだもん
所在地 東京都千代田区
又 井原西鶴『好色一代女』

[7]桜町陣屋跡　さくらまちじんやあと　江戸時代
所在地 栃木県真岡市物井　別 国指定史跡（1932）

桜町遺跡　さくらまちいせき　縄文時代〜江戸時代
所在地 富山県小矢部市桜町

桜谷　さくらだに

遺跡・古墳よみかた辞典　381

[所在地]滋賀県大津市
[文]慈円『夫木和歌抄』

桜谷古墳　さくらだにこふん　5世紀初頭以前
[所在地]富山県高岡市太田　[史]国指定史跡(1934)

桜谷古墳　さくらだにこふん　古墳時代後期
[所在地]愛媛県松山市桜谷町

桜谷古墳群　さくらだにこふんぐん　5世紀初頭以前
[所在地]富山県高岡市太田
[別]桜谷古墳

8**桜京古墳**　さくらきょうこふん　6世紀
[所在地]福岡県宗像市牟田尻　[史]国指定史跡(1976)

9**桜峠遺跡**　さくらとうげいせき　縄文時代早期・中期
[所在地]富山県魚津市長引野

10**桜島**　さくらじま
[所在地]鹿児島県鹿児島市
[文]水原秋桜子『殉教』, 河東碧梧桐『続三千里』

桜馬場遺跡　さくらのばばいせき　弥生時代中期後半～後期前半
[所在地]佐賀県唐津市桜馬場4丁目

12**桜塚古墳**　さくらずかこふん　4世紀終末頃
[所在地]茨城県つくば市北条

桜塚古墳　さくらずかこふん　7世紀頃
[所在地]群馬県高崎市石原町　[史]市指定史跡(1974)

桜塚古墳群　さくらずかこふんぐん　古墳時代前期末～中期
[所在地]大阪府豊中市岡町・中桜塚・南桜塚　[史]国指定史跡(1956)

【桃】

5**桃生城跡**　ものうじょうあと, ものおじょうあと, もものうじょうあと, ももうのきあと　奈良時代後半
[所在地]宮城県石巻市
[別]桃生柵

桃生柵　ももうのさく, もものうさく　奈良時代後半
[所在地]宮城県石巻市
[別]桃生城跡

7**桃谷古墳**　ももだにこふん　6世紀末～7世紀
[所在地]京都府京丹後市峰山町新治

桃里恩田遺跡　とうさとおんだいせき　15～16世紀
[所在地]沖縄県石垣市字桃里恩田161-44・字伊野田165-911　[史]県指定史跡(1990)

13**桃園**　ももぞの
[所在地]東京都中野区中野3丁目周辺
[文]『江戸名所図会』
[別]桃園跡

桃園　ももぞの
[所在地]京都府京都市上京区栄町
[文]『蜻蛉日記』
[別]世尊寺

桃園跡　ももぞのあと
[所在地]東京都中野区中野3丁目周辺
[文]『江戸名所図会』
[別]桃園

【梅】

0**梅の子塚古墳群**　うめのこつかこふんぐん　4世紀後半
[所在地]京都府城陽市富野北ノ芝・中ノ芝

梅ガ谷　うめがやつ
[所在地]神奈川県鎌倉市扇ガ谷4-15
[文]『新編鎌倉志』, 『鎌倉攬勝考』

4**梅之木遺跡**　うめのきいせき　縄文時代中期
[所在地]山梨県北杜市　[史]国指定史跡(2014)

梅木平古墳　ばいきひらこふん　7世紀初頭
[所在地]広島県三原市本郷町　[史]県指定史跡(1949)

5**梅田古墳群**　うめたこふんぐん　古墳時代
[所在地]兵庫県朝来市和田山町久留引

梅田横穴墓群　うめだおうけつぼぐん　8世紀初頭
[所在地]福島県須賀川市大字西川字梅田

7**梅谷瓦窯跡**　うめだにかわらがまあと　奈良時代
[所在地]京都府木津川市梅美台5丁目
[別]奈良山瓦窯跡(歌姫瓦窯跡・音如ヶ谷瓦窯跡・市坂瓦窯跡・梅谷瓦窯跡・鹿背山瓦窯跡)

8**梅林古墳**　うめばやしこふん　5世紀後半
[所在地]福岡県福岡市城南区梅林5丁目　[史]市指定史跡(1989)

梅若塚　うめわかずか
[所在地]東京都墨田区提通2-26　[史]都指定旧跡(1955)
[文]謡曲『隅田川』

9**梅津**　うめず

[所在地]京都府京都市右京区梅津
[文]『栄花物語』，『保元物語』

梅津川　うめずがわ
[所在地]京都府京都市右京区梅津
[文]『拾遺和歌集』

10**梅原　うめのはら**
[所在地]滋賀県米原市
[文]藤原俊成『歌枕名寄』

梅宮　うめのみや
[所在地]京都府京都市右京区梅津
[文]『徒然草』

11**梅曽大塚古墳　うめそおおつかこふん**　古墳時代終末期
[所在地]栃木県那須郡那珂川町小川字梅曽
[別]大塚古墳

【桧】

3**桧山峠7号墳　ひやまとうげななごうふん**　5世紀末
[所在地]愛媛県松山市平井町乙

10**桧原2号墳　ひばるにごうふん**　6世紀
[所在地]福岡県福岡市南区大字桧原

【栲】

10**栲島　たくしま**
[所在地]島根県松江市
[文]『万葉集』

【桙】

15**桙衝神社祭祀遺跡　ほこつきじんじゃさいしいせき**　7世紀
[所在地]福島県須賀川市桙衝字亀居山97-1　[史]市指定史跡（1998）

【栫】

0**栫ノ原遺跡　かこいのはらいせき**　縄文時代草創期～中世
[所在地]鹿児島県南さつま市加世田村　[史]国指定史跡（1997）

【殺】

5**殺生石　せっしょうせき**
[所在地]栃木県那須郡那須町湯本　[史]県指定史跡（1957）
[文]芭蕉『おくのほそ道』

【浦】

0**浦の初島　うらのはつしま**
[所在地]和歌山県有田市
[文]藤原定家『定家卿百番自歌合』

3**浦上天主堂　うらかみてんしゅどう**
[所在地]長崎県長崎市浦上
[文]斎藤茂吉『つゆじも』

浦山古墳　うらやまこふん　5世紀後半
[所在地]福岡県久留米市上津町　[史]国指定史跡（1951）

浦山古墳群　うらやまこふんぐん　5～7世紀頃
[所在地]香川県綾歌郡綾川町羽床下

浦山横穴墓群　うらやまおうけつぼぐん　7世紀後半
[所在地]熊本県熊本市中央区黒髪7丁目
[別]浦山横穴群

浦山横穴群　うらやまよこあなぐん　7世紀後半
[所在地]熊本県熊本市中央区黒髪7丁目　[史]県指定史跡（1966）
[別]浦山横穴墓群

4**浦戸　うらど**
[所在地]高知県高知市浦戸
[文]『土佐日記』

5**浦尻古墳群　うらじりこふんぐん**　6世紀
[所在地]福島県南相馬市小高区浦尻

浦尻貝塚　うらじりかいずか　縄文時代前～晩期
[所在地]福島県南相馬市小高区浦尻　[史]国指定史跡（2006）

浦田山古墳群　うらたやまこふんぐん　6世紀
[所在地]新潟県村上市瀬波温泉3丁目

6**浦安　うらやす**
[所在地]千葉県浦安市
[文]高浜虚子『五百句』

8**浦和宿二・七市場跡 付市場定杭　うらわしゅくに・しちいちばあと つけたりいちばさだめくい**　江戸時代
[所在地]埼玉県さいたま市浦和区常盤1-5-19　[史]市指定史跡（1962）

浦和宿本陣跡　うらわしゅくほんじんあと　江戸時代～明治時代
[所在地]埼玉県さいたま市浦和区仲町2-6（仲町公園）　[史]市指定史跡（1972）

浦和宿石橋と供養仏　うらわしゅくいしばしとくようぶつ　供養塔：宝暦12年（1762）

10画（酒，泰，浜）

建立
(所在地)埼玉県さいたま市浦和区常盤9丁目
㉞市指定史跡（1959）

浦底遺跡　うらそこいせき　南琉球石器時代後期
(所在地)沖縄県宮古島市城辺福里浦底

[11]**浦添貝塚　うらそえかいづか　縄文時代後期**
(所在地)沖縄県浦添市字伊祖　㉞県指定史跡（1972）

浦添城跡　うらそえじょうあと，うらぞえじょうあと　伝・12世紀築城
(所在地)沖縄県浦添市字仲間・前田・当山
㉞国指定史跡（1989）

[12]**浦富台場跡　うらどめだいばあと　江戸時代末期築造**
(所在地)鳥取県岩美郡岩美町浦富
㉟鳥取藩台場跡（由良台場跡・境台場跡・淀江台場跡・橋津台場跡・浦富台場跡）

浦賀　うらが
(所在地)神奈川県横須賀市浦賀
㉜平賀源内『風流志道軒伝』

浦間茶臼山古墳　うらまちゃうすやまこふん　古墳時代前期
(所在地)岡山県岡山市東区浅川・浦間　㉞国指定史跡（1974）
㉟茶臼山古墳

[13]**浦幌新吉野台細石器遺跡　うらほろしんよしのだいさいせっきいせき　縄文時代早期**
(所在地)北海道十勝郡浦幌町字共栄　㉞北海道指定史跡（1951）
㉟新吉野遺跡

【酒】

[2]**酒人山古墳群　さこうどやまこふんぐん　古墳時代**
(所在地)滋賀県湖南市三雲

[4]**酒井抱一墓　さかいほういつはか　江戸時代**
(所在地)東京都中央区築地3-15 築地本願寺境内
㉞都指定旧跡（1952）

酒元ノ上横穴墓群　さかもとのうえおうけつぼぐん　7世紀前半～中葉
(所在地)宮崎県西都市大字三宅字酒元ノ上

酒匂川　さかわがわ
(所在地)神奈川県
㉜十返舎一九『東海道中膝栗毛』

[5]**酒生古墳群　さこうこふんぐん　5～7世紀**
(所在地)福井県福井市成願寺町・篠尾町・高尾町

酒生廃寺址　さこうはいじし　白鳳時代
(所在地)福井県福井市篠尾町字塔垣内
㉟篠尾廃寺塔跡

酒田　さかた
(所在地)山形県酒田市
㉜井原西鶴『日本永代蔵』，芭蕉『おくのほそ道』

[7]**酒呑ジュリンナ遺跡　しゃちのみじゅりんないせき　縄文時代草創期**
(所在地)愛知県豊田市幸海町ジュリンナ

酒折宮　さかおりのみや
(所在地)山梨県甲府市酒折
㉜『古事記』，『日本書紀』

酒見新堂遺跡　さかみしんどういせき　縄文時代後期中葉
(所在地)石川県羽咋郡志賀町酒見

[9]**酒屋高塚古墳　さかやたかつかこふん，さけやたかつかこふん　5世紀後半**
(所在地)広島県三次市西酒屋町　㉞県指定史跡（1982）
㉟西酒屋高塚古墳，高塚古墳

酒巻14号墳　さかまきじゅうよんごうふん　6世紀末頃
(所在地)埼玉県行田市大字酒巻

酒巻古墳群　さかまきこふんぐん　6世紀前半～7世紀
(所在地)埼玉県行田市大字酒巻

酒津遺跡　さかずいせき　弥生時代中期～奈良時代
(所在地)岡山県倉敷市酒津・水江

[11]**酒盛塚古墳　さかもりづかこふん　6世紀中葉**
(所在地)千葉県木更津市長須賀字柳町

酒船石　さかふねいし　飛鳥時代
(所在地)奈良県高市郡明日香村
㉟酒船石遺跡

酒船石遺跡　さかふねいしいせき　飛鳥時代
(所在地)奈良県高市郡明日香村　㉞国指定史跡（1927）
㉟酒船石

【泰】

[13]**泰遠寺山古墳　たいおんじやまこふん　5世紀中葉**
(所在地)福井県吉田郡永平寺町松岡

【浜】

[3]**浜口梧陵墓　はまぐちごりょうのはか　江戸**

10画（浮）

時代
所在地 和歌山県有田郡広川町山本　㊟国指定史跡（1938）

浜山玉作遺跡　はまやまたまつくりいせき　5世紀後半
所在地 富山県下新川郡朝日町大字宮崎字浜山

[4]浜元サチビン貝塚　はまもとさちびんかいずか　沖縄貝塚時代前期～中期
所在地 沖縄県本部町字浜元北原　㊟県指定史跡（1974）

[5]浜尻天王山古墳　はまじりてんのうやまこふん　6世紀後半
所在地 群馬県高崎市浜尻町　㊟市指定史跡（1993）

浜尻屋貝塚　はましりやかいずか　14世紀前半～15世紀末
所在地 青森県下北郡東通村　㊟国指定史跡（2006）

浜田遺跡　はまだいせき　縄文時代後期初頭,古墳時代前期, 平安時代
所在地 新潟県佐渡市豊田

[6]浜名の橋　はまなのはし
所在地 静岡県湖西市新居町浜名
㊞『枕草子』, 源重之『重之集』

浜名湖　はまなこ
所在地 静岡県浜松市, 湖西市
㊞与謝野晶子『舞姫』, 水原秋桜子『殉教』

[8]浜松　はままつ
所在地 静岡県浜松市
㊞阿仏尼『十六夜日記』, 磯田道冶『竹斎』

浜松城跡　はままつじょうあと　元亀元年（1570）以降
所在地 静岡県浜松市中区元城町　㊟市指定史跡（1959）

[10]浜島古墳　はまじまこふん　古墳時代
所在地 三重県志摩市浜島町目戸山　㊟県指定史跡（1937）

浜通遺跡　はまどおりいせき　近世初期
所在地 青森県下北郡東通村小田野沢字浜通

[11]浜崎貝塚　はまさきかいずか　沖縄前Ⅳ期～弥生並行期
所在地 沖縄県伊江村字浜崎原　㊟県指定史跡（1973）

[12]浜御殿跡　はまごてんあと
所在地 東京都中央区浜離宮庭園1-1
㊞『誹風柳多留 74』, 上田敏『うづまき』
㊋浜離宮, 旧浜離宮庭園

[13]浜詰貝塚　はまずめかいずか　縄文時代後期
所在地 京都府京丹後市網野町浜詰

浜頓別クッチャロ湖畔竪穴群　はまとんべつくっちゃろこはんたてあなぐん　縄文時代早期～擦文時代
所在地 北海道枝幸郡浜頓別町　㊟北海道指定史跡（1966）
㊋日の出遺跡

[15]浜遺跡　はまいせき　弥生時代～古墳時代
所在地 大分県大分市大字浜

[18]浜禰遺跡　はまねいせき　古墳時代前・中・後期
所在地 福井県大飯郡おおい町大島

[19]浜離宮庭園　はまりきゅうていえん　江戸時代
所在地 東京都中央区浜離宮庭園
㊋旧浜離宮庭園

【浮】

[5]浮田の杜　うきたのもり　古代
所在地 奈良県五條市今井町1548・933 荒木神社
㊋浮田の森, 浮田杜伝説地

浮田の森　うきたのもり　古代
所在地 奈良県五條市今井町1548・933 荒木神社
㊋浮田の杜, 浮田杜伝説地

浮田杜伝説地　うきたのもりでんせつち　古代
所在地 奈良県五條市今井町1548・933 荒木神社　㊟県指定史跡（1957）
㊋浮田の杜, 浮田の森

[10]浮島　うきしま
所在地 宮城県多賀城市
㊞『能因歌枕』, 『和歌初学抄』

浮島ヶ原　うきしまがはら
所在地 静岡県沼津市, 静岡県富士市
㊞『平家物語』, 謡曲『羽衣』

浮島古墳群　うきしまこふんぐん　古墳時代末期
所在地 岩手県岩手郡岩手町大字土川　㊟県指定史跡（1959）
㊋岩手浮島古墳群

浮島古墳群　うきしまこふんぐん　古墳時代前期
所在地 茨城県稲敷市浮島
㊋常陸浮島古墳群

浮島貝塚　うきしまかいずか　縄文時代前期後半

10画（涌, 浴, 流, 涙, 浪, 烏, 狸）

(所在地)茨城県稲敷市浮島

¹¹浮船城跡　うきふねじょうあと　南北朝時代〜戦国時代
(所在地)宮崎県西都市荒武・鹿野田
㊙都於郡城跡

¹²浮御堂　うきみどう
(所在地)滋賀県大津市本堅田
㊤芭蕉『堅田十六夜之弁』

浮間ヶ原　うきまがはら
(所在地)東京都北区
㊤河合酔茗『東京近郊めぐり』

¹⁶浮橋貝塚　うきはしかいづか　縄文時代前期
(所在地)青森県西津軽郡鰺ヶ沢町小屋敷町字浮橋

【涌】

⁵涌出山古墳　ゆるぎやまこふん　古墳時代中期
(所在地)滋賀県長浜市高月町唐川

涌出山古墳群　ゆるぎやまこふんぐん　5世紀末葉〜6世紀初頭
(所在地)滋賀県長浜市高月町唐川

【浴】

¹⁰浴恩園跡　よくおんえんあと　江戸時代
(所在地)東京都中央区築地5-2北東部付近　㊙都指定旧跡 (1955)

【流】

¹²流廃寺跡　ながれはいじあと　平安時代
(所在地)福島県東白川郡棚倉町　㊙国指定史跡 (2014)

【涙】

³涙川　なみだがわ
(所在地)三重県
㊤『五代集歌枕』、『八雲御抄』

【浪】

⁰浪ノ上1号墳　なみのうえいちごうふん　弥生時代後期（欠山期）
(所在地)愛知県豊橋市牛川町字西郷

⁵浪打峠一里塚　なみうちとうげいちりづか　江戸時代
(所在地)岩手県一戸町一戸字大道沢・字大越田
㊙県指定史跡 (1985)

⁷浪形岩　なみがたいわ　中新世
(所在地)岡山県井原市野上町971　㊙県指定史

跡 (1956)

⁸浪岡城跡　なみおかじょうあと　15世紀後半以降
(所在地)青森県青森市浪岡　㊙国指定史跡 (1940)

浪岩12号横穴墓　なみいわじゅうにごうおうけつぼ　7世紀中葉
(所在地)福島県相馬市小高町浪岩

⁹浪逆　なさか
(所在地)茨城県
㊤『万葉集』
㊙浪逆の海

浪逆の海　なさかのうみ
(所在地)茨城県
㊤『万葉集』
㊙浪逆

【烏】

³烏土塚古墳　うどづかこふん　6世紀中葉
(所在地)奈良県生駒郡平群町　㊙国指定史跡 (1971)

烏山　からすやま
(所在地)東京都世田谷区
㊤『好色芝紀烏物語』、田山花袋『東京の近郊』

烏山2号墳　からすやまにごうふん　5世紀末頃
(所在地)千葉県富里市日吉倉字烏山

¹¹烏崎　からすざき
(所在地)兵庫県神戸市垂水区
㊤『伊勢集』、西行『山家集』

烏崎古墳群　からすざきこふんぐん　6世紀末〜7世紀（1号墳）
(所在地)福島県南相馬市鹿島区烏崎字羽黒堂北向地内

¹²烏帽子形城跡　えぼしがたじょうあと　中世
(所在地)大阪府河内長野市喜多町　㊙国指定史跡 (2012)

烏森稲荷　からすもりいなり
(所在地)東京都港区新橋
㊤『誹風柳多留』

【狸】

⁵狸穴　まみあな
(所在地)東京都港区麻布狸穴町
㊤河竹黙阿弥『天衣紛上野初花』

386　遺跡・古墳よみかた辞典

【狼】

[12]狼塚古墳　やまいぬずかこふん　6世紀後半
　所在地　栃木県鹿沼市茂呂町西茂呂

狼塚古墳　おおかみずかこふん　5世紀中葉
　所在地　大阪府藤井寺市道明寺6丁目

【珠】

[8]珠金塚古墳　しゅきんずかこふん　5世紀中葉
　所在地　大阪府藤井寺市道明寺

[9]珠城山古墳　たまきやまこふん　6世紀後半以降
　所在地　奈良県桜井市穴師　　国指定史跡（1978）
　別　珠城山古墳群

珠城山古墳群　たまきやまこふんぐん　6世紀後半以降
　所在地　奈良県桜井市穴師
　別　珠城山古墳

珠洲　すず
　所在地　石川県珠洲市
　又　『万葉集』

珠洲古窯跡群　すずこようせきぐん　中世
　所在地　石川県珠洲市三崎町, 鳳珠郡能登町行延など
　別　珠洲陶器窯跡

珠洲陶器窯跡　すずとうきかまあと　中世
　所在地　石川県珠洲市三崎町, 鳳珠郡能登町行延など　　国指定史跡（2008）
　別　珠洲古窯跡群

珠洲横穴墓群　すずおうけつぼぐん　6世紀後半～7世紀後半
　所在地　石川県珠洲市

【琉】

[11]琉球　りゅうきゅう
　所在地　沖縄県
　又　宮柊二『小紺珠』, 曲亭馬琴『椿説弓張月』

【畝】

[5]畝田遺跡群　うねだいせきぐん　奈良時代～平安時代前期
　所在地　石川県金沢市畝田

[11]畝野　うねの
　所在地　滋賀県東近江市
　又　『太平記』
　別　宇根の野

畝野　うねの

　所在地　兵庫県伊丹市
　又　『日本後紀』

[12]畝傍山　うねびやま
　所在地　奈良県橿原市畝傍町
　又　『万葉集』,『古事記』,『日本書紀』

【畠】

[3]畠山重忠古戦場跡　はたけやましげただこせんじょうあと　鎌倉時代
　所在地　神奈川県横浜市旭区鶴ケ峰本町1-1ほか
　　市登録史跡（1988）

畠山重忠墓　はたけやましげただのはか　鎌倉時代初期以降
　所在地　埼玉県深谷市畠山字八幡　　県指定史跡（1924）

畠山重保塔　はたけやましげやすとう　明徳6年（1393）銘
　所在地　神奈川県鎌倉市由比ガ浜2-14-5前

【留】

[11]留萌佐賀家漁場　るもいさがけぎょば　江戸時代後期～明治時代
　所在地　北海道留萌市礼受町
　別　旧留萌佐賀家漁場

【益】

[3]益子天王塚古墳　ましこてんのうずかこふん　6世紀前半
　所在地　栃木県芳賀郡益子町道祖土
　別　天王塚古墳

[5]益田氏城館跡　ますだしじょうかんあと　中世
　所在地　島根県益田市三宅町・東町・七尾町・大谷町　　国指定史跡（2004）

益田池　ますだのいけ, ますだいけ　平安時代初期築造
　所在地　奈良県橿原市

益田岩船　ますだのいわふね　古代
　所在地　奈良県橿原市南妙法寺町
　別　岩船

[12]益須寺跡　やすでらあと　白鳳時代
　所在地　滋賀県守山市

【真】

[3]真土大塚山古墳　しんどおおつかやまこふん　4世紀末～5世紀初頭
　所在地　神奈川県平塚市西真土

遺跡・古墳よみかた辞典　387

10画（真）

 ㋓大塚山古墳

真弓の岡　まゆみのおか
　㋞奈良県高市郡明日香村真弓・地ノ窪〜高市郡高取町佐田・森
　㋕『日本書紀』
　㋓真弓岡，檀弓丘

真弓岡　まゆみのおか
　㋞奈良県高市郡明日香村真弓・地ノ窪〜高市郡高取町佐田・森
　㋕『日本書紀』
　㋓真弓の岡，檀弓丘

[5] **真玉大塚古墳　またまおおつかこふん**　古墳時代中期後半
　㋞大分県豊後高田市
　㋓大塚古墳

真田信之の墓　さなだのぶゆきのはか　江戸時代
　㋞長野県長野市松代町柴　㋢市指定史跡（1967）

真石貝塚　まいしかいづか　縄文時代〜弥生時代
　㋞福島県いわき市大字南富岡字真石
　㋓南富岡貝塚

[6] **真名井古墳　まないこふん**　古墳時代前期
　㋞大阪府富田林市新堂

真名板高山古墳　まないたたかやまこふん　6世紀
　㋞埼玉県行田市大字真名板字堂裏
　㋓高山古墳

真如堂　しんにょどう
　㋞京都府京都市左京区浄土寺真如町
　㋕『花洛名勝図会』
　㋓真正極楽寺

[7] **真里谷廃寺跡　まりやつはいじあと**　古代
　㋞千葉県木更津市真里谷字横峰

[8] **真岡鶏塚古墳　もおかにわとりづかこふん**　7世紀前半
　㋞栃木県真岡市京泉
　㋓鶏塚古墳

真幸村古墳　まさきそんこふん　古墳時代
　㋞宮崎県えびの市大字島内字杉原・平松
　㋢県指定史跡（1933）

真金一里塚　まがねいちりづか　江戸時代
　㋞岡山県岡山市北区吉備津　㋢国指定史跡（1928）

真長の浦　まながのうら
　㋞滋賀県高島市安曇川町

　㋕『万葉集』

[9] **真神の原　まがみのはら**
　㋞奈良県高市郡明日香村飛鳥
　㋕『万葉集』，『日本書紀』
　㋓真神原

真神原　まかみのはら
　㋞奈良県高市郡明日香村飛鳥
　㋕『万葉集』，『日本書紀』
　㋓真神の原

[10] **真宮遺跡　しんぐういせき**　縄文時代晩期中葉〜鎌倉時代
　㋞愛知県岡崎市六名町　㋢国指定史跡（1976）

真珠庵庭園　しんじゅあんていえん　室町時代
　㋞京都府京都市北区紫野大徳寺町　㋢国指定史跡（1924）

真脇遺跡　まわきいせき　縄文時代
　㋞石川県鳳珠郡能登町真脇　㋢国指定史跡（1989）

[11] **真崎稲荷　まさきいなり，まっさきいなり**
　㋞東京都荒川区南千住3-28-58 石浜神社
　㋕永井荷風『日和下駄』，『江戸名所図会』

真盛上人誕生地　しんせいしょうにんたんじょうち　室町時代
　㋞三重県津市一志町大仰1916　㋢県指定史跡（1938）

真盛廟　しんせいびょう　江戸時代
　㋞三重県伊賀市長田1931　㋢県指定史跡（1995）

真葛原　まくずがはら
　㋞京都府京都市東山区　東山西麓一帯
　㋕『蕪村句集』，謡曲『隅田川』

真野　まの
　㋞福島県南相馬市鹿島区
　㋕『和名抄』

真野　まの
　㋞兵庫県神戸市長田区真野町
　㋕『万葉集』

真野の入江　まののいりえ
　㋞滋賀県大津市真野
　㋕『金葉和歌集』
　㋓真野入江

真野の継橋　まののつぎはし
　㋞兵庫県神戸市長田区真野町
　㋕『後拾遺和歌集 15』

真野入江　まののいりえ

10画（砧, 砥, 砺, 破, 祥, 称）

⦅所在地⦆滋賀県大津市真野
㊇『金葉和歌集』
㊆真野の入江

真野古墳　まのこふん　4世紀末〜5世紀初頭
⦅所在地⦆滋賀県大津市真野6丁目

真野古墳群　まのこふんぐん　古墳時代中・後期
⦅所在地⦆福島県南相馬市鹿島区寺内　㊦国指定史跡（1979）

真野古墳群　まのこふんぐん　6世紀末〜7世紀
⦅所在地⦆新潟県佐渡市背合・大須・大立　㊦県指定史跡（1972）

[12]真間　まま
⦅所在地⦆千葉県市川市真間
㊇『万葉集』

真間の継橋　ままのつぎはし
⦅所在地⦆千葉県市川市真間
㊇『万葉集』, 『菟玖波集抄』

[13]真福寺貝塚　しんぶくじかいづか　縄文時代後期〜晩期
⦅所在地⦆埼玉県さいたま市岩槻区城南　㊦国指定史跡（1975）
㊆真福寺遺跡

真福寺遺跡　しんぶくじいせき　縄文時代後期〜晩期
⦅所在地⦆埼玉県さいたま市岩槻区城南
㊆真福寺貝塚

[16]真壁氏累代墓地及び墓碑群　まかべしるいだいぼちおよびぼひぐん　鎌倉時代〜戦国時代
⦅所在地⦆茨城県桜川市真壁町山尾525-1　㊦県指定史跡（1971）

真壁城跡　まかべじょうあと　平安時代末期築城
⦅所在地⦆茨城県桜川市真壁町古城・山尾　㊦国指定史跡（1994）

[17]真篠城跡　まじのじょうあと　16世紀築城
⦅所在地⦆山梨県南部町福士字真篠　㊦県指定史跡（2002）
㊆福士の城山, 真篠砦

真鍋島　まなべじま
⦅所在地⦆岡山県笠岡市
㊇西行『山家集』

[18]真観寺古墳　しんかんじこふん　7世紀中葉
⦅所在地⦆埼玉県行田市荒木 真観寺境内

[21]真鶴　まなづる
⦅所在地⦆神奈川県足柄下郡真鶴町
㊇古泉千樫『青牛集』, 『義経記』
㊆真名鶴

【砧】

[4]砧中学校古墳群　きぬたちゅうがっこうこふんぐん　4世紀末〜7世紀初頭
⦅所在地⦆東京都世田谷区成城1丁目

【砥】

[11]砥部窯跡群　とべかまあとぐん　6世紀後半（谷田1号窯跡）, 6世紀後半〜7世紀初頭（西野春日谷1号窯）
⦅所在地⦆愛媛県松山市西野町〜伊予郡砥部町

【砺】

[8]砺波の関　となみのせき
⦅所在地⦆富山県小矢部市, 石川県河北郡津幡町
㊇大伴家持『万葉集 16』
㊆砺波関

砺波山　となみやま, となみのやま
⦅所在地⦆富山県小矢部市石動町
㊇『平家物語』, 『太平記』

砺波関　となみのせき
⦅所在地⦆富山県小矢部市, 石川県河北郡津幡町
㊇大伴家持『万葉集 16』
㊆砺波の関

【破】

[2]破入遺跡　はにゅういせき　縄文時代早期〜中期, 平安時代, 室町時代
⦅所在地⦆福井県勝山市滝波町破入

【祥】

[13]祥瑞寺　しょうずいじ
⦅所在地⦆滋賀県大津市堅田町
㊇芭蕉『芭蕉翁』

【称】

[6]称名寺貝塚　しょうみょうじかいづか　縄文時代後期〜晩期
⦅所在地⦆神奈川県横浜市金沢区金沢町〜寺前町

称名寺境内　しょうみょうじけいだい　正嘉2年（1258）創始
⦅所在地⦆神奈川県横浜市金沢区金沢町・西柴町　㊦国指定史跡（1922）

[8]称念寺　しょうねんじ

遺跡・古墳よみかた辞典

[所在地]宮城県仙台市青葉区新坂町
[文]『二十四輩順拝図会』

14**称徳（孝謙）天皇陵古墳　しょうとく（こうけん）てんのうりょうこふん**　5世紀前半
[所在地]奈良県奈良市山陵町字御陵前

称徳山荘　しょうとくさんそう　奈良時代後半
[所在地]奈良県奈良市西大寺宝ヶ丘町

【秦】

10**秦原廃寺　はたばらはいじ, はだわらはいじ**　飛鳥時代創建
[所在地]岡山県総社市大字秦字寺藪
[別]秦廃寺

12**秦廃寺　はだはいじ**　飛鳥時代創建
[所在地]岡山県総社市大字秦字寺藪　[史]県指定史跡（1959）
[別]秦原廃寺

【秩】

4**秩父　ちちぶ**
[所在地]埼玉県秩父郡, 秩父市
[文]賀茂真淵『賀茂翁家集』,『誹風柳多留』

【竜】

0**竜の口　たつのくち**
[所在地]東京都千代田区丸の内
[文]森鴎外『渋江抽斎』

竜ケ岡古墳　たつがおかこふん　5世紀後半
[所在地]福井県福井市足羽山
[別]茶臼山古墳

竜ノ口　たつのくち
[所在地]神奈川県藤沢市片瀬3-12～13

竜ノ口遺跡　たつのくちいせき　縄文時代中期
[所在地]東京都大島町野増字竜ノ口
[別]大島竜の口遺跡

竜ヶ塚古墳　りゅうがずかこふん　古墳時代後期
[所在地]福島県岩瀬郡天栄村白子

3**竜子三ツ塚古墳群　りゅうこみつずかこふんぐん**　3世紀後半～4世紀初頭
[所在地]兵庫県たつの市揖保川町二塚

竜子向イ山1号墳　りゅうこむかいやまいちごうふん　6世紀後半～7世紀初頭
[所在地]兵庫県たつの市揖西町竜子字向イ山

竜山5号墳　たつやまごごうふん　古墳時代前期
[所在地]兵庫県高砂市米田町

4**竜王山古墳　りゅうおうざんこふん, りゅうおうさんこふん**　4世紀末前後
[所在地]香川県さぬき市津田町津田

竜王山古墳　りゅうおうざんこふん　4世紀末～5世紀初め
[所在地]熊本県山鹿市杉字竜王

竜王山古墳群　りゅうおうざんこふんぐん　6世紀後半～7世紀終末
[所在地]奈良県天理市柳本町渋谷町

竜王崎古墳群　りゅうおうざきこふんぐん　5世紀後半～6世紀
[所在地]佐賀県杵島郡白石町大字深浦　[史]県指定史跡（1977）

竜王遺跡　りゅうおういせき　旧石器時代～縄文時代晩期
[所在地]佐賀県小城市三日月町織島字東分

5**竜田　たつた**
[所在地]奈良県生駒郡斑鳩町竜田
[文]『伊勢物語』

竜田山　たつたやま
[所在地]奈良県生駒郡斑鳩町竜田
[文]『万葉集』

竜田川　たつたがわ
[所在地]奈良県
[文]『大和物語』,『平家物語』

竜田御坊山古墳群　たつたごぼうやまこふんぐん　古墳時代終末期
[所在地]奈良県生駒郡斑鳩町竜田
[別]御坊山古墳群

竜田道　たつたみち　古代
[所在地]奈良県奈良市・大和郡山市・生駒郡斑鳩町・生駒郡三郷町, 大阪府柏原市・八尾市・大阪市

竜石山古墳群　りゅうせきざんこふんぐん　5世紀中葉, 6世紀後半
[所在地]滋賀県近江八幡市安土町石寺

6**竜安寺　りょうあんじ**　宝徳2年（1450）建立
[所在地]京都府京都市右京区竜安寺御陵ノ下町

竜安寺方丈庭園　りょうあんじほうじょうていえん　室町時代以降作庭
[所在地]京都府京都市右京区竜安寺御陵ノ下町
[史]国指定史跡（1954）
[別]虎の子渡しの庭

7**竜角寺古墳群・岩屋古墳　りゅうかくじこふんぐん・いわやこふん**　7世紀後半

10画（笊, 粉, 紙）

(所在地)千葉県印旛郡栄町, 成田市大竹　(文)国指定史跡（1941）
(別)竜角寺岩屋古墳

竜角寺岩屋古墳　りゅうかくじいわやこふん　7世紀後半
(所在地)千葉県印旛郡栄町竜角寺
(別)岩屋古墳, 竜角寺古墳群・岩屋古墳

竜角寺境内ノ塔阯　りゅうかくじけいだいのとうあと　奈良時代
(所在地)千葉県印旛郡栄町竜角寺　(文)国指定史跡（1933）

[8]竜岡城跡　たつおかじょうあと　慶応3年（1867）築城
(所在地)長野県佐久市田口　(文)国指定史跡（1934）
(別)竜岡五稜郭, 桔梗城

竜河洞　りゅうがどう　弥生時代後期
(所在地)高知県香美市土佐山田町　(文)国指定史跡（1934）
(別)竜河洞遺跡

竜河洞遺跡　りゅうがどういせき　弥生時代後期
(所在地)高知県香美市土佐山田町
(別)竜河洞

竜門　りゅうもん
(所在地)奈良県吉野郡吉野町
(文)芭蕉『笈の小文』,『曽我物語』

竜門司坂　たつもんじざか　寛永12年（1635）完成
(所在地)鹿児島県姶良市加治木町木田
(別)大口筋（白銀坂・竜門司坂）

竜門寺　りゅうもんじ
(所在地)兵庫県姫路市網干区浜田
(文)『播磨名所巡覧図会』

竜門寺　りゅうもんじ　7世紀後半以降創建
(所在地)奈良県吉野郡吉野町

竜門寺1号墳　りゅうもんじいちごうふん　4世紀後半頃
(所在地)岐阜県岐阜市長良真福寺字竜門寺
(別)竜門寺古墳

竜門寺古墳　りゅうもんじこふん　4世紀後半頃
(所在地)岐阜県岐阜市長良真福寺字竜門寺
(別)竜門寺1号墳

竜門寺遺跡　りゅうもんじいせき　縄文時代早期～江戸時代後期
(所在地)福島県いわき市平下荒川字諏訪下地内

[9]竜神　りゅうじん
(所在地)和歌山県田辺市（旧・日高郡竜神村）
(文)『紀伊国名所図会』

[12]竜塚古墳　りゅうづかこふん　4～5世紀
(所在地)山梨県笛吹市八代町米倉　(文)県指定史跡（2004）

[14]竜像寺の岡野氏墓地　りゅうぞうじのおかのしぼち　江戸時代
(所在地)神奈川県相模原市中央区東淵野辺3-1440-1の一部　(文)市指定史跡（2002）

竜徳寺山1号墳　りゅうとくじやまいちごうふん　6世紀前半
(所在地)愛媛県松山市河野別府

[15]竜潭及びその周辺　りゅうたんおよびそのしゅうへん　15世紀
(所在地)沖縄県那覇市首里真和志町1丁目　(文)県指定史跡（1955）

[16]竜頭滝　りゅうずのたき
(所在地)栃木県日光市
(文)『日光山志』

[20]竜巌寺　りゅうがんじ
(所在地)東京都渋谷区神宮前
(文)『江戸名所図会』

【笊】

[4]笊内古墳群　ざるうちこふんぐん　7世紀
(所在地)福島県白河市東上野出島

【粉】

[8]粉河　こかわ
(所在地)和歌山県紀の川市
(文)覚法法親王『高野山参籠日記』

粉河寺　こかわでら　宝亀元年（770）創始
(所在地)和歌山県紀の川市粉河

[10]粉浜　こはま
(所在地)大阪府大阪市住吉区粉浜
(文)『万葉集』

[17]粉糠山古墳　こぬかやまこふん　5世紀前半
(所在地)岐阜県大垣市青墓町小金

【紙】

[9]紙屋川　かみやがわ
(所在地)京都府京都市北区鷹ヶ峰光悦寺町付近
(文)紀貫之『古今和歌集 10』
(別)天神川, 神屋川, 仁和寺川

紙屋池の原一里塚　かみやいけのはらいちりずか　宝永3年（1706）築造

遺跡・古墳よみかた辞典　391

[所在地]宮崎県小林市郡野尻町紙屋字池之原3865-2　[史]県指定史跡（1936）

紙屋漆野原一里塚　かみやうるしのばるいちりずか　宝永3年（1706）築造

[所在地]宮崎県小林市野尻町紙屋漆野原547-18　[史]県指定史跡（1936）

15**紙敷貝塚　かみしきかいずか**　縄文時代中期～後期

[所在地]千葉県松戸市紙敷字向ほか

【素】

3**素山貝塚　そやまかいずか**　縄文時代早期末

[所在地]宮城県遠田郡美里町素山

【納】

7**納沙布岬　のさっぷみさき**

[所在地]北海道根室市

[文]土屋文明『放水路』

8**納所遺跡　のうそいせき**　縄文時代晩期～古墳時代

[所在地]三重県津市納所町

9**納屋　いりの**

[所在地]京都府京都市西京区

[文]『万葉集』

[別]入野

納屋ホーキ古墳　なやほーきこふん　5世紀

[所在地]兵庫県豊岡市と日高町

15**納蔵原古墳　なぐらばらこふん**　6世紀中葉

[所在地]山口県熊毛郡田布施町大字大波野字納蔵

【翁】

7**翁作古墳　おきなさくこふん**　6世紀後葉～末葉

[所在地]千葉県館山市坂井字翁作

【胸】

8**胸突坂　むなつきざか**

[所在地]東京都文京区関口・小石川

[文]近松秋江『疑惑』

【能】

3**能万寺古墳群　のうまんじこふんぐん**　7世紀後半

[所在地]岐阜県恵那市長島町字能万寺　[史]県指定史跡（1959）

5**能古島　のこのしま**

[所在地]福岡県福岡市西区能古島

[文]『万葉集』

能田旭古墳　のうだあさひこふん　5世紀後半～6世紀前半

[所在地]愛知県北名古屋市能田

7**能見堂跡　のうけんどうあと**　寛文2年（1662）再興

[所在地]神奈川県横浜市金沢区能見台森　[史]市登録史跡（1988）

9**能峠遺跡方形台状墓群　ゆきとうげいせきほうけいだいじょうぼぐん**　3～4世紀

[所在地]奈良県宇陀市榛原上井足

能美古墳群（寺井山古墳群・和田山古墳群・末寺山古墳群・秋常山古墳群・西山古墳群）　のみこふんぐん（てらいやまこふんぐん・わだやまこふんぐん・まつじやまこふんぐん・あきつねやまこふんぐん・にしやまこふんぐん）　古墳時代初頭～後期

[所在地]石川県能美市　[史]国指定史跡（2013）

能茶山山上窯跡　のうさやまさんじょうかまあと　文政3年（1820）開窯

[所在地]高知県高知市鴨部　[史]県指定史跡（1972）

10**能島城跡　のしまじょうあと**　南北朝時代

[所在地]愛媛県今治市宮窪町　[史]国指定史跡（1953）

12**能満寺古墳　のうまんじこふん**　4世紀後半頃

[所在地]千葉県長生郡長南町芝原 能満寺境内

能満寺古墳群　のうまんじこふんぐん　古墳時代前期

[所在地]福岡県築上郡上毛町下唐原

能登　のと

[所在地]石川県 能登半島

[文]『万葉集』

能登の島山　のとのしまやま

[所在地]石川県七尾市

[文]『万葉集』

能登川　のとがわ

[所在地]奈良県奈良市

[文]『万葉集』

能登国　のとのくに

[所在地]石川県 能登半島

[文]『古事記』

能登国分寺跡 附 建物群跡　のとこくぶんじあと つけたり たてものぐんあと　奈良時代創建

[所在地]石川県七尾市国分町・古府町　[史]国指定史跡（1974）

10画（脇, 致, 荻, 荷, 華, 莧）

能登香の山　のとかのやま
　所在地 岡山県美作市
　㊅『万葉集』
　㊉能登香山

能登香山　のとかのやま
　所在地 岡山県美作市
　㊅『万葉集』
　㊉能登香の山

能登瀬川　のとせがわ
　所在地 滋賀県米原市
　㊅『万葉集』

能登瀬川　のとせがわ
　所在地 奈良県
　㊅『万葉集』

[15]能褒野　のぼの
　所在地 三重県亀山市能褒野町
　㊅『日本書紀』

能褒野王塚古墳　のぼのおうずかこふん　4世紀末〜5世紀初頭
　所在地 三重県亀山市田村町
　㊉王塚古墳

能褒野古墳群　のぼのこふんぐん　古墳時代
　所在地 三重県亀山市川崎町川崎下僧仏

[19]能瀬石山古墳　のせいしやまこふん　古墳時代中期後半〜後期
　所在地 石川県河北郡津幡町能瀬

【脇】

[5]脇本城跡　わきもとじょうあと　15〜16世紀
　所在地 秋田県男鹿市脇本　㊉国指定史跡（2004）

脇本遺跡　わきもといせき　縄文時代〜平安時代
　所在地 奈良県桜井市脇本

[8]脇岬遺跡　わきみさきいせき　縄文時代前期〜弥生時代
　所在地 長崎県長崎市脇岬町

【致】

[12]致道館　ちどうかん　17世紀
　所在地 山形県鶴岡市馬場町
　㊉旧致道館

【荻】

[5]荻生徂徠墓　おぎゅうそらいのはか　江戸時代
　所在地 東京都港区三田　㊉国指定史跡

（1949）

[8]荻杼古墓　おぎとちこぼ　鎌倉時代
　所在地 島根県出雲市荻杼町89

[11]荻堂貝塚　おぎどうかいづか　沖縄貝塚時代前期土器
　所在地 沖縄県中頭郡北中城村　㊉国指定史跡（1972）

【荷】

[5]荷田在満墓　かだのありまろのはか　江戸時代
　所在地 東京都台東区寿2-10-2 金竜寺　㊉都指定旧跡（1955）

荷田春満旧宅　かだのあずままろきゅうたく　江戸時代
　所在地 京都府京都市伏見区深草薮之内町
　㊉国指定史跡（1922）

[8]荷取洞窟遺跡　にとろどうくついせき　縄文時代草創期
　所在地 長野県長野市戸隠栃原

[12]荷渡古墳群　にわたりこふんぐん　6世紀
　所在地 福島県南相馬市原町区下北高平

【華】

[0]華ガ谷　はながやつ
　所在地 神奈川県鎌倉市大町3-7・9-24〜35
　㊉花ガ谷

[8]華岡青洲の墓碑　はなおかせいしゅうのぼひ　江戸時代
　所在地 和歌山県紀の川市西野山　㊉県指定史跡（1957）

[15]華蔵寺裏山古墳　けぞうじうらやまこふん　5世紀初頭
　所在地 群馬県伊勢崎市華蔵寺町
　㊉裏山古墳

[17]華厳滝　けごんのたき
　所在地 栃木県日光市
　㊅与謝野晶子『冬柏亭集』

【莧】

[12]莧越の山　なごしのやま
　所在地 千葉県南房総市
　㊅『万葉集』

莧越の山　なごしのやま
　所在地 石川県, 岐阜県
　㊅『万葉集』

遺跡・古墳よみかた辞典　393

【袖】

[0]**袖の浦　そでのうら**
[所在地]山形県酒田市
[文]『一条摂政御集』

袖の渡　そでのわたり
[所在地]宮城県亘理郡, 岩沼市
[文]芭蕉『おくのほそ道』
[別]袖の渡り

袖の渡り　そでのわたり
[所在地]宮城県亘理郡, 岩沼市
[文]芭蕉『おくのほそ道』
[別]袖の渡

袖ヶ浦　そでがうら
[所在地]東京都港区高輪
[文]『誹風柳多留』

[10]**袖師の浦　そでしのうら**
[所在地]静岡県静岡市清水区
[文]『後拾遺和歌集』

袖師の浦　そでしのうら
[所在地]島根県松江市
[文]『八雲御抄』

袖高林古墳群　そでたかばやしこふんぐん
弥生時代後期以降
[所在地]福井県吉田郡永平寺町諏訪間

【被】

[8]**被服廠　ひふくしょう**
[所在地]東京都墨田区横網
[文]芥川龍之介『本所両国』, 細田民樹『運命の醜さ』

【衾】

[5]**衾田陵　ふすまだりょう**　古墳時代前期
[所在地]奈良県天理市中山町字西殿塚
[別]西殿塚古墳

[12]**衾道　ふすまじ**
[所在地]奈良県天理市中山町
[文]『万葉集』

【起】

[12]**起渡船場石灯台　おこしとせんばいしとうだい**　江戸時代
[所在地]岐阜県羽島市正木町新井　[史]県指定史跡（1956）

起渡船場跡　おこしとせんばあと　江戸時代
[所在地]愛知県一宮市起堤37外　[史]県指定史跡（1967）

【逢】

[7]**逢坂　おうさか**
[所在地]滋賀県大津市逢坂
[文]『万葉集』,『日本書紀』,『古事記』

逢坂山　おうさかやま
[所在地]滋賀県大津市
[文]『万葉集』

逢坂関　おうさかのせき　古代
[所在地]滋賀県大津市逢坂付近

[9]**逢染川　あいそめがわ**
[所在地]福岡県
[文]御伽草子『文正さうし』

[19]**逢瀬川　おうせがわ**
[所在地]福島県郡山市北部
[文]藤原盛方『新続古今和歌集 14』

【造】

[3]**造山古墳　つくりやまこふん, ぞうざんこふん**　5世紀前半
[所在地]岡山県岡山市北区新庄下
[別]新庄下造山古墳, 造山古墳（第一、二、三、四、五、六古墳）

造山古墳（第一、二、三、四、五、六古墳）　つくりやまこふん（だいいち、に、さん、し、ご、ろくこふん）　5世紀前半
[所在地]岡山県岡山市北区新庄下　[史]国指定史跡（1921）
[別]新庄下造山古墳, 造山古墳

造山古墳群　つくりやまこふんぐん　古墳時代前期〜中期
[所在地]島根県安来市荒島町字造山

【通】

[7]**通谷池2号墳　とおりたにいけにごうふん**　古墳時代後期
[所在地]愛媛県伊予郡砥部町宮内

[8]**通岡1号墳　とおりおかいちごうふん**　5世紀末〜6世紀初め
[所在地]栃木県矢板市片岡

通法寺跡　つうほうじあと　長久4年（1043）建立
[所在地]大阪府羽曳野市通法寺・御廟谷　[史]国指定史跡（1957）

[9]**通洞坑　つうどうこう**　江戸時代〜昭和期
[所在地]栃木県日光市足尾町
[別]足尾銅山跡（通洞坑・宇都野火薬庫跡・本山坑・本山動力所跡・本山製錬所跡・

本山鉱山神社跡)

【途】

[4]途中ケ丘遺跡　とちゅうがおかいせき　弥生時代前期末～後期
所在地 京都府京丹後市峰山町長岡・新治

【連】

[4]連方屋敷　れんぼうやしき　南北朝時代以降
所在地 山梨県山梨市三ヶ所上新町ほか　㉑県指定史跡（1963）

[9]連城寺経塚古墳　れんじょうじきょうずかこふん　古墳時代前期
所在地 静岡県磐田市新貝
別 経塚古墳

[10]連庫山　なみくらやま
所在地 滋賀県
㊈ 万葉集

[13]連福寺古墳　れんぷくじこふん　4世紀後半
所在地 静岡県磐田市二之宮

【郡】

[3]郡山　こおりやま
所在地 奈良県大和郡山市
㊈ 許六『五老井発句集』

郡山官衙遺跡　こおりやまかんがいせき　7世紀半ば
所在地 宮城県仙台市太白区郡山
別 仙台郡山官衙遺跡群（郡山官衙遺跡・郡山廃寺跡）

郡山城跡　こおりやまじょうあと　室町時代～江戸時代
所在地 広島県安芸高田市吉田町
別 毛利氏城跡（多治比猿掛城跡・郡山城跡）

郡山宿本陣　こおりやましゅくほんじん，こおりやまじゅくほんじん　江戸時代
所在地 大阪府茨木市宿川原町　㉑国指定史跡（1948）

郡山廃寺跡　こおりやまはいじあと　7世紀半ば
所在地 宮城県仙台市太白区郡山
別 仙台郡山官衙遺跡群（郡山官衙遺跡・郡山廃寺跡）

郡山新木山古墳　こおりやまにきやまこふん　5世紀中頃
所在地 奈良県大和郡山市新木町
別 新木山古墳

郡山横穴墓群　こおりやまよこあなぼぐん，こおりやまおうけつぼぐん　7世紀後半～8世紀
所在地 宮城県白石市郡山字穴前19
別 郡山横穴群

郡山横穴群　こおりやまよこあなぐん　7世紀後半～8世紀
所在地 宮城県白石市郡山字穴前19
別 郡山横穴墓群

郡山遺跡　こおりやまいせき　飛鳥時代後半～奈良時代初め
所在地 宮城県仙台市太白区郡山

郡山遺跡　こおりやまいせき　7世紀末
所在地 宮城県角田市枝野郡山

郡山遺跡群　こおりやまいせきぐん　縄文時代前期，古墳時代後期，飛鳥～鎌倉時代
所在地 三重県鈴鹿市郡山町・中瀬古町

郡川西塚古墳　こおりがわにしずかこふん　5世紀終末～6世紀初め頃
所在地 大阪府八尾市郡川
別 西塚古墳

郡川東塚古墳　こおりがわひがしずかこふん　5世紀後半～6世紀初頭頃
所在地 大阪府八尾市郡川
別 東塚古墳

[7]郡里廃寺跡　こうざとはいじあと，こおざとはいじあと　白鳳時代
所在地 徳島県美馬市銀杏木　㉑国指定史跡（1976）
別 立光寺跡

[9]郡津丸山古墳　こうずまるやまこふん　古墳時代
所在地 大阪府交野市郡津
別 丸山古墳

[10]郡家今城遺跡　ぐんげいましろいせき　旧石器時代，奈良時代
所在地 大阪府高槻市氷室町

郡家車塚古墳　ぐんげくるまずかこふん　4世紀末葉～5世紀前半頃
所在地 大阪府高槻市郡家本町
別 車塚古墳

[12]郡塚1号窯　ぐんずかいちごうがま　5世紀頃
所在地 兵庫県三田市末～末野

【釜】

[3]釜口古墳　かまぐちこふん　7世紀末～8世紀初め

遺跡・古墳よみかた辞典　395

10画（針, 釘, 院, 陣）

(所在地)神奈川県大磯町大磯字前谷原　㊋県指定史跡(1954)

[5]釜生田古墳群　かもだこふんぐん　6世紀初め頃
(所在地)三重県松阪市嬉野釜生田町

釜生田辻垣内瓦窯跡群　かもだつじかいとがようあとぐん　7～8世紀
(所在地)三重県松阪市嬉野釜生田町　㊋市指定史跡(1985)
㊎辻垣内窯跡

釜田横穴墓群　かまたおうけつぼぐん　古墳時代
(所在地)茨城県常陸太田市真弓町

[7]釜尾古墳　かまおこふん　6世紀後半
(所在地)熊本県熊本市北区釜尾町　㊋国指定史跡(1921)

[9]釜屋谷四ッ塚古墳群　かまやだによつずかこふんぐん　古墳時代
(所在地)石川県輪島市釜屋谷地内

[12]釜塚古墳　かまつかこふん, かまずかこふん　古墳時代中期
(所在地)福岡県糸島市神在　㊋国指定史跡(1982)

釜無川　かまなしがわ
(所在地)山梨県
㊌長塚節『羇旅雑咏』

[13]釜蓋遺跡　かまぶたいせき　弥生時代終わり～古墳時代初頭
(所在地)新潟県上越市大和
㊎斐太遺跡群(吹上遺跡・斐太遺跡・釜蓋遺跡)

【針】

[12]針塚古墳　はりずかこふん　5世紀後半
(所在地)長野県松本市里山辺3172・3173　㊋県指定史跡(1997)

針塚遺跡　はりずかいせき　弥生時代前期
(所在地)長野県松本市里山辺針塚

[14]針綱神社　はりつなのじんじゃ
(所在地)愛知県犬山市
㊌『木曽路名所図会』

[16]針磨橋　はりすりばし　江戸時代・鎌倉十橋の一
(所在地)神奈川県鎌倉市稲村ガ崎
㊎我入道橋

【釘】

[11]釘崎古墳群　くぎさきこふんぐん　6世紀中頃～後半
(所在地)福岡県八女市大字豊福

【院】

[4]院内勅使塚古墳　いんないちょくしずかこふん　7世紀前半
(所在地)石川県七尾市下町　㊋県指定史跡(1972)
㊎勅使塚古墳

[6]院庄館跡(児島高徳伝説地)　いんのしょうやかたあと(こじまたかのりでんせつち)　鎌倉時代～室町時代
(所在地)岡山県津山市神戸　㊋国指定史跡(1922)

[12]院塚古墳　いんずかこふん　古墳時代
(所在地)熊本県玉名市岱明町開田

【陣】

[0]陣が峯城跡　じんがみねじょうあと　平安時代末期
(所在地)福島県河沼郡会津坂下町　㊋国指定史跡(2007)

陣の丸古墳　じんのまるこふん　古墳時代前期
(所在地)香川県丸亀市綾歌町　㊋県指定史跡(1973)

[3]陣山墳墓群　じんやまふんぼぐん　弥生時代中期後葉～古墳時代出現前
(所在地)広島県三次市四拾貫町・向江田町　㊋国指定史跡(2000)

[4]陣内廃寺跡　じんないはいじあと　奈良時代
(所在地)熊本県熊本市南区城南町

陣内遺跡　じんないいせき　縄文時代後期
(所在地)宮崎県高千穂町大字三田井字陣内車迫　㊋県指定史跡(1976)

[10]陣原横穴墓群　じんのはるおうけつぼぐん　6世紀後半～終末
(所在地)福岡県北九州市八幡西区瀬坂2丁目

陣座ケ谷古墳　じんざがやこふん　古墳時代中期後半
(所在地)静岡県浜松市北区細江町　㊋県指定史跡(1968)

陣馬遺跡　じんばいせき　弥生時代中期
(所在地)福島県本宮市荒井

[12]陣場・庄司原古墳群　じんば・しょうじはら

こふんぐん　古墳時代後期
[所在地]群馬県前橋市富士見町横室字陣場・上庄司原・下庄司原
[別]陣場・上庄司原古墳群

20**陣鐘山　じんがねやま**
[所在地]神奈川県鎌倉市稲村ガ崎2-1〜4・9〜11

【隼】

2**隼人の迫門　はやひとのせと**
[所在地]鹿児島県出水郡長島町瀬戸, 阿久根市黒之浜
[文]『万葉集』

隼人塚　はやとずか　平安時代後期
[所在地]鹿児島県霧島市隼人町　[史]国指定史跡（1921）
[別]隼人塚多重塔

隼人塚古墳　はやとずかこふん　6世紀後半
[所在地]福岡県行橋市大字高瀬

隼人塚多重塔　はやとずかたじゅうとう　平安時代後期
[所在地]鹿児島県霧島市隼人町
[別]隼人塚

3**隼上り瓦窯跡　はやあがりかわらがまあと**　7世紀前半〜中頃
[所在地]京都府宇治市菟道　[史]国指定史跡（1986）

【馬】

0**馬ノ山古墳群　うまのやまこふんぐん**　4世紀中頃
[所在地]鳥取県東伯郡湯梨浜町
[別]馬山古墳群, 橋津古墳群

2**馬入川　ばにゅうがわ**
[所在地]山梨県, 神奈川県
[文]前田夕暮『水源地帯』

3**馬口山古墳　ばぐちやまこふん**　3世紀後半〜4世紀前半
[所在地]奈良県天理市兵庫町字馬口山

馬山古墳群　うまのやまこふんぐん　4世紀中頃
[所在地]鳥取県東伯郡湯梨浜町
[別]馬ノ山古墳群, 橋津古墳群

5**馬立古墳群　うまだてこふんぐん**　6世紀
[所在地]兵庫県たつの市新宮町馬立

馬込　まごめ
[所在地]東京都大田区
[文]尾崎士郎『小説四十六年』

馬込貝塚　まごめかいずか　縄文時代後期
[所在地]東京都大田区西馬込4丁目

7**馬来田　うまくた, うまぐた**
[所在地]千葉県木更津市富来田町
[文]『万葉集』,『古事記』

馬見古墳群　うまみこふんぐん　4世紀末〜6世紀
[所在地]奈良県北葛城郡河合町, 広陵町, 香芝市

馬見塚遺跡　まみずかいせき　縄文時代晩期主体
[所在地]愛知県一宮市馬見塚郷前　[史]県指定史跡（1954）

8**馬取遺跡　うまとりいせき**　縄文時代中期〜後期
[所在地]広島県福山市柳津町　[史]県指定史跡（1959）

馬門古墳　まどこふん　5世紀後半
[所在地]千葉県君津市南子安字馬門

馬門愛宕塚古墳　まかどあたごずかこふん　4世紀中葉
[所在地]栃木県佐野市馬門町
[別]愛宕塚古墳

9**馬乗山古墳　うまのりやまこふん**　5世紀
[所在地]山梨県笛吹市境川町藤垈字八乙女
[別]八乙女塚古墳, 八乙女古墳

馬室埴輪窯址群　まむろはにわようしぐん　6世紀
[所在地]埼玉県鴻巣市大字原馬室字赤台
[別]馬室埴輪窯跡群

馬室埴輪窯跡　まむろはにわかまあと, まむろはにわようせき　6世紀
[所在地]埼玉県鴻巣市原馬室字赤台2915-2　[史]県指定史跡（1934）
[別]馬室窯址

馬室埴輪窯跡群　まむろはにわかまあとぐん　6世紀
[所在地]埼玉県鴻巣市大字原馬室字赤台
[別]馬室埴輪窯址群

馬室窯址　まむろようし　6世紀
[所在地]埼玉県鴻巣市原馬室字赤台2915-2
[別]馬室埴輪窯跡

馬屋原重帯の寿蔵碑　まやはらしげよのじゅぞうひ　天保2年（1831）建立
[所在地]広島県福山市駅家町　[史]県指定史跡（1965）

馬背塚古墳（上の坊第1号墳）　ませずかこふん（うえのぼうだいいちごうふん）　古墳時

代後期
[所在地]長野県飯田市大字上川路上の坊　[史]県指定史跡（1969）
[別]大御所の塚

10**馬高・三十稲場遺跡**　うまだか・さんじゅういなばいせき　縄文時代中期〜後期初頭
[所在地]新潟県長岡市関原町　[史]国指定史跡（1979）
[別]馬高遺跡, 三十稲場遺跡

馬高遺跡　うまだかいせき　縄文時代中期〜後期初頭
[所在地]新潟県長岡市関原町
[別]馬高・三十稲場遺跡

12**馬喰町**　ばくろちょう
[所在地]東京都中央区日本橋馬喰町
[文]『誹風柳多留 8』, 小栗風葉『恋慕ながし』

馬場ガ谷　ばばがやつ
[所在地]神奈川県鎌倉市極楽寺2-9〜11

馬場小室山遺跡　ばんばおむろやまいせき　縄文時代後期・晩期
[所在地]埼玉県さいたま市緑区大字三室2015・2016　[史]市指定史跡（2005）

馬場小路　ばばこうじ　鎌倉時代以降
[所在地]神奈川県鎌倉市雪ノ下2丁目

馬場山D遺跡　ばばやまでぃーいせき　縄文時代中期前葉
[所在地]富山県下新川郡朝日町宮崎字馬場山

馬場山遺跡　ばばやまいせき　弥生時代中期〜後期
[所在地]福岡県北九州市八幡西区大字馬場山

馬場川遺跡　ばばがわいせき　縄文時代〜古墳時代
[所在地]大阪府東大阪市横大路町

馬場代2号墳　ばばだいにごうふん　5世紀後半
[所在地]福岡県行橋市大字馬場

馬場古墳群　ばばこふんぐん　5世紀後半（17号墳）, 4世紀末（19号墳）
[所在地]兵庫県朝来市山東町柿坪馬場

馬場平古墳　ばんばひらこふん　古墳時代前期末
[所在地]静岡県浜松市北区引佐町井伊谷　[史]市指定史跡（1983）

馬場平遺跡　ばばだいらいせき　旧石器時代
[所在地]長野県南佐久郡川上村御所平

馬場穴墓群　ばばおうけつぼぐん　古墳時代後期
[所在地]富山県高岡市福岡町舞谷
[別]城ケ平・馬場横穴墓群

馬場先門　ばばさきもん
[所在地]東京都千代田区
[文]森鴎外『有楽門』, 芥川龍之介『大震雑記』

馬場壇A遺跡　ばばだんえーいせき　前期旧石器時代
[所在地]宮城県大崎市古川清水字3丁目北馬場壇

馬場瀬古墳群　まばせこふんぐん　6世紀後半
[所在地]愛知県豊田市平戸橋町馬場瀬

馬場瀬遺跡　ばばせいせき　縄文時代後期〜晩期
[所在地]青森県八戸市南郷区市野沢字馬場瀬

馬塚古墳　まずかこふん　6世紀前半
[所在地]山口県山口市大字大内御堀

馬塚古墳　うまつかこふん　6世紀中葉
[所在地]熊本県山鹿市字鬼天神　[史]県指定史跡（1973）

馬渡古墳群　まわたりこふんぐん　5世紀
[所在地]福島県いわき市常磐下船尾町馬渡

馬渡姫宮古墳　まわたしひめみやこふん　6世紀末〜7世紀初頭
[所在地]千葉県佐倉市馬渡字大内姫宮

馬渡埴輪製作遺跡　まわたりはにわせいさくいせき　古墳時代後期
[所在地]茨城県ひたちなか市馬渡　[史]国指定史跡（1969）
[別]馬渡埴輪窯跡

馬渡埴輪窯跡　まわたりはにわかまあと　古墳時代後期
[所在地]茨城県ひたちなか市馬渡
[別]馬渡埴輪製作遺跡

馬越長火塚古墳　まごしながひずかこふん　古墳時代後期
[所在地]愛知県豊橋市石巻本町紺屋谷　[史]県指定史跡（1981）

馬道　うまみち
[所在地]東京都台東区浅草
[文]北原白秋『足くび』

13**馬絹古墳**　まぎぬこふん　7世紀後半
[所在地]神奈川県川崎市宮前区馬絹　[史]県指定史跡（1971）

22**馬籠**　まごめ
[所在地]岐阜県中津川市馬籠
[文]島崎藤村『夜明け前』

【骨】

6骨寺村荘園遺跡　ほねでらむらしょうえんいせき　中世
[所在地]岩手県一関市厳美町　[史]国指定史跡(2005)

【高】

高　たか
[所在地]茨城県高萩市
[文]『万葉集』

高　たか
[所在地]京都府綴喜郡井手町多賀
[文]『延喜式』
[別]多賀

0高ヶ坂石器時代遺跡　こうがさかせっきじだいいせき　縄文時代中期
[所在地]東京都町田市高ヶ坂　[史]国指定史跡(1926)
[別]高ヶ坂遺跡

高ヶ坂遺跡　こうがさかいせき　縄文時代中期
[所在地]東京都町田市高ヶ坂
[別]高ヶ坂石器時代遺跡

2高力清長・徳松丸・竹の局の墓及び供養塔　こうりききよなが・とくまつまる・たけのつぼねのはかおよびくようとう　江戸時代
[所在地]埼玉県さいたま市岩槻区本町5-11-46
[史]市指定史跡(1985)

高又遺跡　たかまたいせき　縄文時代前期後半
[所在地]鹿児島県奄美市笠利町宇宿

3高下古墳　こうげこふん　6世紀中葉
[所在地]長崎県雲仙市国見町多比良字岩名丁
[別]鬼の岩屋

高久古墳群　たかくこふんぐん　古墳時代後期
[所在地]福島県いわき市平高久

高千穂　たかちほ
[所在地]宮崎県西臼杵郡高千穂町
[文]「風土記逸文」(日向国)

高千穂の峰　たかちほのみね
[所在地]宮崎県小林市・西諸県郡高原町・都城市, 鹿児島県霧島市
[文]『古事記』,『日本書紀』
[別]高千穂峰

高千穂の峰　たかちほのみね
[所在地]宮崎県西臼杵郡高千穂町
[文]「風土記逸文」(日向国)

高千穂古墳群　たかちほこふんぐん　5世紀末葉～7世紀初頭
[所在地]千葉県木更津市菅生字高千穂・峯

高千穂峰　たかちほのみね
[所在地]宮崎県小林市・西諸県郡高原町・都城市, 鹿児島県霧島市
[文]『古事記』,『日本書紀』
[別]高千穂の峰

高山1号墳　たかやまいちごうふん　5世紀中葉
[所在地]奈良県宇陀市榛原池上字高山

高山古墳　たかやまこふん　6世紀
[所在地]栃木県宇都宮市下田原町字塚原

高山古墳　たかやまこふん　6世紀
[所在地]埼玉県行田市大字真名板字堂裏
[別]真名板高山古墳

高山古墳　たかやまこふん　古墳時代
[所在地]愛媛県松山市浅海本谷

高山古墳群　たかやまこふんぐん　古墳時代
[所在地]茨城県つくば市谷田部下河原崎三夜山

高山古墳群　たかやまこふんぐん　6世紀後半
[所在地]京都府京丹後市丹後町徳光

高山寺　こうさんじ, こうざんじ　奈良時代創建
[所在地]京都府京都市右京区梅ヶ畑栂ノ尾町

高山寺貝塚　こうざんじかいずか　縄文時代早期
[所在地]和歌山県田辺市稲成町　[史]国指定史跡(1970)

高山寺境内　こうさんじけいだい, こうざんじけいだい　奈良時代創建
[所在地]京都府京都市右京区梅ヶ畑栂ノ尾町
[史]国指定史跡(1966)

高山社跡　たかやましゃあと　明治時代
[所在地]群馬県藤岡市中栗須　[史]国指定史跡(2009)

高山城跡　たかやまじょうあと　建永元年(1206)築城
[所在地]広島県三原市本郷町
[別]妻高山城, 小早川氏城跡(高山城跡・新高山城跡・三原城跡)

高山城跡　こうやまじょうあと　12世紀以降
[所在地]鹿児島県肝属郡肝付町　[史]国指定史跡(1945)

高山彦九郎宅跡 附 遺髪塚　たかやまひこくろうたくあと つけたり いはつずか　江戸

時代
　所在地 群馬県太田市細谷町　㊥国指定史跡（1931）

高山彦九郎墓　たかやまひこくろうのはか　江戸時代後期
　所在地 福岡県久留米市寺町　㊥国指定史跡（1942）

高山陣屋跡　たかやまじんやあと　江戸時代
　所在地 岐阜県高山市八軒町　㊥国指定史跡（1929）

高山塚一号古墳　たかやまずかいちごうこふん　古墳時代中期
　所在地 奈良県北葛城郡河合町
　㊋大塚山古墳群（大塚山古墳・城山古墳・高山塚一号墳・高山塚二号墳・高山塚三号墳・高山塚四号墳・九僧塚古墳・丸山古墳）

高山塚二号墳　たかやまずかにごうふん　古墳時代中期
　所在地 奈良県北葛城郡河合町
　㊋大塚山古墳群（大塚山古墳・城山古墳・高山塚一号墳・高山塚二号墳・高山塚三号墳・高山塚四号墳・九僧塚古墳・丸山古墳）

高山塚三号墳　たかやまずかさんごうふん　古墳時代中期
　所在地 奈良県北葛城郡河合町
　㊋大塚山古墳群（大塚山古墳・城山古墳・高山塚一号墳・高山塚二号墳・高山塚三号墳・高山塚四号墳・九僧塚古墳・丸山古墳）

高山塚古墳　たかやまずかこふん　古墳時代
　所在地 茨城県常陸太田市島町

高山塚四号墳　たかやまずかよんごうふん　古墳時代中期
　所在地 奈良県北葛城郡河合町
　㊋大塚山古墳群（大塚山古墳・城山古墳・高山塚一号墳・高山塚二号墳・高山塚三号墳・高山塚四号墳・九僧塚古墳・丸山古墳）

高山遺跡　たかやまいせき　古墳時代前期
　所在地 岩手県奥州市水沢区佐倉河字高山

高川原遺跡　たかがわらいせき　弥生時代前期～平安時代
　所在地 徳島県名西郡石井町高川原

⁴高井戸　たかいど
　㊊河竹黙阿弥『天衣紛上野初花』

高井戸東遺跡　たかいどひがしいせき　旧石器時代
　所在地 東京都杉並区高井戸東3-7～9

高井田山古墳　たかいだやまこふん　5世紀末葉
　所在地 大阪府柏原市高井田

高井寺址　たかいだじ　奈良時代～平安時代
　所在地 大阪府柏原市高井田

高井田横穴　たかいだよこあな　6世紀中頃～7世紀
　所在地 大阪府柏原市高井田　㊥国指定史跡（1922）
　㊋高井田横穴群，高井田横穴墓群

高井田横穴墓群　たかいだおうけつぼぐん　6世紀中頃～7世紀
　所在地 大阪府柏原市高井田
　㊋高井田横穴群，高井田横穴

高井田横穴群　たかいだよこあなぐん　6世紀中頃～7世紀
　所在地 大阪府柏原市高井田
　㊋高井田横穴墓群，高井田横穴

高井東遺跡　たかいひがしいせき　縄文時代後～晩期
　所在地 埼玉県桶川市上日出谷・下日出谷

高円　たかまど
　所在地 奈良県奈良市
　㊊『万葉集』

高円山　たかまどやま，たかまとやま
　所在地 奈良県奈良市白毫寺高円町
　㊊『万葉集』
　㊋白毫寺山

高天　たかま
　所在地 奈良県御所市大字高天
　㊊『万葉集』
　㊋高間

高天神城跡　たかてんじんじょうあと　応永23年（1416）築城
　所在地 静岡県掛川市上土方　㊥国指定史跡（1975）

高月古墳　たかずきこふん　古墳時代後期
　所在地 大阪府堺市西区

高木1遺跡　たかぎいちいせき　縄文時代
　所在地 北海道中川郡豊頃町豊頃944

高木古墳　たかぎこふん　3世紀後半
　所在地 滋賀県近江八幡市浅小井町

高木森古墳　たかぎもりこふん　6世紀前半頃

所在地 石川県七尾市矢田町

5 高代山古墳群　たかしろやまこふんぐん　古墳時代中期末～後期初頭
所在地 静岡県掛川市細谷字山合

高北　たかきた
所在地 岐阜県可児市
文『万葉集』

高台寺　こうだいじ　慶長11年（1606）創建
所在地 京都府京都市東山区下河原町

高台寺庭園　こうだいじていえん　桃山時代
所在地 京都府京都市東山区下河原通八坂鳥居前下ル下河原町　国国指定史跡（1927）

高市　たけち
所在地 奈良県高市郡明日香村, 高市郡高取町, 橿原市
文寂蓮『夫木和歌抄 25』

高市国原　たけちくにはら
所在地 奈良県高市郡
文賀茂真淵『賀茂翁家集』

高市岡本宮　たけちのおかもとのみや　6世紀
所在地 奈良県高市郡明日香村

高広横穴墓群　たかひろおうけつぼぐん　6～8世紀
所在地 島根県安来市黒井田町長廻

高田　たかだ
所在地 滋賀県長浜市湖北高田町
文大江匡房『夫木和歌抄 31』

高田26号墳　たかたにじゅうろくごうふん　古墳時代後期
所在地 鳥取県西伯郡大山町高田　国県指定史跡（1991）

高田の山　たかだのやま
所在地 島根県
文『五代集歌枕』,『歌枕名寄』

高田大屋敷遺跡　たかだおおやしきいせき　中世
所在地 静岡県菊川市下内田
別菊川城館遺跡群（高田大屋敷遺跡・横地氏城館跡）

高田古墳群　たかだこふんぐん　6世紀
所在地 福島県相馬市椎木, 相馬郡新地町駒ケ峯

高田貝塚　たかだかいづか　縄文時代前期後半
所在地 神奈川県横浜市港北区高田町
別中居根貝塚

高田城跡　たかだじょうあと　江戸時代前期
所在地 新潟県上越市本城町　国県指定史跡（1954）

高田馬場　たかだのばば
所在地 東京都新宿区早稲田
文『誹風柳多留』

高田館古墳群　たかだやかたこふんぐん　6世紀末以前
所在地 滋賀県高島市今津町弘川字高田

高石野遺跡　たかいしのいせき　縄文時代晩期前葉～後葉
所在地 秋田県山本郡三種町

6 高地蔵古墳群　たかじぞうこふんぐん　5世紀後半
所在地 三重県松阪市岡本町

高安　たかやす
所在地 大阪府八尾市高安町
文『古事記』

高安千塚古墳群　たかやすせんづかこふんぐん　5世紀末葉・6世紀初頭～7世紀前半頃
所在地 大阪府八尾市服部川・郡川
別高安古墳群

高安古墳群　たかやすこふんぐん　5世紀末葉・6世紀初頭～7世紀前半頃
所在地 大阪府八尾市服部川・郡川
別高安千塚古墳群

高安城　たかやすじょう　飛鳥時代～奈良時代初期
所在地 奈良県生駒郡平群町, 大阪府八尾市

高寺2号墳　たかてらにごうふん　6世紀終末
所在地 茨城県笠間市小原字高寺

7 高尾山　たかおさん
所在地 東京都八王子市
文正岡子規『高雄紀行』
別高雄山

高尾山経塚　たかおやまきょうづか　平安時代
所在地 和歌山県田辺市上秋津字中畑

高尾貝塚　たかおかいづか　弥生時代前期
所在地 岡山県岡山市南区妹尾

高志神社遺跡　たかしじんじゃいせき　弥生時代
所在地 佐賀県神埼市千代田町下板字村内籠
国県指定史跡（2002）

高杉城跡　たかすぎじょうあと　中世
所在地 広島県三次市高杉町　国県指定史跡（1984）

高杉晋作墓　たかすぎしんさくのはか　江戸時代

[所在地]山口県下関市吉田　[史]国指定史跡（1934）

高良山神籠石　こうらさんこうごいし　古代
[所在地]福岡県久留米市御井町　[史]国指定史跡（1953）

高角山　たかつのやま
[所在地]島根県江津市都野津東方の島星山
[文]『万葉集』

8**高取上の山古墳**　たかとりうえのやまこふん　古墳時代
[所在地]熊本県八代市上片町高取

高取城跡　たかとりじょうあと　元弘2年・正慶元年（1332）築城
[所在地]奈良県高市郡高取町　[史]国指定史跡（1953）

高岡山古墳群　たかおかやまこふんぐん　5世紀前半（1・2号墳）
[所在地]高知県宿毛市平田町戸内字高岡山

高岡町古墳　たかおかちょうこふん　古墳時代
[所在地]宮崎県宮崎市高岡町大字花見字二ッ塚・下ノ坊　[史]県指定史跡（1942）

高岡城跡　たかおかじょうあと　慶長14年（1609）築城
[所在地]富山県高岡市古城1-3　[史]県指定史跡（1965）

高岡第1号古墳　たかおかだいいちごうこふん　6世紀中葉
[所在地]長野県飯田市座光寺高岡　[史]県指定史跡（1960）

高岳親王塔　たかおかしんのうとう　南北朝時代末
[所在地]高知県土佐市高岡町　[史]県指定史跡（1953）

高松　たかまつ
[所在地]香川県高松市
[文]『讃岐国名勝図会』

高松山古墳群　たかまつやまこふんぐん　古墳時代後期
[所在地]福島県相馬市坪田字高松

高松山窯址　たかまつやまようし　奈良時代末期～平安時代初期
[所在地]兵庫県西脇市高松

高松市茶臼山古墳　たかまつしちゃうすやまこふん　古墳時代前期
[所在地]香川県高松市前田西町・東山崎町・新田町　[史]県指定史跡（1970）
[別]茶臼山古墳

高松城水攻め鳴谷川遺跡 附工事奉行の墓　たかまつじょうみずぜめなるたにがわいせきつけたりこうじぶぎょうのはか　安土桃山時代
[所在地]岡山県岡山市北区長野　[史]県指定史跡（1964）

高松城跡　たかまつじょうあと　中世
[所在地]広島県広島市安佐北区可部　[史]県指定史跡（1951）

高松城跡　たかまつじょうあと　天正18年（1590）築城
[所在地]香川県高松市玉藻町　[史]国指定史跡（1955）

高松城跡 附 水攻築提跡　たかまつじょうあと つけたり みずぜめちくていあと　戦国時代
[所在地]岡山県岡山市北区高松　[史]国指定史跡（1929）
[別]備中高松城

高松塚古墳　たかまつずかこふん　古墳時代終末期
[所在地]奈良県高市郡明日香村　[史]国指定特別史跡（1973）

高林古墳群　たかばやしこふんぐん　5世紀後半～6世紀前半
[所在地]群馬県太田市高林・牛沢

高林遺跡　たかばやしいせき　弥生時代終末期
[所在地]群馬県太田市高林

高泊開作浜五挺唐樋　たかどまりかいさくはまごちょうからひ　江戸時代
[所在地]山口県山陽小野田市西高泊
[別]周防灘干拓遺跡（高泊開作浜五挺唐樋・名田島新開作南蛮樋）

高知城跡　こうちじょうあと　江戸時代
[所在地]高知県高知市丸ノ内　[史]国指定史跡（1959）

9**高城の山**　たかきのやま
[所在地]奈良県吉野郡吉野町
[文]『万葉集』

高城町古墳　たかじょうちょうこふん　古墳時代
[所在地]宮崎県都城市高城町大井手字牧原・立喰，石山字川原田・鳥居原・柿木原，有水字西原・西久保　[史]県指定史跡（1935）

高城跡　たかじょうあと　南北朝時代，室町

時代
- 所在地 三重県松阪市大阿坂町市谷・百々向
- 別 阿坂城跡 附 高城跡・枳城跡

高屋敷館遺跡　たかやしきたていせき　平安時代後期
- 所在地 青森県青森市浪岡町　国 国指定史跡(2001)

高屋館跡　たかやだてあと　縄文時代後期前葉
- 所在地 秋田県鹿角市

高柳大塚　たかやなぎおおつか　6世紀後半～末
- 所在地 佐賀県三養基郡みやき町大字原古賀字二本桜　国 県指定史跡(1992)

高柳銚子塚古墳　たかやなぎちょうしずかこふん　5世紀中葉頃
- 所在地 千葉県木更津市高柳字塚ノ越
- 別 銚子塚古墳

高柳遺跡　たかやなぎいせき　弥生時代終末期
- 所在地 福井県福井市高柳町

高津　たかつ
- 所在地 大阪府大阪市中央区法円坂町
- 文 『古事記』、『日本書紀』、謡曲『岩船』

高津　たかつ
- 所在地 島根県益田市高津
- 文 『正徹物語』

高畑一里塚　たかはたいちりづか　江戸時代
- 所在地 岩手県盛岡市川目　国 県指定史跡(1983)

高砂　たかさご
- 所在地 兵庫県高砂市
- 文 謡曲『高砂』

高砂貝塚　たかさごかいづか　縄文時代後半～擦文時代, 近世アイヌ時代
- 所在地 北海道虻田郡洞爺湖町
- 別 入江・高砂貝塚

高祖東谷1号墳　たかすひがしたにいちごうふん　4世紀
- 所在地 福岡県糸島市高祖

高茶屋大垣内遺跡　たかちゃやおおがいといせき　4世紀
- 所在地 三重県津市城山

高茶屋小森銅鐸出土地　たかぢゃやこもりどうたくしゅつどち　弥生時代後期
- 所在地 三重県津市高茶屋小森町字四ッ野

[10]高倉山　たかくらやま
- 所在地 岡山県高梁市
- 文 藤原家経『詞花和歌集 10』

高倉山古墳　たかくらやまこふん　古墳時代後期
- 所在地 三重県伊勢市豊川町高倉山

高倉古墳　たかくらこふん　古墳時代前期
- 所在地 大分県宇佐市大字長洲字高倉　国 県指定史跡(1971)

高原古墳　たかはらこふん　6世紀末～7世紀前半
- 所在地 山形県山形市高原町字小山998-4　国 県指定史跡(1952)

高原古墳群　たかはらこふんぐん　6世紀後半～7世紀
- 所在地 山形県山形市高原

高原町古墳　たかはるちょうこふん　古墳時代
- 所在地 宮崎県西諸県郡高原町大字蒲牟田字狭野　国 県指定史跡(1944)

高原諏訪城跡　たかはらすわじょうあと　中世
- 所在地 岐阜県飛騨市神岡町
- 別 江馬氏城館跡（下館跡・高原諏訪城跡・土城跡・寺林城跡・政元城跡・洞城跡・石神城跡）

高宮　たかみや
- 所在地 滋賀県彦根市
- 文 『近江名所図会』

高宮廃寺跡　たかみやはいじあと　7世紀後半以前創建
- 所在地 大阪府寝屋川市高宮　国 国指定史跡(1980)

高宮廃寺跡　たかみやはいじあと　奈良時代初期
- 所在地 奈良県御所市鴨神　国 国指定史跡(1927)
- 別 水野廃寺

高島　たかしま
- 所在地 滋賀県高島市(旧・高島郡高島町勝野)
- 文 『万葉集』

高島や水尾の杣山　たかしまやみおのそまやま
- 所在地 滋賀県高島市
- 文 藤原家隆『家隆卿百番自歌合』
- 別 水尾山, 三尾山, 音羽山

高島秋帆旧宅　たかしましゅうはんきゅうた

く　江戸時代
[所在地]長崎県長崎市東小島町　[史]国指定史跡（1922）
[別]雨声楼

高島秋帆墓　たかしましゅうはんのはか　江戸時代
[所在地]東京都文京区向丘1丁目　[史]国指定史跡（1943）

高島遺跡　たかしまいせき　縄文時代前～晩期, 古墳時代
[所在地]岡山県笠岡市高島

高峰古墳群　たかみねこふんぐん　弥生時代中期末
[所在地]滋賀県大津市雄琴町

高師　たかし
[所在地]愛知県豊橋市高師町
[文]『更級日記』,『東関紀行』

高師の浜　たかしのはま
[所在地]大阪府高石市高師浜
[文]『万葉集』
[別]高師浜

高師山　たかしやま
[所在地]愛知県豊橋市
[文]謡曲『盛久』

高師浜　たかしのはま
[所在地]愛知県豊橋市高師町
[文]『更級日記』

高師浜　たかしのはま
[所在地]大阪府高石市高師浜
[文]『万葉集』
[別]高師の浜

高根木戸貝塚　たかねきどかいずか　縄文時代中期
[所在地]千葉県船橋市習志野台
[別]高根木戸遺跡

高根木戸遺跡　たかねきどいせき　縄文時代中期
[所在地]千葉県船橋市習志野台
[別]高根木戸貝塚

高根城跡　たかねじょうあと　応永21年（1414）築城
[所在地]静岡県浜松市天竜区水窪町地頭方　[史]市指定史跡（1982）

高根森古墳群　たかねもりこふんぐん　6世紀末（高根森古墳）
[所在地]静岡県島田市色尾

高根横穴墓群　たかねおうけつぼぐん　7世紀前半～8世紀前半
[所在地]神奈川県平塚市高根字殿上

高浜　たかはま
[所在地]茨城県石岡市高浜町
[文]『常陸国風土記』

高浜　たかはま
[所在地]大阪府吹田市高浜町
[文]後嵯峨院『続後撰和歌集 20』

高畠遺跡　たかばたけいせき　古墳時代中期前葉
[所在地]石川県金沢市高畠1・2丁目

11 **高堂城跡**　たかどうじょうあと　室町時代
[所在地]岐阜県高山市国府町瓜巣　[史]県指定史跡（1970）

高崎1号墳　たかさきいちごうふん　5世紀第2四半期
[所在地]群馬県高崎市乗附町

高崎古墳群　こうざきこふんぐん　6世紀後半～7世紀後半
[所在地]福岡県福岡市西区大字高崎

高崎町古墳　たかざきちょうこふん　古墳時代
[所在地]宮崎県都城市高崎町大字江平字前原, 縄瀬字塚原・千原・原村上　[史]県指定史跡（1942）

高崎城址（三の丸外囲の土居と堀）　たかさきじょうし（さんのまるそとがこいのどいとほり）　慶長3年（1598）築城
[所在地]群馬県高崎市高松町　[史]市指定史跡（1982）

高崎情報団地遺跡　たかさきじょうほうだんちいせき　5世紀後半, 7世紀
[所在地]群馬県高崎市中大類町字御所の宮・宿大類町字塚ノ越ほか

高崎廃寺跡　たかさきはいじあと　奈良時代
[所在地]宮城県多賀城市高崎

高梨氏館跡　たかなししやかたあと　15世紀中頃～16世紀末
[所在地]長野県中野市小舘　[史]国指定史跡（2007）

高梁城　たかはしじょう　鎌倉時代～江戸時代
[所在地]岡山県高梁市内山下
[別]備中松山城跡

高梁基督教会堂　たかはしきりすときょうかいどう　明治時代
[所在地]岡山県高梁市柿木町　[史]県指定史跡

(1959)

高部古墳群　たかべこふんぐん　3世紀後葉頃
　所在地 千葉県木更津市請西字高部・千束台

高野　たかの
　所在地 京都府京都市左京区高野
　文『和名抄』

高野の玉川　こうやのたまがわ
　所在地 和歌山県伊都郡高野町
　文『風雅和歌集』

高野山　こうやさん
　所在地 和歌山県伊都郡高野町高野山
　文『平家物語』,泉鏡花『高野聖』

高野山古墳群　こうのやまこふんぐん　6世紀後半
　所在地 千葉県我孫子市我孫子字高野山

高野山町石　こうやさんちょういし　鎌倉時代
　所在地 和歌山県伊都郡高野町,伊都郡かつらぎ町,伊都郡九度山町　文 国指定史跡(1977)

高野山奥之院経塚　こうやさんおくのいんきょうづか　平安時代〜室町時代
　所在地 和歌山県伊都郡高野町

高野水上円墳　たかのみずかみえんぷん　7世紀中頃
　所在地 岐阜県飛騨市古川町高野水上　文 県指定史跡(1959)

高野光泉寺円墳　たかのこうせんじえんぷん　7世紀初頭
　所在地 岐阜県飛騨市　文 県指定史跡(1959)

高野長英の隠れ家　たかのちょうえいのかくれが　嘉永2年(1849)
　所在地 愛媛県西予市宇和町卯之町　文 県指定史跡(1948)

高野長英旧宅　たかのちょうえいきゅうたく　江戸時代
　所在地 岩手県奥州市水沢区大畑小路　文 国指定史跡(1933)

高野長英築造の台場跡　たかのちょうえいちくぞうのだいばあと　嘉永3年(1850)完成
　所在地 愛媛県南宇和郡愛南町久良　文 県指定史跡(1950)

高野原　たかのはら
　所在地 奈良県奈良市佐紀町
　文『万葉集』

12高塚山古墳　たかつかやまこふん　古墳時代
　所在地 三重県桑名市北別所字高塚

高塚山古墳　たかつかやまこふん　5世紀前葉

　所在地 大阪府藤井寺市沢田

高塚山古墳群　たかつかやまこふんぐん　6世紀後半築造,7世紀前半まで追葬
　所在地 兵庫県神戸市垂水区

高塚古墳　たかつかこふん　6世紀後半
　所在地 群馬県北群馬郡榛東村新井

高塚古墳　たかつかこふん　5世紀前葉
　所在地 愛知県北名古屋市鍛治ケ一色榑

高塚古墳　たかつかこふん　5世紀後半
　所在地 三重県多気郡明和町上村字高塚

高塚古墳　たかつかこふん　4世紀
　所在地 兵庫県宝塚市安倉南2丁目
　別 小浜安倉古墳,鳥島古墳,安倉高塚古墳

高塚古墳　たかつかこふん　5世紀
　所在地 奈良県奈良市法華寺町字高塚
　別 大和6号墳,鍋塚

高塚古墳　たかつかこふん　5世紀後半頃
　所在地 鳥取県西伯郡大山町岡
　別 岡1号墳

高塚古墳　たかつかこふん　4世紀後半
　所在地 岡山県勝田郡勝央町字岡
　別 岡高塚古墳

高塚古墳　たかつかこふん　古墳時代中期
　所在地 広島県三次市西酒屋町字高塚
　別 西酒屋高塚古墳,酒屋高塚古墳

高塚古墳　たかつかこふん　4世紀後半
　所在地 福岡県宗像市東郷字高塚701ほか
　別 東郷高塚古墳

高塚古墳　たかつかこふん　6世紀後半
　所在地 熊本県菊池市大字木柑子字高塚
　別 木柑子高塚古墳

高塚古墳　たかつかこふん　6世紀末〜7世紀初頭
　所在地 熊本県菊池市大字袈裟尾字高塚
　別 袈裟尾高塚古墳

高塚遺跡　たかつかいせき　弥生時代後期〜中世
　所在地 岡山県岡山市北区高塚

高御堂古墳　たかみどうこふん　4世紀前半期中心
　所在地 愛知県春日井市堀ノ内町

高御蔵　たかみくら　鎌倉時代
　所在地 神奈川県鎌倉市材木座ヵ

高森遺跡　たかもりいせき　前期旧石器時代
　所在地 宮城県栗原市築館

高間　たかま
　所在地 奈良県御所市大字高天

10画（高）

㊷『万葉集』
㊵高天

高間の山　たかまのやま
[所在地]奈良県御所市, 大阪府
㊷『古今著聞集』
㊵高間山, 金剛山

高間山　たかまのやま
[所在地]奈良県御所市, 大阪府
㊷『古今著聞集』
㊵高間の山

高陽院　かやのいん
[所在地]京都府京都市上京区堀川丸太町
㊷肥後『新古今和歌集 16』
㊵賀陽院

高雄　たかお
[所在地]京都府京都市右京区梅ケ畑高雄町
㊷上田秋成『春雨物語』,『平家物語』
㊵高尾

高雄の山　たかおのやま
[所在地]京都府京都市右京区梅ヶ畑高雄
㊷明恵『明恵上人歌集』

高須藩主歴代墓　たかすはんしゅれきだいのはか　江戸時代
[所在地]岐阜県海津市南濃町上野河戸御山
㊴県指定史跡（1957）

[13]**高猿古墳群　たかざるこふんぐん　5世紀後半（6号墳）**
[所在地]三重県伊賀市喰代高塚・松本

高腰城跡　たかうすじょうあと, たかこしじょうせき　13～14世紀
[所在地]沖縄県宮古島市城辺字比嘉仲尾嶺
㊴県指定史跡（1991）

高遠山古墳　たかとおやまこふん　4世紀前半
[所在地]長野県中野市大字新野・更科　㊴県指定史跡（2004）

高遠城跡　たかとおじょうあと　戦国時代～江戸時代
[所在地]長野県伊那市高遠町　㊴国指定史跡（1973）

[14]**高熊古墳　たかぐまこふん　5世紀中頃**
[所在地]熊本県熊本市北区植木町古閑　㊴市指定史跡（2011）
㊵塚山

高稲荷古墳　たかいなりこふん　古墳時代前期
[所在地]埼玉県川口市峯

[15]**高幡不動　たかはたふどう**
[所在地]東京都日野市高幡
㊷大田南畝『調布日記』
㊵高幡不動尊, 高幡山金剛寺

高幡不動尊　たかはたふどうそん
[所在地]東京都日野市高幡
㊷大田南畝『調布日記』
㊵高幡不動

高槻城跡　たかつきじょうあと　10世紀末
[所在地]大阪府高槻市城内町　㊴府指定史跡（1950）

高槻遺跡　たかつきいせき　弥生時代前期末・中期
[所在地]福岡県北九州市八幡東区

高蔵貝塚　たかくらかいづか　弥生時代前期～後期
[所在地]愛知県名古屋市熱田区外土居町～高蔵町
㊵熱田貝塚

高輪　たかなわ
[所在地]東京都港区高輪
㊷山東京伝『古契三娼』

高輪大木戸跡　たかなわおおきどあと　江戸時代
[所在地]東京都港区高輪　㊴国指定史跡（1928）

[16]**高橋至時墓　たかはしよしときのはか　江戸時代**
[所在地]東京都台東区東上野　㊴国指定史跡（1943）

高橋貝塚　たかはしかいづか　縄文時代晩期～弥生時代
[所在地]鹿児島県南さつま市金峰町高橋

高橋遺跡　たかはしいせき　弥生時代中期末～平安時代
[所在地]愛知県豊田市高橋町・上野町

高舘山古墳　たかだてやまこふん　古墳時代前期
[所在地]宮城県名取市高館　㊴市指定史跡

高館　たかだち
[所在地]岩手県西磐井郡平泉町柳御所
㊷『義経記』, 芭蕉『おくのほそ道』
㊵高館山

[17]**高鍋町古墳　たかなべちょうこふん　古墳時代**
[所在地]宮崎県児湯郡高鍋町大字南高鍋字高岡・四ツ塚・前古場・上永谷・水谷坂平付, 大字蚊口浦字蚊口　㊴県指定史跡（1937）

高鍋城跡　たかなべじょうあと　平安時代末

期築城
　所在地 宮崎県児湯郡高鍋町

[19]高瀬　たかせ
　所在地 大阪府守口市高瀬町
　文 『枕草子』, 井原西鶴『好色一代女』

高瀬山古墳　たかせやまこふん　7世紀前後
　所在地 山形県寒河江市大字寒河江乙978-108
　県指定史跡（1953）

高瀬山古墳群　たかせやまこふんぐん　6世紀後半
　所在地 山形県寒河江市大字寒河江

高瀬川一之船入　たかせがわいちのふないり　慶長16年（1611）頃開設
　所在地 京都府京都市中京区木屋町通二条下ル西側一之船入町　国指定史跡（1934）

高瀬石仏　たかせせきぶつ　平安時代後期
　所在地 大分県大分市大字高瀬　国指定史跡（1934）

高瀬桐淵古墳群　たかせきりぶちこふんぐん　6世紀中葉頃〜7世紀末
　所在地 群馬県富岡市高瀬

高瀬遺跡　たかせいせき　平安時代初期
　所在地 富山県南砺市高瀬　国指定史跡（1972）

高麗石器時代住居跡遺跡　こませっきじだいじゅうきょあといせき　縄文時代
　所在地 埼玉県日高市台
　例 高麗村石器時代住居跡

高麗寺跡　こまでらあと　飛鳥時代創建
　所在地 京都府木津川市山城町上狛　国指定史跡（1940）

高麗村石器時代住居跡　こまむらせっきじだいじゅうきょあと　縄文時代
　所在地 埼玉県日高市台　国指定史跡（1951）
　例 高麗石器時代住居跡遺跡

【鬼】

[0]鬼の岩屋　おにのいわや　6世紀中葉頃
　所在地 長崎県雲仙市国見町多比良字岩名丁　県指定史跡（1959）
　例 高下古墳

鬼の岩屋古墳　おにのいわやこふん　6世紀末〜7世紀初頭
　所在地 長崎県壱岐市芦辺町国分本村触字盤屋森
　例 鬼の窟古墳

鬼の岩屋古墳　おにのいわやこふん　古墳時代後期
　所在地 大分県別府市北石垣
　例 鬼ノ岩屋古墳

鬼の枕古墳　おにのまくらこふん　6世紀後半
　所在地 福岡県朝倉市菩提寺

鬼の俎・厠古墳　おにのまないた・せっちんこふん, おにのまないた・かわやこふん　7世紀末葉
　所在地 奈良県高市郡明日香村野口
　例 鬼の俎・厠古墳, 鬼の俎・雪隠, 鬼の俎・雪隠

鬼の俎・雪隠　おにのまないた・せっちん　7世紀末葉
　所在地 奈良県高市郡明日香村野口
　例 鬼の俎・雪隠, 鬼の俎・厠古墳, 鬼の俎・厠古墳

鬼の俎・厠古墳　おにのまないた・せっちんこふん, おにのまないた・かわやこふん　7世紀末葉
　所在地 奈良県高市郡明日香村野口
　例 鬼の俎・厠古墳, 鬼の俎・雪隠, 鬼の俎・雪隠

鬼の俎・雪隠　おにのまないた・せっちん　7世紀末葉
　所在地 奈良県高市郡明日香村野口
　例 鬼の俎・雪隠, 鬼の俎・厠古墳, 鬼の俎・厠古墳

鬼の釜古墳　おにのかまこふん　7世紀前半
　所在地 熊本県球磨郡あさぎり町　県指定史跡（1976）

鬼の窟古墳　おにのいわやこふん　6世紀末〜7世紀初頭
　所在地 長崎県壱岐市芦辺町国分本村触字盤屋森
　例 鬼の岩屋古墳, 矢櫃古墳

鬼の窟古墳　おにのいわやこふん　6世紀末
　所在地 宮崎県西都市大字三宅字酒ノ上

鬼ノ岩屋古墳　おにのいわやこふん　古墳時代後期
　所在地 大分県別府市北石垣　国指定史跡（1957）
　例 鬼の岩屋古墳

鬼ノ城　きのじょう　古代
　所在地 岡山県総社市黒尾・奥坂
　例 鬼ノ城神籠石, 鬼城山

鬼ノ城神籠石　きのじょうこうごいし　古代
　所在地 岡山県総社市黒尾・奥坂
　例 鬼ノ城, 鬼城山

鬼ヶ城古墳　おにがじょうこふん　7世紀初頭
[所在地]大分県玖珠郡玖珠町大字帆足　[史]県指定史跡（1945）

3**鬼子母神堂**　きしぼじんどう
[所在地]東京都豊島区雑司ヶ丘3-15-20
[文]『誹風柳多留拾遺 3』
[別]雑司が谷鬼子母神

5**鬼穴古墳**　おにあなこふん　6世紀後半頃
[所在地]福島県西白河郡矢吹町神田

8**鬼虎川遺跡**　きとらがわいせき　弥生時代
[所在地]大阪府東大阪市弥生町・西石切町6丁目

9**鬼城山**　きのじょうさん　古代
[所在地]岡山県総社市黒尾・奥坂　[史]国指定史跡（1986）
[別]鬼ノ城神籠石, 鬼ノ城

鬼屋窪古墳　おにやくぼこふん　7世紀後半
[所在地]長崎県壱岐市郷ノ浦町有安触

鬼怒川　きぬがわ
[所在地]栃木県, 茨城県常総市
[文]長塚節『春季雑咏』,『常陸国風土記』

鬼界が島　きかいがしま
[所在地]鹿児島県鹿児島郡三島村
[文]『平家物語』, 謡曲『俊寛』
[別]鬼界島, 鬼界ヶ島

鬼界ヶ島　きかいがしま
[所在地]鹿児島県鹿児島郡三島村
[文]『平家物語』, 謡曲『俊寛』
[別]鬼界島, 鬼界が島

鬼界島　きかいがしま
[所在地]鹿児島県鹿児島郡三島村
[文]『平家物語』, 謡曲『俊寛』
[別]鬼界ヶ島, 鬼界が島

鬼神谷窯跡　おじんだにかまあと　6世紀初頭（1号窯）, 7世紀中頃（2号窯）
[所在地]兵庫県豊岡市竹野町鬼神谷

10**鬼高遺跡**　おにたかいせき　古墳時代後期
[所在地]千葉県市川市鬼高

12**鬼塚**　おにずか　7世紀
[所在地]佐賀県鹿島市大字納富分　[史]県指定史跡（1977）
[別]鬼塚古墳, 行成鬼塚古墳

鬼塚古墳　おにずかこふん　6世紀前半期
[所在地]群馬県甘楽郡甘楽町白倉大山
[別]白倉鬼塚古墳

鬼塚古墳　おにずかこふん　6世紀末
[所在地]佐賀県鹿島市大字納富分字行成
[別]行成鬼塚古墳, 鬼塚

鬼塚古墳　おにずかこふん　7世紀前半
[所在地]長崎県諫早市小長井町小川原浦字鬼塚
[別]長戸鬼塚古墳

鬼塚古墳　おにずかこふん, きずかこふん　5世紀中頃～後半
[所在地]大分県宇佐市大字葛原
[別]葛原古墳

鬼塚古墳　おにずかこふん, きずかこふん　6世紀末頃
[所在地]大分県国東市国見町　[史]国指定史跡（1957）

鬼塚古墳　おにずかこふん　6世紀後半
[所在地]大分県玖珠郡玖珠町大字小田　[史]県指定史跡（1953）

鬼塚遺跡　おにつかいせき　縄文時代晩期～弥生前期
[所在地]大阪府東大阪市箱殿町・新町・宝町・南荘町

鬼越貝塚　おにごえかいずか　縄文時代後期
[所在地]茨城県行方市繁昌

11 画

【乾】

5**乾田Ⅱ遺跡**　いぬいだにいせき　縄文時代草創期～後期
[所在地]群馬県利根郡みなかみ町小仁田・川上

7**乾谷瓦窯址**　いぬいだにがようし　奈良時代
[所在地]京都府相楽郡精華町大字乾谷

9**乾城古墳**　かんじょこふん, かんじょうこふん　6世紀末葉頃
[所在地]奈良県高市郡高取町与楽
[別]与楽カンジョ古墳, 与楽古墳群（与楽鑵子塚古墳・与楽カンジョ古墳・寺崎白壁塚古墳）

乾神山窯址　いぬいがみやまようし　奈良時代
[所在地]奈良県生駒市谷田町

【亀】

0**亀の子塚古墳**　かめのこずかこふん　4世紀末頃
[所在地]栃木県芳賀郡芳賀町西高橋　[史]県指定史跡（1957）

11画（亀）

亀ガ谷　かめがやつ
　所在地 神奈川県鎌倉市扇ガ谷1～4丁目

亀ガ谷坂　かめがやつざか　鎌倉時代以降
　所在地 神奈川県鎌倉市山ノ内・扇ガ谷
　別 亀ヶ谷坂

亀ノ甲・室岡山ノ上遺跡　かめのこう・むろおかやまのうえいせき　弥生時代
　所在地 福岡県八女市室岡
　別 亀ノ甲遺跡

亀ノ甲遺跡　かめのこういせき　弥生時代
　所在地 福岡県八女市室岡
　別 亀ノ甲・室岡山ノ上遺跡

亀ヶ谷坂　かめがやつざか　鎌倉時代以降
　所在地 神奈川県鎌倉市山ノ内・扇ガ谷　国指定史跡（1969）
　別 亀ガ谷坂, 亀返坂, 亀ガ谷ノ切通し

亀ヶ岡石器時代遺跡　かめがおかせっきじだいいせき　縄文時代晩期
　所在地 青森県つがる市木造　国指定史跡（1944）
　別 亀ヶ岡遺跡

亀ヶ岡遺跡　かめがおかいせき　縄文時代晩期
　所在地 青森県つがる市木造
　別 亀ヶ岡石器時代遺跡

亀ヶ森・鎮守森古墳　かめがもり・ちんじゅもりこふん　4世紀
　所在地 福島県河沼郡会津坂下町　国指定史跡（1976）
　別 亀ヶ森古墳, 鎮守森古墳

亀ヶ森古墳　かめがもりこふん　4世紀
　所在地 福島県河沼郡会津坂下町
　別 亀ヶ森・鎮守森古墳

[3]丸城跡　かめまるじょうあと　南北朝時代築城
　所在地 鹿児島県日置市吹上町中原　県指定史跡（1955）

亀山　かめやま
　所在地 三重県亀山市
　文 与謝蕪村『蕪村句集』

亀山　かめやま
　所在地 京都府京都市右京区嵯峨天能寺町
　文 『狭衣物語』,『平家物語』

亀山1号墳　かめやまいちごうふん　6世紀前半～中頃
　所在地 愛知県岡崎市丸山町字亀山

亀山1号墳　かめやまいちごうふん　5世紀

　所在地 広島県福山市神辺町道上

亀山古墳　かめやまこふん　4世紀後半～5世紀前半
　所在地 岐阜県揖斐郡大野町上磯亀山　県指定史跡（1974）

亀山古墳　かめやまこふん　5世紀中頃
　所在地 兵庫県加西市笹倉町池ノ内

亀山貝塚　かめやまかいづか　縄文時代後期晩期
　所在地 愛知県田原市亀山町川地
　別 川地貝塚

亀山京塚古墳　かめやまきょうづかこふん　6世紀前半
　所在地 群馬県太田市太田字亀山

亀山弥生式遺跡　かめやまやよいしきいせき　弥生時代前期～中期中心
　所在地 広島県福山市神辺町　県指定史跡（1941）
　別 亀山遺跡

亀山城多門楼　かめやまじょうたもんろう　江戸時代
　所在地 三重県亀山市本丸町576-1
　別 旧亀山城多門楼

亀山城跡　かめやまじょうあと　戦国時代
　所在地 岡山県岡山市東区沼　市指定史跡（2012）

亀山城跡　かめやまじょうあと　室町時代～江戸時代
　所在地 香川県丸亀市一番丁
　別 丸亀城跡

亀山須恵窯跡　かめやますえかまあと　6世紀末～7世紀初期
　所在地 群馬県太田市東金井

亀山遺跡　かめやまいせき　弥生時代前期～中期中心
　所在地 広島県福山市神辺町
　別 亀山弥生式遺跡

[4]之尾古墳　かめのおこふん　6世紀中頃
　所在地 香川県小豆郡小豆島町苗羽

亀井　かめい
　所在地 大阪府大阪市天王寺区四天王寺
　文 『後拾遺和歌集』

亀井（南冥・昭陽）家の墓　かめい（なんめい・しょうよう）けのはか　江戸時代
　所在地 福岡県福岡市西区地行西町 浄満寺境内　県指定史跡（1963）

亀井戸　かめいど

11画（側, 偕）

所在地 東京都江東区
⊗正岡子規『子規歌集』, 古泉千樫『青牛集』

亀井古墳　かめいこふん　5世紀中葉頃
所在地 大阪府八尾市南亀井町1丁目

亀井尻窯跡　かめいじりかまあと　奈良時代
所在地 広島県庄原市上原町　㊲県指定史跡（1967）

亀井囲横穴墓群　かめいがこいおうけつぼぐん　7〜8世紀
所在地 宮城県大崎市松山金谷
別 亀井囲横穴群

亀井囲横穴群　かめいがこいよこあなぐん　7〜8世紀
所在地 宮城県大崎市松山金谷
別 亀井囲横穴墓群

亀井窯址群　かめいようしぐん　奈良時代
所在地 埼玉県比企郡鳩山町

亀井遺跡　かめいいせき　弥生時代〜中・近世
所在地 大阪府八尾市南亀井町・亀井町・竹淵町

亀戸天神　かめいどてんじん
所在地 東京都江東区亀戸3-6-42
⊗為永春水『梅之春』, 正岡子規『車上の春光』
別 亀戸天満宮

5亀甲山古墳　かめのこやまこふん, きっこうやまこふん　古墳時代中期
所在地 東京都大田区田園調布　㊲国指定史跡（1928）

亀甲山古墳　きっこうざんこふん　古墳時代
所在地 大分県大分市志手字宮畑

亀甲塚古墳　かめのこうずかこふん　5世紀前半
所在地 山梨県笛吹市御坂町成田

亀田古墳群　かめだこふんぐん　5世紀後半
所在地 宮城県白石市斎川弥平田

亀田鵬斎墓　かめだほうさいのはか　江戸時代
所在地 東京都台東区今戸2-5-4 称福寺墓地　㊲都指定史跡（1958）

亀石　かめいし　古代
所在地 奈良県高市郡明日香村川原

7亀形石槽　かめがたせきそう　飛鳥時代
所在地 奈良県高市郡明日香村大字岡

8亀岡　かめのおか
所在地 滋賀県大津市御陵町
⊗藤原資業『後拾遺和歌集7』

11亀都起古墳　きつきこふん　古墳時代後期中頃
所在地 大分県玖珠郡玖珠町大字大隈字亀都起

12亀塚山古墳　かめずかやまこふん　5世紀後半〜6世紀初頭
所在地 群馬県前橋市山王町1-28-3　㊲市指定史跡（1979）

亀塚古墳　かめずかこふん　古墳時代後期
所在地 栃木県下都賀郡壬生町安塚字坂下
㊲県指定史跡（1957）

亀塚古墳　かめずかこふん　7世紀前半
所在地 千葉県富津市上飯野字亀塚

亀塚古墳　かめずかこふん　古墳時代
所在地 千葉県富津市青木字石原
別 青木亀塚古墳

亀塚古墳　かめずかこふん　6世紀初頭
所在地 東京都狛江市和泉
別 狛江亀塚古墳

亀塚古墳　かめずかこふん　古墳時代前期
所在地 石川県鹿島郡中能登町小田中
別 小田中亀塚古墳

亀塚古墳　かめずかこふん　4世紀
所在地 滋賀県栗東市出庭

亀塚古墳　かめずかこふん　3世紀前半
所在地 滋賀県東近江市長勝寺町
別 神郷亀塚古墳

亀塚古墳　かめずかこふん　古墳時代前期〜中期
所在地 香川県高松市勅使町西小山

亀塚古墳　かめずかこふん　5世紀頃
所在地 熊本県山鹿市大字多保田字塚

亀塚古墳　かめずかこふん　5世紀後半
所在地 熊本県球磨郡錦町大字西字大王原

亀塚古墳　かめずかこふん　5世紀前半
所在地 大分県大分市里　㊲国指定史跡（1996）

【側】

0側ヶ谷戸古墳群　そばがいとこふんぐん, そばがやとこふんぐん　6世紀後半〜7世紀
所在地 埼玉県さいたま市大宮区三橋4丁目, さいたま市中央区八王子

【偕】

13偕楽園　かいらくえん　天保13年（1842）開園
所在地 茨城県水戸市常磐町・見川町
別 常磐公園

11画（兜, 冨, 勘, 動, 問, 基, 埼）

【兜】

³兜山北古墳　かぶとやまきたこふん　6世紀中頃
所在地 福井県鯖江市神明町3丁目

兜山古墳　かぶとやまこふん　5世紀
所在地 福井県鯖江市神明町2丁目　国指定史跡（1977）

兜山古墳　かぶとやまこふん　4世紀末
所在地 愛知県東海市名和町欠下

兜山古墳　かぶとやまこふん　5世紀中頃
所在地 広島県三原市沼田東町納所　県指定史跡（1937）

兜山古墳　かぶとやまこふん　古墳時代中期
所在地 山口県山口市秋穂二島字田ノ尻

¹²兜塚古墳　かぶとづかこふん　5世紀後半
所在地 宮城県仙台市太白区根岸町

兜塚古墳　かぶとづかこふん　古墳時代
所在地 茨城県石岡市瓦谷

兜塚古墳　かぶとづかこふん　6世紀前半
所在地 東京都狛江市和泉　都指定史跡（1975）

兜塚古墳　かぶとづかこふん　7世紀前半
所在地 岐阜県不破郡垂井町大字宮代

兜塚古墳　かぶとづかこふん　5世紀前葉
所在地 静岡県磐田市河原町

兜塚古墳　かぶとづかこふん　古墳時代中期
所在地 奈良県桜井市大字浅古字兜塚

兜塚古墳　かぶとづかこふん　5世紀
所在地 福岡県福岡市西区大字飯氏字マツヲ

¹⁴兜稲荷古墳　かぶといなりこふん　古墳時代
所在地 滋賀県大津市長等1丁目

【冨】

⁵冨田一里塚　とみだいちりづか　江戸時代
所在地 愛知県一宮市冨田　国指定史跡（1937）

⁸冨波古墳　とばこふん　3世紀後半
所在地 滋賀県野洲市冨波字亀塚
別 冨波遺跡

冨波遺跡　とばいせき　3世紀後半
所在地 滋賀県野洲市冨波字亀塚
別 冨波古墳

【勘】

⁴勘介山古墳　かんすけやまこふん　古墳時代前期
所在地 長野県飯山市大字静間勘介山　県指定史跡（1994）

⁸勘定塚古墳　かんじょうづかこふん　7世紀前半
所在地 三重県伊賀市外山

【動】

⁷動坂　どうざか
所在地 東京都文京区本駒込・千駄木
文 芥川龍之介『年末の一日』

動坂遺跡　どうざかいせき　縄文時代中期
所在地 東京都文京区本駒込3丁目　都指定史跡（1976）

【問】

⁸問注所　もんちゅうじょ　鎌倉時代
所在地 神奈川県鎌倉市

【基】

¹³基肄城跡　きいじょうあと　7世紀後半
所在地 佐賀県三養基郡基山町, 福岡県筑紫野市
別 基肆城跡, 基肆城跡, 基肄（椽）城跡

基肆（椽）城跡　きいじょうあと　7世紀後半
所在地 佐賀県三養基郡基山町, 福岡県筑紫野市
国指定特別史跡（1954）

基肆城跡　きいじょうあと　7世紀後半
所在地 佐賀県三養基郡基山町, 福岡県筑紫野市
別 基肆城跡, 基椽城跡, 基肄（椽）城跡

【埼】

⁵埼玉　さきたま
所在地 埼玉県
文『万葉集』

埼玉の津　さきたまのつ
所在地 埼玉県行田市
文『万葉集』

埼玉八幡山古墳　さいたまはちまんやまこふん　7世紀中葉〜後半
所在地 埼玉県行田市藤原町2-27-2
別 八幡山古墳石室

埼玉中の山古墳　さきたまなかのやまこふん　6世紀末葉または7世紀初頭
所在地 埼玉県行田市埼玉

埼玉古墳群　さきたまこふんぐん　5〜7世紀頃
所在地 埼玉県行田市埼玉　国指定史跡（1938）

[別]埼玉村古墳群

埼玉村古墳群　さきたまむらこふんぐん　5～7世紀頃
[所在地]埼玉県行田市埼玉
[別]埼玉古墳群

埼玉稲荷山古墳　さきたまいなりやまこふん　5世紀後半
[所在地]埼玉県行田市
[別]稲荷山古墳

【執】

15**執権館　しっけんのたち**　鎌倉時代
[所在地]神奈川県鎌倉市雪ノ下1-12・13
[別]鎌倉ノ第

【埴】

5**埴田後山古墳群　はねだうしろやまこふんぐん**　6世紀前葉（明神3号墳），5世紀中頃～6世紀前半（無常堂古墳）
[所在地]石川県小松市埴田町

6**埴安の池　はにやすのいけ**　古代
[所在地]奈良県橿原市木之本町
[別]埴安池

埴安の御門　はにやすのみかど
[所在地]奈良県橿原市木之本町
[文]『万葉集』

埴安池　はにやすのいけ　古代
[所在地]奈良県橿原市木之本町
[別]埴安の池

7**埴谷古墳群　はにやこふんぐん**　6世紀末葉（1・2号墳）
[所在地]千葉県山武市麻生新田字猪穴ほか

9**埴科　はにしな**
[所在地]長野県埴科郡
[文]『万葉集』

埴科古墳群（森将軍塚古墳・有明山将軍塚古墳・倉科将軍塚古墳・土口将軍塚古墳）　はにしなこふんぐん（もりしょうぐんずかこふん・ありあけやましょうぐんずかこふん・くらしなしょうぐんずかこふん・どぐちしょうぐんずかこふん）　4世紀（森将軍塚古墳），4世紀末～5世紀初め（有明山将軍塚古墳），5世紀前半（倉科将軍塚古墳），5世紀前半（土口将軍塚古墳）
[所在地]長野県長野市松代町，千曲市森・屋代・倉科　[史]国指定史跡（1971）

10**埴原牧跡 附 信濃諸牧牧監庁跡　はいばらのまきあと つけたり しなのしょまきもくげんちょうあと**　平安時代
[所在地]長野県松本市中山埴原北　[史]県指定史跡（1960）

【堂】

0**堂の前遺跡　どうのまえいせき**　平安時代
[所在地]山形県酒田市法連寺　[史]国指定史跡（1979）

堂の森古墳　どうのもりこふん　4世紀
[所在地]福島県双葉郡浪江町大字幾世橋

堂ケ谷戸遺跡　どうがやといせき　旧石器時代～近世
[所在地]東京都世田谷区岡本1丁目～3丁目

堂ノ上遺跡　どうのうえいせき　奈良時代末～平安時代前期
[所在地]滋賀県大津市神領　[史]国指定史跡（1978）

堂ノ貝塚　どうのかいずか　縄文時代中期
[所在地]新潟県佐渡市貝塚
[別]金井貝塚

堂ヶ作山古墳　どうがさくやまこふん　古墳時代前期中頃
[所在地]福島県会津若松市一箕町堂ヶ作山

3**堂山古墳　どうやまこふん**　6世紀後半
[所在地]群馬県富岡市一ノ宮

堂山古墳　どうやまこふん　5世紀後半
[所在地]静岡県磐田市東貝塚字西原

堂山古墳群　どうやまこふんぐん　5世紀中頃（1号墳），6～7世紀（2～6号墳）
[所在地]大阪府大東市寺川

4**堂之上遺跡　どうのそらいせき**　縄文時代前期～中期後半
[所在地]岐阜県高山市久々野町　[史]国指定史跡（1980）

6**堂地西遺跡　どうじにしいせき**　縄文時代草創期～早期
[所在地]宮崎県宮崎市

8**堂林遺跡　どうばやしいせき**　縄文時代後期末葉前半
[所在地]北海道夕張郡長沼町幌内

9**堂後下横穴墓群　どうごしたおうけつぼぐん**　8世紀
[所在地]神奈川県中郡大磯町国府本郷小字堂後下

10**堂島　どうじま**
[所在地]大阪府大阪市北区
[文]中村憲吉『軽雷集』

11画（堀, 婆, 婦）

【堀】

⁰堀の内　ほりのうち
　所在地 東京都杉並区
　文『誹風柳多留 67』

堀の内古窯跡群　ほりのうちこようあとぐん，ほりのうちこようせきぐん　奈良時代～平安時代
　所在地 茨城県桜川市大泉1548　県指定史跡（1960）

堀ノ内古墳群　ほりのうちこふんぐん　古墳時代前期
　所在地 静岡県掛川市下俣～長谷

堀ノ内遺跡　ほりのうちいせき　4世紀および6世紀以降
　所在地 群馬県藤岡市小林字堀ノ内・舞台・塚原
　別 小林古墳群

³堀川　ほりかわ
　所在地 愛知県名古屋市西区
　文『尾張名所図会』

堀川　ほりかわ
　所在地 京都府京都市堀河通
　文『延喜式』

堀川用水及び朝倉揚水車　ほりかわようすいおよびあさくらようすいしゃ　寛文3年（1663）造営
　所在地 福岡県朝倉市山田　国指定史跡（1990）

⁴堀之内古墳群　ほりのうちふんぐん　古墳時代前期以降
　所在地 千葉県香取市堀之内字平台地先

堀之内貝塚　ほりのうちかいづか　縄文時代後期前葉～晩期中葉
　所在地 千葉県市川市北国分町　国指定史跡（1964）

⁵堀込遺跡　ほっこめいせき　縄文時代早期前半
　所在地 栃木県芳賀郡市貝町笹原田

⁶堀合Ⅰ遺跡　ほりあいいちいせき　縄文時代中期末～後期初頭
　所在地 青森県平川市唐竹堀合

堀江　ほりえ
　所在地 大阪府大阪市生野区生野田島町
　文『日本書紀』，『古事記』，『源氏物語』

⁷堀杏庵墓　ほりきょうあんのはか　江戸時代
　所在地 東京都港区芝公園3-15-4 金地院　都指定旧跡（1955）

⁸堀松古墳群　ほりまつこふんぐん　5世紀前半頃
　所在地 石川県羽咋郡志賀町堀松

¹⁰堀兼の井　ほりかねのい
　所在地 埼玉県狭山市堀兼
　文『伊勢集』，『義経記』

堀留町　ほりどめちょう
　所在地 東京都中央区日本橋堀留町
　文 鶴屋南北『心謎解色糸』

¹¹堀部第1遺跡　ほりべだいいちいせき　弥生時代
　所在地 島根県松江市鹿島町南講武　県指定史跡（2002）

堀野遺跡　ほりのいせき　縄文時代後期～古代
　所在地 岩手県二戸市堀野字馬場

¹²堀越古墳　ほりこしこふん　7世紀後半
　所在地 群馬県前橋市堀越町　県指定史跡（1973）

堀越城跡　ほりこしじょうあと　南北朝時代築城
　所在地 青森県弘前市堀越字川合・柏田
　別 津軽氏城跡（種里城跡・堀越城跡・弘前城跡）

堀越御所　ほりごえごしょ　室町時代
　所在地 静岡県伊豆の国市四日町・寺家
　別 伝堀越御所跡

堀越遺跡　ほりこしいせき　古墳時代
　所在地 栃木県矢板市東泉字堀越　県指定史跡（1990）

¹⁶堀籠浅間古墳　ほうめせんげんこふん　4世紀後半
　所在地 千葉県成田市堀籠字浅間
　別 浅間古墳

【婆】

⁷婆里古墳　ばりこふん　6世紀後半
　所在地 千葉県香取郡東庄町羽計字婆里

【婦】

⁹婦負の野　めいのの
　所在地 富山県富山市，射水市
　文『万葉集』

婦負川　めいがわ
　所在地 富山県　神通川
　文『万葉集』
　別 売比河

遺跡・古墳よみかた辞典

【寄】

¹⁰寄倉岩陰遺跡　よせくらいわかげいせき　縄文時代～鎌倉時代
　所在地 広島県庄原市東城町　国指定史跡（1969）
　別 帝釈寄倉岩陰遺跡

【寂】

⁶寂光院　じゃっこういん　伝・推古天皇2年（594）創建
　所在地 京都府京都市左京区大原草生町676

【宿】

⁴宿毛貝塚　すくもかいづか　縄文時代後期
　所在地 高知県宿毛市貝塚　国指定史跡（1957）

⁶宿寺山古墳　しゅくてらやまこふん　5世紀後半
　所在地 岡山県総社市宿

⁸宿東山1号墳　しゅくひがしやまいちごうふん　古墳時代前期
　所在地 石川県羽咋郡宝達志水町宿

¹¹宿野部遺跡　しゅくのべいせき　弥生時代前期
　所在地 青森県むつ市川内町宿野部字椴ノ木平

【崎】

⁰崎ケ鼻洞窟遺跡　さきがはなどうくついせき　縄文時代前期～後期
　所在地 島根県松江市美保関町
　別 サルガ鼻洞窟遺跡, サルガ鼻遺跡, サルガ鼻洞窟住居跡

³崎山弁天遺跡　さきやまべんてんいせき　縄文時代早期～晩期
　所在地 岩手県上閉伊郡大槌町吉里吉里字崎山

崎山囲洞窟　さきやまかこいどうくつ　弥生時代後期
　所在地 宮城県塩竈市表杉ノ入

崎山貝塚　さきやまかいづか　縄文時代
　所在地 岩手県宮古市崎山　国指定史跡（1996）
　別 崎山遺跡

崎山遺跡　さきやまいせき　縄文時代
　所在地 岩手県宮古市崎山
　別 崎山貝塚

¹⁴崎樋川貝塚　さちひじゃーかいづか　沖縄前Ⅳ期・後期

所在地 沖縄県那覇市字天久　県指定史跡（1956）

【崇】

⁵崇広堂　すうこうどう　文政4年（1821）創建
　所在地 三重県伊賀市上野丸ノ内
　別 旧崇広堂

⁹崇神天皇山辺道勾岡上陵　すじんてんのうやまのべみちのまがりのおかのえのみささぎ　古墳時代前期
　所在地 奈良県天理市柳本町字アンド
　別 崇神天皇陵古墳

崇神天皇陵古墳　すじんてんのうりょうこふん　古墳時代前期
　所在地 奈良県天理市柳本町字アンド
　別 崇神天皇山辺道勾岡上陵

¹⁰崇峻天皇倉梯岡陵　すしゅんてんのうくらはしのおかのみささぎ　古墳時代後期
　所在地 奈良県桜井市倉橋
　別 赤坂天王山古墳, 赤坂天王山1号墳, 崇峻天皇陵, 天王山古墳

崇峻天皇陵　すしゅんてんのうりょう　古墳時代後期
　所在地 奈良県桜井市倉橋
　別 崇峻天皇倉梯岡陵, 赤坂天王山古墳, 赤坂天王山1号墳, 天王山古墳

¹³崇福寺跡　すうふくじあと　奈良時代
　所在地 滋賀県大津市滋賀里町甲　国指定史跡（1941）
　別 見世廃寺址

【巣】

³巣山古墳　すやまこふん　4世紀末～5世紀初め
　所在地 奈良県北葛城郡広陵町　国指定特別史跡（1952）

¹⁶巣鴨　すがも
　所在地 東京都豊島区
　文 馬屋腹輔『徳和歌後万載集 3』

【常】

³常山城跡　つねやまじょうあと　戦国時代
　所在地 岡山県岡山市南区迫川　市指定史跡（2010）

⁴常心塚古墳　じょうしんづかこふん　古墳時代後期
　所在地 宮崎県西都市上三財　国指定史跡

(1980)

⁵常世原田遺跡　とこよはらだいせき　縄文時代早期
所在地 福島県喜多方市常世字原田・クツ塚
㊦県指定史跡(1979)
別 常世遺跡

常世遺跡　とこよいせき　縄文時代早期
所在地 福島県喜多方市常世字原田・クツ塚
別 常世原田遺跡

⁶常光坊谷古墳群　じょうこぼだにこふんぐん　5世紀後半〜6世紀半ば
所在地 三重県松阪市岡本町字常光坊谷

常名天神山古墳　ひたなてんじんやまこふん　5世紀前葉
所在地 茨城県土浦市常名町西根
別 天神山古墳

⁷常呂遺跡　ところいせき　続縄文時代, 擦文時代, オホーツク文化期中心
所在地 北海道北見市常呂町　㊦国指定史跡(1974)

常呂遺跡群　ところいせきぐん　続縄文時代, 擦文時代, オホーツク文化期中心
所在地 北海道北見市常呂町

⁸常念岳　じょうねんだけ
所在地 長野県
㊥加藤楸邨『寒雷』

⁹常栄寺庭園　じょうえいじていえん　室町時代中期
所在地 山口県山口市宮野下　㊦国指定史跡(1962)

¹¹常陸　ひたち
所在地 茨城県
㊥『万葉集』,『常陸風土記』

常陸伏見遺跡　ひたちふしみいせき　縄文時代早期後葉
所在地 茨城県鹿嶋市宮中

常陸安戸星古墳　ひたちあとぼしこふん　古墳時代
所在地 茨城県水戸市飯富町安戸星

常陸国分尼寺跡　ひたちこくぶんにじあと　奈良時代創建
所在地 茨城県石岡市若松　㊦国指定特別史跡(1952)

常陸国分寺跡　ひたちこくぶんじあと　奈良時代
所在地 茨城県石岡市府中　㊦国指定特別史跡(1952)

常陸国府跡　ひたちこくふあと　7世紀末〜11世紀
所在地 茨城県石岡市総社　㊦国指定史跡(2010)

常陸狐塚古墳　ひたちきつねずかこふん　5世紀以前
所在地 茨城県桜川市岩瀬
別 狐塚古墳

常陸浮島古墳群　ひたちうきしまこふんぐん　古墳時代前期
所在地 茨城県稲敷市浮島
別 浮島古墳群

常陸観音山古墳群　ひたちかんのんやまこふんぐん　古墳時代終末期
所在地 茨城県潮来市上戸字川面及び中台山
別 観音山古墳群

常陸鏡塚古墳　ひたちかがみずかこふん　5世紀前半
所在地 茨城県東茨城郡大洗町磯浜
別 磯浜鏡塚古墳, 鏡塚古墳

¹³常楽寺古墳　じょうらくじこふん　6世紀後半
所在地 島根県仁多郡奥出雲町高田

常楽院　じょうらくいん
所在地 東京都台東区上野
㊥『江戸名所図会』

¹⁵常盤　ときわ
所在地 京都府京都市右京区常盤町
㊥『続日本後紀』

常盤山　ときわやま, ときわのやま
所在地 茨城県水戸市常盤町
㊥『能因歌枕』

常盤山　ときわやま
所在地 京都府京都市右京区
㊥『八雲御抄』

常盤広町遺跡　ときわひろまちいせき　弥生時代後期
所在地 岩手県奥州市水沢区佐倉河字東広町

常盤仲之町遺跡　ときわなかのちょういせき　古墳時代後期
所在地 京都府京都市右京区常盤仲之町・太秦東蜂岡町

常盤遺跡　ときわいせき　弥生時代
所在地 岩手県奥州市水沢区佐倉河字常盤

常盤橋　ときわばし
所在地 東京都中央区日本橋本石町2-1西・3-1南, 千代田区大手町2-7東
㊥井原西鶴『好色一代男』

遺跡・古墳よみかた辞典　415

常盤橋門跡　ときわばしもんあと　江戸時代
[所在地]東京都千代田区大手町, 中央区日本橋本石町　[史]国指定史跡（1928）
常磐公園　ときわこうえん　天保13年（1842）開園
[所在地]茨城県水戸市常磐町・見川町　[史]国指定史跡（1922）
[別]偕楽園

【帷】

3**帷子貝塚　かたびらかいずか**　縄文時代
[所在地]神奈川県横浜市保土ケ谷区
[別]保土ケ谷貝塚, 常盤台貝塚

【庵】

0**庵ノ谷2号墳　あんのたににごうふん**　5世紀初頭頃
[所在地]兵庫県美方郡香美町村岡区森脇
6**庵寺山古墳　あんでらやまこふん**　4世紀末～5世紀初頭
[所在地]京都府宇治市広野町丸山
10**庵原　いおはら**
[所在地]静岡県静岡市清水区
[文]『万葉集』
11**庵崎　いおさき**
[所在地]東京都墨田区向島
[文]『江戸名所図会』

【康】

14**康徳寺古墳　こうとくじこふん**　6世紀後半
[所在地]広島県世羅郡世羅町大字寺町　[史]県指定史跡（1940）

【強】

19**強瀬子の神古墳　こわぜねのかみこふん**　7世紀後半～8世紀初頭
[所在地]山梨県大月市賑岡町強瀬殿畑
強羅　ごうら
[所在地]神奈川県足柄下郡箱根町
[文]斎藤茂吉『つきかげ』

【得】

6**得名津　えなつ**
[所在地]大阪府大阪市住吉区墨江以南の地
[文]『万葉集』
[別]榎津
10**得能山古墳　とくのうざんこふん, とくのうやまこふん**　古墳時代
[所在地]兵庫県神戸市須磨区板宿町得能山

【悪】

4**悪戸古墳群　あくどこふんぐん**　7世紀初頭
[所在地]福島県石川郡石川町中野字悪戸

【掛】

3**掛川　かけがわ**
[所在地]静岡県掛川市
[文]『新撰狂歌集』
掛川城　かけがわじょう　戦国時代～江戸時代
[所在地]静岡県掛川市
4**掛木古墳　かけぎこふん**　6世紀末築造, 7世紀中頃まで追葬
[所在地]長崎県壱岐市勝本町布気触字掛木
8**掛迫古墳　かけさここふん**　5世紀
[所在地]広島県福山市駅家町大字法成寺

【採】

10**採茶庵跡　さいとあんあと, さいだあんあと**　江戸時代前期
[所在地]東京都江東区深川1-9

【推】

5**推古天皇陵古墳　すいこてんのうりょうこふん**　7世紀前半頃
[所在地]大阪府南河内郡太子町山田
[別]推古陵古墳, 磯長山田陵, 山田高塚古墳
推古陵古墳　すいこりょうこふん　7世紀前半頃
[所在地]大阪府南河内郡太子町山田
[別]推古天皇陵古墳, 磯長山田陵, 山田高塚古墳

【掃】

6**掃守寺跡　かにもりじあと**　奈良時代
[所在地]奈良県葛城市加守
10**掃除山遺跡　そうじやまいせき**　縄文時代草創期
[所在地]鹿児島県鹿児島市下福元町後迫字掃除山

【掖】

3**掖上鑵子塚古墳　わきがみかんすずかこふん**　5世紀前半
[所在地]奈良県御所市柏原

[別]鐘子塚古墳

【教】

4教王護国寺　きょうおうごこくじ　延暦15年（796）建立
[所在地]京都府京都市南区九条町
[別]東寺

教王護国寺境内　きょうおうごこくじけいだい　延暦15年（796）建立
[所在地]京都府京都市南区九条町　[史]国指定史跡（1934）

10教倫堂跡　きょうりんどうあと　江戸時代
[所在地]三重県鈴鹿市神戸4-1-80 県立神戸高等学校　[史]県指定史跡（1942）

【斎】

0斎の宮　いつきのみや
[所在地]京都府京都市北区紫野辺
[文]西行『山家集』
[別]斎院

4斎王宮跡　さいおうくうあと, さいおうぐうあと, さいおうきゅうあと　古代〜中世
[所在地]三重県多気郡明和町
[別]斎宮跡

7斎尾廃寺跡　さいのおはいじあと　白鳳時代創建
[所在地]鳥取県東伯郡琴浦町　[史]国指定特別史跡（1952）

10斎宮跡　さいくうあと, さいぐうあと　古代〜中世
[所在地]三重県多気郡明和町　[史]国指定史跡（1979）
[別]斎王宮跡

12斎場御嶽　せいふぁうたき, せーふぁうたき　琉球王朝時代
[所在地]沖縄県南城市知念　[史]国指定史跡（1972）

18斎藤山貝塚　さいとやまかいずか, さいとうやまかいずか　弥生時代初期
[所在地]熊本県玉名市天水町尾田

斎藤妙椿墓　さいとうみょうちんのはか　室町時代
[所在地]岐阜県岐阜市寺町　[史]県指定史跡（1972）

斎藤長秋三代墓　さいとうちょうしゅうさんだいのはか　江戸時代
[所在地]東京都台東区東上野6-17-3 法善寺
[史]都指定旧跡（1955）

【斜】

7斜里朱円周堤墓群　しゃりしゅえんしゅうていぼぐん　縄文時代後期
[所在地]北海道斜里郡斜里町字朱円西区　[史]北海道指定史跡（1957）
[別]斜里朱円環状土籬

斜里朱円環状土籬　しゃりしゅえんかんじょうどり　縄文時代後期
[所在地]北海道斜里郡斜里町字朱円西区
[別]斜里朱円周堤墓群

【断】

3断上山古墳（第9号古墳/第10号古墳）　だんじょうやまこふん（だいきゅうごうこふん/だいじゅうごうこふん）　4世紀前半期（10号墳）
[所在地]愛知県新城市竹広字断上154-1, 竹広字宮川168-1・170　[史]県指定史跡（1978）
[別]断上9・10号墳

断上山古墳群　だんじょうやまこふんぐん　3〜4世紀
[所在地]愛知県新城市竹広字断上154-1, 竹広字宮川168-1・170
[別]断上古墳群

断上古墳群　だんじょうこふんぐん　3〜4世紀
[所在地]愛知県新城市竹広字断上154-1, 竹広字宮川168-1・170
[別]断上山古墳群

4断夫山古墳　だんぷさんこふん, だんぷざんこふん, だんぷやまこふん　5〜6世紀
[所在地]愛知県名古屋市熱田区旗屋　[史]国指定史跡（1987）

【曽】

5曽本二子山古墳　そもとふたごやまこふん　古墳時代
[所在地]愛知県江南市布袋町曽本字二子
[別]二子山古墳

7曽利遺跡　そりいせき　縄文時代中期後半
[所在地]長野県諏訪郡富士見町境区

曽我　そが
[所在地]神奈川県小田原市
[文]十返舎一九『東海道中膝栗毛』

曽我　そが

11画（曼,望,梓,桶,梶）

[所在地]奈良県橿原市曽我町
⊗頓阿『頓阿法師詠』
⑤宗我

曽我山古墳　そがやまこふん　古墳時代前期
[所在地]高知県宿毛市平田町戸内

曽我川　そががわ
[所在地]奈良県御所市重阪峠
⊗『万葉集』
⑤宗我川, 百済川

曽我氏神社古墳群　そがうじじんじゃこふんぐん　4世紀後葉
[所在地]徳島県名西郡石井町城ノ内字前山

曽我遺跡　そがいせき　弥生時代中期〜中世
[所在地]奈良県橿原市曽我町字敷ノ前ほか

曽谷貝塚　そやかいづか　縄文時代前期〜後期
[所在地]千葉県市川市曽谷　⑫国指定史跡（1979）

⁹曽畑貝塚　そばたかいづか　縄文時代
[所在地]熊本県宇土市曽畑

¹⁰曽根　そね
[所在地]兵庫県高砂市曽根町
⊗宝井其角『薦獅子集』

曽根小学校遺跡　そねしょうがっこういせき　縄文時代早期末〜晩期
[所在地]三重県尾鷲市曽根町
⑤曽根遺跡

曽根古墳群　そねこふんぐん　弥生時代末期頃〜古墳時代
[所在地]福岡県糸島市有田・曽根
⑤曽根遺跡群（平原遺跡・ワレ塚古墳・銭瓶塚古墳・狐塚古墳）

曽根田白塚古墳　そねだしらつかこふん　7世紀後半
[所在地]広島県福山市芦田町大字下有地　⑫県指定史跡（1981）
⑤白塚古墳

曽根崎　そねざき
[所在地]大阪府大阪市北区
⊗近松門左衛門『曽根崎心中』

曽根遺跡　そねいせき　旧石器時代〜縄文時代草創期
[所在地]長野県諏訪市湖岸通り1丁目 諏訪湖底

曽根遺跡　そねいせき　縄文時代早期末〜晩期
[所在地]三重県尾鷲市曽根町
⑤曽根小学校遺跡

曽根遺跡群（平原遺跡・ワレ塚古墳・銭瓶塚古墳・狐塚古墳）　そねいせきぐん（ひらばるいせき・われずかこふん・ぜにがめずかこふん・きつねずかこふん）　弥生時代末期頃〜古墳時代
[所在地]福岡県糸島市有田・曽根　⑫国指定史跡（1982）
⑤曽根古墳群

¹¹曽野遺跡　そのいせき　弥生時代
[所在地]愛知県岩倉市曽野町

¹⁸曽補1号墳　そねいちごうふん　古墳時代
[所在地]石川県鹿島郡中能登町曽祢

【曼】

¹⁰曼茶羅寺　まんだらじ
[所在地]香川県善通寺市吉原町
⊗『金毘羅参詣名所図会』

【望】

⁴望月　もちずき
[所在地]長野県佐久市
⊗『後撰和歌集 16』,『古今著聞集』

⁸望欣台の碑　ぼうきんだいのひ　明治10年（1877）建立
[所在地]神奈川県横浜市神奈川区　⑫市登録史跡（1990）

【梓】

⁰梓の山　あずさのやま
[所在地]滋賀県米原市梓河内
⊗『名所歌枕』

³梓川　あずさがわ
[所在地]長野県
⊗寺田寅彦『雨の上高地』

【桶】

⁹桶狭間古戦場伝説地 附 戦人塚　おけはざまこせんじょうでんせつち つけたり せんにんづか　永禄3年（1560）
[所在地]愛知県豊明市栄町　⑫国指定史跡（1937）

【梶】

³梶山古墳　かじやまこふん　6世紀後半〜7世紀
[所在地]鳥取県鳥取市国府町　⑫国指定史跡（1979）

11画（梶，桝，梨，梁，桷）

梶山古墳群　かじやまこふんぐん　古墳時代後期
　所在地 茨城県鉾田市梶山

梶巾遺跡　かじはばいせき　旧石器時代
　所在地 茨城県常陸大宮市小祝字梶巾

[5]梶古墳群　かじこふんぐん　6世紀初頭
　所在地 大阪府守口市佐太東町1丁目

[10]梶原太刀洗水　かじわらたちあらいみず　江戸時代・鎌倉五名水の一
　所在地 神奈川県鎌倉市十二所

梶原古墳群　かじわらこふんぐん　6世紀中頃〜7世紀前半
　所在地 大阪府高槻市梶原・同1丁目・萩庄・萩之庄1丁目

梶原屋敷　かじわらやしき　鎌倉時代
　所在地 神奈川県鎌倉市十二所19〜23

梶原景時塔　かじわらのかげときのとう　中世
　所在地 神奈川県鎌倉市梶原1-11-1

梶島　かじしま
　所在地 愛知県西尾市吉良町（旧・幡豆郡吉良町宮崎）
　㊋『万葉集』

梶島　かじしま
　所在地 福岡県宗像市
　㊋『万葉集』

梶栗浜遺跡　かじくりはまいせき　弥生時代
　所在地 山口県下関市富任　国指定史跡（1980）
　㊋ 富任遺跡

[12]梶塚古墳　かじつかこふん　5世紀前半
　所在地 京都府城陽市平川鍛冶塚・横道

【椛】

[0]椛の湖遺跡　はなのこいせき　縄文時代草創期
　所在地 岐阜県中津川市上野
　㊋ 花ノ湖遺跡

[10]椛島山遺跡　かばしまやまいせき　弥生時代中期〜後期
　所在地 佐賀県武雄市北方町芦原字西原　独立丘椛島山

【桝】

[3]桝山古墳　ますやまこふん　5世紀終末〜6世紀前半
　所在地 奈良県橿原市鳥屋

[7]桝形囲貝塚　ますがたがこいかいずか　弥生時代中期
　所在地 宮城県多賀城市大代桝形囲
　㊋ 桝形囲遺跡

桝形囲遺跡　ますがたがこいいせき　弥生時代中期
　所在地 宮城県多賀城市大代桝形囲
　㊋ 桝形囲貝塚

桝形遺跡　ますがたいせき　旧石器時代
　所在地 群馬県前橋市苗ケ島町字桝形

[12]桝塚古墳　ますづかこふん　古墳時代中期後葉
　所在地 京都府亀岡市篠町字野条小字下西裏

【梨】

[0]梨ノ木塚遺跡　なしのきずかいせき　縄文時代前・中・晩期
　所在地 秋田県横手市増田町吉野

[3]梨久保遺跡　なしくぼいせき　縄文時代前期〜後期
　所在地 長野県岡谷市長地梨久保　国指定史跡（1984）

[4]梨木山古墳　なしのきやまこふん　5世紀中葉期
　所在地 群馬県佐波郡玉村町下茂木

梨木平遺跡　なしきだいらいせき　縄文時代中期
　所在地 栃木県宇都宮市高松町

【梁】

[3]梁川町遺跡　やながわちょういせき　縄文時代
　所在地 北海道函館市梁川町

梁川城跡及び庭園　やながわじょうあとおよびていえん　15〜16世紀
　所在地 福島県伊達市梁川町字鶴ケ岡・桜岳地内　県指定史跡および名勝（1982）

[19]梁瀬浦遺跡　やなせうらいせき　縄文時代中期〜晩期
　所在地 宮城県角田市岡　国指定史跡（1977）

【桷】

[12]桷間1号墳　かくまいちごうふん　5世紀
　所在地 鳥取県鳥取市大桷・桂見

遺跡・古墳よみかた辞典　419

【梵】

4梵天山古墳　ぼんてんやまこふん　古墳時代中期
[所在地]茨城県常陸太田市島町

梵天山古墳群　ぼんてんやまこふんぐん　古墳時代初期
[所在地]茨城県常陸太田市島町　[史]県指定史跡（1953）

梵天山横穴墓群　ぼんてんやまおうけつぼぐん, ぼんてんやまよこあなぼぐん　8世紀
[所在地]東京都日野市川辺堀之内

11梵釈寺　ぼんしゃくじ　延暦5年（786）～鎌倉時代
[所在地]滋賀県大津市滋賀里町山中

【欲】

7欲良の山　よらのやま
[所在地]長野県小諸市
[文]『万葉集』

【渋】

0渋ヶ谷窯跡　しぶがたにかまあと　5世紀末～6世紀初め
[所在地]島根県松江市大庭町

3渋川　しぶかわ
[所在地]岡山県玉野市
[文]『金毘羅参詣名所図会』

5渋民　しぶたみ
[所在地]岩手県盛岡市玉山区
[文]石川啄木『悲しき玩具』

6渋江鋳金遺跡　しぶえちゅうきんいせき　室町時代～戦国時代
[所在地]埼玉県さいたま市岩槻区大字村国　[史]県指定旧跡（1961）

7渋谷　しぶや
[所在地]東京都渋谷区
[文]加藤楸邨『雪後の天』

渋谷　しぶたに
[所在地]富山県高岡市渋谷
[文]『万葉集』
[別]渋谿

11渋野丸山古墳　しぶのまるやまこふん　5世紀前半
[所在地]徳島県徳島市渋野町　[史]国指定史跡（2009）
[別]丸山古墳

17渋谿　しぶたに
[所在地]富山県高岡市渋谷
[文]『万葉集』
[別]渋谷

【淳】

8淳和院跡　じゅんないんあと　平安時代
[所在地]京都府京都市右京区（右京四条二坊11-14町）
[別]西院

【渚】

渚　なぎさ
[所在地]大阪府枚方市渚
[文]『伊勢物語』，『土佐日記』

10渚院　なぎさのいん
[所在地]大阪府枚方市渚
[文]在原業平『古今和歌集 1』，『土佐日記』

【深】

3深大寺　じんだいじ　奈良時代創建
[所在地]東京都調布市深大寺元町

深大寺城跡　じんだいじじょうあと　16世紀前半築城
[所在地]東京都調布市深大寺元町　[史]国指定史跡（2007）

深大寺遺跡　じんだいじいせき　旧石器時代～古墳時代
[所在地]東京都調布市深大寺町

深山巴の宿　じんぜんともえのしゅく　8世紀
[所在地]栃木県鹿沼市草久深山　[史]県指定史跡（1962）
[別]巴の宿跡

深山遺跡　みやまいせき　弥生時代末～古墳時代初め
[所在地]岡山県玉野市田井

深川　ふかがわ
[所在地]東京都江東区
[文]宝井其角『続猿蓑』, 谷崎潤一郎『秘密』

深川大橋　ふかがわおおはし
[所在地]東京都江東区
[文]芭蕉『其便』

深川不動堂　ふかがわふどうどう
[所在地]東京都江東区富岡
[文]永井荷風『深川の唄』, 小山内薫『大川端』
[別]深川不動尊

深川不動尊　ふかがわふどうそん
[所在地]東京都江東区富岡

11画（清）

㋕永井荷風『深川の唄』, 小山内薫『大川端』
㋠深川不動堂

深川芭蕉庵跡　ふかがわばしょうあんあと
　所在地 東京都江東区常盤
　㋕『誹風柳多留 25』, 永井荷風『深川の散歩』
　㋠芭蕉庵

[5]深仙　しんせん
　所在地 奈良県吉野郡下北山村
　㋕『山家心中集』

[6]深江　ふかえ
　所在地 福岡県糸島市二丈深江
　㋕『古事記』,『筑前国風土記』

[7]深作東部遺跡群　ふかさくとうぶいせきぐん
　旧石器時代以降各時代
　所在地 埼玉県さいたま市見沼区深作

深沢古墳　ふかざわこふん　古墳時代中期
　所在地 福島県喜多方市塩川町中屋沢字向寺田
　㋛市指定史跡（2006）

深沢城跡　ふかざわじょうあと　中世
　所在地 静岡県御殿場市　㋛県指定史跡（1960）

深沢遺跡　ふかさわいせき　縄文時代後期中葉
　所在地 群馬県利根郡みなかみ町

深沢遺跡　ふかざわいせき　縄文時代中期
　所在地 長野県飯山市蓮

深町遺跡　ふかまちいせき　縄文時代後期中葉
　所在地 長野県上田市生田

深見諏訪山遺跡　ふかみすわやまいせき　旧石器時代～縄文時代草創期
　所在地 神奈川県大和市深見

深谷窯跡群　ふかだにかまあとぐん　6世紀前半
　所在地 島根県出雲市本庄町

[8]深泥ヶ池　みどろがいけ
　所在地 京都府京都市北区上賀茂深泥ヶ池
　㋕『和泉式部集』

深長古墳　ふこさこふん　5世紀初め頃
　所在地 三重県松阪市深長町字刑部田

[9]深津島山　ふかつしまやま
　所在地 広島県福山市
　㋕『万葉集』

深草　ふかくさ
　所在地 京都府京都市伏見区深草町
　㋕『和名抄』

深草山　ふかくさやま
　所在地 京都府京都市伏見区深草大亀谷
　㋕『古今和歌集』, 謡曲『融』

深草陵　ふかくさりょう　平安時代
　所在地 京都府京都市伏見区深草
　㋠仁明天皇陵

深草遺跡　ふかくさいせき　弥生時代
　所在地 京都府京都市伏見区深草西浦町1～8丁目

深草館跡　ふかくさやかたあと　16世紀成立
　所在地 山梨県北杜市長坂町大八田　㋛県指定史跡（1999）

[11]深堀遺跡　ふかほりいせき　縄文時代前期～江戸時代
　所在地 長崎県長崎市深堀町

深郷田遺跡　ふこうだいせき　縄文時代前期
　所在地 青森県北津軽郡中泊町深郷田字富森

[12]深渡戸横穴墓群　ふかわたとおうけつぼぐん
　7世紀後半～8世紀半ば
　所在地 福島県白河市表郷深渡戸

【清】

[0]清の川　きよみのかわ
　所在地 奈良県高市郡明日香村
　㋕『万葉集』

[3]清川　きよかわ
　所在地 山形県東田川郡庄内町
　㋕『義経記』
　㋠清河

[4]清戸迫横穴　きよとさくよこあな　7世紀前半
　所在地 福島県双葉郡双葉町新山　㋛国指定史跡（1968）
　㋠清戸迫横穴墓群

清戸迫横穴墓群　きよとさくおうけつぼぐん　7世紀前半
　所在地 福島県双葉郡双葉町新山
　㋠清戸迫横穴

清水　きよみず
　所在地 京都府京都市東山区清水1丁目
　㋕謡曲『花月』,『義経記』

清水の嶺呂　しみずのねろ
　所在地 群馬県利根郡みなかみ町, 新潟県魚沼市
　㋕土屋文明『放水路』

清水ノ上貝塚　しみずのかみかいづか　縄文時代早期末葉～後期前葉
　所在地 愛知県知多郡南知多町内海字清水ノ上

清水山古墳群　しみずやまこふんぐん　古墳時代

遺跡・古墳よみかた辞典　421

[所在地]福井県福井市清水山町

清水山城跡　しみずやまじょうあと　天正19年（1591）築城

[所在地]長崎県対馬市厳原町　[史]国指定史跡（1984）

清水山城館跡　しみずやまじょうかんあと　16世紀中頃主体

[所在地]滋賀県高島市新旭町　[史]国指定史跡（2004）

清水内遺跡　しみずうちいせき　古墳時代前期～中世

[所在地]福島県郡山市大槻町字人形坦・人形坦東・清水内・御前南

清水天王山遺跡　しみずてんのうざんいせき　縄文時代後期末～晩期初頭

[所在地]静岡県静岡市清水区宮加三

[別]天王山遺跡

清水向遺跡　しみずむかいいせき　縄文時代前期後半

[所在地]秋田県鹿角市八幡平宮麓字清水向

清水寺　きよみずでら　平安時代初頭創建

[所在地]京都府京都市東山区清水1

清水寺の仁王門・三重塔・大日堂跡　せいすいじのにおうもん・さんじゅうのとう・だいにちどうあと　鎌倉時代中期～江戸時代初期

[所在地]長野県長野市若穂保科　[史]市指定史跡（1967）

清水谷大西3号墳　しみずだにおおにしさんごうふん　6世紀前半

[所在地]奈良県高市郡高取町清水谷

清水谷古墳　しみずだにこふん　6世紀後半

[所在地]大阪府交野市東倉治

清水貝塚　しずかいずか　縄文時代前期・中期末～後期初頭

[所在地]岩手県大船渡市赤崎町字清水

清水貝塚　しみずかいずか　弥生時代前期～後期

[所在地]愛知県西尾市平坂町字清水

清水前古墳群　しみずまえこふんぐん　7世紀後半～8世紀初頭

[所在地]山形県東置賜郡高畠町二井宿清水前　[史]県指定史跡（1952）

[別]安久津・清水前古墳群

清水城跡　しみずじょうあと　文明8年（1478）頃築城

[所在地]山形県大蔵村清水　[史]県指定史跡（2011）

清水柳北1号墳　しみずやなぎきたいちごうふん　8世紀初頭

[所在地]静岡県沼津市足高字尾上

清水柳北遺跡　しみずやなぎきたいせき　8世紀初頭

[所在地]静岡県沼津市足高字尾上

[別]清水柳北1号墳

清水柳遺跡　しみずやなぎいせき　縄文時代早期～中期

[所在地]静岡県沼津市岡一色清水柳

清水風遺跡　しみずかぜいせき　弥生時代中期～古墳時代中期

[所在地]奈良県天理市庵治町

清水浜臣墓　しみずはまおみのはか　江戸時代

[所在地]東京都台東区西浅草1-4-15 善照寺　[史]都指定旧跡（1955）

清水磨崖仏　きよみずまがいぶつ　弘長4年（1264）～室町時代，江戸時代，明治時代中期

[所在地]鹿児島県南九州市川辺町清水字薬師　[史]県指定史跡（1959）

清水観音堂　きよみずかんのんどう

[所在地]東京都台東区上野公園

[文]永井荷風『日和下駄』

5**清生茶臼山古墳　せいせいちゃうすやまこふん**　古墳時代前期

[所在地]三重県松阪市清生町

[別]茶臼山古墳

6**清成古墳　きよなりこふん**　古墳時代前期末～中期初頭

[所在地]徳島県名西郡石井町石井字石井

清色城跡　きよしきじょうあと　永和年間（1375～79）頃築城

[所在地]鹿児島県薩摩川内市入来町　[史]国指定史跡（2004）

7**清見が関　きよみがせき**

[所在地]静岡県静岡市清水区

[文]『枕草子』，『更級日記』

清見の崎　きよみのさき

[所在地]静岡県静岡市清水区

[文]『万葉集』

清見台古墳群　きよみだいこふんぐん　5世紀後半

[所在地]千葉県木更津市太田・相里周辺（現・清見台ほか）

11画（淡, 添）

清見寺　せいけんじ，きよみでら　伝・奈良時代創建
　所在地　静岡県静岡市清水区興津清見寺町
　別　朝鮮通信使遺跡 興津清見寺境内

清見潟　きよみがた
　所在地　静岡県静岡市清水区
　⊗『万葉集』
　別　三保の浦

8清和井　せがい
　所在地　京都府京都市左京区大原来迎院町
　⊗『伊勢物語』

清和井　せがい
　所在地　京都府京都市西京区大原野南春日町 大原野神社
　⊗大伴家持『古今和歌六帖 2』

清和院　せいわいん　平安時代前期
　所在地　京都府京都市上京区寺町通広小路上ル染殿町

清河　きよかわ
　所在地　山形県東田川郡庄内町
　⊗『義経記』
　別　清川

9清洲城　きよすじょう　応永12年（1405）築城
　所在地　愛知県清須市朝日城屋敷

清浄光寺　しょうじょうこうじ
　所在地　神奈川県藤沢市西富1-8
　⊗『遊行柳』
　別　遊行寺, 藤沢寺

10清凉寺　せいりょうじ　寛平7年（895）頃建立
　所在地　京都府京都市右京区嵯峨釈迦堂藤ノ木町

清原宣賢卿墓所　きよはらのぶかたきょうぼしょ　室町時代
　所在地　福井県福井市徳尾町　㉔県指定史跡（1957）

11清凉寺ガ谷　せいりょうじがやつ
　所在地　神奈川県鎌倉市扇ガ谷4-22-26

12清閑寺　せいかんじ
　所在地　京都府京都市東山区清閑寺町
　⊗謡曲『融』

13清滝　きよたき
　所在地　京都府京都市右京区清滝
　⊗『今昔物語集』，『宇治拾遺物語』

清滝古墳群　きよたきこふんぐん　6世紀中～後半
　所在地　大阪府四条畷市清滝

清滝寺京極家墓所　きよたきでらきょうごくけぼしょ　鎌倉時代～江戸時代
　所在地　滋賀県米原市清滝　㉔国指定史跡（1932）

14清寧天皇陵古墳　せいねいてんのうりょうこふん　6世紀前半頃
　所在地　大阪府羽曳野市西浦

15清澄山　きよすみやま
　所在地　千葉県鴨川市清澄
　⊗謡曲『鵜飼』

【淡】

9淡海の海　おうみのうみ
　所在地　滋賀県
　⊗『万葉集』，『日本書紀』
　別　近江の海

10淡島堂　あわしまどう　元禄年間（1688～1704）勧請
　所在地　東京都台東区浅草2-3-1 浅草寺

13淡路の瀬戸　あわじのせと
　所在地　兵庫県明石市, 兵庫県淡路市
　⊗『太平記』，『平家物語』

淡路国分寺塔跡　あわじこくぶんじとうあと　奈良時代創建
　所在地　兵庫県南あわじ市八木国分　㉔国指定史跡（1951）

淡路国分寺跡　あわじこくぶんじあと　奈良時代創建
　所在地　兵庫県南あわじ市八木国分331

淡路島　あわじしま
　所在地　兵庫県洲本市, 南あわじ市, 淡路市
　⊗『古事記』

15淡輪ニサンザイ古墳　たんのわにさんざいこふん　5世紀後葉
　所在地　大阪府泉南郡岬町淡輪
　別　宇度墓古墳

淡輪古墳群　たんのわこふんぐん　古墳時代中期
　所在地　大阪府泉南郡岬町淡輪

淡輪遺跡　たんのわいせき　縄文時代後期
　所在地　大阪府泉南郡岬町淡輪

【添】

0添の郡　そうのこおり
　所在地　奈良県奈良市, 山辺郡
　⊗『一条摂政御集』

11添野遺跡　そえのいせき　縄文時代中期
　所在地　栃木県芳賀郡市貝町塙

遺跡・古墳よみかた辞典　423

11画（淵, 淀, 牽, 猪）

【淵】

⁰淵ノ上古墳　ふちのえこふん　6世紀後半
所在地 群馬県館林市羽附旭町字淵ノ上

【淀】

淀　よど
所在地 京都府京都市伏見区淀町
文 壬生忠見『拾遺和歌集 2』

³淀川　よどがわ
所在地 大阪府, 京都府
文 紀貫之『古今和歌集 12』, 樋口一葉『詠草』

⁶淀江台場跡　よどえだいばあと　文久3年（1863）築造
所在地 鳥取県米子市淀江町今津
別 鳥取藩台場跡（由良台場跡・境台場跡・淀江台場跡・橋津台場跡・浦富台場跡）

⁹淀城　よどじょう　室町時代後期～江戸時代
所在地 京都府京都市伏見区淀本町

淀城跡　よどじょうあと　元和9年（1623）築城
所在地 京都府京都市南区淀

淀津　よどのつ　平安時代
所在地 京都府京都市伏見区淀

¹¹淀野　よどの
所在地 京都府京都市伏見区淀村
文 源重之『後拾遺和歌集 12』,『堤中納言物語』

¹⁶淀橋町　よどばしまち
所在地 東京都新宿区北新宿・西新宿
文『江戸名所図会』

【牽】

⁴牽牛子塚古墳　けんごしずかこふん, あさがおずかこふん　7世紀
所在地 奈良県高市郡明日香村

牽牛子塚古墳・越塚御門古墳　けんごしずかこふん・こしずかごもんこふん　7世紀
所在地 奈良県高市郡明日香村　国指定史跡（1923）

【猪】

⁰猪の子古墳　いのここふん　7世紀後半
所在地 広島県福山市加茂町大字下加茂
別 猪ノ子古墳

猪の窪古墳　いのくぼこふん　古墳時代中期
所在地 愛媛県伊予市宮下猪ノ窪
別 猪ノ窪古墳

猪ノ子古墳　いのここふん　7世紀後半
所在地 広島県福山市加茂町大字下加茂　県指定史跡（1950）
別 猪の子古墳

猪ノ坂東古墳　いのさかひがしこふん　5世紀中頃
所在地 岡山県岡山市北区津高

猪ノ窪古墳　いのくぼこふん　古墳時代中期
所在地 愛媛県伊予市宮下猪ノ窪
別 猪の窪古墳

⁵猪田神社古墳 附 古井　いだじんじゃこふん つけたり こい　古墳時代後期
所在地 三重県伊賀市猪田5139ほか　県指定史跡（1941）

猪目洞窟遺物包含層　いのめどうくついぶつほうがんそう　縄文時代～古墳時代
所在地 島根県出雲市猪目町　国指定史跡（1957）
別 猪目洞窟遺跡

猪目洞窟遺跡　いのめどうくついせき　縄文時代～古墳時代
所在地 島根県出雲市猪目町
別 猪目洞窟遺物包含層

⁶猪名　いな
所在地 兵庫県尼崎市猪名川町
文『日本三代実録』

猪名　いな
所在地 兵庫県伊丹市
文『万葉集』,『千載和歌集』

猪名の湊　いなのみなと
所在地 兵庫県尼崎市
文 上田秋成『春雨物語』

猪名川　いながわ
所在地 兵庫県
文『万葉集』

猪名寺廃寺　いなでらはいじ　7世紀後半～室町時代
所在地 兵庫県尼崎市猪名寺字佐璞

⁹猪俣古墳群　いのまたこふんぐん　6世紀中葉～7世紀後半
所在地 埼玉県児玉郡美里町大字猪俣

¹⁵猪養　いかい
所在地 奈良県桜井市吉隠
文『万葉集』

【猫】

3猫山古墳　ねこやまこふん　4世紀末～5世紀初頭
[所在地]山口県山口市大字深溝字藤尾新村87

5猫石丸山古墳　ねこいしまるやまこふん　古墳時代後期前半
[所在地]大分県豊後高田市大字草地字猫石
[史]県指定史跡（1974）
[別]丸山古墳

7猫作・栗山古墳群　ねこさく・くりやまこふんぐん　5世紀中頃～7世紀
[所在地]千葉県成田市滑川字猫作

猫谷地古墳群　ねこやじこふんぐん　古墳時代末期
[所在地]岩手県北上市外江釣子村猫谷地

猫谷窯跡　ねこだにかまあと　5世紀末
[所在地]兵庫県篠山市一印谷

8猫迫1号墳　ねこさこいちごうふん　古墳時代中期
[所在地]福岡県田川市大字伊田

11猫淵横穴墓群　ねこぶちおうけつぼぐん　7世紀中葉
[所在地]茨城県常陸太田市高柿町字上高柿
[別]猫淵横穴群

猫淵横穴群　ねこぶちよこあなぐん　7世紀中葉
[所在地]茨城県常陸太田市高柿町字上高柿
[別]猫淵横穴墓群

12猫塚古墳　ねこずかこふん　5世紀初頭
[所在地]奈良県奈良市佐紀町字衛門戸

猫塚古墳　ねこずかこふん　5世紀後半頃
[所在地]奈良県五条市西河内
[別]五条猫塚古墳

猫塚古墳　ねこずかこふん　4世紀末葉～5世紀中葉
[所在地]香川県高松市峰山町御殿山上
[別]石清尾山猫塚古墳

猫塚古墳　ねこずかこふん　古墳時代前期中葉～後半
[所在地]大分県大分市本神崎

16猫橋遺跡　ねこばしいせき　弥生時代後期
[所在地]石川県加賀市片山津町

【猟】

13猟路　かりじ
[所在地]奈良県桜井市鹿路
[文]『万葉集』

【率】

3率川　いざかわ, いさがわ
[所在地]奈良県奈良市本子守町
[文]『万葉集』,『日本書紀』
[別]子守川

率川神社　いさがわじんじゃ　推古天皇元年（593）創建
[所在地]奈良県奈良市本子守町

【球】

16球磨川　くまがわ
[所在地]熊本県
[文]与謝野晶子『草と月光』

【瓶】

0瓶ヶ盛古墳　かめがもりこふん　古墳時代
[所在地]宮城県白石市鷹巣字本木山

10瓶原　みかのはら
[所在地]京都府木津川市加茂町
[文]『万葉集』,『続日本紀』
[別]甕原

【産】

3産土山古墳　うぶすなやまこふん　古墳時代中期
[所在地]京都府京丹後市丹後町　[史]国指定史跡（1957）

【畦】

6畦地1号古墳　あぜちいちごうこふん　6世紀前半
[所在地]長野県飯田市座光寺新井原畦地　[史]市指定史跡（2008）

【盛】

3盛久頸座　もりひさくびざ
[所在地]神奈川県鎌倉市長谷1-7-2
[文]『平家物語』, 謡曲『盛久』

盛土山古墳　もりつちやまこふん　5世紀後半～6世紀前半
[所在地]香川県仲多度郡多度津町奥白方片山口
[史]県指定史跡（1976）

6盛安寺　せいあんじ
[所在地]滋賀県大津市坂本
[文]『伊勢参宮名所図会』

8盛岡　もりおか

[所在地]岩手県盛岡市
[文]石川啄木『煙』

盛岡城跡　もりおかじょうあと　安土桃山時代～江戸時代
[所在地]岩手県盛岡市内丸　[史]国指定史跡（1937）

【眼】

19眼鏡橋　めがねばし
[所在地]東京都千代田区外神田・神田須田町
[文]河竹黙阿弥『時鳥水響音』

眼鏡橋　めがねばし
[所在地]長崎県長崎市
[文]北原白秋『白秋全集』

【笠】

0笠の山　かさのやま
[所在地]奈良県奈良市東部 三笠山/奈良県桜井市笠の地の山
[文]『万葉集』

6笠寺　かさでら
[所在地]愛知県名古屋市南区
[文]芭蕉『千鳥掛』

8笠取山　かさとりやま, かさとりのやま
[所在地]京都府宇治市笠取
[文]『和名抄』

9笠神の文字岩　かさがみのもじいわ　徳治2年（1307）
[所在地]岡山県高梁市備中町　[史]国指定史跡（1941）

10笠原　かさはら
[所在地]長野県伊那市
[文]田安宗武『悠然院様御詠草』

笠原水道　かさはらすいどう　江戸時代
[所在地]茨城県水戸市千波・笠原・本町・元吉田町　[史]県指定史跡（1938）

笠島　かさしま
[所在地]宮城県名取市愛島
[文]『万葉集』, 芭蕉『おくのほそ道』
[別]笠嶋

笠島　かさしま
[所在地]東京都品川区南大井2丁目付近/東京都大田区中央
[文]『万葉集』

笠島遺跡　かさしまいせき　弥生時代後期
[所在地]和歌山県東牟婁郡串本町

12笠森稲荷　かさもりいなり
[所在地]東京都台東区谷中
[文]大田南畝『四方のあか』

笠結の島　かさゆいのしま
[所在地]愛知県渥美湾内 前島/大阪府大阪市東成区深江
[文]『古今和歌集』

笠間　かさま
[所在地]茨城県笠間市
[文]『実方集』

13笠置　かさぎ
[所在地]京都府相楽郡笠置町
[文]無住『沙石集』

笠置山　かさぎやま
[所在地]京都府相楽郡笠置町笠置　[史]国指定史跡（1932）

笠置山磨崖仏　かさぎやままがいぶつ　奈良時代
[所在地]京都府相楽郡笠置町笠置山

笠置路　かさぎじ
[所在地]三重県伊賀市, 奈良県
[文]高浜虚子『六百句』
[別]奈良街道, 大和街道

14笠嶋　かさしま
[所在地]宮城県名取市愛島
[文]『万葉集』, 芭蕉『おくのほそ道』
[別]笠島

16笠縫の里　かさぬいのさと
[所在地]岐阜県大垣市
[文]阿仏尼『十六夜日記』

【笹】

0笹ノ森古墳　ささのもりこふん　7世紀前半
[所在地]群馬県甘楽郡甘楽町福島
[別]笹森古墳, 笹森稲荷古墳

3笹山遺跡　ささやまいせき　縄文時代中期中頃～後半
[所在地]新潟県十日町市中条上町

5笹目ガ谷　ささめがやつ
[所在地]神奈川県鎌倉市笹目町
[別]佐々目ガ谷

7笹谷峠　ささやとうげ
[所在地]宮城県柴田郡川崎町, 山形県山形市
[文]斎藤茂吉『霜』

10笹原古墳　ささばるこふん　5世紀前半
[所在地]福岡県大野城市大城4丁目

12笹塚古墳　ささずかこふん　5世紀中葉～後半
[所在地]栃木県宇都宮市東谷町　[史]県指定史跡

(1957)
　所在地 長崎県壱岐市勝本町百合畑触字笹塚

笹森古墳　ささのもりこふん　7世紀前半
　所在地 群馬県甘楽郡甘楽町福島
　別 笹ノ森古墳, 笹森稲荷古墳

笹森稲荷古墳　ささのもりいなりこふん　7世紀前半
　所在地 群馬県甘楽郡甘楽町福島
　別 笹ノ森古墳, 笹森古墳

[14]笹鉾山1号墳　ささほこやいちごうふん　5世紀末～6世紀初頭
　所在地 奈良県磯城郡田原本町大字八尾小字山本

[15]笹遺跡　ささいせき　弥生時代～古墳時代
　所在地 群馬県甘楽郡甘楽町笹

【笛】

[7]笛吹の社　ふえふきのやしろ
　所在地 奈良県葛城市笛吹
　文 『公任集』
　別 葛城坐火雷神社

笛吹川　ふえふきがわ
　所在地 山梨県
　文 佐佐木信綱『思草』

笛吹古墳群　ふえふきこふんぐん　6世紀中心
　所在地 奈良県葛城市笛吹

笛吹段・兎沢古墳群　ふえふきだん・うさぎさわこふんぐん　古墳時代後期
　所在地 静岡県焼津市吹込・野秋

【笙】

[0]笙の岩屋　しょうのいわや
　所在地 奈良県吉野郡上北山村西原
　文 謡曲『嵐山』,『今昔物語集』

【粕】

[9]粕畑貝塚　かすばたかいづか　縄文時代早期後葉
　所在地 愛知県名古屋市南区粕畑町

【粒】

[6]粒江貝塚　つぶえかいづか　縄文時代中期
　所在地 岡山県倉敷市粒江字船元
　別 船元貝塚

【経】

[0]経ケ岡古墳　きょうがおかこふん　6世紀
　所在地 愛媛県四国中央市下柏町経ノ奥・堂ノ奥

経ケ峰1号墳　きょうがみねいちごうふん　5世紀後半
　所在地 愛知県岡崎市丸山町経ケ峰

経ノ塚古墳　きょうのつかこふん, きょうのずかこふん　5世紀
　所在地 宮城県名取市下増田杉ヶ袋

経ケ倉山経塚　きょうがくらやまきょうずか　14世紀
　所在地 山形県酒田市酒田事業区81林小班
　史 県指定史跡（1962）

経ヶ峯伊達家墓所　きょうがみねだてけぼしょ　江戸時代
　所在地 宮城県仙台市青葉区霊屋下　史 市指定史跡（1984）

[5]経石山古墳　きょうせきざんこふん, きょうせきやまこふん　4世紀
　所在地 愛媛県松山市桑原4丁目　史 県指定史跡（1957）

[10]経島　きょうじま
　所在地 兵庫県神戸市兵庫区
　文 『平家物語』

経師ガ谷　きょうじがやつ
　所在地 神奈川県鎌倉市材木座2-12～15

[12]経塚山古墳　きょうずかやまこふん　4～5世紀頃
　所在地 兵庫県高砂市阿弥陀町豆崎

経塚山古墳　きょうずかやまこふん　4世紀後半
　所在地 佐賀県唐津市浜玉町淵上

経塚古墳　きょうずかこふん　5世紀前半
　所在地 群馬県安中市上間仁田字宮久保

経塚古墳　きょうずかこふん　7世紀前半
　所在地 山梨県笛吹市一宮町国分字経塚　史 県指定史跡（1994）

経塚古墳　きょうずかこふん　古墳時代前期
　所在地 静岡県磐田市新貝
　別 連城寺経塚古墳

経塚古墳　きょうずかこふん　5世紀前半
　所在地 三重県鈴鹿市中瀬古町字松山

経塚古墳　きょうずかこふん　5世紀末葉
　所在地 大阪府堺市西区浜寺南町3丁

経塚古墳　きょうずかこふん　4世紀後半～5世紀前半
　所在地 香川県高松市中山町

11画（細, 紫）

㊙横立山経塚古墳

経塚古墳　きょうずかこふん　古墳時代
[所在地]香川県善通寺市大麻町
㊙大麻山経塚古墳

経塚古墳　きょうずかこふん　古墳時代前期
[所在地]香川県善通寺市吉原町三井之江
㊙大窪経塚古墳

経塚古墳　きょうずかこふん　5世紀頃
[所在地]熊本県熊本市北区植木町米塚
㊙慈恩寺経塚古墳

経塚古墳群　きょうずかこふんぐん　6世紀前半(1号墳)
[所在地]福島県河沼郡会津坂下町大字塔寺字経塚

経塚古墳群・横穴墓群　きょうずかこふんぐん・おうけつぼぐん　古墳時代前期(3号墳)
[所在地]福岡県田川市大字伊田

[13]**経僧塚古墳　きょうそうずかこふん　6世紀前半**
[所在地]千葉県山武市野堀

【細】

[3]**細久保遺跡　ほそくぼいせき　縄文時代早期前半主体**
[所在地]長野県諏訪市角間新田町

細口源田山遺跡　ほそぐちげんだやまいせき　弥生時代中期
[所在地]石川県七尾市細口町

細川　ほそかわ
[所在地]奈良県桜井市
㊛『万葉集』

細川山　ほそかわやま
[所在地]奈良県高市郡明日香村
㊛『万葉集』

細川谷古墳群　ほそかわだにこふんぐん　6世紀中心
[所在地]奈良県高市郡明日香村細川・島ノ庄・上居・上・尾曽・戒成・祝土

細川家の墓所　ほそかわけのぼしょ　安土桃山時代～江戸時代
[所在地]栃木県芳賀郡茂木町塩田　㊥県指定史跡(1976)

細工谷遺跡　さいくだにいせき　7～9世紀
[所在地]大阪府大阪市天王寺区細工谷町

[4]**細井平洲墓　ほそいへいしゅうのはか　江戸時代**
[所在地]東京都台東区西浅草3-14-1 天嶽院

㊥都指定旧跡(1955)

細井広沢墓　ほそいこうたくのはか　江戸時代
[所在地]東京都世田谷区等々力　㊥国指定史跡(1949)

[5]**細田村古墳　ほそだそんこふん　古墳時代**
[所在地]宮崎県日南市大字上方字仮屋西　㊥県指定史跡(1937)

細田周溝墓群　ほそだしゅうこうぼぐん　4世紀後半
[所在地]群馬県太田市東長岡字細田

細田遺跡　ほそだいせき　縄文時代前期後半～中期中葉
[所在地]神奈川県横浜市戸塚区汲沢字細田

[6]**細池遺跡　ほそいけいせき　縄文時代晩期**
[所在地]新潟県糸魚川市

[7]**細谷川　ほそたにがわ**
[所在地]奈良県
㊛『万葉集』,『狭衣物語』

[10]**細島町古墳　ほそしまちょうこふん　古墳時代**
[所在地]宮崎県日向市大字細島字八幡の上　㊥県指定史跡(1934)

細浦貝塚　ほそうらかいずか　縄文時代中期・後期
[所在地]岩手県大船渡市末崎町細浦上ノ山

[11]**細野遺跡　ほそのいせき　縄文時代晩期**
[所在地]青森県青森市浪岡細野字宮元

[12]**細越遺跡　ほそごしいせき　縄文時代晩期、平安～室町時代**
[所在地]青森県青森市大字細越字種元

【紫】

[8]**紫金山古墳　しきんざんこふん　4世紀中頃～後半頃**
[所在地]大阪府茨木市宿久庄

紫金山瓦窯　しきんざんかわらがま,しきんざんがよう　奈良時代末期～平安時代初頭
[所在地]大阪府吹田市吉志部北
㊙岸部瓦窯, 吉志部瓦窯址, 吉志部瓦窯跡

[9]**紫香楽宮跡　しがらきのみやあと　奈良時代**
[所在地]滋賀県甲賀市信楽町・宮町　㊥国指定史跡(1926)
㊙信楽宮, 甲賀宮

[11]**紫野　むらさきの**
[所在地]京都府京都市北区紫野
㊛『蜻蛉日記』,『今昔物語集』

11画（船）

[12]紫雲出山遺跡　しうでやまいせき　弥生時代
　所在地 香川県三豊市詫間町大浜
　例 紫雲出遺跡

紫雲出遺跡　しうでいせき　弥生時代
　所在地 香川県三豊市詫間町大浜
　例 紫雲出山遺跡

【船】

[0]船ケ谷遺跡　ふながたにいせき　縄文時代晩期前半
　所在地 愛媛県松山市安城寺町707

[2]船入島貝塚　ふないりじまかいづか　縄文時代早期末～前期・中期
　所在地 宮城県塩竈市浦戸寒風沢

[3]船上山行宮跡　せんじょうさんあんぐうあと　室町時代
　所在地 鳥取県東伯郡琴浦町　国指定史跡（1932）

船久保洞穴　ふなくぼどうけつ　縄文時代後期中葉～晩期前葉
　所在地 岩手県紫波郡紫波町船久保字百沢
　例 舟久保洞窟

船山北古墳群　ふなやまきたこふんぐん　7世紀
　所在地 岐阜県各務原市須衛町
　例 須衛船山古墳群

船山古墳　ふなやまこふん　5世紀末～6世紀初頭
　所在地 岡山県瀬戸内市長船町

船山古墳　ふなやまこふん　6世紀初頭
　所在地 熊本県玉名郡和水町
　例 江田船山古墳，江田船山古墳 附 塚坊主古墳・虚空蔵塚古墳

船山古墳群　ふなやまこふんぐん　古墳時代
　所在地 愛媛県西条市小松町新屋敷　県指定史跡（1962）

[4]船之宮古墳　ふなのみやこふん　5世紀末葉
　所在地 兵庫県朝来市桑市　県指定史跡（1961）
　例 船宮古墳

船元貝塚　ふなもとかいづか　縄文時代中期
　所在地 岡山県倉敷市粒江字船元
　例 粒江貝塚

船戸山3号墳　ふなとやまさんごうふん　6世紀中葉～後半
　所在地 和歌山県岩出市船戸

船戸山古墳群　ふなとやまこふんぐん　古墳時代後期
　所在地 和歌山県岩出市船戸

船戸箱山古墳　ふなとはこやまふん　6世紀中葉
　所在地 和歌山県岩出市船戸字箱山

[5]船玉古墳　ふなだまこふん　7世紀後半
　所在地 茨城県筑西市船玉247　県指定史跡（1933）

船田石器時代遺跡　ふなだせっきじだいいせき　古墳時代～平安時代
　所在地 東京都八王子市長房町　国指定史跡（1928）
　例 船田向遺跡，船田遺跡

船田向遺跡　ふなだむこういせき　古墳時代～平安時代
　所在地 東京都八王子市長房町
　例 船田遺跡，船田石器時代遺跡

船田遺跡　ふなだいせき　古墳時代～平安時代
　所在地 東京都八王子市長房町
　例 船田向遺跡，船田石器時代遺跡

船石遺跡　ふないしいせき　弥生時代
　所在地 佐賀県三養基郡上峰町大字堤　県指定史跡（1984）

船石遺跡1・2・3号墳　ふないしいせきいち・に・さんごうふん　5世紀後半
　所在地 佐賀県三養基郡上峰町大字堤字四本杉船石天神宮境内

[7]船来山古墳群　ふなきやまこふんぐん　5世紀中頃～7世紀
　所在地 岐阜県岐阜市中西郷町，本巣市

[8]船岡山　ふなおかやま　平安時代中期頃
　所在地 京都府京都市北区紫野北船岡町　国指定史跡（1968）

船岡山古墳　ふなおかやまこふん　古墳時代前期末葉頃
　所在地 香川県高松市香川町浅野

船泊遺跡　ふなどまりいせき　縄文時代後期
　所在地 北海道礼文郡礼文町大字船泊字ウエンナイホ
　例 礼文船泊遺跡

船迫窯跡　ふなさこかまあと　6世紀後半
　所在地 福岡県築上郡築上町　国指定史跡（1999）

[10]船宮古墳　ふなのみやこふん　5世紀末葉
　所在地 兵庫県朝来市桑市
　例 船之宮古墳

遺跡・古墳よみかた辞典　429

11画（葛, 菊）

¹¹船野山1号墳　ふなのやまいちごうふん　5世紀後半
　所在地 佐賀県杵島郡白石町大字堤字船野山3780

船野遺跡　ふなのいせき　旧石器時代
　所在地 宮崎県宮崎市佐土原町西上那珂

¹²船塚　ふなづか　5世紀後半
　所在地 佐賀県佐賀市大和町大字久留間字東
　㊥県指定史跡（1953）
　㊗舟塚古墳, 今山舟塚古墳

船塚古墳　ふなづかこふん　5世紀後半
　所在地 佐賀県佐賀市大和町
　㊗今山舟塚古墳, 船塚

船塚古墳　ふなつかこふん　古墳時代
　所在地 宮崎県宮崎市神宮（宮崎神宮内）　㊥県指定史跡（1977）

¹⁶船橋　ふなばし
　所在地 千葉県船橋市
　㊇十返舎一九『旅眼石』

船橋遺跡　ふなはしいせき　縄文時代〜室町時代
　所在地 大阪府柏原市古町, 藤井寺市船橋

【葛】

³葛山城跡　かつらやまじょうあと　年代不明（〜戦国時代）
　所在地 長野県長野市大字鑪字葛山　㊥市指定史跡（1981）

⁴葛井寺　ふじいでら　伝・神亀2年（725）創建
　所在地 大阪府藤井寺市
　㊗紫雲山三宝院剛琳寺, 剛林寺

⁵葛本弁天塚古墳　くずもとべんてんづかこふん　古墳時代後期
　所在地 奈良県橿原市葛本町山前
　㊗弁天塚古墳

⁶葛西　かさい
　所在地 東京都江戸川区
　㊇『平家物語』, 十返舎一九『東海道中膝栗毛』

葛西ガ谷　かさいがやつ
　所在地 神奈川県鎌倉市小町3-9〜12

⁹葛城　かずらき
　所在地 奈良県御所市, 北葛城郡
　㊇『万葉集』

葛城の神　かずらきのかみ
　所在地 奈良県御所市
　㊇『源氏物語』〔夕顔〕

㊗一言主神社, 葛城一言主神社

葛城山　かつらぎさん, かつらぎやま, かずらぎやま, かずらきやま
　所在地 奈良県御所市, 大阪府南河内郡千早赤阪村
　㊇『万葉集』,『日本書紀』,『古事記』

葛城神社古墳　かつらぎじんじゃこふん　6世紀後半
　所在地 徳島県鳴門市大麻町大谷字東山谷

¹⁰葛原古墳　くずはらこふん　5世紀中頃〜後半
　所在地 大分県宇佐市大字葛原　㊥国指定史跡（1957）
　㊗鬼塚古墳

葛島古墳群　かつらじまこふんぐん　5世紀後半〜6世紀前半頃
　所在地 香川県香川郡直島町葛島

¹³葛飾　かつしか
　所在地 東京都葛飾区・江戸川区, 千葉県, 埼玉県, 茨城県
　㊇『万葉集』, 鴨長明『無名抄』

葛飾北斎墓　かつしかほくさいのはか　江戸時代
　所在地 東京都台東区元浅草4-6-9 誓教寺
　㊥都指定旧跡（1955）

²²葛籠尾崎湖底遺跡　つづらおざきこていせき　縄文時代早期〜晩期
　所在地 滋賀県長浜市湖北町

【菊】

³菊川　きくがわ, きくかわ
　所在地 静岡県島田市菊川
　㊇飯尾宗祇『名所方角抄』

菊川城館遺跡群（高田大屋敷遺跡・横地氏城館跡）　きくがわじょうかんいせきぐん（たかだおおやしきいせき・よこちしじょうかんあと）　中世
　所在地 静岡県菊川市下内田　㊥国指定史跡（2004）

⁴菊水山古墳群　きくすいやまこふんぐん　6〜7世紀
　所在地 千葉県成田市滑川

⁶菊名貝塚　きくなかいづか　縄文時代前期
　所在地 神奈川県横浜市港北区菊名5丁目

菊池容斎墓　きくちようさいのはか　明治時代
　所在地 東京都台東区谷中7 谷中霊園 乙3号9側
　㊥都指定旧跡（1955）

11画（菰, 菜, 菖, 菅）

[7]菊坂　きくざか
　所在地 東京都文京区本郷
　文 『誹風柳多留』

[9]菊屋新助の墓　きくやしんすけのはか　江戸時代
　所在地 愛媛県松山市木屋町2丁目　指定 県指定史跡（1955）

菊屋橋　きくやばし
　所在地 東京都台東区
　文 森鴎外『寿阿弥の手紙』

[12]菊間古墳群　きくまこふんぐん　4〜6世紀
　所在地 千葉県市原市菊間

菊間新皇塚古墳　きくましんのうづかこふん　5世紀初頭
　所在地 千葉県市原市菊間字北野
　別 新皇塚古墳

菊間遺跡　きくまいせき　弥生時代中期
　所在地 千葉県市原市菊間

【菰】

[6]菰池遺跡　こもいけいせき　弥生時代中期
　所在地 岡山県倉敷市菰池1丁目

【菜】

[4]菜切谷廃寺跡　なぎりやはいじあと　奈良時代
　所在地 宮城県加美郡加美町菜切谷清水　指定 県指定史跡（1956）

[9]菜畑遺跡　なばたけいせき　縄文時代晩期後半〜弥生時代前期
　所在地 佐賀県唐津市菜畑　指定 国指定史跡（1983）

[14]菜摘　なつみ
　所在地 奈良県桜井市吉隠/滋賀県湖南市（旧・甲賀郡石部町）
　文 『頓阿法師詠』，上田秋成『雨月物語』
　別 夏実，夏身

菜摘　なつみ
　所在地 奈良県吉野郡吉野町菜摘
　文 謡曲『二人静』

菜摘川　なつみのかわ
　所在地 奈良県吉野郡吉野町菜摘
　文 謡曲『二人静』
　別 夏実の川，夏身の川

【菖】

[13]菖蒲池古墳　しょうぶいけこふん　7世紀中葉
　所在地 奈良県橿原市五条野町　指定 国指定史跡（1927）

菖蒲河岸　あやめがし，しょうぶがし
　所在地 東京都中央区日本橋浜町
　文 永井荷風『日和下駄』

菖蒲塚古墳　あやめずかこふん　5世紀
　所在地 新潟県新潟市西蒲区竹野町　指定 国指定史跡（1930）

菖蒲塚古墳　あやめずかこふん　古墳時代中期
　所在地 京都府綾部市多田町
　別 聖塚・菖蒲塚古墳

菖蒲塚経塚　あやめずかきょうずか　平安時代末
　所在地 新潟県新潟市西蒲区竹野町 金仙寺境内

【菅】

[0]菅の寺　すげのてら
　所在地 滋賀県長浜市余呉町
　文 北枝『卯辰集』
　別 菅山寺

菅ノ沢製鉄跡　すげのさわせいてつあと　奈良時代
　所在地 群馬県太田市東今泉

[5]菅小学校裏山遺跡　すごおしょうがっこううらやまいせき　古墳時代〜平安時代
　所在地 岡山県倉敷市西坂

菅生田遺跡　すごうだいせき　縄文時代
　所在地 宮城県白石市蔵本菅生田

菅生遺跡　すごういせき　弥生時代中期，古墳時代後期
　所在地 千葉県木更津市大字菅生

菅田の池　すがたのいけ
　所在地 奈良県大和郡山市
　文 『古今著聞集』
　別 姿の池

菅田庵　かんでんあん　寛政4年（1792）頃
　所在地 島根県松江市菅田町　指定 国指定史跡（1928）

[7]菅尾石仏　すがおせきぶつ　平安時代後期（12世紀後半）
　所在地 大分県豊後大野市三重町　指定 国指定史跡（1934）

菅沢古墳二号墳　すげさわこふんにごうふん　5世紀後半
　所在地 山形県山形市大字菅沢字山崎727-46ほか　指定 県指定史跡（1973）

遺跡・古墳よみかた辞典　431

菅沢古墳群　すげさわこふんぐん　古墳時代前期
[所在地]山形県山形市大字菅沢

菅谷館跡　すがややかたあと　中世
[所在地]埼玉県比企郡嵐山町, 比企郡吉見町, 比企郡ときがわ町, 比企郡小川町
[別]比企城館跡群（菅谷館跡・松山城跡・杉山城跡・小倉城跡）

9菅俣B遺跡　すがまたびーいせき　古墳時代前期
[所在地]福島県いわき市泉町滝尻
[別]折返A遺跡・菅俣B遺跡

菅茶山之墓　かんちゃざんのはか　江戸時代
[所在地]広島県福山市神辺町　[史]県指定史跡（1940）

10菅原　すがわら
[所在地]奈良県奈良市菅原町
[文]『万葉集』,『日本書紀』

菅原古墳　すがわらこふん　6世紀後半
[所在地]新潟県上越市清里区菅原字天神林　[史]県指定史跡（1952）

菅原古墳群　すがわらこふんぐん　6世紀後半～7世紀初め
[所在地]新潟県上越市清里区岡野町

菅原伏見東陵　すがわらのふしみのひがしのみささぎ　古墳時代前期
[所在地]奈良県奈良市尼ヶ辻
[別]垂仁天皇陵古墳, 垂仁陵古墳, 垂仁天皇菅原伏見東陵, 宝来山古墳

菅原寺　すがわらでら　奈良時代創建
[所在地]奈良県奈良市菅原町
[別]喜光寺

菅原東遺跡埴輪窯跡群　すがわらひがしいせきはにわかまあとぐん　旧石器時代～室町時代
[所在地]奈良県奈良市菅原・横領・西大寺国見町

菅原神社古墳　すがわらじんじゃこふん　5世紀前半～中頃
[所在地]宮崎県延岡市稲葉崎字馬場畑

菅島　すがしま
[所在地]三重県鳥羽市菅島町
[文]『万葉集』

菅浦　すがうら
[所在地]滋賀県長浜市西浅井町菅浦
[文]『万葉集』

12菅間王塚古墳　すがまおうずかこふん　6世紀後半～7世紀初頭
[所在地]長野県長野市松代町東条　[史]県指定史跡（1965）
[別]王塚古墳

【菱】

9菱津古墳　ひしずこふん　古墳時代中期前葉
[所在地]山形県鶴岡市菱津

11菱野剣塚古墳　ひしのつるぎずかこふん　6世紀
[所在地]福岡県朝倉市菱野

【菩】

12菩提山　ぼだいさん
[所在地]三重県伊勢市中村町
[文]芭蕉『笈の小文』

菩提所観音寺跡　ぼだいしょかんのんじあと　中世
[所在地]広島県広島市安佐北区可部　[史]県指定史跡（1951）

【虚】

8虚空蔵寺塔跡　こくぞうじとうあと　白鳳時代
[所在地]大分県宇佐市山本　[史]市指定史跡（1957）

虚空蔵寺跡　こくぞうじあと　白鳳時代
[所在地]大分県宇佐市山本　[史]市指定史跡（1957）

虚空蔵塚古墳　こくぞうずかこふん　古墳時代終末期
[所在地]群馬県渋川市北原123　[史]県指定史跡（1952）

虚空蔵塚古墳　こくんぞうずかこふん, こくぞうずかこふん　6世紀初頭
[所在地]熊本県玉名郡和水町
[別]江田船山古墳 附 塚坊主古墳・虚空蔵塚古墳

【蛇】

0蛇ガ谷　へびがやつ
[所在地]神奈川県鎌倉市

4蛇王洞洞穴　じゃおうどうどうけつ　縄文時代早期
[所在地]岩手県気仙郡住田町

5蛇穴山古墳　じゃけつざんこふん　8世紀初頭
[所在地]群馬県前橋市総社町　[史]国指定史跡（1974）

11蛇亀橋遺跡　じゃがめばしいせき　縄文時代晩期
[所在地]三重県松阪市嬉野島田町字焼野

12蛇塚古墳　へびつかこふん　6世紀後半
[所在地]群馬県伊勢崎市日乃出町

蛇塚古墳　へびずかこふん　7世紀
[所在地]京都府京都市右京区太秦面影町　[史]国指定史跡（1977）

蛇塚古墳　へびずかこふん　6世紀中頃
[所在地]熊本県菊池市七城町亀尾字蛇塚

【袈】

13袈裟尾高塚古墳　けさおたかつかこふん　6世紀末〜7世紀初頭
[所在地]熊本県菊池市大字袈裟尾字高塚　[史]県指定史跡（1975）
[別]高塚古墳

【袴】

9袴狭遺跡　はかざいせき　奈良時代, 平安時代
[所在地]兵庫県豊岡市出石町袴狭

【袋】

4袋井　ふくろい
[所在地]静岡県袋井市
[文]十返舎一九『東海道中膝栗毛』, 磯田道冶『竹斎』

【許】

5許奴美の浜　こぬみのはま
[所在地]静岡県
[文]『万葉集』

7許我の渡り　こがのわたり
[所在地]茨城県古河市
[文]『万葉集』

【設】

13設楽　したら
[所在地]愛知県北設楽郡設楽町
[文]釈迢空『春のことぶれ』

【貫】

4貫井遺跡　ぬくいいせき　縄文時代
[所在地]東京都小金井市貫井南町

【郭】

4郭内横穴墓群　かくないおうけつぼぐん　7世紀頃
[所在地]福島県白河市字郭内

【郷】

0郷ヶ平古墳群　ごうがひらこふんぐん　古墳時代前期
[所在地]静岡県浜松市北区都田町中津

8郷学せん穀堂の碑　ごうがくせんこくどうのひ　文化8年（1811）開設
[所在地]埼玉県さいたま市岩槻区本町6丁目　[史]市指定史跡（1996）

9郷柿沢館跡　ごうかきざわやかたあと　戦国時代
[所在地]富山県中新川郡上市町南加積郷柿沢字九日田 西養寺境内
[別]中世豪族屋敷跡

18郷観音山古墳　ごうかんのんやまこふん　古墳時代前期
[所在地]岡山県苫田郡鏡野町下原字才
[別]観音山古墳

【都】

4都井村古墳　といそんこふん　古墳時代
[所在地]宮崎県串間市大字大納字北園　[史]県指定史跡（1933）

都月坂1号墳　とつきざかいちごうふん　古墳時代前期
[所在地]岡山県岡山市北区津島本町

都月坂遺跡　とつきざかいせき　弥生時代末〜古墳時代初め
[所在地]岡山県岡山市北区津島本町

8都於郡村古墳　とのこおりそんこふん　古墳時代
[所在地]宮崎県西都市大字荒武字土橋　[史]県指定史跡（1933）

都於郡城跡　とのこおりじょうあと, とのごおりじょうあと　南北朝時代〜戦国時代
[所在地]宮崎県西都市荒武・鹿野田　[史]国指定史跡（2000）
[別]浮船城跡

都武賀野　つむがの
[所在地]静岡県
[文]『万葉集』

9都城市古墳　みやこのじょうしこふん　古墳時代

所在地 宮崎県都城市鷹尾　史 県指定史跡（1934）

都城市沖水古墳　みやこのじょうしおきみずこふん　古墳時代

所在地 宮崎県都城市早水町3866-1（早水神社境内）　史 県指定史跡（1936）

都城城跡　みやこのじょうじょうあと　天授元年（1375）築城

所在地 宮崎県都城市五十市城山・姫城町

別 鶴舞城

10**都留の郡　つるのこおり**

所在地 山梨県都留市

文 謡曲『鵜飼』

別 都留郡

都留の堤　つるのつつみ

所在地 山梨県上野原市

文『万葉集』

都留郡　つるのこおり

所在地 山梨県都留市

文 謡曲『鵜飼』

別 都留の郡

12**都塚古墳　みやこずかこふん**　古墳時代後期末

所在地 奈良県高市郡明日香村坂田字都

別 金鳥塚

13**都農町古墳　つのちょうこふん**　古墳時代

所在地 宮崎県児湯郡都農町大字川北字下黒萩・尾ノ鼻下・原田・明田・福原尾・池田ほか　史 県指定史跡（1936）

【部】

4**部木1号墳　へいきいちごうふん**　4世紀

所在地 福岡県福岡市東区蒲田字部木

【釈】

8**釈迦ケ岳　しゃかがだけ**

所在地 奈良県吉野郡

文『義経記』, 御伽草子『秋夜長物語』

釈迦山古墳　しゃかやまこふん　4世紀後葉頃

所在地 千葉県市原市姉崎字山王山

釈迦面山遺跡群　しゃかめやまいせきぐん　弥生時代中・後期

所在地 愛媛県松山市上野町

釈迦堂ノ切通し　しゃかどうのきりどおし

所在地 神奈川県鎌倉市

別 犬懸坂, 三浦道

釈迦堂殉死の墓及び譜代家臣の墓　しゃかどうじゅんしのはかおよびふだいかしんのはか　17世紀

所在地 栃木県日光市本町　史 県指定史跡（1981）

釈迦堂遺跡群　しゃかどういせきぐん　旧石器時代～平安時代

所在地 山梨県笛吹市一宮町千米寺～甲州市勝沼町藤井

【野】

0**野の宮　ののみや**

所在地 京都府京都市右京区嵯峨野々宮町

文『杉田久女句集』,『源氏物語』,『徒然草』

3**野上　のがみ**

所在地 岐阜県不破郡関ケ原町野上

文『日本書紀』,『更級日記』

野上下郷石塔婆　のがみしもごういしとうば　南北朝時代

所在地 埼玉県秩父郡長瀞町　史 国指定史跡（1928）

野久尾遺跡　のくびいせき　縄文時代前期～晩期

所在地 鹿児島県志布志市志布志町帖

野口1号墳　のぐちいちごうふん　6世紀後半

所在地 鳥取県倉吉市志津字野口

野口古墳群　のぐちこふんぐん　5世紀前半

所在地 福岡県筑紫郡那珂川町片縄字野口

野口貝塚　のぐちかいずか　縄文時代前期

所在地 青森県三沢市三沢字早稲田

野口雨情生家　のぐちうじょうせいか　明治時代

所在地 茨城県北茨城市磯原町磯原73　史 県指定史跡（1967）

野口遺跡　のぐちいせき　弥生時代中期

所在地 大分県宇佐市大字上田字野口

野山古墳群　のやまこふんぐん　5世紀前半～6世紀前半

所在地 奈良県宇陀市

野川遺跡　のがわいせき　縄文時代

所在地 宮城県仙台市青葉区熊ヶ根

野川遺跡　のがわいせき　後期旧石器時代

所在地 東京都調布市上石原

4**野中の清水　のなかのしみず**

所在地 兵庫県

文『袖中抄』

野中アリ山古墳　のなかありやまこふん　5世紀中葉～後半頃

11画（野）

アリ山古墳
　所在地：大阪府藤井寺市野中
　別：アリ山古墳

野中ボケ山古墳　のなかぼけやまこふん　6世紀前葉
　所在地：大阪府藤井寺市青山
　別：仁賢天皇陵古墳, ボケ山古墳

野中古墳　のなかこふん　4世紀後半
　所在地：岐阜県可児市中恵土字野中

野中古墳　のなかこふん　5世紀前半
　所在地：大阪府藤井寺市野中

野中寺旧伽藍跡　やちゅうじきゅうがらんあと　7世紀中頃創建
　所在地：大阪府羽曳野市野々上　国指定史跡（1944）
　別：野中寺跡

野中寺跡　やちゅうじあと　7世紀中頃創建
　所在地：大阪府羽曳野市野々上
　別：野中寺旧伽藍跡

野中宮山古墳　のなかみややまこふん　5世紀前半
　所在地：大阪府藤井寺市野中
　別：宮山古墳

野方遺跡　のかたいせき　弥生時代末期〜古墳時代
　所在地：福岡県福岡市西区野方　国指定史跡（1975）

野木大塚古墳　のぎおおつかこふん　古墳時代
　所在地：栃木県下都賀郡野木町南赤塚
　別：大塚古墳

野毛大塚古墳　のげおおつかこふん　5世紀中葉
　所在地：東京都世田谷区野毛1丁目　都指定史跡（1975）
　別：大塚古墳

野火止　のびどめ, のびとめ
　所在地：埼玉県新座市野火止
　②『伊勢物語』

野火止用水　のびどめようすい, のびとめようすい　江戸時代前期
　所在地：埼玉県新座市野火止ほか　県指定史跡（1944）

野牛古墳　のごふん　5世紀初頭
　所在地：香川県さぬき市津田町津田

⁵野古墳群　のこふんぐん　5〜6世紀
　所在地：岐阜県揖斐郡大野町　国指定史跡（1957）

野尻村古墳　のじりそんこふん　古墳時代
　所在地：宮崎県小林市野尻町東籠字九ッ塚・大字三ヶ山　県指定史跡（1933）

野尻湖　のじりこ
　所在地：長野県上水内郡信濃町
　②与謝野晶子『草の夢』
　別：芙蓉湖

野尻湖底遺跡　のじりこていいせき　旧石器時代
　所在地：長野県上水内郡信濃町野尻　砂間・樅ヶ崎・杉久保

野尻湖遺跡群　のじりこいせきぐん　旧石器時代
　所在地：長野県上水内郡信濃町野尻

野尻遺跡　のじりいせき　縄文時代前期
　所在地：岐阜県中津川市福岡野尻　県指定史跡（1956）

野本将軍塚古墳　のもとしょうぐんずかこふん　5世紀後半
　所在地：埼玉県東松山市下野本
　別：将軍塚古墳

野田の玉川　のだのたまがわ
　所在地：宮城県塩竈市野田
　②『実方集』, 芭蕉『おくのほそ道』

野田の玉川　のだのたまがわ
　所在地：宮城県多賀城市
　②芭蕉『おくのほそ道』

野田山遺跡　のだやまいせき　弥生時代
　所在地：岡山県新見市哲多町成松　県指定史跡（1957）

野田貝塚　のだかいづか　縄文時代中期後葉〜晩期中葉
　所在地：千葉県野田市清水字貝塚

野田院古墳　のだいんこふん, のたのいんこふん　3世紀後半
　所在地：香川県善通寺市善通寺町長谷

野田竪穴住居跡群　のだたてあなじゅうきょせきぐん　奈良時代末期〜平安時代前期
　所在地：岩手県野田村大字野田　県指定史跡（1954）

野辺地戦争戦死者の墓所　のへじせんそうせんししゃのぼしょ　明治時代
　所在地：青森県上北郡野辺地町字鳥井平　県指定史跡（1976）

⁶野寺山古墳　のでらやまこふん　古墳時代終末期
　所在地：岡山県美作市平福

遺跡・古墳よみかた辞典　*435*

㋥平福古墳

野色・塚町古墳群　のいろ・つかまちこふんぐん　5世紀末葉〜6世紀前半
㊃滋賀県長浜市高月町唐川

⁷野坂の浦　のさかのうら
㊃熊本県葦北郡芦北町佐敷
㋕『万葉集』

野坂完山之墓　のさかかんざんのはか　江戸時代
㊃広島県東広島市西条町　㊐県指定史跡（1954）

野坂峠越　のさかとうげごえ　江戸時代
㊃島根県鹿足郡津和野町
㋥山陰道（蒲生峠越・徳城峠越・野坂峠越）

野村一里塚　のむらいちりづか　江戸時代
㊃三重県亀山市野村町　㊐国指定史跡（1934）

野村八幡古墳　のむらはちまんこふん　6世紀後半
㊃徳島県美馬市脇町岩倉　㊐県指定史跡（1978）
㋥八幡古墳

野村望東尼終焉の宅及び宅跡並びに墓　のむらもとにしゅうえんのたくおよびたくあとならびにはか　江戸時代
㊃山口県防府市岡村町・三田尻本町・桑山　㊐県指定史跡（1966）

野沢遺跡　のざわいせき　縄文時代，弥生時代
㊃栃木県宇都宮市野沢町一本桜

野沢遺跡　のざわいせき　旧石器時代
㊃富山県富山市南野田馬鞍谷割

野谷石風呂　のたにのいしぶろ　文治2年（1186）頃開設
㊃山口県山口市徳地野谷　㊐国指定史跡（1935）

⁸野国貝塚群　のぐにかいづかぐん　沖縄後期（A地点），沖縄前Ⅰ・Ⅱ期（B地点），沖縄前Ⅳ期〜グスク期（C地点）
㊃沖縄県嘉手納町字野国　㊐県指定史跡（1956）

野国総官の墓　のぐにそうかんのはか　琉球王朝時代
㊃沖縄県嘉手納町字兼久下原　㊐県指定史跡（1956）

野岳遺跡　のだけいせき　後期旧石器時代
㊃長崎県大村市東野岳町

⁹野洲　やす
㊃滋賀県野洲市
㋕『延喜式』

野洲川　やすかわ
㊃滋賀県
㋕『万葉集』，『日本書紀』

野津古墳群　のづこふんぐん　6世紀初頭〜中頃
㊃熊本県八代郡氷川町　㊐国指定史跡（2005）

野神古墳　のがみこふん　5世紀後半〜末葉
㊃奈良県奈良市南京終町字野神

¹⁰野原古墳　のはらこふん　6世紀後葉
㊃埼玉県熊谷市野原

野原古墳群　のはらふんぐん　6世紀後葉（野原古墳）
㊃埼玉県熊谷市野原

野原岳の霊石　のばるだけのたまいし　14世紀
㊃沖縄県宮古島市上野字野原鏡原　㊐県指定史跡（1956）

野島　のじま
㊃滋賀県
㋕『万葉集』，『日本書紀』

野島　のしま，のじま
㊃兵庫県淡路市
㋕『万葉集』

野島　のじま
㊃和歌山県御坊市名田町野島
㋕『万葉集』

野島貝塚　のじまかいづか　縄文時代早期
㊃神奈川県横浜市金沢区野島山頂部北斜面　㊐市指定史跡（1990）

¹¹野崎　のざき
㊃大阪府大東市字野崎
㋕『河内名所図会』

野崎家旧宅　のざきけきゅうたく　江戸時代後期
㊃岡山県倉敷市児島味野　㊐県指定史跡（1977）

野々上古墳　ののうえこふん　古墳時代前期
㊃大阪府羽曳野市野々上

野々上埴輪窯址群　ののうえはにわようしぐん　6世紀前半頃
㊃大阪府羽曳野市野々上
㋥野々上埴輪窯跡

野々上埴輪窯跡　ののうえはにわまあと

11画（釧, 釣, 陰, 陶）

　　6世紀前半頃
　　所在地 大阪府羽曳野市野々上
　　例 野々上埴輪窯址群

野々宮廃寺跡　ののみやはいじあと　白鳳時代中期
　　所在地 福井県越前市五分市町
　　例 小丸城跡 附 野々宮廃寺跡

野々間古墳　ののまふん　古墳時代
　　所在地 千葉県富津市上飯野字野々間

野々瀬の古墳　ののせのこふん　7世紀初頭前後
　　所在地 愛媛県今治市朝倉南　㊕県指定史跡（1950）

野々瀬古墳群　ののせこふんぐん　6～7世紀
　　所在地 愛媛県今治市朝倉南

[12]野渡貝塚　のわたかいづか　縄文時代
　　所在地 栃木県下都賀郡野木町野渡字狐塚

野間の関跡及び古井戸　のまのせきあとおよびふるいど　江戸時代
　　所在地 鹿児島県出水市米之津町　㊕市指定史跡
　　例 野間之関所

野間之関所　のまのせきしょ　江戸時代
　　所在地 鹿児島県出水市米之津町
　　例 野間の関跡及び古井戸

野間古墳群　のまこふんぐん　5世紀中心
　　所在地 大分県大分市坂ノ市字野間

[13]野殿天王塚古墳　のどのてんのうづかこふん　6世紀後半
　　所在地 群馬県安中市野殿
　　例 天王塚古墳

野路　のじ
　　所在地 滋賀県草津市　野路地域
　　㊃『玉葉和歌集』,『平家物語』

野路の玉川　のじのたまがわ
　　所在地 滋賀県草津市
　　㊃源俊頼『千載和歌集 4』, 上田秋成『四季二十紙』

野路小野山製鉄遺跡　のじおのやませいてついせき　古代
　　所在地 滋賀県草津市野路町小野山

[18]野藤1・2号墳　のふじいち・にごうふん　6世紀
　　所在地 福岡県春日市須玖北8丁目

【釧】

[13]釧路　くしろ
　　所在地 北海道釧路市
　　㊃石川啄木『忘れがたき人人』, 徳冨蘆花『熊の足跡』

【釣】

[11]釣瓶落古墳群　つるべおとしこふんぐん　古墳時代前期～後期
　　所在地 静岡県藤枝市若王子
　　例 若王子・釣瓶落古墳群

[20]釣鐘山古墳　つりがねやまこふん　6世紀前半
　　所在地 三重県亀山市川合町

【陰】

[5]陰田横穴墓群　いんだおうけつぼぐん　6世紀後葉～7世紀末
　　所在地 鳥取県米子市陰田林ノ前・久幸
　　例 陰田横穴群

陰田横穴群　いんだよこあなぐん　6世紀後葉～7世紀末
　　所在地 鳥取県米子市陰田林ノ前・久幸
　　例 陰田横穴墓群

陰田遺跡　いんだいせき　縄文時代前期～晩期
　　所在地 鳥取県米子市

【陶】

[7]陶村窯址群　すえむらようしぐん　奈良～室町時代
　　所在地 香川県綾歌郡綾川町陶

陶邑古窯址群　すえむらこようしぐん　5世紀前半中葉～10世紀
　　所在地 大阪府堺市, 和泉市, 大阪狭山市, 岸和田市
　　例 陶邑窯跡群, 陶邑古窯跡群, 陶器山古代窯跡群

陶邑古窯跡群　すえむらこようせきぐん　5世紀前半中葉～10世紀
　　所在地 大阪府堺市, 和泉市, 大阪狭山市, 岸和田市
　　例 陶邑古窯址群, 陶邑窯跡群, 陶器山古代窯跡群

陶邑窯跡群　すえむらかまあとぐん　5世紀前半中葉～10世紀
　　所在地 大阪府堺市, 和泉市, 大阪狭山市, 岸和田市
　　例 陶邑古窯址群, 陶邑古窯跡群, 陶器山古代窯跡群

[11]陶陶窯跡　すえのすえかまあと, すえのすえ

遺跡・古墳よみかた辞典　437

がまあと, すえすえかまあと　奈良時代後半〜平安時代前半
[所在地]山口県山口市陶　[史]国指定史跡(1948)

15**陶器千塚古墳群　とうきせんずかこふんぐん**　古墳時代後期
[所在地]大阪府堺市中区辻

陶器山古代窯跡　とうきやまこだいようせき, とうきやまこだいかまあと　古墳時代
[所在地]大阪府堺市南区岩室　[史]府規則指定史跡(1956)

【陪】

16**陪膳の浜　おものはま**
[所在地]滋賀県大津市
[文]芭蕉『洒落堂記』

【陸】

5**陸平貝塚　おかだいらかいずか**　縄文時代早期〜晩期
[所在地]茨城県稲敷郡美浦村　[史]国指定史跡(1998)

12**陸奥上街道　むつかみかいどう**　中世〜近世
[所在地]宮城県大崎市岩出山　[史]国指定史跡(1990)

陸奥山　みちのくやま
[所在地]宮城県遠田郡涌谷町黄金迫
[文]『続日本紀』

陸奥国　むつのくに
[所在地]福島県, 宮城県, 岩手県, 青森県
[文]西行『山家集』, 謡曲『阿古屋松』

陸奥国分尼寺跡　むつこくぶんにじあと　奈良時代創建
[所在地]宮城県仙台市若林区白萩町　[史]国指定史跡(1948)

陸奥国分寺跡　むつこくぶんじあと　奈良時代創建
[所在地]宮城県仙台市若林区木ノ下　[史]国指定史跡(1922)

【陵】

3**陵山古墳　りょうざんこふん**　4世紀後半
[所在地]岐阜県可児市広見

陵山古墳　みささぎやまこふん　5世紀末葉
[所在地]和歌山県橋本市古佐田　[史]県指定史跡(1968)

【雀】

10**雀宮牛塚古墳　すずめのみやうしずかこふん**　5世紀末〜6世紀初頭
[所在地]栃木県宇都宮市新富町17
[別]牛塚古墳

16**雀館古代井戸　すずめだてこだいいど**　平安時代前半
[所在地]秋田県南秋田郡五城目町上樋口字樽沢　[史]県指定史跡(1963)

【雫】

5**雫石街道の一里塚　しずくいしかいどうのいちりずか**　江戸時代
[所在地]岩手県岩手郡滝沢村・雫石町　[史]県指定史跡(1969)

【雪】

0**雪の白浜　ゆきのしらはま**
[所在地]兵庫県美方郡新温泉町諸寄
[文]『金槐和歌集』, 『蜻蛉日記』

雪ノ下　ゆきのした
[所在地]神奈川県鎌倉市雪ノ下
[文]浅井了意『東海道名所記』

11**雪野山古墳　ゆきのやまこふん**　4世紀中葉
[所在地]滋賀県近江八幡市, 東近江市, 蒲生郡竜王町　[史]国指定史跡(2014)

雪野寺跡　ゆきのでらあと　古代
[所在地]滋賀県蒲生郡竜王町川守竜王山南麓

【頂】

7**頂妙寺　ちょうみょうじ**
[所在地]京都府京都市左京区仁王門通新麩屋町西入 大菊町
[文]『花洛名勝図会』

【魚】

7**魚住　うおずみ**
[所在地]兵庫県明石市魚住町
[文]『万葉集』

魚住泊　うおずみのとまり
[所在地]兵庫県明石市魚住町
[文]『万葉集』

魚町　いおまち　鎌倉時代
[所在地]神奈川県鎌倉市

魚見岳台場跡　うおみだけだいばあと　文化9年(1812)
[所在地]長崎県長崎市戸町

11画（鳥）

㊙長崎台場跡（魚見岳台場跡・四郎ヶ島台場跡）

魚見塚古墳　うおみずかこふん　古墳時代中期
　㊙所在地㊙島根県松江市朝酌町矢田

[8]**魚河岸　うおがし**
　㊙所在地㊙東京都中央区
　㊙㊙芥川龍之介『魚河岸』

[10]**魚島　うおじま**
　㊙所在地㊙愛媛県越智郡上島町魚島
　㊙㊙井原西鶴『日本永代蔵』

[11]**魚野川　うおのがわ**
　㊙所在地㊙新潟県
　㊙㊙宮柊二『純黄』

[20]**魚籃坂　ぎょらんざか**
　㊙所在地㊙東京都港区
　㊙㊙牧野信一『魚籃坂にて』

魚籃観音　ぎょらんかんのん
　㊙所在地㊙東京都港区三田4-8-34
　㊙㊙『誹風柳多留』

【鳥】

[0]**烏ヶ崎横穴墓群　とりがさきおうけつぼぐん　7～8世紀**
　㊙所在地㊙神奈川県横須賀市鴨居烏ヶ崎
　㊙鳥居横穴墓群

[3]**鳥上　とりかみ**
　㊙所在地㊙鳥取県日野郡日南町，島根県仁多郡奥出雲町
　㊙㊙『出雲国風土記』
　㊙鳥上の岳

鳥上の岳　とりかみのたけ
　㊙所在地㊙鳥取県日野郡日南町，島根県仁多郡奥出雲町
　㊙㊙『出雲国風土記』
　㊙鳥上

[4]**烏木横穴墓　とりぎおうけつぼ　6世紀末～7世紀初頭**
　㊙所在地㊙島根県安来市烏木町屋号ニイヤ

[5]**鳥矢ケ崎古墳群　とやがさきこふんぐん　8世紀**
　㊙所在地㊙宮城県栗原市栗駒猿飛来
　㊙鳥矢崎古墳群

鳥矢崎古墳群　とやがさきこふんぐん　8世紀
　㊙所在地㊙宮城県栗原市栗駒猿飛来
　㊙鳥矢崎古墳群

鳥辺山　とりべやま
　㊙所在地㊙京都府京都市東山区
　㊙㊙『今昔物語集』

鳥辺野　とりべの
　㊙所在地㊙京都府京都市東山区愛宕郡鳥部郷
　㊙㊙『源氏物語』，『栄花物語』
　㊙鳥部野

[6]**鳥羽　とば**
　㊙所在地㊙三重県鳥羽市
　㊙㊙吉田兼好『徒然草』，『平家物語』

鳥羽　とば
　㊙所在地㊙京都府京都市南区上鳥羽，伏見区下鳥羽
　㊙㊙『和名抄』

鳥羽の淡海　とばのおうみ
　㊙所在地㊙茨城県下妻市，筑西市
　㊙㊙『常陸国風土記』

鳥羽山　とばやま
　㊙所在地㊙奈良県奈良市奈良坂町辺の山/奈良県生駒郡斑鳩町 神南備山
　㊙㊙『万葉集』
　㊙飛羽山

鳥羽山洞穴　とばやまどうけつ　縄文時代～古墳時代，近世
　㊙所在地㊙長野県上田市腰越
　㊙鳥羽山洞穴遺跡，鳥羽山洞窟遺跡，鳥羽山洞窟

鳥羽山洞穴遺跡　とばやまどうけついせき　縄文時代～古墳時代，近世
　㊙所在地㊙長野県上田市腰越
　㊙鳥羽山洞穴，鳥羽山洞窟遺跡，鳥羽山洞窟

鳥羽山洞窟　とばやまどうくつ　縄文時代～弥生時代，古墳時代，近世
　㊙所在地㊙長野県上田市腰越　㊙国指定史跡（1978）
　㊙鳥羽山洞穴，鳥羽山洞穴遺跡，鳥羽山洞窟遺跡

鳥羽山洞窟遺跡　とばやまどうくついせき　縄文時代～古墳時代，近世
　㊙所在地㊙長野県上田市腰越
　㊙鳥羽山洞穴，鳥羽山洞穴遺跡，鳥羽山洞窟

鳥羽白浜遺跡　とばしらはまいせき　弥生時代後期～平安時代
　㊙所在地㊙三重県鳥羽市浦村町字白浜

鳥羽城跡　とばじょうあと　16世紀前半整備
　㊙所在地㊙三重県鳥羽市鳥羽3丁目　㊙県指定史跡（1965）

鳥羽美・城山古墳　とりばみ・じょうやまこふん　古墳時代前期

[所在地]静岡県島田市野田

鳥羽殿跡　とばどのあと　平安時代後期
[所在地]京都府京都市伏見区中島御所ノ内町ほか　[史]国指定史跡（1978）
[別]鳥羽離宮跡

鳥羽離宮跡　とばりきゅうあと　平安時代後期
[所在地]京都府京都市伏見区中島御所ノ内町ほか
[別]鳥羽殿跡

7**鳥坂古墳群　とつさかこふんぐん**　4世紀後半〜6世紀
[所在地]兵庫県たつの市揖保川町二塚・揖西町竜子

鳥坂寺跡　とさかでらあと　古墳時代前期
[所在地]大阪府柏原市高井田　[史]国指定史跡（2012）

鳥見山　とみのやま
[所在地]奈良県桜井市外山
[文]『万葉集』，『日本書紀』

鳥見山　とみのやま
[所在地]奈良県宇陀市
[文]『万葉集』，『日本書紀』

鳥見山山麓古墳群　とみやまさんろくこふんぐん　5世紀後半〜7世紀前半
[所在地]奈良県桜井市桜井・外山・浅古ほか

鳥谷口古墳　とりたにぐちこふん　7世紀後半〜末
[所在地]奈良県葛城市染野字鳥谷口

8**鳥取上高塚古墳　とっとりかみたかつかこふん**　6世紀後半
[所在地]岡山県赤磐市西窪田

鳥取城跡 附 太閤ヶ平　とっとりじょうあと つけたり たいこうがなる　戦国時代〜江戸時代
[所在地]鳥取県鳥取市東町・栗谷町・百合　[史]国指定史跡（1957）

鳥取藩主池田家墓所　とっとりはんしゅいけだけぼしょ　江戸時代
[所在地]鳥取県鳥取市国府町　[史]国指定史跡（1981）

鳥取藩台場跡（由良台場跡・境台場跡・淀江台場跡・橋津台場跡・浦富台場跡）　とっとりはんだいばあと（ゆらだいばあと・さかいだいばあと・よどえだいばあと・はしずだいばあと・うらどめだいばあと）　江戸時代末期築造
[所在地]鳥取県東伯郡北栄町，東伯郡湯梨浜町，境港市花町，米子市淀江町，岩美郡岩美町　[史]国指定史跡（1988）

鳥居本　とりいもと
[所在地]滋賀県彦根市
[文]『近江名所図会』

鳥居坂　とりいざか
[所在地]東京都港区六本木
[文]『誹風柳多留』

鳥居町古墳群　とりいまちこふんぐん　8世紀前半
[所在地]山形県東置賜郡高畠町大字安久津

鳥居前古墳　とりいまえこふん　古墳時代中期初頭
[所在地]京都府乙訓郡大山崎町円明寺鳥居前

鳥居峠　とりいとうげ
[所在地]長野県木祖村鳥居峠
[文]芭蕉『更科紀行』

鳥居原古墳　とりいばらこふん　古墳時代前期
[所在地]山梨県西八代郡市川三郷町大塚字鳥居原
[別]鳥居原狐塚古墳，狐塚古墳，鳥居原3号墳

鳥居原狐塚古墳　とりいばらきつねずかこふん　古墳時代前期
[所在地]山梨県西八代郡市川三郷町大塚字鳥居原
[別]狐塚古墳，鳥居原古墳，鳥居原3号墳

9**鳥屋ミサンザイ古墳　とりやみさんざいこふん**　古墳時代後期前半
[所在地]奈良県橿原市鳥屋町見三才
[別]宣化天皇陵古墳

鳥屋八幡古墳　とやはちまんこふん　8世紀初め頃
[所在地]宮城県黒川郡大和町鶴巣鳥屋字天が沢　[史]県指定史跡（1968）
[別]八幡古墳

鳥屋古窯跡群　とりやこようせきぐん　7世紀後半〜10世紀中頃
[所在地]石川県鹿島郡中能登町

鳥屋遺跡　とやいせき　縄文時代晩期後半
[所在地]新潟県新潟市北区鳥屋

鳥海山　ちょうかいざん，ちょうかいさん
[所在地]山形県飽海郡遊佐町，秋田県由利本荘市，にかほ市　[史]国指定史跡（2008）
[文]斎藤茂吉『白き山』，田山花袋『羽後の海岸』

鳥海柵跡　とのみのさくあと　11世紀
[所在地]岩手県胆沢郡金ケ崎町西根　[史]国指定史跡（2013）

10**鳥島古墳　とりしまこふん**　4世紀

11画（鹿）

[所在地]兵庫県宝塚市安倉南2丁目
[例]小浜安倉古墳, 高塚古墳, 安倉高塚古墳

鳥浜貝塚　とりはまかいづか　縄文時代草創期〜前期
[所在地]福井県三方上中郡若狭町鳥浜

¹¹鳥崇神社古墳　ちょうそうじんじゃこふん
5世紀末〜6世紀初め
[所在地]群馬県太田市鳥山町字中

鳥船塚古墳　とりふねづかこふん　6世紀後半
[所在地]福岡県うきは市吉井町富永字古畑

鳥部野　とりべの
[所在地]京都府京都市東山区愛宕郡鳥部郷
[文]『源氏物語』,『栄花物語』
[例]鳥辺野

¹²鳥越山古墳　とりごえやまこふん　5世紀後半
[所在地]福井県吉田郡永平寺町
[例]松岡古墳群（手繰ヶ城山古墳・石舟山古墳・鳥越山古墳・二本松山古墳）

鳥越古墳　とりごえこふん　古墳時代前期
[所在地]千葉県木更津市太田字鳥越

鳥越古墳　とりごえこふん　4世紀中頃
[所在地]鹿児島県阿久根市波留島越

鳥越城跡 附 二曲城跡　とりごえじょうあと つけたり ふとげじょうあと　戦国時代
[所在地]石川県白山市三坂町・別宮町・釜清水町・上野町・出合町　[国]国指定史跡（1985）

¹³鳥飼　とりかい
[所在地]大阪府摂津市鳥飼
[文]『土佐日記』

²²鳥籠の浦　とこのうら
[所在地]滋賀県彦根市正法寺町
[文]『浜松中納言物語』

鳥籠山　とこのやま
[所在地]滋賀県彦根市正法寺町
[文]『延喜式』
[例]床の山

【鹿】

⁰鹿の子C遺跡　かのこしーいせき　奈良時代, 平安時代
[所在地]茨城県石岡市鹿の子

鹿の子遺跡　かのこいせき　奈良時代, 平安時代
[所在地]茨城県石岡市鹿の子

鹿ヶ谷　ししがたに
[所在地]京都府京都市左京区大黒谷町
[文]『平家物語』

⁴鹿毛馬神籠石　かげのうまこうごいし, かけのうまこうごいし　7世紀頃
[所在地]福岡県飯塚市鹿毛馬　[国]国指定史跡（1945）

⁶鹿伏兎城跡　かぶとじょうあと　中世
[所在地]三重県亀山市加太市場字奥ノ平1518ほか　[県]県指定史跡（1981）

⁷鹿児島城跡　かごしまじょうあと　江戸時代初期築城
[所在地]鹿児島県鹿児島市城山町
[例]鶴丸城跡

鹿児島紡績所技師館（異人館）　かごしまぼうせきじょぎしかん（いじんかん）　幕末〜明治時代
[所在地]鹿児島県鹿児島市吉野町
[例]鹿児島紡績所跡

鹿児島紡績所跡　かごしまぼうせきじょあと　幕末〜明治時代
[所在地]鹿児島県鹿児島市吉野町　[国]国指定史跡（1959）
[例]鹿児島紡績所技師館（異人館）

鹿見塚古墳　しかみづかこふん　古墳時代
[所在地]茨城県潮来市大生890-2　[県]県指定史跡（1971）

鹿谷寺跡　ろくたんじあと　奈良時代
[所在地]大阪府南河内郡太子町　[国]国指定史跡（1948）

⁸鹿歩山古墳　かぶやまこふん, かぶさんこふん　5世紀後半
[所在地]岡山県瀬戸内市牛窓町鹿忍　[県]県指定史跡（1959）

鹿苑寺　ろくおんじ　応永4年（1397）造営
[所在地]京都府京都市北区金閣寺町
[例]金閣寺

鹿苑寺（金閣寺）庭園　ろくおんじ（きんかくじ）ていえん　室町時代
[所在地]京都府京都市北区金閣寺町　[国]国指定特別史跡（1956）

⁹鹿持雅澄邸跡　かもちまさずみやしきあと　江戸時代
[所在地]高知県高知市福井町　[県]県指定史跡（1963）

鹿背山　かせやま
[所在地]京都府木津川市
[文]『万葉集』
[例]加勢山, 駕世山

鹿背山瓦窯跡　かせやまかわらがまあと　奈

遺跡・古墳よみかた辞典　441

11画（麻, 黄）

良時代
　(所在地)京都府木津川市鹿背山
　(別)奈良山瓦窯跡（歌姫瓦窯跡・音如ヶ谷瓦窯跡・市坂瓦窯跡・梅谷瓦窯跡・鹿背山瓦窯跡）

鹿首モリガフチ遺跡　しかくびもりがふちいせき　弥生時代終末期〜古墳時代初頭
　(所在地)石川県羽咋郡志賀町矢駄小字鹿首

[10]鹿島　かしま
　(所在地)茨城県鹿嶋市
　(文)『万葉集』

鹿島　かしま
　(所在地)和歌山県日高郡みなべ町埴田
　(文)『万葉集』

鹿島古墳群　かしまこふんぐん　6世紀末
　(所在地)埼玉県深谷市本田

鹿島沢古墳群　かしまざわこふんぐん　7世紀中〜後葉
　(所在地)青森県八戸市沢里字鹿島沢根城字大久保
　(別)根城古墳群

鹿島神宮境内 附 郡家跡　かしまじんぐうけいだい つけたり ぐうけあと　奈良〜平安時代
　(所在地)茨城県鹿嶋市宮中　(歴)国指定史跡（1986）
　(別)鹿島郡衙跡

鹿島郡家跡　かしまぐうけあと　奈良〜平安時代
　(所在地)茨城県鹿嶋市宮中
　(別)鹿島神宮境内 附 郡家跡

鹿島郡衙跡　かしまぐんがあと　奈良〜平安時代
　(所在地)茨城県鹿嶋市宮中
　(別)鹿島神宮境内 附 郡家跡

鹿高神社1号墳　かだかじんじゃいちごうふん　6世紀中頃
　(所在地)三重県名張市安部田の鹿高神社の裏

[11]鹿野山　かのうざん
　(所在地)千葉県君津市, 富津市
　(文)古泉千樫『青牛集』

[12]鹿隈鑵子塚古墳　かなくまかんすずかこふん　4世紀後半
　(所在地)香川県観音寺市流岡町鹿隈
　(別)かんす塚古墳

[14]鹿鳴館　ろくめいかん
　(所在地)東京都千代田区内幸町
　(文)芥川龍之介『舞踏会』, 三島由紀夫『鹿鳴館』

【麻】

[5]麻布十番　あざぶじゅうばん
　(所在地)東京都港区麻布十番
　(文)『誹風柳多留』

麻生の浦　おうのうら
　(所在地)三重県多気郡, 鳥羽市
　(文)『古今和歌集』,『新古今和歌集』

麻生田遺跡　あそうだいせき　縄文時代中期後葉〜晩期後葉
　(所在地)愛知県豊川市麻生田町当貝津・大橋

麻生遺跡　あそういせき　縄文時代後期〜晩期
　(所在地)秋田県能代市二ツ井町麻生字上野山

[7]麻里布の浦　まりふのうら
　(所在地)山口県岩国市室木付近の海浜
　(文)『万葉集』
　(別)室木の浦, 鞆生の浦

【黄】

[4]黄牛塚古墳　おぎゅうずかこふん　古墳時代後期
　(所在地)滋賀県米原市顔戸

[8]黄金山古墳　こがねやまこふん　5世紀中頃
　(所在地)長崎県大村市今富町帯取

黄金山産金遺跡　こがねやまさんきんいせき　奈良時代
　(所在地)宮城県遠田郡涌谷町　(歴)国指定史跡（1967）
　(別)天平産金遺跡

黄金山廃寺址　こがねやまはいじし　奈良時代
　(所在地)宮城県遠田郡涌谷町黄金迫 黄金山神社境内

黄金塚2号墳　こがねずかにごうふん　4世紀後半
　(所在地)京都府京都市伏見区桃山町遠山

黄金塚古墳　こがねずかこふん　古墳時代前期末
　(所在地)大阪府和泉市上代町
　(別)和泉黄金塚古墳

黄金塚古墳　こがねずかこふん　7世紀中葉
　(所在地)奈良県奈良市窪之庄町上ノ口
　(別)帯解黄金塚古墳

黄金塚古墳　こがねずかこふん　6世紀末
　(所在地)熊本県山鹿市菊鹿町米原

[10]黄島貝塚　きしまかいづか　縄文時代早期
　(所在地)岡山県瀬戸内市牛窓町牛窓

11画（黒）

[12]黄葉亭　こうようてい　文化10年（1813）建立
　所在地 岡山県備前市閑谷
　例 旧閑谷学校 附 椿山・石門・津田永忠宅跡及び黄葉亭
[17]黄檗山　おうばくやま
　所在地 京都府宇治市
　⊗ 青山霞村『池塘集』

【黒】

[3]黒土1号墳　くろつちいちごうふん　6世紀後半
　所在地 京都府城陽市中黒土

黒山の昔穴遺跡　くろやまのむかしあないせき　10世紀後半中心
　所在地 岩手県九戸村大字江刺家　⊗ 県指定史跡（2007）

黒川上山墓跡　くろかわうえやまはかあと　平安時代末～鎌倉時代
　所在地 富山県中新川郡上市町
　例 上市黒川遺跡群（円念寺山経塚・黒川上山墓跡・伝真興寺跡）

黒川金山　くろかわきんざん　戦国時代～江戸時代
　所在地 山梨県甲州市塩山
　例 甲斐金山遺跡（黒川金山・中山金山）

黒川洞穴　くろかわどうけつ　縄文時代前期～弥生時代
　所在地 鹿児島県日置市吹上町永吉9185　⊗ 県指定史跡（2004）
　例 黒川洞穴遺跡, 黒川洞窟遺跡

黒川洞穴遺跡　くろかわどうけついせき　縄文時代前期～弥生時代
　所在地 鹿児島県日置市吹上町永吉砂走
　例 黒川洞穴, 黒川洞窟遺跡

黒川洞窟遺跡　くろかわどうくついせき　縄文時代前期～弥生時代
　所在地 鹿児島県日置市吹上町永吉砂走
　例 黒川洞穴, 黒川洞穴遺跡

[4]黒井一ノ瀬一里塚　くろいいちのせいちりずか　江戸時代
　所在地 山口県下関市豊浦町大字黒井154
　⊗ 県指定史跡（2003）

黒井城跡　くろいじょうあと　中世
　所在地 兵庫県丹波市春日町多田ほか　⊗ 国指定史跡（1989）

黒井峯遺跡　くろいみねいせき　古墳時代後期
　所在地 群馬県渋川市北牧　⊗ 国指定史跡（1993）

黒牛　くろうし
　所在地 和歌山県海南市黒江
　⊗『万葉集』

[5]黒本谷古墳　くろもとだにこふん　7世紀初頭
　所在地 鳥取県八頭郡智頭町智頭字黒本谷

黒田大塚古墳　くろだおおつかこふん　6世紀初頭～前半頃
　所在地 奈良県磯城郡田原本町黒田字東藪　⊗ 県指定史跡（1983）
　例 大塚古墳

黒田古墳　くろだこふん　弥生時代終末期
　所在地 京都府南丹市園部町黒田　⊗ 府指定史跡（1998）
　例 黒田墳丘墓

黒田古墳群　くろだこふんぐん　6世紀中頃～7世紀
　所在地 埼玉県深谷市黒田

黒田古墳群　くろだこふんぐん　5世紀後半
　所在地 新潟県上越市黒田

黒田長山古墳群　くろだながやまこふんぐん　弥生時代後期, 古墳時代中期後半
　所在地 滋賀県長浜市余呉町坂口

黒田墳丘墓　くろだふんきゅうぼ　弥生時代終末期
　所在地 京都府南丹市園部町黒田
　例 黒田古墳

黒田遺跡群　くろだいせきぐん　縄文時代前期～平安時代
　所在地 埼玉県深谷市黒田

黒石山古墳群　くろいしやまこふんぐん　弥生時代～7世紀前半
　所在地 奈良県北葛城郡広陵町大塚字黒石

黒石寺　こくせきじ　奈良時代開山
　所在地 岩手県奥州市水沢区黒石町山内

[6]黒羽　くろばね
　所在地 栃木県大田原市
　⊗ 芭蕉『おくのほそ道』

[7]黒谷　くろだに
　所在地 滋賀県大津市坂本町
　⊗ 謡曲『生田敦盛』,『今昔物語集』

黒谷　くろだに
　所在地 京都府京都市左京区黒谷町
　⊗『源氏物語』,『義経記』

黒谷古墳　くろたにこふん, くろだにこふん　7世紀初頭頃

遺跡・古墳よみかた辞典　443

⑩所在地 広島県三原市大和町　㊛県指定史跡
（1985）

黒谷古墳群　くろたにこふんぐん　6世紀後半〜末, 8世紀
⑩所在地 佐賀県三養基郡基山町大字園部字浦田・大字宮浦字黒谷

黒谷貝塚　くろやかいづか　縄文時代前期
⑩所在地 埼玉県さいたま市岩槻区黒谷　㊛県指定史跡（1969）

[8]**黒岩古墳　くろいわこふん**　古墳時代前期
⑩所在地 香川県さぬき市大川町富田西

黒岩横穴墓群　くろいわおうけつぼぐん, くろいわよこあなぼぐん　古墳時代後期
⑩所在地 埼玉県比企郡吉見町黒岩

[10]**黒姫山　くろひめやま**
⑩所在地 長野県上水内郡信濃町
㊄斎藤茂吉『たかはら』
㊙信濃富士

黒姫山古墳　くろひめやまこふん　5世紀中葉
⑩所在地 大阪府堺市美原区黒山　㊛国指定史跡（1957）

黒宮大塚古墳　くろみやおおつかこふん　弥生時代後期
⑩所在地 岡山県倉敷市真備町尾崎
㊙大塚古墳

黒島1号墳　くろしまいちごうふん　5世紀前半〜中葉
⑩所在地 岡山県瀬戸内市牛窓町牛窓

黒浜貝塚　くろはまかいづか　縄文時代前期
⑩所在地 埼玉県蓮田市　㊛国指定史跡（2006）

[11]**黒崖遺跡　くろがけいせき**　弥生時代
⑩所在地 長野県塩尻市

黒崎　くろさき
⑩所在地 大阪府泉南郡岬町淡の輪
㊄『土佐日記』

黒崎貝塚　くろさきかいづか　縄文時代後期中葉
⑩所在地 福岡県北九州市八幡西区

黒崎観世音塚古墳　くろさきかんぜおんづかこふん　4世紀後半
⑩所在地 福岡県大牟田市大字岬　黒崎公園内

黒笹七号窯　くろざさななごうよう　平安時代
⑩所在地 愛知県東郷町　㊛県指定史跡（1975）

黒部　くろべ
⑩所在地 富山県, 長野県
㊄与謝野晶子『深林の香』

黒部川　くろべがわ
⑩所在地 富山県
㊄芭蕉『おくのほそ道』

黒部古墳群　くろべこふんぐん　6世紀中葉〜7世紀中葉
⑩所在地 福岡県豊前市大字松江

黒部銚子山古墳　くろべちょうしやまこふん　古墳時代中期初め
⑩所在地 京都府京丹後市弥栄町黒部弓木　㊛府指定史跡（1983）
㊙銚子山古墳

[12]**黒塚古墳　くろずかこふん**　古墳時代前期
⑩所在地 奈良県天理市柳本町　㊛国指定史跡（2001）

[14]**黒髪山　くろかみやま**
⑩所在地 栃木県日光市
㊄『万葉集』
㊙日光富士

黒髪山　くろかみやま
⑩所在地 奈良県奈良市黒髪山町
㊄芭蕉『おくのほそ道』

[15]**黒駒古墳　くろこまこふん**　6世紀後葉
⑩所在地 奈良県五条市黒駒町

[16]**黒橋貝塚　くろはしかいづか**　縄文時代中期〜後期前半
⑩所在地 熊本県熊本市南区城南町
㊙阿高・黒橋貝塚

[18]**黒藤山4号墳　くろふじやまよんごうふん**　古墳時代前期
⑩所在地 香川県仲多度郡多度津町奥白方黒藤山

[19]**黒瀬御坊山古墳群　くろせごぼうやまこふんぐん**　6世紀前半頃（1号墳）
⑩所在地 石川県加賀市黒瀬町

12 画

【傘】

[8]**傘松城跡　かさまつじょうあと**　鎌倉時代末期築城
⑩所在地 岐阜県飛騨市神岡町吉田　㊛県指定史跡（1971）

【備】

[4]**備中国　びっちゅうのくに**
⑩所在地 岡山県

[文]『宇治拾遺物語』，『平家物語』

備中国分尼寺跡　びっちゅうこくぶんにじあと　奈良時代創建
[所在地]岡山県総社市上林・宿　[史]国指定史跡(1922)

備中国分寺跡　びっちゅうこくぶんじあと　奈良時代創建
[所在地]岡山県総社市上林　[史]国指定史跡(1968)

備中松山城御根小屋跡　びっちゅうまつやまじょうおねごやあと　江戸時代
[所在地]岡山県高梁市内山下　[史]県指定史跡(1991)

備中松山城跡　びっちゅうまつやまじょうあと　鎌倉時代～江戸時代
[所在地]岡山県高梁市内山下　[史]国指定史跡(1956)
[別]高梁城

備中高松城　びっちゅうたかまつじょう　戦国時代
[所在地]岡山県岡山市北区高松
[別]高松城跡 附 水攻築提跡

9**備前車塚古墳　びぜんくるまずかこふん**　古墳時代前期
[所在地]岡山県岡山市中区四御神・湯迫

備前国　びぜんのくに
[所在地]岡山県
[文]『平家物語』

備前国分寺跡　びぜんこくぶんじあと　奈良時代創建
[所在地]岡山県赤磐市馬屋　[史]国指定史跡(1975)

備前国庁跡　びぜんこくちょうあと　奈良時代～平安時代
[所在地]岡山県岡山市中区国府市場　[史]県指定史跡(1959)

備前陶器窯跡(伊部南大窯跡・伊部西大窯跡・伊部北大窯跡)　びぜんとうきかまあと(いんべみなみおおがまあと・いんべにしおおがまあと・いんべきたおおがまあと)　室町時代～江戸時代末期
[所在地]岡山県備前市伊部　[史]国指定史跡(1959)
[別]伊部南大窯跡

備後安国寺　びんごあんこくじ　鎌倉時代創始
[所在地]広島県福山市鞆町　[史]県指定史跡(1955)

備後国　びんごのくに
[所在地]広島県
[文]『平家物語』

備後国分寺跡　びんごこくぶんじあと　奈良時代創建
[所在地]広島県福山市神辺町下御領

備後国府跡　びんごこくふあと　奈良時代，平安時代
[所在地]広島県府中市

備後常城山城址　びんごつねじょうさんじょうし　奈良時代
[所在地]広島県福山市新市町字常，府中市本山町

【割】

3**割下水　わりげすい**
[所在地]東京都墨田区
[文]為永春水『春色梅児誉美』，芥川龍之介『大道寺伸輔の半生』

割山埴輪窯址　わりやまはにわようし　6世紀中頃～後半
[所在地]埼玉県深谷市上野台字割山
[別]割山埴輪窯跡

割山埴輪窯跡　わりやまはにわかまあと　6世紀中頃～後半
[所在地]埼玉県深谷市上野台字割山
[別]割山埴輪窯址

5**割田古墳　わりたこふん**　7世紀前半
[所在地]島根県邑智郡邑南町中野　[史]県指定史跡(1970)

7**割見塚古墳　わりみずかこふん**　古墳時代後期
[所在地]千葉県富津市二間塚字割見塚

12**割塚古墳　わりずかこふん**　6世紀前半
[所在地]奈良県大和郡山市千日町　[史]市指定史跡(1978)

【博】

6**博多　はかた**
[所在地]福岡県福岡市博多区
[文]『宇治拾遺物語』，『藍染川』，『博多物狂』

博多1号墳　はかたいちごうふん　5世紀前半
[所在地]福岡県福岡市博多区祇園町1

博多遺跡群第59次調査地点　はかたいせきぐんごじゅうきゅうじちょうさちてん　弥生時代～中世
[所在地]福岡県福岡市博多区祇園町187-226

12画（厩, 厨, 喜, 喰, 善）

【厩】

[16]厩橋　うまやばし
(所在地)東京都台東区蔵前・駒形, 墨田区本所
(文)正岡子規『車上の春光』

【厨】

[3]厨川柵跡　くりやがわのさくあと　平安時代
(所在地)岩手県盛岡市

【喜】

[6]喜光寺　きこうじ　奈良時代創建
(所在地)奈良県奈良市菅原町
(別)菅原寺

喜多見古墳群　きたみこふんぐん　5世紀前半
(所在地)東京都世田谷区成城

喜多見陣屋遺跡　きたみじんやいせき　室町時代〜江戸時代
(所在地)東京都世田谷区喜多見1-22

[7]喜兵衛島古墳群　きべえじまこふんぐん, きへえじまこふんぐん, きへいじまこふんぐん　6世紀前半〜7世紀初頭
(所在地)香川県香川郡直島町　中部瀬戸内海備讃瀬戸の北端部

喜兵衛島製塩遺跡　きべえじませいえんいせき, きへえじませいえんいせき, きへいじませいえんいせき　古墳時代
(所在地)香川県香川郡直島町　(史)国指定史跡（1979）

喜志遺跡　きしいせき　弥生時代中期
(所在地)大阪府富田林市木戸山町・喜志町3〜4丁目

【喰】

[13]喰違土橋　くいちがいどばし　江戸時代
(所在地)東京都千代田区紀尾井町
(別)喰違御門

喰違御門　くいちがいごもん　江戸時代
(所在地)東京都千代田区紀尾井町
(別)喰違土橋

【善】

[5]善右ヱ門山古墳　ぜんえもんやまこふん　古墳時代
(所在地)大阪府堺市北区百舌鳥本町3丁目
(別)百舌鳥古墳群（いたすけ古墳・長塚古墳・収塚古墳・塚廻古墳・文珠塚古墳・丸保山古墳・乳岡古墳・御廟表塚古墳・ドンチャ山古墳・正楽寺山古墳・鏡塚古墳・善右ヱ門山古墳・銭塚古墳・グワショウ坊古墳・旗塚古墳・寺山南山古墳・七観音古墳）

善正寺址　ぜんしょうじし　飛鳥時代後期〜室町時代初期
(所在地)大阪府羽曳野市埴生野

[6]善光寺　ぜんこうじ　皇極天皇3年（644）伽藍造営
(所在地)長野県長野市大字長野元善町491-イ

善光寺参道（敷石）　ぜんこうじさんどう（しきいし）　正徳4年（1714）完成
(所在地)長野県長野市大字長野元善町　(史)市指定史跡（1997）

善光寺跡　ぜんこうじあと　19世紀初頭創建
(所在地)北海道伊達市有珠　(史)国指定史跡（1974）

[7]善応寺横穴墓群　ぜんのうじおうけつぼぐん　7世紀後半〜8世紀初め
(所在地)宮城県仙台市宮城野区燕沢字西山の台の原丘陵
(別)善応寺横穴群, 善応寺横穴古墳群

善応寺横穴群　ぜんのうじよこあなぐん, ぜんのうじおうけつぐん　7世紀後半〜8世紀初め
(所在地)宮城県仙台市宮城野区燕沢字西山の台の原丘陵
(別)善応寺横穴墓群, 善応寺横穴古墳群

[8]善国寺　ぜんこくじ
(所在地)東京都新宿区神楽坂5-36
(文)『誹風柳多留』

善法寺古墳群　ぜんぼうじこふんぐん　古墳時代中期
(所在地)広島県三次市西酒屋町

善法院庭園　ぜんぼういんていえん　作庭年代不明
(所在地)滋賀県大津市園城寺町　(史)国指定史跡（1934）

[10]善通寺　ぜんつうじ　大同2年（807）創建
(所在地)香川県善通寺市善通寺町

[13]善福寺　ぜんぷくじ
(所在地)東京都港区元麻布
(文)『誹風柳多留』

[15]善蔵塚古墳　ぜんぞうずかこふん　6世紀前半
(所在地)福岡県八女郡広川町大字六田字善蔵塚

12画（堰，堅，堺，塚）

【堰】

³堰下古墳　せきしたこふん　5世紀後半
　所在地 福島県伊達郡国見町泉田字堰下

【堅】

⁵堅田　かただ，かたた
　所在地 滋賀県大津市本堅田町
　文 『平治物語』，『義経記』

堅田天神山窯跡　かただてんじんやまかまあと，かたたてんじんやまかまあと　6世紀末〜7世紀前半
　所在地 滋賀県大津市仰木

⁷堅志田城跡　かたしだじょうあと　中世
　所在地 熊本県下益城郡美里町　国指定史跡（2006）

【堺】

堺　さかい
　所在地 大阪府堺市
　文 『誹風柳多留』

³堺大山古墳　さかいおおつかやまこふん
　5世紀前半頃
　所在地 大阪府堺市西区上野芝町
　別 百舌鳥大塚山古墳，大塚山古墳

⁶堺灯台　さかいとうだい　明治10年（1877）築造，昭和43年（1968）廃灯
　所在地 大阪府堺市堺区大浜北町
　別 旧堺灯台

⁷堺町　さかいちょう
　所在地 東京都中央区
　文 十返舎一九『東海道中膝栗毛』

【塚】

⁰塚の川古墳　つかのこうふん　6世紀後半
　所在地 山口県山陽小野田市小野田塚の川

塚の平古墳群　つかのひらこふんぐん　6世紀終末
　所在地 岡山県久米郡美咲町打穴里

塚の本古墳　つかのもとこふん　5世紀後半
　所在地 岡山県岡山市北区津島福居2丁目
　別 おつか様古墳

塚の目古墳群　つかのめこふんぐん　6世紀
　所在地 福島県伊達郡国見町字塚野目

塚の沢一里塚　つかのさわいちりづか　江戸時代
　所在地 岩手県盛岡市玉山区藪川字外山　県指定史跡（1976）

塚の前古墳　つかのまえこふん　古墳時代後期
　所在地 岡山県久米郡美咲町打穴下

塚の越古墳　つかのこしこふん　6世紀初頭
　所在地 滋賀県米原市新庄

³塚山古墳　つかやまこふん　5世紀後半
　所在地 栃木県宇都宮市西川田町1663　県指定史跡（1953）

塚山古墳　つかやまこふん　古墳時代
　所在地 埼玉県さいたま市桜区大字塚本　市指定史跡（1969）

塚山古墳　つかやまこふん　古墳時代後期
　所在地 滋賀県湖南市正福寺丁子
　別 正福寺塚山古墳

塚山古墳　つかやまこふん　5世紀中葉〜後半
　所在地 奈良県五条市出屋敷町

塚山古墳　つかやまこふん　5世紀後半
　所在地 島根県松江市法吉町字下り松

塚山古墳　つかやまこふん　6世紀後半
　所在地 大分県国東市安岐町塩屋　県指定史跡（1953）

塚山古墳群　つかやまこふんぐん　5〜6世紀
　所在地 栃木県宇都宮市西川田町

塚山西古墳　つかやまにしこふん　5世紀末または6世紀初頭
　所在地 栃木県宇都宮市西川田町東原　県指定史跡（1973）

塚山南古墳　つかやまみなみこふん　古墳時代中期
　所在地 栃木県宇都宮市西川田町東原　県指定史跡（1973）

塚山遺跡　つかやまいせき　縄文時代中期
　所在地 東京都杉並区下高井戸4丁目
　別 下高井戸塚山遺跡

⁵塚本1号墳　つかもといちごうふん　7世紀初頭
　所在地 愛媛県松山市福角町甲

塚本山古墳群　つかもとやまこふんぐん　5世紀後半
　所在地 埼玉県児玉郡美里町下児玉

塚本古墳　つかもとこふん　古墳時代後期前葉
　所在地 京都府長岡京市開田

塚田古墳　つかだこふん　6世紀後半
　所在地 神奈川県南足柄市関本小字塚田

塚穴山古墳　つかあなやまこふん　古墳時代

前期
　所在地 奈良県天理市勾田町

塚穴山古墳　つかあなやまこふん　7世紀後半
　所在地 奈良県香芝市平野
　別 平野塚穴山古墳

塚穴古墳群　つかあなこふんぐん　7世紀前半
　所在地 岐阜県美濃市松森字口明洞

7塚坊主古墳　つかぼうずこふん　6世紀初頭
　所在地 熊本県玉名郡和水町
　別 江田船山古墳 附 塚坊主古墳・虚空蔵塚古墳

塚沢横穴墓群　つかさわおうけつぼぐん　奈良～平安時代
　所在地 宮城県気仙沼市字塚沢

塚花塚古墳　つかはなづかこふん, つかばなずかこふん　6世紀中葉
　所在地 福岡県うきは市浮羽町　指 国指定史跡(1922)

塚谷古墳　つかたにこふん　古墳時代後期
　所在地 香川県木田郡三木町井上

9塚屋遺跡　つかやいせき　縄文時代前期諸磯式期
　所在地 埼玉県大里郡寄居町大字中小前田

塚廻り古墳群　つかまわりこふんぐん, つかまりこふんぐん　6世紀
　所在地 群馬県太田市竜舞字塚廻
　別 塚廻古墳群

塚廻り古墳群第4号古墳　つかまわりこふんぐんだいよんごうこふん　6世紀中頃
　所在地 群馬県太田市竜舞町3089ほか　指 県指定史跡(1977)

塚廻古墳　つかまわりこふん　6世紀中葉期
　所在地 群馬県太田市竜舞町
　別 塚廻り古墳

塚廻古墳　つかまわりこふん　5世紀
　所在地 大阪府堺市堺区百舌鳥夕雲町, 北区百舌鳥赤畑町
　別 塚廻り古墳, 百舌鳥古墳群(いたすけ古墳・長塚古墳・収塚古墳・塚廻古墳・文珠塚古墳・丸保山古墳・乳岡古墳・御廟表塚古墳・ドンチャ山古墳・正楽寺山古墳・鏡塚古墳・善右ヱ門山古墳・銭塚古墳・グワショウ坊古墳・旗塚古墳・寺山南山古墳・七観音古墳)

塚廻古墳　つかまわりこふん, つかまりこふん　7世紀
　所在地 大阪府南河内郡河南町平石塚廻

塚廻古墳群　つかまわりこふんぐん　6世紀
　所在地 群馬県太田市竜舞字塚廻
　別 塚廻り古墳群

塚段1号墳　つかのだんいちごうふん　6世紀中葉築造, 7世紀初頭まで追葬
　所在地 岡山県岡山市東区上道北方

10塚原1号墳　つかばるいちごうふん　古墳時代
　所在地 宮崎県都城市高崎町江平

塚原二子塚古墳　つかはらふたごづかこふん　5世紀後半
　所在地 長野県飯田市竜丘桐林塚原
　別 二子塚古墳

塚原古墳群　つかはらこふんぐん　7世紀後半～8世紀
　所在地 宮城県大崎市古川宮沢字塚原

塚原古墳群　つかはらこふんぐん, つかばらこふんぐん　古墳時代後期
　所在地 福島県南相馬市小高区塚原

塚原古墳群　つかはらこふんぐん　6世紀中頃～後半
　所在地 茨城県笠間市安居字塚原70

塚原古墳群　つかはらこふんぐん, つかばらこふんぐん　古墳時代前期～終末期
　所在地 千葉県木更津市請西字塚原・池端

塚原古墳群　つかはらこふんぐん, つかばらこふんぐん　古墳時代後期
　所在地 滋賀県犬上郡甲良町北落

塚原古墳群　つかはらこふんぐん　6～7世紀
　所在地 大阪府高槻市大字塚原

塚原古墳群　つかはらこふんぐん, つかばらこふんぐん　古墳時代後期後半
　所在地 鳥取県日野郡日南町宮内字塚原

塚原古墳群　つかわらこふんぐん, つかはらこふんぐん　古墳時代
　所在地 熊本県熊本市南区城南町　指 国指定史跡(1976)
　別 塚原遺跡

塚原平古墳　つかわらびらこふん　6世紀中頃
　所在地 熊本県宇城市不知火町高良字塚原平

塚原第5号墳　つかはらだいごごうふん　古墳時代中期
　所在地 長野県飯田市桐林字塚原
　別 飯田鎧塚古墳

塚原遺跡　つかはらいせき　縄文時代早期～中期
　所在地 岐阜県関市塚原

塚原遺跡　つかわらいせき, つかばるいせき

12画（堤, 塔, 報, 壺）

古墳時代
所在地 熊本県熊本市南区城南町
例 塚原古墳群

塚脇古墳群　つかわきこふんぐん　6世紀後半～7世紀
所在地 大阪府高槻市大字服部

[11]塚堂古墳　つかんどうこふん　5世紀後半
所在地 福岡県うきは市吉井町徳丸

塚崎古墳群　つかさきこふんぐん, つかざきこふんぐん　4～5世紀
所在地 鹿児島県肝属郡肝付町　国国指定史跡（1945）

塚崎横穴墓群　つかさきおうけつぼぐん　7世紀
所在地 石川県金沢市塚崎町

塚崎遺跡　つかさきいせき　弥生時代終末期～古墳時代初頭
所在地 石川県金沢市塚崎町

塚野目第一号墳（八幡塚古墳）　つかのめだいいちごうふん（はちまんずかこふん）　5世紀第3四半期
所在地 福島県伊達郡国見町塚野目字前畑
県県指定史跡（1984）
例 八幡塚古墳

[12]塚越1号墳　つかごしいちごうふん　古墳時代
所在地 長野県飯田市竜丘駄科

塚越横穴墓群　つかごしおうけつぼぐん　7世紀前半～8世紀
所在地 東京都大田区馬込2丁目～5丁目

【堤】

[3]堤土塁跡　つつみどるいあと　7～8世紀頃
所在地 佐賀県三養基郡上峰町大字堤字迎原
県県指定史跡（1991）

[6]堤当正寺古墳　つつみとうしょうじこふん　5世紀中頃
所在地 福岡県朝倉市堤

[7]堤貝塚　つつみかいづか　縄文時代後期
所在地 神奈川県茅ヶ崎市堤字南谷・字十二天
県県指定史跡（1992）

【塔】

[0]塔の首遺跡　とうのくびいせき　弥生時代
所在地 長崎県対馬市上対馬町　国国指定史跡（1977）
例 塔ノ首遺跡

塔ノ辻　とうのつじ　鎌倉時代
所在地 神奈川県鎌倉市

塔ノ尾古墳　とうのおこふん　古墳時代
所在地 山口県防府市桑山字塔ノ尾

塔ノ首遺跡　とうのくびいせき　弥生時代
所在地 長崎県対馬市上対馬町
例 塔の首遺跡

[8]塔法田堂跡　どうほうだいせき　奈良時代
所在地 栃木県真岡市京泉字郡貝
例 大内廃寺跡 附 塔法田堂跡

[10]塔原塔跡　とうのはるとうあと　奈良時代
所在地 福岡県筑紫野市塔原　国国指定史跡（1939）

塔原廃寺　とうのはるはいじ　古代
所在地 福岡県筑紫野市大字塔原

塔宮台古墳　とうみやだいこふん　古墳時代後期
所在地 茨城県鉾田市塔ヶ崎

[11]塔婆石造三層塔　とうばせきぞうさんそうとう　平安時代初期
所在地 群馬県桐生市新里町山上
例 山上多重塔

[12]塔塚古墳　とうずかこふん　5世紀後葉
所在地 大阪府堺市西区浜寺元町

【報】

[8]報国寺　ほうこくじ　室町時代
所在地 神奈川県鎌倉市浄妙寺2-7-4

[10]報恩寺古墳群　ほうおんじこふんぐん　古墳時代
所在地 島根県松江市　県県指定史跡（1968）

報恩寺遺跡　ほうおんじいせき　旧石器時代
所在地 神奈川県綾瀬市寺尾南2丁目

【壺】

[4]壺井丸山古墳　つぼいまるやまこふん　4世紀
所在地 大阪府羽曳野市壺井
例 丸山古墳

[7]壺坂　つぼさか
所在地 奈良県高市郡高取町壺阪
X 浄瑠璃・歌舞伎『壺坂霊験記』

壺阪寺　つぼさかでら　文武朝（8世紀初頭）創建
所在地 奈良県高市郡高取町壺阪
例 南法華寺

[11]壺笠山古墳　つぼかさやまこふん　3世紀後半頃
所在地 滋賀県大津市坂本本町

遺跡・古墳よみかた辞典　449

12画（奥, 寒, 富）

【奥】

0奥の前1号墳　おくのまえいちごうふん　4世紀後半頃
所在地 岡山県津山市油木北
別 油木高塚古墳

奥の院古墳　おくのいんこふん　5世紀
所在地 福岡県糸島市川付
別 長嶽山1号墳

奥ノ芝1号墳　おくのしばいちごうふん　7世紀中頃
所在地 奈良県宇陀市榛原福地　県指定史跡（1977）

奥ノ芝2号墳　おくのしばにごうふん　7世紀中頃
所在地 奈良県宇陀市榛原福地　県指定史跡（1977）

奥ノ原古墳　おくのはらこふん　古墳時代
所在地 静岡県掛川市岡津

奥ヶ谷窯跡　おくがだにかまあと　5世紀前半
所在地 岡山県総社市福井

2奥入瀬　おいらせ
所在地 青森県十和田市
文 与謝野晶子『心の遠景』

奥十山　おきそやま
所在地 岐阜県多治見市／岐阜県可児市／滋賀県坂田郡～岐阜県揖斐郡
文『万葉集』
別 奥磯山

3奥山久米寺　おくやまくめでら　7世紀前半創建
所在地 奈良県高市郡明日香村奥山
別 奥山廃寺

奥山荘城館遺跡　おくやまのしょうじょうかんいせき　中世
所在地 新潟県胎内市本郷町，新発田市金山
国指定史跡（1984）

奥山廃寺　おくやまはいじ　奈良時代
所在地 奈良県橿原市久米町
別 奥山久米寺

奥才古墳群　おくさいこふんぐん　古墳時代前期
所在地 島根県松江市鹿島町名分

5奥古墳群　おくこふんぐん　弥生時代末～古墳時代
所在地 香川県さぬき市寒川町神前

6奥州街道　おうしゅうかいどう　江戸時代
所在地 岩手県二戸郡一戸町，岩手郡岩手町

国指定史跡（2010）

奥行臼駅逓所　おくゆきうすえきていしょ　明治時代
所在地 北海道野付郡別海町
別 旧奥行臼駅逓所

7奥谷2号墳　おくたににごうふん　4世紀後半頃
所在地 徳島県徳島市国府町西矢野奥谷

奥谷古墳群　おくだにこふんぐん　4世紀後半（1号墳）
所在地 徳島県徳島市国府町西矢野奥谷

奥谷南遺跡　おくたにみなみいせき　旧石器時代～近世
所在地 高知県南国市

8奥阿武宰判勘場跡　おくあぶさいばんかんばあと　江戸時代
所在地 山口県萩市吉部上1024の2・2372
県指定史跡（2003）

9奥津社古墳　おくつしゃこふん　4世紀中頃
所在地 愛知県愛西市千引町

10奥原古墳群　おくばらこふんぐん　7世紀
所在地 群馬県高崎市本郷町

奥馬地窯址　おくまじようし　古墳時代
所在地 京都府京丹後市久美浜町奥馬地

【寒】

0寒さ橋　さむさばし
所在地 東京都中央区
文 鶴屋南北『杜若艶色染』

9寒泉精舎跡　かんせんせいしゃあと　江戸時代
所在地 東京都新宿区揚場町2・下宮比町3
都指定旧跡（1955）

寒風古窯跡群　さぶかぜこようせきぐん　飛鳥時代
所在地 岡山県瀬戸内市牛窓町　国指定史跡（1986）

【富】

0富の原遺跡　とみのはらいせき　弥生時代中期～後期
所在地 長崎県大村市富の原1～2丁目

富ノ尾古墳　とみのおこふん　6世紀前半
所在地 熊本県熊本市西区池田3丁目富ノ尾

富ノ沢遺跡　とみのさわいせき　縄文時代中期
所在地 青森県上北郡六ヶ所村大字尾駮字上尾駮

³富士の芝川　ふじのしばかわ
　所在地 静岡県富士宮市
　㊇三条西実隆『再昌草』

富士の柴山　ふじのしばやま
　所在地 静岡県富士市, 山梨県
　㊇『万葉集』

富士山　ふじさん
　所在地 山梨県富士吉田市・南都留郡富士河口湖町・南都留郡鳴沢村, 静岡県富士宮市・裾野市・駿東郡小山町　国指定史跡(2011)
　㊇『万葉集』,『竹取物語』

富士山古墳　ふじやまこふん　6世紀中葉〜後半
　所在地 栃木県下都賀郡壬生町羽生田　県指定史跡(1957)

富士山古墳　ふじやまこふん　4世紀中期
　所在地 栃木県那須郡那珂川町吉田

富士山古墳　ふじやまこふん　7世紀末頃
　所在地 群馬県前橋市西大室町
　㊉荒砥富士山古墳

富士川　ふじがわ
　所在地 山梨県, 静岡県
　㊇『万葉集』,『日蓮集』

富士見の渡し　ふじみのわたし
　所在地 東京都墨田区横網
　㊇幸田露伴『水の東京』, 永井荷風『日和下駄』

富士見台貝塚　ふじみだいかいづか　縄文時代
　所在地 千葉県富津市湊字富士見台

富士見塚1号墳・2号墳・3号墳　ふじみずかいちごうふん・にごうふん・さんごうふん　5世紀末〜6世紀初頭(1・2号墳), 6世紀後半(3号墳)
　所在地 茨城県かすみがうら市柏崎　県指定史跡(2008)

富士見塚古墳　ふじみずかこふん　5世紀後葉
　所在地 千葉県市原市姉崎字平右衛門作

富山城　とやまじょう　1540年代築城
　所在地 富山県富山市本丸町・大手町

⁴富木車塚古墳　とのきくるまずかこふん　6世紀前半
　所在地 大阪府高石市富木
　㊉車塚古墳

⁵富丘古墳群　とみおかこふんぐん　古墳時代後期
　所在地 香川県小豆郡土庄町淵崎双子浦富丘　県指定史跡(1960)

富田の一里塚跡　とみたのいちりづかあと
　江戸時代
　所在地 三重県四日市市富田　県指定史跡(1937)

富田村古墳　とんだそんこふん　古墳時代
　所在地 宮崎県児湯郡新富町富田東1丁目, 大字三納代字蔵園・字鐙, 大字日置字今別府, 大字上富田字天神平ほか　県指定史跡(1944)

富田林　とんだばやし
　所在地 大阪府富田林市富田林町
　㊇『河内名所図会』

富田城跡　とだじょうあと　長寛〜文治年間(1163〜89)築城
　所在地 島根県安来市広瀬町　国指定史跡(1934)
　㊉月山城

富田茶臼山古墳　とみたちゃうすやまこふん, とんだちゃうすやまこふん　5世紀前半
　所在地 香川県さぬき市大川町　国指定史跡(1993)
　㊉茶臼山古墳, 大川茶臼山古墳

⁶富安Ⅰ須恵器窯跡　とみやすいちすえきかまあと　古墳時代後期
　所在地 和歌山県御坊市湯川町富安

⁷富坂　とみざか
　所在地 東京都文京区
　㊇徳田秋声『黴』, 永井荷風『日和下駄』

富沢古墳群　とみざわこふんぐん　古墳時代前期・後期, 平安時代前期
　所在地 群馬県太田市富沢町・牛沢町

富沢窯址　とみざわようし　5世紀後半
　所在地 宮城県仙台市太白区三神峯1丁目
　㊉富沢窯跡

富沢窯跡　とみざわかまあと　5世紀後半
　所在地 宮城県仙台市太白区三神峯1丁目
　㊉富沢窯址

富沢遺跡　とみざわいせき　旧石器時代〜近世
　所在地 宮城県仙台市太白区

⁸富岡5号古墳　とみおかごごうこふん　6世紀後半
　所在地 群馬県富岡市七日市
　㊉富岡5号墳

富岡八幡宮　とみがおかはちまんぐう
　所在地 東京都江東区富岡
　㊇夢中散人寝言先生『辰巳之園』

遺跡・古墳よみかた辞典　451

12画（尊, 嵐, 巽, 廃, 弾, 御）

富岡吉利支丹供養碑　とみおかきりしたんくようひ　正保4年（1647）建立
所在地 熊本県天草郡苓北町　国指定史跡（1937）
別 首塚, 千人塚

富岡城　とみおかじょう　江戸時代初期築城
所在地 熊本県天草郡苓北町

富岡製糸場　とみおかせいしじょう　明治時代〜昭和62年（1987）
所在地 群馬県富岡市富岡
別 旧富岡製糸場

[10]富高町古墳　とみたかちょうこふん　古墳時代
所在地 宮崎県日向市大字富高　県指定史跡（1933）

[12]富貴寺　ふきじ　12世紀半ば〜後半創建
所在地 大分県豊後高田市蕗

富貴寺境内　ふきじけいだい　12世紀半ば〜後半創建
所在地 大分県豊後高田市蕗　国指定史跡（2013）

富雄丸山古墳　とみおまるやまこふん　4世紀末葉
所在地 奈良県奈良市大和田町
別 丸山古墳

富雄川　とみのおがわ
所在地 奈良県生駒郡
文 『日本霊異記』
別 富小川

【尊】

[12]尊勝寺跡　そんしょうじあと　康和4年（1102）創建
所在地 京都府京都市左京区岡崎最勝寺町辺り

【嵐】

[3]嵐山　あらしやま
所在地 京都府京都市右京区嵯峨・西京区嵐山　国指定史跡（1927）
文 『平家物語』,『太平記』

【巽】

[3]巽山古墳　たつみやまこふん　古墳時代前期
所在地 徳島県徳島市上八万町星河内

【廃】

[4]廃少菩提寺　はいしょうぼだいじ　奈良時代〜元亀元年（1570）
所在地 滋賀県湖南市甲西町菩提寺

廃少菩提寺石多宝塔および石仏　はいしょうぼだいじせきたほうとうおよびせきぶつ, はいしょうぼだいじいしたほうとうおよびせきぶつ　鎌倉時代
所在地 滋賀県湖南市菩提寺　国指定史跡（1926）

[12]廃補陀落寺町石　はいふだらくじちょうせき　鎌倉時代中期
所在地 三重県伊賀市西高倉　国指定史跡（1933）

【弾】

[5]弾正作横穴墓群　だんじょうさくおうけつぼぐん　古墳時代〜平安時代
所在地 福島県いわき市好間町今新田字弾正作
別 弾正作横穴群

弾正作横穴墓群　だんじょうさくよこあなぐん, だんじょうさくおうけつぐん　古墳時代〜平安時代
所在地 福島県いわき市好間町今新田字弾正作
別 弾正作横穴墓群

【御】

[3]御三社古墳　おさんしゃこふん　6世紀前半
所在地 群馬県富岡市七日市

御土居　おどい　安土桃山時代
所在地 京都府京都市北区・中京区・上京区　国指定史跡（1930）

御子ケ谷遺跡　みこがやいせき　古代
所在地 静岡県藤枝市南駿河台
別 志太郡家, 志太郡衙跡

御小屋原古墳　みこやばらこふん　7世紀
所在地 静岡県島田市吹木御小屋原

御山古墳　おやまこふん　古墳時代中期
所在地 宮城県加美郡色麻町四釜字町

御山神社経塚　おやまじんじゃきょうづか　12世紀頃
所在地 山口県阿武郡阿武町大字惣郷93　県指定史跡（1974）

[4]御手洗七卿落遺跡　みたらいしちきょうおちいせき　江戸時代幕末期
所在地 広島県呉市豊町　県指定史跡（1940）

御手洗川　みたらしがわ
所在地 京都府京都市北区

12画（御）

②『拾遺和歌集 9』,『伊勢物語』

5御正作周溝墓 みしょうさくしゅうこうぼ
旧石器時代〜平安時代
(所在地)群馬県邑楽郡大泉町朝日
(別)御正作遺跡

御正作遺跡 みしょうさくいせき 旧石器時代〜平安時代
(所在地)群馬県邑楽郡大泉町朝日
(別)御正作周溝墓

御田八幡神社 みたはちまんぐうじんじゃ
和銅2年（709）創建
(所在地)東京都港区三田3-7-16
(別)三田八幡宮

6御年代古墳 みとしろこふん 7世紀中頃
(所在地)広島県三原市本郷町 (遺)国指定史跡（1933）

御成道 おなりみち
(所在地)東京都千代田区 万世橋〜台東区 上野広小路
②『誹風柳多留』,森鷗外『雁』

御池古墳群 おいけこふんぐん 古墳時代〜奈良時代
(所在地)三重県四日市市西坂部町

御竹蔵 おたけぐら
(所在地)東京都墨田区横網
②芥川龍之介『本所両国』

御舟蔵 おふなぐら
(所在地)東京都江東区新大橋
②葛飾北斎『隅田川両岸一覧』
(別)御船蔵

御行の松 おぎょうのまつ
(所在地)東京都台東区根岸4-9-5 西蔵院不動堂
②大町桂月『東京遊行記』
(別)時雨の松

7御佐代獅子塚古墳 みさじろししずかこふん
5世紀
(所在地)長野県飯田市松尾水城
(別)獅子塚古墳

御坂 みさか
(所在地)長野県下伊那郡,岐阜県中津川市
②『能因集』

御坂峠 みさかとうげ
(所在地)山梨県
②能因『夫木和歌抄 21』

御坊 ごぼう
(所在地)和歌山県御坊市
②太田水穂『冬菜』

御坊山古墳 ごぼうやまこふん 古墳時代終末期
(所在地)奈良県生駒郡斑鳩町竜田

御坊山古墳群 ごぼうやまこふんぐん 古墳時代終末期
(所在地)奈良県生駒郡斑鳩町竜田
(別)竜田御坊山古墳群

御床松原遺跡 みとこまつばらいせき 弥生時代中期
(所在地)福岡県糸島市志摩御床・志摩新町

御社宮司遺跡 みしゃぐうじいせき 縄文時代晩期,中世
(所在地)長野県茅野市宮川茅野

御谷 おやつ
(所在地)神奈川県鎌倉市雪ノ下2-8〜18ヵ

8御岳山 おんたけさん
(所在地)長野県,岐阜県
②吉江喬松『御岳山の両面』
(別)御嶽山

御岳山古墳 みたけさんこふん 古墳時代中期
(所在地)東京都世田谷区等々力1丁目 (遺)都指定史跡（1980）

御幸寺山古墳 みゆきじやまこふん 古墳時代後期
(所在地)愛媛県松山市 松山城址

御所の館遺跡 ごしょのやかたいせき 縄文時代晩期
(所在地)石川県白山市東二口

御所ヶ谷神籠石 ごしょがたにこうごいし
7世紀後半
(所在地)福岡県行橋市津積,京都郡みやこ町
(遺)国指定史跡（1953）

御所八ツ塚山古墳群 ごしょやつつかやまこふんぐん 古墳時代
(所在地)石川県金沢市御所町

御所山古墳 ごしょやまこふん 5世紀中葉〜後半
(所在地)福岡県京都郡苅田町 (遺)国指定史跡（1936）

御所台の井戸 ごしょだいのいど 鎌倉時代以降
(所在地)神奈川県横浜市保土ケ谷区 (遺)市登録史跡（1991）

御所前遺跡 ごしょまえいせき 縄文時代前期花積下層式,中期井戸尻式・曽利式
(所在地)山梨県北杜市須玉町下津金

遺跡・古墳よみかた辞典 453

御所野遺跡　ごしょのいせき　縄文時代～中世
[所在地]岩手県二戸郡一戸町　[史]国指定史跡（1993）

御油　ごゆ
[所在地]愛知県豊川市
[文]芭蕉『向之岡』

御金の嶽　みかねのたけ
[所在地]奈良県吉野郡吉野町吉野山
[文]『万葉集』

9**御前ガ谷　ごぜんがやつ**
[所在地]神奈川県鎌倉市扇ガ谷4-1

御前原城跡　ごぜんぱらしろあと　鎌倉時代
[所在地]栃木県矢板市早川町　[史]県指定史跡（1966）

御前鬼塚古墳　ごぜんきずかこふん　6世紀前半
[所在地]千葉県旭市鏑木字湯之谷　[史]県指定史跡（1975）

御勅使川旧堤防（将棋頭・石積出）　みだいがわきゅうていぼう（しょうぎがしら・いしつみだし）　戦国時代～江戸時代
[所在地]山梨県韮崎市竜岡町，南アルプス市有野　[史]国指定史跡（2003）

御垣が原　みかきがはら
[所在地]奈良県吉野郡吉野町宮滝
[文]平兼盛『詞花和歌集 1』，頓阿『頓阿法師詠』

御城山古墳　おしろやまこふん　4世紀後半～5世紀前半
[所在地]福井県福井市小羽町
[別]後山古墳，お城山古墳

御城田遺跡　おしろだいせき　縄文時代中期～後期
[所在地]栃木県宇都宮市大谷町

御室　おむろ
[所在地]京都府京都市右京区御室
[文]謡曲『経政』，『大和物語』

御屋敷山1号墳　おやしきやまいちごうふん　古墳時代後期
[所在地]山口県下松市大河内字御屋敷山

御屋敷遺跡　おやしきいせき　弥生時代後期～平安時代末期
[所在地]長野県千曲市新山

御津　みつ
[所在地]滋賀県大津市下坂本
[文]『建保内裏名所百首』
[別]三津

御津　みつ
[所在地]大阪府大阪市中央区西心斎橋2丁目
[文]『万葉集』，『浜松中納言物語』
[別]難波の御津，大伴の御津

御津船山古墳　みとふなやまこふん　5世紀後半～6世紀前半頃
[所在地]愛知県豊川市御津町広石船山
[別]舟塚山，舟山塚

御神山古墳　おがみやまこふん　古墳時代前期
[所在地]大阪府豊中市蛍ケ池南町2丁目

御茸山古墳群　みたけやまこふんぐん　6世紀後葉～7世紀中葉
[所在地]福井県福井市脇三ヶ町・安波賀町・杣脇町・城戸ノ内町　[史]県指定史跡（1978）

御茶の水　おちゃのみず
[所在地]東京都千代田区神田駿河台，文京区湯島　[史]都指定旧跡（1955）
[文]『誹風柳多留』，河竹黙阿弥『慶安太平記』
[別]お茶の水

御茶屋御殿　おちゃやごてん　江戸時代初期
[所在地]千葉県千葉市若葉区御殿町

10**御倉山　みくらやま**
[所在地]京都府
[文]『八代集抄』

御射山遺跡　みさやまいせき　縄文時代中期主体
[所在地]長野県上伊那郡箕輪町

御座1号墳　おんざいちごうふん　古墳時代前期
[所在地]福岡県北九州市小倉南区大字貫

御旅山古墳　おたびやまこふん　4世紀後半
[所在地]大阪府羽曳野市大字壷井

御旅山古墳　おたびやまこふん　5世紀
[所在地]兵庫県姫路市飾磨区妻鹿

御旅古墳　おたびこふん　古墳時代後期
[所在地]三重県伊賀市馬場

御旅所北古墳　おたびしょきたこふん　6世紀末
[所在地]大阪府南河内郡千早赤阪村水分

11**御堂・馬羽松一里塚　みどう・ばはまついちりずか**　江戸時代
[所在地]岩手県一戸町中山字家向　[史]県指定史跡（1985）

御堂ケ池1号墳　おんどがいけいちごうふん　6世紀後半

12画（御）

所在地 京都府京都市右京区鳴滝音戸山町　市登録史跡（1985）

御堂ケ池古墳群　おんどがいけこふんぐん　古墳時代後期
所在地 京都府京都市右京区梅ヶ畑向ノ地町

御崎山古墳　みさきやまこふん　6世紀後半頃
所在地 島根県松江市大草町字御崎　㉒県指定史跡（1970）

御淵上遺跡　みふちがみいせき　旧石器時代
所在地 新潟県三条市長野字御淵上

御笠山　みかさやま
所在地 福岡県太宰府市, 筑紫野市, 糟屋郡宇美町
㉒『檜垣嫗集』
㉚宝満山

御経塚シンデン古墳群　おきょうずかしんでんこふんぐん　古墳時代前期
所在地 石川県野々市市御経塚

御経塚遺跡　おきょうずかいせき　縄文時代後期～晩期
所在地 石川県野々市市御経塚　㉒国指定史跡（1977）

御船蔵　おふなぐら
所在地 東京都江東区新大橋
㉒葛飾北斎『隅田川両岸一覧』
㉚御舟蔵

御部入古墳群　おんべいりこふんぐん　6世紀後半～7世紀
所在地 群馬県高崎市乗附町字御部入

御陵中内町（五条別れ）道標　みささぎなかうちちょう（ごじょうわかれ）どうひょう　宝永4年（1707）建立
所在地 京都府京都市山科区御陵中内町　㉒市登録史跡（1987）

御陵古墳　ごりょうこふん　5世紀中頃
所在地 大分県大分市木ノ上

御陵古墳群　ごりょうこふんぐん　古墳時代前期・後半
所在地 福岡県大野城市中字御陵

[12]御厩の渡し　おんまやのわたし
所在地 東京都台東区蔵前
㉒葛飾北斎『富岳三十六景』

御厩河岸　おんまやがし
所在地 東京都台東区蔵前
㉒曲山人『娘太平記操早引』

御厨古墳群　みくりやこふんぐん　古墳時代前期

所在地 静岡県磐田市鎌田・新貝　㉒国指定史跡（2001）

御塚・権現塚古墳　おんつか・ごんげんづかこふん, おんずか・ごんげんづかこふん, おつか・ごんげんづかこふん　5世紀後半～6世紀初め
所在地 福岡県久留米市大善寺町　㉒国指定史跡（1931）
㉚権現塚古墳, 御塚古墳

御塚古墳　おんつかこふん, おんずかこふん, おつかこふん　5世紀後半～6世紀初め
所在地 福岡県久留米市大善寺町
㉚御塚・権現塚古墳

御塔山古墳　おとうやまこふん　5世紀前半
所在地 大分県杵築市大字狩宿字御塔山　㉒県指定史跡（1991）

御富士山古墳　おふじやまこふん　5世紀中頃
所在地 群馬県伊勢崎市安堀町799
㉚お富士山古墳

御勝山古墳　おかちやまこふん　5世紀前半
所在地 大阪府大阪市生野区勝山北　㉒府指定史跡（1972）

御番屋敷先史時代住居跡　ごばんやしきせんしじだいじゅうきょあと　縄文時代
所在地 岐阜県飛騨市古川町太江　㉒県指定史跡（1959）
㉚御番屋敷遺跡

御番屋敷遺跡　ごばんやしきいせき　縄文時代
所在地 岐阜県飛騨市古川町太江
㉚御番屋敷先史時代住居跡

御道具山古墳　おどうぐやまこふん　4世紀
所在地 福岡県糸島市泊

[13]御園　みその
所在地 滋賀県東近江市御園町
㉒藤原俊成『夫木和歌抄1』

御塩殿　みしおどの
所在地 三重県伊勢市二見町荘
㉒『伊勢参宮名所図会』

御墓山古墳　みはかやまこふん, おはかやまこふん　5世紀後半初頭
所在地 三重県伊賀市佐那具町　㉒国指定史跡（1921）

御墓山古墳　おおばかやまこふん　古墳時代後期前半
所在地 奈良県天理市上総町

御墓山窯跡　みはかやまかまあと　7世紀末

12画（御）

～8世紀
所在地 三重県伊賀市佐那具町

御殿山　ごてんやま
所在地 東京都品川区北品川3〜4付近
⊗『誹風柳多留』，幸田露伴『寝耳鉄砲』

御殿山墳墓群遺跡　ごてんやまふんぼぐんいせき　縄文時代後期末
所在地 北海道日高郡新ひだか町静内目名
別 御殿山遺跡，静内御殿山遺跡，静内御殿山墳墓群

御殿山遺跡　ごてんやまいせき　縄文時代後期末
所在地 北海道日高郡新ひだか町静内目名
別 静内御殿山遺跡，御殿山墳墓群遺跡，静内御殿山墳墓群

御殿前遺跡　ごてんまえいせき　旧石器時代〜近世
所在地 東京都北区西ケ原2丁目

御殿場遺跡　ごてんばいせき　縄文時代中期〜平安時代
所在地 長野県伊那市　県指定史跡（1971）

御猿堂古墳（上川路西第1号）　おさるどうこふん，みさるどうこふん（かみかわじにしだいいちごう）　古墳時代後期
所在地 長野県飯田市上川路西　県指定史跡（1969）

御獅子塚古墳　おししずかこふん　5世紀中葉〜後半頃
所在地 大阪府豊中市中桜塚2丁目
別 摂津豊中御獅子塚古墳

御蓋山　みかさやま
所在地 奈良県奈良市
⊗『古今和歌集』
別 三笠山

[14]御旗山　みはたやま
所在地 愛知県長久手市
別 長久手古戦場 附 御旗山・首塚・色金山

御蔭山　みかげのやま
所在地 京都府京都市左京区八瀬
⊗ 凉菟『砂つばめ』
別 御生山

御裳濯川　みもすそがわ
所在地 三重県伊勢市
⊗『日本書紀』，『倭姫命世記』
別 五十鈴川

御領貝塚　ごりょうかいづか　縄文時代後期末

所在地 熊本県熊本市南区城南町　国指定史跡（1970）

[15]御器所　ごきそ
所在地 愛知県名古屋市昭和区御器所町
⊗『尾張名所図会』

御廟山古墳　ごびょうやまこふん　5世紀後葉
所在地 大阪府堺市北区百舌鳥本町

御廟表塚古墳　ごびょうおもてずかこふん　古墳時代
所在地 大阪府堺市北区中百舌鳥町4丁
別 百舌鳥古墳群（いたすけ古墳・長塚古墳・収塚古墳・塚廻古墳・文珠塚古墳・丸保山古墳・乳岡古墳・御廟表塚古墳・ドンチャ山古墳・正楽寺山古墳・鏡塚古墳・善右ヱ門山古墳・銭塚古墳・グワショウ坊古墳・旗塚古墳・寺山南山古墳・七観音古墳）

御廟野古墳　ごびょうのこふん　古墳時代終末期
所在地 京都府京都市山科区上御廟野町
別 天智天皇陵，天智天皇陵古墳，天智陵古墳，天智陵

御影　みかげ
所在地 兵庫県神戸市東灘区御影町
⊗『続古今和歌集 19』，『平家物語』
別 御影浜

御蔵山古墳　みくらやまこふん　6世紀前半
所在地 栃木県宇都宮市塙田5-535-1　市指定史跡（1997）

御蔵橋　おくらばし
所在地 東京都墨田区横網
⊗ 芥川龍之介『本所両国』

御霊塚古墳　ごりょうつかこふん，ごりょうずかこふん　6世紀後半
所在地 熊本県山鹿市鹿本町字広江　県指定史跡（1977）

御駒堂遺跡　おこまどういせき　縄文時代〜平安時代
所在地 宮城県栗原市志波姫堀口字御駒堂

[16]御薗宇城跡　みそのうじょうあと　弘安年間（1278〜87）築城
所在地 広島県東広島市高屋町
別 平賀氏の遺跡（御薗宇城跡，白山城跡，頭崎城跡，平賀氏の墓地）

御館神社古墳　みたちじんじゃこふん　古墳時代前期
所在地 香川県善通寺市善通寺町字宮ヶ尾

17**御嶺山古墳　ごりょうやまこふん**　7世紀後半
[所在地]大阪府南河内郡太子町太子

御嶽　みたけ
[所在地]奈良県吉野郡吉野町
[文]『蜻蛉日記』，『栄花物語』

御嶽山　おんたけさん
[所在地]長野県, 岐阜県
[文]吉江喬松『御岳山の両面』
[別]御岳山

御嶽山古墳群　おんたけやまこふんぐん　7世紀後半期
[所在地]群馬県太田市北金井

18**御膳所　みほそじょ, みほそどころ**　15世紀
[所在地]沖縄県伊是名村字諸見
[別]尚円王生誕地屋敷内「みほそ所」

19**御願塚古墳　ごがずかこふん**　5世紀
[所在地]兵庫県伊丹市御願塚4-10　[史]県指定史跡（1965）

23**御鷲山古墳　おわしやまこふん**　6世紀末
[所在地]栃木県下野市薬師寺

【惣】

0**惣ヶ迫古墳　そうがさここふん**　6世紀後半
[所在地]山口県下松市大字生野屋字惣ヶ迫

3**惣山遺跡　そうやまいせき**　奈良時代〜平安時代
[所在地]滋賀県大津市大江・神領
[別]近江国府跡（国庁跡・惣山遺跡・青江遺跡・中路遺跡）

4**惣爪塔跡　そうずめとうあと**　奈良時代創建
[所在地]岡山県岡山市北区惣爪　[史]国指定史跡（1928）

惣爪廃寺　そうずめはいじ　奈良時代創建
[所在地]岡山県岡山市北区惣爪

6**惣吉稲荷境内　そうきちいなりけいだい**　創建年不詳
[所在地]神奈川県相模原市南区上鶴間本町8-499　[史]市指定史跡（2001）

10**惣座遺跡　そうざいせき**　弥生時代中期〜後期
[所在地]佐賀県佐賀市大和町久池井字惣座

【悲】

5**悲田院　ひでんいん**　延慶元年（1308）再興
[所在地]京都府京都市東山区泉涌寺

【揖】

9**揖保川　いぼがわ**
[所在地]兵庫県
[文]薄田泣菫『暮笛集』

【揚】

9**揚屋町　あげやまち**
[所在地]東京都台東区千束4丁目
[文]宝井其角『五元集拾遺』, 馬場孤蝶『大音寺前』

12**揚場河岸　あげばがし**
[所在地]東京都新宿区揚場町
[文]夏目漱石『それから』, 永井荷風『日和下駄』

【揺】

4**揺木の森　ゆるぎのもり**
[所在地]滋賀県高島市安曇川町
[文]『延喜式』，『枕草子』

【散】

5**散田金谷古墳　さんでんかなやこふん**　6世紀後半
[所在地]石川県羽咋郡宝達志水町　[史]国指定史跡（1982）

6**散在ガ池　さんざいがいけ**　元治元年（1864）〜明治初年造営
[所在地]神奈川県鎌倉市今泉台7-1-930

【敦】

12**敦賀　つるが**
[所在地]福井県敦賀市
[文]『日本書紀』

敦賀津　つるがのつ
[所在地]福井県敦賀市
[文]『古事記』，『宇治拾遺物語』

【斑】

7**斑尾山　まだらおやま**
[所在地]長野県飯山市, 上水内郡信濃町
[文]土屋文明『放水路』

13**斑鳩　いかるが**
[所在地]奈良県生駒郡斑鳩町
[文]『万葉集』，『日本書紀』

斑鳩大塚古墳　いかるがおおつかこふん　5世紀前半頃

12画（斐, 暁, 景, 智, 晩, 普）

所在地　奈良県生駒郡斑鳩町五百井大塚
別　大塚古墳

斑鳩寺　いかるがでら　平安時代創建
所在地　兵庫県揖保郡太子町鵤

【斐】

⁴斐太の細江　ひだのほそえ
所在地　奈良県橿原市
文　『万葉集』

斐太遺跡　ひだいせき　弥生時代後期後半
所在地　新潟県妙高市宮内・雪森
別　斐太遺跡群（吹上遺跡・斐太遺跡・釜蓋遺跡）

斐太遺跡群（吹上遺跡・斐太遺跡・釜蓋遺跡）
ひだいせきぐん（ふきあげいせき・ひだいせき・かまぶたいせき）　弥生時代中期中葉～古墳時代初頭
所在地　新潟県妙高市宮内・雪森・青田, 上越市稲崎・大和　国指定史跡（1977）

⁶斐伊川　ひいかわ, ひのかわ
所在地　島根県
文　『古事記』,『出雲国風土記』

斐伊中山古墳群　ひいなかやまこふんぐん
古墳時代前期中頃～後半
所在地　島根県雲南市木次町里方

【暁】

¹⁵暁遺跡　あかつきいせき　旧石器時代～縄文時代
所在地　北海道帯広市8条南12丁目付近一帯

【景】

⁶景行天皇陵古墳　けいこうてんのうりょうこふん　4世紀中頃
所在地　奈良県天理市柳本町渋谷字向山
別　景行陵古墳

景行陵古墳　けいこうりょうこふん　4世紀中頃
所在地　奈良県天理市柳本町渋谷字向山
別　景行天皇陵古墳

¹⁰景浦谷古墳　かげうらだにこふん　6世紀後葉～末
所在地　愛媛県松山市山越

¹¹景清籠　かげきよろう　鎌倉時代
所在地　神奈川県鎌倉市扇ガ谷4-6-3
別　景清牢, 景清土牢, 景清窟, 水鑑景清

¹⁴景徳院境内　けいとくいんけいだい　天正10

年（1582）創建
所在地　山梨県甲州市大和町田野　㊕県指定史跡（1967）

【智】

⁶智光寺山古墳　ちこんじやまこふん　4世紀末～5世紀初頭
所在地　京都府京田辺市大住
別　車塚古墳, 大住車塚古墳

智光廃寺跡　ちこうはいじあと　中世
所在地　栃木県足利市山下町平石

⁸智岸寺ガ谷　ちがんじがやつ
所在地　神奈川県鎌倉市扇ガ谷4-1-3～15ヵ

¹⁰智通光居墓　ちつうこうきょのはか　室町時代
所在地　岐阜県岐阜市西荘　㊕県指定史跡（1957）

¹⁶智積院　ちしゃくいん
所在地　京都府京都市東山区東瓦町
文　『花洛名勝図会』

智積廃寺跡　ちしゃくはいじあと　白鳳時代創建
所在地　三重県四日市市智積町字土丹

智頭往来 志戸坂峠越　ちずおうらい しとさかとうげごえ　平安時代～近世
所在地　鳥取県八頭郡智頭町　㊕国指定史跡（2008）

¹⁹智識寺金堂跡および東塔跡　ちしきじこんどうあとおよびとうとうあと　7世紀後半創建
所在地　大阪府柏原市太平寺2丁目　㊕府指定史跡（1970）

【晩】

⁵晩田31号墳　ばんださんじゅういちごうふん　7世紀前葉
所在地　鳥取県米子市淀江町福岡
別　晩田山31号墳

晩田山31号墳　ばんだやまさんじゅういちごうふん　7世紀前葉
所在地　鳥取県米子市淀江町福岡
別　晩田31号墳

【普】

⁵普正寺遺跡　ふしょうじいせき　室町時代
所在地　石川県金沢市普正寺地内

⁶普光寺址　ふこうじし　奈良時代前期
所在地　滋賀県彦根市普光寺町

458　遺跡・古墳よみかた辞典

8普門寺経塚　ふもんじきょうずか　平安時代
[所在地]愛知県豊橋市雲ケ谷町

普門寺遺跡　ふもんじいせき　縄文時代草創期～前期
[所在地]群馬県桐生市菱町黒川字普門寺

普門院　ふもんいん
[所在地]東京都江東区亀戸3-43-3
[文]『江戸名所図会』
[別]冬木弁天堂

9普段寺1号墳　ふだんじいちごうふん　古墳時代前期
[所在地]鳥取県西伯郡南部町天万

普段寺古墳群　ふだんじこふんぐん　古墳時代前期
[所在地]鳥取県西伯郡南部町天万

16普賢寺　ふげんじ　奈良時代創建
[所在地]京都府京田辺市

普賢寺古墳　ふげんじこふん　6世紀前半
[所在地]大阪府門真市幸福町

普賢寺東古墳　ふげんじひがしこふん　5世紀中頃
[所在地]群馬県高崎市綿貫町堀米

【最】

3最上川　もがみがわ
[所在地]山形県
[文]『義経記』, 芭蕉『おくのほそ道』

最上徳内墓　もがみとくないのはか　江戸時代
[所在地]東京都文京区向丘2-38-3 蓮光寺内　[史]都指定旧跡（1955）

7最花貝塚　さいばなかいずか　縄文時代前期～中期末
[所在地]青森県むつ市田名部字土手内

11最寄貝塚　もよろかいずか　オホーツク文化期
[所在地]北海道網走市北一条東2丁目ほか　[史]国指定史跡（1936）
[別]モヨロ貝塚

12最勝寺　さいしょうじ　平安時代創建
[所在地]京都府京都市左京区岡崎最勝寺町辺り

【勝】

0勝ノ橋　かつのはし　江戸時代・鎌倉十橋の一
[所在地]神奈川県鎌倉市扇ガ谷1丁目
[別]勝ガ橋

3勝山1号墳　かちやまいちごうふん　古墳時代
[所在地]愛知県豊橋市石巻本町字口明塚, 豊川市三上町字勝山

勝山城跡　かつやまじょうあと　文禄3年（1594）築城
[所在地]山梨県都留市川棚字城山　[史]県指定史跡（1996）

勝山遺跡　かつやまいせき　縄文時代中期後半～晩期中葉
[所在地]栃木県さくら市氏家字勝山

勝山館跡　かつやまだてあと　15世紀後半～16世紀末頃
[所在地]北海道檜山郡上ノ国町
[別]上之国館跡（花沢館跡・洲崎館跡・勝山館跡）

勝川春章墓　かつかわしゅんしょうのはか　江戸時代
[所在地]東京都台東区蔵前4-16-16 西福寺　[史]都指定旧跡（1955）

4勝手野古墳群　かってのこふんぐん　7世紀
[所在地]兵庫県小野市黍田町字勝手野

勝手塚古墳　かってずかこふん　5世紀後半
[所在地]愛知県名古屋市守山区上志段味字中屋敷

勝木原遺跡　のでわらいせき　縄文時代中期・晩期
[所在地]富山県高岡市勝木原

5勝本城跡　かつもとじょうあと　安土桃山時代
[所在地]長崎県壱岐市勝本町　[史]国指定史跡（2002）
[別]雨瀬包城, 武末城, 風本城

7勝坂遺跡　かつさかいせき　縄文時代中期
[所在地]神奈川県相模原市南区磯部　[史]国指定史跡（1974）

勝尾寺旧境内牓示八天石蔵および町石　かつおじきゅうけいだいぼうじはってんせきぞうおよびちょうせき　奈良時代創建（勝尾寺）
[所在地]大阪府箕面市粟生ほか　[史]国指定史跡（1966）

勝尾城筑紫氏遺跡　かつのおじょうちくししいせき　戦国時代後期
[所在地]佐賀県鳥栖市牛原町・山浦・河内　[史]国指定史跡（2006）

8勝沼氏館跡　かつぬましやかたあと　戦国時代
[所在地]山梨県甲州市勝沼町　[史]国指定史跡

12画（朝）

　（1981）
勝長寿院　しょうちょうじゅいん　鎌倉時代初期
　所在地 神奈川県鎌倉市雪ノ下4-5・6・10・11
[9]**勝負砂古墳**　しょうぶさここふん　5世紀後半
　所在地 岡山県倉敷市真備町下二万
勝栄寺土塁及び旧境内　しょうえいじどるいおよびきゅうけいだい　南北朝時代創建
　所在地 山口県周南市　㊟県指定史跡（1987）
[10]**勝浦**　かつうら
　所在地 香川県仲多度郡まんのう町勝浦
　㊞『讃岐国名勝図会』
勝浦古墳群　かつうらこふんぐん　5世紀中頃〜後半
　所在地 福岡県福津市勝浦
勝浦峯ノ畑古墳　かつうらみねのはたこふん　5世紀中頃
　所在地 福岡県福津市勝浦
　㊙津屋崎41号墳
勝竜寺城　しょうりゅうじじょう　南北朝時代〜江戸時代初期
　所在地 京都府長岡京市
勝連城跡　かつれんじょうあと　13世紀以降
　所在地 沖縄県うるま市勝連南風原　㊟国指定史跡（1972）
[11]**勝堂古墳群**　しょうどうこふんぐん　6世紀後半
　所在地 滋賀県東近江市勝堂町　㊟県指定史跡（1983）
勝部遺跡　かつべいせき　弥生時代前期〜中期
　所在地 大阪府豊中市勝部町
勝野　かちの
　所在地 滋賀県高島市勝野
　㊞『万葉集』
勝野津　かつののつ　古代〜近世
　所在地 滋賀県高島市勝野
[12]**勝間田**　かつまた
　所在地 奈良県奈良市六条町
　㊞『万葉集』
勝間田の池　かつまたのいけ
　所在地 奈良県奈良市六条町
　㊞『万葉集』
勝間田城跡　かつまたじょうあと　中世
　所在地 静岡県牧之原市　㊟県指定史跡（1983）
[13]**勝瑞館跡**　しょうずいじょうかんあと　南北朝時代〜戦国時代
　所在地 徳島県板野郡藍住町　㊟国指定史跡（2001）
　㊙勝瑞館
勝瑞館　しょうずいやかた　南北朝時代〜戦国時代
　所在地 徳島県板野郡藍住町
　㊙勝瑞城館跡

【朝】

[0]**朝の原**　あしたのはら
　所在地 奈良県北葛城郡〜大和高田市
　㊞『枕草子』,『源氏物語』
[3]**朝子塚古墳**　ちょうしずかこふん, ちょうじずかこふん　4世紀末〜5世紀初頭
　所在地 群馬県太田市牛沢町1110-2ほか　㊟県指定史跡（1979）
[4]**朝日・夕日長者遺跡**　あさひ・ゆうひちょうじゃいせき　弥生時代〜平安時代
　所在地 福島県いわき市泉町下川
　㊙朝日長者遺跡, 夕日長者遺跡
朝日の郷　あさひのさと
　所在地 滋賀県長浜市湖北町
　㊞藤原敦光『金葉和歌集 5』
朝日トコロ貝塚遺跡　あさひところかいずかいせき　縄文時代中期
　所在地 北海道北見市常呂町
朝日ノ岡古墳　あさひのおかこふん　6世紀後葉
　所在地 千葉県山武市松尾町蕪木字旭ノ岡
朝日山　あさひやま
　所在地 京都府宇治市宇治山田町
　㊞『実方集』, 西行『山家集』, 上田秋成『春雨物語』
朝日山古墳　あさひやまこふん　7世紀頃
　所在地 愛媛県四国中央市金田町　㊟県指定史跡（1968）
朝日山古墳群　あさひやまこふんぐん　古墳時代前期
　所在地 福井県丹生郡越前町朝日・内郡　㊟県指定史跡（1956）
朝日山遺跡　あさひやまいせき　平安時代
　所在地 青森県青森市高田地区
朝日古墳　あさひこふん　古墳時代前期
　所在地 佐賀県神埼市神埼町城原
朝日谷1号墳　あさひだにいちごうふん　6世紀後半〜末

460　遺跡・古墳よみかた辞典

[所在地]愛媛県松山市朝日ヶ丘1丁目

朝日谷2号墳　あさひだにに ごうふん　古墳時代前期
[所在地]愛媛県松山市朝日ヶ丘1丁目

朝日貝塚　あさひかいづか　縄文時代前期〜中世
[所在地]富山県氷見市朝日丘　[参]国指定史跡（1922）

朝日貝塚　あさひかいづか　弥生時代主体
[所在地]愛知県清須市清洲町朝日
[別]朝日遺跡

朝日長山古墳　あさひながやまこふん　古墳時代後期
[所在地]富山県氷見市朝日町

朝日遺跡　あさひいせき　縄文時代晩期前〜中葉
[所在地]新潟県長岡市(旧・三島郡越路町大字来迎寺字巴が岡)

朝日遺跡　あさひいせき　弥生時代主体
[所在地]愛知県清須市清洲町朝日
[別]朝日貝塚

朝比奈切通　あさひなきりとおし　鎌倉時代以降
[所在地]神奈川県鎌倉市十二所, 横浜市金沢区朝比奈町
[別]六浦道, 朝夷奈道, 朝夷奈切通

５朝田墳墓群　あさだふんぼぐん　弥生時代後期後半〜古墳時代後期
[所在地]山口県山口市朝田・吉敷　[参]国指定史跡（1982）

６朝光寺原古墳群　ちょうこうじばらこふんぐん　5世紀後半〜6世紀
[所在地]神奈川県横浜市緑区市が尾町

朝光寺原遺跡　ちょうこうじばらいせき　縄文時代〜古墳時代
[所在地]神奈川県横浜市港北区市ヵ尾町下市ヵ尾

朝夷奈切通　あさいなきりどおし　鎌倉時代
[所在地]神奈川県鎌倉市十二所, 横浜市金沢区朝比奈町　[参]国指定史跡（1969）
[別]六浦道, 朝比奈切通, 朝夷奈道

８朝妻　あさつま, あさずま
[所在地]滋賀県米原市
[文]『和名抄』

朝妻　あさつま
[所在地]奈良県御所市朝妻
[文]『万葉集』
[別]朝妻間, 朝嬬

朝妻廃寺　あさずまはいじ　飛鳥時代後半〜奈良時代前期
[所在地]奈良県御所市朝妻町

朝明の行宮　あさけのかりみや　8世紀前半
[所在地]三重県三重郡, 四日市市

¹⁰朝倉　あさくら
[所在地]福岡県朝倉市山田
[文]『奥義抄』, 『後拾遺和歌集』

朝倉Ⅱ号古墳　あさくらにごうこふん　古墳時代初期
[所在地]群馬県前橋市朝倉町

朝倉八幡山古墳　あさくらはちまんやまこふん　古墳時代初頭
[所在地]群馬県前橋市朝倉町
[別]前橋八幡山古墳, 八幡山古墳

朝倉山　あさくらやま
[所在地]福岡県朝倉郡
[文]『能因集』, 『日本書紀』

朝倉古墳　あさくらこふん　7世紀中頃
[所在地]高知県高知市朝倉　[参]県指定史跡（1950）

朝倉城跡　あさくらじょうせき　天文元年（1532）以前築城
[所在地]高知県高知市朝倉　[参]県指定史跡（1953）
[別]重松城

朝倉須恵器窯跡　あさくらすえきかまあと　奈良時代
[所在地]岐阜県岐阜市芥見老洞・芥見間無田
[別]老洞・朝倉須恵器窯跡

朝倉橘広庭宮　あさくらのたちばなのひろにわのみや　飛鳥時代
[所在地]福岡県朝倉市

朝倉館跡　あさくらやかたあと　室町時代後期〜戦国時代
[所在地]福井県福井市城戸ノ内町・安波賀町・東新町・西新町・三万谷町
[別]一乗谷朝倉氏遺跡

朝酌岩屋古墳　あさくみいわやこふん　古墳時代
[所在地]島根県松江市朝酌町字岩屋屋敷
[別]岩屋古墳

朝酌窯址群　あさくみようしぐん　古墳時代〜奈良時代頃
[所在地]島根県松江市大井町・大海崎町

¹²朝間山　あさまやま
[所在地]三重県伊勢市

遺跡・古墳よみかた辞典　461

12画（検，植，森）

㊇『続拾遺和歌集』
㊙朝熊山

[14]**朝熊山　あさまやま**
[所在地]三重県伊勢市
㊇『続拾遺和歌集』
㊙朝間山，朝熊ヶ岳

朝熊山経塚　あさまやまきょうずか　保元元年～文治2年（1156～87）
[所在地]三重県伊勢市朝熊町
㊙朝熊山経塚群

朝熊山経塚群　あさまやまきょうずかぐん　保元元年～文治2年（1156～87）
[所在地]三重県伊勢市朝熊町　㊕国指定史跡（1966）

[17]**朝鮮通信使遺跡（鞆福禅寺境内・牛窓本蓮寺境内・興津清見寺境内）　ちょうせんつうしんしいせき（ともふくぜんじけいだい・うしまどほんれんじけいだい・おきつせいけんじけいだい）**　江戸時代
[所在地]静岡県静岡市清水区興津清見寺町418-1，岡山県瀬戸内市牛窓町牛窓3194，広島県福山市鞆町　㊕国指定史跡（1994）

[20]**朝護孫子寺　ちょうごそんしじ**　創建年不詳
[所在地]奈良県生駒郡平群町信貴山
㊙信貴山寺

【検】

[7]**検見川遺跡　けみがわいせき**　縄文時代後期末または晩期
[所在地]千葉県千葉市花見川区畑町

検見谷遺跡　けんみだにいせき　弥生時代
[所在地]佐賀県三養基郡みやき町白壁字一の幡

検見塚　けみづか　弥生時代中・後期
[所在地]愛知県清須市朝日灰肥1268　㊕県指定史跡（1968）

【植】

[3]**植山古墳　うえやまこふん**　6世紀末～7世紀前半
[所在地]奈良県橿原市五条野町　㊕国指定史跡（2002）

[4]**植月寺山古墳　うえつきてらやまこふん**　古墳時代前期
[所在地]岡山県勝田郡勝央町植月

植水古墳群　うえみずこふんぐん　5世紀後半～7世紀
[所在地]埼玉県さいたま市西区水判土

[5]**植田艮背之墓　うえだこんばいのはか**　江戸時代
[所在地]広島県広島市南区比治山町　㊕県指定史跡（1942）

[8]**植房貝塚　うえぼうかいづか**　縄文時代前期
[所在地]千葉県香取郡神崎町植房

[11]**植野貝塚　うえのかいづか**　縄文時代後期前半～末期
[所在地]大分県中津市大字植野

【森】

[0]**森の宮貝塚　もりのみやかいづか**　縄文時代中期～晩期
[所在地]大阪府大阪市中央区

[3]**森上遺跡　もりがみいせき**　縄文時代中期
[所在地]新潟県十日町市

森山古墳　もりやまこふん　5世紀後半
[所在地]岡山県赤磐市穂崎字廻り山
㊙西もり山古墳

森山古墳群　もりやまこふんぐん　7世紀後半（4号墳）
[所在地]福島県伊達郡国見町森山字上野薬師

森山塚古墳　もりやまずかこふん　7世紀前半
[所在地]千葉県富津市下飯野字森山

森山遺跡　もりやまいせき　縄文時代，弥生時代，古墳時代
[所在地]京都府城陽市富野　㊕国指定史跡（1978）

森川宿　もりかわじゅく
[所在地]東京都文京区本郷
㊇井原西鶴『好色二代男』，樋口一葉『経つくえ』

[5]**森北古墳群　もりきたこふんぐん**　4世紀前半
[所在地]福島県河沼郡会津坂下町大字見明字勝負沢

森古墳群　もりこふんぐん　古墳時代前期
[所在地]大阪府交野市森

森台古墳群　もりだいこふんぐん　6世紀中葉～7世紀初頭
[所在地]千葉県山武市森字長畑台・上内野

森広遺跡　もりひろいせき　弥生時代後期～中世
[所在地]香川県さぬき市寒川町神前森広

[7]**森尾古墳　もりおこふん**　4世紀末～5世紀初頭
[所在地]兵庫県豊岡市森尾市尾

[8]**森岳城　もりたけじょう**　江戸時代初期築城

12画（楼, 棚, 椎, 棟, 棒, 椋, 椀, 椒）

所在地 長崎県島原市城内
例 島原城

⁹森垣外遺跡　もりがいといせき　古墳時代中期〜後期
所在地 京都府相楽郡精華町南稲八妻森垣外

¹⁰森原1号墳　もりばるいちごうふん　古墳時代中期
所在地 福岡県飯塚市久保白

森将軍塚古墳　もりしょうぐんづかこふん　4世紀
所在地 長野県千曲市森
例 将軍塚古墳, 埴科古墳群（森将軍塚古墳・有明山将軍塚古墳・倉科将軍塚古墳・土口将軍塚古墳）

¹¹森崎貝塚　もりさきかいづか　縄文時代前期末〜後期
所在地 徳島県鳴門市大麻町大谷字森崎　匿 県指定史跡（1974）
例 鳴門市森崎の貝塚

森添遺跡　もりぞえいせき　縄文時代中期〜晩期
所在地 三重県度会郡度会町大字上久具字森添

森野旧薬園　もりのきゅうやくえん　近世
所在地 奈良県宇陀市大宇陀区　匿 国指定史跡（1926）

¹³森腰遺跡　もりこしいせき　古墳時代前期〜平安時代前半
所在地 石川県珠洲市三崎町森腰

²²森鷗外旧宅　もりおうがいきゅうたく　明治時代
所在地 島根県鹿足郡津和野町　匿 国指定史跡（1969）

森鷗外旧居　もりおうがいきゅうきょ　明治時代
所在地 福岡県北九州市小倉北区鍛治町1-7-2　匿 市指定史跡（1974）

【楼】

¹⁰楼真寺定ケ原石塔　せいしんじじょうがはらせきとう　鎌倉時代
所在地 広島県三原市大和町　匿 県指定史跡（1940）

【棚】

⁸棚底城跡　たなそこじょうあと　室町時代〜戦国時代
所在地 熊本県天草市倉岳町　匿 国指定史跡（2009）

⁹棚畑遺跡　たなばたけいせき　縄文時代中期
所在地 長野県茅野市米沢

¹⁰棚倉　たなくら
所在地 京都府京田辺市田辺棚倉野
文 『延喜式』

棚倉遺跡　たなくらいせき　縄文時代晩期後半
所在地 福島県東白川郡棚倉町棚倉・崖ノ上・比丘尼堂

【椎】

⁶椎名崎古墳群　しいなざきこふんぐん　7世紀前半
所在地 千葉県千葉市緑区

¹²椎貝塚　しいずかかいづか　縄文時代後期
所在地 茨城県稲敷市椎塚

【棟】

⁵棟立ノ井　むねたてのい　江戸時代・鎌倉十井の一
所在地 神奈川県鎌倉市二階堂
例 破風ノ井

【棒】

³棒山古墳群　ぼうやまこふんぐん　6世紀
所在地 茨城県潮来市大賀字壙438

【椋】

⁰椋の木古墳　むくのきこふん　古墳時代後期
所在地 香川県さぬき市長尾西

【椀】

¹²椀貸山古墳　わんかしやまこふん　6世紀前葉
所在地 福井県坂井市丸岡町坪江

椀貸塚、角塚及び平塚　わんかしずかかくずかおよびひらずか　7世紀中頃
所在地 香川県観音寺市大野原町大野原　匿 県指定史跡（1953）
例 椀貸塚古墳, 平塚古墳, 角塚古墳

椀貸塚古墳　わんかしずかこふん　6世紀末頃
所在地 香川県観音寺市大野原町大野原
例 椀貸塚、角塚及び平塚

【椒】

¹⁰椒浜古墳　はじかみはまこふん　5世紀後半

12画（椚, 欽, 殖, 渥, 温, 湖, 港, 滋, 渡, 湯）

所在地 和歌山県有田市初島町

【椚】

⁵椚古墳　くぬぎこふん　6世紀後葉以降築造
所在地 福井県あわら市椚字城ノ下
別 椚古墳（石室）

椚古墳（石室）　くぬぎこふん（せきしつ）　6世紀後葉以降築造
所在地 福井県あわら市椚　㊥県指定史跡（1973）

椚田遺跡　くぬぎだいせき　縄文時代～古墳時代
所在地 東京都八王子市椚田町　㊥国指定史跡（1978）

椚田遺跡群　くぬぎだいせきぐん　縄文時代～平安時代
所在地 東京都八王子市椚田町・舘町・山田町・小比企町

【欽】

⁸欽明天皇陵古墳　きんめいてんのうりょうこふん　古墳時代後期
所在地 奈良県高市郡明日香村平田字梅山
別 欽明陵古墳

欽明陵古墳　きんめいりょうこふん　古墳時代後期
所在地 奈良県高市郡明日香村平田字梅山
別 欽明天皇陵古墳

【殖】

¹⁵殖槻　うえつき
所在地 奈良県大和郡山市城内町
㊅『日本霊異記』,『今昔物語集』

【渥】

⁹渥美古窯跡群　あつみこようせきぐん　12世紀初め頃～鎌倉時代末期
所在地 愛知県豊橋市西南部～田原市

【温】

⁴温井15号墳　ぬくいじゅうごごうふん　6世紀前半
所在地 石川県七尾市温井町

⁶温江丸山古墳　あつえかやまるやまこふん　古墳時代中期
所在地 京都府与謝郡与謝野町温江
別 加悦丸山古墳, 丸山古墳

⁹温海山　あつみやま
所在地 山形県鶴岡市温海
㊅芭蕉『おくのほそ道』

¹⁰温根沼遺跡　おんねとういせき　早期縄文時代～アイヌ時代に至る各時代
所在地 北海道根室市温根沼

【湖】

⁶湖西古窯跡群　こさいこようせきぐん, こさいこようあとぐん　古墳時代～奈良時代, 平安時代末～鎌倉時代
所在地 静岡県湖西市
別 湖西窯跡群

湖西窯跡群　こさいかまあとぐん　古墳時代～奈良時代, 平安時代末～鎌倉時代
所在地 静岡県湖西市
別 湖西古窯跡群

【港】

³港川遺跡　みなとがわいせき　旧石器時代
所在地 沖縄県島尻郡八重瀬町港川

【滋】

¹²滋賀里遺跡　しがさといせき　縄文時代後期
所在地 滋賀県大津市見世

【渡】

⁵渡辺　わたのべ
所在地 大阪府大阪市北区天満
㊅正徹『永享五年正徹詠草』, 謡曲『芦刈』,『平家物語』

渡辺　わたなべ
所在地 大阪府大阪市中央区石町
㊅『太平記』,『義経記』

⁸渡具知東原遺跡　とぐちあがりばるいせき　縄文時代草創期～前期
所在地 沖縄県中頭郡読谷村渡具知地区
別 東原遺跡

【湯】

⁰湯の口横穴墓群　ゆのくちおうけつぼぐん　7世紀前半
所在地 熊本県山鹿市大字蒲生字湯の口

湯の里4遺跡　ゆのさとよんいせき　旧石器時代, 縄文時代, 続縄文時代
所在地 北海道上磯郡知内町湯の里

湯の原　ゆのはら

12画（湯）

　　所在地 福岡県筑紫野市
　　㊷大伴旅人『万葉集 6』
湯ケ野温泉　ゆがのおんせん
　　所在地 静岡県賀茂郡河津町
　　㊷川端康成『伊豆の踊子』
[3]**湯山6号墳　ゆやまろくごうふん　5世紀前半**
　　所在地 鳥取県鳥取市福部町湯山字宮ノ前
湯山古墳　ゆやまこふん　6世紀中葉～後葉
　　所在地 大阪府堺市中区見野山
湯山御殿跡　ゆのやまごてんあと　安土桃山時代
　　所在地 兵庫県神戸市北区有馬町
[4]**湯之山旧湯治場　ゆのやまきゅうとうじば　江戸時代**
　　所在地 広島県広島市佐伯区湯来町　㊷県指定史跡（1958）
湯之奥金山　ゆのおくきんざん　戦国時代前期～江戸時代初期
　　所在地 山梨県，静岡県
　　㊙中山金山・内山金山・茅小屋金山
湯元温泉　ゆもとおんせん
　　所在地 栃木県日光市湯元
　　㊷木下利玄『銀』，幸田露伴『華厳滝』
[5]**湯出野遺跡　ゆでのいせき　縄文時代晩期**
　　所在地 秋田県由利本荘市東由利老方字湯出野
　　㊷県指定史跡（1976）
湯布院　ゆふいん
　　所在地 大分県由布市湯布院町
　　㊷水原秋桜子『殉教』
　　㊙由布院
湯本　ゆもと
　　所在地 神奈川県足柄下郡箱根町湯本
　　㊷『東海道名所図会』
　　㊙箱根湯本
[6]**湯舟坂2号墳　ゆふねさかにごうふん　6世紀後半～7世紀前半**
　　所在地 京都府京丹後市久美浜町字須田小字鳥
　　㊷府指定史跡（1983）
湯舟沢Ⅱ遺跡　ゆぶねざわにいせき　縄文時代後期中葉
　　所在地 岩手県岩手郡滝沢村
湯舟沢遺跡　ゆぶねざわいせき　縄文時代，弥生時代，平安時代
　　所在地 岩手県岩手郡滝沢村湯舟沢地内
[7]**湯坂遺跡　ゆさかいせき　縄文時代中期**
　　所在地 栃木県大田原市金丸湯坂
湯尾　ゆのお

　　所在地 福井県南条郡南越前町
　　㊷芭蕉『ひるねの種』『おくのほそ道』
湯沢遺跡　ゆざわいせき　縄文時代前期～後期
　　所在地 岩手県盛岡市湯沢
湯沢遺跡　ゆざわいせき　縄文時代中期，平安時代
　　所在地 山梨県北杜市高根町下黒沢
[10]**湯倉洞窟遺跡　ゆくらどうくついせき　縄文時代**
　　所在地 長野県上高井郡高山村牧湯沢
湯島切通し　ゆしまきりどおし
　　所在地 東京都文京区湯島
　　㊷田山花袋『東京の三十年』，樋口一葉『しのぶぐさ』
湯島天神　ゆしまてんじん
　　所在地 東京都文京区湯島
　　㊷尾崎紅葉『金色夜叉』，井原西鶴『好色二代男』
　　㊙湯島神社
湯島貝塚　ゆしまかいづか　縄文時代後期
　　所在地 東京都文京区湯島切通し
湯島神社　ゆしまじんじゃ
　　所在地 東京都文京区湯島
　　㊷尾崎紅葉『金色夜叉』，井原西鶴『好色二代男』
　　㊙湯島天神
湯島聖堂　ゆしませいどう　元禄3年（1690）創建
　　所在地 東京都文京区湯島　㊷国指定史跡（1922）
湯浜遺跡　ゆはまいせき　縄文時代前期前半～中葉
　　所在地 東京都八丈島八丈町樫立
　　㊙八丈島湯浜遺跡
湯納遺跡　ゆのういせき　縄文時代～古墳時代
　　所在地 福岡県福岡市西区拾六町
湯釜古墳　ゆがまこふん　5世紀後葉～6世紀前葉
　　所在地 広島県広島市安佐北区小田
[11]**湯崎古墳群　ゆざきこふんぐん　6世紀後半**
　　所在地 佐賀県杵島郡白石町湯崎
湯崎温泉　ゆざきおんせん
　　所在地 和歌山県西牟婁郡白浜町
　　㊷『西国三十三所名所図会』
[13]**湯殿山　ゆどのさん**

遺跡・古墳よみかた辞典　465

[所在地]山形県鶴岡市, 西村山郡西川町
[文]斎藤茂吉『ともしび』, 芭蕉『おくのほそ道』

16湯築城跡　ゆずきじょうあと　建武年間（1334〜36/38）築城
[所在地]愛媛県松山市道後公園　[史]国指定史跡（2002）

【満】

12満越遺跡　みちごえいせき　古墳時代前期〜後期
[所在地]広島県尾道市浦崎町満越

13満福寺　まんぷくじ　奈良時代開創
[所在地]神奈川県鎌倉市腰越2-4-8

16満濃池　まんのういけ　8世紀初め築造
[所在地]香川県仲多度郡まんのう町
[別]万農池, 万能池

【湊】

3湊川　みなとがわ
[所在地]兵庫県神戸市
[文]『千載和歌集 5』,『太平記』

9湊茶臼山古墳　みなとちゃうすやまこふん　古墳時代前期中葉
[所在地]岡山県岡山市中区湊
[別]茶臼山古墳

【湧】

7湧別市川遺跡　ゆうべついちかわいせき　縄文時代早期
[所在地]北海道網走市
[別]湧別遺跡

【渭】

6渭伊神社境内遺跡　いいじんじゃけいだいいせき　古墳時代
[所在地]静岡県浜松市北区引佐町井伊谷　[史]県指定史跡（1992）
[別]天白磐座遺跡

【湍】

4湍戸の崎　せとのさき
[所在地]兵庫県揖保郡御津町室津の金ケ崎/兵庫県赤穂市坂越湾の黒崎
[文]『万葉集』
[別]瀬戸の崎

【渟】

6渟名川　ぬながわ
[所在地]富山県, 新潟県
[文]『万葉集』
[別]沼名川

【焼】

0焼の峠古墳　やけのとうげこふん, やきのとうげこふん　古墳時代前期
[所在地]福岡県朝倉郡筑前町四三島
[別]焼ノ峠古墳

焼ノ峠古墳　やけのとうげこふん, やきのとうげこふん　古墳時代前期
[所在地]福岡県朝倉郡筑前町四三島　[史]国指定史跡（1975）
[別]焼の峠古墳

3焼山古墳　やけやまこふん　6世紀前半
[所在地]群馬県太田市東長岡字焼山

焼山古墳群　やけやまこふんぐん, やきやまこふんぐん　古墳時代後期
[所在地]兵庫県小野市天神町・中町・垂井町

8焼岳　やけだけ
[所在地]長野県松本市, 岐阜県高山市
[文]寺田寅彦『雨の上高地』, 若山牧水『山桜の歌』

9焼津　やいず
[所在地]静岡県焼津市
[文]『万葉集』,『古事記』,『日本書紀』

【然】

7然別湖　しかりべつこ
[所在地]北海道河東郡鹿追町
[文]河東碧梧桐『狩勝峠』

【無】

5無田原遺跡　むたばるいせき　縄文時代早期〜弥生時代前期
[所在地]熊本県菊池郡大津町矢護川字無田山
[史]県指定史跡
[別]牟田原遺跡

11無動寺　むどうじ
[所在地]滋賀県大津市坂本本町
[文]慈円『新古今和歌集 18』

12無量光寺境内及び笈退の遺跡　むりょうこうじけいだいおよびおいしゃりのいせき　弘長元年（1261）創建
[所在地]神奈川県相模原市南区当麻578ほか 無

量光寺ほか　㋰市指定史跡（2001）
無量光院跡　むりょうこういんあと　平安時代末期
　㋣岩手県西磐井郡平泉町　㋰国指定特別史跡（1955）

[15]**無縁坂**　むえんざか
　㋣東京都文京区湯島
　㋛森鴎外『雁』

【犀】

[0]**犀ヶ崖古戦場**　さいががけこせんじょう　元亀元年（1572）
　㋣静岡県浜松市　㋰県指定史跡（1952）

[3]**犀川**　さいがわ
　㋣石川県金沢市
　㋛宮柊二『独石馬』

犀川　さいがわ
　㋣長野県松本市
　㋛土岐善麿『はつ恋』

【琴】

[5]**琴平山古墳**　ことひらやまこふん　6世紀初頭～前半
　㋣三重県名張市赤目町壇字横山　㋰県指定史跡（2006）

琴平古墳　ことひらこふん　古墳時代後期初め
　㋣静岡県富士市中里字大塚　㋰県指定史跡（1958）

[7]**琴似屯田兵村兵屋跡**　ことにとんでんへいそんへいおくあと　明治時代初期
　㋣北海道札幌市西区琴似　㋰国指定史跡（1982）

[12]**琴塚古墳**　ことづかこふん　5世紀頃
　㋣岐阜県岐阜市琴塚　㋰国指定史跡（1934）

【琵】

[12]**琵琶小路**　びわこうじ
　㋣神奈川県鎌倉市

琵琶峠の石畳　びわとうげのいしだたみ　江戸時代
　㋣岐阜県瑞浪市

琵琶島　びわじま
　㋣神奈川県横浜市金沢区　瀬戸神社　㋰市登録史跡（1991）

琵琶塚古墳　びわづかこふん　6世紀前半
　㋣栃木県小山市飯塚　㋰国指定史跡（1926）

琵琶塚古墳　びわずかこふん　5世紀末～6世紀初頭
　㋣熊本県熊本市南区城南町塚原

琵琶湖　びわこ
　㋣滋賀県
　㋛『万葉集』,『古事記』

琵琶湖疏水　びわこそすい　明治時代造築
　㋣滋賀県大津市三井寺町ほか,京都府京都市　㋰国指定史跡（1996）
　㋭琵琶湖疏水跡

琵琶湖疏水跡　びわこそすいあと　明治時代造築
　㋣滋賀県大津市三井寺町ほか,京都府京都市
　㋭琵琶湖疏水

琵琶湖湖底遺跡　びわここていいせき　縄文時代中・後期～弥生時代後期
　㋣滋賀県長浜市湖北町尾上
　㋭尾上琵琶湖湖底遺跡

琵琶隈古墳　びわのくまこふん　古墳時代前期
　㋣福岡県行橋市大字延永　㋰県指定史跡（1955）
　㋭ビワノクマ古墳

琵琶橋　びわばし　江戸時代・鎌倉十橋の一
　㋣神奈川県鎌倉市由比ガ浜2

【畳】

[7]**畳谷弥生遺跡群**　たたみだにやよいいせきぐん　弥生時代終末～古墳時代初頭
　㋣広島県広島市東区上温品　㋰県指定史跡（1974）

【番】

[3]**番山古墳**　ばんやまこふん　5世紀中葉～後半頃
　㋣大阪府高槻市上土室町5丁目

[11]**番清水遺跡**　ばんしみずいせき　古墳時代前期～後期
　㋣埼玉県東松山市大字柏崎字番清水

[12]**番場**　ばんば
　㋣滋賀県米原市
　㋛『木曽路名所図会』

番古墳　ばんずかこふん　5世紀末～6世紀初め頃

遺跡・古墳よみかた辞典　467

12画（痛, 登, 着, 程, 童, 筋, 策, 筑）

(所在地)福岡県京都郡苅田町与原　(国)県指定史跡（1960）

【痛】

7痛足の山　あなしのやま
(所在地)奈良県桜井市穴師
(文)『万葉集』

【登】

3登山古墳　どうやまこふん　6世紀
(所在地)神奈川県厚木市飯山小字登山

4登戸　のぼりと
(所在地)神奈川県川崎市多摩区登戸
(文)大田蜀山人『玉川砂利』

7登呂遺跡　とろいせき　弥生時代後期
(所在地)静岡県静岡市駿河区登呂　(国)国指定特別史跡（1952）

登尾山古墳　とおのやまこふん　7世紀前半
(所在地)神奈川県伊勢原市坪ノ内

9登計原遺跡　とけっぱらいせき　縄文時代前期, 平安時代
(所在地)東京都西多摩郡奥多摩町登計

【着】

13着馴れの里　きなれのさと
(所在地)奈良県
(文)『金槐和歌集』

【程】

12程森遺跡　ほどのもりいせき　縄文時代晩期
(所在地)青森県平川市古懸字上程森

【童】

7童男山古墳群　どうなんざんこふんぐん　6世紀後半
(所在地)福岡県八女市大字山内

【筋】

12筋替橋　すじかえばし　江戸時代・鎌倉十橋の一
(所在地)神奈川県鎌倉市雪ノ下

【策】

0策の井　むちのい　江戸時代
(所在地)東京都新宿区西新宿1-6　(国)都指定旧跡（1955）

(別)策の井の碑

策の井の碑　むちのいのひ　江戸時代
(所在地)東京都新宿区西新宿1-6
(別)策の井

【筑】

3筑土八幡　つくどはちまん
(所在地)東京都新宿区筑土八幡町
(文)大町桂月『東京遊行記』
(別)筑土八幡神社

8筑波八幡塚古墳　つくばはちまんずかこふん　古墳時代後期
(所在地)茨城県つくば市沼田
(別)八幡塚古墳, 八幡塚

筑波山　つくばさん
(所在地)茨城県
(文)謡曲『桜川』,『常陸国風土記』

筑波山古墳　つくばさんこふん　6世紀末～7世紀初め
(所在地)群馬県邑楽郡板倉町岩田風張

筑波嶺の嶺ろ　つくばねのねろ
(所在地)茨城県つくば市, 石岡市, 桜川市
(文)『万葉集』

9筑前国　ちくぜんのくに
(所在地)福岡県
(文)『続日本紀』

筑前国分寺跡　ちくぜんこくぶんじあと　奈良時代創建
(所在地)福岡県太宰府市国分　(国)国指定史跡（1922）

筑後一条石人山古墳　ちくごいちじょうせきじんやまこふん　古墳時代
(所在地)福岡県筑後市大字一条人形原, 八女郡広川町大字一条人形原
(別)一条石人山古墳, 石人山古墳

筑後川　ちくごがわ
(所在地)熊本県, 大分県, 福岡県, 佐賀県
(文)夏目漱石『漱石全集』

筑後国　ちくごのくに
(所在地)福岡県
(文)夏目漱石『漱石全集』

筑後国分寺跡　ちくごこくぶんじあと　天平時代～平安時代前期
(所在地)福岡県久留米市国分町　(国)市指定史跡（1981）

筑後国府跡　ちくごこくふあと　奈良時代
(所在地)福岡県久留米市合川町　(国)国指定史跡

（1996）

[11]筑紫　つくし
[所在地]福岡県
[文]『古事記』

筑紫の島　つくしのしま
[所在地]長崎県対馬市
[文]『万葉集』

筑紫館　つくしのむろみつ　古代
[所在地]福岡県福岡市中央区舞鶴公園

筑紫観音山古墳群　つくしかんのんやまこふんぐん　6世紀末葉～7世紀末葉
[所在地]福岡県筑紫郡那珂川町中原・松木
[別]観音山古墳群

[15]筑摩　つくま
[所在地]滋賀県米原市朝妻筑摩
[文]『延喜式』

筑摩の神　つくまのかみ
[所在地]滋賀県米原市
[文]藤原顕綱『後拾遺和歌集 18』
[別]筑摩神社

【等】

[7]等妙寺旧境内　とうみょうじきゅうけいだい　14～16世紀
[所在地]愛媛県北宇和郡鬼北町　[史]国指定史跡（2008）

[8]等夜の野　とやのの
[所在地]福島県福島市
[文]『万葉集』

[12]等々力渓谷三号横穴　とどろきけいこくさんごうおうけつ, とどろきけいこくさんごうよこあな　8世紀
[所在地]東京都世田谷区等々力1丁目　[史]都指定史跡（1975）

等々力渓谷横穴群　とどろきけいこくよこあなぐん　7世紀後半～8世紀
[所在地]東京都世田谷区等々力1丁目

【答】

[7]答志島　とうしじま
[所在地]三重県鳥羽市答志町
[文]『万葉集』

【筒】

[4]筒井政憲の墓　つついまさのりのはか　江戸時代
[所在地]東京都新宿区西新宿7-12-5 常円寺　[史]区指定史跡（1999）

[6]筒江窯跡　つつえかまあと　17世紀後半～明治15年頃
[所在地]佐賀県武雄市山内町大字宮野　[史]県指定史跡（1981）

[9]筒城　つづき
[所在地]京都府京田辺市
[文]『古事記』,『日本書紀』

筒城宮跡　つつきのみやあと　継体天皇5～12年（511～518）
[所在地]京都府京田辺市多々羅

[11]筒野古墳　つつのこふん　古墳時代前期
[所在地]三重県松阪市嬉野一志町
[別]伊勢筒野古墳

【筏】

[15]筏遺跡　いかだいせき　縄文時代後期～晩期
[所在地]長崎県雲仙市国見町

【粟】

[5]粟田口　あわたぐち
[所在地]京都府京都市東山区三条通白川橋東入ル～蹴上辺
[文]謡曲『烏帽子折』,『栄花物語』

粟田山　あわたやま
[所在地]京都府京都市東山区
[文]小沢蘆庵『六帖詠草拾遺』

粟田御所　あわたごしょ　江戸時代
[所在地]京都府京都市東山区粟田口三条坊町
[別]青蓮院旧仮御所

[9]粟津　あわず
[所在地]滋賀県大津市膳所
[文]鴨長明『方丈記』

粟津貝塚　あわずかいずか　縄文時代早期初頭～中期前葉
[所在地]滋賀県大津市晴嵐町
[別]粟津湖底遺跡

粟津湖底遺跡　あわずこていいせき　縄文時代早期初頭～中期前葉
[所在地]滋賀県大津市晴嵐町
[別]粟津貝塚

[10]粟原カタソバ古墳群　おおばらかたそばこふんぐん　6世紀末～7世紀前半
[所在地]奈良県桜井市粟原字カタソバ

粟原寺跡　おおばらでらあと, おうばらでらあと　奈良時代
[所在地]奈良県桜井市粟原　[史]国指定史跡

12画（粥, 絵, 給, 結, 絶, 舒, 葦, 萱, 莵）

（1927）

粟島　あわしま
所在地 新潟県岩船郡粟島浦村
父 『義経記』
別 青島

粟島台遺跡　あわしまだいいせき　縄文時代前期〜後期
所在地 千葉県銚子市小川町粟島台

[11]粟船山遺跡　あわふねやまいせき　旧石器時代
所在地 神奈川県鎌倉市大船5-6

【粥】

[7]粥見井尻遺跡　かゆみいじりいせき　縄文時代草創期
所在地 三重県松阪市飯南町粥見字井尻ほか
国 県指定史跡（2000）

【絵】

[10]絵島　えじま
所在地 兵庫県淡路市岩屋
父 『平家物語』

【給】

[2]給人原古墳群　きゅうじんばらこふんぐん　古墳時代後期
所在地 広島県広島市安佐北区大毛寺

【結】

[9]結城八幡瓦窯跡　ゆうきはちまんかわらがまあと　奈良時代
所在地 茨城県結城市上山川・矢畑
別 結城廃寺跡 附 結城八幡瓦窯跡

結城郡　ゆうきのこおり
所在地 茨城県結城市, 結城郡
父 正岡子規『子規歌集』

結城廃寺跡 附 結城八幡瓦窯跡　ゆうきはいじあと つけたり ゆうきはちまんかわらがまあと　8世紀〜室町時代中頃
所在地 茨城県結城市上山川・矢畑　国 国指定史跡（2002）

結城御朱印堀　ゆうきごしゅいんぼり　戦国時代末期
所在地 茨城県結城市結城　国 県指定史跡（1958）

【絶】

[12]絶等寸の山　たゆらきのやま
所在地 兵庫県姫路市
父 『八雲御抄』

【舒】

[8]舒明天皇陵古墳　じょめいてんのうりょうこふん　古墳時代終末期
所在地 奈良県桜井市忍坂字段ノ塚
別 押坂内陵, 段ノ塚古墳, 段々塚

【葦】

[5]葦北　あしきた
所在地 熊本県葦北郡
父 『万葉集』, 『日本書紀』

葦北の野坂の里　あしきたののさかのさと
所在地 熊本県葦北郡芦北町
父 宗尊親王『文応三百首』

[10]葦原遺跡　あしはらいせき　縄文時代中期中葉〜後期初頭
所在地 長野県松本市波田

[12]葦間山古墳　あしまやまこふん　5世紀後葉〜6世紀初め
所在地 茨城県筑西市徳持　国 市指定史跡（1976）
別 徳持古墳, 稲荷山古墳

[15]葦穂山　あしほやま
所在地 茨城県石岡市, 桜川市
父 『万葉集』

【萱】

[4]萱刈沢貝塚　かやかりざわかいずか　縄文時代前期末〜中期中葉
所在地 秋田県山本郡三種町鵜川字萱刈沢

[9]萱津宿　かやつのしゅく　鎌倉時代〜室町時代後期
所在地 愛知県あま市（旧・海部郡甚目寺町）

[10]萱振1号墳　かやふりいちごうふん　4世紀末葉〜5世紀初頭
所在地 大阪府八尾市萱振町7丁目

[12]萱葉古墳群　かやばこふんぐん　4世紀後半〜5世紀前半
所在地 福岡県糟屋郡志免町

【莵】

[10]莵原　うはら

[所在地]兵庫県神戸市, 芦屋市
[文]『万葉集』,『今昔物語集』

【萩】

0 **萩ノ尾古墳　はぎのおこふん**　6世紀後半
[所在地]福岡県大牟田市東萩尾町　[史]国指定史跡（1961）
[別]穴観音古墳, 弁天山古墳

萩ヶ岡遺跡　はぎがおかいせき　縄文時代中期後半・晩期, 続縄文・擦文時代
[所在地]北海道江別市萩ヶ岡

4 **萩反射炉　はぎはんしゃろ**　安政3年（1856）築造
[所在地]山口県萩市椿東　[史]国指定史跡（1924）

5 **萩平遺跡　はぎひらいせき**　旧石器時代～縄文時代
[所在地]愛知県新城市川路字萩平

6 **萩寺　はぎでら**
[所在地]東京都江東区亀戸
[文]『江戸名所図会』, 芥川龍之介『本所両国』
[別]竜眼寺

8 **萩往還　はぎおうかん**　江戸時代
[所在地]山口県山口市, 萩市, 防府市　[史]国指定史跡（1989）

9 **萩城城下町　はぎじょうじょうかまち**　慶長9年（1604）開設
[所在地]山口県萩市呉服町・南古萩町　[史]国指定史跡（1967）

萩城跡　はぎじょうあと　慶長13年（1608）完成
[所在地]山口県萩市堀内・北片河町・南片河町・平安古　[史]国指定史跡（1951）
[別]指月城

10 **萩原墳墓群　はぎわらふんぼぐん**　古墳時代初頭～後期
[所在地]徳島県鳴門市大麻町萩原字山ノ下

11 **萩野城跡　はぎのじょうあと**　戦国時代
[所在地]長野県長野市七二会丁・中条日下野　[史]市指定史跡（1993）

12 **萩焼古窯跡群　はぎやきこようせきぐん**　江戸時代
[所在地]山口県萩市椿東　[史]県指定史跡（1981）

萩焼深川古窯跡群　はぎやきふかわこようせきぐん　江戸時代
[所在地]山口県長門市深川湯本字三ノ瀬・東三ノ瀬・西三ノ瀬　[史]県指定史跡（2005）

18 **萩藩主毛利家墓所　はぎはんしゅもうりけぼしょ**　江戸時代
[所在地]山口県萩市堀内・椿, 山口市香山町　[史]国指定史跡（1981）

萩藩校明倫館　はぎはんこうめいりんかん　享保4年（1719）開設
[所在地]山口県萩市江向
[別]明倫館水練池および有備館 附 明倫館碑, 旧萩藩校明倫館

萩藩御船倉　はぎはんおふなぐら　江戸時代
[所在地]山口県萩市東浜崎町
[別]旧萩藩御船倉

【葉】

3 **葉山古窯跡　はやまこようせき**　8世紀後葉
[所在地]山形県上山市葉山5-20
[別]須恵器窯跡

葉山尻支石墓群　はやまじりしせきぼぐん　縄文時代晩期末～弥生時代中期
[所在地]佐賀県唐津市半田　[史]国指定史跡（1966）

6 **葉糸古墳　はいとこふん**　6世紀後半
[所在地]和歌山県田辺市新庄町中谷字葉糸

7 **葉佐池古墳　はさいけこふん, はざいけこふん**　6世紀中頃
[所在地]愛媛県松山市北梅本町　[史]国指定史跡（2011）

【落】

3 **落山古墳　おちやまこふん**　5世紀前半
[所在地]岡山県勝田郡勝央町小谷田

落川・一の宮遺跡　おちかわ・いちのみやいせき　縄文時代晩期・弥生中期・古墳時代～中世・近世
[所在地]東京都日野市落川～多摩市一の宮

6 **落合　おちあい**
[所在地]東京都新宿区
[文]夏目漱石『日記』

落合Ⅱ遺跡　おちあいにいせき　平安時代前半
[所在地]岩手県奥州市江刺区愛宕字落合

落合五郎遺跡　おちあいごろういせき　縄文時代早期前半～前期
[所在地]岐阜県中津川市落合

落合古墳群　おちあいこふんぐん　4世紀末頃～6世紀前半

12画（莇, 蛭, 裁, 装, 補, 覚, 象, 賀）

所在地)三重県伊勢市津村町

落合遺跡　おちあいいせき　旧石器時代〜奈良時代
所在地)東京都新宿区下落合

⁹落柿舎　らくししゃ
所在地)京都府京都市右京区
⊗『落柿舎日記』

¹¹落部遺跡　おとしべいせき　縄文時代中期, 続縄文時代前半（恵山期）
所在地)北海道二海郡八雲町落部

【莇】

⁴莇内遺跡　しだないいせき　縄文時代後・晩期
所在地)岩手県盛岡市繋

【蛭】

⁰蛭が小島　ひるがこじま
所在地)静岡県伊豆の国市四日町字蛭島
⊗『平治物語』, 芭蕉『野ざらし紀行』
㉛蛭ヶ小島

蛭ヶ小島　ひるがこじま
所在地)静岡県伊豆の国市四日町字蛭島
⊗『平治物語』, 芭蕉『野ざらし紀行』
㉛蛭が小島

³蛭子ヶ原古墳　えびすがはるこふん　6世紀後半
所在地)大分県宇佐市大字別府字蛭子ケ原
㉛県指定史跡（1971）

蛭子山古墳　えびすやまこふん　4世紀
所在地)京都府与謝郡与謝野町明石　㉛国指定史跡（1930）

蛭子森古墳　えびすもりこふん　6世紀中葉
所在地)静岡県浜松市東区豊町

⁵蛭田富士山古墳群　ひるたふじやまこふんぐん　5世紀後半〜6世紀後半
所在地)栃木県大田原市蛭田字塚原

【裁】

¹¹裁許橋　さいきょばし　江戸時代・鎌倉十橋の一
所在地)神奈川県鎌倉市御成町

【装】

⁷装束榎　しょうぞくえのき
所在地)東京都北区王子
⊗『誹風柳多留拾遺 4』

【補】

⁸補陀洛山寺　ふだらくさんじ
所在地)和歌山県東牟婁郡那智勝浦町浜ノ宮
⊗『西国三十三所名所図会』

【覚】

¹³覚園寺境内　かくおんじけいだい　鎌倉時代創建
所在地)神奈川県鎌倉市二階堂　㉛国指定史跡（1967）

¹⁶覚賢塔　かくけんとう　鎌倉時代末期
所在地)神奈川県鎌倉市扇ガ谷2-21

【象】

象　きさ
所在地)奈良県吉野郡吉野町喜佐谷
⊗『万葉集』

⁰象の小川　きさのおがわ
所在地)奈良県吉野郡吉野町喜佐谷
⊗『万葉集』

³象山　きさやま
所在地)奈良県吉野郡吉野町喜佐谷
⊗『万葉集』

¹⁴象鼻山1号墳　ぞうびざんいちごうふん, ぞうびさんいちごうふん　古墳時代前期
所在地)岐阜県養老郡養老町橋爪

象鼻山古墳群　ぞうびざんこふんぐん, ぞうびさんこふんぐん　古墳時代前期以降
所在地)岐阜県養老郡養老町橋爪字岡山

¹⁵象潟　きさかた, きさがた
所在地)秋田県にかほ市象潟町
⊗芭蕉『おくのほそ道』

【賀】

⁷賀谷洞窟　がやどうくつ　弥生時代前期
所在地)長崎県対馬市美津島町賀谷

⁸賀茂　かも
所在地)京都府京都市北区上賀茂, 左京区下鴨
⊗『源氏物語』, 『枕草子』

賀茂の山寺　かものやまでら
所在地)京都府京都市北区上賀茂
⊗明恵『明恵上人歌集』

賀茂川　かもがわ
所在地)京都府京都市
⊗鴨長明『無名抄』
㉛鴨川

472　遺跡・古墳よみかた辞典

賀茂別雷神社　かもわけいかずちじんじゃ
　　天武天皇7年(678)社殿造営
　　所在地 京都府京都市北区上賀茂本山・神山・御園口町
　　別 上賀茂神社

賀茂別雷神社境内　かもわけいかずちじんじゃけいだい　天武天皇7年(678)社殿造営
　　所在地 京都府京都市北区上賀茂本山・神山・御園口町　㊟国指定史跡(1993)

賀茂野窯跡　かものかまあと　7世紀前半(1号窯), 6世紀中葉(2号窯)
　　所在地 京都府福知山市猪崎

賀茂御祖神社　かもみおやじんじゃ　古代創建
　　所在地 京都府京都市左京区下鴨泉川町
　　別 下鴨神社, 下賀茂社, 下社

賀茂御祖神社境内　かもみおやじんじゃけいだい　古代創建
　　所在地 京都府京都市左京区下鴨泉川町　㊟国指定史跡(1983)

[12]賀陽院　かやのいん
　　所在地 京都府京都市上京区堀川丸太町
　　㊷肥後『新古今和歌集 16』
　　別 高陽院

【貴】

[5]貴布祢神社境内　きぶねじんじゃけいだい
　　創建年不詳
　　所在地 京都府京都市左京区鞍馬貴船町　㊟市指定史跡(1998)

[6]貴舟平横穴群　きふねびらよこあなぐん　古墳時代終末期
　　所在地 大分県宇佐市大字山下字貴舟平

[11]貴船　きぶね
　　所在地 京都府京都市左京区貴船口〜上流一帯
　　㊷『栄花物語』, 『義経記』

貴船川　きぶねがわ
　　所在地 京都府京都市左京区
　　㊷謡曲『鉄輪』

貴船平下の裏山横穴群　きぶねひらしものうらやまおうけつぐん　古墳時代終末期
　　所在地 大分県宇佐市大字山下・大字上元重
　　㊟県指定史跡(1971)

貴船神社　きぶねじんじゃ, きぶねじんじゃ
　　創建年不詳
　　所在地 京都府京都市左京区鞍馬貴船町

【越】

[0]越の大野　こすのおおの
　　所在地 奈良県高市郡高取町越智
　　㊷『万葉集』

越の中山　こしのなかやま
　　所在地 新潟県妙高市
　　㊷西行『山家集』

越の白嶺　こしのしらね
　　所在地 福井県, 岐阜県, 石川県, 富山県
　　㊷『万葉集』
　　別 越の白山

越の菅原　こしのすがわら
　　所在地 新潟県上越市清里区菅原
　　㊷藤原家隆『家隆卿百番自歌合』

[4]越中山遺跡群　えっちゅうやまいせきぐん　旧石器時代
　　所在地 山形県鶴岡市越中山

越中五箇山相倉集落　えっちゅうごかやまあいのくらしゅうらく
　　所在地 富山県南砺市相倉　㊟国指定史跡(1970)

越中五箇山菅沼集落　えっちゅうごかやますがぬましゅうらく
　　所在地 富山県南砺市菅沼　㊟国指定史跡(1970)

越中国分寺跡　えっちゅうこくぶんじあと　奈良時代創建
　　所在地 富山県高岡市伏木町国分堂　㊟県指定史跡(1965)

越中国府　えっちゅうこくふ　古代
　　所在地 富山県高岡市伏木古国府

[8]越知山山岳信仰跡　おちさんさんがくしんこうあと　奈良時代以降
　　所在地 福井県越前町　㊟県指定史跡(1973)

[9]越前大野城跡　えちぜんおおのじょうあと　天正3年(1573)築城開始
　　所在地 福井県大野市城町　㊟県指定史跡(1957)

越前国　えちぜんのくに
　　所在地 福井県
　　㊷斎藤茂吉『ともしび』

越前国分寺跡　えちぜんこくぶんじあと　奈良時代創建
　　所在地 福井県越前市大虫本町

越前塚古墳　こしまえづかこふん　5世紀末葉〜6世紀前葉頃
　　所在地 滋賀県野洲市小篠原

遺跡・古墳よみかた辞典　473

越前塚古墳群　こしまえずかこふんぐん　弥生時代中期～古墳時代後期
[所在地]滋賀県長浜市加納町越前塚・狐塚

越後国　えちごのくに
[所在地]新潟県
[文]重頼『犬子集』，露川『北国曲』

越後国分寺跡　えちごこくぶんじあと　奈良時代創建
[所在地]新潟県上越市

[10]**越将軍塚古墳**　こししょうぐんずかこふん　5世紀
[所在地]長野県長野市篠ノ井塩崎　[史]市指定史跡（1978）
[別]将軍塚古墳

越高遺跡　こしだかいせき　縄文時代早期末
[所在地]長崎県対馬市上県町

[11]**越部1号墳**　こしべいちごうふん　6世紀後半～7世紀
[所在地]奈良県吉野郡大淀町越部

[12]**越塚古墳**　こしずかこふん　6世紀後半
[所在地]奈良県桜井市大字粟原2896

越塚御門古墳　こしずかごもんこふん　7世紀
[所在地]奈良県高市郡明日香村
[別]牽牛子塚古墳・越塚御門古墳

越智野　おちの
[所在地]奈良県高市郡高取町越智
[文]柿本人麻呂『万葉集 2』
[別]越の大野

【超】

[8]**超昇寺**　ちょうしょうじ　承和2年（835）創建
[所在地]奈良県奈良市佐紀町
[別]超勝寺

【軽】

軽　かる
[所在地]奈良県橿原市大軽町
[文]『万葉集』

[3]**軽子坂**　かるこざか
[所在地]東京都新宿区
[文]『御府内備考』

[4]**軽井沢**　かるいざわ
[所在地]長野県北佐久郡軽井沢町
[文]与謝野晶子『深林の香』，有島武郎『信濃日記』

軽井沢古墳　かるいざわこふん　7世紀前半
[所在地]神奈川県横浜市西区
[別]軽井沢古墳跡

軽井沢古墳跡　かるいざわこふんあと　7世紀前半
[所在地]神奈川県横浜市西区　[史]市登録史跡（2002）
[別]軽井沢古墳

[7]**軽里大塚古墳**　かるさとおおつかこふん　6世紀初頭頃
[所在地]大阪府羽曳野市軽里
[別]白鳥陵古墳，日本武尊命白鳥陵古墳，前の山古墳

【運】

[4]**運天原サバヤ貝塚**　うんてんばるさばやかいずか　沖縄貝塚時代中期～後期
[所在地]沖縄県名護市字屋我地運天原
[別]屋我地運天原サバヤ貝塚

【達】

[7]**達谷窟**　たっこくのいわや　平安時代
[所在地]岩手県西磐井郡平泉町　[史]国指定史跡（2005）

[16]**達磨山古墳**　だるまやまこふん　5世紀
[所在地]群馬県伊勢崎市五目牛町

【道】

[0]**道ノ上古墳**　みちのうえこふん　4～5世紀
[所在地]兵庫県西脇市羽安町道ノ上389-3ほか
[史]県指定史跡（1980）

道ノ上古墳　みちのうえこふん　4世紀後半頃
[所在地]大分県豊後大野市三重町赤嶺字下赤嶺
[史]県指定史跡（1972）

[3]**道下元町遺跡**　とうげもとまちいせき　室町時代主体，縄文時代，平安時代
[所在地]石川県輪島市門前町道下

[5]**道平遺跡**　どうだいらいせき　縄文時代後期前半～大洞A'式期
[所在地]福島県双葉郡大熊町大字大川原字道平

道玄坂　どうげんざか
[所在地]東京都渋谷区
[文]丹羽文雄『蛇と鳩』

[6]**道安寺横穴墓群**　どうあんじおうけつぼぐん　西暦600年前後以降
[所在地]宮城県宮城郡利府町菅谷・穴沢・馬場崎

道成寺　どうじょうじ
[所在地]和歌山県日高郡日高川町鐘巻
[文]謡曲『道成寺』，『今昔物語集』

道成寺貝塚　どうじょうじかいずか　縄文時代中期・晩期
[所在地]茨城県稲敷市寺内中坂道添

道成寺境内　どうじょうじけいだい　大宝元年（701）創建
[所在地]和歌山県日高郡日高川町鐘巻1738
[史]国指定史跡（2013）

8**道明寺　どうみょうじ**
[所在地]大阪府藤井寺市道明寺1
[文]『西国三十三所名所図会』

道明寺古墳群　どうみょうじこふんぐん　4世紀後半〜6世紀中葉
[所在地]大阪府藤井寺市古室・青山・藤ヶ丘・津堂・野中・藤井寺, 羽曳野市誉田・軽里・白鳥
[別]誉田古墳群, 古市古墳群（古室山古墳・赤面山古墳・大鳥塚古墳・助太山古墳・鍋塚古墳・城山古墳・峯ヶ塚古墳・墓山古墳・野中古墳・応神天皇陵古墳外濠外堤・鉢塚古墳・はざみ山古墳・青山古墳・蕃所山古墳）

9**道後　どうご**
[所在地]愛媛県松山市道後町
[文]『万葉集』,『日本書紀』

道後今市遺跡　どうごいまいちいせき　弥生時代後期
[所在地]愛媛県松山市道後今市北1053

道後温泉　どうごおんせん　古代以降
[所在地]愛媛県松山市

道後樋又遺跡　どうごひまたいせき　弥生時代後期
[所在地]愛媛県松山市道後樋又

道祖谷古墳　さやんたにこふん　6世紀前半
[所在地]佐賀県杵島郡白石町大字馬洗字道祖谷
[史]県指定史跡（1998）

道祖神裏古墳　どうそじんうらこふん　古墳時代前期
[所在地]千葉県君津市外箕輪　[史]県指定史跡（1979）

12**道場塚古墳　どうじょうずかこふん**　古墳時代
[所在地]茨城県常陸太田市松栄町字道場塚

13**道頓堀　どうとんぼり**
[所在地]大阪府大阪市中央区
[文]井原西鶴『好色五人女』, 近松門左衛門『曽根崎心中』

20**道灌山　どうかんやま**
[所在地]東京都荒川区西日暮里
[文]泉鏡花『七草』, 正岡子規『子規歌集』
[別]城山

道灌山遺跡　どうかんやまいせき　縄文時代前期〜弥生時代中期
[所在地]東京都荒川区西日暮里4丁目

【遍】

13**遍照寺　へんじょうじ**
[所在地]京都府京都市右京区嵯峨広沢西裏町
[文]『山家心中集』,『宇治拾遺物語』

遍照寺旧境内建物跡　へんしょうじけいだいたてものあと　永祚元年（989）創建
[所在地]京都府京都市右京区北嵯峨朝原山町
[史]市指定史跡（1992）

【遊】

6**遊行寺　ゆぎょうじ**
[所在地]神奈川県藤沢市西富1-8
[文]『遊行柳』
[別]清浄光寺, 藤沢寺

12**遊塚古墳　あそびずかこふん**　4世紀末
[所在地]岐阜県大垣市赤坂町青墓新田

遊塚古墳群　あそびずかこふんぐん　4世紀末〜5世紀初頭頃
[所在地]岐阜県大垣市赤坂町青墓新田

【酢】

9**酢屋古墳群　すやこふんぐん**　5世紀後半
[所在地]栃木県大田原市湯津上字酢屋

【開】

0**開1号墳　ひらきいちごうふん**　5世紀前半
[所在地]福岡県糸島市志摩井田原
[別]開古墳, 井田原古墳, 井田原開古墳

4**開化天皇陵古墳　かいかてんのうりょうこふん**　5世紀
[所在地]奈良県奈良市油阪町字山ノ寺

5**開古墳　ひらきこふん**　5世紀前半
[所在地]福岡県糸島市志摩井田原
[別]開1号墳, 井田原古墳, 井田原開古墳

8**開拓1号墳　かいたくいちごうふん**　7世紀後半
[所在地]埼玉県本庄市大字下野堂開拓

開拓使札幌本庁本庁舎跡および旧北海道庁本庁舎　かいたくしさっぽろほんちょうほんちょうしゃあとおよびきゅうほっかいどうちょうほんちょうしゃ　明治時代初期
[所在地]北海道札幌市中央区　[史]国指定史跡

（1967）

開法寺塔跡　かいほうじとうあと　白鳳時代
[所在地]香川県坂出市府中町本村上所5100
[史]県指定史跡（1970）

12**開陽丸遺跡**　かいようまるいせき　明治時代
[所在地]北海道檜山郡江差町中歌町沖合

14**開聞岳**　かいもんだけ
[所在地]鹿児島県指宿市開聞
[文]河東碧梧桐『続三千里』
[別]海門岳

【間】

3**間口洞窟遺跡**　まぐちどうくついせき　弥生時代〜古代
[所在地]神奈川県三浦市南下浦町松輪

間山瓦経塚　はしたやまがきょうずか　平安時代
[所在地]岡山県美作市上相

10**間宮林蔵の墓**　まみやりんぞうのはか　文化5年（1808）建立
[所在地]茨城県つくばみらい市上平柳5　[史]県指定史跡（1955）

間宮林蔵生家　まみやりんぞうせいか　江戸時代
[所在地]茨城県つくばみらい市上平柳64　[史]県指定史跡（1955）

11**間野台貝塚**　まのだいかいずか　縄文時代早期
[所在地]千葉県佐倉市臼井

【閑】

7**閑谷学校**　しずたにがっこう　江戸時代
[所在地]岡山県備前市閑谷
[別]旧閑谷学校 附 椿山・石門・津田永忠宅跡及び黄葉亭

閑谷焼窯跡　しずたにやきかまあと　江戸時代
[所在地]岡山県備前市閑谷　[史]県指定史跡（1959）

8**閑居台古墳**　かんきょだいこふん　6世紀後半
[所在地]茨城県小美玉市高崎

10**閑院**　かんいん
[所在地]京都府京都市中京区
[文]藤原高遠『後拾遺和歌集 4』

【隅】

5**隅田八幡神社**　すだはちまんじんじゃ　貞観元年（859）創建
[所在地]和歌山県橋本市隅田町垂井

隅田川　すみだがわ
[所在地]東京都
[文]謡曲『隅田川』,『伊勢物語』
[別]大川, 浅草川

6**隅寺**　すみでら　天平8年（736）創建
[所在地]奈良県奈良市法華寺北町897
[別]海竜王寺

【隈】

0**隈・西小田遺跡群**　くま・にしおだいせきぐん　6世紀
[所在地]福岡県筑紫野市 隈・西小田地区

11**隈部氏館跡**　くまべしやかたあと　16世紀
[所在地]熊本県山鹿市菊鹿町　[史]国指定史跡（2009）

【随】

4**随心院**　ずいしんいん　正暦2年（991）創建
[所在地]京都府京都市山科区小野御霊町

随心院境内　ずいしんいんけいだい　正暦2年（991）創建
[所在地]京都府京都市山科区小野御霊町　[史]国指定史跡（1966）

7**随身門**　ずいじんもん
[所在地]東京都台東区浅草
[文]為永春水『春色梅美婦弥』
[別]二天門

11**随庵古墳**　ずいあんこふん　5世紀後半
[所在地]岡山県総社市西阿曽

【陽】

14**陽徳寺古墳**　ようとくじこふん　6世紀初頭
[所在地]岐阜県関市千疋裏山

【集】

6**集成館**　しゅうせいかん　江戸時代
[所在地]鹿児島県鹿児島市吉野町
[別]旧集成館 附 寺山炭窯 関吉疎水溝

【雄】

3**雄山古墳群**　おんやまこふんぐん　6世紀
[所在地]香川県坂出市高屋町

7**雄町遺跡**　おまちいせき　弥生時代
[所在地]岡山県岡山市中区雄町

[9]雄神川　おがみがわ
[所在地]富山県
[文]『万葉集』

[10]雄島　おしま, おじま
[所在地]宮城県宮城郡松島町
[文]『梅翁宗因発句集』, 芭蕉『おくのほそ道』

[12]雄琴　おごと
[所在地]滋賀県大津市雄琴町
[文]藤原敦光『金葉和歌集 5』

雄琴出口古墳　おごとでぐちこふん　5世紀前半頃
[所在地]滋賀県大津市域

【雲】

[0]雲の林　くものはやし
[所在地]京都府京都市北区紫野雲林院町
[文]藤原家隆『家隆卿百番自歌合』
[別]雲林院, 紫野の院

[3]雲山鳥打遺跡　くもやまとりうちいせき　弥生時代末
[所在地]岡山県岡山市北区

[5]雲仙岳　うんぜんだけ
[所在地]長崎県
[文]『日本名山図会』

雲田の村　くもだのむら
[所在地]兵庫県, 京都府
[文]藤原範兼『千載和歌集 10』

[8]雲取　くもとり
[所在地]和歌山県新宮市, 東牟婁郡那智勝浦町
[文]西行『山家集』

雲居寺　うんごじ
[所在地]京都府京都市下京区高台寺付近
[文]謡曲『自然居士』, 鴨長明『無名抄』

雲林院　うりんいん　平安時代
[所在地]京都府京都市北区紫野雲林院町
[別]雲の林, 紫野の院

雲林院井堰　うじいいせき　江戸時代
[所在地]三重県津市芸濃町雲林院55-2ほか
[史]県指定史跡（1941）

[10]雲峰寺経塚　うんぽうじきょうずか　平安時代～鎌倉時代
[所在地]山梨県甲州市塩山上萩原

[11]雲彩寺古墳　うんさいじこふん　6世紀前半
[所在地]長野県飯田市飯沼字天神塚
[別]飯沼天神塚古墳, 天神塚古墳, 南条天神塚, 飯沼雲彩寺古墳

雲梯の社　うなてのもり
[所在地]奈良県橿原市雲梯
[文]『万葉集』

雲部車塚古墳　くもべくるまずかこふん　5世紀中頃
[所在地]兵庫県篠山市東本荘
[別]車塚古墳

雲雀山古墳群　ひばりやまこふんぐん　5世紀後半～6世紀初め頃
[所在地]滋賀県長浜市山ノ前町

[16]雲樹寺経塚　うんじゅじきょうずか　中世
[所在地]島根県安来市宇賀荘

[20]雲巌寺　うんがんじ
[所在地]栃木県大田原市
[文]芭蕉『おくのほそ道』

【韮】

[3]韮山反射炉　にらやまはんしゃろ　江戸時代末期
[所在地]静岡県伊豆の国市鳴滝　[史]国指定史跡（1922）

韮山役所跡　にらやまやくしょあと　江戸時代
[所在地]静岡県伊豆の国市韮山　[史]国指定史跡（2004）

韮山城跡　にらやまじょうあと　室町時代後期～戦国時代
[所在地]静岡県伊豆の国市韮山

[14]韮窪遺跡　にらくぼいせき　縄文時代中期末～後期前半
[所在地]青森県八戸市笹子

【順】

[5]順正書院　じゅんせいしょいん
[所在地]京都府京都市左京区
[文]『花洛名勝図会』

順正寮跡　じゅんせいりょうあと　明治29年（1896）建設
[所在地]岡山県高梁市頼久寺町　[史]県指定史跡（1959）

順礼海道古墳　じゅんれいかいどうこふん　6世紀中葉～後葉頃
[所在地]千葉県木更津市笹子

[11]順庵原1号墳墓　じゅうなんばらいちごうふんぼ　弥生時代後期
[所在地]島根県邑智郡邑南町上亀谷　[史]県指定史跡（1970）

順庵原遺跡　じゅうなんばらいせき　弥生時

代～古墳時代
[所在地]島根県邑智郡邑南町下亀谷

【須】

3須久茂塚古墳　すくもずかこふん　古墳時代中期
[所在地]島根県益田市久城町
[別]スクモ塚古墳

須久御領古墳　すくごりょうこふん　古墳時代
[所在地]福岡県春日市大字須久

4須木村古墳　すきそんこふん　古墳時代
[所在地]宮崎県小林市須木村大字中原字上ノ原　[史]県指定史跡（1934）
[別]上ノ原地下式横穴墓群

6須江ツカアナ古墳　すえつかあなこふん　6世紀末～7世紀
[所在地]高知県香美市土佐山田町須江

7須佐　すさ
[所在地]愛知県知多郡南知多町豊浜
[文]『万葉集』

須佐地古墳　すさじこふん　古墳時代中期
[所在地]山口県萩市下田万字中尾崎

須佐唐津古窯跡群　すさからつこようせきぐん　江戸時代初期～大正時代末期操業
[所在地]山口県萩市大字須佐字唐津　[史]県指定史跡（1984）

須坂鎧塚古墳　すざかよろいずかこふん　6世紀以降
[所在地]長野県須坂市八町上八丁　[史]県指定史跡（1965）
[別]八丁鎧塚，鎧塚古墳

須玖岡本遺跡　すぐおかもといせき，すくおかもといせき　弥生時代中期
[所在地]福岡県春日市岡本・弥生　[史]国指定史跡（1986）
[別]須玖遺跡，岡本遺跡

須玖遺跡　すぐいせき，すくいせき　弥生時代中期
[所在地]福岡県春日市岡本・弥生
[別]岡本遺跡，須玖岡本遺跡

8須和田遺跡　すわだいせき　弥生時代～平安時代
[所在地]千葉県市川市須和田・真間・国分

須和間古墳群　すわまこふんぐん　古墳出現期
[所在地]茨城県那珂郡東海村字前原

須弥山石　しゅみせんせき　古代
[所在地]奈良県高市郡明日香村飛鳥

10須恵クヒノ浦1号墳　すえくひのうらいちごうふん　6世紀前～中頃
[所在地]福岡県宗像市大字須恵字クヒノ浦

須恵器窯跡　すえきかまあと　8世紀後半
[所在地]山形県上山市葉山5-20　[史]県指定史跡（1957）
[別]葉山古窯跡

須恵器窯跡　すえきかまあと　9世紀初頭
[所在地]山形県鶴岡市大荒字荒沢前167-1　[史]県指定史跡（1958）
[別]荒沢古窯跡

須釜東福寺舎利石塔　すがまとうふくじしゃりせきとう　鎌倉時代
[所在地]福島県石川郡玉川村　[史]国指定史跡（1935）

11須曽蝦夷穴古墳　すそえぞあなこふん　7世紀中葉前後
[所在地]石川県七尾市能登島須曽町　[史]国指定史跡（1981）
[別]蝦夷穴古墳

12須賀　すが
[所在地]島根県松江市八雲町熊野
[文]『古事記』

須賀の荒野　すがのあらの
[所在地]長野県松本市神林・笹賀・今井
[文]『万葉集』

須賀川　すかがわ
[所在地]福島県須賀川市
[文]『貫之集』

須賀川一里塚　すかがわいちりずか　江戸時代
[所在地]福島県須賀川市一里担・高久田境　[史]国指定史跡（1936）

16須磨　すま
[所在地]兵庫県神戸市須磨区
[文]『古今集』，『源氏物語』（須磨の巻）

須磨の浦　すまのうら
[所在地]兵庫県神戸市須磨区
[文]『源氏物語』

須磨の関跡　すまのせきあと
[所在地]兵庫県神戸市須磨区関守町1丁目
[文]『枕草子』，慈円『新古今和歌集 17』

須磨寺　すまでら
[所在地]兵庫県神戸市須磨区
[文]佐佐木信綱『思草』，芭蕉『笈の小文』

須衛船山古墳群　すえふなやまこふんぐん
7世紀
(所在地)岐阜県各務原市須衛町
(別)船山北古墳群

須衛窯址群　すえようしぐん　奈良時代主体
(所在地)岐阜県各務原市

【飯】

0飯ノ山横穴墓群　いいのやまおうけつぼぐん
6世紀後半頃～7世紀頃
(所在地)島根県隠岐郡隠岐の島町西町
(別)飯ノ山横穴群

飯ノ山横穴群　いいのやまよこあなぐん　6世紀後半頃～7世紀頃
(所在地)島根県隠岐郡隠岐の島町西町
(別)飯ノ山横穴墓群

3飯山　いいのやま
(所在地)香川県丸亀市, 坂出市
(文)『金毘羅参詣名所図会』

飯山満東遺跡　はざまひがしいせき　縄文時代前期中・後葉, 中期中・後葉
(所在地)千葉県船橋市飯山満1丁目

4飯氏B-14号墳　いいじびーじゅうよんごうふん　6世紀
(所在地)福岡県福岡市西区大字飯氏字正善寺

飯氏二塚古墳　いいじふたつかこふん　6世紀
(所在地)福岡県福岡市西区大字千里

飯氏馬場遺跡　いいじばばいせき　弥生時代
(所在地)福岡県福岡市西区大字飯氏字馬場

5飯田鎧塚古墳　いいだよろいずかこふん　古墳時代中期
(所在地)長野県飯田市桐林字塚原
(別)鎧塚古墳, 塚原第5号墳

6飯合作古墳群　いごさくこふんぐん　3世紀末葉～4世紀初頭頃
(所在地)千葉県佐倉市下志津字飯合作

飯合作遺跡　いごうさくいせき　弥生時代後期～古墳時代初頭
(所在地)千葉県佐倉市下志津

8飯岡古墳群　いのおかこふんぐん　古墳時代
(所在地)京都府京田辺市草内

飯岡車塚古墳　いのおかくるまずかこふん, いいのおかくるまずかこふん　4世紀後半
(所在地)京都府京田辺市飯岡西原
(別)車塚古墳

飯沼天神塚古墳　いいぬまてんじんずかこふん　6世紀前半
(所在地)長野県飯田市上郷飯沼天神塚3334-1ほか
(別)雲彩寺古墳, 天神塚古墳, 南条天神塚, 飯沼雲彩寺古墳

飯沼雲彩寺古墳　いいぬまうんさいじこふん　6世紀前半
(所在地)長野県飯田市上郷飯沼3334-1ほか　(文)県指定史跡(1965)
(別)雲彩寺古墳, 飯沼天神塚古墳, 天神塚古墳, 南条天神塚

9飯室　いいむろ
(所在地)滋賀県大津市坂本
(文)『大鏡』, 『平治物語』

10飯倉　いいくら
(所在地)東京都港区
(文)釈迢空『春のことぶれ』

11飯梨岩舟古墳　いいなしいわふねこふん　6世紀
(所在地)島根県安来市飯梨町
(別)岩舟古墳

飯盛山　いいもりやま
(所在地)福島県会津若松市滝沢町

飯盛山古墳　いいもりやまこふん　古墳時代前期
(所在地)福島県会津若松市一箕町弁天

飯盛山古墳　いいもりやまこふん, めしもりやまこふん　古墳時代前期
(所在地)鹿児島県志布志市志布志町夏井
(別)ひょうたん塚

飯盛山経塚　いいもりやまきょうづか　平安時代
(所在地)福岡県福岡市西区飯盛

飯盛塚　いいもりつか　5世紀前半
(所在地)宮崎県西都市大字三宅字丸山
(別)西都原169号墳

飯郷作古墳　いごうさくこふん　4世紀後半
(所在地)千葉県佐倉市下志津262-1ほか

飯野古墳群　いいのこふんぐん　5世紀中頃～7世紀
(所在地)千葉県富津市二間塚飯野
(別)内裏塚古墳群

飯野坂古墳群　いいのざかこふんぐん　古墳時代中期
(所在地)宮城県名取市飯野坂・名取が丘　(文)国指定史跡(1978)

飯野陣屋濠跡　いいのじんやほりあと　慶安元年(1648)築造

[所在地]千葉県富津市下飯野883 [史]県指定史跡（1967）

12飯塚・招木古墳群 いいずか・まねきこふんぐん 7世紀〜8世紀初頭
[所在地]埼玉県秩父市大字寺尾 [史]県指定史跡（1976）

飯塚古墳群 いいずかこふんぐん 6世紀前半〜7世紀
[所在地]栃木県小山市大字飯塚字台山

飯塚埴輪窯址 いいずかはにわようし 6世紀
[所在地]栃木県小山市大字飯塚

飯道寺 はんどうじ
[所在地]滋賀県甲賀市水口町
[文]『東海道名所図会』

飯道塚古墳群 はんどうずかこふんぐん 古墳時代後期
[所在地]滋賀県東近江市大塚町

13飯詰竪穴群 いいずめたてあなぐん 縄文時代中期, 古代
[所在地]秋田県仙北郡美郷町飯詰字東山本字東西法寺 [史]県指定史跡（1959）

飯豊山の穴堰 いいでさんのあなぜき 寛政11年（1799）着工
[所在地]山形県飯豊町 [史]県指定史跡（1956）

14飯綱山古墳群 いいずなやまこふんぐん 5〜7世紀
[所在地]新潟県南魚沼市余川字飯綱山 [史]県指定史跡（1972）

22飯籠塚古墳 いごずかこふん 古墳時代前期
[所在地]千葉県君津市岩出字飯籠塚 [史]県指定史跡（1989）

【黍】

5黍田15号墳 きびたじゅうごごうふん 6世紀後葉〜7世紀初頭頃
[所在地]兵庫県たつの市揖保川町黍田

13 画

【傾】

9傾城壇古墳 けいせいだんこふん 古墳時代前期前半
[所在地]福島県安達郡大玉村大字大山字愛宕

【僧】

4僧日要の墓 そうにちようのはか 室町時代
[所在地]宮崎県日向市大字細島字八幡ノ上327ノ乙 [史]県指定史跡（1942）

僧日講遺跡 そうにっこういせき 江戸時代
[所在地]宮崎県宮崎市佐土原町大字上田島字新山 [史]県指定史跡（1942）

12僧道薬墓 そうどうやくぼ 奈良時代
[所在地]奈良県天理市岩屋町西山

【勧】

8勧学院 かんがくいん
[所在地]京都府京都市中京区西ノ京勧学院町
[文]『栄花物語』，『平家物語』

10勧修寺 かじゅうじ, かんじゅじ, かんしゅうじ 昌泰3年（900）頃創建
[所在地]京都府京都市山科区勧修寺仁王堂町

13勧農車塚古墳 かんのうくるまずかこふん 5世紀中葉期
[所在地]栃木県足利市宮北町
[別]車塚古墳

【勢】

7勢見山古墳 せいみやまこふん 古墳時代前期
[所在地]徳島県徳島市勢見町2丁目

11勢野茶臼山古墳 せやのちゃうすやまこふん 6世紀前半
[所在地]奈良県生駒郡三郷町勢野474
[別]茶臼山古墳

【園】

0園カンデ窯跡 そのかんでかまあと 6世紀前葉
[所在地]富山県氷見市園字上手

4園比屋武御岳 そのひゃんうたき 16世紀
[所在地]沖縄県那覇市首里真和志町1丁目 [史]県指定史跡（1955）

5園生貝塚 そんのうかいずか 縄文時代後期〜晩期
[所在地]千葉県千葉市稲毛区園生町長者山

園田大塚山古墳 そのだおおつかやまこふん 5世紀末〜6世紀
[所在地]兵庫県尼崎市南清水字稲荷
[別]大塚山古墳, 天狗塚

9園城寺 おんじょうじ 8世紀末創建
[所在地]滋賀県大津市園城寺町

13画（塩, 塞）

㋞三井寺
[10]園原　そのはら
　所在地 長野県下伊那郡阿智村園原
　㋲『実方集』,『枕草子』
[11]園部円山古墳　そのべまるやまこふん　6世紀前葉
　所在地 和歌山県和歌山市園部
　㋞円山古墳

園部城跡　そのべじょうあと　中世～近世
　所在地 京都府南丹市園部町小桜町97

【塩】

[0]塩の山　しおのやま
　所在地 石川県羽咋郡
　㋲『平家物語』

塩の山　しおのやま
　所在地 山梨県甲州市
　㋲『伊勢集』

[3]塩山古墳群　しおやまこふんぐん　5世紀後葉～6世紀前葉
　所在地 大阪府豊能郡能勢町片山上山

[5]塩古墳群　しおこふんぐん　古墳時代前期
　所在地 埼玉県熊谷市塩328ほか　㋲県指定史跡（1960）

塩尻峠　しおじりとうげ
　所在地 長野県塩尻市, 岡谷市
　㋲与謝野晶子『心の遠景』
　㋞塩嶺峠

[7]塩沢上原A遺跡　しおざわうわはらえーいせき　縄文時代中期
　所在地 福島県二本松市塩沢字上原

塩谷宕陰墓　しおのやとういんのはか　江戸時代
　所在地 東京都台東区谷中7-16 天王寺墓地
　㋲都指定旧跡（1955）

[8]塩坪遺跡　しおつぼいせき　旧石器時代
　所在地 福島県喜多方市高郷町塩坪

塩法坂　しおのりのさか
　所在地 新潟県長岡市(旧・三島郡三島町, 三島郡与板町)
　㋲大愚良寛『良寛自筆歌抄』

[9]塩屋の王子　しおやのおうじ
　所在地 和歌山県御坊市塩屋町北塩屋
　㋲『千載和歌集』

塩屋の里　しおやのさと
　所在地 兵庫県神戸市垂水区
　㋲『平家物語』

塩屋金精神社遺跡　しおやきんせいじんじゃいせき　縄文時代後期前半中心
　所在地 岐阜県飛騨市宮川町塩屋

塩津　しおつ
　所在地 滋賀県長浜市西浅井町塩津浜
　㋲『万葉集』

塩津丸山古墳群　しおつまるやまこふんぐん, しおずまるやまこふんぐん　4世紀末～5世紀
　所在地 滋賀県長浜市西浅井町塩津中　㋲県指定史跡（1982）
　㋞丸山古墳群

塩津山　しおつやま
　所在地 滋賀県長浜市西浅井町塩津浜
　㋲『万葉集』

塩津山墳墓群　しおつやまふんぼぐん　古墳時代前期
　所在地 島根県安来市荒島町字柳・久白町字塩津

[10]塩原塚古墳　しおばらずかこふん　6世紀末
　所在地 群馬県前橋市田口町

塩釜　しおがま
　所在地 宮城県塩竈市
　㋲『伊勢物語』, 正岡子規『はて知らずの記』

塩釜の浦　しおがまのうら
　所在地 宮城県塩竈市
　㋲『八雲御抄』

塩釜遺跡　しおがまいせき　縄文時代中期阿玉台～加曽利E式土器
　所在地 茨城県鹿嶋市田野辺

[11]塩崎遺跡群　しおざきいせきぐん　弥生時代中期～平安時代
　所在地 長野県長野市篠ノ井塩崎

[12]塩塚古墳　しおずかこふん　5世紀前半
　所在地 奈良県奈良市歌姫町・佐紀町　㋲国指定史跡（1975）

塩棚古墳群　しおたなこふんぐん　古墳時代
　所在地 福島県双葉郡浪江町塩棚

[13]塩飽勤番所跡　しわくきんばんしょあと　江戸時代
　所在地 香川県丸亀市本島町　㋲国指定史跡（1970）

【塞】

[0]塞ノ神遺跡　さいのかみいせき　縄文時代早期
　所在地 長野県上水内郡信濃町富野

塞ノ神遺跡　せのかんいせき　縄文時代早期

遺跡・古墳よみかた辞典　481

末, 弥生時代～平安時代
[所在地]鹿児島県伊佐市菱刈

【塙】

9塙保己一の墓　はなわほきいちのはか　江戸時代
[所在地]東京都新宿区若葉町2-8 愛染院　[史]区指定史跡（1984）

塙保己一旧宅　はなわほきいちきゅうたく　江戸時代
[所在地]埼玉県本庄市児玉町　[史]国指定史跡（1944）

12塙検校和学講談所跡　はなわけんぎょうわがくこうだんしょあと　江戸時代
[所在地]東京都千代田区三番町24　[史]都指定旧跡（1955）
[別]和学講談所跡

【墓】

0墓ノ堂古墳　はかのどうこふん　5世紀中頃
[所在地]大阪府四条畷市中野1丁目

3墓山1号墳　はかやまいちごうふん　5世紀後半頃
[所在地]奈良県奈良市山町 円照寺裏山

墓山古墳　はかやまこふん　5世紀
[所在地]大阪府羽曳野市白鳥, 藤井寺市野中

墓山古墳　はかやまこふん　古墳時代後期初頭
[所在地]奈良県高市郡高取町市尾
[別]市尾墓山古墳, 市尾墓山古墳・宮塚古墳

7墓尾古墳群　はかのおこふんぐん　7世紀前半頃
[所在地]大阪府東大阪市上石切町1丁目

墓谷古墳群　はかだにこふんぐん　4世紀中頃
[所在地]大阪府高槻市南平台4・5丁目

10墓料遺跡　ぼりょういせき　弥生時代前期
[所在地]福島県会津若松市一箕町墓料

【夢】

0夢の和太　ゆめのわだ, いめのわだ
[所在地]奈良県吉野郡吉野町宮滝
[文]『万葉集』

9夢前川　ゆめさきがわ
[所在地]兵庫県姫路市飾磨区
[文]『忠見集』, 小沢蘆庵『六帖詠草』

11夢野　ゆめの
[所在地]兵庫県神戸市兵庫区夢野
[文]『山家心中集』

夢野丸山古墳　ゆめのまるやまこふん　4世紀末葉
[所在地]兵庫県神戸市兵庫区夢野北山
[別]丸山古墳

13夢殿　ゆめどの
[所在地]奈良県生駒郡斑鳩町 法隆寺境内
[文]『万葉集』, 宮柊二『群鶏』

【寛】

5寛弘寺古墳群　かんこうじこふんぐん　4世紀後半～6世紀末葉頃
[所在地]大阪府南河内郡河南町寛弘寺

寛永寺　かんえいじ　寛永2年（1625）創建
[所在地]東京都台東区上野桜木1-14-11

9寛保洪水位磨崖標　かんぽうこうずいいまがいひょう　江戸時代
[所在地]埼玉県秩父郡長瀞町野上下郷1011
[史]県指定史跡（1934）

【寝】

8寝物語の里　ねものがたりのさと
[所在地]滋賀県米原市, 岐阜県不破郡関ケ原町
[文]『木曽路名所図会』

12寝覚の床　ねざめのとこ
[所在地]長野県木曽郡上松町
[文]『伊藤左千夫全短歌』, 『更科紀行』

【嵯】

10嵯峨　さが
[所在地]京都府京都市右京区嵯峨
[文]『枕草子』, 『平家物語』

嵯峨院跡　さがいんあと　平安時代
[所在地]京都府京都市右京区嵯峨大沢町
[別]嵯峨御所

嵯峨野古墳群　さがのこふんぐん　6世紀前半～6世紀末葉
[所在地]京都府京都市右京区太秦

【嵩】

3嵩山洞穴　すせどうけつ　縄文時代草創期～中期頃
[所在地]愛知県豊橋市嵩山町
[別]嵩山洞窟遺跡, 嵩山蛇穴遺跡, 嵩山蛇穴

嵩山洞窟遺跡　すせどうくついせき　縄文時代草創期～中期頃
[所在地]愛知県豊橋市嵩山町

[別]嵩山洞穴, 嵩山蛇穴遺跡, 嵩山蛇穴

嵩山蛇穴　すせのじゃあな, すせじゃあな　縄文時代草創期〜中期頃
[所在地]愛知県豊橋市嵩山町　[史]国指定史跡（1957）
[別]嵩山蛇穴遺跡, 嵩山洞穴, 嵩山洞窟遺跡

嵩山蛇穴遺跡　すせじゃあないせき　縄文時代草創期〜中期頃
[所在地]愛知県豊橋市嵩山町
[別]嵩山洞穴, 嵩山洞窟遺跡, 嵩山蛇穴

【幕】

5**幕末勤王家海賀宮門外二士の墓　ばくまつきんのうかかいがきゅうもんほかにしのはか**　江戸時代幕末期
[所在地]宮崎県日向市細島5番地先　[史]県指定史跡（1934）

【廉】

14**廉塾ならびに菅茶山旧宅　れんじゅくならびにかんちゃざんきゅうたく, れんじゅくならびにかんさざんきゅうたく**　江戸時代
[所在地]広島県福山市神辺町　[史]国指定特別史跡（1953）

【愛】

6**愛州氏居館跡　あいすしきょかんあと**　南北朝時代
[所在地]三重県度会郡南伊勢町五ヶ所浦字城山
[別]五ヶ所城 附 愛州氏居館跡及墳墓

7**愛谷・弾正作遺跡　あいや・だんじょうさくいせき**　縄文時代中・後期, 弥生時代〜室町時代
[所在地]福島県いわき市好間町愛谷・小谷作

愛谷古墳　あいやこふん　4世紀末
[所在地]福島県いわき市好間町愛谷

8**愛宕下　あたごした**
[所在地]東京都港区 愛宕山の山麓地区
[文]島崎藤村『嵐』

愛宕山　あたごやま
[所在地]東京都港区
[文]講談『寛永三馬術』

愛宕山　あたごやま
[所在地]京都府京都市右京区嵯峨愛宕町
[文]『愛宕百韻』

愛宕山古墳　あたごやまこふん　5世紀中葉頃
[所在地]宮城県柴田郡村田町関場字愛宕山

愛宕山古墳　あたごやまこふん　古墳時代終末期
[所在地]山形県東置賜郡高畠町大字高畠字倉底

愛宕山古墳　あたごやまこふん　6世紀初め頃
[所在地]茨城県水戸市愛宕町阿玉台・五郷内　[史]国指定史跡（1934）

愛宕山古墳　あたごやまこふん　6世紀前半
[所在地]茨城県石岡市北根本舟塚
[別]府中愛宕山古墳

愛宕山古墳　あたごやまこふん　6世紀前半以前
[所在地]茨城県稲敷郡美浦村木原新宿
[別]木原台6号墳

愛宕山古墳　あたごやまこふん　7世紀前半
[所在地]群馬県前橋市総社町
[別]総社愛宕山古墳

愛宕山古墳　あたごやまこふん　7世紀頃
[所在地]群馬県高崎市金古町　[史]市指定史跡（1989）

愛宕山古墳　あたごやまこふん　古墳時代後期
[所在地]三重県津市鳥居町

愛宕山古墳　あたごやまこふん　4世紀末〜5世紀初め
[所在地]三重県鈴鹿市国府町西之城戸

愛宕山古墳　あたごやまこふん　5世紀前半
[所在地]京都府京都市右京区京北塔町

愛宕山古墳　あたごやまこふん　5世紀後半頃
[所在地]奈良県宇陀市榛原上井足字来山

愛宕山古墳　あたごやまこふん　5世紀前半
[所在地]徳島県板野郡板野町川端
[別]板野の愛宕山古墳

愛宕山古墳群　あたごやまこふんぐん　6世紀末
[所在地]福島県伊達市保原町柱田字愛宕山・字土橋

愛宕山経塚　あたごやまきょうずか　室町時代
[所在地]宮城県仙台市太白区向山

愛宕山横穴　あたごやまよこあな　7世紀後半〜8世紀初頭
[所在地]宮城県仙台市太白区向山

愛宕山横穴墓群　あたごやまおうけつぼぐん　7世紀後半
[所在地]宮城県仙台市太白区向山4丁目・越路

愛宕塚古墳　あたごずかこふん　6世紀中葉
[所在地]茨城県小美玉市下玉里

13画（感, 慈）

愛宕塚古墳　あたごずかこふん　4世紀末
所在地 栃木県宇都宮市茂原町江面
別 茂原愛宕塚古墳

愛宕塚古墳　あたごずかこふん　4世紀中葉
所在地 栃木県佐野市馬門町
別 馬門愛宕塚古墳

愛宕塚古墳　あたごずかこふん　6世紀後半
～7世紀初頭
所在地 栃木県小山市城東　㉕県指定史跡
（1957）

愛宕塚古墳　あたごずかこふん　6世紀終わ
り頃
所在地 栃木県下野市国分寺　㉕県指定史跡
（1978）

愛宕塚古墳　あたごずかこふん　古墳時代
後期
所在地 栃木県下野市下石橋
別 下石橋愛宕塚古墳

愛宕塚古墳　あたごずかこふん　6世紀後半
所在地 栃木県下都賀郡壬生町　㉕国指定史跡
（1926）
別 壬生愛宕塚古墳

愛宕塚古墳　あたごずかこふん　5世紀末～6
世紀前半
所在地 群馬県高崎市井出
別 井出の愛宕塚, 井出愛宕塚古墳, 二子山古墳

愛宕塚古墳　あたごずかこふん　古墳時代終
末期
所在地 群馬県桐生市新里町山上
別 山上愛宕塚古墳

愛宕塚古墳　あたごずかこふん　古墳時代
所在地 埼玉県深谷市田中

[11]愛野向山古墳群　あいのむかいやまこふんぐ
ん　古墳時代中期～後期
所在地 静岡県袋井市愛野

[24]愛鷹山　あしたかやま
所在地 静岡県
㉛謡曲『羽衣』

愛鷹山南麓遺跡群　あしたかやまなんろくい
せきぐん　旧石器時代
所在地 静岡県沼津市

愛鷹山経塚　あしたかやまきょうづか　平安
時代
所在地 静岡県沼津市西野
別 千鳥道経塚

愛鷹山経塚　あしたかやまきょうづか　平安
時代
所在地 静岡県富士市船津

【感】

[5]感田栗林横穴墓群　かんだくりばやしおうけ
つぼぐん　古墳時代
所在地 福岡県直方市大字感田字栗林

[7]感応寺　かんのうじ
所在地 東京都台東区谷中7-14
㉛河竹黙阿弥『天衣紛上野初花』
別 天王寺

感状山城跡　かんじょうさんじょうあと
中世
所在地 兵庫県相生市矢野町瓜生
別 赤松氏城跡（白旗城跡・感状山城跡・置塩城跡）

【慈】

[6]慈光寺　じこうじ　天武天皇2年（673）創建
所在地 埼玉県比企郡ときがわ町西平

慈光寺　じこうじ
所在地 大阪府東大阪市東豊浦町
㉛『河内名所図会』

慈光院庭園　じこういんていえん　江戸時代
所在地 奈良県大和郡山市小泉町　㉕国指定史跡（1934）

[10]慈恩寺　じおんじ　奈良時代創建
所在地 山形県寒河江市大字慈恩寺字鬼越31
㉕県指定史跡（1952）

慈恩寺経塚古墳　じおんじきょうずかこふん
5世紀頃
所在地 熊本県熊本市北区植木町米塚　㉕県指定史跡（1974）
別 経塚古墳

[11]慈眼寺　じげんじ, じがんじ
所在地 東京都豊島区巣鴨5-35-33
㉛芥川龍之介『本所両国』

[12]慈尊院　じそんいん　平安時代
所在地 和歌山県伊都郡九度山町

[13]慈照寺（銀閣寺）旧境内　じしょうじ（ぎんか
くじ）きゅうけいだい　延徳2年（1490）
創建
所在地 京都府京都市左京区銀閣寺町　㉕国指定史跡（1931）

慈照寺（銀閣寺）庭園　じしょうじ（ぎんかく
じ）ていえん　室町時代
所在地 京都府京都市左京区銀閣寺町　㉕国指

定特別史跡（1952）

【戦】

[2]戦人塚　せんにんづか　永禄3年（1560）
(所在地)愛知県豊明市前後町仙人塚1737
(別)桶狭間古戦場伝説地 附 戦人塚

[12]戦場ヶ原　せんじょうがはら
(所在地)栃木県日光市
(文)幸田露伴『華厳滝』

戦場ヶ谷遺跡　せんばがたにいせき　縄文時代早期
(所在地)佐賀県神埼郡吉野ヶ里町三津

【摂】

[9]摂津国分寺跡　せっつこくぶんじあと　奈良時代
(所在地)大阪府大阪市天王寺区国分町, 北区国分寺町

摂津豊中大塚古墳　せっつとよなかおおつかこふん　5世紀初頭
(所在地)大阪府豊中市中桜塚4丁目
(別)大塚古墳, 豊中大塚古墳

摂津豊中御獅子塚古墳　せっつとよなかおしずかこふん　5世紀中葉〜後半頃
(所在地)大阪府豊中市中桜塚2丁目
(別)御獅子塚古墳

【損】

[0]損ヶ熊古墳　そんがくまこふん　古墳時代後期
(所在地)福岡県宮若市原田　(𝕩)県指定史跡（2000）

【数】

[11]数寄屋河岸　すきやがし
(所在地)東京都中央区
(文)井原西鶴『好色一代女』

数寄屋橋　すきやばし
(所在地)東京都中央区銀座, 千代田区有楽町
(文)『誹風柳多留』

【新】

[3]新久窯跡　あらくかまあと　平安時代
(所在地)埼玉県入間市新久

新大仏寺　しんだいぶつじ　鎌倉時代創建
(所在地)三重県伊賀市富永

新大橋　しんおおはし
(所在地)東京都中央区日本橋浜町, 江東区新大橋
(文)安藤広重『名所江戸百景』

新山山田古墳群　にいやまやまだこふんぐん
5世紀後葉〜末
(所在地)鳥取県米子市新山

新山古墳　しんやまこふん　4世紀終末〜5世紀前半頃
(所在地)奈良県北葛城郡広陵町大塚

新山古墳群　しんざんこふんぐん　7世紀末〜8世紀前半
(所在地)福島県伊達市梁川町細谷字新山

新山遺跡　しんやまいせき　縄文時代中期
(所在地)東京都東久留米市下里　(𝕩)都指定史跡（1978）

新川　しんかわ
(所在地)東京都中央区新川
(文)『誹風柳多留』

新川郡　にいかわのこおり
(所在地)富山県
(文)大伴家持『万葉集 17』

[4]新井三嶋谷墳丘墓　にいみしまだにふんきゅうぼ　弥生時代後期初頭
(所在地)鳥取県岩美郡岩美町大字新井　(𝕩)県指定史跡（2011）

新井白石墓　あらいはくせきはか　江戸時代
(所在地)東京都中野区上高田1-2-9 高徳寺
(𝕩)都指定旧跡（1955）

新井原12号墳　あらいばらじゅうにごうふん
5世紀後半
(所在地)長野県飯田市座光寺新井原

新井薬師　あらいやくし
(所在地)東京都中野区新井5-3-5 梅照院
(文)田山花袋『一日の行楽』

新戸1号墳　しんどいちごうふん　古墳時代後期
(所在地)京都府京丹後市大宮町奥大野

新木山古墳　にきやまこふん　5世紀中頃
(所在地)奈良県大和郡山市新木町
(別)郡山新木山古墳

新木山古墳　にきやまこふん　5世紀前半
(所在地)奈良県北葛城郡広陵町赤部字新木山

[5]新平遺跡　にっぺいいせき　古代
(所在地)岩手県北上市新平　(𝕩)県指定史跡（1963）

新田山　にいたやま
(所在地)群馬県太田市
(文)『万葉集』

遺跡・古墳よみかた辞典　485

13画(新)

新田山遺跡　しんでんやまいせき　弥生時代中期
　所在地 千葉県千葉市若葉区

新田目城跡　あらためじょうあと　古代～中世
　所在地 山形県酒田市本楯字新田目85　他 県指定史跡(1957)

新田柵　にったのさく　奈良時代前半
　所在地 宮城県大崎市田尻大嶺・八幡

新田荘遺跡　にったのしょういせき　12世紀中頃成立
　所在地 群馬県太田市別所町・世良田町・安養寺町、新田市野井町・新田反町町・新田上江田町・新田大根町　他 国指定史跡(2000)

新田原古墳群　にゅうたばるこふんぐん　古墳時代後期
　所在地 宮崎県児湯郡新富町新田、西都市岡富　他 国指定史跡(1944)

新田野貝塚　にったのかいづか　縄文時代
　所在地 千葉県いすみ市新田野

新田場地下式横穴墓群　しんでんばちかしきおうけつぼぐん　古墳時代
　所在地 宮崎県小林市大字真方字松之元

新田義貞公墓所　にったよしさだこうぼしょ　南北朝時代
　所在地 福井県坂井市丸岡町長崎　他 県指定史跡(1959)

新田義貞徒渉伝説地　にったよしさだとしょうでんせつち　鎌倉時代
　所在地 神奈川県鎌倉市稲村ガ崎
　別 稲村ヶ崎(新田義貞徒渉伝説地)

新田義貞挙兵伝説地　にったよしさだきょへいでんせつち　元弘3年(1333)挙兵
　所在地 群馬県太田市新田市野井町
　別 生品神社境内(新田義貞挙兵伝説地)

6新吉原　しんよしわら
　所在地 東京都台東区千束
　⊗ 広津柳浪『今戸心中』、樋口一葉『たけくらべ』

新吉野台遺跡　しんよしのだいいせき　縄文時代早期
　所在地 北海道十勝郡浦幌町字共栄
　別 浦幌新吉野台細石器遺跡

新地貝塚 附 手長明神社跡　しんちかいづかつけたり てながみょうじんしゃあと　縄文時代後期後半(貝塚)
　所在地 福島県相馬郡新地町　他 国指定史跡(1930)

新庄　しんじょう
　所在地 山形県新庄市
　⊗ 芭蕉『おくのほそ道』

新庄下造山古墳　しんじょうしもつくりやまこふん　5世紀前半
　所在地 岡山県岡山市北区新庄下
　別 造山古墳、造山古墳(第一、二、三、四、五、六古墳)

新庄天神山古墳　しんじょうてんじんやまこふん　4世紀後半
　所在地 岡山県備前市新庄
　別 天神山古墳

新庄屋敷山古墳　しんじょうやしきやまこふん　5世紀
　所在地 奈良県葛城市新庄
　別 屋敷山古墳

新庄藩主戸沢家墓所　しんじょうはんしゅとざわけぼしょ　江戸時代
　所在地 山形県新庄市十日町　他 国指定史跡(1987)

新成遺跡　にいなりいせき　旧石器時代
　所在地 秋田県雄勝郡羽後町足田字ひばり野

新池台遺跡　しんいけだいいせき　縄文時代前期主体
　所在地 茨城県石岡市東石岡

新池埴輪製作遺跡　しんいけはにわせいさくいせき　6世紀前半
　所在地 大阪府高槻市上土室1丁目
　別 今城塚古墳 附 新池埴輪製作遺跡

新池遺跡　しんいけいせき　古墳時代中期～後期
　所在地 大阪府高槻市上土室

7新坂古墳群　にいざかこふんぐん　7世紀(1・2号墳)
　所在地 千葉県山武市椎崎

新沢一町遺跡　しんざわかずちょういせき　縄文時代晩期以降
　所在地 奈良県橿原市一町
　別 新沢遺跡

新沢千塚　にいざわせんずか　古墳時代前期～後期
　所在地 奈良県橿原市鳥屋町・北越智町・川西町
　別 川西千塚、新沢千塚古墳群

新沢千塚古墳群　にいざわせんずかこふんぐん　古墳時代前期～後期
　所在地 奈良県橿原市鳥屋町・北越智町・川西町　他 国指定史跡(1976)
　別 新沢千塚, 川西千塚

新沢遺跡　にいざわいせき　縄文時代晩期〜弥生土器
(所在地)奈良県橿原市一町
(別)新沢一町遺跡

新町支石墓群　しんまちしせきぼぐん　弥生時代初期
(所在地)福岡県糸島市志摩新町　(2)国指定史跡(2000)

新貝17号墳　しんかいじゅうななごうふん　古墳時代中期
(所在地)静岡県磐田市新貝

[8]**新居関跡　あらいのせきあと**　慶長5年(1600)開設
(所在地)静岡県湖西市新居町　(2)国指定特別史跡(1955)

新府城跡　しんぷじょうあと　天正9年(1581)築城
(所在地)山梨県韮崎市中田町　(2)国指定史跡(1973)

新明宮第1号古墳　しんめいぐうだいいちごうこふん　古墳時代後期
(所在地)愛知県岡崎市丸山町宮山　(2)県指定史跡(1975)

新治郡　にいばりのこおり
(所在地)茨城県(旧西茨城郡・旧真壁郡・下妻市)
(2)『万葉集』,『古事記』

新治郡家　にいはりぐうけ　奈良時代
(所在地)茨城県筑西市古郡
(別)新治郡衙跡

新治郡衙跡　にいはりぐんがあと　奈良時代
(所在地)茨城県筑西市古郡　(2)国指定史跡(1968)
(別)新治郡家

新治廃寺跡 附 上野原瓦窯跡　にいはりはいじあと つけたり うえのはらかわらがまあと　奈良時代
(所在地)茨城県筑西市久地楽,桜川市上野原地新田　(2)国指定史跡(1942)

[9]**新保ゼンボン古墳群　しんぼぜんぼんこふんぐん**　6世紀前半
(所在地)石川県羽咋市新保町

新保本町チカモリ遺跡　しんぼほんまちちかもりいせき　縄文時代後期〜晩期
(所在地)石川県金沢市新保本町
(別)チカモリ遺跡

新保遺跡　しんぼいせき　縄文時代中期初頭
(所在地)石川県鳳珠郡能登町新保

新屋浜貝塚　あらやはまかいづか　縄文時代晩期前半
(所在地)秋田県秋田市新屋

新屋敷60号墳　しんやしきろくじゅうごうふん　6世紀初頭
(所在地)埼玉県鴻巣市東4丁目

新発田城　しばたじょう　慶長3年(1598)築城
(所在地)新潟県新発田市大手町6丁目
(別)あやめ城

新皇塚古墳　しんのうづかこふん　5世紀初頭
(所在地)千葉県市原市菊間字北野
(別)菊間新皇塚古墳

[10]**新宮　しんぐう**
(所在地)和歌山県新宮市
(2)『平家物語』

新宮山1号墳　しんぐうやまいちごうふん　5世紀前半
(所在地)山口県山口市大字吉敷字新宮

新宮山古墳　しんぐうやまこふん　6世紀中葉
(所在地)奈良県御所市稲宿

新宮古墳　しんぐうこふん　5世紀後半
(所在地)兵庫県篠山市郡家

新宮古墳　しんぐうこふん　古墳時代後期
(所在地)香川県坂出市府中町新宮

新宮城跡 附 水野家墓所　しんぐうじょうあと つけたり みずのけぼしょ　江戸時代
(所在地)和歌山県新宮市新宮　(2)国指定史跡(2003)
(別)丹鶴城跡

新宮内遺跡　しんぐうみやうちいせき　弥生時代中期
(所在地)兵庫県たつの市新宮町　(2)国指定史跡(1982)

新梅屋敷　しんうめやしき
(所在地)東京都墨田区東向島
(2)『誹風柳多留』

新高山城跡　にいたかやまじょうあと　16世紀半ば以降
(所在地)広島県三原市本郷町
(別)小早川氏城跡(高山城跡・新高山城跡・三原城跡)

[11]**新堂廃寺跡 附 オガンジ池瓦窯跡・お亀石古墳　しんどうはいじあと つけたり おがんじいけかわらがまあと・おかめいしこふん**　飛鳥時代
(所在地)大阪府富田林市緑ヶ丘町、大字中野

遺跡・古墳よみかた辞典　487

13画（暗）

㊛国指定史跡（2002）

新堂遺跡　しんどういせき　縄文時代晩期
所在地 東京都多摩市和田

新宿　しんじゅく
所在地 東京都新宿区
㊗『誹風柳多留』

新宿追分　しんじゅくおいわけ
所在地 東京都新宿区新宿
㊗河竹黙阿弥『四千両小判梅葉』，島崎藤村『芽生』

新崎遺跡　にんざきいせき　縄文時代中期前葉
所在地 石川県鳳珠郡穴水町

新郷貝塚　しんごうかいづか　縄文時代後期〜晩期
所在地 埼玉県川口市大字東貝塚

[12]**新塚一里塚　にいずかいちりづか**　江戸時代
所在地 岩手県盛岡市玉山区芋田字芋田　㊛県指定史跡（1976）

新御殿跡　しんごてんあと　文久3年（1863）築造
所在地 長野県長野市松代町
㊙松代城跡 附 新御殿跡

新道遺跡　あらみちいせき　縄文時代中期前半期
所在地 長野県諏訪郡富士見町境高森区

新開1号墳　しんがいいちごうふん　5世紀前半
所在地 滋賀県栗東市
㊙新開古墳, 新開第1号墳

新開古墳群　しんがいこふんぐん　5世紀
所在地 滋賀県栗東市

新開窯跡群　しんかいかまあとぐん　5世紀後半〜6世紀初頭
所在地 福岡県福岡市西区今宿新開

[13]**新福寺観音山古墳　しんぷくじかんのんやまこふん**　6世紀
所在地 群馬県邑楽郡千代田町新福寺
㊙観音山古墳

新豊院山古墳群　しんぽういんやまこふんぐん　弥生時代〜古墳時代
所在地 静岡県磐田市向笠竹之内　㊛国指定史跡（1987）
㊙新豊院山墳墓群

新豊院山墳墓群　しんぽういんやまふんぼぐん　弥生時代〜古墳時代
所在地 静岡県磐田市向笠竹之内
㊙新豊院山古墳群

[14]**新熊野　いまぐまの**
所在地 京都府京都市東山区今熊野
㊗『愚管抄』
㊙今熊野

新熊野山　しんくまのさん　奈良時代以降
所在地 岡山県倉敷市林　㊛県指定史跡（1973）

[15]**新穂玉作遺跡　にいぼたまつくりいせき**　弥生時代中期後半
所在地 新潟県佐渡市下新穂・上新穂・北方・舟下
㊙新穂遺跡

新穂遺跡　にいぼいせき　弥生時代中期後半
所在地 新潟県佐渡市下新穂・上新穂・北方・舟下
㊙新穂玉作遺跡

[16]**新橋　しんばし**
所在地 東京都港区新橋, 中央区銀座
㊗井原西鶴『好色盛衰記』

新橋停車場跡　しんばしていしゃじょうあと, しんばしていしゃばあと　明治5年（1872）建造
所在地 東京都港区東新橋
㊙旧新橋横浜間鉄道創設起点跡, 旧新橋停車場跡

新橋遺跡　しんばしいせき　旧石器時代, 縄文時代後期
所在地 東京都小金井市中町1丁目

新薬師寺　しんやくしじ　天平19年（747）創建
所在地 奈良県奈良市高畑町

[19]**新羅大明神　しらぎだいみょうじん**
所在地 滋賀県大津市 三井寺（園城寺）
㊗『古今著聞集』
㊙新羅社

【**暗**】

[9]**暗峠　くらがりとうげ**
所在地 大阪府東大阪市枚岡, 奈良県生駒市
㊗芭蕉『菊の香』
㊙闇峠

[11]**暗部　くらぶ**
所在地 滋賀県甲賀市
㊗『和名抄』
㊙蔵部

暗部　くらぶ

13画（楽, 業, 極, 榊, 楯, 椿）

　[所在地]京都府京都市左京区
　㊛紀貫之『古今和歌集1』
　㊔蔵部
[17]暗闇坂　くらやみざか
　[所在地]東京都新宿区
　㊛永井荷風『日和下駄』
　暗闇坂　くらやみざか
　[所在地]東京都文京区白山
　㊛寺田寅彦『やもり物語』

【楽】

[8]楽波　ささなみ
　[所在地]滋賀県
　㊛『万葉集』
[9]楽音寺経塚　がくおんじきょうづか　平安時代
　[所在地]兵庫県朝来市山東町楽音寺
[12]楽間の宝塔　らくまのほうとう　正長3年（1430）銘, 永享9年（1437）銘, 嘉吉3年（1443）銘
　[所在地]群馬県高崎市楽間　㊟市指定史跡（1975）

【業】

[5]業平塚　なりひらづか　4世紀後半頃
　[所在地]兵庫県神戸市東灘区本山町岡本マンバイ
　㊔筬塚, へぼそ塚, ヘボソ塚古墳, 扁保曽塚古墳
　業平橋　なりひらばし
　[所在地]東京都墨田区業平
　㊛『誹風柳多留 101』, 為永春水『春色恵の花』

【極】

[13]極楽寺1号墓　ごくらくじいちごうぼ　弥生時代後半以降
　[所在地]香川県さぬき市寒川町
　極楽寺瓦経塚　ごくらくじがきょうづか　平安時代
　[所在地]兵庫県姫路市香寺町須加院常福寺の裏山
　㊔極楽寺経塚
　極楽寺坂　ごくらくじざか　鎌倉時代以降
　[所在地]神奈川県鎌倉市
　㊔極楽寺ノ切通し
　極楽寺経塚　ごくらくじきょうづか　平安時代
　[所在地]兵庫県姫路市香寺町須加院常福寺の裏山
　㊔極楽寺瓦経塚
　極楽寺境内・忍性墓　ごくらくじけいだい・にんしょうのはか　極楽寺：正元元年（1259）創建, 忍性墓：鎌倉時代
　[所在地]神奈川県鎌倉市極楽寺　㊟国指定史跡（1927）
　㊔忍性塔, 忍性菩薩墓
　極楽寺遺跡　ごくらくじいせき　平安時代～鎌倉時代
　[所在地]岩手県北上市稲瀬町
　㊔国見山廃寺跡
　極楽寺遺跡　ごくらくじいせき　縄文時代前期初頭
　[所在地]富山県中新川郡上市町極楽寺
　極楽坊　ごくらくぼう　奈良時代以降
　[所在地]奈良県奈良市中院町・中新屋町・芝突抜町・鵲町
　㊔元興寺極楽坊, 元興寺極楽坊境内

【榊】

[3]榊山古墳　さかきやまこふん　古墳時代中期
　[所在地]岡山県岡山市北区新庄下

【楯】

[0]楯の台古墳群　たてのだいこふんぐん　古墳時代
　[所在地]茨城県稲敷市江戸崎楯の台
[12]楯塚古墳　たてずかこふん　5世紀初頭頃
　[所在地]大阪府藤井寺市道明寺
　㊔盾塚古墳
[16]楯築弥生墳丘墓　たてつきやよいふんきゅうぼ　弥生時代
　[所在地]岡山県倉敷市矢部地内
　楯築遺跡　たてつきいせき　弥生時代後期
　[所在地]岡山県倉敷市矢部　㊟国指定史跡（1981）
　楯縫古墳　たてぬいこふん　5世紀末葉
　[所在地]兵庫県豊岡市日高町鶴岡　㊟県指定史跡（1977）
　楯縫古墳群　たてぬいこふんぐん　5世紀末葉
　[所在地]兵庫県豊岡市日高町鶴岡

【椿】

[3]椿山　つばきやま　元禄15年（1702）築造
　[所在地]岡山県備前市閑谷
　㊔旧閑谷学校 附 椿山・石門・津田永忠宅跡及び黄葉亭

遺跡・古墳よみかた辞典　489

13画（椿，楠，楳）

椿山古墳　つばきやまこふん　5世紀中葉頃
　所在地 滋賀県栗東市安養寺

⁴椿井大塚山古墳　つばいおおつかやまこふん
　3世紀末
　所在地 京都府木津川市山城町　㊞国指定史跡
　　（2000）
　㊞大塚山古墳

椿井宮山塚古墳　つばいみややまずかこふん
　5世紀後半
　所在地 奈良県生駒郡平群町椿井
　㊞宮山塚古墳，宮山塚古墳

⁷椿谷古墳群　つばきだにこふんぐん　古墳時
　代前期～後期
　所在地 島根県安来市矢田町椿谷・宮谷・岩隈
　　谷・須賀谷

⁹椿洞古墳群　つばきぼらこふんぐん　7世紀
　前葉
　所在地 岐阜県岐阜市椿洞字因幡

¹⁰椿原古墳　つばはらこふん　7世紀前半
　所在地 熊本県宇土市椿原町字金嶽

椿峰遺跡群　つばきみねいせきぐん　縄文時
　代中期
　所在地 埼玉県所沢市椿峰地区

¹¹椿野遺跡　つばきのいせき　弥生時代後期，
　中世
　所在地 静岡県浜松市北区都田町吉影椿野

【楢】

⁰楢の小川　ならのおがわ
　所在地 京都府京都市北区上賀茂本山町
　㊀藤原雅世『宝徳二年十一月仙洞歌合』

³楢下宿　ならげしゅく　江戸時代
　所在地 山形県上山市楢下
　㊞羽州街道（楢下宿・金山越）

¹⁰楢原寺山古墳　ならはらてらやまこふん　古
　墳時代前期
　所在地 岡山県美作市楢原下
　㊞寺山古墳

楢原遺跡　ならはらいせき　縄文時代中期
　所在地 東京都八王子市楢原

¹¹楢崎古墳　ならざきこふん，ならさきこふん
　5世紀後半
　所在地 熊本県宇土市花園町字楢崎　㊞県指定
　　史跡（1975）

楢崎正員之墓及関係遺跡　ならさきまさかず
　のはかおよびかんけいいせき　江戸時代
　所在地 広島県三原市西町　㊞県指定史跡
　　（1942）

【楠】

⁰楠・荒田町遺跡　くすのき・あらたちょうい
　せき　弥生時代，古墳時代，平安時代
　所在地 兵庫県神戸市中央区楠町～兵庫区荒田町

⁴楠木正成墓碑　くすのきまさしげぼひ　元禄
　5年（1692）建立
　所在地 兵庫県神戸市中央区多聞通　㊞国指定
　　史跡（1951）

楠木城跡（上赤阪城跡）　くすのきじょうあと
　（かみあかさかじょうあと）　元弘年間
　（1331～34）築城
　所在地 大阪府南河内郡千早赤阪村　㊞国指定
　　史跡（1934）

⁵楠正成伝説地　くすのきまさしげでんせつち
　建武3年（1336）
　所在地 大阪府三島郡島本町
　㊞桜井駅跡（楠正成伝説地）

⁶楠名・重定古墳　くすみょう・しげさだこふ
　ん　6世紀後半（重定古墳），7世紀前半（楠
　名古墳）
　所在地 福岡県うきは市浮羽町　㊞国指定史跡
　　（1922）
　㊞楠名古墳，重定古墳

楠名古墳　くすみょうこふん　6世紀後半（重
　定古墳），7世紀前半（楠名古墳）
　所在地 福岡県うきは市浮羽町
　㊞楠名・重定古墳

⁷楠見遺跡　くすみいせき　弥生時代前期，古
　墳時代，中世
　所在地 和歌山県和歌山市大谷

¹²楠葉台場跡　くずはだいばあと　慶応元年
　（1865）築造
　所在地 大阪府枚方市楠葉中之芝2丁目　㊞国
　　指定史跡（2011）
　㊞八幡関門，楠葉関門

楠葉関門　くずはかんもん　慶応元年（1865）
　築造
　所在地 大阪府枚方市楠葉中之芝2丁目
　㊞八幡関門，楠葉台場跡

【楳】

⁰楳ヶ森遺跡　うめがもりいせき　弥生時代～
　中世
　所在地 三重県伊賀市阿保

490　遺跡・古墳よみかた辞典

13画（楊, 歳, 殿, 滑, 源, 溝, 滝）

【楊】

7 楊谷寺谷戸横穴群　ようこくじやとおうけつぐん　7〜8世紀
所在地 神奈川県大磯町楊谷寺谷戸　㉒県指定史跡（1966）

10 楊梅陵　やまもものみささぎ　古墳時代中期
所在地 奈良県奈良市佐紀町
別 市庭古墳, 平城天皇陵, 平城陵古墳, 平城天皇古墳

【歳】

0 歳の神遺跡　さいのかみいせき　弥生時代後期
所在地 広島県山県郡北広島町南方・丁保余原

歳ノ神墳墓群　さいのかみふんぼぐん　弥生時代後期
所在地 広島県山県郡北広島町　㉒県指定史跡（1991）

12 歳勝土遺跡　さいかちどいせき　弥生時代中期
所在地 神奈川県横浜市都筑区中川町ほか
別 大塚・歳勝土遺跡

【殿】

0 殿ケ谷戸遺跡　とのがやといせき　旧石器時代
所在地 東京都国分寺市

3 殿山古墳　とのやまこふん　古墳時代中期
所在地 鳥取県西伯郡南部町三崎

殿山古墳群　とのやまこふんぐん　6世紀後半〜7世紀
所在地 東京都世田谷区大蔵6丁目

殿山古墳群　とのやまこふんぐん　古墳時代前期
所在地 岡山県総社市三輪

殿山遺跡　とのやまいせき　旧石器時代, 古墳時代
所在地 埼玉県上尾市大字畔吉字中

4 殿内遺跡　とのうちいせき　縄文時代晩期中葉〜弥生時代中期初頭
所在地 茨城県稲敷市浮島字前浦・殿内

8 殿林遺跡　とのばやしいせき　縄文時代中期
所在地 山梨県甲州市塩山上萩原

11 殿部田1号墳　とのべたいちごうふん　6世紀中葉頃
所在地 千葉県山武郡芝山町殿部田字二枚田

12 殿塚古墳　とのづかこふん　7世紀中葉

所在地 茨城県ひたちなか市大成町
別 金上殿塚古墳

殿塚古墳　とのずかこふん　7世紀前半
所在地 千葉県山武郡横芝光町中台

【滑】

3 滑川　なめりがわ
所在地 神奈川県鎌倉市
文 曲亭三馬『浮世風呂』
別 胡桃川

7 滑坂遺跡　なめさかいせき　縄文時代中期
所在地 東京都八王子市比企町

【源】

4 源太塚　げんたづか　古墳時代
所在地 神奈川県鎌倉市笛田1056

源氏山　げんじやま
所在地 神奈川県鎌倉市

5 源平池　げんぺいいけ　寿永元年（1182）造営
所在地 神奈川県鎌倉市雪ノ下2-1

源田遺跡　げんだいせき　弥生時代
所在地 徳島県徳島市矢野小字源田

8 源波古墳　げんなみこふん　6世紀後半〜7世紀前半
所在地 長野県上伊那郡箕輪町東箕輪

12 源覚寺　げんかくじ
所在地 東京都文京区小石川
文 永井荷風『日和下駄』

16 源頼朝墓　みなもとのよりとものはか　鎌倉時代
所在地 神奈川県鎌倉市雪ノ下・西御門
別 法華堂跡（源頼朝墓・北条義時墓）

【溝】

0 溝ノ口遺跡　みぞのくちいせき　縄文時代後期中心, 鎌倉時代まで
所在地 和歌山県海南市溝ノ口

3 溝口の塚古墳　みぞぐちのつかこふん　5世紀中頃〜後半
所在地 長野県飯田市上郷別府

【滝】

0 滝ノ入窯跡　たきのいりかまあと　平安時代
所在地 栃木県芳賀郡益子町栗生滝ノ入

滝ノ口向台古墳群　たきのくちむこうだいこふんぐん　3世紀（8号墳）
所在地 千葉県袖ケ浦市吉野田字寺原・滝ノ口

遺跡・古墳よみかた辞典　491

13画（溜, 爺, 猿）

字向台

滝ノ前遺跡　たきのまえいせき　弥生時代後期
所在地 新潟県村上市大字岩ケ崎字渡し上

³滝山城跡　たきやまじょうあと　永正18年（1521）築城
所在地 東京都八王子市高月町・加住町・丹木町
⊕国指定史跡（1951）

滝川古墳群　たきがわこふんぐん　8世紀
所在地 静岡県藤枝市内瀬戸滝川

⁵滝古墳群　たきこふんぐん　古墳時代後期主体
所在地 石川県羽咋市滝町

滝台古墳　たきだいこふん　6世紀第2四半期
所在地 茨城県小美玉市

⁷滝尾百穴　たきおひゃっけつ　古墳時代後期
所在地 大分県大分市羽田字岩屋

滝本本陣　たきざわほんじん　延宝6年（1678）建造
所在地 福島県会津若松市一箕町
別 旧滝沢本陣

滝沢石器時代遺跡　たきざわせっきじだいいせき　縄文時代早期～晩期
所在地 群馬県渋川市赤城町　⊕国指定史跡（1927）
別 滝沢遺跡

滝沢馬琴宅跡の井戸　たきざわばきんたくあとのいど　江戸時代
所在地 東京都千代田区九段北1-5-7　⊕都指定旧跡（1955）
別 滝沢馬琴硯の井戸跡

滝沢馬琴硯の井戸跡　たきざわばきんすずりのいどあと　江戸時代
所在地 東京都千代田区九段北1-5-7
別 滝沢馬琴宅跡の井戸

滝沢遺跡　たきざわいせき　縄文時代早期～晩期
所在地 群馬県渋川市赤城町
別 滝沢石器時代遺跡

⁸滝岡田古墳　たきおこだこふん　6世紀末
所在地 京都府与謝郡与謝野町字滝3630　⊕府指定史跡（2009）

¹⁰滝峯才四郎谷遺跡　たきみねさいしろうやいせき　弥生時代
所在地 静岡県浜松市北区細江町中川　⊕県指定史跡（1993）

滝峯古墳群　たきのみねこふんぐん　古墳時代
所在地 長野県佐久市大字根岸字平井

¹¹滝野川　たきのがわ
所在地 東京都北区滝野川
⊗『誹風柳多留』

滝野沢遺跡　たきのさわいせき　縄文時代前期末～中期初頭，平安時代
所在地 岩手県北上市大提西1丁目・鬼柳町下鬼柳

【溜】

⁶溜池　ためいけ
所在地 東京都港区赤坂
⊗大町桂月『東京遊行記』
別 大溜, ひょうたん堀

【爺】

⁰爺ヶ松古墳　じいがまつこふん　古墳時代前期前葉
所在地 香川県坂出市西庄町八十八

【猿】

⁰猿ヶ谷2号墳　さるがたににごうふん　6～7世紀
所在地 愛媛県伊予市上三谷

⁵猿田Ⅱ遺跡埴輪窯跡　さるたいせきはにわかまあと　6世紀前半
所在地 群馬県藤岡市上落合字猿田・白石字猿田

⁷猿投山古窯跡群　さなげかまあとぐん　5世紀末～13世紀末頃
所在地 愛知県名古屋市東部・南部, 豊田市西部, 瀬戸市南部, 刈谷市北部
別 猿投古窯址群, 猿投山西南麓古窯跡群, 猿投山西南麓古窯址群, 猿投窯跡群

猿投山西南麓古窯址群　さなげやませいなんろくこようしぐん　5世紀末～13世紀末頃
所在地 愛知県名古屋市東部・南部, 豊田市西部, 瀬戸市南部, 刈谷市北部
別 猿投山古窯跡群, 猿投古窯址群, 猿投山西南麓古窯跡群, 猿投窯跡群

猿投山西南麓古窯跡群　さなげやませいなんろくこようせきぐん　5世紀末～13世紀末頃
所在地 愛知県名古屋市東部・南部, 豊田市西部, 瀬戸市南部, 刈谷市北部
別 猿投古窯址群, 猿投山古窯跡群, 猿投山西南麓古窯址群, 猿投窯跡群

13画（獅，瑞，瑜）

猿投古窯址群　さなげこようしぐん，さなげやまこようせきぐん　5世紀末〜13世紀末頃
　所在地　愛知県名古屋市東部・南部，豊田市西部，瀬戸市南部，刈谷市北部
　別　猿投山古窯跡群，猿投山西南麓古窯跡群，猿投山西南麓古窯址群，猿投窯跡群

猿投窯跡群　さなげかまあとぐん　5世紀末〜13世紀末頃
　所在地　愛知県名古屋市東部・南部，豊田市西部，瀬戸市南部，刈谷市北部
　別　猿投山古窯跡群，猿投古窯跡群，猿投山西南麓古窯跡群，猿投山西南麓古窯址群

猿沢池　さるさわのいけ
　所在地　奈良県奈良市奈良公園内
　文　『大和物語』，『枕草子』，謡曲『采女』

猿貝北遺跡　さるがいきたいせき　縄文時代晩期
　所在地　埼玉県川口市大字安行

猿貝貝塚　さるかいかいづか　縄文時代後期後半
　所在地　埼玉県川口市領家
　別　安行猿貝貝塚

[12]猿喰新田潮抜き穴跡　さるはみしんでんしおぬきあなあと　宝暦7〜9年（1757〜59）掘削
　所在地　福岡県北九州市門司区大字猿喰1018・1019・1462-5・1501　市指定史跡（2003）

[16]猿橋　さるはし
　所在地　山梨県大月市猿橋町猿橋
　文　『甲斐叢記』

【獅】

[3]獅子城跡　ししがじょうあと　治承〜文治年間（1177〜89）築城
　所在地　佐賀県唐津市厳木町大字岩屋字獅子城　県指定史跡（1991）

獅子庵　ししあん　江戸時代
　所在地　岐阜県岐阜市大字山県北野北沖　県指定史跡（1963）

獅子塚古墳　ししずかこふん　6世紀前半
　所在地　福井県三方郡美浜町郷市字横田

獅子塚古墳　ししずかこふん　5世紀前半期以前
　所在地　長野県飯田市松尾上溝
　別　羽場獅子塚古墳

獅子塚古墳　ししずかこふん　5世紀
　所在地　長野県飯田市松尾水城
　別　御佐代獅子塚古墳

獅子塚古墳　ししずかこふん　古墳時代前期
　所在地　愛知県安城市東町獅子塚　市指定史跡（1965）

【瑞】

[4]瑞王寺古墳　ずいおうじこふん　5世紀中頃
　所在地　福岡県筑後市大字西牟田字松尾

[9]瑞泉寺境内　ずいせんじけいだい　嘉暦2年（1327）創建
　所在地　神奈川県鎌倉市二階堂　国指定史跡（1971）

[10]瑞浪一里塚　みずなみいちりづか　江戸時代初期
　所在地　岐阜県瑞浪市大湫町細久手・北野・八瀬沢・日吉町奥田・鴨巣・大越・平尾　県指定史跡（1956）

瑞竜古墳群　ずいりゅうこふんぐん　6世紀終末
　所在地　茨城県常陸太田市瑞竜町熊の堂

瑞竜寺山古墳群　ずいりゅうじやまこふんぐん　古墳時代前期
　所在地　岐阜県岐阜市瑞竜寺山

[13]瑞聖寺　ずいしょうじ
　所在地　東京都港区白金台
　文　永井荷風『日和下駄』

[14]瑞鳳殿　ずいほうでん　寛永14年（1637）造営
　所在地　宮城県仙台市青葉区霊屋下

[15]瑞穂遺跡　みずほいせき　弥生時代後期中心
　所在地　愛知県名古屋市瑞穂区牧町

瑞穂遺跡　みずほいせき　縄文時代終末期〜中世
　所在地　福岡県福岡市博多区博多駅南3丁目

[20]瑞巌寺　ずいがんじ
　所在地　宮城県宮城郡松島町
　文　正岡子規『はて知らずの記』

【瑜】

[7]瑜伽洞　ゆがどう　年代不詳
　所在地　神奈川県横浜市栄区　定泉寺
　別　田谷山瑜伽洞（田谷の洞窟）

[9]瑜珈山銅剣出土地　ゆがさんどうけんしゅつどち　弥生時代
　所在地　岡山県倉敷市児島由加
　別　瑜珈山遺跡

遺跡・古墳よみかた辞典　493

瑜珈山遺跡　ゆがやまいせき　弥生時代
　所在地 岡山県倉敷市児島由加
　別 瑜珈山銅剣出土地

【碓】

[5]碓氷　うすい
　所在地 長野県, 群馬県
　文 『万葉集』,『日本書紀』,『太平記』

碓氷坂　うすいざか
　所在地 群馬県安中市, 長野県北佐久郡軽井沢町
　文 『万葉集』,『義経記』
　別 碓氷峠

碓氷峠　うすいとうげ
　所在地 群馬県安中市, 長野県北佐久郡軽井沢町
　文 『万葉集』,『日本書紀』
　別 碓氷坂

碓氷関所跡　うすいのせきしょあと　江戸時代
　所在地 群馬県安中市松井田町横川　定 県指定史跡(1955)

【碇】

[8]碇岩朝地窯跡　いかりいわあさじかまあと　6世紀中頃
　所在地 兵庫県たつの市御津町碇岩

【禁】

[11]禁野車塚古墳　きんやくるまずかこふん　3世紀末〜4世紀初頭
　所在地 大阪府枚方市宮之阪　定 国指定史跡(1972)
　別 車塚古墳

[12]禁裡塚古墳(大藪三号墳)　きんりずかこふん(おおやぶさんごうふん)　6世紀後半
　所在地 兵庫県養父市大藪　定 県指定史跡(1986)

【禅】

[8]禅昌寺山古墳　ぜんしょうじやまこふん　6世紀前葉
　所在地 千葉県香取市大戸川字中宿

禅林寺　ぜんりんじ
　所在地 京都府京都市左京区永観堂町
　文 『栄花物語』,『太平記』
　別 永観堂

[11]禅寂寺寺址　ぜんじゃくじし　飛鳥時代〜室町時代

　所在地 大阪府和泉市坂本

【福】

[3]福山城跡　ふくやまじょうあと　慶長11年(1606)完成
　所在地 北海道松前郡松前町
　別 松前氏城跡(福山城跡・館城跡)

福山城跡　ふくやまじょうあと　室町時代
　所在地 岡山県総社市西部　定 国指定史跡(1936)

福山城跡　ふくやまじょうあと　江戸時代
　所在地 広島県福山市三之丸町・松山町　定 国指定史跡(1964)
　別 久松城跡

[4]福井城　ふくいじょう　慶長6年(1601)造営開始
　所在地 福井県福井市大手3丁目

福井洞穴　ふくいどうけつ　旧石器時代〜縄文時代
　所在地 長崎県佐世保市吉井町
　別 福井洞窟遺跡, 福井洞窟

福井洞窟　ふくいどうくつ　旧石器時代〜縄文時代
　所在地 長崎県佐世保市吉井町　定 国指定史跡(1978)
　別 福井洞窟遺跡, 福井洞穴

福井洞窟遺跡　ふくいどうくついせき　旧石器時代〜縄文時代
　所在地 長崎県佐世保市吉井町
　別 福井洞穴, 福井洞窟

福水円山古墳　ふくみずえんやまこふん　6世紀末〜7世紀初頭
　所在地 石川県羽咋市福水町

[5]福市遺跡　ふくいちいせき　弥生時代後期〜奈良時代
　所在地 鳥取県米子市福市　定 国指定史跡(1970)

福平城跡　ふくだいらじょうあと　戦国時代
　所在地 長野県長野市戸隠栃原　定 市指定史跡(2005)

福田木の宗山遺跡　ふくだきのむねやまいせき　弥生時代
　所在地 広島県広島市東区福田町
　別 福田遺跡, 木の宗山銅鐸銅剣出土地

福田貝塚　ふくだかいずか　縄文時代後期
　所在地 茨城県稲敷市福田

福田貝塚　ふくだかいずか　縄文時代後期

13画（稚）

所在地 岡山県倉敷市福田

福田遺跡　ふくだいせき　弥生時代
所在地 広島県広島市東区福田町
例 福田木の宗山遺跡, 木の宗山銅鐸銅剣出土地

6 福地城跡　ふくちじょうあと　桃山時代
所在地 三重県伊賀市柘植町7426の2ほか
県指定史跡（1968）

福西古墳 7号墳及び10号墳 附 縄文時代遺物包含層　ふくにしこふんなな（しち）ごうふんおよびじゅうごうふん つけたり じょうもんじだいいぶつほうがんそう　6世紀末～7世紀前半, 縄文時代
所在地 京都府京都市西京区大枝北福西町
市登録史跡（1983）

7 福沢遺跡　ふくざわいせき　縄文時代～弥生時代
所在地 長野県塩尻市長畝

福沢諭吉旧居　ふくざわゆきちきゅうきょ　江戸時代
所在地 大分県中津市留守居町　国指定史跡（1971）

福角古墳　ふくずみこふん　6世紀前半
所在地 愛媛県松山市福角町

8 福岡古墳群　ふくおかこふんぐん　5～6世紀
所在地 鳥取県米子市淀江町福岡

福岡岩屋古墳　ふくおかいわやこふん　古墳時代後期後半
所在地 鳥取県米子市淀江町福岡字向山
例 岩屋古墳, 向山1号墳

福岡城跡　ふくおかじょうあと　慶長12年（1607）築城
所在地 福岡県福岡市中央区城内　国指定史跡（1957）
例 舞鶴城

福昌寺跡　ふくしょうじあと　応永元年（1394）開山
所在地 鹿児島県鹿児島市池之上町48　県指定史跡（1953）

福知山城　ふくちやまじょう　天正7年（1579）築城
所在地 京都府福知山市内記

福迫横穴墓群　ふくさくおうけつぼぐん　7世紀中心
所在地 福島県相馬市馬場野

10 福原　ふくはら
所在地 兵庫県神戸市兵庫区福原町

② 『誹風柳多留 24』, 慈円『愚管抄』

福原京　ふくはらきょう　治承4年（1180）遷都
所在地 兵庫県神戸市兵庫区付近

福島町古墳　ふくしまちょうこふん　古墳時代
所在地 宮崎県串間市大字西方字桑ノ木・字塚巡・字石仏・字羽山迫　県指定史跡（1933）

福島城跡　ふくしまじょうあと　鎌倉～室町時代
所在地 青森県五所川原市相内実取

福島関　ふくしまのせき　江戸時代
所在地 長野県木曽郡木曽町
例 福島関跡

福島関跡　ふくしまのせきあと　江戸時代
所在地 長野県木曽郡木曽町　国指定史跡（1979）
例 福島関

福庭古墳　ふくばこふん　7世紀初頭
所在地 鳥取県倉吉市福庭　県指定史跡（1956）

福浦津　ふくらのつ　古代
所在地 石川県羽咋郡志賀町　福浦港

福浦島貝塚　ふくらじまかいづか　縄文時代晩期～弥生時代
所在地 宮城県宮城郡松島町松島

11 福済寺　ふくさいじ
所在地 長崎県長崎市築後町
② 与謝蕪村『新花摘』

12 福勝寺古墳　ふくしょうじこふん　5世紀前半頃
所在地 大分県宇佐市大字川部字福勝寺
例 春日山古墳

福間割畑遺跡1号墳　ふくまわりばたけいせきいちごうふん　5世紀前半
所在地 福岡県福津市間町割畑

【稚】

7 稚児ヶ淵　ちごがふち
所在地 神奈川県藤沢市江の島
② 『誹風柳多留』

稚児塚古墳　ちごずかこふん　5世紀前半
所在地 富山県中新川郡立山町浦田字前田
県指定史跡（1965）

遺跡・古墳よみかた辞典　495

13画（窟, 節, 筥, 筬, 継, 絹, 置, 義, 聖）

【窟】

¹¹窟堂　いわやどう　鎌倉時代以前建立
所在地 神奈川県鎌倉市雪ノ下2-2-21

窟堂道　いわやどうみち　鎌倉時代以前開通
所在地 神奈川県鎌倉市
別 窟小路, 岩屋小路

【節】

⁵節句山古墳群　せっくやまこふんぐん　4世紀
所在地 徳島県徳島市名東町1丁目

【筥】

¹¹筥崎宮　はこざきぐう　延長元年（923）創建
所在地 福岡県福岡市博多区箱崎町

【筬】

¹²筬塚　おさづか　4世紀後半頃
所在地 兵庫県神戸市東灘区本山町岡本マンバイ
別 へぼそ塚, ヘボソ塚古墳, 扁保曽塚古墳, 業平塚

【継】

⁷継体天皇陵古墳　けいたいてんのうりょうこふん　5世紀後半〜6世紀初め頃
所在地 大阪府茨木市太田
別 継体陵古墳, 太田茶臼山古墳, 三島藍野陵

継体陵古墳　けいたいりょうこふん　5世紀後半〜6世紀初め頃
所在地 大阪府茨木市太田
別 継体天皇陵古墳, 太田茶臼山古墳, 三島藍野陵

【絹】

¹⁵絹尾穴墓群　きぬおうけつぼぐん　9世紀前後
所在地 千葉県富津市絹字根方
別 絹横穴群

絹横穴群　きぬよこあなぐん　9世紀前後
所在地 千葉県富津市絹字根方　県指定史跡（1966）
別 絹横穴墓群

【置】

⁴置勿　おきな
所在地 奈良県高市郡明日香村
文 『万葉集』

置戸遺跡　おけといせき　旧石器時代
所在地 北海道常呂郡置戸町

¹³置塩城跡　おきしおじょうあと　文明元年（1469）築城
所在地 兵庫県姫路市夢前町宮置
別 赤松氏城跡（白旗城跡・感状山城跡・置塩城跡）

【義】

⁶義仲寺　ぎちゅうじ　創建年不詳

義仲寺境内　ぎちゅうじけいだい　創建年不詳
所在地 滋賀県大津市馬場　国指定史跡（1967）

¹³義農作兵衛の墓　ぎのうさくべえのはか　江戸時代
所在地 愛媛県伊予郡松前町大字筒井1330-2-1
県指定史跡（1948）

【聖】

²聖人窟　しょうにんくつ　平安時代
所在地 奈良県奈良市高畑町
別 地獄谷石仏, 地獄谷石窟仏

聖山遺跡　せいざんいせき　縄文時代晩期後半
所在地 北海道亀田郡七飯町字峠下

聖天塚古墳　しょうてんづかこふん　5世紀前期
所在地 埼玉県児玉郡美里町関
別 長坂聖天塚古墳

聖坂　ひじりざか
所在地 東京都港区三田
文 『誹風柳多留 121』, 『透谷子漫談摘集』

聖寿寺館跡　しょうじゅじたてあと　室町時代〜戦国時代
所在地 青森県三戸郡南部町　国指定史跡（2004）

⁸聖岳洞穴　ひじりだけどうけつ　後期旧石器時代
所在地 大分県佐伯市本匠宇津々
別 聖嶽洞穴

聖林寺　しょうりんじ　伝・和銅5年（712）創建
所在地 奈良県桜井市大字下

聖林寺跡・同五輪塔群　しょうりんじあと・どうごりんとうぐん　弘長2年（1262）創建
所在地 長野県長野市豊野町豊野　市指定史

13画（腰, 腹, 蒲）

　　跡（2005）
聖武天皇陵　しょうむてんのうりょう　奈良時代
　　所在地 奈良県奈良市法蓮町

[11]聖陵山古墳　せいりょうざんこふん　古墳時代前期後半
　　所在地 兵庫県加古川市野口町長砂

[12]聖塚・菖蒲塚古墳　ひじりずか・あやめずかこふん　古墳時代中期
　　所在地 京都府綾部市多田町　国指定史跡（1992）
　　別 聖塚古墳, 菖蒲塚古墳

聖塚古墳　ひじりずかこふん　古墳時代中期
　　所在地 京都府綾部市多田町
　　別 聖塚・菖蒲塚古墳

[13]聖福寺境内　しょうふくじけいだい　建久6年（1195）創建
　　所在地 福岡県福岡市博多区御供所町　国指定史跡（1969）

[14]聖徳太子墓　しょうとくたいしぼ, しょうとくたいしはか　古墳時代終末期
　　所在地 大阪府南河内郡太子町太子
　　別 磯長墓, 聖徳太子磯長陵, 叡福寺北古墳

聖徳太子磯長陵　しょうとくたいししながのみささぎ, しょうとくたいししながりょう　古墳時代終末期
　　所在地 大阪府南河内郡太子町太子
　　別 磯長墓, 聖徳太子墓, 叡福寺北古墳

[17]聖嶽洞穴　ひじりだけどうけつ　後期旧石器時代
　　所在地 大分県佐伯市本匠宇津々
　　別 聖岳洞穴

[20]聖護院　しょうごいん　江戸時代後期
　　所在地 京都府京都市左京区聖護院中町
　　別 聖護院旧仮皇居

聖護院旧仮皇居　しょうごいんきゅうかりこうきょ　江戸時代後期
　　所在地 京都府京都市左京区聖護院中町　国指定史跡（1935）
　　別 聖護院

【腰】

[7]腰村1号墳　こしむらいちごうふん　6世紀初頭
　　所在地 長野県長野市大字篠ノ井字小松原腰村
　　別 腰村前方後円墳

腰村前方後円墳　こしむらぜんぽうこうえん

ふん　6世紀初頭
　　所在地 長野県長野市篠ノ井字小松原腰村
　　市指定史跡（1967）
　　別 腰村1号墳

[10]腰浜廃寺跡　こしのはまはいじあと　7〜9世紀前葉頃
　　所在地 福島県福島市腰浜町　福島大学の東

[12]腰越　こしごえ
　　所在地 神奈川県鎌倉市腰越
　　文『平家物語』,『義経記』

【腹】

[4]腹切リヤグラ　はらきりやぐら　鎌倉時代
　　所在地 神奈川県鎌倉市小町3-10

腹切坂　はらきりざか
　　所在地 熊本県玉名郡南関町
　　別 豊前街道（南関御茶屋跡・腹切坂）

【蒲】

[4]蒲刈島御番所跡　かまがりじまごばんしょあと　江戸時代
　　所在地 広島県呉市下蒲刈町　県指定史跡（1940）

[5]蒲生田山古墳群　かもうだやまこふんぐん　古墳時代終末期
　　所在地 山形県南陽市上野字山居沢山・字雨霊沢

蒲生君平勅旌碑　がもうくんぺいちょくせいひ　明治時代
　　所在地 栃木県宇都宮市花房3丁目　市指定史跡（1961）

蒲生君平墓　がもうくんぺいのはか　江戸時代
　　所在地 東京都台東区谷中1丁目　国指定史跡（1942）

蒲生峠越　がもうとうげごえ　江戸時代
　　所在地 鳥取県岩美郡岩美町
　　別 山陰道（蒲生峠越・徳城峠越・野坂峠越）

蒲生野　がもうの, うねのの
　　所在地 滋賀県東近江市
　　文『万葉集』,『日本書紀』

蒲生野の玉の尾山　がもうののたまのおやま
　　所在地 滋賀県東近江市川合町
　　文『拾遺和歌集 5』
　　別 蒲生野の玉の緒山, 布施山

蒲田　かまた
　　所在地 東京都大田区蒲田
　　文 安藤広重『名所江戸百景』

遺跡・古墳よみかた辞典　497

13画（蒔, 蓬, 蓑, 蓮, 蛸, 蜂）

¹⁰蒲倉古墳群　かばのくらこふんぐん　7世紀
　所在地 福島県郡山市蒲倉町カチ内・横川町字大谷地・安原町字大谷地
　蒲原　かんばら
　所在地 静岡県静岡市清水区蒲原
　㊡『平家物語』，『曽我物語』
　蒲原山東1号墳　かまはらやまひがしいちごうふん　6世紀
　所在地 高知県南国市岡豊町蒲原山
　蒲原有明邸　かんばらありあけてい　大正～昭和前期
　所在地 神奈川県鎌倉市二階堂325

【蒔】
⁹蒔前遺跡　まくまえいせき　縄文時代晩期前半
　所在地 岩手県二戸郡一戸町

【蓬】
⁵蓬田大館　よもぎだおおだて　中世前期
　所在地 青森県東津軽郡蓬田村大字蓬田字宮本
¹⁰蓬莱山古墳　ほうらいざんこふん　4世紀
　所在地 大分県大分市大字庄ノ原
　蓬莱橋　ほうらいばし
　所在地 東京都江東区
　㊡泉鏡花『深川浅景』

【蓑】
⁶蓑虫庵　みのむしあん　江戸時代
　所在地 三重県伊賀市上野西日南町1814ほか
　㊥県指定史跡及び名勝（1938）
¹⁰蓑島　みのしま
　所在地 福岡県福岡市博多区
　㊡『檜垣嫗集』
¹⁵蓑輪坂ノ前古墳群　みのわさかのまえこふんぐん　6世紀前半
　所在地 福島県石川郡浅川町大字蓑輪字坂ノ前

【蓮】
⁰蓮ヶ池横穴墓群　はすがいけおうけつぼぐん　6～7世紀
　所在地 宮崎県宮崎市芳土岩永迫
　㊛蓮ヶ池横穴群
　蓮ヶ池横穴群　はすがいけよこあなぐん　6～7世紀
　所在地 宮崎県宮崎市芳土岩永迫　㊥国指定史跡（1971）
　㊛蓮ヶ池横穴墓群
⁴蓮尺茶臼山古墳　れんじゃくちゃうすやまこふん　4世紀後葉
　所在地 香川県坂出市河津町連雀
　㊛茶臼山古墳
⁵蓮台寺　れんだいじ
　所在地 岡山県倉敷市児島由加
　㊡『金毘羅参詣名所図会』
　蓮台野　れんだいの
　所在地 京都府京都市北区紫野東蓮台野町・西蓮台野町
　㊡西行『山家集』，『平治物語』
　蓮田貝塚　はすだかいづか　縄文時代
　所在地 埼玉県蓮田市蓮田
⁷蓮花寺　れんげじ
　所在地 東京都墨田区東向島
　㊡『江戸名所図会』，為永春水『梅之春』
¹⁰蓮華王院　れんげおういん　長寛2年（1164）建立
　所在地 京都府京都市東山区
　㊛三十三間堂
　蓮華谷古墳群　れんげだにこふんぐん　6世紀後半～末
　所在地 徳島県板野郡板野町犬伏

【蛸】
⁰蛸ノ浦貝塚　たこのうらかいづか　縄文時代前期～中期
　所在地 岩手県大船渡市赤崎町　㊥国指定史跡（1934）
　㊛蛸之浦貝塚
　蛸之浦貝塚　たこのうらかいづか　縄文時代前期～中期
　所在地 岩手県大船渡市赤崎町
　㊛蛸ノ浦貝塚
¹⁶蛸薬師　たこやくし
　所在地 東京都目黒区下目黒
　㊡『誹風柳多留』
　㊛不老山薬師寺成就院

【蜂】
⁸蜂岡寺　はちおかでら　推古天皇11年（603）創建
　所在地 京都府京都市右京区太秦蜂岡町
　㊛広隆寺

13画（蜆, 裏, 詩, 誉, 詫, 豊）

【蜆】

⁰蜆ヶ森貝塚　しじみがもりかいずか　縄文時代前期後半期
所在地 富山県富山市北代

¹²蜆貝塚　しじみずかかいずか　縄文時代後・晩期
所在地 静岡県浜松市中区蜆塚町
別 蜆塚遺跡

蜆塚遺跡　しじみずかいせき　縄文時代後・晩期
所在地 静岡県浜松市中区蜆塚町　国指定史跡（1959）
別 蜆塚貝塚

【裏】

³裏山古墳　うらやまこふん　4世紀後期
所在地 群馬県高崎市吉井町長根
別 恩行寺裏山古墳

裏山古墳　うらやまこふん　5世紀初頭
所在地 群馬県伊勢崎市華蔵寺町
別 華蔵寺裏山古墳

裏山古墳　うらやまこふん　6世紀後半
所在地 福井県小浜市北塩屋
別 円通寺裏山古墳

裏山古墳　うらやまこふん　4世紀中頃
所在地 愛媛県伊予市上三谷客池
別 広田神社裏山古墳

⁷裏町古墳　うらまちこふん　5世紀後半または6世紀初め
所在地 宮城県仙台市太白区富沢

【詩】

⁵詩仙堂　しせんどう　寛永18年（1641）造営
所在地 京都府京都市左京区一乗寺門口町・一乗寺小谷町・一乗寺松原町　国指定史跡（1928）

【誉】

⁵誉田　こんだ
所在地 大阪府羽曳野市古市
文 『太平記』

誉田丸山古墳　こんだまるやまこふん　5世紀
所在地 大阪府羽曳野市誉田
別 古市丸山古墳

誉田山古墳群　こんだやまこふんぐん　古墳時代
所在地 大阪府柏原市旭ケ丘・国分, 羽曳野市駒ヶ谷

誉田古墳群　こんだこふんぐん　4世紀後半～6世紀中葉
所在地 大阪府藤井寺市古室・青山・藤ヶ丘・津堂・野中・藤井寺, 羽曳野市誉田・軽里・白鳥
別 道明寺古墳群, 古市古墳群（古室山古墳・赤面山古墳・大鳥塚古墳・助太山古墳・鍋塚古墳・城山古墳・峯ヶ塚古墳・墓山古墳・野中古墳・応神天皇陵古墳外濠外堤・鉢塚古墳・はざみ山古墳・青山古墳・蕃所山古墳）

誉田白鳥埴輪製作遺跡　こんだはくちょうはにわせいさくいせき　古墳時代
所在地 大阪府羽曳野市白鳥　国指定史跡（1973）
別 誉田白鳥埴輪窯跡, 誉田白鳥埴輪窯址

誉田白鳥埴輪窯址　こんだはくちょうはにわようし　古墳時代
所在地 大阪府羽曳野市白鳥
別 誉田白鳥埴輪窯跡, 誉田白鳥埴輪製作遺跡

誉田白鳥埴輪窯跡　こんだはくちょうはにわかまあと　古墳時代
所在地 大阪府羽曳野市白鳥
別 誉田白鳥埴輪窯址, 誉田白鳥埴輪製作遺跡

誉田高田貝塚　ほんだたかだかいずか　縄文時代中期・後期
所在地 千葉県千葉市緑区高田町冬寒台・中芝・貝塚

誉田御廟山古墳　こんだごびょうやまこふん　5世紀中葉頃
所在地 大阪府羽曳野市誉田
別 応神天皇陵古墳

【詫】

⁵詫田西分貝塚　たくたにしぶんかいずか　弥生時代主体
所在地 佐賀県神埼市千代田町詫田
別 詫田貝塚

詫田貝塚　たくたかいずか　弥生時代主体
所在地 佐賀県神埼市千代田町詫田
別 詫田西分貝塚

【豊】

³豊川　とよかわ
所在地 愛知県豊川市
文 「風土記逸文」（山崎闇斎『再遊紀行』）

豊川稲荷　とよかわいなり

遺跡・古墳よみかた辞典　499

[所在地]東京都港区元赤坂
[文]永井荷風『雨瀟瀟』

4**豊中大塚古墳　とよなかおおつかこふん**　5世紀初頭頃
[所在地]大阪府豊中市中桜塚4丁目
[別]大塚古墳, 摂津豊中大塚古墳

5**豊平町中世製鉄遺跡群　とよひらちょうちゅうせいせいてついせきぐん**　中世
[所在地]広島県山県郡北広島町　[史]県指定史跡（1997）
[別]槙ケ原製鉄遺跡, 矢栗製鉄遺跡, 坤束製鉄遺跡

豊田大塚古墳　とよたおおつかこふん　6世紀前半
[所在地]愛知県豊田市河合町　[史]県指定史跡（1969）
[別]大塚古墳

豊田古墳群　とよたこふんぐん　5～7世紀
[所在地]奈良県天理市石上町・豊田町
[別]石上・豊田古墳群

7**豊里遺跡　とよさといせき**　縄文時代早期前半
[所在地]北海道網走郡大空町女満別豊里

8**豊国　とよくに**
[所在地]福岡県, 大分県
[文]『古事記』

豊松堂面洞窟遺跡　とよまつどうめんどうくついせき　縄文時代早期～古墳時代
[所在地]広島県神石郡神石高原町上豊松　[史]県指定史跡（1985）

豊泊瀬道　とよはつせじ
[所在地]奈良県桜井市初瀬
[文]『万葉集』

9**豊前坊古墳群　ぶぜんぼうこふんぐん**　4世紀末～5世紀初頭（1・2号墳）, 4世紀後半～末頃（3号墳）
[所在地]福岡県遠賀郡遠賀町大字上別府字高塚

豊前国分寺跡　ぶぜんこくぶんじあと　奈良時代創建
[所在地]福岡県京都郡みやこ町　[史]国指定史跡（1976）

豊前街道（南関御茶屋跡・腹切坂）　ぶぜんかいどう（なんかんおちゃやあと・はらきりざか）　近世
[所在地]熊本県玉名郡南関町　[史]国指定史跡（2003）

豊後国分寺跡　ぶんごこくぶんじあと　奈良時代創建
[所在地]大分県大分市大字国分　[史]国指定史跡（1933）

10**豊原寺　とよはらじ**　大宝2年（702）創建
[所在地]福井県坂井市丸岡町豊原

豊原遺跡　とよばらいせき　縄文時代前期初頭～中期中頃
[所在地]新潟県新潟市西蒲区福井字堰場

豊宮崎文庫　とよみやざきぶんこ　江戸時代～明治時代
[所在地]三重県伊勢市岡本
[別]旧豊宮崎文庫

豊島明重父子供養塔　としまあきしげふしくようとう　江戸時代
[所在地]神奈川県横浜市金沢区 慶珊寺　[史]市登録史跡（1990）

豊島郡　としまのこおり
[所在地]東京都
[文]『和名抄』

豊島馬場遺跡　としまばんばいせき　古墳時代前期
[所在地]東京都北区豊島8丁目

豊浦の里　とよらのさと
[所在地]山口県下関市
[文]『日本書紀』

豊浦寺　とゆらでら　奈良時代創建
[所在地]奈良県高市郡明日香村豊浦

豊浦宮　とゆらのみや　飛鳥時代
[所在地]奈良県高市郡明日香村豊浦

12**豊富遺跡　とよとみいせき**　擦文時代中期
[所在地]北海道天塩郡豊富町豊富

13**豊楽院跡　ぶらくいんあと**　平安時代
[所在地]京都府京都市中京区聚楽廻西町
[別]平安宮跡（内裏跡・豊楽院跡）

豊楽殿　ぶらくでん　平安時代
[所在地]京都府京都市中京区丸太町通七本松

【跡】

6**跡江貝塚　あとえかいずか**　縄文時代
[所在地]宮崎県宮崎市大字跡江
[別]跡江遺跡

跡江遺跡　あとえいせき　縄文時代
[所在地]宮崎県宮崎市大字跡江
[別]跡江貝塚

7**跡見　とみ**
[所在地]奈良県奈良市富雄
[文]『万葉集』

跡見　とみ
[所在地]奈良県桜井市外山/桜井市吉隠北方の鳥見山付近
[文]『万葉集』

跡見塚古墳群　あとみずかこふんぐん　6世紀後半
[所在地]福島県須賀川市柱田

【辟】

5辟田川　さきたがわ
[所在地]富山県高岡市
[文]『万葉集』

【遠】

6遠江国　とおとうみのくに
[所在地]静岡県
[文]『万葉集』

遠江国分寺跡　とおとうみこくぶんじあと　奈良時代
[所在地]静岡県磐田市見付　[史]国指定特別史跡（1952）

遠江国府跡　とおとうみこくふあと　7世紀
[所在地]静岡県磐田市中泉

7遠見山古墳　とおみやまこふん　5世紀後半
[所在地]群馬県前橋市総社町

遠見塚古墳　とおみずかこふん, とうみずかこふん　4世紀末～5世紀初頭
[所在地]宮城県仙台市若林区遠見塚　[史]国指定史跡（1968）

遠里の小野　とおさとのおの
[所在地]大阪府大阪市住吉区
[文]謡曲『雨月』，『曽我物語』

遠里小野　おりおの
[所在地]大阪府大阪市住吉区遠里小野町
[文]『万葉集』，『太平記』, 謡曲『雨月』

8遠所遺跡群　えんじょいせきぐん　6世紀後半～8世紀後半
[所在地]京都府京丹後市弥栄町木橋・鳥取・遠所

9遠津の浜　とおつのはま
[所在地]滋賀県長浜市西浅井町
[文]『万葉集』

遠飛鳥宮　とおつあすかのみや　5世紀中頃
[所在地]奈良県高市郡明日香村

10遠原貝塚　とおばらかいずか　縄文時代前期
[所在地]茨城県ひたちなか市（旧・勝田市大字金上字遠原）

11遠野　とおの
[所在地]岩手県遠野市
[文]柳田国男『遠野物語』

12遠智　おち
[所在地]滋賀県米原市
[文]『万葉集』

遠賀川　おんがかわ
[所在地]福岡県
[文]『杉田久女句集』

18遠藤塚古墳　えんどうずかこふん　古墳時代前期
[所在地]香川県善通寺市生野町字山相
[別]磨臼山古墳

【鉄】

0鉄ノ井　くろがねのい　江戸時代・鎌倉十井の一
[所在地]神奈川県鎌倉市雪ノ下1-8-20

10鉄砲洲　てっぽうず
[所在地]東京都中央区湊・明石町
[文]河竹黙阿弥『網模様灯籠菊桐』，『誹風柳多留』

15鉄漿溝　おはぐろどぶ
[所在地]東京都台東区千束
[文]樋口一葉『たけくらべ』
[別]お歯黒溝

【鉢】

6鉢伏山西峰古墳　はちぶせやまにしみねこふん　7世紀中葉
[所在地]大阪府羽曳野市駒ヶ谷

7鉢形城跡　はちがたじょうあと　文明8年（1476）築城
[所在地]埼玉県大里郡寄居町　[史]国指定史跡（1932）

12鉢塚古墳　はちずかこふん　6世紀末葉
[所在地]大阪府池田市鉢塚2丁目　[史]府指定史跡（1970）

鉢塚古墳　はちずかこふん　5世紀末葉～6世紀初頭頃
[所在地]大阪府藤井寺市藤井寺

【鈴】

0鈴ノ宮遺跡　すずのみやいせき　弥生時代～平安時代
[所在地]群馬県高崎市矢島町鈴ノ宮

鈴ヶ森　すずがもり
[所在地]東京都品川区南大井

13画（鉈, 雅, 雌, 雉, 雷）

㊄十返舎一九『東海道中膝栗毛』
⁴鈴木松什の墓　すずきしょうじゅうのはか
　江戸時代
　所在地 東京都葛飾区東金町6-20-17 光増寺
　㊉区指定史跡
　㊙俳人・鈴木松什の墓
鈴木遺跡　すずきいせき　旧石器時代
　所在地 東京都小平市鈴木町
¹¹鈴桶遺跡　すずおけいせき　縄文時代
　所在地 佐賀県伊万里市二里町字鈴桶
鈴鹿　すずか
　所在地 三重県鈴鹿市
　㊄『日本書紀』
鈴鹿山　すずかやま
　所在地 三重県鈴鹿市
　㊄『今昔物語集』,『保元物語』
鈴鹿川　すずかがわ
　所在地 三重県
　㊄『万葉集』
　㊙八十瀬川
鈴鹿峠　すずかとうげ　古代
　所在地 三重県亀山市関町, 滋賀県甲賀市土山町
鈴鹿関　すずかのせき　古代
　所在地 三重県亀山市関町
¹⁹鈴鏡塚古墳　れいきょうずかこふん　6世紀
　所在地 宮崎県日向市大字富高字草場6800-40
　㊉県指定史跡（1998）

【鉈】
⁴鉈切洞穴　なたぎりどうけつ　縄文時代後期, 古墳時代
　所在地 千葉県館山市浜田　㊉県指定史跡（1967）
　㊙鉈切洞窟遺跡
鉈切洞窟遺跡　なたぎりどうくついせき　縄文時代後期, 古墳時代
　所在地 千葉県館山市浜田
　㊙鉈切洞穴

【雅】
⁷雅谷遺跡　うたやいせき　縄文時代後・晩期
　所在地 埼玉県蓮田市黒浜
　㊙雅楽谷遺跡
¹³雅楽谷遺跡　うたやいせき　縄文時代後・晩期
　所在地 埼玉県蓮田市黒浜
　㊙雅谷遺跡

【雌】
⁸雌阿寒岳　めあかんだけ
　所在地 北海道釧路市, 足寄郡足寄町
　㊄水原秋桜子『晩華』

【雉】
³雉子橋　きじばし
　所在地 東京都千代田区一ツ橋
　㊄森鴎外『伊沢蘭軒』
⁴雉之尾1号墳　きじのおいちごうふん　古墳時代前期
　所在地 愛媛県今治市桜井国分字雉之尾
　㊙雉之尾古墳
雉之尾3号墳　きじのおさんごうふん　古墳時代
　所在地 愛媛県今治市桜井国分
雉之尾古墳　きじのおこふん　古墳時代前期
　所在地 愛媛県今治市桜井国分字雉之尾
　㊙雉之尾1号墳

【雷】
⁰雷の丘　いかずちのおか
　所在地 奈良県高市郡明日香村雷
　㊄『日本書紀』,『霊異記』
　㊙雷丘
³雷山神籠石　らいざんこうごいし　7世紀中葉
　所在地 福岡県糸島市雷山　㊉国指定史跡（1932）
⁵雷丘　いかずちのおか
　所在地 奈良県高市郡明日香村雷
　㊄『日本書紀』,『霊異記』
　㊙雷の丘
雷丘東方遺跡　いかずちのおかとうほういせき　古代
　所在地 奈良県高市郡明日香村雷
⁷雷貝塚　いかずちかいづか　縄文時代晩期
　所在地 愛知県名古屋市緑区鳴海町矢切
⁸雷門　かみなりもん
　所在地 東京都台東区浅草2-3-1 浅草寺
　㊄北原白秋『白秋全集』
　㊙風雷神門
⁹雷神山古墳　らいじんやまこふん　4世紀末～5世紀初頭
　所在地 宮城県名取市植松　㊉国指定史跡（1956）
¹³雷電山古墳　らいでんやまこふん　6世紀半ば
　所在地 栃木県宇都宮市岩本町475ほか　㊉市

13画（飼, 飾, 飽, 飫, 馴, 鳩, 鳰, 鼓, 鼠）

指定史跡（1977）
雷電山古墳　らいでんやまこふん　5世紀初頭
(所在地)埼玉県東松山市大岡
雷電神社古墳　らいでんじんじゃこふん　6世紀終末〜7世紀初め
(所在地)群馬県伊勢崎市境伊与久
雷電神社跡古墳　らいでんじんじゃあとこふん　6世紀後半
(所在地)群馬県伊勢崎市
雷電塚古墳　らいでんづかこふん　6世紀中葉
(所在地)埼玉県坂戸市小沼　⑫県指定史跡（1958）
(別)前方後円墳 雷電塚古墳

【飼】
¹²飼飯の浦　けいのうら
(所在地)兵庫県南あわじ市松帆
⊗『万葉集』

【飾】
⁸飾東2号墳　しきとうにごうふん　6世紀後半
(所在地)兵庫県姫路市飾東町豊国
¹⁶飾磨　しかま
(所在地)兵庫県姫路市飾磨区
⊗『風土記』,『枕草子』

飾磨川　しかまがわ
(所在地)兵庫県姫路市
⊗『万葉集』

【飽】
⁰飽の浦　あくのうら
(所在地)和歌山県和歌山市加太/岡山県岡山市飽浦
⊗『万葉集』
¹²飽等の浜　あくらのはま
(所在地)和歌山県和歌山市加太
⊗『万葉集』

【飫】
⁶飫宇の海　おうのうみ
(所在地)島根県松江市
⊗『万葉集』
⁸飫肥城　おびじょう　戦国時代初期
(所在地)宮崎県日南市飫肥10丁目　⑫市指定史跡（1991）

【馴】
¹⁰馴馬城跡　なれうまじょうあと　南北朝時代
(所在地)茨城県竜ヶ崎市馴馬町2507　⑫県指定史跡（1940）

【鳩】
⁰鳩ヶ峰経塚　はとがみねきょうづか　永久4年（1116）造営
(所在地)京都府八幡市八幡高坊鳩ヶ峰の山頂
(別)鳩ヶ崎
³鳩山窯跡群　はとやまようせきぐん　7世紀以降
(所在地)埼玉県比企郡鳩山町, 比企郡嵐山町, 比企郡ときがわ町
¹⁰鳩原古墳群　はとはらこふんぐん　6世紀後半（1号墳）, 6世紀末〜7世紀前半（2号墳）
(所在地)福井県敦賀市鳩原6号字前田19・25-1

【鳰】
⁰鳰の海　におのうみ
(所在地)滋賀県
⊗上西門院兵衛『千載和歌集』, 芭蕉『卯辰集』
(別)琵琶湖

【鼓】
⁰鼓の滝　つづみのたき
(所在地)熊本県熊本市
⊗鴨長明『無名抄』
³鼓山古墳　つつみやまこふん, つづみやまこふん　5世紀後半頃
(所在地)福井県福井市直木町

【鼠】
⁰鼠ヶ関　ねずがせき
(所在地)山形県鶴岡市鼠ヶ関
⊗歌学書『能因歌枕』
(別)念珠関, 念珠ヶ関
³鼠山　ねずみやま
(所在地)東京都豊島区
⊗『誹風柳多留 72』
(別)欅山
⁹鼠持古墳　ねずもちこふん　古墳時代終末期
(所在地)山形県東置賜郡高畠町大字元和田字千石

14 画

【厭】

[19]厭離庵　おんりあん，えんりあん
　(所在地)京都府京都市右京区嵯峨仁尊院
　(文)『拾遺愚草』

【嘉】

[7]嘉応二年在銘五輪塔　かおうにねんざいめいごりんとう　嘉応2年(1170)銘
　(所在地)大分県臼杵市大字前田・深田・中尾
　(例)臼杵磨崖仏 附 日吉塔、嘉応二年在銘五輪塔・承安二年在銘五輪塔

[10]嘉倉貝塚　かくらかいづか　縄文時代〜弥生時代
　(所在地)宮城県栗原市築館嘉倉小土内屋敷

嘉祥寺　かしょうじ　平安時代前期
　(所在地)京都府京都市伏見区深草真宗院山町・深草瓦町

[14]嘉徳遺跡　かとくいせき　縄文時代後期
　(所在地)鹿児島県大島郡瀬戸内町

【境】

[0]境A遺跡　さかいえーいせき　縄文時代中期〜晩期
　(所在地)富山県下新川郡朝日町境

[4]境木地蔵境内　さかいぎじぞうけいだい　江戸時代
　(所在地)神奈川県横浜市保土ケ谷区 見光寺
　(文)市登録史跡(1988)

[5]境台場跡　さかいだいばあと　江戸時代末期築造
　(所在地)鳥取県境港市花町
　(例)鳥取藩台場跡(由良台場跡・境台場跡・淀江台場跡・橋津台場跡・浦富台場跡)

[7]境谷古墳　さかいだにこふん　古墳時代後期
　(所在地)徳島県吉野川市山川町

[8]境松遺跡　さかいまついせき　縄文時代中期主体
　(所在地)茨城県つくば市境松

境林古墳　さかいばやしこふん　7世紀
　(所在地)栃木県矢板市境林字大山

[11]境崎貝塚　さかいざきかいづか　縄文時代後期末

[14]境関館跡　さかいぜきたてあと　中世
　(所在地)青森県弘前市境関字富岳

【増】

[3]増上寺　ぞうじょうじ　創建年不詳
　(所在地)東京都港区芝公園4-7-25 三緑山広戸院

増山城跡　ますやまじょうあと　室町時代〜江戸時代
　(所在地)富山県砺波市増山　(文)国指定史跡(2009)

[4]増井　ますい
　(所在地)京都府京都市右京区大枝町
　(文)『風雅和歌集 20』

[10]増島城跡　ますしまじょうあと　天正年間(1573〜92)築城
　(所在地)岐阜県飛騨市古川町片原町　(文)県指定史跡(1959)

[11]増野川子石遺跡　ますのかわこいしいせき，ましのかわこいしいせき　縄文時代草創期・中期後葉、近世
　(所在地)長野県下伊那郡高森町山吹

増野新切遺跡　ましのしんきりいせき　縄文時代中期
　(所在地)長野県下伊那郡高森町

【嶋】

[3]嶋上郡家　しまがみぐうけ　奈良時代
　(所在地)大阪府高槻市川西町・清福寺町・郡家新町
　(例)嶋上郡衙跡 附 寺跡

嶋上郡衙跡 附 寺跡　しまのかみぐんがあとつけたり てらあと　奈良時代
　(所在地)大阪府高槻市川西町・清福寺町・郡家新町　(文)国指定史跡(1971)
　(例)嶋上郡家

[10]嶋宮　しまのみや
　(所在地)奈良県高市郡明日香村島庄
　(文)『万葉集』
　(例)嶋宮跡，島の宮，島宮

嶋宮跡　しまのみやあと　7世紀後半〜8世紀中葉
　(所在地)奈良県高市郡明日香村島庄
　(例)嶋宮，島宮，島の宮

[15]嶋遺跡　しまいせき　7〜8世紀
　(所在地)山形県山形市島　(文)国指定史跡(1966)

【徳】

3徳川家康側室養珠院墓所　とくがわいえやすそくしつようじゅいんぼしょ　江戸時代
所在地 山梨県身延町大野　㊟県指定史跡(2008)

徳川家康最初陣地　とくがわいえやすさいしょのじんち　慶長5年(1600)
所在地 岐阜県不破郡関ケ原町
別 関ヶ原古戦場 附 徳川家康最初陣地・徳川家康最後陣地・石田三成陣地・岡山烽火場・大谷吉隆墓・東首塚・西首塚

徳川家康最後陣地　とくがわいえやすさいごのじんち　慶長5年(1600)
所在地 岐阜県不破郡関ケ原町
別 関ヶ原古戦場 附 徳川家康最初陣地・徳川家康最後陣地・石田三成陣地・岡山烽火場・大谷吉隆墓・東首塚・西首塚

4徳丹城跡　とくたんじょうあと　平安時代
所在地 岩手県紫波郡矢巾町　㊟国指定史跡(1969)

徳之島カムィヤキ陶器窯跡　とくのしまかむいやきとうきかまあと　11世紀後半以降
所在地 鹿児島県大島郡伊仙町　㊟国指定史跡(2007)

5徳平古墳　とくだいらこふん　7世紀
所在地 岐阜県恵那市明智町徳平　㊟県指定史跡(1958)

徳正寺山古墳　とくしょうじやまこふん　4世紀
所在地 福岡県糸島市二丈上深江

徳永川ノ上古墳群　とくながかわのうえこふんぐん　弥生時代終末～古墳時代後期
所在地 福岡県京都郡みやこ町徳永

徳永古墳群　とくながこふんぐん　6世紀後半～7世紀
所在地 福岡県福岡市西区女原377

徳田古墳群　とくだこふんぐん　古墳時代
所在地 石川県羽咋郡志賀町徳田

8徳居窯跡　とくすいかまあと　6世紀後半～7世紀初頭中心
所在地 三重県鈴鹿市南部

9徳前1・2号墳　とくぜんいち・にごうふん　7世紀前葉～中葉頃
所在地 石川県鹿島郡中能登町徳前

徳城峠越　とくじょうとうげごえ　江戸時代
所在地 島根県鹿足郡津和野町
別 山陰道(蒲生峠越・徳城峠越・野坂峠越)

徳持古墳　とくもちこふん　5世紀後葉～6世紀初め
所在地 茨城県筑西市徳持
別 稲荷山古墳, 葦間山古墳

10徳倉城跡　とくらじょうせき　中世
所在地 岡山県岡山市北区御津河内　㊟県指定史跡(1958)

徳島城跡　とくしまじょうあと　戦国時代～江戸時代
所在地 徳島県徳島市徳島町　㊟国指定史跡(2006)

徳島藩主蜂須賀家墓所　とくしまはんしゅはちすかけぼしょ　江戸時代
所在地 徳島県徳島市下助任町・佐古山町
㊟国指定史跡(2002)

徳島藩松帆台場跡　とくしまはんまつほだいばあと　文久元年(1861)完成
所在地 兵庫県淡路市岩屋　㊟国指定史跡(2006)

徳連場古墳　とくれんばこふん　5世紀頃
所在地 島根県松江市玉湯町　㊟国指定史跡(1933)

11徳冨蘆花旧宅　とくとみろかきゅうたく
所在地 東京都世田谷区粕谷 都立蘆花恒春園内
㊟都指定史跡(1986)
㊉徳冨蘆花『みゝずのたはこと』

13徳楽古墳　とくらくこふん　4世紀後半期
所在地 鳥取県西伯郡大山町長田

14徳増源六谷横穴墓群　とくますげんろくだにおうけつぼぐん　7世紀前半～中葉主体
所在地 千葉県長生郡長柄町
別 徳増横穴群, 長柄町横穴群, 長柄町横穴墓群, 長柄横穴群

徳増横穴群　とくますよこあなぐん　7世紀前半～中葉主体
所在地 千葉県長生郡長柄町
別 徳増源六谷横穴墓群, 長柄町横穴群, 長柄町横穴墓群, 長柄横穴群

【摺】

12摺萩遺跡　すりはぎいせき　縄文時代早期～晩期
所在地 宮城県黒川郡大和町宮床

13摺鉢山　すりばちやま
所在地 東京都台東区
㊉『誹風柳多留』

摺鉢山古墳　すりばちやまこふん　5世紀頃

[所在地]東京都台東区上野公園内

摺鉢山古墳　すりばちやまこふん　4世紀後半

[所在地]熊本県宇土市神合町字水谷

【旗】

[5]**旗本西高木家陣屋跡　はたもとにしたかぎけじんやあと**　江戸時代

[所在地]岐阜県大垣市上石津町大字宮　[史]県指定史跡（1996）

[10]**旗振台古墳　はたふりだいこふん**　古墳時代中期

[所在地]岡山県岡山市中区奥市

[12]**旗塚古墳　はたずかこふん**　古墳時代

[所在地]大阪府堺市堺区百舌鳥夕雲町3丁

[別]百舌鳥古墳群（いたすけ古墳・長塚古墳・収塚古墳・塚廻古墳・文珠塚古墳・丸保山古墳・乳岡古墳・御廟表塚古墳・ドンチャ山古墳・正楽寺山古墳・鏡塚古墳・善右ヱ門山古墳・銭塚古墳・グワショウ坊古墳・旗塚古墳・寺山南山古墳・七観音古墳）

[16]**旗頭山尾根古墳群　はたがしらやまおねこふんぐん**　古墳時代後期

[所在地]愛知県新城市八名井字反林8, 豊川市金沢町藤弦31　[史]県指定史跡（1978）

【榎】

[5]**榎本其角住居跡　えのもときかくじゅうきょあと**　江戸時代

[所在地]東京都中央区日本橋茅場町1-6-18付近

[別]其角居住跡

榎本廃寺址　えのきもとはいじし　奈良時代

[所在地]滋賀県長浜市

榎田関跡　えのきだせきあと　江戸時代

[所在地]宮崎県えびの市大字榎田字牧ノ原557-1　[史]県指定史跡（1933）

[8]**榎林貝塚　えのきばやしかいずか**　縄文時代中期末頃

[所在地]青森県上北郡七戸町

[9]**榎津　えなつ**

[所在地]大阪府大阪市住吉区墨江以南の地

[文]『万葉集』

[別]得名津

【榛】

[6]**榛名山　はるなさん**

[所在地]群馬県

[文]『徳和歌後万載集 5』, 萩原朔太郎『蝶を夢む』

榛名山座主の森　はるなさんざすのもり　南北朝時代

[所在地]群馬県高崎市倉渕町三ノ倉　[史]市指定史跡（1982）

榛名湖　はるなこ

[所在地]群馬県

[文]若山牧水『くろ土』, 高浜虚子『五百句』

【槍】

[0]**槍ケ岳　やりがたけ**

[所在地]長野県, 岐阜県

[文]加藤楸邨『寒雷』, 芥川龍之介『槍ケ岳紀行』

[7]**槍花遺跡　うつぎはないせき**　古墳時代前期

[所在地]群馬県太田市新田小金井町

【樋】

[0]**樋の口古墳　ひのくちこふん**　5世紀中頃〜後半

[所在地]佐賀県唐津市鏡字山副　[史]市指定史跡（1972）

[別]山添古墳

[3]**樋口古墳群　つゆぐちこふんぐん**　6世紀後半

[所在地]徳島県徳島市上八万町樋口

[4]**樋爪氏の墓　ひずめしのはか**　鎌倉時代

[所在地]栃木県宇都宮市大通り5-3-2　[史]市指定史跡（1958）

[7]**樋沢遺跡　ひざわいせき**　縄文時代早期

[所在地]長野県岡谷市清水地, 塩尻市勝弦

[11]**樋野古墳群　ひのこふんぐん**　6世紀後半

[所在地]奈良県御所市樋野

[12]**樋渡古墳　ひわたしこふん**　5世紀

[所在地]福岡県福岡市西区大字吉武字樋渡

[13]**樋遣川古墳群　ひやりがわこふんぐん**　6世紀中心

[所在地]埼玉県加須市上樋遣川

[14]**樋端古墳群　といばなこふんぐん**　6世紀末〜7世紀初頭（2号墳）, 5世紀後葉（神越3号墳）

[所在地]香川県東かがわ市

【槙】

[0]**槙の内遺跡　まきのうちいせき**　縄文時代前期中葉

[所在地]千葉県野田市槙の内

14画（橙、榧、榴、歌、歎、漆）

槙ケ原製鉄遺跡　まきがはらせいてついせき
　中世
　所在地 広島県山県郡北広島町
　別 豊平町中世製鉄遺跡群

[7]槙尾　まきのお
　所在地 京都府京都市右京区梅ヶ畑槙尾町
　文 『都名所図会』

槙尾山　まきのおやま
　所在地 京都府宇治市
　文 『源氏物語』、『永福門院百番御自歌合』

槙尾山経塚　まきのおさんきょうづか　平安時代～室町時代
　所在地 大阪府和泉市槙尾山町

[10]槙島　まきのしま
　所在地 京都府宇治市槙島町
　文 『金葉和歌集』、『方丈記』

【橙】

[4]橙木原遺跡　はんのきはらいせき　7～9世紀
　所在地 滋賀県大津市南志賀

【榧】

[6]榧寺　かやでら
　所在地 東京都台東区蔵前
　文 永井荷風『日和下駄』

【榴】

[0]榴ケ岡　つつじがおか
　所在地 宮城県仙台市宮城野区
　文 芭蕉『おくのほそ道』
　別 榴岡

[8]榴岡　つつじがおか
　所在地 宮城県仙台市宮城野区
　文 芭蕉『おくのほそ道』
　別 榴ケ岡

【歌】

[0]歌の中山　うたのなかやま
　所在地 京都府京都市東山区清閑寺
　文 謡曲『融』
　別 宇多の中山

歌ノ橋　うたのはし　江戸時代・鎌倉十橋の一
　所在地 神奈川県鎌倉市二階堂

歌ヶ崎廟　うたがさきびょう　江戸時代
　所在地 奈良県大和郡山市　県 市指定史跡（1978）

[2]歌人伊藤左千夫の生家　かじんいとうさちおのせいか　明治時代
　所在地 千葉県山武市殿台393　県 県指定史跡（1950）

[3]歌川広重の墓碑・記念碑　うたがわひろしげのぼひ・きねんひ　江戸時代
　所在地 東京都足立区伊興本町1-5-16 東岳寺
　別 初代安藤広重墓及び記念碑

[10]歌姫丘陵瓦窯址　うたひめきゅうりょうがようし　奈良時代
　所在地 奈良県奈良市歌姫町
　別 歌姫瓦窯跡、奈良山瓦窯跡（歌姫瓦窯跡・音如ヶ谷瓦窯跡・市坂瓦窯跡・梅谷瓦窯跡・鹿背山瓦窯跡）

歌姫瓦窯跡　うたひめかわらがまあと、うたひめがようせき　奈良時代
　所在地 奈良県奈良市歌姫町
　別 歌姫丘陵瓦窯址、奈良山瓦窯跡（歌姫瓦窯跡・音如ヶ谷瓦窯跡・市坂瓦窯跡・梅谷瓦窯跡・鹿背山瓦窯跡）

歌姫街道　うたひめかいどう　古代以降
　所在地 奈良県奈良市～京都府木津川市

歌姫横穴墓　うたひめおうけつぼ　古墳時代後期
　所在地 奈良県奈良市歌姫町字赤井谷

[12]歌塚　うたづか　文政10年（1827）建立
　所在地 福岡県北九州市小倉北区妙見町17番内
　県 市指定史跡（1984）

[15]歌敷山古墳　うたしきやまこふん　4世紀後半～5世紀初頭頃
　所在地 兵庫県神戸市垂水区歌敷山

歌舞伎座　かぶきざ
　所在地 東京都中央区銀座
　文 斎藤緑雨『油地獄』

【歎】

[0]歎きの森　なげきのもり
　所在地 鹿児島県姶良郡
　文 清原元輔『詞歌和歌集 10』、『堤中納言物語』

【漆】

[3]漆山古墳　うるしやまこふん　6世紀後半
　所在地 群馬県高崎市下佐野町

漆山衛守塚古墳　うるしやまえもりずかこふん　古墳時代
　所在地 山形県山形市漆山字道下

遺跡・古墳よみかた辞典　507

漆川　うるしがわ
[所在地]福岡県太宰府市
[文]『拾遺和歌集』
7漆谷遺跡　うるしだにいせき　6世紀半ば～7世紀前半
[所在地]福井県福井市江上町72字漆谷

【熊】

0熊ケ谷横穴墓群　くまがやおうけつぼぐん　6世紀末～7世紀後半
[所在地]神奈川県横浜市緑区奈良町
熊ノ前遺跡　くまのべいせき　縄文時代中期後半
[所在地]山形県山形市松波
3熊山戒壇　くまやまかいだん　奈良時代
[所在地]岡山県赤磐市奥吉原
熊山岳　くまやまだけ
[所在地]岡山県赤磐市
[文]『山家心中集』
熊山遺跡　くまやまいせき　奈良時代
[所在地]岡山県赤磐市奥吉原　[史]国指定史跡（1956）
4熊毛の浦　くまけのうら
[所在地]山口県熊毛郡上関町
[文]『万葉集』
5熊本山古墳　くまもとやまこふん　4世紀末～5世紀前半
[所在地]佐賀県佐賀市久保泉町川久保熊本山
熊本城跡　くまもとじょうあと　江戸時代初期築城
[所在地]熊本県熊本市中央区本丸・二の丸・宮内・古城・古京町・千葉城町　[史]国指定特別史跡（1955）
熊本藩川尻米蔵跡　くまもとはんかわじりこめぐらあと　江戸時代
[所在地]熊本県熊本市南区川尻　[史]国指定史跡（2010）
熊本藩主細川家墓所　くまもとはんしゅほそかわけぼしょ　江戸時代
[所在地]熊本県熊本市中央区黒髪, 西区横手　[史]国指定史跡（1995）
熊田山北古墳群　くまだやまきたこふんぐん　5世紀後葉
[所在地]岐阜県各務原市蘇原東島町2丁目
熊穴洞窟遺跡　くまあなどうくついせき　縄文時代
[所在地]岩手県一関市東山町長坂字小豆用
7熊来　くまき
[所在地]石川県七尾市中島町
[文]『万葉集』
熊沢蕃山の墓　くまざわばんざんのはか　江戸時代
[所在地]茨城県古河市大堤1030-1　[史]県指定史跡（1961）
熊沢遺跡　くまのさわいせき　縄文時代早期～後期
[所在地]青森県青森市
熊谷　くまがや
[所在地]埼玉県熊谷市
[文]『新撰狂歌集』
熊谷氏の遺跡（伊勢が坪（塩が坪）城跡, 高松城跡, 土居屋敷跡, 菩提所観音寺跡）　くまがいしのいせき（いせがつぼ（しおがつぼ）じょうあと, たかまつじょうあと, どいやしきあと, ぼだいしょかんのんじあと）　中世
[所在地]広島県広島市安佐北区　[史]県指定史跡（1951）
熊谷堤　くまがやつつみ
[所在地]埼玉県熊谷市久下
[文]許六『韻塞』
10熊倉遺跡　くまくらいせき　平安時代
[所在地]群馬県吾妻郡中之条町　[史]県指定史跡（1984）
11熊堂古墳群　くまどうこふんぐん, くまんどうこふんぐん　8世紀
[所在地]岩手県花巻市湯口大字上根子字熊堂
熊野　くまの
[所在地]和歌山県東牟婁郡・西牟婁郡, 三重県北牟婁郡・南牟婁郡一帯
[文]『万葉集』,『今昔物語集』
熊野の古代土器窯跡　くまののこだいどきかまあと　平安時代
[所在地]広島県福山市熊野町　[史]県指定史跡（1940）
熊野の本宮　くまののほんぐう
[所在地]和歌山県田辺市本宮町
[文]河東碧梧桐『続三千里』
熊野の浦　くまののうら
[所在地]和歌山県, 三重県
[文]平兼盛『拾遺和歌集 14』
熊野三山　くまのさんざん
[所在地]和歌山県田辺市・新宮市・東牟婁郡那智勝浦町, 三重県南牟婁郡紀宝町　[史]国指定史跡（2000）

14画（瑠, 碑, 碧, 稲）

熊野川　くまのがわ
- 所在地：和歌山県・奈良県・三重県 新宮川水系熊野川
- 関：熊野参詣道（中辺路・大辺路・小辺路・伊勢路・熊野川・七里御浜・花の窟）

熊野古墳　くまのこふん　5世紀前期
- 所在地：茨城県かすみがうら市市川　県指定史跡（1977）
- 関：市川1号墳

熊野古墳　くまのこふん　6世紀
- 所在地：岐阜県可児市広見979　県指定史跡（1957）

熊野本古墳群　くまのもとこふんぐん　5世紀末～6世紀初頭
- 所在地：滋賀県高島市新旭町熊野本

熊野本宮大社　くまのほんぐうたいしゃ
伝・崇神天皇代創始
- 所在地：和歌山県田辺市本宮町

熊野本宮大社旧社地 大斎原　くまのほんぐうたいしゃきゅうしゃち おおゆのはら　古代以降～明治22年（1889）
- 所在地：和歌山県田辺市本宮町
- 関：大斎原

熊野参詣道（中辺路・大辺路・小辺路・伊勢路・熊野川・七里御浜・花の窟）　くまのさんけいみち（なかへち・おおへち・こへち・いせじ・くまのがわ・しちりみはま・はなのいわや）　古代以降
- 所在地：（中辺路）和歌山県新宮市, 田辺市, 東牟婁郡那智勝浦町/（大辺路）和歌山県西牟婁郡白浜町, 西牟婁郡すさみ町/（小辺路）和歌山県伊都郡高野町, 田辺市, 奈良県吉野郡野迫川村・吉野郡十津川村/（伊勢路）和歌山県新宮市, 田辺市, 三重県熊野市, 尾鷲市, 度会郡大紀町, 北牟婁郡紀北町, 南牟婁郡御浜町/（熊野川）新宮川水系熊野川/（七里御浜）三重県熊野市, 南牟婁郡御浜町, 南牟婁郡紀宝町/（花の窟）三重県熊野市　国指定史跡（2000）
- 関：熊野街道

熊野神社古墳　くまのじんじゃこふん　古墳時代前期
- 所在地：宮城県加美郡色麻町四竈字官林

熊野神社古墳　くまのじんじゃこふん　5世紀
- 所在地：埼玉県桶川市川田谷字楽下 熊野神社境内

熊野神社遺跡　くまのじんじゃいせき　縄文時代前期～後期
- 所在地：和歌山県新宮市新宮

熊野堂1号墓　くまのどういちごうぼ　3世紀末
- 所在地：群馬県高崎市福島字熊野堂

熊野堂遺跡　くまのどういせき　弥生時代～奈良・平安時代
- 所在地：群馬県高崎市大八木町・井出・福島

熊野御幸道　くまのごこうどう　平安時代以降
- 所在地：和歌山県
- 関：小栗街道

熊野街道　くまのかいどう　古代以降
- 所在地：和歌山県, 三重県, 奈良県
- 関：熊野参詣道（中辺路・大辺路・小辺路・伊勢路・熊野川・七里御浜・花の窟）

熊野街道半田一里塚　くまのかいどうはんだいちりづか　古代
- 所在地：大阪府貝塚市半田牛神　府指定史跡（1959）
- 関：半田一里塚

熊野窯址　くまのようし　奈良時代
- 所在地：広島県福山市熊野町字草田・金江町字幸田

熊野磨崖仏 附 元宮磨崖仏及び鍋山磨崖仏　くまのまがいぶつ つけたり もとみやまがいぶつおよびなべやままがいぶつ　平安時代後期
- 所在地：大分県豊後高田市平野・真中・上野　国指定史跡（1955）

【瑠】

[15]瑠璃光塚古墳　るりこうづかこふん　6世紀末葉
- 所在地：千葉県木更津市桜井字峯

【碑】

[4]碑文谷　ひもんや
- 所在地：東京都目黒区碑文谷
- 参：『川柳評万句合』, 山東京伝『通気粋語伝』

【碧】

[4]碧水城　へきすいじょう　寛永10年（1633）築城
- 所在地：滋賀県甲賀市水口町中邸
- 関：水口城跡

【稲】

[3]稲下遺跡　いなくだしいせき　弥生時代

14画（稲）

（所在地）山形県村山市稲下

⁴稲元日焼原窯跡群　いなもとひやけばるかまあとぐん　6世紀
（所在地）福岡県宗像市大字稲元字日焼原

稲元古墳群　いなもとこふんぐん　5世紀末〜6世紀後半
（所在地）福岡県宗像市大字稲元

稲木遺跡　いなぎいせき　弥生時代〜古代
（所在地）香川県善通寺市稲木町

稲毛　いなげ
（所在地）千葉県千葉市稲毛区
㊈『田山花袋『東京の近郊』

⁵稲付城跡　いなつきじょうあと　戦国時代築城
（所在地）東京都北区赤羽西1-21-17 静勝寺
㊟都指定旧跡（1955）

稲古舘古墳　いなふるだてこふん　8世紀
（所在地）福島県須賀川市大字稲字古舘

稲生山窯跡　いのうやまかまあと　7世紀前半
（所在地）三重県鈴鹿市稲生山町

⁶稲舟横穴墓群　いなふねおうけつぼぐん　古墳時代後期以降
（所在地）石川県輪島市稲舟町

⁷稲佐浜　いなさのはま
（所在地）島根県出雲市大社町
㊈『出雲国風土記』

稲佐廃寺址　いなさはいじし　平安時代
（所在地）熊本県玉名郡玉東町稲佐 熊野座神社境内

稲村ヶ崎（新田義貞徒渉伝説地）　いなむらがさき（にったよしさだとしょうでんせつち）　鎌倉時代（徒渉伝説）
（所在地）神奈川県鎌倉市稲村ガ崎　㊟国指定史跡（1934）

稲村山古墳　いなむらやまこふん　古墳時代
（所在地）奈良県高市郡高取町観覚寺

稲村城跡　いなむらじょうあと　15世紀後半築城
（所在地）千葉県館山市稲
㊕里見氏城跡（稲村城跡・岡本城跡）

¹⁰稲原貝塚　いなはらかいづか　縄文時代早期中葉
（所在地）千葉県館山市那古小字稲原

稲荷　いなり
（所在地）京都府京都市伏見区
㊈『枕草子』

稲荷丸北遺跡　いなりまるきたいせき　縄文時代前期
（所在地）東京都世田谷区上野毛

稲荷山　いなりやま
（所在地）京都府京都市伏見区深草藪ノ内町
㊈『拾遺和歌集』，『更級日記』

稲荷山古墳　いなりやまこふん　5世紀後葉〜6世紀初め
（所在地）茨城県筑西市徳持
㊕徳持古墳, 葦間山古墳

稲荷山古墳　いなりやまこふん　7世紀前半
（所在地）茨城県かすみがうら市宍倉字風返
㊕風返稲荷山古墳

稲荷山古墳　いなりやまこふん　5世紀中葉期
（所在地）群馬県前橋市上細井町字南新田
㊕上細井稲荷山古墳

稲荷山古墳　いなりやまこふん　6世紀前半
（所在地）群馬県高崎市上小塙町字稲荷前　㊟市指定史跡（1991）
㊕上小塙稲荷山古墳

稲荷山古墳　いなりやまこふん　古墳時代
（所在地）群馬県高崎市上並榎町
㊕上並榎稲荷山古墳

稲荷山古墳　いなりやまこふん　古墳時代後期
（所在地）群馬県伊勢崎市稲荷町
㊕古城稲荷山古墳

稲荷山古墳　いなりやまこふん　5世紀前半
（所在地）群馬県藤岡市白石
㊕白石稲荷山古墳

稲荷山古墳　いなりやまこふん　5世紀後半
（所在地）埼玉県行田市
㊕埼玉稲荷山古墳

稲荷山古墳　いなりやまこふん　6世紀後半
（所在地）千葉県富津市青木字稲荷山

稲荷山古墳　いなりやまこふん　5世紀前半
（所在地）福井県福井市足羽山
㊕足羽山稲荷山古墳

稲荷山古墳　いなりやまこふん　5世紀後半
（所在地）静岡県磐田市新貝小犬間添

稲荷山古墳　いなりやまこふん　古墳時代後期初頭
（所在地）滋賀県高島市宿鴨　㊟県指定史跡（1964）
㊕鴨稲荷山古墳, 水尾稲荷山古墳

稲荷山古墳　いなりやまこふん　6世紀後半
（所在地）熊本県熊本市北区清水町　㊟県指定史跡（1974）

打越稲荷山古墳

稲荷山貝塚 いなりやまかいづか 縄文時代晩期中葉
(所在地)愛知県豊川市平井町
(別)平井稲荷山貝塚

稲荷山姫塚古墳 いなりやまひめづかこふん 4世紀後半
(所在地)香川県高松市宮脇町・室町
(別)姫塚古墳

稲荷山経塚 いなりやまきょうづか 鎌倉時代初期
(所在地)京都府京都市伏見区深草町 稲荷神社境内

稲荷山遺跡 いなりやまいせき 縄文時代前期後半
(所在地)群馬県みどり市笠懸町西鹿田字稲荷山

稲荷古墳群 いなりこふんぐん 6〜7世紀
(所在地)栃木県宇都宮市上欠町7-9 (趣)市指定史跡(1985)

稲荷台1号墳 いなりだいいちごうふん 5世紀後半
(所在地)千葉県市原市山田橋字稲荷台

稲荷台遺跡 いなりだいいせき 縄文時代早期
(所在地)東京都板橋区稲荷町

稲荷迫横穴墓群 いなりさくおうけつぼぐん 7世紀前葉〜中葉
(所在地)福島県双葉郡双葉町大字両竹字稲荷迫

稲荷前古墳群 いなりまえこふんぐん 5〜7世紀
(所在地)神奈川県横浜市青葉区大場町字稲荷前 (趣)県指定史跡(1970)

稲荷前遺跡 いなりまえいせき 弥生時代後期
(所在地)神奈川県横浜市青葉区大場町字稲荷前

稲荷原遺跡 いなりはらいせき 縄文時代早期前半
(所在地)埼玉県さいたま市見沼区大字深作字稲荷原

稲荷塚古墳 いなりづかこふん 5世紀後半
(所在地)福島県福島市下鳥渡字稲荷塚

稲荷塚古墳 いなりづかこふん 6世紀後半
(所在地)群馬県高崎市石原町
(別)石原稲荷塚古墳

稲荷塚古墳 いなりづかこふん 6世紀中頃
(所在地)群馬県高崎市本郷町字じの場・大塚
(別)本郷稲荷塚古墳

稲荷塚古墳 いなりづかこふん 6世紀中頃
(所在地)埼玉県さいたま市大宮区三橋4-159ほか

稲荷塚古墳 いなりづかこふん 6世紀後半〜7世紀
(所在地)東京都世田谷区喜多見4丁目

稲荷塚古墳 いなりづかこふん 7世紀前半
(所在地)東京都多摩市百草 (趣)都指定史跡(1958)

稲荷塚古墳 いなりづかこふん 6世紀末
(所在地)山梨県甲府市下向山町字東山

稲荷塚古墳 いなりづかこふん 古墳時代後期前半
(所在地)京都府長岡京市井ノ内小西
(別)井ノ内稲荷塚古墳

稲荷塚遺跡 いなりづかいせき 古墳時代
(所在地)福島県河沼郡会津坂下町字稲荷塚

稲荷森古墳 いなりもりこふん 5世紀
(所在地)山形県南陽市長岡 (趣)国指定史跡(1980)

稲荷森古墳 いなりもりこふん,とうかもりこふん 6世紀中葉
(所在地)千葉県木更津市木更津木更津2丁目(旧・字稲荷森)

稲荷横丁 いなりよこちょう
(所在地)東京都江東区永代
(㊙)為永春水『春色辰巳之園』

[12]**稲場塚古墳** いなばづかこふん 古墳時代前期
(所在地)新潟県西蒲原郡弥彦村山岸

稲童21号墳 いなどうにじゅういちごうふん 5世紀中葉
(所在地)福岡県行橋市稲童

稲童古墳群 いなどうこふんぐん 5世紀後半〜6世紀
(所在地)福岡県行橋市大字稲童字江ノ向・塚原・石並
(別)石並古墳群

稲葉1・2号墳 いなばいち・にごうふん 4世紀
(所在地)福岡県糸島市志摩師吉

稲葉一鉄の墓 いなばいってつのはか 戦国時代
(所在地)岐阜県揖斐郡揖斐川町長良 (趣)県指定史跡(1964)

稲葉山 いなばやま
(所在地)岐阜県岐阜市
(㊙)近松門左衛門『嫗山姥』

14画（穀, 種, 稗, 端, 管, 箸, 箕, 綾）

¹⁶稲積一里塚　いなずみいちりずか　慶長9年
（1604）
　[所在地]長野県長野市稲田　[Ⓡ]市指定史跡
　　（1967）

【穀】

¹²穀塚古墳　こくずかこふん　5世紀後半
　[所在地]京都府京都市西京区松尾・下山田
　[㊼]松尾穀塚古墳

【種】

⁰種ヶ島・机島古墳群　たねがしま・つくえじ
まこふんぐん　6世紀末～7世紀
　[所在地]石川県七尾市中島町瀬嵐

⁷種里城跡　たねさとじょうあと　延徳3年
（1491）築城
　[所在地]青森県西津軽郡鰺ヶ沢町種里町
　[㊼]津軽氏城跡（種里城跡・堀越城跡・弘前
城跡）

【稗】

⁵稗田地蔵堂遺跡　ひえだじぞうどういせき
弥生時代
　[所在地]山口県下関市大字稗田149

稗田遺跡　ひえだいせき　古墳時代～中世
　[所在地]奈良県大和郡山市稗田町・若槻町

稗田環濠及び集落　ひえだかんごうおよび
しゅうらく　室町時代
　[所在地]奈良県大和郡山市稗田　[Ⓡ]市指定史跡
　　（1975）

¹²稗塚古墳　ひえずかこふん　古墳時代中期
　[所在地]奈良県天理市萱生町ヒエヅカ

【端】

³端山古墳　はやまこふん　古墳時代前期
　[所在地]福岡県糸島市三雲

¹⁰端華の森古墳　たんがのもりこふん　6世紀
中葉
　[所在地]愛媛県四国中央市上柏町

¹¹端陵古墳　はしのりょうこふん　4世紀前半頃
　[所在地]鹿児島県薩摩川内市宮内町

【管】

⁴管木の原　つつきのはら
　[所在地]京都府京田辺市
　[✕]『和名抄』

¹⁴管領屋敷跡　かんれいやしきあと　室町時代

　[所在地]神奈川県鎌倉市

【箸】

¹³箸墓古墳　はしはかこふん, はしばかこふん
4世紀前半～中葉頃
　[所在地]奈良県桜井市箸中

【箕】

⁵箕田丸山古墳　みのだまるやまこふん　6世
紀中頃
　[所在地]福岡県京都郡みやこ町勝山箕田丸山
　[㊼]丸山古墳

⁷箕作阮甫旧宅　みつくりげんぽきゅうたく
江戸時代
　[所在地]岡山県津山市西新町　[Ⓡ]国指定史跡
　　（1975）

箕谷2号墳　みいだににごうふん　6世紀末～
7世紀初め
　[所在地]兵庫県養父市八鹿町

箕谷古墳群　みいだにこふんぐん　6世紀末
～7世紀後半
　[所在地]兵庫県養父市八鹿町　[Ⓡ]国指定史跡
　　（1992）

⁸箕具崎古墳群　みのぐざきこふんぐん　7世
紀後半（4・5墳）
　[所在地]佐賀県武雄市北方町大字大渡字一本松,
杵島郡白石町大渡

⁹箕面　みのお
　[所在地]大阪府箕面市
　[✕]『千載和歌集 16』,『今昔物語集』

¹⁵箕輪貝塚　みのわかいずか　縄文時代前期
　[所在地]神奈川県川崎市箕輪

箕輪城跡　みのわじょうあと　永正7年
（1510）築城
　[所在地]群馬県高崎市箕郷町　[Ⓡ]国指定史跡
　　（1987）

【綾】

⁰綾の瀬　あやのせ
　[所在地]宮城県亘理郡, 岩沼市
　[✕]『能因集』

³綾女塚古墳　あやめずかこふん　古墳時代
　[所在地]栃木県宇都宮市雀宮町

綾川　あやがわ
　[所在地]香川県
　[✕]『後拾遺和歌集』

⁷綾尾立遺跡　あやおたていせき　縄文時代後

期前半
[所在地]宮崎県東諸県郡綾町

綾町古墳　あやちょうこふん　古墳時代
[所在地]宮崎県東諸県郡綾町大字南俣字大工園,大字入野字四反田・津々野　[図]県指定史跡(1933)

[12]**綾塚古墳　あやづかこふん　古墳時代後期**
[所在地]福岡県京都郡みやこ町　[図]国指定史跡(1973)

[18]**綾織新田遺跡　あやおりしんでんいせき　縄文時代前期前半**
[所在地]岩手県遠野市綾織町　[図]国指定史跡(2002)

[19]**綾瀬川　あやせがわ**
[所在地]埼玉県, 東京都
[文]幸田露伴『水の東京』

綾瀬貝塚　あやせかいづか　縄文時代前期
[所在地]埼玉県蓮田市貝塚字塚本　[図]県指定史跡(1922)

綾羅木郷遺跡　あやらぎごういせき　弥生時代前期〜中期
[所在地]山口県下関市綾羅木　[図]国指定史跡(1969)
[別]綾羅木遺跡

綾羅木遺跡　あやらぎいせき　弥生時代前期〜中期
[所在地]山口県下関市綾羅木
[別]綾羅木郷遺跡

【綱】

[7]**綱坂　つなさか**
[所在地]東京都港区三田
[文]『誹風柳多留』

[8]**綱取貝塚　つなとりかいづか　縄文時代後期**
[所在地]福島県いわき市下神白字綱取

[10]**綱島古墳　つなしまこふん　5世紀後半**
[所在地]神奈川県横浜市港北区綱島台　[図]市指定史跡(1989)

【緒】

[4]**緒方洪庵旧宅および塾　おがたこうあんきゅうたくおよびじゅく　江戸時代**
[所在地]大阪府大阪市中央区北浜　[図]国指定史跡(1941)
[別]適塾

緒方洪庵誕生地　おがたこうあんたんじょうち　江戸時代末期

[所在地]岡山県岡山市北区足守　[図]県指定史跡(1959)

緒方宮迫石仏　おがたみやさこせきぶつ　平安時代後期
[所在地]大分県豊後大野市緒方町
[別]緒方宮迫西石仏

緒方宮迫西石仏　おがたみやさこにしせきぶつ　平安時代後期
[所在地]大分県豊後大野市緒方町　[図]国指定史跡(1934)
[別]緒方宮迫石仏

緒方宮迫東石仏　おがたみやさこひがしせきぶつ　鎌倉時代
[所在地]大分県豊後大野市緒方町　[図]国指定史跡(1934)

[5]**緒立八幡古墳　おたてはちまんこふん　縄文時代〜中世**
[所在地]新潟県新潟市西区緒立
[別]緒立八幡神社古墳

緒立八幡神社古墳　おだてはちまんじんじゃこふん　縄文時代〜中世
[所在地]新潟県新潟市西区緒立
[別]緒立八幡古墳, 八幡神社古墳

緒立遺跡　おたていせき　縄文時代〜中世
[所在地]新潟県新潟市西区緒立流通2丁目ほか　[図]県指定史跡(1994)

[12]**緒絶の橋　おだえのはし**
[所在地]宮城県大崎市古川三日町
[文]『後拾遺和歌集』, 御伽草子『小野草紙』

【総】

[7]**総社二子山古墳　そうじゃふたごやまこふん　6世紀後半**
[所在地]群馬県前橋市総社町
[別]二子山古墳

総社古墳群　そうじゃこふんぐん　古墳時代後期〜終末期
[所在地]群馬県前橋市総社町

総社作山古墳　そうじゃつくりやまこふん　5世紀頃
[所在地]岡山県総社市三須
[別]作山古墳, 作山古墳 第一古墳

総社愛宕山古墳　そうじゃあたごやまこふん　7世紀前半
[所在地]群馬県前橋市総社町
[別]愛宕山古墳

総見寺　そうけんじ

遺跡・古墳よみかた辞典　513

14画（綜, 綿, 網, 緑, 練, 翠, 聞, 聚, 蔀, 蓼）

[所在地]滋賀県近江八幡市安土町
㊈『木曽路名所図会』

⁹総持寺古墳群　そうじじこふんぐん　5世紀前半〜後半
[所在地]大阪府茨木市三島丘1丁目

総泉寺　そうせんじ
[所在地]東京都台東区橋場
㊈『誹風柳多留』

【綜】

⁷綜芸種智院跡　しゅげいすちいんあと, しゅげいしゅちいんあと　天長5年(828)頃創立
[所在地]京都府京都市南区西九条春日町・蔵王町

¹¹綜麻形　へそがた
[所在地]滋賀県 信楽・田上両柚山の入口/奈良県桜井市三輪
㊈『万葉集』

【綿】

¹¹綿貫観音山古墳　わたぬきかんのんやまこふん　7世紀
[所在地]群馬県高崎市綿貫町・台新田町
㊋観音山古墳

【網】

⁰網の浦　あみのうら
[所在地]香川県坂出市
㊈『万葉集』

⁷網児の山　あごのやま
[所在地]三重県志摩市阿児町
㊈『万葉集』

網走大曲洞窟遺跡　あばしりおおまがりどうくついせき　縄文時代前期（網走式土器期）・同中期（北筒式土器期）主体
[所在地]北海道網走市三眺大曲
㊋大曲洞窟, 大曲洞窟遺跡

¹⁰網島　あみじま
[所在地]大阪府大阪市都島区東野田町
㊈浄瑠璃『心中天の網島』

網浜茶臼山古墳　あみはまちゃうすやまこふん　古墳時代前期
[所在地]岡山県岡山市中区赤坂南新町
㊋茶臼山古墳

¹¹網野銚子山古墳　あみのちょうしやまこふん　4世紀末〜5世紀初頭
[所在地]京都府京丹後市網野町
㊋銚子山古墳（第一、二古墳）

【緑】

⁰緑ケ丘古墳　みどりがおかこふん　6世紀末築造, 7世紀後半まで追葬
[所在地]香川県さぬき市昭和

緑ケ岡遺跡　みどりがおかいせき　縄文・続縄文期・擦文期
[所在地]北海道釧路市

【練】

¹²練塀小路　ねりべいこうじ
[所在地]東京都台東区
㊈森鴎外『渋江抽斎』

【翠】

¹¹翠鳥園遺跡　すいちょうえんいせき　後期旧石器時代, 古墳時代
[所在地]大阪府羽曳野市

【聞】

⁰聞の浜　きくのはま
[所在地]福岡県北九州市小倉北区
㊈『万葉集』
㊋聞長浜, 企救の浜

⁸聞長浜　きくのながはま
[所在地]福岡県北九州市小倉北区
㊈『万葉集』
㊋聞の浜, 企救の浜

【聚】

¹³聚楽第　じゅらくてい, じゅらくだい　16世紀後半
[所在地]京都府京都市上京区

【蔀】

³蔀山城跡　しとみやまじょうあと　戦国時代
[所在地]広島県庄原市高野町　㊉県指定史跡（1992）

【蓼】

⁹蓼科　たてしな
[所在地]長野県
㊈島崎藤村『落梅集』

¹⁰蓼原遺跡　たではらいせき　古墳時代
[所在地]神奈川県横須賀市神明町

【蜻】

11蜻蛉の小野　かげろうのおの
[所在地]奈良県
[文]謡曲『生田敦盛』

【豪】

14豪徳寺　ごうとくじ　文明12年（1480）創建
[所在地]東京都世田谷区豪徳寺2-23

【踊】

12踊場遺跡　おどりばいせき　旧石器時代
[所在地]長野県諏訪市上諏訪立石町踊場

【適】

14適塾　てきじゅく　江戸時代
[所在地]大阪府大阪市中央区北浜
[別]緒方洪庵旧宅および塾

【銀】

3銀山城跡　かなやまじょうあと　鎌倉時代以降
[所在地]広島県広島市安佐南区祇園町・安古市町　[史]県指定史跡（1956）

9銀冠塚古墳　ぎんかんずかこふん　7世紀中葉～後半
[所在地]福岡県鞍手郡鞍手町大字八尋字大谷

10銀座　ぎんざ
[所在地]東京都中央区銀座
[文]土岐善麿『黄昏に』, 芥川龍之介『若人』

14銀閣寺　ぎんかくじ
[所在地]京都府京都市左京区
[文]『誹風柳多留』

銀閣寺旧境内　ぎんかくじきゅうけいだい　延徳2年（1490）創建
[所在地]京都府京都市左京区銀閣寺町
[別]慈照寺（銀閣寺）旧境内

銀閣寺庭園　ぎんかくじていえん　室町時代
[所在地]京都府京都市左京区銀閣寺町
[別]慈照寺（銀閣寺）庭園

【銭】

9銭屋遺跡　ぜにやいせき　江戸時代
[所在地]山口県美祢市美東町絵堂字銭屋

銭洗い水　ぜにあらいみず　江戸時代・鎌倉五名水の一
[所在地]神奈川県鎌倉市佐助2-25-16

10銭座　ぜにざ
[所在地]東京都台東区橋場・今戸
[文]幸田露伴『寝耳鉄砲』

11銭瓶塚古墳　ぜにがめずかこふん　6世紀
[所在地]福岡県糸島市曽根

12銭塚古墳　ぜにずかこふん　古墳時代
[所在地]大阪府堺市北区東上野芝町1丁
[別]百舌鳥古墳群（いたすけ古墳・長塚古墳・収塚古墳・塚廻古墳・文珠塚古墳・丸保山古墳・乳岡古墳・御廟表塚古墳・ドンチャ山古墳・正楽寺山古墳・鏡塚古墳・善右ヱ門山古墳・銭塚古墳・グワショウ坊古墳・旗塚古墳・寺山南山古墳・七観音古墳）

【銚】

3銚子　ちょうし
[所在地]千葉県銚子市
[文]『誹風柳多留』

銚子ノ井　ちょうしのい　江戸時代・鎌倉十井の一
[所在地]神奈川県鎌倉市大町5-2-18
[別]石ノ井

銚子山古墳　ちょうしやまこふん　古墳時代中期初め
[所在地]京都府京丹後市弥栄町黒部弓木
[別]黒部銚子山古墳

銚子山古墳（第一、二古墳）　ちょうしやまこふん（だいいち、にこふん）　4世紀末～5世紀初頭
[所在地]京都府京丹後市網野町　[史]国指定史跡（1922）
[別]網野銚子山古墳

銚子塚古墳　ちょうしずかこふん　5世紀中葉頃
[所在地]千葉県木更津市高柳字塚ノ越
[別]高柳銚子塚古墳

銚子塚古墳　ちょうしずかこふん　4世紀末
[所在地]山梨県笛吹市八代町岡
[別]岡・銚子塚古墳

銚子塚古墳　ちょうしずかこふん　4世紀後葉
[所在地]福岡県糸島市二丈町田中　[史]国指定史跡（1957）
[別]一貴山銚子塚古墳

銚子塚古墳　ちょうしずかこふん　4世紀末～5世紀初頭
[所在地]佐賀県佐賀市金立町　[史]国指定史跡（1978）

14画（銅, 鉾, 銘, 関）

㊃肥前銚子塚古墳

銚子塚古墳 附 丸山塚古墳　ちょうしずかこふん つけたり まるやまずかこふん　4世紀後半
　所在地 山梨県甲府市下曽根町　㊗国指定史跡（1930）
　㊃甲斐銚子塚古墳

銚子塚古墳 附 小銚子塚古墳　ちょうしずかこふん つけたり こちょうしずかこふん　5世紀初頭
　所在地 静岡県磐田市寺谷　㊗国指定史跡（1956）
　㊃寺谷銚子塚古墳

【銅】

[21]**銅鐸発掘の地　どうたくはっくつのち　弥生時代**
　所在地 岐阜県可児市久々利　㊗県指定史跡（1957）

【鉾】

[0]**鉾の宮古墳　ほこのみやこふん　6世紀終末**
　所在地 茨城県ひたちなか市高場字宮原

鉾ノ木貝塚　ほこのきかいづか　縄文時代前期
　所在地 愛知県名古屋市緑区鳴海町字鉾ノ木

鉾ヶ崎古墳群　ほこがさきこふんぐん　古墳時代
　所在地 福井県福井市鉾ヶ崎町

【銘】

[7]**銘苅墓跡群　めかるはかあとぐん　15世紀前後〜20世紀**
　所在地 沖縄県那覇市銘苅　㊗国指定史跡（2007）

【関】

関　せき
　所在地 三重県亀山市（旧・鈴鹿郡関町）
　㊇『日本書紀』

[0]**関の小川　せきのおがわ**
　所在地 滋賀県大津市
　㊇源俊頼『金葉和歌集 3』

関の古碑群　せきのこひぐん　南北朝時代
　所在地 青森県西津軽郡深浦町関字栃沢　㊗県指定史跡（1955）

関の清水　せきのしみず
　所在地 滋賀県大津市逢坂付近
　㊇鴨長明『無名抄』,『平家物語』

関の藤川　せきのふじかわ
　所在地 岐阜県不破郡関ケ原町
　㊇無住『沙石集』

関ケ原　せきがはら
　所在地 岐阜県不破郡関ケ原町
　㊇『かさね草紙』,徳元『犬子集』

関ヶ原古戦場 附 徳川家康最初陣地・徳川家康最後陣地・石田三成陣地・岡山烽火場・大谷吉隆墓・東首塚・西首塚　せきがはらこせんじょう つけたり とくがわいえやすさいしょのじんち・とくがわいえやすさいごのじんち・いしだみつなりじんち・おかやまほうかじょう・おおたによしたかのはか・ひがしくびずか・にしくびずか　慶長5年（1600）
　所在地 岐阜県不破郡関ケ原町　㊗国指定史跡（1931）

[3]**関山　せきやま**
　所在地 滋賀県大津市逢坂
　㊇『栄花物語』,『平家物語』
　㊃逢坂山

関山貝塚　せきやまかいづか　縄文時代前期
　所在地 埼玉県蓮田市関山

関山神社経塚　せきやまじんじゃきょうづか　平安時代末期
　所在地 新潟県妙高市関山

関川　せきかわ
　所在地 滋賀県大津市逢坂
　㊇『大和物語』,『源氏物語』

[4]**関戸の廃寺跡　せきどのはいじあと　飛鳥時代（7世紀後半）〜平安時代（11世紀）**
　所在地 岡山県笠岡市関戸　㊗県指定史跡（1963）

関戸院　せきどのいん
　所在地 大阪府三島郡島本町山崎
　㊇『栄花物語』,『平家物語』

[6]**関吉疎水溝　せきよしそすいこう　江戸時代**
　所在地 鹿児島県鹿児島市吉野町
　㊃旧集成館 附 寺山炭窯 関吉疎水溝

関向古墳　せきむこうこふん　7世紀初頭
　所在地 千葉県匝瑳市飯塚字関向

関寺　せきでら
　所在地 滋賀県大津市上関寺町
　㊇謡曲『関寺小町』
　㊃世喜寺

関行丸古墳　せきぎょうまるこふん　5世紀後半
所在地 佐賀県佐賀市久保泉町大字川久保
㊨県指定史跡（1972）

[7]**関孝和墓　せきたかかずのはか　江戸時代**
所在地 東京都新宿区弁天町96 浄輪寺　㊨都指定史跡（1958）

[7]**関沢古墳群　せきざわこふんぐん　古墳時代後期**
所在地 福島県相馬郡飯舘村関沢

関沢遺跡　せきざわいせき　旧石器時代
所在地 長野県飯山市瑞穂関沢

関谷洞窟　せきやどうくつ　縄文時代早期〜弥生時代
所在地 岩手県大船渡市日頃市町字関谷
㊨関谷洞窟住居跡

関谷洞窟住居跡　せきやどうくつじゅうきょあと　縄文時代早期〜弥生時代
所在地 岩手県大船渡市日頃市町字関谷　㊨県指定史跡（1957）
㊨関谷洞窟

[8]**関和久官衙遺跡　せきわくかんがいせき、せきわぐかんがいせき　7世紀末〜8世紀初頭**
所在地 福島県西白河郡泉崎村
㊨白河官衙遺跡群（関和久官衙遺跡・借宿廃寺跡）

関弥勒寺址　せきみろくじし　白鳳時代創建
所在地 岐阜県関市池尻
㊨弥勒寺跡、弥勒寺官衙遺跡群（弥勒寺官衙遺跡・弥勒寺跡・丸山古窯跡）

[9]**関城跡　せきじょうあと　鎌倉時代〜南北朝時代**
所在地 茨城県筑西市関館　㊨国指定史跡（1934）

関屋の里　せきやのさと
所在地 東京都墨田区堤通
㊨鶴屋南北『隅田川花御所染』

[10]**関根遺跡　せきねいせき　縄文時代晩期後半**
所在地 福島県双葉郡富岡町大字本岡字関ノ前

[11]**関古墳群　せきのこふんぐん　5世紀前半**
所在地 富山県小矢部市石坂

【隠】

[6]**隠伎国　おきのくに**
所在地 島根県隠岐郡
㊨後鳥羽院『遠島御百首』、『日本書紀』
㊨隠岐国

[7]**隠岐国　おきのくに**
所在地 島根県隠岐郡
㊨後鳥羽院『遠島御百首』、『日本書紀』
㊨隠岐国

隠岐国分寺跡　おきこくぶんじあと　奈良時代創建
所在地 島根県隠岐郡隠岐の島町

隠岐国分寺境内　おきこくぶんじけいだい　奈良時代創建
所在地 島根県隠岐郡隠岐の島町　㊨国指定史跡（1934）

[8]**隠岡遺跡　かくれがおかいせき　弥生時代後期〜平安時代**
所在地 三重県伊勢市倭町字隠岡

【雑】

[5]**雑司が谷　ぞうしがや**
所在地 東京都豊島区雑司ヶ谷・南池袋
㊨大田蜀山人『千紅万紫』、夏目漱石『こゝろ』

雑司が谷鬼子母神　ぞうしがやきしもじん
所在地 東京都豊島区雑司ヶ丘3-15-20
㊨『誹風柳多留拾遺 3』
㊨鬼子母神堂

[12]**雑賀　さいか**
所在地 和歌山県和歌山市
㊨『万葉集』

[15]**雑餉隈遺跡　ざっしょうのくまいせき　弥生時代後期**
所在地 福岡県福岡市博多区那珂の鹿児島本線雑餉隈駅裏

【静】

[3]**静川遺跡　しずかわいせき　縄文時代早期〜続縄文時代**
所在地 北海道苫小牧市字静川　㊨国指定史跡（1987）
㊨ニナルカ遺跡

[4]**静内御殿山墳墓群　しずないごてんやまふんぼぐん　縄文時代後期末**
所在地 北海道日高郡新ひだか町静内目名
㊨北海道指定史跡
㊨御殿山遺跡、御殿山墳墓群遺跡、静内御殿山遺跡

静内御殿山遺跡　しずないごてんやまいせき　縄文時代後期末
所在地 北海道日高郡新ひだか町静内目名

遺跡・古墳よみかた辞典　*517*

[別]御殿山遺跡, 御殿山墳墓群遺跡, 静内御殿山墳墓群

5静古墳群　しずこふんぐん　6世紀末
[所在地]茨城県那珂市静字新宿・上宿
[別]新宿・上宿古墳群

静市野　しずいちの
[所在地]京都府京都市左京区静原町
[文]『類聚国史』，『古今著聞集』

9静狩貝塚　しずかりかいずか　縄文時代
[所在地]北海道山越郡長万部町静狩

10静原の里　しずはらのさと
[所在地]京都府京都市左京区
[文]西行『山家集』，『太平記』

【鞆】

0鞆の浦　とものうら
[所在地]広島県福山市鞆町
[文]『平家物語』

2鞆七卿落遺跡　ともしちきょうおちいせき　江戸時代幕末期
[所在地]広島県福山市鞆町　[史]県指定史跡（1940）

8鞆岡　ともおか
[所在地]京都府長岡京市友岡
[文]『和名抄』

12鞆結　ともゆい
[所在地]滋賀県高島市マキノ町
[文]『延喜式』

13鞆福禅寺境内　ともふくぜんじけいだい　平安時代創建
[所在地]広島県福山市鞆町
[別]朝鮮通信使遺跡 鞆福禅寺境内

【領】

3領巾振の峯　ひれふりのみね
[所在地]佐賀県唐津市東端
[文]『古今著聞集』，『定本種田山頭火全集』
[別]領巾振山

領巾振山　ひれふるやま, ひれふりやま
[所在地]佐賀県唐津市東端
[文]『古今著聞集』，『定本種田山頭火全集』
[別]領巾振の峯, 松浦山, 七面山

【駄】

0駄ノ塚古墳　だのずかこふん　古墳時代終末期
[所在地]千葉県山武市板附字駄ノ塚

【鳶】

7鳶尾遺跡　とびおいせき　縄文時代草創期～後期
[所在地]神奈川県厚木市鳶尾

【鳳】

6鳳至郡　ふげしのこおり
[所在地]石川県鳳珠郡, 輪島市
[文]『今昔物語集』

7鳳来寺　ほうらいじ
[所在地]愛知県新城市門谷
[文]『東海道名所図会』

11鳳凰寺跡　ほうじあと　飛鳥時代
[所在地]三重県伊賀市鳳凰寺224　[史]県指定史跡（1942）

13鳳慈尾山大威徳寺跡　ほうじびざんだいいとくじあと　鎌倉時代創建
[所在地]岐阜県下呂市御厩野地区　[史]県指定史跡（1959）

【鳴】

6鳴虫山　なきむしやま
[所在地]栃木県日光市
[文]若山牧水『山桜の歌』
[別]大轍法岳

7鳴尾　なるお
[所在地]兵庫県西宮市鳴尾町
[文]『和名抄』

鳴沢　なるさわ
[所在地]山梨県・静岡県 富士山西部の大沢/静岡県の伊豆山
[文]『万葉集』，鴨長明『無名抄』

鳴沢　なきさわ
[所在地]奈良県橿原市木之本町
[文]『万葉集』，『古事記』
[別]哭沢

8鳴門　なると
[所在地]徳島県鳴門市
[文]藤原経家『千載和歌集 15』，『太平記』

9鳴海　なるみ
[所在地]愛知県名古屋市緑区鳴海町
[文]橘為仲『詞花和歌集 3』

鳴海潟　なるみがた
[所在地]愛知県名古屋市緑区鳴海町
[文]増基『後拾遺和歌集 13』，十返舎一九『東海道中膝栗毛』
[別]鳴海の渡し

14画（墨, 鼻）　15画（儀, 嬉, 寮, 導, 履, 幡）

鳴神山遺跡　なるかみやまいせき　縄文時代中期中葉・後期前葉
[所在地]千葉県市川市大野町4丁目

鳴神貝塚　なるかみかいずか　縄文時代前期～晩期
[所在地]和歌山県和歌山市鳴神　㋳国指定史跡（1931）

[10]鳴島　なきしま
[所在地]兵庫県相生市
㋷『万葉集』

[11]鳴鹿山鹿遺跡　なるかさんかいせき　縄文時代草創期
[所在地]福井県吉田郡永平寺町鳴鹿山鹿

鳴鹿手島遺跡　なるかてしまいせき　縄文時代後期前半
[所在地]福井県吉田郡永平寺町鳴鹿山鹿

[12]鳴塚古墳　なるずかこふん　6世紀前半頃
[所在地]三重県伊賀市鳳凰寺相賀・轟

[13]鳴滝　なるたき
[所在地]京都府京都市右京区鳴滝
㋷西行『山家集』,『蜻蛉日記』

鳴滝古墳群　なるたきこふんぐん　5世紀末～7世紀末
[所在地]和歌山県和歌山市善明寺

鳴滝遺跡　なるたきいせき　古墳時代
[所在地]和歌山県和歌山市善明寺

【墨】

[3]墨小盛田古墳　すみこもったこふん　7世紀後半～8世紀初頭
[所在地]千葉県印旛郡酒々井町墨字小盛田

[6]墨吉　すみのえ
[所在地]京都府与謝郡伊根町大字本庄
㋷『日本書紀』

[7]墨坂　すみさか
[所在地]奈良県宇陀市榛原
㋷『万葉集』
㋲住坂

[9]墨俣　すのまた
[所在地]岐阜県大垣市墨俣町
㋷『誹風柳多留』
㋲洲俣

【鼻】

[4]鼻欠古墳群　はなかけこふんぐん　古墳時代後期
[所在地]千葉県袖ケ浦市神納字鼻欠

15 画

【儀】

[7]儀助平洞穴　ぎすけだいらどうけつ　縄文時代早期～古墳時代
[所在地]佐賀県鹿島市大字音成字竹木場

【嬉】

[0]嬉しの森　うれしのもり
[所在地]東京都墨田区横網
㋷三遊亭円朝『粟田口霑笛竹』

【寮】

[5]寮古墳群　りょうこふんぐん　古墳時代
[所在地]福井県福井市寮町

【導】

[12]導善寺古墳　どうぜんじこふん　5世紀前半
[所在地]佐賀県佐賀市大和町池上

【履】

[4]履中天皇陵古墳　りちゅうてんのうりょうこふん　5世紀中頃
[所在地]大阪府堺市西区石津ヶ丘
㋲履中陵古墳

履中陵古墳　りちゅうりょうこふん　5世紀中頃
[所在地]大阪府堺市西区石津ヶ丘
㋲履中天皇陵古墳

【幡】

[3]幡山古墳群　はたやまこふんぐん　6～7世紀初頭
[所在地]茨城県常陸太田市幡町

[6]幡多廃寺塔跡　はたはいじとうあと　白鳳時代後半創建
[所在地]岡山県岡山市中区赤田　㋳国指定史跡（1944）

幡多廃寺跡　はたはいじあと　白鳳時代後半
[所在地]岡山県岡山市中区赤田

[7]幡豆　はず
[所在地]愛知県
㋷土屋文明『続々青南集』

遺跡・古墳よみかた辞典　519

15画（廟, 影, 慶, 慧, 戯, 撰, 播, 撫, 摩, 敷）

⁸幡枝2号墳　はたえだにごうふん　5世紀後半
　所在地 京都府京都市左京区岩倉幡枝町

幡枝瓦窯　はたえだがよう　平安時代
　所在地 京都府京都市左京区岩倉幡枝町
　別 栗栖野瓦窯跡

¹²幡随院長兵衛墓　ばんずいいんちょうべえのはか　江戸時代
　所在地 東京都台東区東上野6-18-12 源空寺墓地
　都指定旧跡（1955）

¹⁵幡横穴墓群　はたおうけつぼぐん　古墳時代後期～奈良時代
　所在地 茨城県常陸太田市幡町
　別 幡横穴群

幡横穴群　はたよこあなぐん　古墳時代後期～奈良時代
　所在地 茨城県常陸太田市幡町
　別 幡横穴墓群

【廟】

⁸廟所古墳　びょうしょこふん　5世紀
　所在地 島根県松江市西尾町字廟所

【影】

⁶影向寺　ようごうじ　7世紀後半
　所在地 神奈川県川崎市野川

【慶】

⁷慶良間列島　けらまれっとう
　所在地 沖縄県島尻郡渡嘉敷村, 座間味村
　文 佐藤惣之助『琉球諸島風物詩集』

【慧】

⁴慧日寺跡　えにちじあと　平安時代前期創建
　所在地 福島県耶麻郡磐梯町　国指定史跡（1970）

【戯】

¹⁰戯島　たわれじま
　所在地 熊本県宇土市
　文『伊勢物語』
　別 風流島

【撰】

⁹撰要寺墓塔群　せんようじぼとうぐん　16世紀以降
　所在地 静岡県掛川市　県指定史跡（1983）

【播】

⁶播州葡萄園跡　ばんしゅうぶどうえんあと　明治時代
　所在地 兵庫県加古郡稲美町　国指定史跡（2006）

¹⁶播磨国　はりまのくに
　所在地 兵庫県
　文『千載和歌集 8』,『漱石全集』

播磨国分寺跡　はりまこくぶんじあと　奈良時代創建
　所在地 兵庫県姫路市御国野町　国指定史跡（1921）

播磨塚天神山古墳　はりまずかてんじんやまこふん　古墳時代
　所在地 愛媛県松山市南梅本町
　別 天神山古墳

播磨灘　はりまなだ
　所在地 兵庫県
　文 中村憲吉『軽雷集』

【撫】

³撫川城跡（芝場城跡）　なつかわじょうせき（しばばじょうあと）　安土桃山時代
　所在地 岡山県岡山市北区撫川　県指定史跡（1957）

¹⁵撫養城　むやじょう　中世以降
　所在地 徳島県鳴門市林崎
　別 林崎城, 岡崎城

【摩】

⁷摩利支天塚古墳　まりしてんづかこふん　5世紀末～6世紀初頭
　所在地 栃木県小山市飯塚　国指定史跡（1978）

⁹摩耶山　まやさん
　所在地 兵庫県神戸市灘区
　文 太田水穂『冬菜』,『太平記』
　別 八州嶺

¹²摩湯山古墳　まゆやまこふん　4世紀終末～5世紀前半頃
　所在地 大阪府岸和田市摩湯町　国指定史跡（1956）

【敷】

⁰敷の野　しきのの
　所在地 奈良県磯城郡, 桜井市
　文『万葉集』

3**敷山城跡**　しきやまじょうあと　南北朝時代
[所在地]山口県防府市牟礼　[史]国指定史跡(1935)

9**敷津浦**　しきつのうら
[所在地]大阪府住之江区南加賀屋町
[文]『万葉集』

10**敷島**　しきしま
[所在地]奈良県磯城郡, 桜井市
[文]『日本書紀』
[別]磯城島

【横】

3**横土井古墳**　よこどいこふん　古墳時代終末期
[所在地]滋賀県草津市野路町横土井

横大道古墳群　よこだいどうこふんぐん　6世紀後半～7世紀初頭
[所在地]広島県竹原市新庄町東鷺

横大道製鉄遺跡　よこだいどうせいてついせき　7世紀後半～9世紀後半
[所在地]福島県南相馬市小高区飯崎　[史]国指定史跡(2011)

横大路　よこおおじ　鎌倉時代以降
[所在地]神奈川県鎌倉市

横山古墳　よこやまこふん　4世紀前半
[所在地]山形県米沢市大字木和田字横山

横山古墳群　よこやまこふんぐん　古墳時代後期
[所在地]福島県いわき市平上平窪字横山・富岡

横山古墳群　よこやまこふんぐん　5世紀末葉～6世紀初頭
[所在地]千葉県夷隅郡大多喜町横山字市場台ほか

横山古墳群　よこやまこふんぐん　古墳時代
[所在地]福井県あわら市瓜生・中川, 坂井市丸岡町坪江・川上　[史]県指定史跡(1959)

横山古墳群　よこやまこふんぐん　6世紀
[所在地]三重県名張市赤目

横山古墳群　よこやまこふんぐん　6世紀中頃～7世紀前半頃
[所在地]愛媛県新居浜市中萩町横山

横山城　よこやまじょう　慶長13年(1608)築城
[所在地]山口県岩国市大字横山
[別]岩国城

横山城跡　よこやまじょうせき　南北朝時代築城
[所在地]愛媛県松山市麓　[史]県指定史跡(1953)

横山神社古墳　よこやまじんじゃこふん　古墳時代後期
[所在地]滋賀県長浜市高月町横山

横川　よかわ
[所在地]滋賀県大津市坂本本町
[文]村上天皇『新古今和歌集 18』,『大和物語』

横川経塚　よかわきょうずか　平安時代
[所在地]滋賀県大津市坂本本町比叡山横川

4**横井上お台場遺跡**　よこいかみおだいばいせき　江戸時代末期
[所在地]岡山県岡山市北区横井上　[史]市指定史跡(1972)

横井廃寺　よこいはいじ　7世紀前半
[所在地]奈良県奈良市横井町トドコロ
[別]堂所千坊廃寺, 藤原村廃寺

横手古墳群　よこてこふんぐん　古墳時代後期
[所在地]福島県南相馬市鹿島区横手　[史]県指定史跡(1978)

5**横北遺跡**　よこぎたいせき　縄文時代後・晩期
[所在地]石川県加賀市横北町

横田下古墳　よこたしもこふん　5世紀前半
[所在地]佐賀県唐津市浜玉町　[史]国指定史跡(1951)

横田城跡　よこたじょうあと　平安時代末～戦国時代
[所在地]長野県長野市篠ノ井会　[史]市指定史跡(1984)

横田遺跡　よこたいせき　弥生時代中期～後期
[所在地]佐賀県神埼郡吉野ヶ里町大曲

横立山東麓1号墳　よこだてやまとうろくいちごうふん　6世紀中頃
[所在地]香川県高松市中山町

横立山経塚古墳　よこたてやまきょうずかこふん　4世紀後半～5世紀前半
[所在地]香川県高松市中山町
[別]経塚古墳

6**横地氏城館跡**　よこちしじょうかんあと　中世
[所在地]静岡県菊川市下内田
[別]菊川城館遺跡群(高田大屋敷遺跡・横地氏城館跡)

横江荘　よこえのしょう　奈良～平安時代

15画（横）

初め
所在地 石川県白山市横江町, 金沢市上荒屋
別 横江荘家跡, 東大寺領横江荘跡, 上荒屋遺跡, 東大寺領横江荘遺跡（荘家跡・上荒屋遺跡）

横江荘家跡　よこえのしょうしょうけあと　奈良～平安時代初め
所在地 石川県白山市横江町, 金沢市上荒屋
別 東大寺領横江荘家跡, 横江荘, 東大寺領横江荘遺跡（荘家跡・上荒屋遺跡）

[7] **横江山古墳群　よこおやまこふんぐん**　7世紀中葉前後～末葉
所在地 滋賀県大津市瀬田橋本町

横尾古墳群　よこおこふんぐん　7世紀中頃
所在地 三重県松阪市岡川町横尾

横尾貝塚　よこおかいづか　縄文時代早期後葉～後期前葉
所在地 大分県大分市大字横尾　国指定史跡（2009）

横見廃寺跡　よこみはいじあと　白鳳時代創建
所在地 広島県三原市本郷町下北方　国指定史跡（1978）

横見墳墓群　よこみふんぼぐん　弥生時代末～古墳時代前期
所在地 岡山県新見市西方

[8] **横枕火葬墓　よこまくらかそうぼ**　奈良時代
所在地 奈良県桜井市笠字横枕

横長根A遺跡　よこながねえーいせき　弥生時代中期
所在地 秋田県男鹿市払戸字横長根

[9] **横垣1号墳　よこがきいちごうふん**　古墳時代
所在地 福井県あわら市横垣

[10] **横倉山　よこぐらやま**
所在地 高知県高岡郡越知町　県指定史跡（1953）

横倉古墳群　よこくらこふんぐん　5世紀前半～6世紀
所在地 宮城県角田市鎌倉

横倉遺跡　よこくらいせき　旧石器時代
所在地 長野県下水内郡栄村北信地蔵堂

横倉遺跡　よこくらいせき　縄文時代後～晩期
所在地 岐阜県下呂市萩原町四美・横倉

横峯C遺跡　よこみねしーいせき　旧石器時代
所在地 鹿児島県熊毛郡南種子町島間

横峯遺跡　よこみねいせき　旧石器時代～縄文時代早期
所在地 鹿児島県熊毛郡南種子町大字島間小字横峯2510-1　県指定史跡（2003）

横根・桜井積石塚古墳群　よこね・さくらいつみいしずかこふんぐん　古墳時代後期
所在地 山梨県甲府市横根町

横浜　よこはま
所在地 神奈川県横浜市
文 北原白秋『桐の花』, 中村汀女『春雪』

横浜天主堂跡　よこはまてんしゅどうあと　文久2年（1862）建設
所在地 神奈川県横浜市中区　市登録史跡（2001）

横浜町会所跡　よこはままちかいしょあと　明治7年（1874）建設
所在地 神奈川県横浜市中区　市登録史跡（2002）

[11] **横野　よこの**
所在地 大阪府大阪市生野区巽大地町
文『万葉集』,『日本書紀』,『古今和歌集』

[12] **横道遺跡　よこみちいせき**　後期旧石器時代
所在地 山形県西置賜郡小国町大宮

横隈山古墳　よこぐまやまこふん　5世紀
所在地 福岡県小郡市大字横隈

横隈山遺跡　よこくまやまいせき　縄文時代～古墳時代
所在地 福岡県小郡市大字横隈

横須賀　よこすか
所在地 神奈川県横須賀市
文 土屋文明『放水路』

横須賀城跡　よこすかじょうあと　天正6年（1578）築城
所在地 静岡県掛川市山崎　国指定史跡（1981）

[13] **横滝山廃寺跡　よこたきやまはいじあと**　7世紀後半～8世紀初頭
所在地 新潟県長岡市寺泊竹森　県指定史跡（1984）
別 横滝山遺跡

横滝山遺跡　よこたきやまいせき　7世紀後半～8世紀初頭
所在地 新潟県長岡市寺泊竹森
別 横滝山廃寺跡

横路小谷1号墳　よころこたにいちごうふん　5世紀初頭～前半
所在地 広島県山県郡安芸太田町中筒賀

15画（樫, 樺, 権）

横路遺跡　よころいせき　弥生時代前期
　所在地 広島県山県郡北広島町新庄　㉞県指定史跡（1982）

[19]横瀬古墳　よこせこふん　5世紀末
　所在地 鹿児島県曽於郡大崎町　㉞国指定史跡（1943）

【樫】

[3]樫山古墳群　かしやまこふんぐん　古墳時代
　所在地 宮崎県延岡市樫山町・桜ヶ丘

[4]樫王貝塚　かしおうかいづか　縄文時代晩期終末
　所在地 愛知県豊川市小坂井町樫王

[10]樫原　かたぎはら
　所在地 京都府京都市西京区樫原
　㉞利休『炭俵』

樫原廃寺跡　かたぎはらはいじあと　古代
　所在地 京都府京都市西京区樫原内垣外町
　㉞国指定史跡（1971）

【樺】

[3]樺山配石遺構　かばやまはいせきいこう　縄文時代中期
　所在地 岩手県北上市稲瀬町
　㉟樺山遺跡

樺山遺跡　かばやまいせき　縄文時代中期
　所在地 岩手県北上市稲瀬町　㉞国指定史跡（1977）
　㉟樺山配石遺構

[11]樺崎寺跡　かばさきでらあと　12世紀末創建
　所在地 栃木県足利市樺崎町　㉞国指定史跡（2001）

【権】

[5]権田城跡　ごんだじょうあと　戦国時代
　所在地 群馬県高崎市倉渕町権田　㉞市指定史跡（1982）

[11]権現山51号墳　ごんげんやまごじゅういちごうふん　古墳時代前期前半
　所在地 兵庫県たつの市御津町中島字権現山

権現山下横穴墓群　ごんげんやましたおうけつぼぐん　7世紀後半
　所在地 茨城県水戸市下国井町字権現山下

権現山古墳　ごんげんやまこふん　6世紀初頭
　所在地 茨城県小美玉市下玉里

権現山古墳　ごんげんやまこふん　古墳時代前期
　所在地 茨城県那珂郡東海村村松字権現山

権現山古墳　ごんげんやまこふん　6世紀半ば
　所在地 栃木県宇都宮市岩本町464ほか　㉞市指定史跡（1977）

権現山古墳　ごんげんやまこふん　4世紀末〜5世紀初頭
　所在地 愛知県豊橋市石巻本町別所・北入田
　㉟権現山古墳（第一号墳／第二号墳）

権現山古墳　ごんげんやまこふん　6世紀中頃
　所在地 愛知県蒲郡市清田町大森

権現山古墳　ごんげんやまこふん　6世紀中頃
　所在地 佐賀県小城市三日月町織島字権現山
　㉟権現山前方後円墳及び2号墳

権現山古墳（第一号墳／第二号墳）　ごんげんやまこふん（だいいちごうふん／だいにごうふん）　4世紀末〜5世紀初頭
　所在地 愛知県豊橋市石巻本町別所・北入田
　㉞県指定史跡（1973）
　㉟権現山古墳

権現山古墳群　ごんげんやまこふんぐん　6世紀前半〜7世紀前半
　所在地 群馬県伊勢崎市豊城町・諏訪町

権現山古墳群　ごんげんやまこふんぐん　3世紀末葉〜4世紀前半
　所在地 愛知県豊橋市石巻本町字別所

権現山古墳群　ごんげんやまこふんぐん　5世紀前半
　所在地 三重県多気郡多気町土羽字大谷

権現山古墳群　ごんげんやまこふんぐん　4世紀
　所在地 兵庫県たつの市揖保川町・御津町

権現山前方後円墳及び二号墳（円墳）　ごんげんやまぜんぽうこうえんふんおよびにごうふん（えんぷん）　5世紀、円墳：6世紀後半
　所在地 佐賀県小城市三日月町織島字権現山
　㉞県指定史跡（1993）
　㉟権現山古墳

権現山洞窟住居跡　ごんげんやまどうくつじゅうきょあと　縄文時代
　所在地 島根県松江市美保関町　㉞国指定史跡（1942）
　㉟権現山洞窟遺跡

権現山洞窟遺跡　ごんげんやまどうくついせき　縄文時代
　所在地 島根県松江市美保関町
　㉟権現山洞窟住居跡

権現山廃寺跡　ごんげんやまはいじあと　奈

遺跡・古墳よみかた辞典　523

15画（樟,槻,標,歓,潤,澄,潜,潮）

良時代,平安時代
所在地 茨城県桜川市真壁町山尾

権現山遺跡　ごんげんやまいせき　旧石器時代
所在地 群馬県伊勢崎市豊城町

権現台貝塚　ごんげんだいかいづか　縄文文化中期後半～後期初頭
所在地 東京都品川区西品川

権現平2号墳　ごんげんだいらにごうふん　古墳時代
所在地 茨城県小美玉市下玉里字権現平

権現平山7号墳　ごんげんひらやまななごうふん　5世紀前葉
所在地 静岡県浜松市浜北区内野

権現坂埴輪窯跡群　ごんげんざかはにわかまあとぐん　古墳時代
所在地 埼玉県熊谷市千代　指定 市指定史跡（西群）（1998）

権現原貝塚　ごんげんばらかいづか　縄文時代中期末～後期前葉
所在地 千葉県市川市北国分町

権現堂1号墳　ごんげんどういちごうふん　5世紀後半～6世紀
所在地 長野県飯田市駄科

権現堂古墳　ごんげんどうこふん　6世紀前半
所在地 奈良県御所市樋野字権現堂　指定 県指定史跡（1978）

権現堂遺跡　ごんげんどういせき　古墳時代前期
所在地 岩手県奥州市水沢区佐倉河

権現堂遺跡　ごんげんどういせき　平安時代末～中世初頭
所在地 山梨県南巨摩郡富士川町春米

権現塚古墳　ごんげんずかこふん　古墳時代
所在地 埼玉県さいたま市桜区大字白鍬　指定 市指定史跡（1960）

権現塚古墳　ごんげんずかこふん　古墳時代
所在地 千葉県君津市坂田

権現塚古墳　ごんげんずかこふん　7世紀前半
所在地 千葉県山武市松尾町大堤

権現塚古墳　ごんげんずかこふん　5世紀後半～6世紀初め
所在地 福岡県久留米市大善寺町　別 御塚・権現塚古墳

権現塚古墳　ごんげんずかこふん　4世紀
所在地 福岡県糸島市志摩津和崎

【樟】

12 樟葉古墳　くずはこふん　5世紀前半
所在地 大阪府枚方市樟葉

【槻】

4 槻木貝塚　つきのきかいづか　縄文時代早期
所在地 宮城県柴田郡柴田町入間田字松崎

7 槻沢遺跡　つきのきざわいせき　縄文時代中期～後期
所在地 栃木県那須塩原市槻沢

【標】

9 標津遺跡群（伊茶仁カリカリウス遺跡・古道遺跡・三本木遺跡）　しべついせきぐん（いちゃにかりかりうすいせき・ふるどういせき・さんぼんぎいせき）　擦文時代
所在地 北海道標津郡標津町　指定 国指定史跡（1976）

【歓】

12 歓喜光院　かんぎこういん　平安時代後期創建
所在地 京都府京都市左京区聖護院山王町・聖護院円頓美町

【潤】

11 潤崎遺跡第3地点　うるさきいせきだいさんちてん　6世紀中頃前後
所在地 福岡県北九州市小倉南区東貫

【澄】

4 澄心寺下遺跡　ちゅうしんじしたいせき　縄文時代早期～後期
所在地 長野県上伊那郡箕輪町

【潜】

12 潜塚古墳　くぐりずかこふん　古墳時代前期
所在地 福岡県大牟田市黄金町　指定 国指定史跡（1977）

【潮】

7 潮来　いたこ
所在地 茨城県潮来市　作 野口雨情『枯山唄』

潮見古墳　しおみこふん　6世紀中頃
所在地 佐賀県武雄市橘町大字永島　指定 県指定

15画（熟, 熱, 瘤, 磐）

史跡（1979）
潮見台遺跡 しおみだいいせき　縄文時代早期・中期後半, 平安時代
所在地 神奈川県川崎市宮前区菅生

[8]**潮岬** しおのみさき
所在地 和歌山県東牟婁郡串本町
文 佐佐木信綱『山と水と』

[9]**潮音洞** ちょうおんどう　承応3年（1654）完成
所在地 山口県周南市大字鹿野上字鏡池772-2・大地庵2872～2873

[11]**潮崎山古墳** しおざきやまこふん　4世紀
所在地 広島県福山市新市町相方

【熟】

[5]**熟田津** にきたつ, にぎたつ, にきたず
所在地 愛媛県松山市三津浜
文 『万葉集』,『日本書紀』
別 柔田津

【熱】

[5]**熱田** あつた
所在地 愛知県名古屋市熱田区
文 『日本書紀』, 謡曲『盛久』

熱田貝塚 あつたかいずか　弥生時代
所在地 愛知県名古屋市熱田区外土居町～高蔵町
別 高蔵貝塚

熱田原貝塚 あったばるかいずか　縄文時代後期
所在地 沖縄県南城市知念志喜屋

[9]**熱海** あたみ
所在地 静岡県熱海市
文 与謝野晶子『山のしづく』

【瘤】

[6]**瘤寺** こぶでら
所在地 東京都新宿区富久町
文 小泉節子『思ひ出の記』

【磐】

[4]**磐之媛命陵古墳** いわのひめのみことりょうこふん　古墳時代中期
所在地 奈良県奈良市佐紀町字ヒシャゲ
別 磐之媛陵古墳

磐之媛陵古墳 いわのひめりょうこふん　古墳時代中期
所在地 奈良県奈良市佐紀町字ヒシャゲ

別 磐之媛命陵古墳

磐手 いわで
所在地 岩手県盛岡市
文 『能因歌枕』,『和歌初学抄』,『八雲御抄』

磐手 いわて, いわで
所在地 大阪府大阪市住吉区住吉町
文 馬内侍『続古今和歌集14』

[5]**磐代** いわしろ
所在地 和歌山県日高郡みなべ町
文 『明月記』,『八雲御抄』,『伊勢物語』
別 岩代

磐田67号墳 いわたろくじゅうななごうふん　5世紀中葉
所在地 静岡県磐田市寺谷

磐田二子塚古墳 いわたふたごずかこふん　古墳時代中期
所在地 静岡県磐田市三ヶ野
別 二子塚古墳

磐田文庫 いわたぶんこ　元治元年（1864）創設
所在地 静岡県磐田市見付
別 旧見付学校 附 磐田文庫

[7]**磐余** いわれ
所在地 奈良県桜井市
文 『枕草子』

磐余・池ノ内古墳群 いわれ・いけのうちこふんぐん　古墳時代前期
所在地 奈良県桜井市池ノ内字馬場

磐余池 いわれのいけ　古代
所在地 奈良県桜井市池之内～橿原市

[8]**磐国山** いわくにやま
所在地 山口県岩国市
文 『万葉集』, 今川了俊『道ゆきぶり』

[11]**磐梯山** ばんだいさん
所在地 福島県
文 半田良平『日暮』
別 会津富士

[19]**磐瀬の杜** いわせのもり
所在地 奈良県生駒郡斑鳩町竜田
文 『能因歌枕』,『八雲御抄』
別 磐瀬杜, 磐瀬の森, 岩瀬の森

磐瀬の森 いわせのもり
所在地 奈良県生駒郡斑鳩町竜田
文 『能因歌枕』,『八雲御抄』
別 磐瀬杜, 磐瀬の杜, 岩瀬の森

磐瀬山 いわせやま
所在地 奈良県生駒郡斑鳩町竜田付近

遺跡・古墳よみかた辞典　525

15画（穂, 箭, 箱, 縁, 縄）

㊇『伊勢集』、藤原実定『新古今和歌集 12』
㊇別 岩瀬山

磐瀬杜　いわせのもり
所在地 奈良県生駒郡斑鳩町竜田
㊇『能因歌枕』、『八雲御抄』
㊇別 磐瀬の杜、磐瀬の森、岩瀬の森

磐瀬京山墓　いわせきょうざんのはか　江戸時代
所在地 東京都墨田区両国2-8 回向院内　㊉都指定旧跡（1955）
㊇別 山東京山墓、岩瀬京山墓

磐瀬京伝墓　いわせきょうでんのはか　江戸時代
所在地 東京都墨田区両国2-8 回向院内　㊉都指定旧跡（1955）
㊇別 山東京伝墓、岩瀬京伝墓

【穂】

[10]穂高岳　ほだかだけ
所在地 長野県松本市、岐阜県
㊇ 太田水穂『冬菜』、中村憲吉『軽雷集』

【箭】

[5]箭田大塚古墳　やたおおつかこふん　6世紀後半
所在地 岡山県倉敷市真備町箭田　㊉国指定史跡（1929）
㊇別 大塚古墳

箭田廃寺址　やたはいじし　飛鳥時代創建
所在地 岡山県倉敷市箭田
㊇別 吉備寺（現名）

【箱】

[0]箱の浦　はこのうら
所在地 大阪府阪南市
㊇『土佐日記』
㊇別 箱浦

[10]箱根　はこね
所在地 神奈川県足柄下郡
㊇『万葉集』、『金槐和歌集』、『曽我物語』

箱根山地蔵磨崖仏　はこねやまじぞうまがいぶつ　鎌倉時代後期
所在地 神奈川県足柄下郡箱根町
㊇別 元箱根石仏群　附　永仁三年在銘石造五輪塔・永仁四年在銘石造宝篋印塔

箱根旧街道　はこねきゅうかいどう　江戸時代
所在地 神奈川県足柄下郡箱根町、静岡県三島市・田方郡函南町　㊉国指定史跡（1960）

箱根湯本　はこねゆもと
所在地 神奈川県足柄下郡箱根町湯本
㊇『東海道名所図会』
㊇別 湯本

箱根関跡　はこねのせきあと　江戸時代
所在地 神奈川県足柄下郡箱根町　㊉国指定史跡（1922）

箱浦　はこのうら
所在地 大阪府阪南市
㊇『土佐日記』
㊇別 箱の浦

[11]箱崎　はこざき
所在地 福岡県福岡市博多区箱崎
㊇『宇治拾遺物語』、太田水穂『冬菜』

箱崎の松　はこざきのまつ
所在地 福岡県福岡市東区
㊇『拾遺和歌集 10』、豊臣秀吉『古今夷曲集 9』

箱清水遺跡　はこしみずいせき　弥生時代後期～古墳時代前期
所在地 長野県長野市大字長野箱清水 長野西高校敷地内

[12]箱塚古墳群　はこつかこふんぐん　6世紀後半
所在地 兵庫県篠山市小坂

【縁】

[4]縁切榎　えんぎりえのき、えんきりえのき
所在地 東京都板橋区本町18
㊇『誹風柳多留』、三遊亭円朝『縁切榎木』

【縄】

[0]縄の浦　なわのうら
所在地 兵庫県相生市那波
㊇『万葉集』
㊇別 縄浦

[4]縄手通　なわてどおり
所在地 京都府京都市東山区
㊇『花洛名勝図会』

縄手遺跡　なわていせき　縄文時代中期・後期
所在地 大阪府東大阪市南四条町・六万寺町3丁目

[5]縄生廃寺　なおはいじ　白鳳時代創建
所在地 三重県三重郡朝日町縄生　㊉県指定史跡（2007）

縄生廃寺跡　なおはいじあと　白鳳時代創建
　所在地 三重県三重郡朝日町縄生
[10]縄浦　なわのうら
　所在地 兵庫県相生市那波
　文 『万葉集』
　別 縄の浦

【膝】

[3]膝子一里塚　ひざこいちりづか　江戸時代初期
　所在地 埼玉県さいたま市見沼区大字膝子527-1ほか　史 市指定史跡（1964）

【舞】

[3]舞子の浜　まいこのはま
　所在地 兵庫県神戸市垂水区
　文 『播磨名所巡覧図会』

舞子島古墳群　まいこじまこふんぐん　古墳時代後期
　所在地 徳島県阿南市椿泊町燧崎

舞子浜遺跡　まいこはまいせき　4世紀末〜5世紀初頭
　所在地 兵庫県神戸市垂水区東舞子町舞子公園

[4]舞木廃寺塔跡　まいきはいじとうあと　奈良時代
　所在地 愛知県豊田市舞木町丸根　史 国指定史跡（1929）

舞木廃寺跡　まいきはいじあと　奈良時代〜平安時代
　所在地 愛知県豊田市舞木町丸根

[5]舞台1号墳　ぶたいいちごうふん　5世紀中頃〜後半
　所在地 群馬県前橋市荒子町舞台

舞台遺跡　ぶたいいせき　古墳時代後期
　所在地 福島県岩瀬郡天栄村高林字三斗蒔

[7]舞坂　まいさか
　所在地 静岡県浜松市西区舞阪町
　文 十返舎一九『東海道中膝栗毛』

舞谷古墳群　まいたにこふんぐん　7世紀中葉
　所在地 奈良県桜井市浅古

[8]舞松原古墳　まいまつばらこふん　4世紀後半
　所在地 福岡県福岡市東区舞松原

[11]舞崎古墳　まいさきこふん　5世紀末
　所在地 福井県敦賀市舞崎町

[12]舞塚1号墳　まいづかいちごうふん　古墳時代後期前葉
　所在地 京都府長岡京市今里舞塚・長岡

[21]舞鶴山1号墳 2号墳　まいずるやまいちごうふん にごうふん　古墳時代中期初頭
　所在地 長野県長野市松代町西条　史 市指定史跡（1978）

【蔵】

[4]蔵王山　ざおうざん
　所在地 山形県山形市・上山市、宮城県柴田郡・刈田郡
　文 斎藤茂吉『霜』

蔵王塚古墳　ざおうづかこふん　古墳時代
　所在地 群馬県高崎市下佐野町

[5]蔵1号遺跡　ぞうたいちごういせき　6世紀前半
　所在地 広島県東広島市高屋町杵原

[7]蔵見3号墳　くらみさんごうふん　7世紀後半
　所在地 鳥取県鳥取市福部町南田古宮

[9]蔵前　くらまえ
　所在地 東京都台東区蔵前
　文 小山内薫『大川端』

蔵持黒田遺跡　くらもちくろだいせき　弥生時代後期
　所在地 三重県名張市桔梗が丘南一番町

[11]蔵部　くらぶ
　所在地 滋賀県甲賀市
　文 『和名抄』
　別 暗部

蔵部　くらぶ
　所在地 京都府京都市左京区
　文 紀貫之『古今和歌集 1』
　別 暗部

【蕃】

[3]蕃上山古墳　ばんじょうやまこふん　5世紀終わり〜6世紀初め頃
　所在地 大阪府藤井寺市野中

[8]蕃所山古墳　ばんしょやまこふん　5〜6世紀前半
　所在地 大阪府藤井寺市藤ヶ丘2丁目
　別 古市古墳群（古室山古墳・赤面山古墳・大鳥塚古墳・助太山古墳・鍋塚古墳・城山古墳・峯ヶ塚古墳・墓山古墳・野中古墳・応神天皇陵古墳外濠外堤・鉢塚古墳・はざみ山古墳・青山古墳・蕃所山古墳）

[9]蕃神台貝塚　ばんしんだいかいづか　縄文時代前期
　所在地 神奈川県横浜市鶴見区生麦町字池

[10]蕃書調所跡　ばんしょしらべしょあと　江戸時代
[所在地]東京都千代田区九段南1-5 九段会館交番裏　[史]都指定旧跡（1955）

【蕪】

[4]蕪木5号墳　かぶらぎごごうふん　古墳時代後期
[所在地]千葉県山武市松尾町八田

【蕨】

蕨　わらび
[所在地]埼玉県蕨市
[文]大田南畝『壬戌紀行』，十返舎一九『東海道中膝栗毛』

[4]蕨手塚古墳　わらびてずかこふん　5世紀中葉
[所在地]群馬県伊勢崎市五目牛町

[12]蕨塚古墳　わらびずかこふん　6世紀末葉
[所在地]千葉県富津市二間塚字割見塚

【蝦】

[6]蝦夷が千島　えぞがちしま
[所在地]北海道
[文]『山家心中集』

蝦夷穴古墳　えぞあなこふん　古墳時代後期初頭
[所在地]福島県須賀川市浜田・和田　[史]県指定史跡（1958）

蝦夷穴古墳　えぞあなこふん　7世紀中葉前後
[所在地]石川県七尾市能登島須曽町
[別]須曽蝦夷穴古墳

蝦夷島　えぞしま
[所在地]北海道
[文]賀茂真淵『賀茂翁家集』
[別]蝦夷地

蝦夷塚古墳群　えぞずかこふんぐん　古墳時代
[所在地]宮城県気仙沼市本吉町三島
[別]三島古墳群

蝦夷塚古墳群　えぞずかこふんぐん　古墳時代
[所在地]宮城県加美郡色麻町大塚囲

蝦夷森古墳群　えぞもりこふんぐん　7世紀
[所在地]岩手県盛岡市東黒石野1-27-36
[別]上田蝦夷森古墳群

蝦夷森古墳群　えぞもりこふんぐん　8世紀
[所在地]岩手県盛岡市上太田字森合・字狄森
[別]太田蝦夷森古墳群

【蝙】

[15]蝙蝠塚古墳　こうもりずかこふん　6世紀後半
[所在地]岡山県総社市上林
[別]こうもり塚古墳

【諸】

[4]諸戸水道貯水池遺構　もろとすいどうちょすいちいこう　明治37年（1904）建設
[所在地]三重県桑名市大字東方字上之越　[史]県指定史跡（2008）

[6]諸羽山　もろはのやま
[所在地]京都府京都市東山区山科四ノ宮柳山町
[文]喜撰『古今和歌六帖 2』
[別]柳山

[7]諸沢橋供養塔　もろさわばしくようとう　嘉永7年（1854）
[所在地]長野県長野市戸隠豊岡　[史]市指定史跡（2005）

[8]諸岡遺跡　もろおかいせき　旧石器時代～歴史時代
[所在地]福岡県福岡市博多区諸岡

[12]諸越原　もろこしがはら
[所在地]神奈川県中郡大磯町
[文]『更級日記』
[別]唐土原

[17]諸磯貝塚　もろいそかいずか　縄文時代前期
[所在地]神奈川県三浦市三崎町諸磯新堀
[別]諸磯遺跡

諸磯遺跡　もろいそいせき　縄文時代前期
[所在地]神奈川県三浦市三崎町諸磯新堀
[別]諸磯貝塚

【諏】

[11]諏訪　すわ
[所在地]長野県諏訪市
[文]土岐善麿『はつ恋』

諏訪1号墳　すわいちごうふん　古墳時代中期
[所在地]茨城県常陸太田市中野町字堂ノ上・諏訪前

諏訪の海　すわのうみ
[所在地]長野県諏訪郡
[文]西行『山家集』，『平家物語』

諏訪ノ木古墳　すわのきこふん　6世紀後半
[所在地]埼玉県児玉郡神川町大字元阿保字諏訪ノ木

15画（請, 賞, 賎, 輪, 鋤, 鋳）

諏訪大社　すわたいしゃ　創建年不詳
　所在地 上社の本宮：長野県諏訪市中洲, 上社の前宮：諏訪市・茅野市宮川, 下社の春宮：諏訪郡下諏訪町, 下社の秋宮：諏訪郡下諏訪町

諏訪山古墳　すわやまこふん　4世紀前半
　所在地 茨城県常陸太田市小島町字本郷宮戸・清水
　別 星神社古墳

諏訪山古墳群　すわやまこふんぐん　6世紀後葉, 7世紀前葉
　所在地 埼玉県東松山市西本宿

諏訪山遺跡　すわやまいせき　縄文時代〜平安時代
　所在地 埼玉県さいたま市岩槻区慈恩寺

諏訪古墳　すわこふん　6世紀中葉
　所在地 宮城県黒川郡大郷町

諏訪台古墳群　すわだいこふんぐん　古墳時代前期・終末期
　所在地 千葉県市原市村上字諏訪台・惣社字天神台ほか

諏訪尻遺跡　すわじりいせき　縄文時代〜古墳時代
　所在地 山梨県笛吹市境川町藤垈

諏訪明神　すわみょうじん
　所在地 東京都荒川区西日暮里
　② 『江戸名所図会』
　別 諏訪神社, 雪見寺

諏訪前古墳（多比良古墳）　すわまえこふん（たいらこふん）　7世紀
　所在地 群馬県高崎市吉井町多比良　② 市指定史跡（1973）

諏訪城跡　すわじょうあと　天正13年（1585）
　所在地 岐阜県下呂市萩原町萩原　② 県指定史跡（1966）

諏訪神社古墳　すわじんじゃこふん　6世紀後半頃
　所在地 群馬県藤岡市藤岡字東裏

諏訪神社本殿古墳　すわじんじゃほんでんこふん　弥生時代後期〜古墳時代前期初頭
　所在地 香川県高松市東山崎町

諏訪原城跡　すわはらじょうあと　永禄12年（1569）築城
　所在地 静岡県島田市菊川　② 国指定史跡（1975）

諏訪原遺跡　すわのはるいせき　弥生時代終末〜古墳時代初め
　所在地 熊本県玉名郡和水町江田

諏訪脇横穴墓群　すわわきおうけつぼぐん　7〜8世紀
　所在地 神奈川県中郡二宮町中里小字諏訪脇

諏訪遺跡　すわいせき　縄文時代中期前半
　所在地 茨城県日立市諏訪町3丁目

【請】

[6]請西古墳群　じょうざいこふんぐん　弥生時代後期〜奈良時代
　所在地 千葉県木更津市請西

【賞】

[5]賞田廃寺跡　しょうだはいじあと　飛鳥時代建立
　所在地 岡山県岡山市中区賞田　② 国指定史跡（1972）

【賎】

[0]賎ヶ岳　しずがたけ
　所在地 滋賀県長浜市

[16]賎機山古墳　しずはたやまこふん　6世紀後半
　所在地 静岡県静岡市葵区宮ヶ崎町　② 国指定史跡（1953）

【輪】

[4]輪王寺　りんのうじ　鎌倉時代開創
　所在地 栃木県日光市山内

[5]輪田　わだ
　所在地 兵庫県神戸市兵庫区利田崎町
　② 『万葉集』

[10]輪島　わじま
　所在地 石川県輪島市
　② 水原秋桜子『殉教』

【鋤】

[11]鋤崎古墳　すきざきこふん　古墳時代初期
　所在地 福岡県福岡市西区今宿青木字鋤崎

鋤崎古墳群　すきざきこふんぐん　5世紀後半〜8世紀
　所在地 福岡県福岡市西区今宿青木字鋤崎

【鋳】

[8]鋳物師谷1号弥生墳丘墓　いぶしだにいちごうやよいふんきゅうぼ　弥生時代後期末葉
　所在地 岡山県総社市清音三因

鋳物師谷遺跡　いぶしだにいせき　弥生時代後期

遺跡・古墳よみかた辞典　529

[所在地]岡山県総社市清音三因

鋳物師屋遺跡　いもじやいせき　縄文時代中期（新道式・藤内式期）
[所在地]山梨県南アルプス市下市ノ瀬

【霊】

3**霊山　りょうぜん**　平安時代初期開山
[所在地]福島県伊達市霊山町, 相馬市玉野　[史]国指定史跡（1934）

霊山　りょうぜん
[所在地]京都府京都市東山区
[文]露川『二人行脚』,『枕草子』

霊山山頂遺跡　れいざんさんちょういせき　平安時代〜江戸時代
[所在地]三重県伊賀市下柘植字道山3471-1ほか　[史]県指定史跡（1941）

霊山寺　りょうぜんじ　貞観元年（859）創建
[所在地]福島県伊達市霊山町

8**霊岸寺　れいがんじ**
[所在地]東京都江東区白河
[文]泉鏡花『芍薬の歌』
[別]霊巌寺

霊岸島　れいがんじま
[所在地]東京都中央区
[文]雪柴『談林十百韻』
[別]霊巌島

12**霊雲院庭園　れいうんいんていえん**　室町時代
[所在地]京都府京都市右京区花園妙心寺町　[史]国指定史跡（1931）

20**霊巌寺　れいがんじ**
[所在地]東京都江東区白河
[文]泉鏡花『芍薬の歌』
[別]霊岸寺

霊巌島　れいがんじま
[所在地]東京都中央区
[文]雪柴『談林十百韻』
[別]霊岸島

【鞍】

10**鞍馬　くらま**
[所在地]京都府京都市左京区鞍馬本町
[文]謡曲『鞍馬天狗』,『大和物語』

鞍馬寺　くらまでら　宝亀元年（770）創建
[所在地]京都府京都市左京区鞍馬本町

鞍馬寺経塚　くらまでらきょうずか　平安時代末期〜室町時代
[所在地]京都府京都市左京区鞍馬本町

鞍骨山遺跡　くらぼねやまいせき　弥生時代後期
[所在地]東京都八王子市谷野町

11**鞍船遺跡　くらぶねいせき**　縄文時代前期
[所在地]愛知県北設楽郡設楽町津具鞍船　[史]県指定史跡（1956）

12**鞍塚古墳　くらずかこふん**　古墳時代
[所在地]大阪府藤井寺市道明寺

【餓】

6**餓死万霊等供養塔及び戒壇石　がしばんれいとうくようとうおよびかいだんせき**　天明5年（1785）建立
[所在地]青森県八戸市新井田字寺ノ上　[史]県指定史跡（1988）

10**餓鬼岳　がきだけ**
[所在地]長野県大町市
[文]水原秋桜子『晩華』

【養】

3**養久山墳墓群　やくやまふんぼぐん**　弥生時代末期〜古墳時代
[所在地]兵庫県たつの市揖保川町養久・揖西町佐江

6**養安寺3号墳　ようあんじさんごうふん**　7世紀前後
[所在地]千葉県東金市小野字十石

養老　ようろう
[所在地]岐阜県養老郡養老町
[文]『誹風柳多留 14』

養老の滝　ようろうのたき
[所在地]岐阜県養老郡養老町
[文]『誹風柳多留』

13**養源院　ようげんいん**　文禄3年（1594）創建
[所在地]京都府京都市東山区三十三間堂廻り町

【餇】

3**餇山　かれいやま**
[所在地]滋賀県甲賀市信楽町
[文]『金葉和歌集 8』
[別]飯道山

【駒】

0**駒ヶ谷宮山古墳　こまがたにみややまこふん**　4世紀末葉
[所在地]大阪府羽曳野市駒ヶ谷

駒ヶ岳　こまがたけ, こまがだけ
[所在地]長野県上伊那郡宮田村, 木曽郡木曽町, 木曽郡上松町
[文]若山牧水『くろ土』
[別]木曽駒ヶ岳

3**駒久保古墳群**　こまくぼこふんぐん　4世紀前半
[所在地]千葉県君津市塚原字駒久保

5**駒込名主屋敷**　こまごめなぬしやしき　江戸時代
[所在地]東京都文京区本駒込3-40-3　[史]都指定史跡（1964）

6**駒衣廃寺址**　こまぎぬはいじし　奈良時代
[所在地]埼玉県児玉郡美里町駒衣

7**駒形大塚古墳**　こまがたおおつかこふん　4世紀
[所在地]栃木県那須郡那珂川町小川
[別]大塚古墳

駒形古墳群　こまがたこふんぐん　古墳時代後期
[所在地]静岡県伊豆の国市小坂

駒形神社の埴輪窯跡　こまがたじんじゃのはにわようせき, こまがたじんじゃのはにわかまあと　6世紀後半期
[所在地]群馬県太田市北金井町402　[史]市指定史跡史跡（1979）
[別]北金井駒形神社埴輪窯跡, 北金井駒形神社埴輪窯址

駒形堂　こまがたどう
[所在地]東京都台東区雷門2-2-3
[文]浅井了意『江戸名所記』, 井原西鶴『好色一代男』

駒形遺跡　こまがたいせき　縄文時代
[所在地]長野県茅野市米沢　[史]国指定史跡（1998）

駒形橋　こまがたばし
[所在地]東京都台東区駒形, 墨田区東駒形
[文]芥川龍之介『本所両国』

駒沢祭祀遺跡　こまざわさいしいせき　古墳時代
[所在地]長野県長野市大字上駒沢　[史]市指定史跡（1967）

駒沢新町祭祀遺跡　こまざわしんまちさいしいせき　古墳時代
[所在地]長野県長野市上駒沢新町

8**駒板新田横穴群**　こまいたしんでんおうけつぐん　7世紀中頃～8世紀前半
[所在地]福島県会津若松市河東町金田字大作堰上地内

9**駒城跡**　こまじょうあと　南北朝時代
[所在地]茨城県下妻市黒駒147-1　[史]県指定史跡（1935）

12**駒場7遺跡**　こまばなないせき　縄文時代早期・中期
[所在地]北海道日高郡新ひだか町

駒場野　こまばの
[所在地]東京都目黒区駒場
[文]大田南畝『一話一言』

【髭】

10**髭釜遺跡**　ひいがまいせき　弥生時代後期～平安時代
[所在地]茨城県東茨城郡大洗町磯浜町髭釜・堂林・五柳

【鴇】

11**鴇崎天神台古墳群**　ときざきてんじんだいこふんぐん　5世紀前半（1号墳）, 6世紀前葉（2号墳）
[所在地]千葉県香取市鴇崎字新立・天神台地先

16 画

【叡】

13**叡福寺**　えいふくじ　神亀元年（724）創建
[所在地]大阪府南河内郡太子町
[別]石川寺, 磯長寺

叡福寺北古墳　えいふくじきたこふん　古墳時代終末期
[所在地]大阪府南河内郡太子町太子
[別]磯長墓, 聖徳太子磯長陵, 聖徳太子墓

【壇】

0**壇ノ浦**　だんのうら
[所在地]山口県下関市壇ノ浦町
[文]『平家物語』

8**壇林寺**　だんりんじ　平安時代初期建立
[所在地]京都府京都市右京区嵯峨

12**壇場山古墳（第一、二、三古墳）**　だんじょうやまこふん（だいいち・に・さんこふん）, だんじょうざんこふん（だいいち、に、さんこふん）　5世紀中葉～後半

16画（懐, 操, 機, 橘, 橋）

所在地 兵庫県姫路市御国野町国分寺林堂
国 国指定史跡（1921）

【懐】

[14]懐徳堂　かいとくどう　享保9年（1724）～明治2年（1869）
所在地 大阪府大阪市中央区北浜3丁目（記念会事務所）

【操】

[3]操山古墳群　そうざんこふんぐん　6世紀以降
所在地 岡山県岡山市中区網浜・門田・湊・沢田・国富

【機】

[9]機神山山頂古墳　はたがみやまさんちょうこふん　6世紀中葉
所在地 栃木県足利市西宮町本城町

【橘】

橘　たちばな
所在地 神奈川県川崎市, 神奈川県横浜市
文 『和名抄』
別 橘樹

橘　たちばな
所在地 静岡県静岡市清水区
文 『万葉集』

橘　たちばな
所在地 奈良県高市郡明日香村橘
文 『万葉集』

[0]橘の小島　たちばなのこじま
所在地 京都府宇治市
文 『平家物語』
別 橘小島の崎

橘の島の宮　たちばなのしまのみやい
所在地 奈良県高市郡明日香村橘
文 賀茂真淵『賀茂翁家集』

[3]橘小島の崎　たちばなのこじまのさき
所在地 京都府宇治市
文 『平家物語』
別 橘の小島

橘小島の崎　たちばなのこじまのさき
所在地 奈良県高市郡明日香村
文 『源氏物語』,『太平記』

[6]橘守部誕生地遺跡　たちばなもりべたんじょうちいせき　江戸時代
所在地 三重県三重郡朝日町小向　県 県指定史跡（1939）

橘寺　たちばなでら　飛鳥時代創建
所在地 奈良県高市郡明日香村

橘寺境内　たちばなでらけいだい　飛鳥時代創建
所在地 奈良県高市郡明日香村　国 国指定史跡（1966）

[9]橘屋跡　たちばなやあと　江戸時代
所在地 新潟県三島郡出雲崎町出雲崎・尼瀬
別 良寛生誕地（橘屋跡）

[12]橘塚古墳　たちばなずかこふん　6世紀終わり頃
所在地 福岡県京都郡みやこ町　国 国指定史跡（1970）

[16]橘樹　たちばな
所在地 神奈川県川崎市, 神奈川県横浜市
文 『和名抄』
別 橘

【橋】

[5]橋本　はしもと
所在地 静岡県湖西市新居町浜名
文 『太平記』, 十返舎一九『東海道中膝栗毛』

橋本　はしもと
所在地 京都府八幡市橋本
文 『栄花物語』, 小沢蘆庵『六帖詠草』

橋本古墳　はしもとこふん　古墳時代後期
所在地 鳥取県鳥取市橋本字加源谷

橋本遺跡　はしもといせき　旧石器時代～近現代
所在地 神奈川県相模原市緑区元橋本町橋本

橋立岩陰遺跡　はしだていわかげいせき　縄文時代草創期～歴史時代
所在地 埼玉県秩父市上影森

[6]橋牟礼川遺跡　はしむれがわいせき　縄文時代後期～中世
所在地 鹿児島県指宿市十二町
別 指宿橋牟礼川遺跡包含地, 指宿遺跡, 指宿橋牟礼川遺跡

[9]橋津古墳群　はしずこふんぐん　4世紀中頃
所在地 鳥取県東伯郡湯梨浜町　国 国指定史跡（1957）
別 馬山古墳群, 馬ノ山古墳群

橋津台場跡　はしずだいばあと　江戸時代末期築造
所在地 鳥取県東伯郡湯梨浜町はわい長瀬
別 鳥取藩台場跡（由良台場跡・境台場跡・

532　遺跡・古墳よみかた辞典

16画（樹, 樽, 燕, 瓢, 甑, 磨）

淀江台場跡・橋津台場跡・浦富台場跡）
[10]橋原遺跡　はしばらいせき　弥生時代後期
　所在地 長野県岡谷市川岸橋原
[11]橋野高炉跡　はしのこうろあと　安政5年（1858）建設
　所在地 岩手県釜石市橋野町　国指定史跡（1957）
[12]橋場の渡し　はしばのわたし
　所在地 東京都墨田区堤通, 台東区橋場
　文 河竹黙阿弥『天衣紛上野初花』, 幸田露伴『水の東京』
[13]橋詰遺跡　はしづめいせき　縄文時代前期, 弥生時代後期
　所在地 群馬県利根郡川場村門前字橋詰

【樹】
[0]樹の本古墳　きのもとこふん　5世紀後半
　所在地 愛媛県今治市朝倉下
　別 樹之本古墳
[4]樹之本古墳　きのもとこふん　5世紀後半
　所在地 愛媛県今治市朝倉下
　別 樹の本古墳

【樽】
[8]樽岸遺跡　たるぎしいせき, たるきしいせき　旧石器時代
　所在地 北海道寿都郡黒松内町中ノ川
[15]樽遺跡　たるいせき　弥生時代後期
　所在地 群馬県渋川市赤城町樽字山田

【燕】
[8]燕岳　つばくろだけ
　所在地 長野県大町市, 安曇野市
　文 与謝野晶子『瑠璃光』

【瓢】
[3]瓢山古墳　ひさごやまこふん　5世紀
　所在地 広島県庄原市本町上野山　県指定史跡（1942）
[12]瓢塚古墳　ひさごずかこふん　6世紀前半
　所在地 茨城県かすみがうら市安食字野中
　別 富士見塚
　瓢塚古墳　ひさずかこふん　5世紀前葉
　所在地 静岡県掛川市吉岡字女高
　瓢塚古墳　ひさごずかこふん　古墳時代前期
　所在地 兵庫県姫路市勝原区丁字家久田　国指定史跡（1978）
　瓢塚古墳　ひさごずかこふん　古墳時代
　所在地 佐賀県唐津市呼子町加部島字鉢ノ底
　県指定史跡（2004）
[18]瓢箪山古墳　ひょうたんやまこふん　古墳時代中期
　所在地 神奈川県海老名市望地
　瓢箪山古墳　ひょうたんやまこふん　4世紀後半
　所在地 滋賀県近江八幡市安土町　国指定史跡（1957）
　別 安土瓢箪山古墳
　瓢箪山古墳　ひょうたんやまこふん　6世紀前半頃
　所在地 大阪府東大阪市瓢箪山
　瓢箪山古墳　ひょうたんやまこふん　古墳時代前期末～中期初頭
　所在地 奈良県奈良市佐紀町　国指定史跡（1971）
　瓢箪池　ひょうたんいけ
　所在地 東京都台東区浅草
　文 宇野浩二『器用貧乏』, 三島由紀夫『百万円煎餅』
　瓢箪塚古墳　ひょうたんずかこふん　5世紀中期以前
　所在地 茨城県土浦市常名町西根
　瓢箪塚古墳　ひょうたんずかこふん　6世紀前後
　所在地 栃木県真岡市八木岡　県指定史跡（1954）
　瓢箪塚古墳　ひょうたんずかこふん　6世紀前半
　所在地 埼玉県北葛飾郡杉戸町目沼
　別 目沼瓢箪塚古墳, 目沼7号墳
　瓢箪塚古墳　ひょうたんずかこふん　5世紀前半
　所在地 佐賀県神埼郡吉野ヶ里町吉田, 三養基郡上峰町前牟田

【甑】
[12]甑塚古墳　こしきずかこふん　6世紀前半
　所在地 静岡県磐田市岩井

【磨】
[6]磨臼山古墳　すりうすやまこふん　古墳時代前期
　所在地 香川県善通寺市生野町字山相

遺跡・古墳よみかた辞典　533

[別]遠藤塚古墳

【穎】

9穎娃城跡　えいじょうあと　応永27年（1420）～天正16年（1588）
[所在地]鹿児島県南九州市穎娃町郡　[史]県指定史跡（2005）

【穆】

7穆佐城跡　むかさじょうあと　中世
[所在地]宮崎県宮崎市高岡町　[史]国指定史跡（2002）
[別]穆佐院高城

【築】

3築山古墳　つきやまこふん　5世紀後半
[所在地]奈良県大和高田市築山

築山古墳　つきやまこふん　古墳時代中期末
[所在地]島根県松江市玉湯町玉造
[別]玉造築山古墳

築山古墳　つきやまこふん　6世紀後半～7世紀初頭
[所在地]島根県出雲市上塩冶町
[別]上塩冶築山古墳

築山古墳　つきやまこふん　5世紀後半
[所在地]岡山県瀬戸内市長船町西須恵　[史]県指定史跡（1959）

築山古墳　つきやまこふん　4世紀終末頃
[所在地]福岡県糸島市三雲

築山古墳　つきやまこふん　古墳時代
[所在地]佐賀県佐賀市大和町尼寺

築山古墳　つきやまこふん　5世紀
[所在地]大分県大分市佐賀関　[史]国指定史跡（1936）

築山古墳　つきやまこふん　5世紀中頃
[所在地]大分県大分市本神崎

築山経塚　つきやまきょうずか　平安時代
[所在地]佐賀県佐賀市大和町大字尼寺字築山

6築地　つきじ
[所在地]東京都中央区
[文]『誹風柳多留』，木下杢太郎『木下杢太郎詩集』

築地本願寺　つきじほんがんじ　元和3年（1617）創建
[所在地]東京都中央区築地3-15-1
[別]本願寺築地別院

9築廻遺跡　つきざこいせき　縄文時代
[所在地]島根県邑智郡邑南町井原

【糘】

3糘山古墳　すくもやまこふん　古墳時代
[所在地]岡山県津山市戸脇・桑下・神代

12糘塚横穴墓群　すくもずかおうけつぼぐん　6世紀末～7世紀初頭
[所在地]山口県長門市東深川字田屋
[別]糘塚横穴群

糘塚横穴群　すくもずかよこあなぐん　6世紀末～7世紀初頭
[所在地]山口県長門市東深川字田屋
[別]糘塚横穴墓群

【繁】

10繁根木古墳　はねぎこふん　5世紀後半
[所在地]熊本県玉名市繁根木
[別]伝左山古墳

【膳】

8膳性遺跡　ぜんしょういせき　古墳時代, 奈良時代, 平安時代
[所在地]岩手県奥州市水沢区佐倉河字膳性

膳所　ぜぜ
[所在地]滋賀県大津市膳所
[文]『伊勢参宮名所図会』

膳所茶臼山古墳　ぜぜちゃうすやまこふん　4世紀末～5世紀初頭
[所在地]滋賀県大津市膳所平尾町・秋葉台・膳所雲雀丘町
[別]茶臼山古墳, 茶臼山古墳・小茶臼山古墳

12膳棚古墳群　ぜんだなこふんぐん　6世紀後葉～8世紀初頭
[所在地]愛知県豊川市足山田町膳棚

膳棚遺跡　ぜんだないせき　縄文時代中期
[所在地]埼玉県所沢市大字山口字膳棚

【興】

8興国寺城跡　こうこくじじょうあと　戦国時代
[所在地]静岡県沼津市根古屋・青野　[史]国指定史跡（1995）

興居島経塚　ごごじまきょうずか　平安時代後期
[所在地]愛媛県松山市興居島1

9興津　おきつ
[所在地]静岡県静岡市清水区

[文]十返舎一九『東海道中膝栗毛』

興津の浜　おきつのはま
[所在地]静岡県静岡市清水区
[文]藤原忠房『古今和歌集 17』

興津の浜　おきつのはま
[所在地]大阪府泉大津市
[文]『和歌初学抄』

興津貝塚　おきつかいずか　縄文時代前期
[所在地]茨城県稲敷郡美浦村興津

興津洞窟遺跡　おきつどうくついせき　縄文時代
[所在地]千葉県勝浦市興津

興津清見寺境内　おきつせいけんじけいだい　伝・奈良時代創建
[所在地]静岡県静岡市清水区興津清見寺町418-1
[別]朝鮮通信使遺跡 興津清見寺境内

11**興部豊野竪穴住居跡　おこっぺとよのたてあなじゅうきょあと**　擦文時代
[所在地]北海道紋別郡興部町字豊野　[史]北海道指定史跡（1968）

12**興覚寺後古墳　こうかくじうしろこふん**　6世紀中葉
[所在地]静岡県浜松市浜北区宮口

興道寺窯跡　こうどうじかまあと　古墳時代
[所在地]福井県三方郡美浜町興道寺

13**興福寺　こうふくじ**　天智天皇8年（669）創建
[所在地]奈良県奈良市登大路町

興福寺旧境内　こうふくじきゅうけいだい　奈良時代
[所在地]奈良県奈良市高畑町・登大路町　[史]国指定史跡（1967）

興福院　こんぶいん, こうふくいん　奈良時代創建
[所在地]奈良県奈良市法蓮町

20**興譲館　こうじょうかん**　嘉永6年（1853）創立
[所在地]岡山県井原市西江原町2257-1　[史]県指定史跡（1959）

【舘】

0**舘ノ内遺跡　たてのうちいせき**　古墳時代初頭頃
[所在地]福島県喜多方市塩川町吉沖

【薄】

4**薄井原古墳　うすいばらこふん**　6世紀後半
[所在地]島根県松江市坂本町

17**薄磯貝塚　うすいそかいずか**　縄文時代後期～弥生時代中期
[所在地]福島県いわき市平薄磯字北街

【薬】

4**薬王寺古墳　やくおうじこふん**　古墳時代中期
[所在地]愛知県岡崎市宇頭北町1丁目
[別]宇頭大塚古墳

9**薬研堀跡　やげんぼりあと**
[所在地]東京都中央区東日本橋
[文]『誹風柳多留 2』, 小山内薫『大川端』

10**薬師穴横穴墓群　やくしあなおうけつぼぐん**　古墳時代終末期
[所在地]群馬県高崎市吉井町小暮仏崎856

薬師寺　やくしじ　奈良時代創建
[所在地]奈良県奈良市西ノ京町

薬師寺旧境内　やくしじきゅうけいだい　奈良時代創建
[所在地]奈良県奈良市西ノ京町　[史]国指定史跡（1997）

薬師谷古墳群　やくしだにこふんぐん　古墳時代後期
[所在地]三重県津市一志町八太

薬師岩屋不動古墳　くすしいわやふどうこふん　6世紀
[所在地]滋賀県蒲生郡竜王町薬師八重谷

薬師前遺跡　やくしまえいせき　縄文時代
[所在地]青森県三戸郡五戸町

薬師堂ガ谷　やくしどうがやつ
[所在地]神奈川県鎌倉市二階堂324～421

薬師堂石仏 附 阿弥陀堂石仏　やくしどうせきぶつ つけたり あみだどうせきぶつ　平安時代
[所在地]福島県南相馬市小高区泉沢　[史]国指定史跡（1930）
[別]泉沢石仏, 大悲山磨崖仏

薬師塚古墳　やくしずかこふん　5世紀末～6世紀前半
[所在地]群馬県高崎市保渡田町
[別]保渡田薬師塚古墳

薬師塚古墳　やくしずかこふん　4世紀末頃
[所在地]群馬県太田市本矢場字薬師廻り
[別]矢場薬師塚古墳

薬師塚古墳　やくしずかこふん　5世紀中葉
[所在地]静岡県富士市船津字境

16画（衛, 親, 輸, 醒, 醍, 鋸, 錦, 錆）

【衛】

⁶衛守塚古墳群　えもりずかこふんぐん　6世紀
　所在地 山形県山形市大字漆山

⁸衛門戸丸塚古墳　よもんどまるずかこふん
　4世紀後半
　所在地 奈良県奈良市佐紀町字衛門戸
　別 丸塚古墳

衛門坂窯跡　えもんざかかまあと　6世紀前半〜後半
　所在地 静岡県袋井市岡崎

【親】

⁰親ヶ谷古墳　おやがたにこふん，おやがだにこふん　4世紀後半
　所在地 岐阜県不破郡垂井町大字市之尾字深谷

⁴親不知　おやしらず
　所在地 新潟県糸魚川市
　文 芭蕉『おくのほそ道』

親王塚古墳　しんのうずかこふん　4世紀後半〜末期
　所在地 石川県鹿島郡中能登町小田中
　別 小田中親王塚古墳

親王塚古墳　しんのうずかこふん　5世紀後半
　所在地 長野県東御市和丸山1104
　別 中曽根親王塚古墳

親王塚古墳　しんのうずかこふん　古墳時代前期または5世紀中葉
　所在地 兵庫県丹波市氷上町石生

【輸】

¹³輸蜊東古墳　ゆりひがしこふん　6世紀半ば
　所在地 福井県大飯郡高浜町東三松3

【醒】

⁰醒が井　さめがい
　所在地 滋賀県米原市
　文『新撰狂歌集』，『古事記』

【醍】

¹⁶醍醐　だいご
　所在地 京都府京都市伏見区醍醐伽藍町
　文『栄花物語』，『今昔物語集』

醍醐古墳群　だいごこふんぐん　6世紀末〜7世紀中頃
　所在地 京都府京都市伏見区醍醐内ケ井戸町

醍醐寺　だいごじ　貞観16年（874）創建
　所在地 京都府京都市伏見区醍醐伽藍町・醍醐東大路町ほか

醍醐寺三宝院庭園　だいごじさんぽういんていえん　安土桃山時代
　所在地 京都府京都市伏見区醍醐東大路町
　㉑国指定特別史跡（1952）

醍醐寺境内　だいごじけいだい　貞観16年（874）創建
　所在地 京都府京都市伏見区醍醐伽藍町・醍醐東大路町ほか　㉑国指定史跡（1967）

醍醐遺跡　だいごいせき　縄文時代中期
　所在地 滋賀県長浜市醍醐町

【鋸】

³鋸山　のこぎりやま
　所在地 千葉県富津市，安房郡鋸南町
　文『誹風柳多留』

¹¹鋸崎台場跡　のこぎりざきだいばあと　安政元年（1854）築造
　所在地 福井県大飯郡おおい町
　別 小浜藩台場跡（松ヶ瀬台場跡・鋸崎台場跡）

【錦】

⁰錦の島　にしきのしま
　所在地 三重県北牟婁郡
　文 西行『山家集』

錦の浦　にしきのうら
　所在地 三重県
　文『和歌初学抄』，『歌枕名寄』

⁴錦木塚古墳　にしきずかこふん　6世紀末〜7世紀初頭
　所在地 福島県伊達郡桑折町伊達崎字錦木塚

⁵錦田一里塚　にしきだいちりづか　江戸時代
　所在地 静岡県三島市谷田

⁶錦糸堀　きんしぼり
　所在地 東京都墨田区錦糸
　文 国木田独歩『武蔵野』

⁷錦町遺跡群　にしきまちいせきぐん　縄文時代晩期, 擦文時代
　所在地 北海道旭川市錦町

¹⁰錦帯橋　きんたいきょう　江戸時代
　所在地 山口県岩国市錦見横山

【錆】

³錆山古墳　さびやまこふん　4世紀後半
　所在地 三重県松阪市（旧・一志郡嬉野町字錆山）

【頭】

3**頭川遺跡　ずかわいせき**　縄文時代前期末～古墳時代
[所在地]富山県高岡市頭川

11**頭崎城跡　かしらざきじょうあと**　大永3年(1523) 築城
[所在地]広島県東広島市高屋町
[別]平賀氏の遺跡（御薗宇城跡, 白山城跡, 頭崎城跡, 平賀氏の墓地）

12**頭塔　ずとう**　奈良時代
[所在地]奈良県奈良市高畑町　[史]国指定史跡(1922)

【頼】

3**頼山陽居室　らいさんようきょしつ**　江戸時代
[所在地]広島県広島市中区袋町　[史]国指定史跡(1936)

頼山陽書斎（山紫水明処）　らいさんようしょさい（さんしすいめいしょ）　江戸時代
[所在地]京都府京都市上京区東三本木通丸太町上ル南町　[史]国指定史跡(1922)

5**頼母子大塚山古墳　たのもしおおつかやまこふん**　4世紀以降
[所在地]群馬県太田市牛沢字頼母子
[別]大塚山古墳

7**頼杏坪役宅　らいきょうへいやくたく**　江戸時代
[所在地]広島県三次市三次町　[史]県指定史跡(1937)

10**頼家之墓　らいけのはか**　江戸時代
[所在地]広島県広島市南区比治山町　[史]県指定史跡(1940)

11**頼惟清旧宅　らいこれすがきゅうたく**　江戸時代
[所在地]広島県竹原市竹原町　[史]県指定史跡(1957)

【館】

0**館の百庚申　たてのひゃくこうしん**　寛政12年(1800) 完成
[所在地]群馬県高崎市寺尾町　[史]市指定史跡(1975)

館ノ内遺跡　たてのうちいせき　縄文時代中期末葉～晩期後葉
[所在地]新潟県新発田市荒川字村上

3**館山　たてやま**
[所在地]千葉県館山市
[文]『山水奇観』

館山横穴墓群　たてやまおうけつぼぐん　6世紀末～7世紀初め造営開始
[所在地]宮城県大崎市三本木坂本字館山

館山横穴墓群　たてやまおうけつぼぐん　古墳時代後期
[所在地]宮城県加美郡加美町米泉字西野
[別]米泉館山横穴墓群

館山横穴墓群　たてやまおうけつぼぐん　7世紀終末
[所在地]福島県いわき市植田町館山

5**館平遺跡　たてひらいせき**　縄文時代
[所在地]青森県八戸市新井田

館石野Ⅰ遺跡　たていしのいちいせき　縄文時代
[所在地]岩手県田野畑村鳥越　[史]県指定史跡(1997)

9**館城跡　たてじょうあと**　明治元年(1868) 築城開始
[所在地]北海道檜山郡厚沢部町
[別]松前氏城跡（福山城跡・館城跡）

【鮎】

13**鮎滝渡船場跡　あゆたきとせんばあと**　江戸時代
[所在地]福島県福島市立子山　[史]国指定史跡(1937)

【鴨】

3**鴨山　かもやま**
[所在地]島根県邑智郡美郷町湯抱
[文]『万葉集』

鴨川　かもがわ
[所在地]京都府京都市
[文]鴨長明『無名抄』
[別]賀茂川

6**鴨池古墳　かもいけこふん**　4世紀後葉
[所在地]奈良県宇陀市大宇陀野依字カモイケ

8**鴨居横穴群　かもいよこあなぐん**　古墳時代後期～末期
[所在地]神奈川県横須賀市鴨居・鳥ケ崎

11**鴨都波1号墳　かもつばいちごうふん**　古墳時代前期中葉
[所在地]奈良県御所市宮前町ほか

14**鴨稲荷山古墳　かもいなりやまこふん**　古墳時代後期初頭

16画（鴨）　17画（厳, 嬬, 嶺, 嶽, 橿, 櫛, 檀, 檜）

所在地 滋賀県高島市宿鴨
別 水尾稲荷山古墳, 稲荷山古墳
22 鴨籠古墳　かもごこふん　6世紀初頭
所在地 熊本県宇城市不知火町長崎坊ノ平

【鴫】

5 鴫立沢　しぎたつさわ
所在地 神奈川県中郡大磯町1289　町 町指定史跡（1983）
文 西行『新古今和歌集 4』

7 鴫谷東1号墳　しぎたにひがしいちごうふん
古墳時代中期前葉
所在地 京都府与謝郡与謝野町温江字尾上

17 画

【厳】

10 厳島　いつくしま
所在地 広島県廿日市市宮島町　国 国指定特別史跡（1952）
文 慈円『愚管抄』, 涼菟『八景集』

【嬬】

10 嬬恋　つまごい
所在地 群馬県吾妻郡嬬恋村
文 石田波郷『風切』

【嶺】

8 嶺昌寺古墳　れいしょうじこふん　4世紀中頃
所在地 愛媛県伊予市上三谷客池
別 広田神社裏山古墳

【嶽】

3 嶽山古墳　だけやまこふん　7世紀中葉〜後葉
所在地 奈良県宇陀市榛原安田字嶽山
嶽山古墳群　だけやまこふんぐん　古墳時代後期
所在地 大阪府富田林市横山

【橿】

10 橿原　かしはら
所在地 奈良県橿原市
文 『万葉集』
橿原遺跡　かしはらいせき　縄文時代, 奈良時代, 平安時代
所在地 奈良県橿原市橿原公苑

【櫛】

3 櫛山古墳　くしやまこふん　古墳時代前期〜中期
所在地 奈良県天理市柳本町　国 国指定史跡（1957）
別 柳本櫛山古墳

5 櫛玉比女命神社古墳　くしたまひめのみことじんじゃこふん　5世紀前葉
所在地 愛媛県松山市八反地
櫛田川　くしだがわ
所在地 三重県, 奈良県
文 『伊勢参宮名所図会』

15 櫛遺跡　くしいせき　弥生時代
所在地 長崎県対馬市峰町櫛

【檀】

3 檀弓丘　まゆみのおか
所在地 奈良県高市郡明日香村真弓・地ノ窪〜高市郡高取町佐田・森
文 『日本書紀』
別 真弓岡, 真弓の岡

【檜】

0 檜ノ木坂古墳群　ひのきさかこふんぐん　5世紀前葉（5号墳）
所在地 福井県吉田郡永平寺町松岡吉野堺

3 檜山安東氏城館跡（檜山城跡・大館跡・茶臼館跡）　ひやまあんどうしじょうかんあと（ひやまじょうあと・おおだてあと・ちゃうすだてあと）　室町時代〜江戸時代初期（檜山城）
所在地 秋田県能代市檜山・扇田・田床内・冷清水　国 国指定史跡（1980）
檜山城跡　ひやまじょうあと　明応4年（1495）完成
所在地 秋田県能代市檜山
別 檜山安東氏城館跡（檜山城跡・大館跡・茶臼館跡）

10 檜原　ひばら
所在地 奈良県桜井市穴師
文 謡曲『三輪』
檜峯遺跡　ひのきみねいせき　古墳時代〜平安時代
所在地 群馬県前橋市五代町檜峯

17画（檜, 燧, 磯）

¹²檜隈大内陵　ひのくまのおおうちのみささぎ
　　7世紀末葉
　　所在地 奈良県高市郡明日香村野口
　　別 天武・持統陵古墳, 天武・持統天皇陵古墳, 天武・持統天皇合葬陵, 天武・持統合葬陵古墳, 天武・持統合葬陵

檜隈川　ひのくまがわ
　　所在地 奈良県高市郡明日香村檜前
　　文 『万葉集』, 『菟玖波集抄』

檜隈寺址　ひのくまじし　7世紀前半創建
　　所在地 奈良県高市郡明日香村
　　別 檜隈寺跡

檜隈寺跡　ひのくまでらあと　7世紀前半創建
　　所在地 奈良県高市郡明日香村　史 国指定史跡（2003）
　　別 檜隈寺址

檜隈野　ひのくまの
　　所在地 奈良県高市郡明日香村檜前
　　文 『日本書紀』

【檍】

¹⁵檍遺跡　あおきいせき　弥生時代前期
　　所在地 宮崎県宮崎市吉村町檍

【燧】

³燧山　ひうちやま
　　所在地 福井県南条郡南越前町
　　文 芭蕉『ひるねの種』

【磯】

⁰磯の森貝塚　いそのもりかいづか　縄文時代前期
　　所在地 岡山県倉敷市大字粒江字森
　　別 磯ノ森貝塚, 磯之森貝塚

磯ノ森貝塚　いそのもりかいづか　縄文時代前期
　　所在地 岡山県倉敷市大字粒江字森
　　別 磯の森貝塚, 磯之森貝塚

³磯上　いそのかみ
　　所在地 奈良県天理市石上町
　　文 『古事記』, 『日本書紀』
　　別 石上, 磯神

磯山古墳群　いそやまこふんぐん　5世紀葉～6世紀中葉
　　所在地 大阪府泉南郡岬町淡輪

磯山城遺跡　いそやまじょういせき　縄文時代
　　所在地 滋賀県米原市磯

磯山遺跡　いそやまいせき　後期旧石器時代
　　所在地 栃木県真岡市磯山

⁴磯之森貝塚　いそのもりかいづか　縄文時代前期
　　所在地 岡山県倉敷市大字粒江字森
　　別 磯の森貝塚, 磯ノ森貝塚

⁸磯長山田陵　しながのやまだのみささぎ　7世紀前半頃
　　所在地 大阪府南河内郡太子町山田
　　別 推古天皇陵古墳, 推古陵古墳, 山田高塚古墳

磯長谷古墳群　しながだにこふんぐん　古墳時代後期～終末期
　　所在地 大阪府南河内郡太子町太子・山田

磯長墓　しながのはか　古墳時代終末期
　　所在地 大阪府南河内郡太子町太子
　　別 聖徳太子墓, 聖徳太子磯長陵, 叡福寺北古墳

⁹磯城島　しきしま
　　所在地 奈良県磯城郡, 桜井市
　　文 『日本書紀』
　　別 敷島

磯神　いそのかみ
　　所在地 奈良県天理市石上町
　　文 『古事記』, 『日本書紀』
　　別 磯上, 石上

磯神寺　いそのかみでら
　　所在地 奈良県天理市
　　文 素性『古今和歌集 3』

¹⁰磯宮　いそのみや　建久5年（1194）勧請
　　所在地 広島県竹原市田ノ浦　史 県指定史跡（1937）

磯浜車塚古墳　いそはまくるまずかこふん　5世紀頃
　　所在地 茨城県東茨城郡大洗町磯浜町
　　別 車塚古墳

磯浜鏡塚古墳　いそはまかがみずかこふん　5世紀前半
　　所在地 茨城県東茨城郡大洗町磯浜
　　別 鏡塚古墳, 常陸鏡塚古墳

¹¹磯埼　いそのさき
　　所在地 滋賀県彦根市磯
　　文 『万葉集』
　　別 磯崎

磯崎　いそざき
　　所在地 茨城県ひたちなか市

遺跡・古墳よみかた辞典　539

17画（篠, 簗, 糠, 糞）

 Ⓧ『万葉集』
磯崎　いそざき
　[所在地]静岡県静岡市清水区
　Ⓧ『万葉集』
磯崎　いそのさき
　[所在地]滋賀県彦根市磯
　Ⓧ『万葉集』
　別磯埼
磯崎古墳群　いそざきこふんぐん　古墳時代
　[所在地]茨城県ひたちなか市磯崎町
　別三ツ塚・磯崎古墳群
磯崎東古墳群　いそざきひがしこふんぐん
　江戸時代～明治時代
　[所在地]茨城県ひたちなか市磯崎町
[12]磯道遺跡　いそみちいせき　旧石器時代
　[所在地]佐賀県唐津市肥前町入野字磯道
磯間岩陰遺跡　いそまいわかげいせき　5世紀末～7世紀前半
　[所在地]和歌山県田辺市湊　Ⓒ国指定史跡（1979）

【篠】
[3]篠山貝塚　しのやまかいずか　縄文時代前期中葉
　[所在地]栃木県栃木市篠岡町藤岡
　別藤岡貝塚
篠山城跡　ささやまじょうあと　慶長13年（1608）築城
　[所在地]兵庫県篠山市北新町　Ⓒ国指定史跡（1956）
[5]篠本城　ささもとじょう　15世紀前半最盛期, 16世紀初頭までに廃絶
　[所在地]千葉県山武郡横芝光町篠本字城山
[7]篠尾廃寺塔跡　しのおはいじとうあと　白鳳時代
　[所在地]福井県福井市篠尾町字塔垣内　Ⓒ市指定史跡
　別酒生廃寺址
篠束遺跡　しのずかいせき　弥生時代中期
　[所在地]愛知県豊川市篠束町荒木
篠谷横穴墓群　しのだにおうけつぼぐん　7世紀中心
　[所在地]神奈川県茅ヶ崎市香川字篠谷
[8]篠岡古窯址群　しのおかこようしぐん　平安時代
　[所在地]愛知県小牧市付近の低丘陵地帯
[9]篠津原3号墳　しのずはらさんごうふん　7世

紀後半～8世紀初頭
　[所在地]広島県庄原市高町高字篠津原
[10]篠原　しのはら
　[所在地]石川県加賀市
　Ⓧ『八雲御抄』
篠原　しのはら
　[所在地]滋賀県野洲市
　Ⓧ『和名抄』, 『枕草子』
篠原遺跡　しのはらいせき　縄文時代
　[所在地]兵庫県神戸市灘区篠原中町
篠脇城跡　しのわきじょうあと　中世
　[所在地]岐阜県郡上市大和町牧志の脇　Ⓒ県指定史跡（1973）
[11]篠崎横穴墓群　しのざきおうけつぼぐん　7世紀後半
　[所在地]宮城県伊具郡丸森町小斎羽山
[12]篠塚稲荷古墳　しのずかいなりこふん　6世紀中頃
　[所在地]栃木県小山市大字大本

【簗】
[5]簗古墳群　やなこふんぐん　5世紀末～6世紀初頭
　[所在地]栃木県小山市大字簗2333ほか
[19]簗瀬二子塚古墳　やなせふたごずかこふん　6世紀前半
　[所在地]群馬県安中市原市町簗瀬
　別二子塚古墳

【糠】
[12]糠塚古墳群　ぬかずかこふんぐん　古墳時代前期
　[所在地]福島県喜多方市岩月町宮津字宮地　Ⓒ県指定史跡（1969）
糠塚古墳群　ぬかずかこふんぐん　前方後円墳：5世紀後半
　[所在地]茨城県常陸大宮市小祝字糠塚
糠塚貝塚　ぬかずかかいずか　縄文時代
　[所在地]宮城県登米市迫町新田
糠塚遺跡　ぬかずかいせき　奈良時代, 平安時代
　[所在地]宮城県栗原市志波姫新糠塚
糠塚遺跡　ぬかずかいせき　縄文時代前期
　[所在地]岐阜県高山市江名子町糠塚

【糞】
[13]糞置荘跡　くそおきのしょうあと　奈良時代

540　遺跡・古墳よみかた辞典

[所在地]福井県福井市帆谷町・太田町・半田町・二上町

糞置遺跡　くそおきいせき　縄文時代晩期～平安時代
[所在地]福井県福井市二上町字下九日田

【繋】

0繋（V）遺跡　つなぎ（ご）いせき　縄文時代前期末～後期中葉
[所在地]岩手県盛岡市繋字館市

【薩】

11薩埵峠　さったとうげ
[所在地]静岡県静岡市清水区
[文]『太平記』，十返舎一九『東海道中膝栗毛』

15薩摩の瀬戸　さつまのせと
[所在地]鹿児島県出水郡長島町山門野瀬戸，阿久根市脇本黒之浜
[文]『万葉集』
[別]黒の瀬戸

薩摩国　さつまのくに
[所在地]鹿児島県
[文]『日本書紀』

薩摩国分寺跡　さつまこくぶんじあと　奈良時代創建
[所在地]鹿児島県薩摩川内市国分寺町　[史]国指定史跡（1944）

【藍】

9藍染川　あいそめがわ
[所在地]東京都千代田区神田辺，豊島区駒込，台東区浅草の花川戸町
[文]『新撰東京名所図会』，『江戸砂子』

10藍島遠見番所旗柱台　あいのしまとおみばんしょはたばしらだい　享保6年（1721）建造
[所在地]福岡県北九州市小倉北区大字藍島338ほか　[史]県指定史跡（1969）

【藁】

8藁店　わらだな
[所在地]東京都新宿区袋町
[文]大田南畝『四方のあか』

【賽】

0賽ノ窪古墳群　さいのくぼこふんぐん　5世紀後半～6世紀
[所在地]宮城県名取市愛島笠島字西小泉・塩手字十石・塩手字仮宿

【輿】

12輿塚古墳　こしずかこふん　4世紀末
[所在地]兵庫県たつの市御津町黒崎基山

【鍬】

0鍬ヶ崎貝塚　くわがさきかいずか　縄文時代後期～晩期
[所在地]岩手県宮古市鍬ヶ崎小字館山

11鍬寄古墳　くわよせこふん　古墳時代
[所在地]広島県庄原市本村町本鍬寄

【鍵】

7鍵尾遺跡　かぎおいせき　弥生時代後期後半初め～終末
[所在地]島根県安来市沢町字鍵尾谷

鍵谷カナの墓　かぎやかなのはか　江戸時代
[所在地]愛媛県松山市西垣生町　[史]県指定史跡（1953）

9鍵屋の辻　かぎやのつじ　江戸時代
[所在地]三重県伊賀市小田町1322　[史]県指定史跡（1938）

【鍛】

7鍛冶山古墳群　かじやまこふんぐん　5世紀後半～6世紀
[所在地]福島県河沼郡会津坂下町大字宇内字鍛冶山

鍛冶谷・新田口遺跡　かじや・しんでんぐちいせき　弥生時代後期，古墳時代前期
[所在地]埼玉県戸田市上戸田　[史]県選定重要遺跡

鍛冶屋谷たたら遺跡　かじやだにたたらいせき　江戸時代～明治20年（1887）
[所在地]岡山県鏡野町富西谷　[史]県指定史跡（1983）

【鍋】

3鍋山古墳　なべやまこふん　古墳時代中期
[所在地]石川県鹿島郡中能登町水白
[別]水白鍋山古墳

鍋山城跡　なべやまじょうあと　室町時代初めもしくは天文年間（1532～55）築城
[所在地]岐阜県高山市漆垣内町東ケ洞・神田・松之木町鍋山　[史]県指定史跡（1956）

鍋山磨崖仏　なべやままがいぶつ　室町時代

17画（闇，霞，霜，鞠，韓，駿）

(所在地)大分県豊後高田市上野
(別)熊野磨崖仏 附 元宮磨崖仏及び鍋山磨崖仏

⁵鍋田横穴　なべたよこあな　古墳時代後期
(所在地)熊本県山鹿市鍋田　(㊷)国指定史跡
（1922）
(別)鍋田横穴墓群，鍋田横穴群

鍋田横穴墓群　なべたおうけつぼぐん　古墳時代後期
(所在地)熊本県山鹿市鍋田
(別)鍋田横穴群，鍋田横穴

鍋田横穴群　なべたよこあなぐん　古墳時代後期
(所在地)熊本県山鹿市鍋田
(別)鍋田横穴墓群，鍋田横穴

⁹鍋屋町遺跡　なべやちょういせき　縄文時代前期末
(所在地)新潟県上越市柿崎区鍋屋町

¹²鍋塚　なべずか　5世紀
(所在地)奈良県奈良市法華寺町字高塚
(別)高塚古墳，大和6号墳

鍋塚古墳　なべずかこふん　4世紀末
(所在地)大阪府富田林市喜志

鍋塚古墳　なべずかこふん　5世紀
(所在地)大阪府藤井寺市沢田

【闇】

¹²闇無浜　くらなしのはま
(所在地)大分県中津市竜王町
(㋔)『万葉集』
(別)倉無の浜

【霞】

⁰霞17号墳　かすみじゅうななごうふん　古墳時代前期末〜中期前半
(所在地)鳥取県日野郡日南町霞字妙見谷

霞ノ関遺跡　かすみがせきいせき　旧石器時代〜中世
(所在地)埼玉県川越市の場

霞ノ関南木戸柵跡　かすみのせきみなみきどさくあと　鎌倉時代
(所在地)東京都多摩市関戸1190　(㊷)都指定史跡（1961）

霞ヶ浦　かすみがうら
(所在地)茨城県
(㋔)順徳院『新後撰和歌集 11』，『常陸国風土記』

霞ヶ関　かすみがせき

(所在地)東京都千代田区霞ヶ関
(㋔)道興准后『廻国雑記』

⁷霞谷　かすみのたに
(所在地)京都府京都市伏見区深草町谷口
(㋔)文屋康秀『古今集 16』

【霜】

¹⁰霜降城跡　しもふりじょうあと　14世紀
(所在地)山口県宇部市大字吉見・大字末信ほか
(㊷)県指定史跡（1967）

【鞠】

³鞠子　まりこ
(所在地)静岡県静岡市駿河区丸子
(㋔)十返舎一九『東海道中膝栗毛』
(別)丸子

¹²鞠智城跡　きくちじょうあと　7世紀築城
(所在地)熊本県菊池市木野，山鹿市菊鹿町
(㊷)国指定史跡（2004）

【韓】

⁸韓泊　からのとまり　古代
(所在地)兵庫県姫路市的形町

韓泊　からとまり
(所在地)福岡県福岡市西区北崎町唐泊
(㋔)『万葉集』
(別)唐泊

¹¹韓崇山古墳群　かんぞうやまこふんぐん　古墳時代前期〜後期
(所在地)徳島県板野郡板野町大寺字竭路

【駿】

⁸駿府城跡　すんぷじょうあと　江戸時代
(所在地)静岡県静岡市葵区駿府城公園1-1 駿府公園

駿河丸城跡　するがまるじょうあと　正和2年（1313）築城
(所在地)広島県山県郡北広島町間所
(別)吉川氏城館跡（駿河丸城跡・小倉山城跡・日山城跡・吉川元春館跡）

駿河台　するがだい
(所在地)東京都千代田区神田駿河台
(㋔)『誹風柳多留』

駿河国　するがのくに
(所在地)静岡県
(㋔)『万葉集』

駿河国分寺址　するがこくぶんじし　平安時

代以前
[所在地]静岡県静岡市葵区

【鮫】
0鮫ヶ尾城跡　さめがおじょうあと　戦国時代
[所在地]新潟県妙高市宮内・籠町・雪森　[史]国指定史跡（2008）

【鴻】
0鴻ノ巣山古墳群　こうのすやまこふんぐん　6世紀後半
[所在地]大阪府泉南郡岬町淡輪　[史]府指定史跡（1976）
鴻ノ巣山第1号墳　こうのすやまだいいちごうふん　6世紀後半
[所在地]大阪府泉南郡岬町淡輪　[史]府指定史跡（1976）
4鴻之巣遺跡　こうのすいせき　古墳時代前期～奈良時代
[所在地]三重県名張市夏見字鴻之巣
6鴻池新田会所跡　こうのいけしんでんかいしょあと　江戸時代
[所在地]大阪府東大阪市鴻池元町　[史]国指定史跡（1976）
11鴻巣御所跡　こうのすごしょあと　室町時代
[所在地]茨城県古河市鴻巣1045・409
[別]古河公方足利成氏館跡・同足利義氏墓所
20鴻臚館跡 附 女原瓦窯跡　こうろかんあと つけたり みょうばるかわらがまあと　古代
[所在地]福岡県福岡市中央区城内　[史]国指定史跡（2004）

18 画

【櫃】
3櫃川　ひつがわ
[所在地]京都府
[文]慈円『愚管抄』
5櫃石　ひついし　古墳時代
[所在地]群馬県前橋市三夜沢町
櫃石島古墳群　ひついしじまこふんぐん　古墳時代後期
[所在地]香川県坂出市沖

【甕】
0甕ノ井　かめのい　江戸時代・鎌倉十井の一
[所在地]神奈川県鎌倉市山ノ内189
[別]瓶ノ井
10甕原　みかのはら
[所在地]京都府木津川市加茂町
[文]『万葉集』，『続日本紀』
[別]瓶原
甕原離宮　みかのはらのりきゅう　奈良時代
[所在地]京都府木津川市加茂町

【禰】
8禰宜貝塚　ねぎかいずか　縄文時代早期～後期後半
[所在地]和歌山県和歌山市禰宜字三田

【織】
5織田井戸遺跡　おだいどいせき　縄文時代早期
[所在地]愛知県小牧市小木1・2丁目
織田窯址　おたようし　古代以降
[所在地]福井県丹生郡越前町
10織姫神社境内古墳　おりひめじんじゃけいだいこふん　6世紀中葉頃
[所在地]栃木県足利市西宮町
11織部古墳　おりべこふん　3世紀末～4世紀初め
[所在地]滋賀県大津市大萱3丁目

【臍】
9臍峠　ほぞとうげ
[所在地]奈良県桜井市，吉野郡吉野町
[文]芭蕉『笈の小文』

【藤】
0藤の台遺跡　ふじのだいいせき　縄文時代
[所在地]東京都町田市本町田乙7号
藤の森　ふじのもり
[所在地]京都府京都市伏見区深草鳥居崎町
[文]『夫木和歌抄』，十返舎一九『東海道中膝栗毛』
[別]藤森
藤の森古墳　ふじのもりこふん　5世紀中葉
[所在地]大阪府藤井寺市野中
藤ガ谷　ふじがやつ
[所在地]神奈川県鎌倉市扇ガ谷3-1・2

18画（藤）

藤ノ木古墳　ふじのきこふん　6世紀後半
　所在地　奈良県生駒郡斑鳩町　国指定史跡（1991）
[3]藤山甲塚古墳　ふじやまかぶとづかこふん　5世紀中頃
　所在地　福岡県久留米市藤山町仏坂
藤川　ふじかわ
　所在地　愛知県岡崎市藤川町
　文『誹風柳多留 80』, 十返舎一九『東海道中膝栗毛』
[4]藤井ケ原　ふじいがはら
　所在地　奈良県橿原市高殿町
　文『万葉集』
藤内遺跡　とうないいせき　縄文時代中期中葉
　所在地　長野県諏訪郡富士見町落合烏帽子区
藤戸　ふじと
　所在地　岡山県倉敷市藤戸
　文　謡曲『藤戸』,『源平盛衰記』,『吾妻鏡』
藤方　ふじかた
　所在地　三重県津市藤方
　文『四条宮下野集』
[5]藤平遺跡　ふじだいらいせき　縄文時代中期～晩期
　所在地　新潟県三条市
藤本古墳　ふじもとこふん　古墳時代
　所在地　栃木県足利市藤本
藤本観音山古墳　ふじもとかんのんやまこふん　古墳時代前期中頃
　所在地　栃木県足利市藤本町　国指定史跡（2006）
　別　観音山古墳
藤生野　ふじうの
　所在地　京都府京都市右京区嵐山
　文『夫木和歌抄』
藤田山古墳　とうだやまこふん　4世紀末
　所在地　大阪府枚方市藤田
藤白　ふじしろ
　所在地　和歌山県海南市藤白町
　文『万葉集』,『日本書紀』, 飯尾宗祇『あら野』
[6]藤光寺古墳　とうこうじこふん　古墳時代
　所在地　熊本県玉名市岱明町高道字大馬場
藤江　ふじえ
　所在地　兵庫県明石市藤江
　文『万葉集』,『新古今和歌集 16』
藤江の浦　ふじえのうら
　所在地　兵庫県明石市藤江
　文『万葉集』
藤江古墳　ふじえこふん　7世紀
　所在地　栃木県鹿沼市藤江町新田
藤江別所遺跡　ふじえべっしょいせき　弥生時代後期～江戸時代
　所在地　兵庫県明石市藤江字別所
[7]藤尾山古墳　ふじおやまこふん　4世紀末～5世紀初め
　所在地　山口県山口市大字深溝
藤尾支石墓群　ふじおしせきぼぐん　弥生時代中期
　所在地　熊本県菊池市旭志弁利2734　県指定史跡（1959）
藤沢　ふじさわ
　所在地　神奈川県藤沢市
　文　十返舎一九『東海道中膝栗毛』
藤沢寺　ふじさわでら
　所在地　神奈川県藤沢市西富1-8
　文『遊行柳』
　別　清浄光寺, 遊行寺
藤沢狭森古墳群　ふじさわえぞもりこふんぐん　7世紀中葉
　所在地　岩手県紫波郡矢巾町藤沢
藤沢敵御方供養塔　ふじさわてきみかたようとう　室町時代
　所在地　神奈川県藤沢市西富　国指定史跡（1926）
藤谷古窯址群　ふじたにこようしぐん　5世紀後半
　所在地　三重県津市半田字藤谷
[8]藤並遺跡　ふじなみいせき　奈良時代～鎌倉時代
　所在地　和歌山県有田郡有田川町土生
藤岡貝塚　ふじおかかいづか　縄文時代前期中葉
　所在地　栃木県栃木市藤岡町藤岡
　別　篠山貝塚
藤枝　ふじえだ
　所在地　静岡県藤枝市
　文　浅井了意『東海道名所記』
[9]藤屋敷遺跡　ふじやしきいせき　奈良時代～平安時代
　所在地　宮城県大崎市古川清滝字藤屋敷
[10]藤原の古りにし郷　ふじわらのふりにしさと
　所在地　奈良県橿原市
　文『万葉集』

18画（藩）

藤原成親遺跡（高麗寺山門跡と藤原成親墓地）　ふじわらなりちかいせき（こまでらさんもんあととふじわらなりちかぼち）　平安時代
　所在地 岡山県岡山市北区吉備津　史 県指定史跡（1960）

藤原京朱雀大路跡　ふじわらきょうすざくおおじあと　持統天皇8年（694）～和銅3年（710）
　所在地 奈良県橿原市上飛騨町
　別 藤原京跡（朱雀大路跡・左京七条一・二坊跡・右京七条一坊跡）

藤原京跡　ふじわらきょうあと　持統天皇8年（694）～和銅3年（710）
　所在地 奈良県橿原市別所町・上飛騨町
　別 藤原京跡（朱雀大路跡・左京七条一・二坊跡・右京七条一坊跡）

藤原京跡（朱雀大路跡・左京七条一・二坊跡・右京七条一坊跡）　ふじわらきょうせき（すざくおおじあと・さきょうしちじょういち・にぼうあと・うきょうしちじょういちぼうあと）　持統天皇8年（694）～和銅3年（710）
　所在地 奈良県橿原市別所町・上飛騨町　史 国指定史跡（1978）

藤原武智麿墓　ふじわらのむちまろのはか　奈良時代
　所在地 奈良県五条市小島町　史 国指定史跡（1940）

藤原宮　ふじわらのみや，ふじわらきゅう　7世紀末
　所在地 奈良県橿原市高殿町・醍醐町・縄手町・木之本町・飛騨町・四分町

藤原宮跡　ふじわらきゅうせき，ふじわらきゅうあと　7世紀末
　所在地 奈良県橿原市高殿町・醍醐町・縄手町・木之本町・飛騨町・四分町　史 国指定特別史跡（1952）

藤原藤房卿遺跡　ふじわらふじふさきょういせき　室町時代
　所在地 茨城県土浦市藤沢1797　史 県指定史跡（1939）

藤株遺跡　ふじかぶいせき　縄文時代前・後・晩期
　所在地 秋田県北秋田市脇神字藤株

[11]藤堂高久公墓所　とうどうたかひさこうぼしょ　江戸時代
　所在地 三重県伊賀市長田字十王下　史 県指定史跡（2004）

藤堂遺跡　とうどういせき　縄文時代後期後葉
　所在地 新潟県阿賀野市（旧・北蒲原郡安田町）

藤崎遺跡　ふじさきいせき　弥生時代～古墳時代
　所在地 福岡県福岡市早良区百道2丁目・藤崎1丁目

[12]藤塚貝塚　ふじつかかいづか，ふじづかかいずか　縄文時代
　所在地 新潟県佐渡市吉岡字藤塚

藤森　ふじのもり
　所在地 京都府京都市伏見区深草鳥居崎町
　文 『夫木和歌抄』，十返舎一九『東海道中膝栗毛』
　別 藤の森

藤森天山墓　ふじもりてんざんのはか　江戸時代
　所在地 東京都港区南麻布2-9-22 曹渓寺　史 都指定旧跡（1955）

[16]藤橋の六部堂　ふじはしのろくぶどう　江戸時代後期
　所在地 埼玉県さいたま市西区大字植田谷本66-2　史 市指定史跡（1977）

藤橋ゼニガミネ古墳　ふじはしぜにがみねこふん　4世紀後半～5世紀前半
　所在地 石川県七尾市藤橋町

藤橋遺跡　ふじはしいせき　縄文時代後期～晩期
　所在地 新潟県長岡市西津町　史 国指定史跡（1978）

藤樹書院跡　とうじゅしょいんあと　江戸時代
　所在地 滋賀県高島市安曇川町　史 国指定史跡（1922）

【藩】

[14]藩境塚　はんきょうづか　正保年間（1645～48）以前築造
　所在地 青森県東津軽郡平内町狩場沢字関口，上北郡野辺地町字柴崎　史 県指定史跡（1969）

藩領境標石　はんりょうさかいひょうせき　江戸時代
　所在地 岐阜県下呂市金山町金山　史 県指定史跡（1973）

【藪】

3藪下　やぶした
[所在地]東京都文京区
[文]森鴎外『青年』, 樋口一葉『一葉日和』

12藪塚湯之入 北山古墳 西山古墳　やぶずかゆのいり きたやまこふん にしやまこふん　6～7世紀
[所在地]群馬県太田市藪塚町　[史]県指定史跡（1949）
[別]北山古墳, 西山古墳

【観】

4観心寺　かんしんじ　大宝元年（701）開創
[所在地]大阪府河内長野市寺元

観心寺境内　かんしんじけいだい　大宝元年（701）開創
[所在地]大阪府河内長野市寺元　[史]国指定史跡（1934）

5観世音寺境内及び子院跡 附 老司瓦窯跡　かんぜおんじけいだいおよびしいんあと つけたり ろうじかわらがまあと　天平18年（746）落成
[所在地]福岡県太宰府市観世音寺・坂本・国分, 福岡市南区老司　[史]国指定史跡（1970）

6観自在王院跡　かんじざいおういんあと　12世紀半ば
[所在地]岩手県西磐井郡平泉町

9観音山古墳　かんのんやまこふん　古墳時代後期
[所在地]茨城県下妻市小島字西側57

観音山古墳　かんのんやまこふん　古墳時代前期中頃
[所在地]栃木県足利市藤本町
[別]藤本観音山古墳

観音山古墳　かんのんやまこふん　7世紀
[所在地]群馬県高崎市綿貫町・台新田町　[史]国指定史跡（1973）
[別]綿貫観音山古墳

観音山古墳　かんのんやまこふん　6世紀
[所在地]群馬県邑楽郡千代田町新福寺
[別]新福寺観音山古墳

観音山古墳　かんのんやまこふん　古墳時代前期
[所在地]岡山県苫田郡鏡野町下原字才
[別]郷観音山古墳

観音山古墳　かんのんやまこふん　古墳時代後期
[所在地]徳島県阿南市羽ノ浦町中庄

観音山古墳群　かんのんやまこふんぐん　古墳時代終末期
[所在地]茨城県潮来市上戸字川面及び中台山
[別]常陸観音山古墳群

観音山古墳群　かんのんやまこふんぐん　6世紀末葉～7世紀末葉
[所在地]福岡県筑紫郡那珂川町中原・松木
[別]筑紫観音山古墳群

観音山遺跡　かんのんやまいせき　縄文時代中期後半
[所在地]北海道北見市南丘

観音平・天神堂古墳群　かんのんだいら・てんじんどうこふんぐん　弥生時代, 古墳時代
[所在地]新潟県妙高市籠町・宮内・青田　[史]国指定史跡（1978）
[別]天神堂古墳群, 観音平古墳群

観音平古墳群　かんのんだいらこふんぐん　弥生時代, 古墳時代
[所在地]新潟県妙高市籠町・宮内・青田
[別]観音平・天神堂古墳群

観音寺　かんのんじ
[所在地]三重県津市大門町
[文]『伊勢参宮名所図会』

観音寺　かんおんじ
[所在地]香川県観音寺市
[文]滝沢馬琴『椿説弓張月』

観音寺山古墳　かんのんじやまこふん　弥生時代後期～古墳時代初頭
[所在地]岐阜県美濃市大字横越字観音寺

観音寺山遺跡　かんのんじやまいせき　弥生時代後期
[所在地]大阪府和泉市観音寺町

観音寺城跡　かんのんじじょうあと　築城時期不明～永禄11年（1568）
[所在地]滋賀県近江八幡市安土町, 東近江市川並　[史]国指定史跡（1982）

観音寺経塚　かんのんじきょうつか　文治5年（1189）銘
[所在地]岐阜県大垣市上石津町三ツ里　[史]県指定史跡（1976）

観音寺遺跡　かんのんじいせき　7世紀中頃～9世紀末
[所在地]徳島県徳島市国府町観音寺

観音松古墳　かんのんまつこふん　4世紀後半
[所在地]神奈川県横浜市港北区日吉町下の町

18画（贅, 邇, 鎧, 鎌）

観音林遺跡　かんのんばやしいせき　縄文時代晩期, 平安時代, 中世
　所在地 青森県五所川原市松野木

観音院庭園　かんのんいんていえん　江戸時代（元禄期）
　所在地 鳥取県鳥取市上町観音院内

観音堂石仏　かんのんどうせきぶつ　平安時代
　所在地 福島県南相馬市小高区泉沢　国指定史跡（1930）
　別 泉沢石仏, 大悲山磨崖仏

観音塚古墳　かんのんずかこふん　6世紀最終末期
　所在地 群馬県高崎市八幡町　国指定史跡（1948）
　別 八幡観音塚古墳

観音塚古墳　かんのんずかこふん　6世紀後半
　所在地 東京都大田区田園調布4丁目
　別 田園調布観音塚古墳

観音塚古墳　かんのんずかこふん　7世紀中葉
　所在地 大阪府羽曳野市飛鳥　国指定史跡（1981）
　別 飛鳥観音塚古墳

観音塚古墳　かんのんずかこふん　古墳時代終末期
　所在地 福岡県朝倉郡筑前町砥上

観音瀬水路　かんのんぜすいろ　寛政3〜5年（1791〜93）工事
　所在地 宮崎県都城市高城町有水・高城町縄瀬（大淀川河川区域内）　県指定史跡（2005）

[12]観覚寺向山1号墳　かんがくじむかいやまいちごうふん　4世紀末〜5世紀前半
　所在地 奈良県高市郡高取町観覚寺

[13]観嵩月墓　かんすうげつはか　江戸時代
　所在地 東京都江東区深川2-16-27 陽岳寺
　都指定旧跡（1955）

【贅】

[0]贅の浦　にえのうら
　所在地 静岡県 浜名湖西北隅 猪鼻湖/静岡県浜松市北区三ヶ日町尾奈
　文『万葉集』

[11]贅野池　にえののいけ, にえいけ
　所在地 京都府綴喜郡井手町
　文『蜻蛉日記』,『枕草子』

[15]贅遺跡　にえいせき　縄文時代中期〜鎌倉時代
　所在地 三重県鳥羽市安楽島町字贅

【邇】

[16]邇磨の郷　にまのさと
　所在地 岡山県倉敷市真備町上二万, 真備町下二万
　文 藤原秀綱『夫木和歌抄』

【鎧】

[0]鎧の渡し跡　よろいのわたしあと
　所在地 東京都中央区日本橋小網町9-2・日本橋兜町1-1-1
　文 鶴屋南北『心謎解色糸』

[8]鎧明神　よろいみょうじん
　所在地 東京都新宿区北新宿
　文 太田蜀山人『巴人集』
　別 鎧神社

[9]鎧神社　よろいじんじゃ
　所在地 東京都新宿区北新宿
　文 太田蜀山人『巴人集』
　別 鎧明神

[12]鎧塚古墳　よろいずかこふん　古墳時代中期
　所在地 長野県飯田市桐林字塚原
　別 飯田鎧塚古墳

鎧塚古墳　よろいずかこふん　6世紀以降
　所在地 長野県須坂市八町上八丁　県指定史跡（1965）
　別 須坂鎧塚古墳

鎧塚古墳　よろいずかこふん　4世紀後半
　所在地 岐阜県岐阜市岩崎眉山

鎧塚古墳群　よろいずかこふんぐん　5世紀
　所在地 福岡県鞍手郡鞍手町大字新延字火尾
　県指定史跡（1972）

[16]鎧橋　よろいばし
　所在地 東京都中央区日本橋小網町9-2・日本橋兜町1-1-1
　文 永井荷風『日和下駄』

【鎌】

[3]鎌刃城跡　かまはじょうあと　16世紀中頃
　所在地 滋賀県米原市番場　国指定史跡（2005）

[4]鎌切古墳群　かまきりこふんぐん　6世紀前半（1号墳）, 6世紀中頃（3号墳）
　所在地 三重県津市野田字鎌切・おこし

[10]鎌倉　かまくら

遺跡・古墳よみかた辞典　547

[所在地]神奈川県鎌倉市
[文]『万葉集』, 謡曲『調伏曽我』

鎌倉大仏殿跡　かまくらだいぶつでんあと　鎌倉時代
[所在地]神奈川県鎌倉市長谷　[史]国指定史跡（2004）

鎌倉将軍府　かまくらしょうぐんふ　元弘3年（1333）～建武2年（1335）
[所在地]神奈川県鎌倉市二階堂
[別]鎌倉小幕府

鎌倉御所　かまくらごしょ　鎌倉時代
[所在地]神奈川県鎌倉市浄明寺4-2

鎌倉街道　かまくらかいどう　中世
[所在地]神奈川県鎌倉市
[別]鎌倉往還, 鎌倉古道, 鎌倉海道, 鎌倉路

15**鎌蔵　かまくら**
[所在地]滋賀県大津市, 京都府京都市,
[文]『公任集』
[別]鎌鞍

鎌鞍　かまくら
[所在地]滋賀県大津市, 京都府京都市,
[文]『公任集』
[別]鎌蔵

【鎮】

6**鎮守社跡　ちんじゅしゃあと**　平安時代
[所在地]岩手県西磐井郡平泉町
[別]毛越寺境内 附 鎮守社跡

鎮守森古墳　ちんじゅのもりこふん, ちんじゅもりこふん　4世紀
[所在地]福島県河沼郡会津坂下町
[別]亀ヶ森・鎮守森古墳

【難】

5**難台山城跡　なんだいさんじょうあと**　南北朝時代
[所在地]茨城県笠間市上郷字難台3646の一部
[史]県指定史跡（1934）

8**難波　なにわ, なんば**
[所在地]大阪府大阪市
[文]『万葉集』, 『土佐日記』
[別]浪速

難波の宮　なにわのみや
[所在地]大阪府大阪市東淀川区・浪速区・天王寺区
[文]『万葉集』, 『日本書紀』

難波の浦　なにわのうら
[所在地]大阪府大阪市
[文]『宇治拾遺物語』, 西行『山家集』

難波の御津　なにわのみつ
[所在地]大阪府大阪市
[文]大伴家持『万葉集 20』, 『日本書紀』

難波大社　なにわのおおやしろ　古代創建
[所在地]大阪府大阪市天王寺区生玉町
[別]生玉社, 生国魂神社

難波大道　なにわだいどう　飛鳥時代
[所在地]大阪府堺市北区ほか

難波江　なにわえ
[所在地]大阪府大阪市中央区
[文]『万葉集』

難波京跡　なにわきょうあと　奈良時代
[所在地]大阪府大阪市中央区

難波津　なにわず　古代
[所在地]大阪府大阪市中央区
[別]難波の御津（三津）, 大津

難波宮址　なにわきゅうし　奈良時代
[所在地]大阪府大阪市中央区法円坂町・大手前
[別]難波宮跡, 難波宮跡 附 法円坂遺跡

難波宮跡　なにわのみやあと, なにわきゅうせき　奈良時代
[所在地]大阪府大阪市中央区法円坂町・大手前
[別]難波宮址, 難波宮跡 附 法円坂遺跡

難波宮跡 附 法円坂遺跡　なにわきゅうせき つけたり ほうえんざかいせき　奈良時代
[所在地]大阪府大阪市中央区法円坂町・大手前
[史]国指定史跡（1964）
[別]難波宮跡, 難波宮址

難波堀江　なにわほりえ
[所在地]大阪府大阪市
[文]『万葉集』, 『御伽草子』

難波奥谷古墳　なんばおくのたにこふん　6～7世紀
[所在地]愛媛県松山市庄奥谷　[史]県指定史跡（1950）

難波潟　なにわがた
[所在地]大阪府大阪市
[文]『万葉集』, 『土佐日記』

【額】

5**額田大宮遺跡　ぬかだおおみやいせき**　旧石器時代終末期
[所在地]茨城県那珂市額田字大宮・古宿

額田古墳群　ぬかたこふんぐん　古墳時代
[所在地]茨城県那珂市額田

18画（顕，闘，鯉，鵜，鶉）　19画（廬，瀬）

額田部瓦窯址　ぬかたべがようし　鎌倉時代
　所在地　奈良県大和郡山市額田部北町
　別　額田部窯跡
額田部狐塚古墳　ぬかたべきつねずかこふん
　6世紀前半
　所在地　奈良県大和郡山市額田部
　別　狐塚古墳
額田部廃寺址　ぬかたべはいじし　飛鳥時代
　～室町時代
　所在地　奈良県大和郡山市額田部町
額田部窯跡　ぬかたべかまあと　鎌倉時代
　所在地　奈良県大和郡山市額田部北町　国指
　　定史跡（1929）
　別　額田部瓦窯址
額田廃寺跡　ぬかたはいじあと　白鳳時代
　創建
　所在地　三重県桑名市額田字八字谷

【顕】
[13]顕聖寺遺跡　けんしょうじいせき　縄文時代
　中期・晩期
　所在地　新潟県上越市浦川原区顕聖寺

【闘】
[19]闘鶏山古墳　つげやまこふん　4世紀前半
　所在地　大阪府高槻市氷室町　国指定史跡
　　（2002）

【鯉】
[9]鯉城跡　りじょうあと　戦国時代築城
　所在地　広島県広島市中区基町
　別　広島城跡

【鵜】
[0]鵜の部山古墳　うのべやまこふん　3世紀後半
　所在地　香川県さぬき市津田町鶴羽
鵜ケ島台遺跡　うがしまだいいせき　縄文時
　代早期
　所在地　神奈川県三浦市三崎町小網代
鵜ノ鼻古墳群　うのはなこふんぐん　6世紀
　中頃～7世紀後半
　所在地　島根県益田市遠田字塚原鵜ノ鼻
　　県指定史跡（1958）
[7]鵜坂川　うさかがわ
　所在地　富山県富山市
　②『万葉集』
[13]鵜殿　うどの
　所在地　大阪府高槻市
　②『土佐日記』
鵜殿石仏群　うどのせきぶつぐん　中世
　所在地　佐賀県唐津市相知町相知字相田　県
　　指定史跡（1956）
[21]鵜灘貝塚　うなだかいづか　縄文時代
　所在地　島根県松江市鹿島町
　別　佐太・講武貝塚

【鶉】
[3]鶉川盛土墳墓群　むかわもりつちふんぼぐん
　続縄文時代前期
　所在地　北海道勇払郡むかわ町汐見　北海道
　　指定史跡（1966）

19 画

【廬】
[9]廬前　いおさき
　所在地　和歌山県橋本市隅田町
　②『万葉集』

【瀬】
[0]瀬ノ上地下式横穴墓群　せのうえちかしきお
　うけつぼぐん　6～8世紀
　所在地　鹿児島県伊佐市大口青木字瀬ノ上
[4]瀬戸の崎　せとのさき
　所在地　兵庫県揖保郡御津町室津の金ケ崎／兵庫
　　県赤穂市坂越湾の黒崎
　②『万葉集』
　別　湍戸の崎
瀬ケ谷古墳　せとがやこふん　6世紀後半
　所在地　神奈川県横浜市保土ケ谷区瀬戸ケ谷町
瀬戸山古墳群　せとやまこふんぐん　古墳
　時代
　所在地　埼玉県熊谷市揚井
瀬戸古墳群　せとこふんぐん　5世紀後半～7
　世紀末
　所在地　静岡県藤枝市瀬戸
瀬戸岡古墳群　せどおかこふんぐん　7世紀
　後半～8世紀中頃
　所在地　東京都あきる野市瀬戸岡
瀬戸風峠遺跡　せとかぜとうげいせき　古墳
　時代後期
　所在地　愛媛県松山市下伊台町乙

遺跡・古墳よみかた辞典　549

19画（犢, 獺, 羅, 蘇, 蘭, 蘆）

瀬戸墳墓群　せとふんぼぐん　古墳時代前期前半
　所在地 大分県玖珠郡玖珠町大字帆足字瀬戸

瀬戸横穴墓群　せとおうけつぼぐん　6世紀
　所在地 福岡県中間市大字大隈字瀬戸

瀬戸窯址　せとようし　古代
　所在地 石川県鹿島郡中能登町瀬戸

5瀬田　せた
　所在地 滋賀県大津市瀬田
　⊗『日本書紀』
　例 勢多，勢田

瀬田川　せたがわ
　所在地 滋賀県大津市
　⊗ 斎藤茂吉『白桃』

瀬田内チャシ　せたないちゃし　16世紀末〜17世紀
　所在地 北海道久遠郡せたな町瀬棚区南川・北檜山区豊岡

瀬田丘陵生産遺跡群　せたきゅうりょうせいさんいせきぐん　大津宮時代（7世紀後半）〜奈良時代
　所在地 滋賀県草津市野路町，大津市一里山・瀬田南大萱町　史 国指定史跡（1985）

瀬田裏遺跡　せたうらいせき　縄文時代早期〜晩期
　所在地 熊本県菊池郡大津町瀬田裏

瀬田橋　せたのはし
　所在地 滋賀県大津市唐橋町
　⊗『延喜式』,『枕草子』

7瀬見の小川　せみのおがわ
　所在地 京都府京都市左京区下鴨
　⊗ 鴨長明『無名抄』

瀬谷子窯跡群　せやごかまあとぐん　平安時代
　所在地 岩手県奥州市江刺区稲瀬

11瀬野遺跡　せのいせき　弥生時代前期
　所在地 青森県むつ市脇野沢黒崎

【犢】

16犢橋貝塚　こてはしかいづか　縄文時代後期〜晩期
　所在地 千葉県千葉市花見川区さつきが丘
　史 国指定史跡（1981）

【獺】

7獺沢貝塚　おそざわかいづか　縄文時代後期〜晩期

　所在地 岩手県陸前高田市小友町字獺沢

【羅】

9羅城門　らじょうもん　平安時代
　所在地 京都府京都市南区唐橋羅城門町

羅城門　らじょうもん　奈良時代
　所在地 奈良県奈良市西九条町，大和郡山市観音寺町

13羅漢寺　らかんじ
　所在地 東京都江東区大島
　⊗ 太田蜀山人『巴人集』，大町桂月『東京遊行記』

羅漢寺　らかんじ
　所在地 大分県中津市本耶馬渓町
　⊗ 涼菟『築普晋』，『誹風柳多留32』

【蘇】

10蘇原東山古墳群　そはらひがしやまこふんぐん　古墳時代初期〜7世紀後半
　所在地 岐阜県各務原市蘇原東山2丁目〜5丁目

【蘭】

8蘭学事始地　らんがくことはじめち　昭和34年（1959）碑設置
　所在地 東京都中央区明石町11東側路上　都指定旧跡（1955）

【蘆】

0蘆の屋　あしのや
　所在地 兵庫県神戸市，芦屋市，伊丹市
　⊗『新古今和歌集』
　例 芦の屋

9蘆城　あしき
　所在地 福岡県筑紫野市
　⊗『万葉集』
　例 芦城

蘆城の山　あしきのやま
　所在地 福岡県筑紫野市阿志岐 宮地嶽/福岡県宗方郡津屋崎町 宮地嶽
　⊗『万葉集』

蘆城川　あしきのかわ
　所在地 福岡県太宰府市
　⊗『万葉集』

蘆屋　あしや
　所在地 兵庫県芦屋市
　⊗『万葉集』
　例 芦屋

550　遺跡・古墳よみかた辞典

【蟹】

⁵蟹穴古墳　がにあなこふん　7世紀後半頃
(所在地)三重県鳥羽市答志町蟹穴

⁶蟹江　かにえ
(所在地)愛知県海部郡蟹江町
(文)『尾張名所図会』

⁷蟹沢古墳　かにざわこふん　5世紀初頭
(所在地)群馬県高崎市柴崎町蟹沢
(別)柴崎蟹沢古墳

蟹沢古墳　かにざわこふん　4世紀末頃
(所在地)長野県中野市大字大熊・桜沢　(he)市指定史跡(1979)

蟹沢遺跡　かにざわいせき、かんざわいせき
縄文時代晩期中葉
(所在地)山形県東根市蟹沢字出張

¹²蟹満寺　かにまんじ　白鳳時代創建
(所在地)京都府木津川市山城町
(別)紙幡寺、蟹満多寺、加波多寺

¹⁵蟹幡　かには
(所在地)京都府木津川市山城町
(文)『万葉集』

【蟻】

³蟻子山古墳群　ありごやまこふんぐん　5世紀後半
(所在地)新潟県南魚沼市余川字飯綱山　(he)県指定史跡(1972)

¹²蟻無山古墳　ありなしやまこふん　5世紀前半
(所在地)兵庫県赤穂市有年原字中北原

【覇】

¹⁰覇流荘　へるのしょう　10世紀末以前
(所在地)滋賀県彦根市

【識】

⁶識名園　しきなえん　嘉慶4年(1799)造営
(所在地)沖縄県那覇市真地御殿原

【蹴】

³蹴上茶店　けあげのちゃてん
(所在地)京都府京都市東山区
(文)『花洛名勝図会』

蹴上清水　けあげのしみず
(所在地)京都府京都市東山区
(文)『花洛名勝図会』

【鏡】

⁰鏡が池　かがみがいけ
(所在地)東京都台東区橋場
(文)大田蜀山人『蜀山』

鏡の宿　かがみのしゅく
(所在地)滋賀県蒲生郡竜王町鏡
(文)謡曲『烏帽子折』

³鏡山　かがみやま、かがみのやま
(所在地)滋賀県蒲生郡竜王町
(文)謡曲『盛久』『三井寺』『志賀』

鏡山　かがみのやま
(所在地)京都府京都市東山区山科御廟野町
(文)『万葉集』

鏡山　かがみのやま、かがみやま
(所在地)福岡県田川郡香春町
(文)『万葉集』

鏡山城跡　かがみやまじょうあと　長禄・寛正年間(1457〜66)築城
(所在地)広島県東広島市鏡山　(he)国指定史跡(1998)

鏡山窯跡群　かがみやまかまあとぐん　6世紀前半〜8世紀
(所在地)滋賀県野洲市大篠原、蒲生郡竜王町山中・岡屋・薬師・七里・須恵・鏡・山面

⁴鏡手塚古墳　かがみてづかこふん　6世紀終末
(所在地)群馬県前橋市粕川町月田

⁵鏡石古墳　かがみいしこふん　6世紀初頭
(所在地)群馬県利根郡昭和村川額字鏡石

¹²鏡塚古墳　かがみずかこふん　5世紀前半
(所在地)茨城県東茨城郡大洗町磯浜
(別)磯浜鏡塚古墳、常陸鏡塚古墳

鏡塚古墳　かがみずかこふん　6世紀前半終わり頃
(所在地)栃木県栃木市大平町西山田
(別)七廻り鏡塚古墳

鏡塚古墳　かがみずかこふん　古墳時代
(所在地)大阪府堺市北区百舌鳥赤畑町2丁
(別)百舌鳥古墳群(いたすけ古墳・長塚古墳・収塚古墳・塚廻古墳・文珠塚古墳・丸保山古墳・乳岡古墳・御廟表塚古墳・ドンチャ山古墳・正楽寺山古墳・鏡塚古墳・善右ヱ門山古墳・銭塚古墳・グワショウ坊古墳・旗塚古墳・寺山南山古墳・七観音古墳)

鏡塚古墳　かがみずかこふん　古墳時代中期
(所在地)大阪府八尾市大竹　(he)府指定史跡(1970)

遺跡・古墳よみかた辞典　551

19画（離，霧，願，鯨，鯖，鶏，麗）　20画（巌）

鏡塚古墳　かがみずかこふん　古墳時代前期
　所在地 香川県高松市峰山町

【離】

³離山遺跡　はなれやまいせき　縄文時代中期〜後期
　所在地 長野県安曇野市穂高町

¹⁰離宮院跡　りきゅういんあと　奈良時代〜鎌倉時代
　所在地 三重県伊勢市小俣町　国 国指定史跡（1924）

¹²離湖古墳　はなれここふん　古墳時代中期中葉
　所在地 京都府京丹後市網野町小浜

【霧】

⁰霧ヶ丘遺跡群　きりがおかいせきぐん　縄文時代早期
　所在地 神奈川県横浜市緑区十日市場町

³霧山城跡　きりやまじょうあと　15世紀前半
　所在地 三重県津市美杉町
　別 多気北畠氏城館跡（北畠氏館跡・霧山城跡）

¹⁰霧島山　きりしまやま
　所在地 宮崎県，鹿児島県
　文『今昔物語集』，水原秋桜子『殉教』

¹¹霧野湊　きりのみなと
　所在地 鹿児島県出水市
　文『檜垣嫗集』

【願】

⁶願成寺古墳群　がんじょうじこふんぐん　6世紀末〜7世紀初頭以後
　所在地 岐阜県揖斐郡池田町願成寺字西之越
　別 願成寺西墳之越古墳群

願成寺西墳之越古墳群　がんじょうじにしつかのこしふんぐん　6世紀末〜7世紀初頭以後
　所在地 岐阜県揖斐郡池田町願成寺字西之越
　国 県指定史跡（1969）
　別 願成寺古墳群

願成寺阿弥陀堂　がんじょうじあみだどう　平安時代
　所在地 福島県いわき市内郷・白水町
　別 白水阿弥陀堂境域

願成就院跡　がんじょうじゅいんあと　文治5年（1189）創建

所在地 静岡県伊豆の国市寺家　国 国指定史跡（1973）

¹⁶願興寺古墳群　がんこうじこふんぐん　古墳時代中期後半
　所在地 京都府京丹後市丹後町宮丸山

【鯨】

⁰鯨ヶ丘　くじらがおか　古墳時代
　所在地 愛媛県今治市馬越町2丁目
　別 鯨山古墳，日高鯨山の古墳

³鯨山古墳　くじらやまこふん　古墳時代
　所在地 愛媛県今治市馬越町2丁目
　別 鯨ヶ丘，日高鯨山の古墳

【鯖】

⁶鯖江天神山古墳群　さばえてんじんやまこふんぐん　6世紀後半
　所在地 福井県鯖江市吉江
　別 天神山古墳群

【鶏】

⁸鶏知ネソ古墳　けちねそこふん　古墳時代
　所在地 長崎県対馬市美津島町鶏知

⁹鶏冠井遺跡　かいでいせき　弥生時代前期〜中期中葉
　所在地 京都府向日市鶏冠井町十相

¹²鶏塚古墳　にわとりずかこふん　7世紀前半
　所在地 栃木県真岡市京泉　国 県指定史跡（1957）
　別 真岡鶏塚古墳

鶏塚古墳　にわとりずかこふん　6世紀中頃まで
　所在地 島根県松江市大庭町
　別 大庭鶏塚古墳，大庭鶏塚

【麗】

⁷麗沢舎　れいたくしゃ　江戸時代
　所在地 三重県伊賀市柘植町
　別 旧麗沢舎

20 画

【巌】

⁵巌穴山古墳　いわあなやまこふん　7世紀中

552　遺跡・古墳よみかた辞典

葉期～後半期
[所在地]群馬県太田市東今泉町752　[史]市指定史跡（1975）

【礫】

5礫石原遺跡　くれいしばるいせき　縄文時代後期～晩期
[所在地]長崎県島原市礫石原町1～2丁目

【朧】

11朧清水　おぼろのしみず
[所在地]京都府京都市左京区大原草生
[文]『後拾遺和歌集』

【護】

7護良親王塔　もりよししんのうとう，もりながしんのうとう　南北朝時代
[所在地]神奈川県鎌倉市二階堂

8護国寺　ごこくじ　天和元年（1681）創建
[所在地]東京都文京区大塚5-40-1

9護持院ヶ原跡　ごじいんがはらあと
[所在地]東京都千代田区神田錦町2-3・一ツ橋2
[文]福地桜痴『敵討護持院ヶ原』，森鴎外『護持院ヶ原の敵討』
[別]護持院原

護持院原　ごじいんのはら
[所在地]東京都千代田区神田錦町2-3・一ツ橋2
[文]福地桜痴『敵討護持院ヶ原』，森鴎外『護持院ヶ原の敵討』
[別]護持院ヶ原跡

【譲】

10譲原石器時代住居跡　ゆずりはらせっきじだいじゅうきょあと　縄文時代早期～晩期
[所在地]群馬県藤岡市譲原　[史]国指定史跡（1948）
[別]譲原遺跡

譲原遺跡　ゆずりはらいせき　縄文時代早期～晩期
[所在地]群馬県藤岡市譲原
[別]譲原石器時代住居跡

【鐘】

0鐘の岬　かねのみさき
[所在地]福岡県宗像市鐘崎
[文]『万葉集』，『源氏物語』

鐘ケ崎貝塚　かねがさきかいずか　縄文時代後期
[所在地]福岡県宗像市上八
[別]鐘崎貝塚

鐘ヶ淵　かねがふち
[所在地]東京都墨田区
[文]内藤鳴雪『鳴雪句集』，泉鏡花『鴛鴦帳』

11鐘崎貝塚　かねがさきかいずか　縄文時代後期
[所在地]福岡県宗像市上八
[別]鐘ケ崎貝塚

【鐙】

5鐙田遺跡　あぶみでんいせき　縄文時代晩期後半
[所在地]秋田県湯沢市

7鐙坂　あぶみざか
[所在地]東京都文京区本郷4丁目
[文]樋口一葉『日記ちりの中』

9鐙屋　あぶみや　江戸時代
[所在地]山形県酒田市中町
[別]旧鐙屋

【霰】

8霰松原　あられまつばら
[所在地]大阪府大阪市住吉区安立町
[文]『万葉集』
[別]安良礼松原

【響】

21響灘　ひびきなだ，ひびきのなだ
[所在地]山口県，福岡県
[文]『伊勢集』，『一条摂政御集』，『源氏物語』

【饅】

16饅頭山1・2号墳　まんじゅうやまいち・にごうふん　5世紀中頃（1号墳），6世紀末頃（2号墳）
[所在地]福井県福井市門前町

【鰐】

11鰐淵寺　がくえんじ　推古天皇2年（593）開創
[所在地]島根県出雲市別所町

鰐淵寺経塚　がくえんじきょうずか　平安時代
[所在地]島根県出雲市別所町

20画（錬）　21画（灘, 竈, 纏, 轟, 鑁, 饒, 鶴）

【錬】
[12]錬御殿　にしんごてん　明治30年（1897）竣工
(所在地)北海道小樽市北祝津町

21 画

【灘】
灘　なだ
(所在地)兵庫県神戸市灘区
(文)『新古今和歌集17』，『新千載和歌集16』

灘　なだ
(所在地)兵庫県尼崎市, 西宮市
(文)『伊勢集』，後鳥羽院『菟玖波集抄』
(別)摂津灘

【竈】
[3]竈山　かまどやま
(所在地)福岡県太宰府市
(文)『堤中納言物語』

[10]竈原遺跡　かまどはらいせき　縄文時代後期
(所在地)福島県河沼郡会津坂下町長井

【纏】
[6]纏向　まきむく
(所在地)奈良県桜井市穴師・巻野内
(文)『万葉集』
(別)巻向

纏向古墳群　まきむくこふんぐん　古墳時代前期初頭
(所在地)奈良県桜井市太田・箸中・辻・東田・巻野内　(国)国指定史跡（2006）

纏向石塚古墳　まきむくいしずかこふん　古墳時代（発生期）
(所在地)奈良県桜井市太田字石塚253ほか
(別)石塚古墳

纏向遺跡　まきむくいせき　3〜4世紀
(所在地)奈良県桜井市　(国)国指定史跡（2013）

【轟】
[7]轟貝塚　とどろきかいずか　縄文時代
(所在地)熊本県宇土市宮ノ荘字州崎

【鑁】
[8]鑁阿寺　ばんなじ　平安時代〜鎌倉時代初期
(所在地)栃木県足利市家富町
(別)足利氏宅跡（鑁阿寺）

【饒】
[5]饒石川　にぎしがわ
(所在地)石川県輪島市門前町剣地
(文)『万葉集』
(別)饒石河

饒石河　にぎしがわ
(所在地)石川県輪島市門前町剣地
(文)『万葉集』
(別)饒石川

【鶴】
[0]鶴ケ城跡　つるがじょうあと　中世
(所在地)岐阜県瑞浪市土岐町鶴城中町　(県)県指定史跡（1960）
(別)国府城, 土岐城

鶴ヶ岡　つるがおか
(所在地)神奈川県鎌倉市雪の下
(文)『平家物語』，『増鏡』

鶴ヶ岱チャランケ砦跡　つるがたいちゃらんけしあと, つるがたいちゃらんけとりであと　近世
(所在地)北海道釧路市鶴ヶ岱　(国)国指定史跡（1935）

鶴ヶ城　つるがじょう　至徳元年/元中元年（1384）築城
(所在地)福島県会津若松市追手町・花春町・城東町・栄町
(別)若松城跡

[3]鶴三緒遺跡　つるみおいせき　縄文時代〜弥生時代後期
(所在地)福岡県飯塚市大字鶴三緒

鶴丸城跡　つるまるじょうあと　江戸時代初期築城
(所在地)鹿児島県鹿児島市城山町　(県)県指定史跡（1953）
(別)鹿児島城跡

鶴山丸山古墳　つるやままるやまこふん　4世紀後半
(所在地)岡山県備前市畠田・福田・香登本
(別)丸山古墳

鶴山古墳　つるやまこふん　5世紀中頃
(所在地)群馬県太田市太田市鳥山上町2140ほか
(県)県指定史跡（1951）

鶴川遺跡群　つるかわいせきぐん　縄文時代,

古墳時代～平安時代
[所在地]東京都町田市鶴川1丁目～6丁目

7鶴尾神社4号墳　つるおじんじゃよんごうふん　古墳時代前期
[所在地]香川県高松市西春日町1063-7

鶴町遺跡　つるまちいせき　弥生時代～古墳時代
[所在地]福岡県福岡市早良区大字免字鶴町

鶴見山古墳　つるみやまこふん　6世紀後半頃
[所在地]福岡県八女市大字豊福

鶴見古墳　つるみこふん　6世紀中頃
[所在地]大分県宇佐市大字川部字鶴見

鶴見神社境内貝塚　つるみじんじゃけいだいかいずか　弥生時代終末期～古墳時代前期
[所在地]神奈川県横浜市鶴見区鶴見中央1-14-1 鶴見神社　[史]市指定史跡（2008）

鶴見橋関門旧跡　つるみばしかんもんきゅうせき　万延元年（1860）設置
[所在地]神奈川県横浜市鶴見区　[史]市登録史跡（2005）

8鶴岡　つるおか
[所在地]山形県鶴岡市
[文]芭蕉『おくのほそ道』

鶴岡八幡宮境内　つるがおかはちまんぐうけいだい　康平6年（1063）創建
[所在地]神奈川県鎌倉市雪ノ下・小町・材木座
[史]国指定史跡（1967）

鶴林寺　かくりんじ　伝・用明元年（586）創建
[所在地]兵庫県加古川市加古川町北在家

鶴林寺道　かくりんじみち　平安時代以降
[所在地]徳島県勝浦郡勝浦町
[別]阿波遍路道（鶴林寺道・太竜寺道・いわや道・平等寺道）

9鶴巻塚古墳　つるまきずかこふん　6世紀後葉～末葉
[所在地]千葉県木更津市祇園字鶴巻（現・木更津市永井作1丁目）

10鶴島山古墳群　つるしまやまこふんぐん　古墳時代中期
[所在地]徳島県徳島市西須賀町鶴島

11鶴亀橋跡　つるかめばしあと　江戸時代初期
[所在地]神奈川県横浜市神奈川区　[史]市登録史跡（1991）

12鶴塚古墳　つるずかこふん　5世紀前半
[所在地]千葉県印西市小林字宿

鶴萩古墳　つるはぎこふん　6世紀後半
[所在地]長野県長野市篠ノ井塩崎　[史]市指定史跡（1969）

15鶴舞瓦窯跡　つるまいがようせき　平安時代
[所在地]栃木県佐野市関川町

【鶯】

0鶯の関　うぐいすのせき
[所在地]福井県南条郡南越前町鯖波
[文]芭蕉『おくのほそ道』

7鶯谷　うぐいすだに
[所在地]東京都台東区谷中
[文]河竹黙阿弥『時鳥水響音』，長谷川時雨『マダム貞奴』

12鶯塚古墳　うぐいすずかこふん　古墳時代
[所在地]群馬県高崎市乗附町　[史]市指定史跡（1977）

鶯塚古墳　うぐいすずかこふん　5世紀前半頃
[所在地]奈良県奈良市春日野町　[史]国指定史跡（1936）

22 画

【籠】

9籠畑遺跡　かごはたいせき　縄文時代前期末
[所在地]長野県諏訪郡富士見町境高森区

10籠原裏1号墳　かごはらうらいちごうふん　7世紀半ば～後半
[所在地]埼玉県熊谷市新堀字籠原裏

籠峰遺跡　かごみねいせき　縄文時代後～晩期
[所在地]新潟県上越市中郷区稲荷山

12籠塚古墳　こもりずかこふん　6世紀
[所在地]長野県長野市浅川福岡　[史]市指定史跡（1978）

【讃】

7讃岐国　さぬきのくに
[所在地]香川県
[文]『万葉集』

讃岐国分尼寺跡　さぬきこくぶんにじあと　奈良時代創建
[所在地]香川県高松市国分寺町　[史]国指定史跡（1928）

讃岐国分寺跡　さぬきこくぶんじあと　奈良

時代創建
　所在地 香川県高松市国分寺町　指定 国指定特別史跡（1952）

讃岐国府跡　さぬきこくふあと　平安時代
　所在地 香川県坂出市府中町本村

讃岐城山城址　さぬききやまじょうし　飛鳥時代
　所在地 香川県坂出市西庄町・川津町・府中町、丸亀市飯山町
　別 城山

讃岐遍路道（根香寺道）　さぬきへんろみち（ねごろじみち）　中世以降
　所在地 香川県高松市・坂出市　指定 国指定史跡（2013）

讃良郡条里遺跡　さらぐんじょうりいせき
　5世紀中頃〜6世紀後半頃
　所在地 大阪府寝屋川市昭栄町・出雲町・国守町・高宮ほか〜四条畷市砂

23 画

【鷲】

0 鷲の尾　わしのお
　所在地 京都府京都市東山区霊山鷲金町
　文 『枕草子』
　別 鷲尾

鷲ノ木遺跡　わしのきいせき　縄文時代
　所在地 北海道茅部郡森町　指定 国指定史跡（2006）

3 鷲大明神　わしだいみょうじん
　所在地 東京都台東区千束
　文 河竹黙阿弥『風船乗評判高楼』、樋口一葉『たけくらべ』
　別 鷲神社

鷲大明神　わしだいみょうじん
　所在地 東京都足立区花畑
　文 鶴屋南北『戻橋綱顔鏡』
　別 大鷲神社

6 鷲羽山遺跡　わしゅうざんいせき　後期旧石器時代
　所在地 岡山県倉敷市下津井

7 鷲尾　わしのお
　所在地 京都府京都市東山区霊山鷲金町
　文 『枕草子』
　別 鷲の尾

鷲尾山城跡　わしおやまじょうあと　中世
　所在地 広島県尾道市木之庄町　指定 県指定史跡（1977）

9 鷲城跡　わしじょうあと　中世
　所在地 栃木県小山市神鳥谷・外城
　別 小山氏城跡（鷲城跡・祇園城跡・中久喜城跡）

鷲津砦跡　わしずとりであと　永禄2年（1559）
　所在地 愛知県名古屋市緑区鷲津
　別 大高城跡 附 丸根砦跡・鷲津砦跡

鷲神社　わしじんじゃ
　所在地 東京都台東区
　文 河竹黙阿弥『風船乗評判高楼』、樋口一葉『たけくらべ』
　別 鷲大明神

10 鷲峰山金胎寺　じゅぶせんこんたいじ、じゅうぶさんこんたいじ　天武天皇5年（676）創建
　所在地 京都府相楽郡和束町原山
　別 金胎寺

12 鷲塚古墳　わしずかこふん　古墳時代
　所在地 千葉県千葉市中央区新千葉3丁目（旧・登戸町字鷲塚）

24 画

【鷺】

0 鷺ノ湯病院跡横穴墓　さぎのゆびょういんあとおうけつぼ　6世紀後半
　所在地 島根県安来市植田町

3 鷺山古墳　さぎやまこふん　4世紀中頃
　所在地 埼玉県本庄市児玉町下浅見字鷺山

鷺山古墳　さぎやまこふん　6世紀末
　所在地 鳥取県鳥取市国府町町屋　指定 県指定史跡（1981）

7 鷺坂　さぎさか
　所在地 京都府城陽市大字久世
　文 『万葉集』

鷺坂山　さぎさかやま
　所在地 京都府城陽市
　文 『万葉集』

8 鷺沼古墳　さぎぬまこふん　6世紀後半〜7世紀前半（A号墳）、7世紀中葉（B号墳）
　所在地 千葉県習志野市鷺沼町

[12]鷺森遺跡　さぎのもりいせき　縄文時代前期後半
[所在地]埼玉県ふじみ野市

鷺棚1号墳　さぎだないちごうふん　5世紀後半以降
[所在地]三重県伊賀市外山・円徳院

【鷹】

[0]鷹ヶ峯　たかがみね
[所在地]京都府京都市北区
[文]山口青邨『雪国』

[3]鷹山黒耀石鉱山跡　たかやまこくようせきこうざんあと　縄文時代
[所在地]長野県小県郡長和町
[別]星糞峠黒曜石原産地遺跡

鷹山遺跡群　たかやまいせきぐん　旧石器時代～縄文時代
[所在地]長野県小県郡長和町鷹山地区

[7]鷹尾山　たかのおやま
[所在地]滋賀県犬上郡多賀町
[文]大江匡房『新古今和歌集 7』

[10]鷹島　たかしま
[所在地]和歌山県有田郡広川町唐尾
[文]明恵『明恵上人歌集』

鷹島海底遺跡　たかしまかいていいせき　鎌倉時代
[所在地]長崎県松浦市
[別]鷹島神崎遺跡

鷹島神崎遺跡　たかしまこうざきいせき　鎌倉時代
[所在地]長崎県松浦市　[史]国指定史跡（2012）
[別]鷹島海底遺跡

鷹島遺跡　たかしまいせき　縄文時代前期後半～古墳時代
[所在地]和歌山県有田郡広川町唐尾

[11]鷹巣山　たかのすやま
[所在地]神奈川県足柄下郡箱根町
[文]太田水穂『冬菜』

鷹巣古墳群　たかのすこふんぐん　5世紀後半～7世紀
[所在地]宮城県白石市鷹巣　[史]県指定史跡（1971）

[12]鷹塚山遺跡　たかつかやまいせき　弥生時代,古墳時代
[所在地]大阪府枚方市伊加賀・高塚町

25 画

【籬】

[0]籬の島　まがきのしま
[所在地]宮城県塩竈市
[文]『古今和歌集』,『枕草子』
[別]籬島

[10]籬島　まがきじま
[所在地]宮城県塩竈市
[文]『古今和歌集』,『枕草子』
[別]籬の島

【鑰】

[11]鑰掛城跡　かぎかけじょうあと　戦国時代
[所在地]群馬県高崎市倉渕町岩氷　[史]市指定史跡（1982）

【鑵】

[3]鑵子塚古墳　かんすずかこふん　5世紀前半
[所在地]奈良県御所市柏原
[別]掖上鑵子塚古墳

27 画

【鱸】

[8]鱸沼古墳群　すずきぬまこふんぐん　5世紀後半
[所在地]宮城県角田市大字角田字鱸沼

鱸沼遺跡　すずきぬまいせき　縄文時代晩期終末～弥生時代中期
[所在地]宮城県角田市鱸沼

遺跡・古墳よみかた辞典

2014年6月25日　第1刷発行

発　行　者／大高利夫
編集・発行／日外アソシエーツ株式会社
　　　　　〒143-8550 東京都大田区大森北 1-23-8 第3下川ビル
　　　　　電話 (03)3763-5241(代表)　FAX(03)3764-0845
　　　　　URL http://www.nichigai.co.jp/
発　売　元／株式会社紀伊國屋書店
　　　　　〒163-8636 東京都新宿区新宿 3-17-7
　　　　　電話 (03)3354-0131(代表)
　　　　　ホールセール部(営業)　電話 (03)6910-0519

電算漢字処理／日外アソシエーツ株式会社
印刷・製本／光写真印刷株式会社

不許複製・禁無断転載　　《中性紙H-三菱書籍用紙イエロー使用》
<落丁・乱丁本はお取り替えいたします>
ISBN978-4-8169-2479-8　　*Printed in Japan,2014*

本書はデジタルデータでご利用いただくことができます。詳細はお問い合わせください。

歴史人物肖像索引

日本史上の人物の肖像画・彫刻・肖像写真が人名事典や美術全集のどこに載っているかを探すための総索引。

歴史人物肖像索引〔古代～幕末〕
A5・540頁　定価（本体18,600円＋税）　2010.2刊

歴史人物肖像索引 II 近現代（政治・経済・社会）
A5・620頁　定価（本体15,000円＋税）　2013.12刊

歴史人物肖像索引 III 近現代（学術・文芸・芸術）
A5・870頁　定価（本体15,000円＋税）　2014.1刊

歴史・考古 レファレンスブック
A5・360頁　定価（本体9,200円＋税）　2014.4刊

1990～2013年に日本国内で刊行された、歴史・考古学に関する参考図書の目録。書誌、年表、事典・辞典、索引、図鑑、カタログ、地図、年鑑など2,300点を収録、目次・内容解説も掲載。

郷土博物館事典
A5・610頁　定価（本体14,000円＋税）　2012.12刊

全国の郷土博物館・ふるさと館・歴史民俗資料館等271館を紹介した利用ガイド。沿革・概要、展示・収蔵、事業、出版物、外観・館内写真、展示品写真、"館のイチ押し"などの情報を掲載。

考古博物館事典
A5・480頁　定価（本体13,000円＋税）　2010.1刊

考古学関連の博物館・資料館、埋蔵文化財センター、遺跡ガイダンス施設等209館を紹介した利用ガイド。沿革、展示・収蔵、事業、出版物、周辺遺跡などの情報を掲載。外観写真、展示品写真、案内地図も掲載。

データベースカンパニー
日外アソシエーツ

〒143-8550　東京都大田区大森北1-23-8
TEL.(03)3763-5241　FAX.(03)3764-0845　http://www.nichigai.co.jp/